灵寿县人大志

（1940–2023）

灵寿县人大志编纂委员会 编

方志出版社
Publishing House of Local Records

图书在版编目（CIP）数据

灵寿县人大志 ： 1940—2023 / 灵寿县人大志编纂委员会编. -- 北京 ： 方志出版社， 2024.11.
ISBN 978-7-5144-6451-1

Ⅰ. D624.224

中国国家版本馆 CIP 数据核字第 2024EG1518 号

责任编辑：高孟君
责任校对：张玉霞
责任印制：梅中英
出 版 者：方志出版社
地　　址：北京市朝阳区潘家园东里 9 号（国家方志馆 4 层）
邮　　编：100021
网　　址：http://www.zgfzcb.cn
发　　行：方志出版社图书营销中心（010-67110500）
印　　刷：山东黄氏印务有限公司
开　　本：889 毫米×1194 毫米　1/16
印　　张：59.75
字　　数：1481 千字
版　　次：2024 年 11 月第 1 版
印　　次：2024 年 11 月第 1 次印刷
定　　价：580.00 元

灵寿县人大志编纂委员会

主　任：白东风

副主任：张云山　吕秀敏　董建海　马永辉

总顾问：刘振波

委　员：孙武庆　杨增强　武　申　贾　洁　焦　曼

石春燕　张建华　申彦彬　陆明华　王梓璐

主　编：马永辉　孙玉璞

副主编：石春燕　赵守国　李海军

编 辑 室

主　　编：马永辉　孙玉璞

副 主 编：石春燕　赵守国　李海军

编　　辑：靳新华　尚云燕

第一编纂组

责任篇章：第一篇 中华人民共和国成立前中国共产党领导下的灵寿县议会

第二篇 灵寿县各界人民代表会议

执行主编：马永辉

责任编辑：石春燕

第二编纂组

责任篇章：第三篇 灵寿县第一届人民代表大会

第四篇 灵寿县第二届人民代表大会

第五篇 灵寿县第三届人民代表大会

执行主编：杨增强

责任编辑：申彦彬

第三编纂组

责任篇章：第六篇 灵寿县第四届人民代表大会

第七篇 灵寿县第五届人民代表大会

第八篇 灵寿县第六届人民代表大会

执行主编：贾　洁

责任编辑：韩书娟

第四编纂组

责任篇章：第九篇　灵寿县第七届人民代表大会

第十篇　灵寿县第八届人民代表大会

第十一篇　灵寿县第九届人民代表大会

执行主编：焦　曼

责任编辑：王梓璐

顾　　问：何增兰

第五编纂组

责任篇章：第十二篇　灵寿县第十届人民代表大会

第十三篇　灵寿县第十一届人民代表大会

第十四篇　灵寿县第十二届人民代表大会

执行主编：武　申

责任编辑：张建华

顾　　问：杨从彩　罗华远　吴和韵　傅连英

第六编纂组

责任篇章：第十五篇　灵寿县第十三届人民代表大会

第十六篇　灵寿县第十四届人民代表大会

第十七篇　灵寿县第十五届人民代表大会

执行主编：孙武庆

责任编辑：李江红

顾　　问：罗华远　郝建英　马国云　吴和韵　傅金生

第七编纂组

责任篇章：第十八篇　灵寿县第十六届人民代表大会

第十九篇　灵寿县第十七届人民代表大会

执行主编：陆明华

责任编辑：张仲言

第八编纂组

责任篇章：第二十篇 各乡镇人民代表大会

执行主编：马 珊 马 然 王延宗 牛志国 付 鹏
刘利波 孙 克 孙晓东 苏岩峰 李 哲
李明龙 辛 彦 陈 达 范昌烨 赵永山

顾 问：刘振波 孙玉璞 李海军 赵守国 尚云燕

主要资料提供人员

文史资料：郝建英 何增兰 张昌国 李树林 刘志林
李海军 高金伟 郝俊峰 王翠英

图片资料：靳新华 张庆年 张昌慧 刘文贤 李建国

协助单位：市档案馆 县档案馆 县融媒体中心 县委办
县政府办 县委组织部 县委宣传部 县法院
县检察院

灵寿县地图

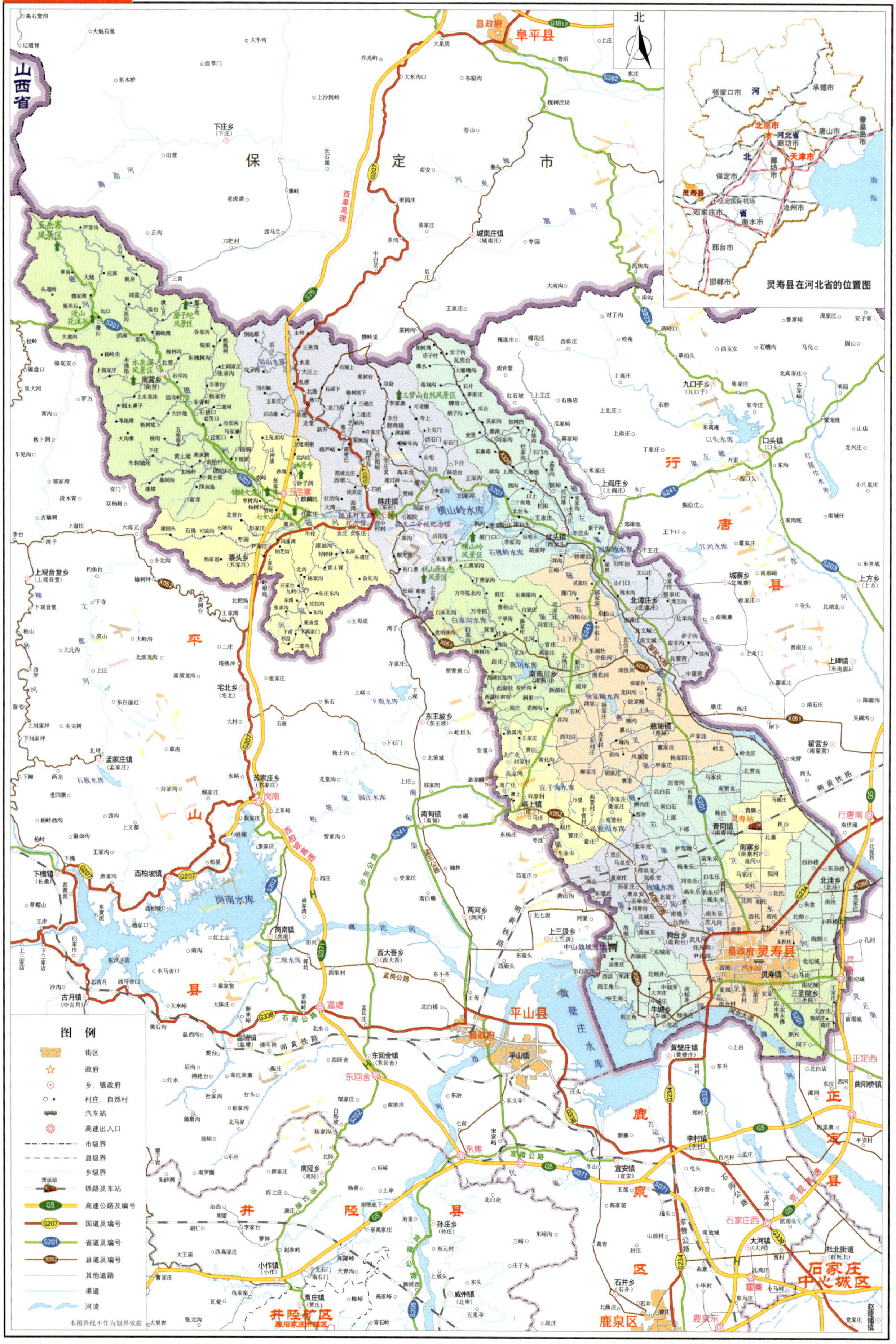

审图号：冀石 S（2004）005 号

石家庄市勘察测绘设计研究院 编制

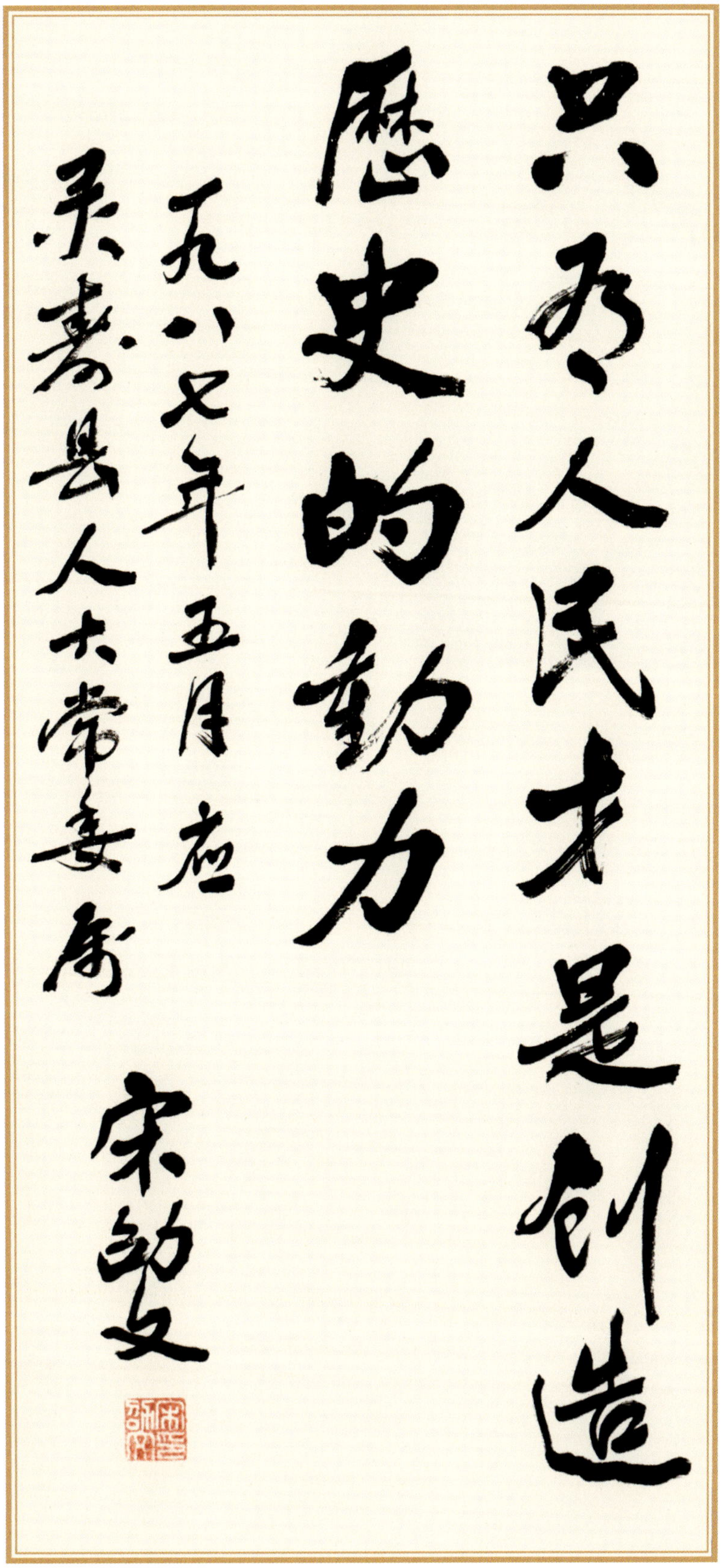

原晋察冀边区行政委员会主任、原华北人民政府农业部部长、
第六届全国人大常委会委员 宋劭文 题词

1940 年灵寿县首届议会议长周学敬

公安工作、司法工作报告

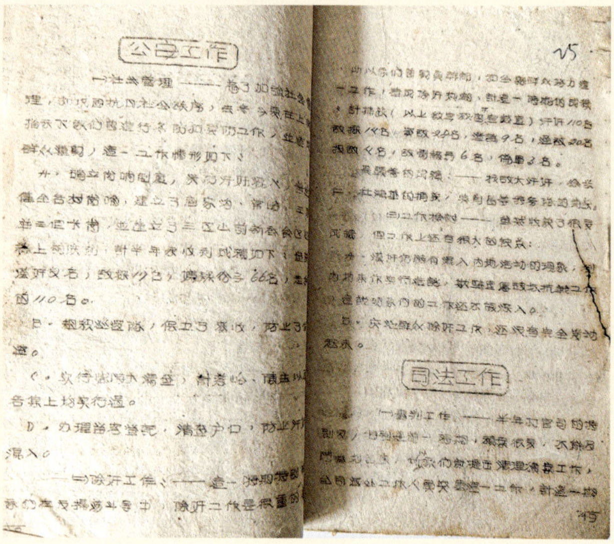
公安工作

司法工作

1943 年 9 月，灵寿县第二届县议会会刊

1943 年 9 月，灵寿县第二届县议会会刊目录

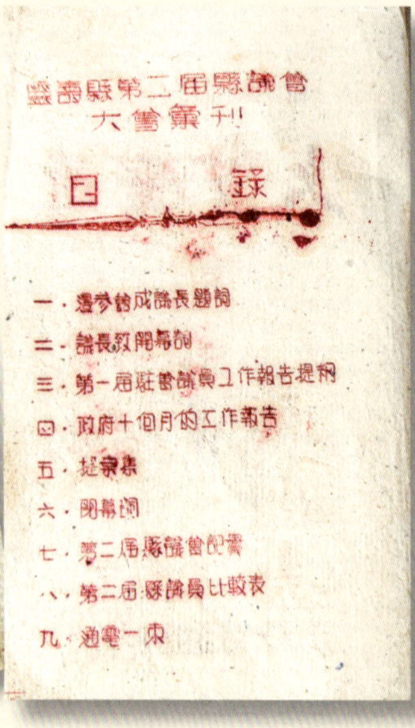

成仿吾题词

1943 年灵寿县第二届议会议长周学鳌

1944 年 7 月，灵寿县第二届第二次县议会大会汇刊、刊词

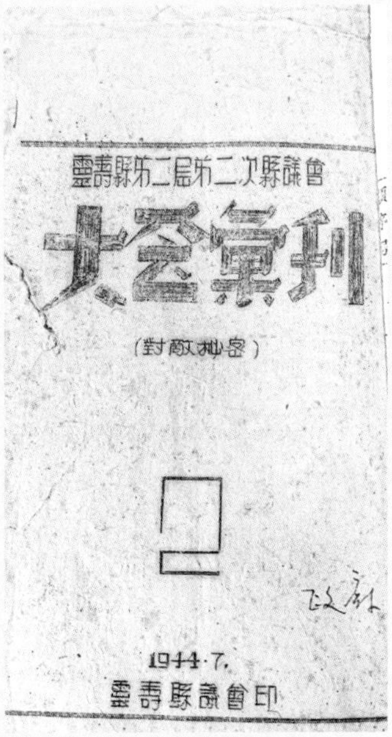

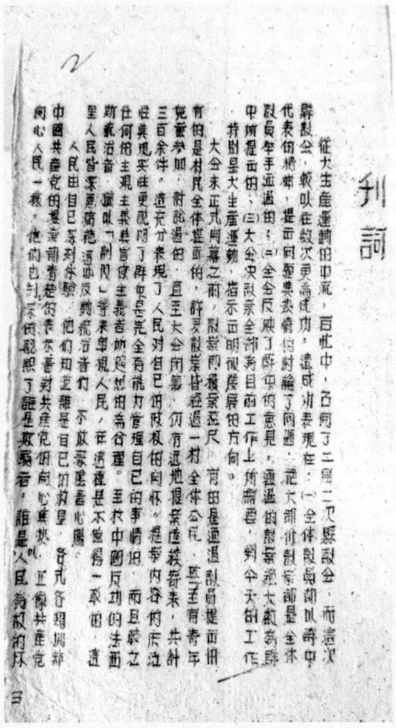

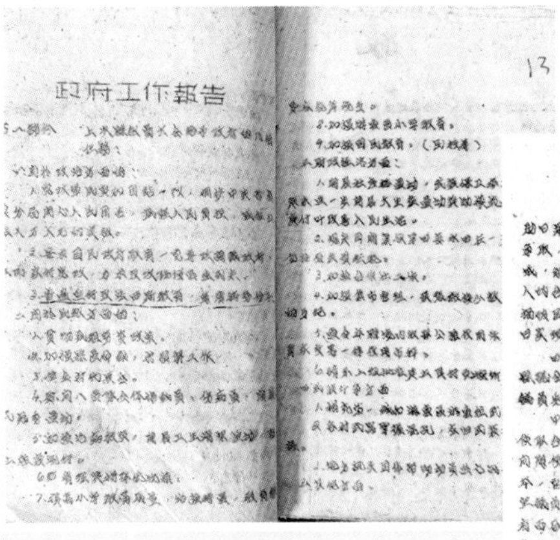

政府工作报告

议会工作报告

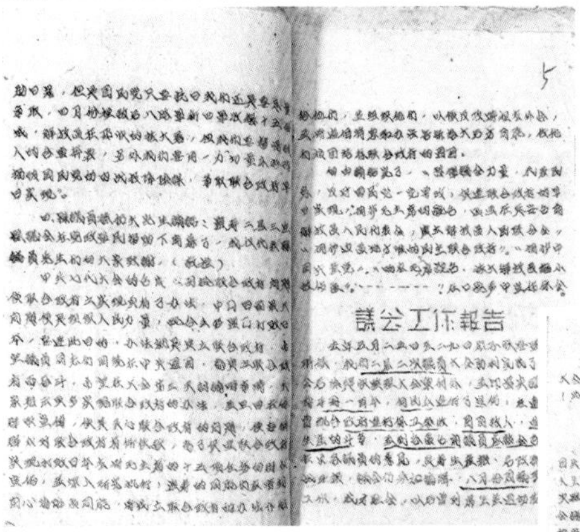

闭幕典礼

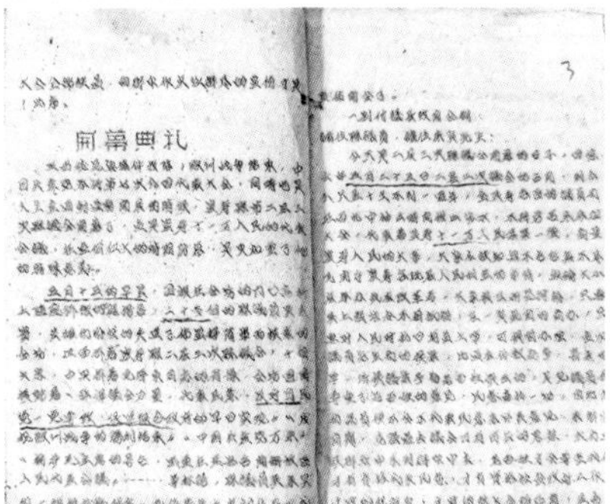

1952 年 3 月，第三届二次各界人民代表会议代表统计表

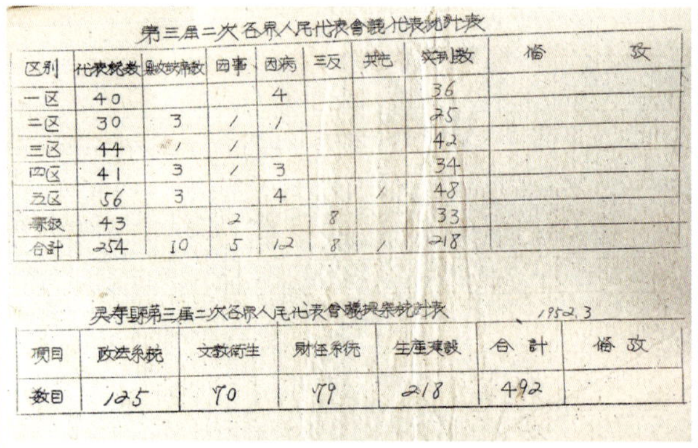

第三届二次各界人民代表會議代表統計表

区别	代表總數	缺席總數	因事	因病	三反	其他	實到數	備考
一区	40			4			36	
二区	30	3	1	1			25	
三区	44	1	1				42	
四区	41	3	1	3			34	
五区	56	3		4		1	48	
縣級	43		2		8		33	
合計	254	10	5	12	8	1	218	

灵寿縣第三届二次各界人民代表會議提案統計表 1952.3

項目	政法系統	文教衛生	財經系統	生產建設	合計	備考
數目	125	70	79	218	492	

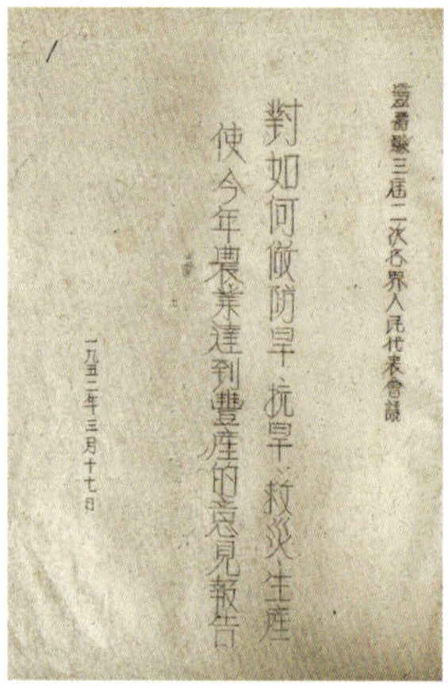

靈壽縣三屆二次各界人民代表會議

對如何做防旱抗旱救災生產使今年農業達到豐產的意見報告

一九五二年三月十七日

1952 年 3 月，灵寿县三届二次各界人民代表会议提案解答

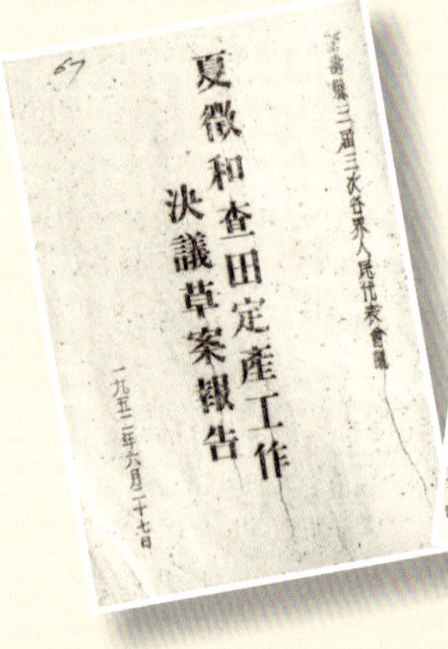

靈壽縣三屆三次各界人民代表會議

夏徵和查田定產工作決議草案報告

一九五二年六月二十七日

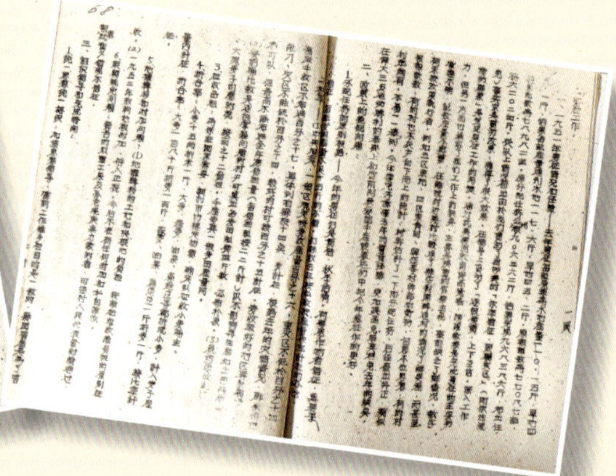

1952 年 6 月 27 日，灵寿县三届三次各界人民代表会议夏征和查田定产工作决议草案报告

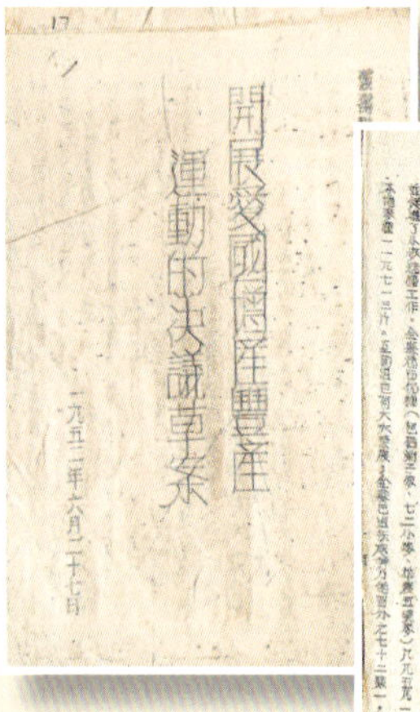

開展愛國增產豐產運動的決議草案

一九五二年六月二十七日

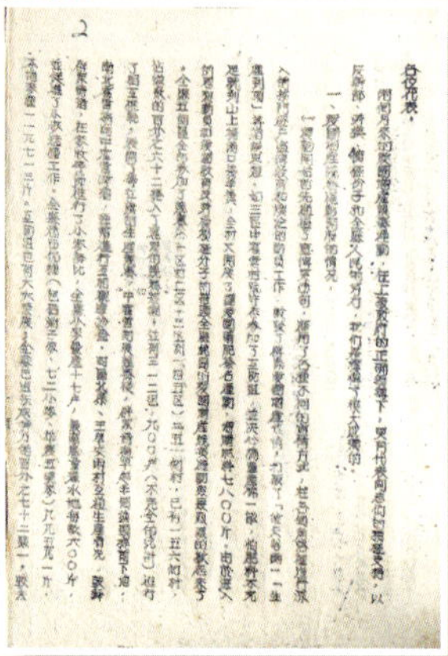

1952 年 6 月 27 日，灵寿县三届三次各界人民代表会议，开展爱国增产丰产运动的决议草案

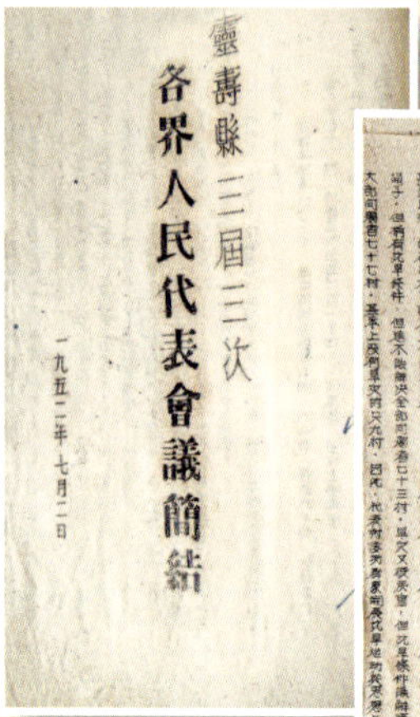

靈壽縣三屆三次各界人民代表會議簡結

一九五二年七月二日

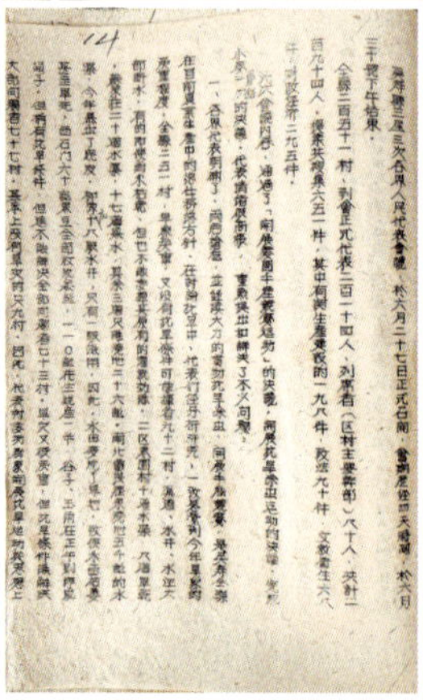

1952 年 7 月 2 日，灵寿县三届三次各界人民代表会议简结

《灵寿县人民政府五三年一至九月份工作总结报告》

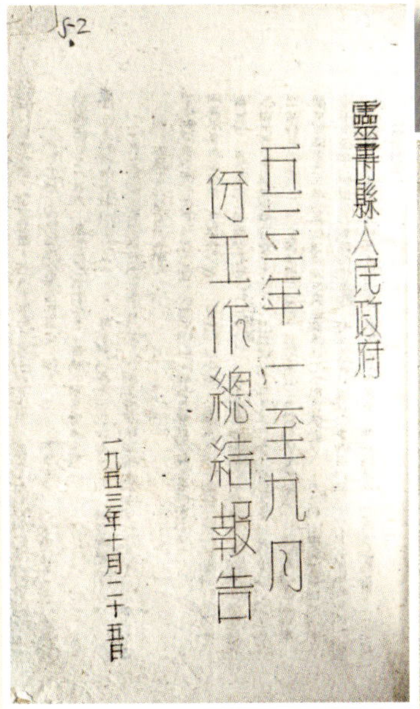

52

灵寿县人民政府

五三年一至九月份工作总结报告

一九五三年十月二十五日

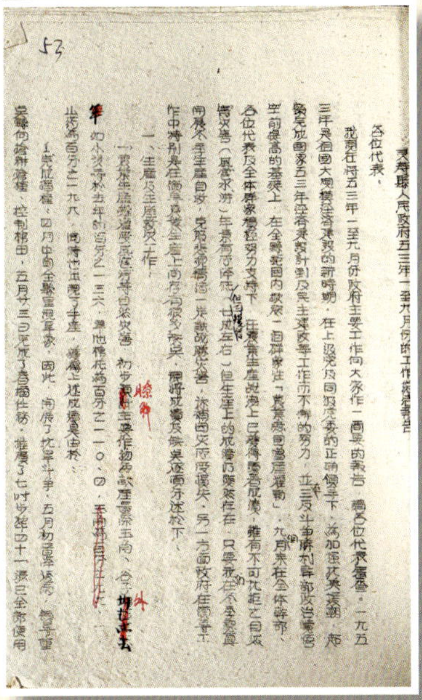

53

灵寿县人民政府五三年一至九月份工作总结报告

各位代表：

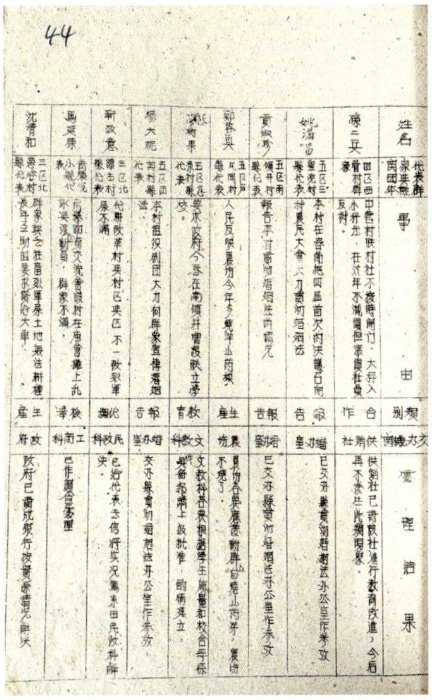

44

1953 年 1 月至 4 月，灵寿县四届首次各界人民代表会议处理代表来信问题统计表

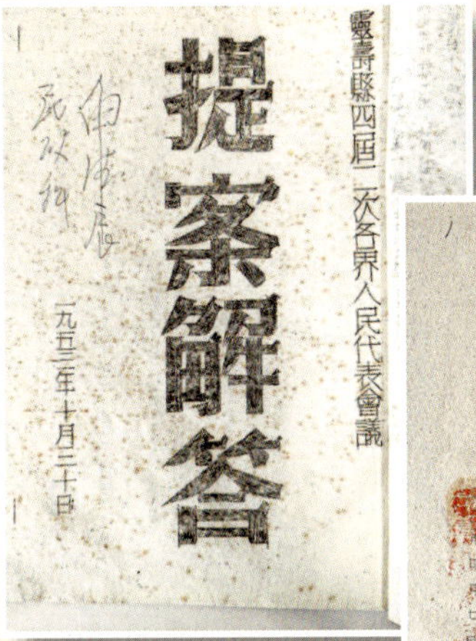

灵寿县四届二次各界人民代表会议

提案解答

一九五三年十月三十日

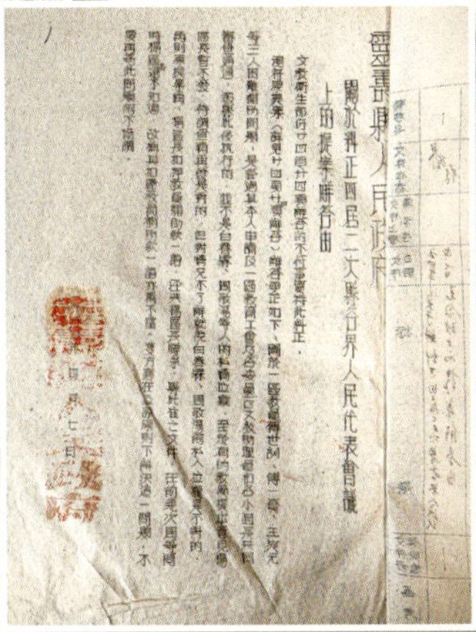

灵寿县人民政府

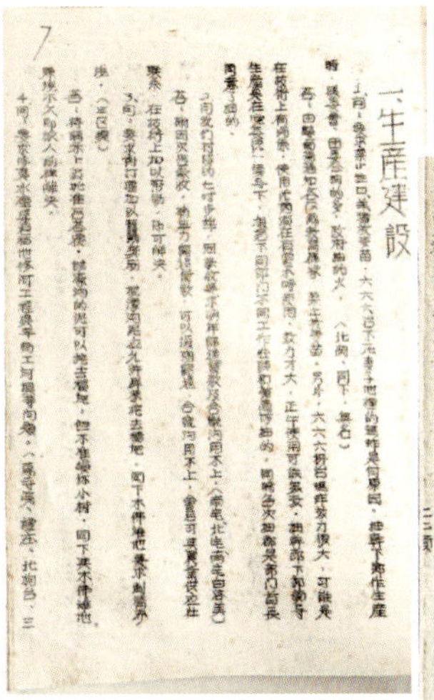

7

一、生产建设

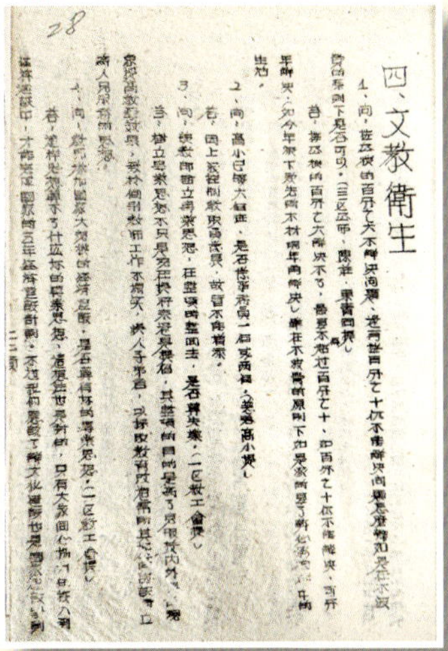

28

四、文教卫生

1953 年 10 月 30 日，灵寿县四届二次各界人民代表会议提案解答

1953 年 11 月，灵寿县四届二次各界人民代表会议总结

1954 年 7 月至 1956 年 6 月，灵寿县第一届人民代表大会第一至第三次会议部分档案图片

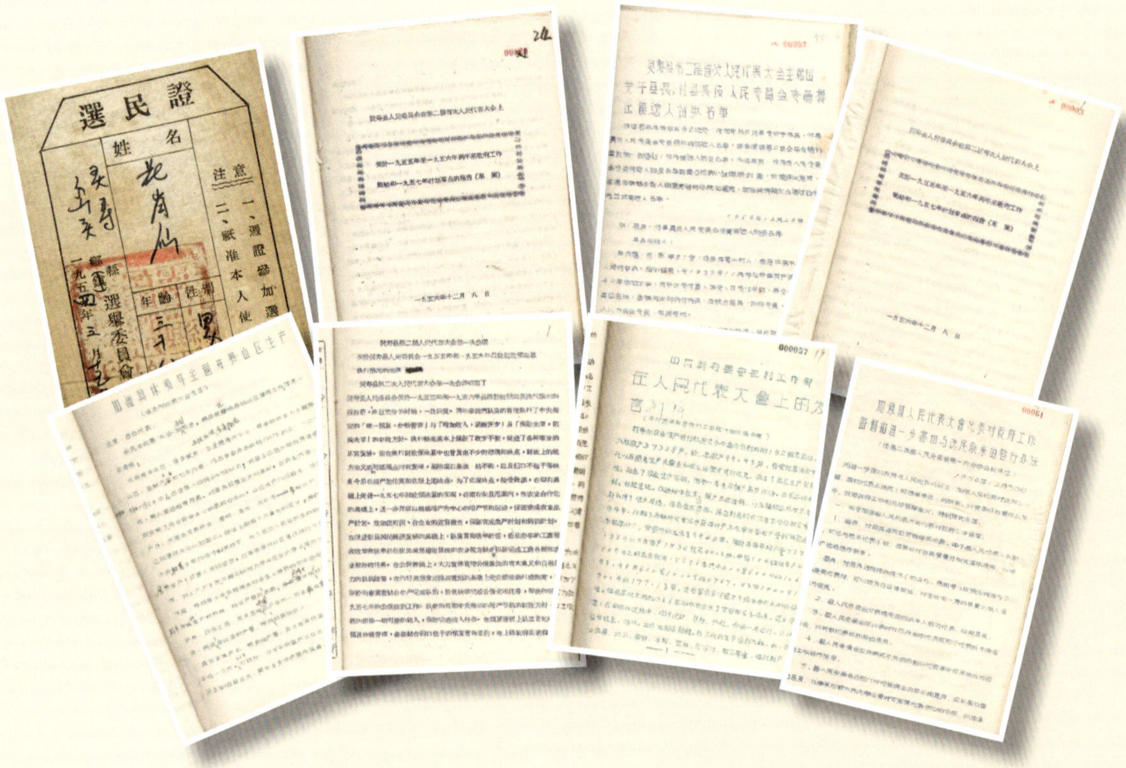

1956 年 12 月 8 日，灵寿县第二届人民代表大会会议部分档案图片

高山桂，1957 年 6 月至 1965 年 12 月，分别于二届二次、三届一次至六届一次人代会上当选灵寿县人民委员会县长

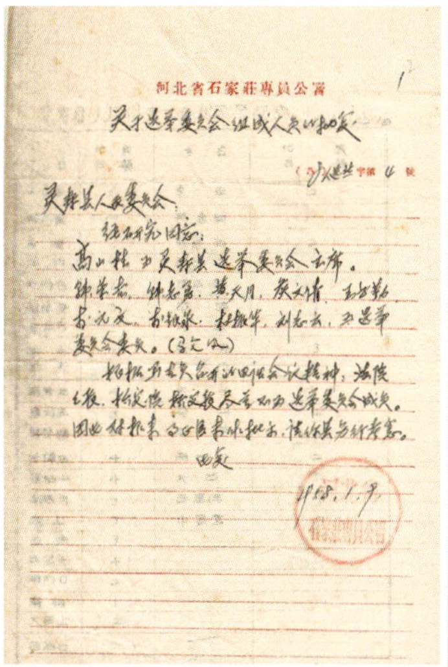

河北省石家莊專員公署

1958 年 1 月 9 日，石家庄专员公署关于选举委员会组成人员的批复

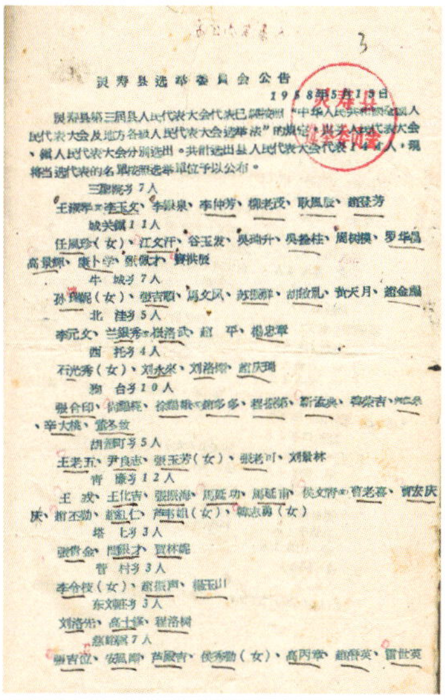

灵寿县选举委员会公告

1958 年 5 月 15 日，灵寿县选举委员会公告

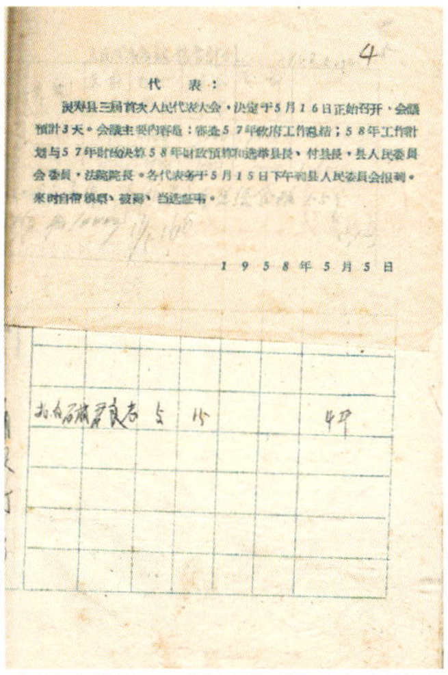

代 表：

1 9 5 8 年 5 月 5 日

1958 年 5 月 5 日，灵寿县三届首次人民代表大会代表通知函

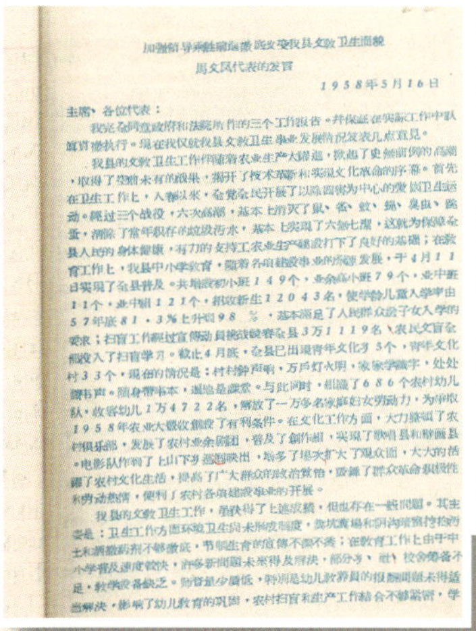

1 9 5 8 年 5 月 1 6 日

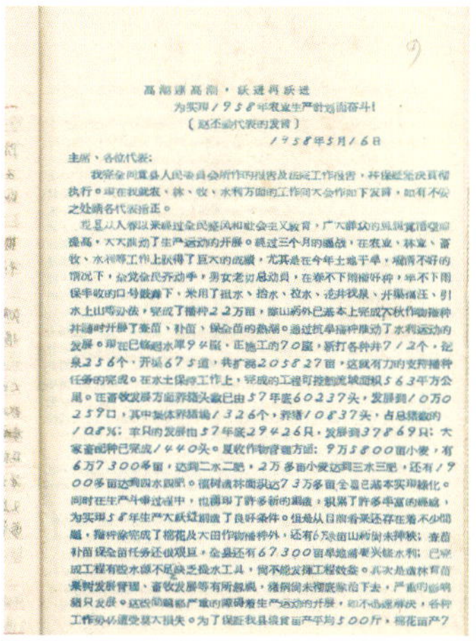

1 9 5 8 年 5 月 1 6

1958 年 5 月 16 日，三届一次会议发言稿

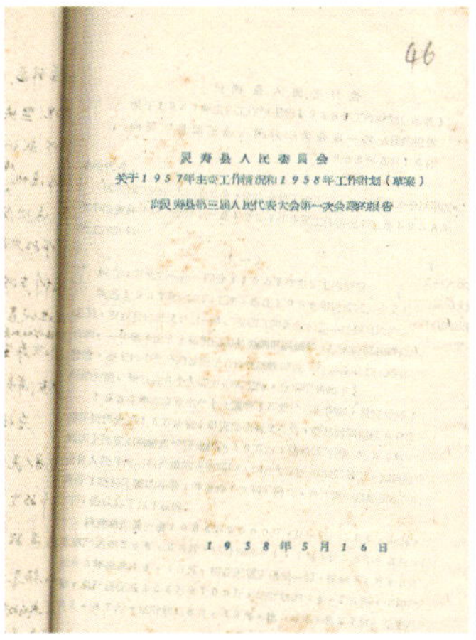

灵寿县人民委员会

关于1957年主要工作情况和1958年工作计划（草案）

向灵寿县第三届人民代表大会第一次会议的报告

1 9 5 8 年 5 月 1 6 日

1958 年 5 月 16 日，灵寿县人民委员会关于 1957 年主要工作情况和 1958 年工作计划（草案）向灵寿县第三届人民代表大会第一次会议的报告

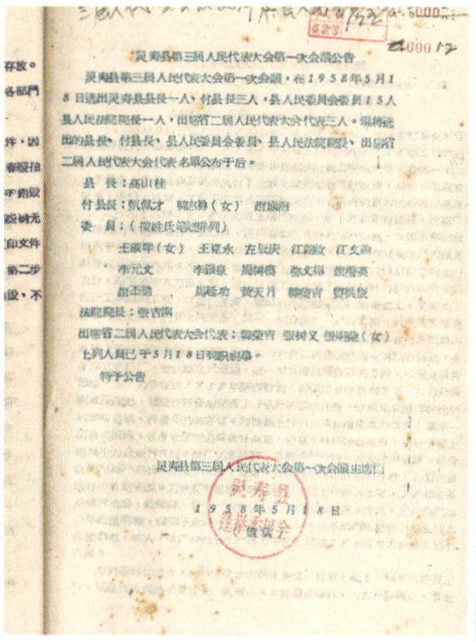

灵寿县第三届人民代表大会第一次会议公告

1 9 5 8 年 5 月 1 8 日

1958 年 5 月 18 日，灵寿县第三届人民代表大会第一次会议公告

1962 年 12 月 12 日至 15 日，灵寿县第四届人民代表大会相关资料

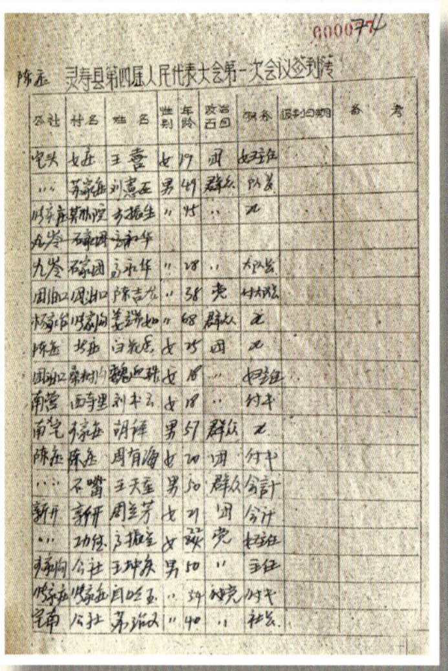

000074

陈庄　灵寿县第四届人民代表大会第一次会议签到簿

公社	村名	姓名	性别	年龄	政治面目	职务	报到日期	备考
宅头	北庄	王萱	女	17	团	妇主任		
〃	牛家庄	刘惠庄	男	49	群众	队长		
陈家庄	蒙林院	方振生	〃	45	〃	无		
~~九岭~~	~~石家团~~	~~高和华~~						
九岭	石家团	高和华	〃	28	〃	大队长		
团泊口	团泊口	陈吉花	〃	38	党	村大队长		
杨家台	杨家沟	姜彩如	〃	68	群众	无		
陈庄	北庄	白秋兰	女	25	团	无		
团泊口	秦村沟	魏兰珠	女	18	〃	妇主任		
南营	西寺里	刘书云	女	18	〃	村长		
南宅	于家庄	胡祥	男	57	群众	无		
陈庄	陈庄	周有海	女	20	团	付书		
〃	不嘴	王天奎	男	50	群众	会计		
新开	新开	周兰芳	女	21	团	会计		
〃	功德	高振兰	女	22	党	妇主任		
李家沟	公社	王坤亮	男	50	〃	主任		
陈家庄	陈家庄	闫岐玉	〃	39	预党	村长		
宅南	公社	苏瑞文	〃	40	〃	社长		

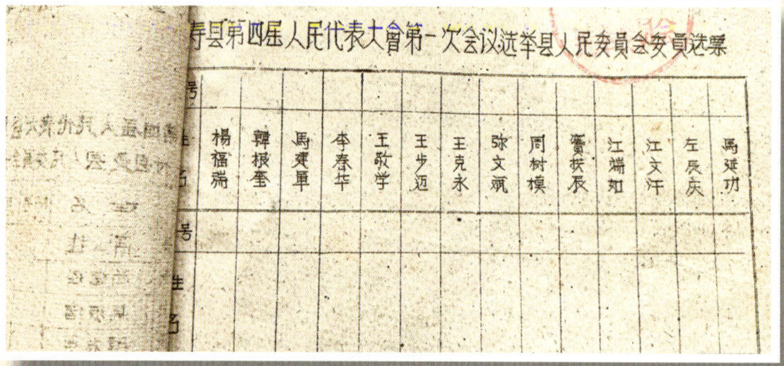

寿县第四届人民代表大會第一次会议选举县人民委员会委员选票

号														
姓名	楊福瑞	韓根奎	馬建軍	李春华	王敬学	王步迈	王克永	张文佩	周树模	董获辰	江端知	江文汗	左辰庆	馬延功
号														
姓名														

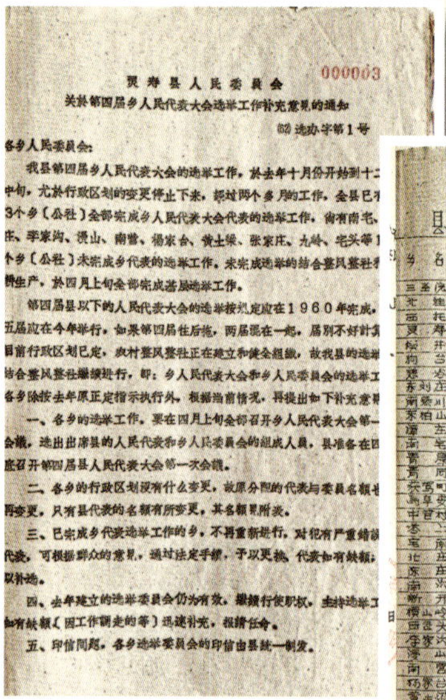

000003

灵寿县人民委员会

关於第四届乡人民代表大会选举工作补充意见的通知

(62)选办字第1号

各乡人民委员会:

我县第四届乡人民代表大会的选举工作，於去年十月份开始到十二……中旬，尤於行政区划的变更停止下来，经过两个多月的工作，全县已有……3个乡(公社)全部完成乡人民代表大会代表的选举工作，尚有南宅、……庄、李家沟、漫山、南营、杨家台、黄土梁、张家庄、九岭、宅头等1……个乡(公社)未完成乡代表的选举工作，未完成选举的结合整风整社和……耕生产，於四月上旬全部完成基层选举工作。

第四届县以下的人民代表大会的选举按规定应在1960年完成，……五届应在今年举行，如果第四届在后拖，两届混在一起，届别不好计算……目前行政区划已定，农村整风整社正在建立和健全组织，故我县的选举……结合整风整社继续进行，即：乡人民代表大会和乡人民委员会的选举工……各乡除按去年原正定指示执行外，根据当前情况，再提出如下补充意见……

一、各乡的选举工作，要在四月上旬全部召开乡人民代表大会第一……会议，选出出席县的人民代表和乡人民委员会的组成人员，县准备在四……底召开第四届县人民代表大会第一次会议。

二、各乡的行政区划没有什么变更，故原分配的代表与委员名额也……再变更，只有县代表的名额有所变更，其名额另附表。

三、已完成乡代表选举工作的乡，不再重新进行，对犯有严重错误……代表，可根据群众的意见，通过法定手续，予以更换，代表如有缺额，……以补选。

四、去年建立的选举委员会仍为有效，继续行使职权，主持选举工……如有缺额(因工作调走的等)迅速补充，报請任命。

五、印信問題，各乡选举委员会的印信由县统一制发。

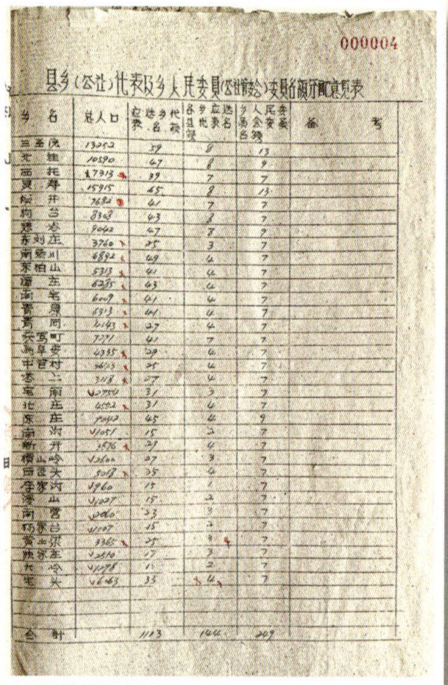

000004

县乡(公社)代表及乡人民委员(公社管委会)委员名额分配意见表

乡名	总人口	应选乡代表名额	各乡应选县代表名额	乡人民委员会委员名额	备考
三圣院	13252	37	8	13	
北谯	10590	47	8	9	
西托	17313	39	7	7	
灵寿	15915	65	8	13	
檀井	7692	41	7	7	
狗台	8303	43	8	7	
慈峪	9042	47	8	9	
东刘庄	3760	25	3	7	
南燕川	6892	49	4	7	
东柏山	5313	41	4	7	
康庄	6235	43	4	7	
南宅	6009	41	4	7	
青廉	6313	41	4	7	
青同	6143	27	4	7	
[illegible]	7371	41	7	7	
[illegible]	4335	29	4	7	
中古村	4613	25	4	7	
[illegible]	3118	27	4	7	
宅南	4275	31	3	7	
北庄	4442	31	4	7	
陈庄	7042	45	4	9	
南街	1051	15	2	7	
新开	3576	29	4	7	
横山岭	2600	27	3	7	
[illegible]	5013	35	4	7	
李家沟	1960	15	1	7	
漫山	1027	15	2	7	
南营	2060	23	3	7	
杨家台	1007	15	2	7	
黄土梁	3365	25	3	7	
陈家庄	2510	17	3	7	
九岭	1198	11	2	7	
宅头	6043	35	3 4	7	
合计		1113	144	209	

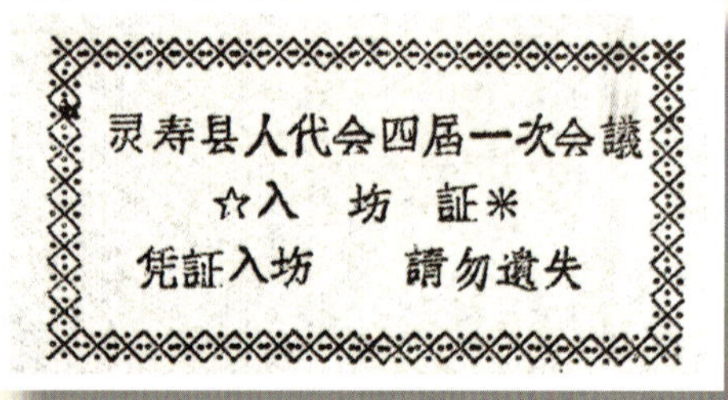

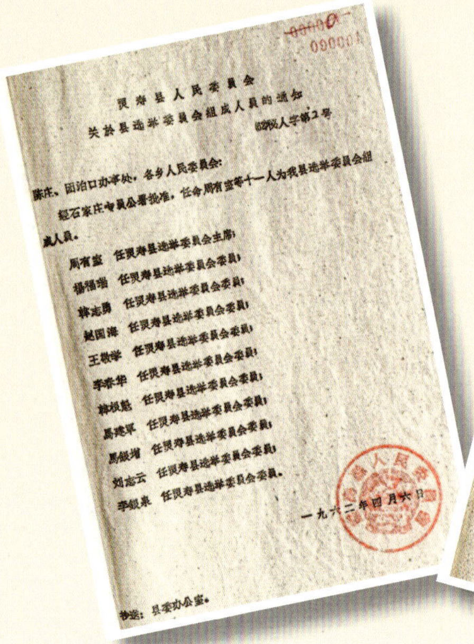

~~00000~~
000001

灵寿县人民委员会

关於县选举委员会組成人員的通知

(62)灵人字第2号

陈庄、团泊口办事处，各乡人民委員会:

經石家庄专員公署批准，任命周有宦等十一人为我县选举委员会組成人員。

周有宦　任灵寿县选举委員会主席；

杨福瑞　任灵寿县选举委員会委員；

韓志勇　任灵寿县选举委員会委員；

赵国海　任灵寿县选举委員会委員；

王敬学　任灵寿县选举委員会委員；

李春华　任灵寿县选举委員会委員；

韓根魁　任灵寿县选举委員会委員；

馬建軍　任灵寿县选举委員会委員；

馬银增　任灵寿县选举委員会委員；

刘志云　任灵寿县选举委員会委員；

李银泉　任灵寿县选举委員会委員。

一九六二年四月六日

抄送：县委办公室。

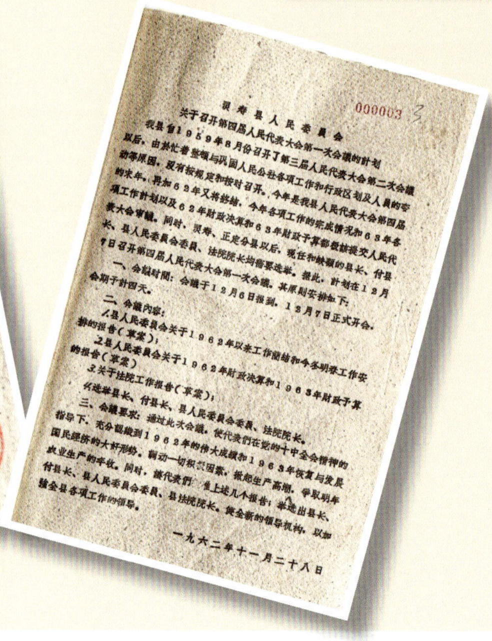

000003 3

灵寿县人民委员会

关于召开第四届人民代表大会第一次会議的計划

我县自1959年8月份召开了第三届人民代表大会第二次会議以后，由於忙者整顿与巩固人民公社各项工作和行政区划及人員的变动等原因，没有按规定和按时召开。今年是我县人民代表大会第四届的末年，再加62年又将終结，今年各项工作的完成情况和63年各项工作計划以及62年財政决算和63年財政予算都requires提交人民代表大会审議。同时，灵寿、正定分县以后，现任和缺额的县长、付县长、县人民委員会委員、法院院长均需要选举。据此，計划在12月7日召开第四届人民代表大会第一次会議。其原則安排如下:

一、会議时間：会議于12月6日报到，12月7日正式开会，会期予計四天。

二、会議内容:

1.县人民委員会关于1962年以来工作简结和今冬明春工作安排的报告(草案)；

2.县人民委員会关于1962年財政决算和1963年財政予算的报告(草案)

3.关于法院工作报告(草案)；

4.选举县长、付县长、县人民委員会委員、法院院长。

三、会議要求：通过此次会議，使代表們在党的十中全会精神的指导下，充分認識到1962年的伟大成績和1963年恢复与发展国民經济的大好形勢，调动一切积极因素，掀起生产高潮，争取明年农业生产的丰收。同时，請代表們审查上述几个报告；并选出县长、付县长、县人民委員会委員、县法院院长，健全新的领导机构，以加強全县各项工作的領导。

一九六二年十一月二十八日

1963 年 10 月 25 日至 27 日，灵寿县第五届人民代表大会相关资料

1965 年 12 月 26 日至 30 日，灵寿县第六届人民代表大会相关资料

1983 年 12 月，灵寿县第七届人民代表大会常务委员会组成人员

1984 年 4 月，新当选的灵寿县第八届人民代表大会常务委员会组成人员

1984 年 4 月，新当选的灵寿县第八届人民代表大会常务委员会主任、副主任，县长、副县长和法检两长

1984年4月，河北省人大常委会副主任洪毅、省人大常委会秘书长李铁到灵寿县调研人大工作

1984年4月，县人大常委会主任刘吉来陪同洪毅、李铁看望老党员郑守和

1985年12月5日，河北省山区教育研讨会在南营乡中学举办，县人大常委会副主任何增兰参加会议

1987 年 4 月，灵寿县第九届人民代表大会常务委员会部分组成人员

1988 年 5 月 24 日，县人大常委会主任刘吉来与部分人大常委会委员到正定荣国府考察学习文化产业工作

1990年4月，灵寿县第十届人民代表大会第一次会议人大代表

1990 年，参加纪念“三八”妇女节的县人大机关女干部

1991 年，县人大常委会主任栗士彦带领县人大机关干部到西柏坡接受红色革命教育

1991 年，省人大常委会副主任洪毅（前排中间）到灵寿县调研人大工作

1993 年 3 月，灵寿县第十一届人代会第一次会议代表

1993 年 3 月，灵寿县第十一届人大常委会主任、副主任

1993 年 3 月，灵寿县第十一届人大常委会全体人员

1995年3月，县委书记张静、县人大常委会主任杨从彩一行到孙毅将军住处汇报抗大二分校纪念馆施工进展情况

1995年4月5日，县人大常委会主任杨从彩陪同贺龙元帅之女贺晓明到刘家沟陈庄歼灭战旧址访问支前模范

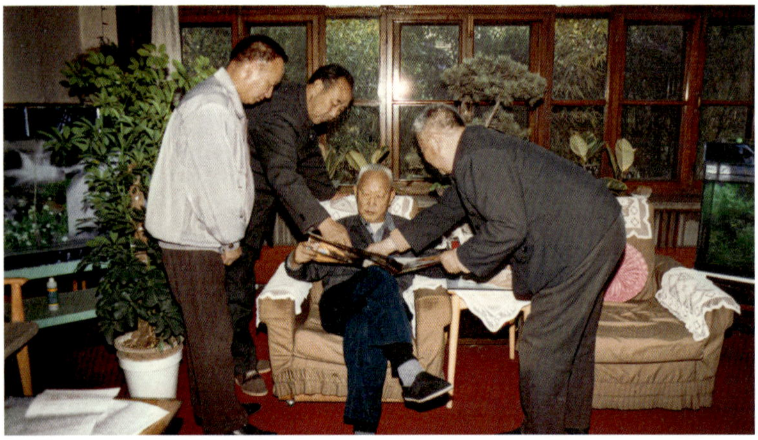

1996年4月16日，县人大常委会主任杨从彩、文化局局长冯荣昌向原抗大二分校二大队政治委员傅崇碧汇报抗大二分校纪念馆筹备工作

1997年，县人大常委会主任杨从彩陪同中国人民解放军原副总参谋长徐信到慈峪老家慰问群众

1998 年 3 月，县第十一届、十二届人大常委会主任、副主任

2002 年 10 月，县十二届人大常委会机关全体人员

2001 年 6 月，县第十二届人大常委会组成人员学习江泽民总书记“三个代表”重要思想

2003 年 4 月，新当选县第十三届人民代表大会常务委员会主任、副主任

2002年12月，市人大常委会主任沈志峰到灵寿慰问老党员

2006年10月，县人大常委会组织驻县市人大代表视察城市建设

2006年11月，县人大常委会主任罗华远带领市、县人大代表视察大理石废料利用项目

2000 年 9 月 15 日，县人大常委会主任罗华远陪同省、市领导参观河北灵寿石材产品展销订货会

2000 年 9 月 15 日，县人大常委会主任罗华远向县委书记张静介绍石材产品

1998 年 8 月，县人大常委会主任罗华远带队深入农村联系走访人大代表和群众

1999 年 6 月，县人大常委会主任罗华远带队到县工业企业调研并指导工作

1998 年 6 月，县人大常委会主任罗华远与县委书记张静、县长王振卿到农村调研麦收情况

灵寿县第十四届人民代表大会

☆

二〇〇七年四月至二〇一二年二月

2007 年 4 月，新当选的第十四届人大常委会主任、副主任

2011 年 2 月 14 日，灵寿县第十四届人民代表大会第五次会议会场

2011 年 2 月 14 日，灵寿县第十四届人民代表大会第五次会议会场

2011 年 2 月 14 日，灵寿县第十四届人民代表大会第五次会议，县人大常委会主任郝建英作报告

2008 年 10 月 23 日，市人大常委会副主任、市工商联合会会长王中联到灵寿调研物价监督工作

2008 年 11 月 7 日，县人大常委会主任郝建英陪同省人大代表视察凤凰薯业

2008 年 5 月 1 日，由省委宣传部部长聂辰席、省文联主席裴艳玲带队的河北省“百花乐万家”文化惠民工程走进灵寿，县人大常委会主任郝建英陪同

2010年5月17日， 省人大常委会副主任王增力视察灵寿县化肥厂

2010年11月24日，县人大常委会主任郝建英陪同市人大常委会副主任李屏东视察河北煜林建筑工程

2011年5月11日，省市领导到灵寿视察矿山管理工作

2011年8月10日，市人大常委会到灵寿调研企业经营情况

2007 年，县人大常委会主任郝建英向在场县领导介绍石牌坊的保护利用

2008 年 4 月 11 日，县人大常委会主任郝建英带领市人大代表视察 15 万吨氨醇项目

2007 年 12 月，县人大常委会主任郝建英带队视察企业安全生产

2008 年 4 月 11 日，县人大常委会主任郝建英带领市人大代表视察正元化肥厂

2008 年 5 月 20 日，石家庄市人大常委会副主任楚行宇一行视察正元化肥厂

2008 年 5 月 21 日，县人大常委会主任郝建英带队视察环境保护工作

2008 年 5 月 28 日，县人大常委会主任郝建英一行视察防汛工作

2009 年 9 月 23 日，县人大常委会主任郝建英一行视察教育均衡发展工作

2009 年 9 月 27 日，县人大常委会主任郝建英陪同在灵寿工作过的老领导视察正元化肥厂

2010 年 10 月 20 日，县人大常委会主任郝建英带队视察道路交通工作

2011 年 3 月，县人大常委会主任郝建英出席灵寿县教育园区项目合作建设框架协议签约仪式

2011 年 6 月 2 日，县人大常委会主任郝建英出席灵寿县“四帮一”扶贫工作座谈会

灵寿县第十五届人民代表大会

☆

二〇一二年二月至二〇一七年二月

2012 年 2 月 21 日，县十五届人大一次会议在电力会堂开幕

2012 年 2 月 21 日，灵寿县十五届人大一次会议会场

2013 年 3 月 24 日，县人大常委会主任马国云在县十五届人大二次会议上作工作报告

2012 年 2 月 21 日，县十五届人民代表大会第一次会议全体代表

2014年4月22日，马国云主任向被任命人员颁发任命书

2014年10月29日，县十五届人大常委会第二十次会议（工作评议大会）

2016年5月27日，全国人大农业与农村委员会主任陈建国到幸福小镇调研

2015 年 5 月 12 日，省人大常委会副主任王增力到灵寿县视察旅游工作

2012 年 12 月 26 日，市人大常委会主任杨志辉到灵寿县人大机关调研人大工作开展情况

2016 年 10 月 11 日，市人大常委会主任杨志辉一行到灵寿县视察脱贫攻坚工作

2014 年 12 月 2 日，市人大常委会副主任楚行宇到灵寿县督导人大代表之家建设工作

2015 年 6 月 18 日，市人大常委会副主任王增飞到灵寿县调研人民陪审员工作

2013 年 8 月 2 日，市人大常委会政策研究室主任马军到灵寿县调研农业产业化发展情况

2016 年 10 月 12 日，市人大常委会副主任楚行宇一行到灵寿县视察脱贫攻坚工作

2017 年 1 月 22 日，市人大常委会副主任李锡海走访慰问老党员和困难群众

2012 年 9 月 26 日，县人大常委会主任马国云带队视察高中教育工作

2012 年 12 月 12 日，县人大常委会主任马国云带队视察农业基地

2013 年 6 月 18 日，县人大常委会主任马国云带队视察检查食品安全工作

2013 年 6 月 19 日，县人大常委会主任马国云带领人大代表视察南朱乐村食用菌生产情况

2013 年 10 月 10 日，县人大常委会主任马国云带队视察县污水处理厂

2014 年 9 月 24 日，县人大常委会主任马国云带队视察幼儿教育工作

2014 年 12 月 18 日，县人大常委会主任马国云带队视察县煤炭物流园区建设情况

2016 年 6 月 7 日，县人大常委会主任马国云调研太行山绿化工程建设情况

2014 年 11 月 18 日，县人大常委会主任马国云带队视察企业运营情况

2015 年 12 月 11 日，召开县第十五届人大代表培训暨表彰会

2015 年 12 月 16 日，县人大常委会党组集中学习

灵寿县第十六届人民代表大会

☆

二〇一七年二月至二〇二一年六月

2017 年 2 月 21 日，灵寿县第十六届人民代表大会第一次会议在燕都大厦召开

2017 年 10 月，新当选的灵寿县人民政府县长冯素伟向宪法宣誓

2018 年 2 月，灵寿县第十六届人民代表大会分团讨论工作报告

2017年2月，灵寿县第十六届人民代表大会第一次会议全体代表

2017 年 3 月 23 日，灵寿县第十六届人大常委会第一次会议召开

2017 年 3 月 23 日，灵寿县第十六届人大常委会颁发任命书大会

2020 年 5 月 15 日，灵寿县人大常委会召开"6+1"联动监督工作推进会

2022 年 8 月 30 日，灵寿县第十六届人大常委会第 32 次主任（扩大）会议

2017 年 5 月 22 日，石家庄市人大农业和农村委主任孙任虎到灵寿县视察扶贫攻坚工作

2017 年 6 月 9 日，石家庄市人大财经委主任刘国清到灵寿县调研消费者保护法贯彻落实情况

2017 年 7 月 12 日，举办市县人大代表培训班，省人大常委会委员姚生泉授课

2018 年 5 月 7 日，石家庄市人大常委会副主任李志宏到灵寿县视察学前教育工作

2018 年 2 月 9 日，石家庄市人大常委会副主任李志宏到杜家沟村走访慰问贫困户

2018 年 5 月 8 日，石家庄市人大常委会副主任安树国到灵寿县视察安能绿色建筑科技有限公司生产车间

2018 年 5 月 22 日，石家庄市人大常委会副主任王丽君到杜家沟调研督导脱贫攻坚和美丽乡村建设

2018 年 5 月 28 日，石家庄市人大常委会副主任楚行宇、李志宏到灵寿县星海高科视察人大代表联络站工作

2018 年 6 月 12 日，石家庄市人大常委会主任司存喜到灵寿视察人大代表之家（站）工作

2018 年 7 月 19 日，河北省人大选举任免代表工作委员会选举任免处处长李同义、调研员马丽亚到灵寿县调研县乡人大建设工作

2019 年 6 月 19 日，河北省人大制度建设研究会会长、省十一届人大常委会常务副主任柳宝全到灵寿县车谷砣村调研旅游开发建设情况

2019 年 7 月 11 日，河北省人大常委会原副主任、河北省关工委常务副主任龚焕文到灵寿县视察药材种植

2020 年 4 月 23 日，石家庄市人大常委会副主任韩保来视察县城建设情况

2020 年 5 月 20 日，石家庄市人大常委会党组成员苑彦刚到胡庄村视察疫情防控工作

2020 年 8 月 19 日，河北省人大常委会副主任王会勇到灵寿县检查《河北省乡镇和街道综合执法条例（草案）》执行情况

2020 年 9 月 25 日，石家庄市人大常委会副主任楚行宇到灵寿县调研旅游工作

2017 年 4 月 24 日，县人大常委会主任刘振波带队视察企业安全生产情况

2017 年 8 月 4 日，县人大常委会主任刘振波在三圣院乡主持召开“人大代表之家”建设现场观摩会

2018 年 6 月 22 日，县人大常委会主任刘振波带队调研大学生回乡创业工作

2018 年 10 月 18 日，县人大常委会主任刘振波一行视察灵寿县公路建设项目情况

2019 年 4 月 16 日，县人大常委会主任刘振波带队视察垃圾填埋场

2019 年 5 月 29 日，县人大常委会主任刘振波带队视察第四届文旅大会重点项目大观园建设情况

2019 年 11 月 12 日，县人大常委会主任刘振波带队赴井陉学习观摩代表家站建设

2019 年 11 月 26 日，县人大常委会主任刘振波带队视察产业升级、重点工业项目建设

2020 年 1 月 13 日，县人大常委会主任刘振波看望老党员

2021 年 4 月 23 日，县人大常委会主任刘振波带队视察消防工作

2021 年 6 月 29 日，县人大常委会刘振波到塔上镇慰问困难户

2019年10月28日至31日，县人大常委会举办县第十六届人大代表培训班

2019年10月25日，县人大常委会主任刘振波讲“不忘初心、牢记使命”专题党课

2019年10月29日，县人大常委会党组成员谈心谈话

2019年10月31日，县人大常委会党组召开对照党章党规找差距专题会议

2020年7月30日，县人大常委会党组书记“七一”讲党课

2021年4月14日，县人大常委会党组召开民主生活会

2021 年 7 月 24 日，灵寿县第十七届人民代表大会第一次会议在电力会堂胜利召开

2021 年 7 月 24 日，灵寿县第十七届人民代表大会第一次会议上，代表们听取工作报告

2021 年 7 月 25 日，新当选的县十七届人大常委会领导班子举行宪法宣誓仪式

2022 年 1 月 28 日，县人大常委会主任白东风在县十七届人大二次会议上作工作报告

2021 年 7 月 25 日，县十七届人大一次会议投票表决

2021 年 7 月 24 日，代表团审议各项工作报告

2021 年 7 月 25 日，灵寿县第十七届人民代表大会第一次会议全体代表

2021 年 7 月，灵寿县十七届人大常委会领导班子

2023 年 7 月，灵寿县第十七届人大常委会组成人员

2023 年 7 月，灵寿县人大常委会机关全家福

2021 年 8 月 31 日，灵寿县第十七届人大常委会第一次会议召开

2021 年 9 月 24 日，县人大常委会主任白东风颁发任命书

2022 年 1 月 17 日，县委召开全县人大工作会议

2023 年 3 月 20 日，县人大常委会召开三项联动监督动员会

2023 年 3 月 20 日，县十七届人大常委会召开推进商贸物流产业发展联动监督工作专班调度会

2024 年 4 月 20 日，召开灵寿县人大系统四项联动监督动员会

2023 年 2 月 27 日，县人大常委会召开人大主任和“一府一委两院”主要负责人联席会议

2023 年 4 月 18 日，县人大常委会召开乡镇人大主席座谈会

2023 年 5 月 18 日，举办灵寿县四级人大代表和县乡两级人大干部素质提升培训班

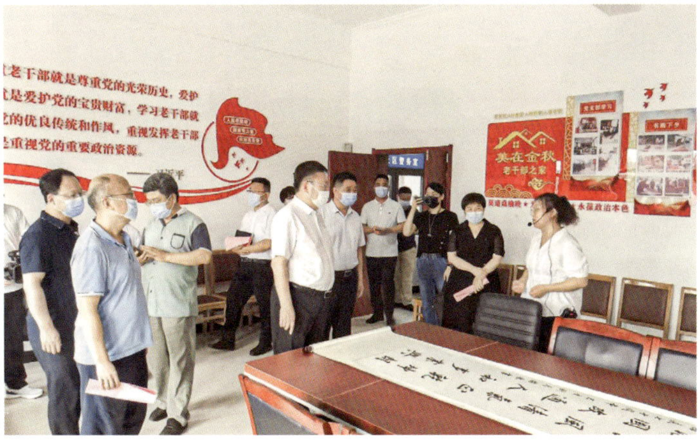

2023 年 6 月 22 日，市人大常委会副主任杨立中到松阳社区视察人大代表之家建设

2021 年 9 月 17 日，县人大常委会主任白东风带队检查建筑工地信息公开规范管理和安全生产工作

2021 年 9 月 27 日，县人大常委会主任白东风带队到三圣院乡人大代表之家指导工作

2021 年 11 月 16 日，县人大常委会主任白东风带队视察县重点工业项目建设

2022 年 5 月 26 日，县人大常委会主任白东风带队视察公路项目建设和人民路东延工程

2022 年 7 月 5 日，县人大常委会主任白东风一行到大明川调研文旅产业发展情况

2022 年 7 月 21 日，县人大常委会主任白东风到塔上、慈峪等乡镇督导耕地流出排查整改工作

2023 年 3 月 3 日，县人大常委会主任白东风陪同市人大常委会主任杨立中调研督导信访和安全生产工作

2023年6月29日，县人大常委会主任白东风到塔上看望老党员安吉秀

2023年11月7日，县人大常委会主任白东风到燕川乡官庄村走访慰问贫困户

2023年8月7日，县人大常委会副主任吕秀敏到安能绿建调研代表之家建设情况

2023年8月17日，县人大常委会主任白东风带队视察水毁工程及灾后重建工作

2023 年 2 月 9 日，县人大常委会党组民主生活会

2023 年 10 月 12 日，县人大常委会主题教育专题学习会

2024 年 7 月 2 日，县人大常委会党组书记白东风讲纪律专题党课

2024 年 8 月 2 日，县人大常委会党组书记白东风讲警示教育案例

2023 年 11 月 20 日，县人大常委会党组扩大会议

2023 年 3 月 24 日，全国人大代表陈春芳在灵寿县人大系统宣讲全国“两会”精神

灵寿县历届人大常委会主任

李斌昌 / 灵寿县第七届人大常委会主任（1981 年 12 月—1983 年 12 月）

刘吉来 / 灵寿县第八、九届人大常委会主任（1983 年 12 月—1990 年 4 月）

栗士彦 / 灵寿县第十届人大常委会主任（1990 年 4 月—1993 年 1 月）

杨从彩 / 灵寿县第十一届人大常委会主任（1993 年 3 月—1998 年 2 月）

罗华远 / 灵寿县第十二、十三届人大常委会主任（1998 年 3 月—2007 年 4 月）

郝建英 / 灵寿县第十四届人大常委会主任（2007 年 4 月—2012 年 3 月）

马国云 / 灵寿县第十五届人大常委会主任（2012 年 3 月—2017 年 3 月）

刘振波 / 灵寿县第十六届人大常委会主任（2017 年 3 月—2021 年 7 月）

白东风 / 灵寿县第十七届人大常委会主任（2021 年 7 月至今）

灵寿县人大志编辑工作掠影

2024年7月，灵寿县人大志编纂委员会领导班子

2024年5月，编辑室全体人员

2024年4月9日，《灵寿县人大志》编纂动员大会

2024 年 4 月 9 日，灵寿县人大志编纂培训会

2024 年 3 月 21 日，编纂组到赞皇县交流学习

编纂组到石家庄市档案馆查阅材料

2024 年 9 月 2 日，编纂组到老干部家里收集文史资料并征求意见

2024 年 6 月 13 日，县人大常委会召开灵寿县人大志编纂工作推进会

2024 年 7 月 14 日，县人大常委会召开人大系统老干部征求意见座谈会

2024 年 8 月 1 日，县人大志合稿讨论会召开

2024 年 11 月 1 日，《灵寿县人大志》三审三校推进会召开

序

《灵寿县人大志（1940—2023）》是灵寿县第一部人大工作志书，它的问世，将填补灵寿民主政治建设在人民代表大会制度上的空白，是灵寿人大发展史上的一件大事，意义重大，值得庆贺。

灵寿县是革命老区，具有光荣革命传统。1930年，灵寿县第一个中国共产党的基层组织——南燕川党支部建立。1938年3月，经民主选举，灵寿县人民抗日民主政府在慈峪成立，人民革命政权正式建立。1940年8月，通过民主选举和特别聘请方式产生县议员，首届一次全体议员大会在陈庄召开，灵寿县议会正式成立。此后，灵寿人民在中国共产党领导下，前赴后继、英勇奋斗，终于迎来了中华人民共和国成立，并经过各界人民代表会议的过渡，普选产生了人民代表大会。事实证明，人民代表大会制度是人民群众的选择，是历史发展的必然。

中华人民共和国成立初期，灵寿县先后召开过四届十次各界人民代表会议。1954年，《中华人民共和国宪法》颁布，确定在全国实行人民代表大会制度。1954年7月，灵寿县召开了第一届人民代表大会第一次会议，至2024年3月，已历经十七届。人民代表大会制度历经初创雏形、过渡准备、建立发展、走向成熟直至日臻完善，在灵寿大地上焕发出蓬勃生机。70年来特别是改革开放40多年来，人民代表大会制度为党领导人民创造经济快速发展奇迹和社会长期稳定奇迹提供了重要制度保障。尤其是党的十八大以来，以习近平同志为核心的党中央不断加强党对人大工作的领导，全面发展全过程人民民主，社会主义民主政治制度化、规范化、程序化全面推进。人民代表大会制度在灵寿生动实践，就是一部灵寿人民在中国共产党领导下为救国而浴血探索、为中华人民共和国成立而艰辛开拓、为强国而砥砺创新的奋斗史。

编修史志是中华民族优秀文化传统，是存史、资政、育人的重要手段。《灵寿县人大志（1940—2023）》采用述、记、志、图、表、录等多种形式，系统地记述了灵寿县人民代表大会发展历史，客观地反映了灵寿县人民代表大会及其常务委员会工作全貌，是一部朴实、严谨的资料性著述。县人大及其常委会坚持以人民为中心，民有所呼、我有所应；为人民用权、为人民履职、为人民服务，自觉接受人民监督，解决好关系群众切身利益的重点难点问题，以初心如磐的定力、踔厉奋发的姿态、勇立潮头的追求、笃行实干的担当和各级人大代表履职为民的情怀体现在字里行间。

以史为鉴，展望未来。铭记人大历史，赓续红色血脉，对于推动新时代地方人大工作在继承中创新、在创新中发展，不断谱写新篇章具有重要意义。新征程上，灵寿县人大及其常委会将肩负起时代的使命、人民的重托，旗帜鲜明、坚定不移贯彻落实坚持党的领导这一最高政治原则，坚持党的领导、人民当家作主、依法治国有机统一，不断丰富和发展全过程人民民主，持续加强和改进人大工作，发展具有强大生命力的社会主义民主政治，为县域经济社会高质量发展作出贡献。

灵寿县人大常委会主任

2024年9月

凡　例

一、本志以马克思列宁主义、毛泽东思想、邓小平理论、“三个代表”重要思想、科学发展观、习近平新时代中国特色社会主义思想为指导，坚持辩证唯物主义和历史唯物主义的立场、观点和方法，遵循《地方志工作条例》和志书编纂出版有关规定，求真务实，全面客观地记述中华人民共和国成立前中国共产党主导下的灵寿县议会、各界人民代表会议、首届至第十七届人民代表大会及其常务委员会，在中共灵寿县委领导下，坚持和完善人民代表大会制度、依法履行职责的历史与现状。

二、按照科学分类与现实社会分工，尤其是现行管理体制相结合的方法设置篇目，力求突出时代特征、地方特色和专业特点。

三、本志上限为 1940 年 8 月灵寿县首届议会召开，下限至 2023 年 12 月底。根据事件叙述完整性的需要，个别事件适当上溯或下延。

四、本志以灵寿县本级人大为主体，兼顾各乡镇人大 。

五、本书采用述、记、志、图、表、录等体裁，以志为主。本志不设人物传，对历史有重大贡献者采用以事系人方式入志。

六、本志采用章节体，原则上以届别立篇，篇下设章，章下设节，节下设目。

七、采用规范语体文，行文力求准确、简洁、通畅。

八、本志涉及组织、机构、法律法规、文件、会议等方面的专有名称使用全称，使用简称时，在适当地方括注于全称之后。机构名称在第一次使用时用全称，之后用简称。其中，县人民政府、县监察委员会、县人民法院、县人民检察院，简称“ 一府一委两院”；县人民法院、县人民检察院，简称“ 两院”。不同时期的国家、团体、机构、职务、地名等名称，均用当时名称，地名有变化的括注今地名。今地名使用各级政府审定的标准地名。

九、数字用法、标点符号用法分别采用国家标准《出版物上数字用法》(GB T15835—2011)、《标点符号用法》(GB T15834—2011)，计量单位采用国家技术监督局 1993 年 12 月发布的《量和单位》系列国家标准。

十、本志采用公元纪年。

十一、本志资料来源于县档案馆、县人大常委会机关档案室及各乡镇人大。参考书籍有《石家庄人大志》《石家庄人大二十年》《灵寿县志》《灵寿年鉴》《中国共产党灵寿县历史》《中国共产党河北省灵寿县组织史资料》《中国共产党灵寿县历史大事记》及县人大编辑的图书资料等，报纸杂志及社会征集资料均经核实后载入，一般不注明出处。

目 录

第三篇 灵寿县第一届人民代表大会

第四篇 灵寿县第二届人民代表大会

第五篇 灵寿县第三届人民代表大会

第六篇 灵寿县第四届人民代表大会

第七篇 灵寿县第五届人民代表大会

第八篇　灵寿县第六届人民代表大会

第九篇　灵寿县第七届人民代表大会

第十篇　灵寿县第八届人民代表大会

第十一篇　灵寿县第九届人民代表大会

第十二篇　灵寿县第十届人民代表大会

第十三篇　灵寿县第十一届人民代表大会

第十四篇　灵寿县第十二届人民代表大会

第十五篇　灵寿县第十三届人民代表大会

第十六篇　灵寿县第十四届人民代表大会

第十七篇　灵寿县第十五届人民代表大会

第十八篇　灵寿县第十六届人民代表大会

第十九篇 灵寿县第十七届人民代表大会

第二十篇　各乡镇人民代表大会

概 述

一

灵寿县位于河北省省会石家庄西北 35 千米处。总面积 1055.74 平方千米。县城坐落在县境东南隅，城区面积 12.6 平方千米，辖 1 个省级经济开发区，6 镇 9 乡、279 个行政村，人口 35 万人。

灵寿县夏商时属冀州，周属中山国。汉高祖三年（前 204 年）为灵寿有确切纪年的置县时间，2011 年被联合国地名专家组命名为“千年古县”。

灵寿曾为抗日战争和解放战争做出过重要贡献。1937 年 10 月，大队长孙毅、政治处主任黄励带领八路军一一五师教导大队挺进灵寿县西北部山区陈庄一带开辟工作。晋察冀省委派张达随军到灵寿县恢复和发展党组织，重新建立中共灵寿县委，领导全县人民积极开展抗日斗争。1939 年年初中国人民抗日军政大学第二分校到达灵寿，办学 5 年中培养了 2 万多名军政干部、60 多名共和国将军。1940 年秋，晋察冀边区政府进驻灵寿县麒麟院村（政府部分机关和团体于 1939 年先期到达灵寿县陈庄、寨头一带），1943 年 10 月迁回阜平，在灵寿度过极为困难时期。抗战胜利后，灵寿县大批干部踏上南下、北上的征途，帮助新解放区巩固政权，为全民族彻底解放做出了灵寿人特有的历史贡献。2023 年 5 月 15 日，河北省老促会公布灵寿县为革命老区县。

灵寿县历史名人众多。见诸史书和地方志的著名历史人物既有灵寿本地人，如乐羊、乐毅、曹彬、韩亿、马从聘、傅维鳞等，也有外籍名宦，诸如灵寿知县陆陇其等，其中不乏尚书、侍郎、总督、少卿等要职。近现代诸如彭真、贺龙、聂荣臻、孙毅、宋劭文等老一辈无产阶级革命家都曾在这里战斗生活过。灵寿本地建党人物、抗日志士、民族英雄、先进人物也更是举不胜举，其事迹可歌可泣。一代又一代的杰出人物和无数不见经传的劳动人民，共同创造和构筑了绚丽多彩的灵寿历史，为推进灵寿社会进步和发展做出了卓越贡献。

灵寿境域相对稳定，少有变动。昔日灵寿，险山恶水，交通闭塞，地少粮贫，民不保身。中华人民共和国成立后，荡涤旧弊，人民翻身当家做主，灵寿获得新生。改革开放，国家增添活力，人民重获希望。党的十八大后，人民阔步走进新时代，摆脱贫困，迈入小康。党的二十大，新蓝图展现新画卷，人民听党话、跟党走，前进在国家繁荣、民族复兴的大道上。

二

灵寿的人大工作在中国共产党的正确领导下，从无到有，从弱到强，经过了70年的实践过程。

（一）中华人民共和国成立前党领导下的人民议会情况

1940年3月，中共中央北方分局召开干部扩大会议，决定在晋察冀边区开展民主大选举活动。6月，晋察冀边区公布《县区村组织暂行条例》《参议会暂行组织条例》及《暂行选举条例》，向全边区发出《为胜利地完成各级选举而奋斗》的指示信。1940年6月14日，灵寿县成立选举筹备委员会，号召全县人民动员起来踊跃参政。之后自下而上开展村选、区选工作，民主选举出村长、区长。中共灵寿县委、县抗日政府贯彻晋察冀边区指示，在深入宣传酝酿的基础上，通过民主选举和特别聘请方式产生县议员，并于1940年8月14日在陈庄召开首届一次全体议员大会，全县推选议员46人，到会40人（其中女议员5人）。全体议员中，多数为共产党员，少数为国民党员，还有开明绅士和商人。此外，参加会议的还有边区选委会代表、联大检查团、专署代表、晋察冀通信社、各乡拥护团。会议进行6天，通过“灵寿县抗日施政方针”和县财政预决算报告，选举了县议会议长、副议长和县抗日民主政府县长，还选举了“国大”代表。周学敬、郝南乾分别当选为议长、副议长，李观慈当选为县长。首届议会自1940年8月至1942年9月，共召开4次会议。听取和审查报告4个，通过决议、决定7项，审查处理提案110件，选举7项。

第二届议会于1943年7月28日至8月2日在陈庄召开。共有正式议员38名，出席会议的议员27名，会议听取和审议了第一届议会驻会议员的工作报告和政府工作报告，作出了《关于议长驻会监督政府执行议会决议》；收集议员提案110件，交政府落实、执行，选举周学鳌为议长，刘荣芳（民主人士）为副议长，臧伯平当选为县长。灵寿县成立议会相对较早，为灵寿县政权建设和民主运动发挥了积极的作用。

（二）县各界人民代表大会情况

抗日战争胜利后，随着国内政治形势的变化，中国共产党领导的解放区的政权形式由参议会改为人民代表会议。各解放区和新解放的城市普遍建立了人民代表会议或各界人民代表会议。1949年9月，中国人民政治协商会议第一次全体会议，一致通过具有临时宪法性质的《中国人民政治协商会议共同纲领》（以下简称共同纲领），确定了人民代表大会制度为我国的根本政治制度。在普选的地方人民代表大会召开以前，由地方各界人民代表会议（由地方各界人民代表组成的会议称地方各界人民代表会议）代行地方人民代表大会的职权，以动员和组织人民群众完成一切重大任务。1949年10月24日，中共石家庄地委根据共同纲领和中央要求，向各县发出《关于召开各界人民代表会议的指示》。1949年11月至1954年7月，灵寿县先后召开过四届十次各界人民代表会议。第一届召开一次会议，第二届召开两次会议，第三届召开四次会议，第四届召开三次会议。灵寿县第一、二届各界人民代表会议不设常务委员会，职权仅限于听取讨论政府工作报告和安排意见、提出提案等。后两届各界代表会议扩大会议职权，并增设常务委员会。代表的产生主要采取基层选举办法，实行民主选举政府领导人。各界人民代表会议的召开，将党的主张变成广大群众的共识，广泛听取群众意见，改进政府工作，为加快国民经济的恢复与发展发挥了很大作用。

（三）历届人民代表大会情况

1954年《中华人民共和国宪法》（以下简称宪法）颁布，确定在全国实行人民代表大会制度，通过普选建立县、乡（镇）各级人民代表大会。人民代表大会的代表是根据《中华人民共和国全国人民代表大会及地方各级人民代表大会选举法》规定的原则、方法和程序选举产生的。灵寿县第一届人民代表大会代表由间接、等额选举产生。依照宪法和《中华人民共和国地方各级人民代表大会和地方各级人民委员会组织法》规定，灵寿县人民代表大会在休会期间不设常设机构，由县人民政府（1955年6月起为人民委员会）负责各次会议的准备工作。

灵寿县第一届人民代表大会第一次会议于1954年7月10日至14日召开，结束了县各界人民代表会议制。1956年12月至1965年12月，灵寿县第二至第六届人民代表大会举行了6次会议，分别选举产生了灵寿县各届人民委员会。灵寿县一至六届人民代表大会不设常务委员会，而以同级人民政府（县人委）作为人大闭会期间行使国家权力的机关。“文化大革命”开始后，人民代表大会中断。

（四）县人大常委会设立以来情况

1978年3月，第五届全国人民代表大会第一次会议召开，会议通过了修订后的宪法，再次确立了人民代表大会的地位。

1978年年底召开的中共十一届三中全会，总结了中华人民共和国成立以来正反两方面的经验教训，重新确定了健全社会主义民主与法制的基本方针，使我国的人民代表大会进人一个新的历史发展阶段。其中1979年召开的五届人大二次会议通过的《中华人民共和国地方各级人民代表大会和地方各级人民政府组织法》（以下简称组织法）规定，从1981年2月开始，设立县级人民代表大会常务委员会，作为县级人民代表大会的常设机构。县人大常委会组成人员由人民代表大会选举产生，人大常委会主任主持常委会日常工作，副主任协助开展工作，主任、副主任组成主任会议。常委会按照组织法行使职权。

灵寿县第七届人民代表大会第一次会议于1981年12月21日召开，出席代表218人（应到220人）。会议听取和审议县革命委员会主任杨廷和作的《革命委员会工作报告》、县人民法院院长张德良作的《灵寿县人民法院工作报告》、县人民检察院检察长作的《灵寿县人民检察院工作报告》、县财政局局长作的《关于1980年财政决算和1981年财政预算执行情况的报告》、大会议案审查委员会主任委员刘吉来作的《提案审查委员会关于代表提案的审查报告》。会议通过相应决议。选举县人民政府县长、副县长，县人民法院院长，县人民检察院检察长。这次会议的召开标志着中断16年的县人民代表大会得以恢复。这次大会同时选举产生了灵寿县人民政府组成人员，县革命委员会工作至此宣告结束。

灵寿县七届人大一次会议首次选举产生了县人大常委会组成人员。县级以上地方人大设立常委会是我国社会主义民主法治建设的一件大事。地方人大设立常委会发轫于改革开放初期，与社会主义民主法治建设同步启动、同步发展、同频共振，是我国人民代表大会制度的一次重大发展和完善，也是健全地方政权体制、巩固党的执政地位的重要举措，有力推动了人大工作、立法工作，具有重大的政治意义和法治意义。中共十八大以来，灵寿县人大常委会认真学习贯彻习近平新时代中国特色社会主义思想，坚持中国特色社会主义政治发展道路，坚持和完善人民代表大会制度，加强和改进新时代人大工作，不断发展全过程人民民主。县人大及其常委会始终坚持党的全面领导，全面贯彻落实新时代人大工作的新部署新要求，在学懂、弄通、做实上下功夫，牢牢把握政治机关属性，坚定制度自信，提升政治站位，把牢政治方向，不断提升人大干部的政治判断力、政治领悟力、政治执行力，坚决做人大制度的忠实捍卫者和实践者。灵寿县人大常委会自成立以来，截至 2024 年 3 月，11 届人民代表大会共举行 50 次会议，已召开灵寿县第十七届人民代表大会第四次会议。

三

宪法颁布 70 年来，特别是灵寿县人大常委会成立 43 年来，历届县委对灵寿人大的工作都非常重视，切实加强对人大工作的领导，重视发挥人大及其常委会的作用，就加强人大工作作出部署要求。县人大及其常委会紧紧围绕党和全县工作大局，从实际出发，认真履行宪法和法律赋予的职责，通过开展工作监督和法律监督、决定地方重大事项、任免国家机关工作人员、做好代表工作等形式和渠道，保障人民当家作主，动员全县人民积极投身家乡建设、保证国家机关协调高效运转和维护全县社会稳定，革新理念，健全制度，强化职能，务实工作，大力推进依法治县和民主法治建设进程，为推动灵寿县经济社会的又好又快发展，做出了应有的贡献！

纵观灵寿县人民代表大会的历史，是灵寿县人民代表大会制度建设不断发展和完善的进步史，是大力推进灵寿县民主法治进程的发展史，是忠实代表灵寿县人民根本利益和执行宪法法律的光辉史。

2024 年是中国共产党成立 103 周年，宪法颁布 70 周年，全国人民代表大会制度确立 70 周年，不忘初心、牢记使命，忠诚担当、拼搏竞进，做好新时期人大工作责任重大、使命光荣。在上级人大组织的指导下，在中共灵寿县委的领导下，灵寿县人大常委会必将与时俱进，开拓创新，积极发展全过程人民民主，不断提高新时代新征程人大工作质量和水平，为建设滨河生态新城，现代美丽灵寿贡献人大力量！

大 事 记

1940 年

8 月 17 日　首届一次全体议员大会在陈庄召开，正式成立灵寿县议会。全县推选议员 46 人，到会 40 人。

1942 年

3 月 18 日　首届议会第三次全体议员会议召开。

9 月 28 日　首届议会第四次全体议员会议在东柏山召开。

1943 年

7 月 28 日至 8 月 2 日　灵寿县第二届首次全体议员会议在陈庄召开。

1944 年

5 月 25 日至 29 日　灵寿县第二届第二次全体议员会议在新开完小召开。

1945 年

5 月 15 日至 18 日　灵寿县第二届第三次全体议员会议在东柏山完小召开。

1946 年

1946 年　内战开始，县议会自行解散。

1949 年

11 月　灵寿县召开第一届各界人民代表会议第一次会议。

1950 年

1 月 31 日至 2 月 4 日　第二届各界人民代表会议第一次会议在县城召开，出席会议代表 185 名。

1951 年

9 月 3 日至 7 日　灵寿县第二届各界人民代表会议第二次会议在县城召开，出席会议的代表 168 名。

12 月 26 日至 30 日　灵寿县第三届各界代表会议第一次会议在县城召开，应到代表 255 名。

1952 年

3 月 17 日至 19 日　灵寿县第三届各界人民代表会议第二次会议在县城召开，到会代表 218 名。

6 月 27 日至 30 日　灵寿县第三届各界人民代表会议第三次会议在县城召开，到会代表 214 人。

10 月 7 日至 9 日　灵寿县第三届各界代表会议第四次会议在县城召开，出席代表 198 名。

1953 年

1 月 25 日至 28 日　灵寿县第四届各界人民代表会议第一次会议在县城召开，出席代表 250 名，本次会议选举出席省第二届各界代表会代表武风举、袁丑丑（女）。

10 月 30 日至 11 月 1 日　灵寿县第四届各界人民代表会议第二次会议在县城召开，出席代表 181 名。

11 月 23 日　灵寿县第四届各界人民代表会议第三次会议召开。

1954 年

2 月 23 日　县委召开扩大会议，提出生产是第一位，其中互助合作是领导重心，选举是第二位，在完成生产的前提下进行选举工作，完成普选过程必须是推动生产、组织互助合作的过程。

6 月 2 日　县委召开会议，提出县人民代表大会在 7 月初召开，把组织宪法草案讨论作为主要内容。

7 月 10 日至 14 日　县一届人大一次会议召开。听取和审议县长白兴道作的《关于 1954 年上半年政府工作报告和下半年工作计划》，并通过相关决议。县委书记张毅传达了宪法草案，讨论通过《关于拥护中华人民共和国宪法草案的决议》。会议选举产生出席河北省第一届人民代表大会代表 3 名，审查处理提案 433 件。

11 月 11 日至 13 日　县一届人大二次会议召开。听取和审议县长白兴道作的《关于一年来实行粮食统购统销工作检查》和《1954 年农业税征收及粮食、棉花、油料实行统购统销的报告》，并通过相关决议。会议审查处理提案 41 件。

1955 年

6 月　县人民政府根据河北省石家庄专员公署通知要求，改称县人民委员会。

1956 年

6 月 24 日至 26 日　县一届人大三次会议召开，听取和审议灵寿县人民委员会副县长甄佩才作的《关于 1955 年工作简结与 1956 年工作任务的报告》和《关于 1955 年县级决算和 1956 年县级预算的报告》及副县长韩志勇作的《关于 1956 年七、八、九月份工作计划的报告》，并通过相关决议。会议审查处理提案 70 件。

10 月 18 日　县委召开常委会会议，要求选举工作于 11 月 20 日结束，并对选民登记、选民资格审查、代表和候选人的提名提出具体要求。

11 月 5 日　县委召开常委会会议，听取县长白兴道关于选举工作的情况汇报，对选民资格问题做出进一步审查要求。

12 月 1 日　县委召开常委会会议，确定了县长、人民委员会委员人选和代表名额。

12 月 26 日至 29 日　县二届人大一次会议召开。听取和审议县人民委员会两年来的工作总结和 1955 年、1956 年县财政预决算执行情况及县人民法院两年来工作报告，并通过相关决议。会议审查处理提案 164 件。

1957 年

6 月 6 日至 8 日　县二届人大二次会议召开。会议内容：一是听取和审议县人民委员会副县长赵国海作的《关于 1957 年半年来工作检查与当前几项工作任务》的报告和副县长甄佩才作的《关于正确处理人民内部矛盾问题的报告》，并通过相关决议；二是认真处理群众提案 281 件，合并为 150 件。

1958 年

1 月 9 日　灵寿县选举委员会正式成立，任命高山桂为选举委员会主席，韩荣吉、韩志勇、黄天月、侯文倩、王淑琴、李元文、李银泉、杜振华、刘志云、马文风等 10 人为选举委员会委员，并依式刻制圆形木制印章一枚同时启用。

1 月 13 日　县委召开会议，对南营、中营村、三圣院 3 个选举试点乡干部配备问题进行了研究安排。

3 月 7 日　县委召开会议对县人民委员会委员及代表中的民主人士进行研究。

3 月 20 日　县人委发出《关于第四届乡（镇）人民代表大会选举工作补充意见的通知》（以下简称《通知》）。《通知》指出：灵寿县第四届乡（镇）人民代表大会选举工作，于上年 10 月份开始，到 12 月中旬，因行政区划变更停止下来。《通知》要求，未完成乡（镇）代表选举工作的，要结合整风整社和春耕生产，于 4 月上旬全部完成。

5月16日至18日　县三届人大一次会议召开，会上，县长高山桂致开幕词。大会听取和审议副县长甄佩才代表县人委会作的《关于1957年主要工作情况和1958年工作计划的报告》和副县长赵国海作的《关于1957年财政决算和1958年财政预算的报告》及县人民法院院长张吉国作的《关于1957年至1958年法院工作的报告》，并通过相关决议。会议审查处理提案193件。会议选举产生灵寿县出席河北省第二届人民代表大会代表3名。

10月25日　根据上级指示精神和灵寿县具体情况，原正定、灵寿两县合并为正定县，并开始进行工作。

1962年

12月12日至15日　灵寿县第四届人民代表大会第一次会议召开。会议听取和审议县人民委员会副县长韩志勇作的《关于1962年以来政府工作简结和今冬明春工作安排的报告》、王克永作的《关于1962年财政预算执行情况的报告》和张吉国作的《关于1962年法院工作的报告》。会议通过相应决议。大会选举产生县人民委员会县长、副县长、委员和县人民法院院长。

1963年

10月25日至27日　灵寿县第五届人民代表大会第一次会议召开。会议听取和审议县人民委员会县长高山桂作的《政府工作报告》、副县长尚福经作的《关于1962年财政决算和1963年财政预算的报告》和县人民法院院长张吉国作的《县人民法院工作报告》。会议通过相应决议。大会选举产生县人民委员会县长、副县长、委员，县人民法院院长和灵寿县出席河北省第三届人民代表大会代表。

1965年

12月27日至30日　灵寿县第六届人民代表大会第一次会议召开。会议听取和审议县人民委员会县长高山桂作的《政府工作报告》、副县长韩志勇作的《关于1963年至1964年财政决算和1965年财政预算执行情况的报告》和县人民法院代理院长付亿梅作的《县人民法院工作报告》。会议通过相应决议。大会选举产生县人民委员会县长、副县长、委员和县人民法院院长。

1981年

10月10日　灵寿县选举委员会开始工作。

12月6日　选举大会召开，直接选出县、社两级人民代表大会代表。

12月21日至26日　灵寿县第七届人民代表大会第一次会议召开。

12月26日　灵寿县七届人大一次会议选举产生县人大常委会主任李斌昌，县人大常委会副主任王云霞、王克永、吴玉良、李殿银、杨永勤、贾焕兰（女）。

1982 年

2 月 23 日至 25 日　灵寿县第七届人民代表大会第二次会议召开。

4 月 9 日至 10 日　县七届人大常委会第一次会议召开。

4 月 10 日　启用灵寿县人民代表大会常务委员会印章和灵寿县人民代表大会常务委员会办公室印章。

4 月 15 日　经县委常委会批准成立县人大常委会党组，设办公室和代表联络组、经济组、行政政治组。

4 月 24 日至 25 日　县七届人大常委会第二次会议召开。

7 月 19 日至 20 日　县七届人大常委会第三次会议召开。

7 月 20 日　县七届人大常委会第三次会议通过《加强教育工作的决议》。

9 月 19 日　县七届人大常委会第四次会议召开。会议通过《灵寿县人大常委会任免暂行办法》《灵寿县人民代表大会常务委员会关于认真执行〈河北省集市贸易管理暂行条例〉的决议》。

9 月 30 日　将七届人大一次会议代表提案办理情况的报告印发给各位代表。

11 月 25 日至 26 日　县七届人大常委会第五次会议召开。

12 月 31 日　县七届人大常委会第十次主任会议召开。会议通过《灵寿县人大常委会关于代表提案的奖惩与办理的暂行办法》。

1983 年

2 月 22 日　灵寿县第七届人民代表大会第二次会议召开。

5 月 12 日　县七届人大常委会第八次会议召开。

7 月 13 日　县七届人大常委会第九次会议召开。

12 月 2 日至 4 日　灵寿县第七届人民代表大会第三次会议召开。

12 月 3 日　县七届人大三次会议上，李斌昌辞去县人大常委会主任职务，杨永勤、王云霞、王克永、李殿银、贾焕兰辞去县人大常委会副主任职务。

12 月 4 日　县七届人大三次会议，补选刘吉来为县人大常委会主任，牛全芳、刘沛丰、鲁钊、何增兰为县人大常委会副主任。

12 月 10 日　县七届人大常委会第十三次会议召开。

1984 年

1 月 25 日　县七届人大常委会第十四次会议召开，会议通过《灵寿县人大常委会关于建立县选举委员会的决定》。

2 月 9 日　县人大常委会召开县、乡人代会换届选举工作会议。

4 月 2 日　县七届人大常委会第十五次会议召开，会议通过《关于灵寿县人大常委会设科的决定》，县人大常委会设立政法科、财政经济科、科教文卫科。

4 月 6 日　灵寿县第八届人民代表大会第一次会议召开。

4 月 10 日　县八届人大常委会第一次会议召开。

5 月 28 日　县八届人大常委会第二次会议召开。

7 月 21 日　启用县人大常委会政治法律科、财政经济科、科教文卫科三枚印章。

7 月 26 日　县八届人大常委会第三次会议召开。

7 月 26 日　县八届人大常委会第三次会议通过《灵寿县人大常委会关于认真贯彻实施〈中华人民共和国经济合同法〉的决议》。

10 月 23 日　县八届人大常委会第四次会议召开。

12 月 27 日　县八届人大常委会第五次会议召开。

1985 年

3 月 8 日　县八届人大常委会第六次会议召开。

3 月 27 日　县八届人大常委会第七次会议召开。

3 月 27 日　灵寿县第八届人民代表大会第二次会议召开。

5 月 17 日　县八届人大常委会第八次会议召开。

7 月 14 日至 19 日　县人大常委会主任刘吉来带领全体同志分别对全县 185 名人大代表进行了一次普访，以座谈会形式集中讨论了发展乡镇企业建设情况。

7 月 24 日　县八届人大常委会第九次会议召开。

8 月 18 日　县八届人大常委会第十次会议召开。

8 月 18 日　县八届人大常委会第十次会议通过《关于开展尊师重教活动的决议》。

9 月 25 日　县八届人大常委会第十一次会议召开。

11 月 7 日　县八届人大常委会第十二次会议召开。

12 月 19 日　县八届人大常委会第十三次会议召开。

12 月 20 日　灵寿县第八届人民代表大会第三次会议召开。

1986 年

1 月 28 日　县八届人大常委会第十四次会议召开。

3 月 13 日　县八届人大常委会第十五次会议召开。

3 月 28 日至 30 日　灵寿县第八届人民代表大会第四次会议召开。

5 月 27 日　县八届人大常委会第十六次会议召开，会议通过《灵寿县人大常委会关于在全县公民中基本普及法律常识的决议》《灵寿县人大常委会关于批准县城总体规划的决议》。

7 月 28 日至 29 日　县八届人大常委会第十七次会议召开。

7月28日　县八届人大常委会第十七次会议，原则批准《灵寿县太行山绿化规划设计方案》。

7月28日　县八届人大常委会第十七次会议通过《灵寿县人大常委会关于发展乡镇企业、振兴农村经济的决定》。

7月29日　县八届人大常委会第十七次会议通过《灵寿县人大常委会关于进一步贯彻执行〈食品卫生法〉的决定》。

9月20日　县八届人大常委会第十八次会议召开，会议通过《灵寿县人大常委会关于进一步贯彻执行〈婚姻法〉的决定》。

11月24日　县八届人大常委会第十九次会议召开。

1987年

1月6日　县八届人大常委会第二十次会议召开，会议决定建立灵寿县选举委员会。

2月25日　县人大常委会召开县、乡人代会换届选举工作会议。

3月4日　县八届人大常委会第二十一次会议召开。

4月14日　县八届人大常委会第二十二次会议召开。

4月18日　县八届人大常委会第二十三次会议召开，会议取消左书海的灵寿县第九届人民代表大会代表资格。

4月22日至25日　灵寿县第九届人民代表大会第一次会议召开。

5月22日　县九届人大常委会第一次会议召开。

6月28日　县人大常委会副主任樊春生、马俊义、兰树来带领部分委员视察防汛工作。

7月13日至22日　县人大常委会主任刘吉来带队对全县农村县人大代表进行普访。

7月30日　县九届人大常委会第二次会议召开，会议通过灵寿县人大常委会人事任免办法和关于县人大代表视察的暂行办法。

8月12日　县人大常委会组织县代表及有关单位40余人，视察县城食品生产与经营门市。

9月21日　县九届人大常委会第三次会议召开。

9月22日至27日　县人大常委会主任刘吉来带队，视察21个单位的普法、执法情况。

10月26日至27日　全县乡镇人大代表联络组工作经验交流会召开。

11月25日　县九届人大常委会第四次会议召开。

12月26日　县人大常委会组织县长与县人大代表对话会。110名代表就农林水牧、科教文卫、交通电力、乡镇企业、公检法司、财政税收、干部作风等方面工作，提出25个问题，县长都诚恳作了答复。

1988年

2月8日　县九届人大常委会第五次会议召开。

3月6日　县九届人大常委会第六次会议召开。

3月7日至9日　灵寿县第九届人民代表大会第二次会议召开。

3月30日　县人大常委会开办《人大工作通信》。

4月26日　县九届人大常委会第七次会议召开。

6月15日　县九届人大常委会第八次会议召开。会议通过《灵寿县人民代表大会常务委员会实施监督的办法》《灵寿县人大常委会议事规则》《灵寿县人大常委会人事任免暂行办法》。

7月11日至15日　县人大常委会主任带队，分6组走访全县29个代表组100名代表，征求意见和建议67条。

7月23日　县人大常委会与县法检两院召开了有人大常委会主任刘吉来、副主任牛全芳、马俊义，法院院长李振吉、副院长李清玉等人参加的联合办公会议，会上转交了7月普访收到的代表建议、批评和意见。

8月18日至19日　县人大常委会组织召开全县乡镇人大代表联组工作经验交流会。

8月26日　县九届人大常委会第九次会议召开。

10月25日　县九届人大常委会第十次会议召开。

12月21日　县九届人大常委会第十一次会议召开。

1989年

1月19日　县九届人大常委会第十二次会议召开。

3月3日　县九届人大常委会第十三次会议召开。

3月13日　县九届人大常委会第十四次会议召开。

3月13日至15日　灵寿县第九届人民代表大会第三次会议召开。

5月25日　县九届人大常委会第十五次会议召开。

6月16日　县九届人大常委会第十六次会议召开。

7月28日　县九届人大常委会第十七次会议召开。

9月25日　县九届人大常委会第十八次会议召开。

10月12日　县九届人大常委会第十九次会议召开，会议通过《灵寿县人大常委会关于发动全县人民认真学习江泽民国庆重要讲话的决定》。

11月21日　县九届人大常委会第二十次会议召开。

12月1日　县人大常委会召开全县县、乡人代会换届选举工作会。

12月14日　县九届人大常委会第二十一次会议召开。

1990年

1月10日　省人大常委会副主任洪毅、省人大常委会秘书长李铁以省人大代表的身份到原选举单位灵寿县进行视察。

2月7日　县九届人大常委会第二十二次会议召开。

2月10日　县十届人民代表大会代表换届选举工作开始，到1990年4月14日结束。

3月17日　县九届人大常委会第二十三次会议召开。

4月4日　采取无记名投票方式对县十届人民代表大会代表进行了差额选举，依法选举产生县十届人大代表194名。

4月19日　县九届人大常委会第二十四次会议召开。

4月25日至28日　灵寿县第十届人民代表大会第一次会议召开。大会完成各项议程。会议通过《关于盘活资金依法收贷的决议》。会议选举产生县人大常委会主任、副主任、委员，栗士彦当选为县十届人大常委会主任。

5月28日　县十届人大常委会第一次会议召开。

6月19日　县十届人大常委会第二次会议召开。会议讨论通过《灵寿县人大常委会同县人民政府、人民法院、人民检察院加强工作联系试行办法》《县人大常委会政治法律科、财政经济科、科教文卫科与对口单位工作联系暂行办法》。

7月4日　省人大常委会副主任洪毅在灵寿县人大常委会领导座谈会上作了讲话，在肯定县九届人大常委会工作的同时，对新的一届人大常委会工作提出更高要求。

7月9日至12日　县人大常委会先后深入到灵寿镇、北洼乡、南寨乡、谭庄乡，与乡镇人大主席团常务主席，部分乡镇党委书记、乡镇长座谈，对乡镇人大常务主席如何开展工作进行了调查。

8月5日　县人大常委会下发了关于贯彻实施《河北省村民委员会组织条例》《河北省未成年人保护条例》的相关通知。

9月12日　县人大常委会召开乡镇人大主席团常务主席工作会议，县委副书记董兵勤、县人大常委会主任栗士彦分别在会上讲话并提出要求。

9月22日　县人大常委会主任扩大会议，专门听取关于新乐“双联系”经验现场会议精神的汇报。

9月26日　县十届人大常委会第三次会议召开。会议通过《灵寿县人大常委会人事任免暂行办法》和《灵寿县人大常委会议事规则》，原则通过《灵寿县人大常委会关于同人大代表联系和人大代表与选民联系的暂行规定》。

11月9日　县十届人大常委会第四次会议召开。

1991年

1月4日　县十届人大常委会第五次会议召开。会议讨论通过《灵寿县人大常委会关于加强农贷工作监督的决定》。

1月30日　县十届人大常委会第六次会议召开。

1月31日　县委人大工作会议召开。会上，县人大常委会主任栗士彦传达了省委人大工作会议精神，县委书记刘清芳就如何做好县人大工作作了讲话，县委副书记、县长赵学敏代表县政府就如何接受人大监督讲了意见。

2月22日　县十届人大常委会第七次会议召开。

3月10日至15日　灵寿县第十届人民代表大会第二次会议召开。大会完成各项议程。会议通过《关于依法加强土地管理的决定》。会议通过接受吴正育辞去县人大常委会委员的请求，增选钱少宗为县人大常委会副主任。

4月上旬，县人大常委会会同社会治安综合治理办公室，对社会治安综合治理情况，进行了为期一周的调查。

5月10日　县十届人大常委会第九次会议召开。

7月10日　县十届人大常委会第十次会议召开。会议讨论通过《县人大常委会关于组织县乡人大代表评议县直驻乡镇基层单位和乡镇直属部门工作的安排意见》。会议通过《灵寿县人大常委会关于加强社会治安综合治理的决定》《灵寿县人大常委会关于依靠科技进步发展灵寿经济的决议》《灵寿县人大常委会关于继续开展法制宣传教育的决议》。

7月中旬，县人大常委会组织到各乡镇走访人大代表。

8月20日　县人大常委会召开慈峪镇评议乡镇基层单位试点动员会，县人大常委会主任栗士彦作动员讲话。

9月10日　县十届人大常委会第十一次会议召开。会议通过《灵寿县人大常委会关于加强对被任命干部监督的决定》。

9月13日，召开慈峪镇评议“七所八站”会，地区人大李国华、丁树庆到会指导，县委副书记宿振双，县纪检委书记吴正稳，县人大常委会主任栗士彦，副主任樊春生、钱少宗、赵清彬、吴拴来、杭承贤参加会议。

9月19日，县人大常委会举行被任命干部任命书颁发仪式。县委副书记、县人大常委会主任栗士彦，副主任樊春生、钱少宗、赵清彬，县人民政府县长赵学敏，组织部副部长吴和韵，县劳人局局长刘兵锡，被任命干部及其单位的干部代表共40多人参加仪式。

9月21日　石家庄地区人大工委政法处处长田荣辰和地区中院副院长陈录祥、刑二庭庭长成梦林等到灵寿县就人大代表在今年评议“两院”中要求纠正的6个案件整改情况进行通报。

10月14日　石家庄地区人大工委及行署到灵寿县对落实省人大《关于依靠科技进步发展河北经济的决议》情况进行检查。

11月7日　省人大常委会教科文卫委员会到灵寿县抽查计划生育工作。

11月15日　县十届人大常委会第十二次会议召开。

12月7日　县人大常委会副主任赵清彬出席县人民检察院组织的执法执纪整顿总结大会并作了讲话。

1992年

1月8日　县人大常委会主任栗士彦，副主任樊春生、赵清彬带领一行7人赴无极县人大常委会学习考察。

1月16日　县十届人大常委会第十三次会议召开。会议讨论通过《灵寿县人大常委会关于信访工作的暂行规定（试行）》。

1月20日　县人大常委会召开评议慈峪镇“七所八站”试点工作总结大会，县人大常委会副主任钱少宗在会上作了总结讲话。

3月12日　县十届人大常委会第十四次会议召开。会议讨论审议县十届人大三次会议《关于巩固发展集体经济、完善农村承包合同管理的决定（草案）》，并决定提交县十届人大三次会议讨论通过。

3月18日至21日　灵寿县第十届人民代表大会第三次会议召开。大会完成各项议程。会议通过《关于巩固发展集体经济、完善农村承包合同管理的决定》。

4月1日　省人大常委会副主任洪毅到绿化联系点灵寿县寨头乡了解荒山绿化、经济开发情况，并听取乡政府、公安派出所、司法所有关社会治安和基层民主法制建设情况的汇报。

4月14日　县人大常委会召开人大代表评议县人民法院、县人民检察院和县卫生局工作动员会，县人大常委会主任栗士彦在会上作动员讲话。

5月11日至27日　县人大常委会主任栗士彦、副主任钱少宗带领一行六人，利用半个多月时间，赴山东省招远市、蓬莱市、牟平县，河南省密县、尉氏县，湖北省云梦县等六县（市）人大常委会进行学习考察。

5月30日　县十届人大常委会第十五次会议召开。

7月28日　县人大常委会召开评议“两院一局”工作大会。会上，县人大常委会主任栗士彦讲话，评议结束后地区人大工委主任李国华作了讲话。

7月30日　县十届人大常委会第十六次会议召开。

9月4日　县人大常委会召开各乡镇人大主席团常务主席会。

10月7日　县十届人大常委会第十七次会议召开。会议讨论并通过《灵寿县人大常委会关于贯彻落实〈河北省农民承担费用和劳务管理的规定〉的意见》。

10月27日　县十届人大常委会第十八次会议召开。会议讨论通过《关于县乡两级人民代表大会换届选举工作实施方案》。

11月4日　县人大常委会召开全县县乡两级人大换届选举工作会议，县委副书记宿振双在会上作了讲话。

12月25日　县十届人大常委会第十九次会议召开。会议通过关于变更选举实施方案中选举时间的决定。

1993年

1月4日　县十届人大常委会第二十次会议召开。会议研究讨论县、乡人大换届选举有关事宜。会上县委副书记宿振双就县、乡人大换届选举工作和当前人大工作讲了意见。

3月8日　县十届人大常委会第二十二次会议召开。会议定于3月16日为全县选举日，选举县、乡两级人大代表。

3月16日　采取无记名投票方式对县十一届人民代表大会代表进行了差额选举，依法选举产生县十一届人大代表198名。

3月19日至22日　灵寿县第十一届人民代表大会第一次会议召开。大会完成各项议程。会议选举产生县人大常委会主任、副主任、委员，杨从彩当选为县十一届人大常委会主任。会议选举产生4名灵寿县出席河北省第八届人民代表大会代表。会议通过《关于加快乡镇企业发展的决定》。

5月15日　县十一届人大常委会第一次会议召开。会议通过《灵寿县人大常委会1993年工作要点》。会议通过县十一届人大常委会代表资格审查委员会组成人员名单，代表资格审查委员会主任委员赵清彬，副主任委员雷书辰，委员赵荣志、王云霞、傅连英、袁秀竹。

5月29日　县人大常委会召开全县人大工作会议。县委副书记、县长赵学敏就如何加强政府工作，主动接受人大监督讲了意见，县人大常委会主任杨从彩作了关于《振奋精神、开拓进取，进一步开创全县人大工作的新局面》的讲话，县委副书记胡海江就如何进一步加强县人大工作提出更高要求。

5月29日，在全县人大工作会议上，县人大常委会向新的一届人大常委会首次会议任命的37名县“一府两院”国家机关工作人员颁发任命书。

7月20日　县十一届人大常委会第二次会议召开。

8月23日至24日　灵寿县第十一届人民代表大会第二次会议召开。会议选举梁明月等21人为灵寿县出席石家庄市第九届人民代表大会代表。

9月25日至10月30日　县人大常委会组织部分人大代表结合县政法委和司法局对公安机关部分刑事案件进行了重点检查。

9月28日　县十一届人大常委会第三次会议召开。

10月22日　县十一届人大常委会第四次会议召开。

12月23日　县人大常委会召开全县人大宣传工作会议，县纪检委书记贾振海、县人大常委会副主任赵清彬在会上作了讲话。

1994年

1月8日　县十一届人大常委会第五次会议召开。

2月18日至20日　灵寿县第十一届人民代表大会第三次会议召开。大会完成各项议程。会议通过《关于保障社会稳定、促进经济发展的决定》。

4月27日　县十一届人大常委会第六次会议召开。

6月13日　根据市人大辛集会议精神，县人大常委会下发了《关于深化完善执法责任制，推行错案责任追究制的实施意见》，并专门召开会议进行布置。

7月8日 县十一届人大常委会第七次会议召开。会议审议通过《灵寿县科技市场管理暂行规定》。

9月6日 县十一届人大常委会第八次会议召开。

9月至10月 县人大常委会组织有关部门执法人员对县城的粮食肉蛋市场进行两次检查，打击哄抬物价、掺假、缺斤少两等违法行为，维护消费者权益，稳定经济秩序。

11月9日 县十一届人大常委会第十次会议召开。

11月25日 全县推行民主理财制度工作会议召开，县人大常委会主任杨从彩主持会议，县委副书记胡海江、县人大常委会副主任雷书辰、县政府副县长赵克林出席会议并讲话。市人大常委会副主任王忠义到会指导并讲话。

1995年

1月17日 县十一届人大常委会第十二次会议召开。

3月6日至9日 灵寿县第十一届人民代表大会第四次会议召开。大会完成各项议程。会议通过《关于加强农村村民委员会组织建设的决定》。

3月30日 县十一届人大常委会第十三次会议召开。

4月28日 县十一届人大常委会第十四次会议召开。

4月 常委会采用电视讲话、有奖答卷等多种形式宣传贯彻代表法，促进了代表法的贯彻实施。

5月23日 县十一届人大常委会第十五次会议召开。

6月13日 县十一届人大常委会第十六次会议召开。

6月29日 县十一届人大常委会第十七次会议召开。

6月 县人大常委会组织省、市、县、乡四级人大代表60人，对工商局工作进行评议。就执法执纪、管理服务、队伍建设等方面提出8条意见和建议。

11月21日 县十一届人大常委会第二十次会议召开。

12月25日 县十一届人大常委会第二十一次会议召开。

1996年

2月5日 县十一届人大常委会第二十二次会议召开。

2月14日 县十一届人大常委会第二十三次会议召开，会议审议《关于加强县城建设的决定》，通过增补人大代表的报告。

2月27日至3月1日 灵寿县第十一届人民代表大会第五次会议召开。大会完成各项议程。会议审议通过《关于加强县城建设的决定》。

3月 县人大常委会责成县人民法院，对1993年审理的县畜牧局兽医管理委员会与程某合同纠纷案立案再审。

5月14日　县十一届人大常委会第二十四次会议召开。

5月　全县15个乡镇共选出乡镇人大代表791名，并选举产生新的一届乡镇人大主席和乡镇政府组成人员，圆满完成乡镇换届选举任务。

5月至6月　县人大常委会组成以县人大常委会副主任赵清彬为组长，县政府一名副县长为副组长，县人大常委会和县政府有关单位为成员的执法检查小组，对全县近30个县直单位和半数乡镇贯彻执行《河北省档案工作条例》情况进行检查。

6月19日　县十一届人大常委会第二十五次会议召开。

6月24日　县十一届人大常委会第二十六次会议召开。

6月至8月　根据市人大常委会统一安排，组织市、县人大代表对市、县乡镇企业家的工作进行评议。

9月2日　县十一届人大常委会第二十七次会议召开。会议审议并通过《灵寿县人大常委会关于开展代表议政日活动的暂行办法》。

9月28日　县人大常委会召开就案查执法活动动员大会。会后，在全县公检法机关组织开展了为期3个月的就案查执法活动。

11月11日　县十一届人大常委会第二十八次会议召开。

12月30日　县十一届人大常委会第二十九次会议召开。

1997年

1月22日　县十一届人大常委会第三十次会议召开。

1月22日　县十一届人大常委会审议县十一届人大六次会议议程。

3月6日至9日　灵寿县第十一届人民代表大会第六次会议召开。大会完成各项议程。会议补选1名县人大常委会副主任和4名县人大常委会委员，赵学利当选为县十一届人大常委会副主任。会议通过《关于进一步加强依法治县的决议》。

4月28日　县十一届人大常委会第三十一次会议召开。

7月31日　县十一届人大常委会第三十二次会议召开。

8月18日　市人大常委会捐资的大地村希望小学落成并举行开学典礼，市人大常委会副主任马绍忠、张昌荣，县人大常委会主任杨从彩、副主任武双喜，县政府副县长罗二虎等市、县领导参加了开学典礼。市人大常委会副主任徐增厚题写了“大地希望小学”的校名。

8月20日　在三圣院乡召开乡代表议政日现场会，县人大常委会副主任雷书辰参加现场会并提要求。

8月21日　县十一届人大常委会第三十三次会议召开。

9月　县十一届人大常委会信访办公室荣获“河北省人大信访工作先进集体”称号。

10月至11月　县人大常委会组成由县人大常委会副主任为组长，县政府副县长为副组长的执法检查领导小组，对全县贯彻实施《中华人民共和国食品卫生法》《中华人民共和国医疗机构管理条例》《中华人民共和国药品管理法》情况进行执法检查。

11 月 6 日　县十一届人大常委会第三十四次会议召开。

11 月 7 日　谭庄乡第一次代表议政日召开，县人大常委会副主任雷书辰参加并提要求。

12 月 25 日　县十一届人大常委会第三十五次会议召开。

12 月 26 日　县第十二届人民代表大会代表换届选举开始，到 1998 年 1 月 20 日结束。

1998 年

2 月 5 日　县十一届人大常委会第三十六次会议召开。

2 月 6 日　县十一届人大常委会第三十七次会议召开 。

2 月 11 日　县十一届人大常委会第三十八次会议召开。

2 月 14 日至 18 日　灵寿县第十二届人民代表大会第一次会议召开。选举产生县十二届人大委员会主任、副主任、委员，罗华远当选为县十二届人大委员会主任。会议选举出 17 名出席石家庄市第十届人民代表大会代表。会议审议《关于深化企业改革，加强企业管理，提高县办工业运行质量和效益的决定》。

3 月 4 日　县十二届人大常委会第一次会议召开。会议通过《关于深化企业改革，加强企业管理，提高县办工业运行质量和效益的决定》《灵寿县人民代表大会常务委员会议事规则》《灵寿县人民代表大会常务委员会主任会议议事规则》。

3 月 25 日　县十二届人大常委会第二次会议召开。会议通过《灵寿县县城建设管理实施办法》。

4 月 9 日　灵寿县人大常委会召开乡镇人大主席会议。

4 月 13 日　县人大常委会主任罗华远带领常委会副主任房德杰、傅连英及市人大代表李振兰等 9 名县人大代表在副县长郝建英、教育局局长李庆祥的陪同下，视察了灵寿县初级中学。

4 月 28 日　县十二届人大常委会第三次会议召开。

5 月 26 日　市人大常委会委员赵禄祥及付三牛等 8 名市人大代表，县人大常委会副主任张风山及 4 名县人大代表，视察了横山湖旅游区开发及库区周边小流域治理。

6 月 2 日至 5 日　灵寿县人大常委会举办行政执法人员培训班第一期，对县政府各行政执法单位正职、主管副职进行法律培训。

6 月 30 日　县十二届人大常委会第四次会议召开。

9 月 4 日　县十二届人大常委会第五次会议召开。

9 月 15 日　灵寿县人大常委会政法工作委员会听取公安局、教育局、卫生局、地矿局、工商局的普法工作汇报。

11 月 12 日　县十二届人大常委会第六次会议召开。会议通过《灵寿县人大常委会受理人民群众申诉和意见的实施办法》。

12 月 7 日至 15 日　县人大常委会分组走访县人大代表，征求代表对“一府两院”和县人大常委会工作开展情况的意见、批评和建议。

12月12日　县十二届人大常委会第七次会议召开。

12月15日　全县乡级人大换届选举开始，到1999年1月25日结束。

12月31日　县十二届人大常委会第八次会议召开。会议通过《人事任免和监督办法》。

1999年

2月26日至28日　灵寿县第十二届人民代表大会第二次会议召开。大会完成各项议程，会议通过《关于加快丘陵区治理开发的决定》。会议选举产生县人大常委会副主任1名。

3月18日　县十二届人大常委会第九次会议召开。

3月24日　县人大常委会主任罗华远带领县人大常委会副主任宋赍、房德杰、张风山及部分市县人大代表视察了石家庄正元化肥有限公司。

4月1日　县人大常委会主任罗华远带领市人大代表李振兰，县人大常委会副主任宋赍、武双喜、房德杰，张风山及部分县人大代表视察了灵寿中学。

4月29日　县十二届人大常委会第十次会议召开。

5月4日　县十二届人大常委会第十一次会议召开。

5月17日　召开全县人大信访工作网络员会议。

6月5日　县委召开依法治县和人大工作会议，作出了《关于进一步加强人大工作的决定》。县十二届人大常委会主任罗华远作了题为《坚持党的领导，贯彻依法治国方略，努力开创人大工作新局面》的讲话。

7月2日　县人大常委会副主任武双喜、政府副县长马国云、县人大政法科副主任张昌慧、政法委副书记冯秋军，四人在辛集市参加了石市进一步实施和深化执法责任制现场会。

7月8日　县十二届人大常委会第十二次会议召开。

7月17日　灵寿县第十二届人民代表大会第三次会议召开。县人大常委会主任罗华远参加了全县人大代表工作经验交流会，会上作了讲话。

9月8日　县十二届人大常委会第十三次会议召开。

9月21日　县人大常委会副主任宋赍、张风山带领市、县乡人大代表一行18人视察了燕川乡鲁柏山云母矿山。县政府副县长赵克林、彭占良及燕川乡政府、县直有关部门负责人参加视察。

10月28日　县十二届人大常委会第十四次会议召开。

12月9日　县十二届人大常委会第十六次会议召开。会议通过《关于治理整顿鲁柏山云母矿山的决议》

12月28日　县十二届人大常委会第十七次会议召开。

2000 年

1 月 7 日　召开政府被任命干部述职测评会。

1 月 28 日　县十二届人大常委会第十八次会议召开。

2 月 22 日至 24 日　灵寿县第十二届人民代表大会第四次会议召开。大会完成各项议程。

3 月 17 日　县十二届人大常委会主任罗华远主持召开“讲政治”专题的讨论会。

3 月 19 日　县十二届人大常委会主任罗华远主持召开“讲正气”专题的讨论会。

3 月 22 日　县十二届人大常委会第十九次会议召开。

4 月 20 日　县人大常委会副主任房德杰、县旅游局局长赵香河，对元氏县蟠龙湖旅游区管理体制等情况进行了考察。

4 月 26 日至 27 日　县人大常委会主任罗华远、副主任武双喜到法院，副主任宋贲、张风山到公安局，副主任房德杰、傅连英到检察院，与领导及基层庭、科、所人员就“三讲”教育中关于公检法机关监督不力的问题，进行座谈调研。

6 月 6 日　县十二届人大常委会第二十次会议召开。

6 月 8 日　县人大常委会主任罗华远带领省人大代表高香竹，县人大常委会副主任宋贲、房德杰、傅连英及 6 名县人大代表视察县职教中心。

8 月 22 日　县十二届人大常委会第二十一次会议召开。

9 月 20 日　县十二届人大常委会第二十二次会议召开。会议补选产生灵寿县出席石家庄市第十届人民代表大会代表 1 名。

11 月 15 日　县十二届人大常委会第二十三次会议召开。会议通过《关于授予李合文等九名同志荣誉称号的决定》。

11 月 17 日　县人大常委会召开评议公检法所、科、庭长总结大会。县人大常委会主任罗华远出席会议。

11 月 27 日　县人大常委会主任罗华远带领副主任武双喜等八名县人大代表，到看守所进行了工作视察。

2001 年

2 月 20 日至 22 日　灵寿县第十二届人民代表大会第五次会议召开。大会完成各项议程。会议通过《关于灵寿县国民经济和社会发展第十个五年规划纲要及纲要报告的决议》。

3 月 14 日　市人大常委会副主任彭造岭在县委书记王春良陪同下，到陈庄镇指导“三个代表”学教活动。

3 月 29 日　组织开展“三个代表”重要思想学教活动。安排部署“召开民主生活会，通报民主生活情况”步骤的工作，人大全体“学教”对象参加。

3 月 30 日至 4 月 1 日　组织开展“三个代表”重要思想学教活动。开展谈心活动，撰写民主生活会发言提纲。人大全体“学教”对象参加。

4月2日至4月6日　组织开展“三个代表”学教活动。班子成员召开民主生活会，一般党员干部召开党小组会，非党干部召开专门会议，开展批评与自我批评。人大全体“学教”对象参加。

4月7日　组织开展“三个代表”学教活动。民主生活会情况通报。人大全体“学教”对象参加。

4月8日　组织开展“三个代表”学教活动。召开转段动员会。人大全体“学教”对象参加。

4月12日　县十二届人大常委会第二十六次会议召开。

4月30日　县十二届人大常委会第二十七次会议召开。

6月26日　县十二届人大常委会第二十九次会议召开。

9月7日　县十二届人大常委会第三十次会议召开。会议通过《关于加强诉讼委托代理和辩护活动管理的决定》。

11月5日　灵寿县召开第二层次村级“三个代表”学教活动动员大会，市人大常委会副主任彭造岭、市委驻灵寿县督导组组长王风刚到会指导，县委学教活动领导小组组长、县委书记王春良做动员讲话。

12月28日　县十二届人大常委会第三十一次会议召开。会议通过《关于王某、张某等非法制造储存爆炸物案件不予起诉的决定》。

2002年

1月上旬　全县乡级人大换届选举开始，到5月20日结束。

1月23日　县十二届人大常委会第三十二次会议召开。

3月20日至22日　灵寿县第十二届人民代表大会第六次会议召开。大会完成各项议程。会议选举产生县人大常委会副主任1名。

7月25日　县十二届人大常委会第三十五次会议召开。

8月4日　县十二届人大常委会第三十六次会议召开。

10月23日　县十二届人大常委会第三十七次会议召开。

11月29日　市人大常委会副主任彭造岭到灵寿县走访慰问市人大代表。

2003年

1月23日至24日　灵寿县第十二届人民代表大会第七次会议召开。会议选举出17名出席石家庄市第十一届人民代表大会代表。

4月22日　县十二届人大常委会第四十次会议召开。

4月25日　县十二届人大常委会第四十一次会议召开。

4月26日至27日　灵寿县第十三届人民代表大会第一次会议召开。大会完成各项议程，选举产生了县十三届人大常委会主任、副主任和委员，罗华远当选为县十三届人大常委会主任。

5 月 21 日　县十三届人大常委会第一次会议召开。

6 月 19 日　县十三届人大常委会第二次会议召开。

8 月 25 日　县十三届人大常委会第三次会议召开。

10 月 21 日　县十三届人大常委会第四次会议召开。

11 月 13 日　县十三届人大常委会第五次会议召开。会议通过关于《灵寿县生态示范区建设总体规划》的决议。

11 月 20 日　县人大常委会召开征求意见座谈会，特邀县人大常委会原主任刘吉来，原县人大常委会副主任张风山、武双喜、房德杰参加。

12 月 2 日至 3 日　县人大常委会主任罗华远，副主任宋赍、吴和韵、康二中、傅金生带队走访县人大代表。

12 月 24 日　县十三届人大常委会第六次会议召开。

2004 年

2 月 7 日　县十三届人大常委会第七次会议召开。

2 月 17 日至 19 日　灵寿县第十三届人民代表大会第二次会议召开。

3 月 18 日　县十三届人大常委会第八次会议召开。

4 月 28 日　县十三届人大常委会第九次会议召开。

7 月 8 日　县十三届人大常委会第十次会议召开。

9 月 1 日　县十三届人大常委会第十一次会议召开。

9 月 13 日　县人大常委会举办庆祝全国人民代表大会成立 50 周年文艺演出及书画展。

10 月 27 日　县十三届人大常委会第十二次会议召开。

12 月 30 日　县十三届人大常委会第十三次会议召开。

2005 年

1 月 18 日　县十三届人大常委会第十四次会议召开。

2 月 19 日至 21 日　灵寿县第十三届人民代表大会第三次会议召开。

4 月 20 日　县人大党组召开保持共产党员先进性教育活动专题民主生活会。

4 月 28 日　县十三届人大常委会第十五次会议召开。

7 月 26 日　县十三届人大常委会第十六次会议召开。

9 月 28 日　县十三届人大常委会第十七次会议召开。

11 月 8 日　县十三届人大常委会第十八次会议召开。

12 月上旬　县人大常委会主任罗华远，副主任宋赍、吴和韵、傅金生、刘占军带队分组走访县人大代表。

12 月 30 日　县十三届人大常委会第十九次会议召开。

2006 年

1 月 19 日　县十三届人大常委会第二十次会议召开。

3 月 1 日至 3 日　灵寿县第十三届人民代表大会第四次会议召开。

4 月 26 日　县人大常委会主任罗华远，副主任宋赍、吴和韵、傅金生、刘占军带领部分县人大常委会委员、机关有关科室人员、部分人大代表视察了岔头、陈庄、寨头等地的矿山治理情况。

4 月 29 日　县十三届人大常委会第二十一次会议召开。

5 月 10 日　市人大常委会副主任许昆峥带队到县人大听取关于落实中央 9 号文件精神的情况汇报。

6 月 8 日　县十三届人大常委会第二十二次会议召开。

7 月 12 日　县十三届人大常委会第二十三次会议召开。

8 月 1 日　县十三届人大常委会第二十四次会议召开。

8 月 27 日　市人大常委会副主任许昆峥带领市人大《中华人民共和国森林法》执法检查人员到灵寿检查指导工作。

11 月 15 日　县十三届人大常委会第二十五次会议召开。

12 月 6 日至 8 日　县人大常委会主任罗华远，副主任宋赍、吴和韵、傅金生、刘占军带队分组走访县人大代表。

12 月 27 日　县十三届人大常委会第二十六次会议召开。

2007 年

1 月 30 日　县乡两级人大换届选举工作会议召开。

2 月 12 日　省人大常委会副主任柳宝全到灵寿县陈庄镇东庄窝村走访慰问老党员。

4 月 10 日　省人大常委会副主任、省工商联会长韩葆珍带队到灵寿县正元化肥有限公司调研。

4 月 11 日　县十三届人大常委会第二十七次会议召开。

4 月 17 日至 20 日　灵寿县第十四届人民代表大会第一次会议召开。大会完成各项议程，选举产生了县十四届人大常委会主任、副主任和委员，郝建英当选为县十四届人大常委会主任。

5 月 31 日　县十四届人大常委会第一次会议召开。

6 月 28 日　县十四届人大常委会第二次会议召开。

7 月 26 日　县人大召开乡镇人大工作会议。

8 月 3 日　市人大常委会副主任许昆峥带队对灵寿县贯彻落实《中华人民共和国矿产资源法》情况进行执法检查。

8月28日　县十四届人大常委会第三次会议召开。

10月10日　县人大常委会主任郝建英，副主任傅金生、张合香带队到县法院视察。

10月31日　县十四届人大常委会第四次会议召开。

11月5日至23日　县人大常委会主任郝建英，副主任傅金生、刘占军、张合香、王雪山带队分组走访县人大代表。

11月6日　市人大常委会副主任许昆峥带队到灵寿县视察森林防火工作。

12月11日　县人大常委会主任郝建英，副主任傅金生、张合香带领部分县人大常委会委员对县2007年新型农村合作医疗工作进行视察。

12月27日　县十四届人大常委会第五次会议召开。会议通过关于《灵寿县城总体规划（2007—2020年）》的决议、关于《灵寿县生态县建设规划》的决议。

2008年

1月17日　县十四届人大常委会第六次会议召开。

1月22日至24日　灵寿县第十四届人民代表大会第二次会议召开。

4月29日　县十四届人大常委会第七次会议召开。

5月20日　市人大常委会副主任郭领域带领市人大检查组到灵寿督导检查石家庄正元化肥有限公司与石家庄市人民政府签订的《市重点企业环境保护目标管理暨节能减排责任书》中责任目标落实情况。

6月4日　市人大常委会副主任许昆峥到灵寿县检查督导“迎奥运，保平安，促发展”活动开展情况。

6月26日　县十四届人大常委会第八次会议召开。

8月28日　县十四届人大常委会第九次会议召开。

9月22日至30日　县人大常委会主任郝建英，副主任傅金生、刘占军、张合香、王雪山带队分组走访县人大代表。

10月28日　县人大常委会主任郝建英，副主任傅金生、王雪山带领部分人大常委会委员及市县人大代表对灵寿贯彻落实《中华人民共和国药品管理法》情况进行执法检查。

10月30日　县十四届人大常委会第十次会议召开。

11月18日　市人大常委会副主任许昆峥到灵寿县督导“吸取教训、转变作风、重塑形象、科学发展”主题教育活动开展情况。

12月2日　县人大常委会主任郝建英，副主任王雪山带领部分驻县市人大代表视察交通重点工程建设情况。

12月17日　县人大常委会主任郝建英带领部分县人大常委会委员及市县人大代表视察重点项目建设情况。

12月30日　县十四届人大常委会第十一次会议召开。

2009 年

1 月 11 日　县十四届人大常委会第十二次会议召开。

2 月 3 日　县十四届人大常委会第十三次会议召开。

2 月 12 日至 14 日　灵寿县第十四届人民代表大会第三次会议召开。

3 月 10 日　县十四届人大常委会第十四次会议召开。

3 月 27 日　县人大常委会主任郝建英到三圣院乡南纪城村开展深入学习科学发展观调研活动。

4 月 29 日　县十四届人大常委会第十五次会议召开。

5 月 21 日　市人大常委会副主任郭领域一行到灵寿视察水利工作。

5 月 26 日　石家庄市驻新华区人大代表到灵寿县视察指导工作。

6 月 10 日　县人大常委会主任郝建英，副主任傅金生、张合香、王雪山和部分驻我县市人大代表到县联社视察。

6 月 29 日　县十四届人大常委会第十六次会议召开。

8 月 4 日　县十四届人大常委会第十七次会议召开。

8 月 5 日　市人大常委会副主任张石峰到灵寿县视察行政效能监察工作。

8 月 31 日　县十四届人大常委会第十八次会议召开。

9 月 28 日　市人大常委会副主任傅世武到灵寿光荣院慰问，并到老党员、老干部、优抚对象家中慰问。

10 月 30 日　县十四届人大常委会第十九次会议召开。

12 月 25 日　县十四届人大常委会第二十次会议召开。

2010 年

1 月 8 日　县十四届人大常委会第二十一次会议召开。

1 月 16 日至 18 日　灵寿县第十四届人民代表大会第四次会议召开。

2 月 6 日　市人大常委会副主任李屏东到灵寿县开展春节慰问活动。

4 月 1 日　县十四届人大常委会第二十二次会议召开。

4 月 9 日　县人大常委会主任郝建英带队视察灵寿县安全生产工作。

4 月 21 日　根据市人大常委会安排部署，县人大常委会组织驻灵寿县市人大代表到赵县视察城建和工业项目建设。

4 月 29 日　县十四届人大常委会第二十三次会议召开。

5 月 17 日　省人大常委会副主任王增力到灵寿县调研城建工作。

6 月 4 日　省十届人大常委会副主任、省人大建设研究会顾问何少存对灵寿县人大常委会自身建设和机关建设情况进行调研，并视察灵寿县项目建设、企业发展、城市建设、“三年大变样”等工作。

7 月 8 日　县十四届人大常委会第二十四次会议召开。

8 月 19 日　县人大常委会主任郝建英，副主任傅金生带领部分县人大常委会委员到县国税局调研。

8 月 27 日　县十四届人大常委会第二十五次会议召开。

10 月 14 日　县人大常委会主任郝建英，副主任傅金生、王雪山带领县人大常委会部分委员和机关科室人员对全县中小学校舍安全工程实施情况进行视察。

10 月 20 日　县人大常委会主任郝建英带领执法检查组，就《中华人民共和国人口与计划生育法》实施情况进行视察。

10 月 22 日　市人大栾城县代表团到灵寿县视察重点项目建设和“三年大变样”工作。

10 月 27 日　县十四届人大常委会第二十六次会议召开。

11 月 4 日　县人大常委会主任郝建英，副主任王雪山带领部分市人大代表和县人大常委会委员到农行灵寿县支行视察。

11 月　县人大常委会主任郝建英，副主任傅金生、刘占军、张合香、王雪山带队分组走访县人大代表。

12 月 9 日　县十四届人大常委会第二十七次会议召开。

12 月 16 日　县人大常委会主任郝建英，副主任傅金生、张合香、王雪山带领部分省市人大代表对灵寿县 2010 年为民办实事情况暨 2010 年重点项目进展情况进行视察。

12 月 31 日　县十四届人大常委会第二十八次会议召开。

2011 年

1 月 26 日　市人大常委会副主任李屏东到灵寿县开展春节慰问活动。

2 月 10 日　县十四届人大常委会第二十九次会议召开。

2 月 14 日至 16 日　灵寿县第十四届人民代表大会第五次会议召开。

4 月 21 日　县十四届人大常委会第三十次会议召开。

6 月 15 日　县十四届人大常委会第三十一次会议召开。

6 月 29 日　县十四届人大常委会第三十二次会议召开。

7 月 11 日　石家庄人大常委会主任王增明、市人大秘书长张院生到灵寿视察中华人民共和国成立前老党员关爱帮扶工作。

8 月 30 日　县十四届人大常委会第三十三次会议召开。

9 月 13 日　县十四届人大常委会第三十四次会议召开。

10 月 19 日　县人大常委会主任郝建英，县人大党组书记马国云，县人大常委会副主任张合香带领部分常委会委员到灵寿镇就代表意见、建议办理落实情况进行视察。

11 月 1 日至 12 月 20 日　经过准备、宣传发动、选区划分和选民登记、提名协商确定代表候选人、投票选举等阶段工作，依法选举产生灵寿县第十五届人民代表大会代表 189 名。

11 月 2 日　市人大党组书记杨志辉到灵寿县就贯彻落实市九次党代会精神和灵寿经济社会发展情况开展调研。

11 月 3 日　县十四届人大常委会第三十五次会议召开

12 月 23 日　县十四届人大常委会第三十六次会议召开。

2012 年

2 月 4 日　县十四届人大常委会第三十七次会议召开。

2 月 21 日至 23 日　灵寿县第十五届人民代表大会第一次会议召开。大会完成各项议程，选举产生了县十五届人大常委会主任、副主任和委员，马国云当选为县十五届人大常委会主任。

3 月 29 日　县人大常委会召开县人大常委会主任与县人民政府县长、县人民法院院长、县人民检察院检察长联席会议。

4 月 11 日　县十五届人大常委会第一次会议召开。

5 月 18 日　县十五届人大常委会第二次会议召开。

5 月 19 日　县十五届人大常委会组织召开全县行政执法培训会。

5 月 24 日　县人大常委会主任马国云带队到县第三水厂、南寨水厂、青同农中、西伍河、马阜安中心小学、南堤下等地视察全县饮水安全情况。

6 月 7 日　县人大常委会主任马国云带队到中山水泥调研重点工程进展情况。

6 月 29 日　县十五届人大常委会第三次会议召开。

8 月 15 日　县人大常委会主任马国云带队到县地税局调研上半年税收收入情况。

8 月 20 日至 22 日　县人大常委会主任马国云参加省人大自身建设研讨会，并代表石家庄市人大作典型发言。

8 月 30 日　县十五届人大常委会第四次会议召开。

9 月 20 日至 10 月 15 日　县人大常委会主任马国云，副主任傅金生、刘占军、李彦勇分别带领 5 个督导组到 15 个乡镇和县直代表团视察督导意见建议的办理情况。

10 月 31 日　县十五届人大常委会第五次会议召开。

11 月 22 日　县人大常委会机关召开会议，传达学习贯彻党的十八大会议精神。

12 月 26 日　市人大常委会党组书记杨志辉到灵寿走访驻县的市人大代表。

12 月 30 日　县人大常委会主任马国云带队视察全县重点项目建设工作。

12 月 31 日　县十五届人大常委会第六次会议召开。

2013 年

1 月 9 日　县十五届人大常委会第七次会议召开。

3 月 20 日　县十五届人大常委会第八次会议召开。

3 月 24 日至 26 日　灵寿县第十五届人民代表大会第二次会议召开。

5月5日　县人大常委会主任马国云带队视察南青同末端渠系、徐家疃水库、北堤下泵房等地的农田水利建设工程。

5月8日　县十五届人大常委会第九次会议召开。

6月18日　县人大常委会主任马国云带队视察食品安全工作。

7月2日　县十五届人大常委会第十次会议召开。

7月5日　县人大常委会在五岳寨宾馆对新选人大代表进行培训。

7月12日　县人大常委会主任马国云带领部分县人大常委会委员和人大代表在宏达铸造厂和冀力水泥厂分别召开了优化发展环境座谈会。

7月26日　市人大城乡供水安全调研组一行到灵寿自来水公司调研。

8月8日　县人大常委会主任马国云带队到燕川水库、横山岭水库视察防汛工作。

8月14日　县人大常委会机关召开会议，传达学习中共石家庄市委关于进一步加强作风建设的若干规定，学习市人大常委会创建五型机关的意见。

8月27日　市人大常委会副主任王增飞到灵寿调研督导县城建设进展情况。

9月2日　县委书记宋存汉到县人大常委会调研工作。

9月13日　县十五届人大常委会第十一次会议召开。

9月27日　县人大常委会主任马国云，副主任傅金生、刘占军、李彦勇分别带领5个督导组到15个乡镇和县直代表团视察督导意见建议的办理情况。

9月27日至10月10日　县人大常委会组织驻县的市人大代表视察灵寿大气污染防治工作。

11月1日　县十五届人大常委会第十二次会议召开。

11月28日　县人大常委会组织召开人大代表培训暨经验交流会。

12月5日　县人大常委会主任马国云带队到石家庄中山牧业有限公司、河北牧欣丰邦农业开发有限公司、河北海燕农牧有限公司视察灵寿特色养殖业情况。

12月10日　县十五届人大常委会第十三次会议召开。

12月12日　县人大常委会主任马国云带队视察全县重点项目进展情况。

12月26日　县人大常委会机关召开老干部座谈会，县人大常委会主任马国云汇报人大近两年来的工作，听取老干部对人大工作的意见和建议。

12月30日　县十五届人大常委会第十四次会议召开。

2014年

1月10日　县十五届人大常委会第十五次会议召开。

1月21日至23日　灵寿县第十五届人民代表大会第三次会议召开。

2月26日　县人大常委会机关召开党的群众路线教育实践活动动员会。

4月22日　县十五届人大常委会第十六次会议召开。

6月13日　县人大常委会主任马国云带队到县职教中心、县农技中专学校，集中视察县职业教育工作。

6月25日　县十五届人大常委会第十七次会议召开。

8月14日　县人大常委会机关召开领导班子民主生活会。

8月14日　县十五届人大常委会第十八次会议召开。

8月23日　县人大常委会主任马国云、副主任李彦勇到市人大参加全市“人大代表之家”创建活动动员会，并到藁城、长安区试点乡镇、街道办事处参观。

8月27日　县人大常委会召开工作评议动员会，县人大常委会主任马国云作动员讲话。

8月28日　县十五届人大常委会第十九次会议召开。

8月29日　县人大常委会机关组织召开民主生活会和民主评议党员会议。

10月10日　县人大常委会主任马国云、副主任刘占军带领第二评议小组到陈庄镇走访县人大代表，对15个部门进行满意度测评。

10月17日　县人大常委会召开党的群众路线教育实践活动总结大会。

10月29日　县十五届人大常委会第二十次会议召开。

11月11日至18日　县人大常委会主任马国云带队到冀东水泥厂、宇航化工、铠朗科技、正元化肥等企业视察安全生产工作。

12月18日　县人大常委会主任马国云带队视察全县重点项目建设情况。

12月30日　县十五届人大常委会第二十一次会议召开。

2015年

2月6日　县十五届人大常委会第二十二次会议召开。

3月2日至4日　灵寿县第十五届人民代表大会第四次会议召开。

4月15日　县十五届人大常委会第二十三次会议召开。

5月12日　省人大常委会党组副书记、省总工会主席王增力一行到灵寿水泉溪、五岳寨、秋山、透雕石牌楼调研旅游工作。

5月28日　县人大常委会主任马国云到谭庄乡人民政府开展“三严三实”专题教育讲党课活动。

6月2日　县人大常委会召开行政许可法法律法规执法检查动员及培训会议。

6月17日　县十五届人大常委会第二十四次会议召开。

8月12日　县人大常委会组织驻县的省市人大代表视察生态县、旅游项目建设情况，组织市人大代表评议市人大常委会委员。

8月19日　县十五届人大常委会第二十五次会议召开。

10月27日　县十五届人大常委会第二十六次会议召开。

11月10日至11日　县人大常委会主任马国云带队到西柏坡、葫芦峪、陈庄抗战纪念馆视察，接受爱国教育。

11月19日　县人大常委会主任马国云主持召开“解放思想、抢抓机遇、奋发作为、协同发展”大讨论学习。

12月8日　县人大常委会主任马国云带队到县人民检察院视察检务公开工作。

12月10日至11日　县人大常委会在中山宾馆组织举办人大代表培训暨表彰会议。

12月23日　县十五届人大常委会第二十七次会议召开。

2016年

2月3日　县十五届人大常委会第二十八次会议召开。

2月17日至19日　灵寿县第十五届人民代表大会第五次会议召开。

4月21日　县十五届人大常委会第二十九次会议召开。

5月5日　县人大常委会组织召开安全生产执法检查动员培训会。

5月18日　市人大水土保持执法检查组实地查看了北伍河村治理区、西柏山治理区。

6月30日　县十五届人大常委会第三十次会议召开。

8月30日　县十五届人大常委会第三十一次会议召开。

10月15日　县十五届人大常委会第三十二次会议召开。

11月18日　县十五届人大常委会第三十三次会议召开。

11月22日　县人大常委会组织召开县乡两级换届选举工作部署会议。

12月1日　县人大常委会组织召开县乡两级换届选举委员会工作会议。

12月13日　县人大常委会组织机关全体人员观看辽宁拉票贿选案警示教育片。县人大常委会主任马国云就换届选举工作讲具体意见。

12月29日　县十五届人大常委会第三十四次会议召开。

2017年

1月25日　县十五届人大常委会第三十五次会议召开。

2月14日　县十五届人大常委会第三十六次会议召开。

2月18日　县人大常委会党组书记刘振波组织召开县十六届人大一次会议协调会，对县委办、政府办、政协办、县电视台等有关单位进行具体分工。

2月20日至23日　灵寿县第十六届人民代表大会第一次会议在燕都大厦四楼会议厅举行。大会完成相关议程，会议决定设立灵寿县第十六届人民代表大会专门委员会，选举产生县第十六届人大常委会组成人员，县人民政府县长、副县长，县人民法院院长，县人民检察院检察长；选举产生灵寿县出席石家庄市第十四届人民代表大会代表21名；表决通过县十六届人大各专门委员会组成人员名单；刘振波当选县十六届人大常委会主任。

3月22日　县十六届人大常委会第一次会议暨颁发任命书大会在中山宾馆会议室召开。

4月19日　县人大常委会在县政府五楼会议室召开人大代表意见建议交办会。

4月24日　县人大常委会主任刘振波、副主任张云山、吕秀敏带领常委会委员及部分人大代表分别到正元、益康、名世锦簇、华新制药、维嘉无纺布、安能等地视察全县安全生产工作。

4月25日　县十六届人大常委会第三次会议在燕都大厦四楼会议室召开。

5月8日　县人大常委会主任刘振波参加全县组织工作暨基层党建述职评议会议。

5月22日　市人大农业和农村委主任孙任虎一行来灵寿视察扶贫攻坚工作。

5月24日　县人大常委会主任刘振波，副主任张云山、吕秀敏带领部分常委会委员和人大代表视察园林城市建设。

6月7日　县人大常委会召开主任（扩大）会议，研究出台县人大常委会关于在全县人大代表中开展“五个一”活动的实施意见（草案）；下发“双城共创，与我同行”“脱贫攻坚，我有责任”倡议书。

6月9日　县人大常委会副主任吕秀敏、财经工委人员陪同市人大财政工委主任刘国清一行调研《中华人民共和国消费者权益保护法》落实情况。

6月20日　县人大常委会主任刘振波带领相关人员视察太行山绿化工作。

6月26日　县十六届人大常委会第三次会议在燕都四楼南厅会议室召开。

7月7日　市人大常委会副主任楚行宇一行到灵寿县督导人大代表之家（站）建设提升工作。

7月12日至14日　县人大常委会组织部分市、县人大代表在横山湖宾馆开展履职培训。县人大常委会主任刘振波、副主任吕秀敏出席开班仪式。

7月20日　县人大常委会主任刘振波在县人大二楼会议主持室召开人大代表之家（站）建设调度会。

8月4日　县人大常委会在三圣院乡会议室召开全县人大代表之家（站）建设现场观摩座谈会。

8月9日　县人大常委会主任刘振波、副主任吕秀敏带领部分省、市、县人大代表，到安能绿建视察人大代表联络站建设工作。

8月26日至9月17日　县人大常委会主任刘振波带队到正定塔元庄、裕华区裕东街道、锦秀庄园、东明家具学习人大代表之家（站）建设情况。

8月29日　县十六届人大常委会第四次会议在燕都四楼会议室召开。

9月下旬 县人大常委会对全县家（站）建设进行拉练评比。

9月下旬 县人大常委会开展走访县人大代表及“双联”活动，依次走访三圣院乡代表团、县直代表团、狗台乡代表团、塔上镇代表团。

9月至10月 县人大常委会抽调农经工委主任和代表工委副主任到灵寿镇大东关村、小东关村就农村贫困人口建档立卡工作开展回头看。

9月30日　县十六届人大常委会第五次会议在燕都大厦四楼会议室召开。

10月8日至9日　灵寿县第十六届人民代表大会第二次会议在燕都大厦四楼会议室举行。大会完成相关议程，会议选举冯素伟为灵寿县人民政府县长。

10 月 19 日　县人大常委会与政府督查室联合召开代表建议督办会。

10 月 31 日　县十六届人大常委会第六次会议在燕都大厦四楼会议室召开。

11 月 1 日　县十六届人大代表学习党的十九大精神培训会在燕都大厦四楼会议室召开。

11 月 28 日　县人大常委会主任刘振波陪同省、市人大领导到灵寿县供销社调研供销社工作情况。

12 月 8 日　县十六届人大常委会第七次会议在燕都大厦四楼会议室召开。

12 月 19 日　县人大常委会主任刘振波、副主任吕秀敏陪同省人大、市人大调研组调研全县 2017 年国民经济和社会发展计划及财政预算执行和 2018 年国民经济和社会发展计划及财政预算草案情况，视察松阳河公园、安能绿建、华新制药、维嘉无纺布、康泰塑胶、欧亿星、中山水泥、华杰木业等。

12 月 26 日　县十六届人大常委会第八次会议在燕都大厦四楼会议室召开。

2018 年

1 月 31 日　县人大常委会主任刘振波主持召开 2017 年度人大常委会党组民主生活会。

2 月 2 日　县十六届人大常委会第九次会议召开。

2 月 12 日至 13 日　灵寿县第十六届人民代表大会第三次会议在燕都大厦四楼会议厅举行。大会完成相关议程，会议选举灵寿县监察委员会主任 1 名，补选灵寿县人大常委会委员 7 名。

2 月 13 日　县十六届人大常委会第十次会议在燕都大厦四楼会议室召开。

4 月 13 日　县人大常委会与县政府在政府五楼会议室召开人大代表意见建议交办会。

4 月 19 日　县十六届人大常委会第十一次会议在燕都大厦四楼会议室召开。

4 月 20 日　县人大常委会主任刘振波带领县人大常委会副主任及各工委主任、副主任到安能绿建视察人大代表联络站，并召开代表座谈会，开展“双问计”活动。

5 月 8 日　县人大常委会主任刘振波、副主任马进伟陪同市人大常委会副主任安树国到益康公司、安能绿建公司调研扶贫工作。

5 月 9 日　县人大常委会主任刘振波带领县人大常委会部分组成人员视察星海高科人大代表联络站和慈峪镇大气污染整治情况，并召开代表座谈会，开展“双问计”活动。

5 月 22 日　县人大常委会主任刘振波陪同市人大常委会副主任王丽君到岔头镇杜家沟调研扶贫工作。

5 月 28 日　县人大常委会主任刘振波陪同市人大常委会副主任楚行宇、李志宏及市人大常委会选任代工委、内司委负责人到星海高科人大代表联络站视察特色家（站）建设情况工作。

6 月 8 日　县人大常委会机关帮扶人员到青同镇韩朱乐村走访慰问贫困户。

6 月 12 日　石家庄市人大常委会主任司存喜到灵寿县视察人大代表之家（站）建设情况。

6月27日　县十六届人大常委会第十二次会议在燕都大厦四楼会议室召开。

7月19日　省人大常委会选举任免处处长李同义一行赴灵寿调研县乡人大建设和机构编制等情况。

7月30日　县人大常委会在活动中心二楼召开扶贫脱贫攻坚、大气污染防治、优化营商环境联动监督动员会。

8月7日至10日　县人大常委会开展双联活动。

8月18日　县人大常委会召开党组巡视整改专题民主生活会。

8月24日　县十六届人大常委会第十三次会议在燕都大厦四楼会议室召开。

8月29日　县人大常委会主任刘振波带领副主任马进伟、各委室主任到供热公司视察集中供热工作情况。

10月30日　县十六届人大常委会第十四次会议在中山宾馆十楼会议室召开。

11月23日至24日　县人大常委会组织15个乡镇人大主席在河北师范大学继续教育学院进行业务培训。

12月13日　县人大常委会举办灵寿县“共青团与人大代表、政协委员面对面”活动。

12月上旬　县人大常委会在中山宾馆十楼，举办乡镇人大工作人员培训班。

12月17日　县人大常委会主任刘振波主持召开巡视整改专题民主生活会座谈会，邀请部分人大代表、常委会委员参加。

12月19日　县人大常委会主任刘振波主持召开党组领导班子专题民主生活会。

12月24日　县人大常委会对6件优秀县人大代表建议和10个人大代表建议承办单位进行表彰；对4个代表之家、2个代表联络站进行通报表彰。

12月24日　县十六届人大常委会第十五次会议在六合顺六楼会议室召开，会议作出《关于加强检察机关公益诉讼工作的决议》《关于调整灵寿县第十六届人大常委会代表资格审查委员会的决定》。

2019年

1月11日　县十六届人大常委会第十六次会议在六合顺六楼会议室召开。

1月17日　县人大常委会主任刘振波主持召开石家庄市第十四届人民代表大会第四次会议会前座谈会。

1月30日至31日　灵寿县第十六届人民代表大会第四次会议在燕都大厦四楼会议室举行。大会完成相关议程，会议决定设立灵寿县第十六届人民代表大会社会建设委员会，选举产生社会建设委员会主任委员1名、副主任委员2名、委员3名。

3月29日　县人大常委会机关全体到青同镇韩朱乐村调研扶贫工作，开展走亲活动。

4月10日　县人大常委会主任刘振波、副主任马进伟带领农经工委到南营乡团泊口、西寺岭、黄土梁、槐树沟调研视察异地扶贫搬迁工作，并到陈庄石嘴、西村调研栗蘑和食用菌产业。

4月11日　县人大常委会主任刘振波、副主任马进伟到县财政局调研扶贫项目资金拨付情况。

4月26日　县人大常委会副主任吕秀敏陪同市人大常委会副主任王丽君到岔头镇杜家村调研脱贫攻坚情况。

4月25日　县十六届人大常委会第十七次会议在六合顺六楼会议室召开。

5月19日　县人大常委会主任刘振波、副主任马进伟，科教文卫工委主任郝俊峰陪同井陉县人大常委会考察组到灵寿县考察全域旅游、旅发大会筹备情况。

5月21日　县人大常委会主任刘振波带领各位副主任、各委室主任、副主任到河北省委党校开展警示教育活动。

5月29日　县人大常委会主任刘振波带领各位副主任、各委室主任以及部分人大代表逐一视察旅发大会筹备项目。

6月6日　县人大常委会主任刘振波、副主任吕秀敏陪同石家庄市人大常委会副主任韩保来到欧亿星代表联络站开展“双联”活动并视察城建工作。

6月13日　县人大常委会主任刘振波、副主任吕秀敏带领财经委员会人员调研资源性国有资产管理情况。

6月17日　县十六届人大常委会第十八次会议在六合顺六楼会议室召开。

6月19日　河北省人大建设研究会会长、省十一届人大常委会常务副主任柳宝全到灵寿县调研车谷砣旅游开发建设情况。

6月27日　县人大常委会机关召开党员大会，开展书记讲党课活动。

7月16日　县人大常委会主任刘振波带领县人大常委会副主任及各委室主任、副主任到锦绣大明川代表联络站、车谷砣村代表联络站及南营乡代表之家视察家（站）建设、提升情况并召开座谈会。

7月25日　县人大常委会主任刘振波参加市人大在亚太酒店二楼会议室召开县（市、区）人大工作会议。

8月13日　县人大常委会主任刘振波、副主任吕秀敏带领财经委员会人员到税务局调研2019年上半年财政税收情况。

8月26日　县十六届人大常委会第十九次会议在悦城大酒店二楼会议室召开。

9月10日　市人大咨询委员会到灵寿视察城建工作。

9月12日　灵寿县人大常委会党组召开“不忘初心、牢记使命”主题教育动员部署会议。

10月14日　县人大常委会主任刘振波到塔上镇调研“不忘初心、牢记使命”主题教育工作，召开座谈会。

10月25日　县十六届人大常委会第二十次会议在悦城大酒店二楼会议室召开。

10月31日　县人大常委会党组召开对照党章党规找差距专题会议。

11月12日　县人大常委会主任刘振波一行26人到井陉县考察学习“井陉太行天路”

精神。

11月18日　县人大常委会主任刘振波主持召开县乡人大工作会议暨县乡人大述职评议调度会。

12月6日　灵寿县第十六届县人大代表培训班在中山宾馆十一楼会议室举行。会上，对行政审批局、民政局、统计局、人社局、军人事务局、教育局、卫健局、扶贫办县人民政府8个行政部门进行工作测评。

12月26日　县十六届人大常委会第二十一次会议在悦城大酒店二楼会议室召开，会议作出《关于批准灵寿县松阳河新区控制性详细规划及城市设计的决定》。

2020年

1月10日　县十六届人大常委会第二十二次会议在悦城大酒店二楼会议室召开。

1月20日至21日　灵寿县第十六届人民代表大会第五次会议在县会展中心召开。大会完成相关议程，会议票决县政府2020年民生实事项目12件。

2月4日　县人大常委会主任刘振波主持召开机关全体会议，安排部署疫情防控期间各项防控措施。

4月4日　人大机关全体人员收看全省人大系统“6+1”联动监督动员电视电话会。

4月9日　县人大常委会主任刘振波到青同镇韩朱乐村走访贫困户。

4月23日　县十六届人大常委会第二十三次会议在会展中心第一会议室召开。

4月28日　县人大常委会主任刘振波到青同镇韩朱乐村开展扶贫调研工作，了解扶贫队工作情况，帮助解决问题和困难。

5月15日　县“6+1”联动监督工作推进会在会展中心第一会议室召开。

5月19日　市人大常委会副主任楚行宇一行到灵寿督导调研“6+1”联动监督工作。

5月20日　石家庄市人大常委会党组成员苑彦刚到灵寿县视察胡庄村疫情防控工作。

6月1日　县人大常委会主任刘振波主持召开“6+1”联动监督工作推进调度会。

6月11日　县人大常委会主任刘振波带队赴南营乡、寨头乡督导“6+1”联动监督工作。

6月24日　县十六届人大常委会第二十四次会议在会展中心第一会议室召开。

6月29日　河北省人大常委会监察和司法委员会主任王大为到灵寿调研督导矿山综合治理联动监督工作。

7月1日　市人大常委会副主任韩保来督导“6+1”联动监督和县城建设情况。

8月19日　河北省人大常委会副主任王会勇到灵寿县调研《河北省乡镇和街道综合执法条例》执行情况。

8月27日　县十六届人大常委会第二十五次会议在会展中心第一会议室召开。

9月14日　全县“6+1”联动监督工作调度会在县政府三楼会议室召开。

9月21日　县人大常委会主任刘振波带领6+1联动监督房地产专班到住建局调研房地

产领域信访有关情况。

9 月 25 日　市人大常委会副主任楚行宇一行到灵寿县调研旅发大会资金使用情况。

9 月 27 日　保定市人大常委会民侨外工委主任蒋秀琦一行在石家庄市人大有关人员陪同下到灵寿漫山花溪谷景区考察，灵寿县人大常委会科教文卫工委负责人和县文旅局陪同考察。

10 月 13 日　市人大常委会副主任潘明文到灵寿县塔上镇督导“平安建设”工作开展情况。

10 月 26 日至 27 日　县人大常委会在中山宾馆举办县乡人大工作学习培训会。

10 月 29 日　县十六届人大常委会第二十六次会议在中山宾馆十一楼会议室召开，会议作出《关于将我县部分公园通过法定程序确定为首批永久性绿地的决定》。

11 月 9 日　县委第一巡察组进驻县人大机关见面动员会在二楼会议室召开。

12 月 17 日　县人大常委会机关召开全体党员大会。

12 月 23 日　灵寿县人大系统学习贯彻党的十九届五中全会、县委十一届九次全会精神宣讲会在悦城二楼会议室举行。

12 月 23 日　县十六届人大常委会第二十七次会议在悦城二楼会议室召开。

2021 年

1 月 7 日　县十六届人大常委会第二十八次会议在会展中心第一会议室召开。

1 月 29 日　县十六届人大常委会第二十九次会议在会展中心第一会议室召开。

2 月 7 日　县人大常委会党组民主生活会在人大二楼会议室召开。

2 月 28 日　县十六届人大常委会第三十次会议在会展中心第一会议室召开。

3 月 3 日至 4 日　灵寿县第十六届人民代表大会第六次会议召开，主会场设在会展中心第一会议厅，14 个分会场采取视频会议方式同步进行。大会完成相关议程，会议选举灵寿县人大常委会副主任 1 名。

3 月 9 日　县委第一巡察组反馈意见会在人大二楼会议室召开。

4 月 12 日　县人大常委会主任刘振波主持召开县乡人大换届工作务虚会。副主任吕秀敏、各委室主任参加。

4 月 29 日　县十六届人大常委会第三十一次会议在六合顺六楼会议室召开，会议作出《关于成立县选举委员会的决定》《关于批准各乡镇成立第十一届人民代表大会选举委员会的决定》。

5 月 7 日　县乡两级人大换届选举动员部署会在会展中心第一会议室召开。

5 月 21 日　县十六届人大常委会第三十二次会议在人大二楼会议室召开。

5 月 25 日　县十六届人大常委会第三十三次会议在会展中心第一会议室召开。

6 月 4 日　县十六届人大常委会第三十四次会议在会展中心第一会议室召开。

6 月 15 日　县十六届人大常委会第三十五会议在人大二楼会议室召开。

6月22日　县人大常委会主任刘振波主持召开四项联动监督工作推进会，县人大常委会副主任吕秀敏、董建海，各委室主任参加会议。

7月18日　县十六届人大常委会第三十六次会议在人大二楼会议室召开。

7月24日至25日　灵寿县第十七届人民代表大会第一次会议在电力会堂召开。大会完成相关议程，选举产生县十七届人大常委会主任、副主任和委员，白东风当选为县十七届人大常委会主任。选举产生灵寿县出席石家庄市第十五届人民代表大会代表25名。

8月31日　县十七届人大常委会第一次会议在会展中心召开。

9月17日　县人大常委会主任白东风，副主任张云山、吕秀敏、董建海、罗文全带领部分常委会委员和人大代表到悦城智能示范区三期、安定御园、丰树现代供应链产业园视察全县建筑工地信息公开规范管理情况。

县人大常委会主任白东风，副主任张云山、吕秀敏、董建海、罗文全带领部分常委会委员和人大代表到河北宇航化工有限公司、中金集团石湖矿业有限公司视察全县安全生产工作。

9月22日　县人大常委会主任白东风陪同市人大常委会副主任杨立中一行到灵寿县调研重点工作。

9月24日　县十七届人大常委会第二次会议暨颁发任命书大会在会展中心召开。

10月14日　县人大常委会主任白东风、副主任董建海陪同市人大常委会副主任杨立中带领执法检查组到灵寿县开展《中华人民共和国水平保持法》《石家庄市水土保持条例》执法检查。

10月27日　县十七届人大常委会第三次会议在会展中心召开。

11月10日　县人大常委会办公室党支部召开党员大会，进行换届选举。

11月16日　县人大常委会主任白东风，副主任张云山、吕秀敏、董建海、罗文全带领部分常委会委员和人大代表到欧亿星生态涂料文旅体验基地、冠宇环保设备类产品生产基地、谷隆生物制剂联合研制中心视察灵寿县重点项目建设情况。

11月17日　县人大常委会主任白东风，副主任张云山、吕秀敏、董建海、罗文全带领部分常委会委员和人大代表视察兴业奶牛养殖专业合作社奶牛养殖项目、南寨乡蔬菜大棚三期项目、石家庄鸿源养殖有限公司鸡场扩建项目乡村振兴建设情况。

11月18日　县人大常委会主任白东风、副主任董建海陪同市人大常委会副主任杨立中一行到灵寿县调研督导重点工作。

12月17日　县人大常委会主任白东风陪同市人大常委会副主任杨立中到灵寿县视察并宣讲党的十九届六中全会精神。

12月23日　县十七届人大常委会第四次会议在会展中心召开。

2022年

1月20日　县十七届人大常委会第五次会议在会展中心召开。

1月28日至29日　灵寿县第十七届人民代表大会第二次会议在电力会堂举行。

3月31日　县人大常委会主任白东风陪同市人大常委会副主任杨立中一行到灵寿县调研督导经济运行、森林防火、省重点项目建设情况。

3月31日　召开全县人大系统五项联动监督动员部署会。

4月24日　县人大常委会主任白东风，副主任董建海陪同市人大常委会副主任杨立中一行到灵寿县调研经济运行、疫情防控、安全生产、森林防火等工作。

4月29日　县十七届人大常委会第六次会议在会展中心召开。

5月10日　召开县人大常委会规范性文件备案审查工作推进会。

5月26日　县人大常委会主任白东风，副主任张云山、吕秀敏、董建海、罗文全带领部分常委会委员和人大代表到共建路项目、西环路北延项目、西外环至北倾井段、东城南至故城段乡道大修工程、工业路（正南大街—新开街）项目、省道S249贾村至灵寿县城南环段改建工程、人民路东延及纬十六路项目、京赞线至南青同公路大修工程视察全县公路项目建设情况和县城工业路等延伸开通情况。

是日　县十七届人大常委会第七次会议在会展中心召开。

6月23日　县人大常委会主任白东风，副主任张云山、吕秀敏、董建海、罗文全带领部分常委会委员和人大代表到燕川乡视察人居环境整治提升工作。

6月27日　县人大常委会副主任吕秀敏、罗文全陪同市人大常委会副主任杨立中一行到灵寿县调研经济运行和防汛应急响应、包联北城东村巩固脱贫攻坚成果衔接乡村振兴、包联松阳社区建设等情况。

6月28日　县十七届人大常委会第八次会议在会展中心召开。

7月5日　县人大常委会主任白东风，副主任张云山、吕秀敏、董建海、罗文全带领部分常委会委员和人大代表到寨头乡视察文旅产业发展情况。

7月7日　县人大常委会办公室党支部组织机关党员干部到沕沕水红色发电厂旧址开展“七一”主题党日活动。

9月8日　县十七届人大常委会第九次会议在会展中心召开。

9月19日　县十七届人大常委会第十次会议在人大二楼会议室召开。

9月21日　县人大常委会副主任董建海陪同市人大常委会副主任杨立中一行到灵寿县调研督导常态化隐患排查、安全生产、包联企业、信访稳定、经济运行情况和县优化营商环境专治办等工作。

9月22日　县人大常委会主任白东风，副主任张云山、吕秀敏、董建海、罗文全带领部分常委会委员和人大代表到三圣院乡退役军人服务站、三圣院乡同下村退役军人服务站、县退役军人服务中心视察全县退役军人服务中心（站）建设工作情况。

9月27日　县人大常委会主任白东风，副主任张云山、吕秀敏、董建海、罗文全带领部分常委会委员和人大代表到县工商银行西院老旧小区改造项目、城市更新（淤泥河）项目、口袋公园（悦园）项目、工业路（正南大街—新开街）开通工程项目、西环路（松阳大街）北延项目、城市更新（共建路）项目视察灵寿县“城建惠民”项目实施情况。

10月11日　县人大常委会副主任董建海陪同市人大常委会副主任杨立中一行到灵寿县调研督导疫情防控、安全生产等工作。

10月19日　市人大常委会“人大代表主题活动月”开展情况座谈会在灵寿县召开。

10月27日　县人大常委会主任白东风陪同市人大常委会主任李雪荣一行到灵寿县视察太行山区域旅游业发展情况。

10月31日　县十七届人大常委会第十一次会议在会展中心召开。

12月30日　县十七届人大常委会第十二次会议在悦城二楼会议室召开。

2023年

1月9日　县十七届人大常委会第十三次会议在会展中心召开。

1月12日至13日　灵寿县第十七届人民代表大会第三次会议在电力会堂举行。

2月27日　召开县人大常委会主任和“一府一委两院”主要负责同志联席会议。

3月3日　县人大常委会主任白东风、副主任罗文全陪同市人大常委会副主任杨立中一行到灵寿县调研督导信访和安全生产等工作。

3月20日　召开全县人大系统三项联动监督动员会。

3月24日　县十七届人大常委会第十四次会议在会展中心召开。

3月31日　县人大常委会副主任吕秀敏陪同市人大常委会副主任杨立中一行到灵寿县调研食品安全和项目建设工作。

4月18日　召开各乡（镇）人大主席座谈会及代表意见建议培训会。

4月25日　县人大常委会主任白东风，副主任张云山、吕秀敏、董建海、罗文全带领部分常委会委员和人大代表到中天商厦、记忆一条街视察全县提升传统消费能级和推进服务消费提质扩容情况。

县人大常委会主任白东风，副主任张云山、吕秀敏、董建海、罗文全带领部分常委会委员和人大代表到消防救援大队、县水利局、县烟花爆竹专营公司库房、陈庄镇森林消防大队视察全县应急物资储备工作情况。

县十七届人大常委会第十五次会议在悦城二楼会议召开。

5月18日至19日　在中山宾馆十一楼举办驻县全国、省、市人大代表，县十七届人大代表和县乡两级人大干部素质提升培训班。

5月23日　县人大常委会召开全县人大系统四项联动监督动员会。

6月1日　县人大常委会主任白东风，副主任张云山、吕秀敏、董建海、罗文全带领部分常委会委员和人大代表到甲骨文数字科技创新中心、三圣院乡视察灵寿县人大代表之家（站）创建提升工作情况。

县人大常委会主任白东风，副主任张云山、吕秀敏、董建海、罗文全带领部分常委会委员和人大代表到南寨乡、灵寿镇视察全县城乡居民低保工作情况。

6月12日　县十七届人大常委会第十六次会议在松阳数字产业园北楼三楼会议室召开。

6月20日　县十七届人大常委会第十七次会议在会展中心召开。

6月25日至26日　县人大常委会办公室党支部组织机关党员干部到张家口市张北县野狐岭军事基地和察哈尔抗战遗址开展"践初心、强党性，感恩奋进新征程"七一主题党日活动。

7月26日　县人大常委会主任白东风，副主任张云山、吕秀敏、董建海带领部分常委会委员和人大代表到记忆一条街、县博物馆、松溏湾文化广场、县妇幼保健院视察全县现有城市公共基础设施利用情况。

8月17日　县人大常委会、县政协到磁河大道大湾段、五岳寨景区视察水毁及灾后重建情况。

8月30日　县人大常委会主任白东风，副主任张云山、吕秀敏、董建海带领部分常委会委员和人大代表到龙岗小学、人民路贯通工程、正南线正定界至南环段、新开街南延路段、南倾井村、索阜安村、第一敬老院、南贾良小学视察2023年县民生实事项目进展情况。

8月31日　县十七届人大常委会第十八次会议在会展中心召开。

9月17日　县人大常委会副主任张云山陪同省人大常委会法工委主任杨金深一行到灵寿县开展《河北省防汛避险人员转移条例》立法调研。

9月22日　县人大常委会副主任张云山带领部分市、县人大代表就《石家庄市城市管理综合执法条例》实施情况开展执法检查。

9月25日　县人大常委会主任白东风陪同市人大常委会副主任杨立中一行到灵寿县调研督导食品安全、安全生产和大气污染防治等工作。

9月28日　县人大常委会主任白东风，副主任张云山、吕秀敏、董建海带领部分常委会委员和人大代表到陈孟线灵寿段大修工程、寨南至寒巴公路项目、台头至磁河大道改建工程、京卢线至京赞线改建工程视察我县优化交通路网建设情况。

9月28日　县人大常委会主任白东风，副主任张云山、吕秀敏、董建海带领部分常委会委员和人大代表到城东街、杨家庄路视察灵寿县城转型蝶变（精品街道建设、小街小巷治理、精细化管理）工作情况。

10月30日　县十七届人大常委会第十九次会议在会展中心召开。

11月16日　县人大常委会主任白东风，副主任张云山、吕秀敏、董建海带领部分常委会委员和人大代表到胡庄村安置区、安定村安置区视察全县棚户区改造项目建设情况。

11月16日　县人大常委会主任白东风，副主任张云山、吕秀敏、董建海带领部分常委会委员和人大代表到丰树综合供应链产业园项目、三一众力工程机械整机与零部件再制造中心项目、石育医药产业基地项目、旭钻新材料高纯石英砂生产基地项目视察全县重点项目建设情况。

11月28日　县人大常委会主任白东风、副主任张云山参加三圣院乡基层立法联系点揭牌仪式。

11 月 28 日　县人大常委会主任白东风陪同市人大常委会副主任杨立中一行到灵寿县调研督导抽水蓄能项目建设、信访稳定、食品安全等工作。

12 月 28 日　县十七届人大常委会第二十次会议在会展中心召开。

2024 年

1 月 15 日　县十七届人大常委会第二十一次会议在会展中心召开。

1 月 17 日　县十七届人大常委会第二十二次会议在会展中心召开。

1 月 24 日　县十七届人大常委会第二十三次会议在会展中心召开。

2 月 1 日至 3 日　灵寿县第十七届人民代表大会第四次会议在电力会堂举行。

3 月 27 日　县人大常委会主任白东风，副主任张云山、吕秀敏、董建海带领部分常委会委员和人大代表到幽居寺、晋察冀边区印刷局旧址、车谷砣村视察全县文化遗产保护传承工作情况。

3 月 28 日　县十七届人大常委会第二十四次会议在会展中心召开。

第 一 篇

中华人民共和国成立前中国共产党领导下的灵寿县议会

（1940 年 8 月至 1946 年）

第一章

中国共产党领导下的历届议会

在广泛开展游击战争中，抗日根据地进一步巩固，党的组织得到了巩固和发展，各级抗日政权组织、地方武装和群众团体进一步健全，中国共产党把抗日根据地的政权建设放在首要位置。

1940 年 3 月，中共中央在《抗日根据地的政权问题》的指示中强调，共产党领导的各级抗日政权是统一性质的政权，规定在政府机构和参政机构中实行“三三制”原则，即在抗日民主政权和参政机构中中共党员、进步分子、中间分子各占 1/3。1940 年 4 月，中共中央北方分局（1941 年 1 月改称中共中央晋察冀分局）召开干部扩大会议，决定在晋察冀边区开展民主大选举活动。1940 年 6 月至 8 月，晋察冀边区开展了大规模的民主大选举，全边区 97 个县、1500 万人民都参加选举，选举产生了边区行政委员会及其下设的 13 个专署和冀中区行署、冀北办事处及 97 个县政府。

1940 年 6 月 14 日，成立灵寿县选举筹备委员会，推举李悦民、赵化风为正副主任，各区、村也都成立了选举委员会，号召全县人民动员起来踊跃参政。之后，自下而上开展村选、区选工作，民主选举出村长、区长，为县议会的成立打下基础。

中共灵寿县委、县抗日政府贯彻晋察冀边区指示，在深入宣传酝酿的基础上，通过民主选举和特别聘请方式（聘请者多为民主人士）产生县议员，并于 1940 年 8 月 17 日在陈庄召开首届一次全体议员大会，正式成立灵寿县议会。议会由议长、副议长和议员组成，由议长负责，议长不兼任政府领导职务。县议会成立后，成为县政权组织的常设机构。行使监察弹劾县级行政人员及司法人员、督促及监察县政府对县议会决议案的执行事项、决议县政兴革重要事项和审议县长及各方请议事项的权力。灵寿县议会共召开两届七次会议，由于 1946 年内战开始，县议会自行解散。

第一章　灵寿县首届议会

首届议会自 1940 年 8 月至 1942 年 9 月，任期 2 年，共召开 4 次会议。听取和审查报告 4 个，通过决议决定 7 项，审查处理提案 110 件，选举 7 项。

县首届议会会议情况一览表

表 1-1

届别	会议次序	时间	听取和审查报告（个）	选举（项）	提案（件）	
首届议会	第一次	1940 年 8 月 17 日	2	4	7 类	42
	第二次	不详	—	—	7 类	24
	第三次	1942 年 3 月 18 日	2	3	6 类	25
	第四次	1942 年 9 月 28 日	—	—	6 类	19

第一节　议员名单

部分议员名单（按姓氏笔画为序）

马文梅（女）　尹吉生　王学士　王积德
孙梦梅　齐文俭　李灵山　李秀山
李景林　李　洛　李秀云（女）　李　云
向　谷　池　鉴　何　栋　张惠景（女）
张　震　周学景　赵化大　赵英华
赵子和　赵化风　贾文学　梁振道
傅嘉桃

候补议员

郎玉玲（女）　赵　进　孙　周　周洛南
安子贞

第二节　会议概况

首届议会第一次会议于 1940 年 8 月 17 日在陈庄召开，正式成立灵寿县议会。通过民主选举和特别聘请方式（聘请者多为民主人士）产生县议员，全县议员 46 人，到会 40 人（其中女议员 5 人）。此外，参加会议的还有边区选委会代表、联大检查团、专署代表、晋察冀通信社、各乡拥护团。县议会议员多数为民主选举产生，少数为聘请议员。议员中多数为共产党员，少数为国民党员，还有开明绅士和商人，平均年龄 40 岁，多为高小文化程度和文盲。本次会议共六天，通过“灵寿县抗日施政方针”和县财政预决算报告；提出政治、财政经济建设、文化教育、保障人权与社会治安、卫生保健与妇女儿童、开源节流、增加生产改善民生、救济灾荒、工地问题、交通运输、游击区工作、争取敌伪、整理组织健全制度、游击战争、群众武装、民众运动等31个方面的提案；选举县议会议长、副议长和县抗日民主政府县长，选举“国大”代表，通过由县长提名的各科科长人选，任命秘书和驻会代表。周学敬、郝南乾分别当选为议长、副议长，李观慈当选为县长。会议决定由议长、副议长及少数驻会议员组成常设机构，行使监察弹劾县级行政人员及司法人员、督促及监察县政府对县议会决议案的执行事项、决议县政兴革重要事项和审议县长及各方请议事项的权力。

首届议会第二次会议提出7类24件提案。

首届议会第三次会议于1942年3月18日召开。参加会议的除议员、机关团体代表外，还有绅士名流。46名正式议员中有29人出席会议。候补议员14名，实到5名。有20名来宾参加会议。会议审议政府工作报告和23项议员提案；通过民政、财政、实业、教育、粮食、司法6科科长和公安、武装等部门领导职务的人选，通过信任县长人选。

首届议会第四次会议于1942年9月28日在东柏山召开，会期3天，到会议员21名，因不够半数，会议变为座谈会。座谈会根据民主精神，议定包括政治、财政经济建设、武装斗争、文化教育、卫生保健、改善民生等方面的提案，并交政府执行。

第三节　会议选举

议　长：周学敬

副议长：郝南乾（郝平南1940年8月至1943年7月）

链接：重要议案原文刊载

（一）政治方面：一是坚决拥护中共中央抗战5周年宣言，并大量印发到游击区敌占区里去，普遍教育群众。二是贯彻简政。

（二）财政经济建设方面：一是扶植商业繁荣市场，开展对敌贸易战。二是提倡农业生产技术，增加农业产品。三是高度注意和重视发展合作事业。四是完成统累税真实调查工作。五是清理旧欠公粮。

武装斗争方面：广泛开展爆炸训练，多制地雷，大量杀伤敌人。

（三）文化教育方面：一是展开与敌尖锐宣传战。二是教育款的适当合理处理。三是节省村开支，小学合并每村一校，提高教员质量。

（四）卫生保健方面：一是开展卫生工作。二是加强医务工作。

（五）改善民生方面：一是预防春荒，多想办法。二是增加农业生产，多造农具。

第二章　灵寿县第二届县议会

第二届议会自1943年7月至1945年5月，共召开3次会议。听取和审查报告5个，选举2项，审查处理提案145件。灵寿县第二届县议会第三次会议召开一年后，由于内战爆发，县议会自行解散。

第二届县议会会议情况一览表

表1-2

届别	会议次序	时间	听取和审查报告（个）	选举（项）	提案（件）	
第二届议会	第一次	1943年7月28日至8月2日	2	2	—	110
	第二次	1944年5月25日至29日	2	—	6类	35
	第三次	1945年5月15日至18日	1	—	—	—

第一节　会议概况

一、第二届县议会首次会议

1943年7月28日至8月2日在陈庄召开。共有正式议员38名，候补议员8名，出席会议的议员27名，会议听取和审议第一届议会驻会议员工作报告和政府工作报告，作出“关于议长驻会监督政府执行议会决议”的决议；收集议员提案110件，交政府落实执行；选举周学鳌为议长、刘荣芳为副议长，臧伯平为县长。

二、第二届县议会第二次会议

1944年5月25日至29日在新开完小召开，到会议员28人。会议听取和审议驻会工作报告、政府工作报告，审查6类35个提案，作出决议79件。

三、第二届县议会第三次会议

1945年5月15日至18日在东柏山第二完小召开第三次县议会全体议员会议。出席议员22人，来宾17人（包括英雄杜庆梅等5人），听取和审议关于监政工作的报告。

第二节　会议选举

议　　长：周学鳌（1943年7月至1944年6月）

县　　长：臧伯平

副 议 长：刘荣芳（民主人士，代理议长，1943年7月至1944年6月）

议　　员：不详

候补议员：不详

链接1：灵寿县第二届县议会第二次会议情况原文摘选刊载

到会议员情况：28人，郝南乾、贾三来因病未到，赵洛明因负伤未到，齐文俭、聂焕本、付延禄、田中玉因故未到，但未来信。来宾有边参会于副议长，李区队长，战斗英雄杜庆梅，抗援会会员何洛云等，列席有各科长，武装部副部长，贸易局、县联社等十余人。大会职员有郑披星、王含英、温小石、严照、许萍、罗雯、周有志、田芝卿、刘一、张师孟等十余人。

5月25日上午九时开预备会，郑秋书报告大会筹备经过，通过会议日程、大会规则等。十时正式开会，周议长致开会词，接着由孙拓夫、刘副议长、栗怀玉三位议员自由讲话。下午议会工作报告完毕休会。

5月26日晨，臧伯平向议会作十个月来政府工作报告，各区议员分组讨论议会和政府工作报告，提案审查委员会开会，审查提案。下午，郑秋书报告提案整理经过，共整理出议案有45件，大小问题235件，报告完后即开始提案讨论。

27日继续讨论提案，是日杜庆梅向大家讲话告别，李区队长报告八区队5月份战绩，并有附近村庄一千五百余工人、农民、青年、妇女、儿童、学生，教员向大会请愿，要求严惩反共特务分子孙重、马赤云、马慈汉、王成章等，全体议员参加请愿大会。周学鳌代表全体议员答复群众的要求，在群众热烈欢迎下于副议长和臧县长都讲了话。

28日通过议会和政府工作报告，在闭幕典礼中于副议长作了非常生动有力的演说，各位议员非常感动，随后，周学鳌致闭会词，呼口号散会。晚饭后于副议长作时事报告，县区干部和完小学生全体参加，共百余人。

29日反法西斯座谈会，从早晨开到十一时散，整个会议到此结束。

会议提案：其中政治方面3案；民政方面10案；文化教育方面4案；财政经济方面12案；武装斗争方面3案；其他方面3案。

链接2：周学鳌同志简历

周学鳌，1910年12月出生于灵寿县新开村，先后在河北正定省立第七中学（现正定中学）、北京辅仁大学预科部学习，1932年1月参加革命工作，1932年5月加入中国共产党。历任灵寿县抗日救国会主任，灵寿县议会议长和中共冀晋区四分区地委宣传部副部长、创办冀晋中学并担任校长、建国后先后任行唐中学、正定中学、正定师范校长兼书记、省文委办公室副主任、中共河北省委文教部副部长，河北天津师范学院党委书记、河北北京师范学院党委书记、河北大学党委书记兼校长、河北省第五届人民代表大会常务委员会副主任，1982 年当选为中共第十二次全国代表大会代表。1987 年河北老年大学成立，被省委、省政府任命为校长。2005 年 12 月 12 日在石家庄逝世，享年 96 岁。

第 二 篇

灵寿县各界人民代表会议

（1949 年 11 月至 1954 年 7 月）

灵寿县各界人民代表会议

中华人民共和国成立，标志着中华民族进入了人民当家作主的新时代。人民通过民主选举，产生自己的政权，实行对国家和地方的管理。1949 年 9 月召开的中国人民政治协商会议通过《中国人民政治协商会议共同纲领》明确规定，中华人民共和国的根本政治制度是人民代表大会制度。在普选的地方人民代表大会召开以前，由地方各界人民代表组成的会议称地方各界人民代表会议，代行人民代表大会职权，以动员和组织人民群众完成一切重大任务。

1949 年 12 月 2 日，中央人民政府委员会通过《县各界人民代表会议组织通则》和《乡（行政村）人民代表会议组织通则》，要求各地迅速召开地方各界人民代表会议，依靠各阶层人民推动各项工作。 1949 年 11 月至 1954 年 7 月，灵寿县先后召开四届十次各届人民代表会议。其中，第一届召开一次会议，第二届召开两次会议，第三届召开四次会议，第四届召开三次会议。灵寿县第一、二届各界人民代表会议不设常务委员会，职权仅限于听取讨论政府工作报告和安排意见、提出提案等。后两届各界代表会议扩大了会议职权，并增设常务委员会。代表的产生主要采取基层选举办法，实行民主选举政府领导人。各界人民代表会议的召开，将党的主张变成广大群众的共识，广泛听取群众意见，改进政府工作，为加快国民经济的恢复与发展发挥了很大作用。

第一章　灵寿县第一届各界人民代表会议

灵寿县第一届各界人民代表会议的任期自 1949 年 11 月至 1950 年 1 月，共召开 1 次会议。听取和审查报告 1 个，通过决议、决定 3 项。

1949 年 11 月，灵寿县召开第一届各界人民代表会议。会议主要向代表布置工作任务，并引导大家对开展生产竞赛提出意见。

第二章　灵寿县第二届各界人民代表会议

灵寿县第二届各界人民代表会议的任期自1950年1月至1951年12月，共召开2次会议。听取和审查报告3个，通过决议决定3项，审查处理提案369件，选举1项。

县第二届各界人民代表会议情况一览表

表2-1

会议	时间	听取和审查报告（个）	决议决定（项）	提案（件）	选举（项）
第一次会议	1950年1月31日至2月4日	1	1	—	1
第二次会议	1951年9月3日至7日	2	2	369	—

第一节　人民代表

中共石家庄地委《关于召开各界人民代表会议的指示》中明确规定代表成员比例是：党员占3/5，群众占2/5。农民占60%，工人占5%，青年学生占5%，县区机关占15%，工商业界占5%，自由职业（教员、医生）占5%，劳动英雄模范占3%，荣军占1%，并邀请1%的开明人士参加。

灵寿县出席代表总额185名，农民代表158名，青年学生代表6名，教育界代表6名，工人代表2名，医界代表2名，商界代表3名，英模代表6名，荣军代表与民主人士代表各1名（因病缺席）。代表中党员100名，群众85名。其中，选举代表160名，聘请代表25名。代表的产生有三种方式：通过机关团体推选、村干部与户代表大会选举、政府邀请。

第二节　会议概况

一、第二届各界人民代表会议第一次会议

1950年1月31日至2月4日在县城召开，出席会议代表185名。设有主席团、提案审

查委员会和大会秘书处。会议传达贯彻省政府大生产工作农业税的报告，修改通过1950年生产计划，审查解答提案；选举县长、副县长。

二、第二届各界人民代表会议第二次会议

1951年9月3日至7日在县城召开，出席会议的代表168名，列席15名，旁听45名。会议听取并讨论《关于1951年上半年镇压反革命工作报告及今后的意见》和《1951年上半年生产工作的检查报告与今年生产工作的意见》；通过《镇压反革命工作决议》和《秋冬季生产工作决议》。会议收到生产救灾、水利交通、文教卫生等各方面的提案369件，批评建议33条。

第三节　会议选举

县　长：尹冬来

副县长：白兴道

第三章　灵寿县第三届各界人民代表会议

灵寿县第三届各界人民代表会议任期自1951年12月至1953年1月，共召开4次会议。听取和审查报告5个，通过决议决定10项，审查处理提案2507件，选举5项。

县第三届各界人民代表会议情况一览表

表2-2

会议	时间	听取和审查报告（个）	决议决定（项）	提案（件）	选举（项）
第一次会议	1951年12月26日至30日	1	3	1037	2
第二次会议	1952年3月17日至19日	2	2	492	—
第三次会议	1952年6月27日至30日	1	3	651	3
第四次会议	1952年10月7日至9日	1	2	327	—

第一节　人民代表

人民代表（部分代表名单）

刘树祥　胡吉旺　刘广荣　王春贵
靳敬怡　程洛森　王洛六　白小林
刘德义　袁喜秀　阎明玉　丁宝林
周有富　赵英果　薄玉勤　刘枝祥
傅亿章　傅亿童　赵俊昌　付红火
张金姐　白进琴　付司朝　丁保秋
李新贵　闫明玉　卜玉琴　赵英荣
狄风明

选举资格及办法：凡反对帝国主义、封建主义、官僚资本主义，赞成共同纲领，年满十八岁之人民，除患精神病及被剥夺政治权利者外，不分民族阶级信仰，均可选为代表。划分公民小组讨论酝酿候选人。小村召开公民大会直接选举，大村可由公民小组推选出代表间接选举，代表选出后，帮助新选代表人联系选民，争取政府的意见和要求反映群众迫切需要解决的问题，酝酿村人民政府委员候选人名单，进行召开村人民代表会议筹备工作。

代表名额：500 户以上的村 50 ～ 80 人，100 户至 500 户的村 30 ～ 50 人，100 户以下的村 20 ～ 30 人。

第三届第四次会议代表统计表

表 2-3　　　　单位：人

区别	实到代表		代表资格				代表成分										
	男	女	选举	邀请	列席	旁听	机关	武装部队	工人	农民	工商	文教	青年学生	医务界	荣复军人	烈工军属	合计
一区	27	8	35	—	—	—	2	—	1	22	2	3	2	2	1	—	35
二区	14	4	17	1	—	—	2	—	1	14	—	1	—	—	—	—	18
三区	34	8	42	—	—	—	3	—	—	34	2	2	—	1	—	—	42
四区	27	6	31	2	—	—	2	—	—	25	1	1	2	1	1	—	33
五区	41	7	48	—	—	—	1	1	2	33	4	1	2	1	2	1	48
县级	22	—	22	—	—	—	18	—	—	—	1	2	1	—	—	—	22
合计	165	33	195	3	—	—	28	1	4	128	10	10	7	5	4	1	198

第二节　会议概况

一、第三届各界人民代表会议第一次会议

1951 年 12 月 26 日至 30 日在县城召开，应到代表 255 名（其中妇女代表 51 名），实出席 249 名。会议听取、审议并通过县政府作的《关于灵寿县一年来政府工作情况的报告》；批准《1952 年工作方针任务》；通过《开展增加生产厉行节约、反对贪污浪费、官僚主义的运动》《认真贯彻优抚工作》和《彻底贯彻婚姻法》3 项决议；审查解答《为顺利开展爱国增产节约运动应开展一个反对贪污浪费和反对官僚主义的斗争》《关于加强优抚工作》《关于进一步贯彻执行婚姻法》等 1037 件提案；选举正、副县长，推选常委会主席，选出常务委员会委员，确定专门驻会人员。

二、第三届各界人民代表会议第二次会议

1952 年 3 月 17 日至 19 日在县城召开，到会代表 218 名。会议听取县委书记梁芝田作的《关于“三反”政策和大力开展防旱救灾春耕生产》的报告和县长尹冬来作的《开展防旱救灾春耕工作意见》的报告，通过《坚决把“三反”进行到底》和《防旱救灾、达到丰产》2 项决议。

三、第三届各界人民代表会议第三次会议

1952 年 6 月 27 日至 30 日在县城召开，到会代表 214 人，列席（区、村干部）80 人。会议听取并讨论县政府工作报告，通过《开展爱国丰产竞赛运动》《开展抗旱除虫运动》《完成小麦夏征》专项决议。此次会议收到提案 651 件，其中生产建设方面 198 件，政法方面 90 件，文教卫生方面 68 件，财政经济方面 295 件。会议对提案进行解答，并交有关部门进行办理，灵寿县各界人民代表会议常务委员会主席梁芝田作了《三届三次各界人民代表会议上的结论》。

四、第三届各界人民代表会议第四次会议

1952 年 10 月 7 日至 9 日在县城召开，出席代表 198 名。会议传达《1952 年农业生产工作总结及秋冬季工作任务草案》，通过《关于司法改革》和《开展扫盲运动》两个决议案；审查处理生产建设提案 51 件、财经提案 166 件、政法提案 32 件、文教卫生提案 78 件。

第三节　会议选举

自三届首次各界人代会议（代行人民代表大会职权），从此就建立了各界人民代表会的办事机构。选举产生县长、副县长、政府委员。同时，选举产生代表会议常务委员会委员，推选出主席，确定专职驻会人员，设立各界人民代表会议的常设办事机构。本次会议，工人代表杨庆来当选为县政府委员。

常务委员会主席：梁芝田

常务委员会委员：

尹冬来	梁芝田	杨平山	杜振华
刘　峯	安风云	尚存义	王洛六
孙文彬	孙五墨	聂焕功	张三姐
杜喜成	周树模	刘洛遵	王志秀
王定云	曹玉辰		

（以上 18 人是现有委员，以下 7 人是因工作调动或“三反”撤联的）

刘子英	孙　州	曹春亭	李吉珍

罗甫斋　　　　　康祖德　　　　　郝丰昌

县　长：尹冬来

副县长：白兴道

链接：部分决议案原文刊载

对做好防旱救灾生产工作达到丰产的决议

全体代表一致同意人民政府提出关于做好防旱救灾生产使今年农业生产达到丰产的措施，适合我县情况和群众要求，同意把以下各点形成决议，作为全县人民奋斗实现目标：

全部未播种的旱地连续擦耙三四遍，实现适时播种，不留一亩白地的要求，哪里误了或种不上，哪里负责。

广泛开展水利：今年扩大水地面积四万零一百六十亩，积极争取实现。

开展百组千户模范丰产运动，首先做到小麦丰产，并普遍训练传授农业技术二千人学会。

实现组织起男女整半劳力百分之七十的人数，就有更大提高。

组织起来农副业结合，认真地使用救济粮扶助生产，开展多种副业，完成春季副业生产任务六百万斤粮食，不得使一个灾民流离失所。

粮棉增产主要依靠提高技巧，加大肥料，开展水利、精耕细作，防涂病虫害各方面，实现棉花每亩产 131.96 斤，粮食每亩产 141.7 斤。

认真执行农村防疫卫生今春发痘等工作，不使病疫发生与流行，保证 1952 年一切工作的胜利。

关于司法改革运动的决议案

目前全国各地正在大张旗鼓地开展群众性的司法改革运动，这是两个本质不同的国家观与法律观，划清界限的斗争。是工人阶级与剥削阶级两个敌对阶级的思想体系斗争。这是人民监督“人民民主专政”武器的刀把子是否掌握在人民手里的运动，我县人民法院在“镇反”“三反”与保卫生产运动中起了相当大的积极作用，但由于新老干部受了资产阶级腐朽的思想意识侵蚀，严重地存在着旧思想观点与作风，如贪赃枉法、包庇纵容反革命罪犯、偏听偏信、颠倒是非、重罪轻判、错补错扣人，孤立办案坐堂问供，拖延不决等问题，这就必须加以改革，才能实现名副其实“人民司法”以巩固人民民主专政，因此我县紧急召开群众性的司法改革运动，特此决议以下三点：

在我县进行一个广泛深入地利用各种不同场合宣传司法改革的意义与要求。

各界人民群众检查讨论司法机关的干部过去处理案件的立场观点与作风。

发动各界人民对人民司法工作提案，尤其是建设性的意见，即应兴应革事宜。

关于冬运开展扫盲运动的决议案

推广速成识字班是当前战斗性的政治任务，各级领导要以历次领导革命运动的精神来领导这一具有伟大历史意义的扫盲运动，这一工作是给国家工业化、农业集体化铺平道路的重要关键，必须从思想上重视。

一、任务要求

（1）扫盲对象是青壮年，要求每人识别两千字，能读通俗读物，能写三百至五百的文稿。

（2）今年冬运各区具体任务：一区扫除2515名，二区扫除1535名，三区扫除3055名，四区扫除3150名，五区扫除4260名，全县在冬运期间共扫除14515名。

二、时间步骤

（1）县干部文盲、半文盲于十月底全数扫除。

（2）农民扫除文盲在冬运中凡进行整党村扫除一批，不进行整党村扫除两批，完全采取此扫彼整、彼整此扫，交错穿插进行的方式。

（3）保证师资的供给，在村免除兼任其他职务，保证扫盲任务的顺利完成，并保证民校教师按时参加训练，领会教学方法，提高教学效果。

第四章　灵寿县第四届各界人民代表会议

灵寿县第四届各界人民代表会议的任期自1953年1月至1954年7月，共召开会议3次，听取和审查报告4个，决议决定5个，选举3项，审查处理提案637件。

县第四届各界人民代表会议情况一览表

表2-4

会议	时间	听取和审查报告（个）	决议决定（项）	选举（项）	提案（件）
第一次	1953年1月25日至28日	1	—	3	199
第二次	1953年10月30日至11月1日	1	5	—	438
第三次	1953年11月23日	2	—	—	—

第一节　人民代表

人民代表（部分代表名单）

孙二兵	姚满昌	贡淑珍	郑洛真
陈树果	杨大妮	靳敬意	马延宗
沈清和	彭洛友	邢　雪	白吉美
傅红货	杨延兰	周灵瑞	刘受妮
马　四	王洛坤	刘书祥	冯焕印
马景芳	周树模	马福太	李学敖
刘洛遵	梁绳芹	马延好	冯玉成
贡书珍	杜喜成	冯立亮	王　乱
赵　永	赵洛耀	李文章	李珍贵
周学俭	王保保	李风年	罗来玉
傅祥妮	赵　永	杨喜兰	费洛清

杨贵妮	刘三丑	刘洛利	王　奋
张全廷	齐红宵	赵文华	王洛大
袁丑丑	李银保	曹丕显	聂焕功
马云锡	宋振海	王洛红	彭洛友
白吉美	杨瑞清	武风举	马景诚
沈清和	郭洛润	李振贵	侯连兴
郝洛峰	芦殿吉	苏瑞生	樊文芹
李风文	宋洛翠	靳祖荣	李昌云
李学敏	高生选	张树义	李柏山
安万云	左增庆	安风鸣	

县人民代表名额分配比例表

表 2-5　　　　单位：人

届数	选举时间	代表总数			代表产生方法		代表成分及比例															
		男	女	合计	选举	聘请	共产党	青年团	政府机关	武装部队	工人	农民	工商界	妇女团体	文教界	青年学生	医务界	荣复军人	烈军家属	劳模	合作社
		200	50	250	246	4	9	3	16	2	7	152	11	6	10	7	7	3	4	7	2
四届	1月份	80%	20%	100%	98.4%	1.6%	3.6%	1.2%	6.4%	0.8%	2.8%	60.8%	4.4%	2.4%	4%	2.8%	2.8%	1.2%	1.6%	2.8%	0.8%

第二节　会议概况

一、第四届各界人民代表会议第一次会议

1953 年 1 月 25 日至 28 日在县城召开，出席代表 250 名（其中妇女代表 50 名），会议听取并审议县政府工作报告，通过 1952 年的财政决算和本年度财政预算。选举县人民代表会议常委会，选举产生县长、副县长和政府委员，选举出席省第二届各界代表会代表 2 人；会议收到提案 199 件，全部得到解答处理。

二、第四届各界人民代表会议第二次会议

1953 年 10 月 30 日至 11 月 1 日在县城召开，出席代表 181 名（其中妇女代表 31 名）。

会议听取并讨论1—9月份政府工作报告，通过5个决议案，即1—9月份政府工作报告、冬季生产和生产自救工作计划草案，普选、文教卫生、财税征收等决议案。共收集提案438件，其中生产方面96件，文教卫生78件，财经方面221件，政法方面43件。

三、第四届各界人民代表会议第三次会议

1953年11月23日召开，会议传达过渡时期的总路线和粮食统购统销政策。会上，代表们一致拥护过渡时期的总路线和粮食统购统销政策。

第三节　会议选举

灵寿县人民代表会议常委会人员：

杜振华	刘　峯	安风云	曹玉辰
王老六	米文彬	孙丑墨	聂换功
张三妲	杜喜成	周有润	周树模
刘洛遵	王志秀	苗庆寿	邢文妮
白德辰	李斌昌	郝振先	辛志勇
杜庆丰	郭雪妮	康秀连	白兴道

县　　长：白兴道

副 县 长：甄佩才　韩志勇　赵国海

政府委员：名单不详

出席省第二届各界代表会代表：武风举　袁丑丑（女）

链接1：决议案原文刊载

关于普选工作决议案

《中国人民政治协商会议共同纲领》规定：中华人民共和国的国家政权属于人民，人民行使国家政权的机关为各级人民代表大会和各级人民政府。各级人民代表大会由人民用普选方法产生。根据中央、省府指示，在全国范围内开展大规模民主改革运动，实行真正的民主选举制度，以巩固人民民主专政。而以在今冬明春结合农业生产来进行普选工作。初步进行基层选举制度，以巩固人民民主专政，而以在今冬明春结合农业生产来进行普选工作，初步进行基层选举，以乡为单位进行选民登记，审查选民资格，选举乡代表，召开乡人民代表大会，产生乡人民政府，选举乡长、副乡长及其委员，再由乡人民代表选举县人民代表，召开县人民代表大会，产生县人民政府，选举县长、副县长及政府委员，本县乡选分两批进行，第一批一、二区，第二批三、四、五区。

关于财政、征收工作决议案

农业税秋征工作，今年农业税秋征工作，认真执行中央人民政府政务院公布的种多少田地应产

多少粮食，依率计征，依法减免，增产不增税、公平合理，鼓励增产的农业税负担政策，做好灾情减免、社会照顾，宣传教育群众不本位自私，实报年景灾情。加强对群众的安全入库教育，认真执行省府安全入库规程，坚决杜绝人畜伤亡事故。

乡村财政准许自筹部分，执行中央指示“保证什么、准许什么、禁止什么”的三条原则，实行以乡为单位准许群众自筹不得超过全年实纳税额百分之六的范围举办本乡的公益事业。

契税工作：关于实行过期未税白契自现在起再延期二十天不受处罚。

关于文教、卫生工作决议案

小学教育，今冬仍继续贯彻小学教育的方针政策即是“整顿巩固、提高质量”其整顿目的是克服校内外混乱现象，提高教学质量，满足人民群众的要求与更好地为经济建设服务，并为将来的发展打下确实可靠的基础，其意义是积极的而不是消极的，深入下去熟悉情况做到心里有数以给整顿创造有利条件。

一、加强领导改进工作方法，克服官僚主义深入下层做到遇有问题及时解决。

二、建立健全各种工作制度，制定教学计划，加强教师对学生全面负责制，开展教学质量检查，克服学校内外的混乱现象，树立正规制度，有计划地组织教师观摩教学及学生会考，启发大家的积极性、创造性、及时交流经验，以达到提高教学质量的目的，条件好的学校稳步地试行苏联先进的教学制度。

三、有计划准备地开展小学教师政治思想学习，提高教师的政治觉悟程度，以讨论批评与自我批评的方式，以肃清封建思辨法西斯思想，划清敌我界限，批判资产阶级思想非无产阶级思想逐渐予以解决。

四、加强在职教师的学习，提高其文化业务水平，克服有名无实的形式主义。

五、（一）培养重点，办好高完小及中心小学以带动与影响一般小学。

（二）文化艺术工作方针，继续贯彻“百花齐放 推陈出新”的方针，以地方戏曲为中心在现有基础上按此方针进行发展，为建设和工业生产服务。

（三）扫盲工作，中央扫盲委员会确定“整顿巩固重点推进积累经验稳步向前”为当前工农教育总方针，以文化识字为主，适当结合政治和生产技术进行教育，扫除文盲以利乡村工作及生产建设。

（四）卫生工作：（1）开展卫生运动，普遍开展卫生宣传教育，提高群众卫生政治水平。（2）家家户户开展清洁扫除竞赛与积肥工作切实结合起来，发动群众按照预防为主的方针与疾病开展斗争。（3）彻底消减五毒严防疾病的传染，保障人民身体健康以利生产建设。

灵寿县常委会一月至十二月份代表来信统计表

表 2-6　　　　单位：件

代表总数	通信联系代表数	来信占未来信的百分比	全年共收件数	类别													已得到解决数	正进行解决数
				生产	合作	文教卫生	抚优	检举	婚姻	土地房屋	保险	副业	放贷	收税	报告	其他		
250	195	78%	498	112	65	60	21	42	27	27	5	14	20	4	41	70	492	6
备注	内有群众 21 名反映问题 22 件																	

常委会一月至十二月走访代表问询问题统计表

表 2-7　　　　单位：件

代表总数	会见代表数	会见占未会见的百分比	全年共会见件数	类别											已得到解决数	正进行解决数
				生产	合作	教育	抚优	卫生	检举	婚姻	土地房屋	收税	报告	其他		
250	185	74%	330	82	41	51	16	23	28	8	9	5	32	35	330	无
备注	内有群众 7 名反映问题 13 件															

第四届各界人民代表会议第二次会议《提案性质分类和办理情况统计表》

表 2-8　　单位：件

提案分类		提案性质		办理情形		提案总数
生产方面	96	生产建设性	23	肯定解答的	392	438
		有关政策问题	58			
文教卫生	78	工作性	12	请示上级解决	28	
		干部作风问题	22	联系解决的	9	
财经方面	221	建议性	228	调查后解决的	4	
		要求解决	29			
政法方面	43	情况反映	53	交区解决的	5	
		其他	13			

第 三 篇

灵寿县第一届人民代表大会

（1954 年 7 月至 1956 年 12 月）

县人民代表大会是地方国家权力机关。1954 年 9 月《中华人民共和国宪法》(以下简称《宪法》)颁布，确定在全国实行人民代表大会制度。全县通过普选建立县、乡（镇）各级人民代表大会制度。人民代表大会的代表是根据《中华人民共和国全国人民代表大会及地方各级人民代表大会选举法》(以下简称《选举法》)规定的原则、方法和程序选举产生的。灵寿县第一届人民代表大会代表由间接、等额选举产生。依照宪法和《中华人民共和国地方各级人民代表大会和地方各级人民委员会组织法》(以下简称《组织法》)规定，灵寿县人民代表大会在休会期间不设常设机构，由县人民政府（县人民委员会）负责各次会议的准备工作。

灵寿县第一届人民代表大会第一次会议于 1954 年 7 月 10 日至 14 日召开，第一届人民代表大会任期自 1954 年 7 月至 1956 年 12 月。其间共举行 3 次会议，圆满完成会议预定的各项任务。审议讨论议题 11 项，听取报告 7 个，通过决议决定 6 项，收到代表提案 544 件。

县一届人大历次会议概况表

表 3-1

会次	日期	议题（项）	听取报告（个）	决议决定（项）	代表提案（件）	选举（项）
第一次	1954 年 7 月 10 日至 14 日	4	2	2	433	1
第二次	1954 年 11 月 11 日至 13 日	3	2	1	41	—
第三次	1956 年 6 月 24 日至 26 日	4	3	3	70	—

第一章　党的领导

在中共灵寿县委的统一领导下，根据上级工作计划及灵寿县具体情况拟定了基层选举工作计划。全部选举工作中把做好准备工作、普查人口与选民资格审查、发扬民主进行选举作为党的领导牢牢掌握的三个基本环节。1954 年 2 月 23 日中共灵寿县委召开扩大会议，提出生产是第一位，其中互助合作是领导重心，选举是第二位，在完成生产的前提下进行选举工作，完成普选过程必须是推动生产、组织互助合作的过程。1954 年 6 月 2 日中共灵寿县委召开会议，提出县人民代表大会在 7 月初召开，把组织宪法草案讨论作为主要内容。

根据县委安排部署，灵寿县成立选举委员会，由副县长甄佩才任主席，委员由12人组成，并设立由11人组成的办公室协助工作。县选举委员会根据上级指示精神，对基层选举作出一系列安排部署。先后出台《关于基层选举工作计划（草案）》《关于南青同试点乡选举工作计划》《关于改造落后乡的计划》《关于在选举工作中审查选民资格应注意的几点》等指导文件，要求充分发扬民主，把代表选好，选出真正能代表广大群众意见的人，以便联系选民，并协助政府贯彻国家在过渡时期的总路线，使广大人民接受社会主义改造，使选举工作成为进一步加强人民民主专政、推动生产建设的有力武器。

为方便配合选民资格审查、处理群众申诉，由法院结合公安、检察、监察部门组成3个巡回法庭，分别设于一、二区，三、四区，五区3处，负责审理群众申诉。普选开始，第一批由选举委员会直接掌握一区七祖院、二区寨头2个乡的人口调查及选举工作，第二批直接掌握五区三圣院、三区董家庄2个乡，将工作提前5天进行，以便及时总结经验，指导一般，掌握这一工作的正常开展。根据选举委员会指示，普选前灵寿县确定南青同乡进行选举的重点示范，以便从中取得经验，指导普选。

第二章　人大代表

第一节　选举产生

一、灵寿县第一届人民代表大会代表的选举产生

根据《选举法》的规定，灵寿县第一届人民代表大会代表由间接、等额选举产生。代表资格是：凡年满18周岁的公民，不分民族、种族、性别、职业、家庭出身、宗教信仰、教育程度、财产状况、居住期限，除依照法律被剥夺政治权利者外，都有选举权和被选举权。依法被剥夺政治权利者和精神病患者，没有选举权和被选举权。代表候选人的提出：（1）县区干部代表候选人提出办法由县选举委员会邀请党政各人民团体协商提出初步名单，提交适当的乡（镇）人民代表大会及选民小组讨论，多数同意后，确定为正式候选人名单。同时要向群众说明候选人不能够归入本乡（镇）。（2）由乡（镇）代表提出，交群众按要求反复讨论对比，最后达到本乡（镇）应选之名额为止。（3）由县选举委员会委托乡（镇）政府邀请乡（镇）总支、各人民团体，根据群众意见与工作需要研究协商，联合提出初步候选人名单，交代表群众讨论，根据条件反复比较，最后选举委员会根据多数人的意见系统研究提出正式候选人名单。在选举的方法上：一般采用举手表决的方式，在条件具备、多数代表同意下也可采用无记名投票的方法。

县人民代表大会代表名额：灵寿县共有常住人口150880名（1954年4月人口增减情况核查后），根据《选举法》第十条、十一条规定，又根据灵寿县处于半山区，故拟选县代表129名。各乡（镇）应选县人民代表大会的代表名额应是：人口在2000人以下者选代表1人，超过2000人至6000人者选代表2人，人口超过6000人者选代表3人。根据所了解各乡（镇）的人口数，对各乡（镇）应选县代表数提出初步意见，如在人口调查后，其人口数超过和不足所登记的人口时，可根据上述原则确定应选名额。

县一届人大各乡（镇）应选县代表分配表

表 3-2

区名	乡（镇）名	人口（人）	代表名额（人）	区名	乡（镇）名	人口（人）	代表名额（人）
一区	寒巴乡	1166	1	三区	董家庄乡	2428	2
	南沟乡	989	1		南燕川乡	1577	1
	北庄乡	2376	2		土头乡	1887	1
	龙堂乡	829	1		慈峪镇	3172	2
	东柏峪乡	1394	1		刘家村乡	1531	1
	台头乡	942	1		胡家庄乡	1445	1
	石片乡	1061	1		营里乡	1931	1
	女庄乡	2124	2		北羊沟乡	1563	1
	西湾乡	1303	1		北谭庄乡	2624	2
	西岔头乡	1981	1	四区	程阜安乡	2902	2
	七祖院乡	1064	1		青廉乡	6862	3
	大庄上乡	1278	1		曹庄乡	1248	1
二区	白家河乡	1177	1		下部乡	3214	2
	陈庄镇	3246	2		塔上乡	1263	1
	坡门口乡	1855	1		盖家庄乡	1148	1
	刘家沟乡	1451	1		东青同乡	1660	1
	大夫庄乡	1704	1		高朱乐乡	2545	2
	团泊口乡	804	1		南寨乡	5501	2
	黄土梁乡	828	1		中营村乡	2339	2
	寺岭乡	671	1		南青同乡	3001	2
	李家沟乡	968	1	五区	张凡同乡	3950	2
	九岭乡	1194	1		西城南乡	3223	2
	丑泥口乡	696	1		西王角乡	2873	2
	南营乡	1467	1		牛城乡	3301	2
	寨头乡	1619	1		南倾井乡	2942	2
	南枪杆乡	639	1		南岗上乡	3535	2
	张家沟乡	828	1		胡庄乡	3023	2
	漫山乡	1070	1		东木佛乡	4888	2
	枣园乡	1087	1		三圣院乡	4652	2
	祁林院乡	1217	1		北纪城乡	3670	2
	水峪乡	1985	1		北湖乡	3314	2
三区	冯官庄乡	1243	1		安托乡	2785	2
	中伍河乡	2475	2		西托乡	3070	2
	中霍营乡	1904	1		北狗台乡	2282	2
	东刘庄乡	2143	2		城关镇	6796	3
	郝家河乡	2121	2	—	—	—	—
	西湖社乡	1378	1	—	总　计	157688	105

灵寿县进行选举的具体要求是：一、二、三区群众觉悟较高，要求参加选举的选民达到选民总数的 90% 以上，四、五区要求达到 80% 以上。因群众文化程度较差，采取举手表决的方法进行。在选举大会上，由到会选民推举 2 人与选举委员会所派的代表 1 人组成主席团主持选举大会，选举委员会所派的代表为主席。

灵寿县第一届人民代表大会代表及基层选举工作，于 1953 年 8 月 10 日至 9 月 20 日在南青同乡进行重点试验，在 10 月初全面展开，至 1954 年 3 月底前后结束。

二、灵寿县出席河北省第一届人民代表大会代表的选举产生

根据《河北省各级人民代表大会选举实施细则》第十八条规定和《灵寿县关于出席省人民代表大会代表选举办法（草稿）》，灵寿县应选出席省人民代表大会代表 3 名。1954 年 7 月 14 日灵寿县第一届人民代表大会第一次会议选举产生出席河北省第一届人民代表大会代表 3 名。

第二节　代表名单

一、灵寿县第一届人民代表大会代表名单

韩志勇（女）	辛志勇	李元文	郑德荣（女）
安风鸣	弥文彬	何光琦	白兴道
李玉芬（女）	李玉文	杜振华	张　毅
李保成	赵丕勤	杨　义	孙志刚
李斌昌	雷从州	刘闺珍	杨守先
曹玉辰	刘文直	姚吉兰	赵学茂
甄佩才	徐步琤	周树模	靖德全
许　祯	王太瑞（女）	李永秀（女）	王凌云
李永成	陈殿甲	董林秀	赵义祥（女）
贾成德	马正亮	尹德峯	白五元
郑国兰（女）	张玉荣	李振江	胡吉旺
侯敬永	谷玉兰（女）	尚有海	杜喜成
王春贵	江端如	闫振荣（女）	韩四德
王　广	范　祥	张进忠	马承秀（女）
崔春发	邢秉勇	刘思恭	张秀英（女）
苏海青（女）	朱义林	张志材	苏德祥
李风亭	刘万瑞	宋洛翠	司丕锐
张树义	王有福	白永芬（女）	李老信

时清辰	王敏言	柳狗道	徐秀珍（女）
陈兰贵	赵玉秀	苏瑞生（女）	杨银姐（女）
李书云	李明五	李玉明	孙秋来
曹丕显	夏洛忠	赵洛明	甄墨爱
张洛可	董冬至	武迎姐（女）	聂洛彩
索振川	赵洛要	何玉香（女）	杨玉山
马延功	武昌和	卢书姐（女）	折瑞秀（女）
郑洛位	胡红群	彭洛有	张光照
李拴拴	费洛清	辛道十	杨文武
祁拴保	邢树英（女）	陈仁仁（女）	罗补喜
周老荣	李洛秀	韩学仁	杨连贵
付红货	赵世昌	窦拱臣	尚廷玉
李明文	李文海	杨士魁	贡树珍（女）
赵小五（女）	黄二俊	杨庆来	刘祥义
房振鸿	靳敬怡	李全义	王洛六
罗成福	高拴狗	袁庆云	

二、灵寿县出席河北省第一届人民代表大会代表名单

张　毅	张树义	卢书姐（女）

第三章　会议概况

第一节　县一届人大一次会议

县一届人大一次会议于1954年7月10日至14日召开。应出席代表129名（其中女代表25名），实出席代表117名，缺席12名。会议听取和审议县长白兴道作的《关于1954年上半年政府工作报告和下半年工作计划》，并通过相关决议。县委书记张毅传达宪法草案，讨论通过《关于拥护中华人民共和国宪法草案的决议》，选举产生出席省人民代表大会代表3名（其中女代表1名）。会议审查处理提案433件（其中互助合作和农业生产方面112件、政法方面51件、财经方面238件、文教卫生方面32件）。

这次大会在广泛的民主基础上，集中了全县人民意志的各位代表，一致通过与决议了政府下半年工作计划纲要，通过与决议了在全县范围内贯彻宣传并发动全县群众讨论国家宪法草案，与会代表承载着全县近16万人民意愿，带来与提出许多建设性、批评建议性的提案，透彻反映了灵寿工作中存在的若干缺点或错误，反映了全县人民当前及今后的迫切要求，充实与增添了大会具有广泛民主性的新鲜内容，并预示了改进工作的新方向，充分彰显了人民代表大会制度的民主性和优越性，对监督和推动今后政府工作、密切政群关系提供了新的条件，也将大大巩固人民民主专政和有利于对农业实行社会主义改造。

链接1：1954年上半年主要工作概况

农业生产方面：棉花共完成114357亩，超过原计划的27%。粮食共完成318000（应种粮地32万亩）亩，占计划数的99.5%。油料完成17551亩，超过原计划的3.24%。

山区建设方面：在林叶工作上，完成沙荒造林7213亩，142680株。油料及其他树种播种614.226亩；育苗30.6亩；零星植树275032棵，整顿护林防火组织2个，组织发展林叶合作社3个。

财经方面：上半年完成地方财政收入占全年计划的51.44%，完成税收计划的136.34%，各项支出预算占全年预算支出的43.34%。完成预购棉花3835796斤，占任务的132%。油料7935806斤，占任务的103%。小麦707050斤，占任务的118%。肥猪3223头，占任务的107.8%。

文教卫生工作：完成一、二区88个村127座普小138名教员的小学整改工作。完成种痘12853个。

政法工作：完成全县69个乡、3个乡级镇的基层普选工作，选举了乡（镇）长和副乡（镇）长及政府委员，在民主的基础上正式组成了乡（镇）人民政府及乡（镇）级人民代表大会。

第二节　县一届人大二次会议

县一届人大二次会议于1954年11月11日至13日召开。大会应到代表129名，实到代表91名。会上，听取和审议县长白兴道作的《关于一年来实行粮食统购统销工作检查》和《1954年农业税征收及粮食、棉花、油料实行统购统销的报告》，并通过相关决议。会议审查处理提案41件。

会议提出完成粮食、棉花、油料统购统销及农业税征收的措施：1. 必须加强宣传教育工作：要大张旗鼓地、理直气壮地、更进一步地进行国家在过渡时期的总路线及宪法的宣传，并将粮食、棉花、油料及征收的方针政策深入地反复地进行宣传教育，做到家喻户晓，树立群众遵守国家法令的思想。2. 要深入地调查研究，摸清农村粮食产量、余缺粮之底数。3. 加强市场管理：要认真地进行市场管理的宣传教育，一方面要宣传政策，另一方面应有计划地根据牌价精神，利用议价限价办法，逐步将粮食牌市价拉平。为做好市场管理，要健全和恢复管理机构，县以工商行政、税务为主，加强对集市乡镇粮棉管理委员会的领导，健全制度，明确责任，并时常加强交易员的政治思想教育，提高他们的社会主义觉悟，做好市场管理。4. 认真做好物资供应和货币回笼。在做好统购统销的同时，合作社必须根据收购粮食、棉花、油料的任务及群众生产生活需要，迅速制定物资供应计划，并适当增加供应点，做好物资供应准备工作。同时保证第四季度货币回笼任务的彻底完成。5. 在提高群众社会主义觉悟的基础上，广泛开展节约粮食、棉花、油料和各种消费运动。

1955年6月，县人民政府根据河北省石家庄专员公署通知要求，改称县人民委员会。

链接2：1954年实行粮食统购统销工作检查及农业税征收和粮食、棉花、油料实行统购统销的概况

一、一年来粮食统购统销工作的初步检查与1954年农业税征收和粮食、棉花、油料实行统购统销的重大意义：

（一）对一年来实行粮食统购统销工作的检查：1. 在政治方面：经过一年来的粮食政策宣传，特别是总路线的贯彻，使农民划清了资本主义和社会主义两条道路的界限。广大农民纷纷要求参加互助合作，走社会主义道路，农业生产合作社在原有13个基础上发展到462个。2. 在经济方面：在宣传贯彻总路线、提高群众觉悟的基础上，灵寿县共计收回粮食4873000斤（其中包括市场收购1718000斤），保证了灵寿县18661户缺粮户的供应。

（二）1954年对粮食、棉花、油料实行统购统销与征收的重要意义：1.1955年是国家第一个五年计划的第三年，各项建设任务都很紧张，必须保证完成。2. 我国1954年不少地区遭受雨水灾害甚为严重，仅河北省就有受灾人口1100余万人（其中重灾人口726万人），占农业人口的14%。灵寿县每年要有大批粮食运入来供应全县缺粮人民需要，1953年灵寿县完成统购3155000斤粮食，而供应了16754646斤。3. 为了巩固国防，支持人民解放军解放台湾，必须完成统购统销和征收。

二、1954年农业税征收和粮食、棉花、油料统购统销工作的方针政策与任务：1.农业税征收：继续贯彻“依率计征、依法减免”的政策，省分配灵寿县农业税征收指标7052348斤，减去2.5%的社会照顾和9.99%的灾情减免，再减去夏征和自筹经费，秋季实际完成4673293斤任务，其中完成30.2%的粮食即183万斤，完成58.25%的棉花和2.55%的油料任务。2.粮食统购统销是国家过渡时期总路线的一部分，省分配灵寿县1954年统购2785600斤，征收183万斤，共计4615600斤。必须贯彻“国家需要，农民够吃，余多多购，余少少购”的原则（余粮是指农民生产之粮食，除去全家人的口粮、牲畜饲料、种籽等合理的消费及农业税应征的粮食部分外，剩下的粮食才算余粮）。余粮中再留出一点作为农民临时或意外的需要，其余全部按照国家牌价卖给国家。3.关于棉花统购和絮棉供应：实行棉花统购和节制絮棉供应，棉农自用棉定额确定，有纺织习惯地区每人最多留皮棉3斤，无纺织习惯地区留2斤，对用棉少的地区号召群众自愿少留，尽量使用次棉，节约好棉，支持国家工业建设。1954年省分配灵寿县统购任务293万斤皮棉。4.关于油料统购和油脂统销：在油料作物集中产区和非集中产区均实行统购，以使国家掌握油源。根据灵寿县种植油料作物情况，省分配灵寿县任务163万斤。5.统购范围：根据灵寿县情况确定为：花生果（仁）、芝麻、油菜籽、棉籽、葵花籽、篦麻籽等为统购油料。6.统购办法：农民所产之上述油料，除留种籽和一定数量的籽实消费以及每人食用3斤油的油料外，其余全部由国家按牌价统购卖给国家。

第三节　县一届人大三次会议

1955年年底，全县农村正处于农村合作化的高潮，各乡镇工作非常繁忙，原计划12月召开第三次会议，未能按时召开。

县一届人大三次会议于1956年6月24日至26日召开。会议听取和审议灵寿县人民委员会副县长甄佩才作的《关于1955年工作简结与1956年工作任务的报告》和《关于1955年县级决算和1956年县级预算的报告》及副县长韩志勇作的《关于1956年七、八、九月份工作计划的报告》，并通过相关决议。会议审查处理提案70件。

这次大会团结全县人民克服各种困难，进行了以农业合作化为中心的农业生产运动。同时贯彻地方工业“为农村经济服务、并与农业经济密切结合”的方针，有力地支持了工农业生产的发展，紧密结合工农业生产完成粮食“三定”（定产、定购、定销）到户和粮、棉、油料的计划收购及棉布、油脂的计划供应工作，对农业、手工业和资本主义工商业进行了社会主义改造，相应地发展了交通运输业和文教卫生事业。同时团结与动员全体人民积极参加祖国建设事业，尤其是按照兵役法草案的规定，完成灵寿县征集补充兵员工作。

链接3：1955年主要工作概况

粮、棉增产方面：全年粮食（包括薯类）作物播种面积为360976市亩，计划总产量为43395500斤，完成48558900斤，占计划产量的112.15%，比1954年增加6480600斤；棉花115000亩，计划总产量为2875000斤皮棉，完成3027000斤皮棉，占计划的105.29%，比1954年减少35400斤；油料21200亩，计划产量为3525000斤，完成3948900斤，占计划产量的112%，比1954

年增加 92700 斤。

林业发展和副业生产方面：全年完成荒山植树造林 2560.1 亩，134052 株；沙荒造林 4525 亩，178950 株；封山育林 7913 亩，抚育幼成林 21612.7 亩，零星植树 443841 株。并开展了各种不同的副业生产，收入总值为 625000 元。

社会主义改造方面：截至 1955 年年末全县共有手工业者 1032 人，在原有 10 个社、组，社员 304 人的基础上发展到 12 个社，社员达到 490 人，占手工业总人数的 50%。

私营商业方面：截至 1955 年 11 月底共改造小商小贩 217 户，238 人，占全县纯商户的 59%。

文教卫生方面：1955 年发展高、初小九个班，学生 360 名，完成教育计划。同时在大、中社内建立了 12 个农村俱乐部，建立电影队 1 个。组织中西医生 233 名，分乡划片深入城镇、农村开展了爱国卫生运动和卫生预防工作。

统购统销方面：购销业务供应群众生产资料总值为 4131202 元，占全年计划的 95.4%。完成粮食征购入库 2957761 斤，占任务的 99%。同时完成农村土特产品收购 4248125 元，占计划的 78.63%；完成公债交现（也称为公债的现货交易，是指公债买卖双方在谈妥一笔交易后（即成交时），马上办理交券付款交割手续的交易方式。）43029 元，占专区分配任务的 100.6%；完成税收任务的 99%。

第四章　决议决定

第一节　作出决议决定

县一届人大历次会议共作出决议决定 6 项。

县一届人大历次会议决议决定一览表

表 3-3

会次	时间	名称
第一次	1954 年 7 月 14 日	关于 1954 年上半年工作总结及下半年工作计划的决议 关于拥护中华人民共和国宪法草案的决议
第二次	1954 年 11 月 13 日	关于 1954 年实行粮食统购统销工作检查及农业税征收和粮食、棉花、油料实行统购统销的决议
第三次	1956 年 6 月 26 日	关于 1955 年工作简结与 1956 年工作任务的报告决议 关于 1955 年县级决算和 1956 年县级预算的报告决议 关于 1956 年七、八、九月份工作计划的报告决议

第二节　决议决定选介

关于拥护中华人民共和国宪法草案的决议

《关于拥护中华人民共和国宪法草案的决议》，于 1954 年 7 月 14 日灵寿县第一届人民代表大会第一次会议通过。

会议听取县委书记张毅关于拥护宪法草案的报告。经过详细的讨论，与会代表一致认为，制定宪法就是为了保障和巩固革命胜利成果，并推动全国人民继续前进，实现广大人民所渴望的伟大社会主义壮举。大家一致表示拥护制定宪法，并通过拥护宪法草案的决议，集中表明要以积极发展互助合作搞好各项生产、增产粮食和其他工业原料、支持工业建设等实际行动。

关于1954年上半年工作总结及下半年工作计划的决议

《关于1954年上半年工作总结及下半年工作计划的决议》，于1954年7月14日灵寿县第一届人民代表大会第一次会议通过。

与会代表一般表示满意，并在这个基础上提出不少重要的意见，使政府今后的工作方向更加明确，对领导农业社会主义改造重社轻组现象及农业生产合作社发展不平衡、训练合作互助骨干较少、山区建设领导不周、救济粮个别村户发放不当、粮食油料计划供应不妥等意见的提出，说明各位代表真正代表了人民群众的意见，集中表达了广大人民群众的愿望，这就使政府工作计划更加完备。

第五章　会议选举

1954 年 7 月 14 日，县一届人大一次会议选举产生了出席河北省第一届人民代表大会代表 3 名（其中女代表 1 名）。

代表名单：

张　毅　　　中共灵寿县委书记

张树义　　　河北省协商委员会委员

卢书姐（女）　灵寿县青廉乡副乡长

第六章　会议组织

县一届人大一次会议主席团由17人组成，会议下设大会秘书处、代表资格审查委员会、提案审查委员会，在大会主席团的领导下进行大会期间的日常工作。

一、大会秘书处

秘 书 长：甄佩才

副秘书长：杜振华　周树模

以下设3个股

材 料 股　股　长：马文风

　　　　　副股长：吴玉良

　　　　　股员20余人

总 务 股　股　长：刘文直

　　　　　副股长：雷从州　耿风辰

　　　　　股员20余人

宣 传 股　股　长：马建军

　　　　　副股长：辛志勇

　　　　　股员10余人

二、大会代表资格审查委员会

主　任：何广琦

副主任：杨守先

委　员：辛志勇　韩志勇（女）　赵丕勤　安风鸣

　　　　李玉文　刘闺珍

三、大会提案审查委员会

主　任：张　毅

副主任：白兴道

委　员：李斌昌	李玉芬（女）	杨守先	曹玉辰
姚吉兰	李元文	郑德荣（女）	江端如
郑国兰（女）	张树义	卢书姐（女）	窦拱臣
弥文彬	杜喜成		

第四篇

灵寿县第二届人民代表大会

（1956年12月至1958年5月）

灵寿县第二届人民代表大会任期自1956年12月至1958年5月。其间共举行2次会议，审议讨论议题9项，听取报告5个，通过决议决定5项，收到代表提案314件。

县二届人大历次会议概况表

表4-1

会次	日期	议题（项）	听取报告（个）	决议决定（项）	代表提案（件）	选举表决（项）
第一次	1956年12月26日至29日	5	3	3	164	1
第二次	1957年6月6日至8日	4	2	2	150	1

第一章　党的领导

根据《国务院关于1956年选举工作指示》《河北省1956年选举工作意见》和《石家庄专区1956年选举工作安排意见》，1956年10月18日中共灵寿县委召开常委会会议，要求选举工作于11月20日结束，并对选民登记、选民资格审查、代表和候选人的提名提出具体要求。1956年11月5日中共灵寿县委召开常委会会议，听取县长白兴道关于选举工作的情况汇报，对选民资格问题做出进一步审查要求。1956年12月1日中共灵寿县委召开常委会会议，确定县长、人民委员会委员人选和代表名额。

此次的选举工作是在全县农业、手工业和资本主义工商业的社会主义改造已经取得决定性胜利，人民建设社会主义的热情空前高涨以及在雨涝风雹虫等自然灾害较为严重的情况下，经过全体干部和社员辛勤工作和劳动，超额完成生产计划的情况下，按照上级指示精神，县委要求选举工作应当结合和围绕生产及生产救灾工作进行，通过选举改造健全基层组织，做到社、政分开，加强干部间和干部群众间的团结，发扬民主作风，充分发挥人民群众的积极性和创造性，把当前生产和生产救灾工作做好，以提高政府特别是基层政府的工作效率，做到生产救灾和选举工作两不误，并通过选举激发广大群众的生产积极性。

第二章　人大代表

第一节　选举产生

根据省选举工作会议精神，对县人民代表大会的代表名额分配原则是：人口在10万以下的选代表60～100名；人口在10万以上至30万的选代表100～250名；人口在30万以上至50万的选代表250～350名；人口在50万以上的选代表最多不超过450人。并乡以后由于乡的单位大大减少，县人民代表大会的名额应该稍低于第一届人民代表大会的代表名额。灵寿县代表名额分配：按照石家庄专区县代表分配表，根据省分配原则，结合县辖管的每乡（镇）平均人口数及地区情况确定，每乡（镇）3000人以下者，出代表3人；每乡（镇）3000～7000人出代表4～5人；每乡（镇）7000～10000人出代表5～7人；每乡（镇）10000人以上者出代表7～9人。石家庄专区县代表分配表中1956年分配灵寿县县代表名额为136名，其中要求：妇女比例占代表总数的25%左右，对手工业工人、文教卫生工作者和技术人员、烈军属、复员军人、残疾军人等，也要根据当地实际情况，注意吸收他们中的先进代表人物。

县人民代表大会代表候选人的提名，由县选举委员会邀请党、团和人民团体联合提出候选人名单，然后再交选举单位或选区进行讨论。县人民代表大会代表和县人民委员会组成人员的选举一般采用无记名投票的选举方法。

第二节　代表名单

西岔头乡

罗振初	胡吉生	苗美荣（女）	王全心
孙兵均			

新开乡

杜录宽	单智华（女）	李玉文

寨南乡

刘福瑞（女）　胡　祥　李宝辰

陈庄镇

马建军　王淑平（女）　王天重　安淑芙（女）
张文德　靖德全

北庄乡

侯振国　白化秀（女）　付亿贵　杜庆梅
张淑秀（女）

坡门口乡

刘玉春　尚有海

南沟乡

刘贵才

女庄乡

霍梦洁　许　珍

大庄上乡

王德连（女）　杜振华

张家庄乡

付亿梅　马承秀（女）　郝敬会　秦学义

李家沟乡

李振山

南营乡

邢兵永　刘思秀（女）　王奇瑞

张家沟乡

江端如　张恒法

团泊口乡

吴林妮　　孙志刚

丑泥口乡

王　广

南枪杆乡

王凤梅（女）　　刘闺珍

漫山乡

刘如意　　王春贵

寨头乡

刘祥义　　侯晚业（女）　　于福艮　　胡全福

九岭乡

张志才

慈峪镇

安洛平	安风岗	武二旦	高兵章
卢秀山	韩志勇（女）	穆振芳	

南燕川乡

高振东　　司丕位　　罗振翠（女）　　左辰庆

北谭庄乡

张树义　　靳敬怡　　王鸿瑞　　齐国秀（女）

中霍营乡

李老信　　杨守先

西庄乡

范存妮（女）　　赵国海　　孙　铭

东柏山乡

弥文彬	耿文秀（女）	石青辰	薛承仁

东刘庄乡

李风停	刘志先	程志来	

青廉乡

马延功	卢书姐（女）	侯文倩（女）	赵昌妮
赵鸿仁			

西青同乡

甄佩才	郑满妮	尹良志	赵梅妮

南寨乡

武志立	夏秀兰（女）	李洛风	马延甫

塔上乡

贾双喜	张贵金	孟进玉	

南青同乡

袁　州	王志五	高喜成	杨文秀（女）

程皋安乡

索振川	付法云（女）	王刻勇	

中营村乡

闫二勤（女）	赵勇五	杨玉山	

牛城乡

胡美金（女）	黄天月	秘景芝	张吉顺
秘美林	郎连玉	赵鸿利	

北狗台乡

刘永来	韩荣吉	靳孟典	赵多多（女）
张合印	黄玉红	尚福经	

城关镇

白化锡	安秀菊（女）	周树模	安风明
窦拱辰	李梦杰	康博学	罗志钱
杨庆来	白兴道	江美林	

三圣院乡

李元文	李仲芳	柳志贸	赵登芳
周树才	王淑琴（女）		

北洼乡

兆春兰	董三妮（女）	崔国柱	周志荣
程春福			

西托乡

郝振先	刘志春	祁位姐（女）	雷文庭

第三章　会议概况

第一节　县二届人大一次会议

县二届人大一次会议于1956年12月26日至29日召开。应出席代表144人，实出席115人（其中女代表24名）。大会听取和审议县人民委员会两年来的工作总结和1955年、1956年县财政预决算执行情况及县人民法院两年来工作报告，并通过相关决议。会议审查处理提案164件。会议选举白兴道为县长，甄佩才、韩志勇、赵国海为副县长，选举产生新的县人民委员会委员15人。

会议批准灵寿县人民委员会作的关于1955年、1956年两年工作简结与1957年计划要点的报告。经过全体代表审议，完全同意，并对两年来灵寿县在农业、手工业和资本主义工商业社会主义改造方面、粮棉增产方面及其他各项社会主义建设事业方面所获得的巨大成绩表示满意。

灵寿县已实现了完全社会主义性质的农业合作化，手工业和资本主义工商业的社会主义改造已经取得了决定性胜利。这给灵寿县各项事业的发展创造了空前有利的条件，从而改变了生产关系和解放了生产力。随着社会主义改造的胜利完成，在现有的生产和工作基础上，进一步巩固农业生产合作社，大力领导群众勤劳生产，克服困难战胜一切灾荒，以巩固社会主义改造的胜利成果，继续推动各项事业健康向前发展。

链接1：1955年至1956年两年来的主要工作概况

对农业、手工业和私营商业社会主义改造方面：1955年1023个初级社，入社农户28328户，到1956年春经过升级和合并组成152个完全社会主义性质的高级农业生产合作社，参加农业社的农户有99.7%的农户参加了高级社。全县366户私营商业，改造为公私合营的89户，102人，并实行了定息制度，其中企业人员过渡到国营商业和合作社商业者48户，54人，经销代销的117户，124人；合作小组26户，28人。全县占总商户97%的户接受了社会主义改造。

农业增产方面：1955年办成的初级农业生产社比1954年增产17%。两年来粮棉增产情况：1955年粮食（包括薯类折粮）总产量折谷50842300斤，除公粮外平均每人305斤；棉花总产量为30270担（皮棉）；油料总产量为4931400斤。1956年粮食总产量7229万斤（包括薯类折粮），平均每个社员440斤；棉花27158担（皮棉）；油料6888000斤。1955年全县出现400斤至1000斤以上的高额丰产玉米123.5亩。

副业生产和多种经济方面：两年来副业生产共计收入17377576元。山沙荒造林完成43092亩；增购大家畜790头，种畜86头，繁殖大家畜1537头；增购羊47只（细毛羊），繁殖羊14000只；养猪发展到48000头。

粮食征购方面：两年来共完成粮食征购8477665斤，占上级分配任务的98.18%；完成棉花（皮棉）征购5387358斤，达到计划任务的72.35%；征购油料5056116斤，占原任务的93.12%；公债认购两年共完成117092元，占分配任务的107.21%，收现95816元，占认购总数的88.42%。

第二节　县二届人大二次会议

县二届人大二次会议于1957年6月6日至8日召开。参加会议的代表共118人。会议内容：一是听取和审议县人民委员会副县长赵国海作的《关于1957年半年来工作检查与当前几项工作任务》的报告和副县长甄佩才作的《关于正确处理人民内部矛盾问题的报告》，并通过相关决议。二是认真处理群众提案281件，合并为150件（其中属于党政领导者10件，属于农田水利邮电交通者42件，属于财经方面者71件，属于政法方面者11件，属于文教卫生方面者16件）。会议选举高山桂为县长。

链接2：1957年半年来的主要工作概况

整社方面：对全县152个社进行了全面整顿，将26个实在不易办好的联村社分为93个单村社。整顿后全县现有单村社212个，联村社17个。

春耕生产方面：完成播种任务366875亩，占计划任务374425亩的91%，其中粮食播种面积225547亩，油料播种面积28718亩，基本完成国家的种植计划。

扩大浇地面积方面：完成新渠3道，整修旧渠3道，安装机械灌溉8台，共扩大浇地面积18800亩。

增产节约运动方面：据不完全统计，全县共节约粮食185966斤，机关、企业等共节约折款139031元。半年来，共供应群众生产生活资料总值2323457元，占全年计划任务的47%，其中粮食5842896斤，肥料374300斤，煤炭9440吨，农药1900斤，大小农具20337件，耕畜140头，灌溉加工机械8台，籽种449411斤。收购农副、土特产品总值632645元。发放社会救济137000元，烈军家属生产生活补助40000元，农贷286000元，棉花、生猪预购订金260486元。

链接3：关于正确处理人民内部矛盾的意见

人民内部的矛盾主要有以下几个方面：第一，首先在粮食问题上，粮食生产增长速度与人民消费增长的要求存在着矛盾。第二，农业合作社中的矛盾主要表现在个人利益与集体利益、民主办社、财务不公开等方面。第三，在物资供应上也有矛盾，首先是物资不能满足人民的需要；其次是供应的价格与收购农产品的价格也有矛盾。第四，学生愿意升学就业，而国家不能办那么多的学校，教师质量低，不能满足学生求学欲望有矛盾。第五，在政府系统，党员干部和非党群众与知识分子基本上是团结的，但有矛盾。第六，对人民内部矛盾的认识和处理意见，部分基层干部和领导上存有意见分歧的矛盾。

为了正确处理人民内部矛盾，必须采取以下措施：第一，要反对官僚主义、主观主义、宗派主义。第二，要在实践中克服官僚主义、主观主义，改变作风。第三，对待人民内部矛盾问题，必须采取说服、教育、“放”和“鸣”的方针，这是坚决无疑的，必须贯彻执行。第四，改善国家与人民群众的关系。第五，加强思想政治工作。

第四章　决议决定

第一节　作出决议决定

县二届人大历次会议共作出决议决定 5 项。

县二届人大历次会议决议决定一览表

表 4-2

会次	时间	名称
第一次	1956 年 12 月 28 日	关于灵寿县人民委员会 1955 年和 1956 年县级财政预决算执行情况的决议 关于政府 1955 年至 1956 年两年工作总结与 1957 年计划要点报告的决议 关于全面开展群众性的节约运动大力支援灾区的决议
第二次	1957 年 6 月 7 日	关于 1957 年半年来工作检查与当前几项工作任务的决议 关于正确处理人民内部矛盾的决议

第二节　决议决定选介

关于“全面开展群众性的节约运动大力支援灾区”的决议

《关于“全面开展群众性的节约运动大力支援灾区”的决议》，于 1956 年 12 月 28 日灵寿县第二届人民代表大会第一次会议通过。

今年灵寿县部分社及全省部分县遭受了严重的灾害尤其是水灾，大大影响农作物的产量和社员的生活，如不早为注意和设法进行解决，势必影响明年的生产和各项建设事业。为了弥补因灾所受损失，大力支援灾区，代表大会通过决议 ，一致同意在全县范围内开展一次群众性的节约运动，深入贯彻“勤俭办社”与“勤俭办企业”“勤俭治家”的增产节约精神，从粮食、用钱、用物等多方面注意节约，以便集中财力、物力，主要用于明年的扩大再生产。

一、各级领导应结合中心大力对人民群众广泛深入地进行增产节约的宣传教育，使全县人民能够正确地认识增产节约的重要意义，适当地做好农业生产社及社员个人的节约计划；做好机关、团体、企业、学校、饮食业等节约用粮的计划。

二、各级党、政、团体、财政、贸易、企业等部门及农业生产合作社，应全面做出加速资金周转、节约资金和商品流转及其他一切开支计划。

关于1957年半年来工作检查与当前几项工作任务的决议

《关于1957年半年来工作检查与当前几项工作任务的决议》，于1957年6月7日灵寿县第二届人民代表大会第二次会议通过。

灵寿县第二届人民代表大会第二次会议，听取灵寿县人民委员会《关于1957年半年来工作检查与当前几项工作任务》的报告。经过全体代表审查，完全同意，并对半年来完成春耕生产任务等工作所获得的成绩表示满意。

为实现农业全面大丰收，必须做好夏收、夏种工作，加强作物田间管理，及时除治各种虫害，做好下半年生产、生活资料的供应。

关于正确处理人民内部矛盾的决议

《关于正确处理人民内部矛盾的决议》，于1957年6月7日灵寿县第二届人民代表大会第二次会议通过。

灵寿县第二届人民代表大会第二次会议。听取《关于正确处理人民内部矛盾的意见草案》的报告，经过全体代表讨论、分析，一致同意，并对社会主义建设取得的胜利和成就表示满意。

会议认为中央提出“关于正确处理人民内部矛盾”的方针政策，是完全正确而且是必要和适时的。因此，全体代表表示衷心拥护。会议决定，采取以下措施，对人民内部存在的矛盾迅速进行解决和处理。第一，必须把这次会议“关于正确处理人民内部矛盾”的决议精神，深入地宣传贯彻到各方面去，并监督执行。第二，必须克服工作中的官僚主义和主观主义作风，加强调查研究和深入实际，全面掌握住工作情况和发生的矛盾，实事求是地加以解决。第三，对现实存在的人民内部矛盾，如粮食问题、国家与社、社和社员之间、社员与社员之间的矛盾问题、学生升学就业问题等，必须采取正确的方针和办法进行解决。第四，必须把正确处理人民内部矛盾，树立成经常的工作内容和工作制度。干部参加体力劳动也要树立成制度，永久执行。

第五章　会议选举

灵寿县人民委员会

县二届人大一次会议选举产生县人民委员会县长 1 名、副县长 3 名、委员 15 名。县二届人大二次会议选举产生县长 1 名。

县　长：

白兴道　1956 年 12 月 29 日县二届人大一次会议当选

高山桂　1957 年 6 月 8 日县二届人大二次会议当选

副县长：

甄佩才　1956 年 12 月 29 日县二届人大一次会议当选

韩志勇　1956 年 12 月 29 日县二届人大一次会议当选

赵国海　1956 年 12 月 29 日县二届人大一次会议当选

委　员：

李元文　赵鸿利　杨守先　韩荣吉　杜振华　黄天月

周树模　王淑琴　窦拱辰　江端如　马延功　江墨林

弥文彬　孙秉均　王克永

链接 4：县人民委员会县长简历

白兴道，男，汉族，1919 年 1 月 8 日出生，高小文化，1937 年 11 月加入中国共产党，1940 年参加工作，灵寿县南营乡漫山村人。历任区委副宣、组委、区委副书记、县委组织部长、县社主任、省银行出纳科副科长、县税务局局长、政府委员。1951 年 12 月 26 日灵寿县第三届各界人民代表会议第一次会议当选政府副县长。1953 年 1 月 25 日灵寿县第四届各界人民代表会议第一次会议当选政府县长。1954 年 7 月 10 日灵寿县一届人大一次会议当选政府县长。1955 年 10 月 2 日中国共产党灵寿县第一次代表大会当选县委副书记。1956 年 12 月 28 日县二届人大一次会议当选县人委会县长。1957 年 5 月调离县政府，专任县委副书记。1957 年 12 月 19 日中国共产党灵寿县第二次代表大会当选县委副书记。1958 年 6 月 1 日，兼任“八一五”水库工程局党委书记。

第六章　会议组织

第一节　县二届人大一次会议

大会主席团由21人组成，会议下设大会秘书处、代表资格审查委员会、提案审查委员会，在大会主席团的领导下进行大会期间的日常工作。

一、大会秘书处

秘 书 长：甄佩才

副秘书长：周树模　杜振华　李梦杰

以下设5个股

材　料　股　股　长：马文风

副股长：梁建军　雷士英

股员10余人

总　务　股　股　长：王克永

副股长：王敏士　靳承让

股员4人

生活招待股　股　长：苏荣德

副股长：曹秉珍　李纯洁

股员14人

文　印　股　股　长：马景海

副股长：边保玉

股员4～5人

保卫、卫生股　股　长：臧忠秀

副股长：马秋云

股员若干人

二、大会代表资格审查委员会

主　任：侯振国
副主任：弥文彬　杨守先
委　员：江端如　杜喜成　靳敬怡　张树义

三、大会提案审查委员会

主　任：白兴道

副主任：	李元文	韩志勇（女）	赵国海	
委　员：	孙秉均	安风岗	左辰庆	马延甫
	江墨林	李中号	袁　州	赵鸿利
	王淑琴（女）	康博学	马延功	姚吉兰
	李保成	傅亿梅	侯文倩（女）	刘祥义
	穆振芳			

第二节　县二届人大二次会议

大会主席团由19人组成，会议下设大会秘书处、代表资格审查委员会、提案审查委员会，在大会主席团的领导下进行大会期间的日常工作。

一、大会秘书处

秘 书 长：赵国海
副秘书长：周树模　杜振华　李梦杰
以下设4个股

材料文印股	股　长：孟子敬
	副股长：杨学成　马景海
	股员13人
总　务　股	股　长：赵文俭
	副股长：雷庆照
	股员2人
生活招待股	股　长：耿逢辰
	副股长：王云来　赵林山　杨延铎
	股员15人
保卫、卫生股	股　长：马秋云
	副股长：许有庆

二、大会代表资格审查委员会

主　任：侯振国

副主任：弥文彬　杨守先

委　员：	江端如	杜振华	窦拱辰	张树义

三、大会提案审查委员会

主　任：韩志勇（女）

副主任：李元文　赵国海

委　员：	孙秉均	安风鸣	左辰庆	马延甫
	江墨林	李仲芳	袁　州	赵鸿利
	王淑琴（女）	康博学	马延功	姚吉兰
	李保成	傅亿梅	侯文倩（女）	刘祥义
	穆振芳	陈万隆		

第五篇

灵寿县第三届人民代表大会

（1958年5月至1962年12月）

1958年，灵寿县第二届人民代表大会任期已满，全县于1958年实现人民公社化。在党的“鼓足干劲、力争上游、多快好省地建设社会主义”总路线及党的八届六中全会精神指引下，围绕整风、反右及贯彻党在社会主义建设时期的总路线，灵寿县第三届人民代表大会第一次会议于1958年5月16日至18日胜利召开。灵寿县第三届人民代表大会任期自1958年6月至1962年12月（1958年10月25日至1961年年底灵寿县并入正定县）。审议讨论议题5项，听取报告3个，通过决议决定2项，收到代表提案193件。

县三届人大历次会议概况表

表5-1

会次	日期	议题（项）	听取报告（个）	决议决定（项）	代表提案（件）	选举（项）
第一次	1958年5月16日至18日	5	3	2	193	3

第一章　党的领导

根据全国人民代表大会常务委员会第68次会议决定和河北省人民委员会1958年选举工作计划，县、乡（镇）两级要在1958年5月31日前完成选举工作。为了不误春耕生产，中共灵寿县委明确要求在1958年3月底前完成选举任务。1958年1月31日中共灵寿县委召开会议，研究关于第三届县、乡（镇）人民代表大会和人民委员会委员人事安排。1958年3月7日、1958年3月10日中共灵寿县委召开会议对县人民委员会委员及代表中的民主人士进行研究。

为了加强选举工作的领导，灵寿县成立选举委员会，有委员11名，高山桂为主席，并组织成立办公室，具体办理选举工作的日常事宜。1958年1月13日中共灵寿县委召开会议，对南营、中营村、三圣院3个选举试点乡干部配备问题进行了研究安排。1958年5月7日中共灵寿县委召开会议，听取副县长韩志勇对人民代表大会准备情况的汇报，研究确定提案审查委员会、代表资格审查委员会人员名单，并提出大会安排意见。

第二章 人大代表

第一节 选举产生

一、灵寿县第三届人民代表大会代表的选举产生

根据河北省选举会议精神，1958 年 1 月 31 日中共灵寿县委召开会议，按照上级通知要求，县代表中民主人士占 15%、妇女占 15% 或 25% 左右，确定选县代表 144 名（各乡镇应选代表名额见表 5-2）。各乡镇人民代表大会的代表名额，应按照全国人民代表大会常务委员会《关于乡镇人民代表大会代表名额等问题的决议》办理（人口在 3000 人以下的每 50 ～ 100 人选代表 1 人，人口 3000 ～ 7000 人的每 100 ～ 150 人选代表 1 人，人口 7000 人以上的每 150 ～ 300 人选代表 1 人）。

按照上级选举工作安排，乡（镇）也要成立选举委员会，设主席 1 人，委员 4 ～ 8 人，由乡（镇）党委书记或副书记为主席，乡（镇）长、武装治保主任、妇联主任、民政委员会主任、共青团委书记等负责干部为委员。选举委员会的组成人员报县人民委员会任命。

灵寿县选择了分别代表深山、丘陵、平原的南营、中营村、三圣院 3 个乡进行工作试点，从 1958 年 1 月 8 日开始到 22 日结束，历时半月。

县三届人大代表名额分配表

表 5-2

乡（镇）名	代表名额（人）		乡（镇）名	代表名额（人）	
	男	女		男	女
三圣院	6	1	南　沟	1	—
城　关	10	1	大庄上	1	1
牛　城	6	1	团泊口	2	1
西　托	3	1	九　岭	1	—
北狗台	6	1	女　庄	2	—
程阜安	2	1	李家沟	1	—

续表 5-2

乡（镇）名	代表名额（人）		乡（镇）名	代表名额（人）	
	男	女		男	女
中营村	2	1	张家沟	2	—
南　寨	6	2	陈　庄	4	—
青　廉	3	2	寨　南	2	1
东刘庄	3	—	北　庄	3	1
慈　峪	6	1	新　开	2	1
北谭庄	4	2	张家庄	3	1
东柏山	3	1	寨　头	3	1
南燕川	3	1	漫　山	2	—
塔　上	3	—	南　营	2	1
西　庄	2	1	南枪杆	1	1
西岔头	4	1	北　洼	4	1
坡门口	2	—	护驾疃	4	1

二、灵寿县出席河北省第二届人民代表大会代表的选举产生

根据灵寿县第三届人民代表大会第一次会议《关于选举县长、副县长、县人民委员会委员、法院院长和出席省人民代表大会代表的选举办法（草案）》，省确定灵寿县选举出席省第二届人民代表大会代表 3 名。1958 年 5 月 18 日灵寿县第三届人民代表大会第一次会议选举产生灵寿县出席河北省第二届人民代表大会代表 3 名。

第二节　代表名单

一、灵寿县第三届人民代表大会代表名单

三圣院乡

王淑琴（女）　李玉文　李银泉　李仲芳
柳老茂　耿风辰　赵登芳

城关镇

任风珍（女）　江文翰　谷玉发　吴瑞升
吴拴柱　周树模　罗华昌　高景辉
康博学　甄佩才　窦拱辰

牛城乡

孙瑞妮（女）	张吉顺	马文凤	苏振祥
胡敏礼	黄天月	赵金福	

北洼乡

李元文	兰银秀（女）	崔洛武	赵　平
杨忠章			

西托乡

石光秀（女）	刘永来	刘洛刚	赵庆瑞

北狗台乡

张合印	尚福经	徐福娥（女）	赵多多（女）
程振第	靳孟典	韩荣吉	张位来
辛大桃	董冬致		

护驾疃乡

王老五	尹良志	张玉芳（女）	张洛可
刘景林			

青廉乡

王　戎	王化吉	张振海	马延功
马延甫	侯文倩（女）	曹老喜	曹宏庆
赵丕勤	赵鸿仁	卢书姐（女）	韩志勇（女）

塔上乡

张贵金	闫银才	贾林妮

中营村乡

李令枝（女）	赵振声	杨玉山

东刘庄乡

刘洛先	高士修	程洛树

慈峪镇

张吉围	安风刚	卢殿吉	侯秀勤（女）
高丙章	赵潜英	雷世英	

南燕川乡

左辰庆	付立华	孙贯妮（女）	姜云章
赵国海	杨从芬（女）	彭志勇	

北谭庄乡

张树义	付嘉云（女）	孙　太	高风菊（女）
杨守先	靳敬怡		

东柏山乡

刘昌朱	刘昌勇	赵文新	谷明荣（女）

西岔头乡

王克永	杜文秀	胡大江	胡吉旺
苗美荣（女）			

坡门口乡

李秀义	尚有海		

寨南乡

刘福瑞（女）	李孟林	胡　祥	

北庄乡

白化秀（女）	付亿贵	杜庆梅	侯振国

南沟乡

王俊瑞

陈庄镇

张明荣（女）	付司锡（女）	付亿伦	吴玉良
马建军	弥文彬		

大庄上乡

王德连	苏志义		

新开乡

杜喜成	周树才	高春兰（女）	

寨头乡

付亿梅	苏贵英	郑守和	周志勇
侯香荣（女）	牛　璞	高山桂	杨万金
霍林岐	韩正明		

团泊口乡

王　广	王风荣（女）	刘玉云（女）	刘闺珍
张吉祥			

南营乡

张位英	刘同功	邢丙海	

李家沟乡

张荣华

张家沟乡

江端如	祁德润		

九岭乡

卢秀山

漫山乡

王　俊	阎金太		

二、灵寿县出席河北省第二届人民代表大会代表名单

韩荣吉	张明荣（女）	张树义	

第三章　会议概况

县三届人大一次会议于1958年5月16日至18日召开，应出席代表144人（其中女22人），实出席代表120人，列席大会的县直部门负责人4人。高山桂致开幕词，大会听取和审议副县长甄佩才代表县人民委员会作的《关于1957年主要工作情况和1958年工作计划的报告》和副县长赵国海作的《关于1957年财政决算和1958年财政预算的报告》及县人民法院院长张吉围作的《关于1957年至1958年法院工作的报告》，并通过相关决议。会议审查处理提案193件。大会选举高山桂为县长，甄佩才、韩志勇、赵国海为副县长，选举县人民委员会委员15名，选举张吉围为县人民法院院长。最后，县委书记韩荣吉致闭幕词。会议选举产生灵寿县出席河北省第二届人民代表大会代表3名。

这次会议，是在1956年完成社会主义三大改造之后，农业合作社又经过一年的整顿和实际锻炼基本达到巩固的基础上进行的。1957年在农业生产上遭受了严重的自然灾害，雹灾共降了7次，砸坏折伤禾苗16万余亩；旱灾遍及全县，受旱时间连续60多天。再加上风灾轻重受灾面积总共达39万亩，占总播种面积的74%。但是全县人民并没有被严重的灾害吓倒，而是在党和政府的领导下，向自然灾害展开了坚持不懈的斗争，并取得了胜利。

链接1：1957年灵寿县财政决算情况

1957年的总收入完成1366650元，占预算的100.24%，占1956年决算的110.9%，比1956年实际增加收入135412元。其中工商税完成551447元，占预算的97.3%；农业税完成737957元，占预算的101.96%；公债收入55909元，占预算的108%；企事业收入1260元，占预算的157.7%；其他收入完成20077元，占预算的100.4%。

地方预算收入完成1185742元，占预算的100.9%。其中工商税258956元、农业税完成590366元、企事业完成1260元、债款收入22364元，其他收入20077元，上级补助265460元，上年结余27259元。1957年的总支出是1134764元，占预算的97.42%。其中经济建设费类支出126527元，占预算的91.22%；社会文教费类支出591128元，占预算的100.32%；行政管理费类支出407265元，占预算的96.3%。其他支出9844元，占预算的76.4%，收支相抵结余50978元，扣除跨年使用款20139元，纯结余30839元。

链接2：1957年主要工作概况

粮食总产量完成70349900斤，占计划的100.6%，耕地亩产达246.68斤，占计划的91.7%，比1956年低6%，仍比1955年提高44.48%。

农业基本建设方面：全年共修水库12个，开渠269道，水井35眼，安装机器20台等共扩大浇地面积23124亩，改造盐碱地429亩。修建谷坊1547道，加上其他水土保持工程累计控制流域面积440.94平方千米。

林业和畜牧业方面：完成四旁植树27万株，完成荒山、荒滩造林52216亩，占计划的104.9%。完成幼林抚育88385亩，占计划的117.8%。栽培果树109577棵，占计划的50%。

畜牧业方面：大家畜发展到16885头，占计划的95%，比1956年增长1.35%。养猪发展到60237头，占计划的100.4%，比1956年提高了28.8%。养羊发展到28421只，占计划的107%，比1956年增长8.9%。

1958年10月25日至1961年年底，灵寿县并入正定县。1962年1月1日，灵寿、正定正式分县。

第四章　决议决定

第一节　作出决议决定

县三届人大历次会议共作出决议决定2项。

县三届人大历次会议决议决定一览表

表5-3

会次	时间	名称
第一次	1958年5月18日	关于政府1957年主要工作情况和1958年工作计划报告的决议 关于1957年财政预决算和1958年财政预算的决议

第二节　决议决定选介

关于政府1957年主要工作情况和1958年工作计划报告的决议

《关于政府1957年主要工作情况和1958年工作计划报告的决议》，于1958年5月18日灵寿县第三届人民代表大会第一次会议通过。

一、灵寿县第三届人民代表大会第一次会议，听取副县长甄佩才作的灵寿县人民委员会关于《1957年主要工作情况和1958年工作计划的报告》，通过全体代表认真的审查和热烈的讨论后完全同意。会议一致认为，一年来县人民委员会正确地执行了上级党政规定的方针政策，并对在工农业、商业、畜牧、林业、文教卫生等各项实际工作中所获得的巨大成绩表示满意。

二、为了实现1958年的农业增产指标，除了依靠党的领导，依靠广大群众的智慧和革命的干劲以外，还得有切实有效的增产措施，加速水利建设消灭干旱和治理河流、沟谷，控制水土流失，消灭水患，对农业生产大跃进有着决定性的作用。

三、认真贯彻财经工作为工农业生产服务的方针，特别是对生产和水利物资的供应，要想尽一切办法，克服困难，做到生产需要什么，供应什么，何时用何时供。

四、伴随着农业生产大跃进，来个文教卫生工作大发展，全面普及中小学教育，认真贯彻使受教育者在德育、智育、体育几个方面都得到发展，成为有社会主义觉悟、有文化的劳动者，向工农开门。

五、为实现上述任务，我们必须继续进行一系列的法制建设工作，按照组织法规定定期召开人民代表大会，广泛发动代表与各委员参与政务，监督政府工作，协助政府联系选民，并向选民进行政策宣传和传达工作，使政权工作进一步达到完善。

第五章　会议选举

灵寿县人民委员会

县三届人大一次会议选举产生县人民委员会县长1名、副县长3名、委员15名。

县　长：

高山桂　1958年5月18日县三届人大一次会议当选

副县长：

甄佩才　1958年5月18日县三届人大一次会议当选

韩志勇　1958年5月18日县三届人大一次会议当选

赵国海　1958年5月18日县三届人大一次会议当选

委　员：

王淑琴	王克永	左辰庆	江端如
江文翰	李元文	李银泉	周树模
弥文彬	赵潜英	赵丕勤	马延功
黄天月	韩荣吉	窦拱辰	

灵寿县人民法院

院　长：

张吉囤　1958年5月18日县三届人大一次会议当选

灵寿县出席河北省第二届人民代表大会代表

1958年5月18日，县三届人大一次会议选举产生灵寿县出席河北省第二届人民代表大会代表3名（其中女代表1名）。

代表名单：

韩荣吉　　　灵寿县委书记、县人民委员会委员

张明荣（女）陈庄镇不脱产妇联副主任兼村妇联主任

张树义　　　梁前沟村村支书、云母委员会主任

第六章　会议组织

县三届人大一次会议主席团由19人组成，会议下设大会秘书处、代表资格审查委员会、提案审查委员会，在大会主席团的领导下进行大会期间的日常工作。

一、大会主席团

马延功	王淑琴（女）	王克永	左辰庆
江文翰	江端如	李元文	李银泉
杜文秀	张树义	张明荣（女）	周树模
弥文彬	侯文倩（女）	赵潜英	赵国海
赵丕勤	高山桂	黄天月	甄佩才
韩荣吉	韩志勇（女）	窦拱辰	

二、大会秘书处

秘 书 长：韩志勇（女）

副秘书长：刘景林　周树模

三、大会代表资格审查委员会

主　任：刘景林

副主任：弥文彬　黄天月

委　员：

江端如	李银泉	杜喜成	卢书姐（女）
周志勇	张树义		

四、大会提案审查委员会

主　任：李元文

副主任：赵国海　赵潜英

委　员：

王　戎	安风岗	杜文秀	赵丕勤
马延甫	马文风	康博学	张吉国
张明荣	付亿梅		

第六篇

灵寿县第四届人民代表大会

（1962年12月至1963年10月）

1958年10月，灵寿县与正定县合并为正定县，原属于灵寿县的城关、护驾疃、慈峪、陈庄、团泊口五个人民公社同时归正定县管辖。1961年5月，上述五个人民公社改建为33个人民公社。1962年1月1日，灵寿与正定两县分设，恢复灵寿县建制，灵寿县恢复管辖33个人民公社。

自1958年5月份召开灵寿县第三届人民代表大会第一次会议以来，鉴于整顿和巩固人民公社各项工作和行政区划及人员变动等原因，第四届人民代表大会未按规定如期召开。1962年各项工作的完成情况、1963年各项工作计划以及1962年财政决算和1963年财政预算需提交人民代表大会审议，分县后灵寿县缺额的县长、副县长、县人民委员会委员、县人民法院院长也需要选举产生，经上级批准，灵寿县第四届人民代表大会推迟至1962年12月召开。

灵寿县第四届人民代表大会第一次会议于1962年12月12日至15日召开。县第四届人民代表大会任期自1962年12月至1963年10月，其间共召开1次会议，审议讨论议题4项，听取报告3个，通过决议1项，收到代表提案136件。

第一章　党的领导

1962年1月，恢复灵寿县建制后，为做好第四届人民代表大会县、乡基层选举工作，经县人委研究，决定成立灵寿县选举委员会，并报上级批准。3月，经上级批准，灵寿县选举委员会正式成立，周有室任主席。成立后的县选举委员会对县、乡的基层选举工作进行了全面部署。

1962年11月28日，灵寿县人民委员会就关于召开第四届人民代表大会第一次会议的计划向县委专门请示，提出召开县四届人大一次会议的会议时间、会议内容、会议要求等方面意见。1962年12月2日，县委召开会议研究通过县四届人大一次会议的召开日期、会议内容、会议日程、会议要求、会议组织机构、人大代表构成、列席人员等若干问题。

为加强党的领导，县四届人大一次会议成立大会临时党支部，马建军为临时党支部书记，侯文倩为副书记，李荫清、侯庆和、李春华为委员。大会划分城关、青同、慈峪、陈庄4个代表团，各代表团划分党小组，设正副组长各1人。

第二章　人大代表

第一节　选举产生

1961 年 10 月，正定县对第四届人民代表大会县、乡基层选举开始安排部署，后由于行政区划的变更（灵寿与正定两县分设），基层选举于 1961 年 12 月中旬暂停。到 1961 年年底，原属于灵寿的 33 个乡已有 23 个乡完成乡人民代表大会代表的选举工作，剩余 10 个乡未完成。

1962 年 3 月，灵寿县选举委员会成立后，制定了《关于基层选举工作方案》，对代表的名额问题、选举的做法和要求、若干具体问题及组织领导方面做出具体要求。4 月，县选举委员会对县、乡的基层选举工作进行全面安排部署，根据县人委《关于第四届乡人民代表大会选举工作补充意见的通知》要求，各乡在分县前建立的乡选举委员会仍然有效，继续行使职权，主持选举工作，如有缺额（因工作调走）迅速补充；各乡的行政区划没有变更，原分配的乡代表与乡人民委员会委员的名额也不再变更，与正定分县后县代表名额有变更，根据各乡人口重新分配；已经完成乡代表选举工作的乡，不再重新进行，有问题的代表可以根据群众意见，通过法定程序更换，也可以补选；未完成选举的乡于 4 月上旬完成。

根据《中华人民共和国人民代表大会及地方各级人民代表大会选举法》（以下简称《选举法》）的相关规定和地委《关于第四届县以下各级人民代表大会人事安排和选举工作的意见》要求，“人口在 20 万以下，选代表 100 人至 200 人”，灵寿县总人口 178951 人，县代表名额为 144 人，由乡人民代表大会间接等额选举产生。县选举委员会根据各乡人口多少，将 144 个县代表名额分配到全县 33 个乡。根据《选举法》的相关规定，代表候选人的提名，一般由选举委员会邀请党政和各人民团体进行协商，联合提出代表候选人初步名单后提交选民反复酝酿讨论，并根据多数选民的意见系统研究，最后由选举委员会公布代表候选人正式名单。

由于整风整社、精兵简政、人员变动等原因，选举工作持续时间较长。至 1962 年 11 月底，全县 33 个乡分别选举产生县第四届人民代表大会代表共 144 人（城关地区 46 人，青同地区 31 人，慈峪地区 23 人，陈庄地区 44 人）。其中男性 108 人，女性 36 人；18 岁至 25 岁 18 人，26 岁至 45 岁的 81 人，46 岁以上的 45 人；党员 89 人，团员 15 人，群众 40 人；汉族 144 人；农民 70 人，军人 1 人，机关人员 67 人，文教卫生 5 人，工商企业 1 人；连任

29 人。

为有力保卫选举工作顺利进行，确保人民顺利行使选举权力，县选举委员会成立临时法庭，地点设在陈庄、慈峪两地。县法院留守人员负责城关地区选举保卫工作。

1962 年的选举工作，是在认真贯彻党的调整国民经济各项政策，战胜干旱，完成秋收秋种、粮棉油征购，农村形势逐步好转的情况下，在充分发挥民主的基础上进行的，通过基层选举和乡人民代表大会的召开，进一步加强了人民民主建设，巩固了人民民主专政，活跃了人民民主生活，密切了党和政府同群众的关系，促进了抗旱保收、三秋种麦和粮棉油征购等中心工作顺利开展。

第二节　代表名单

城关代表团

倾井乡

高景辉	韩根奎	吴玉良	胡梅竹（女）
赵二荣（女）	韩洛近	赵方妮	

城关乡

江文翰	窦拱辰	张更芹	周树模
李春华（女）	崔国柱	郑素英（女）	张双保

北洼乡

杨福瑞	耿　忠	孟长青	周秀香（女）
曹红妮（女）	程春福	王洛照	胡洛大

狗台乡

薛其田	胡鸿录	王步迈	侯文倩（女）
付福昌	杨焕歌	尹洛如	尹小贯（女）

三圣院乡

姚德元	刘克勤	李耀宗	王　戎
张　魁（女）	张秀芝（女）	尚廷廷	韦四妮（女）

西托乡

马银增	谷玉发	张明文	李四季
祁位姐（女）	牛玉庆	王唐姐（女）	

青同代表团

马皇安乡

宋明琴（女）	刘国芳	王敬学	杨黑货

塔上乡

李风廷	李荫清	王文华（女）	贾丙珍（女）

青同乡

王克永	杨培德	冯述增	吴二红（女）

护驾疃乡

尹亮志	孟振兰（女）	赵亮妮	赵二须（女）
尹克俭	彭吉友	王洛五	

南寨乡

侯庆和	曹鸿庆	安小五（女）	罗延满

青廉乡

马延功	赵丕勤	孙　铭	郝梅芹（女）

中营村乡

宋小梅（女）	孙连成	姜云章	充桃气

慈峪代表团

北谭庄乡

韩志勇（女）	武凤歧	靳敬怡	王定辉

南燕川乡

尚福经	雷昌亭（女）	左辰庆	郝正民

东柏山乡

刘昌永	王运章	李洛宽	李兰竹（女）

东刘庄乡

雷士英	刘德俭	张　勤（女）	

慈峪乡

袁小秋	尹永清（女）	张吉围	弥文彬
刘鸿庆	袁三廷	张洛旺	王梅秀（女）

陈庄代表团

新开乡

李万贵	赵国海	周兰芳（女）	高振兰（女）

横山岭乡

靳祖敬	靳孟典	苏荣德	

北庄乡

高山桂	孙五墨	石福保	白化香（女）

南沟乡

余东来　　王建才

西岔头乡

尹瑞生　　付亿伦　　石九荣（女）　　董国传

陈庄乡

张红喜　　王天重　　马建军　　周有梅（女）

寨南乡

苏志义　　曹其风　　胡　祥

寨头乡

刘祥义　　耿德芹　　刘献正　　王　喜（女）

南营乡

范振华　　刘全贵　　刘云姐（女）

杨家台乡

江端如　　薛恒利

九岭乡

高拴来　　陈　业

漫山乡

阎清太　　高志瑞

李家沟乡

王增庆

团泊口乡

郝成宪　　陈吉龙　　魏银竹（女）

张家庄乡

赵贵信　　阎明玉　　李振声

第三章　会议概况

1962 年 12 月 12 日至 15 日，县四届人大一次会议在县人民委员会会议室召开。大会应出席代表 144 人，实出席代表 132 人，大会邀请全县有代表性的人士共 10 人列席此次大会。为便于代表们审议发言，大会共划分为 4 个代表团，7 个代表小组。会议听取和审议县人民委员会副县长韩志勇作的《关于 1962 年以来政府工作简结和今冬明春工作安排的报告》，王克永作的《关于 1962 年财政预算执行情况的报告》和张吉围作的《关于 1962 年法院工作的报告》。会议通过相应决议。会议选举产生县人民委员会县长 1 人、副县长 4 人、委员 14 人，县人民法院院长 1 人。

会议期间共收到提案 136 件，其中农田水利类 44 件，占 32.4%；财经类 63 件，占 46.4%；工业交通类 23 件，占 16.9%；政法类 1 件，占 0.7%；文教卫生类 4 件，占 2.9%；其他 1 件，占 0.7%。提案审查委员会根据所有提案的性质、类别、数量，分成农田水利、财经工业、政法文卫和其他 4 个小组，并邀请县直有关部门负责干部协助，分别逐案进行处理，基本做到件件有交代，案案有着落。

这次会议是在全县人民开展以水利、积肥、副业为中心的冬季生产运动，争取明年农业大丰收的情况下召开的，会议明确要坚决贯彻执行党的八届十中全会关于巩固集体经济、发展农业生产的决定，动员和集中各方面力量，促进人民公社集体经济的进一步巩固和农业生产的快速发展。通过的会议决议，对调动各方面力量，进一步巩固集体经济和争取 1963 年农业大丰收，起到重要积极作用。

链接 1：灵寿县 1962 年以来经济社会发展情况

农业方面：全年粮食总产量达 5901 万斤，棉花总产量达 155 万斤，油料总产量达 95 万斤。全县造林达 6 万余亩（1962 年造林 2.28 万亩，占任务的 101.1%），其中用材林 4 万亩，经济林 2 万余亩。大型家畜 12527 头，与上年相当；养猪 41800 头，较上年增长 5.6%；养羊 5 万只，较上年增长 6.4%。

工业方面：预计全年工业总产值达 226 万元，占计划的 103%。其中生产资料产值达 136010 元。

交通运输业：货运总量 44967 吨，周转量 974655 吨。

农副产品收购：各种产品收购总值完成 342.5 万元，占计划的 100.3%。完成粮食征购 631 万斤，占任务的 100%；棉花征购完成 142 万斤，占任务的 109.2%；油料完成 144400 斤，占任务的 100%；生猪收购完成 3847 头，占任务的 100.6%；鲜蛋完成 68100 斤，占任务的 113.56%；核桃完成 41082

斤，占任务的 102.7%；桃仁完成 98238 斤，占任务的 151.1%。

链接 2：灵寿县 1962 年财政预算执行情况

财政总收入到 11 月底完成 1281542 元，占年度预算的 101.95%；总支出 1222023 元，占年度预算的 85.09%。

第四章　决议决定

县四届人大历次会议共作出决议决定 1 项。

县四届人大历次会议作出决议决定一览表

表 6-1

会次	时间	名称
第一次	1962 年 12 月 15 日	关于政府工作报告和 1962 年财政预算执行情况报告的决议

第五章　会议选举

县四届人大一次会议于 1962 年 12 月 15 日选举产生县人民委员会县长 1 人、副县长 4 人、委员 14 人，县人民法院院长 1 人。

灵寿县人民委员会

县　长：

高山桂

副县长：

尚福经	马银增	韩志勇（女）	赵国海

委　员：

王克永	王敬学	王步迈	左辰庆
江文翰	江端如	李春华（女）	周树模
弥文彬	马建军	马延功	杨福瑞
韩根奎	窦拱辰		

灵寿县人民法院

院　长：

张吉围

第六章　会议组织

县四届人大一次会议主席团由 21 人组成，会议设秘书处、代表资格审查委员会、提案审查委员会。

一、大会主席团

马银增	马建军	马延功	王步迈
王克永	王敬学	尹瑞生	左辰庆
江文翰	江端如	李春华（女）	杨福瑞
周树模	弥文彬	尚福经	赵国海
侯文倩（女）	高山桂	韩根奎	韩志勇（女）
窦拱辰			

二、大会主席团常务主席

尚福经	杨福瑞	马银增	马建军
韩根奎			

三、大会执行主席

12 月 12 日

尚福经	赵国海	李春华	王克永
窦拱辰	杨福瑞		

12 月 13 日

韩根奎	王敬学	江文翰	弥文彬
马建军			

12 月 14 日

马银增	周树模	马延功	尹瑞生
左辰庆			

12 月 15 日

侯文倩	韩志勇	江端如	高山桂

王步迈

四、大会秘书长、副秘书长

秘 书 长：韩志勇（女）

副秘书长：赵丕勤　　　　侯文倩（女）

五、大会代表资格审查委员会

主　任：尚福经

副主任：李荫清　　　　马建军

委　员：侯文倩（女）　　张吉围　　雷昌亭（女）　　窦拱辰

六、大会提案审查委员会

主　任：马银增

副主任：李耀宗　　　　弥文彬

委　员：王步迈　　刘祥义　　刘德俭　　尹瑞生

江端如　　宋小梅（女）　　吴玉良　　张双保

第 七 篇

灵寿县第五届人民代表大会

（1963 年 10 月至 1965 年 12 月）

灵寿县第五届人民代表大会第一次会议于1963年10月25日至27日召开。县第五届人民代表大会任期自1963年10月至1965年12月，其间共召开1次会议，审议议题4项，听取报告3个，通过决议2项，收到代表提案122件。

第一章　党的领导

1963年2月8日，县委召开会议研究讨论第五届县人民委员会委员和县人大代表中民主人士的安排问题。2月9日，县委会议研究讨论人民代表大会选举问题，同意组织部提出的县、乡人民代表大会代表和乡人民委员会委员名额分配意见。2月21日，县委会议研究通过成立灵寿县选举委员会，县选举委员会由11人组成，高山桂任主席。7月5日，县委召开会议再次研究县人民代表大会民主人士安排问题，根据地委相关要求，县人民代表大会代表，党员比例一般占50%左右，最多不超过60%；民主人士一般安排比例在7%左右，最低不得少于5%，灵寿县至少安排7名。10月11日，县委会议研究通过县五届人大一次会议的召开时间、会议内容、大会组织机构、大会日程安排等问题。

为加强党的领导，县五届人大一次会议成立临时党支部，马建军为临时党支部书记，侯文倩为副书记，耿忠、侯庆和、李春华为委员。会议期间划分城关、青同、慈峪、陈庄4个代表团，各代表团划分党小组，设正副组长各1人。会前召开全体党员代表会，介绍大会内容，强调大会纪律，要求参会的党员代表发挥模范带头作用，确保大会顺利召开。

第二章 人大代表

第一节 选举产生

一、灵寿县第五届人民代表大会代表的选举产生

1963年3月，灵寿县选举委员会经批准正式成立，选举委员会下设选举工作办公室，负责办理选举的各项具体工作。根据《全国人民代表大会常务委员会第76次会议决定》和《河北省人民委员会关于1963年选举工作的指示》要求，人民代表大会的选举最迟要在1963年7月底以前完成，为保证高质量按时完成选举工作，县人民委员会制定《关于1963年基层选举工作计划》，对召开县五届人大一次会议和县、乡的选举工作进行全面安排部署。

根据《中华人民共和国全国人民代表大会及地方各级人民代表大会选举法》（以下简称《选举法》）相关规定，灵寿县第五届人民代表大会代表名额为144人，由乡人民代表大会间接等额选举产生。全县各乡先后召开乡人民代表大会，以无记名投票的方式进行选举。至1963年5月，县第五届人民代表大会代表由33个乡人民代表大会分别选举产生，共144人（城关地区46人，青同地区31人，慈峪地区23人，陈庄地区44人）。其中男性105人，女性39人；18岁至25岁的28人，26岁至45岁的75人，46岁以上的41人；党员83人，群众61人。

1963年的选举工作，是在深入开展整风整社和社会主义教育运动，认真贯彻党的方针政策，战胜干旱，完成春播春种、三夏生产、抗洪防汛、生产救灾的形势下，充分发扬民主的基础上进行的，进一步密切了党和政府同群众的关系，全面调动了广大群众巩固集体经济、发展农业生产的积极性，对促进各项工作任务顺利完成具有积极作用。

二、灵寿县出席河北省第三届人民代表大会代表的选举产生

1963年8月，河北省人民委员会对选举产生河北省第三届人民代表大会代表的问题做出具体指示，要求市、县人民代表大会于10月底以前召开，选举产生省第三届人民代表大会代表并报省人民委员会和省选举委员会备案。

根据《选举法》相关规定，灵寿县出席河北省第三届人民代表大会代表名额为2人。

1963 年 10 月 27 日，在县五届人大一次会议上选举产生灵寿县出席河北省第三届人民代表大会代表 2 人。

第二节　代表名单

一、灵寿县第五届人民代表大会代表名单

城关代表团

倾井乡

高景辉	李春华（女）	韩根奎	赵方妮
赵二荣（女）	韩洛近	胡梅竹（女）	

城关乡

崔国柱	郑丑妮（女）	韩玉梅（女）	周树模
江文翰	刘玉海	窦拱辰	康博学

北洼乡

耿　忠	王墨申	孟长青	胡洛大
崔丑丑（女）	曹红妮（女）	周秀香（女）	王洛照

狗台乡

胡鸿录	杨焕歌	尹春来	王银凤（女）
刘二娃（女）	步　迈	侯文倩（女）	高　谦

三圣院乡

王　荣	李耀宗	刘克勤	焦洛向
吕银贵	张书兰（女）	韦四女（女）	张秀芝（女）

西托乡

孙　海	马银增	张明文	王唐姐（女）
李四季	祁位姐（女）	牛吉庆	

青同代表团

马阜安乡

刘国芳	杨黑货	程随枝（女）	周仁杰

塔上乡

李风亭	李荫清	王文华（女）	贾丙珍（女）

青同乡

杨培德	王克永	张五林	吴二红（女）

护驾疃乡

高山桂	彭吉有	尹亮志	赵二须（女）
赵亮妮	王洛五	孟振兰（女）	

南寨乡

侯庆和	曹红庆	罗延满	安小五（女）

青廉乡

孙　铭	马延功	曹洛喜	韩志勇（女）

中营村乡

李斌昌	充桃气	宋小梅（女）	曹春喜

慈峪代表团

北谭庄乡

李兰菊（女）	张树义	靳敬怡	王定辉

南燕川乡

尚福经	左辰庆	郝正民	雷昌亭（女）

东柏山乡

刘昌永	李洛宽	李兰竹（女）	刘祥义

东刘庄乡

雷世英	张灵勤（女）	程洛贵	

慈峪乡

张吉围	刘荣勤	刘增山	弥文彬
袁小秋	马若昌	张秀珍（女）	曹振秀（女）

陈庄代表团

新开乡

赵国海	李万贵	周兰芳（女）	高振兰（女）

横山岭乡

薄　和	靳祖敬	靳孟典	

北庄乡

石福保	王庆英	孙五墨	白化香（女）

南沟乡

高喜旺	王建才		

西岔头乡

尹瑞生	付亿伦	吕永和	石九荣（女）

陈庄乡

马建军　周有长（女）　张鸿喜　王天重

寨南乡

苏志义　曹其风　胡　祥

寨头乡

耿德勤　王　喜（女）　周志永　刘宪振

南营乡

范振华　刘云姐（女）　刘全贵

杨家台乡

江端如　薛恒利

九岭乡

李　信　高拴来

漫山乡

高志瑞　阎金太

李家沟乡

王增庆

团泊口乡

郝成宪　陈吉龙　魏银竹（女）

张家庄乡

赵贵信　李振声　邢德智

二、灵寿县出席河北省第三届人民代表大会代表名单

张树义　赵国海

第三章 会议概况

1963年10月25日至27日，县五届人大一次会议在县人民委员会会议室召开。大会应出席代表144人，实出席代表123人，大会邀请在抗洪抢险生产救灾中的模范人物和有代表性的人士共12人列席会议。会议听取和审议县人民委员会县长高山桂作的《政府工作报告》、副县长尚福经作的《关于1962年财政决算和1963年财政预算的报告》和县人民法院院长张吉围作的《县人民法院工作报告》。会议通过相应决议。会议选举产生县人民委员会县长1人、副县长3人、委员15人，县人民法院院长1人和县出席省第三届人民代表大会代表2人。

会议期间共收到提案122件，分为农田水利、财经贸易、政治法律、文教卫生四大类，其中农田水利类44件，占36.1%；财经贸易类52件，占42.6%；政法类12件，占9.8%；文教卫生类14件，占11.5%。对于大会提案，会议要求有关部门制定提案处理检查制度，确定专人定期检查处理情况，及时办理，做到事事有着落，件件有答复。

会议分析了洪涝灾害后的具体形势，明确今后的工作任务，通过相应决议，达到预期目的，胜利完成会议任务。会议明确要继续贯彻执行党中央的方针政策，发扬紧密团结、发奋图强、艰苦奋斗的精神；继续深入开展生产救灾，坚决战胜灾荒，顺利渡过难关；继续走集体化道路，促进集体经济组织的进一步巩固和发展；迅速恢复和发展农业生产，力争明年农业丰收，顺利完成各项工作任务。

链接1：灵寿县1963年经济发展情况

农业方面：到1963年7月底，夏收作物完成95950亩，平均亩产比上年增加44.5%。

工业方面：到7月底完成产值13万元。

财贸方面：农副产品收购112.1万元，比上年同期提高63%。其中生猪完成5565头，占计划的83%，比上年同期提高1.9倍；鲜蛋完成112600斤，占计划的125%，比上年同期提高2.16倍。商品品种比上年增加173种，市场货币流通量较上年同期降低52.3%。

1963年8月上旬，灵寿县遭遇了历史上罕见的特大暴雨，全县平均降雨量672毫米，总降雨量约116944万立方米，相当于常年一年半的雨量。由于雨量过大，过于集中，致使山洪暴发，河水猛涨，虽然许多水库拦住洪水2.39亿立方米，发挥了削减洪峰的作用，但有些河流仍然发生了决口和漫溢出堤，洪水沥水汇流成灾，严重威胁全县人民生命财产安全。面对这样极其严重的情况，全县人民和全体干部在上级党和政府的关怀与坚持下，在县委直接领导下，和洪水展开了英勇顽强的搏斗。在党的正确领导下，战胜了洪水，人民生命财产转危为安。取得防汛抗洪斗争的伟大胜利后，全县人民在党和政府的领导下，开展生产自救，抢收粮食 29375 斤，抢种荞麦 2703 亩、秋菜 24466 亩。适时秋收，全县纯粮作物 182000 亩，已收 173000 亩。到 10 月，全县落实种小麦计划 108801 亩，比上年扩大 22801 亩，已适时播种 106430 亩，占计划的 97%。

链接 2：灵寿县 1962 年财政预算执行情况

1962 年财政总收入 1323889 元，占预算的 102.88%；总支出 1448984 元，占预算的 99.36%。收支相抵，年终结余 33176 元。

链接 3：灵寿县 1963 年财政预算情况

收入方面：1963 年财政总收入安排为 1482710 元，较 1962 年实际完成可比部分增加 18.3%。其中企业收入安排为 247166 元，工商各税安排为 960183 元，较上年实际完成增加 7.53%；农业税安排为 235698 元，较上年实际完成下降 38.24%；其他收入安排为 39663 元，较上年实际完成下降 10.89%。

支出方面：1963 年财政总支出安排为 1296250 元，较上年实际执行下降 20.55%。

第四章　决议决定

县五届人大历次会议共作出决议决定 2 项。

县五届人大历次会议作出决议决定一览表

表 7-1

会次	时间	名称
第一次	1963 年 10 月 27 日	关于政府工作报告的决议
第一次	1963 年 10 月 27 日	关于 1962 年财政决算和 1963 年财政预算报告的决议

第五章　会议选举

县五届人大一次会议于1963年10月27日选举产生县人民委员会县长1人、副县长3人、委员15人，县人民法院院长1人。

灵寿县人民委员会

县　长：

高山桂

副县长：

尚福经	韩志勇（女）	赵国海	

委　员：

王克永	王步迈	左辰庆	江文翰
江端如	李春华（女）	周仁杰	周树模
弥文彬	孙　海	马延功	马建军
马银增	韩根奎	窦拱辰	

灵寿县人民法院

院　长：

张吉围

第六章　会议组织

县五届人大一次会议主席团由21人组成，会议设秘书处、代表资格审查委员会、提案审查委员会。

一、大会主席团

马银增	马建军	马延功	王步迈
王克永	尹瑞生	左辰庆	孙　海
江端如	江文翰	李春华（女）	周树模
弥文彬	尚福经	赵国海	周仁杰
侯文倩（女）	高山桂	韩志勇（女）	韩根奎
窦拱辰			

二、大会主席团常务主席

尚福经	周仁杰	高山桂	马建军
马银增			

三、大会执行主席

10月25日

马银增	周仁杰	王克永	尚福经
弥文彬	孙　海	江瑞如	

10月26日

马建军	高山桂	江文翰	周树模
尹瑞生	赵国海	韩根奎	

10月27日

侯文倩	韩志勇	窦拱辰	马延功
左辰庆	李春华	王步迈	

四、大会秘书长、副秘书长

秘 书 长：韩志勇（女）

副秘书长：牛玉昆

五、大会代表资格审查委员会

主　任：尚福经

副主任：李荫清　　马建军

委　员：侯文倩（女）　　雷昌亭（女）　　窦拱辰　　耿　忠

六、大会提案审查委员会

主　任：马银增

副主任：弥文彬　　赵国海

委　员：刘祥义　　尹瑞生　　靳祖敬　　江端如

李耀宗　　孙　海　　周志勇　　张树义

第八篇

灵寿县第六届人民代表大会

（1965年12月至1966年5月）

第八章

[illegible]

灵寿县第六届人民代表大会第一次会议于1965年12月27日至30日召开。至1966年5月，县第六届人民代表大会共召开1次会议，审议讨论议题4项，听取报告3个，通过决议2项，收到代表提案163件。

第一章　党的领导

1965年9月18日，县委会议研究通过10月中旬召开公社主任会议安排选举问题。10月21日，县委会议讨论研究通过县第六届人民代表大会代表中党员、妇女、民主人士的占比和县人委会委员人选等安排意见。根据地委《关于第六届县以下各级人民代表大会人士安排和选举工作的意见》和县委组织部、县委宣传部《关于县、乡（社）第六届人民代表大会选举工作中人士安排意见》，县人民代表大会代表中，共产党员占50%左右，最多不超过60%，确定为83名；民主人士不少于5%，确定为7名；妇女代表39名，占27.2%；县人民委员会委员人选，共产党员10名，非党人士9名（其中民主人士4名），妇女2名。12月9日，县委会议研究通过县六届人大一次会议的召开时间、会议日程、会议内容、大会选举、列席人员、大会组织机构等问题。

为加强党的领导，县六届人大一次会议成立临时党支部，韩根奎为临时党支部书记，白化玺为副书记，牛玉昆、侯庆和、张更申为支部委员。大会划分为城关、青同、慈峪、陈庄4个代表团，各代表团划分党小组，设正副组长各1人。会议期间召开两次党员代表会，一次在大会开幕前，介绍大会内容、日程，强调大会纪律；另一次在大会选举前，强调大会选举应注意的事项，要求党员代表要发挥模范带头作用，确保开好大会。

第二章　人大代表

第一节　选举产生

1965 年 8 月，灵寿县选举委员会经批准正式成立，选举委员会由 11 人组成，高山桂任主席，选举委员会下设选举工作办公室，负责办理选举的各项具体工作。各乡（公社）成立选举委员会，设主席 1 人，委员 4 人至 8 人。

根据《中华人民共和国全国人民代表大会及地方各级人民代表大会选举法》(以下简称《选举法》）相关规定和省人委指示精神，县人民委员会制定《关于 1965 年基层选举工作计划》，对召开第六届县、乡（公社）人民代表大会第一次会议和县、乡（公社）选举工作进行全面安排部署，护驾疃公社为乡（公社）选举试点。

8 月 7 日，护驾疃公社选举工作开始，县派选举工作组帮助公社安排具体选举工作。经过相关组织准备，历经选民登记、选民资格审查、酝酿讨论代表候选人和选举四个阶段，8 月 19 日护驾疃公社选举产生 69 名乡（公社）代表。因当时处于抗旱阶段，乡（公社）人民代表大会没有马上召开，推迟到抗旱种麦结束后进行。10 月，护驾疃公社召开乡（公社）人民代表大会，选举产生乡长 1 人、副乡长 2 人，乡人民委员会委员 10 人，乡监察委员会组成人员 7 人，人民陪审员 1 人和出席县人民代表大会代表 7 人。在护驾疃试点选举工作圆满完成的基础上，灵寿县人民委员会对县、乡（公社）的选举工作再次进行安排部署，全县其余乡（公社）的选举工作全面展开。

根据《选举法》相关规定和地委《关于第六届县以下各级人民代表大会人事安排和选举工作的意见》安排，灵寿县第六届人民代表大会代表名额为 144 人，由乡（公社）人民代表大会间接等额选举产生。各乡根据分配的县代表名额，先后召开乡（公社）人民代表大会，以无记名投票的方式进行县代表的选举工作。至 1965 年 12 月，县第六届人民代表大会代表由 27 个乡（公社）人民代表大会分别选举产生，共 144 人（城关地区 46 人，青同地区 31 人，慈峪地区 23 人，陈庄地区 44 人）。其中男性 105 人，女性 39 人；中共党员 83 人，群众 54 人（含团员），民主人士 7 人。

第二节　代表名单

城关代表团

城关公社

周树模	康博学	江文翰	窦拱辰
辛云云（女）	杜文秀	郑丑妮（女）	刘玉海

西托公社

孙　海	高山桂	张明文	孟书兰（女）
祁位姐（女）	牛云祥	李四季	

北洼公社

王墨申	孟长青	胡洛大	程春福
曹红妮（女）	王洛照	周香菊（女）	牛玉昆

狗台公社

付福昌	侯文倩（女）	高　谦	胡黄毛
郝正肖（女）	武淑菊（女）	尹洛猛	尹堂堂

三圣院公社

李耀宗	赵来增	刘廷玉	吕银贵
张洛聚	张香兰（女）	栗秀兰（女）	孟德姐（女）

倾井公社

刘瑞雪	韩根奎	赵方妮	韩洛近
李春华（女）	王文平	赵二荣（女）	

青同代表团

南寨公社

程庆昌	侯庆和	胡狗保	马延功
曹洛喜	马英菊（女）	何锡英（女）	

青同公社

赵大雨	王克永	杨培德	张五林
程美辰（女）			

护驾疃公社

彭吉友	折洛金	孟振兰（女）	王洛五
赵二须（女）	赵亮妮	付亿梅	

马阜安公社

刘国芳	王步迈	杨黑货	白吉姐（女）

菅村公社

李斌昌	充桃气	孙道妮	宋小梅（女）

塔上公社

李荫清	李风亭	聂风妮（女）	聂二妮（女）

慈峪代表团

慈峪公社

刘增山	弥文彬	刘荣勤	胡鸿录
袁　东	张秀珍（女）	冯保生	韩志勇（女）

东刘庄公社

雷士英	程洛贵	张灵琴（女）	

燕川公社

雷昌亭（女）	郝正民	左辰庆	杨廷和

柏山公社

刘昌永	刘祥义	何连荣（女）	张　忠

谭庄公社

靳敬怡	李兰菊（女）	张树义	耿德勤

陈庄代表团

岔头公社

周仁杰	尹瑞生	翟　键	吕永和
石九荣（女）	仇振国	范春荣（女）	

寨南公社

苏志义	王福义	曹发生	

北庄公社

付亿英（女）	石福保	安永昌	孙五墨

陈庄公社

鲁敬斌	高景辉	付士山	刘风英（女）
王俊顺	王天重		

新开公社

周兰芳（女）	张俊荣（女）	李万贵	赵国海

寨头公社

李　信	马银增	刘宪正	高拴来

王　喜（女）　陈万隆

张家庄公社

马明忠　边国庭　边喜荣（女）

团泊口公社

郝成宪　郑果妮　谷风英（女）

杨家台公社

刘克勤　江端如

南营公社

王建才　武守和　李全义　阎金太

白桂珍（女）　武振雨

链接1：1964年4月30日，根据灵寿县委《关于合并几个公社的通知》，漫山、李家沟并入南营公社；九岭并入寨头公社；南沟并入陈庄公社；横山岭并入岔头公社；撤销青廉公社，将原青廉公社的南贾良、北贾良大队划归青同公社，将秋山、青廉大队划归南寨公社。全县33个公社合并为27个公社。

第三章　会议概况

1965年12月27日至30日，灵寿县第六届人民代表大会第一次会议在县人民委员会会议室召开。大会应出席代表144人，实出席代表123人，大会邀请没有代表的单位和人民公社负责人共26人列席会议。会议听取和审议县人民委员会县长高山桂作的《政府工作报告》、副县长韩志勇作的《关于1963年至1964年财政决算和1965年财政预算执行情况的报告》和县人民法院代理院长付亿梅作的《县人民法院工作报告》。会议通过相应决议。会议选举产生县人民委员会县长1人、副县长3人、委员15人，县人民法院院长1人。

会议期间共收到提案163件，分为农田水利、财经贸易、工业交通、政法、文教卫生五大类，其中农田水利类64件，占39.3%；财经贸易类59件，占36.2%；工业交通类15件，占9.2%；政法类19件，占11.6%；文教卫生类6件，占3.7%。大会提案反映出灵寿县广大人民对搞好集体经济，支援国家建设的积极性。会议要求有关部门把代表提案列入部门工作计划，制定提案处理检查制度，确定专人定期检查处理情况，及时办理，做到事事有着落，件件有答复。

会议分析了当前形势，制定了具体目标和措施，通过相应决议，达到了预期目的，圆满完成会议任务。会议明确要认真贯彻执行以农业为基础、以工业为主导的发展国民经济总方针，深入开展社会主义建设，争取新的更大胜利。

链接2：灵寿县1964年以来经济社会发展情况

农业方面：1964年，粮食平均亩产比1963年提高47%，棉花平均亩产比1963年提高64%。1965年，粮食平均亩产304斤，比1964年提高17.5%，棉花平均亩产45.3斤，比1964年提高60%。两年完成造林24万余亩，封山育林67500亩，四旁植树100万株，彻底消灭了老磁河、松阳河、滹沱河的宜林滩地，绿化了1689条沟，1324架山，144座岭，建立了3个万亩以上的用材林基地，1个3万亩以上的枣树林基地。两年来大牲畜纯增534头，猪只纯增9000多头，养鱼1000亩，羊有所减少，但品质大有提高。

工业方面：1965年工业总产值比1964年增长31.6%。

链接3：1963年至1964年财政决算情况

1963年财政预算稍作调整，总收入预算1548000元，总支出预算1591800元。1963年财政总收入1423060元，占预算数的91.9%；总支出1587262元，占预算数的99.7%。总收支结余11526元。

1964年财政预算指标，总收入安排为1532500元，总支出安排为1942900元。1964年财政总收入 1415300 元，占预算数的 92.4%；总支出 1925300 元，占预算数的 87.1%。年终因收入完成差，亏款 8900 元，通过年终专款补助解决。

链接 4：1965 年财政预算情况

1965 年财政总收入安排为 1540000 元，其中企业收入安排为 270000 元，工商税 910000 元，农业税 310000 元，其他 50000 元；财政总支出安排为 1744088.5 元。

链接 5：1965 年财政预算执行情况

1965 年财政总收入 1496210 元，占预算的 97%。其中企业收入 226888 元，占预算的 90%；工商税 910000 元，占预算的 100%；农业税和其他收入稍超任务。1965 年总支出，除卫生支出有问题外，其余支出都能过得去，主要原因是公费医疗管理不善，造成亏损现象。

链接 6：1964 年 5 月，根据《全国人民代表大会常务委员会关于在地方各级人民代表大会闭会期间地方各级人民法院院长缺额补充问题的决定》，灵寿县现任法院院长因工作调动，由付亿梅暂时代理院长职务，待县人民代表大会举行下次会议时再作补选。

第四章　决议决定

县六届人大历次会议共作出决议决定 2 项。

县六届人大历次会议作出决议决定一览表

表 8-1

会次	时间	名称
第一次	1965 年 12 月 30 日	关于政府工作报告的决议
第一次	1965 年 12 月 30 日	关于 1963 年至 1964 年财政决算和 1965 年财政预算执行情况的决议

第五章　会议选举

县六届人大一次会议于1965年12月30日选举产生县人民委员会县长1人、副县长3人、委员15人，县人民法院院长1人。

灵寿县人民委员会

县　长：

高山桂

副县长：

马银增　　韩志勇（女）　　赵国海

委　员：

王克永　　王步迈　　左辰庆　　江文翰

江端如　　孙　海　　李春华（女）　　周仁杰

周树模　　弥文彬　　马延功　　杨廷和

鲁敬斌　　韩根奎　　窦拱辰

灵寿县人民法院

院　长：

付亿梅

链接7：县人民委员会县长简历

高山桂，男，1919年出生，河北省涞源县高家台村人，初中文化，1938年3月加入中国共产党，1938年4月参加革命工作。

历任涞源县公安局股员、易水分区公安办事处干事、县公安局股长、县公安局总支书记、县公安局副局长、县公安局局长。1950年当选涞源县县长。1953年调任河北省高级法院刑事审判庭副庭长。1956年调任平山县县长。1957年5月调任灵寿县代理县长，1957年6月8日灵寿县二届人大二次会议当选县长。1959年任石家庄钢铁厂车间副主任。1962年9月任灵寿县代理县长，1962年12月灵寿县四届人大一次会议、1963年10月灵寿县五届人大一次会议、1965年12月灵寿县六届人大一次会议当选县长。

第六章　会议组织

县六届人大一次会议主席团由23人组成，会议设秘书处、代表资格审查委员会、提案审查委员会。

一、大会主席团

马延功	马银增	王克永	王步迈
王福义	尹瑞生	牛玉昆	左辰庆
孙　海	江端如	江文翰	李春华（女）
张树义	杨廷和	周仁杰	周树模
弥文彬	赵国海	高山桂	鲁敬斌
韩根奎	韩志勇（女）	窦拱辰	

二、大会主席团常务主席

高山桂	韩根奎	杨廷和	韩志勇（女）
尹瑞生			

三、大会执行主席

12月27日

韩根奎	王步迈	王克永	江端如
张树义			

12月28日

鲁敬斌	弥文彬	周树模	王福义

12月29日

尹瑞生	高山桂	赵国海	江文翰
左辰庆			

12月30日

韩志勇（女）	牛玉昆	杨廷和	窦拱辰
马延功			

四、大会秘书长、副秘书长

秘 书 长：牛玉昆
副秘书长：侯庆和

五、大会代表资格审查委员会

主　任：韩志勇（女）
副主任：武守和　　付亿梅
委　员：窦拱辰　　高景辉　　王福义　　翟　键

六、大会提案审查委员会

主　任：韩根奎
副主任：赵国海　　尹瑞生
委　员：王步迈　　白吉姐（女）　　江端如　　李耀宗
张树义　　陈万隆　　弥文彬　　鲁敬斌

1966年5月，因“文化大革命”开始，灵寿县人民代表大会中断。

第九篇

灵寿县第七届人民代表大会

（1981年12月至1984年4月）

第一章　党的领导

1981年12月，灵寿县第七届人民代表大会第一次会议，依法选举产生灵寿县第七届人民代表大会常务委员会。灵寿县第七届人民代表大会及其常务委员会，紧紧围绕党的总任务、总目标，自觉坚持和依靠县委的领导，认真履行宪法和法律赋予的职权，在组建中发挥作用，在探索中开拓前进，主动将县委决策部署落实到人大各项工作之中。

县委把人大工作列入重要议事日程，定期听取县人大常委会汇报，研究人大工作。县人大常委会主任按规定列席县委常委会会议。县委在传达重要文件或上级精神，安排县人大常委会领导列席。每年召开人代会前，县委常委会会议都专题研究人代会的相关事项，并提出要求。对人代会重要决议，县委主要领导同志事先亲自审定。1982年4月15日，县委召开常委会，研究建立县人大常委会党组、办事机构和人员编制问题。1982年4月23日，县委书记李明专门参加县七届人大常委会第二次会议。1983年12月3日，县委书记李九元在县七届人大三次会议开幕会上作了讲话，要求各位代表把“勿忘团结奋斗，致力振兴中华”“振奋精神、振兴河北、振兴灵寿”作为指导思想，集中精力，紧张努力，严肃认真地开好这次会议；要以高度的责任感，认真履行职责，充分反映人民的意志和愿望，经过充分酝酿和反复协商，把那些德才兼备、能够代表人民根本利益，全心全意为人民服务，有能力领导全县人民进行社会主义现代化建设事业的同志选到领导岗位上来。

县人大常委会党组主动争取、自觉接受县委的领导，建立请示汇报制度，凡属重大问题的决定，涉及方针、政策性和全局性的问题，及时向县委请示报告，积极争取县委的支持和帮助。县人大常委会党组先后就常委会组建情况、人员编制、召开常委会、任免暂行办法等重大事项，向县委请示报告；结合工作实际，制定出台灵寿县人民代表大会常务委员会关于几项制度的规定、灵寿县人大常委会任免暂行办法、灵寿县人大常委会机关制度等规章制度，实行岗位目标责任制，使县人大常委会工作逐步制度化、正规化。

党的组织机构

中共灵寿县人大常委会党组

书　记：李斌昌（ 1982年4月—1983年12月 ）

　　　　刘吉来（1984年1月—1984年4月）

副书记：杨永勤（ 1982 年 4 月— 1983 年 12 月 ）
　　　　吴玉良（1984 年 1 月—1984 年 4 月）
成　员：王云霞（ 1982 年 4 月—1983 年 12 月 ）
　　　　吴玉良（ 1982 年 4 月—1983 年 12 月 ）
　　　　李殿银（ 1982 年 4 月—1983 年 12 月 ）
　　　　贾焕兰（女，1982 年 4 月 —1983 年 12 月 ）
　　　　牛全芳（1983 年 12 月—1984 年 4 月）
　　　　刘沛丰（1983 年 12 月—1984 年 4 月）
　　　　何增兰（女，1983 年 12 月—1984 年 4 月）
　　　　张庆年（ 1982 年 4 月— 1984 年 4 月 ）

第二章　人大代表

县七届人大常委会高度重视代表工作，探索建立代表工作机制，充分发挥代表联系群众的桥梁纽带作用；深入开展代表视察检查、协商对话等活动，有效发挥人大代表的监督作用；尊重代表民主权利，认真办理代表提案及建议、批评和意见，代表工作逐步实现制度化、正规化、经常化。1981年10月，经过协商推选，经县革委全体委员会议讨论通过，并报石家庄地区行署批准，成立了灵寿县选举委员会，领导灵寿县第七届人民代表大会代表的选举工作。

第一节　选举产生

一、灵寿县选举委员会名单

主　任：杨廷和

副主任：左金奎　　杨永勤

委　员：	牛全芳	花根章	张锡华	盛永跃
	曹兰计	沈吉昌	贾焕兰（女）	薛其田
	石文照	张德良	李荫清	刘庆锡

二、灵寿县第七届人民代表大会的选举产生

根据省选举委员会有关规定，确定县七届人大代表名额为220名。

灵寿县第七届人大代表的选举从1981年10月开始，历时3个月，全县121个选区，于1981年12月10日采取无记名投票方式，进行了代表的选举。经过151053名选民直接投票，全县依法选举产生县七届人大代表220名。

1981年12月21日，七届人大一次会议预备会通过代表资格审查委员会关于代表资格的审查报告，确认220名代表资格有效。

在220名代表中，男165名，女55名，占25%；老年40名，中年122名，青年58名；党员107名，占48.6%，群众113名。从各界人士看，农民代表76名，干部代表60名，教师代表1名，医生代表2名，科技人员代表7名，工商企业代表73人，军人代表1名。

三、灵寿县出席河北省第六届人民代表大会代表的产生

1983 年 2 月 25 日，县七届人大二次会议以无记名投票方式选举产生出席省六届人大代表 3 名。其中，有干部代表 1 名，党外人士代表 1 名，工农代表 1 名。

第二节 代表名单

一、灵寿县第七届人民代表大会代表名单

城关公社

马正芹	付俊祥	雷拴录	曹建民（女）
董盼群	罗连祥	罗全贵	王瑞兰
邢皂保	吴太妮	辛云云（女）	李银荣（女）
侯祥祥	邢合祥	武双振	杨永勤

三圣院公社

赵世荣	罗百岁	张庆来	陈春荣（女）
李　兰	戎太姐（女）	张荣风（女）	王堂保
贾保柱	尹书英（女）	韦春堂	张金中
赵军来	柳白旦	毕永青	

西托公社

付喜才	孟付祥	王堂姐（女）	李二合
李书英（女）	李四双	刘风梅	陆礼荣
马俊义			

北洼公社

朱占山	崔玉珍（女）	张兵海	王秀芹
李洛灵	付亿文	祁俊亮	杨小雨（女）
梁振山	祁梅芳（女）	李青俊	刘连连

倾井公社

赵二英	卢著文	杨平兰（女）	张顺全
胡书英（女）	齐金霞（女）	李吉瑞	刘五旦

杨廷和

王角公社

张全庆	张秀吉	栾书珍（女）	徐丑旦
徐连忠	张德亮		

狗台公社

袁秀珍（女）	郭位山	王雪荣（女）	黄玉成
申书芳（女）	尹喜发	张三黑	吴风保
苏洋子	尚存义		

青同公社

王用妮	程立冬	赵增法	赵二秀（女）
牛奖美	郑付荣（女）	刘明芳	赵丕勤
侯正智			

护驾疃公社

尹五喜	刘风女（女）	周清祥	安书荣（女）
陈三丑	杨秀平（女）	王福海	刘银保
高洛昌			

马阜安公社

米庭海	安风菊（女）	刘连明	王辰辰

塔上公社

李银平	聂书云（女）	张吉妮（女）	

菅村公社

崔三白	赵小明（女）	冯明亮	

南宅公社

张玉辉	冯二妮（女）	胡保成	张振女（女）
胡六一	张变豆	聂荣先	孟连虎
郭爱英（女）	罗中俊	李荫清	

慈峪公社

耿秀英（女）	孙风武	张玉江	安洛信
任云平（女）	肖士信	尹小文（女）	袁香货
徐　林	武昌兰	李斌昌	

燕川公社

李文士	何增兰（女）	左晨戌	胡风林
张老旦	司付增	尹志梅	李秀珍（女）

谭庄公社

杨新楼	郝振先	高生武	武丛彦
杨寿妮	李振贵	马风娥（女）	

刘庄公社

王锡录	李风祥	周干伙	柳小书（女）

东柏山公社

刘平国	刘连狗	贾平秀（女）	李玉昌
刘庆祥	沈吉昌		

陈庄公社

贾焕兰（女）	梁　云（女）	秦桂花（女）	吴　四
赵福海	李　荣	吉牛龙	丁二旦

张家庄公社

李梅妮（女）	杜学贵	杜廷选	

杨家台公社

孙昌军

宅南公社

陈有贵	王全心	刘大秀（女）	

宅头公社

王　玉	王庆华	申荣林	张玉林
高秀珍（女）	刘克玺	贾文宽	李殿银

团泊口公社

白兴川	张瑞英（女）	李　尽	王香小

新开公社

王梅荣（女）	高振习	付亿财	白文亮

北庄公社

付连红	李福中	郑德海	付梅菊（女）
曹兰计	狄成让		

岔头公社

梁绳斌	贾秀云（女）	周树模	董文远
李庆昌	田小英（女）	薛保福	李德广

南营公社

梁万斤	祁生祥	李黑小	杨梅妮（女）

县革委选区

李　明	刘培峰

文教局选区

牛云祥	苏云山	逯　平

县社选区

郑福成	赵桂兰（女）

化肥厂选区

罗民英	杨恩喜

农业局选区

王树才　　贾双捷（女）

交通局选区

刘吉来　　史成群　　高敬良

商业局选区

白维勤　　王克永

经委选区

吴玉良　　王云霞

武装部选区

李志刚

二、县七届人大代表届中调整情况

灵寿县第七届人民代表大会第一次会议代表为220名。截至七届人大二次会议时，共减少代表9名。其中逝世3名，调离灵寿的5名，迁出1名，灵寿县第七届人民代表大会第二次会议实有代表211名。会后以来，病故2人，调离3人，因工作需要会前补选4名，灵寿县第七届人民代表大会第三次会议实有代表210名。

三、灵寿县出席河北省第六届人民代表大会代表名单

（一）干部

刘吉来

（二）党外人士

杭承贤

（三）工农

栗秀兰

第三节　代表工作

一、认真办理代表提案，尊重代表行使管理国家的民主权利

县第七届人民代表大会，共召开3次会议，收到的提案反映了全县人民的要求和愿望。

大会结束后，人大常委会即认真进行研究，交有关单位办理。为了抓好这项工作，县人大常委会确定一名副主任主抓，固定一名工作人员专管。为了更好地做好办理提案工作，县人大常委会制定《关于办理代表提案的试行办法》，1982 年 12 月 31 日，县七届人大常委会第十次主任会议，通过《灵寿县人大常委会关于代表提案的奖惩与办理的暂行办法》，听取政府关于办理提案情况的汇报，多数提案办理较好，解决了人民生产、生活中一些重要问题，推动了工作，密切了国家机关与人民代表、人民群众的关系。

二、坚持走访代表、加强同代表的联系

县人大常委会将全县 211 名代表，编成 28 个代表小组，并规定各代表小组每季度开展一次活动，坚持每季轮流走访代表一次。1983 年，县人大常委会先后同 27 个代表小组进行了 36 次座谈，广泛征求代表对农村经济政策、生产资料供应、社会治安、市场管理、计划生育、教育改革、群众生活等方面的意见和要求，提出 70 多条意见和建议。对这些意见和建议经过整理，分别转交“一府两院”办理，“一府两院”根据所提意见，实事求是地进行研究，认真办理，使一些长期得不到解决的问题得到了解决，对促进灵寿县“四化建设”起到了一定作用。

县人大常委会还利用印发公报、发送信件、通知的形式加强与人民代表的联系。仅七届人大一次会议和二次会议之间，短短一年多时间，就印发公报、信件和通知两千多件，人民代表通过阅读这些公报和信件及时了解全县的工作动向和重大活动。

三、代表建议办理情况

县七届人大一次会议，收到提案 165 件，其中农业方面的 46 件，政法方面的 12 件，属公交方面的 27 件，科技文卫方面的 36 件，财贸方面的 21 件，其他方面 23 件。经过分析整理符合立案条件的 70 件。1982 年年底，全部办理完毕，并由县人大办公室汇集成册印发给各位代表。

县七届人大二次会议，收到提案 120 件，其中工业交通方面的 30 件，农业方面的 30 件，财贸方面的 8 件，文化、教育、科学、卫生方面的 24 件，计划方面的 1 件，基本建设的 5 件，政法、民政方面的 5 件，其他方面的 9 件。经过认真审理，符合立案条件的 112 件，决定交灵寿县人民政府及其所属部门研究办理。其余 8 件不符合立案条件或立案范围，作为建议转交各有关部门研究办理。

第三章　人民代表大会

根据 1978 年五届全国人大一次会议修订通过的《中华人民共和国宪法》，中共中央在 1979 年 7 月 27 日提出“地方各级党委今年下半年应当积极做好召开地方各级人民代表大会的准备工作”的要求。经过两年多的准备，灵寿县第七届人民代表大会第一次会议于 1981 年 12 月 21 日召开。这次会议的召开标志着中断 18 年的县人民代表大会得以恢复。灵寿县第七届人民代表大会任期 2 年 9 个月，自 1981 年 12 月至 1984 年 4 月，共举行 3 次会议。

县七届人大历次会议概况表

表 9-1

会议次序	会议日期	议题（项）	听取报告（个）	决议决定（项）	选举表决（项）
第一次	1981 年 12 月 21 日至 26 日	6	5	4	4
第二次	1983 年 2 月 23 日至 25 日	6	5	4	1
第三次	1983 年 12 月 3 日至 4 日	5	0	4	4

第一节　会议概况

一、县七届人大一次会议

1981 年 12 月 21 日至 26 日，县七届人大一次会议在县电影院召开。出席代表 218 人（应到 220 人）。会议听取和审议县革命委员会主任杨廷和作的《革命委员会工作报告》、县人民法院院长张德良作的《灵寿县人民法院工作报告》、县人民检察院检察长作的《灵寿县人民检察院工作报告》、县财政局局长作的《关于 1980 年财政决算和 1981 年财政预算执行情况的报告》、大会议案审查委员会委员主任刘吉来作的《提案审查委员会关于代表提案的审查报告》。会议通过相应决议。会议选举产生县七届人大常委会组成人员，县人民政府县长、副县长，县人民法院院长，县人民检察院检察长（名单见本章第二节《会议选举》）。

会议认为，县革命委员会成立以来，特别是党的三中全会以后，做了大量的工作，经济建设和其他各项事业取得了新的成绩。革委会工作报告中提出的今后工作任务和主要措施，符合灵寿县的实际情况，是可行的。会议要求，必须认真学习和贯彻党的三中全会以来的路线、方针和政策，尽快把灵寿县国民经济和其他各项工作搞上去。会议强调，全县人民紧密团结起来，在党中央、国务院的领导下，为把我国建设成现代化的、高度民主和高度文明的社会主义强国而英勇奋斗。

二、县七届人大二次会议

1983 年 2 月 23 日至 25 日，县七届人大二次会议在县电影院召开。出席代表 171 人（应到 211 人）。会议传达学习全国五届人民代表大会五次会议精神，听取和审议县人民政府县长杨廷和作的《政府工作报告》、县财政局局长郝英华作的《关于灵寿县 1982 年财政决算和 1983 年财政预算草案的报告》、县人大常委会副主任杨永勤作的《灵寿县人民代表大会常务委员会工作报告》、县人民法院院长张德良作的《灵寿县人民法院工作报告》、县人民检察院检察长李荫清作的《灵寿县人民检察院工作报告》。会议通过相应决议。会议选举产生灵寿县出席河北省第六届人民代表大会代表 3 名。

会议指出，1983 年，是党的十二大提出的全面开创现代化建设新局面的头一年，又是实施新宪法、为国家长治久安而奋斗的头一年。“国家兴亡，匹夫有责”，人民是国家的主人，人民代表受人民的委托，肩负着管理国家的重任。会议要求，每一位代表不仅要在人民代表大会期间，充分发表意见，提出建议，在日常工作中，也要以主人翁的态度认真地履行职责，关心国家大事，密切联系选民，积极向群众宣传党的路线、方针和政策，宣传国家的法律和法令，特别是要认真学习宣传新宪法，积极维护新宪法，坚决实施新宪法。会后，代表们要反复深入地向人民群众宣传这次会议的精神以及各项决议，协同全县人民，认真贯彻落实党的十二大和五届全国人大五次会议精神，顺应历史前进的潮流，坚定不移地站在改革的前列，振作精神，开拓前进。为实现这次大会提出的各项任务，实现全县财政状况、社会风气和党风的根本好转，促进经济振兴，开创社会主义建设的新局面做出更大贡献。

三、县七届人大三次会议

1983 年 12 月 2 日至 4 日，县七届人大三次会议在县电影院召开。出席代表 210 人（应到 210 人）。会议通过关于接受李斌昌辞去县人大常委会主任职务，接受杨永勤、王云霞、王克永、李殿银、贾焕兰辞去县人大常委会副主任职务请求的决定；会议决定免去杨廷和县人民政府县长职务，免去刘吉来、赵士荣、刘沛丰、梁绳斌、何增兰县人民政府副县长职务；会议通过接受张德良辞去县人民法院院长职务，接受李荫清辞去县人民检察院检察长职务的请求。会议选举产生县人大常委会主任 1 名、县人大常委会副主任 4 名，县人民政府县长 1 名，副县长 2 名，县人民法院院长 1 名、县人民检察院检察长 1 名（名单见本章第二节

《会议选举》）。

这次会议，是灵寿县机构改革中的一次重要会议，也是新老合作、新老交替的会议。会议认为，灵寿县的政治形势和经济建设正在改革的伟大历史潮流中前进。全县人民正继续认真贯彻落实党的十二大和六届全国人大一次会议精神，为实现财政经济状况、社会风气和党风的根本好转，为加速灵寿县社会主义物质文明和精神文明建设而积极努力地工作。会议要求，各位代表、各位同志要把这次会议作为新的起点和加油站，以新的风貌，饱满的热情，积极的态度，拼搏的精神，尽职尽责地把各项工作做得更好。会议强调，各位代表要关心国家大事，关心灵寿的工作，履行自己的职责。代表们要向广大人民群众宣传这次会议精神，和全县人民一道，大力支持政府做好工作，坚定不移地站在改革的前列，振作精神，开拓前进，为促进经济振兴，为灵寿县社会主义现代化建设事业做出新的贡献。

第二节　会议选举

县七届人大历次会议，共选举产生县级国家机关工作人员 35 人。

县人大常委会

主　任：李斌昌　1981 年 12 月县七届人大一次会议当选
刘吉来　1983 年 12 月县七届人大三次会议当选
副主任：王云霞　1981 年 12 月县七届人大一次会议当选
王克永　1981 年 12 月县七届人大一次会议当选
吴玉良　1981 年 12 月县七届人大一次会议当选
李殿银　1981 年 12 月县七届人大一次会议当选
杨永勤　1981 年 12 月县七届人大一次会议当选
贾焕兰（女）1981 年 12 月县七届人大一次会议当选
牛全芳　1983 年 12 月县七届人大三次会议当选
刘沛丰　1983 年 12 月县七届人大三次会议当选
鲁　钊　1983 年 12 月县七届人大三次会议当选
何增兰（女）1983 年 12 月县七届人大三次会议当选

届中调整情况：

李斌昌，1983 年 12 月 4 日，在县七届人大三次会议上辞去县人大常委会主任职务。

杨永勤、王云霞、王克永、李殿银、贾焕兰，1983 年 12 月 4 日，在县七届人大三次会议上分别辞去县人大常委会副主任职务。

委　员：（县七届人大一次会议选举产生）

牛云祥	李志刚	张金钟	陈有贵
赵丕勤	赵桂兰（女）	郝振先	贾双捷（女）

县人民政府

县　长：

杨廷和　　　1981年12月县七届人大一次会议当选

董银山　　　1983年12月县七届人大三次会议当选

副县长：

刘吉来　　　1981年12月县七届人大一次会议当选

刘培锋　　　1981年12月县七届人大一次会议当选

沈吉昌　　　1981年12月县七届人大一次会议当选

何增兰（女）1981年12月县七届人大一次会议当选

周清祥　　　1981年12月县七届人大一次会议当选

赵士荣　　　1981年12月县七届人大一次会议当选

梁绳斌　　　1981年12月县七届人大一次会议当选

花根章　　　1983年12月县七届人大三次会议当选

钱少宗　　　1983年12月县七届人大三次会议当选

届中调整情况：

杨廷和，1983年12月4日，在县七届人大三次会议上免去灵寿县政府县长职务。

刘吉来、赵士荣、刘沛丰、何增兰、梁绳斌，1983年12月4日，在县七届人大三次会议上分别免去灵寿县政府副县长职务。

县人民法院

院　长：

张德良　　　1981年12月县七届人大一次会议当选

梁绳斌　　　1983年12月县七届人大一次会议当选

届中调整情况

张德良，1983年12月4日，在县七届人大三次会议上辞去灵寿县人民法院院长职务。

县人民检察院

检察长：

李荫清　　　1981年12月县七届人大一次会议当选

马俊义　　　1983年12月县七届人大三次会议当选

届中调整情况

李荫清，1983年12月4日，在县七届人大三次会议上辞去灵寿县人民检察院检察长职务。

链接：县七届人大常委会主任简历

李斌昌，男，族，中共党员，河北井陉人，高小，1947年4月参加工作。历任县支行业务员，县社秘书、科长、专区社科员、县社主任、财贸部长，县委副书记，公社主任，交通局长，县革委副主任，县委副书记，灵寿县第七届人大常委会主任、党组书记。

第三节　会议组织

一、县七届人大一次会议

（一）大会主席团和秘书长

大会主席团：

牛云祥	王克永	刘吉来	刘培峰
沈吉昌	李　明	李志刚	李斌昌
李殿银	李荫清	陈有贵	杨永勤
杨廷和	张金钟	武昌兰	周树模
赵士荣	贾双捷	贾焕兰	梁绳斌
高敬良	逯　平	曹兰计	

大会秘书长：沈吉昌

（二）大会代表资格审查委员会

主 任 委 员：杨永勤

副主任委员：李殿银

委　　　员：张德良　赵丕勤　曹兰计

（三）大会议案审查委员会

主 任 委 员：刘吉来

副主任委员：赵士荣

委　　　员：王克永　何增兰　马俊义

二、县七届人大二次会议

（一）大会主席团和秘书长

主席团：

牛云祥	王云霞	王克永	李　明
李志刚	李斌昌	李殿银	史成群
苏云山	吴玉良	陈有贵	杨永勤
张金钟	武昌兰	周树模	赵丕勤

赵桂兰（女）　贾双捷（女）　贾焕兰（女）　逯　平
秦桂花（女）
大会秘书长：吴玉良

（二）大会代表资格审查委员会
主 任 委 员：王云霞
副主任委员：贾焕兰（女） 李志刚
委　　　员：赵丕勤　武昌兰

（三）大会议案审查委员会
主 任 委 员：李殿银
副主任委员：王克永
委　　　员：郑福成　逯　平　牛云祥

三、县七届人大三次会议

大会主席团和秘书长

主席团：

王云霞	王克永	牛云祥	牛全芳
史成群	李九元	李斌昌	李殿银
苏云山	吴玉良	陈有贵	张金忠
杨永勤	武昌兰	赵丕勤	赵桂兰（女）
贾双捷（女）	贾焕兰（女）	秦桂华（女）	鲁　钊
董银山			

大会秘书长：吴玉良

第四章　人民代表大会常务委员会

根据有关法律规定，1981 年 12 月县七届人大一次会议选举产生县七届人大常委会，标志着灵寿县人大常委会正式成立。

县七届人大常委会在机构新、人员新、工作新的情况下，探索制定了《灵寿县人民代表大会常务委员会关于几项制度的规定》《灵寿县人大常委会机关制度》《灵寿县人民代表大会常务委员会任免暂行办法》，人大常委会会议制度、主任会议制度、联系走访代表制度、关于办理人民代表提案工作的试行办法以及机关工作制度等，对县人大常委会依法履职做出了具体规定。

县七届人大常委会紧紧依靠党委的领导，按照《宪法》《地方组织法》赋予的职责，一面工作，一面学习，边学边干，摸索前进，做了大量的工作，有效发挥了地方国家权力机关的作用。

第一节　常委会会议

县七届人大常委会共召开会议 15 次。

第一次会议　1982 年 4 月 9 日至 10 日召开，学习中央 16 号文件及上级人大有关文件，讨论通过县人大几项制度的规定（草案），有关任免事项。

第二次会议　1982 年 4 月 24 日至 25 日召开，县人大常委会主任李斌昌，副主任杨永勤、王云霞、王克永、贾焕兰和委员共十五人出席会议。县委书记李明到会指导。县人民政府副县长刘吉来，县人民法院院长张德良，县人民检察院检察长李荫清列席会议。会议听取和审议县人民政府副县长刘吉来作的《关于当前工作情况的汇报》，研究县人大常委会工作开展情况，会议审议通过《灵寿县人民代表大会常务委员会关于几项制度的规定》。

第三次会议　1982 年 7 月 19 日至 20 日召开，县人大常委会主任李斌昌，副主任杨永勤、王云霞、王克永、贾焕兰和委员共 10 人出席会议。县人民政府县长杨廷和、副县长刘吉来、县人民法院院长张德良、县人民检察院检察长李荫清列席会议。会议学习和座谈讨论《中华人民共和国宪法修改草案》，会议听取和审议副县长刘吉来作的《关于 1982 年上半年经济建设指标完成情况的汇报》和《关于打击经济领域严重犯罪活动情况的汇报》、县政府办公室任庆芳作的《关于安排办理七届人大一次会议代表提案的汇报》、县文教局尹玉良作的《关于教育工作情况的汇报》。会议通过《灵寿县人民代表大会常务委员会关于加强教育工作的决议》。

第四次会议　1982年9月19日召开，县人大常委会主任李斌昌，副主任杨永勤、王克永、李殿银、吴玉良和常委会委员共12人出席会议。县人民政府县长杨廷和、副县长赵士荣，县人民法院院长张德亮，县人民检察院检察长李荫清列席会议。会议学习党的“十二大”文件，听取和审议县工商行政管理局局长左金珍作的《关于1982年上半年市场管理情况和今后工作意见的汇报》、县人民检察院检察长李荫清作的《关于开展打击经济犯罪活动的情况汇报》。会议通过《灵寿县人大常委会任免暂行办法》《灵寿县人大常委会关于认真执行〈　河北省集市贸易管理暂行条例〉的决议》。会议通过人事任免事项（名单见本篇第七章《选举任免》）。

第五次会议　1982年11月25日至26日召开，县人大常委会主任李斌昌，副主任杨永勤、王云霞、王克永、吴玉良、李殿银和委员共11人出席会议。县人民政府县长杨廷和、副县长沈吉昌，县人民法院院长张德良，县人民检察院检察长李荫清列席会议。会议听取和审议县城乡建设局局长赵振义作的《关于县城建设情况及今后工作意见的汇报》、县劳动局副局长田风英作的《关于清退计划外用工情况的汇报》、县财政局局长郝英华作的《关于1至10月份财政工作情况的汇报》、县人民法院院长张德良作的《关于1至10月份法院工作的汇报》。会议期间，委员们就如何开展好人大常委会的工作问题，学习了兄弟市、县开展人大常委会工作的先进经验和有关材料。会议通过《关于召开灵寿县第七届人民代表大会第二次会议的决定》。

第八次会议　1983年5月12日召开，会议通过人事任免事项（名单见本篇第七章《选举任免》）。

第九次会议　1983年7月13日召开，会议通过人事任免事项（名单见本篇第七章《选举任免》）。

第十次会议　1983年10月31日召开，会议听取政府关于办理提案情况的汇报，通过《灵寿县人大常委会关于代表提案的奖惩与办理的暂行办法》。

第十三次会议　1983年12月10日召开，会议通过人事任免事项（名单见本篇第七章《选举任免》）。

第十四次会议　1984年1月25日召开，会议讨论通过《灵寿县人大常委会关于建立县选举委员会的决定》。会议通过人事任免事项（名单见本篇第七章《选举任免》）。

第十五次会议　1984年4月2日召开，县人大常委会主任刘吉来，副主任吴玉良、牛全芳、何增兰、鲁钊和委员共9人出席会议。县人民政府副县长钱少宗、县人民法院院长梁绳斌、县人民检察院检察长马俊义列席会议。会议听取和审议县选举委员会关于全县换届选举工作的情况汇报。会议研究讨论召开县第八届人民代表大会第一次会议的有关事项，并通过相应决定。会议通过《关于灵寿县人大常委会设科的决定》。会议通过人事任免事项（名单见本篇第七章《选举任免》）。

第二节 主任会议

按照1982年5月县七届人大常委会第二次会议通过的《灵寿县人民代表大会常务委员会关于几项制度的规定》，主任办公会议处理常委会日常工作。

县七届人大常委会主任会议情况一览表（选录）

表9-2

时间	议题
1982年3月18日	研究县人大常委会的住房问题、人员编制和机构设置问题、主任分工问题；研究关于召开第一次县人大常委会全体会议问题
1982年3月31日	学习全国人大和省人大工作通信中的有关文件；研究召开人大常委会第一次会议的问题；研究确定各项会议的规定；研究人大住房问题
1982年6月23日	学习省人大常委会主任江一真同志在市、县人大常委会主任座谈会上的讲话；研究座谈当前县人大常委会应如何开展工作；研究常委会第三次会议有关事项
1982年8月3日	研究八、九月份工作安排计划；研究常委会第四次会议有关事项；听取并通过关于《宪法修改草案》讨论意见的汇报材料；审议并通过《人大常委会机关制度》
1982年9月6日	研究关于视察农贸市场和商业企业中的情况和意见；听取走访代表情况的汇报；听取提案处理情况的汇报；研究常委会第四次会议有关事项
1982年9月17日	研究关于人大常委会第四次会议的日程安排问题；研究人大常委会关于贯彻执行《河北省集市贸易管理暂行条例》的决议；研究县七届人大二次会议有关事项
1982年10月8日	学习全国人大《工作通信》中关于云南石屏县人大常委会如何开展工作的经验及曲沃县委书记对加强人大工作的经验介绍
1982年11月8日	研究常委会第五次会议有关事项
1982年12月31日	研究并通过《灵寿县人大常委会关于代表提案的奖惩与办理的暂行办法》
1984年3月31日	研究县八届人大一次会议有关事项

第三节 机构设置

1982年4月，县七届人大常委会设办公室，代表联络组，经济组，行政组。1984年4月，增设政法科、财政经济科、科教文卫科。

县七届人大常委会机构人员情况表

表 9-3

<table>
<tr><th>机构名称</th><th>职务</th><th>姓名</th><th>任职时间</th></tr>
<tr><td rowspan="3">办公室</td><td>主　任</td><td>张庆年</td><td>1982 年 9 月至 1984 年 4 月</td></tr>
<tr><td rowspan="2">副主任</td><td>李双庆</td><td>1982 年 9 月至 1984 年 4 月</td></tr>
<tr><td>牛玉珂</td><td>1983 年 12 月至 1984 年 4 月</td></tr>
<tr><td>财政经济科</td><td>科　长</td><td>杨祥林</td><td>1984 年 4 月</td></tr>
<tr><td>政法科</td><td>科　长</td><td>刘根来</td><td>1984 年 4 月</td></tr>
<tr><td>科教文卫科</td><td>科　长</td><td>左文臣</td><td>1984 年 4 月</td></tr>
</table>

第五章　监督工作

县七届人大及其常委会按照宪法和法律赋予的职权，依法开展监督工作。

围绕经济建设和改革开放，重点监督。县人大常委会围绕经济建设这个中心重点开展视察监督，始终把经济建设和改革开放摆在重要位置，努力使人大工作服务于这个中心。1982年，省五届人大常委会第十五次会议通过《河北省集市贸易管理暂行条例》，县人大常委会及时作出《关于认真执行〈河北省集市贸易管理暂行条例〉的决议》，要求认真学习和宣传条例，提高广大干部群众执行《条例》的自觉性，坚决执行《条例》，管好农贸市场，切实加强对集市贸易管理的领导，搞好市场建设。1983年7月，县人大常委会同财办、工商等有关部门的负责同志，对农贸市场进行了一次全面视察，先后视察了城关、慈峪、岔头、陈庄等几个较大的集镇和农村饮食业，共查看了1443个摊点，发现235户有违章违法行为。对查出的问题，县政府责成有关部门及时进行了处理；对无证商贩、违章经营、不循物价、非法交易的摊点给予了适当的惩罚，从而加强了市场管理，促进了市场繁荣，出现了“管而不死，活而不乱”的局面。

围绕人民群众普遍关心的重大问题，深入监督。县人大常委会对群众普遍关心的问题进行深入调查，在为群众排忧解难方面做了大量工作。1982年7月19日，县七届人大常委会第三次会议听取和审议县政府关于教育工作情况的汇报，作出《关于加强教育工作的决议》后，县政府非常重视，召开了全县教育工作三干会，解决各级领导对教育的认识问题，研究制定措施，提出具体落实办法。三干会后全县出现了各级领导抓教育、社队积极办教育、人人关心教育的新局面。各社队经过努力，都不同程度地改善了教学条件，落实了民办教师待遇，教学质量也有了提高。

第一节　听取和审议专项工作报告与计划预算报告

县七届人大常委会会议听取和审议县“一府两院”专项工作报告8项，计划预算报告2项。

县七届人大听取和审议专项工作报告与计划预算报告情况表

表 9-4

时间	常委会会议	报告内容
1982 年 4 月 24 日	第二次会议	县政府关于当前工作情况的汇报
1982 年 7 月 19 日	第三次会议	县政府关于 1982 年上半年经济建设指标完成情况的汇报；县政府关于打击经济领域严重犯罪活动情况的汇报；县政府关于教育工作情况的汇报
1982 年 9 月 19 日	第四次会议	县政府关于 1982 年上半年市场管理情况和今后工作意见的汇报；县人民检察院关于开展打击经济犯罪活动的情况汇报
1982 年 11 月 25 日	第五次会议	县政府关于县城建设情况及今后工作意见的汇报；县政府关于清退计划外用工情况的汇报 ；县政府关于一月至十月份财政工作情况的汇报；县人民法院关于一月至十月份法院工作的汇报

第二节　视察调查

县七届人大视察调查活动选录

表 9-5

时间	视察调查内容	责任单位
1982 年	关于农贸市场和商业企业情况	办公室
1982 年	关于新宪法、刑法、刑事诉讼法、婚姻法实施情况	办公室
1984 年	关于我县教育改革情况	科教文卫科

第六章　决议决定

县七届人大及其常委会围绕经济建设这个中心，坚持四项基本原则，坚持改革开放，审议决定重大事项。按照法定要求，适时对计划、预算、预算调整决算等重大问题作出决议决定，确保全县经济平稳运行。

关于加强教育工作的决议，强调要作出规划，注意检查落实情况，尽快使全县教育工作达到要求；关于认真执行《河北省集市贸易管理暂行条例》的决议，强调要根据灵寿实际情况统筹安排，有计划地搞好市场建设，逐步改善市场条件，活跃集市贸易，促进灵寿县社会主义物质文明和精神文明建设。

第一节　作出决议决定

一、县七届人大历次会议作出决议决定情况

灵寿县第七届人民代表大会共作出决议决定 12 项。

县七届人大历次会议决议决定一览表

表 9-6

时间	会议	名称
1981 年 12 月 26 日	一次会议	关于灵寿县革命委员工作报告的决议；关于灵寿县人民法院工作报告的决议；关于灵寿县人民检察院工作报告的决议；关于批准 1981 年财政决算和 1982 年财政预算执行情况报告的决议
1983 年 2 月 25 日	二次会议	关于灵寿县人民政府工作报告的决议；关于批准 1982 年财政决算和 1983 年财政预算报告的决议；关于灵寿县人大常委会工作报告的决议；关于灵寿县人民法院工作报告和灵寿县人民检察院工作报告的决议
1983 年 12 月 3 日	三次会议	关于接受县人大常委会主任和五名副主任辞职请求的决定；关于免去杨廷和等同志职务的决定；关于接受张德良同志辞职请求的决定；关于接受李荫清同志辞职请求的决定

二、县七届人大常委会历次会议作出决议决定情况

县七届人大常委会作出决议决定5项（不包含人事任免事项）。

县七届人大常委会历次会议作出决议决定一览表

表9−7

时间	常委会会议	名称
1982年7月20日	第三次会议	关于加强教育工作的决议
1982年9月19日	第四次会议	关于认真执行《河北省集市贸易管理暂行条例》的决议
1982年11月26日	第五次会议	关于召开县七届人大二次会议的决定
1984年1月25日	第十四次会议	关于建立县选举委员会的决定
1984年4月2日	第十五次会议	关于灵寿县人大常委会设科的决定 关于召开灵寿县第八届人民代表大会第一次会议的决定

第二节　决议决定选介

关于加强教育工作的决议

《灵寿县人民代表大会常务委员会关于加强教育工作的决议》（以下简称《决议》），于1982年7月20日县七届人大常委会第三次会议通过。

为了提高教学质量，迅速改变全县教育落后的局面，使灵寿县教育工作尽快跨入先进行列，县七届人大常委会第三次会议作出《决议》。

《决议》从切实加强对教育工作的领导、依靠群众，抓紧改善办学条件、迅速落实好民办教师的待遇等三个方面提出具体要求。

关于认真执行《河北省集市贸易管理暂行条例》的决议

《灵寿县人民代表大会常务委员会关于认真执行〈河北省集市贸易管理暂行条例〉的决议》（以下简称《决议》），于1982年9月19日县七届人大常委会第四次会议通过。

河北省第五届人大常委会第十五次会议通过的《河北省集市贸易管理暂行条例》（以下简称《条例》），是贯彻落实党的“以计划经济为主、市场经济为辅”的方针的一项具体的经济政策。它对于开放集市贸易、活跃城乡经济、疏通商品流通渠道、保护合法经营、制止非法活动、促进生产发展、改善人民生活将发挥巨大作用。为了认真执行这一《条例》，县七届人大常委会第四次会议作出《决议》。

《决议》从认真学习和宣传《条例》、坚决执行《条例》、切实加强对集市贸易管理的领导，搞好市场建设三个方面提出要求。

第七章　选举任免

1982 年 9 月 19 日，县七届人大常委会第四次会议审议通过《灵寿县人大常委会任免暂行办法》，明确了县人大常委会人事任免范围、程序和审批手续等，使县人大常委会人事任免工作有章可循。

1982 年 9 月 19 日，县七届人大常委会第四次会议，通过县人大常委会、县人民政府、县人民法院、县人民检察院相关人事任免事项。

任命：

张庆年为灵寿县人大常委会办公室主任

李双庆为灵寿县人大常委会办公室副主任

决定任命：

任庆芳为灵寿县人民政府办公室主任

白二海为灵寿县科学技术委员会主任

曹建文为灵寿县体育运动委员会主任

赵清彬为灵寿县林业局局长

杨守光为灵寿县水利局局长

赵丕勤为灵寿县畜牧局局长

赵学茂为灵寿县农业机械局局长

刘德俭为灵寿县交通局局长

王云华为灵寿县电力局局长

吴拴来为灵寿县社队企业局局长

刘金拴为灵寿县物资局局长

付四泽为灵寿县商业局局长

郑福成为灵寿县供销社主任

牛玉昆为灵寿县粮食局局长

郝英华为灵寿县财政局局长

孙巩然为灵寿县税务局局长

左金珍为灵寿县工商行政管理局局长

张俊明为灵寿县统计局局长
尹玉良为灵寿县文教局局长
杨延华为灵寿县卫生局局长
尹云为灵寿县广播事业局局长
葛成宗为灵寿县人民政府计划生育办公室主任
曹兰计为灵寿县民政局局长
付亿梅为灵寿县司法局局长
刘庆锡为灵寿县人事局局长
张锡华为灵寿县公安局局长
孟庆华为灵寿县劳动局局长
赵振义为灵寿县城乡建设局局长
赵来增为灵寿县地震局局长

任命：

郭天顺、尹克俭为灵寿县人民法院副院长、审判委员会委员
董占海为灵寿县人民法院副院长兼刑事审判庭庭长、审判委员会委员
马秀魁为陈庄人民法庭庭长
韩文书为灵寿县人民法院民事审判庭庭长、审判委员会委员
尚贵荣为陈庄人民法庭副庭长
周克玉、陈龙彪为慈峪人民法庭副庭长
安廷玉为青同人民法庭副庭长
武连文为灵寿县人民法院刑事审判庭副庭长
王运秀为城关人民法庭副庭长
罗永志为灵寿县人民法院民事审判庭副庭长
刘德新为陈庄人民法庭审判员
刘文贤、胡书林为青同人民法庭审判员
李少卿为灵寿县人民法院刑事审判庭审判员
王文理为灵寿县人民法院经济审判庭审判员
窦顺昌为灵寿县人民法院经济审判庭副庭长
高秉山为城关人民法庭审判员
刘兰卷为慈峪人民法庭审判员
王瑞平为灵寿县人民法院经济审判庭副庭长

任命：

折庆春、孙章、马俊义为灵寿县人民检察院副检察长、检察委员会委员
徐鸿祥、张玉岗为灵寿县人民检察院检察委员会委员、检察员
白进增、张守礼、杨玉洪、刘锡云、王贵珍、刘庆章、江誉、靳风川、高漫岗、张

秋喜、张东来、郝金生为灵寿县人民检察院检察员

1983 年 5 月 12 日，县七届人大常委会第八次会议，通过县人民政府相关人事任免事项。

决定任命：

牛玉昆为灵寿县供销社主任

郑福成为灵寿县粮食局局长

1983 年 7 月 13 日，县七届人大常委会第九次会议，通过县人民政府相关人事任免事项。

决定任命：

曹兰计为灵寿县工商行政管理局局长

黄一德为灵寿县农业局局长

尚玉廷为灵寿县物资局局长

程振第为灵寿县人民政府计划生育办公室主任

王兆成为灵寿县卫生局局长

王会来为灵寿县税务局局长

杜景云为灵寿县民政局局长

1983 年 12 月 10 日，县七届人大常委会第十三次会议，通过县人大常委会、县人民政府、县人民法院、县人民检察院相关人事任免事项。

任命：

牛玉珂为灵寿县人大常委会办公室副主任

决定任命：

杨从彩为灵寿县人民政府办公室主任

张俊明为灵寿县计划委员会主任

高敬良为灵寿县经济委员会主任

苏海波为灵寿县司法局局长

郭天顺为灵寿县公安局局长

刘庆锡为灵寿县劳动人事局局长

付四泽为灵寿县交通局局长

李尚勇为灵寿县商业局局长

张德为灵寿县林业局局长

黄一德为灵寿县农牧局局长

曹兰计为灵寿县工商行政物价管理局局长

王学良为灵寿县民政局局长
左金祥为灵寿县水利局局长
武昌兰为灵寿县计划生育委员会主任
王永才为灵寿县多种经营委员会主任
杨庆法为灵寿县审计局局长
田庆双为灵寿县统计局局长
贾文宽为灵寿县粮食局局长
侯庆和为灵寿县文教局局长

任命：

周光五为灵寿县人民法院副院长、审判委员会委员
白进增、高漫岗为灵寿县人民检察院副检察长、检察委员会委员

1984 年 1 月 25 日，县七届人大常委会第十四次会议，通过县人民法院相关人事任免事项。

任命：

苗贵良为灵寿县人民法院副院长、审判委员会委员

1984 年 4 月 2 日，县七届人大常委会第十五次会议，通过县人大常委会、县人民法院相关人事任免事项。

任命：

杨祥林为灵寿县人大常委会财政经济科科长
刘根来为灵寿县人大常委会政法科科长
左文臣为灵寿县人大常委会科教文卫科科长

免去：

韩文书的灵寿县人民法院民事庭庭长职务
彭增录的灵寿县人民法院刑事审判庭副庭长职务
窦顺昌的灵寿县人民法院经济审判庭副庭长职务
安廷玉的青同人民法庭副庭长职务
马秀奎的陈庄人民法庭庭长职务
陈龙彪的慈峪人民法庭副庭长职务

任命：

彭增录为灵寿县人民法院民事审判庭庭长
窦顺昌为灵寿县人民法院经济审判庭庭长
安廷玉为灵寿县人民法院青同人民法庭庭长
马秀奎为灵寿县人民法院团泊口人民法庭庭长

胡树林为灵寿县人民法院城关人民法庭副庭长
刘兰卷为灵寿县人民法院慈峪人民法庭副庭长
刘德新为灵寿县人民法院陈庄人民法庭副庭长
陈龙彪为灵寿县人民法院青同人民法庭副庭长
周书建、罗均平为灵寿县人民法院刑事审判庭审判员
董云飞为灵寿县人民法院团泊口人民法庭审判员
余平均为灵寿县人民法院慈峪人民法庭审判员

第八章　机关工作

第一节　自身建设

县七届人大常委会在“机构新、人员新、缺乏经验、业务生疏”的情况下开局起步，机构人员从无到有不断充实，各项工作从少到多、逐步开展，管理制度从点到面、日益健全，努力开创人大常委会工作新局面。

不断提高对人大常委会性质、职权和作用的认识，加强自身建设。组织全体委员和工作人员反复认真学习《中华人民共和国宪法》《中华人民共和国地方各级人民代表大会和地方各级人民委员会组织法》《中华人民共和国选举法》和全国人大常委会、省人大常委会领导的讲话，联系实际进行认真讨论，从而进一步提高认识，明确人大常委会的职权范围和指导思想。在提高认识的基础上，组织人员多次学习全国人大办公厅、省人大常委会办公厅印发的《工作通信》上各地的经验材料，还多次到省人大常委会和各兄弟县人大常委会走访取经，为迅速开展工作提供了有利条件。根据工作需要，按照民主集中制的原则，驻会主任实行明确分工，各负其责，通力合作。依据《地方组织法》的有关规定，参照外地经验，结合灵寿实际情况，制定了人大常委会会议制度、主任会议制度、联系走访代表制度、关于办理人民代表提案工作的试行办法以及机关工作制度等，建立工作机构，配备工作人员，解决办公住房、经费开支、交通工具、办公用具、分发文件等问题，在抓好自身建设的同时，边干边学习，从实践中摸索经验，人大常委会的工作逐步完善起来。

第二节　宣传工作

县七届人大常委会把宣传党的十二大精神、宪法和法律法规、人民代表大会制度作为宣传工作的首要任务，坚持将人大宣传工作和全局工作统筹计划、综合安排、同步落实，充分展示了县人大常委会机关的良好形象。

组织讨论宪法修改草案，保证新宪法的实施。1982 年 4 月，全国人大常委会关于《中华人民共和国宪法修改草案》公布以后，根据省人大常委会《关于组织全省人民讨论（中华人民共和国宪法修改草案）的决议》要求，县人大常委会召开第三次会议，专门学习讨论了《宪法修改草案》和有关宪法修改草案的文件。同时配合宣传部门及时组织全县人民学习、讨论宪法修改草案，召开有关部门和各界人士参加的座谈会，认真学习讨论宪法修改草案，共收集对宪法修改草案的修改意见和建议25条，上报省人大常委会。通过全民讨论宪法修改草案，受到坚持四项基本原则和社会主义民主与法制的教育，增强人民当家作主的责任感。

五届全国人大五次会议通过并公布实施新宪法以后，县人大常委会召开第六次会议，传达贯彻省人大常委会《关于动员全省人民认真学习、宣传和保证实施〈中华人民共和国宪法〉的决议》的决议，学习《中华人民共和国宪法》，大家一致认为，新宪法是我国新的历史时期治国安邦的总章程，是保障社会主义建设的根本大法。

在实施新宪法的过程中，人大常委会领导和组织有关人员视察新宪法和《刑法》《刑事诉讼法》《婚姻法》等基本法律的实施情况，发现问题转交有关部门研究解决。

第三节　信访工作

县七届人大常委会把代表和群众来信来访作为一项重要工作来抓，1983年，接收人民代表和群众的来信24件、来访11人次，并对来信来访建立了登记卡片，本着归口办案的原则，都及时转交了有关部门办理。

第十篇

灵寿县第八届人民代表大会

（1984年4月至1987年4月）

第十卷

第一章　党的领导

灵寿县第八届人民代表大会及其常务委员会，始终把人大工作置于县委的领导之下，事先请示，事后汇报。人大党组不断加强人大常委会的组织建设和思想建设，支持人大常委会依法行使职权，较好地发挥作用，开创人大工作新局面。

县委高度重视人大工作，采取有力措施，大大加深全县干部群众对人大工作的认识，调动人大机关干部的工作积极性，有力地促进人大工作的顺利开展。1984 年 6 月，在县直全体干部大会上，主管书记讲了人大的性质、职权和作用；针对县五大班子对人大工作的不甚了解，县委召开五大班子全体成员会议，统一县级领导对人大工作的认识，增强人大干部的工作信心。县委支持县人大常委会行使各项职权，县人大常委会每次举行例会，都请县委领导到会指导。1984 年 7 月，县人大常委会根据执行《中华人民共和国经济合同法》(以下简称《经济合同法》）中出现的问题，起草《关于认真贯彻实施〈中华人民共和国经济合同法〉的决议（草案）》。县人大常委会将决议（草案）递交县委审查，县委书记李九元亲自进行审阅，并提出修改意见。

县人大常委会作出决定或决议，都经县委常委会讨论通过，县人大常委会始终遵循“听命于党”的方针，密切配合县委各个时期和阶段的中心工作。如“四个常委会副主任分工包乡”、三名干部参与整党，常委会主任、副主任协助政府完成临时性工作等。

第一节　党的组织机构

中共灵寿县人大常委会党组

书　记：刘吉来（1984 年 4 月—1987 年 4 月）

副书记：吴玉良（1984 年 4 月—1985 年 12 月）

樊春生（1985 年 12 月—1987 年 4 月）

成　员：牛全芳（1984 年 4 月—1987 年 4 月）

何增兰（1984 年 4 月—1987 年 4 月）

张庆年（1984 年 4 月—1987 年 4 月）

第二节　党组召开会议

县八届人大常委会 1985 年党组会情况一览表

表 10-1

时间	会次	会议议题
2 月 1 日	第一次	整党初步对照检查，重点检查机构改革后领导班子集体存在问题
3 月 5 日	第二次	整党工作对照检查
6 月 13 日	第三次	总结整党工作
12 月 24 日	第四次	对整党以后思想和工作进行一次回顾

第二章　人大代表

县八届人大常委会高度重视代表工作，加强同代表的联系，发挥代表作用：广辟沟通渠道，广泛联系代表；重点抓好普访代表；努力多办实事，取信于民，使人大常委会真正成为民意信息中心，为县委决策提供参考意见，支持、促进“一府两院”工作。

第一节　选举产生

根据河北省人大常委会的决定，灵寿县第八届人民代表大会代表名额240名。1984年3月30日全县177个选区157058名选民依法选举出县人大代表240名。

1984年4月7日，县八届人大一次会议预备会议通过代表资格审查委员会关于代表资格的审查报告，确认240名代表资格有效。

在240名代表中，男代表190名，妇女代表50名。党员代表121名，群众代表110名。从各界人士看，农民代表139名，工人代表6名，县社干部代表66名，知识分子代表27名，其他代表1名，军人代表1名。

第二节　代表名单

灵寿县第八届人民代表大会代表名单

县直代表团

李九元	康文琳	梁绳斌	苏亿位
贾不知	关计祥	李门楼	高敬良
曲茂隆	李尚勇	龚福贵	牛玉昆
孙义权	马兵云	吴玉良	杭承贤
王兆成	董孝礼	董银山	王学良
周清祥			

城关镇选区

崔三白	张天明	曹兰平	安英明

吴庆然	任二小	张书德	邢俊州
马正芹	杨廷忠	尹二须（女）	曹翠英（女）
辛云云（女）	姚兰（女）	鲁　钊	

三圣院乡选区

郑振贵	侯庆和	李　兰	张洛豹
袁昌瑞	尚英英（女）	杨瑞锁	韦春堂
张连姐（女）	张金钟	罗生杭	吕均珍（女）
张付和	唐兵玉	耿瑞雪	

北洼乡选区

李同来	董三妮（女）	赵书云（女）	梁翠英（女）
王秀芹	吕国平	付亿文	马瑞明
杨全付	李华玉	兰平均	崔洛民

西托乡选区

侯庆生	马俊义	耿二喜	韩福群
孟宪昌	王兰平（女）	李良子	安庆云
刘老亮	吕喜珍（女）		

倾井乡选区

胡永志	马新新（女）	刘连合	赵混子
韩进忠	齐玉全	辛银中	李吉瑞
胡书英（女）	刘荣菊（女）		

狗台乡选区

马志云	钱少宗	申书芳（女）	尹喜发
贺　群	徐老准	栗兵成	苏东来
黄玉成	杨旦小	尹春娥（女）	

青同乡选区

李志勤（女）	花根章	王过灵	王兵辰
刘连春	郑孟东	付嗣勇	杨梅雪（女）
王清泉	曹和中		

南宅乡选区

刘万林	段二小	肖洛余	马秋来
张小驴	王玉润（女）	胡军军（女）	赵树栋
胡敬忠	武振江	胡保成	

护驾疃乡选区

李三牛	李翠英（女）	尹五喜	杨三沃
韩拴牛	折大芹（女）	高发兵	陈三丑

高傻子	安书荣（女）		

阜安乡选区

朱从和	尚兰锁	安太荣（女）	栗书祥
任玉祥			

营村乡选区

张同贵	李书林	赵连双	曹小妮（女）

塔上乡选区

苏福贵	李长命	张国荣（女）	王国兵

慈峪乡选区

卢著文	李喜珍（女）	卢锡成	徐　林
尹小文（女）	马　旦	王国才	安洛信
张书生	刘吉来	袁玉成	

谭庄乡选区

李庆祥	靳青海	王红祥	刘芹妮（女）
谷书心（女）	杨寿妮	付建合	李振贵

南宅乡选区

胡书才			

燕川乡选区

胡书才	孙大保	左辰戌	沈满贵
薛银书	何增兰（女）	司福增	尹志海
时克华（女）	赵兵秀（女）	罗老兵（女）	

柏山乡选区

霍文忠	苏振秀（女）	杜福生	李春林
刘建荣（女）	时建设	赵学章	

刘庄乡选区

张进圈	柳小书（女）	张兰春	李风祥
陈　海			

陈庄乡选区

赵福海	白化欧	张德亮	栗荣吉
杜守堂	吴　四	梁　云（女）	任元秀（女）
牛　龙	丁二旦		

岔头乡选区

贡灵谭	胡五八	曹文元	牛全芳
杨振强	孙国进	董连书	李德广
刘秀芹（女）	王树英（女）	晋海渠	

北庄乡选区

邢德军	薛恒勤	白树林	傅世训
赵中华	仇志录		

新开乡选区

白文卓	刘建敏（女）	安正义	梁继欠
武秀明			

寨南乡选区

张连根	牛起山	刘永生	李书珍（女）

团泊口乡选区

张正祥	苏尚海	王有林（女）	王风明

寨头乡选区

江涌涛	侯连庆	侯振福	申书兰（女）
王风海	刘克玺	吕菊花（女）	王庆华
温有孝			

南营乡选区

高玉亮	孙巨才	杨国兰	边秀平
李成兵			

张家庄乡选区

高化林	阎聚岗	李梅妮（女）	

杨家台乡选区

王国钦	江志芳（女）		

届中调整情况：

灵寿县第八届人民代表大会第一次会议代表为240名，从第一次会议到第二次会议期间，病故二名，平山移交牛城乡的县代表5名。灵寿县第八届人民代表大会第二次会议实有代表243名。经审查均无问题。第二次到第三次会议之间，减少1名代表，八届三次人代会实有代表242名。第三次到第四次会议之间，增加3名，八届四次人代会实有代表为245名。

第三节　代表工作

一、建立代表工作机制

县八届人大常委会探索建立代表工作机制，为代表依法履职提供保障。1984年8月，县人大常委会分为四个工作组，历时9天，对29个代表组进行了走访座谈。1985年制定《灵寿县人大常委会关于办理人民代表提案工作的试行办法》。1986年，建立学习制度。为更好地执行《中华人民共和国宪法》《中华人民共和国各级人民代表大会和地方各级人民政府组织法》(以下简称《组织法》)和《中华人民共和国全国人民代表大会和地方各级人民代表大会选举法》(以下简称《选举法》)，使乡镇人民代表大会和人民政府正确行使各自的职权，进一步明确各自的法律地位，充分发挥各自的作用，县人大常委会摘录了《宪法》《地方组织法》和《选举法》中的有关条款，印发给各乡镇政府，指导各乡镇政府组织有关人员进行学习，严格依照法律规定办事。1986年7月建立普访代表制度，要求每年普访两次代表。每次普访前都向代表和代表所在单位发去通知，让代表广泛征求选民意见，然后代表集中选民意见，按预定时间集中到乡开展议政活动，对人大常委会和"一府两院"在执行法律、政策，搞好党的中心工作，以及干部作风等方面发表议论，畅所欲言，各抒己见，有表扬有批评，也有建议和意见，充分发扬民主。

二、组织代表视察检察

县人大常委会把组织代表开展视察检查，作为代表在闭会期间依法执行代表职务的重要方式，不断密切代表与群众的联系，切实发挥代表监督作用。1986年，进行了三次比较大的视察活动。参加视察的代表460多人次，分别对县办工业企业、乡镇企业及城关、慈峪、陈庄三镇《中华人民共和国食品卫生法》(以下简称食品卫生法)贯彻执行情况开展了视察。视察中代表们细心听取汇报，详细询问情况，认真负责地提批评、建议。通过视察，增强代表的光荣感和责任感，推动了被视察单位的工作。

三、成立乡镇人大代表联组

1987年，成立了乡镇人大代表联组。人大代表联组自设立后，密切同人民群众的联系，履行法律赋予的职权，在实践中摸索和创造一些适合各自具体情况的工作方法和经验。通过走访代表、组织代表视察、组织乡长与代表对话等活动，使乡镇人大代表联组加强了同代表的联系，并通过人大代表把政府的决策、决议、工作安排以及政府工作中存在的困难和问题向人民群众进行宣传。1987年10月27日，召开全县乡镇人大代表联络组工作经验交流会，促进乡镇人大工作的开展。

四、密切联系人大代表

县人大常委会把加强同代表的联系，作为一项基础性工作。探索建立健全代表信息反馈机制，广泛征求代表的意见和建议，使县人大常委会成为"人大代表之家"，成为民意信息中心。1986年，为加强同代表联系，除办理代表提案外，接待代表来访107人次，与代表来往信件1440件。1986年12月29日，县人大常委会召开县长与县人大代表对话会。代表们针对县政府工作，向政府提出一些批评和意见建议，就一些具体问题提出要求，共提批评、意见和要求 44 条，最后归纳为 25 个问题。县长都当场一一作了答复，并于第二天召开县长办公会，决定解决县中学至国防路路灯、农广校办公地点和经费、工厂的农村户口工人吃粮等十五个问题。县人大常委会尊重代表意见，扎扎实实地为民办事，赢得了人民和代表的信任，调动了代表参政议政的积极性，更密切了同代表的联系。

五、代表议案、建议办理

县八届人大一次会议，收到代表提案 83 件。截至八届人大二次会议，办妥结案的 32 件，有明确答复暂无力解决的 40 件，需进一步研究的 2 件，因政策所限，条件还不成熟而无力解决的 9 件。

县八届人大二次会议，收到代表提案 63 件，立案 63 件。经过审查，交县人民政府研究办理的 60 件；交县人民法院研究办理的 1 件；有两件涉及党群工作，不属于立案范围，作为建议转有关部门。

县八届人大四次会议，收到代表提案 76 件，立案 76 件。分类如下：属于农业、水利、电力方面的 22 件；属于工业、交通、城乡建设方面的 20 件；属于教育、卫生、计划生育方面的 13 件；属于财贸方面的 10 件；属于政法方面的 4 件；属于工作作风、机构设置方面的 7 件。办妥结案 62 件，需进一步研究的 14 件，代表满意度 82%。

第三章　人民代表大会

灵寿县第八届人民代表大会任期 3 年 1 个月，自 1984 年 4 月至 1987 年 4 月，共召开 4 次会议。

县八届人大历次会议概况表

表 10-2

会议次序	会议日期	议题（项）	听取报告（个）	决议决定（项）	选举表决（项）
第一次	1984 年 4 月 7 日至 10 日	6	5	4	4
第二次	1985 年 3 月 28 日至 30 日	5	5	4	0
第三次	1985 年 12 月 20 日	4	0	2	2
第四次	1986 年 3 月 28 日至 30 日	5	5	4	0

第一节　会议概况

一、县八届人大一次会议

1984 年 4 月 6 日至 10 日，县八届人大一次会议在县电影院召开，出席大会的代表 240 名。会议听取和审议县人民政府县长董银山作的《灵寿县人民政府工作报告》、县财政局局长郝英华作的《关于 1983 年财政决算和 1984 年财政预算草案的报告》、县人大常委会副主任吴玉良作的《灵寿县人大常委会工作报告》、县人民法院院长梁绳斌作的《灵寿县人民法院工作报告》、县人民检察院检察长马俊义作的《灵寿县人民检察院工作报告》，并通过相应决议。会议选举产生县人民代表大会常务委员会主任、副主任、委员，政府县长、副县长，法院院长和检察院检察长（名单见本章第二节《会议选举》）。

会议指出，现在摆在全县人民面前的首要任务，就是要继续认真学习和贯彻执行党的十二届三中全会以来的路线、方针、政策，全面落实党的十二大、六届全国人大提出的各项战斗任务。要彻底清除“左”的流毒和影响，自觉同党中央在政治上保持一致，要把思想上保守、政治上迟钝的问题解决好。会议要求，要在稳定和完善生产责任制的基础上，提高生产力水平，疏通流通渠道，发展商品生产；进一步改进工作方法和工作作风。

二、县八届人大二次会议

1985年3月28日至30日，县八届人大二次会议在县电影院召开，出席代表217名（应到243名）。县首届政协委员列席会议。这次会议听取和审议县人民政府县长董银山作的《灵寿县人民政府工作报告》、县财政局局长付嗣泽作的《关于1984年财政决算和1985年财政预算（草案）的报告》、县人大常委会主任刘吉来作的《灵寿县人民代表大会常务委员会工作报告》、县人民法院院长梁绳斌作的《灵寿县人民法院工作报告》和县人民检察院检察长马俊义作的《灵寿县人民检察院工作报告》，会议通过相应决议。

代表们认真地行使自己的权利，畅谈全县在过去一年中各项改革的形势。本着改革创新的精神，对各个报告发表自己的意见，既肯定所取得的成就，又直率诚恳地提出批评和建议，充分发扬人民当家作主管理国家的主人翁精神，表达全县人民的意愿和要求。会议认为，1984年县人大常委会、政府、法院、检察院都认真贯彻党的方针政策和各项法律、法令，认真贯彻县八届人大一次会议决议，抓住“搞翻番，奔小康”这个战略中心，使全县经济建设工作飞速发展。1985年的工作设想和各项经济建设指标，实事求是切实可行，提出完成任务的各项措施比较有力。会议要求，要珍惜灵寿的大好形势，在经济体制改革中，既要创新又要务实；要相信和依靠群众，遇事多同群众商量，不断树立全心全意为人民服务的思想；要进一步发扬社会主义民主，健全社会主义法制。

三、县八届人大三次会议

1985年12月20日，县八届人大三次会议在县电影院召开，出席代表192名（应到242名）。会议通过关于接受吴玉良辞去灵寿县人大常委会副主任职务请求的决议；会议决定免去董银山的县人民政府县长职务，免去周清祥的县人民政府副县长职务。会议选举产生1名县人大常委会副主任，1名县人民政府县长、1名副县长（名单见本章第二节《会议选举》）。

会议期间，代表们以主人翁的姿态，认真行使人民赋予的权力，对县人大常委会和县人民政府两个领导班子进行调整，使调整后的领导班子成员年龄、知识结构更趋合理，政治素质明显提高，向干部的革命化、年轻化、知识化、专业化建设大大前进一步。会议认为，调整后的县人大常委会和县人民政府领导班子的工作，一定会有一个新的起色，一定能更好地完成县委和上级党委交给的各项任务，带领全县人民团结奋斗，励精图治，取得物质文明和精神文明建设的更大成就。

四、县八届人大四次会议

1986年3月28日至30日，县八届人大四次会议在县电影院召开，出席代表189人（应到245人）。会议听取和审议县人民政府县长何欣作的《灵寿县人民政府工作报告》、县财政局局长付嗣泽作的《1985年财政决算和1986年财政预算（草案）的报告》、县人大常委会主任刘吉来作的《灵寿县人大常委会工作报告》、县人民法院院长梁绳斌作的《灵寿县人民法院工作报告》、县人民检察院检察长马俊义作的《灵寿县检察院工作报告》，会议通过人大常委会副主任、提案审查委员会主任委员何增兰作的《关于提案的审查报告》，并通过相关决议。

会议指出，1986年是我国第七个五年计划的第一年，也是完成各项工作的关键一年，工作任务艰巨，困难不少，要有足够的认识。完成这些光荣而艰巨的任务，需付出更大的努力。这就要求各级领导干部，务必保持清醒头脑，防止盲目乐观，要以创新务实，勇于进取的精神，朝目标前进。会议强调，要认真贯彻落实《关于1986年农村工作的部署》，为灵寿经济全面振兴团结奋斗；要认真学习法律，做普法、执法的带头人；要发挥代表作用，推动代表积极履行职责。

第二节　会议选举

县八届人大历次会议，共选举产生县级国家机关工作人员16人。

县人大常委会

主　任：

　刘吉来　　1984年4月县八届人大一次会议当选

副主任：

　杭承贤　　1984年4月县八届人大一次会议当选

　吴玉良　　1984年4月县八届人大一次会议当选

　牛全芳　　1984年4月县八届人大一次会议当选

　何增兰（女）1984年4月县八届人大一次会议当选

　鲁　钊　　1984年4月县八届人大一次会议当选

　樊春生　　1985年12月县八届人大三次会议当选

届中调整情况：

　吴玉良，1985年12月20日，在县八届人大三次会议上辞去县人大常委会副主任职务。

委　员（县八届人大一次会选举产生）：

　马新新（女）　关计祥　张金钟　李翠英（女）

李德广　武秀明　赵树栋　贾不止
董孝礼

县人民政府

县　长：

董银山　1984年4月县八届人大一次会议当选

何　欣　1985年12月县八届人大三次会议当选

届中调整情况：

董银山，1985年12月20日，在县八届人大三次会议上免去县人民政府县长职务。

何　欣，1985年11月7日，县八届人大常委会第十二次会议决定任命为副县长，决定其为代理县长

副县长：

花根章　1984年4月县八届人大一次会议当选

曲茂隆　1984年4月县八届人大一次会议当选

钱少宗　1984年4月县八届人大一次会议当选

周清祥　1984年4月县八届人大一次会议当选

张占义　1985年12月县八届人大三次会议当选

届中调整情况：

周清祥，1985年12月20日，在县八届人大三次会议上免去县人民政府副县长职务。

曲茂隆，1987年3月4日，在县八届人大二十一次会议上免去县人民政府副县长职务。

解建新，1987年3月4日，县八届人大二十一次会议上决定任命其为灵寿县人民政府副县长。

县人民法院

院　长：梁绳斌　1984年4月县八届人大一次会议当选

县人民检察院

检察长：马俊义　1984年4月县八届人大一次会议当选

链接：县八届人大常委会主任简历

刘吉来，男，1932年生，汉族，中共党员，河北灵寿慈峪村人，初中，1951年参加工作。历任畜牧兽医副站长、乡党委书记、大公社党委副书记、第二书记、工委书记、公社书记、农业局长、县委常委、副书记、县革委副主任，灵寿县人民政府副县长，灵寿县第八届人大常委会主任、党组书记。

第三节　会议组织

一、县八届人大一次会议

（一）大会主席团和秘书长

大会主席团：

马新新	牛全芳	白化欧	卢著文
刘吉来	关计祥	李九元	李翠英
李德广	吴玉良	张金忠	何增兰
武秀明	杭成贤	赵树栋	贾不止
高敬良	崔三白	康文林	鲁　钊
董孝礼			

大会秘书长：吴玉良

（二）大会提案审查委员会

主 任 委 员：何增兰

副主任委员：花根章　钱少宗

二、县八届人大二次会议

（一）　大会主席团和秘书长

大会主席团：

马新新	牛全芳	刘吉来	关计祥
李九元	李翠英	李德广	吴玉良
张金钟	何增兰	武秀明	杭承贤
赵树栋	贾不止	康文琳	鲁　钊
董孝礼			

大会秘书长：吴玉良

（二）大会提案审查委员会

主 任 委 员：何增兰

副主任委员：花根章　杭承贤

委　　　员：李德广　董孝礼

三、县八届人大三次会议

大会主席团和秘书长

主席团：

马新新	牛全芳	刘吉来	李九元
李翠英	李德广	吴玉良	张金钟
何增兰	武秀明	杭承贤	赵树栋
贾不止	康文琳	鲁　钊	董孝礼
樊春生			

大会秘书长：牛全芳

四、县八届人大四次会议

（一）大会主席团和秘书长

主席团：

马新新	牛全芳	刘吉来	李九元
李翠英	李德广	白化欧	张金钟
何增兰	武秀明	杭承贤	赵树栋
贾不止	康文林	鲁　钊	董孝礼
樊春生			

大会秘书长：樊春生

（二）大会提案审查委员会

主 任 委 员：何增兰

副主任委员：花根章　杭承贤

委　　　员：李德广　董孝礼

第四章　人民代表大会常务委员会

县八届人大常委会，在县委的领导下，在全体人大代表的支持下，认真学习和贯彻执行中央和省委文件，认真执行县委“振作精神，开发太行，一切工作争上游，打好经济翻身仗”的号召，紧紧围绕经济建设这一中心开展人大工作，取得了一定成绩，创造了一些经验。

第一节　常委会会议

县八届人大常委会共召开会议23次。

第一次会议　1984年4月10日召开，县人大常委会主任刘吉来，副主任吴玉良、牛全芳、杭成贤、鲁钊、何增兰和委员共15人出席会议。县人民检察院检察长马俊义和县劳动人事局局长刘庆锡列席会议。会上，学习了彭真委员长在全国人大常委会第一次会议上的讲话和刘秉彦主任在省六届人大常委会第二次会议上的讲话。讨论通过县人大常委会的五项工作制度。会议通过人事任免事项（名单见本篇第七章《选举任免》）。

第二次会议　1984年5月28日召开，县人大常委会主任刘吉来，副主任吴玉良、牛全芳、杭承贤、鲁钊、何增兰和委员共13人出席会议。县委书记李九元到会指导。县人民政府副县长花根章，县人民法院党组副书记张德良，县人民检察院副检察长白进增及县政府办公室、劳动人事局、文教局、经委、农牧局、财政局、税务局等部门负责人列席会议。会议听取政府关于贯彻《关于1984年农村工作的通知》，发展商品生产情况的汇报；政府关于农村中小学教育改革情况的汇报；政府关于办理人大走访代表情况向政府的建议和办理八届人大一次会议代表提案进展情况的汇报。会议通过人事任免事项（名单见本篇第七章《选举任免》）。

第三次会议　1984年7月26日召开，县人大常委会主任刘吉来，副主任吴玉良、牛全芳、杭承贤、鲁钊、何增兰和委员共14人出席会议。县委书记李九元亲临会议指导。副县长曲茂隆、法院院长梁绳斌、检察院副检察长白进增及县财政局、劳动人事局、工商行政管理局、司法局等部门负责人列席会议。会上，传达了河北省人大常委会主任刘秉彦在省六届人大常委会第七次会议上的讲话；会议听取和审议县法院院长梁绳斌作的关于执行《经济合同法》情况汇报，副县长曲茂隆作的关于政府1984年上半年工作的汇报和县财政局副局长赵兵社关于上半年财政预算执行情况的汇报。会议批准县政府关于调整1984年财政预算支出的建议。会议通过《关于广泛宣传全面实施〈中华人民共和国经济合同法〉的决议》。最后会议通过人事任免事项（名单见本篇第七章《选举任免》）。

第四次会议 1984年10月23日召开，人大常委会主任刘吉来，副主任吴玉良、牛全芳、杭承贤、何增兰和委员共13人出席会议。县委副书记钱宗春到会指导。县长董银山、县政协副主席贾焕兰、法院院长梁绳斌、检察院检察长马俊义、政府办公室、城乡建设局、劳动人事局等单位的负责人列席会议。会上，学习了党的十二届三中全会《公报》和《中共中央关于经济体制改革的决定》。会议听取和审议县政府关于八届人大一次会议代表提案办理结果和对人大常委会走访代表十点建议落实情况的汇报、县政府关于县城建设规划（草案）的汇报并通过这个草案，会议建议政府尽早做出一个比较完整的、科学的城镇建设规划，作为在八届人大二次会议上政府报告的一部分，提交代表大会讨论通过。会议讨论了县八届人大常委会五次会议的主要议程。会议通过人事任免事项（名单见本篇第七章《选举任免》）。

第五次会议 1984年12月27日召开，人大常委会主任刘吉来，副主任吴玉良、杭承贤、鲁钊、何增兰和委员共11人出席会议。副县长周清祥、法院副院长苗贵良、检察院副检察长白进增以及政府办公室、劳动人事局、文教局、计委的负责人列席会议。会议听取和审议县政府关于我县1984年农村中、小学教育改革情况的汇报；县政府关于1985年国民经济和社会发展计划的初步设想。会议听取刘吉来主任关于省人大常委会召开的人大工作经验交流会和省六届人大十次会议情况的汇报。会议通过人事任免事项（名单见本篇第七章《选举任免》）。

第六次会议 1985年3月8日召开，县人大常委会主任刘吉来，副主任吴玉良、牛全芳、杭承贤、鲁钊、何增兰和委员共12人出席会议。政府副县长花根章、钱少宗，政协副主席马介清，法院院长梁绳斌、检察院检察长马俊义，县委办、政府办，劳动人事局、财政局负责人列席会议。县委副书记钱宗春到会指导。会议研究决定召开灵寿县第八届人民代表大会第二次会议时间及主要议程。会议通过人事任免事项（名单见本篇第七章《选举任免》）。

第七次会议 1985年3月27日召开，县人大常委会主任刘吉来，副主任吴玉良、牛全芳、 鲁钊、 何增兰和委员共13人出席会议。县长董银山列席会议。会议研究关于县八届人大二次会议有关事项。会议听取县交通局关于交通安全问题的汇报。

第八次会议 1985年5月17日召开，县人大常委会主任刘吉来，副主任牛全芳、杭承贤、鲁钊、何增兰和委员共11人出席会议。县委副书记刘明录到会指导。政府副县长周清祥、检察院检察长马俊义、法院副院长周克玉、民政局、林业局、农牧局、卫生局、劳动人事局负责人列席会议。会议听取和审议民政局关于乡、镇政权建设和扶贫工作情况汇报、林业局关于成片林管护和干鲜果品发展情况汇报、农牧局关于畜牧工作情况重点是山区草食动物发展情况汇报、卫生局关于农村医疗保健工作重点是青同和团泊口两个地段医院情况汇报。会议通过人事任免事项（名单见本篇第七章《选举任免》）。

第九次会议 1985年7月24日召开，县人大常委会主任刘吉来，副主任吴玉良、牛全芳、杭承贤、鲁钊、何增兰和委员共10人出席会议。县政府副县长曲茂隆、检察院检察长马俊义、法院副院长周克玉、政府办公室、计委、农行、劳动人事局负责人列席会议。县委书记李九元同志到会指导。会议听取和审议刘吉来主任关于河北省第六届人民代表大会第三次会议精神的汇报。听取和审议县政府关于县八届人代会二次会议上代表提案办理情况的汇报。听取和审议县计委关于控制基建规模和固定资产投资情况的汇报。听取和审议县农行关于信贷投放控制情况的汇报。会议通过人事任免事项（名单见本篇第七章《选举任免》）。

第十次会议 1985年8月18日召开，会议通过《关于开展尊师重教活动的决定》。

第十一次会议 1985年9月25日召开，县人大常委会主任刘吉来，副主任吴玉良、牛全芳、杭承贤、鲁钊、何增兰和委员共10人出席了会议。县政府副县长周清祥，县法院院长梁绳斌、县检察院检察长马俊义、多经委、农牧局、县社、交通局负责人列席会议。县委副书记何欣到会指导。会议学习并讨论了中国共产党全国代表会议文件。会议听取和审议县农牧局关于秋收种麦准备工作情况汇报；县交通局关于落实县八届人大常委会第七次会议建议情况汇报；县多经委关于乡、镇（村）集体企业发展情况汇报；听取县社关于农副产品收购准备情况汇报，重点听取棉花、烤烟收购准备情况汇报。

第十二次会议 1985年11月7日召开，人大常委会主任刘吉来，副主任吴玉良、牛全芳、杭承贤、鲁钊、何增兰和委员共12人出席会议。县政府副县长钱少宗，县检察院检察长马俊义、县法院院长梁绳斌列席会议。县委书记李九元到会指导。会议批准了董银山辞去灵寿县人民政府县长职务、周清祥辞去灵寿县人民政府副县长职务的请求。决定何欣为灵寿县人民政府代理县长，张占义为灵寿县人民政府副县长。决定近期召开灵寿县第八届人民代表大会第三次会议。

第十三次会议 1985年12月19日召开，人大常委会主任刘吉来，副主任牛全芳、杭承贤、鲁钊、何增兰和委员11人出席会议。樊春生、县法院院长梁绳斌，县检察院检察长马俊义列席会议。县委副书记刘明录到会指导。会议审议吴玉良辞去灵寿县人大常委会副主任职务的请求，并提交第八届人民代表大会第三次会议审议决定。会议审议灵寿县第八届人民代表大会第三次会议议程（草案）、主席团和秘书长建议名单，并提交大会预备会通过。会议听取代表资格审查情况报告。会议通过人事任免事项（名单见本篇第七章《选举任免》）。

第十四次会议 1986年1月28日召开，县人大常委会主任刘吉来，副主任牛全芳、杭承贤、鲁剑、何增兰和委员共10人出席会议。县政府副县长钱少宗、县法院院长梁绳斌、县检察院检察长马俊义列席会议。会议听取和审议县政府关于1985年财政预算执行情况的汇报，县人民检察院检察长关于打击经济犯罪情况的汇报，县法院院长关于执行《经济合同法》情况的汇报。会议还听取县人大常委会副主任牛全芳关于省人大召开的人大工作座谈会情况汇报。会议通过人事任免事项（名单见本篇第七章《选举任免》）。

第十五次会议 1986年3月13日召开，县人大常委会主任刘吉来，副主任樊春生、牛全芳、杭承贤、鲁钊、何增兰和委员共12人出席会议。县政府副县长张占义，检察院检察长马俊义、县法院副院长苗贵良列席会议。会议研究决定灵寿县第八届人民代表大会第四次会议有关事项，会议听取和审议灵寿县1986年国民经济计划草案，县人大常委会工作报告，县政府、县法院关于县人大常委会走访代表建议办理情况汇报。会议通过人事任免事项（名单见本篇第七章《选举任免》）。

第十六次会议 1986年5月27日召开，县人大常委会主任刘吉来，副主任樊春生、牛全芳、杭承贤、鲁钊，何增兰和委员共11人出席会议。县委副书记刘明录到会指导。县政府副县长张占义、政协副主席刘荣堂、法院副院长周克玉、县政府办公室、政协办公室、水利局、司法局、城建局、农牧局、劳动人事局负责人列席会议。会议听取和审议农牧局关于调整产业结构和建立健全产前产后服务组织情况的汇报，水利局关于水利建设工作和完善浇水服务组织情况的汇报，县政府办理1985年年底走访代表建议的情况汇报，重点听取加强寨头派出所、加宽灵中至西关公路、山区牛种改良、加强陈庄镇建设等问题落实情况汇报，司法局关于普法工作情况的汇报，并作出普法决议。会议通过城镇建设总体规划决议和人事任免事项（名单见本篇第七章《选举任免》）。

第十七次会议 1986年7月28日至29日召开，县人大常委会主任刘吉来，副主任樊春生、牛全芳、杭承贤、鲁钊、何增兰，委员马新新、李德广、武秀明、张金钟出席会议。县委副书记刘明录到会指导。县长何欣、副县长钱少宗、法院院长梁绳斌、副院长周克玉、检察院副检察长白进增、财政局、审计局、乡镇企业局、林业局、劳动人事局负责人列席会议。会议听取和审议县政府1986年财政预算上半年执行情况和下半年意见的汇报，县审计局关于上半年工作情况汇报，县林业局关于林业发展规划和雨季造林情况的汇报；听取组织县人大代表视察《食品卫生法》执行情况汇报并作出关于进一步贯彻执行《食品卫生法》的决定；听取县人大常委会七月中旬走访县人大代表情况汇报。会议通过《关于发展乡镇企业，振兴农村经济的决定》和人事任免事项（名单见本篇第七章《选举任免》）。

第十八次会议 1986年9月20日召开，县人大常委会主任刘吉来，副主任樊春生、杭承贤、鲁钊、何增兰和委员共10人出席会议。政府副县长钱少宗、法院院长梁绳斌、检察院检察长马俊义、政府办公室、公安局、民政局负责人列席会议。会议听取和审议县政府关于贯彻实施《中华人民共和国婚姻法》（以下简称《婚姻法》）情况汇报，听取和审议县政府关于社会治安情况的汇报，县政府关于八届人大四次人代会提案办理情况的汇报。并通过相关决定和人事任免事项（名单见本篇第七章《选举任免》）。

第十九次会议 1986年11月24日召开，县人大常委会主任刘吉来，副主任樊春生、牛全芳、杭承贤、鲁钊和委员共9人出席会议。县政府副县长曲茂隆、县法院院长梁绳斌、县检察院检察长马俊义、政府办公室、民政局、司法局、乡镇企业局负责人列席会议。会议听取和审议县政府对县人大常委会《关于在全县公民中基本普及法律常识的决议》贯彻执行情况的汇报，县政府对县人大常委会《关于进一步贯彻执行〈食品卫生法〉的决定》贯彻执行情况的汇报，县政府对县人大常委会《关于进一步贯彻执行〈中华人民共和国婚姻法〉的决定》贯彻执行情况的汇报，县政府对县人大常委会《关于发展乡镇企业，振兴农村经济的决定》贯彻执行情况的汇报，会议听取县政府关于县八届人大四次会议代表提案办理结果的汇报。会议通过人事任免事项（名单见本篇第七章《选举任免》）。

第二十次会议　1987年1月6日召开，县人大常委会主任刘吉来，副主任樊春生、牛全芳、杭承贤、鲁钊、何增兰和委员马新新、李德广、李翠英、张金钟、武秀明、董孝礼共12人出席会议。县委副书记刘明录，县委常委、组织部部长康文林到会指导。县长何欣、县政协副主席刘荣堂、县法院院长梁绳斌、县检察院检察长马俊义、县人武部部长罗华远列席会议。会议传达省换届选举工作会议精神。会议通过关于建立灵寿县选举委员会的决定。会议通过灵寿县换届选举实施方案，传达省人大常委会召开的县、市人大常委会工作经验交流会精神；传达地委人大工作联络组召开的人大工作座谈会精神，会议审议、讨论县人大常委会1986年工作总结和1987年工作要点。

第二十一次会议　1987年3月4日召开，县人大常委会主任刘吉来，副主任樊春生、杭承贤、鲁钊、何增兰，委员马新新、李翠英、李德广、武秀明、张金钟、董孝礼出席会议，县人民政府副县长曲茂隆、县法院院长梁绳斌、县检察院检察长马俊义和政府办公室、财政局、农业局、城建局、劳人局负责人列席会议。县委副书记刘明禄到会指导。会议通过灵寿县人大常委会关于贯彻执行《全国人大常委会关于加强法制教育维护安定团结的决定》的决议，会议听取和审议县政府关于制订1987年国民经济计划依据的汇报，县政府关于贯彻执行《中华人民共和国土地管理法》情况的汇报，会议审议批准县政府关于追加1986年财政支出预算的报告。会议通过任命各乡、镇选举委员会、县直选举领导小组成员名单、关于县人大常委会代表资格审查委员会组成人员名单和人事任免事项（名单见本篇第七章《选举任免》）。

第二十二次会议　1987年4月14日召开，县人大常委会主任刘吉来，副主任樊春生、牛全芳、何增兰、鲁钊、杭承贤，委员李翠英、李德广、武秀明、张金钟出席会议。县法院院长梁绳斌、县检察院检察长马俊义和政府办公室负责人列席会议。县委副书记刘明禄同志到会指导。会议听取选举县、乡代表情况汇报，听取并批准代表资格审查委员会关于代表资格的审查报告，会议通过关于召开县第九届人民代表大会第一次会议的决定和相关议程、各项名单（草案）。会议原则通过县人大常委会报告。会议通过人事任免事项（名单见本篇第七章《选举任免》）。

第二十三次会议　1987年4月18日召开，县人大常委会主任刘吉来、副主任樊春生、牛全芳、何增兰、鲁钊、杭承贤，委员马新新、董孝礼出席会议。会议研究南燕川村选举违法处理问题。会议通过关于取消左书海人大代表资格的决定。

第二节　主任会议

县八届人大常委会主任会议情况一览表

表 10-3

时间	议题
1984 年 4 月 25 日	研究召开八届人大常委会二次会议时间及议程
1984 年 5 月 15 日	确定召开八届人大常委会二次会议时间及议程
1985 年 2 月 5 日	研究常委会六次会议有关事项；研究确定年前召开一次局长会议；协调人大常委会 1985 年工作设想起草进度
1985 年 2 月 18 日	研究春节后的工作安排
1985 年 3 月 13 日	研究县八届人大二次会议常委会工作报告；吴玉良讲八届二次人代会筹备意见
1985 年 3 月 19 日	研究县八届人大二次会议有关事项；研究会议闭幕词、人大工作报告材料
1985 年 4 月 21 日	传达县委常委会主要精神；研究近期工作进展情况；研究确定召开第八次常委会时间及议程
1985 年 5 月 3 日	研究常委会八次会议有关事项；会前准备工作
1985 年 6 月 29 日	研究上半年工作总结和下半年工作安排；研究八届九次常委会时间及主要议程
1985 年 7 月 11 日	研究确定召开八届人大常委会九次会议时间及议程；为九次常委会做准备
1985 年 8 月 17 日	研究关于“尊师重教”活动决定
1986 年 8 月 25 日	研究乡镇长、副镇长当选后公布事宜；人大常委会作出的决定、决议除布告形式外，要以人大常委会文件形式印发

第三节　机构设置

县八届人大常委会设办公室、财政经济科、政治法律科、科教文卫科。

县八届人大常委会机构人员情况表

表 10-4

机构名称	职务	姓名	任职时间
办公室	主　任	张庆年	1984 年 4 月—1987 年 4 月
	副主任	李双庆	1984 年 4 月—1986 年 1 月
		牛玉珂	1984 年 4 月—1986 年 5 月
		彭志辉	1987 年 3 月—1987 年 4 月
财政经济科	主　任	高敬良	1984 年 4 月—1986 年 1 月
		杨祥林	1986 年 1 月—1987 年 4 月
政治法律科	主　任	刘根来	1984 年 4 月—1987 年 4 月
科教文卫科	主　任	左文臣	1984 年 4 月—1987 年 4 月

第五章　监督工作

县八届人民代表大会及其常委会围绕人大法律法规的贯彻实施，不断加强和改进监督工作。县人大常委会始终把落实人大决议决定作为监督工作的重要内容，进行全程监督，狠抓落实。1984 年 7 月，为认真贯彻实施《中华人民共和国经济合同法》(以下简称《经济合同法》)，保护经济合同当事人的合法权益，维护社会经济秩序，促进全县经济建设的迅速发展，县人大常委会及时作出《关于认真贯彻实施〈中华人民共和国经济合同法〉的决议》，并全方位督促有关部门采取积极措施，狠抓决议落实。1986 年 8 月对《经济合同法》的执行情况进行调查，取得较好成绩，对于搞活流通、活跃市场、促进生产的发展起到积极作用。

围绕经济建设这个中心，认真行使监督权，较好地发挥人大作用，有力地促进经济建设工作的开展。1984 年，县人大常委会主任、副主任每人平均四分之一的时间下基层搞调查，先后深入 3 个镇、25 个乡、100 多个村和一些厂矿企业进行调查研究，还组织人大常委会委员和代表对经济工作，尤其是十项建设工程进行了 2 次视察。每次调查都主动和县政府有关部门取得联系，通过调查发现问题，及时提出合理化建议，多次听取审议政府关于搞好经济建设方面的报告，积极支持经济建设。1985 年先后两次听取政府 12 个部门关于林业、畜牧业、乡镇集体企业、扶贫、信贷、卫生、交通等方面工作汇报，提出改进意见。

围绕人民群众普遍关心的重大问题，深入监督。县人大常委会对群众普遍关心的问题进行深入调查，在为群众排忧解难方面做了大量工作。1985 年 8 月，为提高教师的社会地位搞好教育体制改革，在向社会、教师、学生调查研究的基础上，作出《关于开展尊师重教活动的决定》。决定作出后，在师生中和社会上引起了很大反响，认为决定符合中央精神，符合灵寿实际情况。决定的执行，有力地推动全县教育工作的开展。到 1985 年年底，全县农村中小学已全部普及初等教育，小学入学率、巩固率、毕业率、普及率经省、地验收，完全达到规定标准，九年制义务教育普及工作取到明显效果。

第一节　听取和审议专项工作报告与计划预算报告

县八届人大常委会听取和审议工作报告与计划预算报告情况表

表 10-5

时间	常委会会议	报告内容
1984 年 5 月 28 日	第二次会议	县政府关于贯彻一号文件，发展商品生产情况的汇报；县政府关于农村中小学教育改革情况的汇报；县政府关于办理人大走访代表情况向政府的建议和办理八届人大一次会议代表提案进展情况的汇报
1984 年 7 月 26 日	第三次会议	县法院关于执行《经济合同法》情况汇报；县政府 1984 年上半年工作的汇报；县政府关于上半年财政预算执行情况的汇报
1984 年 10 月 23 日	第四次会议	县政府关于八届人大一次会议代表提案办理结果和对人大常委会走访代表十点建议落实情况的汇报；县政府关于县城建设规划（草案）的汇报
1984 年 12 月 27 日	第五次会议	县政府关于我县 1984 年农村中、小学教育改革情况的汇报；县政府关于 1985 年国民经济和社会发展计划的初步设想
1985 年 5 月 17 日	第八次会议	县政府关于乡、镇政权建设和扶贫工作情况汇报；县政府关于林业工作情况重点是成片林管护和干鲜果品发展情况汇报；县政府关于畜牧工作情况重点是山区草食动物发展情况汇报；县政府关于农村医疗保健工作重点是青同和团泊口两个地段医院情况汇报
1985 年 7 月 24 日	第九次会议	县政府关于县八届人大二次会议上代表提案办理情况的汇报；县政府关于控制基建规模和固定资产投资情况的汇报；县政府关于信贷投放控制情况的汇报
1985 年 9 月 25 日	第十一次会议	县政府关于秋收种麦准备工作情况汇报；县政府关于落实县八届人大常委会第七次会议建议情况汇报；县政府关于乡（镇）、村集体企业发展情况汇报；县政府关于农副产品收购准备情况汇报，重点听取棉花、烤烟收购准备情况汇报
1986 年 1 月 28 日	第十四次会议	县政府关于 1985 年财政预算执行情况的汇报；县人民检察院关于打击经济犯罪情况的汇报；县法院关于执行《经济合同法》情况的汇报
1986 年 3 月 13 日	第十五次会议	灵寿县 1986 年国民经济计划草案；县政府、县法院关于县人大常委会走访代表建议办理情况汇报
1986 年 5 月 27 日	第十六次会议	县政府关于调整产业结构和建立健全产前产后服务组织情况的汇报；县政府关于水利建设工作和完善浇水服务组织情况的汇报；县政府落实 1985 年年底走访代表建议的情况汇报；县政府关于普法工作情况的汇报
1986 年 7 月 28—29 日	第十七次会议	县政府 1986 年财政预算上半年执行情况和下半年意见的汇报；县政府关于上半年工作情况汇报；县政府关于林业发展规划和雨季造林情况的汇报
1986 年 9 月 20 日	第十八次会议	县政府关于贯彻实施《婚姻法》情况汇报；县政府关于社会治安情况的汇报；县政府关于八届人大四次人代会提案办理情况的汇报

续表 10-5

时间	常委会会议	报告内容
1986 年 11 月 24 日	第十九次会议	县政府对县人大常委会《关于在全县公民中基本普及法律常识的决议》贯彻执行情况的汇报；县政府对县人大常委会《关于进一步贯彻执行〈中华人民共和国食品卫生法〉的决定》贯彻执行情况的汇报；县政府对县人大常委会《关于进一步贯彻执行〈中华人民共和国婚姻法〉的决定》贯彻执行情况的汇报；县政府对县人大常委会《关于发展乡镇企业，振兴农村经济的决定》贯彻执行情况的汇报；县政府关于八届人大四次会议代表提案办理结果的汇报
1987 年 3 月 4 日	第二十一次会议	县政府关于制订 1987 年国民经济计划依据的汇报；县政府关于贯彻执行《中华人民共和国土地管理法》情况的汇报

第二节　视察调查

县八届人大常委会视察活动选录表

表 10-6

时间	视察内容	牵头单位
1985 年 7 月	关于“三镇”贯彻实施《食品卫生法》	科教文卫科
1986 年 7 月	关于《食品卫生法》贯彻落实情况	科教文卫科
1986 年 8 月	关于《经济合同法》执行情况	财政经济科
1986 年 10 月	关于贯彻落实县人大常委会《关于发展乡镇企业，振兴农村经济的决定》精神，促进我县乡镇企业的发展	县人大常委会

县八届人大常委会调查活动选录表

表 10-7

时间	调查内容	责任单位
1985 年 4 月	关于基层政权建设情况	财政经济科
1985 年 4 月	关于团泊口地段医院情况	科教文卫科
1985 年 10 月	关于乡、村集体企业情况	财政经济科
1985 年 4 月	关于干鲜果品发展情况	科教文卫科
1985 年 4 月	关于草食动物发展情况	财政经济科
1985 年 4 月	关于农村产前产后服务情况	财政经济科
1985 年 4 月	关于成片林管护情况	财政经济科
1985 年 4 月	关于我县农村产业结构调整和产前产后服务情况	财政经济科

续表 10-7

时间	调查内容	责任单位
1984 年 5 月	关于教育改革情况	科教文卫科
1985 年 8 月	关于贯彻实施《经济合同法》《婚姻法》情况	政治法律科
1985 年 8 月	关于“六权”下放情况	政治法律科

第三节　代表评议工作

组织代表开展评议工作，是县八届人大常委会在代表监督工作上采取的一种新做法。

按照县委指示精神，县人大常委会主任、副主任及全体工作人员于 1986 年 7 月 14 日至 19 日，利用 6 天时间分别对全县 27 个乡镇（除杨家台外）的县人大代表进行了走访座谈，对各乡镇政府领导班子进行了调查了解并集中评议。

第六章　决议决定

重大事项决定权是宪法和法律赋予县级人大常委会的一项重要职权。县八届人大常委会在调查研究的基础上，较好地行使了这一权力。县八届人大及其常委会围绕经济建设这个中心，坚持四项基本原则，坚持改革开放，审议决定重大事项，先后作出决议决定 24 项。按照法定要求，适时对计划、预算、预算调整、决算等重大问题作出决议决定，确保全县经济平稳运行。《关于批准县城总体规划的决议》，要求政府尽快制定有关规定和管理办法，严格加强管理，公检法部门要积极配合，确保规划的实施，逐步把灵寿县城建设成为布局合理、文明整洁、繁荣昌盛的全县政治、文化中心；《关于开展尊师重教活动的决议》，对全面提高广大教师的政治地位和社会地位起到重要作用；《关于贯彻执行全国人大常委会〈关于加强法制教育维护安定团结的决定〉的决议》，对于巩固发展全县安定团结的大好形势，保障改革开放和物质文明、精神文明建设的顺利进行，都具有重大的现实意义和深远的历史意义。

第一节　作出决议决定

一、县八届人大历次会议作出决议决定情况

灵寿县第八届人民代表大会共作出决议决定 14 项。

县八届人大历次会议决议决定一览表

表 10-8

时间	会议	名称
1984 年 4 月 10 日	一次会议	关于政府工作报告的决议；关于灵寿县 1983 年财政决算和 1984 年财政预算的决议；关于灵寿县人民代表大会常务委员会工作报告的决议；关于灵寿县人民法院和人民检察院工作报告的决议
1985 年 3 月 30 日	二次会议	关于政府工作报告的决议；关于灵寿县 1984 年财政决算和 1985 年财政预算的决议；关于灵寿县人民代表大会常务委员会工作报告的决议；关于灵寿县人民法院和人民检察院工作报告的决议

续表 10-8

时间	会议	名称
1985 年 12 月 20 日	三次会议	关于接受吴玉良辞去县人大常委会副主任职务请求的决议；关于接受董银山、周清祥辞去县人民政府县长、副县长职务请求的决议
1986 年 3 月 30 日	四次会议	关于政府报告的决议；关于灵寿县 1985 年财政决算和 1986 年财政预算的决议；关于灵寿县人大常委会工作报告的决议；关于灵寿县人民法院和人民检察院工作报告的决议

二、县八届人大常委会历次会议作出决议决定情况

县八届人大常委会作出决议决定 10 项（不含人事任免事项）。

县八届人大常委会决议决定一览表

表 10-9

时间	常委会会议	名称
1984 年 7 月 27 日	第三次会议	关于认真贯彻实施《中华人民共和国经济合同法》的决议
1984 年 8 月 18 日	第十次会议	关于开展尊师重教活动的决定
1986 年 5 月 27 日	第十六次会议	关于在全县公民中基本普及法律常识的决议 关于批准县城总体规划的决议
1986 年 7 月 29 日	第十七次会议	关于进一步贯彻执行《中华人民共和国食品卫生法》的决定 关于发展乡镇企业，振兴农村经济的决定
1986 年 9 月 20 日	第十八次会议	关于进一步贯彻执行婚姻法的决定
1987 年 3 月 4 日	第二十一次会议	关于贯彻执行《全国人大常委会关于加强法制教育维护安定团结的决定》的决议
1987 年 4 月 14 日	第二十二次会议	关于召开县第九届人大一次会议的决定
1987 年 4 月 18 日	第二十三次会议	关于取消左书海人大代表资格的决定

第二节　决议决定选介

关于认真贯彻实施《中华人民共和国经济合同法》的决议

《关于认真贯彻实施〈中华人民共和国经济合同法〉的决议》(以下简称《决议》)，于 1984 年 7 月 27 日县八届人大三次会议通过。

县八届人大常委会三次会议审议了县法院《关于执行〈中华人民共和国经济合同法〉情况的汇报》。会议认为，商品生产的大发展，带来各项经济合同相应增多，出现了一些霸王合同、权力合同，合同纠纷也随之而来。因此，加强《中华人民共和国经济合同法》的宣

传、贯彻、实施是非常必要的。为了全面实施《中华人民共和国经济合同法》，保障全县经济建设在良好的秩序中发展，针对当前在签订合同中存在的种种问题，会议作出《关于认真贯彻全面实施〈中华人民共和国经济合同法〉的决议》。

《决议》从广泛深入宣传，加强签订合同的管理和签证、公证工作，建立必要的管理制度，坚持依法办事等四个方面提出明确要求。

关于进一步贯彻执行《中华人民共和国食品卫生法》的决定

《关于进一步贯彻执行〈中华人民共和国食品卫生法〉的决定》(以下简称《决定》)，于1986年7月29日县八届人大常委会第十七次会议通过。

县八届人大常委会第十七次会议审议县人大常委会关于组织代表视察食品卫生法贯彻实施情况的报告，为了更好地贯彻执行食品卫生法，进一步推动食品卫生法的普及，提高食品卫生质量，保证人民身体健康，大会作出《决定》。

《决定》从进一步提高对食品卫生重要意义的认识、提高食品行业从业人员依法办事的自觉性、建立健全食品卫生监督和管理的各项制度、与政法部门搞好协作等方面提出具体要求。

关于进一步贯彻执行《中华人民共和国婚姻法》的决定

《关于进一步贯彻执行〈中华人民共和国婚姻法〉的决定》(以下简称《决定》)，于1986年9月20日县八届人大常委会第十八次会议通过。

中华人民共和国《婚姻法》自1981年颁布实施以来，各级政府进行了宣传贯彻，取得一定成绩。包办、买卖婚姻和其他干涉婚姻自由的行为日益减少，妇女、儿童的合法权益得到基本保障，尊老爱幼的传统美德正逐步发扬。但是，早婚、非法同居的现象时有发生，虐待遗弃老人的情况仍然存在，有法不依、执法不严、违法不究的现象还较严重。县八届人大常委会第十八次会议，听取和审议县政府关于贯彻实施《中华人民共和国婚姻法》情况汇报，作出《决定》。

《决定》从增强法制观念、严格婚姻登记手续、对《婚姻法》的贯彻执行情况开展检查、大力开展理想纪律和共产主义道德教育等方面提出具体要求，使广大干部群众人人树立起新的社会风尚和道德观念，把遵纪守法看成是一种美德。

关于发展乡镇企业，振兴农村经济的决定

《关于发展乡镇企业，振兴农村经济的决定》(以下简称《决定》)，于1986年7月28日县八届人大常委会第十七次会议通过。

六届全国人大四次会议、省六届人大四次会议，都在审议批准政府工作报告中，把发展乡镇企业作为振兴农村经济的战略措施，作出相应决议。县委最近作出发展横向经济联合、大力发展乡镇企业的决定。为贯彻落实这些决议、决定精神，促进灵寿县乡镇企业发展，县

八届人大常委会作出《决定》。

《决定》从充分认识发展乡镇企业的重大意义、加强横向经济联合、立足本地资源等三个方面提出要求，使全县乡镇企业在“七五”期间有个较大较快的发展，为振兴灵寿经济作出更大贡献。

第七章　选举任免

县八届人大常委会根据干部“四化”标准，严格审查，依法任免县政府科、局长以上干部和法院、检察院工作人员。在任免工作中，以新形势下的用人标准为依据，从搞好经济建设的目标出发，任命年富力强、有经济头脑的人担任不同的职务，做到知人善任，把关严格。选拔懂经济会管理，锐意改革，勇于进取的人走上领导岗位，对经济翻番和各项改革都发挥了应有的作用。

第一节　常委会选举任免情况

1984 年 4 月 10 日，县八届人大常委会第一次会议，通过县人民政府、县人民检察院相关人事任免事项。

决定任命：

杨从彩为灵寿县人民政府办公室主任
张俊明为灵寿县计划生育委员会主任
高敬良为灵寿县经济委员会主任
苏海波为灵寿县司法局局长
郭天顺为灵寿县公安局局长
刘庆锡为灵寿县劳动人事局局长
付嗣泽为灵寿县交通局局长
李尚勇为灵寿县商业局局长
张德为灵寿县林业局局长
黄一德为灵寿县农牧局局长
曹兰计为灵寿县工商行政物价管理局局长
王学良为灵寿县民政局局长
左金祥为灵寿县水利局局长
武昌兰为灵寿县计划生育委员会主任
王永才为灵寿县多种经营委员会主任
杨庆法为灵寿县审计局局长

田庆双为灵寿县统计局局长
贾文宽为灵寿县粮食局局长
侯庆和为灵寿县文教局局长
郝英华为灵寿县财政局局长
王令来为灵寿县税务局局长
王兆成为灵寿县卫生局局长
任命：
杨玉洪为灵寿县人民检察院检察委员会委员
柳瑞真为灵寿县人民检察院检察员、检察委员会委员
朱米山、王秀竹、杨均平为灵寿县人民检察院检察员

1984年5月28日，县八届人大常委会第二次会议，通过县人民政府、县人民法院、县人民检察院相关人事任免事项。

决定免去：
王永才的灵寿县多种经营委员会主任职务
决定任命：
孟庆华为灵寿县城乡建设局局长
白维勤为灵寿县多种经营委员会主任
尹云为灵寿县广播电视局局长
免去：
郝金生的灵寿县人民检察院检察员职务
任命：
吕善民为灵寿县人民法院民事审判庭审判员
周书辰为灵寿县慈峪人民法庭审判员
刘清振为灵寿县城关人民法庭审判员

1984年7月26日，县八届人大常委会第三次会议，通过县人民政府、县人民检察院相关人事任免事项。

决定免去：
白维勤的灵寿县多种经营委员会主任职务
决定任命：
吴拴来为灵寿县多种经营委员会主任
白维勤为灵寿县矿产资源管理局局长
免去：
刘庆章、刘锡云的灵寿县人民检察院检察员职务

任命：

焦德英、高振庆、王学庭为灵寿县人民检察院检察员

1984年10月23日，县八届人大常委会第四次会议，通过县人民政府相关人事任免事项。

决定免去：

刘庆锡的灵寿县劳动人事局局长职务

郝英华的灵寿县财政局局长职务

付嗣泽的灵寿县交通局局长职务

决定任命：

陈有芬为灵寿县劳动人事局局长

陆礼荣为灵寿县科学技术委员会主任

刘学庭为灵寿县地震办公室主任

唐守锡为灵寿县信访办公室主任

付嗣泽为灵寿县财政局局长

边保玉为灵寿县交通局局长

1984年12月27日，县八届人大常委会第五次会议，通过县人民政府、县人民法院、县人民检察院相关人事任免事项。

决定免去：

王兆成的灵寿县卫生局局长职务

张德的灵寿县林业局局长职务

决定任命：

马兰山为灵寿县卫生局局长

王梅荣为灵寿县林业局局长

任命：

刘清振为灵寿县慈峪人民法庭副庭长

曹云社为灵寿县人民法院审判员

宋泽田、孟昌锁、刘勤瑞、雷震、赵振朝为灵寿县人民检察院检察员

1985年3月9日，县八届人大常委会第六次会议，通过县人民政府、县人民法院相关人事任免事项。

决定免去：

曹兰计的灵寿县工商行政管理局局长职务

王令来的灵寿县税务局局长职务

决定任命：

曹兰计为灵寿县税务局局长

王令来为灵寿县物价局局长

任命：

胡伟为灵寿县人民法院审判员

1985 年 5 月 18 日，县八届人大常委会第八次会议，通过县人民政府、县人民检察院相关人事任免事项。

决定免去：

李尚勇的灵寿县商业局局长职务

侯庆和的灵寿县文教局局长职务

武昌兰的灵寿县计划生育委员会主任职务

决定任命：

辛丑娃为灵寿县商业局局长

耿正龙为灵寿县文教局局长

朱占山为灵寿县计划生育委员会主任

任命：

白庭文为灵寿县人民检察院检察员

1985 年 7 月 24 日，县八届人大常委会第九次会议，通过县人民政府相关人事任免事项。

决定免去：

郭天顺的灵寿县公安局局长职务

苏海波的灵寿县司法局局长职务

决定任命：

马富春为灵寿县公安局局长

付嗣畔为灵寿县工商行政管理局局长

1985 年 11 月 7 日，县八届人大常委会第十二次会议，通过县人民政府相关人事任免事项。

决定任命：

何欣为灵寿县人民政府副县长，决定其为代理县长

张占义为灵寿县人民政府副县长

决定：

何欣为灵寿县人民政府代理县长

1985 年 12 月 20 日，县八届人大常委会第十三次会议，通过县人民法院相关人事任免事项。

免去：

刘德新的灵寿县人民法院陈庄法庭副庭长职务

胡树林的灵寿县人民法院城关法庭副庭长职务

胡伟的灵寿县人民法院审判员职务

任命：

彭增录为灵寿县人民法院审判委员会委员

刘德新为灵寿县人民法院陈庄法庭庭长

胡树林为灵寿县人民法院城关法庭庭长

高秉山为灵寿县人民法院城关法庭副庭长

王瑞平为灵寿县人民法院经济庭副庭长

罗银锁为灵寿县人民法院刑事庭审判员

卜军荣为灵寿县人民法院城关法庭审判员

1986 年 1 月 28 日，县八届人大常委会第十四次会议，通过县人大常委会、县人民政府、县人民检察院相关人事任免事项。

免去：

李双庆的灵寿县人大常委会办公室副主任职务

决定免去：

高敬良的灵寿县经济委员会主任职务

决定任命：

杨恩喜为灵寿县经济委员会主任

免去：

张玉岗的灵寿县人民检察院检察委员会委员、检察员职务

张秋喜的灵寿县人民检察院检察员职务

1986 年 3 月 13 日，县八届人大常委会第十五次会议，通过县人民政府人事任免事项。

决定任命：

张进圈为灵寿县体育委员会主任

1986 年 5 月 27 日，县八届人大常委会第十六次会议，通过县人大常委会、县人民政府人事任免事项。

免去：

牛玉珂的灵寿县人大常委会办公室副主任职务

决定免去：

王学良的灵寿县民政局局长职务

吴拴来的灵寿县多种经营委员会主任职务

决定任命：

何学芹为灵寿县民政局局长

孙贵良为灵寿县乡镇企业局局长

1986 年 7 月 29 日，县八届人大常委会第十七次会议，通过县人民政府、县人民检察院人事任免事项。

决定免去：

白维勤的灵寿县矿业管理局局长职务

贾文宽的灵寿县粮食局局长职务

陈有芬的灵寿县劳动人事局局长职务

决定任命：

董学宏为灵寿县粮食局局长

郑顺发为灵寿县经济技术协作办公室主任

免去：

刘勤瑞的灵寿县人民检察院检察员职务

靳风川的灵寿县人民检察院检察员职务

1986 年 9 月 20 日，县八届人大常委会第十八次会议，通过县人民政府人事任免事项。

决定免去：

黄一德的灵寿县农牧局局长职务

决定任命：

黄一德为灵寿县劳动人事局局长

吴拴来为灵寿县农牧局局长

1986 年 11 月 24 日，县八届人大常委会第十九次会议，通过县人民政府人事任免事项。

决定免去：

朱占山的灵寿县计划生育委员会主任职务

决定任命：

武双喜为灵寿县计划生育委员会主任

1987 年 3 月 4 日，县八届人大常委会第二十一次会议，通过县人大常委会、县人民政府人事任免事项。

决定免去：

曲茂隆的灵寿县人民政府副县长职务

决定免去：

张俊明的灵寿县计划委员会主任职务

决定任命：

解建新为灵寿县人民政府副县长

决定任命：

贾文宽为灵寿县矿业局局长

丁树庆为灵寿县计划委员会主任

彭志辉为灵寿县人大常委会办公室副主任

1987年4月14日，县八届人大常委会第二十二次会议，通过县人民法院、县人民检察院人事任免事项。

免去：

朱米山的灵寿县人民检察院检察员职务

任命：

王进才、吴昌庆、曹祥海为灵寿县人民法院审判员

第二节　常委会接受辞职情况

1985年11月7日，县八届人大常委会第十二次会议，接受董银山辞去灵寿县人民政府县长职务、周清祥辞去灵寿县人民政府副县长职务。

1985年12月19日，县八届人大常委会第十三次会议，接受吴玉良辞去灵寿县人大常委会副主任职务，并提交县八届人大三次会议审议。

第八章　机关工作

第一节　自身建设

县八届人大常委会在县委的领导下，在全县人民和全体代表的支持下，紧紧围绕经济建设这一中心，扎扎实实开展工作。在加强思想建设方面，通过学习《中国共产党党章》和《中国共产党廉洁自律准则》，人大机关的党风明显好转，不但本身不搞不正之风，还积极抵制社会上的不正之风，1984 年省人大领导曾 4 次到灵寿县，人大常委会从没搞过一次宴请招待，领导带头实行自查，纠正不正之风，党员自觉进行思想、纪律教育，端正党风，有力地促进了人大常委会的工作。在加强能力建设方面，县人大常委会组织全体工作人员认真学习宪法、地方组织法和中央有关文件及彭真、刘秉彦的重要讲话，引导大家开展做好人大工作与经济建设有什么关系的讨论，并组织到兄弟县走访学习。在加强制度建设方面，1984 年 5 月 20 日，出台《灵寿县人大常委会办公室关于机关制度的规定》，1984 年，出台《灵寿县人大常委会关于改进领导做好工作的几项规定》，1985 年 4 月 9 日，出台《灵寿县人大常委会办公室关于机关制度的暂行规定》。

第二节　宣传工作

县八届人大常委会把“两个文明”建设当作重点工作来抓，认真落实全国人大常委会《关于在公民中基本普及法律常识的决议》要求。带头认真学习各项法律法令，加强法制教育，增强法治观念，引导人大机关干部成为“有理想、有道德、有文化、有纪律”的四有人才，促进党风的根本好转，实现民风的根本好转。1986 年，县人大深入基层，先后开展婚姻法、食品安全法和经济合同法贯彻执行等方面的调查研究，深入扎实地开展宣传活动。决议除用文件形式下发外，有的还以布告形式印发全县张贴，发动人大代表和广大干部进行宣传，使这些决定、决议家喻户晓，深入人心。

第三节　信访工作

县八届人大常委会把代表和群众来信来访作为一项重要工作来抓，建立健全信访工作机制，明确由县人大常委会办公室负责代表和群众来信来访接待工作，通过加强与“一府两院”的沟通联系，密切协同配合，努力形成信访工作合力。全年接待群众来访12起，来信25件，全部移交相关部门处理完毕。

第 十 一 篇

灵寿县第九届人民代表大会

（1987 年 4 月至 1990 年 3 月）

第一章　党的领导

灵寿县第九届人民代表大会及其常务委员会，在县委的领导和上级人大常委会的指导下，坚持“一个中心，两个基本点”，依照宪法和法律赋予的职权，在社会主义民主和法制建设，以及经济和自身建设上，认真履职，确保对党和人民负责。

县委重视“普法”教育。1987 年，县人大常委会组织全体委员认真学习全国人大常委会下发的《关于加强法制教育维护安定团结的决定》(以下简称《决定》)内容，深刻领悟其内涵实质，在提高认识、统一思想的基础上，建立了以副书记刘明录为团长，人大副主任樊春生、副县长花根章、宣传部部长苏连春为副团长的宣讲团，对《决定》进行宣讲。县委印发了学习宣传贯彻《决定》的通知，县委书记李九元在干部培训班上亲自讲课。进一步推动了灵寿县“普法”的深入开展，增强广大干部群众的法治观念和公民意识，提高了依法办事的自觉性。

1988 年，县人大常委会在县委的领导下，全面贯彻落实党的十三大精神，紧紧抓住经济建设这个中心不放，努力促进政治体制改革和经济体制改革，逐步完善人大常委会的各项职能，进一步加强社会主义民主和社会主义法制建设。

县人大常委会党组坚持重大事项向县委请示报告，先后就人事任免，贯彻中央、省、市重要会议精神，换届选举工作等向县委请示报告，坚持在县委领导下发挥人大的职能作用，努力开创人大工作新局面。

党的组织机构

中共灵寿县人大常委会党组

书　记：刘吉来（1987 年 11 月—1990 年 3 月）

副书记：樊春生（1987 年 11 月—1990 年 3 月）

委　员：牛全芳（1987 年 4 月—1990 年 3 月）

何增兰（1987 年 4 月—1990 年 3 月）

马俊义（1987 年 10 月—1990 年 3 月）

兰树来（1987 年 10 月—1990 年 3 月）

张庆年（1987 年 4 月—1990 年 3 月）

第二章 人大代表

县九届人大常委会高度重视代表工作，加强民主建设，密切同人大代表的联系，坚持定期普访代表制度，认真组织代表视察和检查，认真办理代表议案及建议、意见，健全了人民代表大会制度，提高了代表的威望。

第一节 选举产生

根据省选举委员会有关规定，确定县九届人大代表名额为 155 名。

从 1987 年 2 月 15 日开始，至 4 月 25 日，历时 70 天，全县 112 个选区于 1987 年 4 月 4 日和 5 日进行了县第九届人民代表大会的选举（西托试点乡 3 月 18 日选举），经过 168637 名选民直接投票选举出县人大代表 155 名。

1987 年 4 月 22 日，县九届人大一次会议预备会议通过代表资格审查委员会关于代表资格的审查报告，经审查有 1 名代表不符合选举法规定，取消代表资格，确认 154 名代表资格有效。

在 154 名代表中，男代表 122 名，妇女代表 32 名。党员代表 107 名，群众代表 47 名。干部 27 人，工人 2 人，农民 96 人，其他 29 人。大专以上 18 人，中专中学 110 人，小学以下 26 人。1988 年 3 月，县九届一次会议选举产生出席河北省七届人代会代表 4 名。

第二节 代表名单

一、灵寿县第九届人民代表大会代表名单

城关镇

刘志林	李翠英（女）	雷牛牛	刘傻子
罗华昌	吴庆然	付亿英（女）	

三圣院乡

罗二虎	马正平	李文忠	李吉姐（女）
张金钟	张庆年	张庆合	张书芹
宋贲			

北洼乡

徐书军	史学梅（女）	祁狗妮	兰平均
宿振双	梁洛轩	王秀芹	

西托乡

郝建英（女）	刘二祥	韩吉双	孟宪昌
何增兰（女）	赵全中		

狗台乡

马国云	尹喜发	兰树来	申书芳（女）
苏冬来	刘东昌	栗兵成	尹治汉

倾井乡

孟荣堂	马新新（女）	费权贵	苏安平
李军法	辛玉良	刘喜贞	

牛城乡

梁振书	段银花（女）	丁红芹	董顺荣

青同乡

李志勤（女）	王国灵	张占义	赵喜春
王三更	郑明亮	赵荣志	

南宅乡

于相海	刘根来	胡敬忠	肖老余
宋冬雪	马玉来	王玉润（女）	

护驾疃乡

刘书勤	陈三丑	杨牛小	安书荣（女）

韩书珍（女）

营村乡

杨二明	曹小妮（女）	李书林	

塔上乡

李树林	李昌命	贾均平（女）	

阜安乡

李三牛	栗国灵	袁明枝（女）	马文秀
栾景辉			

慈峪镇

尚福祥	徐　林	尹小文	芦甲成
张千秋	王国才	刘吉来	折顺平

谭庄乡

田双群	杨金刚	马俊义	杨老模
刘芹妮（女）	马守贞		

东刘庄乡

刘万林	李风祥	孙成梅（女）	

东柏山乡

朱从和	马玉良	李春林	张梅菊（女）

燕川乡

赵志云	左书海	孙大保	朱国锋
白二京（女）	杨从彩		

陈庄镇

陈合明	王红祥	付五保	靳相芹（女）
赵双喜	李振吉		

岔头乡

折顺平	董老顺	孙国进	吕秀玉（女）
李德广	周建国	贾黄义	刘玉敏

北庄乡

郑风午	侯士祥	纪荣淑（女）	杜建平

宅南乡

卢书辰	牛起山	郑　涛（女）	

新开乡

马增辉	刘建敏（女）	梁正堂	祁登志

团泊口乡

马金山	赵银真	郎兰荣（女）	

宅头乡

郑文祥	王三明	陈同顺	刘克玺
李守秀（女）			

张家庄乡

李玉林	陈聚梅（女）	赵存海	

杨家台乡

王国钦	祁兰瑞（女）	武银花（女）	

南营乡

江平平	武银花（女）	白文秀	高银锁

县直选区

李九元	罗化远	何　欣	高敬良
刘清芳			

文卫选区

花根章　　杭承贤　　韩正庭

商业选区

辛尚荣　　张荣秀（女）

供销选区

牛玉昆　　钱少宗

经委选区

牛全芳　　杨恩喜　　解建新

化交选区

康文林　　郑银卿

拖厂矿总选区

张元计　　樊春生

县九届人大代表届中调整情况表

表 11-1

人代会时间	终止情况	增选补选情况
1987 年 4 月	燕川乡：左书海	
1988 年 3 月	倾井乡：马新新（女） 青同乡：李志勤（女） 岔头乡：折顺平 新开乡：马增辉 县直选区：李九元 文卫选区：花根章	三圣院乡：罗二虎 狗台乡：尹治汉 倾井乡：刘喜贞 青同乡：赵荣志 慈峪镇：折顺平 燕川乡：杨从彩 岔头乡：刘玉敏 新开乡：祁登志 县直选区：刘清芳
1989 年 3 月	倾井乡：孟荣堂 阜安乡：栗国灵（去世）	三圣院乡：宋赍 青同乡：李志勤 阜安乡：栾景辉

届中调整情况：

1987 年 4 月 18 日，灵人常〔1987〕第 8 号《灵寿县人大常委会关于取消左书海县人大代表资格的决定》通知，根据反映查证，南燕川乡第二选区南燕川村，选举县第九届人大代表时，不符合《选举法》规定，经灵寿县第八届人大常委会第二十三次会议研究决定，取消左书海的灵寿县第九届人民代表大会代表资格。

灵寿县第九届人民代表大会第一次会议代表为 154 名，从第一次会议到第二次会议期间，调出 6 名，新补选代表 7 名，县九届人大二次会议代表名额为 155 名。

九届二次会议至 1989 年 3 月死亡 1 名，补选 1 名，因工作需要经九届人大常委会第十三次会议决定增选代表 3 名（宋贲、吴正育、栾景辉），经审查补选和增选的代表均符合法律规定，确认代表资格有效，县九届三次人大会代表为 158 名。

二、灵寿县出席河北省第七届人民代表大会代表名单

（一）省[illegible]选

洪　[illegible]　李　铁

（二）干部

何　欣

（三）工农

王玉润

第三节　代表工作

一、代表会前对政府报告初审

代表大会之前，县人大常委会将县政府[illegible]征求意见稿发给代表进行初审，然后以代表小组为单位进行座谈讨论，提出修改意见，根据[illegible]提出的意见和建议，县政府逐条研究，对报告进行修改定稿，这样做不仅使政府工作报告具[illegible]的群众基础，体现了民主决策、科学决策的精神，同时也有充裕的修改时间，提高了人代会[illegible]。人代会前，人大常委会结合走访代表把议案和建议、批评意见专用卡片发下去，要求代表[illegible]工作报告，认真开展调查研究，广泛征求选民意见，搜集整理好议案和建议、批评和意见。[illegible]年县九届人大三次人代会前，征集代表议案和建议、批评和意见 69 条，整理立案的 32 条，县长当场答复解决的 29 条。

二、坚持定期普访代表制度

县九届人大常委会规定每年[illegible]提供方便，从而调动了[illegible]通过普访共收集代表提案、批评和建议 798 条，经整理立

案的216条。对这些代表提案、批评、意见，除人代会上直接答复代表外，常委会联系代表工作科及时转交有关部门办理。1989年先后两次听取政府关于办理代表提案情况的汇报，重点检查办理工作的进度、质量及落实情况。

三、认真组织代表视察和检查，开展协商对话活动

县九届人大常委会第二次会议通过《关于县人大代表视察的暂行办法》，常委会多次组织代表进行不同规模的视察和检查，通过视察和检查，不仅解决了一些人民群众普遍关心的问题，还为人代会及人大常委会决定重大事项提供了依据。常委会先后三次召开县长与人大代表、县“一府两院”成员单位与人大代表座谈对话会，代表们直言不讳，提出许多建议和意见，县“一府两院”答复问题如实交底。1988年9月，县人大常委会到小韩楼、同下两个村，与县乡人大代表就种麦和种植结构问题进行探讨性座谈。

四、代表意见办理

县九届人大一次会议，收到代表提案65件，经审理立案65件。其中属于农业、水利、电力、畜牧方面的22件，属于工业、交通、矿业、城建方面的13件，属于教育、计划生育方面的10件，属于土地、管理方面的5件，属于公安、法院方面的4件，属于人事、劳动、工商、物价、信访、扶贫方面的11件。

县九届人大二次会议，收到代表提案80件，经审理立案45件，县政府当场答复的共33件，涉及电力、城乡建设、地方道路建设等8个方面。其中33件能当场答复办理，目前无力解决有待于创造条件逐步解决的共8件，剩下的4件也为代表进行了解释。

县九届人大三次会议，收到代表提案69件，符合立案条件的32件。其中关于农业方面的12件，公交财贸方面的10件，其他方面的10件。截至大会最后一天，已办结10件，正在办理和讲明原因的22件。1989年7月份普访收集代表提出的意见、建议25条。

县九届人大代表主要意见建议汇总表

表11-2

年份	主要意见建议汇总
1987	农业方面主要是关于要求增加农业、水利、投资、合理供应柴油的建议 城建方面主要是关于山区、丘陵要求修路给予经济支持，陈庄建立大型屠宰加工厂的建议 教育方面主要是关于要求增加投资县城建职工子弟学校，提高教育质量，改善办学条件的建议

续表 11-2

年份	主要意见建议汇总
1988	关于要求政府领导加强对农业的领导，树立工农并举思想的建议 关于政府针对灵寿县集体经济薄弱，集体企业不发达的情况拿出切合实际、解决问题的办法的建议 关于林牧矛盾突出，政府制定林牧兼顾方法的建议 关于不少农村社会治安秩序不好，要求政府责成公安局，狠抓社会治安秩序的建议 关于计划生育结扎任务分配不合理，要求政府应找出分配任务较为合理的办法的建议 关于今年六月份以来政府已分配柴油指标几次，至今尚未供应到农民手里，要求政府尽快采取措施加以解决的建议 关于烤烟奖励政策至今未兑现，要求政府督促落实的建议 关于在发放扶贫款时，农行有扣扶贫款当旧贷，要求政府落实情况后加以纠正的建议 关于林产品公司经营树苗，今年供应农民的树苗造成大量死亡，要求赔偿经济损失的建议
1989	关于要求进一步完善承包责任制，搞好化肥、农药等生产资料的供应，科技为农业服务，增加农业后劲，加强林业、水利设施的管理的建议 关于要求解决慈峪南大街，慈峪至土头段，北宅至青同段，三圣院至北湖段公路修复的建议 关于要求改善办学条件，落实教师待遇，解决计划生育后遗症和严格结婚登记手续的建议 关于要求加强治安防范，打击偷盗，采取措施。严禁赌博，维护社会治安的建议 关于要求深化农村改革的建议 关于要求政府把流失的河水改进渠道，用于丘陵抗旱，支持夺取秋季丰收的建议 关于要求政府除切实抓好柴油、农药供应外，及早采取措施，备足备好秋季农用物资，做到适时供应，满足农民需要的建议 关于农村中贩卖人口现象严重，要求政府严厉打击人贩子，维护法律尊严的建议 关于现在不少农村中早婚、私婚现象严重，要求政府采取有效行政措施加以制止的建议 关于要求政府因陋就简，利用县师范校舍，建一职工子弟学校，同时将县师范搬迁到青同农中办班的建议 关于青同至阜安和青同至护驾疃的公路。因无人管理，乱放东西，公路堵塞，影响交通，建议政府增设防护人员，加强公路管理的建议 关于南伍河理石矿开矿时损坏了一段渠道，使冯家庄、龙田沟不少水地变为旱田，至今未能解决，要求政府采取措施限期修复，保证农田的灌溉的建议 关于林业税收占的比例大。其中林业局征收 31%，税务所征收 10%，林果税又征收 5%，共计 46%，加之支付伐木工和护林员的工资，集体收入所剩无几，严重挫伤了农民植树造林的积极性，制约了林业的发展，要求政府及有关部门予以妥善处理的建议 关于慈峪村东公路改道，县长曾答复修好南城壕公路，代表已提出多次，却迟迟未能解决，要求尽快解决的建议

第三章　人民代表大会

灵寿县第九届人民代表大会任期3年，自1987年4月至1990年3月，共举行3次会议。

县九届人大历次会议概况表

表11-3

会议次序	会议日期	议题	听取报告（个）	决议决定（项）	选举表决（项）
第一次	1987年4月22日至25日	6	6	6	4
第二次	1988年3月7日至9日	6	6	6	1
第三次	1989年3月13日至15日	7	7	7	1

第一节　会议概况

一、灵寿县第九届人民代表大会第一次会议

1987年4月22日至25日，县九届人大一次会议在电影院召开，出席代表141人（应到154人）。会议听取和审议县人民政府代县长何欣作的《灵寿县人民政府工作报告》；听取和审议《灵寿县国民经济和社会发展第七个五年计划的报告》；听取和审议县财政局局长付嗣泽作的《灵寿县1986年财政决算和1987年财政预算的报告》；听取和审议县人大常委会樊春生副主任作的《灵寿县人大常委会工作报告》；听取和审议县人民法院院长梁绳斌作的《灵寿县人民法院工作报告》；听取和审议县人民检察院检察长马俊义作的《灵寿县人民检察院工作报告》，并通过相应决议。会议选举产生灵寿县人大常委会组成人员，县人民政府县长、副县长、县人民法院院长、县人民检察院检察长（名单见本章第二节《会议选举》）。

会议认为，灵寿县的政治、经济、文化等方面都有较大发展和变化，这是认真贯彻执行党的三中全会以来的各项方针政策的结果，是战斗在全县各条战线上广大人民群众积极努

力、团结奋战取得的。会议要求：必须坚持改革、开放、搞活的方针，集中力量发展社会生产力；在抓好农业的同时，积极发展多种经营，加强对工业、财贸等工作的领导；坚决纠正各种不正之风，克服官僚主义，广泛开展“双增双节”活动；深入进行坚持四项基本原则的宣传教育，坚决反对资产阶级自由化；加强社会主义精神文明建设，加强社会主义民主和社会主义法制建设，进一步巩固和发展安定团结的政治局面；切实搞好扶贫工作，加快脱贫致富步伐。

二、灵寿县第九届人民代表大会第二次会议

1988 年 3 月 7 日至 9 日，县九届人大二次会议在电影院召开，出席代表 123 名（应到 155 名）。这次会议听取和审议县人民政府县长何欣作的《灵寿县人民政府工作报告》、县财政局局长付嗣泽作的《灵寿县 1987 年财政决算和 1988 年财政预算（草案）的报告》、县人大常委会副主任樊春生作的《灵寿县人大常委会工作报告》、县人民法院院长李振吉作的《灵寿县人民法院工作报告》、县人民检察院检察长宿振双作的《灵寿县人民检察院工作报告》，并通过相关决议。会议通过人大常委会副主任代表提案审查委员会主任委员何增兰作的《提案审查报告》。这次大会共收集代表提案 80 件，经认真审理立案 45 件。由副县长解建新对提案处理意见当场做了答复。会议还选举产生出席河北省第七届人民代表大会代表 4 名。

这次会议，是在全党和全国人民认真学习宣传贯彻党的十三大精神、努力完成党的十三大提出的各项任务的大好形势下召开的。会议认为，全县各部门在县委的领导下都认真贯彻执行了党的路线、方针、政策和国家的各项法律、法令，以经济建设为中心，坚持改革、开放、搞活的方针，创新务实，使灵寿县政治上安定团结、经济上持续稳定发展，各项工作取得了重大进展，灵寿县贫困落后的面貌得到了初步改变。会议要求，进一步提高对人大及其常委会的认识；“一府两院”及各工作部门和乡镇政府要自觉接受人大监督，认真做好工作；人大常委会及各位代表要依法行使职权，围绕经济建设搞好监督工作。

三、灵寿县第九届人民代表大会第三次会议

1989 年 3 月 13 日至 15 日，县九届人大三次会议在电影院召开，出席代表 123 名（应到 158 名）。会议听取和审议县人民政府县长何欣作的《灵寿县人民政府工作报告》、县财政局局长付嗣泽作的《灵寿县 1988 年财政决算和 1989 年财政预算（草案）的报告》、县人大常委会副主任樊春生作的《灵寿县人大常委会工作报告》、县人民法院院长李振吉作的《灵寿县人民法院工作报告》、县人民检察院检察长宿振双作的《灵寿县人民检察院工作报告》，并通过相关决议。会议作出《关于加强农业的决定》。会议审议通过县人大常委会副主任代表提案审查委员会主任委员何增兰代表作的《提案审查报告》。这次大会共收集代表提案 69 件，经过整理符合立案条件的 31 件。由副县长解建新对提案处理当场做了答复。会议补选

会的工作，就是要围绕党的中心工作去展开，不断推动灵寿县治理、整顿和改革的顺利进行。会议认为，1988 年，县政府由于贯彻执行了党的各项方针政策和国家的法律法令，全县政治上安定团结，经济上持续稳步发展，粮油生产在遭受严重洪涝灾害的情况下，获得了丰收，畜牧业有了突破性进展。会议要求，在新的一年里，要认真贯彻党的治理整顿、深化改革的方针，以经济建设为中心，以脱贫致富为目标，以夺取农业全面丰收为重点，积极发展县办工业和乡镇企业，努力提高管理水平和经济效益；抓好财政税收、增收节支，努力实现收支平衡；加快科技、教育进步；加强精神文明建设，切实抓好计划生育；加强民主和法制建设，严格依法办事；切实抓好廉政建设，转变作风，深入实际，克服困难，扎实工作，把各项任务落到实处。

第二节　会议选举

根据《组织法》的规定，结合灵寿县实际情况，1987 年 4 月 25 日，灵寿县第九届人民代表大会第一次会议选举了灵寿县人民代表大会常务委员会组成人员，灵寿县人民政府县长、副县长；灵寿县人民法院院长；灵寿县人民检察院检察长。县九届人大历次会议，共选举产生县级国家机关工作人员 41 人。

灵寿县人民代表大会常务委员会

主　任：

刘吉来　　1987 年 4 月县九届人大一次会议当选

副主任：

樊春生　　1987 年 4 月县九届人大一次会议当选

牛全芳　　1987 年 4 月县九届人大一次会议当选

何增兰（女）1987 年 4 月县九届人大一次会议当选

杭承贤　　1987 年 4 月县九届人大一次会议当选

马俊义　　1987 年 4 月县九届人大一次会议当选

兰树来　　1987 年 4 月县九届人大一次会议当选

委　员：（县九届人大一次会议选举产生）

马新新（女）　刘根来　李翠英（女）　李德广

张元骥　张庆年　张金钟　罗华远

高敬良　韩正庭

县九届人大三次会议选举产生：

宋　贲　尹治汉　吴正育

届中调整情况：

罗华远，1989 年 3 月 3 日，在县九届人大常委会第十三次会议上辞去县人大常委会委员职务。

灵寿县人民政府

县　长：

何　欣　　1987 年 4 月县九届人大一次会议当选

赵学敏　　1990 年 3 月九届人大常委会第二十三次会议上决定任命为灵寿县人民政府副县长，决定其为代理县长

副县长：

花根章　　1987 年 4 月县九届人大一次会议当选

解建新　　1987 年 4 月县九届人大一次会议当选

钱少宗　　1987 年 4 月县九届人大一次会议当选

张占义　　1987 年 4 月县九届人大一次会议当选

届中调整情况：

花根章，1988 年 1 月 26 日，县九届人大常委会第五次会议决定免去灵寿县人民政府副县长职务。

杨从彩，1988 年 1 月 26 日，县九届人大常委会第五次会议上决定任命其为灵寿县人民政府副县长。

管茂华，1988 年 6 月 9 日，县九届人大常委会第八次会议上决定任命其为灵寿县人民政府副县长。

严聚会，1988 年 10 月 25 日，县九届人大常委会第十次会议上决定任命其为灵寿县人民政府副县长。

解建新、严聚会，1989 年 11 月 22 日，县九届人大常委会第二十次会议决定免去灵寿县人民政府副县长职务。

葛学铭，1989 年 11 月 22 日，县九届人大常委会第二十次会议上决定任命其为灵寿县人民政府副县长。

郝建英，1990 年 2 月 7 日，县九届人大常委会第二十二次会议上决定任命其为灵寿县人民政府副县长。

何　欣，1990 年 3 月 17 日，县九届人大常委会第二十三次会议决定免去灵寿县人民政府县长职务。

灵寿县人民法院

院　长：李振吉　1987 年 4 月县九届人大一次会议当选

灵寿县人民检察院

检察长：宿振双　1987 年 4 月县九届人大一次会议当选

第三节　会议组织

一、灵寿县第九届人民代表大会第一次会议

（一）大会主席团、秘书长和副秘书长

主席团：

马俊义	马新新	牛全芳	兰树来
刘吉来	刘根来	李九元	李翠英
李德广	张元骥	张庆年	张金钟
何增兰	罗华远	杭承贤	高敬良
康文琳	韩正庭	樊春生	

秘书长：樊春生

副秘书长：张庆年　杨从彩

（二）大会提案审查委员会

主任委员：何增兰

副主任委员：花根章　兰树来

委员：李德广　高敬良

二、灵寿县第九届人民代表大会第二次会议

（一）主席团、秘书长和副秘书长

主席团：

马俊义	牛全芳	兰树来	刘吉来
刘根来	刘清芳	李翠英	李德广
张元骥	张庆年	张金钟	何增兰
罗华远	杭承贤	高敬良	康文琳
韩正庭	樊春生		

秘书长：樊春生

副秘书长：张庆年　董双虎

（二）大会提案审查委员会

主任委员：何增兰

副主任委员：杨从彩　兰树来

委　　　员：李德广　高敬良

三、灵寿县第九届人民代表大会第三次会议

（一）主席团、秘书长和副秘书长

主席团：

马俊义	牛全芳	兰树来	刘吉来
刘根来	刘清芳	李翠英	张庆年
张金钟	何增兰	杭承贤	高敬良
康文琳	韩正庭	樊春生	

秘 书 长：樊春生

副秘书长：张庆年　董双虎

（二）大会提案审查委员会

主 任 委 员：何增兰

副主任委员：杨从彩　兰树来

委　　　员：高敬良　韩正庭

第四章 人民代表大会常务委员会

县九届人大常委会坚持“一个中心，两个基本点”，依照宪法和法律赋予的职权，大力加强社会主义民主和法制建设，为推动全县社会主义物质文明和精神文明建设作出了积极贡献。

第一节 常委会会议

县第九届人大常委会共召开会议24次。

第一次会议 1987年5月22日召开，县人大常委会主任刘吉来，副主任樊春生、牛全芳、何增兰、杭承贤、马俊义、兰树来，委员马新新、李翠英、张庆年、张金钟、罗华远、高敬良出席会议。县人民政府副县长解建新、张占义，县人民法院院长李振吉，县人民检察院检察长宿振双，省人大代表栗秀兰列席会议，县委副书记刘明禄到会指导。会议传达学习省六届人大五次会议精神。会议听取和审议县政府关于“一抗双保”和“三夏”准备工作的汇报、县政府关于贯彻执行经济合同法情况的汇报。会议通过人事任免事项（名单见本篇第七章《选举任免》）。

第二次会议 1987年7月30日召开，县人大常委会主任刘吉来，副主任樊春生、牛全芳、何增兰、杭承贤、马俊义、兰树来，委员张庆年、马新新、李翠英、罗华远、高敬良、李德广、张元骥、韩正庭出席会议。县人民政府副县长钱少宗，县人民法院院长李振吉，县人民检察院副检察长白进增列席会议。县委常委苏连春到会指导。会议听取和审议县政府关于1987年上半年财政预算执行情况和下半年“双增双节”措施的汇报、县政府关于普法工作情况的汇报、关于贯彻执行全国人大委员会《关于加强法制教育维护安定团结的决定》情况的汇报、县政府关于九届人大一次会议代表提案办理情况的汇报、县法院关于处理积案情况的汇报。会议通过县人大代表视察办法。会议通过人事任免事项（名单见本篇第七章《选举任免》）。

第三次会议 1987年9月21日召开，县人大常委会主任刘吉来，副主任樊春生、牛全芳、何增兰、杭承贤、马俊义，委员刘根来、李翠英、李德广、张元骥、张庆年、张金钟、罗华远、高敬良出席会议。县人民政府副县长钱少宗，县人民法院副院长苗贵良，县人民检察院检察长宿振双列席会议。县委书记李九元到会指导。会议审议县政府关于《灵寿县农业总体规划情况报告》，听取和审议县政府关于灵寿县教育改革情况的汇报、县政府贯彻执行治安管理处罚条例情况的汇报。

第四次会议　1987年11月25日召开，县人大常委会主任刘吉来、副主任樊春生、牛全芳、何增兰、杭承贤、马俊义、兰树来，委员刘根来、张庆年、张元骥、李翠英、李德广、罗华远、高敬良、韩正庭出席会议，委员张金钟因病请假。县人民政府副县长张占义，政府办公室副主任牛同贵，县人民法院院长李振吉，县人民检察院检察长宿振双，乡镇企业局局长孙贵良，民政局副局长胡运昌列席会议。会议听取和审议县政府关于工商企业改革情况汇报、关于乡镇企业发展情况汇报、关于扶贫工作情况汇报，重点听取350万元扶贫款使用情况汇报，听取政府关于县九届一次人代会代表提案办理结果的汇报。

第五次会议　1988年2月8日召开，县人大常委会主任刘吉来，副主任樊春生、牛全芳、何增兰、杭承贤、马俊义、兰树来，委员刘根来、张庆年、张元骥、李翠英、李德广、罗华远、高敬良出席会议。县人民政府县长何欣、副县长钱少宗，县政协副主席安庚午，县法院副院长苗贵良，县人民检察院检察长宿振双列席会议。县委副书记刘明禄到会指导。会议讨论通过关于召开灵寿县第九届人民代表大会第二次会议的决定、县人大常委会1987年工作总结报告，讨论决定了县政府关于追加1987年财政预算的请示。会议听取和审议县政府关于贯彻执行计量法情况的汇报、县政府关于物价管理情况的汇报。会议通过人事任免事项（名单见本篇第七章《选举任免》）。

第六次会议　1988年3月6日召开，县人大常委会主任刘吉来，副主任樊春生、牛全芳、何增兰、杭承贤、马俊义、兰树来，委员李翠英、张庆年、刘根来、罗华远、高敬良出席会议。县人民政府副县长杨从彩，县人民法院院长李振吉，县人民检察院检察长宿振双列席会议。县委副书记刘明禄到会指导。会议听取和审议代表资格审查委员会关于代表资格的审查报告。会议通过充实代表资格审查委员会成员、九届人大二次会议议程草案、九届人大二次会议日程草案、九届人大二次会议主席团和秘书长建议名单、九届人大二次会议提案审查委员会建议名单、九届人大二次会议副秘书长建议名单。会议通过人事任免事项（名单见本篇第七章《选举任免》）。

第七次会议　1988年4月26日召开，县人大常委会主任刘吉来，副主任樊春生、牛全芳、何增兰、杭承贤、马俊义、兰树来，委员刘根来、张元骥、张金钟、李翠英、罗华远、高敬良出席会议。县人民政府副县长解建新，县人民法院副院长李清玉，县人民检察院检察长宿振双列席会议。七届全国人大代表栗秀兰，政协副主席和部分政协委员受邀列席会议。县委副书记刘明禄到会指导。会议听取和审议县政府1988年第一季度工作情况和第二季度工作设想及热电厂筹建情况的汇报、县人大常委会部分委员到外地学习情况的汇报，听取七届全国人大代表栗秀兰作的关于七届全国人代会第一次会议盛况的报告。会议通过人事任免事项（名单见本篇第七章《选举任免》）。

第八次会议　1988年6月15日召开，县人大常委会主任刘吉来，副主任樊春生、牛全芳、何增兰、杭承贤、马俊义、兰树来，委员刘根来、李翠英、李德广、张元骥、张庆年、罗华远、高敬良、韩正庭出席会议。县人民政府副县长杨从彩，县人民法院副院长苗贵良，县人民检察院副检察长白进增列席会议。县委副书记刘明禄到会指导。会议审议通过灵寿县人大常委会实施监督的办法（试行）、灵寿县人大常委会议事规则、灵寿县人大常委会人事任免暂行办法，听取和审议县政府关于“三夏”服务工作安排情况的汇报。会议通过人事任免事项（名单见本篇第七章《选举任免》）。

第九次会议 1988年8月26日召开，县人大常委会主任刘吉来，副主任樊春生、牛全芳、何增兰、杭承贤、马俊义、兰树来，委员刘根来、李翠英、李德广、张庆年、高敬良、韩正庭出席会议。县人民政府县长何欣、副县长杨从彩，县政协副主席刘荣堂，县人民法院院长李振吉，县人民检察院检察长宿振双列席会议。全国人大代表栗秀兰，省人大代表王玉润受邀列席会议，县委副书记刘明禄到会指导。会议传达学习了地区人大工作经验交流会议精神，听取和审议县政府关于贯彻执行土地管理法情况的汇报、县政府关于严格控制乱收费措施的汇报、县政府关于贯彻执行矿产资源法情况的汇报。会议通过人事任免事项（名单见本篇第七章《选举任免》）。

第十次会议 1988年10月25日召开，县人大常委会主任刘吉来，副主任樊春生、牛全芳、何增兰、马俊义、兰树来，委员刘根来、张庆年、高敬良、罗华远、张金钟、李翠英，共12人出席会议。县人民政府副县长张占义，县政协副主席鲁钊，县人民法院院长李振吉，全国人大代表栗秀兰，省人大代表王玉润列席会议。县委副书记刘明禄到会指导。会议听取和审议县物价局局长曹兰计作的关于全县物价检查情况的汇报、县民政局副局长胡运昌作的关于全县贯彻执行婚姻法的情况汇报；会议同意李德广、张元骥因工作需要辞去人大常委会委员职务。会议通过人事任免事项（名单见本篇第七章《选举任免》）。

第十一次会议 1988年12月21日召开，县人大常委会主任刘吉来，副主任樊春生、牛全芳、杭承贤、马俊义、兰树来，委员刘根来、张庆年、高敬良、罗华远、张金忠、李翠英、韩正庭共13人出席会议。县人民政府副县长钱少宗，县政协副主席张锡华，县人民法院副院长李清玉，县人民检察院副检察长白进增列席会议，县委副书记栗士彦、纪检委书记董秉芹到会指导。会议听取和审议县政府办公室副主任牛同贵作的关于治理经济环境、整顿经济秩序情况的汇报、县计委副主任张风义作的关于灵寿县1988年主要建设项目情况的汇报、公安局副局长张守林作的关于当前灵寿县社会治安情况的汇报。会议审议批准灵寿县人民政府关于追加1988年财政支出预算260万元的请示，由原来的990万元增加到1250万元。

第十二次会议 1989年1月19日召开，县人大常委会主任刘吉来，副主任樊春生、牛全芳、杭承贤、何增兰、马俊义、兰树来，委员刘根来、张庆年、高敬良、罗华远、张金忠、李翠英共13人出席会议。县人民政府副县长钱少宗、张占义，县政协副主席安更午，县人民法院院长李振吉，县人民检察院副检察长白进增列席会议，县委副书记刘明禄到会指导。会议传达学习了省人大工作会议精神、地委人大工作研讨会议精神。会议讨论通过县人大常委会1988年工作总结和1989年工作简要设想。

第十三次会议　1989年3月3日召开，县人大常委会主任刘吉来，副主任樊春生、牛全芳、杭承贤、何增兰、马俊义，委员刘根来、张庆年、高敬良、张金忠、李翠英共11人出席会议。会议讨论通过关于召开灵寿县第九届人民代表大会第三次会议的决定、关于补选人大常委会委员增加代表名额的决定、灵寿县第九届人民代表大会第三次会议议程（草案）、关于调整代表资格审查委员会成员、灵寿县第九届人民代表大会第三次主席团和秘书长建议名单、灵寿县第九届人民代表大会第三次会议提案审查委员会建议名单、灵寿县第九届人民代表大会第三次会议副秘书长建议名单、灵寿县第九届人民代表大会第三次会议日程（草案）、灵寿县人大常委会工作报告。

第十四次会议　1989年3月13日召开，县人大常委会主任刘吉来，副主任樊春生、牛全芳、何增兰、兰树来、杭承贤、马俊义，委员刘根来、张庆年、高敬良共10人出席会议。县委副书记刘明禄到会指导。会议听取和审议关于召开九届人大三次会议筹备情况的汇报、代表资格审查委员会关于代表资格的审查报告。会议通过人事任免事项（名单见本篇第七章《选举任免》）。

第十五次会议　1989年5月25日召开，县人大常委会主任刘吉来，副主任樊春生、牛全芳、何增兰、兰树来、杭承贤、马俊义，委员刘根来、张庆年、高敬良、张金钟、李翠英、尹治汉、吴正育、韩正庭共15人出席会议。县人民政府副县长严聚会，县政协副主席鲁钊，县人民法院院长李振吉，县人民检察院副检察长高漫岗列席会议。会议审议政府关于县砖厂改建云母超细粉厂的问题；会议听取和审议县政府关于贯彻执行九届人大三次会议《关于加强农业的决定》情况汇报、县检察院关于打击经济犯罪情况汇报。会议通过人事任免事项（名单见本篇第七章《选举任免》）。

第十六次会议　1989年6月16日召开，县人大常委会主任刘吉来，副主任樊春生、牛全芳、何增兰、兰树来、杭承贤、马俊义，委员刘根来、张庆年、宋赉、尹治汉、吴正育共12人出席会议。县人民检察院检察长宿振双、县人民法院副院长李清玉列席会议。会议集中学习了邓小平同志有关重要讲话精神。

第十七次会议　1989年7月28日召开，县人大常委会主任刘吉来，副主任樊春生、牛全芳、何增兰、兰树来、马俊义，委员刘根来、张庆年、高敬良、张金钟、韩正庭、宋赉、尹治汉、吴正育共14人出席会议。县人民政府副县长杨从彩、钱少宗，县人民法院院长李振吉，县人民检察院副检察长白进增列席会议。县委副书记秦集忠到会指导。会议听取和审议县监察局副局长雷春生作的关于廉政建设情况的汇报、县工商局局长付嗣畔作的关于贯彻执行经济合同法情况的汇报、政府办公室主任董双虎作的关于办理九届三次人代会代表提案情况的汇报。会议通过人事任免事项（名单见本篇第七章《选举任免》）。

第十八次会议　1989年9月25日召开，县人大常委会主任刘吉来，副主任樊春生、牛全芳、何增兰、兰树来、马俊义，委员刘根来、张庆年、高敬良、李翠英、宋赉、尹治汉、吴正育、张金钟共14人出席会议。县人民法院院长李振吉，县人民检察院副检察长白进增列席会议。县委副书记秦集忠到会指导。会议传达学习了省人大常委会《关于坚决惩治腐败加强廉政建设的决议》；会议讨论通过县人大常委会关于贯彻省人大《决议》的意见；会议听取和审议县科委主任陆礼荣作的关于专业技术职务评聘和复查情况的汇报、县公安局局长马福春作的关于打击拐卖妇女儿童犯罪活动的情况汇报、县扶贫办公室副主任梁庆林作的关于1989年扶贫贷款发放情况的汇报。会议通过人事任免事项（名单见本篇第七章《选举任免》）。

第十九次会议 1989年10月12日召开，县人大常委会主任刘吉来，副主任樊春生、牛全芳、何增兰、兰树来、马俊义，委员张庆年、高敬良、李翠英、尹治汉、宋赉、韩正庭共12人出席会议。县委副书记秦集忠到会指导。会议传达学习了中共中央总书记江泽民在庆祝中华人民共和国成立四十周年大会上的讲话、《中国第三代领导集体的政治宣言》。会议通过灵寿县人大常委会《关于发动全县人民认真学习江泽民国庆重要讲话的决定》。

第二十次会议 1989年11月21日召开，县人大常委会主任刘吉来，副主任樊春生、牛全芳、何增兰、马俊义，委员刘根来、张庆年、高敬良、尹治汉、宋赉、张金钟、韩正庭共12人出席会议。县人民政府副县长钱少宗、县人民法院院长李振吉、县人民检察院检察长宿振双列席会议。县委副书记秦集忠到会指导。会议传达学习地委关于县、乡两级人民代表大会换届选举工作会议精神。会议听取和审议县人民银行行长冯俊谦作的关于盘活资金情况的汇报、县经委主任杨恩喜作的关于全县工业生产情况的汇报、县计生委主任武双喜作的关于计划生育工作情况的汇报、县政府办公室副主任牛同贵作的关于县九届人大三次会议代表提案办理结果和今年七月份普访代表时所提的建议办理情况的汇报；会议审议通过关于县、乡两级人民代表大会换届选举工作实施方案、县选举委员会组成人员名单。会议通过人事任免事项（名单见本篇第七章《选举任免》）。

第二十一次会议 1989年12月14日召开，县人大常委会主任刘吉来，副主任樊春生、牛全芳、何增兰、兰树来、马俊义，委员刘根来、张庆年、李翠英、尹治汉、吴正育、宋赉、张金钟共13人出席会议。县人民法院院长李振吉，县人民检察院副检察长白进增列席会议。会议审议通过关于修订县、乡人代会换届选举工作实施方案的决定；会议任命乡、镇选举委员会和县直选举领导小组组成人员，确定乡镇第三届人民代表大会代表名额。

第二十二次会议 1990年2月7日召开，县人大常委会主任刘吉来，副主任樊春生、牛全芳、何增兰、马俊义，委员刘根来、张庆年、高敬良、尹治汉、吴正育共10人出席会议。县人民政府副县长杨从彩，县人民法院院长李振吉，县人民检察院副检察长白进增列席会议。会议传达学习中共中央关于农业、农村工作文件和关于地方党委向地方国家机关推荐领导干部的规定；会议听取和审议县、乡换届选举工作情况汇报。会议通过人事任免事项（名单见本篇第七章《选举任免》）。

第二十三次会议 1990年3月17日召开，县人大常委会主任刘吉来，副主任樊春生、牛全芳、何增兰、马俊义、兰树来，委员刘根来、张庆年、高敬良、张金钟、李翠英、吴正育、宋赉共13人出席会议。县人民政府副县长郝建英，县人大党组成员赵清彬，县人民法院院长李振吉，县人民检察院副检察长白进增列席会议。县委副书记秦集忠到会指导。会议调整县、乡选举委员会成员，研究安排换届选举工作。会议通过人事任免事项（名单见本篇第七章《选举任免》）。

第二十四次会议　1990年4月19日召开，县人大常委会主任刘吉来，副主任樊春生、牛全芳、何增兰、马俊义，委员刘根来、张庆年、高敬良、李翠英、尹治汉、张金忠共11人出席会议。县人民政府副县长钱少宗，县人民法院副院长罗均平，县人民检察院副检察长白进增、县人大常委会党组成员赵清彬列席会议，县委副书记栗士彦到会指导。会议听取和审议樊春生代表县选举委员会作的关于县乡两级人大换届选举工作情况的汇报、县人大常委会副主任牛全芳作的代表资格审查委员会关于县第十届人民代表大会代表资格的审查报告；会议研究决定召开县第十届人民代表大会第一次会议的时间安排；会议通过灵寿县人大常委会工作报告；会议批准县政府关于追加1989年预算的请示。

第二节　主任会议

县九届人大常委会主任会议情况一览表

表11-4

时间	议题
1988年4月15日	研究召开乡镇人代会情况汇报会；研究常委会第七次会议有关事项
1988年5月28日	研究常委会第八次会议有关事项
1988年7月5日	决定对县人大代表进行一次普访，8月份召开乡镇代表联组长工作经验交流会
1988年8月4日	研究常委会第九次会议有关事项
1988年10月6日	研究关于召开执法检查实施方案汇报会有关事项
1988年10月18日	研究常委会第十次会议有关事项
1988年12月6日	研究常委会第十一次会议有关事项
1989年5月3日	就灵寿县教育、社会治安和工业生产当前存在的主要问题，结合会前人大调查和有关部门当场汇报情况，研究制定了一些解决方法和改进措施
1989年10月4日	传达学习石家庄地区人大工委主任李瑞文讲话精神；加强人大党组织建设问题；研究当前和今后的主要工作
1989年10月20日	听取县政府关于林业生产、“扫黄”和贯彻实施《婚姻法》情况的汇报

第三节　机构设置

县人大常委会于1984年4月设立工作机构“一室三科”，即办公室、政法科、财政经济科、科教文卫科。办公室协助主任承办日常事务，政法科具体了解和监督县司法部门主要是法院、检察院的工作，财政经济科和科教文卫科旨在监督政府系统的工作。

1987 年 11 月，县人大常委会设一室三科即办公室、政治法律科、财政经济科、科教文卫科，编制 22 人。1989 年 3 月，增设代表联络科，编制增加到 30 人。

县九届人大常委会机构人员情况表

表 11-5

机构名称	职务	姓名	任职时间
办公室	主　任	张庆年	1987 年 4 月—1990 年 12 月
	副主任	彭志辉	1987 年 4 月—1988 年 6 月
		李双平	1988 年 6 月—1993 年 1 月
		刘志林	1989 年 5 月—1989 年 9 月
		刘玉敏	1989 年 9 月—1990 年 3 月
政治法律科	科　长	刘根来	1987 年 3 月—1990 年 3 月
财政经济科	科　长	杨祥林	1987 年 3 月—1989 年 3 月
	科　长	高敬良	1989 年 3 月—1990 年 3 月
	副科长	刘志林	1989 年 9 月—1990 年 3 月
科教文卫科	科　长	左文臣	1987 年 3 月—1990 年 3 月
	副科长	田双群	1989 年 9 月—1990 年 3 月
代表联络科	科　长	杨祥林	1989 年 3 月—1990 年 3 月

第五章　监督工作

县九届人大常委会围绕全县重大问题切实加强监督，听取和审议县“一府两院”工作报告24项、计划预算报告2项，开展视察调查11次。

坚持推进监督工作制度规范、方式创新。县九届人大常委会第八次会议审议通过《灵寿县人大常委会实施监督的办法》，明确了对法律行为和县“一府两院”工作实施监督的具体范围与内容，规定了9种监督方式和程序，使监督工作逐步走向规范化。审议通过《关于加强同县人民政府、县人民法院和县人民检察院加强工作联系的试行办法》，畅通了渠道，更好地行使法律赋予县人大常委会的各项职权。充分发挥代表在人代会闭会期间的整体监督作用，把代表评议与常委会行使职权紧密结合起来，推动县“一府两院”改进工作，为常委会更好地行使监督职权创造出一条新途径。

坚持认真听取“一府两院”有关法律、法规实施的汇报。县人大常委会共听取和审议“一府两院”关于贯彻执行国家有关法律、法规情况的报告和汇报17次。人大各职能部门也根据常委会议题，围绕《中华人民共和国土地法》《中华人民共和国矿产资源法》《中华人民共和国食品卫生法》《中华人民共和国义务教育法》《中华人民共和国婚姻法》《中华人民共和国统计法》《中华人民共和国经济合同法》《中华人民共和国治安管理处罚条例》《中华人民共和国民法通则》等法律、法规的执行情况进行了15项专题检查，使执法中存在的一些实际问题逐步得到了解决。

坚持深入开展普法教育，推动普法工作深入开展。县人大常委会认真贯彻执行全国人大常委会《关于加强法制教育维护安定团结的局面》，致力于全民普法教育。除每年定期听取普法办关于普法情况的汇报外，还积极开展普法检查，以总结经验，采取措施，推动普访工作。针对有些人出现的违反宪法规定的言行，在全县范围内，展开了以宪法为核心的法制宣传教育，积极组织人代会选举和人大常委会任命的干部，认真学习宪法、地方组织法，并通过听、看、考、查等方法，有针对性地解决思想认识问题，增强了法制观念，有力地推动了普法工作的深入开展。

坚持完善执行责任制，保证宪法、法律的实施。1989年10月，为把执法责任制引向深入，重新明确了职责范围。将1979年至1989年全国人大、国务院、省人大颁布的重要法律法规重新进行了汇编，由1988年40个部门、48部法律、110部法规发展到51个部门、66部法律、172部法规，并在10个主要执法部门中开展“双评”活动，共评出先进执法单位

12 个，模范执法工作者 31 名，以人大常委会名义颁发奖状进行表彰，从而有效地保证了法律、法规在灵寿县的贯彻实施。

围绕经济建设发展进行工作监督。促进政府依法收贷；狠抓《农业决定》的贯彻落实，促进农业全面丰收；促进政府进一步完善土地有偿承包制；支持和帮助政府狠抓烤烟生产，此外，在工业生产、乡镇企业、林业、牧业、矿业、水利、电力等方面做了大量工作，搞了许多调查研究，提了不少建议和意见，帮助和支持政府解决了一些关键问题。

第一节　听取和审议专项工作报告与计划预算报告

县九届人大常委会会议听取和审议县“一府两院”专项工作报告 24 项，计划预算报告 2 项。

县九届人大常委会听取和审议专项工作报告与计划预算报告一览表

表 11-6

时间	常委会会议	报告内容
1987 年 5 月 22 日	第一次会议	县政府关于“三夏”准备情况的汇报 县政府关于经济合同法实施情况和贯彻落实商标法、广告管理暂行条例的情况汇报
1987 年 7 月 30 日	第二次会议	县政府关于 1987 年上半年财政预算执行情况汇报 县政府关于认真贯彻全国人大常委会《关于加强法制教育维护安定团结的决定》情况的汇报 县政府关于九届人大一次会议代表提案办理情况的汇报 县法院关于处理积案情况的汇报
1987 年 9 月 21 日	第三次会议	县政府关于农村总体规划的报告 县政府关于灵寿县教育改革情况的汇报 县政府贯彻执行治安管理处罚条例情况的汇报
1987 年 11 月 25 日	第四次会议	县政府关于工商企业改革情况汇报 县政府关于乡镇企业发展情况汇报 县政府关于扶贫工作情况汇报 县政府关于县九届一次人代会代表提案办理结果的汇报
1988 年 1 月 26 日	第五次会议	县政府关于贯彻执行计量法情况的汇报 县政府关于物价管理情况的汇报 县政府关于追加 1987 年财政支出预算的请示
1988 年 4 月 26 日	第七次会议	县政府关于 1988 年第一季度工作情况和第二季度工作设想及热电厂筹建情况的汇报
1988 年 6 月 9 日	第八次会议	县政府关于“三夏”服务工作安排情况的汇报

续表 11-6

时间	常委会会议	报告内容
1988 年 8 月 25 日	第九次会议	县政府关于贯彻执行土地管理法情况的汇报 县政府关于严格控制乱收费措施的汇报 县政府关于贯彻执行矿产资源法情况的汇报
1988 年 10 月 25 日	第十次会议	县政府关于物价检查情况的汇报 县政府关于贯彻执行婚姻法情况的汇报
1988 年 12 月 21 日	第十一次会议	县政府关于治理经济环境，整顿经济秩序情况的汇报 县政府关于灵寿县 1988 年主要建设项目情况的汇报 县政府关于当前灵寿县社会治安情况的汇报

第二节　法律法规实施情况的检查

县九届人大常委会共组织开展执法检查 7 次。

1987 年 6 月 26 日至 28 日，受县人大常委会委托，县人大常委会副主任樊春生带领检查组，对《经济合同法》贯彻执行情况进行检查。

1987 年 7 月，组织部分县人大代表对“三镇”《中华人民共和国食品卫生法》贯彻执行情况进行了视察监督。责成政府对违法的单位和个人进行处罚。

1987 年 8 月，对《中华人民共和国经济合同法》和《中华人民共和国婚姻法》执行情况开展监督。抽查 500 份经济合同。发现有 495 份合同书不符合法律要求；抽查法院办理的 I1 份合同纠纷案例中，有 6 份是君子协议，还有诈骗合同。据此建议政府举办全县规模的经济合同法训练班，联系实际进一步学习经济合同法，提高广大干部、业务人员和群众对经济合同法的认识。根据贯彻执行婚姻法当中存在的问题，向政府提出六点建议。

1988 年 8 月 10—13 日，为了进一步贯彻执行《中华人民共和国土地管理法》和《河北省土地管理条例》，由人大常委会副主任马俊义牵头，土地局、法院等部门组成调查组，深入狗台、岔头、慈峪“两乡一镇”及县信访办进行了调查。把解决土地问题的过程，变为普法教育的过程，边学习，边宣传，边解决问题，使广大干部群众懂法、守法，增强法制观念，提高执法自觉性，进一步落实土地管理法，做好确权发证，稳定社会秩序，促进经济工作的发展。

1988 年 8 月初，为了解《中华人民共和国矿产资源法》和《河北省集体矿山企业和个体采矿管理条例》贯彻执行情况，由县人大常委会副主任樊春生带队组织经济科工作人员，在矿业、乡镇企业、黄金局的配合下，深入新开、北庄、团泊口、宅头、南营等乡和县直有关单位，就灵寿县矿产资源的勘探、开发、利用情况进行了调查。通过勘探基本摸清了底数，编制了《灵寿县矿产资源分布图》《地质图》《金矿异常远景图》及《说明书》。

1988 年 9 月，县人大常委会对 21 个单位的普法、执法情况进行了视察，发现有些部门和单位存在只注重学习本部门的法，对“十法一例”没有进行系统学习的问题。人大常委会向县委提出要扎扎实实学习法律的三条建议。县人大常委会在9月、12月组织了两次普法汇报，参加这两次汇报的共有57个单位，在汇报中，同时检查了单位领导的学习笔记。

1988年9月上旬，为使《中华人民共和国义务教育法》和《河北省普及义务教育条例》在灵寿县得到更好的贯彻实施，根据冀人常办〔1988〕95号文件要求，灵寿县人大常委会对全县普及九年义务教育情况进行了一次检查。县人大常委会作出了《贯彻义务教育法的决议》，学龄前儿童入学率达到99%，普及初中教育工作已按规划实施，小学升入初中入学率达84.5%，全县158所学校实现了“一无两有”，有3所小学普及了三类仪器标准，12所小学，10所乡中达到了一类标准，另外还发展了电化教育，电教点发展到15个，位于地区的先进行列，县师范电教室在全省居上流。

第三节　视察调查

县九届人大常委会共组织开展视察调查活动14次。

1987年5月8日、9日和11日，县人大常委会对山区宅头、丘陵营村和平原北洼三个乡的“一抗两保”和三夏准备情况进行了调查。

1987年6月26日至27日，县人大常委会带领部分委员对城关、慈峪、陈庄三个镇和横山岭、燕川两个水库进行了视察。

1987年7月2日至9日，县人大常委会对化肥厂、拖拉机厂、棉织厂、采矿厂、大理石工艺厂等单位“双增双节”工作的开展情况进行了调查，并向政府提出建议：不仅抓节支更重要的是抓增收、抓大厂、抓关键问题。

1987年11月，县人大常委会组织人员视察了西托、谭庄、陈庄等乡镇的企业发展情况，听取县政府关于乡镇企业发展情况的汇报。针对灵寿县乡镇企业发展不平衡的问题，向政府提出进一步解放思想、狠抓微利和亏损企业，大搞横向联合，抓好村办集体企业等几点建议。

1987年8月7日至24日，县人大常委会对1986年220万扶贫款的发放、落实和使用情况，逐村逐项目地进行了调查，11月份，听取政府关于扶贫工作的情况汇报，重点是听取第二批扶贫款（850万元）发放、使用情况的汇报，通过调查和听汇报，大家认为灵寿县扶贫工作形势较好，对有些地方扶贫款发放迟缓，有些资金未用到贫困乡、村、户等问题，转给了政府，政府及时作了处理。此外，还协助政府抓了“一抗双保”、“三夏”、计划生育等工作。

1987年9月10日至15日，县人大常委会对除岔头乡外的27个乡镇，5所县办中学教改情况进行调查。

1988年8月上旬，在政府办、物价局、工商局配合下，对全县党政机关，事业单位收费情况进行了初步摸底调查。这次共调查了42个党政机关、事业单位，其中有收费项目的单位34个，共计收费项目171项（23个法律允许罚款除外）。这些收费项目中，有省以上文件规定允许收的97项，占总数的56.7%；没有省以上文件规定的74项，占总数的43.3%。根据初步调查情况提出三点建议：一是除有国务院、省政府文件批准，物价局办理了批准收费手续的单位可以收费外，各单位自定政策收费的应压缩；二是各种证件只准收工本费，不准从中渔利；三是对于职能范围内的事，应无偿地为人民服务，决不能把业务变成公司的职能，作为有偿服务。

1988年8月下旬，县人大常委会组织调查组，深入青同、护驾疃乡水泥厂，就技术改造及生产情况进行了调查。

1988年11月24日，为落实地区山建会议精神。县人大组织调查组，分别深入宅南乡瓦房台、新开乡芝麻沟就两个村林业生产情况进行了调查。

1988年11月24日，为促进山区畜牧业发展，县人大组织调查组，分别深入北庄乡东庄窝村、宅南乡瓦房台村，新开乡芝麻沟村就家畜发展情况进行了调查建议政府和主管部门。除抓好畜种改良，加强饲养管理，搞好防疫灭病以外，应突出解决好以下三个问题：一是摆正林牧关系。二是提倡开展严防一业挤掉另一业。三是大力提倡山区养猪大户的发展，推广东庄窝村自繁自养，群猪常年放牧的经验，使山区人民尽快脱贫致富。

1989年5月，由人大常委会两名主任带队，深入三圣院、北洼、护驾疃、岔头、燕川等五个乡，就1989年三夏准备情况进行了调查，其间，专门听取农机局、物资局、电力局、生产公司三夏支农物资准备情况并提出四点建议。

1989年7月25日、27日，为加强市场管理，搞好环境卫生，由县人大常委会副主任何增兰带领驻会委员，分别对灵寿、慈峪两镇市场管理、环境卫生进行了视察。视察时当场解决4个问题，向县政府提出三点建议。

1989年8月中旬，为认真贯彻党的十三届四中全会精神，坚持四项基本原则，反对资产阶级自由化清除精神污染，县人大常委会根据省人大常委会要求，8月中旬召开了广播电视、文教、公安、工商等部门主要领导参加的座谈会，就目前全县文化市场管理情况进行了深入细致地调查。

1989年8月下旬，为认真贯彻党的十三届四中全会精神，全面贯彻党的教育方针，在听取政府有关部门汇报的基础上，会同文教局及有关乡镇负责人，深入陈庄、慈峪、灵寿三镇中小学及县办三所高中，就灵寿县学校的德育工作，进行了认真调查。

第四节 代表评议工作

1989年7月上旬，县人大常委会以人大机关干部参加和委托乡镇人大联组长相结合的方法，对县人大代表进行了普访。普访的主要内容是评议县政府上半年工作，提出下半年工作建议。代表们普遍认为，县政府上半年作了大量工作，取得了显著成绩，尤其是对种植烤烟，小麦生产双超历史，迅速完成夏粮入库、教育集资、消灭危房等工作表示满意。

第六章　决议决定

县九届人大及其常委会紧紧围绕经济建设、改革开放、民主法制建设和人民群众关心的热点问题，依法行使重大事项决定权，先后作出决议决定 17 项。

第一节　作出决议决定

一、县九届人大历次会议作出决议决定情况

灵寿县第九届人民代表大会共作出决议决定 17 项。

县九届人大历次会议决议决定一览表

表 11-7

时间	会次	名称
1987 年 4 月 22 日	一次会议	关于灵寿县政府工作报告的决议 关于灵寿县国民经济和社会发展第七个五年计划的决议（草案） 关于 1986 年财政决算和 1987 年财政预算的决议 关于灵寿县人大常委会工作报告的决议 关于灵寿县人民法院工作报告的决议 关于灵寿县人民检察院工作报告的决议
1988 年 3 月 7 日	二次会议	关于灵寿县政府工作报告的决议 关于 1987 年财政决算和 1988 年财政预算的决议 关于灵寿县人大常委会工作报告的决议 关于灵寿县人民法院工作报告的决议 关于灵寿县人民检察院工作报告的决议
1989 年 3 月 13 日	三次会议	关于灵寿县人民政府工作报告的决议 关于 1988 年财政决算和 1989 年财政预算的决议 关于灵寿县人大常委会工作报告的决议 关于灵寿县人民法院工作报告的决议 关于灵寿县人民检察院工作报告的决议 关于加强农业的决定

二、县九届人大常委会历次会议作出决议决定情况

县九届人大常委会作出决议决定 3 项（不含人事任免事项）。

县九届人大常委会决议决定一览表

表 11-8

时间	会次	名称
1988 年 1 月 26 日	第五次	关于召开灵寿县第九届人民代表大会第二次会议的决定
1989 年 3 月 3 日	第十三次	关于召开灵寿县第九届人民代表大会第三次会议的决定
1989 年 10 月 12 日	第十九次	关于发动全县人民认真学习江泽民国庆重要讲话的决定

第二节　决议决定选介

关于加强农业的决定

《灵寿县第九届人民代表大会关于加强农业的决定》(以下简称《决定》)，于 1989 年 3 月 15 日县九届人民代表大会第三次会议通过。

《决定》从提高对农业重要性的认识；进一步深化农村改革，用政策调动农民的积极性；增加农业投入，改善农业生产条件；贯彻“科技立县”战略，充分发挥科学技术在农业发展中的作用；搞好主要生产资料的供应；切实抓好林业生产；积极发展畜牧业生产；在治理整顿中积极发展乡镇企业；充实领导力量，切实加强对农业的领导等九个方面提出具体要求，有力促进了农业稳定发展。

第七章　选举任免

县九届人大常委会正确地行使任免权，为了保证任免干部的质量，按照“四化”条件严格把关，要求报请任免单位详细介绍被任免干部情况。同时，改进了颁发任命书的办法，对决定任命的县政府各局长，由人大常委会主任同他们谈话后，当面颁发任命书，以增强其为人民掌好权、用好权的责任感。

第一节　常委会选举任免情况

1987 年 5 月 22 日，灵寿县第九届人民代表大会常务委员会第一次会议，通过县人民政府、县人民法院相关人事任免事项。

决定任命：

杨从彩为灵寿县人民政府办公室主任
何学勤为灵寿县民政局局长
马富春为灵寿县公安局局长
黄一德为灵寿县劳动人事局局长
田庆双为灵寿县统计局局长
付嗣畔为灵寿县工商局局长
付嗣泽为灵寿县财政局局长
曹兰计为灵寿县税务局局长
辛丑娃为灵寿县商业局局长
董学宏为灵寿县粮食局局长
杨庆发为灵寿县审计局局长
边保玉为灵寿县交通局局长
马兰山为灵寿县卫生局局长
王令来为灵寿县物价局局长
左金祥为灵寿县水利局局长
吴拴来为灵寿县农业局局长
王美荣为灵寿县林业局局长

孙贵良为灵寿县乡镇企业局局长
耿正龙为灵寿县文教局局长
尹云为灵寿县广播电视局局长
孟庆华为灵寿县城建局局长
贾文宽为灵寿县矿业局局长
丁树庆为灵寿县计委主任
杨恩喜为灵寿县经委主任
张进圈为灵寿县体委主任
武双喜为灵寿县计划生育委员会主任
刘学廷为灵寿县地震办公室主任
郑顺发为灵寿县经济技术协作办公室主任
陆礼荣为灵寿县科委主任

免去：

周克玉的灵寿县人民法院副院长职务

任命：

李清玉为灵寿县人民法院副院长，审判委员会委员
孙景志为灵寿县人民法院民事审判庭审判员
宋泽田为灵寿县人民检察院检察委员会委员
齐进林为灵寿县人民检察院检察员

1987年7月30日，灵寿县第九届人民代表大会常务委员会第二次会议，通过县人民政府相关人事任免事项。

决定任命：

武双振为灵寿县计量局局长
秘皂保为灵寿县土地管理局局长

1988年1月26日，灵寿县第九届人民代表大会常务委员会第五次会议，通过县人民政府相关人事任免事项。

决定免去：

花根章的灵寿县人民政府副县长职务
杨从彩的灵寿县人民政府办公室主任职务
王令来的灵寿县物价管理局局长职务
曹兰计的灵寿县税务局局长职务
孟庆华的灵寿县城乡建设局局长职务

决定任命：

杨从彩为灵寿县人民政府副县长

侯庆生为灵寿县税务局局长

曹兰计为灵寿县物价管理局局长

程俊勤为灵寿县城乡建设局局长

白维勤为灵寿县畜牧局局长

胡秉锡为灵寿县司法局局长

1988 年 3 月 6 日，灵寿县第九届人民代表大会常务委员会第六次会议，通过县人民政府相关人事任免事项。

决定任命：

董双虎为灵寿县人民政府办公室主任

1988 年 4 月 26 日，灵寿县第九届人民代表大会常务委员会第七次会议，通过县人民政府、县人民法院相关人事任免事项。

决定免去：

王梅荣的灵寿县林业局局长职务

决定任命：

刘芳云为灵寿县林业局局长

周书辰为灵寿县人民法院执行庭副庭长

1988 年 6 月 9 日，灵寿县第九届人民代表大会常务委员会第八次会议，通过县人大常委会、县人民政府相关人事任免事项。

免去：

彭志辉的灵寿县人大常委会办公室副主任职务

决定任命：

管茂华为灵寿县人民政府副县长

房德杰为灵寿县监察局局长

李双平为灵寿县人大常委会办公室副主任

1988 年 8 月 25 日，灵寿县第九届人民代表大会常务委员会第九次会议，通过县人民法院、县人民检察院相关人事任免事项。

免去：

董占海的灵寿县人民法院刑事庭庭长

刘清振的为灵寿县人民法院慈峪法庭副庭长

任命：

张守礼为灵寿县人民检察院检察委员会委员

刘新国为灵寿县人民检察院检察员

李建亮为灵寿县人民检察院检察员

董占海为灵寿县人民法院告诉申诉庭庭长

罗均平为灵寿县人民法院刑事庭副庭长

白继华为灵寿县人民法院陈庄法庭审判员

1988 年 10 月 25 日，灵寿县第九届人民代表大会常务委员会第十次会议，通过县人民政府相关人事任免事项。

决定任命：

严聚会为灵寿县人民政府副县长

1989 年 3 月 13 日，灵寿县第九届人民代表大会常务委员会第十四次会议，通过县人大常委会、县人民政府相关人事任免事项。

免去：

杨祥林的灵寿县人大常委会财政经济科科长职务

任命：

杨祥林为灵寿县人大常委会代表联系工作科科长

高敬良为灵寿县人大常委会财政经济科科长

决定免去：

侯庆生的灵寿县税务局局长的职务

决定任命：

贾春锋为灵寿县税务局局长

1989 年 5 月 25 日，灵寿县第九届人民代表大会常务委员会第十五次会议，通过县人大常委会相关人事任免事项。

任命：

刘志林为灵寿县人大常委会办公室副主任

1989 年 7 月 28 日，灵寿县第九届人民代表大会常务委员会第十七次会议，通过县人民法院相关人事任免事项。

任命：

曹云社为灵寿县人民法院慈峪法庭副庭长

1989 年 9 月 25 日，灵寿县第九届人民代表大会常务委员会第十八次会议，通过县人大常委会、县人民政府、县人民检察院相关人事任免事项。

免去：

刘志林的灵寿县人大常委会办公室副主任职务

白庭文的灵寿县人民检察院检察员职务

任命：

刘志林为灵寿县人大常委会财政经济科副科长

刘玉敏为灵寿县人大常委会办公室副主任

田双群为灵寿县人大常委会科教文卫科副科长

宋瑞山为灵寿县人民检察院检察员

焦勤明为灵寿县人民检察院检察员

何秉雪为灵寿县人民检察院检察员

辛明珍为灵寿县人民检察院检察员

决定免去：

程俊勤的灵寿县城乡建设局局长职务

决定任命：

罗中锋为灵寿县城乡建设局局长

1989 年 11 月 22 日，灵寿县第九届人民代表大会常务委员会第二十次会议，通过县人民政府、县人民法院相关人事任免事项。

决定免去：

解建新的灵寿县人民政府副县长职务

严聚会的灵寿县人民政府副县长职务

决定任命：

葛学铭为灵寿县人民政府副县长

免去：

罗平均的灵寿县人民法院刑事审判庭副庭长职务

胡树林的灵寿县人民法院城关法庭庭长职务

高秉山的灵寿县人民法院城关法庭副庭长职务

陈龙彪的灵寿县人民法院青同法庭副庭长职务

安廷玉的灵寿县人民法院青同法庭庭长职务

周书辰的灵寿县人民法院执行庭副庭长职务

马秀魁的灵寿县人民法院慈峪法庭庭长职务

王瑞平的灵寿县人民法院民事庭副庭长职务

任命：

罗均平为灵寿县人民法院刑事审判庭庭长

胡树林为灵寿县人民法院行政审判庭庭长

高秉山为灵寿县人民法院城关法庭庭长

陈龙彪为灵寿县人民法院三圣院法庭庭长

安廷玉为灵寿县人民法院西托法庭庭长

周书辰为灵寿县人民法院青同法庭庭长

马秀魁为灵寿县人民法院营村法庭庭长

董运飞为灵寿县人民法院宅头法庭庭长

吴昌庆为灵寿县人民法院北洼法庭庭长

罗银锁为灵寿县人民法院团泊口法庭庭长

王瑞平为灵寿县人民法院行政审判庭副庭长

余平均为灵寿县人民法院燕川法庭副庭长

马守良为灵寿县人民法院牛城法庭审判员

1990年2月7日，灵寿县第九届人民代表大会常务委员会第二十二次会议，通过县人民政府相关人事任免事项。

决定任命：

郝建英为灵寿县人民政府副县长

1990年3月17日九届人大常委会第二十三次会议研究，对县选举委员会成员进行了调整，其组成人员如下：主任：刘清芳，副主任：赵学敏、秦集中、栗士彦、宿振双。委员：樊春生、牛全芳、何增兰、杭承贤、马俊义、兰树来、赵清彬、吴拴来、李翠英、苏连春、宋贲、侯庆和、黄一德、何学勤、尹治汉、吴正育。

1990年3月17日，灵寿县第九届人民代表大会常务委员会第二十三次会议，通过县人大常委会、县人民政府、县人民法院、县人民检察院相关人事任免事项。

免去：

刘根来的灵寿县人大常委会政治法律科科长职务

左文臣的灵寿县人大常委会科教文卫科科长职务

李清玉的灵寿县人民法院副院长职务

苗贵良的灵寿县人民法院副院长职务

罗均平的灵寿县人民法院刑事审判庭庭长职务

胡树林的灵寿县人民法院行政审判庭庭长职务

任命：

李清玉为灵寿县人大常委会政治法律科科长

尹云为灵寿县人大常委会科教文卫科科长

程永峰为灵寿县人大常委会代表联系科科长
罗均平为灵寿县人民法院副院长
李同来为灵寿县人民法院副院长
宋泽田为灵寿县人民检察院副检察长

决定免去：

黄一德的灵寿县劳动人事局局长职务
吴拴来的灵寿县农业局局长职务
贾文宽的灵寿县矿业局局长职务
尹云的灵寿县广播电视局局长职务

决定任命：

赵学敏为灵寿县人民政府副县长
刘兵锡为灵寿县劳动人事局局长
苏福贵为灵寿县农业局局长
付加宾为灵寿县矿业局局长
霍文慧为灵寿县广播电视局局长
冯荣昌为灵寿县文化局局长
赵学敏为灵寿县人民政府代理县长

第二节　常委会接受辞职情况

1989 年 3 月 3 日，县九届人大常委会第十三次会议接受罗华远辞去灵寿县第九届人民代表大会常务委员会委员职务。

1990 年 3 月 17 日，县九届人大常委会第二十三次会议，接受何欣辞去灵寿县人民政府县长职务的请求。

第八章　机关工作

第一节　自身建设

县九届人大常委会从思想建设、组织建设、制度建设和作风建设等方面，不断加强自身建设，进一步提高常委会全体人员和工作人员的政治和业务素质。

在思想建设上，注意抓常委会人员的学习。在学习方法上，一是采取个人制定学习计划和内容，自学为主，集中讨论，交流为辅的方法。二是利用机关学习日，认真学习马列主义、毛泽东思想。在自身学习中央文件及邓小平同志重要讲话的基础上，县人大常委会向全县人大代表发了一封信，发动代表带动全县人民认真学习，还作出《关于发动全县人民认真学习江泽民国庆重要讲话的决定》，通过学习，统一了思想，提高了觉悟，增强了同党中央保持一致的自觉性。

在组织建设方面，建立了代表联系工作科，配备了科长，调入了 3 名副科长，调入和借调了 4 名工作人员，增添了新鲜血液，保证了工作的顺利开展。

在加强制度建设方面，为使人大常委会的各项制度经常化、规范化，相继制定了《灵寿县人大常委会实施监督办法》《灵寿县人大常委会议事规则》《灵寿县人大常委会人事任免暂行办法》等，树立了按制度办事的思想。

在工作作风上，为有效地克服官僚主义和提高办事效率，人大领导带头同科室人员不断深入基层，开展调查研究，虚心听取群众意见，接受人民监督，积极为治理整顿、深化改革、振兴灵寿县经济做好各项服务工作。

第二节　宣传工作

县九届人大常委会把宣传党的十三大精神、宪法和法律法规、人民代表大会制度作为宣传工作的首要任务，坚持将人大宣传工作和全局工作统筹计划，综合安排，充分展示了县人大常委会机关的良好形象。

1988 年，县人大常委会开办《人大工作通信》，人大常委会要求一定要把学习党的十三大文件当作 1988 年的首要任务，要反复学习中共中央关于社会主义民主政治建设的论述，深刻领会其精神实质，不仅要通读全文，而且重点学好有关政治体制改革和人民代表大会制度建设的章节。全体人大代表和人大常委会组成人员及机关工作人员，除自身联系实际认真学习好党的十三大文件外，还要号召和带动全县人民共同学、认真悟。

1989 年，人大常委会全体认真学习十三届三中全会精神，还积极组织县乡代表和乡镇代表联组学习，领会其精神实质，保证党中央制定的方针、政策和法律法规的贯彻执行。

第三节　信访工作

县九届人大常委会认真受理人民群众的申诉和控告，维护人民群众的合法权益，一直把受理人民群众的申诉和控告作为一项日常工作来抓，建立了信访接待室，明确了受理申诉范围、办案程序和方法，健全了工作制度。共受理来信来访 478 人次，对这些申诉和控告，本着既不失职，又不越权的原则，认真受理，加以催办。

第 十 二 篇

灵寿县第十届人民代表大会

（1990 年 4 月至 1993 年 3 月）

第一章　党的领导

灵寿县第十届人民代表大会及其常委会，认真贯彻党的各项方针政策，紧紧围绕经济建设中心，积极履行《中华人民共和国宪法》和法律赋予的各项职权，充分发扬民主、严格依法办事，努力发挥权力机关的作用，进一步完善和发展民主政治和法制建设，为全县的两个文明建设做出积极贡献。

县人大常委会党组坚持重大事项向县委请示报告制度，坚持在县委领导下发挥人大的民主决策作用。1990 年，县人大常委会起草《灵寿县人大常委会关于同人大代表联系和人大代表与选民联系的暂行规定》，报经县委同意后县十届人大常委会第三次会议通过。为推动工作开展，县委又印发《关于贯彻执行〈灵寿县人大常委会关于同人大代表联系和人大代表与选民联系的暂行规定〉的通知》，对此工作提出明确要求。1991 年，县人大常委会党组向县委提出《关于组织人大代表评议乡镇基层单位的意见》，县委十分重视，批转县人大常委会党组的意见，并成立由县委、人大、政府、纪检委领导参加的评议领导小组，确保评议的健康顺利进行。县人大常委会党组还向县委汇报了省委人大工作会议主要精神，并提出在全县学习贯彻的意见，1991 年 1 月底召开了县委人大工作会议。1992 年，根据省地委文件精神和灵寿县的实际情况，县委转发县人大常委会党组关于开展评议“两院一局”工作的实施方案，并成立由县委副书记宿振双为组长，县人大常委会主任栗士彦，副主任樊春生、钱少宗、赵清彬、吴拴来、李翠英，常务副县长徐儒珍，副县长杨从彩、郝建英为副组长的领导小组，由县人大常委会组织代表对县人民法院、县人民检察院和县卫生局进行评议。此外，县委还转发县人大常委会《关于村民代表会建设的实施方案》。

认真贯彻落实省委和地委人大工作会议精神。1991 年 1 月 18 日，县人大党组向县委汇报了省、地委人大工作会议精神，并提出改进县人大工作的意见，县委十分重视，于 1 月 31 日召开了县委人大工作会议，各乡镇党委书记、人大主席团常务主席、县直股级以上干部共计 200 余人参加了会议。会上，县人大常委会主任栗士彦传达了省委人大工作会议主要精神，县委书记刘清芳作了大力加强和改善县人大工作的讲话，县委副书记、县长赵学敏代表县政府就如何接受县人大的监督讲了意见。1992 年 3 月召开的十届人大二次会议预备会议上，又向全体代表传达了省、地委人大工作会议主要精神。通过分层次地深入传达贯彻，进一步提高了广大干部对人民代表大会制度的认识，增强了坚持和完善人民代表大会制度的信心和决心。

党的组织机构

中共灵寿县人大常委会党组

书　记：栗士彦（1990 年 4 月至 1993 年 3 月）

副书记：樊春生（1990 年 4 月至 1993 年 3 月）

　　　　钱少宗（1991 年 3 月至 1993 年 3 月）

成　员：兰树来（1990 年 4 月至 1993 年 3 月）

　　　　赵清彬（1990 年 4 月至 1993 年 3 月）

　　　　吴拴来（1990 年 4 月至 1993 年 3 月）

　　　　李翠英（1990 年 4 月至 1993 年 3 月）

　　　　张庆年（1990 年 4 月至 1991 年 1 月）

　　　　李清玉（1990 年 4 月至 1993 年 3 月）

第二章　人大代表

灵寿县第十届人民代表大会代表名额198名。1990年4月，召开县十届人大一次会议时实有代表194名。县十届人大常委会高度重视代表工作，始终将代表工作作为基础性工作来抓。注重加强代表依法履职和专业化培训，不断提高代表依法履职水平。制定《灵寿县人大常委会关于同人大代表联系和人大代表与选民联系的暂行规定》，进一步密切常委会同人大代表、人民群众的联系，增强代表履职意识，提高常委会议事决策水平和工作质量。积极组织代表开展各项活动，制定《灵寿县人大代表视察试行办法》，在实践中不断提高其代表意识和参政水平。

第一节　选举产生

灵寿县第十届人民代表大会代表的选举产生

根据《河北省县、乡两级人民代表大会选举实施细则》，确定县第十届人民代表大会代表名额为198名。

本届人民代表大会的换届选举从1990年2月10日开始到1990年4月14日结束，全县共划分125个选区，于1990年4月4日采取无记名投票方式进行了差额选举。经过全县187632名选民的投票选举，选举产生县十届人大代表194名。

经县九届人大常委会代表资格审查委员会审查，并经县九届人大常委会会议通过，确定194名代表的选举符合法律规定，代表资格全部有效。

在194名代表中，工人3名，占1.55%；农民109名，占56.19%；党政机关干部82名，占42.27%。在全部代表中，非中共党员代表54名，占27.84%；妇女代表42名，占21.65%。代表中具有大专以上文化程度的25名，占12.89%。

第二节　代表名单

灵寿县第十届人民代表大会代表名单

灵寿镇代表团

崔三白	郭金贵	罗红红（女）	侯喜和
罗均锁	高　英（女）	雷牛牛	吴庆然
祁全来	吴新合	吴正育	

三圣院乡代表团

郑丙兰	李更祥	杨金来	栗秀兰（女）
李文中	姚喜辰	李吉姐（女）	张书芹
刘喜军	韦春堂	刘银荣（女）	

北洼乡代表团

王锡录	郑风午	李清玉	陈牛牛
兰平均	王秀芹	祁白云	梁振山
王秀香（女）	吕香凤（女）		

西托乡代表团

康秋禄	张壬辰	赵清彬	梁荣秀（女）
吕喜珍（女）	孟宪昌	张锁芹	

中倾井乡代表团

刘喜贞	李翠英（女）	李喜发	彭军灵
苏安平	辛玉辰		

牛城乡代表团

郑振贵	孟荣堂	栗士彦	田宽顺
单位位（女）	赵双子		

狗台乡代表团

梁祖贝	田振书	尹　云	刘瑞瑞

李均平	杨云平（女）	苏冬来	尹国来

青同乡代表团

马志云	张同贵	程永峰	郑连山
程香粉（女）	曹卯妮	吴保林	

南寨乡代表团

程永寿	王双风	尚福祥	马正昆
张扁豆	罗俊和	彭秀英（女）	

护驾疃乡代表团

李树林	高敬良	马银合	白玉平（女）
王楼妮	赵均荣	董吉山	赵芳妮

马阜安乡代表团

罗玉川	时文照	任拴平	胡玉姐（女）
张瑞林			

中菅村乡代表团

卢志敏	袁学让	赵银山	傅连英（女）
曹贯辰	杨爱英（女）		

塔上乡代表团

朱丛和	刘老八	李长命	徐霄静（女）

慈峪镇代表团

王玉来	徐　林	尹喜荣（女）	马吉山
张千秋	时青菊（女）	刘明祥	

燕川乡代表团

胡书才	武际国	孙大保	白二景（女）
牛振国	刘连春		

刘庄乡代表团

靳秋福	柳良贵	李风祥	余东升

孙成梅（女）

柏山乡代表团

张家昌	祁登志	马保国	时国才
马风梅（女）	张梅菊（女）		

谭庄乡代表团

沈闹活	乔志伟	杨金刚	杨老模
杨新楼	刘芹妮（女）		

陈庄镇代表团

路化斌	吴拴来	付玉保	李　平（女）
周香元	赵秀平（女）		

新开乡代表团

赵福海	刘银芳	樊春生	周孟良
张金魁	许书花（女）		

北庄乡代表团

白文卓	杨银贵	任力荣（女）	张寿祥
侯士祥			

岔头乡代表团

于有贵	夏云山	何学勤	孙炳竹（女）
赵全贵	孙国进	周炳霞（女）	王长岭

寨南乡代表团

卢书臣	牛起山	付新国	杜庆平（女）

寨头乡代表团

祁生祥	王吉功	刘克玺	郑竹婷（女）
刘三来	申老三		

张家庄乡代表团

苏尚海	赵存海	刘昌福	刘元英（女）

团泊口乡代表团

马金山	刘　三	王国强	周志兰（女）

杨家台乡代表团

王国钦	江数九	祁兰瑞（女）

南营乡代表团

陈进良	高黑旦	王文国	王其秀（女）

县直代表团

秦集忠	冯俊谦	宿振双	赵学敏
葛学铭	董双虎	史　平（女）	兰树来
栗丕英	杭承贤	韩书英（女）	刘清芳
白秋喜	辛尚荣	冯建荣（女）	尹治汉
魏更芹	宋　贲		

县十届人大代表届中调整情况表

表 12-1

时间	终止情况	补选情况
1991 年	—	县直钱少宗
1992 年	调离：县直代表团秦集忠、葛学铭 去世：北洼乡代表团梁振山	县直代表团胡海江、徐儒珍，北洼乡代表团李银中

第三节　代表工作

一、提高代表履职能力

常委会始终把加强对代表的学习培训，提高代表能力素质作为代表工作的一项系统性工程来抓，常委会有计划、有目的地组织代表系统学习各种法律、法规，学习党的路线、方针、政策及其他人大知识，使代表更好地了解人大工作的程序和办法，不断提高他们依法履职能力。

二、加强与代表沟通联系

为进一步加强县人大常委会组成人员联系县人大代表和县人大代表联系人民群众工作，

1990年9月26日，县十届人大常委会第三次会议原则上通过《灵寿县人大常委会关于同人大代表联系和人大代表与选民联系的暂行规定》，增强代表履职意识，提高常委会议事决策水平和工作质量。坚持做好走访人大代表工作，三年来共普访代表6次，召开不同形式的座谈会72次，发放代表联系卡片580张，通过走访了解代表的工作和生活情况，向代表通报县人大常委会、“一府两院”的重点工作情况，认真听取代表意见和建议，密切了人大常委会与代表和选民的联系。

三、充分发挥代表作用

积极组织代表开展各项社会活动，在实践中培养其代表意识和参政水平。常委会组织开展了“选民评议人大代表，代表评选模范”活动，激励代表充分发挥先进作用。围绕常委会议题和群众关注的热点问题，组织代表开展视察调研，代表针对发现的问题提出意见和建议，充分调动了代表履职积极性。此外，根据常委会审议的议题，邀请有关代表列席常委会会议，讨论本县重大事项，激励其积极参政议政。

四、认真办理代表建议

代表建议办理情况

县十届人大一次会议，收到代表提出的建议、批评和意见40件。

县十届人大二次会议，收到代表提出的建议、批评和意见42件。

县十届人大三次会议，收到代表提出的建议、批评和意见49件。

县十届人大历年重点督办代表建议情况一览表

表12-2

年度	建议内容
1990年	关于建职工子弟学校的建议；关于在东岭建粮店的建议；关于在东岭建幼儿园的建议；关于解决水费涨价问题的建议；关于减轻农民负担的建议；关于修复南伍河南岭渠的建议；关于解决党家庄与常香边界纠纷的建议；关于采取措施保护山林问题的建议；关于及时发放扶贫款的建议；关于解决土岭金矿污水污染问题的建议；关于解决待业青年就业安排问题的建议；关于解决电力紧张问题的建议；关于转变领导干部作风问题的建议；关于解决南寨与西孙楼河滩纠纷问题的建议；关于解决杨家台矿泉水开发问题的建议；关于在资金上对教育给予大力支持的建议
1991年	关于加大社会治安综合治理力度的建议；关于制止学校乱收费问题的建议；关于大力发展集体企业，加强对个体企业管理的建议；关于发展农业，增强农业后劲的建议；关于加强集市管理的建议；关于整治公款吃喝问题的建议；关于制止机关厂矿打麻将问题的建议；关于加强慈峪－刘庄等道路的养护工作

续表 12-2

年度	建议内容
1992 年	关于加强县办工业和乡村企业经营管理的建议；关于加强对企业法的宣传贯彻力度的建议；关于进一步加强对企业审计工作的建议；关于以典型示范带动全县农业发展的建议；关于切实抓好农用物资和资金管理，增加对农业投入的建议；关于进一步做好农业社会化服务，特别是科技服务和农产品销售服务的建议；关于做好浇地管理与服务工作的建议；关于减轻农民负担及清理乱收费问题的建议；关于加强土地管理，加大农村非法建房乱占耕地、土地管理部门执法不严等问题整治力度的建议；关于加大对经济落后的乡村教育资金支持力度，减少课本以外读物收费，提高民办教师待遇等方面的建议；关于加快公路建设，加强公路养护维修的建议；关于兑现拖欠农民工施工费和树木赔偿款的建议；关于加强社会治安管理的建议；关于加强廉政建设，改进干部工作作风的建议；关于加强市场规划和管理的建议

第三章 人民代表大会

灵寿县第十届人民代表大会任期3年，自1990年4月至1993年3月，共召开3次会议。

县十届人大历次会议概况表

表12-3

会次	会议日期	议题（项）	听取报告（个）	决议决定（项）	选举表决（项）
第一次	1990年4月25日至28日	11	6	7	4
第二次	1991年3月10日至15日	7	5	6	1
第三次	1992年3月18日至21日	7	6	7	0

第一节 会议概况

一、县十届人大一次会议

1990年4月25日至28日，在灵寿县电影院召开。出席代表189人（应到194人）。会议听取和审议县人民政府代县长赵学敏作的《灵寿县人民政府工作报告》；听取和审议县计划经济委员会主任丁树庆作的《关于灵寿县今后三年国民经济和社会发展计划（草案）的报告》；听取和审议县财政局局长付嗣泽作的《灵寿县1989年财政决算和1990年财政预算（草案）的报告》；听取和审议县人大常委会副主任樊春生作的《灵寿县人民代表大会常务委员会工作报告》、县人民法院的《灵寿县人民法院工作报告》、县人民检察院的《灵寿县人民检察院工作报告》。会议通过相应决议。会议通过《关于盘活资金依法收贷的决议》。会议选举产生县人大常委会主任、副主任、委员，县人民政府县长、副县长，县人民法院院长，县人民检察院检察长（名单见本章第二节《会议选举》）。

这次会议，是在全县人民深入贯彻中共十三届四中、五中、六中全会精神和全国人大、省人大七届三次会议精神，进一步开展治理整顿和深化改革的形势下召开的一次会议。

二、县十届人大二次会议

1991 年 3 月 10 日至 15 日，在灵寿县电影院召开。出席代表 192 人（应到 195 人）。会议听取和审议县长赵学敏作的《灵寿县人民政府工作报告》；听取和审议县财政局受县政府委托作的《灵寿县 1990 年财政决算和 1991 年财政预算（草案）的报告》；听取和审议县人大常委会主任栗士彦作的《灵寿县人民代表大会常务委员会工作报告》、县人民法院院长刘墨华作的《灵寿县人民法院工作报告》、县人民检察院检察长杨金来作的《灵寿县人民检察院工作报告》。会议通过相应决议。会议通过《关于依法加强土地管理的决定》。会议通过接受吴正育辞去县人大常委会委员的请求，增选 1 名县人大常委会副主任（名单见本章第二节《会议选举》）。

三、县十届人大三次会议

1992 年 3 月 18 日至 21 日，在灵寿县电影院召开。出席代表 178 人（应到 195 人）。会议听取和审议县人民政府县长赵学敏作的《灵寿县人民政府工作报告》；听取和审议县计划委员会主任马正平作的《关于灵寿县 1991 年国民经济和社会发展计划执行情况与 1992 年国民经济和社会发展计划草案的报告》；听取和审议县财政局局长付嗣泽作的《关于灵寿县 1991 年财政预算执行情况和 1992 年财政预算草案的报告》；听取和审议县人大常委会主任栗士彦作的《灵寿县人民代表大会常务委员会工作报告》、县人民法院院长刘墨华作的《灵寿县人民法院工作报告》、县人民检察院检察长杨金来作的《灵寿县人民检察院工作报告》。会议通过相应决议。会议通过《关于巩固发展集体经济、完善农村承包合同管理的决定》。

这次会议，是在全县人民认真贯彻落实党的十三届七中、八中全会精神，团结奋斗，锐意进取，使灵寿经济建设全面回升和发展，各项工作迈上新台阶的形势下召开的一次会议。会议指出，1992 年是实施“八五”计划和十年规划的第二年，也是实现全县经济大发展的重要一年。全县要坚持以经济建设为中心，以调整结构、提高效益为重点，以科技进步为先导，以发展为主旋律，加大改革开放力度和跨度，大力加强农业，重点发展工业，放开搞活流通，加强基础建设，促进全县经济快速发展。在搞好经济建设的同时，坚持“两手抓”，切实加强精神文明建设，加快各项社会事业的发展，巩固和发展安定团结的政治局面。会议强调，1992 年的工作是艰巨的，一些新情况、新问题还会不断出现，全县人民要大胆解放思想，敢于改革开放，振奋精神，同心同德，励精图治，埋头苦干，努力完成各项任务，把全县的改革开放和经济建设推向一个新高潮。

第二节　会议选举

县人大常委会

主　任：

栗士彦　　1990 年 4 月县十届人大一次会议当选

副主任：

樊春生　　1990 年 4 月县十届人大一次会议当选
兰树来　　1990 年 4 月县十届人大一次会议当选
赵清彬　　1990 年 4 月县十届人大一次会议当选
吴拴来　　1990 年 4 月县十届人大一次会议当选
李翠英（女）1990 年 4 月县十届人大一次会议当选
杭承贤　　1990 年 4 月县十届人大一次会议当选
钱少宗　　1991 年 3 月县十届人大二次会议当选

委　员（县十届人大一次会议选举产生）：

尹　云	尹治汉	傅连英（女）	吴正育
李清玉	栗丕英	栗秀兰（女）	高敬良
程永峰	魏更芹		

届中调整情况：

吴正育，1991 年 3 月，县十届人大二次会议通过接受吴正育辞去县人大常委会委员的请求。

县人民政府

县　长：

赵学敏　　1990 年 4 月县十届人大一次会议当选

副县长：

葛学铭　　1990 年 4 月县十届人大一次会议当选
钱少宗　　1990 年 4 月县十届人大一次会议当选
张占义　　1990 年 4 月县十届人大一次会议当选
杨从彩　　1990 年 4 月县十届人大一次会议当选
郝建英（女）1990 年 4 月县十届人大一次会议当选
管茂华　　1990 年 4 月县十届人大一次会议当选

届中调整情况：

聂振邦，1991 年 1 月 30 日，县十届人大常委会第六次会议决定任命其为灵寿县人民政府副县长；1992 年 1 月 16 日，在县十届人大常委会第十三次会议上辞去兼任灵寿县人民政府副县长职务。

雷连辰，1991 年 2 月 22 日，县十届人大常委会第七次会议决定任命其为灵寿县人民政府副县长。

贾春峰，1991 年 2 月 22 日，县十届人大常委会第七次会议决定任命其为灵寿县人民政府副县长。

钱少宗，1991 年 2 月 22 日，在县十届人大常委会第七次会议上辞去灵寿县人民政府副县长职务。

尹立敏，1991年7月10日，县十届人大常委会第十次会议决定任命其为灵寿县人民政府副县长；1991年11月15日，在县十届人大常委会第十二次会议上辞去灵寿县人民政府副县长职务。

葛学铭，1991年7月10日，在县十届人大常委会第十次会议上辞去灵寿县人民政府副县长职务。

宋源生，1992年1月16日，县十届人大常委会第十三次会议决定任命其兼任灵寿县人民政府副县长；1992年12月25日，县十届人大常委会第十九次会议决定免去其兼任的灵寿县人民政府副县长职务。

管茂华，1992年1月16日，在县十届人大常委会第十三次会议上辞去灵寿县人民政府科技副县长职务。

张占义，1992年7月30日，县十届人大常委会第十六次会议决定免去其灵寿县人民政府副县长职务。

龙大伟，1992年10月7日，县十届人大常委会第十七次会议决定任命其为灵寿县人民政府副县长（挂职）。

赵景春，1992年12月25日，县十届人大常委会第十九次会议决定任命其为灵寿县人民政府副县长。

纪国刚，1992年12月25日，县十届人大常委会第十九次会议决定任命其兼任灵寿县人民政府副县长。

赵克林，1993年1月4日，县十届人大常委会第二十次会议决定任命其为灵寿县人民政府副县长。

杜占贞，1993年3月8日，县十届人大常委会第二十二次会议决定任命其为灵寿县人民政府副县长。

县人民法院

院　长：

刘墨华　　1990年4月县十届人大一次会议当选

届中调整情况：

刘墨华，1993年1月4日，在县十届人大常委会第二十次会议上辞去灵寿县人民法院院长职务。

县人民检察院

检察长：

杨金来　　1990年4月县十届人大一次会议当选

链接：县十届人大常委会主任简历

栗士彦，男，1934年出生，汉族，中共党员，灵寿县王阜安村人。历任正定县辛安村中学教师、教导处主任；正定县刁桥公社组监委员；正定县二十里铺公社党委副书记；正定县曲阳桥公社党委书记；正定县曲阳桥公社靠边站；正定县曹村公社常委副主任；正定县曹村公社党委书记；石家庄地委组织部干事；行唐县委常委、组织部部长；行唐县委副书记；无极县委副书记；灵寿县委副书记；灵寿县委副书记、政协主席；灵寿县十届人大常委会主任、党组书记。

第三节　会议组织

一、县十届人大一次会议

（一）大会主席团和秘书长

主席团：

尹　云	尹治汉	傅连英（女）	兰树来
刘清芳	吴正育	吴拴来	李清玉
李翠英（女）	宋　贲	杭承贤	赵学敏
赵清彬	栗士彦	栗丕英	栗秀兰（女）
秦集忠	高敬良	宿振双	程永峰
葛学铭	樊春生	魏更芹	

秘书长：樊春生（兼）

（二）大会主席团常务主席

栗士彦	樊春生	兰树来	赵清彬
吴拴来	李翠英（女）	杭承贤	

（三）大会议案审查委员会

主任委员：吴拴来

副主任委员：葛学铭　李翠英（女）

委　　员：高敬良　程永峰

二、县十届人大二次会议

（一）大会主席团和秘书长

主席团：

尹　云	尹治汉	傅连英（女）	兰树来
刘清芳	吴拴来	李清玉	李翠英（女）
宋　贲	杭承贤	赵清彬	栗士彦
钱少宗	栗丕英	栗秀兰（女）	秦集忠
高敬良	宿振双	程永峰	樊春生

魏更芹

秘书长：赵清彬（兼）

（二）大会主席团常务主席

栗士彦	樊春生	兰树来	赵清彬
吴拴来	李翠英（女）	杭承贤	

（三）大会议案审查委员会

主 任 委 员：吴拴来

副主任委员：葛学铭　李翠英（女）

委　　　员：高敬良　程永峰

三、县十届人大三次会议

（一）大会主席团和秘书长

主席团：

尹　云	尹治汉	傅连英（女）	兰树来
刘清芳	吴拴来	李清玉	李翠英（女）
宋　贲	杭承贤	胡海江	赵清彬
栗士彦	钱少宗	栗丕英	栗秀兰（女）
高敬良	宿振双	程永峰	樊春生
魏更芹			

秘书长：钱少宗（兼）

（二）大会主席团常务主席

栗士彦	樊春生	钱少宗	兰树来
赵清彬	吴拴来	李翠英（女）	杭承贤

（三）大会议案审查委员会

主 任 委 员：吴拴来

副主任委员：徐儒珍　李翠英（女）

委　　　员：高敬良　程永峰

第四章　人民代表大会常务委员会

县十届人大常委会坚持党的基本路线，坚持以经济建设为中心，深化改革，进一步发扬社会主义民主，健全社会主义法制，大力推进全县民主政治建设，解放思想，开拓进取，为促进全县经济发展及政治稳定发挥了积极作用。

第一节　常委会会议

第一次会议　1990年5月28日召开，县人大常委会主任栗士彦，副主任樊春生、兰树来、赵清彬、吴拴来及9名委员出席会议。县人大党组顾问牛全芳、何增兰、马俊义，县人民法院副院长罗均平、县人民检察院副检察长白进增列席会议。会上，县人大常委会主任栗士彦、副主任樊春生传达了全区县乡人代会换届选举工作交流会会议精神，重点学习了地委书记王满秋、副书记李国华的讲话。会议通过灵寿县人大常委会1990年今后几个月的工作安排。会上，全国人大代表栗秀兰、省人大代表王玉润分别汇报全国人代会和省人代会会议精神。会议通过人事任免事项（名单见本篇第七章《选举任免》）。

第二次会议　1990年6月19日召开，县人大常委会主任栗士彦，副主任樊春生、兰树来、赵清彬、吴拴来、李翠英及8名委员出席会议。县人民政府副县长管茂华、县人民法院院长刘墨华、县人民检察院检察长杨金来列席会议。会议讨论通过修改后的《灵寿县人大常委会同县人民政府、人民法院、人民检察院加强工作联系试行办法》。会议通过《县人大常委会政治法律科、财政经济科、科教文卫科与对口单位工作联系暂行办法》。会议通过人事任免事项（名单见本篇第七章《选举任免》）。

第三次会议　1990年9月26日召开，县人大常委会主任栗士彦，副主任兰树来、赵清彬、吴拴来、李翠英、杭承贤及10名委员出席会议。县人民政府副县长葛学铭、钱少宗，县人民法院副院长彭增录、县人民检察院检察长杨金来列席会议。会议听取和审议县财政局局长付嗣泽受县政府委托作的1990年1—8月份财政收支情况和下步意见的汇报。会议听取和审议体改办主任牛同贵受县政府委托作的关于工商企业第二轮承包情况的汇报。会议听取和审议县公安局局长马福春受县政府委托作的关于开展“严打”斗争的情况汇报。会议通过《灵寿县人大常委会人事任免暂行办法》和《灵寿县人大常委会议事规则》，原则通过《灵寿县人大常委会关于同人大代表联系和人大代表与选民联系的暂行规定》，待进一步修改后下发执行。会议通过人事任免事项（名单见本篇第七章《选举任免》）。

第四次会议　1990 年 11 月 9 日召开，县人大常委会主任栗士彦，副主任兰树来、赵清彬、吴拴来、李翠英、杭承贤及 10 名委员出席会议。县人民政府副县长葛学铭、县人民法院院长刘墨华、县人民检察院检察长杨金来列席会议。会议听取和审议县政府副县长葛学铭受县政府委托作的关于十届人大一次会议政府工作报告中关于 1990 年农业、工业、财贸、文教卫生主要指标完成情况和八个重点建设项目落实情况的汇报。会议听取和审议县政府副县长葛学铭受县政府委托作的关于代表议案办理结果和代表意见落实情况的汇报。会议听取县城乡建设局局长罗中锋受县政府委托作的关于制订灵寿县村镇建设管理办法的汇报，委员们认为有些条款需要慎重斟酌，因此决定会后由县政府组织有关部门进一步修改完善，待下次人大常委会再行审议。

第五次会议　1991 年 1 月 4 日召开，县人大常委会主任、副主任和委员出席会议。县人民政府、县人民法院、县人民检察院有关人员列席会议。会议决定，1991 年 3 月 13 日至 15 日召开灵寿县第十届人民代表大会第二次会议，会期预定三天，初步拟定了会议的主要议程。会议听取县政府关于盘活资金，依法收贷情况的汇报。会议讨论通过《灵寿县人大常委会关于加强农贷工作监督的决定》。会议通过人事任免事项（名单见本篇第七章《选举任免》）。

第六次会议　1991 年 1 月 30 日召开，县人大常委会主任、副主任和委员出席会议。县人民政府、县人民法院、县人民检察院有关人员列席会议。会议通过人事任免事项（名单见本篇第七章《选举任免》）。

第七次会议　1991 年 2 月 22 日召开，县人大常委会主任、副主任和委员出席会议。县人民政府、县人民法院、县人民检察院有关人员列席会议。会议通过人事任免事项（名单见本篇第七章《选举任免》）。

第九次会议　1991 年 5 月 10 日召开，县人大常委会主任、副主任和委员出席会议。县人民政府、县人民法院、县人民检察院有关人员列席会议。会议听取县政府关于县 1991 年经济形势的汇报。会议听取县政府关于县十届人大一次会议应落实的八项内容办理情况和十届人大二次会议代表意见、建议落实进度情况的汇报。会议通过人事任免事项。（名单见本篇第七章《选举任免》）。

第十次会议　1991 年 7 月 10 日召开，县人大常委会主任、副主任和委员出席会议。县人民政府、县人民法院、县人民检察院有关人员列席会议。会议听取关于评议地区“两院”情况的汇报。会议讨论通过县人大常委会关于组织县乡人大代表评议县直驻乡镇基层单位和乡镇直属部门工作的安排意见。会议听取县政府关于社会治安情况的汇报，并通过《灵寿县人大常委会关于加强社会治安综合治理的决定》。会议听取县政府关于科技兴县情况的汇报，并通过《灵寿县人大常委会关于依靠科技进步发展灵寿经济的决议》。会议听取县政府关于第二个五年普法规划的汇报，并通过《灵寿县人大常委会关于继续开展法制宣传教育的决议》。会议研究通过县人大常委会下半年工作的安排意见。会议通过人事任免事项。（名单见本篇第七章《选举任免》）。

第十一次会议 1991年9月10日召开，县人大常委会主任、副主任和委员出席会议。县人民政府、县人民法院、县人民检察院有关人员列席会议。会议讨论通过《灵寿县人大常委会关于加强对被任命干部监督的决定》。会议听取县人民法院工作情况的汇报。会议听取县政府关于当前农业生产情况汇报。会议听取县政府执行《灵寿县人大常委会关于加强对农贷工作监督的决定》情况汇报。会议听取县政府关于今年税收工作情况的汇报。会议通过人事任命事项。（名单见本篇第七章《选举任免》）。

第十二次会议 1991年11月15日召开，县人大常委会主任栗士彦，副主任樊春生、兰树来、赵清彬、吴拴来、李翠英及5名委员出席会议。县人大常委会党组顾问何增兰、马俊义，县人民政府、县人民法院、县人民检察院有关人员列席会议。会议听取县政府关于做好县办工业企业意见的汇报。会议听取县检察院关于今年以来免诉案件和执法执纪情况的汇报。会议听取县政府关于教育工作的汇报。会议通过人事任免事项（名单见本篇第七章《选举任免》）。

第十三次会议 1992年1月16日召开，县人大常委会主任栗士彦，副主任樊春生、钱少宗、赵清彬、李翠英、杭承贤及6名委员出席会议。县人大常委会党组顾问何增兰、马俊义，县人民政府副县长张元骥，县人民法院院长刘墨华、县人民检察院副检察长白进增列席会议。会上，传达学习中共中央十三届八中全会文件，并进行认真讨论。会上，传达贯彻地委人大工作会议精神。会议听取县监察局局长房德杰、县标准计量局局长武双振作的述职报告，会议决定，要在调查的基础上，再确定时间，进行评议。会议听取县土地管理局局长秘皂保受县政府委托作的关于贯彻执行十届人大二次会议作出的《关于依法加强土地管理的决定》情况汇报，并议定；通过解剖典型，在摸清底数，进一步掌握情况的前提下，进一步开展审议。会议讨论通过灵寿县人大常委会1991年工作总结和1992年工作要点。会议讨论通过《灵寿县人大常委会关于召开县十届人大三次会议的决定》。会议讨论通过《灵寿县人大常委会关于信访工作的暂行规定（试行）》。会议审议并批准县政府关于追加1991年财政预算支出的请示。会上，县人大常委会主任栗士彦就发挥人大常委会的整体效能，认真做好1992年的工作讲了意见。会议通过人事任免事项（名单见本篇第七章《选举任免》）。

第十四次会议 1992年3月12日召开，县人大常委会主任栗士彦，副主任樊春生、钱少宗、兰树来、赵清彬、吴拴来、李翠英、杭承贤和6名委员出席会议。县人大常委会党组顾问何增兰、马俊义，县政协副主席张金钟，县人民法院副院长彭增录，县人民检察院检察长杨金来列席会议。会议完成召开县十届人大三次会议的各项准备工作：通过县人大常委会向县十届人大三次会议建议的议程、日程（草案）；通过县人大常委会向县十届人大三次会议建议的各项名单（草案）；通过县人大常委会工作报告，由栗士彦代表县人大常委会向县十届人大三次会议报告；通过代表资格审查委员会关于补选代表的代表资格审查报告；会议讨论审议县十届人大三次会议关于巩固发展集体经济、完善农村承包合同管理的决定（草案），并决定提交县十届人大三次会议讨论通过。会议通过人事任免事项（名单见本篇第七章《选举任免》)。

第十五次会议　1992年5月30日召开，县人大常委会主任栗士彦，副主任樊春生、钱少宗、兰树来、赵清彬、李翠英、杭承贤和委员7名委员出席会议。县人大常委会党组顾问何增兰，县人民政府调研员赵景春，县人民法院院长刘墨华，县人民检察院检察长杨金来列席会议。会议听取和审议县政府调研员赵景春代表县政府作的关于灵寿县改革开放情况和今后意见的汇报。会议听取全国人大代表栗秀兰和省人大代表王玉润关于全国、省人代会会议精神的汇报。会上，县人大常委会副主任樊春生传达省、地关于评议工作的文件精神，并将灵寿县评议“两院一局”工作实施方案和评议情况向委员们进行了汇报。会议听取县人大常委会办公室主任李清玉作的关于赴山东等地学习考察人大工作的情况汇报。会议原则通过县人大常委会关于进一步开好人大常委会例会的几点意见，意见待人大常委会主任会议修改后，以常委会文件形式报县委，下发政府各部门、乡镇人大主席团和人大代表。会议听取县人大常委会副主任赵清彬关于石家庄地委、地人大工委在赵县召开的村民代表会议制度经验交流现场会精神的汇报。

第十六次会议　1992年7月30日召开，县人大常委会主任栗士彦，副主任樊春生、赵清彬、吴拴来、李翠英、杭承贤和5名委员出席会议。县人大常委会党组顾问何增兰，县人民政府副县长郝建英，县政协副主席张锡华，县人民法院院长刘墨华，县人民检察院检察长杨金来列席会议。会议听取和审议乡镇企业局局长张风山受县政府委托作的关于灵寿县当前乡镇企业发展情况及今后意见的汇报。会议听取和审议县司法局局长武银锡受县政府委托作的关于深入开展“二五”普法情况的汇报。会议听取县人大常委会副主任李翠英作的关于赴江苏、浙江、安徽等地学习考察人大工作的情况汇报。会议通过人事任免事项(名单见本篇第七章《选举任免》)。

第十七次会议　1992年10月7日召开，县人大常委会主任栗士彦，副主任钱少宗、兰树来、赵清彬、吴拴来、李翠英、杭承贤和7名委员出席会议。县人民政府办公室副主任刘献，县人民法院副院长彭增录，县人民检察院检察长杨金来列席会议。县委副书记宿振双莅会指导。会议听取和审议县计委副主任张风仪受县政府委托作的《关于灵寿县国民经济及社会发展“八五”计划几项主要指标修订(草案)》和《今年1—8月份全县国民经济和社会发展计划执行情况》的报告。会议听取和审议县政府作的《关于落实十届人大三次会议代表议案情况》的汇报。会议讨论并通过《灵寿县人大常委会关于贯彻落实〈河北省农民承担费用和劳务管理的规定〉的意见》。会议通过人事任免事项(名单见本篇第七章《选举任免》)。

第十八次会议　1992年10月27日召开，县人大常委会主任、副主任和委员出席会议。县人民政府、县人民法院、县人民检察院有关人员列席会议。会议讨论通过县人大常委会《关于县乡两级人民代表大会换届选举工作实施方案》。会议决定任命县选举委员会主任、副主任、委员。

第十九次会议　1992年12月25日召开，县人大常委会主任栗士彦，副主任樊春生、钱少宗、赵清彬、吴拴来、李翠英和 5 名委员出席会议。县人民政府副县长杨从彩、县人民法院副院长彭增录，县人民检察院检察长杨金来，县公安局局长杜文奎列席会议。会议听取和审议县公安局、县法院、县检察院 1992 年罚没款及收费情况的汇报。会议听取和审议县财政局局长付嗣泽关于 1992 年财政预算执行情况的汇报。会议通过《灵寿县人大常委会关于变更选举实施方案中选举时间的决定》。会议通过人事任免事项（名单见本篇第七章《选举任免》）。

第二十次会议 1993 年 1 月 4 日召开，县人大常委会副主任樊春生、钱少宗、吴拴来、李翠英、杭承贤和 4 名委员出席会议。县人民政府、县人民法院、县人民检察院有关人员列席会议。县委副书记宿振双到会指导。会议研究讨论县、乡换届选举的有关事宜。会议通过人事任免事项（名单见本篇第七章《选举任免》）。县委副书记宿振双就县、乡换届选举工作和当前人大的工作讲了意见。

第二十二次会议 1993 年 3 月 8 日召开，县人大常委会主任、副主任和委员出席会议。县人民政府、县人民法院、县人民检察院有关人员列席会议。会议研究十一届人大一次会议工作报告。会议通过人事任免事项（名单见本篇第七章《选举任免》）。

第二节　主任会议

县十届人大常委会主任会议选录表

表 12-4

序　号	时间	议题
1	1990 年 9 月 22 日	听取关于新乐“双联系”经验现场会议精神的汇报
2	1991 年 4 月 25 日	听取县人大常委会办公室主任李清玉关于赴深泽县人大学习如何评选人民公仆的经验汇报；听取县人大常委会副主任赵清彬关于赴北京门头沟区人大常委会学习加强监督工作的情况汇报；研究县十届人大常委会第九次会议召开时间和会议议程
3	1991 年 12 月 4 日	听取县检察院检察长杨金来关于落实县人大常委会第十二次会议，对检察院个别干警违法违纪问题提出的批评意见进行纪律整顿情况的汇报；听取县法院副院长彭增录、刑事庭庭长王强就慈峪镇评议“七所八站”中，人大代表提出的十三个案件整改落实情况的汇报；听取县监察局局长房德杰代表县政府作的关于反腐败问题的汇报；听取教育局局长赵振山代表县政府作的关于教育工作几个问题的汇报；最后讨论了《关于组织县人大代表进行视察》的问题，决定于十二月十一日至二十五日组织县人大代表对县办工业、农业和农村工作进行视察
4	1991 年 12 月 26 日	研究评议“七所八站”相关工作；研究下次常委会会议议题事宜
5	1992 年 1 月 4 日	传达省、地人大会议精神

续表 12-4

序　号	时间	议题
6	1992年1月7日	讨论关于信访的暂行规定；安排下次人代会上关于教育方面的决定的材料准备事宜
7	1992年1月15日	研究下次常委会议题事宜
8	1992年2月17日	研究关于进一步加强中小学基础教育的决定的相关材料
9	1992年4月9日	研究评议“两院一局”工作

第三节　机构设置

县十届人大常委会设办公室、政治法律科、财政经济科、科教文卫科、代表联络科。

县十届人大常委会机构人员情况表

表 12-5

机构名称	职　务	姓　名	任职时间
办公室	主任	张庆年	1990年4月—1991年1月
		李清玉	1991年1月—1993年3月
	副主任	李双平	1990年4月—1993年3月
		刘玉敏	1990年4月—1992年12月
		聂风渠	1991年5月—1993年3月
政治法律科	科长	李清玉	1990年4月—1991年1月
	副科长	赵荣志	1991年9月—1993年3月
财政经济科	科长	高敬良	1990年4月—1993年3月
	副科长	刘志林	1990年4月—1993年3月
科教文卫科	科长	尹　云	1990年4月—1992年12月
		王云霞	1992年12月—1993年3月
	副科长	李树林	1991年7月—1993年3月
		田双群	1990年4月—1992年12月
代表联络科	科长	程永峰	1990年4月—1993年3月
	副科长	郑勤兰	1991年1月—1993年3月

第五章　监督工作

灵寿县第十届人民代表大会及其常委会坚持把强化监督工作做为一项大事来抓。坚持“抓大事、督大事”的原则，加强和改进人大监督工作，不断提高监督水平，切实增强监督实效，为促进灵寿县经济发展和社会主义法制建设做出了积极的贡献。

提高思想认识，强化监督意识。在主任会议、常委会会议上，结合工作实际，多次组织学习关于人大常委会职权的规定，全面把握人大监督的内容和形式，不断增强人大常委会组成人员的监督观念和责任意识。

围绕经济建设中心，开展工作监督。常委会始终牢牢把握“一个中心，两个基本点”，坚持把推动全县经济建设，发展生产力作为人大工作的出发点和落脚点。一是抓住全县经济建设的突出问题，适时做出决议、决定，使经济发展逐步走向依法运行的轨道。本届人大及其常委会先后做出了《关于盘活资金，依法收贷的决议》《关于依法加强土地管理的决定》《关于加强对农贷工作监督的决定》《关于巩固发展集体经济、完善农村承包合同管理的决定》《关于继续开展法制宣传教育的决议》《关于依靠科技进步发展灵寿经济的决议》《关于加强社会治安综合治理的决定》《关于加强对被任命干部监督的决定》。二是采取听取县政府关于经济工作的汇报，开展视察、调研等多种形式开展监督工作，积极为经济建设出谋划策。三是抓好跟踪监督，确保人代会和人大常委会各项决议、决定落到实处。

开展评议工作，促进部门履职尽责。1991 年和 1992 年先后组织全国、省、县、乡镇人大代表开展了评议法院、检察院、卫生局和乡镇基层单位的工作。通过评议活动，既促进了部门依法履职，又密切了党群、干群关系，提高了人大在人民群众中的地位，赢得了人大权威和社会的尊重。

开展执法检查，切实搞好法律监督。常委会在调查研究的基础上，适时作出决议、决定。有针对性地开展法律监督，并抓住倾向性和苗头性的问题进行事前监督。三年中，先后组织人大代表对土地法、河北省计划生育条例、食品卫生法、矿产资源法、计量法、统计法、药品管理法、企业法、转换企业经营机制条例及减轻农民负担条例等贯彻实施情况进行了检查，有效保证了法律法规的正确贯彻实施。

第一节　听取和审议专项工作报告与计划预算工作报告

县十届人大常委会听取和审议专项工作报告与计划预算工作报告情况表

表 12-6

时间	常委会会议	报告内容
1990 年 9 月 26 日	第三次	县政府关于 1990 年 1—8 月份财政收支情况和下步意见的汇报；县政府关于工商企业第二轮承包情况的汇报；县政府关于开展“严打”斗争的情况汇报
1990 年 11 月 9 日	第四次	县政府关于十届人大一次会议政府工作报告中关于 1990 年农业、工业、财贸、文教卫生主要指标完成情况和八个重点建设项目落实情况的汇报；县政府关于代表议案办理结果和代表意见落实情况的汇报；县政府关于制订灵寿县村镇建设管理办法的汇报
1991 年 1 月 4 日	第五次	县政府关于盘活资金，依法收贷情况的汇报
1991 年 5 月 10 日	第九次	县政府关于县一九九一年经济形势的汇报；县政府关于县十届人大一次会议应落实的八项内容办理情况和十届人大二次会议代表意见、建议落实进度情况的汇报
1991 年 7 月 10 日	第十次	县政府关于社会治安情况的汇报；县政府关于科技兴县情况的汇报；县政府关于第二个五年普法规划的汇报
1991 年 9 月 10 日	第十一次	县人民法院工作情况的汇报；县政府关于当前农业生产情况的汇报；县政府执行县人大常委会《关于加强对农贷工作监督的决定》情况的汇报；县政府关于今年税收工作情况的汇报
1991 年 11 月 15 日	第十二次	县政府关于搞好县办工业企业意见的汇报；县检察院关于今年以来免诉案件和执法执纪情况的汇报；县政府关于教育工作的汇报
1992 年 1 月 16 日	第十三次	县政府关于贯彻执行十届人大二次会议作出的《关于依法加强土地管理的决定》情况汇报；县政府关于追加一九九一年财政预算支出的请示
1992 年 5 月 30 日	第十五次	县政府关于改革开放情况和今后意见的汇报
1992 年 7 月 30 日	第十六次	县政府关于全县当前乡镇企业发展情况及今后意见的汇报；县政府关于深入开展“二五”普法情况的汇报
1992 年 10 月 7 日	第十七次	县政府《关于灵寿县国民经济及社会发展“八五”计划几项主要指标修订（草案）》和《今年 1—8 月份全县国民经济和社会发展计划执行情况》的报告；县政府《关于落实十届人大三次会议代表议案情况》的汇报
1992 年 12 月 25 日	第十九次	县公安局、县法院、县检察院关于 1992 年罚没款及收费情况的汇报；县政府关于 1992 年财政预算执行情况的汇报

第二节　法律法规实施情况的检查

1.1991 年 1 月 7 日至 15 日　县人大常委会对《中华人民共和国矿产资源法》贯彻实施情况进行复查。执法检查组由县人大常委会副主任樊春生任组长，县人民政府常务副县长葛学铭任副组长。根据灵寿县实际情况和矿产资源分布，分两个组进行全面复查，第一组检查丘陵、平原，以云母、砂石、黏土为重点，第二组检查山区，以黄金、铁矿为重点。

2.1991 年 5 月上旬，县人大常委会对《中华人民共和国义务教育法》贯彻实施情况进行执法检查。执法检查组由县人大常委会主任栗士彦任组长，县人大常委会副主任李翠英、县人民政府副县长郝建英任副组长。此次检查听取各乡镇、有关部门关于对《中华人民共和国义务教育法》和《河北省普及义务教育条例》执行情况自查的汇报，对一些乡镇进行了重点抽查。

3.1991 年 9 月，县人大常委会对《中华人民共和国企业法》贯彻实施情况进行了执法检查。此次检查在部门自查的基础上，听取企业和部门相关工作汇报，开展了有关人员参加的座谈会，并对部分企业进行了抽查。

此外，常委会还对《中华人民共和国土地法》《河北省计划生育条例》《中华人民共和国食品卫生法》《中华人民共和国计量法》《中华人民共和国统计法》《中华人民共和国药品管理法》及减轻农民负担条例等进行了执法检查。

第三节　视察调研

县十届人大常委会视察调研活动选录表

表 12-7

时间	视察内容	牵头单位
1991 年 4 月上旬	关于灵寿县社会治安综合治理情况	政法科
1991 年 4 月中旬	关于灵寿县教师队伍情况	科教文卫科、办公室
1991 年 5 月下旬至 6 月上旬	关于灵寿县计划生育工作情况	科教文卫科
1991 年 8 月	关于灵寿县林业工作情况	财经科
1991 年 12 月 15 日至 25 日	关于县办工业和农村工作情况	财经科
1992 年 3 月	关于土地法、土地管理条例的贯彻执行情况和农田基本建设情况	财经科

第四节　代表评议工作

县人大常委会认真组织代表，对“一府两院”的工作进行评议，并配合省、地区人大开展评议工作，保证法律、法规和党的路线、方针、政策正确贯彻落实。

评议石家庄地区“两院”工作。1991年4月，按照上级人大相关工作安排部署，组织全国、省、县人大代表对石家庄地区“两院”工作进行评议。县委、县人大常委会成立相应的评议领导小组，会前召开县人大常委会主任会议、常委会议、乡镇人大主席团常务主席会议以及公、检、法、司部门的负责人会议进行安排部署。先后召开不同类型的座谈会7次，走访县、乡人大代表296人次，查阅案卷17个，接待群众来信来访21人次，收集意见38条，建议15条，在评议大会上对地区“两院”就灵寿6个案件进行评议。会后由人大常委会主任牵头，积极催办，多次与地区交换处理意见，促进了评议地区“两院”工作的开展。

评议慈峪镇“七所八站”试点工作。1991年8月，根据石家庄地委批转地区人大工委党组《关于组织人大代表评议乡镇基层单位的意见》，按照县人大常委会党组《关于组织人大代表评议乡镇基层单位的意见》安排，确定以慈峪镇为重点，带动谭庄、柏山、燕川、刘庄4个乡进行评议“七所八站”的试点工作。评议工作从1991年8月20日开始，11月16日结束，经过准备、评议、整改三个阶段，历时两个半月的时间。会前召开座谈会十余次，代表组长和被评议单位汇报会十余次，走访了有关部门和当事人，接待群众来信来访百余人次，共收集意见227条。会上共提批评、意见和建议70条。会后人大常委会主任牵头积极督办，整改效果明显。通过评议，提高了人大在广大人民群众中的地位，树立了人大权威，赢得了社会的尊重。

评议县政府工作。1991年和1992年召开的县十届人大二次和县十届人大三次会议，对县政府工作进行面对面的评议。评议中，代表们大胆发言，对政府工作中的失误和不足，提出批评和建议，既肯定成绩，又找出问题，并提出整改措施。

评议“两院一局”工作。1992年4月，根据省地委文件精神和省、地区人大常委会的安排部署，按照县委相关文件精神，组织人大代表对县人民法院、县人民检察院和县卫生局的工作进行了评议。评议工作从1992年4月14日动员会开始，经过准备、调查、评议三个阶段，历时4个月，8月进入整改阶段。

配合地区人大工委评议地区公安处、卫生局和地区医院工作。1992年7月，地区人大工委布置评议地区公安处、卫生局和地区医院工作，指定灵寿县重点评议地区卫生局。在这次评议中，县人大常委会先后召开了主任会议，乡镇人大主席团会议以及公、检、法、司、卫生局、县医院负责人会议，召开老干部、当事人等不同类型的座谈会4次，查阅案件3件，接待来信来访15人次，收集意见、建议4件，在地区召开的评议大会上作了较好的发言。

评议灵寿、青同、陈庄片各乡镇基层单位工作。1992年9月至10月，根据地委批转的地区人大工委党组《关于组织人大代表评议乡镇基层单位的意见》，结合1991年评议慈峪片“七所八站”试点经验，组织人大代表对灵寿、青同、陈庄片各乡镇基层单位进行评议。代表们共提出批评、意见240条，经归纳整理带倾向性的问题6个方面，具体案件45件。评议结束后，各乡镇人大主席团将评议出的问题转交各基层单位，并督促限期整改。

第六章　决议决定

县人民代表大会及其常委会紧紧围绕经济建设、改革开放、民主法制建设和人民群众关心的热点问题，依法行使重大事项决定权。行使决定权时注重把握合法性、全局性和群众性，先后对一些事关全局的重大事项作出科学决策，积极发挥县级国家权力机关的作用，有力地推动全县经济建设和社会的稳定。

第一节　作出决议决定

一、县十届人大历次会议作出决议决定情况

县十届人大历次会议作出决议决定一览表

表 12-8

时间	会次	名称
1990 年 4 月 28 日	一次会议	关于灵寿县人民政府工作报告的决议 关于灵寿县今后三年国民经济和社会发展计划的决议 关于灵寿县 1989 年财政决算和 1990 年财政预算的决议 关于灵寿县人民代表大会常务委员会工作报告的决议 关于灵寿县人民法院工作报告的决议 关于灵寿县人民检察院工作报告的决议 关于盘活资金依法收贷的决议
1991 年 3 月 15 日	二次会议	关于灵寿县人民政府工作报告的决议 关于灵寿县 1990 年财政决算和 1991 年财政预算的决议 关于灵寿县人民代表大会常务委员会工作报告的决议 关于灵寿县人民法院工作报告的决议 关于灵寿县人民检察院工作报告的决议 关于依法加强土地管理的决定

续表 12-8

时间	会次	名称
1992 年 3 月 21 日	三次会议	关于灵寿县人民政府工作报告的决议 关于灵寿县 1991 年国民经济和社会发展计划执行情况与 1992 年国民经济和社会发展计划的决议 关于灵寿县 1991 年财政预算执行情况和 1992 年财政预算的决议 关于灵寿县人民代表大会常务委员会工作报告的决议 关于灵寿县人民法院工作报告的决议 关于灵寿县人民检察院工作报告的决议 关于巩固发展集体经济、完善农村承包合同管理的决定

二、县十届人大常委会历次会议作出决议决定情况

县十届人大常委会历次会议作出决议决定一览表

表 12-9

时间	常委会会议	名称
1991 年 1 月 4 日	第五次会议	关于加强对农贷工作监督的决定
1991 年 7 月 10 日	第十次会议	关于继续开展法制宣传教育的决议 关于依靠科技进步发展灵寿经济的决议 关于加强社会治安综合治理的决定
1991 年 9 月 10 日	第十一次会议	关于加强对被任命干部监督的决定
1992 年 1 月 16 日	第十三次会议	关于召开县十届人大三次会议的决定
1992 年 12 月 25 日	第十九次会议	关于变更选举实施方案中选举时间的决定

第二节　决议决定选介

关于盘活资金依法收贷的决议

《关于盘活资金依法收贷的决议》(以下简称《决议》)，于 1990 年 4 月 28 日县十届人民代表大会第一次会议通过。

1990 年，是“七五”计划的最后一年，也是治理整顿，深化改革的关键一年，完成本届人大审议通过的政府工作报告中提出的各项经济指标，任务十分艰巨。特别是信贷资金严重不足已成为制约全县经济发展的主要障碍。为了盘活资金，保证全县经济工作的持续稳定协调发展，作出了《决议》。

《决议》指出盘活资金的范围，规定方法步骤，制定盘活资金的措施，奖励办法，提出成立领导小组，切实加强对盘活资金工作领导的明确要求，促进了全县经济工作的全面发展。

关于加强对农贷工作监督的决定

《关于加强对农贷工作监督的决定》(以下简称《决定》)，于1991年1月4日县十届人大常委会第五次会议通过。

为加强对农贷工作的监督管理，使之逐步走向管理制度化，审批程序化，保证信贷资金安全周转，发挥效益，促进全县经济长期持续稳定协调发展，根据有关农贷方面的法律、法规和政策规定，结合灵寿县实际，作出了《决定》。

《决定》要求，农行发放贷款要严格执行信贷政策和计划，优化农贷资金投向，强化农贷管理机制，遵守贷款信誉、实行依法收贷，银行系统工作人员要严守信贷纪律，肃贪倡廉，秉公办事，县人大常委会要监督检查农贷法律、法规、决议的贯彻。

关于继续开展法制宣传教育的决议

《关于继续开展法制宣传教育的决议》(以下简称《决议》)，于1991年7月10日县十届人大常委会第十次会议通过。

为巩固和发展第一个五年普法教育成果，认真组织实施第二个五年普法规划，把普法工作进一步引向深入，促进全县的政治稳定、经济振兴和社会发展，作出了《决议》。

《决议》从深化法制宣传教育，提高对普法工作的认识，坚持理论联系实际，学法用法相结合，切实加强对普法工作的领导，保证普法规划顺利实施等方面提出明确要求，并对第二个五年法制宣传教育的对象作了明确规定。

关于依靠科技进步发展灵寿经济的决议

《关于依靠科技进步发展灵寿经济的决议》(以下简称《决议》)，于1991年7月10日 县十届人大常委会第十次会议通过。

为把灵寿县经济建设引到依靠科学技术的轨道上来，进一步增强科技观念，提高全县劳动者科学文化素质，动员全县人民和科技工作者为完成国民经济和社会发展十年规划和“八五”计划，实现全县经济持续、稳定协调发展，作出了《决议》。

《决议》明确了“科技兴县”的指导思想，强调树立“科技兴农”观念，把大力推进企业技术进步，提高企业经济效益，作为科技“兴企”的突破口。要求县政府要根据财力情况逐步增加科技资金投入，积极培养和合理使用人才，把依靠科技进步发展灵寿经济作为一项重要任务来抓，加强组织领导，努力使“科技兴县”战略落到实处。

关于加强对被任命干部监督的决定

《关于加强对被任命干部监督的决定》(以下简称《决定》)，于1991年9月10日县十届人大常委会第十一次会议通过。

为加强对被任命干部的监督，根据《地方组织法》和有关规定，作出了《决定》:

《决定》就如何依法加强对被任命干部的监督提出具体措施，并要求被任命干部要自觉地把自己置于人民的公开监督之下，忠于职守，廉洁勤政，全心全意为人民服务，优质、高效、创造性地做好本职工作。

第七章　选举任免

县十届人大常委会坚持德才兼备、选贤任能、注重实绩的原则依法选举任免干部，制定了《灵寿县人大常委会人事任免暂行办法》，实现选举任免工作质量新提升。县十届人大常委会第十一次会议通过《关于加强对被任命干部监督的决定》，不断强化任后监督，增强被任命人员的依法履职责任感和使命感，促进其履职尽责，担当作为。

第一节　常委会选举任免情况

1990年5月28日，县十届人大常委会第一次会议，通过县人民政府相关人事任免事项。

决定免去：

杨恩喜的灵寿县经委主任职务

杨庆发的灵寿县审计局局长职务

决定任命：

董双虎为灵寿县政府办公室主任

刘兵锡为灵寿县劳动人事局局长

房德杰为灵寿县监察局局长

丁树庆为灵寿县计委主任

张进权为灵寿县体委主任

罗中锋为灵寿县城乡建设局局长

田庆双为灵寿县统计局局长

何学勤为灵寿县民政局局长

傅嗣泽为灵寿县财政局局长

付四泮为灵寿县工商局局长

秘皂保为灵寿县土地管理局局长

苏福贵为灵寿县农业局局长

刘芳云为灵寿县林业局局长

左金祥为灵寿县水利局局长

白维芹为灵寿县畜牧局局长
孙贵良为灵寿县乡镇企业局局长
董学宏为灵寿县粮食局局长
辛尚荣为灵寿县商业局局长
曹兰计为灵寿县物价局局长
胡兵锡为灵寿县司法局局长
马富春为灵寿县公安局局长
边宝玉为灵寿县交通局局长
武双喜为灵寿县计生委主任
马兰山为灵寿县卫生局局长
耿正龙为灵寿县教育局局长
陆礼荣为灵寿县科委主任
武双振为灵寿县计量局局长
付加宾为灵寿县矿业局局长
路永丰为灵寿县经委主任
冯荣昌为灵寿县文化局局长
雷书辰为灵寿县农机局局长
孙全忠为灵寿县物资局局长
霍文慧为灵寿县广播电视局局长
郑新连为灵寿县烟草专卖局局长
王永才为灵寿县外贸局局长
张修文为灵寿县档案局局长
刘学庭为灵寿县地展局局长
张风山为灵寿县黄金局局长

1990年6月19日，县十届人大常委会第二次会议，通过了县人民政府、县人民法院、县人民检察院相关人事任免事项。

决定任命：

胡拴祥为灵寿县审计局局长

任命：

彭增录为灵寿县人民法院副院长

免去：

高漫岗的灵寿县人民检察院副检察长职务

任命：

柳瑞真为灵寿县人民检察院副检察长

1990 年 9 月 26 日，县十届人大常委会第三次会议，通过了县人民政府、县人民法院、县人民检察院相关人事任免事项。

决定免去：

曹兰计的灵寿县物价局局长职务

决定任命：

徐连忠为灵寿县物价局局长

免去：

李清玉的灵寿县人民法院审判委员会委员职务

苗贵良的灵寿县人民法院审判委员会委员职务

刘兰卷的灵寿县人民法院民事审判庭副庭长职务

高秉山的灵寿县人民法院城关法庭庭长职务

任命：

李同来为灵寿县人民法院审判委员会委员

罗均平为灵寿县人民法院审判委员会委员

刘兰卷为灵寿县人民法院行政审判庭庭长

高秉山为灵寿县人民法院民事审判庭庭长

王强为灵寿县人民法院执行庭副庭长

李建亮为灵寿县人民法院经济审判庭副庭长

刘清振为灵寿县人民法院城关法庭副庭长

赵慧敏为灵寿县人民法院审判员

李荣耕为灵寿县人民法院审判员

免去：

高漫岗的灵寿县人民检察院检察委员会委员职务

李建亮的灵寿县人民检察院检察员职务

任命：

甄建堂为灵寿县人民检察院检察员

张连海为灵寿县人民检察院检察员

季振秀为灵寿县人民检察院检察员

1991 年 1 月 4 日，县十届人大常委会第五次会议，通过了县人民政府相关人事任免事项。

决定免去：

路永丰的灵寿县经济委员会主任职务

张风山的灵寿县黄金局局长职务

傅加宾的灵寿县矿业局局长职务

决定任命：

雷连辰为灵寿县经济委员会主任

1991 年 1 月 30 日，县十届人大常委会第六次会议，通过了县人大常委会、县人民政府相关人事任免事项。

免去：

张庆年的灵寿县人大常委会办公室主任职务

李清玉的灵寿县人大常委会政治法律科科长职务

任命：

李清玉为灵寿县人大常委会办公室主任

决定任命：

聂振邦为灵寿县人民政府副县长

1991 年 2 月 22 日，县十届人大常委会第七次会议，通过了县人民政府相关人事任免事项。

决定任命：

雷连辰为灵寿县人民政府副县长

贾春峰为灵寿县人民政府副县长

1991 年 5 月 10 日，县十届人大常委会第九次会议，通过了县人大常委会、县人民政府相关人事任免事项。

免去：

刘玉敏的灵寿县人大常委会办公室副主任职务

田双群的灵寿县人大常委会科教文卫科副科长职务

任命：

聂风渠为灵寿县人大常委会办公室副主任

决定免去：

雷连辰的灵寿县经济委员会主任职务

辛尚荣的灵寿县商业局局长职务

孙贵良的灵寿县乡镇企业局局长职务

何学勤的灵寿县民政局局长职务

边保玉的灵寿县交通局局长职务

白维勤的灵寿县畜牧局局长职务

决定任命：

付加宾为灵寿县经济委员会主任

杨二明为灵寿县商业局局长

张风山为灵寿县乡镇企业局局长

何学勤为灵寿县交通局局长

柳玉华为灵寿县畜牧局局长

徐文华为灵寿县民政局局长

1991 年 7 月 10 日，县十届人大常委会第十次会议，通过了县人大常委会、县人民政府、县人民法院相关人事任免事项。

任命：

李树林为灵寿县人大常委会科教文卫科副科长

决定任命：

尹立敏为灵寿县人民政府副县长

免去：

武连文的灵寿县人民法院刑事庭副庭长职务

白继华的灵寿县人民法院审判员职务

任命：

武连文为灵寿县人民法院刑事庭庭长

靳风川为灵寿县人民法院陈庄法庭庭长

李新朝为灵寿县人民法院民事庭副庭长

朱米山为灵寿县人民法院审判员

贾天增为灵寿县人民法院审判员

张连根为灵寿县人民法院执行员

雷士信为灵寿县人民法院审判员

李锋国为灵寿县人民法院审判员

白建刚为灵寿县人民法院审判员

潘晓晶为灵寿县人民法院审判员

朱从义为灵寿县人民法院审判员

1991 年 9 月 10 日，县十届人大常委会第十一次会议，通过了县人大常委会、县人民政府、县人民法院相关人事任免事项。

任命：

赵荣志为灵寿县人大常委会政治法律科副科长

决定免去：

贾春峰的灵寿县税务局局长职务

耿正龙的灵寿县教育局局长职务

丁树庆的灵寿县计划委员会主任职务
付四泮的灵寿县工商局局长职务
胡兵锡的灵寿县司法局局长职务
董学宏的灵寿县粮食局局长职务
刘芳云的灵寿县林业局局长职务
马富春的灵寿县公安局局长职务

决定任命：

杨家义为灵寿县税务局局长
赵振山为灵寿县教育局局长
马正平为灵寿县计划委员会主任
苏保国为灵寿县工商局局长
武银锡为灵寿县司法局局长
孙昌军为灵寿县粮食局局长
刘振清为灵寿县林业局局长
杜文奎为灵寿县公安局局长
孙贵良为灵寿县医药管理局局长

免去：

罗均平的灵寿县人民法院副院长、审判委员会委员职务
武连文的灵寿县人民法院刑事庭庭长职务
刘德新的灵寿县人民法院陈庄法庭庭长职务
王强的灵寿县人民法院执行庭副庭长职务
董占海的灵寿县人民法院告诉申诉庭庭长职务

任命：

武连文为灵寿县人民法院告诉申诉庭庭长
王强为灵寿县人民法院刑事庭庭长
马守良为灵寿县人民法院执行庭副庭长

1991 年 11 月 15 日，县十届人大常委会第十二次会议，通过了县人民政府相关人事任免事项。

决定免去：

陆礼荣的灵寿县科学技术委员会主任职务

决定任命：

李庆祥为灵寿县科学技术委员会主任

1992 年 1 月 16 日，县十届人大常委会第十三次会议，通过了县人民政府相关人事任免

事项。

决定任命：

宋源生兼任灵寿县人民政府副县长

1992 年 3 月 12 日，县十届人大常委会第十四次会议，通过了县人民政府相关人事任免事项。

决定任命：

王进福为灵寿县经济委员会主任

1992 年 7 月 30 日，县十届人大常委会第十六次会议，通过了县人民政府、县人民法院相关人事任免事项。

决定免去：

张占义灵寿县人民政府副县长职务

免去：

刘清振的灵寿县人民法院城关法庭副庭长职务

余平均的灵寿县人民法院慈峪法庭副庭长职务

任命：

刘清振为灵寿县人民法院城关人民法庭庭长

余平均为灵寿县人民法院慈峪法庭庭长

王进才为灵寿县人民法院经济庭副庭长

李锋国为灵寿县人民法院行政庭副庭长

1992 年 10 月 7 日，县十届人大常委会第十七次会议，通过了县人民政府相关人事任免事项。

决定任命：

龙大伟为灵寿县人民政府副县长（挂职）

1992 年 12 月 25 日，县十届人大常委会第十九次会议，通过了县人大常委会、县人民政府、县人民法院相关人事任免事项。

免去：

尹云的灵寿县人大常委会科教文卫科科长职务

任命：

王云霞为灵寿县人大常委会科教文卫科科长

决定免去：

宋源生兼任的灵寿县人民政府副县长职务

杨二明灵寿县商业局局长职务

决定任命：

赵景春为灵寿县人民政府副县长

纪国刚兼任灵寿县人民政府副县长

刘献为灵寿县人民政府办公室主任

牛同贵为灵寿县商业局局长

任命：

贾天增为灵寿县人民法院刑事审判庭副庭长

1993 年 1 月 4 日，县十届人大常委会第二十次会议，通过了县人民政府相关人事任免事项。

决定任命：

赵克林为灵寿县人民政府副县长

1993 年 3 月 8 日，县十届人大常委会第二十二次会议，通过了县人大常委会、县人民政府相关人事任免事项。

任命：

赵荣志为灵寿县人大常委会政治法律科科长

决定任命：

杜占贞为灵寿县人民政府副县长

第二节　常委会接受辞职情况

1991 年 2 月 22 日，县十届人大常委会第七次会议接受钱少宗辞去灵寿县人民政府副县长职务。

1991 年 7 月 10 日，县十届人大常委会第十次会议接受葛学铭辞去灵寿县人民政府副县长职务。

1991 年 11 月 15 日，县十届人大常委会第十二次会议接受尹立敏辞去灵寿县人民政府副县长职务。

1992 年 1 月 16 日，县十届人大常委会会第十三次会议接受管茂华辞去灵寿县人民政府科技副县长职务；接受聂振邦辞去兼任灵寿县人民政府副县长职务。

1993 年 1 月 4 日，县十届人大常委会第二十次会议接受刘墨华辞去灵寿县人民法院院长职务。

第八章　机关工作

第一节　自身建设

县人大常委会把加强自身建设作为基础性工作，注重加强党的领导，着力强化人大常委会机关思想政治建设、制度建设和队伍建设，努力提高人大常委会机关整体效能。

坚持学习日制度，切实提高政治和业务素质。常委会通过定期组织机关全体人员学习党的方针、政策，学习宪法和法律知识及工作条例，并围绕地方人大及其常委会的性质，地位、作用进行讨论，又通过学习外地先进经验，提高政治业务素质，使人大常委会机关的工作充满了活力。

完善工作制度，充分发挥机关整体效能。为使人民代表大会制度的优越性更加充分地体现出来，县人大常委会多次组织常委会组成人员和工作人员到外地学习先进经验。制定推行“双联系”制度，即常委会联系代表，代表联系选民。研究制定《灵寿县人大常委会议事规则》和《人大常委会关于信访工作的暂行办法》，又制定各科室工作制度和目标责任制等项制度，使人大常委会的工作逐步实现制度化、规范化。专题研究如何提高常委会例会质量并制定了 6 项措施。按照上级党委的指示精神，县人大常委会机关与党委、政府干部进行了双向交流，调动了人大干部工作的积极性。

此外，本届常委会在县委的领导下，在县政府的支持下，积极改善办公条件，较好地解决了住房、取暖、喝水，交通工具等方面的问题。

第二节　宣传工作

县人大常委会坚持把人大宣传工作做为一项重要任务来抓，三年来，常委会高度重视宣传工作，积极探索宣传方式方法，拓宽宣传渠道，加大宣传力度，深入宣传人民代表大会的地位、性质和作用，宣传人民代表大会的优越性，宣传社会主义民主与法制。通过宣传使各级行政机关工作人员及人民群众增强人大意识，增强人民当家作主的意识，增强法制意识，进一步推动人大工作的开展。

第三节　信访工作

县十届人大常委会持续完善群众来信来访制度，努力做好群众来信来访工作。三年来，县人大常委会认真组织学习中共中央5号文件《关于加强党同人民群众密切联系的决定》和有关法律内容，提高“人民代表，代表人民”的宗旨意识，重视做好代表和群众来信来访工作，使人大工作真正反映人民的意愿和要求。在以往信访工作的基础上完善了信访案件交办、查办、接待等制度规定，狠抓信访案件的落实工作，三年来，共收到代表和群众来信来访208余件次，通过办理信访案件，密切了县人大常委会与代表和选民的联系。

第 十 三 篇

灵寿县第十一届人民代表大会

（1993 年 3 月至 1998 年 2 月）

第一章　党的领导

灵寿县第十一届人民代表大会及其常委会，坚持以邓小平理论为指导，认真贯彻落实党的十四大、十四届三中、四中、五中全会和十五大精神，贯彻落实省委、市委和县委的决策部署和工作要求，紧紧围绕党和国家大局履职尽责，始终把党的领导贯穿于人大工作各方面全过程。

县人大常委会党组自觉接受党的领导，坚持重大事项向县委请示报告制度，紧紧围绕经济建设中心，把加强社会主义民主和法制建设作为根本任务，悉心倾听人民群众的要求和呼声，把党的意见和人民的要求密切结合起来，通过常委会集体行使职权，变为国家意志和全县人民的自觉行动。换届选举工作中，严格遵循“党委领导、人大主办、各方配合”的总原则，凡是工作需要但法律没有明文规定的问题，及时向县委请示批准，重大问题随时向同级党委、上级人大和选举委员会报告，整个过程坚决做到及时与党委通气，随时向党委汇报进展情况，听取党委的意见，坚决将党的意图变为广大选民的自觉行动。

县人大常委会党组积极参与研究决策全县重大经济活动，1993 年，县人大常委会部分领导参加了县委组织的经济工作领导小组，积极参与经济建设活动。1996 年，在县委的统一领导下，常委会参与了县化肥厂扩建投运、五岳寨旅游开放、县重点公路建设的组织领导工作，圆满完成任务，为县重点工程建设做出了积极贡献。

党的组织机构

中共灵寿县人大常委会党组

书　记：杨从彩（1993 年 2 月至 1998 年 2 月）

副书记：赵清彬（1993 年 2 月至 1998 年 2 月）

成　员：雷书辰（1993 年 2 月至 1998 年 2 月）

武双喜（1993 年 2 月至 1998 年 2 月）

傅加宾（1993 年 2 月至 1998 年 2 月）

赵学利（1997 年 3 月至 1998 年 2 月）

第二章　人大代表

灵寿县第十一届人民代表大会代表名额198名。1993年3月，召开县十一届人大一次会议时实有代表198名。县十一届人大常委会高度重视代表工作，注重加强代表法、河北省实施代表法办法的宣传贯彻落实工作，提高代表依法履职能力。继续加强同代表、群众的联系，采用多种形式征求代表意见，定期向代表提供学习资料，通报重大事项。组织代表开展检查、视察、调查、评议，使代表知情知政，在管理国家事务中发挥作用。热情接待代表和群众来信来访，督促有关部门认真解决反映的问题。

第一节　选举产生

一、灵寿县第十一届人民代表大会代表的选举产生

根据《河北省县、乡两级人民代表代表大会选举实施细则》关于县人民代表大会代表名额以一百名为基数，每三千人增加一名代表的规定，经研究确定县第十一届人民代表大会代表名额为198名。

根据选举法、地方组织法规定，按照县、乡两级人民代表大会换届选举工作实施方案要求，及县十届人大常委会第十九次会议通过的《关于变更选举实施方案中选举时间的决定》，全县共划分134个选区，于1993年3月16日采取无记名投票方式进行了差额选举，依法选举产生县十一届人大代表198名。

经县十届人大常委会代表资格审查委员会审查，并经县十届人大常委会会议通过，确定198名代表的选举符合法律规定，代表资格全部有效。

在198名代表中，男代表158名，占代表总数的79.8%，妇女代表40名，占20.2%，符合妇女代表不低于20%的要求；非党员代表51名，占代表总数的25.8%；在文化程度上，大专34名，中专、高中67名，初中以下97名，文化素质高于上届；从年龄结构看，35岁以下的26名，50岁以上的51名，36岁至49岁的中年代表121名，占代表总数的61.1%，所占比例最大。

二、灵寿县出席石家庄市第九届人民代表大会代表的选举产生

按照地方组织法、选举法的规定及市人大换届领导小组关于换届选举工作的部署安排意见，灵寿县应选举出席市九届人民代表大会代表21名。根据市人大换届领导小组的要求，分配给灵寿县的代表名额为18名，市直属机关参选的3名，实行差额选举，确定差额为5名。

1993年8月24日，灵寿县第十一届人民代表大会第二次会议选举产生出席市九届人民代表大会代表21名。代表结构情况：市参选的3名，党政干部4名，工交建2名，财贸1名，农业6名，科技2名，教育1名，卫生1名，政法1名。非党7名，占33.3%；妇女6名，占28.6%；少数民族1名，占4.8%。

三、灵寿县出席河北省第八届人民代表大会代表的选举产生

1993年3月22日，灵寿县第十一届人民代表大会第一次会议选举产生出席河北省第八届人民代表大会代表4名。

第二节　代表名单

一、灵寿县第十一届人民代表大会代表名单

灵寿镇代表团

崔三白	郭金贵	王绸妮（女）	徐文华
罗均锁	杨梅菊（女）	高国英	赵三屯
曹文海	贡白旦	杨从彩	

三圣院乡代表团

郑兵兰	刘建国	雷书辰	栗秀兰（女）
李文中	罗中锋	张会英（女）	张书芹
刘喜军	姚振虎	刘银荣（女）	

北洼乡代表团

张志琪	李银忠	李清玉	彭志辉
马兰山	王秀芹	祁白云	梁绳忠
王秀香（女）	吕香风（女）		

西托乡代表团

康秋录	耿庆文	赵清彬	阎景兰（女）
吕喜珍（女）	彭二脏	李新毛	张庆祥

中倾井乡代表团

刘喜贞	郑勤兰（女）	赵同忠	彭军灵
苏安平	王贺祥	郎梅兰（女）	

牛城乡代表团

祁登志	孟荣堂	房德杰	徐海军
刘梅菊（女）	赵二保		

狗台乡代表团

梁祖贝	李保柱	尹书太	刘墨华
李均平	杨云平（女）	苏冬来	牛三红

青同镇代表团

胡书才	王新生	程永峰	郑连山
高锡荣（女）	李忠妮	曹勤水	

南寨乡代表团

程永寿	王双风	高敬亮	马正昆
张增玉	罗俊和	彭秀英（女）	尚二海

护驾疃乡代表团

曹位芳	尚景会	杨金来	白玉平（女）
王楼妮	杨牛子	张二傻	高云喜

马阜安乡代表团

姚继文	赵进忠	任合乡	白荣花（女）
刘锁印			

中营村乡代表团

卢志敏	罗双辰	赵银山	曹书书（女）
曹贯辰			

塔上镇代表团

朱丛和	刘老八	赵书祥	张青香（女）

慈峪镇代表团

王玉来	赵荣志	司焕珍（女）	马吉山
张千秋	时青菊（女）	刘明祥	董全贵

燕川乡代表团

万福明	赵喜祥	孙大保	白花叶（女）
张老旦	刘连春		

刘庄乡代表团

靳秋福	柳良贵	李风祥	柳梅婷
李位芹（女）			

柏山乡代表团

张家昌	袁学让	马保国	时国才
董发生	张梅菊（女）		

谭庄乡代表团

沈闹活	乔志伟	王昌明	李拴吉
谷小平	杨连荣（女）		

陈庄镇代表团

马景贵	王云霞	付三牛	李　平（女）
周香元	赵秀平（女）	王秀才	

新开乡代表团

王定海	李玉林	高春贵	周孟良
赵建叶（女）			

北庄乡代表团

白文卓	马金山	董永秀（女）	付兰祥
付四法			

岔头镇代表团

于有贵	付天仓	武双喜	孙炳竹（女）
赵全贵	孙国进	周炳霞（女）	牛　国

寨南乡代表团

卢书臣	王瑞峰	刘兵道	付士珍（女）

寨头乡代表团

王秀斌	付士君	王建平	李守秀（女）
刘三来	刘祖华		

张家庄乡代表团

高玉亮	王进民	吴六保	于连秀（女）

团泊口乡代表团

马胜庆	周二焕	郑德华	周志兰（女）

杨家台乡代表团

王国钦	陈万金	祁书叶（女）	

南营乡代表团

陈进良	高黑旦	邢德军	邢二秀（女）

县直代表团

胡海江	徐儒珍	宿振双	赵学敏
钱少宗	牛同贵	袁秀竹（女）	赵香和
栗丕英	杭承贤	傅连英（女）	刘清芳
白秋喜	傅加宾	刘芬平（女）	刘银录
何学勤	宋　赍		

县十一届人大代表届中调整情况表

表 13-1

时间	终止情况	补选情况
1993 年	调离：刘清芳	—
1997 年	调离：赵学敏、胡海江 去世：杭承贤、高敬亮、高玉亮、郑德华	门秀敏、高增秀、赵学利、李树林、刘志林、张进权、聂风渠、秘素兵

二、灵寿县出席石家庄市第九届人民代表大会代表名单

（一）市直参选 3 名

张承录　　梁明月　　杨素梅（女）

（二）县当选代表 18 名

赵学敏　　杨从彩　　刘昌生　　陈江河
马正华　　高国英　　许震震（女）　　赵兵全
刘金发　　温志华　　赵书任（女）　　李秀军
苏瑞平　　高金雪　　张军兰（女）　　张德元
李振兰（女，回族）　　袁秀竹（女）

届中调整情况：

1994 年，马正华去世，其市九届人大代表职务自然终止。县十一届人大常委会会议补选李文庆为市九届人大代表。

三、灵寿县出席河北省第八届人民代表大会代表名单

洪　毅　　刘彦涛　　赵学敏　　刘芬平（女）

第三节　代表工作

一、提高代表依法履职能力

县人大常委会采取电视讲话、广播、有奖答卷等多种形式认真宣传《中华人民共和国全国人民代表大会和地方各级人民代表大会代表法》及《河北省实施代表法办法》，并组织省、市和部分县人大代表进行以代表法为主要内容的学习培训，增强代表的政治观念、法制观念、群众观念，提高代表依法履职能力，充分发挥代表在闭会期间的作用。常委会还编印了《人大代表工作文选》，并以常委会办公室文件的形式下发到各乡镇、单位及各人大代表，要求其深入学习贯彻落实。

二、发挥代表主体作用

常委会紧紧围绕全县“两个文明”建设，组织代表进行了20多次视察、调查，提出近200条建议。制定《县人大代表视察的试行办法》，为代表履职提供了制度保障。通过邀请代表和乡镇人大主席列席常委会、召开座谈会、定期走访代表、常委会组成人员联系代表等形式收集群众的意见，并把意见建议及时反馈给政府，有效地发挥了人大代表联系人民群众的桥梁和纽带作用，为代表在闭会期间参与管理国家事务开辟了新途径。

三、组织开展代表议政日活动

1996年9月2日，县十一届人大常委会第二十七次会议审议并通过《灵寿县人大常委会关于开展代表议政日活动的暂行办法》(以下简称《办法》),《办法》出台后，各代表小组定期组织代表活动，通过代表议政日活动，进一步拓宽常委会及“一府两院”联系代表和群众的渠道，为代表更好地履职提供条件和制度保障，极大地调动了代表履职的积极性。

四、办理代表议案和建议

常委会把办理代表议案和建议列入重要议事日程，制定代表建议、批评和意见的提出和办理办法，及时走访代表，征求代表对承办工作的意见，听取“一府两院”关于承办工作的汇报，督促其加大承办力度。通过办理代表议案和建议，解决了一批群众关心的热点难点问题。

（一）代表议案办理情况

县十一届人大二次会议，议题是选举出席石家庄市第九届人民代表大会代表，不涉及代表议案。

县十一届人大六次会议，收到代表议案1件，根据《中华人民共和国代表法》和《地方组织法》有关规定，经议案审查委员会审查，符合议案条件，建议将议案提交大会通过，并做出决议。

县十一届人大历次会议交常委会审议决定的议案情况表

表13-2

年度	议案内容	处理情况
1997年	建议进一步加强依法治县的力度，使全县各条战线上的工作逐步走向法制化的轨道	经议案审查委员会审查后，县十一届人大六次会议通过《关于进一步加强依法治县的决议》

（二）代表建议办理情况

县十一届人大一次会议，收到代表提出的建议、批评和意见73件。

县十一届人大二次会议，议题是选举出席石家庄市第九届人民代表大会代表，不涉及代表建议、批评和意见。

县十一届人大三次会议，收到代表提出的建议、批评和意见41件。

县十一届人大四次会议，收到代表提出的建议、批评和意见 21 件。

县十一届人大五次会议，收到代表提出的建议、批评和意见 24 件。

县十一届人大六次会议，收到代表提出的建议、批评和意见 43 件。

县十一届人大历年重点督办代表建议情况一览表

表 13-3

年度	建议内容
1993 年	关于加强水利建设、农村社会化服务、发展高效农业等方面的建议；关于减轻农民负担方面的建议；关于发展乡镇企业的思路应因地制宜，实行重点突破，梯次推进，大力发展专业村、专业户、专业区，形成一村一品的群体优势的建议。关于加强城镇建设方面的建议；关于加强公路交通管理方面的建议
1994 年	关于重视现有企业管理的建议；关于坚持把农村经济工作放在突出位置的建议；关于把发展乡镇企业作为农村工作的重点的建议；关于做好财政工作的建议；关于公布 1992 年 6 月卖商品粮户口收入款和收支情况的建议；关于搞好县城管理，改善城乡环境的建议；关于提高教育质量的建议
1995 年	关于加快解决县城占地带来的问题的建议；关于向上级反映农村调地问题的建议；关于搞好棉花生产和收购工作的建议；关于加大对农业投入和加强水利建设的建议；关于进一步加强社会治安综合治理工作的建议；关于加快乡间道路建设的建议；关于积极跑办建校房款补助兑现问题、改善办学条件等方面的建议；关于加强卫生防疫部门人员管理与执法教育的建议；关于加强渠道管理，降低渠水浇地费用的建议；关于在全县和全社会开展普法教育的建议
1996 年	关于减轻农民负担方面的建议；关于加强领导干部工作作风整顿方面的建议；关于县办企业应树立正气的建议；关于加强乡镇领导班子建设方面的建议；关于向亏损企业职工送温暖的建议；关于大力整治国家公务人员大吃大喝问题的建议；关于在县城居民集中区设立片警的建议；关于加快乡间道路建设的建议；关于解决部分乡镇拖欠教师工资问题的建议；关于遏制学校对学生乱收费问题的建议；关于加强儿童启蒙教育的建议；关于加强对农业科学技术指导的建议；关于进一步加大农业投入，对棉农提供技术服务，增强农民种植棉花积极性方面的建议；关于加快县城规划建设的建议；关于加强对乡镇工作人员法制教育的建议；关于扩大电视覆盖率的建议；关于加强矿业管理及规范费用征收的建议
1997 年	关于尽快解决县化肥厂排出的污水造成对三圣院乡、灵寿镇的六个村的农作物污染问题的建议；关于加强对县办工业的管理，特别要加强对固定资产投资三亿多元的九家大型企业的管理，要求政府解决企业的具体实际问题，尽快提高企业的经济效益的建议。关于加大农业投入，将科技兴县、科技兴农抓紧抓好，加强农村科技队伍的建设，充分发挥他们作用的建议；关于要求县政府修复上年被洪水冲毁的公路和桥梁（塔上—山门口；李家庄、胡家庄、王阜安等公路桥）的建议；关于要求重建县直幼儿园并改善办园条件和办学条件，制止对学生乱收费、提高教育质量，兑现 1993 年 10 月—1994 年 12 月普调工资后未补发全的教师工资，要求重点学校和重点乡镇中学设置安全保卫人员的建议；关于执纪执法部门多做正面教育工作少采取罚款和强硬、粗暴的不良行为，维护部门形象，公检法要加强法制宣传教育，加大执法力度、严守秘密、依法办案、办案要快，维护法律尊严等方面的问题；关于加强对扶贫款的管理和使用的建议；关于尽快办理武装部训练基地占地合法手续及广播电视应每天播放气象信息等问题的建议

第三章　人民代表大会

灵寿县第十一届人民代表大会任期5年，自1993年3月至1998年2月，共召开6次会议。

县十一届人大历次会议概况表

表13-4

会次	会议日期	议题（项）	听取报告（个）	决议决定（项）	选举表决（项）
第一次	1993年3月19日至22日	12	6	7	5
第二次	1993年8月23日至24日	1	0	0	1
第三次	1994年2月18日至20日	8	6	7	1
第四次	1995年3月6日至9日	8	6	7	0
第五次	1996年2月27日至3月1日	8	6	7	1
第六次	1997年3月6日至3月9日	8	6	7	1

第一节　会议概况

一、县十一届人大一次会议

1993年3月19日至22日，县十一届人大一次会议在灵寿县电影院召开。出席代表192人（应到198人）。会议听取和审议县人民政府代县长赵学敏作的《灵寿县人民政府工作报告》；听取和审议县计划委员会主任马正平作的《关于灵寿县前三年（1990—1992年）国民经济和社会发展计划执行情况及今后三年（1993—1995年）国民经济和社会发展计划草案的报告》；听取和审议县财政局局长付嗣泽作的《关于灵寿县1992年财政预算执行情况和1993年财政预算草案的报告》；听取和审议县人大常委会副主任赵清彬作的《灵寿县人民代表大会常务委员会工作报告》、县人民法院副院长李同来作的《灵寿县人民法院工作报告》、县人民检察院检察长杨金来作的《灵寿县人民检察院工作报告》。会议通过相应决议。

会议讨论通过《关于加快乡镇企业发展的决定》。会议选举产生灵寿县出席河北省第八届人民代表大会代表4名。会议选举产生县人大常委会主任、副主任、委员，县人民政府县长、副县长，县人民法院院长，县人民检察院检察长（名单见本章第二节《会议选举》）。

这次会议，是在全县人民认真贯彻执行党的基本路线，锐意改革，奋发进取，经济建设和各项社会事业都取得新的发展阶段召开的一次会议。会议审议批准县政府工作报告和其他报告，选举产生新一届国家机关工作人员，是一次团结成功的大会，促进改革开放、加快经济发展的大会。会议指出，三年来全县坚持抓住解放思想这条“导线”，不断更新观念，以思想解放推动大改革、大开放、大发展，实现了“八五”前两年“回升”与“发展”的奋斗目标。会议强调，未来三年，是灵寿经济建设和各项事业兴旺发达的关键时期，是完成“八五”计划，开创“九五”新纪元，翻番致富奔小康的决定性三年，全县要在党的十四大精神指引下，以建立社会主义市场经济体制为目标，以提高经济效益为中心，解放思想，加大改革，扩大开放，积极转变政府职能，促进企业转变经营机制，努力增加投入，推进科技进步，强化农业，突出工业，放手发展乡镇企业，加速发展第三产业，大干三五年，实现经济再翻番。

二、县十一届人大二次会议

1993年8月23日至24日，县十一届人大二次会议在灵寿县招待所召开。出席代表170人（应到197人）。会议选举产生灵寿县出席石家庄市第九届人民代表大会代表21名。

三、县十一届人大三次会议

1994年2月18日至20日，县十一届人大三次会议在灵寿县电影院召开。出席代表197人（应到197人）。会议听取和审议县政府代县长张静作的《灵寿县人民政府工作报告》；听取和审议县计划委员会主任马正平作的《关于灵寿县1993年国民经济和社会发展计划执行情况与1994年国民经济和社会发展计划草案的报告》；听取和审议县财政局局长傅嗣泽作的《关于灵寿县1993年财政预算执行情况和1994年财政预算草案的报告》；听取和审议县人大常委会主任杨从彩作的《灵寿县人民代表大会常务委员会工作报告》、县人民法院院长房德杰作的《灵寿县人民法院工作报告》、县人民检察院检察长作的《灵寿县人民检察院工作报告》。会议通过相应决议。会议审议通过《关于保障社会稳定、促进经济发展的决定》。会议选举灵寿县人民政府县长（名单见本章第二节《会议选举》）。

这次会议，是在全县认真贯彻党的十四大和十四届三中全会精神，落实县十一届人大一次会议提出的各项工作任务，全县人民抓住机遇，顽强奋战，努力推进改革开放和事业发展的新形势下召开的一次会议。会议指出，1994年是贯彻党的十四届三中全会《决定》的重要一年，是我国经济体制改革整体推进、重点突破的一年，也是实现“八五”翻身、加快脱贫致富步伐的关键一年。会议强调，全县要以党的十四届三中全会精神为指导，以提高整体效益为中心，以扭转财政被动局面为重点，紧紧围绕社会主义市场经济新体制，进一步加大改革力度，促进产业结构调整，推动经营机制转换，扩大私营成分，投入与挖潜并举，发展与提高并重，确保全县经济建设和各项事业有一个实实在在的提高。

四、县十一届人大四次会议

1995年3月6日至9日，县十一届人大四次会议在灵寿县电影院举行。出席代表197人（应到197人）。会议听取和审议了县政府县长张静作的《灵寿县人民政府工作报告》并通过相应决议；听取和审议县计划委员会主任马正平作的《关于灵寿县1994年国民经济和社会发展计划执行情况与1995年国民经济和社会发展计划草案的报告》并通过相应决议；听取和审议县财政局局长马国云作的《关于灵寿县1994年财政预算执行情况及1995年财政预算草案的报告》，通过关于1995年财政预算的决议，对于1994年财政预算执行情况委托县人大常委会根据实际执行结果进行决议；听取和审议县人大常委会主任杨从彩作的《灵寿县人民代表大会常务委员会工作报告》并通过相应决议，听取和审议县人民法院院长房德杰作的《灵寿县人民法院工作报告》并通过相应决议，听取和审议县人民检察院检察长杨金来作的《灵寿县人民检察院工作报告》并通过相应决议。会上，对县人大常委会主任、副主任，县人民政府县长、副县长，县人民法院院长，县人民检察院检察长进行述职评议。会议通过《关于加强农村村民委员会组织建设的决定》。

五、县十一届人大五次会议

1996年2月27日至3月1日，县十一届人大五次会议在灵寿县电影院举行。出席代表193人，（应到196人）。会议听取和审议县人民政府代县长郑雪碧作的《灵寿县人民政府工作报告》；听取和审议县计划局局长马正平作的《关于灵寿县1995年国民经济和社会发展计划执行情况与1996年国民经济和社会发展计划草案和“九五”规划及2010年远景目标（草案）的报告》；听取和审议县财政局局长马国云作的《关于灵寿县1995年财政决算和1996年财政预算草案的报告》；听取和审议县人大常委会主任杨从彩作的《灵寿县人民代表大会常务委员会工作报告》、县人民法院院长房德杰作的《灵寿县人民法院工作报告》、县人民检察院检察长杨金来作的《灵寿县人民检察院工作报告》。会议通过相应决议。会议审议通过《关于加强县城建设的决定》。会议选举产生灵寿县人民政府县长（名单见本章第二节《会议选举》）。

这次会议，是全县人民在坚持以邓小平建设有中国特色社会主义理论和党的基本路线为指导，紧紧围绕经济建设这个中心，解放思想，开拓进取，全县经济建设和各项社会事业都取得了新成绩的形势下召开的一次会议。会议指出，1996年是贯彻落实党的十四届五中全会精神，实施“九五”计划的起步年，也是衔接21世纪中长期计划的第一年。做好1996年工作对于巩固和发展“八五”期间取得的重大成果，保持全县改革、发展和稳定的大好局面，全面实现“九五”计划的各项任务及今后15年的宏伟目标，具有十分重要的意义。会议强调，全县要以邓小平同志建设有中国特色社会主义理论和党的基本路线为指导，以深化改革、扩大开放为主旋律，以实现财政自立和农民收入的快速增长为主攻目标，大力推进经济体制和经济增长方式两个根本性转变，促进全县经济持续、快速、健康发展和社会的全面进步，确保“九五”第一年有一个好的开局、大的起步。

六、县十一届人大六次会议

1997年3月6日至9日，县十一届人大六次会议在灵寿县电影院举行。出席代表158人（应到199人）。会议听取和审议县人民政府县长郑雪碧作的《灵寿县人民政府工作报告》；听取和审议县计划局局长马正平作的《关于灵寿县1996年国民经济和社会发展计划执行情况及1997年国民经济和社会发展计划草案的报告》，审查和批准灵寿县1996年国民经济和社会发展计划执行情况的报告及1997年国民经济和社会发展计划；听取和审议县人民政府副县长兼县财政局局长马国云作的《关于灵寿县1996年财政决算和1997年财政预算草案的报告》，审查和批准灵寿县1996年财政决算和1997年财政预算；听取和审议县人大常委会主任杨从彩作的《灵寿县人民代表大会常务委员会工作报告》、县人民法院院长房德杰作的《灵寿县人民法院工作报告》、县人民检察院检察长杨金来作的《灵寿县人民检察院工作报告》。会议通过相应决议。会议通过《关于进一步加强依法治县的决议》。会议补选灵寿县人大常委会副主任和县人大常委会委员（名单见本章第二节《会议选举》）。

这次会议，是在全县人民积极贯彻党的十四届五中、六中全会精神，认真落实十一届人大五次会议提出的各项工作任务，战胜30年不遇的特大洪涝灾害，开拓进取，真抓实干，经济建设和各项社会事业都取得了新成绩的形势下召开的一次会议。会议指出，1997年是全县实现财政自立和脱贫出列决定性的一年，是充满希望和生机的一年。会议强调，全县要以邓小平建设有中国特色社会主义理论为指导，以两个根本性转变为目标，紧紧围绕财政自立和脱贫出列两大工作重点，努力把握“稳中求进，进中求快，快中求好”的工作大局，进一步深化改革，调整结构，强化管理，扩大开放，全面提高经济运行质量和效益，促进全县经济持续、快速、健康发展和社会全面进步。

第二节　会议选举

县人大常委会

主　任：

杨从彩　　1993年3月县十一届人大一次会议当选

副主任：

赵清彬　　1993年3月县十一届人大一次会议当选

杭承贤　　1993年3月县十一届人大一次会议当选

雷书辰　　1993年3月县十一届人大一次会议当选

武双喜　　1993 年 3 月县十一届人大一次会议当选
傅加宾　　1993 年 3 月县十一届人大一次会议当选
赵学利　　1997 年 3 月县十一届人大六次会议当选

委　员（县十届人大一次会议选举产生）：

王云霞　　刘芬平（女）　　刘银录　　李清玉
赵荣志　　赵香河　　栗丕英　　袁秀竹（女）
高敬良　　程永峰　　傅连英（女）

县十一届人大六次会议选举产生：

刘志林　　李树林　　张进权　　聂风渠

届中调整情况：

程永峰，1997 年 1 月 22 日，在县十一届人大常委会第三十次会议上辞去常委会委员职务。

栗丕英，1997 年 1 月 22 日，在县十一届人大常委会第三十次会议上辞去常委会委员职务。

傅连英（女），1997 年 1 月 22 日，在县十一届人大常委会第三十次会议上辞去常委会委员职务。

袁秀竹（女），1997 年 1 月 22 日，在县十一届人大常委会第三十次会议上辞去常委会委员职务。

县人民政府

县　长：

赵学敏　　1993 年 3 月县十一届人大一次会议当选
张　静　　1994 年 2 月县十一届人大三次会议当选
郑雪碧　　1996 年 3 月县十一届人大五次会议当选

届中调整情况：

赵学敏，1993 年 10 月 22 日，在县十一届人大常委会第四次会议上辞去灵寿县人民政府县长职务。

张　静，1995 年 5 月 23 日，在县十一届人大常委会第十五次会议上辞去灵寿县人民政府县长职务。

郑雪碧，1998 年 2 月 5 日，在县十一届人大常委会第三十六次会议上辞去灵寿县人民政府县长职务。

副县长：

徐儒珍　　1993 年 3 月县十一届人大一次会议当选
赵克林　　1993 年 3 月县十一届人大一次会议当选
贾春峰　　1993 年 3 月县十一届人大一次会议当选

雷连辰　　　1993 年 3 月县十一届人大一次会议当选

郝建英（女）1993 年 3 月县十一届人大一次会议当选

赵景春　　　1993 年 3 月县十一届人大一次会议当选

杜占贞　　　1993 年 3 月县十一届人大一次会议当选

届中调整情况：

苑进忠，1993 年 5 月 15 日，县十一届人大常委会第一次会议决定任命其为灵寿县人民政府科技副县长。

张　静，1993 年 10 月 22 日，县十一届人大常委会第四次会议决定任命其为灵寿县人民政府副县长，代理县长。

杨振庭，1994 年 1 月 8 日，县十一届人大常委会第五次会议决定任命其为灵寿县人民政府副县长（挂职）；1995 年 4 月 28 日，县十一届人大常委会第十四次会议决定免去其灵寿县人民政府副县长（挂职）职务。

梁大朝，1995 年 3 月 30 日，县十一届人大常委会第十三次会议决定任命其为灵寿县人民政府副县长（挂职）；1996 年 6 月 24 日，县十一届人大常委会第二十六次会议决定免去其灵寿县人民政府副县长职务（挂职）。

徐儒珍，1995 年 3 月 30 日，县十一届人大常委会第十三次会议决定免去其灵寿县人民政府副县长职务。

郑雪碧，1995 年 5 月 23 日，县十一届人大常委会第十五次会议决定任命其为灵寿县人民政府副县长，代理县长。

李同胜，1995 年 6 月 13 日，县十一届人大常委会第十六次会议决定任命其为灵寿县人民政府副县长（挂职）。

门秀敏，1995 年，县十一届人大常委会第十八次会议决定任命其为灵寿县人民政府副县长；1996 年 6 月 19 日，县十一届人大常委会第二十五次会议决定免去其灵寿县人民政府副县长职务。

罗二虎，1996 年 6 月 19 日，县十一届人大常委会第二十五次会议决定任命其为灵寿县人民政府副县长。

马国云，1996 年 6 月 19 日，县十一届人大常委会第二十五次会议决定任命其为灵寿县人民政府副县长。

杜占贞，1996 年 6 月 19 日，县十一届人大常委会第二十五次会议决定免去其灵寿县人民政府副县长职务。

高增秀，1996 年 6 月 24 日，县十一届人大常委会第二十六次会议决定任命其为灵寿县人民政府副县长。

栾　军，1996 年 6 月 24 日，县十一届人大常委会第二十六次会议决定任命其为灵寿县人民政府副县长（挂职）；1997 年 8 月 21 日，县十一届人大常委会第三十三次会议决定免去其灵寿县人民政府副县长（挂职）职务。

丛　生，1997 年 8 月 21 日，县十一届人大常委会第三十三次会议决定任命其为灵寿县人民政府副县长（挂职）。

王振卿，1998 年 2 月 5 日，县十一届人大常委会第三十六次会议决定任命其为灵寿县人民政府副县长，代理县长。

周书芳，1998 年 2 月 5 日，县十一届人大常委会第三十六次会议决定任命其为灵寿县人民政府副县长。

彭占良，1998 年 2 月 6 日，县十一届人大常委会第三十七次会议决定任命其为灵寿县人民政府副县长。

马建彬，1998 年 2 月 6 日，县十一届人大常委会第三十七次会议决定任命其为灵寿县人民政府副县长。

县人民法院

院　长：

房德杰　　1993 年 3 月县十一届人大一次会议当选

县人民检察院

检察长：

杨金来　　1993 年 3 月县十一届人大一次会议当选

链接：县十一届人大常委会主任简历

杨从彩，男，1937 年 10 月出生，1954 年 10 月参加工作，汉族，中共党员，灵寿县燕川乡人，大专学历。1954 年 10 月灵寿县燕川供销社售货员；1958 年 1 月灵寿县水利科技术员；1960 年 2 月石家庄农业专科学院水利系学习；1962 年 8 月灵寿县水利科技术员、代理副科长；1967 年 2 月县慈右渠指挥部副团长，水电局干事，技术员；1974 年 9 月灵寿县狗台乡党委书记；1976 年 9 月灵寿县畜牧局副局长、科委副主任；1982 年 9 月灵寿县政府办公室副主任、主任；1988 年 2 月灵寿县政府副县长兼农专校长；1993 年 3 月灵寿县十一届人大常委会主任、党组书记。

第三节　会议组织

一、县十一届人大一次会议

（一）大会主席团和秘书长

主席团：

王云霞	傅加宾	傅连英（女）	刘芬平（女）
刘银录	刘清芳	刘墨华	李清玉
杨从彩	杨金来	宋　贲	杭承贤

武双喜 房德杰 赵学敏 赵荣志
赵香河 赵清彬 钱少宗 栗丕英
袁秀竹（女） 胡海江 高敬良 徐儒珍
宿振双 程永峰 雷书辰

秘书长：赵清彬（兼）

（二）大会主席团常务主席

刘清芳 赵学敏 宿振双 胡海江
杨从彩 徐儒珍 刘墨华 赵清彬
杭承贤 雷书辰 武双喜 傅加宾

（三）大会议案审查委员会

主任委员：武双喜

副主任委员：徐儒珍

委员：高敬良 程永峰

二、县十一届人大二次会议

（一）大会主席团和秘书长

主席团：

王云霞 傅加宾 傅连英（女） 刘芬平（女）
刘银录 刘墨华 李清玉 杨从彩
杭承贤 武双喜 赵学敏 赵荣志
赵香河 赵清彬 栗丕英 袁秀竹（女）
胡海江 高敬良 宿振双 程永峰
雷书辰

秘书长：赵清彬（兼）

（二）大会主席团常务主席

赵学敏 宿振双 胡海江 杨从彩
刘墨华 赵清彬 杭承贤 雷书辰
武双喜 傅加宾

三、县十一届人大三次会议

（一）大会主席团和秘书长

主席团：

王云霞 刘芬平（女） 刘银录 刘墨华
李清玉 杨从彩 杭承贤 武双喜
赵学敏 赵荣志 赵香河 赵清彬

栗丕英	袁秀竹（女）	胡海江	高敬良
傅加宾	傅连英（女）	程永峰	雷书辰

秘书长：赵清彬（兼）

（二）大会主席团常务主席

赵学敏	胡海江	杨从彩	刘墨华
赵清彬	杭承贤	雷书辰	武双喜
傅加宾			

（三）大会议案审查委员会

主 任 委 员：武双喜

副主任委员：徐儒珍

委　　　员：程永峰　　　　　高敬良

四、县十一届人大四次会议

（一）大会主席团和秘书长

主席团：

王云霞	刘芬平（女）	刘银录	刘墨华
李清玉	杨从彩	杭承贤	武双喜
赵学敏	赵荣志	赵香河	赵清彬
栗丕英	袁秀竹（女）	胡海江	高敬良
傅加宾	傅连英（女）	程永峰	雷书辰

秘书长：赵清彬（兼）

（二）大会主席团常务主席

赵学敏	胡海江	杨从彩	刘墨华
赵清彬	杭承贤	雷书辰	武双喜
傅加宾			

（三）大会议案审查委员会

主 任 委 员：武双喜

副主任委员：徐儒珍

委　　　员：程永峰　　　　　高敬良

五、县十一届人大五次会议

（一）大会主席团和秘书长

主席团：

王云霞	刘芬平（女）	刘银录	刘墨华
李清玉	杨从彩	杭承贤	武双喜

张　静	赵荣志	赵香河	赵清彬
胡海江	栗丕英	袁秀竹（女）	傅加宾
傅连英（女）	程永峰	雷书辰	

秘书长：赵清彬（兼）

（二）大会主席团常务主席

张　静	胡海江	刘墨华	杨从彩
赵清彬	杭承贤	雷书辰	武双喜
傅加宾			

（三）大会议案审查委员会

主 任 委 员：武双喜

副主任委员：杜占贞

委　　　员：程永峰　　王云霞

六、县十一届人大六次会议

（一）大会主席团和秘书长

主席团：

门秀敏	王云霞	刘芬平（女）	刘银录
刘墨华	宋　赟	张　静	杜占贞
杨从彩	李清玉	武双喜	郑雪碧
赵学利	赵荣志	赵香河	赵清彬
高增秀	傅加宾	雷书辰	

秘书长：武双喜（兼）

（二）大会主席团常务主席

张　静	杨从彩	郑雪碧	杜占贞
刘墨华	赵清彬	雷书辰	武双喜
傅加宾			

（三）大会议案审查委员会

主 任 委 员：傅加宾

副主任委员：高增秀

委　　　员：李清玉　　程永峰　　郑勤兰（女）

第四章　人民代表大会常务委员会

县十一届人大常委会坚持以邓小平建设有中国特色社会主义理论和党的基本路线为指导，牢牢把握大局，开拓前进，努力加强社会主义精神文明和民主法制建设，认真履行宪法和法律赋予的各项职责，为促进全县国民经济持续、快速、健康发展，保持社会稳定，推动社会全面进步作了很大贡献。

第一节　常委会会议

第一次会议　1993 年 5 月 15 日召开，县人大常委会主任杨从彩，副主任赵清彬、雷书辰、武双喜、傅加宾和 7 名委员出席会议。县委副书记胡海江到会指导。县人大党组顾问樊春生、何增兰、吴拴来，县法院院长房德杰、县检察院检察长杨金来列席会议。会议听取县人大常委会副主任雷书辰关于地区人大工作会议精神的传达，并就贯彻落实地区人大工作会议精神作了具体安排，议定近期召开由乡、镇人大主席团常务主席和乡、镇党委主管人大工作的副书记参加的县人大工作会议。会议通过《县人大常委会 1993 年工作要点》。会议通过县第十一届人大常委会代表资格审查委员会组成人员名单。会议通过人事任免事项（名单见本篇第七章《选举任免》）。

县十一届人大常委会代表资格审查委员会组成人员

主 任 委 员：赵清彬

副主任委员：雷书辰

委　　　员：赵荣志　王云霞　傅连英（女）　袁秀竹（女）

第二次会议　1993 年 7 月 20 日召开，县人大常委会主任杨从彩，副主任杭承贤、雷书辰、武双喜、傅加宾和 11 名委员出席会议。县人大党组顾问何增兰、吴拴来，县人民政府副县长杜占贞，县法院院长房德杰，县检察院检察长杨金来列席会议 . 会议听取和审议杜占贞副县长代表县政府作的关于社会治安情况的汇报。会议听取和审议杜占贞副县长代表县政府作的关于县第十一届人民代表大会第一次会议代表议案办理情况的报告。会议听取和审议杜占贞副县长代表县政府作的关于贯彻执行《全民所有制工业企业转换经营机制条例》情况的报告。会议讨论了县建设委员会关于编制《县城控制性规划》的说明。

第三次会议　1993 年 9 月 28 日召开，县人大常委会主任杨从彩，副主任赵清彬、杭承贤、雷书辰、武双喜、傅加宾和10名委员出席会议，县人大党组顾问樊春生、吴拴来，县法院副院长李同来，县检察院副检察长宋泽田列席会议。会议听取和审议县计委副主任张风义代表县政府作的关于今年上半年国民经济计划执行情况的报告。会议听取和审议县财政局局长傅嗣泽代表政府作的关于1993年1—8月财政预算执行情况的报告。会议听取县土地局局长秘皂保代表县政府作的关于执行《中华人民共和国土地管理法》情况的报告。会议听取县教育局局长赵振山代表县政府作的关于学校收费情况的汇报。

第四次会议　1993年10月22日召开，县人大常委会主任杨从彩，副主任赵清彬、杭承贤、雷书辰、武双喜、傅加宾和7名委员出席会议，县人大党组顾问樊春生、何增兰、吴拴来列席会议。县委副书记胡海江到会指导。会议通过人事任免事项（名单见本篇第七章《选举任免》）。

第五次会议　1994年1月8日召开，县人大常委会主任、副主任和委员出席会议。县人民政府、县人民法院、县人民检察院有关人员列席会议。会议通过人事任免事项（名单见本篇第七章《选举任免》）。

第六次会议　1994年4月27日召开，县人大常委会主任、副主任和委员出席会议。县人民政府、县人民法院、县人民检察院有关人员列席会议。会议听取和审议县政府关于调整产业结构，发展“两高一优”农业的报告。会议通过人事任免事项（名单见本篇第七章《选举任免》）。

第七次会议　1994年7月8日召开，县人大常委会主任杨从彩，副主任雷书辰、武双喜、傅加宾和部分委员出席会议。县人民政府副县长徐儒珍、县人民法院、县人民检察院有关领导列席会议。会议听取和审议县人民政府副县长徐儒珍代表县政府作的关于1994年投产四个工业项目（化肥厂、爱德福制药厂、玛钢厂、煤气利用工程）进展情况的汇报。会议审议通过灵寿县科技市场管理暂行规定。会议通过人事任免事项（名单见本篇第七章《选举任免》）。

第八次会议　1994年9月6日召开，县人大常委会主任、副主任和委员出席会议。县人民政府、县人民法院、县人民检察院有关人员列席会议。会议听取和审议县政府关于教育管理体制改革情况的报告。会议听取和审议县政府关于县城建设情况的报告。会议听取县法院关于程某某诉兽医管委会承包合同纠纷一案再审情况的报告。会议通过人事任免事项（名单见本篇第七章《选举任免》）。

第十次会议　1994年11月9日召开，县人大常委会主任、副主任和委员出席会议。县人民政府、县人民法院、县人民检察院有关人员列席会议。会议听取和审议县政府关于1994年1—9月国民经济和社会发展计划执行情况的报告。会议听取和审议县政府关于1994年1—9月财政预算执行情况的报告。会议听取县法院关于灵寿县人大常委会《关于县法院对程某某诉兽医管委会合同纠纷一案再审的决定》执行情况的报告。听取和审议县检察院关于开展反腐败斗争和加强法律监督情况的报告。会议通过人事任免事项（名单见本篇第七章《选举任免》）。

第十二次会议 1995年1月17日召开，县人大常委会主任、副主任和委员出席会议。县人民政府、县人民法院、县人民检察院有关人员列席会议。会议通过人事任免事项（名单见本篇第七章《选举任免》）。

第十三次会议 1995年3月30日召开，县人大常委会主任、副主任和委员出席会议。县人民政府、县人民法院、县人民检察院有关人员列席会议。会议通过人事任免事项（名单见本篇第七章《选举任免》）

第十四次会议 1995年4月28日召开，县人大常委会主任、副主任和委员出席会议。县人民政府、县人民法院、县人民检察院有关人员列席会议。会议通过人事任免事项（名单见本篇第七章《选举任免》）。

第十五次会议 1995年5月23日召开，县人大常委会主任、副主任和委员出席会议。县人民政府、县人民法院、县人民检察院有关人员列席会议。会议通过人事任免事项（名单见本篇第七章《选举任免》）。

第十六次会议 1995年6月13日召开，县人大常委会主任、副主任和委员出席会议。县人民政府、县人民法院、县人民检察院有关人员列席会议。会议听取和审议县财政局作的《关于1994年财政决算的报告》。会议听取和审议“一府两院”关于推行“两错”责任追究制情况的汇报。会议通过人事任免事项（名单见本篇第七章《选举任免》）。

第十七次会议 1995年6月29日召开，县人大常委会主任、副主任和委员出席会议。县人民政府、县人民法院、县人民检察院有关人员列席会议。会议通过人事任免事项（名单见本篇第七章《选举任免》）。

第十八次会议 1995年召开，县人大常委会主任、副主任和委员出席会议。县人民政府、县人民法院、县人民检察院有关人员列席会议。会议研究中医院移址问题。会议通过人事任免事项（名单见本篇第七章《选举任免》）。

第二十次会议 1995年11月21日召开，县人大常委会主任、副主任和委员出席会议。县人民政府、县人民法院、县人民检察院有关人员列席会议。会议通过人事任免事项（名单见本篇第七章《选举任免》）。

第二十一次会议 1995年12月25日召开，县人大常委会主任、副主任和委员出席会议。县人民政府、县人民法院、县人民检察院有关人员列席会议。会议通过人事任免事项（名单见本篇第七章《选举任免》）。

第二十二次会议 1996年2月5日召开，县人大常委会主任、副主任和委员出席会议。县人民政府、县人民法院、县人民检察院有关人员列席会议。会议通过人事任免事项（名单见本篇第七章《选举任免》）。

第二十三次会议 1996年2月14日召开，县人大常委会主任杨从彩，副主任赵清彬、雷书辰、武双喜和7名委员出席会议。县人大常委会党组顾问何增兰，县检察院检察长杨金来列席会议。会议审议调整财政预算的报告。会议通过增补人大代表的报告。会议审议关于加强县城建设的决定。

第二十四次会议　1996年5月14日召开，县人大常委会主任杨从彩，副主任赵清彬、傅加宾和8名委员出席会议。县人大常委会党组顾问何增兰，县人民政府副县长贾春峰，县政协副主席左金祥，县法院院长房德杰，县检察院检察长杨金来列席会议。会议听取和审议县林业局局长刘振清受县政府委托作的《关于实施“8833”工程情况的汇报》。会议听取和审议县林业局局长刘振清受县政府委托作的《关于落实棉花和烤烟生产种植面积情况的汇报》。会议听取和审议县计划局长副局长康二中受县政府委托作的《关于扶贫开发工作情况的汇报》。会议听取县人大常委会代表联络选举人事工作委员会主任张进权作的《关于乡镇人大换届选举情况的汇报》。会议通过人事任免事项（名单见本篇第七章《选举任免》）。

第二十五次会议　1996年6月19日召开，县人大常委会主任杨从彩，副主任赵清彬、雷书辰、武双喜、傅加宾和4名委员出席会议。县人大常委会党组顾问何增兰，县政协副主席左金祥，县法院院长房德杰，县检察院检察长杨金来列席会议。会议通过人事任免事项（名单见本篇第七章《选举任免》）。

第二十六次会议　1996年6月24日召开，县人大常委会主任杨从彩，副主任赵清彬、雷书辰、武双喜、傅加宾和9名委员出席会议。县人民政府县长郑雪碧，县法院院长房德杰，县检察院检察长杨金来列席会议。会议通过人事任免事项（名单见本篇第七章《选举任免》）。

第二十七次会议　1996年9月2日召开，县人大常委会主任杨从彩，副主任赵清彬、雷书辰、武双喜、傅加宾和7名委员出席会议。县人大常委会党组顾问何增兰，人大党组成员赵学利、县政府副县长马国云，县政协副主席张元骥，县法院院长房德杰，县检察院检察长杨金来列席会议。会议审议并批准县政府关于调整1996年县财政预算的请示。会议听取县经济体制改革办公室主任靳勤瑞受县政府委托作的关于县办工商企业产权制度改革情况的汇报。会议听取县民政局局长徐文华受县政府委托作的关于村民自治组织建设及推行民主理财制度情况的汇报。会议听取县建设环保局局长罗中锋受县政府委托作的关于落实人代会《关于加强县城建设的决定》的情况汇报。会议听取县普法办公室主任罗均平受县政府委托作的关于宣传贯彻《行政处罚法》情况的汇报。会议听取县计划局局长马正平受县政府委托作的关于对外开放招商引资情况的汇报。会议听取和审议县计划局局长马正平受县政府委托作的关于1996年上半年国民经济和社会发展计划执行情况的汇报。听取和审议县政府副县长马国云代表县政府作的关于1996年上半年财政预算执行情况的汇报。会议审议并通过《灵寿县人大常委会关于开展人大代表议政日活动的暂行办法》。会议通过人事任免事项（名单见本篇第七章《选举任免》）。

第二十八次会议　1996年11月11日召开，县人大常委会主任杨从彩，副主任赵清彬、雷书辰、武双喜、傅加宾和8名委员出席会议。县政府副县长马国云、县政协副主席张元骥、县法院院长房德杰、县检察院检察长杨金来列席会议。会议听取和审议乡镇企业局副局长折顺平受县政府委托作的关于乡镇企业生产经营情况的汇报。会议审查批准县政府关于调整1996年财政预算的请示。会议听取县计生局局长史春雪受县政府委托作的关于计划生育情况的汇报。会议听取县政府副县长马国云代表县政府作的关于办理十一届人大五次会议代表议案、批评和建议情况的汇报。会议通过人事任免事项（名单见本篇第七章《选举任免》）。

第二十九次会议 1996年12月30日召开，县人大常委会主任杨从彩，副主任赵清彬、雷书辰、武双喜、傅加宾和9名委员出席会议。县人民政府副县长郝建英、县政协副主席张元骥、县法院院长房德杰、县人民检察院检察长杨金来列席会议。会议听取县广播电视局局长霍文慧受县政府委托作的关于解决“边老山区”人民看电视难情况的汇报。会议听取监察局局长张壬辰受县政府委托作的灵寿县反腐败工作情况的汇报。会议听取县法院院长房德杰作的灵寿县人民法院实行“两错”责任追究情况的汇报。会议听取县检察院检察长杨金来作的灵寿县人民检察院关于推行“两错”责任追究情况的汇报。会议听取县经贸局局长张风山受县政府委托作的关于县办工业加强企业管理，提高经济效益情况的汇报。

第三十次会议 1997年1月22日召开，县人大常委会主任杨从彩，副主任赵清彬、雷书辰、武双喜、傅加宾和7名委员出席会议。县人大常委会党组顾问何增兰、赵学利，县人民政府副县长赵景春，县人民法院院长房德杰，县人民检察院检察长杨金来列席会议。会议审议通过县十一届人大六次会议议程。会议通过人事任免事项（名单见本篇第七章《选举任免》）。

第三十一次会议 1997年4月28日召开，县人大常委会主任杨从彩，副主任赵清彬、雷书辰、武双喜和8名委员出席会议。县人大常委会党组顾问何增兰，政府副县长赵克林，县政协副主席张元骥，县人民检察院检察长杨金来列席会议。会议听取县交通局局长马小国受县政府委托作的《关于公路建设及水毁桥涵恢复情况汇报》。会议听取县工商局局长刘昌生受县政府委托作的《关于个体和私营企业发展情况的汇报》。会议听取和审议县劳动人事局副局长张清元受县政府委托作的关于破产企业、停产半停产企业职工再就业安排情况的汇报。会议听取县民政局局长卢增朝受县政府委托作的《关于村委会换届选举情况的汇报》。

第三十二次会议 1997年7月31日召开，县人大常委会主任杨从彩，副主任赵清彬、雷书辰、武双喜、傅加宾、赵学利和9名委员出席会议。县人大常委会党组顾问何增兰，县人民政协副主席左金祥，县人民法院院长房德杰，县人民检察院检察长杨金来列席会议。会议听取和审议县政府、县法院、县检察院落实《关于进一步加强依法治县决议》情况的汇报。会议听取和审议县农业局副局长贡灵谭受县政府委托作的关于加强农业基础设施建设、增强农业后劲情况的汇报。会议听取县邮电局局长王玉昌受县政府委托作的关于通信规划及实施情况的汇报。会议听取县劳人局局长刘兵锡受县政府委托作的关于破产和停产、半停产企业职工再就业情况的汇报。会议通过人事任免事项（名单见本篇第七章《选举任免》）。

第三十三次会议 1997年8月21日召开，县人大常委会主任、副主任和委员出席会议。县人民政府、县人民法院、县人民检察院有关人员列席会议。会议听取县政府关于农民合理负担、税费一口清落实情况的汇报。会议通过人事任免事项（名单见本篇第七章《选举任免》）。

第三十四次会议　1997 年 11 月 6 日召开，县人大常委会主任杨从彩，副主任雷书辰、武双喜、傅加宾、赵学利和 8 名委员出席会议。县人大常委会党组顾问何增兰，县人民政府副县长高增秀，县人民法院院长房德杰，县人民检察院检察长杨金来列席会议。会议听取县政府关于实施《中华人民共和国环境保护法》《中华人民共和国行政处罚法》情况的汇报。会议听取县政府关于提高企业效益、重点项目建设情况的汇报。会议听取县政府关于 1997 年 1—10 月财政预算执行情况的汇报。

第三十五次会议　1997 年 12 月 25 日召开，县人大常委会主任、副主任和委员出席会议。县人民政府、县人民法院、县人民检察院有关人员列席会议。会议听取县政府关于普及九年义务教育情况的汇报。会议听取县人民法院、县人民检察院、县公安局关于贯彻执行《中华人民共和国刑事诉讼法》和刑法学习情况的汇报。会议听取“一府两院”关于“两错”责任追究情况的汇报。听取县人大常委会代表联络选举人事工委关于换届选举情况的汇报。会议通过《灵寿县人大换届选举工作实施方案》。会议通过人事任免事项（名单见本篇第七章《选举任免》）。

第三十六次会议　1998 年 2 月 5 日召开，县人大常委会主任、副主任和委员出席会议。县人民政府、县人民法院、县人民检察院有关人员列席会议。会议通过人事任免事项（名单见本篇第七章《选举任免》）。

第三十七次会议　1998 年 2 月 6 日召开，县人大常委会主任、副主任和委员出席会议。县人民政府、县人民法院、县人民检察院有关人员列席会议。会议通过人事任免事项（名单见本篇第七章《选举任免》）。

第三十八次会议　1998 年 2 月 11 日召开，县人大常委会主任、副主任和委员出席会议。县人民政府、县人民法院、县人民检察院有关人员列席会议。会议通过县人大常委会《关于县第十二届人大代表的代表资格的审查报告》。

第二节　主任会议

县十一届人大常委会主任会议选录表

表 13-5

序号	时间	议题
1	1995 年 3 月 7 日	讨论 1995 年常委会议题安排
2	1995 年 3 月 28 日	研究下次常委会议题安排
3	1995 年 4 月	研究下次常委会会议议程和召开时间
4	1995 年 8 月 30 日	研究下次常委会相关材料和召开时间

续表 13-5

序号	时间	议题
5	1996 年 1 月 3 日	研究决定召开县十一届人大五次会议时间
6	1996 年 7 月 10 日	研究县十届人大常委会第二十七次会议议题及机关人事安排事宜
7	1996 年 7 月 20 日	研究石油公司案件
8	1996 年 8 月 26 日	研究常委会议题准备情况和召开时间；讨论代表议政日材料；安排被任命人员考试、撰写候职报告事宜
9	1996 年 9 月 25 日	传达市就案查执法会议精神，决定全县就案查执法会议时间、参加人员
10	1996 年 11 月 12 日	研究就案查执法准备交公检法纠正的案件

第三节　机构设置

县十一届人大常委会设办公室、政治法律工作委员会、财政经济工作委员会、科教文卫工作委员会、代表联络选举人事工作委员会、信访办公室。因科更名为工作委员会，在1994 年 7 月 8 日县十一届人大常委会第七次会议上，对科长、副科长进行了重新任命，职务名称相应变更为工作委员会主任、副主任。1995 年 3 月增设信访办公室。

县十一届人大常委会机构人员情况表

表 13-6

机构名称	职　务	姓　名	任职时间
办公室	主任	李清玉	1993 年 3 月—1995 年 3 月
		赵荣志	1995 年 3 月—1998 年 2 月
	副主任	李双平	1993 年 3 月—1995 年 6 月
		聂风渠	1993 年 3 月—1995 年 3 月
		袁振江	1993 年 5 月—1994 年 5 月
		刘二太	1995 年 1 月—1998 年 2 月
		李海军	1995 年 1 月—1998 年 2 月
		刘荣强	1997 年 8 月—1998 年 2 月
政治法律工作委员会	主任	赵荣志	1993 年 3 月—1995 年 3 月
		聂风渠	1995 年 3 月—1998 年 2 月
	副主任	温志强	1993 年 5 月—1995 年 3 月
		张昌慧	1995 年 1 月—1998 年 2 月

续表 13-6

机构名称	职　务	姓　名	任职时间
财政经济工作委员会	主任	高敬良	1993 年 3 月—1994 年 4 月
		刘志林	1994 年 5 月—1998 年 2 月
	副主任	刘志林	1993 年 3 月—1994 年 5 月
		袁振江	1996 年 2 月—1998 年 2 月
科教文卫工作委员会	主任	王云霞	1993 年 3 月—1998 年 2 月
	副主任	马书勇	1997 年 8 月—1998 年 2 月
		李树林	1993 年 3 月—1995 年 3 月
代表联络选举人事工作委员会	主任	程永峰	1993 年 3 月—1995 年 3 月
		郑勤兰	1995 年 3 月—1996 年 1 月
		张进权	1996 年 2 月—1998 年 2 月
	副主任	郑勤兰	1993 年 3 月—1995 年 3 月
		张昌国	1996 年 2 月—1998 年 2 月
信访办公室	主任	李树林	1995 年 3 月—1998 年 2 月
	副主任	马民生	1997 年 8 月—1998 年 2 月

第五章 监督工作

县十一届人民代表大会及其常委会始终把监督工作摆在重要位置，紧紧围绕经济建设中心，把加强社会主义民主和法制建设作为根本任务，积极履行宪法和法律赋予的职责，努力发挥人大权力机关的作用，抓大事，办实事，促落实。县十一届人大常委会共举行了38次例会，听取和审议“一府两院”86项工作报告，提出240条具有针对性的意见和建议，人代会和常委会作出决定决议36项；依法任命了181名国家机关工作人员；开展了43次执法检查；依法纠正较大和有影响的错案和执法过错案件13起；组织代表视察20次，有力地促进了两个文明建设。

加强工作监督，促进全县经济建设发展。常委会围绕经济建设的重点和人民群众关注的热点，有计划地听取和审议县政府及有关部门的工作汇报，并组织调查研究，提出意见和建议。五年来，常委会组织委员和代表视察了化肥厂尿素工程、爱德福制药厂、石湖金矿、五岳寨开发、县城规划建设等重点建设项目和乡镇企业。听取和审议了县政府关于全民所有制企业转换经营机制、调整产业结构发展两高一优农业、县城建设、教育管理体制改革、经济体制和经济增长方式的两个根本转变情况、扶贫开发、抗灾救灾、企业下岗职工再就业、个体和私营企业发展、加强农业基础建设、增强农业后劲等项工作汇报，在深入调查研究的基础上，提出有针对性的意见和建议。常委会通过对被任命干部目标责任书完成情况的考核和评议，加强对他们的监督。先后组织代表对工商部门、乡镇企业局的工作，银行、电力、税务等八大行业纠正行风工作进行了评议，摆正了公仆与主人的关系，促进了行风和廉政建设。县人大常委会一班人还直接参与县重大经济活动，为经济建设的快速发展、脱贫致富奔小康出谋划策，尽心献力。

加强法律监督，保证宪法和法律的遵守和执行。常委会在全县司法机关和行政执法部门大力推行错案和执法过错责任追究制，筛选群众反映强烈的申诉案件，组织人员调查研究，并对重大案件，通过成立特定问题调查委员会调查取证，按照法定程序做出决议，监督司法机关纠正错案，还在全县公检法机关开展了为期三个月的就案查执法活动，通过这次活动，司法机关健全完善了内部制约制度，执法状况和执法水平有了一定的改善和提高，这次活动受到了群众的好评，人大的威信也因此越来越高。认真开展执法检查，有重点地对土地法、省计划生育条例、食品卫生法、城市规划法、矿产资源法、农业法、银行法、劳动法、教育法、减轻农民负担条例等法律法规的贯彻实施情况进行了执法检查，对检查中发现的问题，提出解决意见，督促有关部门限期落实。加强法律法规的宣传教育，提高全县人民法制意识，针对社会上存在的“有法不知道，知道不执行、执法不严格”的问题，组织有关部门采用多种形式对30多部法律法规进行了一系列宣传教育。常委会还制定了被提请任命人员任前法律考试制度，提高了依法办事的意识。

第一节　听取和审议专项工作报告与计划预算工作报告

县十一届人大常委会听取和审议专项工作报告与计划预算工作报告情况表

表13-7

时间	常委会会议	议题
1993年7月20日	第二次	县政府关于社会治安情况的报告；县政府关于十一届人代会第一次会议代表议案办理情况的报告；县政府关于贯彻执行《全民所有制工业企业转换经营机制条例》情况的报告
1993年9月28日	第三次	县政府关于今年上半年国民经济计划执行情况的报告；县政府关于1993年1—8月财政预算执行情况的报告；县政府关于执行《土地管理法》情况的报告；县政府关于学校收费情况的汇报
1994年4月27日	第六次	县政府关于调整产业结构，发展“两高一优”农业的报告
1994年7月8日	第七次	县政府关于1994年投产四个工业项目（化肥厂、爱德福制药厂、玛钢厂、煤气利用工程）进展情况的汇报
1994年9月6日	第八次	县政府关于教育管理体制改革情况的报告；县政府关于县城建设情况的汇报；县法院关于程某某诉兽医管委会承包合同纠纷一案再审情况的报告
1994年11月9日	第十次	县政府关于1994年1—9月国民经济和社会发展计划执行情况的报告；县政府关于1994年1—9月财政预算执行情况的报告；县法院关于灵寿县人大常委会《关于县法院对程某某诉兽医管委会合同纠纷一案再审的决定》执行情况的报告；县检察院关于开展反腐败斗争和加强法律监督情况的报告
1995年6月13日	第十六次	县政府关于1994年财政决算的报告；“一府两院”关于推行“两错”责任追究制情况的汇报
1996年5月14日	第二十四次	县政府关于实施“8833”工程情况的汇报；县政府关于落实棉花和烤烟生产种植面积情况的汇报；县政府关于扶贫开发工作情况的汇报
1996年9月2日	第二十七次	县政府关于县办工商企业产权制度改革情况的汇报；县政府关于村民自治组织建设及推向民主理财制度情况的汇报；县政府关于落实人代会《关于加强县城建设的决定》的情况汇报；县政府关于宣传贯彻《行政处罚法》情况的汇报；县政府关于对外开放招商引资情况的汇报；县政府关于1996年上半年国民经济和社会发展计划执行情况的汇报；县政府关于1996年上半年财政预算执行情况的汇报

续表 13-7

时间	常委会会议	议题
1996 年 11 月 11 日	第二十八次	县政府关于乡镇企业生产经营情况的汇报；县政府关于计划生育情况的汇报；县政府关于办理十一届人大五次会议代表议案、批评和建议情况的汇报
1996 年 12 月 30 日	第二十九次	县政府关于解决“边老山区”人民看电视难情况的汇报；县政府关于灵寿县反腐败工作情况的汇报；县法院关于灵寿县人民法院实行“两错”责任追究情况的汇报；县检察院关于灵寿县人民检察院关于推行“两错”责任追究情况的汇报；县政府关于县办工业加强企业管理，提高经济效益情况的汇报
1997 年 4 月 28 日	第三十一次	县政府关于公路建设及水毁桥涵恢复情况汇报；县政府关于个体和私营企业发展情况的汇报；县政府关于破产企业、停产半停产企业职工再就业安排情况的汇报；县政府关于村委会换届选举情况的汇报
1997 年 7 月 31 日	第三十二次	县政府、县法院、县检察院落实《关于进一步加强依法治县的决议》情况的汇报；县政府关于加强农业基础设施建设、增强农业后劲情况的汇报；县政府关于通信规划及实施情况的汇报；县老人局关于破产和停产、半停产企业职工再就业情况的汇报
1997 年 8 月 21 日	第三十三次	县政府关于农民合理负担、税费一口清落实情况的汇报
1997 年 11 月 6 日	第三十四次	县政府关于实施《中华人民共和国环境保护法》《中华人民共和国行政处罚法》情况的汇报；县政府关于提高企业效益、重点项目建设情况的汇报；县政府关于 1997 年 1—10 月财政预算执行情况的汇报
1997 年 12 月 25 日	第三十五次	县政府关于普及九年义务教育情况的汇报；县人民法院、县人民检察院、县公安局关于贯彻执行《中华人民共和国刑事诉讼法》和刑法学习情况的汇报；“一府两院”关于“两错”责任追究情况的汇报

第二节　法律法规实施情况的检查

1993 年 5 月，对《河北省计划生育条例》贯彻实施情况开展执法检查。

1993 年 7 月，对《中华人民共和国食品卫生法》贯彻实施情况开展执法检查。

1993 年 7 月下旬至 9 月上旬，对《中华人民共和国土地管理法》贯彻实施情况开展执法检查

1993 年 7 月，执法检查组深入到陈庄、慈峪、北洼、三圣院等七个乡镇对《中华人民共和国土地管理法》和《河北省土地管理条例》贯彻实施情况开展执法检查。

1993 年 8 月 27 日至 9 月 3 日，县人大常委会副主任武双喜、县人民政府副县长杜占贞带领执法检查组，对《中华人民共和国环境保护法》贯彻实施情况开展执法检查。

1993 年 9 月，对《中华人民共和国义务教育法》贯彻实施情况开展执法检查。

1993年9月，对《中华人民共和国全国人民代表大会和地方各级人民代表大会代表法》及《河北省实施代表法办法》贯彻实施情况开展执法检查。

1994年5月，成立“两法”检查领导小组，县委副书记吴正稳为组长，县人大常委会副主任雷书辰、县政府副县长赵克林为副组长，对《中华人民共和国农业法》和《中华人民共和国农业技术推广法》贯彻实施情况开展执法检查。

1994年8月，对《中华人民共和国科学技术进步法》贯彻实施情况开展执法检查。

1994年11月，对《中华人民共和国工会法》贯彻实施情况和落实《石家庄市〈工会法〉实施办法》情况开展执法检查。

1996年5月至6月，由县人大常委会副主任赵清彬牵头，县委办、人大办、政府办、档案局分别抽人组成联合检查小组，对全县近30个县直单位和半数乡镇贯彻实施《河北省档案工作条例》情况开展了执法检查。

1997年4月下旬，县人大常委会副主任武双喜带领执法检查组，对《中华人民共和国食品卫生法》贯彻实施情况开展执法检查。检查的重点食品为保健食品、婴幼儿和儿童食品。

1997年10月至11月，对《医疗机构管理条例》和《中华人民共和国药品管理法》贯彻实施情况开展执法检查。执法检查工作分自查自纠、全县重点检查和检查验收三个阶段进行。

此外，常委会还对《中华人民共和国土地管理法》《中华人民共和国矿产资源法》《中华人民共和国产品质量法》《中华人民共和国预算外资金管理条例》《河北省计划生育条例》《中华人民共和国城市规划法》等法律法规开展了执法检查。

第三节　评议工作

县人大常委会认真组织代表，对“一府两院”的工作进行评议，并配合省、地区人大开展评议工作，保证法律、法规和党的路线、方针、政策正确贯彻落实。

1993年6月，根据上级的安排，组织部分县、乡人大代表对电力局、税务局、交通局等八个文明竞赛参赛单位进行评议，促进了县直单位精神文明建设的开展。

1995年，组织省、市、县、乡四级人大代表60人，对工商行政管理部门的工作进行评议，就执法执纪、管理服务、队伍建设等方面提出8条意见和建议，对部门管理工作起到了积极的推动作用。

1996年6月至8月，根据市人大常委会统一安排，组织市、县人大代表对市、县乡镇企业家的工作进行评议。评议工作中形成的重点发言材料，在全市评议大会上引起领导重视，并批示抓紧落实建议。

第四节　错案和行政执法过错责任追究制

错案和行政执法过错责任追究制，简称“两错”责任追究制，源于石家庄市辖内的辛集市，是司法机关和行政执法部门对国家机关工作人员办理的错案和执法过错依法予以纠正，并追究有关人员责任的制度。1994 年 6 月，石家庄市人大常委会在辛集市召开推行“两错”责任追究制座谈会，在全市各级司法机关和行政执法部门推行了“两错”责任追究制。

灵寿县人大常委会大力推行错案和执法过错责任追究制。1994 年常委会学习外地经验，在“两院”和十个行政执法部门推行了错案和执法过错责任追究制。1995 年召开专门会议，在全县司法机关和行政执法部门全面推行“两错”责任追究制。各司法执法机关都研究制定了各自的实施方案，成立领导小组，并建立向县人大常委会月报送法律文书和大案要案通气制度。为使追究制度真正实行并抓出成效，常委会依法行使监督权，筛选群众反映强烈的申诉案件，组织人员调查研究，并对重大案件，通过成立特定问题调查委员会调查取证，按照法定程序做出决议，监督司法机关纠正错案。1996 年，常委会又完善深化“两错”责任追究制，在全县公检法机关开展了为期三个月的就案查执法活动，仅这一次活动，就监督纠正处理不当的案件 11 起，追究责任人 9 人，退还款项 86760 元。司法机关通过这些制度和活动，健全完善了内部制约制度，执法状况和执法水平有了一定的改善和提高。人大常委会推行“两错”责任追究制，受到了广大干部群众的好评，人大的威信越来越高。同时，也得到省市人大的肯定，作为典型经验，在全省、全市经验交流会上作了发言。

第五节　视察调研

县十一届人大常委会视察调研活动选录表

表 13-8

时间	视察内容	牵头单位
1993 年 6 月	关于《全民所有制工业企业转换经营机制条例》落实情况	财经科
1993 年 8 月	关于《中华人民共和国义务教育法》贯彻实施情况	科教文卫科
1993 年 8 月	关于乡镇人大主席团的设置及工作情况	代表联系科
1993 年 9 月	关于对部分刑事案件重点检查工作情况	科教文卫科
1993 年 12 月	关于部分县办工业及乡镇企业情况	财经科
1993 年 12 月	关于《灵寿县人大常委会关于加快乡镇企业发展的决定》落实情况	财经科
1994 年 5 月	关于畜牧业发展情况	财经科
1994 年 9 月、10 月	关于县城的粮食、肉蛋市场经营情况	财经工委
1997 年 1 月	关于益康纺织厂生产经营情况	财经工委

第六章　决议决定

县十一届人民代表大会及其常委会对关系全县经济和人民生活的重大事项依法作出决议决定，将党委的意图变为人民群众的自觉行动，促进了全县经济建设、法制建设和社会稳定。

第一节　作出决议决定

一、县十一届人大历次会议作出决议决定情况

县十一届人大历次会议作出决议决定一览表

表 13-9

时间	会次	名称
1993 年 3 月 22 日	一次会议	关于灵寿县人民政府工作报告的决议 关于灵寿县前三年（1990—1992 年）国民经济和社会发展计划执行情况及今后三年（1993—1995 年）国民经济和社会发展计划的决议 关于灵寿县 1992 年财政预算执行情况和 1993 年财政预算的决议 关于灵寿县人民代表大会常务委员会工作报告的决议 关于灵寿县人民法院工作报告的决议 关于灵寿县人民检察院工作报告的决议 关于加快乡镇企业发展的决定
1994 年 2 月 20 日	三次会议	关于灵寿县人民政府工作报告的决议 关于灵寿县 1993 年国民经济和社会发展计划执行情况及 1994 年国民经济和社会发展计划的决议 关于灵寿县 1993 年财政预算执行情况和 1994 年财政预算的决议 关于灵寿县人民代表大会常务委员会工作报告的决议 关于灵寿县人民法院工作报告的决议 关于灵寿县人民检察院工作报告的决议 关于保障社会稳定、促进经济发展的决定

续表 13-9

时间	会次	名称
1995 年 3 月 9 日	四次会议	关于灵寿县人民政府工作报告的决议 关于灵寿县 1994 年国民经济和社会发展计划执行情况及 1995 年国民经济和社会发展计划的决议 关于灵寿县 1994 年财政预算执行情况和 1995 年财政预算的决议 关于灵寿县人民代表大会常务委员会工作报告的决议 关于灵寿县人民法院工作报告的决议 关于灵寿县人民检察院工作报告的决议 关于加强农村村民委员会组织建设的决定
1996 年 3 月 1 日	五次会议	关于灵寿县人民政府工作报告的决议 关于灵寿县 1995 年国民经济和社会发展计划执行情况及 1996 年国民经济和社会发展计划的和“九五”规划及 2010 年远景目标报告的决议 关于灵寿县 1995 年财政决算和 1996 年财政预算的决议 关于灵寿县人民代表大会常务委员会工作报告的决议 关于灵寿县人民法院工作报告的决议 关于灵寿县人民检察院工作报告的决议 关于加强县城建设的决定
1997 年 3 月 9 日	六次会议	关于灵寿县人民政府工作报告的决议 关于灵寿县 1996 年国民经济和社会发展计划执行情况及 1997 年国民经济和社会发展计划的决议 关于灵寿县 1996 年财政决算和 1997 年财政预算的决议 关于灵寿县人民代表大会常务委员会工作报告的决议 关于灵寿县人民法院工作报告的决议 关于灵寿县人民检察院工作报告的决议 关于进一步加强依法治县的决议

二、县十一届人大常委会历次会议作出决议决定情况

县十一届人大常委会历次会议作出决议决定一览表

表 13-10

时间	名　称
1994 年	关于县法院对程某某诉兽医管委会合同纠纷一案再审的决定

第二节　决议决定选介

关于保障社会稳定 促进经济发展的决定

《关于保障社会稳定，促进经济发展的决定》(以下简称《决定》)，于1994年2月19日县十一届人民代表大会第三次会议通过。

全国人大常委会《关于加强社会治安综合治理的决定》颁布后，在党委的领导下，各级政府认真落实社会治安综合治理措施，保障了全县的政治稳定、社会安定，促进了改革开放与经济建设的顺利进行。但是必须清醒地看到，在发展社会主义市场经济的新形势下，实际工作中还会出现新的矛盾和问题，会直接影响到社会稳定，为保障社会稳定，促进经济的发展，县十一届人民代表大会第三次会议作出《决定》。

《决定》要求，要提高认识，加强基础民主与法制建设，各级干部要积极做表率，及时解决各种“热点”问题，严格执法纪律、提高办案质量，加强对社会稳定的领导，对保障全县社会稳定，促进经济发展发挥积极作用。

关于加强县城建设的决定

《关于加强县城建设的决定》(以下简称《决定》)，于1996年2月29日县十一届人民代表大会第五次会议通过。

县城是全县政治、经济、文化、交通和信息的中心，是二三产业的主战场，是县对外开放的窗口。搞好县城规划，加快县城建设，是全县人民的共同心愿和迫切要求。《中华人民共和国城市规划法》《河北省城市规划条例》颁布实施以来，县人民政府识民心、顺民意，认真贯彻执行，县城建设有了长足进步。但是，由于建设资金匮乏，规划意识淡薄，城市意识较差，部门分割，各行其是，短期行为、随意行为时有发生，造成不应有的经济损失，致使县城建设滞后于县域经济发展，且远远落后于兄弟县市。目前，《灵寿县1995—2010年县城总体规划》已编制完成，已经市人民政府批准。为保证规划贯彻执行，加快县城建设，改善投资环境，促进经济发展，会议作出《决定》。

《决定》提出实施县城总体规划的指导思想和原则，并从确立县城总体规划的权威性和严肃性，加快县城建设步伐，加强县城建设管理，加强各部门间沟通协作等方面提出明确要求。

关于进一步加强依法治县的决议

《关于进一步加强依法治县的决议》(以下简称《决议》)，于1997年3月8日县十一届人民代表大会第六次会议通过。

县十一届人大六次会议审议了赵清彬等12名代表提出的《关于进一步加强依法治县的

议案》。会议认为，灵寿县近年来坚持党的基本理论、基本路线，实施依法治县战略，全民法律意识有所提高，掌握了必要的法律知识，树立起了基本法制观念，促进了经济发展和社会进步。但是，灵寿县的民主法制建设尚不完善，还不能适应改革开放和经济建设的要求，有法不依以罚代法、执法犯法的现象时有发生，严重影响着干群关系和社会稳定。为保证宪法和法律在全县各个领域的正确实施，提高干部群众遵守纪律依法办事的素质和自觉性，维护公民、法人和其他经济组织的合法权益，保障社会稳定，促进经济发展，继续深入开展依法治县活动，会议作出《决议》。

《决议》从加强普法工作，严格依法行政，强化司法机关职能，加强监督检查，加强领导等五个方面提出明确要求，确保依法治县工作深入推进。

第七章　选举任免

县十一届人大常委会严格按照法律规定和省委、市委及县委有关要求，依法做好选举任免、人大换届和述职评议工作。坚持党管干部和人大依法任免干部有机结合，严格执行选举任免程序，确保任免工作依法有序开展。强化任后监督，组织开展被任命干部述职评议，督促被任命人员恪尽职守，为依法履职、勤政廉政打下坚实基础。

第一节　常委会选举任免情况

1993 年 5 月 15 日，县十一届人大常委会第一次会议，通过了县人大常委会、县人民政府、县人民法院、县人民检察院相关人事任免事项。

任命：

袁振江为灵寿县人大常委会办公室副主任

温志强为灵寿县人大常委会政治法律科副科长

决定任命：

苑进忠为灵寿县人民政府科技副县长

刘献为灵寿县人民政府办公室主任

马正平为灵寿县计划委员会主任

王进福为灵寿县经济委员会主任

李庆祥为灵寿县科学技术委员会主任

杜文奎为灵寿县公安局局长

张壬辰为灵寿县监察局局长

徐文华为灵寿县民政局局长

武银锡为灵寿县司法局局长

傅嗣泽为灵寿县财政局局长

刘兵锡为灵寿县劳动人事局局长

罗中锋为灵寿具建设委员会主任

何学勤为灵寿县交通局局长

苏保国为灵寿县工商行政管理局局长

徐连忠为灵寿县物价局局长
武双振为灵寿县标准计量局局长
秘皂保为灵寿县土地管理局局长
胡拴祥为灵寿县审计局局长
田庆双为灵寿县统计局局长
张风山为灵寿县乡镇企业局局长
李英祥为灵寿县水利局局长
苏富贵为灵寿县农业局局长
刘振清为灵寿县林业局局长
柳玉华为灵寿县畜牧局局长
张书芹为灵寿县农业机械局局长
牛同贵为灵寿县商业局局长
孙昌军为灵寿县粮食局局长
孙全忠为灵寿县物资局局长
杨恩喜为灵寿县外经协作办公室主任
赵振山为灵寿县教育局局长
冯荣昌为灵寿县文化局局长
霍文慧为灵寿县广播电视局局长
马兰山为灵寿县卫生局局长
张进权为灵寿县体育运动委员会主任
张耀雷为灵寿县计划生育委员会主任
孙贵良为灵考县医药管理局局长
张修文为灵寿县档案局局长
薛秋来为灵寿县地震局局长

任命：

刘征为灵寿县人民法院审判员
马青龙为灵寿县人民法院审判员
李合文为灵寿县人民法院审判员
曹英芳为灵寿县人民法院审判员

任命：

孟昌锁为灵寿县人民检察院检察委员会委员
王秀竹为灵寿县人民检察院检察委员会委员
尹俊彩为灵寿县人民检察院检察员
牛同喜为灵寿县人民检察院检察员
吴金国为灵寿县人民检察院检察员

曹俊霞为灵寿县人民检察院检察员

1993 年 10 月 22 日，县十一届人大常委会第四次会议，通过了县人民政府相关人事任免事项。

决定任命：

张静为灵寿县人民政府副县长，代理县长

1994 年 1 月 8 日，县十一届人大常委会第五次会议，通过了县人民政府、县人民检察院相关人事任免事项。

决定任命：

杨振庭为灵寿县人民政府副县长（挂职）

任命：

孙兰记为灵寿县人民检察院检察员

李冬青为灵寿县人民检察院检察员

1994 年 4 月 27 日，县十一届人大常委会第六次会议，通过了县人民法院相关人事任免事项。

任命：

刘兰卷为灵寿县人民法院民事庭庭长

高秉山为灵寿县人民法院告诉申诉庭庭长

靳风川为灵寿县人民法院慈峪法庭庭长

罗银锁为灵寿县人民法院陈庄法庭庭长

佘平均为灵寿县人民法院执行庭庭长

白建刚为灵寿县人民法院慈峪法庭副庭长

马青龙为灵寿县人民法院青同法庭副庭长

1994 年 7 月 8 日，县十一届人大常委会第七次会议，通过了县人大常委会相关人事任免事项。

任命：

程永峰为灵寿县人大常委会代表人事选举工作委员会主任

赵荣志为灵寿县人大常委会政治法律工作委员会主任

王云霞为灵寿县人大常委会教科文卫工作委员会主任

刘志林为灵寿县人大常委会财政经济工作委员会主任

温志强为灵寿县人大常委会政治法律工作委员会副主任

郑勤兰为灵寿县人大常委会代表人事选举工作委员会副主任

李树林为灵寿县人大常委会教科文卫工作委员会副主任

袁振江为灵寿县人大常委会财政经济工作委员会副主任

1994 年 9 月 6 日，县十一届人大常委会第八次会议，通过了县人民政府相关人事任免事项。

决定任命：

王国义为灵寿县地质矿产管理局局长

决定免去：

马兰山的灵寿县卫生局局长职务

1994 年 11 月 9 日，县十一届人大常委会第十次会议，通过了县人民政府、县人民法院相关人事任免事项。

决定免去：

张风山的灵寿县乡镇企业局局长职务

王进福的灵寿县经委主任职务

决定任命：

张风山为灵寿县经济委员会主任

史春雪为灵寿县乡镇企业局局长

张合香为灵寿县卫生局局长

任命：

刘德新为灵寿县人民法院审判委员会委员

张景志为灵寿县人民法院审判委员会委员

高秉山为灵寿县人民法院审判委员会委员

1994 年，县十一届人大常委会会议，补选李文庆为石家庄市第九届人民代表大会代表。

1995 年 1 月 17 日，县十一届人大常委会第十二次会议，通过了县人大常委会、县人民政府、县人民法院、县人民检察院相关人事任免事项。

任命：

李海军为灵寿县人大常委会办公室副主任

刘二太为灵寿县人大常委会办公室副主任

张昌慧为灵寿县人大常委会政治法律工作委员会副主任

决定任命：

崔金建为灵寿县信访局局长

马国云为灵寿县财政局局长

赵敬武为灵寿县畜牧局局长

任命：

刘德新为灵寿县人民法院副院长

王秀竹为灵寿县人民法院副院长

雷春生为灵寿县人民检察院副检察长

1995 年 3 月 30 日，县十一届人大常委会第十三次会议，通过了县人大常委会、县人民政府相关人事任免事项。

免去：

李清玉的灵寿县人大常委会办公室主任职务

程永峰的灵寿县人大常委会代表联络选举人事工作委员会主任职务

赵荣志的灵寿县人大常委会政治法律工作委员会主任职务

温志强的灵寿县人大常委会政治法律工作委员会副主任职务

郑勤兰的灵寿县人大常委会代表联络选举人事工作委员会副主任职务

聂风渠的灵寿县人大常委会办公室副主任职务

李树林的灵寿县人大常委会教科文卫工作委员会副主任职务

任命：

赵荣志为灵寿县人大常委会办公室主任

聂风渠为灵寿县人大常委会政治法律工作委员会主任

郑勤兰为灵寿县人大常委会代表联络选举人事工作委员会主任

李树林为灵寿县人大常委会信访办公室主任

决定免去：

徐儒珍的灵寿县人民政府副县长职务

何学勤的灵寿县交通局局长职务

决定任命：

梁大朝为灵寿县人民政府副县长（挂职）

马小国为灵寿县交通局局长

1995 年 4 月 28 日，县十一届人大常委会第十四次会议，通过了县人民政府、县人民法院、县人民检察院相关人事任免事项。

决定免去：

杨振庭的灵寿县人民政府副县长（挂职）职务

任命：

王秀竹为灵寿县人民法院审判委员会委员

任命：

王国忠为灵寿县人民检察院检察员

王庆正为灵寿县人民检察院检察员

1995年5月23日，县十一届人大常委会第十五次会议，通过了县人民政府相关人事任免事项。

决定任命：

郑雪碧为灵寿县人民政府副县长，代理县长

1995年6月13日，县十一届人大常委会第十六次会议，通过了县人大常委会、县人民政府县人民法院、县人民检察院相关人事任免事项。

免去：

李双平的灵寿县人大常委会办公室副主任职务

决定任命：

李同胜为灵寿县人民政府副县长（挂职）

免去：

马守良的灵寿县人民法院执行庭副庭长职务

吴昌庆的灵寿县人民法院城关法庭副庭长职务

张连根的灵寿县人民法院执行庭副庭长职务

任命：

马守良为灵寿县人民法院刑事审判庭副庭长

吴昌庆为灵寿县人民法院执行庭副庭长

张连根为灵寿县人民法院民事审判庭副庭长

梁翠平为灵寿县人民法院审判员

吕振玉为灵寿县人民法院审判员

武兵河为灵寿县人民法院审判员

刘二爱为灵寿县人民法院审判员

吕书香为灵寿县人民法院审判员

杨冉萍为灵寿县人民法院审判员

徐德国为灵寿县人民法院执行员

白继华为灵寿县人民法院审判员

免去：

白进增的灵寿县人民检察院副检察长职务

1995年6月29日，县十一届人大常委会第十七次会议，通过了县人民法院相关人事任免事项。

决定撤销：

周书辰的灵寿县人民法院审判员，青同人民法庭庭长职务

1995年，县十一届人大常委会第十八次会议，通过了县人民政府相关人事任免事项。

决定任命：

门秀敏为灵寿县人民政府副县长

1995年11月21日，县十一届人大常委会第二十次会议，通过了县人民政府、县人民法院相关人事任免事项。

决定任命：

闫景书为灵寿县商业局局长

焦振良为灵寿县医药管理局局长

任命：

李锋国为灵寿县人民法院行政审判庭庭长

马青龙为灵寿县人民法院青同法庭庭长

尹清兰为灵寿县人民法院审判员

王秀竹为灵寿县人民法院审判员

杨风芹为灵寿县人民法院审判员

任淑芹为灵寿县人民法院审判员

1995年12月25日，县十一届人大常委会第二十一次会议，通过了县人民政府、县人民检察院相关人事任免事项。

免去：

杜文奎的灵寿县公安局局长职务

决定任命：

秘素兵为灵寿县公安局局长

任命：

陈习中为灵寿县人民检察院检察员

张瑞锋为灵寿县人民检察院检察员

1996年2月5日，县十一届人大常委会第二十二次会议，通过了县人大常委会、县人民政府相关人事任免事项。

任命：

赵荣志为灵寿县人大常委会办公室主任

聂风渠为灵寿县人大常委会政治法律工作委员会主任

刘志林为灵寿县人大常委会财政经济工作委员会主任

王云霞为灵寿县人大常委会教科文卫工作委员会主任
李树林为灵寿县人大常委会信访办公室主任
张进权为灵寿县人大常委会代表联络选举人事工作委员会主任
李海军为灵寿县人大常委会办公室副主任
刘二太为灵寿县人大常委会办公室副主任
张昌慧为灵寿县人大常委会政治法律工作委员会副主任
袁振江为灵寿县人大常委会财政经济工作委员会副主任
张昌国为灵寿县人大常委会代表联络选举人事工作委员会副主任

决定任命：

刘献为灵寿县人民政府办公室主任
崔金键为灵寿县信访局局长
马正平为灵寿县计划局局长
张耀雷为灵寿县统计局局长
马国云为灵寿县财政局局长
张风山为灵寿县经贸局局长
柳玉华为灵寿县农业局局长
赵振山为灵寿县教育局局长
杨恩喜为灵寿县科学技术局局长
李庆祥为灵寿县技术监督局局长
秘素兵为灵寿县公安局局长
徐文华为灵寿县民政局局长
刘兵锡为灵寿县劳人局局长
孙昌军为灵寿县粮食局局长
赵敬华为灵寿县乡镇企业局局长
罗中峰为灵寿县建设环保局局长
秘皂保为灵寿县土地管理局局长
孙全忠为灵寿县商贸局局长
武银锡为灵寿县司法局局长
张合香为灵寿县卫生局局长
史春雪为灵寿县计划生育局局长
胡拴祥为灵寿县审计局局长
刘昌生为灵寿县工商局局长
马小国为灵寿县交通局局长
张壬辰为灵寿县监察局局长

1996 年 5 月 14 日，县十一届人大常委会第二十四次会议，通过了县人民法院、县人民检察院相关人事任免事项。

免去：

刘德新的灵寿县人民法院副院长、审判委员会委员职务

王强的灵寿县人民法院刑事审判庭庭长职务

任命：

傅保宝为灵寿县人民法院副院长、审判委员会委员

雷震为灵寿县人民法院副院长、审判委员会委员

免去：

宋泽田的灵寿县人民检察院副检察长、检察委员会委员职务

白进增的灵寿县人民检察院检察委员会委员职务

刘新国的灵寿县人民检察院检察员职务

雷震的灵寿县人民检察院检察员职务

任命：

王强为灵寿县人民检察院副检察长、检察委员会委员

傅元军为灵寿县人民检察院副检察长、检察委员会委员

1996 年 6 月 19 日，县十一届人大常委会第二十五次会议，通过了县人民政府相关人事任免事项。

决定免去：

杜占贞的灵寿县人民政府副县长职务

门秀敏的灵寿县人民政府副县长职务

决定任命：

罗二虎为灵寿县人民政府副县长

马国云为灵寿县人民政府副县长

1996 年 6 月 24 日，县十一届人大常委会第二十六次会议，通过了县人民政府相关人事任免事项。

决定免去：

梁大朝的灵寿县人民政府副县长（挂职）职务

决定任命：

高增秀为灵寿县人民政府副县长

栾军为灵寿县人民政府副县长（挂职）

1996 年 9 月 2 日，县十一届人大常委会第二十七次会议，通过了县人民政府相关人事

任免事项。

决定免去：

刘献的灵寿县人民政府办公室主任职务

决定任命：

傅金生为灵寿县人民政府办公室主任

1996 年 11 月 11 日，县十一届人大常委会第二十八次会议，通过了县人民政府相关人事任免事项。

决定免去：

孙全忠的灵寿县商贸局局长职务

决定任命：

孙全忠为灵寿县物价局局长

闫景书为灵寿县商贸局局长

1997 年 1 月 22 日，县十一届人大常委会第三十次会议，通过了县人民政府、县人民法院相关人事任免事项。

决定免去：

赵振山的灵寿县教育局局长职务

武银锡的灵寿县司法局局长职务

徐文华的灵寿县民政局局长职务

孙全忠的灵寿县物价局局长职务

李庆祥的灵寿县技术监督局局长职务

决定任命：

卢增朝为灵寿县民政局局长

徐文华为灵寿县物价局局长

孙全忠为灵寿县土地管理局局长

秘皂保为灵寿县技术监督局局长

李庆祥为灵寿县教育局局长

傅连英为灵寿县司法局局长

任命：

刘德新为灵寿县人民法院副院长、审判委员会委员

1997 年 7 月 31 日，县十一届人大常委会第三十二次会议，通过了县人民法院、县人民检察院相关人事任免事项。

免去：

刘清振的灵寿县人民法院城关法庭庭长职务

李新朝的灵寿县人民法院城关法庭副庭长职务

贾天增的灵寿县人民法院刑事审判庭副庭长职务

曹云社的灵寿县人民法院慈峪法庭副庭长职务

白建刚的灵寿县人民法院慈峪法庭副庭长职务

任命：

贾天增为灵寿县人民法院刑事审判庭庭长

李新朝为灵寿县人民法院城关法庭庭长

曹云社为灵寿县人民法院岔头法庭庭长

白建刚为灵寿县人民法院塔上法庭庭长

王二永为灵寿县人民法院审判员

李玉敏为灵寿县人民法院审判员

潘晓晶为灵寿县人民检察院检察员

1997 年 8 月 21 日，县十一届人大常委会第三十三次会议，通过了县人大常委会、县人民政府相关人事任免事项。

任命：

刘荣强为灵寿县人大常委会办公室副主任

马民生为灵寿县人大常委会信访办公室副主任

马书勇为灵寿县人大常委会教科文卫工委副主任

决定免去：

栾军的灵寿县人民政府副县长（挂职）职务

决定任命：

丛生为灵寿县人民政府副县长（挂职）

1997 年 12 月 25 日，县十一届人大常委会第三十五次会议，通过了县人民法院、县人民检察院相关人事任免事项。

免去：

李同来的灵寿县人民法院副院长职务

雷春生的灵寿县人民检察院副检察长职务

任命：

李同来为灵寿县人民检察院副检察长，检察委员会委员

1998 年 2 月 5 日，县十一届人大常委会第三十六次会议，通过了县人民政府相关人事

任免事项。

任命：

王振卿为灵寿县人民政府副县长，代理县长

周书芳为灵寿县人民政府副县长

1998年2月6日，县十一届人大常委会第三十七次会议，通过了县人民政府、县人民法院、县人民检察院相关人事任免事项。

决定任命：

彭占良为灵寿县人民政府副县长

马建彬为灵寿县人民政府副县长

任命：

刘文平为灵寿县人民法院副院长，审判委员会委员

刘东学为灵寿县人民检察院副检察长，检察委员会委员

第二节　常委会接受辞职情况

1993年10月22日，县十一届人大常委会第四次会议，接受赵学敏辞去灵寿县人民政府县长职务。

1995年5月23日，县十一届人大常委会第十五次会议，接受张静辞去灵寿县人民政府县长职务。

1997年1月22日，县十一届人大常委会第三十次会议，接受程永峰、栗丕英、傅连英、袁秀竹辞去灵寿县第十一届人民代表大会常务委员会委员职务。

1998年2月5日，县十一届人大常委会第三十六次会议，接受郑雪碧辞去灵寿县人民政府县长职务。

第三节　述职评议

开展述职评议，是县十一届人大常委会依照宪法和法律规定，按照上级人大要求，对被任命人员采取的一种新的监督方式，由被任命人员向常委会会议或主任会议述职，常委会组成人员和列席代表或主任会议成员对被任命人员履行职务情况进行评议。通过述职评议，被任命人员依法行政、正确履职意识得到进一步强化，人大监督力度和监督成效得到进一步增强。

1994年年底，县人大常委会在走访代表和工作视察的基础上，组织委员和部分代表听取被任命人员的述职报告，根据目标责任完成情况进行称职和不称职的评议。

1995年2月18日，在县十一届人大四次会议上，对县人大常委会主任、副主任，县人民政府县长、副县长，县人民法院院长，县人民检察院检察长进行述职评议，得到了省市人大的高度评价和人民群众的欢迎。

第八章　机关工作

第一节　自身建设

县人大常委会按照民主集中制原则，全面履行宪法法律赋予的各项职责，把提高常委会质量作为常委会的主要工作，切实加强自身建设，努力提高履职能力。

常委会在指导思想上始终注意把握三点：一是坚持围绕经济建设中心，抓大事、增力度、求实效。二是工作方式上坚持总揽全局、重点突破，积极探索履行职权的新途径、新方法，年年有进步、有发展。三是积极争取和自觉接受党的领导，坚持重大事项向县委请示报告制度，悉心倾听人民群众的要求和呼声，把党的意见、人民的要求密切结合起来，通过常委会集体行使职权，变为国家意志和全县人民的自觉行动。

注重加强学习，用邓小平建设有中国特色的社会主义理论武装头脑、指导工作。常委会组织常委会委员和机关工作人员认真学习贯彻党的十四大、十四届三中、四中、五中、六中全会及十五大精神，有计划地学习《邓小平建设有中国特色社会主义理论纲要》，学习党的十四届六中全会《关于加强社会主义精神文明建设若干问题的决议》，并结合人大工作的实际，重点学习关于坚持和完善人民代表大会制度，民主与法制的一系列论述，统一思想，保证了正确的政治方向和正确的世界观、人生观、价值观。

注重加强制度建设，提高办事效率和议事质量。常委会根据《宪法》《地方组织法》及省、市人大常委会的有关规定，结合县人大常委会的工作实践，修改《灵寿县人大常委会议事规则》，制定《灵寿县人大常委会组成人员守则》，使常委会工作走向法制化、规范化轨道。将人大常委会机关原四科改为工作委员会，增加了 14 名与工作性质相近或有专业知识的同志为不驻会委员。对各项报告、汇报草案实行会前初审制度，加大了常委会监督力度和深度，提高了议事质量。对常委会任命的干部事项任前法律考试和候职报告制度，提高被任命干部的法律意识和责任意识。执行严格的考勤制度、值班制度、财务制度，加强组织纪律，反腐倡廉。严格按照目标责任制，使机关委室分工负责、团结协作，提高了工作效率。

严格执行民主集中制原则，努力提高决策民主化、科学化水平。常委会会议有审议重大事项的议题时，都会提前通知委员围绕议题进行调查研究，征集群众意见建议，常委会上充分发扬民主、畅所欲言，各抒己见，集思广益，使民主决策真正反映人民意愿、体现人民利益、维护人民权益。

第二节　宣传工作

县人大常委会积极探索人大宣传工作方式方法，不断加强人大宣传工作力度，努力实现人大宣传工作的新突破。1993年12月23日，与县委宣传部联合召开全县人大宣传工作会议，县纪检委书记贾振海、县人大常委会副主任赵清彬分别在会上讲话，就如何在新形势下加强人大工作宣传力度，创新宣传形式，强化宣传效果，努力实现人大宣传工作新突破等方面提出具体要求。

加强法制宣传教育，提高全县人民法制意识。县人大常委会采取电视讲话、有奖答卷等形式宣传《中华人民共和国全国人民代表大会和地方各级人民代表大会代表法》，将代表的权力、地位、作用和义务在广大群众中深入宣传，增强了代表们的光荣感和使命感。组织有关部门利用集日和庙会出动宣传车、印发法律知识材料、面对面法律咨询、张贴标语等形式，对《河北省计划生育条例》《中华人民共和国劳动法》《中华人民共和国教育法》《中华人民共和国公司法》等30多部法律法规进行一系列宣传教育，使广大公民、法人学会了用法律武器维护自己的合法权益，敢于同违法行为做斗争。

第三节　信访工作

县人大常委会把受理人民群众来信来访作为履行职责，密切党群、干群关系，实施鱼水工程的重要工作来抓。1993年，县委抽调县人大常委会三名领导深入两个村，解决群众关心的“热点”问题，促进了干群团结。此外，在完善信访案件的接待、交办、查办的同时，明确专人负责，督促落实工作。1994年县人大常委会成立以县人大常委会主任为组长的信访领导小组，1995年成立信访办公室，增加了处理信访工作力量。常委会一直坚持主任批办来信来访和查办、督办重大信访案件制度。几年来，常委会共接待群众来信来访764件，2498人次，纠正冤假错案9件，查处违法干警6人，退款23.9万元。对案件基本做到了件件有着落、案案有回音，结案率达98.4%，维护了群众的合法权益，化解了社会矛盾，稳定了社会秩序。1996至1997年县人大信访工作被评为全市人大信访工作第一名，1997年县人大常委会办公室被评为全省人大信访工作先进集体，其做法在省人大召开的经验交流会上被推介。

第四节　抗洪救灾工作

县人大常委会围绕抗洪救灾和灾后重建实施监督，1996年8月，灵寿县遭受特大洪涝灾害，常委会紧急动员，全力以赴投入抗洪救灾。各位主任按照县委统一部署，带领机关各部门同志分赴十几个村察看灾情，慰问群众，指导抗洪救灾工作。灾后，常委会组成人员多次深入灾区了解灾情，帮助恢复生产，重建家园。主任会议还听取县政府关于抗洪救灾的情况汇报，要求抓紧制定恢复重建总体方案和政策，加快恢复水毁交通、水利设施和土地修复工程，加强小流域综合治理，推动了全县抗洪救灾和灾后重建工作的开展。

第 十 四 篇

灵寿县第十二届人民代表大会

（1998 年 2 月至 2003 年 4 月）

第四十章

[illegible]

[illegible]

第一章　党的领导

灵寿县第十二届人民代表大会及其常务委员会，在县委的领导下和上级人大的指导下，坚持以邓小平理论和“三个代表”重要思想为指导，全面贯彻党的十五大精神，紧紧围绕改革、发展、稳定的大局和“加快发展，富民强县”的奋斗目标，认真履行宪法和法律赋予的职责，大力推进民主法治建设，保障灵寿县改革开放和现代化建设的健康发展。

县委对人大工作高度重视，1999 年县人大常委会把深化“两制”作为推进依法治县的切入点和全年工作的重点，制定并报请县委批转《关于进一步实施和深化执法责任制的安排意见》。1999 年 6 月 5 日，县委召开依法治县和人大工作会议，作出了《关于进一步加强人大工作的决定》，具体部署了全县司法、执法部门深化完善“两制”工作。1999 年 7 月 17 日，县第十二届人民代表大会第三次会议，县委书记王振卿出席会议并讲话，强调各级党委、人大组织和代表所在单位要在政治上爱护、生活上关心人大代表，努力为代表履行职责创造各种有利条件，促进人大工作、代表工作再上新台阶。

县人大常委会积极争取和自觉接受党的领导，坚持重大事项向县委请示报告制度，在平时工作中坚持做到根据县委的工作重点安排部署人大工作，凡是人大常委会讨论决定重大问题，事先都以人大党组的名义报请县委同意，事后及时汇报，听取意见，取得支持，保证相关工作有效开展。

党的组织机构

中共灵寿县人大常委会党组

1998 年 3 月，中共灵寿县人大常委会党组设书记 1 名。此后，调整 2 次，2003 年 4 月党组设书记 1 名，副书记 2 名。

书　记：罗华远（1998 年 3 月至 2003 年 4 月）

副书记：宋　赍（1999 年 2 月至 2003 年 4 月）

　　　　吴和韵（2003 年 4 月至 2003 年 4 月）

成　员：武双喜（1998 年 3 月至 2003 年 4 月）

　　　　房德杰（1998 年 3 月至 2003 年 4 月）

　　　　张风山（1998 年 3 月至 2003 年 4 月）

　　　　傅连英（女）(1998 年 3 月至 2003 年 4 月）

第二章　人大代表

灵寿县第十二届人民代表大会代表名额192名。1998年2月召开县十二届人大一次会议时，实有代表183名。县十二届人大常委会强化代表主体地位，加强代表工作经验交流，在全县人大代表中开展“国徽在心，责任在身”活动，加强代表工作制度化建设，积极督办代表建议、批评和意见，保障人大代表权利的实现。

第一节　选举产生

一、灵寿县第十二届人民代表大会代表的选举产生

根据选举法第九条有关规定：县代表名额基数为120名，每5000人可以增加一名代表，人口居住分散的县，代表名额可以增加59%，1996年年底灵寿县实有人口311942人，为此省八届人大常委会二十七次会议依法决定灵寿县代表名额为192人。灵寿县从1997年12月26日至1998年1月20日，进行了县第十二届人民代表大会代表换届选举，划分选区104个，选民登记225018人，应选代表192人，实选183名。

经县第十一届人民代表大会代表资格审查委员会审查，并经十一届人大常委会第三十八次会议通过，确定当选的183名县人大代表符合宪法、法律规定的代表基本条件，选举符合法律规定的程序，确认其代表资格有效。

在183名代表中，男136人，占74.32%；女47人，占25.68%；党员121人，占66.12%；群众62人，占33.88%；上届代表51人，占27.87%。大专以上文化程度的40人，占21.86%；初中以上文化程度的138人，占75.41%；小学5人，占2.73%。35岁以下的26人，占14.21%；30至55岁的152人，占83.06%；55岁以上的5人，占2.73%。

二、灵寿县出席石家庄市第十届人民代表大会代表的选举产生

根据市换届工作会议精神和市代表名额分配方案，灵寿县共分配市十届人大代表18名。1998年2月18日，县十二届人大一次会议选举产生出席市十届人大代表17名。其中，市直参选的4名人大代表由中共石家庄市委推荐；灵寿县参选的13名代表中，工农9名（工建交2名，教育1名，文化、卫生、体育1名，农业5名）；领导干部3名；知识分子1名。

第二节　代表名单

一、灵寿县第十二届人民代表大会代表名单

灵寿镇代表团

刘玉岗	马　梅（女）	吕喜珍（女）	雷老五
罗均锁	杨梅菊（女）	李新毛	吴满圈
曹文海	贡白旦	吴国荣（女）	彭二脏
聂风渠	李庆荣（女）	王山华	郝玉芳
肖光武	罗喜元	侯风妮（女）	孟平振
吴连歌	吴新合	耿辰平	

三圣院乡代表团

张进权	张春风	苏梅芳	赵荣丽（女）
张志琪	罗锁成	张会英（女）	张书芹
张军海	姚振虎	刘银荣（女）	

北洼乡代表团

靳庆国	刘志林	祁永堂	周建岭
刘明华	王秀芹	刘风莲（女）	梁绳忠
王秀香（女）	吕香风（女）		

牛城乡代表团

王炳林	张昌国	丁文魁	贡美辰
刘梅菊（女）	赵二保	郎梅兰（女）	赵同忠
单梅花（女）			

狗台乡代表团

刘林海	赵占德	尹书太	谷中海
刘锁印	杨云平（女）	徐国海	程喜双
康老参	薛秀荣（女）		

青同镇代表团

赵和林	张新芳	白同山	高秋瑞
马英花（女）	邓春海	杨全社	曹位芳
赵丑妮（女）	侯平云	赵玉良	李树林
付二英（女）			

南寨乡代表团

陈庆荣（女）	张兰决	杨五连	罗三俊
宋习更	卢增朝	彭秀英（女）	王美方
王小贞（女）			

塔上镇代表团

王敬信	孙振山	李全军	张焕芹（女）
刘金发	孙金国	侯国秀（女）	陈香英（女）

慈峪镇代表团

卢春芳	赵荣志	司焕珍（女）	贾秋忙
康满仓	时青菊（女）	高平均	卢庆和
余开会	袁国江	陈二曼	张风林
孙成梅	郝金山	李红中	何　刚
刘延红	张菊菊（女）		

燕川乡代表团

刘同云	靳祖军	孙大保	白花叶（女）
何锡彪	范军社	孙银菊（女）	

谭庄乡代表团

赵树林	史春华	王昌命	李拴吉
刘风英（女）	杨兰荣（女）		

陈庄镇代表团

马进伟	牛玉斌	孙友杰	李梅枝（女）
张国庆	纪小三（女）	高春贵	王进福
张汉魁	尚六斤	付老换	赵风瑞（女）

岔头镇代表团

李彦勇	于有贵	王云霞	曹秀芹（女）
赵全贵	刘进财	张小平（女）	吕六十
赵二小	孙志芹	罗淑平（女）	

寨头乡代表团

张青鹏	陈聚明	王风瑞	郑竹婷（女）
郑闯街	张　平	闫青林	秦秋珍（女）

南营乡代表团

王贵平	吴春福	路还乡	王连英（女）
王国钦	赵三秀（女）		

县直代表团

张　静	杜占贞	薛长喜	罗华远
武双喜	张风山	苏亿位	房德杰
王振卿	周书方	傅连英（女）	赵景春
刘文平	刘东学	焦　偶（女）	刘振波
马小国	闫景书	刘芬平（女）	赵振海
杨二明	张彦玲（女）		

县十二届人大代表届中调整情况表

表 14-1

常委会会议	终止人员情况	补选人员情况
1998 年 4 月 28 日第三次会议	解除：狗台乡代表团徐国海	—
1998 年 11 月 12 日第六次会议	—	南寨乡代表团宋责，青同镇代表团祁昌军、李国，塔上镇代表团赵昌山，燕川乡代表团任庆林
1999 年 5 月 4 日第十一次会议	调离：县直代表团王振卿	—
1999 年 7 月 8 日第十二次会议	调离：县直代表团张 静	—
2000 年 1 月 28 日第十八次会议	调离：县直代表团周书方	县直代表团王春良、门秀敏、毛全球、张立军，南营代表团王有明

续表 14-1

常委会会议	终止人员情况	补选人员情况
2002 年 1 月 23 日第三十二次会议	调离：县直代表团杜占贞、狗台乡代表团谷中海	县直代表团刘海生，北洼乡代表团胡梦珍，南营乡代表团康二中

二、灵寿县出席石家庄市第十届人民代表大会代表名单

（一）市直参选 4 名

张承禄　　褚明海（回族）　　李天印　　赵禄祥（满族）

（二）干部 3 名

张　静　　王振卿　　罗华远

（三）知识分子 1 名

王金忠

（四）工农代表 9 名

付三牛　　司追角　　李建泉　　李振兰（女，回族）

何秉月　　张军兰（女）　　张锁贵　　徐瑞云（女）

罗士江

届中调整情况：1999 年，原灵寿县人民政府县长王振卿代表、原灵寿县拖拉机厂工程师李建泉代表调离灵寿，二人市十届人大代表资格终止。

1999 年 12 月 22 日市人大常委会第十一次会议补选宋建设为石家庄市第十届人民代表大会代表。2000 年 9 月 20 日，县十二届人大常委会第二十二次会议补选杜占贞为石家庄市第十届人民代表大会代表。

第三节　代表工作

一、开展“国徽在心，责任在身”活动

为加强和改进代表工作，进一步发挥代表在参与管理国家事务中的重要作用，1999 年 7 月 17 日，主任会议研究通过《关于在全县人大代表中开展“国徽在心、责任在身”活动的意见》，一方面积极组织代表闭会期间的活动，换届后及时指导各乡镇和县直选区建立代表活动小组，完善代表活动制度，围绕部分常委会议题和人民群众普遍关心的热点问题，组织代表开展视察、调查和检查等活动，对有关方面的工作及时提出意见、建议，同时成功组织了全县代表工作经验交流会议，进一步提高了广大代表的责任意识和执行代表职务的水平，使代表在推进依法治县，促进经济发展和密切联系群众等方面发挥了积极的作用。另一方面努力为代表执行职务提供服务。组织代表集中学习《中华人民共和国全国人民代表大会和地方各级人民代表大会代表法》《中华人民共和国地方各级人民代表大会和地方各级人民政

府组织法》等与代表工作有关的法律法规，研究制定《灵寿县人大代表工作条例》《灵寿县“一府两院”向代表通报重要工作和重大事项的规定》等制度，明确和规范了代表活动。第十二届人大常委会共收到县人大代表提出建议、批评和意见422条，绝大多数已经办结并答复代表，较好地保障了代表权利的实现。

二、加强代表工作制度化建设

加强县人民代表大会常务委员会自身建设，更好地履行宪法和法律赋予的各项职责。为保证县人大常委会依法行使监督职权，密切地方国家权力机关同人民群众的联系，维护人民群众的合法权益，1998年11月12日县人大常委会第六次会议通过的《灵寿县人大常委会受理人民群众申诉和意见的实施办法》明确要求依法受理人民群众对县级国家机关及其工作人员的申诉和意见。为提高议事效率，保障代表工作规范化进行，1990年9月26日县十届人大常委会第三次会议通过的《灵寿县人民代表大会常务委员会议事规则》第九条规定，补选出缺的省、市人大代表和撤换个别代表。依法保障县人大代表执行职务。

为使乡镇人大工作规范化、制度化，常委会指导15个乡镇制定了10项工作制度，明确了职责范围和工作任务。同时主动与各乡镇党委政府协调，保证每个乡镇都有一个代表议政活动室。常委会还建立了乡镇人大主席每两月一次例会制度，及时听取他们的工作情况和意见建议，安排布置工作，学习有关法律，进一步提高了乡镇人大工作水平。

三、加强代表工作经验交流，为代表履行职责搞好服务

1999年7月17日灵寿县第十二届人民代表大会第三次会议，代表工作经验交流，石家庄市人大代表、县人大代表分别就如何履行代表职责，做好代表小组长工作和开展乡镇人大工作，作了大会发言和书面发言。灵寿县的代表活动经验，在全省召开的代表工作经验交流会上代表石家庄市作了书面经验交流。常委会指导各选举单位建立16个活动小组，完善活动制度，组织代表集中学习代表法、地方组织法等与代表工作有关的法律法规。研究制定了《灵寿县人大代表工作条例》《灵寿县“一府两院”向代表通报重要工作和重大事项的规定》等制度，明确和规范了代表活动。

四、代表议案、建议办理

县十二届人大一次会议，收到代表提出的建议、批评和意见37件，涉及10个部门，10个方面问题，包括文教、广播、财政、农业、法制、土地、交通、城建、县办工业、个体私营企业等方面。

县十二届人大二次会议，收到代表提出的建议、批评和意见42件，涉及22个部门，包括文教、广播、财政、农业、法制、土地、交通、城建、县办工业、个体私营企业等方面。

县十二届人大四次会议，收到代表提出的建议、批评和意见58件，内容涉及26个部门和单位。58件建议已全部办结并答复代表。其中已经解决和基本解决的51件，得到解决和

基本解决的占 87.9%。

县十二届人大五次会议，收到代表提出的建议、批评和意见 58 件，涉及城建交通方面 20 件，占 34.4%；农林水利方面 7 件，占 12.1%，工商财贸方面的 14 件，占 24.5%；科教及其他方面 17 件，占 29.3%。按时办结率达 95%，问题解决率 80%，代表满意率 97%。

县十二届人大六次会议，收到代表提出的建议、批评和意见 93 件，涉及城建交通环保方面的 25 件，占 26.9%；农林水利方面的 16 件，占 17.2%；工商财贸方面的 13 件，占 13.9%；科教文卫方面的 10 件，占 10.8%；其他方面 29 件，占 31.2%。93 件建议办结率 100%；代表对办理结果满意率为 96.3%。被市政府评为 2002 年度承办工作先进县。

县十二届人大历年重点督办代表建议情况一览表

表 14-2

年度	建议内容
1998 年	关于加大对农业科技示范投入的问题；关于白马岗饮水井问题；关于朔黄铁路建设占地带来的问题；关于解决山区乡镇办公条件的问题；关于武装部训练基地占地问题；关于农转非后有关计划生育问题；关于陈庄高中建造学生宿舍楼问题；关于调地问题；关于乡镇税务人员工资奖金问题；关于税费“一口清”推行“公粮制”问题；关于按规定使用教育附加费问题；关于规范企业收费管理问题；关于开发牌房中山矿的问题；关于解决化肥厂流动资金的问题；关于个体私营企业发展的问题；关于改善县城卫生状况的问题；关于文明路淤泥河桥加宽问题；关于尽快落实旧城改造规划的问题；关于修复乡村公路的问题；关于修复东线、西线公路的问题；关于磁河桥修复问题；关于增编教师的问题；关于解决山区看电视难的问题；关于解决塔上乡各村通信的问题；关于对公安干警加强保密观念教育的问题；关于公安交警乱收费问题；关于增设交通岗，防止交通事故发生的问题
1999 年	关于加大农业投入的建议；关于少搞形式主义检查的建议；关于解决买商品粮人员生活的建议；关于车船使用税问题；关于振兴山区经济，解决销路难问题；关于提高山区干部待遇的建议；关于城建占地后大东关、胡庄、安定等村农转非后计划生育问题；关于矿山管理的建议；关于农业特产税应据实征收，不应下达指标的建议；关于解决深山区吃面难的建议；关于工商管理部门给面粉加工厂开绿灯的建议；关于解决农业局家属楼附近石粉厂和南燕川乡露天云母加工厂环境污染问题建议；关于城北街东段拆迁、清障、建设、硬化的建议；关于解决汛期到来，影响东合村等几个村的交通的建议；关于重修磁河大桥的建议；关于修复索庄至刘庄段公路的建议；关于整修岔头至瓦房台公路的建议；关于南寨路破损修复的建议；关于征收“三提五统”和征订报刊的建议；关于加强丘陵水利电力配套的建议；关于解决渠道浇水价格高问题的建议；关于河道管理的建议；关于解决山区看电视难的建议；关于解决民办教师转为公办教师后的工资待遇问题的建议；关于公、检、法应成为真正的“人民卫士”不办人情案，杜绝捕风捉影的建议；关于迅速侦破慈峪村发生放火、投毒、爆炸案件的建议；关于塔上法庭迅速解决个体户承包集体石粉厂不交承包费问题的建议；关于解决农村宅基地发放混乱的问题；关于解决青同镇铁道占地、丈量价格低问题的建议；关于在南燕川村建变电站的建议

续表 14-2

年度	建议内容
2000 年	关于抓紧解决“空心村”的建议；关于改善乡镇政府办公条件，提高山区干部待遇的建议；关于转变机关作风，增强服务意识的建议；关于严格依法行政的建议；关于党家庄、东孙楼、西孙楼与行唐边界纠纷问题；关于灵南公路征地付款建议；关于修复岔头镇胡家坪水毁大桥的建议；关于整修、养护各段乡村公路的建议；关于矿山治理的建议；关于加大开采牌房中山矿力度的建议；关于解决硅线石厂拖欠南营乡矿石款的建议；关于解决民办教师上师范转为公办教师待遇问题的建议；关于学校聘请校外辅导员和举办法制讲座的建议；关于在陈庄建剧院的建议；关于解决山区看电视难、通信难、就医难的建议；关于征订党报党刊问题的建议；关于维修大口井的建议；关于解决猕猴桃贮存、销售、加工难的建议；关于鸵鸟问题的建议；关于农业特产税任务太大，下达任务指标不合理的建议；关于兑现乡镇干部、教师工资问题建议；关于建立食用菌专业市场的建议；关于新开街往南延伸 300 米与工业路接通的建议；关于解决小东关铸造厂污染的建议；关于整治淤泥河的建议；关于陈庄旧戏院占地归属问题的建议
2001 年	关于理顺灵寿经济发展思路，扶持民营经济发展的问题；关于治理淤泥河问题；关于加强城市绿化管理的建议；关于猕猴桃销售难问题；关于解决山区看电视难、通信难问题；关于政府行政部门乱收费问题；关于执行新工资标准问题；关于加强村级民主监督问题；关于农村基金会拖欠股民储蓄利息问题；关于解决调动教师工资问题；关于“夯实财政基础数字”问题；关于安电话难问题；关于磁河河道被侵占问题
2002 年	关于干部工资政策标准兑现问题；关于增加完善电力设施，保障企业正常生产问题；关于乡村公路建设维护问题；关于加大封山育林执法力度问题；关于退耕还林水利配套设施的资金来源问题；关于侵占河道问题；关于在西环路建设专业市场问题；关于解决党家庄、西孙楼、东孙楼河滩与行唐划界问题；关于子弟学校退还滚动借款问题；关于石村加工企业污染环境问题；关于政府行政部门乱收费问题

第三章　人民代表大会

灵寿县第十二届人民代表大会任期5年，自1998年2月至2003年4月，共召开7次会议。

县十二届人大历次会议概况表

表14-3

会次	会议日期	议题（项）	听取报告（个）	决议决定（项）	选举表决（项）
第一次	1998年2月14日至18日	12	6	7	5
第二次	1999年2月26日至28日	8	6	7	1
第三次	1999年7月17日	1	—	—	1
第四次	2000年2月22日至24日	6	6	6	—
第五次	2001年2月20日至22日	6	6	6	—
第六次	2002年3月20日至22日	8	6	6	2
第七次	2003年1月23日至24日	1	—	—	1

第一节　会议概况

一、县十二届人大一次会议

1998年2月14日至18日，在灵寿县电影院召开。出席代表174人（应到183人）。大会听取和审议县人民政府代县长王振卿作的《灵寿县人民政府工作报告》；听取和审议县计划局局长马正平作的《关于灵寿县1997年国民经济和社会发展计划执行情况及1998年国民经济和社会发展计划草案的报告》，审查和批准灵寿县1997年国民经济和社会发展计划执行情况的报告及1998年国民经济和社会发展计划；听取和审议县政府副县长兼财政局局长马国云作的《关于灵寿县1997年财政决算和1998年财政预算草案的报告》，审查和批准灵寿县1997年财政决算和1998年财政预算；听取和审议县人大常委会副主任武双喜作的《灵寿县人大常务委员会工作报告》、县人民法院副院长刘文平作的《灵寿县人民法院工作报告》、县人民检察院副检察长刘东学作的《灵寿县人民检察院工作报告》。会议通过相关的决议。会议审议通过《关于深化企业改革、加强企业管理、提高县办工业运行质量和效益的决定》。会议选举产生县人民代表大会常务委员会主任、副主任、委员，县人民政府县长、副县长，县人民法院院长，县人民检察院检察长；选举产生出席石家庄市第十届人民代表大会代表17名。（名单见本章第二节《会议选举》）

这次会议，是一次激励全县人民为把灵寿县现代化建设全面推向21世纪而奋发进取的大会。会议指出，世纪之交的今后五年，是灵寿县经济建设和各项社会事业快速发展的关键五年。江泽民在十五大报告中明确提出：进一步扩大社会主义民主，健全社会主义法制，依法治国，建设社会主义法治国家。跨世纪的伟业既给人大工作的发展提供了新的有利时机，也给人大工作提出新的更高要求。会议强调，县十二届人大常委会要在县委的领导下，高举邓小平理论伟大旗帜，全面贯彻落实党的十五大精神，以加强社会主义民主法制建设为根本任务，认真履行宪法法律赋予的职责，积极推进依法治县，为把灵寿县现代化建设全面推向21世纪，充分发挥权力机关的作用，继续加强监督工作，抓住重点，加大力度，增强实效，保证法律法规的有效实施。要密切同代表和人民群众的联系，充分反映人民群众的意见和要求，自觉接受人民群众的监督，切实代表人民的意愿，维护人民群众的权益。进一步加强常委会的自身建设，解放思想，实事求是，开拓创新，扎实工作，努力开创人大工作的新局面。

二、县十二届人大二次会议

1999年2月26日至28日，在灵寿县电影院召开。出席代表160人（应到187人）。大会听取和审议县人民政府县长王振卿作的《灵寿县人民政府工作报告》；听取和审议县计划局局长马正平作的《关于灵寿县1998年国民经济和社会发展计划执行情况与1999年国民经济和社会发展计划草案的报告》，审查和批准灵寿县1998年国民经济和社会发展计划执行情况的报告及1999年国民经济和社会发展计划；听取和审议县财政局局长孙全忠作的《关于灵寿县1998年财政决算和1999年财政预算草案的报告》，审查和批准灵寿县1998年财政决算和1999年财政预算；听取和审议县人大常委会主任罗华远作的《灵寿县人大常务委员会工作报告》、县人民法院院长刘文平作的《灵寿县人民法院工作报告》、县人民检察院检察长刘东学作的《灵寿县人民检察院工作报告》。会议审议通过《关于加快丘陵区治理开发的决定》。会议选举产生县十二届人大常委会副主任1名。（名单见本章第二节《会议选举》）

这次会议，是在全面落实党的十五大提出的各项工作任务，满怀信心地迎接中华人民共和国成立50周年的关键时期召开的一次重要会议。会议指出，1999年是中华人民共和国建国50周年，宪法颁布45周年和澳门回归年。我们将胜利跨入21世纪。在这承前启后、继往开来的关键一年，要紧紧围统促进全县改革、发展、稳定的大局，按照江泽民提出的“学习、学习、再学习，实践、实践、再实践”的要求，把学习作为一项硬任务。要利用多种形式深入学习邓小平理论、十五大和十五届三中全会精神，全面落实党的农业和农村政策，以小康建设总揽工作全局，进一步更新思想，转变观念，按照“以农稳县、以工立县、以商活县、以乡镇企业强县、以特色经济富县、以开放和科教兴县”的发展思路，深化改革，扩大开放，加大投入，调整优化经济结构，提高经济运行质量，加快发展，确保人民生活水平稳定增长，维护社会稳定，决战一年，力争实现小康县。会议强调，要高举邓小平理论伟大旗帜，深入贯彻党的十五大和十五届三中全会精神，锐意进取、顽强拼搏、埋头苦干、卓有成效地做好各项工作，把一个繁荣、富强、文明的新灵寿带入21世纪。

三、县十二届人大三次会议

1999年7月17日，在灵寿县电影院召开。出席代表150人（应到187人）。会议就如何做好代表工作进行了经验交流，石家庄市人大代表何秉月、司追角，县人大代表刘同云、张汉魁、侯平云、赵凤瑞、马小国，乡镇人大主席张志琪、耿辰平、刘明华分别就如何履行代表职责，做好代表小组长工作和开展乡镇人大工作，作了大会发言和书面发言。会议选举产生县人民政府县长。（名单见本章第二节《会议选举》）

这次会议，是县人大换届后首次召开的代表工作会议，对全县的代表工作起到积极推动作用的重要会议。会议指出，做好代表工作，发挥代表作用，是作为坚持和完善人民代表大会制度的一项重要内容，作为人大常委会一项重要的基础性工作，要不断提高代表素质，增强代表意识；围绕改革、发展、稳定大局，组织开展闭会期间的代表活动；密切同代表的联系，努力为代表执行职务、发挥作用搞好服务；加强制度建设等，从思想、组织、制度等方面，进一步加大代表工作的力度。同时，人大代表是一种神圣的法定职务。要正确地行使好自己的权利，履行好义务。会议强调，进一步提高对新形势下做好代表工作重要意义的认识，解放思想，求真务实，开拓进取，努力把代表工作提高到一个新的水平，为促进灵寿县经济建设、改革开放和民主法制建设，做出新的更大的贡献。

四、县十二届人大四次会议

2000年2月22日至24日，在灵寿县电影院召开。出席代表162人（应到188人）。大会听取和审议县人民政府县长杜占贞作的《灵寿县人民政府工作报告》；听取和审议县计划局局长马正平作的《关于灵寿县1999年国民经济和社会发展计划执行情况与2000年国民经济和社会发展计划草案的报告》，审查和批准灵寿县1999年国民经济和社会发展计划执行情况报告及2000年国民经济和社会发展计划；听取和审议县财政局局长孙全忠作的《关于灵寿县1999年财政决算和2000的财政预算草案的报告》，审查和批准灵寿县1999年财政决算和2000的财政预算；听取和审议县人大常委会副主任宋赍作的《灵寿县人大常务委员会工作报告》、县人民法院院长刘文平作的《灵寿县人民法院工作报告》、县人民检察院检察长刘东学作的《灵寿县人民检察院工作报告》。会议通过相关的决议。

这次会议，是在全县人民深入贯彻党的十五大和十五届四中全会精神，热烈庆祝我国对澳门恢复行使主权和欢度新千年新春佳节之际，召开的一次重要会议。对于进一步动员和团结全县人民，统一思想，坚定信心，艰苦奋斗，扎实工作，把一个充满生机和希望的灵寿县带入新世纪，具有重要的现实意义。会议指出，要按照“特色产业富县、民营经济强县、改革开放兴县、旅游开发活县”的发展思路，以争项目、争资金为重点，深化改革，扩大开放，着力调整农业和农村经济结构，加快国有企业改制步伐，大力发展非公有制经济，加大基础设施建设力度，健全和完善社会保障体系，改善人民生活，正确处理改革、发展和稳定的关系，确保国民经济持续、快速、健康发展和社会全面进步，努力完成“九五”计划。会议强调，要继续高举邓小平理论伟大旗帜，以党的十五大和十五届三中、四中全会精神为指导，在县委的领导下，紧紧围绕经济建设这个中心、认真贯彻依法治国的基本方略，全面落实中央关于推进改革和发展的一系列政策措施，进一步解放思想，转变观念，以优异成绩迎接新世纪。

五、县十二届人大五次会议

2001 年 2 月 20 日至 22 日，在灵寿县电影院召开。出席代表 187 人（应到 187 人）。大会听取和审议县人民政府县长杜占贞作的《关于灵寿县国民经济和社会发展第十个五年规划纲要的报告》，审查灵寿县国民经济和社会发展第十个五年规划纲要；听取和审议县计划局局长马正平作的《灵寿县 2000 年国民经济和社会发展计划执行情况与 2001 年国民经济和社会发展计划草案的报告》，审查和批准灵寿县 2000 年国民经济和社会发展计划执行情况的报告及 2001 年国民经济和社会发展计划；听取和审议县财政局局长孙全忠作的《灵寿县 2000 年财政决算和 2001 年财政预算草案的报告》，审查和批准灵寿县 2000 年财政决算和 2001 年财政预算；听取和审议县人大常委会副主任宋责作的《灵寿县人大常务委员会工作报告》、县人民法院院长刘文平作的《灵寿县人民法院工作报告》、县人民检察院检察长刘东学作的《灵寿县人民检察院工作报告》。会议通过相关的决议。

这次会议，是站在新的历史起点上，向着全面建设小康社会、加速向实现现代化建设的第三步战略目标迈进的新形势下召开的一次重要会议。会议指出，2001 年是新世纪的第一年，也是第十个五年计划的开局年。新世纪初始举行，具有承前启后，继往开来的意义。会议强调，要高举邓小平理论伟大旗帜，以党的十五届五中全会精神为指导，认真贯彻执行党的各项路线方针政策，以加快发展为主题，以结构调整为主线，以改革开放和科技进步为动力，以提高人民生活水平为根本出发点，进一步解放思想，实事求是，依托和利用资源和产业优势及现有基础，培育特色产业，发展非公有制经济，加快县办企业改革，拓宽流通服务业，加强基础设施建设，促进科技进步，开发人才资源，坚持可持续发展，维护社会稳定，推动经济快速发展和社会全面进步。

六、县十二届人大六次会议

2002 年 3 月 20 日至 22 日，在灵寿县电影院召开。出席代表 175 人（应到 187 人）。大会听取和审议县人民政府代县长刘海生作的《灵寿县人民政府工作报告》；听取和审议县计划局局长马正平作的《灵寿县2001年国民经济和社会发展计划执行情况与2002年国民经济和社会发展计划草案的报告》，审查和批准灵寿县2001年国民经济和社会发展计划执行情况的报告及2002年国民经济和社会发展计划；听取和审议县财政局局长孙全忠作的《灵寿县2001年财政决算和2002年财政预算草案的报告》，审查和批准灵寿县2001年财政决算和2002年财政预算；听取和审议县人大常委会主任罗华远作的《灵寿县人大常务委员会工作报告》、县人民法院院长刘文平作的《灵寿县人民法院工作报告》、县人民检察院检察长刘东学作的《灵寿县人民检察院工作报告》。会议通过相关的决议。会议选举产生县人民政府县长、县人大常委会副主任1名。（名单见本章第二节《会议选举》）

这次会议，是在我国全面建设小康社会，加快推进社会主义现代化建设的新形势下召开的一次重要会议。会议指出，要认真实践“三个代表”，全面加强党的建设，坚持两个文明一齐抓，切实把解放思想摆在首位，突出经济建设这个中心，高扬发展主旋律，全力实施三大产业兴县、项目建设立县、民营经济富县、改革创新活县“四大主体战略”，努力实现经济建设突破性进展、政治社会形势持续稳定、农民收入稳步增加、公教人员工资正常发放“四大目标”。会议强调，要高举邓小平理论伟大旗帜，认真实践“三个代表”重要思想，全面贯彻江泽民“七一”讲话、党的十五大、十五届五中、十五届六中全会精神，在中共灵寿县委的领导下，坚持以经济建设为中心，把加强社会主义民主法制建设，推进依法治县作为根本任务，认真履行宪法和法律赋予的各项职责，突出重点，注重实效，为保障全县改革开放、经济建设和各项事业的顺利进行做好工作，以实际行动迎接党的十六大的胜利召开。

七、县十二届人大七次会议

2003年1月23日至24日，在灵寿县电影院召开。出席代表185人（应到187人）。会议选举出17名出席石家庄市第十届人民代表大会代表。

第二节　会议选举

县十二届人大历次会议，共选举产生县级国家机关工作人员40人。

县人大常委会

主　任：

　　罗华远　　1998年2月县十二届人大一次会议当选

副主任：

　　武双喜　　1998年2月县十二届人大一次会议当选

　　房德杰　　1998年2月县十二届人大一次会议当选

　　张风山　　1998年2月县十二届人大一次会议当选

傅连英（女）1998 年 2 月县十二届人大一次会议当选

届中调整情况：

宋　赉，1999 年 2 月 28 日，在县十二届人大二次会议当选县人大常委会副主任。

康二中，2002 年 3 月 22 日，在县十二届人大六次会议当选县人大常委会副主任。

委　员（县十二届人大一次会议选举产生）：

王云霞	刘芬平（女）	刘志林	刘振波
李树林	杨二明	杨全社	张进权
张昌国	赵荣志	侯国秀（女）	耿辰平
聂风渠	焦　偶（女）		

县人民政府

县　长：

王振卿　　1998 年 2 月县十二届人大一次会议当选

杜占贞　　1999 年 7 月县十二届人大三次会议当选

刘海生　　2002 年 3 月县十二届人大六次会议当选

届中调整情况：

王振卿，1999 年 5 月 4 日，在县十二届人大常委会第十一次会议上辞去灵寿县人民政府县长职务。

杜占贞，1999 年 5 月 4 日，在县十二届人大常委会第十一次会议上决定任命其为副县长、决定其为代县长；2002 年 1 月 23 日，在县十二届人大常委会第三十二次会议上辞去灵寿县人民政府县长职务。

刘海生，2002 年 1 月 23 日，在县十二届人大常委会第三十二次会议上决定任命其为副县长、决定其为代县长；2003 年 3 月 31 日，在县十二届人大常委会第三十九次会议上辞去灵寿县人民政府县长职务。

王建海，2003 年 3 月 31 日，在县十二届人大常委会第三十九次会议上决定任命其为副县长、决定其为代县长。

副县长：

周书芳　　1998 年 2 月县十二届人大一次会议当选

郝建英（女）1998 年 2 月县十二届人大一次会议当选

赵克林　　1998 年 2 月县十二届人大一次会议当选

马国云　　1998 年 2 月县十二届人大一次会议当选

彭占良　　1998 年 2 月县十二届人大一次会议当选

马建彬　　1998 年 2 月县十二届人大一次会议当选

届中调整情况：

周书芳、彭占良，2000 年 1 月 28 日，在县十二届人大常委会第十八次会议上辞去其二人灵寿县人民政府副县长职务。

毛全球，2000年1月28日，在县十二届人大常委会第十八次会议上决定任命其为副县长。

毕更义，2000年9月20日，在县十二届人大常委会第二十二次会议上决定任命其为副县长。

任宝山，2000年11月15日，在县十二届人大常委会第二十三次会议上决定任命其为副县长。

邢世民，2002年7月25日，在县十二届人大常委会第三十五次会议上决定任命其为副县长。

王韶华，2003年4月22日，在县十二届人大常委会第四十次会议上决定任命其为副县长。

郝建英、赵克林、毕更义，2003年4月25日，在县十二届人大常委会第四十一次会议上辞去其三人灵寿县人民政府副县长职务。

县人民法院

院　长：

刘文平　1998年2月县十二届人大一次会议当选

届中调整情况：

刘文平，2003年4月22日，在县十二届人大常委会第四十次会议上辞去灵寿县人民法院院长职务。

王振虎，2003年4月22日，在县十二届人大常委会第四十次会议上决定任命其为灵寿县人民法院副院长、决定其为代院长。

县人民检察院

检察长：

刘东学　1998年2月县十二届人大一次会议当选

届中调整情况：

刘东学，2003年4月22日，在县十二届人大常委会第四十次会议上辞去灵寿县人民检察院检察长职务。

李新成，2003年4月22日，在县十二届人大常委会第四十次会议上决定任命其为灵寿县人民检察院副检察长、决定其为代检察长。

链接：县十二届人大常委会主任简历

罗华远，男，1948年8月生，汉族，中共党员，河北灵寿人，大专。灵寿县南寨公社协助员；解放军山西晋南军分区战士；解放军邯郸军分区公务班班长；河北省邱县武装部动员科参谋；行唐

县武装部动员科参谋；行唐县武装部动员科科长；灵寿县武装部动员科科长；灵寿县武装部副部长、部长；灵寿县委常委、武装部政委；灵寿县委副书记；灵寿县十二届、十三届人大常委会主任、党组书记。

第三节　会议组织

一、县十二届人大一次会议

（一）大会主席团和秘书长

主席团

王云霞	王振卿	杨二明	杨全社
刘芬平（女）	刘志林	刘振波	张风山
杜占贞	张进权	张昌国	张　静
李树林	武双喜	罗华远	房德杰
聂风渠	侯国秀（女）	赵荣志	耿辰平
傅连英（女）	焦　偶（女）	薛长喜	

秘书长：武双喜（兼）

（二）大会主席团常务主席

张　静	王振卿	杜占贞	薛长喜
罗华远	武双喜	张风山	傅连英（女）

（三）大会议案审查委员会

主 任 委 员：张风山

副主任委员：周书芳

委　　　员：张昌国　李树林　侯国秀（女）

二、县十二届人大二次会议

（一）大会主席团和秘书长

主席团

王云霞	王振卿	刘芬平（女）	刘志林
刘振波	杜占贞	李树林	宋　贲
杨二明	杨全社	张风山	张进权
张昌国	张　静	武双喜	罗华远
房德杰	赵荣志	侯国秀（女）	聂风渠
耿辰平	傅连英（女）	焦　偶（女）	薛长喜

秘书长：武双喜（兼）

（二）大会主席团常务主席

张　静	罗华远	王振卿	杜占贞
薛长喜	宋　贲	武双喜	房德杰
张风山	傅连英（女）		

（三）大会议案审查委员会

主 任 委 员：张风山

副主任委员：周书芳

委　　　员：张进权　李树林　侯国秀（女）

三、县十二届人大三次会议

（一）大会临时党委

书　记：王振卿

副书记：罗华远　薛长喜

支　部：

一团支部书记	马小国
二团支部书记	耿辰平
三团支部书记	赵占德
四团支部书记	刘明华
五团支部书记	孙振山
六团支部书记	马进伟
七团支部书记	肖光武
八团支部书记	张军海
九团支部书记	王敬信
十团支部书记	余开会
十一团支部书记	任庆林
十二团支部书记	张新芳
十三团支部书记	史春华
十四团支部书记	李彦勇
十五团支部书记	张青鹏
十六团支部书记	靳祖军

（二）大会主席团和秘书长

主席团

王云霞	王振卿	刘芬平（女）	刘志林
刘振波	杜占贞	李树林	宋　贲
杨二明	杨全社	张风山	张进权

张昌国	武双喜	罗华远	房德杰
赵荣志	侯国秀（女）	聂风渠	耿辰平
傅连英（女）	焦　偶（女）	薛长喜	

秘书长：武双喜（兼）

四、县十二届人大四次会议

（一）大会主席团和秘书长

主席团

门秀敏	王云霞	毛全球	王春良
刘芬平（女）	刘志林	刘振波	杜占贞
李树林	宋　赍	杨二明	杨全社
张风山	张进权	张昌国	武双喜
罗华远	房德杰	赵荣志	侯国秀（女）
聂风渠	耿辰平	傅连英（女）	焦　偶（女）
薛长喜			

秘书长：武双喜（兼）

（二）大会主席团常务主席

王春良	罗华远	杜占贞	门秀敏
薛长喜	宋　赍	武双喜	房德杰
张风山	傅连英（女）		

（三）大会议案审查委员会

主 任 委 员：张风山

副主任委员：毛全球

委　　　员：张进权　李树林　侯国秀（女）

五、县十二届人大五次会议

（一）大会主席团和秘书长

主席团

门秀敏	王云霞	毛全球	王春良
刘芬平（女）	刘志林	刘振波	杜占贞
李树林	宋　赍	杨二明	杨全社
张风山	张进权	张昌国	武双喜
罗华远	房德杰	赵荣志	侯国秀（女）
聂风渠	耿辰平	傅连英（女）	焦　偶（女）
薛长喜			

秘书长：宋　赍（兼）

（二）大会主席团常务主席

王春良	罗华远	杜占贞	门秀敏
薛长喜	宋　赍	武双喜	房德杰
张风山	傅连英（女）		

（三）大会议案审查委员会

主 任 委 员：张风山

副主任委员：毛全球

委　　　员：张进权　李树林　侯国秀（女）

六、县十二届人大六次会议

（一）大会主席团和秘书长

主席团

门秀敏	王云霞	毛全球	王春良
刘芬平（女）	刘志林	刘海生	刘振波
李树林	宋　赍	杨二明	杨全社
张风山	张进权	张昌国	武双喜
罗华远	房德杰	赵荣志	侯国秀（女）
聂风渠	耿辰平	康二中	傅连英（女）
焦　偶（女）	薛长喜		

秘书长：宋　赍（兼）

（二）大会主席团常务主席

王春良	罗华远	刘海生	门秀敏
薛长喜	宋　赍	武双喜	房德杰
张风山	傅连英（女）	康二中	

（三）大会议案审查委员会

主 任 委 员：张风山

副主任委员：毛全球

委　　　员：张进权　李树林　侯国秀（女）

七、县十二届人大七次会议

（一）大会主席团和秘书长

主席团

门秀敏	王云霞	毛全球	王春良
刘芬平（女）	刘志林	刘海生	刘振波

李树林	宋　赉	杨二明	杨全社
张风山	张进权	张昌国	武双喜
罗华远	房德杰	赵荣志	赵景春
侯国秀（女）	聂风渠	耿辰平	康二中
傅连英（女）	焦　偶（女）		

秘书长：宋　赉（兼）

（二）大会主席团常务主席

王春良	罗华远	刘海生	门秀敏
毛全球	宋　赉	武双喜	房德杰
张风山	傅连英（女）	康二中	

第四章　人民代表大会常务委员会

第一节　常委会会议

县十二届人大常委会在中共灵寿县委的领导下，以邓小平理论和“三个代表”重要思想为指导，全面贯彻党的十五大精神，紧紧围绕改革发展稳定大局和灵寿县总体奋斗目标，以依法治县总揽人大工作全局，认真履行宪法和法律赋予的职责，大力加强社会主义民主法制建设，各方面工作都取得了新的进展。

县十二届人大常委会共召开会议 41 次。

第一次会议　1998 年 3 月 4 日召开，县十二届人大常委会主任罗华远，副主任武双喜、房德杰、张风山、傅连英和 13 名委员出席会议。县人民政府副县长马建彬、县人民法院院长刘文平及人大机关委室负责人列席会议。会议通过《关于深化企业改革，加强企业管理，提高县办工业运行质量和效益的决定》《灵寿县人民代表大会常务委员会议事规则》《灵寿县人民代表大会常务委员会主任会议议事规则》。会议通过人事任免事项（名单见本篇第七章《选举任免》）。

第二次会议　1998 年 3 月 25 日召开，县十二届人大常委会主任、副主任、委员、县政府一名副县长、县法院院长、县检察院检察长列席会议，特邀县政协一名副主席列席会议。会议通过《灵寿县县城建设管理实施办法》。

第三次会议　1998 年 4 月 28 日召开，县十二届人大常委会主任罗华远，副主任武双喜、房德杰、张风山、傅连英和 9 名委员出席会议。副县长赵克林、政协副主席张元骥、法院院长刘文平、检察院副检察长李同来，县政府各部门负责人以及人大机关委室人员列席会议。会议听取审议县政府副县长赵克林作的关于深化农村改革、加快农业产业化进程情况的报告。听取县法院、县检察院、县公安局关于思想作风纪律整顿、执法检查，为社会发展保驾护航情况的汇报。审议通过十二届人民代表大会代表资格审查委员会组成人员名单。会议通过人事任免事项（名单见本篇第七章《选举任免》）。

链接：灵寿县十二届人民代表大会代表资格审查委员会名单

主任委员：傅连英

副主任委员：张进权

委　　员：刘振波　张昌国　刘芬平

第四次会议　1998年6月30日召开，县十二届人大常委会主任罗华远，副主任武双喜、房德杰、张风山、傅连英和12名委员出席会议。县人民政府副县长周树方，县法院院长刘文平、县检察院检察长刘东学及县政府有关部门负责人列席会议。会议听取审议县计生局局长史春雪受县政府委托作的关于计划生育工作报告、卫生局局长张合乡受县政府委托作的初级卫生达标及医德医风建设情况的报告。听取审议县劳人局局长刘兵锡受县政府委托作的关于县办企业改革、下岗职工再就业及帮困情况的报告。听取县农财局局长胡玉瑞受政府委托作的关于增加农民收入、减轻农民负担情况的报告。听取审议建设环保局局长程润和受县政府委托作的关于实施《灵寿县县城建设管理实施办法》情况的汇报。听取审议县财政局局长孙全忠受县政府委托作的关于乡镇协税员工资待遇及1997年1—10月税务部门兑现奖励情况的汇报。会议通过人事任免事项（名单见本篇第七章《选举任免》）。

第五次会议　1998年9月4日召开，县十二届人大常委会主任罗华远，副主任武双喜、张风山、傅连英和11名委员出席会议。县委副书记杜占贞到会指导，县政府副县长周树方，政府办副主任靳勤瑞，县检察院副检察长付元军及政府有关部门负责人列席会议。会议听取并审议财政局局长孙全忠受政府委托作的县1998年1—7月财政预算执行情况的报告。听取并审议县计划局局长马正平受政府委托作的关于县1—7月国民经济和社会发展计划执行情况的报告。听取县经贸局局长赵敬华受县政府委托作的关于深化企业改革、加强企业管理、提高县办工业运行质量和效益情况的汇报。

第六次会议　1998年11月12日召开，县十二届人大常委会主任罗华远，副主任武双喜、房德杰、张风山、傅连英和11名委员出席会议。县政协副主席张元骥，县法院院长刘文平，县检察院检察长刘东学及县政府有关部门负责人列席会议。会议听取审议县科技局局长杨恩喜受政府委托作的关于实施“科教兴县”战略情况报告。听取审议县教育局受政府委托作的关于实施《中华人民共和国职业教育法》和“普九”工作情况的报告。听取审议县工商局受县政府委托作的关于个体私营经济发展情况的报告。会议审议通过《灵寿县人大常委会受理人民群众申诉和意见的实施办法》。审议通过十二届人大常委会代表资格审查委员会关于对补选代表资格的审查报告。

第七次会议　1998年12月12日召开，县十二届人大常委会主任、副主任、委员、县政府一名副县长、县法院院长、县检察院检察长列席会议，特邀县政协一名副主席列席会议。会议通过人事任免事项（名单见本篇第七章《选举任免》）。

第八次会议　1998年12月31日召开，县十二届人大常委会副主任武双喜、房德杰、张风山、傅连英和12名委员出席会议。县人大常委会党组副书记宋贲，县政府副县长赵克林，县法院院长刘文平，县检察院副检察长李同来列席会议。会议听取审议县政府办副主任靳一歃受县政府委托作的关于人大代表意见和建议承办工作情况的报告。听取审议县政府副县长赵克林受政府委托作的关于小康建设及扶贫解困情况的报告。审议通过县人大常委会1999年工作要点和县人代会二次会议的议程安排及开会时间。审议通过《灵寿县人大常委会人事任免和监督办法》。会议通过人事任免事项（名单见本篇第七章《选举任免》）。

第九次会议 1999年3月18日召开，县十二届人大常委会主任、副主任、委员、县政府一名副县长、县法院院长、县检察院检察长列席会议，特邀县政协一名副主席列席会议。会议审议通过灵寿县人大常委会1999年例会议题（草案）。会议审议通过《关于加快丘陵区治理开发的决定》。会议通过人事任免事项（名单见本篇第七章《选举任免》）。

第十次会议 1999年4月29日召开，县十二届人大常委会主任罗华远，副主任宋贲、武双喜、房德杰、张风山、傅连英和11名委员出席会议。县人民政府副县长赵克林，县政协副主席张元骥、县法院院长刘文平、县检察院检察长刘东学、政府有关部门负责人，市人大代表付三牛、县人大代表张志祺、任庆林列席会议。会议听取审议县信访局局长张云平受政府委托作的关于落实信访条例，维护社会稳定的汇报。听取审议县教育局局长李庆祥受县政府委托作的关于"普九"和社会力量办学情况的汇报。听取县政府副县长赵克林代表县政府作的关于土地二轮承包进展情况的汇报。会议通过人事任免事项（名单见本篇第七章《选举任免》）。

第十一次会议 1999年5月4日召开，县十二届人大常委会主任、副主任、委员、县政府一名副县长、县法院院长、县检察院检察长列席会议，特邀县政协一名副主席列席会议。会议听取审议县政府关于村民委员会组织法实施情况的报告。会议通过人事任免事项（名单见本篇第七章《选举任免》）。

第十二次会议 1999年7月8日召开，县十二届人大常委会主任罗华远，副主任宋贲、武双喜、房德杰、张风山、傅连英和12名委员出席会议。县人民政府副县长彭占良、马建彬，县政协副主席张元骥、县法院院长刘文平、政府有关部门负责人列席会议。会议研究决定灵寿县第十二届人民代表大会第三次会议召开时间。会议听取审议县国税局局长冯建辰、地税局局长樊国平作的关于上半年税收完成情况的报告。听取审议县经贸局局长赵敬华作的关于县办工业运行情况的报告。听取县电信局局长刘瑞珍作的关于电信工作情况的报告并进行评议。会议通过人事任免事项（名单见本篇第七章《选举任免》）。

第十三次会议 1999年9月8日召开，县十二届人大常委会副主任宋贲、武双喜、房德杰、张风山、傅连英和11名委员出席会议。听取和审议县公安局局长史金元、县法院院长刘文平、县检察院检察长刘东学作的关于深化"两错"责任追究制情况的报告。听取和审议县财政局局长孙全忠受县政府委托作的关于县1—8月财政预算执行情况及预算外资金管理条例贯彻落实情况的报告。听取和审议县土地管理局局长何风山受县政府委托作的关于新土地法贯彻落实情况的报告。会议通过人事任免事项（名单见本篇第七章《选举任免》）。

第十四次会议 1999年10月28日召开，县十二届人大常委会主任罗华远，副主任宋贲、武双喜、房德杰、张风山、傅连英和12名委员出席会议。县政府县长助理毕更义、县政协副主席张元骥、检察院检察长刘东学及县政府有关部门负责人列席会议。会议听取和审议县政府县长助理毕更义受政府委托作的关于落实县十二届二次人代会《关于加快丘陵区治理开发的决定》情况的报告。听取和审议县政府办公室主任付金生受县政府委托作的关于推进村务、政务、厂务、校务四项公开情况的报告。

第十六次会议　1999年12月9日召开，县十二届人大常委会主任、副主任、委员、县政府一名副县长、县法院院长、县检察院检察长列席会议，特邀县政协一名副主席列席会议。会议听取和审议“一府两院”关于办理人大代表建议、批评和意见情况的报告。会议听取和审议县政府关于乡镇“三提五统”收缴情况的报告。会议听取和审议县人大常委会2000年工作要点（草案）及十二届人大三次会议准备情况的报告。会议听取和审议县人民政府《关于治理整顿鲁柏山云母矿山的意见》。审议通过《关于治理整顿鲁柏山云母矿山的决议》。

第十七次会议　1999年12月28日召开，县十二届人大常委会主任罗华远，副主任宋贲、武双喜、房德杰、张风山、傅连英和14名委员出席会议。县政府县长助理毕更义，县法院院长刘文平、县检察院检察长刘东学及县政府有关部门负责人列席会议。会议听取和审议县政府办公室副主任靳一歃受县政府委托作的关于十二届二次人代会代表建议承办情况的报告。听取和审议县农财局局长胡玉瑞受政府委托作的关于村提留，乡统筹费征收情况的报告。审议通过县人大常委会2000年工作要点。会议通过人事任免事项（名单见本篇第七章《选举任免》）。

第十八次会议　2000年1月28日召开，县十二届人大常委会主任、副主任、委员、县政府一名副县长、县法院院长、县检察院检察长列席会议，特邀县政协一名副主席列席会议。会议审议通过县人大常委会代表资格审查委员会关于代表变动和补选情况的报告。会议通过人事任免事项（名单见本篇第七章《选举任免》）。

第十九次会议　2000年3月22日召开，县十二届人大常委会主任、副主任、委员、县政府一名副县长、县法院院长、县检察院检察长列席会议，特邀县政协一名副主席列席会议。会议听取和审议县政府关于农村合作基金会依法清欠工作的情况报告。会议听取和审议县政府关于灵寿县旅游情况的汇报。会议通过人事任免事项（名单见本篇第七章《选举任免》）。

第二十次会议　2000年6月6日召开，县十二届人大常委会副主任宋贲、武双喜、房德杰、张风山、傅连英和14名委员出席会议。县政府副县长马建彬，县政协副主席张元骥，县检察院检察长刘东学、县法院副院长崔金键，市人大代表张军兰，县人大代表郝玉芳列席会议。会议听取和审议县工商局局长刘昌生受县政府委托作的关于个体私营经济发展情况的报告。听取和审议县民政局局长卢增朝受县政府委托作的关于第五届村民委员会换届选举情况的报告。听取和审议县法院副院长崔金键作的关于解决执行难情况的报告。

第二十一次会议　2000年8月22日召开，县十二届人大常委会主任罗华远、副主任宋贲、房德杰、傅连英和11名委员出席会议。县政府副县长马国云、县长助理毕更义、县政协副主席张元骥、县法院院长刘文平、县检察院检察长刘东学、县人大代表贡白旦及政府有关部门负责人列席会议。会议听取审议县政府县长助理毕更义受政府委托作的关于农业结构调整和产业化情况的报告。听取审议县建设局局长程润和、交通局局长马小国受政府委托作的关于县城、交通建设情况的报告。听取审议县公安局局长史金元受政府委托作的关于开展社会治安综合治理情况的报告。会议通过人事任免事项（名单见本篇第七章《选举任免》）。

第二十二次会议 2000年9月20日召开，县十二届人大常委会主任罗华远，副主任宋贲、武双喜、房德杰、张风山和10名委员出席会议。县委副书记门秀敏到会指导。县政府副县长郝建英、县长助理毕更义、县法院院长刘文平、县检察院检察长刘东学及县政府有关部门负责人列席会议。会议听取审议县劳动人事局局长刘兵锡受政府委托作的关于贯彻劳动法做好社会保障工作情况的报告。听取审议县财政局副局长袁志峰受政府委托作的《关于1—8月预算执行和预算外资金管理使用情况的报告》。听取审议县检察院检察长刘东学作的关于反贪污贿赂情况的报告。会议补选产生灵寿县出席石家庄市第十届人民代表大会代表1名。会议通过人事任免事项（名单见本篇第七章《选举任免》）。

第二十三次会议 2000年11月15日召开，县十二届人大常委会主任、副主任、委员、县政府一名副县长、县法院院长、县检察院检察长列席会议，特邀县政协一名副主席列席会议。会议评议县法院、县检察院和县公安局庭、科、所长，审议通过《关于授予李合文等九名同志荣誉称号的决定》。会议通过人事任免事项（名单见本篇第七章《选举任免》）。

第二十五次会议 2001年1月召开，县十二届人大常委会主任、副主任、委员、县政府一名副县长、县法院院长、县检察院检察长列席会议，特邀县政协一名副主席列席会议。会议审议通过《关于召开灵寿县第十二届人民代表大会第五次会议的决定》。

第二十六次会议 2001年4月12日召开，县十二届人大常委会主任罗华远，副主任宋贲、武双喜、房德杰、张风山、傅连英和14名委员出席会议。县政府副县长毕更义，县政协副主席张元骥，县法院副院长雷震、县检察院副检察长董振林及县政府有关部门负责人列席会议。会议听取审议县财政局副局长杜风龙受县政府委托作的关于扶贫、救灾、支农三项资金管理使用情况的报告。听取审议县技术监督局局长秘皂保受县政府委托作的关于产品质量法律法规执法情况的报告。听取审议县林业局局长刘振清受县政府委托作的关于造林绿化和森林资源保护情况的报告。会议通过人事任免事项（名单见本篇第七章《选举任免》）。

第二十七次会议 2001年4月30日召开，县十二届人大常委会主任、副主任、委员、县政府一名副县长、县法院院长、县检察院检察长列席会议，特邀县政协一名副主席列席会议。会议通过人事任免事项（名单见本篇第七章《选举任免》）。

第二十九次会议 2001年6月26日召开，县十二届人大常委会主任罗华远，副主任宋贲、武双喜、房德杰、张风山、傅连英和10名委员出席会议。县人民政府副县长马国云、县法院院长刘文平、县检察院检察长刘东学及县政府有关部门负责人列席会议。会议听取审议县教育局局长李庆祥受县政府委托作的关于社会力量办学情况的报告、县土地局局长何风山受县政府委托作的关于贯彻“一法两条例”，搞好土地管理情况的报告。

第三十次会议 2001年9月7日召开，县十二届人大常委会主任罗华远，副主任宋贲、武双喜、房德杰、张风山、傅连英和13名委员出席会议。县人民政府副县长赵克林、县法院副院长王其海、县检察院副检察长董振林及县政府有关部门负责人列席会议。会议听取并审议县财政局局长孙全忠受县政府委托作的关于2001年1—7月财政预算执行情况的报告。

会议审议通过《关于加强诉讼委托代理和辩护活动管理的决定》。

第三十一次会议　2001 年 12 月 28 日召开，县十二届人大常委会主任、副主任、委员、县政府一名副县长、县法院院长、县检察院检察长列席会议，特邀县政协一名副主席列席会议。会议听取并审议县政府关于“科教兴县”和新技术推广情况的报告。会议评议国税局、地税局、工商局、交通局、技术监督局执法情况。会议审议通过《关于王某、张某等非法制造储存爆炸物案件不予起诉的决定》。会议通过人事任免事项（名单见本篇第七章《选举任免》）。

第三十二次会议　2002 年 1 月 23 日召开，县十二届人大常委会主任、副主任、委员、县政府一名副县长、县法院院长、县检察院检察长列席会议，特邀县政协一名副主席列席会议。会议听取和审议县政府关于十二届人大五次会议代表建议、意见办理情况的报告。会议审议通过县人大常委会 2001 年工作要点和县人代会五次会议的议程安排及开会时间。会议通过人事任免事项（名单见本篇第七章《选举任免》）。

第三十三次会议　2002 年 4 月 23 日召开，县十二届人大常委会主任、副主任、委员、县政府一名副县长、县法院院长、县检察院检察长列席会议，特邀县政协一名副主席列席会议。会议听取并审议县政府关于农村电网改造情况的报告、县公安局关于开展“三项”教育、加强队伍建设情况的报告。

第三十四次会议　2002 年 6 月 25 日召开，县十二届人大常委会主任、副主任、委员、县政府一名副县长、县法院院长、县检察院检察长列席会议，特邀县政协一名副主席列席会议。会议听取并审议县政府关于两个园区建设情况的报告、县政府关于绿色通道、退耕还林情况的报告。

第三十五次会议　2002 年 7 月 25 日召开，县十二届人大常委会主任、副主任、委员、县政府一名副县长、县法院院长、县检察院检察长列席会议，特邀县政协一名副主席列席会议。会议听取并审议县政府关于水土保持法执法情况的报告、县政府关于上半年财政预算执行情况的报告。会议通过人事任免事项（名单见本篇第七章《选举任免》）。

第三十六次会议　2002 年 8 月 4 日召开，县十二届人大常委会主任、副主任、委员、县政府一名副县长、县法院院长、县检察院检察长列席会议，特邀县政协一名副主席列席会议。会议通过人事任免事项（名单见本篇第七章《选举任免》）。

第三十七次会议　2002 年 10 月 23 日召开，县十二届人大常委会主任罗华远，副主任宋贲、武双喜、房德杰、张风山、傅连英、康二中和 11 名委员出席会议。县政府副县长邢世民、县法院院长刘文平、县检察院检察长刘东学，有关科室负责人李海军、张昌慧、马民生列席会议。会议听取并审议县检察院关于民事行政抗诉工作情况的报告。会议通过人事任免事项（名单见本篇第七章《选举任免》）。

第三十八次会议　2002 年 12 月 26 日召开，县十二届人大常委会主任、副主任、委员、县政府一名副县长、县法院院长、县检察院检察长列席会议，特邀县政协一名副主席列席会议。会议听取并审议县政府关于办理代表意见、批评和建议情况的报告。通过召开第十二届人民代表大会第七次会议时间和建议会议议程（草案）。

第三十九次会议 2003年3月31日召开，县十二届人大常委会主任、副主任、委员、县政府一名副县长、县法院院长、县检察院检察长列席会议，特邀县政协一名副主席列席会议。会议通过人事任免事项（名单见本篇第七章《选举任免》）。

第四十次会议 2003年4月22日召开，县十二届人大常委会主任、副主任、委员、县政府一名副县长、县法院院长、县检察院检察长列席会议，特邀县政协一名副主席列席会议。会议通过人事任免事项（名单见本篇第七章《选举任免》）。

第四十一次会议 2003年4月25日召开，县十二届人大常委会主任、副主任、委员、县政府一名副县长、县法院院长、县检察院检察长列席会议，特邀县政协一名副主席列席会议。会议通过人事任免事项（名单见本篇第七章《选举任免》）。

第二节　主任会议

县十二届人大常委会定期召开主任会议。常委会各位副主任出席会议，各委室主任、县政府有关部门根据工作需要列席主任会议。

县十二届人大常委会主任会议情况一览表（选录）

表14-4

序号	时间	议题
1	1998年2月24日	研究县人大常委会主任、副主任分工及联系单位
2	1998年3月26日	研究关于筹备“三长”联席会议有关事项；研究1998年县人大常委会例会议题安排意见
3	1998年4月2日	研究召开乡镇人民代表大会安排意见，及其他乡镇人大工作有关事宜
4	1998年4月21日	研究常委会第三次会议议程草案、日程安排意见
5	1998年6月21日	研究常委会第四次会议议程草案、日程安排意见
6	1998年8月26日	研究常委会第五次会议议程草案、日程安排意见
7	1998年11月1日	研究常委会第六次会议议程草案、日程安排意见；研究十二届人大常委会代表资格审查委员会关于对补选代表资格的审查报告
8	1998年11月5日	研究常委会第六次会议议程草案、日程安排意见
9	1998年12月2日	研究述职评议工作的安排意见；研究走访县人大代表，征求代表意见、批评和建议的安排意见
10	1999年3月9日	研究县人大常委会主任、副主任分工及联系单位

续表 14-4

序号	时间	议题
11	1999 年 3 月 17 日	研究关于筹备“三长”联席会议有关事项；研究 1999 年县人大常委会例会议题安排意见
12	1999 年 4 月 26 日	研究常委会第十次会议议程草案、日程安排意见
13	1999 年 7 月 5 日	研究关于国有资产管理情况相关数据报表的汇报
14	1999 年 8 月 30 日	研究常委会第十三次会议议程草案、日程安排意见
15	1999 年 10 月 20 日	研究常委会第十四次会议议程草案、日程安排意见
16	2000 年 2 月 28 日	研究关于筹备“三长”联席会议有关事项；研究 2000 年县人大常委会例会议题安排意见
17	2000 年 5 月 30 日	研究常委会第二十次会议议程草案、日程安排意见
18	2000 年 8 月 15 日	研究常委会第二十一次会议议程草案、日程安排意见
19	2000 年 9 月 8 日	研究常委会第二十二次会议议程草案、日程安排意见
20	2000 年 9 月 30 日	研究关于评议法院、检察院、公安局庭、科、所长的实施意见
21	2001 年 1 月 9 日	研究常委会第二十四次会议议程草案、日程安排意见
22	2001 年 3 月 6 日	研究关于筹备“三长”联席会议有关事项；研究 2001 年县人大常委会例会议题安排意见
23	2001 年 4 月 3 日	研究常委会第二十六次会议议程草案、日程安排意见
24	2001 年 5 月 16 日	暂时停止罗三俊、陈二曼执行代表职务
25	2001 年 8 月 20 日	矿山安全生产问题
26	2002 年 3 月 5 日	研究十二届人大六次会议日程草案
27	2002 年 3 月 25 日	研究关于筹备“三长”联席会议有关事项；研究 2002 年县人大常委会例会议题安排意见
28	2002 年 4 月 9 日	上邵村违法建房过程情况
29	2002 年 4 月 19 日	农村电网改造
30	2002 年 10 月 16 日	研究常委会第三十七次会议议程草案、日程安排意见
31	2002 年 12 月 18 日	研究常委会第三十八次会议议程草案、日程安排意见

第三节　机构设置

1998 年 3 月，县人大常委会办事机构设二室四委，即办公室、信访办公室、政治法律工作委员会、财政经济工作委员会、科教文卫工作委员会、代表联络工作委员会。2002 年 7 月，各工作委员会改为科，把信访办公室并入了政法科，同时增设农经科。2003 年 4 月，县人大常委会的办事机构为一室五科，即办公室、政法科、财经科、科教文卫科、代表联络选举人事科、农经科。

县十二届人大常委会机构人员情况表

表 14-5

机构名称	职　务	姓　名	任职时间
办公室	主　任	赵荣志	1998 年 3 月—2001 年 4 月
		缺　职	2001 年 4 月—2002 年 6 月
		张昌国	2002 年 8 月—2003 年 4 月
	副主任	李海军	1998 年 3 月—2002 年 8 月
		刘二太	1998 年 3 月—2002 年 8 月
		刘荣强	1998 年 3 月—1999 年 4 月
		赵书梅	1999 年 4 月—2002 年 8 月
政法科（政治科法律工作委员会）	主　任	聂风渠	1998 年 3 月—2003 年 4 月
	副主任	张昌慧	1998 年 3 月—2002 年 8 月
		马民生	2002 年 8 月—2003 年 4 月
财经科（财政经济工作委员）	主　任	刘志林	1998 年 3 月—2003 年 4 月
	副主任	袁振江	1998 年 3 月—2002 年 8 月
		马书勇	2002 年 8 月—2003 年 4 月
科教文卫工科（科教文卫工作委员会）	主　任	王云霞	1998 年 3 月—2002 年 8 月
		张昌慧	2002 年 8 月—2003 年 4 月
	副主任	马书勇	1998 年 3 月—2002 年 8 月
		刘二太	2002 年 8 月—2003 年 4 月
代表联络选举人事科（代表联络工作委员会）	主　任	张进权	1998 年 3 月—2002 年 8 月
		李海军	2002 年 8 月—2003 年 4 月
	副主任	张昌国	1998 年 3 月—2002 年 8 月
		安国云	2002 年 8 月—2003 年 4 月
信访办公室	主　任	李树林	1998 年 3 月—2001 年 4 月
		缺　职	2001 年 4 月—2002 年 8 月
	副主任	马民生	1998 年 3 月—2002 年 8 月
农经科	主　任	袁振江	2002 年 8 月—2003 年 4 月
	副主任	杨会军	2002 年 8 月—2003 年 4 月

第五章　监督工作

县十二届人大及其常委会坚持把监督工作作为推进依法治县的重点工作来抓。常委会听取和审议“一府两院”关于发展特色经济和非公有制经济、农村土地延包、开展行政效能监察等方面的工作情况的汇报60多项，提出审议意见280多条；共依法任免国家机关工作人员183名；县人大代表提出建议、批评和意见422条；接待来信来访217起，426人次，办理98件次，督办交办62件次，息访34件。

围绕“强化内部制约机制”大力推行“两制”。推行执法责任制和“两错”责任追究制是解决有法不依、执法不严、违法不究的有效措施。常委会把推行“两制”作为贯彻落实依法治国基本方略，推进依法治县的切入点。为切实做好这项工作，人大常委会组织有关执法部门分赴邯郸市、辛集市、藁城市等地进行参观学习，采取抓好典型以点带面的方式，通过组织视察调查、专题听取和审议有关情况报告、经验交流等形式进行具体指导，确定了县直部门是执法主体，审核清理了不具备执法主体资格的部门，将300部法律法规分解落实到各有关执法部门。对涉及多个执法部门的15部综合性法律法规，确定了主管执法部门和协管部门，明确了执法责任。

围绕经济和社会发展的重点实施监督。依照《河北省各级人民代表大会常务委员会预算审查监督条例》《河北省各级人民代表大会常务委员会经济工作监督条例》《石家庄市人大常委会关于预算审查批准和监督的规定》，常委会除每年专题听取和审议县政府关于国民经济发展计划、财经预算执行情况的报告和其他财政收支的审计工作报告外，主任会议还不定期地听取汇报和督导。结合灵寿县实际，适时提出要加快发展、夯实收入基础、提高收入质量、加强财税管理，依法解决个别地方税收不到位和虚收空转、滞留预算收入、挪用挤占专款问题，确保公教人员工资及农业、教育等重点资金得到保障，努力完成人代会确定的各项经济目标，并审查批准了各年度预算调整。

围绕改革和发展中的热点难点问题实施监督。常委会针对鲁柏山云母矿出现的长期以来管理无序、滥采乱挖，造成资源破坏、环境污染、水土流失、河道淤积、农田淹没的严重情况，常委会做出了《加强鲁柏山云母矿依法治理的决定》，并认真听取县政府依法治理情况的报告，持续跟踪视察督导，鲁柏山无序开采的状况得到彻底扭转。针对丘岭区经济发展滞后的情况，十二届人大二次会议依法作出了《关于加快丘岭区开发的决定》。为使决定真正落实，常委会每年组织2次视察，定期听取县政府关于绿色通道、退耕还林情况的报告，及时掌握开发进度，提出搞好规划、加强部门督导，加大投资配套建设，强化工作管理等意见建议，促进了这项工作的顺利开展。针对石材、水泥和铸造业等个体私营企业发展所面临的困难，常委会组织人员深入全县92家厂矿企业实地调研，掌握经营情况，并到阜平、曲阳等周边县参观取经，分析了制约私营企业发展主要因素，提出为私营企业发展提供良好的外部环境，改善私营企业发展不利局面的建议。县委、县政府高度重视及时出台有关政策，推进了私营企业的发展。

第一节　听取和审议专项工作报告与计划预算和审计工作报告

县十二届人大常委会听取和审议县“一府两院”专项工作报告、计划预算和审计工作报告情况。

听取和审议专项工作报告与计划预算和审计工作报告情况表

表14-6

时间	常委会会议	议题
1998年4月28日	第三次	县政府关于深化农村改革、加快农业产业化进程情况的报告；县法院、县检察院、县公安局关于思想作风纪律整顿、执法检查，为社会发展保驾护航情况的汇报
1998年6月30日	第四次	县政府关于计划生育工作报告；县政府关于初级卫生达标及医德医风建设情况的报告；县政府关于县办企业改革、下岗职工再就业及帮困情况的报告；县政府关于增加农民收入、减轻农民负担情况的报告；县政府关于实施《灵寿县县城建设管理实施办法》情况的汇报；县政府关于乡镇协税员工资待遇及1997年1—10月税务部门兑现奖励情况的汇报
1998年9月4日	第五次	县政府关于县1998年1—7月财政预算执行情况的报告；县政府关于县1—7月国民经济和社会发展计划执行情况的报告；县政府关于深化企业改革、加强企业管理、提高县办工业运行质量和效益情况的汇报
1998年11月12日	第六次	县政府关于实施“科教兴县”战略情况报告；县政府关于实施《中华人民共和国职业教育法》和“普九”工作情况的报告；县政府关于个体私营经济发展情况的报告
1998年12月31日	第八次	县政府关于人大代表意见和建议承办工作情况的报告；县政府关于小康建设及扶贫解困情况的报告
1999年4月29日	第十次	县政府关于落实信访条例，维护社会稳定的汇报；县政府关于“普九”和社会力量办学情况的汇报；县政府关于土地二轮承包进展情况的汇报
1999年5月4日	第十一次	县政府关于村民委员会组织法实施情况的报告
1999年7月8日	第十二次	县政府关于上半年税收完成情况的报告；县政府关于县办工业运行情况的报告；县政府关于电信工作情况的报告
1999年9月8日	第十三次	县政府、县法院、县检察院关于深化“两错”责任追究制情况的报告；县政府关于县1—8月财政预算执行情况及预算外资金管理条例贯彻落实情况的报告；县政府关于新土地法贯彻落实情况的报告
1999年10月28日	第十四次	县政府关于落实县十二届二次人代会《关于加快丘陵区治理开发的决定》情况的报告；县政府关于推进村务、政务、厂务、校务四项公开情况的报告

续表 14-6

时间	常委会会议	议题
1999 年 12 月 9 日	第十六次	县政府《关于治理整顿鲁柏山云母矿山的意见》
1999 年 12 月 28 日	第十七次	县政府关于十二届二次人代会代表建议承办情况的报告；县政府关于村提留，乡统筹费征收情况的报告
2000 年 3 月 22 日	第十九次	县政府关于农村合作基金会依法清欠工作的情况报告；县政府关于灵寿县旅游情况的汇报
2000 年 6 月 6 日	第二十次	县政府关于个体私营经济发展情况的报告；县政府关于第五届村民委员会换届选举情况的报告；县法院关于解决执行难情况的报告
2000 年 8 月 22 日	第二十一次	县政府关于农业结构调整和产业化情况的报告；县政府关于县城、交通建设情况的报告；县政府关于开展社会治安综合治理情况的报告
2000 年 9 月 20 日	第二十二次	县政府关于贯彻劳动法做好社会保障工作情况的报告；县政府关于 1—8 月预算执行和预算外资金管理使用情况的报告；县检察院关于反贪污贿赂情况的报告
2001 年 4 月 12 日	第二十六次	县政府关于扶贫、救灾、支农三项资金管理使用情况的报告；县政府关于产品质量法律法规执法情况的报告；县政府关于造林绿化和森林资源保护情况的报告
2001 年 6 月 26 日	第二十九次	县政府关于社会力量办学情况的报告；县政府关于贯彻“一法两条例”，搞好土地管理情况的报告
2001 年 9 月 7 日	第三十次	县政府关于 2001 年 1—7 月财政预算执行情况的报告
2001 年 12 月 28 日	第三十一次	县政府关于“科教兴县”和新技术推广情况的报告
2002 年 4 月 23 日	第三十三次	县政府关于农村电网改造情况的报告；县公安局关于开展“三项”教育、加强队伍建设情况的报告
2002 年 6 月 25 日	第三十四次	县政府关于两个园区建设情况的报告；县政府关于绿色通道、退耕还林情况的报告
2002 年 7 月 25 日	第三十五次	县政府关于水土保持法执法情况的报告；县政府关于上半年财政预算执行情况的报告
2002 年 10 月 23 日	第三十七次	县检察院关于民事行政抗诉工作情况的报告

第二节　主任会议听取专题工作汇报

县十二届人大常委会主任会议听取专题工作汇报情况一览表（选录）

表 14-7

时间	主要议题
1999 年 7 月 5 日	关于国有资产管理情况相关数据报表的汇报
2001 年 8 月 20 日	矿山安全生产
2002 年 4 月 19 日	农村电网改造

第三节　法律法规实施情况的检查

县十二届人大常委会组织对《中华人民共和国矿产资源法》《中华人民共和国药品管理法》《河北省预算外资金管理条例》《中华人民共和国土地管理法》《中华人民共和国义务教育法》《中华人民共和国食品卫生法》《中华人民共和国水土保持法》《河北省支持与保护个体私营企业发展条例》等20多部法律法规的贯彻实施情况进行了执法检查。按照省、市人大的部署，集中力量、上下联动，对政法系统、矿产资源和矿山安全、农业、环保、社会保障和再就业、义务教育和社会力量办学、打击假冒伪劣商品、土地管理、城市规划，水土保持、支持和鼓励个体私营企业发展等12个方面的执法工作开展重点执法检查。

1998年6月25日至30日，县人大常委会副主任张风山带领县人大财经工委组织的执法检查组对《中华人民共和国审计法》实施情况进行了执法检查。

1998年7月上旬，县人大常委会副主任张风山、县政府副县长彭占良带领执法检查组对《中华人民共和国矿产资源法》和落实《1998年河北省矿产资源法和矿山安全执法大检查实施方案》情况进行了执法检查。

1998年7月11日至15日，对全县城乡教育费附加的征收管理工作和政府对教育的拨款情况进行检查和审计。

1998年9月1日至4日，县人大常委会副主任张风山带领县人大财经工委组织的执法检查组对《中华人民共和国劳动法》《石家庄市城镇企业职工社会保险基金监督管理条例》实施情况进行了执法检查。

1999年4月16日至25日，县人大常委会副主任房德杰、政府副县长郝建英带领县人大科教文卫工委组织的执法检查组对《中华人民共和国药品管理法》和《河北省医疗机构管理条例》实施情况进行了执法检查。

2000年4月26日至27日，县人大常委会主任罗华远、副主任武双喜到法院，副主任宋贲、张风山到公安局，副主任房德杰、傅连英到检察院，针对“三讲”教育中群众反映的公检法机关办人情案、关系案，前面捕、后边放，前面宣判、后边平反、办案质量不高等问题进行执法检查。

2000年6月，县人大常委会副主任房德杰带领县人大科教文卫工委组织的执法检查组对《中华人民共和国义务教育法》和《河北省实施义务教育法办法》实施情况进行了执法检查。

2000年8月14日，县人大政法工作委员会牵头，就灵经字〔1997〕第57号民事判决书的执行情况召开协调工作会。会议围绕石家庄市胜华五金建材经销处诉灵寿县西托村经济合作社借款合同纠纷一案执行问题进行讨论并达成共识。

2000年8月，县人大常委会副主任傅连英带领县人大代表工委组织的执法检查组对《中华人民共和国环保法》《中华人民共和国水污染防治法》《中华人民共和国大气污染防治法》《河北省环境保护条例》《河北省水污染防治条例》《河北省大气污染防治条例》《石家庄市岗南黄壁庄水库饮用水水源污染防治条例》实施情况进行了执法检查。

2000年9月20日县人大常委会第二十二次会议听取和审议县政府关于贯彻《中华人民共和国劳动法》做好社会保障工作情况的报告。

2001年4月，县人大常委会副主任宋赉带领县人大财经工委组织的执法检查组对《中华人民共和国产品质量法》《中华人民共和国食品卫生法》《中华人民共和国药品管理法》《河北省产品质量监督条例》《河北省商品市场监督管理条例》《石家庄市禁止生产经销假冒伪劣商品的规定》进行实施情况了执法检查。2001年4月12日县人大常委会第二十六次会议听取和审议县政府关于产品质量法律法规执法情况的报告。

2001年6月，县人大常委会副主任宋赉带领县人大农经工委组织的执法检查组对《中华人民共和国土地管理法》《中华人民共和国土地管理法实施条例》《河北省土地管理条例》实施情况进行了执法检查。2001年6月26日县人大常委会第二十九次会议听取和审议县政府关于贯彻“一法两条例”，搞好土地管理情况的报告。

2001年8月2日，县人大常委会和县政府组织由县人大常委会科教文卫工委、政府办、档案局有关人员为成员的执法检查小组对灵寿县重点建设项目档案管理工作开展执法检查。

2002年4月下旬至5月底，县人大常委会副主任张风山带领县人大财经工委组织的执法检查组对《河北省支持和鼓励个体工商户私营企业发展条例》和市委、市政府《关于加快发展个体私营经济若干政策的意见》(即50条政策)及县委、县政府《关于进一步鼓励发展个体私营经济的若干政策》(即28条政策)实施情况进行了执法检查。

2002年5月中旬到5月下旬，县人大常委会副主任房德杰带领县人大科教文卫工委组织的执法检查组对《中华人民共和国食品卫生法》和《河北省城乡集市食品卫生监督管理条例》实施情况进行了执法检查。

2002年6月中旬至7月中旬，县人大常委会副主任宋赉带领县人大农经工委组织的执法检查组对《中华人民共和国水土保持法》《中华人民共和国水土保持法实施条例》《河北省实施〈中华人民共和国水土保持法〉办法》和《石家庄市水土保持条例》实施情况进行了执法检查。2002年7月25日县人大常委会第三十五次会议听取和审议县政府关于《中华人民共和国水土保持法》执法情况的报告。

第四节　代表评议工作

2000年9月至11月，县人大常委会组织部分市、县、乡三级人大代表，对法院、检察院、公安局的63名庭、科、所长进行了评议。2000年11月17日，灵寿县人大常委会评议法院、检察院和公安局庭、科、所长总结会议召开。会议认为，这次评议虽然取得了较好的成效，但并不意味着可以停顿和放松，要重视巩固评议成果，落实好整改。对代表们在评议中提出的意见和问题，一定要认真查处，限期解决，争取给代表们一个满意的答复。会议要求：一是要充分发挥代表作用，使常委会的工作具有更加坚实的群众基础；二是要进一步加大法律监督力度，敢于触及和查找执法工作中的深层次问题；三是进一步提高执法队伍素质，不断增强他们的法律意识，自觉接受人大监督的意识；四是认真总结评议工作的经验，将评议工作规范化、制度化。

2001 年 11 月，县人大常委会组织部分市人大代表和 20 名县人大代表对法院、检察院的整体工作和部分干部进行评议。通过发放征求意见卡、代表走访选民、召开代表座谈会等形式，广泛征求广大人民群众的意见。代表们在评议中充分发扬民主，密切联系群众，代表全县人民的根本利益，作出的评价客观公正、准确、褒贬有度，提出的意见建议有理有据，切中要害，提出的改进措施客观可行，做到了监督和支持的统一，使评议达到了预期的目的。

1999 年 7 月 8 日，县十二届人大常委会第十二次会议听取县电信局局长刘瑞珍作的关于电信工作情况的报告，进行评议。常委会在充分肯定电信局执法和工作成绩的同时，对电信局存在的法律意识淡薄、执法水平不高、依法管理电信力度不够等问题和不足提出改进建议。电信局认真落实评议意见，尽快制定整改措施，狠抓落实，促进了灵寿县电信事业的发展。

第五节　视察调研

县十二届人大常委会组织开展视察调研活动情况。

视察调研活动选录

表 14-8

时间	视察内容	牵头单位
1998 年 4 月 13 日	关于灵寿县初级中学发展情况	科教文卫委
1998 年 5 月 26 日	关于横山湖旅游区开发及库区周边小流域治理情况	财经委
1999 年 3 月 24 日	关于石家庄正元化肥有限公司对外租赁经营后发展情况	财经委
1999 年 4 月 1 日	关于灵寿中学发展情况	科教文卫委
1999 年 9 月 21 日	关于燕川乡鲁柏山云母矿山管理情况	财经委
2000 年 6 月 8 日	关于县职教中心发展情况	科教文卫委
2000 年 11 月 27 日	关于看守所管理情况	法工委
2002 年 11 月	关于方正铸造有限公司发展情况	财经委
2002 年 11 月	关于荣昌铸业有限公司发展情况	财经委
2002 年 11 月	关于益康针织有限公司发展情况	财经委
2002 年 11 月	关于县烟叶复烤厂发展情况	财经委

第六章　决议决定

县十二届人大及其常委会提高人大常委会议事质量，把握党和国家的方针政策，把握全县经济和社会发展的重点，把握人民群众的愿望和要求，加强对群众关注的热点难点问题的监督。作出关于治理整顿鲁柏山云母矿山的决议，对灵寿县矿山管理逐步纳入法制化轨道起到了积极的推动作用；作出关于加快丘陵区治理开发的决定，掀起农田水利基本建设的高潮，初步改善了丘陵区的生态环境，促进了农业可持续发展；作出关于加强诉讼委托代理和辩护活动管理的决定，进一步规范了法律服务在诉讼代理和辩护活动中的行为。

第一节　作出决议决定

一、县十二届人大历次会议作出决议决定情况

灵寿县第十二届人民代表大会共作出决议决定 33 项。

县十二届人大历次会议作出决议决定一览表

表 14-9

时间	会次	名称
1998 年 2 月 18 日	一次会议	关于灵寿县人民政府工作报告的决议 关于灵寿县 1997 年国民经济和社会发展计划执行情况及 1998 年国民经济和社会发展计划的决议 关于灵寿县 1997 年财政决算和 1998 年财政预算的决议 关于灵寿县人民代表大会常务委员会工作报告的决议 关于灵寿县人民法院工作报告的决议 关于灵寿县人民检察院工作报告的决议 关于深化企业改革加强企业管理提高县办工业运行质量和效益的决定

续表 14-9

时间	会次	名称
1999 年 2 月 28 日	二次会议	关于灵寿县人民政府工作报告的决议 关于灵寿县 1998 年国民经济和社会发展计划执行情况及 1999 年国民经济和社会发展计划的决议 关于灵寿县 1998 年财政决算和 1999 年财政预算的决议 关于灵寿县人民代表大会常务委员会工作报告的决议 关于灵寿县人民法院工作报告的决议 关于灵寿县人民检察院工作报告的决议 关于加快丘陵区治理开发的决定
2000 年 2 月 24 日	四次会议	关于灵寿县人民政府工作报告的决议 关于灵寿县 1999 年国民经济和社会发展计划执行情况及 2000 年国民经济和社会发展计划的决议 关于灵寿县 1999 年财政决算和 2000 年财政预算的决议 关于灵寿县人民代表大会常务委员会工作报告的决议 关于灵寿县人民法院工作报告的决议 关于灵寿县人民检察院工作报告的决议
2001 年 2 月 22 日	五次会议	关于灵寿县人民政府工作报告的决议 关于灵寿县 2000 年国民经济和社会发展计划执行情况及 2001 年国民经济和社会发展计划的决议 关于灵寿县 2000 年财政决算和 2001 年财政预算的决议 关于灵寿县人民代表大会常务委员会工作报告的决议 关于灵寿县人民法院工作报告的决议 关于灵寿县人民检察院工作报告的决议 关于灵寿县国民经济和社会发展第十个五年规划纲要及纲要报告的决议
2002 年 3 月 22 日	六次会议	关于灵寿县人民政府工作报告的决议 关于灵寿县 2001 年国民经济和社会发展计划执行情况及 2002 年国民经济和社会发展计划的决议 关于灵寿县 2001 年财政决算和 2002 年财政预算的决议 关于灵寿县人民代表大会常务委员会工作报告的决议 关于灵寿县人民法院工作报告的决议 关于灵寿县人民检察院工作报告的决议

二、县十二届人大常委会历次会议作出决议决定情况

县十二届人大常委会作出决议决定情况（不包含人事任免事项）。

县十二届人大常委会历次会议作出决议决定一览表（选录）

表 14-10

时间	常委会会议	名称
1999 年 12 月 9 日	第十六次	关于治理整顿鲁柏山云母矿山的决议
2000 年 6 月 6 日	第二十次	关于加快个体私营经济发展的决定
2000 年 11 月 15 日	第二十三次	关于授予李合文等九名同志荣誉称号的决定
2001 年 9 月 7 日	第三十次	关于加强诉讼委托代理和辩护活动管理的决定
2001 年 12 月 28 日	第三十一次	关于王某、张某等非法制造储存爆炸物案件不予起诉的决定

第二节　决议决定选介

关于深化企业改革加强企业管理提高县办工业运行质量和效益的决定

《关于深化企业改革加强企业管理提高县办工业运行质量和效益的决定》(以下简称《决定》)，于 1998 年 2 月 18 日灵寿县第十二届人民代表大会第一次会议通过。

县办工业是县域经济的重要支柱，是财政收入的主要来源，是城镇就业的重要场所。由于种种原因，目前县办工业的运行质量和效益还不高，对全县的贡献率比较低，企业内部机制不活、管理粗放、效益低下的问题比较突出。为进一步促进县办工业企业管理水平和经济效益的提高，会议作出《决定》。

《决定》从进一步深化企业改革，探索多种实现形式；继续开展学邯钢活动，实现“管理效益”的新突破；加强企业领导班子建设；为企业发展创造良好的外部环境；切实加强对县办工业工作的领导等几个方面提出具体要求。

关于加快丘陵区治理开发的决定

《关于加快丘陵区治理开发的决定》(以下简称《决定》)，于 1999 年 2 月 28 日县十二届人民代表大会第二次会议通过。

为进一步贯彻落实党的十五届三中全会精神，调动丘陵区广大群众治理开发“四荒”的积极性，加快治理开发步伐，改善生态环境，建立扎根产业，彻底改变丘陵区的落后面貌，促进农业可持续发展，会议作出《决定》。

《决定》从丘陵区治理开发的指导思想；目标和任务；加强领导，完善政策，明确责任

等几个方面提出具体要求。

关于治理整顿鲁柏山云母矿山的决议

《关于治理整顿鲁柏山云母矿山的决议》(以下简称《决议》)，于1999年12月9日县十二届人民代表大会常务委员会第十六次会议通过。

鲁柏山云母矿是灵寿县云母矿的主要基地之一，曾为灵寿县经济发展和当地群众脱贫致富做出了一定的贡献。但是由于管理不善，矿山和矿区流域存在问题十分严峻。一是矿山乱挖滥采严重；二是地质环境恶化日趋严重；三是矿山安全形势十分严峻；四是税费流失严重。依法搞好矿山资源开发和管理，变资源优势为经济优势，会议作出《决议》。

《决定》从加强组织领导协调各部门密切配合、深入搞好宣传发动，让群众树立依法办矿的意识、坚持“统规划、科学布局、合理开采、综合利用”的方针统一配置和管理资源、加强执法队伍建设、加大执法力度等几个方面提出具体要求。

关于灵寿县国民经济和社会发展第十个五年规划纲要及纲要报告的决议

《关于灵寿县国民经济和社会发展第十个五年规划纲要及纲要报告的决议》(以下简称《决议》)，于2001年2月22日县第十二届人民代表大会第五次会议通过。

《灵寿县国民经济和社会发展第十个五年规划纲要》报告对灵寿县“九五”时期工作的回顾是实事求是的，提出的“十五”时期国民经济和社会发展的指导思想、目标任务和主要措施，体现了党的十五届五中全会精神，符合灵寿县的实际，反映了全县人民的愿望，是积极可行的，会议作出《决议》。

《决议》从县、乡政府要切实加强自身建设；认真贯彻依法治国的基本方略，推进政府工作法制化；积极稳妥地推进政府机构改革，进一步转变政府职能；大力弘扬求真务实、真抓实干的作风，努力建设廉洁、勤政、务实、高效的政府等几个方面提出具体要求。

第七章　选举任免

县十二届人大常委会坚持党管干部与依法选举任免相统一的原则，先后任免县级国家机关工作人员 183 名，补选市人大代表 2 名。县十二届人大常委会第八次会议修订了《灵寿县人大常委会人事任免和监督办法》，对任免范围、工作程序、辞职、撤职等事项的办理和任后监督进行了规范。对拟任命干部实行任前法律知识考试制度，对考试不合格的，常委会暂缓任命或不予任命。坚持任命前拟任命人员作候职报告制度，曾有 2 名同志因候职报告欠认真被暂缓任命。认真组织开展对被任命干部的述职评议，为提高述职评议的实效，不断改进评议的组织程序和方法，根据实际情况，研究确定评议对象，避免随意性；评议内容突出被评议人员依法行政、廉政建设、落实人民代表大会及其常委会决议决定以及自身业务情况，增强述职评议工作的针对性；扩大评议征求意见范围，广泛听取人大代表和被评议对象所在单位干部职工以及主管部门和上级有关部门的意见，充分发扬民主。圆满完成县人大和两次乡镇人大换届选举工作，2002 年乡镇人大换届选举工作受到市人大表彰。

第一节　常委会选举任免情况

1998 年 3 月 4 日，灵寿县第十二届人民代表大会常务委员会第一次会议，通过县人民政府相关人事任免事项。

决定免去：

孙全忠的灵寿县人民政府土地管理局局长职务

赵敬华的灵寿县人民政府乡镇企业局局长职务

张风山的灵寿县人民政府经贸局局长职务

马国云的灵寿县人民政府财政局局长职务

罗中锋的灵寿县人民政府建设环保局局长职务

崔金键的灵寿县人民政府信访局局长职务

决定任命：

何风山为灵寿县人民政府土地管理局局长

孙全忠为灵寿县人民政府财政局局长

赵敬华为灵寿县人民政府经贸局局长

任拴歌为灵寿县人民政府乡镇企业局局长
程润合为灵寿县人民政府建设环保局局长
张云平为灵寿县人民政府信访局局长

1998 年 4 月 28 日，灵寿县第十二届人民代表大会常务委员会第三次会议，通过县人民政府、县人民法院相关人事任免事项。

决定任命：

傅金生为灵寿县政府办公室主任
马正平为灵寿县计划局局长
柳玉华为灵寿县农业局局长
李庆祥为灵寿县教育局局长
杨恩喜为灵寿县科学技术局局长
秘皂保为灵寿县技术监督局局长
卢增朝为灵寿县民政局局长
刘兵锡为灵寿县劳人局局长
耿国秋为灵寿县监察局局长
孙昌军为灵寿县粮食局局长
闫景书为灵寿县商贸局局长
侯智为灵寿县司法局局长
张合香为灵寿县卫生局局长
史春雪为灵寿县计划生育局局长
胡拴祥为灵寿县审计局局长
刘昌生为灵寿县工商局局长
徐文华为灵寿县物价局局长
马小国为灵寿县交通局局长
李英祥为灵寿县扶贫办主任
张耀雷为灵寿县统计局局长
霍文慧为灵寿县广播电视局局长
冯荣昌为灵寿县文化局局长
赵香河为灵寿县旅游局局长
苗贵良为灵寿县档案局局长
刘振清为灵寿县林业局局长
吴风莲为灵寿县水利局局长
赵敬武为灵寿县畜牧局局长
张书勤为灵寿县农机局局长

王国义为灵寿县地矿局局长

任命：

雷春生为灵寿县人民法院副院长、审判委员会委员、正科级审判员

崔金键为灵寿县人民法院副院长、正科级审判员

1998年6月30日，灵寿县第十二届人民代表大会常务委员会第四次会议，通过县人民法院相关人事任免事项。

任命：

崔金键为灵寿县人民法院审判委员会委员

李新朝为灵寿县人民法院审判委员会委员

1998年12月12日，灵寿县第十二届人民代表大会常务委员会第七次会议，通过县人民政府相关人事任免事项。

决定免去：

张书勤的灵寿县农机局局长职务

1998年12月31日，灵寿县第十二届人民代表大会常务委员会第八次会议，通过县人民检察院相关人事任免事项。

任命：

董振林为灵寿县人民检察院副检察长、检察委员会委员

1999年3月18日，灵寿县第十二届人民代表大会常务委员会第九次会议，通过县人民法院相关人事任免事项。

免去：

窦顺昌的灵寿县人民法院经济庭庭长职务

王进才的灵寿县人民法院经济庭副庭长职务

白建刚的灵寿县人民法院塔上法庭庭长职务

曹云社的灵寿县人民法院岔头法庭庭长职务

任命：

吕振玉为灵寿县人民法院塔上法庭庭长

索来云为灵寿县人民法院岔头法庭庭长

李合文为灵寿县人民法院经济庭庭长

王进才为灵寿县人民法院行政庭副庭长

梁翠平为灵寿县人民法院青同法庭副庭长

曹祥海为灵寿县人民法院慈峪法庭副庭长

周书健为灵寿县人民法院城关法庭副庭长
李玉敏为灵寿县人民法院陈庄法庭副庭长
曹英芳为灵寿县人民法院经济庭副庭长
赵军国为灵寿县人民法院审判员
吴秀合为灵寿县人民法院审判员
尚庆敏为灵寿县人民法院审判员

1999 年 4 月 29 日，灵寿县第十二届人民代表大会常务委员会第十次会议，通过县人大常委会相关人事任免事项。

任命：

赵书梅为灵寿县人大常委会办公室副主任

1999 年 5 月 4 日，灵寿县第十二届人民代表大会常务委员会第十一次会议，通过县人民政府相关人事任免事项。

决定任命：

杜占贞为灵寿县人民政府副县长、代理县长
牛增录为灵寿县文化局局长
王吉功为灵寿县科学技术局局长
李玉林为灵寿县农机管理局局长

决定免去：

杨恩喜的灵寿县科学技术局局长职务

1999 年 7 月 8 日，灵寿县第十二届人民代表大会常务委员会第十二次会议，通过县人民政府、县人民法院相关人事任免事项。

决定任命：

史金元为灵寿县公安局局长

任命：

白建刚为灵寿县人民法院行政审判庭副庭长
曹云社为灵寿县人民法院民事审判庭副庭长

1999 年 9 月 8 日，灵寿县第十二届人民代表大会常务委员会第十三次会议，通过县人民政府、县人民检察院相关人事任免事项。

决定免去：

孙昌军的灵寿县粮食局局长职务

决定任命：

申振国为灵寿县粮食局局长

任命：

尹清江、张连峰、王淑惠、董淑庭、白吉智、付建灵为灵寿县人民检察院检察员

1999年12月28日，灵寿县第十二届人民代表大会常务委员会第十七次会议，通过县人民政府相关人事任免事项。

决定免去：

焦振良的灵寿县医药管理局局长职务

王国义的灵寿县地矿局局长职务

决定任命：

赵保群为灵寿县药品监督管理局局长

王雪山为灵寿县石材市场管理局局长

傅士君为灵寿县地矿局局长

2000年1月28日，灵寿县第十二届人民代表大会常务委员会第十八次会议，通过县人民政府相关人事任免事项。

决定免去：

周书芳的灵寿县人民政府副县长职务

彭占良的灵寿县人民政府副县长职务

决定任命：

毛全球为灵寿县人民政府副县长

2000年3月22日，灵寿县第十二届人民代表大会常务委员会第十九次会议，通过县人民法院相关人事任免事项。

任命：

王其海为灵寿县人民法院副院长

2000年8月22日，灵寿县第十二届人民代表大会常务委员会第二十一次会议，通过县人民法院相关人事任免事项。

决定撤销：

朱从义的灵寿县人民法院审判员职务

2000年9月20日，灵寿县第十二届人民代表大会常务委员会第二十二次会议，通过县人民政府相关人事任免事项。

决定任命：

毕更义为灵寿县人民政府副县长

决定免去：

霍文慧的灵寿县广播电视局局长职务

2000年11月15日，灵寿县第十二届人民代表大会常务委员会第二十三次会议，通过县人民政府、县人民法院、县人民检察院相关人事任免事项。

决定任命：

任宝山为灵寿县人民政府副县长

免去：

马青龙的灵寿县人民法院青同法庭庭长职务

刘兰卷的灵寿县人民法院民事庭庭长职务

吴昌庆的灵寿县人民法院执行庭副庭长职务

余平均的灵寿县人民法院执行庭庭长职务

李新朝的灵寿县人民法院城关法庭庭长职务

曹祥海的灵寿县人民法院慈峪法庭副庭长职务

罗银锁的灵寿县人民法院陈庄法庭庭长职务

李玉敏的灵寿县人民法院陈庄法庭副庭长职务

梁翠平的灵寿县人民法院青同法庭副庭长职务

马守良的灵寿县人民法院刑事庭副庭长职务

曹英芳的灵寿县人民法院经济庭副庭长职务

贾天增的灵寿县人民法院刑事庭庭长职务

任命：

马青龙为灵寿县人民法院民事庭庭长

吴昌庆为灵寿县人民法院执行庭庭长

罗银锁为灵寿县人民法院城关法庭庭长

李玉敏为灵寿县人民法院陈庄法庭庭长

曹祥海为灵寿县人民法院青同法庭副庭长

梁翠平为灵寿县人民法院慈峪法庭副庭长

马守良为灵寿县人民法院刑事庭庭长

曹英芳为灵寿县人民法院民事庭副庭长

任命：

何联社为灵寿县人民检察院检察员、检察委员会委员

齐进林为灵寿县人民检察院检察委员会委员

陈习忠为灵寿县人民检察院检察委员会委员

甄建堂为灵寿县人民检察院检察委员会委员

赵振朝为灵寿县人民检察院检察委员会委员

2001年4月12日，灵寿县第十二届人民代表大会常务委员会第二十六次会议，通过县人大常委会、县人民政府相关人事任免事项。

免去：

赵荣志的灵寿县人大常委会办公室主任职务

李树林的灵寿县人大常委会信访办公室主任职务

决定免去：

卢增朝的灵寿县民政局局长职务

程润和的灵寿县建设局局长职务

徐文华的灵寿县物价局局长职务

李英祥的灵寿县扶贫办主任职务

苗贵良的灵寿县档案局局长职务

决定任命：

卢增朝为灵寿县建设局局长

王进民为灵寿县民政局局长

霍文慧为灵寿县物价局局长

孙振山为灵寿县扶贫办主任

苏春英为灵寿县广播电视局局长

赵三敦为灵寿县环境保护局局长

2001年4月30日，灵寿县第十二届人民代表大会常务委员会第二十七次会议，通过县人民政府相关人事任免事项。

决定任命：

辛树英为灵寿县对外贸易经济合作局局长

2001年12月28日，灵寿县第十二届人民代表大会常务委员会第三十一次会议，通过县人民政府、县人民法院、县人民检察院相关人事任免事项。

决定免去：

赵香河的灵寿县旅游局局长职务

决定任命：

刘振清为灵寿县旅游局局长

任命：

张香莉、刘永芹、赵风英为灵寿县人民法院审判员

任命：

雷振丽、张瑞林、李山虎、武小玲、孙会丽为灵寿县人民检察院检察员

2002 年 1 月 23 日，灵寿县第十二届人民代表大会常务委员会第三十二次会议，通过县人民政府相关人事任免事项。

决定任命：

刘海生为灵寿县人民政府副县长、代理县长

2002 年 7 月 25 日，灵寿县第十二届人民代表大会常务委员会第三十五次会议，通过县人民政府、县人民检察院相关人事任免事项。

决定免去：

张合香的灵寿县卫生局局长职务

傅士君的灵寿县地矿局局长职务

何风山的灵寿县土地管理局局长职务

王雪山的灵寿县石材市场管理局局长职务

苏春英的灵寿县广播电视局局长职务

马正平的灵寿县计划局局长职务

胡拴祥的灵寿县审计局局长职务

张耀雷的灵寿县统计局局长职务

张云平的灵寿县信访局局长职务

刘兵锡的灵寿县劳动人事局局长职务

柳玉华的灵寿县农业局局长职务

任拴歌的灵寿县乡镇企业局局长职务

耿国秋的灵寿县监察局局长职务

闫景书的灵寿县商贸局局长职务

决定任命：

邢世民为灵寿县人民政府副县长

杨永香为灵寿县卫生局局长

张合香为灵寿县人事劳动和社会保障局局长

傅士君为灵寿县国土资源局局长

何风山为灵寿县审计局局长

雷祥林为灵寿县监察局局长

王雪山为灵寿县发展计划局局长

苏春英为灵寿县农业局局长

靳勤瑞为灵寿县统计局局长

任命：

李更祥为灵寿县人民检察院副检察长、检察委员会委员

2002 年 8 月 4 日，灵寿县第十二届人民代表大会常务委员会第三十六次会议，通过县人大常委会相关人事任免事项。

免去：

张昌国的灵寿县人大常委会选举任免代表工委副主任职务

李海军的灵寿县人大常委会办公室副主任职务

马民生的灵寿县人大常委会信访办公室副主任职务

马书勇的灵寿县人大常委会科教文卫工委副主任职务

张昌慧的灵寿县人大常委会政治法律工委副主任职务

刘二太的灵寿县人大常委会办公室副主任职务

袁振江的灵寿县人大常委会财政经济工委副主任职务

张进权的灵寿县人大常委会选举任免代表工委主任职务

王云霞的灵寿县人大常委会科教文卫工委主任职务

赵书梅的灵寿县人大常委会办公室副主任职务

任命：

张昌国为灵寿县人大常委会办公室主任

李海军为灵寿县人大常委会选举任免代表科科长

安国云为灵寿县人大常委会选举任免代表科副科长

聂风渠为灵寿县人大常委会政治法律科科长

马民生为灵寿县人大常委会政治法律科副科长

刘志林为灵寿县人大常委会财政经济科科长

马书勇为灵寿县人大常委会财政经济科副科长

张昌慧为灵寿县人大常委会科教文卫科科长

刘二太为灵寿县人大常委会科教文卫科副科长

袁振江为灵寿县人大常委会农村经济科科长

杨会军为灵寿县人大常委会农村经济科副科长

2002 年 10 月 23 日，灵寿县第十二届人民代表大会常务委员会第三十七次会议，通过县人民法院、县人民检察院相关人事任免事项。

免去：

刘德新的灵寿县人民法院副院长、审判委员会委员、正科级审判员职务

王秀竹的灵寿县人民法院副院长职务

孙景志的灵寿县人民法院副科级审判员职务

刘兰卷的灵寿县人民法院副科级审判员职务
高兵山的灵寿县人民法院副科级审判员职务
靳风川的灵寿县人民法院副科级审判员职务
窦顺昌的灵寿县人民法院副科级审判员职务

免去：

柳瑞真的灵寿县人民检察院副检察长、检察委员会委员、正科级检察员职务
王学廷的灵寿县人民检察院副科级检察员职务
王贵珍的灵寿县人民检察院副科级检察员职务
杨均平的灵寿县人民检察院副科级检察员职务
焦勤明的灵寿县人民检察院检察员职务
王庆正的灵寿县人民检察院检察员职务
季振秀的灵寿县人民检察院检察员职务
高振庆的灵寿县人民检察院检察员职务
辛明珍的灵寿县人民检察院检察员职务

2003 年 3 月 31 日，灵寿县第十二届人民代表大会常务委员会第三十九次会议，通过县人民政府相关人事任免事项。

决定任命：

王建海为灵寿县人民政府副县长、代县长

2003 年 4 月 22 日，灵寿县第十二届人民代表大会常务委员会第四十次会议，通过县人民政府、县人民检察院相关人事任免事项。

决定任命：

王韶华为灵寿县人民政府副县长

任命：

王振虎为灵寿县人民法院副院长、代院长
李新成为灵寿县人民检察院副检察长、代检察长

2003 年 4 月 25 日，灵寿县第十二届人民代表大会常务委员会第四十一次会议，通过县人民政府相关人事任免事项。

决定免去：

郝建英的灵寿县人民政府副县长职务
赵克林的灵寿县人民政府副县长职务
毕更义的灵寿县人民政府副县长职务

第二节　常委会接受辞职情况

1999 年 5 月 4 日，灵寿县第十二届人民代表大会常务委员会第十一次会议，接受王振卿辞去灵寿县人民政府县长职务。

2000 年 1 月 28 日，灵寿县第十二届人民代表大会常务委员会第十八次会议，接受周书芳、彭占良辞去灵寿县人民政府副县长职务。

2002 年 1 月 23 日，灵寿县第十二届人民代表大会常务委员会第三十二次会议，接受杜占贞辞去灵寿县人民政府县长职务。

2003 年 3 月 31 日，灵寿县第十二届人民代表大会常务委员会第三十九次会议，接受刘海生辞去灵寿县人民政府县长职务。

2003 年 4 月 22 日，灵寿县第十二届人民代表大会常务委员会第四十次会议，接受刘文平辞去灵寿县人民法院院长职务，接受刘东学辞去灵寿县人民检察院检察长职务。

2003 年 4 月 25 日，灵寿县第十二届人民代表大会常务委员会第四十一次会议，接受郝建英、赵克林、毕更义辞去灵寿县人民政府副县长职务。

第三节　述职评议

县第十二届人大常委会先后对县政府组成部门主要负责人进行述职评议。

1998 年 12 月，县人大常委会对十二届人大常委会决定任命的政府办公室主任、各局局长 1998 年工作情况进行述职评议。

县政府部门主要负责人述职评议名单

表 14-11

被评议人员	职务
傅金生	灵寿县政府办公室主任
马正平	灵寿县计划局局长
柳玉华	灵寿县农业局局长
李庆祥	灵寿县教育局局长
杨恩喜	灵寿县科学技术局局长
秘皂保	灵寿县技术监督局局长
卢增朝	灵寿县民政局局长
刘兵锡	灵寿县劳人局局长
耿国秋	灵寿县监察局局长

续表 14-11

被评议人员	职务
孙昌军	灵寿县粮食局局长
闫景书	灵寿县商贸局局长
侯　智	灵寿县司法局局长
张合香	灵寿县卫生局局长
史春雪	灵寿县计划生育局局长
胡拴祥	灵寿县审计局局长
刘昌生	灵寿县工商局局长
徐文华	灵寿县物价局局长
马小国	灵寿县交通局局长
李英祥	灵寿县扶贫办主任
张耀雷	灵寿县统计局局长
何风山	灵寿县土地管理局局长
孙全忠	灵寿县财政局局长
赵敬华	灵寿县经贸局局长
任拴歌	灵寿县乡镇企业局局长
程润和	灵寿县建设环保局局长
张云平	灵寿县信访局局长
霍文慧	灵寿县广播电视局局长
赵香河	灵寿县旅游局局长
苗贵良	灵寿县档案局局长
刘振清	灵寿县林业局局长
吴风莲	灵寿县水利局局长
赵敬武	灵寿县畜牧局局长
王国义	灵寿县地矿局局长

2000 年 1 月 7 日，县人大常委会对政府被任命干部 1999 年工作情况进行述职评议。人大常委会全体、十名市人大代表、十名县人大代表、各乡镇人大主席参加评议，县政府各县长列席会议。

县政府部门主要负责人述职评议名单

表 14-12

被评议人员	职务
傅金生	灵寿县政府办公室主任
马正平	灵寿县计划局局长

续表 14-12

被评议人员	职务
刘兵锡	灵寿县劳人局局长
张耀雷	灵寿县统计局局长
苗贵良	灵寿县档案局局长
冯建辰	灵寿县国税局局长
樊国平	灵寿县地税局局长
孙全忠	灵寿县财政局局长
申振国	灵寿县粮食局局长
闫景书	灵寿县商贸局局长
胡　祥	灵寿县审计局局长
李庆祥	灵寿县教育局局长
张合香	灵寿县卫生局局长
霍文慧	灵寿县广播电视局局长
王吉功	灵寿县科学技术局局长
牛增录	灵寿县文化局局长
柳玉华	灵寿县农业局局长
刘振清	灵寿县林业局局长
吴风莲	灵寿县水利局局长
赵敬武	灵寿县畜牧局局长
李玉林	灵寿县农机管理局局长
李英祥	灵寿县扶贫办主任
赵香河	灵寿县旅游局局长
耿国秋	灵寿县监察局局长
史金元	灵寿县公安局局长
侯　智	灵寿县司法局局长
卢增朝	灵寿县民政局局长
马小国	灵寿县交通局局长
程润合	灵寿县建设环保局局长
何风山	灵寿县土地管理局局长
张云平	灵寿县信访局局长
史春雪	灵寿县计划生育局局长
赵敬华	灵寿县经贸局局长
傅士君	灵寿县地矿局局长
任拴歌	灵寿县乡镇企业局局长
刘昌生	灵寿县工商局局长
徐文华	灵寿县物价局局长
秘皂保	灵寿县技术监督局局长
刘瑞珍	灵寿县电信局局长

第八章　机关工作

第一节　自身建设

县人大常委会坚持学习，完善制度，切实加强了常委会自身建设。

从加强学习，解放思想，整顿作风入手，用邓小平理论武装头脑、指导工作，各项工作坚持高标准、严要求，大力加强人大机关建设。常委会组织常委和机关工作人员坚持周五学习日制度，有针对性地学习法律法规，学习党的方针政策及相关业务知识。以开展“三讲”教育为契机，常委会领导班子集中开展了以“讲学习、讲政治、讲正气”为主要内容的党性党风教育和“三讲”教育回头看活动，常委会班子和机关精神面貌焕然一新。结合人大工作的实际，重点学习关于坚持和完善人民代表大会制度，民主与法制的一系列论述，学习了党的十五大和十五届三中、四中、五中、六中全会精神，统一思想，保证了正确的政治方向和正确的世界观、人生观、价值观。为增强学习效果，先后五次组织人大机关和有关部门开展了各种类型的法律知识竞赛，包括学习法律法规有奖问答一次，人民代表大会制度知识竞赛两次，增强了政策理论水平和法律知识水平。

严格执行民主集中制原则，1998 年 3 月 4 日县十二届人大常委会第一次会议修正《灵寿县人民代表大会常务委员会组成人员守则》，完善了议事规则，严格按法定程序办事，实现人大工作运行机制的规范化、制度化。集体行使职权，对重大问题实行少数服从多数，做到民主审议、民主监督、民主决策，变“一言堂”为“群言堂”。每次常委会审议的重大事项都先通知委员，对会议的议题深入调查研究。常委会上充分发扬民主，畅所欲言，各抒己见，集思广益。

加强制度建设，提高办事效率。为把常委会建设成团结、务实、廉洁、高效的机关，结合县人大机关工作实际，制定了会议考勤，值班、接待、财务、保卫、车辆管理等制度，加强组织纪律，反腐倡廉。先后修订和制定了常委会会议理事规则、常委会组成人员守则、常委会机关工作制度，对常委会会议的召开作了程序性的规定，对组成人员提出具体要求。各项制度的建立和遵守，保证了正常的工作秩序，调动了干部的积极性，为勤政廉政创造了条件。

加强后勤保障建设。县人大办公楼始建于 20 世纪 70 年代，年久失修，墙壁发黑，门窗破损严重。县人大常委会于 1998 年 3 月上旬，组织人员，对办公楼统一进行修补，粉刷，修门窗，调整住房，办公室和休息室分开，优化了办公环境。

第二节　宣传工作

县人大常委会积极探索，深入开展民主法制和人大制度宣传。加强人大宣传工作，拓宽宣传渠道，扩大宣传内容，改进宣传方式，增强人民代表大会制度和人大工作的宣传效果。

常委会于1998年6月举办了全县行政执法部门领导法律学习班。2000年全县组织开展了以农业法、土地管理法、村委会组织法、农民承担费用和劳务管理条例国家四部法律法规和土地承包管理条例、村集体财务管理条例、村务公开条例等省八项地方性法规为重点，以乡、村基层干部和基层执法人员为对象的农村法律法规集中宣传活动，通过发放宣讲教材，逐级培训宣传骨干，开展以案说法活动，组织专项检查督导等方式，促进了农村法律法规的普及和实施，提高了广大农村干部群众和基层执法人员的法律意识，推动了农村工作开展，被市人大授予农村法律法规宣传工作先进单位。

积极开展代表法颁布实施十周年“宣传月”活动，为代表依法行使民主权利创造良好的社会环境。先后五次组织人大机关和有关部门开展了各种类型的法律知识竞赛，包括学习法律法规有奖问答一次，人民代表大会制度知识竞赛两次。县第十二届人民代表大会常务委员会先后共在全国和省、市级报刊上发表人大工作方面稿件102篇，有5篇作品在市以上评比中获奖。在全市人大宣传信息工作评比中连续三年被评为先进单位。

第三节　信访工作

常委会把认真受理人民群众的来信来访和申诉、控告作为了解社情民意的窗口和保障人民合法权益的重要途径，坚持依法治访。1998年11月12日县人大常委会第六次会议通过受理人民群众申诉和意见的实施办法，制定了主任接待，批办、督办和信访案件督办卡制度。累计接待来信来访217起，426人次，办理98件次，督办交办62件次。经耐心思想工作和法制宣传教育，息访34件。灵寿县人大信访工作得到市人大的充分肯定，被评为先进。

人大常委会多措并举加大人大信访工作力度，一是坚持和不断完善人大常委会信访接待日制度，明确每周由一名主任挂牌接待信访案件；二是聘请50名县乡人大代表及各界代表人员，作为人大信访网络员，提高了人大信访工作的质量和水平；三是坚持走下去，现场办公。人大常委会按照县委的统一部署，由主任、副主任带队派出工作组分乡包村，进村入户，认真处理信访案件；四是专门听取和审议法院办理重要信访案件情况的报告，加强对信件的督办工作。

第四节　基层民主政治建设

县人大常委会不断研究基层民主政治建设的新情况、新问题，经常深入乡镇和农村，了解基层民主政治建设的新动向，并加强指导，促进基层民主政治建设的顺利开展。在县委的领导下，常委会及时安排部署，深入乡镇进行检查指导，保证了两次乡镇人大换届选举工作的顺利进行，2002 年乡镇人大换届选举工作受到市人大表彰。

加强基层政权建设和民主法制建设。一是认真做好《河北省乡镇人民代表大会条例》的学习贯彻，各乡镇按照条例的规定，重新选举了人大主席团，健全了组织机构；二是各乡镇人大相继制定乡镇主席团议事规则、代表联系选民等十项制度，使乡镇人大工作有章可循，克服了工作中的随意性；三是在县人大指导下，各乡镇人大通过组织人大代表视察、调查、评议、开展代表议政日等活动，有效地行使了法律赋予的职权，实施有效监督，促进了基层民主政治建设和政府工作。四是依法指导第五届村委会换届选举工作。常委会联合县委、县政府有关部门制定方案，广泛宣传、分类指导、解答疑难，保证了换届选举的顺利进行。

加强乡镇人大和村民自治组织建设。常委会认真研究基层民主发展的新思路，总结推广经验，促进了基层民主政治建设的发展。1998 年实行乡镇人大主席例会制度，通过集中人大主席定期开会，及时听取他们的意见和建议，学习有关法律政策，相互交流工作经验，提高工作水平，做到了对乡镇人大工作有安排、有验收。不断指导村民代表会健全各种规章制度，推进农村政务公开、民主理财，促进了农村经济发展和小康建设，稳定了农村社会秩序。

第 十 五 篇

灵寿县第十三届人民代表大会

（2003 年 4 月至 2007 年 4 月）

第五十章

[illegible]

[illegible]

第一章　党的领导

灵寿县第十三届人民代表大会及其常务委员会，高举邓小平理论和“三个代表”重要思想伟大旗帜，深入贯彻党的十六大精神，坚持以科学发展观统领人大工作全局，紧紧围绕党委的中心任务开展人大工作，始终把党的领导贯穿于人大工作各方面。

2007年1月19日，县委九届第十八次常委会审议县人大常委会党组《关于县乡两级人民代表大会同步换届选举的安排意见》；2007年1月29日，县委批转县人大常委会党组《关于县、乡两级人民代表大会同步换届选举工作的意见》；2007年3月8日，县委九届第二十二次常委会审议县人大常委会党组提交的县十四届人大代表候选人酝酿情况及名单；2007年4月2日，县委九届第二十四次常委会讨论决定县人大、政府、政协换届人事安排，讨论决定县人大、政府换届选举差额人选。

县人大常委会党组坚持向县委请示报告制度。县人大常委会开展的重要工作和重要活动，以及对重大问题作出决议、决定，都事先向县委请示；在行使职权中遇到问题，及时向县委汇报。

2005年4月20日，县人大常委会党组召开专题民主生活会，深入开展保持共产党员先进性教育活动，进一步加强常委会党组领导班子成员党性修养，不断提高执政能力。

党的组织机构

中共灵寿县人大常委会党组

书　记：罗华远（2003年4月—2007年4月）

副书记：宋　贲（2003年4月—2007年4月）

　　　　吴和韵（2003年4月—2007年4月）

成　员：傅金生（2003年4月—2007年4月）

　　　　张昌国（2003年6月—2004年4月）

第二章　人大代表

灵寿县第十三届人民代表大会常务委员会建立了省、市、县、乡镇四级人大代表“梯形联系网络”，坚持集中走访代表制度和常委会主任定期接待代表制度。充分发挥代表主体作用，认真办理代表意见、建议，积极组织闭会期间代表活动，促进了全县经济社会的发展。

第一节　选举产生

一、灵寿县第十三届人民代表大会代表的选举产生

河北省九届人大常委会第二十九次会议确定灵寿县第十三届人民代表大会的代表名额为192名。人大换届选举工作从2003年2月19日开始，县成立选举委员会，主持全县人民代表大会代表的选举。选举委员会由十一人组成。主任由县委书记王春良担任；副主任由县委副书记、县长刘海生，县委副书记门秀敏，县委副书记、纪检书记任建忠，县人大常委会主任罗华远担任；县委常委、宣传部部长吴和韵，县委常委、组织部部长贾建英，县委常委、县委办公室主任苏志超，县人大常委会副主任宋赍、傅连英、康二中为成员。按照宪法、选举法、地方组织法和灵寿县人大常委会《关于县人民代表大会换届选举工作实施方案》的有关规定，经过选区划分、分配名额、选民登记、提出初步候选人、确定正式候选人等法定阶段，2003年3月25日，县直各选区和各乡镇选区，依法选举产生县第十三届人民代表大会代表186名。之后，有4名代表调离灵寿县行政区域，其代表资格终止。根据选举法的有关规定，依法补选了10名县人大代表。灵寿县第十三届人民代表大会实有代表192名。经县十二届人大常委会代表资格审查委员会审查，并经县十二届人大常委会第四十次会议通过，确定192名代表的选举符合法律规定，代表资格全部有效。

在当选的192名代表中，农村代表138名，占72%；县直代表54名，占28%；非共产党员占36.7%；妇女占24.8%；连任代表58名，占30%；大专以上文化程度79名，占41%，中专（含高中）72名，占37.5%，初中以下41名，占21.5%；代表平均年龄45岁。

二、灵寿县出席石家庄市第十一届人民代表大会代表的选举产生

根据市换届工作会议精神和市代表名额分配方案，灵寿县分配市十一届人大代表名额

17 名。2003 年 1 月 24 日，灵寿县第十二届人民代表大会第七次会议选举产生出席石家庄市十一届人大代表 17 名。其中，市直参选代表 4 名，工农类代表 8 名，干部类代表 4 名，知识分子类代表 1 名。非中共党员代表 6 人，妇女代表 4 人，少数民族代表 3 人。

第二节　代表名单

一、灵寿县第十三届人民代表大会代表名单

县直代表团

刘海生	罗华远	王建海	彭占良
任建忠	王韶华	贾建英	傅连英（女）
宋　赍	康二中	孙全忠	王振虎
李新成	闫国平	张玉刚	杨二明
张合香	樊国平	刘林海	赵振海
苏春英	傅士君	张建军	卢增朝
程永义	李喜明	黄保永	张立军
申君亮	张文艺	张彦玲（女）	

灵寿镇代表团

张寿林	吴和韵	马进伟	程红旗
苏振菊（女）	彭罗智	侯书英（女）	李泉永
雷华敏	苏志杰	马承龙	雷洛五
郝玉芳	马合云	付红海	郑荣菊（女）
罗书明	王银锁	韩春昌	李新卯
孟军辉	吕喜珍（女）		

三圣院乡代表团

郝建英（女）	刘新强	刘明华	张昌国
郭吉兰（女）	焦二贞	柳　乐	朱书亭
米迎春	罗锁成	赵荣丽（女）	张三定

北洼乡代表团

刘志忠	刘挪平	张昌慧（女）	梁红林
孙新妮	王秀芹	杜金荣（女）	吕书文

郑五辰	付连梅（女）		

牛城乡代表团

江文辉	周俊平	侯国秀（女）	赵合姐（女）
贡美辰	刘梅菊（女）	刘书平	贺国辰
崔书芹	郎梅兰（女）	赵均云	单梅花（女）

狗台乡代表团

杜书云	祁昌军	袁振江	尹喜瑞
李年发	郭专屋	周小寒（女）	马风辰
薛秀荣（女）	程红福		

南寨乡代表团

崔学辉	祁二来	马书勇	夏永革
张兰决	彭秀英（女）	王梅芳	王小贞（女）

青同镇代表团

刘英江	张增珍	肖光武	尹华书
杨喜辰	杨全社	王振山	赵春霞（女）
白书祥	白合庆	秦六英（女）	白同山

塔上镇代表团

赵军华	赵金忠	聂风渠	赵昌山
张焕芹（女）	刘金发	贾风和	

慈峪镇代表团

赵国强	祁建国	王进民	贾秋忙
王留根	程风亮	高平均	司焕珍（女）
于开会	侯景海	孙成梅（女）	孙玉果（女）
尹新朝	李建国	李二锁	刘二春
刘新妮			

谭庄乡代表团

傅金生	路建明	杨翠祥	高美芹（女）
李刚妮	雪　峰	杨老模	

燕川乡代表团

李学忠	刘荣军	王雪山	刘同云
孙大宝	罗春祥	孙银菊（女）	

岔头镇代表团

韩业丰	王拴军	杨建山	刘进才
周明会	董付生	孙书兰（女）	白三小
赵二小			

陈庄镇代表团

王　浩	李元清（女）	安国云	王闯街
张汉魁	周平均	周英利（女）	付三牛
张万庭	赵风瑞（女）	陈化合	魏海生
孙友杰			

寨头乡代表团

李国芳	赵金芳	刘志林	张　平
郑闯街	郑树青	何二庆	秦秋枝（女）

南营乡代表团

梁风斌	赵恩锁	李海军	王书梅
路还乡	王连英（女）	李学明	

县十三届人大代表届中调整情况表

表 15-1

常委会会议	终止情况	补选情况
2004 年 2 月 7 日第七次会议	调离：刘林海 去世：尹喜瑞	雷振峰、张瑞彦
2005 年 1 月 18 日第十四次会议	调离：樊国平 去世：王秀芹	刘占军、王金忠、刘文忠

二、灵寿县出席石家庄市第十一届人民代表大会代表名单

马小国	王金忠	王春良	司追角
刘合芳	刘红山	刘林平（女）	刘海生
安翠英（女）	李天印	李书花（女）	杨小梅
杨志辉	宋建设	张香莉（女）	罗华远
褚明海（回族）			

届中调整情况：

2003年12月24日，县十三届人大常委会第六次会议接受王春良、刘林平辞去石家庄市第十一届人民代表大会代表职务，补选王建海为石家庄市第十一届人民代表大会代表。

第三节　代表工作

一、为代表执行职务创造条件

建立省、市、县、乡镇四级人大代表“梯形联系网络”，坚持集中走访代表制度和常委会主任定期接待代表制度；督促“一府两院”向代表通报主要工作，为代表知情参政创造条件。常委会组成人员结合调研活动、中心工作、建议督办等活动，进村上门，了解代表的生活、工作和意见、建议。在农技服务、济困扶贫、专家义诊等活动中，充分发挥人大代表能动性和创造性作用。通过县选举的市人大代表与省九三学社建立了友好协作关系，为灵寿县提供多项技术服务。为本县贫困村玉泉庄捐献扶贫物资，扶持致富项目，争取扶贫资金6万元，两次组织专家到山区义诊。

二、加强代表培训工作，提高代表履职能力

开展“国徽在心、责任在身”活动，强化代表责任意识。对选出的市人大代表及部分县人大代表进行培训。组织县人大代表参加省、市人大举办的《中华人民共和国行政许可法》知识讲座。为代表订阅或赠送人大刊物和其他学习资料。

三、强化代表实践活动，搭建代表履职平台

围绕县人代会和人大常委会议题及人民群众关注的热点问题，认真组织代表开展闭会期间的视察、检查活动，安排代表参加县人大常委会及有关部门组织的座谈会、听证会、行风评议等活动，拓宽代表执行职务的渠道。与市人大常委会代表部门联系，组织驻县市人大代表开展跨行政区域视察，视察栾城县重点项目建设及城市建设。

四、代表议案、建议办理

坚持以 100% 办复率为督办目标，通过认真收集、汇总、研究分析代表提出的议案、意见、建议，及时召开集中交办会，适时走访代表，规范答复文件的备案、归档等工作，使代表意见、建议基本得到回复。坚持重点督办制度，每年常委会选择可操作性强的意见、建议进行重点督办，跟踪落实，逐步解决一些难点、热点问题。坚持代表参与督办制度，代表参与现场办理，有关部门现场向代表介绍建议办理落实方案或做好法律、政策、县情的解释工作，加强代表与部门的交流和沟通。共收到代表意见、建议 312 件，办理 281 件。

（一）代表议案办理情况

县十三届人大一次会议，收到代表提出的议案 14 件，会议期间正值“非典”蔓延的非常时期，由于会期缩短未能在会议期间审议表决。大会主席团决定授权新一届县人大常委会对代表议案、建议进行审议处理。经大会议案审查委员会对代表提出的 14 件议案逐件进行审议，在这些议案中，张汉魁等 10 名代表提出的“关于把抗大二分校纪念馆收回集体的议案”和祁昌军等 10 名代表提出的“关于县财政给各乡镇人大拨经费的议案”不符合国家的有关政策规定，不能作为议案和建议处理；剩余 12 件议案转为重点建议、批评和意见。

县十三届人大二次会议，收到议案 15 件，经大会主席团研究决定全部转为重点建议、批评和意见。

县十三届人大三次会议，收到议案 3 件，经大会主席团研究决定全部转为重点建议、批评和意见。

县十三届人大四次会议，收到议案 2 件，经议案审查委员会审查，提出以下处理意见：建议将苏振菊等 10 名代表提出的“关于县城集中供热的议案”，会后交人大常委会有关科室进一步调查论证提出意见，再由县人大常委会审议决定。建议将王闯街等 10 名代表提出的“关于代课教师工资过低的问题的议案”作为意见处理。

（二）代表建议办理情况

县十三届人大一次会议，收到建议批评意见 86 件（包括由议案转为建议意见的 12 件），其中，农业方面的 16 件，城建、电力、通信方面的 32 件，财税方面的 6 件，环保方面的 8 件，教科文卫方面的 18 件，司法方面的 5 件，其他方面的 2 件，这些建议意见属政府及有关部门办理的 85 件，属法院办理的 1 件，2003 年 12 月 24 日，县十三届人大常委会第六次会议听取和审议县政府关于办理代表建议批评和意见情况的报告，代表满意率为 85%。

县十三届人大二次会议，收到代表建议 94 件，其中，涉及城建、交通、环保、矿产方面的 36 件，占 38.3%；农林水牧方面的 17 件，占 18.1%，科教文卫方面的 25 件，占 26.6%；其他方面的 16 件，占 17%。代表们对办理结果满意率 90% 以上。

县十三届人大三次会议，收到代表建议、批评意见 63 件，其中，涉及交通、环保方面的 22 件，农林水利方面的 13 件，科教文卫方面的 8 件，工商财贸方面的 4 件，其他方面的 16 件。代表们对办理结果满意率 85% 以上。

县十三届人大四次会议，收到代表意见、建议 71 件，其中，涉及交通、环保方面的 17 件，农林水利方面的 12 件，科教文卫方面的 10 件，工商财贸方面的 4 件，其他方面的 28 件。按时办复率 98%，代表们对办理结果满意率 92% 以上。

县十三届人大历年重点督办代表建议情况一览表

表 15-2

年度	建议内容
2004 年	关于制定发展民营经济企业优惠政策的建议；关于卫水河——同下段河道污染的建议；关于公路建设方面的建议；关于尽快启动鲁柏山云母矿和加强矿业安全管理的建议；关于农村电视村村通建设的建议；关于退耕还林水利配套设施及落实退耕还林政策的建议；关于解决党家庄、西孙楼、东孙楼河滩与行唐划界问题的建议；关于改善青同镇政府办公条件的建议；关于乡镇拖欠债务亟待解决的建议；关于解决乡镇人大代表活动经费的建议
2005 年	关于扶持养殖业发展，促进农民增收的建议；关于生态文明村建设问题的建议；关于治理破坏荒山，打击无证采矿行为，确保人民群众财产安全的建议；关于石材行业污染治理的建议；关于加强林业技术培训和管理的建议；关于乡村公路建设问题的建议
2006 年	关于生态文明村建设的建议；关于治理出租车市场，规范出租车行业问题的建议；关于政府加强对石材业资金扶持力度的建议；关于全县石材加工废渣污染问题的建议；关于加大投入提高科学防范水平、维护县城稳定的建议；关于对矿山私采滥挖综合治理的建议；关于“退耕还林”的建议

第三章 人民代表大会

灵寿县第十三届人民代表大会任期4年，自2003年4月至2007年4月，共召开4次会议。

县十三届人大历次会议概况表

表15-3

会次	会议日期	议题（项）	听取报告（个）	决议决定（项）	选举表决（项）
第一次	2003年4月26日至27日	10	6	6	4
第二次	2004年2月17日至19日	6	6	6	—
第三次	2005年2月19日至21日	7	6	6	1
第四次	2006年3月1日至3日	7	6	7	—

第一节 会议概况

一、县十三届人大一次会议

2003年4月26日至27日，县十三届人大一次会议在县电影院召开，出席代表188人（应到192人）。会议听取和审议县人民政府代县长王建海作的《灵寿县人民政府工作报告》；听取和审议县发展计划局局长王雪山作的《灵寿县2002年国民经济和社会发展计划执行情况与2003年国民经济和社会发展计划草案的报告》，审查了灵寿县2002年国民经济和社会发展计划执行情况的报告与2003年国民经济和社会发展计划草案；听取和审议县财政局局长孙全忠作的《灵寿县2002年财政预算执行情况和2003年财政预算草案的报告》，审查了灵寿县2002年财政预算执行情况的报告和2003年财政预算草案；听取和审议县人大常委会主任罗华远作的《灵寿县人民代表大会常务委员会工作报告》、县人民法院代院长王振虎作的《灵寿县人民法院工作报告》、县人民检察院代检察长李新成作的《灵寿县人民检察院工作报告》。会议通过相应决议。会议选举产生县十三届人大常委会组成人员，县人民政府县长、副县长，县人民法院院长，县人民检察院检察长（名单见本章第二节《会议选举》）。

这次会议，是在全县人民深入学习贯彻党的十六大精神，全面建设小康社会，加快推进社会主义现代化建设新的发展阶段召开的。会议审议批准了政府工作报告和其他报告，选举了新一届县级国家机关的领导人员，为在新世纪新阶段加快推进全县现代化建设提供了重要组织保证。会议指出，要紧紧围绕全面建设小康社会总体目标，把发展作为第一要务，进一步调整产业结构，做大做强生态农业、石材、旅游三大主导产业，促进结构优化升级、经济快速协调发展。围绕山区开发和退耕还林两大工程培育特色产业，积极推进生态高效农业发展和农业产业化进程，稳定增加农民收入。按照农村工业化、农村城镇化的要求，加快产业布局调整。加大国有企业改革力度，走新型工业化路子。扶持发展民营经济，扩大重点行业规模。健全现代化市场体系，以现代化大流通带动经济快速发展。把抓项目、增投入作为经济工作的重中之重，搞好重大项目的谋划和建设，营造经济增长的新亮点。会议强调，全县要以邓小平理论和“三个代表”重要思想为指导，认真贯彻落实党的十六大精神，树正气、讲团结、求发展，以全面建设小康社会统揽工作全局，以结构调整为主线，以扩大开放和体制创新为动力，正确处理改革、发展、稳定的关系，实现国民经济持续快速健康发展和社会全面进步。

二、县十三届人大二次会议

2004 年 2 月 17 日至 19 日，县十三届人大二次会议在县电影院召开，出席代表 188 人（应到 192 人）。会议听取和审议县人民政府县长王建海作的《灵寿县人民政府工作报告》；听取和审议县发展计划局局长王雪山作的《灵寿县 2003 年国民经济和社会发展计划执行情况与 2004 年国民经济和社会发展计划草案的报告》，审查了灵寿县 2003 年国民经济和社会发展计划执行情况的报告与 2004 年国民经济和社会发展计划草案；听取和审议县财政局局长杜风龙作的《灵寿县 2003 年财政预算执行情况和 2004 年财政预算草案的报告》，审查了灵寿县 2003 年财政预算执行情况的报告和 2004 年财政预算草案；听取和审议县人大常委会主任罗华远作的《灵寿县人民代表大会常务委员会工作报告》、县人民法院院长王振虎作的《灵寿县人民法院工作报告》、县人民检察院检察长李新成作的《灵寿县人民检察院工作报告》。会议通过相应决议。

这次会议，是在全县深入学习贯彻党的十六大和十六届三中全会精神，推进物质文明、政治文明和精神文明协调发展的新形势下召开的。会议指出，2004 年是全面落实党的十六大和十六届三中全会精神，深化改革、扩大开放、促进发展的重要一年。全县要坚持以人为本，树立全面、协调、可持续的科学发展观和全心全意为人民服务的政绩观，把握机遇，突出结构调整，实施“龙虎计划”，壮大三大产业，振兴民营经济，深化各项改革，推进依法行政，维护社会稳定，建设“三个文明”。会议强调，全县要以邓小平理论和“三个代表”重要思想为指导，全面贯彻党的十六大、十六届三中全会和县委八届三次全会精神，坚持“改革、管理、规范、提高”方针，紧紧围绕摆脱贫困和全面建设小康社会的战略目标，树正气、讲团结、求发展，万众一心，艰苦奋斗，解放思想，开拓创新，全面开创灵寿改革开放和现代化建设事业新局面。

三、县十三届人大三次会议

2005年2月19日至21日，县十三届人大三次会议在县招待所召开。出席会议的代表189名（应到192名）。会议听取和审议县人民政府县长王建海作的《灵寿县人民政府工作报告》；听取和审议县发展计划局局长赵鸿浩作的《关于灵寿县2004年国民经济和社会发展计划执行情况与2005年国民经济和社会发展计划（草案）的报告》，审查了灵寿县2004年国民经济和社会发展计划执行情况的报告与2005年国民经济和社会发展计划草案；听取和审议县财政局局长杜风龙作的《关于灵寿县2004年财政预算执行情况和2005年财政预算草案的报告》，审查了灵寿县2004年财政预算执行情况的报告和2005年财政预算草案。听取和审议县人大常委会主任罗华远作的《灵寿县人民代表大会常务委员会工作报告》、县人民法院院长王振虎作的《灵寿县人民法院工作报告》、县人民检察院检察长李新成作的《灵寿县人民检察院工作报告》。会议通过相应决议。会议选举产生1名县人大常务委员会副主任（名单见本章第二节《会议选举》）。

会议指出，2005年是全面实现“十五”计划，顺利衔接“十一五”发展的重要一年。会议强调，全县要高举邓小平理论和“三个代表”重要思想伟大旗帜，深入贯彻党的十六届四中全会和县委八届五次全会精神，树立科学发展观和正确政绩观，坚持以人为本，统筹兼顾，继续实施六大战略措施，推动三个转变。继续实施“龙虎”计划，做大做强三大产业，全面提升重点企业和龙头产业对经济的贡献率。继续坚持改革开放，加大招商引资力度，寻找新的工业支柱，积累经济发展后劲，壮大县域经济综合实力。提高执政能力，建设诚信政府，着力解决关系群众切身利益的突出问题，实现三个确保，构建和谐灵寿，努力推动经济和各项社会事业全面协调健康发展。

四、县十三届人大四次会议

2006年3月1日至3日，县十三届人大四次会议在县电力会堂召开。出席代表185名（应到200名）。会议听取和审议县人民政府县长王建海作的《灵寿县人民政府工作报告》；审议《灵寿县国民经济和社会发展第十一个五年规划纲要（草案）》及其说明，审查了灵寿县国民经济和社会发展第十一个五年规划纲要；审议《关于灵寿县2005年国民经济和社会发展计划执行情况与2006年国民经济和社会发展计划（草案）的报告》，审查了灵寿县2005年国民经济和社会发展计划执行情况的报告与2006年国民经济和社会发展计划草案；审议《关于灵寿县2005年财政预算执行情况和2006年财政预算草案的报告》，审查了灵寿县2005年财政预算执行情况的报告和2006年财政预算草案。听取和审议县人大常委会主任罗华远作的《灵寿县人民代表大会常务委员会工作报告》、县人民法院院长王振虎作的《灵寿县人民法院工作报告》、县人民检察院检察长李新成作的《灵寿县人民检察院工作报告》。会议通过相应决议。

会议指出，2006 年是“十一五”规划的开局之年，做好当年工作意义重大。会议强调，要以邓小平理论和“三个代表”重要思想为指导，认真贯彻党的十六大、十六届五中全会和县委八届六次全会精神，全面落实科学发展观，牢固树立正确政绩观，围绕经济建设这个中心，牢牢把握经济结构调整和增长方式转变这条主线，继续实施“龙虎”计划，突出项目建设、壮大特色产业，优化发展环境，扩大对外开放，发展社会事业，努力构建和谐社会，大力推进社会主义新农村建设，全力维护社会稳定，促进社会主义物质文明、政治文明和精神文明协调发展，为完成“经济转型、地区开放、脱贫小康”三大历史任务，加快灵寿县经济社会全面发展而努力奋斗。

第二节　会议选举

县人大常委会

主　任：

罗华远　　2003 年 4 月县十三届人大一次会议当选

副主任：

宋　赍　　2003 年 4 月县十三届人大一次会议当选

吴和韵　　2003 年 4 月县十三届人大一次会议当选

康二中　　2003 年 4 月县十三届人大一次会议当选

傅金生　　2003 年 4 月县十三届人大一次会议当选

刘占军　　2005 年 2 月县十三届人大三次会议当选

届中调整情况：

康二中，2005 年 1 月 18 日，在县十三届人大常委会第十四次会议上辞去县人大常委会副主任职务。

委　员（县十三届人大一次会议选举产生）

刘志林	苏振菊（女）	李海军	张玉刚
张立军	张昌国	张昌慧（女）	赵昌山
侯书英（女）	侯国秀（女）	袁振江	聂风渠
彭罗智	雷华敏		

县人民政府

县　长：

王建海　　2003 年 4 月县十三届人大一次会议当选

副县长：

王韶华　　2003 年 4 月县十三届人大一次会议当选

马国云　　　2003 年 4 月县十三届人大一次会议当选
马建彬　　　2003 年 4 月县十三届人大一次会议当选
任保山　　　2003 年 4 月县十三届人大一次会议当选
邢世民　　　2003 年 4 月县十三届人大一次会议当选
彭敬捷（女）2003 年 4 月县十三届人大一次会议当选

届中调整情况：

卓徐龙，2004 年 3 月 18 日，县十三届人大常委会第八次会议决定任命其为灵寿县人民政府副县长。

任保山，2005 年 1 月 18 日，县十三届人大常委会第十四次会议决定免去其灵寿县人民政府副县长职务。

康二中，2005 年 1 月 18 日，县十三届人大常委会第十四次会议决定任命其为灵寿县人民政府副县长。

孙　震，2005 年 9 月 28 日，县十三届人大常委会第十七次会议决定任命其为灵寿县人民政府副县长；2006 年 11 月 15 日，县十三届人大常委会第二十五次会议决定免去其灵寿县人民政府副县长职务。

马国云，2006 年 6 月 8 日，县十三届人大常委会第二十二次会议决定免去其灵寿县人民政府副县长职务。

马建彬，2006 年 6 月 8 日，县十三届人大常委会第二十二次会议决定免去其灵寿县人民政府副县长职务。

彭敬捷，2006 年 6 月 8 日，县十三届人大常委会第二十二次会议决定免去其灵寿县人民政府副县长职务。

左国方，2006 年 6 月 8 日，县十三届人大常委会第二十二次会议决定任命其为灵寿县人民政府副县长。

周二焕，2006 年 6 月 8 日，县十三届人大常委会第二十二次会议决定任命其为灵寿县人民政府副县长。

于燕红，2006 年 8 月 1 日，县十三届人大常委会第二十四次会议决定任命其为灵寿县人民政府副县长。

张广伟，2006 年 11 月 15 日，县十三届人大常委会第二十五次会议决定任命其为灵寿县人民政府副县长（挂职）。

县人民法院

院　长：

王振虎　　　2003 年 4 月县十三届人大一次会议当选

届中调整情况：

王振虎，2007 年 4 月 11 日，在县十三届人大常委会第二十七次会议上辞去县人民法院院长职务。

县人民检察院

检察长：

李新成　　2003 年 4 月县十三届人大一次会议当选

届中调整情况：

李新成，2007 年 4 月 11 日，在县十三届人大常委会第二十七次会议上辞去县人民检察院检察长职务。

链接：县十三届人大常委会主任简历

罗华远，男，1948 年 8 月出生，汉族，中共党员，河北灵寿人，大专。灵寿县南寨公社协助员；解放军山西晋南军分区战士；解放军邯郸军分区公务班班长；河北省邱县武装部动员科参谋；行唐县武装部动员科参谋；行唐县武装部动员科科长；灵寿县武装部动员科科长；灵寿县武装部副部长、部长；灵寿县委常委、武装部政委；灵寿县委副书记；灵寿县十三届人大常委会主任、党组书记。

第三节　会议组织

一、县十三届人大一次会议

（一）大会临时党委

书　记：刘海生

副书记：罗华远　王建海　彭占良　张寿林　任建忠　贾建英

（二）大会主席团和秘书长

主席团：

王建海	王韶华	任建忠	刘志林
刘海生	苏振菊（女）	李海军	吴和韵
宋　贲	张玉刚	张立军	张寿林
张昌国	张昌慧（女）	罗华远	赵昌山
郝建英（女）	侯书英（女）	侯国秀（女）	袁振江
聂风渠	贾建英	康二中	彭占良
彭罗智	傅连英（女）	傅金生	雷华敏

秘书长：宋　贲（兼）

（三）大会主席团常务主席

刘海生	罗华远	王建海	郝建英（女）
彭占良	张寿林	任建忠	宋　贲

吴和韵　　康二中　　傅金生

（四）大会议案审查委员会

主 任 委 员：宋　贲

副主任委员：李海军

委　　员：

张玉刚　　张昌慧（女）　　侯国秀（女）　　彭罗智

安国云

二、县十三届人大二次会议

（一）大会临时党委

书　记：刘海生

副书记：

罗华远　　王建海　　彭占良　　张寿林

任建忠

（二）大会主席团和秘书长

主席团：

王建海　　王韶华　　任建忠　　刘志林

刘海生　　苏振菊（女）　　李海军　　吴和韵

宋　贲　　张玉刚　　张立军　　张寿林

张昌国　　张昌慧（女）　　罗华远　　赵昌山

郝建英（女）　　侯书英（女）　　侯国秀（女）　　袁振江

聂风渠　　贾建英　　康二中　　彭占良

彭罗智　　傅连英（女）　　傅金生　　雷华敏

秘书长：宋　贲（兼）

（三）大会主席团常务主席

刘海生　　罗华远　　王建海　　郝建英（女）

彭占良　　张寿林　　任建忠　　宋　贲

吴和韵　　康二中　　傅金生

（四）大会议案审查委员会

主 任 委 员：吴和韵

副主任委员：李海军

委　　员：

张玉刚　　张昌慧（女）　　侯国秀（女）　　彭罗智

安国云

三、县十三届人大三次会议

（一）大会临时党委

书　记：刘海生

副书记：

罗华远	王建海	彭占良	张寿林
任建忠			

（二）大会主席团和秘书长

主席团：

王建海	王韶华	任建忠	刘占军
刘志林	刘海生	苏振菊（女）	李海军
吴和韵	宋　赍	张玉刚	张立军
张寿林	张昌国	张昌慧（女）	罗华远
赵昌山	郝建英（女）	侯书英（女）	侯国秀（女）
袁振江	聂风渠	贾建英	彭占良
彭罗智	傅连英（女）	傅金生	雷华敏

秘书长：宋　赍（兼）

（三）大会主席团常务主席

刘海生	罗华远	王建海	郝建英（女）
彭占良	张寿林	任建忠	宋　赍
吴和韵	傅金生	刘占军	

（四）大会议案审查委员会

主 任 委 员：吴和韵

副主任委员：李海军

委　　　员：

袁振江	张玉刚	张昌慧（女）	侯国秀（女）
彭罗智			

四、县十三届人大四次会议

（一）大会临时党委

书　记：刘海生

副书记：

罗华远	王建海	彭占良	张寿林
任建忠			

（二）大会主席团和秘书长

主席团：

王建海	王韶华	任建忠	刘占军
刘志林	刘海生	苏振菊（女）	李海军
吴和韵	宋　贲	张玉刚	张立军
张寿林	张昌国	张昌慧（女）	罗华远
赵昌山	郝建英（女）	侯书英（女）	侯国秀（女）
袁振江	聂风渠	贾建英	彭占良
彭罗智	傅连英（女）	傅金生	雷华敏

秘书长：宋　贲（兼）

（三）大会主席团常务主席

刘海生	罗华远	王建海	郝建英（女）
彭占良	张寿林	任建忠	宋　贲
吴和韵	傅金生	刘占军	

（四）大会议案审查委员会

主 任 委 员：吴和韵

副主任委员：李海军

委　　员：

袁振江	张玉刚	张昌慧（女）	侯国秀（女）
彭罗智			

第四章　人民代表大会常务委员会

县十三届人大常委会坚持以邓小平理论和“三个代表”重要思想为指导，深入落实科学发展观，全面贯彻党的十六大和省委、市委、县委决策部署，切实履行宪法和法律赋予的职责，紧紧围绕“经济转型、地区开放、脱贫小康”三大历史任务，认真落实“加快发展、关注民生、建设和谐社会”的重大举措，为建设繁荣、文明、和谐的新灵寿作出积极贡献。

第一节　常委会会议

县十三届人大常委会共召开会议27次。

第一次会议　2003年5月21日召开，县人大常委会主任罗华远，副主任宋贲、吴和韵、康二中、傅金生和13名委员出席会议。县人民政府常务副县长王韶华，县政协副主席胡拴祥，县人民法院院长王振虎，县人民检察院检察长李新成列席会议。会议审议并通过县人大常委会议事规则。会议审议并通过县“一府两院”向县人大常委会报告重大事项、通报重要情况和报送重要文件的规定。会议审议并通过县人大常委会2003年工作要点和议题安排意见。会议审议并通过县人大常委会人事任免和监督办法。会议审议并通过县人大常委会关于受理人民群众申诉和意见的规定。会议决定设立县人大常委会代表资格审查委员会，吴和韵为主任委员，李海军为副主任委员，张昌慧、张玉刚、苏振菊为委员。会议听取并审议县人大常委会代表科关于县十三届人大一次会议代表提出议案和建议处理意见的报告。

第二次会议　2003年6月19日召开，会议听取县政府关于贯彻《中华人民共和国传染病防治法》及“非典”防治工作情况的报告、县政府关于县城环境卫生整治情况的报告；会议听取公、检、法有关禁令落实情况的报告；会议听取县法院和县检察院队伍建设情况的报告。会议通过人事任免事项（名单见本篇第七章《选举任免》）。

第三次会议　2003年8月25日召开，县人大常委会主任罗华远，副主任宋贲、吴和韵、康二中、傅金生和11名委员出席会议。县人民政府副县长彭敬捷，县人民法院副院长雷春生，县人民检察院副检察长傅元军列席会议。会议听取和审议县政府关于《中华人民共和国职业教育法》执法情况的报告、县政府关于《中华人民共和国森林法》执法情况的报告、县政府关于2003年1—6月财政预算执行情况的报告、县政府关于项目建设及投资环境情况的报告、县政府关于计划生育工作情况的报告。

第四次会议　2003年10月21日召开。会议审议《灵寿县公安局关于对县人大代表孙某采取刑事强制措施的请示》，会议表决同意对孙某采取刑事强制措施。

第五次会议　2003年11月13日召开。会议审议县政府关于《灵寿县生态示范区建设总体规划》，并通过相应决议。会议听取和审议县政府关于退耕还林、荒山开发及综合配套设施进展情况的报告。会议听取县政府关于国有企业转制和国有资产处置情况的报告。会议听取县人大常委会关于对灵寿县贯彻实施《中华人民共和国工会法》及《河北省厂务公开条例》《河北省集体合同条例》视察情况的汇报。

第六次会议　2003年12月24日召开，县人大常委会主任罗华远，副主任宋赉、吴和韵、康二中、傅金生和11名委员出席会议。县人民政府副县长任保山，县政协副主席马正平，县人民法院副院长雷春生，县人民检察院副检察长李更祥列席会议。会议听取和审议县政府关于办理代表建议批评和意见情况的报告。会议听取县政府关于环境保护工作的情况报告。会议听取县检察院关于预防职务犯罪工作情况的报告。会议听取县政府关于整顿交通秩序，保障道路通畅情况的报告。会议补选了石家庄市第十一届人民代表大会代表。会议通过人事任免事项（名单见本篇第七章《选举任免》）。

第七次会议　2004年2月7日召开，会议通过灵寿县第十三届人民代表大会常务委员会代表资格审查委员会关于补选代表的代表资格的审查报告。

第八次会议　2004年3月18日召开，会议听取县政府副县长邢世民作的关于矿山管理和安全生产情况的报告。会议通过人事任免事项（名单见本篇第七章《选举任免》）。

第九次会议　2004年4月28日召开，会议听取县国土资源局副局长白继花作的关于整顿土地市场秩序情况的报告，审议通过县十三届人大常委会关于对选举和任命人员述职评议的办法。会议通过人事任免事项（名单见本篇第七章《选举任免》）。

第十次会议　2004年7月8日召开，县人大常委会主任罗华远，副主任宋赉、吴和韵、康二中、傅金生和9名委员出席会议。县人民政府副县长马国云，县政协副主席胡拴祥，县人民法院副院长王其海，县人民检察院副检察长傅元军列席会议。会议听取县药品监督管理局局长赵保群作的关于《中华人民共和国药品管理法》执法情况的报告，听取县司法局局长侯智作的关于开展司法救助工作情况的报告，听取县法院副院长王其海作的关于开展法律援助情况的报告，听取县计划局局长王雪山作的关于2004年县重点项目建设情况的报告。会议通过县人大常委会关于对选举和任命人员述职评议的办法。

第十一次会议　2004年9月1日召开，县人大常委会主任罗华远，副主任宋赉、吴和韵、康二中、傅金生和9名委员出席会议。县人民政府常务副县长王韶华，县政协副主席马正平，县人民法院院长王振虎、县人民检察院检察长李新成列席会议。会议听取审议县财政局局长杜风龙作的关于2004年1—7月财政预算执行情况的报告，听取县计划局局长王雪山作的关于灵寿县2004年上半年国民经济和社会发展计划执行情况的报告，听取县政府关于基层派出所和司法所建设情况的报告，听取县法院关于基层法庭建设情况的报告。会议审议并表决通过县人大常委会代表资格审查委员会关于恢复县人大代表孙某执行代表职务的报告。会议通过人事任免事项（名单见本篇第七章《选举任免》）。

第十二次会议 2004年10月27日召开，县人大常委会主任罗华远，副主任宋赍、吴和韵、康二中、傅金生和10名委员出席会议。县人民政府常务副县长王韶华，副县长马建彬、邢世民，县政协副主席张云山，县人民法院副院长王其海、县人民检察院副检察长李更祥列席会议。会议听取县政府关于实施《中华人民共和国行政许可法》和清理规范性文件情况的报告，听取县政府关于审计工作情况的报告，听取县人大常委会环境保护执法检查领导小组关于环境保护执法检查情况的报告，听取县政府关于荒山开发水利配套设施情况及酸枣接大枣完成情况的报告。会议审议县政府关于农业“七龙经济”计划实施情况的报告、关于“八虎”计划实施情况的报告。

第十三次会议 2004年12月30日召开，会议听取县扶贫办副主任白辰虎作的关于2004年扶贫工作情况的报告，听取县政府办副主任赵新朝作的关于代表意见建议办理情况的报告。会议对县交通局局长、县科技局局长、县农业局局长进行述职评议。

第十四次会议 2005年1月18日召开，会议审议通过《灵寿县人大常委会二〇〇五年工作要点》，会议通过人事任免事项（名单见本篇第七章《选举任免》）。

第十五次会议 2005年4月28日召开，县人大常委会主任罗华远，副主任宋赍、吴和韵、傅金生、刘占军和8名委员出席会议。县政府县长助理史春雪、县政协副主席胡拴祥、县法院院长王振虎、县检察院副检察长傅元军列席会议。会议听取和审议县政府关于退耕还林情况的报告；会议听取县政府关于质量技术监督情况的报告；会议听取县政府关于畜牧业发展情况的报告；会议审议了县法院关于确定人民陪审员名额的报告；会议通过人事任免事项（名单见本篇第七章《选举任免》）。

第十六次会议 2005年7月26日召开，县人大常委会主任罗华远、副主任宋赍、吴和韵、刘占军和13名委员出席会议。县政府副县长马建彬、县法院院长王振虎、县检察院检察长李新成列席会议。会议听取和审议县政府关于土地和矿山管理情况的报告；会议听取县政府关于《中华人民共和国水法》执法情况的报告；会议对雷春生等五名被任命人员进行述职评议，表决通过评议意见。

第十七次会议 2005年9月28日召开，县人大常委会主任罗华远、副主任宋赍、傅金生、刘占军和11名委员出席会议。县政协副主席张云山、县法院院长王振虎、县检察院副检察长李更祥列席会议。会议听取和审议县政府关于2005年上半年财政预算执行情况及预算外资金管理情况的报告；会议听取县政府关于“三农”主要工作情况的报告；会议听取县检察院关于试行人民监督员制度工作情况的报告；会议通过人事任免事项（名单见本篇第七章《选举任免》）。

第十八次会议 2005年11月8日召开，县人大常委会主任罗华远、副主任宋赍、吴和韵、傅金生和10名委员出席会议。县政府副县长彭敬捷、县政协副主席张云山、县法院副院长崔金健、县检察院副检察长李更祥列席会议。会议听取和审议县政府关于2005年财政预算调整情况的报告；会议听取和审议县政府关于高中阶段教育工作情况的报告；会议听取县政府关于地方税收管理情况的报告；会议听取县政府关于农村信用社改革情况的报告。

第十九次会议　2005年12月30日召开，会议听取和审议县政府关于建议、批评和意见办理情况的报告；表决通过《灵寿县人大常委会关于充分发挥人大常委会工作委员会作用的意见》《灵寿县人大常委会关于加强和规范县人大代表在闭会期间活动的意见》《灵寿县人大常委会关于加强和改进县人大代表议案工作的意见》《灵寿县人大常委会关于加强和改进县人大代表建议、批评和意见工作的意见》及《灵寿县人大常委会机关信访工作意见》等5个文件。

第二十次会议　2006年1月19日召开，会议通过人事任免事项（名单见本篇第七章《选举任免》）。

第二十一次会议　2006年4月29日召开，会议听取和审议县政府关于矿山治理重点是超贫铁矿专项治理情况的报告；听取县政府关于《河北省动物防疫条例》实施情况的报告；听取县政府关于道路交通安全法实施情况的报告。

第二十二次会议　2006年6月8日召开，县人大常委会主任罗华远，副主任宋赉、吴和韵、傅金生、刘占军和12名委员出席会议。县政府副县长孙震、县政协副主席张云山、县法院院长王振虎、县检察院副检察长王强列席会议。会议听取县政府关于黄壁庄水库移民生产生活保障情况的报告；听取县政府关于村民委员会换届选举工作情况的报告；会议通过人事任免事项（名单见本篇第七章《选举任免》）。

第二十三次会议　2006年7月12日召开，会议审议通过县检察院提交的暂停两位代表职务的报告。

第二十四次会议　2006年8月1日召开，会议听取和审议县政府关于2006年上半年财政预算执行情况的报告；会议通过人事任免事项（名单见本篇第七章《选举任免》）。

第二十五次会议　2006年11月15日召开，会议听取县政府关于高中教育和“两免一补”落实情况的报告；听取和审议县政府关于工商企业改制情况的报告；会议通过人事任免事项（名单见本篇第七章《选举任免》）。

第二十六次会议　2006年12月27日召开，县人大常委会主任罗华远、副主任宋赉、吴和韵、刘占军和9名委员出席会议。县政府常务副县长王韶华，县政协副主席张云山、县法院副院长崔金健、县检察院检察长李新成列席会议。会议听取和审议县政府关于2006年财政预算调整情况的报告；听取和审议县“一府两院”关于办理代表建议、批评和意见情况的报告。

第二十七次会议　2007年4月11日召开，会议原则通过县十三届人大常委会工作报告，原则通过县十四届人大一次会议安排意见，原则通过县十三届人大常委会代表资格审查委员会关于县十四届人民代表大会代表资格的审查报告，原则通过县十四届人民代表大会代表资格审查委员会名单。会议通过人事任免事项（名单见本篇第七章《选举任免》）。

第二节　主任会议

县十三届人大常委会主任会议均由罗华远主任主持召开，常委会各位副主任出席会议，各委室主任列席会议。

县十三届人大常委会部分主任会议情况一览表

表 15-4

序号	时间	议题
1	2003 年 4 月 30 日	学习上级有关非典防治工作的指示和要求，对进一步加强非典防治工作提出要求
2	2003 年 5 月 14 日	研究灵寿县人大常委会议事规则（草案）、研究关于县“一府两院”向县人大常委会报告重大事项、通报重要情况和报送重要文件的规定（草案）、研究县人大常委会人事任免和监督办法（草案）、研究县人大常委会受理人民群众申诉和意见的规定（草案）、研究县人大常委会 2003 年 5—12 月工作要点（草案）、研究 2003 年 5—12 月县人大常委会议题安排（草案）、研究通过县人大常委会主任会议议事规则、研究通过机关内部管理制度、提出代表资格审查委员会建议名单
3	2003 年 6 月 12 日	听取县质量技术监督局、县安全生产管理办公室和县公安局消防科关于全县以液化气为主的易燃易爆物品安全管理情况的汇报；听取县十三届人大常委会当前和今后五年工作的设想，会议同意经县人大常委会第二次会议研究通过后，贯彻落实；会议决定灵寿县第十三届人大常委会第二次会议召开时间为 2003 年 6 月 19 日
4	2004 年 8 月 17 日	听取县政府关于种植结构调整情况的汇报；听取县政府预算外资金管理情况的汇报
5	2004 年 9 月 27 日	听取县教育局关于中学教育及中、高考情况的汇报
6	2004 年 11 月 24 日	听取县政府关于 2004 年 10 件实事落实情况的报告；听取关于县城电网改造情况的报告
7	2004 年 12 月 23 日	研究 2005 年县人大常委会工作要点；听取各组走访代表情况汇报；听取评议任命干部工作进展情况
8	2005 年 4 月 12 日	听取县公安局关于当前社会治安情况的汇报
9	2005 年 5 月 30 日	听取县政府关于灵寿县信用联社农户小额贷款工作情况的汇报
10	2005 年 7 月	听取县政府关于司法鉴定管理情况的汇报
11	2005 年 8 月	听取县城电网改造情况的汇报及交通建设情况的汇报
12	2005 年 9 月 23 日	听取县体改办关于国有企业破产改制情况的汇报；听取县政府关于食品卫生法实施情况的汇报

续表 15-4

序号	时间	议题
13	2005 年 10 月 31 日	听取县工会关于《中华人民共和国工会法》实施情况的汇报
14	2005 年 11 月 30 日	安排部署 12 月的工作
15	2005 年 12 月 27 日	议定下次常委会召开时间；讨论十三届人民代表大会第四次会议召开时间，并要求作好《灵寿县人民代表大会常委会工作报告》的准备工作
16	2006 年 3 月 21 日	研究县十三届人大四次会议代表建议；议定 2006 年县人大常委会会议议题和主任会议议题安排
17	2006 年 3 月 29 日	听取县政府关于县乡公路及通村公路管理情况的汇报
18	2006 年 4 月 21 日	听取县政府关于张石高速建设情况的汇报；听取县政府关于农口执法队伍建设和执法情况的汇报
19	2006 年 5 月 30 日	听取县发展改革局关于 2006 年重点项目进展情况的汇报；听取县环保局关于全县重点行业企业污染治理情况的汇报
20	2006 年 7 月 11 日	听取县公安局关于社会治安情况的汇报；听取县农牧局关于食用菌及薯业发展情况的汇报
21	2006 年 9 月 8 日	听取县政府关于城建情况的汇报；听取县政府关于审计工作情况的汇报
22	2006 年 10 月 24 日	听取县政府关于网通、移动、联通建设管理及收费情况的汇报；听取县检察院关于集中查办渎职犯罪工作情况的汇报
23	2006 年 12 月 4 日	安排年终走访代表事宜

第三节　机构设置

县十三届人大常委会的办事机构设一室五科，即办公室、政法科、财经科、科教文卫科、代表科、农经科。

县十三届人大常委会机构人员情况表

表 15-5

机构名称	职　务	姓　名	任职时间
办公室	主任	张昌国	2003 年 4 月—2004 年 4 月
		安国云	2006 年 1 月—2007 年 4 月
	副主任	安国云	2004 年 4 月—2006 年 1 月

续表 15-5

机构名称	职　务	姓　名	任职时间
政法科	科　长	聂风渠	2003 年 4 月—2007 年 4 月
	副科长	马民生	2003 年 4 月—2007 年 4 月
财经科	科　长	刘志林	2003 年 4 月—2007 年 4 月
	副科长	马书勇	2003 年 4 月—2007 年 4 月
科教文卫科	科　长	张昌慧	2003 年 4 月—2007 年 3 月
		李良良	2007 年 3 月—2007 年 4 月
	副科长	刘二太	2003 年 4 月—2003 年 12 月
		丁云红	2006 年 4 月—2007 年 4 月
代表科	科　长	李海军	2003 年 4 月—2007 年 4 月
	副科长	安国云	2003 年 4 月—2004 年 4 月
农经科	科　长	袁振江	2003 年 4 月—2007 年 3 月
		李香合	2007 年 3 月—2007 年 4 月
	副科长	杨会军	2003 年 4 月—2007 年 4 月

第五章　监督工作

2006年8月23日十届全国人大常委会第二十三次会议通过的《中华人民共和国各级人民代表大会常务委员会监督法》，对人大常委会行使监督权应当遵循的原则、监督的方式和程序等，作出了统一的法律规范，为人大常委会履行监督职权提供了更为坚实的法理依据和法制保障。

县十三届人大及其常委会认真执行监督法，不断加强和改进监督工作，围绕经济建设，紧扣发展主题，听取和审议计划、预算、国企改革、环保、城建、国土、教育、农业、科技、食品卫生方面专题工作报告32个。

围绕经济和社会发展中的重点实施监督。常委会重视和加强对年度计划和预算执行情况的审查，及时听取和审议国民经济和社会发展计划及财政预算执行情况的报告；支持审计部门开展审计活动，督促有关单位整改，促进国民经济和社会发展计划与财政预算的依法执行，对县政府提出的财政收支预算变更报告，认真审议，作出调整决议，并要求政府加大税收征管力度，加强财政监管，努力实现财政收支平衡。

围绕改革和发展中的热点、难点问题实施监督。常委会把各个时期的重点项目建设的跟踪和推进作为工作重心，借鉴先进地区经验，改进对项目建设的监督工作。先后视察了奶牛养殖基地、生态示范区建设、人民路改建、明石印染、新农村合作医疗、石张高速公路、农村基础设施、工业园区等重点项目建设工作，促进重点项目的建设和为民办实事项目计划的完成。加大调研力度，促进社会热点、难点问题的解决，通过组织代表们深入了解热点、难点问题产生的社会根源和实际情况，加强代表与有关部门的沟通，促进了城建拆迁、两免一补、退耕还林、种粮补贴、国企改制等一系列群众关心的社会热点、难点问题的解决。常委会组织调研组，深入基层法庭、派出所开展调研活动，提出建议，推动执法队伍建设进一步加强，硬件建设投入力度进一步加大，执法环境进一步优化。

围绕廉洁高效的建设目标，增强人事任免和监督工作实效。常委会坚持党管干部的原则，坚持任免权与监督权的有机结合，按照干部的“四化”方针和德才兼备标准，配合干部制度改革，充分发扬民主，严格依法办事，认真行使法律赋予的人事任免权。常委会四年任免国家机关工作人员86人次。在行使人事任免权中，常委会坚持要求提请机关介绍拟任人员的德、能、勤、绩、廉情况，坚持现场颁发任命书、被任职人员就职演讲等制度，努力做到知人善任，增强被任命干部的责任感和使命感。加强任后监督实效，常委会先后依法对“一府两院”12名被任命干部进行述职评议，通过听取述职者评议整改情况汇报，检查整改效果，加强对干部的监督工作。采取审查年度述职报告、听取专门工作汇报等形式，加强对任命干部的跟踪监督。

第一节 听取和审议专项工作报告与计划预算和审计工作报告

县十三届人大常委会听取和审议专项工作报告与计划预算和审计工作报告情况表

表 15-6

时间	常委会会议	议题
2003 年 6 月 19 日	第二次	县政府关于贯彻《中华人民共和国传染病防治法》及“非典”防治工作情况的报告；县政府关于县城环境卫生整治情况的报告；公、检、法有关禁令落实情况的报告；县法院和县检察院队伍建设情况的报告
2003 年 8 月 25 日	第三次	县政府关于《中华人民共和国职业教育法》执法情况的报告；县政府关于《中华人民共和国森林法》执法情况的报告；县政府关于 2003 年 1—6 月财政预算执行情况的报告；县政府关于项目建设及投资环境情况的报告；县政府关于计划生育工作情况的报告
2003 年 11 月 13 日	第五次	县政府关于退耕还林、荒山开发及综合配套设施进展情况的报告；县政府关于国有企业转制和国有资产处置情况的报告
2003 年 12 月 24 日	第六次	县政府关于办理代表建议、批评和意见情况的报告；县政府关于环境保护工作的情况报告；县检察院关于预防职务犯罪工作情况的报告；县政府关于整顿交通秩序，保障道路通畅情况的报告
2004 年 3 月 18 日	第八次	县政府关于矿山管理和安全生产情况报告
2004 年 4 月 28 日	第九次	县政府关于整顿土地市场秩序情况的报告
2004 年 7 月 8 日	第十次	县政府关于《中华人民共和国药品监督管理法》执法情况的报告；县法院关于开展法律援助情况的报告；县政府关于开展司法救助情况的报告；县政府关于 2004 年重点项目建设情况的报告
2004 年 9 月 1 日	第十一次	县政府关于 2004 年 1—7 月财政预算执行情况的报告；县政府关于灵寿县 2004 年上半年国民经济和社会发展计划执行情况的报告；县政府关于基层派出所和司法所建设情况的报告；县法院关于基层法庭建设情况的报告
2004 年 10 月 27 日	第十二次	县政府关于实施《中华人民共和国行政许可法》和清理规范性文件情况的报告；县政府关于审计工作情况的报告；县政府关于农业“七龙经济”计划实施情况的报告；县政府关于“八虎”计划实施情况的报告；县政府关于荒山开发水利配套设施情况及酸枣接大枣完成情况的报告
2004 年 12 月 30 日	第十三次会议	县政府关于 2004 年扶贫工作情况的报告；县政府关于代表意见建议办理情况的报告

续表 15-6

时间	常委会会议	议题
2005 年 4 月 28 日	第十五次	县政府关于退耕还林情况的报告；县政府关于质量技术监督情况的报告；县政府关于畜牧业发展情况的报告；县法院关于确定人民陪审员名额的报告
2005 年 7 月 26 日	第十六次会议	县政府关于土地和矿山管理情况的报告；县政府关于《中华人民共和国水法》执法情况的报告
2005 年 9 月 28 日	第十七次会议	县政府关于 2005 年上半年财政预算执行情况及预算外资金管理情况的报告；县政府关于“三农”主要工作情况的报告；县检察院关于试行人民监督员制度工作情况的报告
2005 年 11 月 8 日	第十八次会议	县政府关于 2005 年财政预算调整情况的报告；县政府关于高中阶段教育工作情况的报告；县政府关于地方税收管理情况的报告；县政府关于农村信用社改革情况的报告
2006 年 4 月 29 日	第二十一次会议	县政府关于矿山治理重点是超贫铁矿专项治理情况的报告；县政府关于《河北省动物防疫条例》实施情况的报告：县政府关于道路交通安全法实施情况的报告
2006 年 6 月 8 日	第二十二次会议	县政府关于黄壁庄水库移民生产生活保障情况的报告；县政府关于村民委员会换届选举工作情况的报告
2006 年 8 月 1 日	第二十四次会议	县政府关于 2006 年上半年财政预算执行情况的报告
2006 年 11 月 15 日	第二十五次会议	县政府关于高中教育和“两免一补”落实情况的报告；县政府关于工商企业改制情况的报告
2006 年 12 月 27 日	第二十六次会议	县政府关于 2006 年财政预算调整情况的报告；县“一府两院”关于办理代表建议、批评和意见情况的报告

第二节　主任会议听取专题工作汇报

县十三届人大常委会主任会议听取专题工作汇报情况表

表 15-7

时间	主要议题
2003 年 6 月 12 日	关于全县以液化气为主的易燃易爆物品安全管理情况的汇报
2004 年 8 月 17 日	关于种植结构调整情况的汇报；关于县政府预算外资金管理情况的汇报
2004 年 9 月 27 日	关于中学教育及中、高考情况的汇报
2004 年 11 月 24 日	关于 2004 年 10 件实事落实情况的汇报；关于县城电网改造情况的汇报
2005 年 4 月 12 日	关于当前社会治安情况的汇报

续表 15-7

时间	主要议题
2005 年 5 月 30 日	关于灵寿县信用联社农户小额贷款工作情况的汇报
2005 年 7 月	关于司法鉴定管理情况的汇报
2005 年 8 月	关于县城电网改造情况的汇报及交通建设情况的汇报
2005 年 9 月 23 日	关于国有企业破产改制情况的汇报
2005 年 10 月 31 日	关于《中华人民共和国工会法》实施情况的汇报
2006 年 3 月 29 日	关于县乡公路及通村公路管理情况的汇报
2006 年 4 月 21 日	关于张石高速建设情况的汇报；关于农口执法队伍建设和执法情况的汇报
2006 年 5 月 30 日	关于 2006 年重点项目进展情况的汇报；关于全县重点行业企业污染治理情况的汇报
2006 年 7 月 11 日	关于社会治安情况的汇报；关于食用菌及薯业发展情况的汇报
2006 年 9 月 8 日	关于城建情况的汇报；关于审计工作情况的汇报
2006 年 10 月 24 日	关于网通、移动、联通建设管理及收费情况的汇报；关于集中查办渎职犯罪工作情况的汇报

第三节　法律法规实施情况的检查

2003 年 7 月至 9 月，按照省市人大常委会统一部署，县人大常委会执法检查组对《中华人民共和国森林法》《中华人民共和国森林法实施条例》《退耕还林条例》《河北省实施〈中华人民共和国森林法〉办法》贯彻实施情况开展执法检查。

2004 年 4 月至 6 月，配合省人大执法检查，县人大常委会副主任宋贲带领县人大常委会执法检查组对《中华人民共和国刑事诉讼法》实施情况进行执法检查。

2004 年 6 月下旬和 7 月上旬，县人大常委会环保执法检查领导小组带领有关人员对宣传贯彻落实《中华人民共和国环境保护法》《河北省环境保护条例》《石家庄市大气污染防治条例》《石家庄市岗黄水源管理条例》情况进行视察调研。2004 年 10 月 27 日县十三届人大常委会第十二次会议听取县人大常委会环境保护执法检查领导小组关于环境保护执法检查情况的报告。

2004 年 8 月，县人大常委会执法检查组，先后对县职教中心、灵寿中学、青同农技中专贯彻《中华人民共和国职业教育法》实施情况进行执法检查。

2005 年 5 月 19 日，县人大常委会副主任宋贲、傅金生、刘占军带领县人大常委会执法检查组对《中华人民共和国水污染防治法》贯彻落实情况到正元化肥有限公司、明石印染厂及县污水处理厂开展执法检查。

2005 年 5 月 26 日，县人大常委会土地管理执法检查组，先后到狗台乡王阜安村、慈峪镇湾里村、慈峪镇卢家洼石材小区，南寨乡秋山村实地检查土地复垦和滩涂造地情况。

2006 年 8 月 24 日，县人大常委会执法检查组到县法院对《中华人民共和国法官法》贯彻实施情况进行执法检查。

2006 年 9 月 4 日，县人大常委会执法检查组到县检察院对《中华人民共和国检察官法》实施情况进行执法检查。

第四节　视察调研

县十三届人大常委会视察活动选录

15-8

时间	视察内容
2003 年 8 月	县教育工作
2003 年 10 月	《中华人民共和国工会法》《河北省厂务公开条例》《河北省集体合同条例》贯彻实施情况
2004 年 10 月	县内 8 个骨干企业（八虎）
2004 年 10 月	市场牵龙头、龙头带基地、基地联农户的龙型经济模式（七龙）建设情况
2004 年 12 月	农业局、科技局、交通局 3 名局长履职评议视察
2005 年 4 月	县“退耕还林”情况
2005 年 6 月	县法院、县检察院及县文体局五名常委会任命人员进行评议视察
2005 年 6 月	《中华人民共和国水法》执法情况
2005 年 6 月	土地和矿山管理情况
2006 年 4 月	全县矿山综合整治检查站和矿山治理情况
2006 年 5 月	灵寿县在线监测中心
2006 年 6 月	到黄壁庄水库视察移民生产生活保障情况
2006 年 11 月	高中教育和“两免一补”落实情况
2006 年 11 月	工商企业改制情况

县十三届人大常委会调研活动选录

15-9

时间	调研内容
2004 年 8 月	关于县级人大干部队伍建设情况
2004 年 11 月	关于县级人大常委会行使人事任免权情况
2004 年 12 月	关于县司法鉴定中心建设工作情况
2005 年 9 月	关于改进述职评议工作情况
2005 年 9 月	关于“三农”工作情况
2005 年 10 月	关于《中华人民共和国工会法》实施情况
2006 年 3 月	关于财政支出结构情况

第六章　决议决定

县十三届人大及其常委会依法审议决定重大事项，凝聚发展合力，推动县委决策部署贯彻落实。

第一节　作出决议决定

一、县十三届人大历次会议作出决议决定情况

灵寿县第十三届人民代表大会共作出决议决定 25 项。

县十三届人大历次会议决议决定一览表

表 15-10

时间	会次	名称
2003 年 4 月 27 日	一次会议	关于灵寿县人民政府工作报告的决议 关于灵寿县 2002 年国民经济和社会发展计划执行情况与 2003 年国民经济和社会发展计划的决议 关于灵寿县 2002 年县财政预算执行情况和 2003 年县财政预算的决议 关于灵寿县人民代表大会常务委员会工作报告的决议 关于灵寿县人民法院工作报告的决议 关于灵寿县人民检察院工作报告的决议
2004 年 2 月 19 日	二次会议	关于灵寿县人民政府工作报告的决议 关于灵寿县 2003 年国民经济和社会发展计划执行情况与 2004 年国民经济和社会发展计划的决议 关于灵寿县 2003 年县财政预算执行情况和 2004 年县财政预算的决议 关于灵寿县人民代表大会常务委员会工作报告的决议 关于灵寿县人民法院工作报告的决议 关于灵寿县人民检察院工作报告的决议

续表 15-10

时间	会次	名称
2005 年 2 月 21 日	三次会议	关于灵寿县人民政府工作报告的决议 关于灵寿县 2004 年国民经济和社会发展计划执行情况与 2005 年国民经济和社会发展计划的决议 关于灵寿县 2004 年县财政预算执行情况和 2005 年县财政预算的决议 关于灵寿县人民代表大会常务委员会工作报告的决议 关于灵寿县人民法院工作报告的决议 关于灵寿县人民检察院工作报告的决议
2006 年 3 月 3 日	四次会议	关于灵寿县人民政府工作报告的决议 关于灵寿县国民经济和社会发展第十一个五年规划纲要的决议 关于灵寿县 2005 年国民经济和社会发展计划执行情况与 2006 年国民经济和社会发展计划的决议 关于灵寿县 2005 年县财政预算执行情况和 2006 年县财政预算的决议 关于灵寿县人民代表大会常务委员会工作报告的决议 关于灵寿县人民法院工作报告的决议 关于灵寿县人民检察院工作报告的决议

二、县十三届人大常委会历次会议作出决议决定情况

县十三届人大常委会历次会议决议决定一览表

表 15-11

时间	会次	名称
2003 年 5 月 21 日	第一次	关于设立灵寿县第十三届人民代表大会常务委员会代表资格审查委员会的决定
2003 年 11 月 13 日	第五次	关于《灵寿县生态示范区建设总体规划》的决议
2005 年 11 月 8 日	第十八次	关于县政府 2005 年财政支出预算调整方案的决议
2006 年 12 月 27 日	第二十六次	关于县政府调整 2006 年财政支出预算报告的决议

第二节　决议决定选介

关于《灵寿县生态示范区建设总体规划》的决议，于 2003 年 11 月 13 日县十三届人大常委会第五次会议通过。

《灵寿县生态示范区建设总体规划》(以下简称《规划》)根据全国生态示范区建设规划纲要，结合灵寿县实际提出重点抓好十个方面的工作：生态农业建设方面、工业方面、生态

旅游方面、生态城市建设方面、自然保护区建设方面、改善农村能源结构方面、矿山开发的生态恢复方面、退化土地综合整治方面、环境保护方面、农工贸一体化建设方面。

决议强调，县政府要把贯彻实施《规划》作为促进灵寿县经济社会各项事业和可持续发展的战略任务，列入重要日程，加强领导，精心组织，强化指导，抓好落实。县政府的年度工作报告、国民经济和社会发展计划报告，要体现实施《规划》的进展情况，确保《规划》的各项目标和任务得到全面落实。

决议要求，全县各级干部、人民群众要积极投身到生态示范区建设的实践活动中来，充分发挥自己的聪明才智，为把灵寿县建设成为社会经济和环境协调发展，资源可持续利用，人与自然和谐共生，生态环境优美的省会西部现代化大花园做出贡献。

第七章　选举任免

县十三届人大常委会按照有关法律规定，依法做好选举任免、述职评议和人大换届工作。修订《灵寿县人民代表大会常务委员会人事任免和监督办法》，进一步加强和改进人事任免工作。先后任免县级国家机关工作人员101人次，选举产生新一届县级人大代表187名，乡级人大代表788名。

第一节　常委会选举任免人员名单

2003年6月19日，县十三届人大常委会第二次会议，通过县人民政府相关人事任免事项。

决定任命：

刘振波为灵寿县人民政府办公室主任

王雪山为灵寿县发展计划局局长

张合香为灵寿县人事劳动和社会保障局局长

赵敬华为灵寿县经济贸易局局长

王韶华为灵寿县财政局局长

李庆祥为灵寿县教育局局长

王吉功为灵寿县科学技术局局长

王进民为灵寿县民政局局长

闫国平为灵寿县公安局局长

侯智为灵寿县司法局局长

卢增朝为灵寿县建设局局长

马小国为灵寿县交通局局长

傅士君为灵寿县国土资源局局长

牛增录为灵寿县文化体育局局长

苏春英为灵寿县农业局局长

杨永香为灵寿县卫生局局长

史春雪为灵寿县计划生育局局长

何风山为灵寿县审计局局长

赵三墩为灵寿县环境保护局局长

靳勤瑞为灵寿县统计局局长

雷祥林为灵寿县监察局局长

2003 年 12 月 24 日，县十三届人大常委会第六次会议，通过县人大常委会、县人民政府、县人民检察院相关人事任免事项。

免去：

刘二太的灵寿县人大常委会教科文卫科副科长职务

决定免去：

王韶华兼任的灵寿县财政局局长职务

决定任命：

杜风龙为灵寿县财政局局长

免去：

董振林的灵寿县检察院副检察长、检察委员会委员职务

2004 年 3 月 18 日，县十三届人大常委会第八次会议，通过县人民政府、县人民法院相关人事任免事项。

决定任命：

卓徐龙为灵寿县人民政府副县长

免去：

梁翠平的灵寿县人民法院慈峪法庭副庭长职务

李玉敏的灵寿县人民法院陈庄法庭庭长职务

周书建的灵寿县人民法院城关法庭副庭长职务

吕振玉的灵寿县人民法院塔上法庭庭长职务

李合文的灵寿县人民法院经济审判庭庭长职务

马青龙的灵寿县人民法院民事审判庭庭长职务

任命：

梁翠平为灵寿县人民法院立案庭庭长

李玉敏为灵寿县人民法院审判监督庭庭长

周书建为灵寿县人民法院城关法庭庭长

吕振玉为灵寿县人民法院青同法庭庭长

王二永为灵寿县人民法院陈庄法庭庭长

李荣耕为灵寿县人民法院审判委员会委员

李锋国为灵寿县人民法院审判委员会委员

马守良为灵寿县人民法院审判委员会委员

李合文为灵寿县人民法院民事审判二庭庭长、审判委员会委员

马青龙为灵寿县人民法院民事审判一庭庭长、审判委员会委员

2004 年 4 月 28 日，县十三届人大常委会第九次会议，通过县人大常委会相关人事任免事项。

免去：

张昌国的灵寿县人大常委会办公室主任职务

安国云的灵寿县人大常委会代表联络选举人事科副科长职务

任命：

安国云为灵寿县人大常委会办公室副主任

2004 年 9 月 1 日，县十三届人大常委会第十一次会议，通过县人民法院相关人事任免事项。

任命：

杨建山为灵寿县人民法院副院长

2005 年 1 月 18 日，县十三届人大常务委员会第十四次会议通过县人民政府、县人民法院相关人事任免事项。

决定免去：

任宝山的灵寿县人民政府副县长职务

史春雪的灵寿县计划生育局局长职务

张合香的灵寿县人事劳动和社会保障局局长职务

李庆祥的灵寿县教育局局长职务

靳勤瑞的灵寿县统计局局长职务

王雪山的灵寿县发展计划局局长职务

杨永香的灵寿县卫生局局长职务

赵敬华的灵寿县经贸局局长职务

决定任命：

康二中为灵寿县政府副县长

李彦勇为灵寿县计划生育局局长

刘建国为灵寿县人事劳动和社会保障局局长

赵香河为灵寿县统计局局长

赵鸿浩为灵寿县发展计划局局长

赵振海为灵寿县卫生局局长

张合香为灵寿县教育局局长

高增新为灵寿县经贸局局长

免去：

王其海的灵寿县人民法院副院长职务

2005 年 4 月 28 日，县十三届人大常委会第十五次会议通过县人民政府、县人民法院相关人事任免事项。

决定免去：

雷祥林的灵寿县监察局局长职务

决定任命：

王先见为灵寿县监察局局长

任命：

张玉楼、杨昕伟、张耀军、王宁、李艳敏、康新贞、周学英、王文华为人民陪审员

2005 年 9 月 28 日，灵寿县第十三届人大常委会第十七次会议通过县人民政府、县人民法院相关人事任免事项。

决定任命：

孙震为灵寿县人民政府副县长

任命：

杨建山为灵寿县人民法院审判员、审判委员会委员

余平均为灵寿县人民法院审判委员会委员

李玉敏为灵寿县人民法院审判委员会委员

2006 年 1 月 19 日，灵寿县第十三届人民代表大会常务委员会第二十次会议通过县人大常委会、县人民政府、县人民法院、县人民检察院相关人事任免事项。

免去：

安国云的灵寿县人大常委会办公室副主任职务

任命：

安国云为灵寿县人大常委会办公室主任

决定免去：

赵鸿浩的灵寿县发展计划局局长职务

苏春英的灵寿县农业局局长职务

李彦勇的灵寿县计划生育局局长职务

高增新的灵寿县经贸局局长职务

决定任命：

赵鸿浩为灵寿县发展改革局局长

苏春英为灵寿县农业畜牧局局长

李彦勇为灵寿县人口与计划生育局局长

免去：

雷春生的灵寿县人民法院副院长职务

免去：

李更祥的灵寿县人民检察院副检察长职务

2006年6月8日，灵寿县第十三届人大常委会第二十二次会议通过县人民政府相关人事任免事项。

决定免去：

马国云的灵寿县人民政府副县长职务

马建彬的灵寿县人民政府副县长职务

彭敬捷的灵寿县人民政府副县长职务

决定任命：

左国方为灵寿县人民政府副县长

周二焕为灵寿县人民政府副县长

2006年8月1日，灵寿县第十三届人大常委会第二十四次会议通过县人民政府相关人事任免事项。

决定任命：

于燕红为灵寿县人民政府副县长

2006年11月15日，灵寿县第十三届人大常委会第二十五次会议通过县人民政府、县人民法院人事任免事项。

决定免去：

孙震的灵寿县人民政府副县长职务

决定任命：

张广伟为灵寿县人民政府副县长（挂职）

任命：

姚建峰为灵寿县人民法院审判员、慈峪法庭庭长

王秀竹为灵寿县人民法院城关法庭副庭长

吕书香为灵寿县人民法院民二庭副庭长

杨志刚为灵寿县人民法院审判员

第二节　常委会接受辞职人员名单

2007 年 4 月 11 日，县十三届人大常委会第二十七会议接受王振虎辞去灵寿县人民法院院长职务。

2007 年 4 月 11 日，县十三届人大常委会第二十七会议接受李新成辞去灵寿县人民检察院检察长职务。

第三节　述职评议

县十三届人大常委会先后对“一府两院”12 名被任命干部进行述职评议。

县十三届人大常委会对部分县政府部门主要负责人进行述职评议情况表

表 15-12

时间	常委会会议	被评议人员	职　务
2004 年 12 月 30 日	第 13 次	马小国	县交通局局长
		王吉功	县科技局局长
		苏春英	县农业局局长
2005 年 7 月 26 日	第 16 次	牛增录	县文体局局长

县十三届人大常委会对“两官”进行述职评议情况表

表 15-13

时间	常委会会议	被评议人员	职　务
2005 年 7 月 26 日	第 16 次	马青龙	县法院审判员、民一庭庭长
		雷春生	县法院副院长
		李更祥	县检察院副检察长
		赵振朝	县检察院检察员

第八章　机关工作

第一节　自身建设

县十三届人大常委会全面加强自身建设，持续提高履职能力。

加强政治理论学习。扎实开展保持共产党员先进性教育、“树正气、讲团结、求发展”等学习教育活动，提高常委会组成人员和机关干部对“三个代表”重要思想、人民代表大会制度、科学发展观和构建社会主义和谐社会的认识，增强做好新时期人大工作的自觉性和责任感。

加强作风建设。常委会把改进工作作风，搞好调查研究作为提高履行职责水平的重要途径。坚持围绕常委会议题认真组织开展调查研究，广泛听取各方面意见，使常委会提出的审议意见更加符合实际，更好地体现人民的利益和意志，组织机关各科室人员深入基层开展调研活动，了解实际情况，撰写调研报告，为做好人大工作奠定基础。

加强制度建设，研究制定《县人大常委会议事规则》，对常委会组成人员参加会议、审议发言、提出意见及接受代表和群众的监督等做出明确规定。完善机关内部管理制度，促进机关各项工作的规范化。

加强业务建设。常委会立足于形势发展的要求，通过举办法律知识讲座，参加省、市人大举办的培训班，认真组织学习相关法律知识和专业知识，熟悉人大工作的程序和方法，为新一届人大工作开好局、起好步打下良好基础。此外，注意加强与上下级及外地人大的联系，相互交流工作情况，共同探讨改进人大工作的方式方法，拓宽做好人大工作的渠道。

加强后勤建设。常委会千方百计克服困难做好机关硬件建设，努力改善办公条件，优化办公环境。完成办公楼修缮，机关容貌焕然一新；增添音像、微机设备和交通工具，机关办公条件得到改善。

第二节　宣传工作

县十三届人大常委会不断加强人大宣传工作，向全县各级代表发放《常用法律法规汇编》2000余册。2004年，县人大常委会以纪念宪法颁布实施50周年、庆祝全国人民代表大会成立50周年为契机，在陈庄、慈峪及县城进行宣传纪念活动，通过发放宣传材料、现场接待咨询、组织文艺晚会、举办书画展等活动、加强对国家法律法规的宣传，9 月 13 日晚，举办“庆祝全国人民代表大会成立 50 周年文艺晚会”，机关全体干部职工登台歌咏，全县各单位参加演出。县人大机关干部在市以上报刊发表 70 多篇理论文章，连续四次获得全市人大信息宣传先进单位荣誉称号，撰写的调研文章连续三年在全市评比中获奖。

第三节　信访工作

县十三届人大常委会认真受理群众来信来访，常委会和主任会议定期或不定期地听取信访工作汇报。除积极参加县委统一组织的信访接待日外，还建立常委会主任接访制度，对群众来信来访认真受理和督办，共收到群众来信 718 件，接待群众来访 1014 人次，办理全国和省市人大转交和督办案件 14 件。

第 十 六 篇

灵寿县第十四届人民代表大会

（2007 年 4 月至 2012 年 2 月）

第一章　党的领导

灵寿县第十四届人民代表大会及其常务委员会，坚持以邓小平理论、“三个代表”重要思想、科学发展观为指导，深入贯彻落实党的十七大精神，坚持和完善人民代表大会制度，认真履行宪法和法律赋予的各项职责，自觉把人大工作置于党的领导之下，服从和服务于县委的工作中心。

2011 年 11 月 9 日，经县委十届第四次常委（扩大）会议审议，县委批转县人大常委会党组《关于灵寿县县乡两级人民代表大会换届选举工作的意见》，要求各级党委把县乡人大换届选举工作列入重要议事日程，切实加强领导，统筹安排好人大代表及国家机关领导人员的考察、提名、推荐、选举等各项工作，确保县乡两级人民代表大会换届选举工作依法顺利进行。2012 年 2 月 3 日，县委十届第七次会议审议灵寿县第十五届人民代表大会第一次会议有关报告。

县人大常委会党组始终坚持在县委集中统一领导下开展工作，围绕县委中心工作认真履行宪法和法律赋予的职责，在监督、决定重大事项和人事任免等工作中，全面贯彻县委决定，确保人大工作顺利开展。

党的组织机构

中共灵寿县人大常委会党组

书　记：郝建英（2007 年 4 月—2011 年 6 月）
　　　　马国云（2011 年 6 月—2012 年 2 月）
副书记：郝建英（2011 年 6 月—2012 年 2 月）
成　员：傅金生（2007 年 4 月—2012 年 2 月）
　　　　张合香（2007 年 4 月—2012 年 2 月）
　　　　王雪山（2007 年 4 月—2012 年 2 月）
　　　　安国云（2010 年 3 月—2012 年 2 月）

第二章　人大代表

灵寿县第十四届人民代表大会代表名额192名，2007年4月，召开县十四届人大一次会议时实有代表187名。县十四届人大常委会积极为代表履职搭建平台，充分发挥代表作用，支持、保证和规范人大代表依法履行职务。

第一节　选举产生

一、灵寿县第十四届人民代表大会代表的选举产生

根据选举法的规定和县换届选举的安排意见，灵寿县第十四届人民代表大会代表名额为192名。换届选举工作自2007年1月6日开始，采取县委常委、县人大常委会主任、副主任包片，人大机关干部包乡镇，乡镇干部包村，村干部包选区的选举工作责任制。采取“五统一”做法，即：统一组织领导，统一安排部署，统一时间要求，统一制作选票及各类报表，统一制定选举办法和大会主持词等。2007年3月15日，全县各选区依法选举人大代表183名。之后，由于职务变动，有6名当选代表辞去了代表职务。根据选举法的有关规定，对所缺名额进行了补选和另行选举，依法补选和另行选举了10名人大代表。灵寿县十四届人大代表实有名额187名。全县102个县代表选区全部实行差额选举，当选的县人大代表全部按照“双过半”原则确定。全县选民183314名参加投票选举，参选率85%。

经县十三届人大常委会代表资格审查委员会审查，并经县十三届人大常委会第二十七次会议通过，确定187名代表的选举符合法律规定，构成比例符合上级要求，代表资格全部有效。

二、灵寿县出席石家庄市第十二届人民代表大会代表的选举产生

2008年1月24日，灵寿县第十四届人民代表大会第二次会议选举产生出席石家庄市第十二届人民代表大会代表17人。

第二节　代表名单

一、灵寿县第十四届人民代表大会代表名单

县直代表团

王韶华	马银龙	傅金生	刘占军
张合香	杜风龙	李学英	宋庆绵（女）
闫国平	赵鸿浩	刘建国	张玉刚
张建军	李喜明	田计生	张建光
傅士亮	高景文	范军社	张彦玲（女）
王金忠	侯书英（女）	辛建平	张立军
武利平	张文艺	刘文忠	李爱辰
肖光武	傅士君	孙振山	

灵寿镇代表团

任建忠	马进伟	刘明堂	朱庆明
苏志杰	韩春昌	赵二云	彭志军
孟军辉	康喜瑞	罗庆锁	孟文合
郝玉芳	杨梅菊（女）	傅红海	郑荣菊（女）
雷洛五	雷华敏	马承龙	

三圣院乡代表团

王建海	毕更义	张新芳	刘明华
李书海	焦二贞	张瑞彦	程福海
李贵锁	张国忠	郝桂芬（女）	

北洼乡代表团

王　浩	崔项英	梁红林	傅连梅（女）
祁英杰	吕书文	郑五辰	王会云
李良良			

狗台乡代表团

傅建敏	白庆芳	李香合	尹喜枝（女）

李年发　董连山　徐和芳　杜志芹（女）
程进院

牛城乡代表团

白东风　赵国强　赵耀洲　刘慧芳（女）
杨喜林　左三傻　赵合姐（女）　崔书芹
郎梅兰（女）　赵均匀

南寨乡代表团

程红旗　刘荣强　祁军英（女）　马书勇
武秀林　王三妮　耿美凤（女）　甄书梅（女）
郑金平　夏永革

青同镇代表团

苏志超　彭罗智　马地震　张增珍
杨全社　王振山　白同山　尹华书
王文香（女）　吴杰峰　秦六英（女）

塔上镇代表团

邢世民　崔春生　王书堂　聂风渠
赵昌山　史风丽（女）　聂春生　贾风和

慈峪镇代表团

贾建英　马国云　孙磊海　刘永勤（女）
王留根　王国清　张东风　卢国妮
卢国云　孙玉果（女）　程风亮　李食堂
侯景海　宋建设　李二锁　孙二良
任国良　安景春

谭庄乡代表团

傅连英（女）　马建彬　刘新强　樊秉志
安国云　张长命　李常在　朱景敏（女）

燕川乡代表团

王雪山　江文辉　刘银生　侯　智

李保顺	王会平	白吉龙	刘同云

岔头镇代表团

杨文英	辛金平	王进民	董付生
孙书兰（女）	尚二山	王士才	孙志忠
赵秀平（女）	孙志增		

陈庄镇代表团

刘海生	王先见	吕秀敏（女）	张延海
王进福	张汉魁	周英丽（女）	傅士斌
王书芬（女）	白春明	杜军国	

寨头乡代表团

郝建英（女）	刘忠厚	刘志林	路建明
孙　哲	狄青杰	崔秋生	秦秋枝（女）

南营乡代表团

刘英江	尹国亮	李海军	路还乡
孙庆朝	王连英（女）		

县十四届人大代表届中调整情况表

表 16-1

常委会会议	终止情况	补选情况
2008 年 1 月 17 日 第六次会议	辞职：白庆芳、张延海、尹国亮 调离：闫国平、王韶华、侯书英 去世：梁红林、孟军辉	刘希才、李学忠、韩业丰、赵军华、孟素英、李瑾、刘永锋
2009 年 2 月 3 日 第十三次会议	调离：刘海生	姜阳、孟军科、梁青杰
2010 年 1 月 8 日 第二十一次会议	辞职：刘明华、张增珍、刘惠芳 调离：苏志超、马银龙	王东刚、梁燕青、曹文伟、郝拴海、杜书云、祁晨、李国芳、张桂平、苏智
2011 年 2 月 10 日 第二十九次会议	辞职：刘志林、聂风渠、刘永勤、张建光 调离：任建忠、马建彬、刘希才、朱庆明、王金忠	孟运苍、刘振波、穆德英、高峰、王江鹏、丁云红、马民生、王和平、孙芳
2012 年 2 月 4 日 第三十七次会议	辞职：刘永峰	—

二、灵寿县出席石家庄市第十二届人民代表大会代表名单

马文华（女）	马合云	王建海	傅士君
刘卫平（女）	刘海生	安翠英（女）	杨凤虎
杨志辉	杨建山	苏亿位	李天印
宋建设	张建光	陈全胜	郝建英（女）
郭领域			

届中调整情况：

2009 年 1 月 11 日，县十四届人大常委会第十二次会议补选姜阳为石家庄市第十二届人民代表大会代表。

第三节　代表工作

一、建立代表工作激励机制

在 15 个乡镇推行人大代表“责籍”管理制度。县人大常委会设计制作了《人大代表履职记录本》，对每位代表出席人代会情况，人代会期间领衔提议案、建议情况，闭会期间参加代表小组活动情况，联系群众、接受群众监督等方面的情况如实登记。年终对代表的履职情况进行梳理汇总，作为评选优秀代表的重要依据。

二、密切与代表的联系

根据县人大常委会《关于加强同县人大代表联系的办法》，明确每位常委会组成人员与 3 名人大代表保持经常联系，并就联系内容、方式、次数、效果等提出具体要求。开展主任接待代表活动，在接待代表方式上，变代表上访为主任下访，变被动听取意见为主动带着问题征求代表意见，变一般意义上的接待为突出重点对象、围绕重点问题进行接待。每次活动后，责成相关工作机构及时将代表的意见建议整理反馈给有关方面研究办理，并切实加强跟踪督办。定期向代表寄送《灵寿县人大常委会公报》《石家庄人大》《公民与法治》等资料，通报县人大常委会和“一府两院”的工作，方便代表知情知政。邀请代表参加常委会的有关重大活动，组织代表参加执法检查、视察、调研。

三、重视和加强对乡镇人大工作的指导

加强对乡镇人代会的指导，督促各乡镇依法召开人代会。适时召开全县乡镇人大主席座谈会，就如何正确行使人大职权、如何做好新时期人大工作、代表工作及乡镇人大工作进行交流，提高乡镇人大主席的业务知识和工作水平。邀请乡镇人大主席列席常委会会议，进一步提高乡镇人大干部对人大监督工作程序性、法律性、专业性的认识，提升乡镇人大干部依

法履职能力。

四、完善代表建议办理工作机制

组织修订代表建议办理暂行办法，在完善联合督办机制和主任督办代表建议制度的基础上，建立了代表视察建议办理工作制度，将一些重要建议分门别类形成专题后，组织相关代表进行视察，促进代表建议办理工作。

五、代表议案、建议办理

（一）代表议案办理情况

县十四届人大一次会议，收到代表提出议案 2 件，全部转为建议、批评和意见。

县十四届人大二次会议没有收到代表提出议案。

县十四届人大三次会议，收到代表提出议案 1 件，转为建议、意见。

县十四届人大四次会议，收到代表提出议案 3 件，全部转为建议、意见。

县十四届人大五次会议，收到代表提出议案 6 件，全部转为重点建议、意见。

（二）代表建议办理情况

县十四届人大一次会议，收到人大代表建议 75 件。其中，涉及交通、环保、城建、电力方面 35 件，农林水利方面 10 件，社会稳定方面 11 件，其他方面 19 件。按时办复率 98%。代表满意率 77%，基本满意率 20%，不满意率 3%。

县十四届人大二次会议，收到人大代表建议 57 件。其中，涉及城建、交通、电力方面 20 件，农林水牧方面 13 件，土地环保方面 8 件，科教文卫方面 3 件，其他方面 13 件。全部办复，代表满意和基本满意率 98%。

县十四届人大三次会议，收到代表建议 45 件。其中，涉及城建、国土、交通、电力、环保方面 25 件，水牧方面 4 件，科教文卫方面 3 件，其他方面 9 件。均在规定时限内办理答复完毕，办复率 100%，建议办理满意率 89%，基本满意率 11%。

县十四届人大四次会议，收到代表建议 59 件。其中，涉及城建、国土、交通方面 29 件，水牧方面 4 件，科教文卫方面 8 件，其他方面 18 件。均在规定时限内办理答复完毕，办复率 100%，建议办理满意率 91%，基本满意率 7%。

县十四届人大五次会议，收到代表建议 55 件。其中，涉及城建、国土、交通方面 33 件，农林水方面 4 件，科教文卫方面 8 件，其他方面 10 件。办结率和满意率分别为 100% 和 98%。

县十四届人大历年重点督办代表建议情况一览表

表 16-2

年度	建议内容
2007 年	关于对慈峪镇电力不足及规范整改南环路电力线路的建议；关于稳定山区教师队伍和提高教师素质的建议；关于南环路东线改扩建和村村通公路建设的建议；关于松阳河中下游及渭水河综合治理的建议；关于对县城安装路灯及城市建设的建议；关于“空心村”治理问题的建议；关于加强社会治安稳定的建议
2008 年	关于塔上区域电力严重不足，影响人们生产生活的建议；关于灵塔公路毁坏严重，建议加强管理和维修的建议；硬化东托至南托通往京获路、京获路渭水河段至北托通公路的建议；创造宽松环境，推动特种养殖业发展的建议；加大对企业资金支持力度，促进企业发展的建议；关于加大矿山整治力度的建议；关于建立社会治安防控体系，建设平安灵寿的建议；关于加快横山湖旅游开发的建议；关于进一步巩固退耕还林成果的建议

六、评选优秀县人大代表

2009 年，县人大常委会进行优秀县人大代表评选，评选出 30 名。

优秀县人大代表名单

雷洛五	傅红海	郝玉芳	康喜瑞
李书海	李贵锁	梁青杰	王会云
崔书芹	夏永革	董连山	徐和芳
韩业丰	尹华书	史凤丽	王留根
程风亮	孙二良	卢国云	李常在
李保顺	董福生	王士才	周英丽
白春明	狄青杰	崔秋生	路还乡
李爱辰	张彦玲		

第三章　人民代表大会

灵寿县第十四届人民代表大会任期 4 年 10 个月，自 2007 年 4 月至 2012 年 2 月，共召开 5 次会议。

县十四届人大历次会议概况表

表 16-3

会　议	会议日期	议题（项）	听取报告（个）	决议决定（项）	选举表决（项）
第一次	2007 年 4 月 17 日至 4 月 20 日	10	6	6	4
第二次	2008 年 1 月 22 日至 1 月 24 日	7	6	6	1
第三次	2009 年 2 月 12 日至 2 月 14 日	7	6	6	1
第四次	2010 年 1 月 16 日至 1 月 18 日	7	6	6	1
第五次	2011 年 2 月 14 日至 2 月 16 日	7	6	6	1

第一节　会议概况

一、县十四届人大一次会议

2007 年 4 月 17 日至 4 月 20 日，在县电力会堂召开，出席代表 178 人（应到 187 人）。会议听取和审议县人民政府县长王建海作的《灵寿县人民政府工作报告》；审议县发展改革局局长赵鸿浩作的《关于灵寿县 2006 年国民经济和社会发展计划执行情况的报告与 2007 年国民经济和社会发展计划（草案）的报告》，审查了灵寿县 2006 年国民经济和社会发展计划执行情况的报告与 2007 年国民经济和社会发展计划草案；审议县财政局局长杜风龙作的《关于 2006 年财政预算执行情况和 2007 年财政预算（草案）的报告》，审查了灵寿县 2006 年财政预算执行情况的报告和 2007 年财政预算草案；听取和审议县人大常委会副主任傅金生作的《灵寿县人民代表大会常务委员会工作报告》、县人民法院代院长李学英作的《灵寿县人民法院工作报告》、县人民检察院代检察长宋庆绵作的《灵寿县人民检察院工作报告》。会议通过相应决议。会议选举产生县十四届人大常委会组成人员，县人民政府县长、副县长，县人民法院院长，县人民检察院检察长（名单见本章第二节《会议选举》）。

这次会议审议批准了政府工作报告和其他报告，选举新一届县级国家机关领导人员，为推进全县经济社会各项事业发展提供了坚强保障。会议指出，未来五年是深入贯彻落实科学发展观，大力推进城郊县建设的关键时期。会议强调，要以邓小平理论和“三个代表”重要思想为指导，认真贯彻党的十六大、十六届六中全会和县九次党代会精神，以科学发展观统领经济社会发展全局，牢牢把握经济结构调整和增长方式转变这条主线，大力构建“一环两线”经济发展格局，突出项目建设、壮大支柱产业，优化发展环境、扩大对外开放，发展社会事业，大力推进社会主义新农村建设。坚持依法行政，转变工作作风，狠抓工作落实，促进社会主义经济建设、政治建设、文化建设、社会建设全面发展。

二、县十四届人大二次会议

2008 年 1 月 22 日至 1 月 24 日，在县电力会堂召开，出席代表 181 人（应到 186 人）。会议听取和审议县人民政府县长王建海作的《灵寿县人民政府工作报告》；审议县发展改革局局长赵鸿浩作的《关于灵寿县 2007 年国民经济和社会发展计划执行情况的报告与 2008 年国民经济和社会发展计划（草案）的报告》，审查了灵寿县 2007 年国民经济和社会发展计划执行情况的报告与 2008 年国民经济和社会发展计划草案；审议县财政局局长杜风龙作的《关于 2007 年财政预算执行情况和 2008 年财政预算草案的报告》，审查了灵寿县 2007 年财政预算执行情况的报告和 2008 年财政预算草案；听取和审议县人大常委会主任郝建英作的《灵寿县人民代表大会常务委员会工作报告》、县人民法院院长李学英作的《灵寿县人民法院工作报告》、县人民检察院检察长宋庆绵作的《灵寿县人民检察院工作报告》。会议通过相应决议。会议选举出席石家庄市第十二届人民代表大会代表。

会议指出，2008 年是深入贯彻党的十七大精神，加快实现“十一五”规划目标的重要一年，要以党的十七大精神为指导，全面落实“一体两翼”战略布局和县委九届四次全会精神，突出生态建设、富民工程两大任务，发挥生态、资源、区位三大优势，实现特色农业、特色工业、生态旅游三个突破，全力推进省会城郊县建设。会议强调，全县上下要在中共灵寿县委的正确领导下，高举中国特色社会主义伟大旗帜，全面贯彻落实科学发展观，继续解放思想，坚持改革开放，推动科学发展，促进社会和谐，为推进“省会城郊县”和“山水生态灵寿”建设而努力奋斗。

三、县十四届人大三次会议

2009 年 2 月 12 日至 2 月 14 日，在县电力会堂召开，出席代表 182 人（应到 188 人）。会议听取和审议县人民政府代县长姜阳作的《灵寿县人民政府工作报告》；审议县发展改革局局长赵鸿浩作的《关于灵寿县 2008 年国民经济和社会发展计划执行情况的报告与 2009 年国民经济和社会发展计划（草案）的报告》，审查了灵寿县 2008 年国民经济和社会发展计划执行情况的报告与 2009 年国民经济和社会发展计划草案；审议县财政局局长杜风龙作的《关于 2008 年财政预算执行情况和 2009 年财政预算草案的报告》，审查了灵寿县 2008 年财政预算执行情况的报告和2009年财政预算草案；听取和审议县人大常委会主任郝建英作的《灵寿县人民代表大会常务委员会工作报告》、县人民法院院长李学英作的《灵寿县人民法院工作报告》、县人民检察院检察长宋庆绵作的《灵寿县人民检察院工作报告》。会议通过相应决议。会议选举姜阳为县人民政府县长。

会议指出，2009年是落实省委“三年大变样”战略的关键年，是实施“省会郊县建设”的攻坚年。会议强调，全县上下要高举中国特色社会主义伟大旗帜，以科学发展观为统领，深入贯彻党的十七届三中全会、省委七届四次全会和县委九届五次会议精神，保增长、保变样、保民生、保稳定，积极应对复杂多变的国内国际经济形势，准确把握国家“扩大内需，拉动经济”的调控政策，发挥资源、区位、产业优势，依托园区建设，推进产业优化调整；平衡区域基础设施投入，加快新农村建设步伐；整合企业集群发展，对接省会产业转移，努力实现城乡统筹发展和经济社会协调发展。

四、县十四届人大四次会议

2010年1月16日至1月18日，在县电力会堂召开，出席代表180人（应到192人）。会议听取和审议县人民政府县长姜阳作的《灵寿县人民政府工作报告》；审议县发展改革局局长赵鸿浩作的《关于灵寿县2009年国民经济和社会发展计划执行情况的报告与2010年国民经济和社会发展计划（草案）的报告》，审查了灵寿县2009年国民经济和社会发展计划执行情况的报告与2010年国民经济和社会发展计划草案；审议县财政局局长傅士君作的《关于2009年财政预算执行情况和2010年财政预算（草案）的报告》，审查了灵寿县2009年财政预算执行情况的报告和2010年财政预算草案；听取和审议县人大常委会主任郝建英作的《灵寿县人民代表大会常务委员会工作报告》、县人民法院院长李学英作的《灵寿县人民法院工作报告》、县人民检察院检察长宋庆绵作的《灵寿县人民检察院工作报告》。会议通过相应决议。会议选举产生5名县人大常委会委员（名单见本章第二节《会议选举》）。

会议指出，2010年，是实现“十一五”规划的最后一年，是“三年大变样”的决胜之年，也是为“十二五”规划启动实施奠定良好基础的一年。会议强调，全县上下要认真贯彻党的十七届四中全会精神，以邓小平理论和“三个代表”重要思想为指导，深入学习实践科学发展观，全面落实省经济工作会议和市委八届五次、县委九届六次全会精神，充分发挥生态、资源、区位三大优势，着力实施工业强县、农业稳县、生态立县、旅游活县四大战略，抓项目促税收、抓城建促变样、抓特色促增效、抓安全促稳定、抓作风促环境、抓保障促民生，倾力打造山水生态灵寿，全力推进省会城郊县建设，努力实现全县经济社会平稳较快发展。

五、县十四届人大五次会议

2011年2月14日至2月16日，在县电力会堂召开，出席代表189人（应到192人）。会议听取和审议县人民政府县长姜阳作的《灵寿县国民经济和社会发展第十二个五年规划纲要草案的报告》，审查了灵寿县国民经济和社会发展第十二个五年规划纲要草案；审议县发展改革局局长赵鸿浩作的《灵寿县2010年国民经济和社会发展计划执行情况与2011年国民经济和社会发展计划（草案）的报告》，审查了灵寿县2010年国民经济和社会发展计划执行情况的报告与2011年国民经济和社会发展计划草案；审议县财政局局长傅士君作的《关于灵寿县2010年财政预算执行情况的报告和2011年财政预算（草案）的报告》，审查了灵寿县2010年财政预算执行情况的报告和2011年财政预算草案；听取和审议县人大常委会主任郝建英作的《灵寿县人民代表大会常务委员会工作报告》、县人民法院院长李学英作的《灵寿县人民法院工作报告》、县人民检察院检察长宋庆绵作的《灵寿县人民检察院工作报告》。会议通过相应决议。会议选举产生5名县人大常委会委员（名单见本章第二节《会议选举》）。

会议指出，“十二五”时期是灵寿县全面建设小康社会的决战期，也是深化改革开放、加快转变经济发展方式的关键期，更是统筹城乡发展、实现城乡一体化的加速期。会议强调，全县上下要高举中国特色社会主义伟大旗识，以邓小平理论和“三个代表”重要思想为指导，深入贯彻落实科学发展观，以科学发展为主题，以加快转变经济发展方式为主线，以“打造山水生态灵寿、建设省会城郊强县”为目标，以提高人民生活水平为根本出发点，全面实施“生态立县、工业强县、农业稳县、旅游活县”四大战略。重点发展绿色工业、生态农业和休闲旅游业，全面加强各种生态功能区建设，打造省会西北部绿色生态新屏障。完善体制机制，优化发展环境，激发经济发展活力，培育一批立县项目，打造一批农业龙头，构建大旅游格局。通过产业互动发展，为实现脱贫致富、全面建成小康社会打下坚实基础。

第二节　会议选举

县人大常委会

主　任：

郝建英　　2007年4月县十四届人大一次会议当选

副主任：

傅金生　　2007年4月县十四届人大一次会议当选

刘占军　　2007年4月县十四届人大一次会议当选

张合香　　2007年4月县十四届人大一次会议当选

王雪山　　2007年4月县十四届人大一次会议当选

届中调整情况：

王雪山，2011年2月10日，在县十四届人大常委会第二十九次会议上辞去县人大常委会副主任职务。

委　员（县十四届人大一次会议选举产生）

刘永勤（女）　刘志林　刘忠厚　刘慧芳（女）

安国云	李良良	李香合	李海军
张玉刚	张立军	赵昌山	侯书英（女）
聂风渠	高景文	彭罗智	雷华敏

县十四届人大四次会议选举产生

梁燕青	马书勇	孟素英	曹文伟
苏志杰			

县十四届人大五次会议选举产生

丁云红	马民生	王和平	孙　芳
李书海			

届中调整情况：

侯书英，2008 年 1 月 17 日，在县十四届人大常委会第六次会议上辞去常委会委员职务。

刘忠厚，2009 年 2 月 3 日，在县十四届人大常委会第十三次会议上辞去常委会委员职务。

刘慧芳，2010 年 1 月 8 日，在县十四届人大常委会第二十一次会议上辞去常委会委员职务。

李海军，2010 年 1 月 8 日，在县十四届人大常委会第二十一次会议上辞去常委会委员职务。

彭罗智，2010 年 1 月 8 日，在县十四届人大常委会第二十一次会议上辞去常委会委员职务。

刘永勤，2011 年 2 月 10 日，在县十四届人大常委会第二十九次会议上辞去常委会委员职务。

聂风渠，2011 年 2 月 10 日，在县十四届人大常委会第二十九次会议上辞去常委会委员职务。

刘志林，2011 年 2 月 10 日，在县十四届人大常委会第二十九次会议上辞去常委会委员职务。

县人民政府

县长：

王建海　　2007 年 4 月县十四届人大一次会议当选

姜　阳　　2009 年 2 月县十四届人大三次会议当选

届中调整情况：

王建海，2009 年 1 月 11 日县十四届人大常委会第十二次会议上辞去县长职务。

姜　阳，2009 年 1 月 11 日县十四届人大常委会第十二次会议决定任命其为副县长，决定其为代理县长。

副县长：

王韶华　　2007 年 4 月县十四届人大一次会议当选

苏志超　　2007 年 4 月县十四届人大一次会议当选

左国方　　2007 年 4 月县十四届人大一次会议当选

周二焕　　2007 年 4 月县十四届人大一次会议当选

于燕红　　2007 年 4 月县十四届人大一次会议当选

届中调整情况：

郭旭杰，2007 年 5 月 31 日，县十四届人大常委会第一次会议决定任命其为灵寿县人民政府副县长（挂职）；2008 年 4 月 29 日，县十四届人大常委会第七次会议决定免去其灵寿县人民政府副县长（挂职）职务。

李丽艳，2008 年 4 月 29 日，县十四届人大常委会第七次会议决定任命其为灵寿县人民政府副县长（挂职）；

苏志超，2009 年 8 月 4 日，县十四届人大常委会第十七次会议决定免去其灵寿县人民政府副县长职务。

王东刚，2009 年 8 月 4 日，县十四届人大常委会第十七次会议决定任命其为灵寿县人民政府副县长。

左国方，2010 年 12 月 9 日，县十四届人大常委会第二十七次会议决定免去其灵寿县人民政府副县长职务。

周海佳，2010 年 12 月 9 日，县十四届人大常委会第二十七次会议决定任命其为灵寿县人民政府副县长。

周二焕，2010 年 12 月 31 日，县十四届人大常委会第二十八次会议决定免去其灵寿县人民政府副县长职务。

程军宏，2010 年 12 月 31 日，县十四届人大常委会第二十八次会议决定任命其为灵寿县人民政府副县长。

王雪山，2011 年 2 月 10 日，县十四届人大常委会第二十九次会议决定任命其为灵寿县人民政府副县长。

于燕红，2011 年 6 月 15 日，县十四届人大常委会第三十一次会议决定免去其灵寿县人民政府副县长职务。

马瑰欣，2011 年 6 月 15 日，县十四届人大常委会第三十一次会议决定任命其为灵寿县人民政府副县长。

赵　琳，2011 年 6 月 15 日，县十四届人大常委会第三十一次会议决定任命其为灵寿县人民政府副县长。

贾建英，2011 年 9 月 13 日，县十四届人大常委会第三十四次会议决定免去其灵寿县人民政府副县长职务。

李向阳，2011 年 9 月 13 日，县十四届人大常委会第三十四次会议决定任命其为灵寿县人民政府副县长。

县人民法院

院　长：

李学英　　　2007 年 4 月县十四届人大一次会议当选

届中调整情况：

李学英，2012 年 2 月 4 日，在县十四届人大常委会第三十七次会议上辞去灵寿县人民法院院长职务。

县人民检察院

检察长：

宋庆绵　　　2007 年 4 月县十四届人大一次会议当选

届中调整情况：

宋庆绵，2012 年 2 月 4 日，在县十四届人大常委会第三十七次会议上辞去灵寿县人民检察院检察长职务。

链接：县十四届人大常委会主任简历

郝建英，女，汉族，中共党员，河北灵寿人，大专。灵寿县寨南公社协助员，灵寿县寨南公社党委副书记、革委会副主任，灵寿县护驾疃公社党委副书记、革委会副主任，灵寿县西托乡党委副书记，灵寿县西托乡党委副书记、乡长，灵寿县西托乡党委书记，灵寿县政府常务副县长兼青同农中校长，政协灵寿县委员会主席、党组书记，灵寿县十四届人大常委会主任、党组书记。

第三节　会议组织

一、县十四届人大一次会议

（一）大会临时党委

书　记：刘海生

副书记：郝建英（女）　王建海　任建忠

（二）大会主席团和秘书长

主席团：

马地震	马国云	马建彬	马银龙
王建海	王　浩	王雪山	王韶华
吕秀敏（女）	朱庆明	任建忠	刘占军
刘永勤（女）	刘志林	刘英江	刘明华
刘忠厚	刘建国	刘海生	刘惠芳（女）

刘新强	安国云	江文辉	毕更义
邢世民	孙磊海	苏志超	李良良
李香合	李海军	杨文英	张玉刚
张立军	张合香	赵昌山	赵国强
郝建英（女）	侯书英（女）	聂风渠	贾建英
高景文	崔春生	彭罗智	程红旗
傅连英（女）	傅金生	傅建敏	雷华敏
路建明			

秘书长：傅金生

（三）大会主席团常务主席

刘海生	郝建英（女）	王建海	傅连英（女）
任建忠	傅金生	刘占军	张合香
王雪山			

（四）大会议案审查委员会

主 任 委 员：傅金生

副主任委员：李海军

委　　员：

安国云	李良良	李香合	彭罗智
刘惠芳（女）	马书勇		

二、县十四届人大二次会议

（一）大会临时党委

书　记：刘海生

副书记：王建海　任建忠　郝建英（女）

（二）大会主席团和秘书长

主席团：

马地震	马国云	马建彬	马银龙
王建海	王　浩	王雪山	吕秀敏（女）
任建忠	刘希才	刘占军	刘永勤（女）
刘志林	刘英江	刘忠厚	刘建国
刘海生	刘惠芳（女）	刘新强	安国云
毕更义	邢世民	孙磊海	苏志超
李学忠	李良良	李香合	李海军
杨文英	张玉刚	张立军	张合香
赵军华	赵昌山	赵国强	郝建英（女）

聂风渠	贾建英	高景文	崔春生
韩业丰	彭罗智	程红旗	傅连英（女）
傅金生	傅建敏	雷华敏	路建明

秘书长：傅金生

（三）大会主席团常务主席

刘海生	郝建英（女）	王建海	傅连英（女）
任建忠	傅金生	刘占军	张合香
王雪山			

（四）大会议案审查委员会

主 任 委 员：王雪山

副主任委员：李海军

委　　　员：

安国云	李良良	李香合	彭罗智
刘惠芳（女）	马书勇		

三、县十四届人大三次会议

（一）大会临时党委

书　记：王建海

副书记：姜　阳　任建忠　郝建英（女）

（二）大会主席团和秘书长

主席团：

马地震	马国云	马建彬	王建海
王　浩	王雪山	吕秀敏（女）	任建忠
刘占军	刘永勤（女）	刘希才	刘志林
刘英江	刘忠厚	刘建国	刘惠芳（女）
刘新强	安国云	毕更义	邢世民
孙磊海	苏志超	李学忠	李良良
李香合	李海军	杨文英	张玉刚
张立军	张合香	姜　阳	赵军华
赵昌山	赵国强	郝建英（女）	聂风渠
贾建英	高景文	崔春生	韩业丰
彭罗智	程红旗	傅连英（女）	傅金生
傅建敏	雷华敏	路建明	

秘书长：傅金生

（三）大会主席团常务主席

王建海	姜　阳	任建忠	郝建英（女）
傅连英（女）	傅金生	刘占军	张合香
王雪山			

（四）大会议案审查委员会

主 任 委 员：王雪山

副主任委员：李海军

委　　　员：

安国云	李良良	李香合	彭罗智
刘惠芳（女）	马书勇		

四、县十四届人大四次会议

（一）大会临时党委

书　记：王建海

副书记：姜　阳　任建忠　郝建英（女）

（二）大会主席团和秘书长

主席团：

马书勇	马地震	马国云	马建彬
王东刚	王建海	王　浩	王雪山
任建忠	刘占军	刘永勤（女）	刘希才
刘志林	刘英江	刘忠厚	刘建国
吕秀敏（女）	安国云	毕更义	祁　晨
邢世民	张玉刚	张立军	张合香
张桂平（女）	李良良	李国芳	李学忠
李香合	杜书云	杨文英	苏志杰
苏　智	孟素英（女）	姜　阳	赵军华
赵昌山	郝建英（女）	郝拴海	聂风渠
贾建英	高景文	曹文伟（女）	梁燕青
傅金生	傅连英（女）	程红旗	韩业丰
雷华敏			

秘书长：傅金生

（三）大会主席团常务主席

王建海	姜　阳	任建忠	郝建英（女）
傅连英（女）	傅金生	刘占军	张合香
王雪山			

（四）大会议案审查委员会

主 任 委 员：王雪山

副主任委员：安国云

委　　　员：

李良良	李香合	马书勇	曹文伟（女）
孟素英（女）	苏志杰		

五、县十四届人大五次会议

（一）大会临时党委

书　记：王建海

副书记：姜　阳　孟运苍　郝建英（女）

（二）大会主席团和秘书长

主席团：

马书勇	马地震	马国云	王东刚
王江鹏	王建海	王　浩	刘占军
刘忠厚	刘振波	刘建国	吕秀敏（女）
安国云	毕更义	祁　晨	邢世民
张玉刚	张立军	张合香	张桂平（女）
李良良	李国芳	李学忠	李香合
杜书云	苏志杰	苏　智	孟运苍
孟素英（女）	姜　阳	赵军华	赵昌山
郝建英（女）	郝拴海	贾建英	高景文
高　峰	曹文伟（女）	梁燕青	傅金生
傅连英（女）	程红旗	韩业丰	雷华敏
穆德英			

秘书长：傅金生（兼）

（三）大会主席团常务主席

王建海	姜　阳	孟运苍	郝建英（女）
傅连英（女）	傅金生	刘占军	张合香

（四）大会议案审查委员会

主 任 委 员：刘占军

副主任委员：丁云红

委　　　员：

李良良	李香合	马书勇	曹文伟（女）
孟素英（女）	苏志杰		

第四章　人民代表大会常务委员会

县十四届人大常委会高举中国特色社会主义伟大旗帜，坚持以邓小平理论和“三个代表”重要思想为指导，认真贯彻党的十七大和县委九届、十届全会精神，深入贯彻落实科学发展观，紧紧围绕全县改革发展稳定大局和人民群众关注的热点、难点问题，加大监督工作力度，先后召开37次常委会，听取和审议“一府两院”专项工作报告93项，组织开展视察、检查和专题调查586次，提出审议意见356条，作出决议、决定27项，为加强民主法制建设，推进全县经济发展，构建和谐灵寿做出积极贡献。

第一节　常委会会议

县十四届人大常委会共召开会议37次。

第一次会议　2007年5月31日召开，县人大常委会主任郝建英，副主任傅金生、刘占军、张合香、王雪山和14名委员出席会议。县政府常务副县长王韶华，县政协副主席杜风龙，县法院院长李学英、县检察院检察长宋庆绵列席会议。会议审议通过县人大常委会2007年工作要点；审议通过《灵寿县人大常委会议事规则》《关于灵寿县人大常委会听取和审议县政府、县法院和县检察院专项工作报告的意见（试行）》《灵寿县人大常委会执法检查工作的规定》《灵寿县人大常委会人事任免和监督办法》《灵寿县人大常委会关于人大常委会组成人员加强同代表联系的意见》；审议通过灵寿县第十四届人大常委会代表资格审查委员会名单；会议通过人事任免事项（名单见本篇第七章《选举任免》）。

第二次会议　2007年6月28日召开，县人大常委会主任郝建英，副主任傅金生、刘占军、张合香、王雪山和11名委员出席会议。县政府副县长康二中、县检察院副检察长傅元军列席会议。会议听取和审议县政府关于义务教育法和免除农村中小学学杂费执行情况的报告；听取县政府关于库区移民生产生活保障情况的报告；听取县政府关于社会治安情况的报告。

第三次会议　2007年8月28日召开，县人大常委会主任郝建英，副主任傅金生、刘占军、张合香、王雪山和15名委员出席会议。县政府常务副县长王韶华、县法院院长李学英、县检察院检察长宋庆绵列席会议。会议听取和审议县政府关于2007年上半年国民经济和社会发展计划执行情况的报告；听取和审议县政府关于2007年上半年预算执行情况的报告；

听取和审议县政府关于2006年财政决算情况的报告，审议相应的决议（草案）；听取和审议县政府关于2006年预算执行和其他财政收支情况审计工作的报告。

第四次会议　2007年10月31日召开，县人大常委会主任郝建英，副主任傅金生、刘占军、张合香、王雪山和12名委员出席会议。县委副书记任建忠，县政府副县长左国方，县政协副主席张云山，县法院院长李学英，县检察院检察长宋庆绵列席会议。会议听取和审议县政府关于城市建设情况的报告；听取和审议县法院关于自身建设情况的报告；听取和审议县检察院关于自身建设情况的报告；审议灵寿县旅游业发展总体规划；会议通过人事任免事项（名单见本篇第七章《选举任免》）。

第五次会议　2007年12月27日召开，县人大常委会主任郝建英，副主任傅金生、刘占军、张合香、王雪山和11名委员出席会议。县政府副县长康二中，县政协副主席杜风龙、县法院副院长雷震、县检察院检察长宋庆绵列席会议。会议听取和审议县政府关于代表建议、批评和意见办理情况的报告；听取县政府关于新型农村合作医疗推行情况的报告；听取县政府关于调整2007年财政支出预算的报告；审议灵寿县县城总体规划和灵寿县生态县建设规划。

第六次会议　2008年1月17日召开，县人大常委会主任郝建英，副主任傅金生、刘占军、张合香、王雪山和11名委员出席会议。县政府常务副县长贾建英，县政协副主席杜风龙，县法院院长李学英，县检察院检察长宋庆绵列席会议。会议审议通过灵寿县人大常委会2008年工作要点；听取县人大常委会关于召开灵寿县第十四届人民代表大会第二次会议有关工作的安排意见，审议并原则通过县人大常委会工作报告（稿），决定提请县十四届人大二次会议审议；审议通过灵寿县第十四届人大常委会代表资格审查委员会关于补选代表的代表资格的审查报告。

第七次会议　2008年4月29日召开，县人大常委会主任郝建英，副主任傅金生、刘占军、张合香、王雪山和12名委员出席会议。县委副书记任建忠，县政府副县长左国方，县政协副主席杜风龙，县法院院长李学英，县检察院副检察长王强列席会议。会议听取和审议县政府关于林业旅游业发展情况的报告；听取和审议县政府关于科技推广情况的报告；会议通过人事任免事项（名单见本篇第七章《选举任免》）。

第八次会议　2008年6月26日召开，县人大常委会主任郝建英，副主任傅金生、刘占军、张合香、王雪山和11名委员出席会议。县政府副县长周二焕、县政协副主席杜风龙、县法院副院长雷震、县检察院检察长宋庆绵列席会议。会议听取和审议县人大常委会副主任、执法检查组组长刘占军作的关于检查灵寿县贯彻实施《中华人民共和国防汛条例》情况的报告；听取和审议县政府关于城乡居民最低生活保障制度落实情况的报告；听取和审议县政府关于治安处罚法实施情况的报告。

第九次会议　2008年8月28日召开，县人大常委会主任郝建英，副主任傅金生、刘占军、张合香、王雪山和12名委员出席会议。县政府常务副县长贾建英，县政协副主席杜风龙，县法院副院长雷震，县检察院副检察长王强列席会议。会议听取和审议县人大常委会副主任、执法检查组组长傅金生作的关于检查灵寿县贯彻落实《中华人民共和国安全生产法》情况的报告；听取和审议县政府关于2008年上半年国民经济和社会发展计划执行情况的报告；听取和审议县政府关于2008年上半年预算执行情况的报告；听取和审议县政府关于2007年财政决算情况的报告，审议相应的决议（草案）；听取和审议县政府关于2007年预算执行和其他财政收支情况审计工作的报告。

第十次会议 2008年10月30日召开，县人大常委会主任郝建英，副主任傅金生、刘占军、张合香、王雪山和10名委员出席会议。县政府副县长康二中、县法院副院长崔金健、县检察院检察长宋庆绵列席会议。会议听取和审议县人大常委会副主任、执法检查组组长王雪山作的关于检查灵寿县贯彻实施《中华人民共和国药品管理法》情况的报告；听取和审议县政府关于城市总体规划落实和详规编制情况的报告；听取和审议县人民检察院关于反贪污贿赂工作情况的报告。

第十一次会议 2008年12月30日召开，县人大常委会主任郝建英，副主任傅金生、刘占军、张合香、王雪山和12名委员出席会议。县政府常务副县长贾建英、县政协副主席杜风龙、县法院院长李学英、县检察院检察长宋庆绵列席会议。会议听取和审议县人大常委会副主任、执法检查组组长张合香作的关于检查灵寿县贯彻实施《中华人民共和国劳动合同法》情况的报告；听取和审议县政府关于代表建议、批评和意见办理情况的报告；听取和审议县法院关于行政审判工作情况的报告和县政府关于2008年预算调整情况的报告；会议通过人事任免事项（名单见本篇第七章《选举任免》）。

第十二次会议 2009年1月11日召开，县人大常委会主任郝建英，副主任傅金生、刘占军、张合香、王雪山和13名委员出席会议。县政府常务副县长贾建英、县政协副主席杜风龙、县法院院长李学英、县检察院检察长宋庆绵列席会议。会议表决通过王建海辞去灵寿县人民政府县长职务的请求；决定任命姜阳为灵寿县人民政府副县长；表决通过关于姜阳为灵寿县人民政府代理县长的决定；补选姜阳为石家庄市第十二届人民代表大会代表。

第十三次会议 2009年2月3日召开，县人大常委会主任郝建英，副主任傅金生、刘占军、张合香、王雪山和13名委员出席会议。县政府、县政协、县法院、县检察院的相关领导列席会议。会议听取和审议县人大常委会主任会议关于召开县十四届人大三次会议有关事项的报告，并通过有关事项的草案、县人大常委会工作报告（稿）、2009年工作要点（草案）；会议审议通过县人大常委会代表资格审查委员会关于补选代表的代表资格的审查报告、关于刘忠厚委员辞去委员职务的报告。

第十四次会议 2009年3月10日召开，县人大常委会主任郝建英，副主任傅金生、刘占军、张合香、王雪山和11名委员出席会议。县政府常务副县长贾建英，县政协副主席杨秀华，县法院副院长雷震，县检察院检察长宋庆绵列席会议。会议宣读了《灵寿县人大常委会关于印发2009年县人大常委会听取和审议专项工作报告计划、计划预算和审计工报告计划、执法检查工作计划、主任会议议题安排的通知》；会议通过人事任免事项（名单见本篇第七章《选举任免》）。

第十五次会议　2009 年 4 月 29 日召开，县人大常委会主任郝建英，副主任傅金生、刘占军、张合香、王雪山和 11 名委员出席会议。县政府常务副县长贾建英、县法院院长李学英、县检察院副检察长傅元军列席会议。会议听取和审议县政府关于项目谋划和发展环境建设情况的报告；听取和审议县政府关于全县公路建设情况的报告；听取和审议县政府关于水利工作情况的报告；会议通过人事任免事项（名单见本篇第七章《选举任免》）。

第十六次会议　2009 年 6 月 29 日召开，县人大常委会主任郝建英，副主任傅金生、刘占军、张合香、王雪山和 8 名委员出席会议。县政府常务副县长贾建英、县政协副主席杜风龙、县法院副院长马青龙、县检察院检察长宋庆绵列席会议。会议听取和审议灵寿县人大常委会执法检查组关于灵寿县实施《中华人民共和国传染病防治法》执法检查情况的报告；听取和审议县政府关于城市建设“三年大变样”情况的报告；听取和审议县政府关于城乡文化设施建设和文化娱乐市场管理工作情况的报告；会议通过人事任免事项（名单见本篇第七章《选举任免》）。

第十七次会议　2009 年 8 月 4 日召开，县人大常委会主任郝建英，副主任傅金生、刘占军、张合香、王雪山和 10 名委员出席会议。县政府常务副县长贾建英、县政协副主席杜风龙、县法院副院长马青龙、县检察院检察长宋庆绵列席会议。会议通过人事任免事项（名单见本篇第七章《选举任免》）。

第十八次会议　2009 年 8 月 31 日召开，县人大常委会主任郝建英，副主任傅金生、刘占军、张合香、王雪山和 10 名委员出席会议。县政府常务副县长贾建英、县政协副主席杜风龙、县法院副院长雷震、县检察院副检察长张红海列席会议。会议听取和审议灵寿县人大常委会执法检查组关于灵寿县实施《中华人民共和国环境保护法》执法检查情况的报告；听取和审议县政府关于 2009 年上半年国民经济和社会发展计划执行情况的报告；听取和审议县政府关于 2008 年财政决算情况的报告，批准灵寿县 2008 年县级决算的决议；听取和审议县政府关于 2009 年上半年财政预算执行情况的报告；听取和审议县政府关于 2008 年度预算执行及其他财政收支情况审计工作的报告。

第十九次会议　2009 年 10 月 30 日召开，县人大常委会主任郝建英，副主任傅金生、刘占军、张合香、王雪山和 10 名委员出席会议。县政协副主席杜风龙、县法院院长李学英、县检察院副检察长张红海列席会议。会议听取和审议灵寿县人大常委会执法检查组关于灵寿县实施《中华人民共和国矿产资源法》执法检查情况的报告；听取和审议县法院办案质量检查工作的报告；听取和审议县检察院办案质量检查工作的报告；听取和审议县公安局办案质量检查工作的报告；听取和审议县政府关于“十一五”发展规划执行情况中期评估报告；会议对法院、检察院、公安局进行满意度测评；会议通过人事任免事项（名单见本篇第七章《选举任免》）。

第二十次会议　2009 年 12 月 25 日召开，县人大常委会主任郝建英，副主任傅金生、刘占军、张合香、王雪山和 11 名委员出席会议。县政府常务副县长贾建英、县政协副主席杜风龙、县法院副院长张军海、县检察院副检察长张红海列席会议。会议听取和审议县政府关于县十四届人大三次会议代表建议、批评、意见办理情况报告；听取和审议县政府关于2009年审计工作报告中所列问题整改情况的报告；听取和审议县政府关于灵寿县争取金融机构贷款情况的报告；听取和审议县政府关于调整2009年财政收支预算的报告；听取和审议灵寿县人大常委会关于灵寿县实施《中华人民共和国会计法》执法检查情况的报告；会议通过人事任免事项（名单见本篇第七章《选举任免》）。

第二十一次会议 2010年1月8日召开，县人大常委会主任郝建英，副主任傅金生、刘占军、张合香、王雪山和10名委员出席会议。县政府常务副县长贾建英、县政协副主席杜风龙、县法院院长李学英、县检察院检察长宋庆绵列席会议。会议听取和审议县人大常委会主任会议关于召开县十四届人大四次会议有关事项的报告，并通过有关事项的草案、县人大常委会工作报告（稿）、2010年工作要点（草案）；表决通过关于调整灵寿县第十四届人大常委会代表资格审查委员会组成人员的报告；审议通过县人大常委会代表资格审查委员会关于补选代表的代表资格审查报告、刘惠芳等辞去灵寿县人大常委会委员职务的报告。会议通过人事任免事项（名单见本篇第七章《选举任免》）。

第二十二次会议 2010年4月1日召开，县人大常委会主任郝建英，副主任傅金生、刘占军、张合香、王雪山和11名委员出席会议。县政府常务副县长贾建英、县政协副主席杜风龙、县法院副院长张军海、县检察院检察长宋庆绵列席会议。会议通报2010年县人大常委会听取和审议专项工作报告计划、计划预算和审计工作报告计划、执法检查工作计划、主任会议议题安排；会议通过人事任免事项（名单见本篇第七章《选举任免》）。

第二十三次会议 2010年4月29日召开，县人大常委会主任郝建英，副主任傅金生、刘占军、张合香、王雪山和12名委员出席会议。县政府常务副县长贾建英、县政协副主席杜风龙、县法院院长李学英、县检察院检察长宋庆绵列席会议。会议听取和审议县法院关于行政审判工作情况的报告；听取和审议县检察院监所检察工作情况的报告。

第二十四次会议 2010年7月8日召开，县人大常委会主任郝建英，副主任傅金生、刘占军、张合香、王雪山和12名委员出席会议。县政府常务副县长贾建英、县政协副主席杜风龙、县法院院长李学英、县检察院检察长宋庆绵列席会议。会议听取和审议县政府关于广播电视事业发展情况的报告；听取和审议县政府关于土地管理情况的报告。

第二十五次会议 2010年8月27日召开，县人大常委会主任郝建英，副主任傅金生、刘占军、张合香、王雪山和14名委员出席会议。县政府常务副县长贾建英、县政协副主席杜风龙、县法院院长李学英、县检察院副检察长傅元军列席会议。会议听取和审议灵寿县人大常委会执法检查组关于开展《中华人民共和国道路交通安全法》执法检查情况的报告；听取和审议县政府关于2010年上半年国民经济和社会发展计划执行情况的报告；听取和审议县政府关于2010年上半年财政预算执行情况的报告；听取和审议县政府关于2009年县级财政决算情况的报告，并通过相应决议；听取和审议县政府关于2009年度县级财政预算执行和其他财政收支情况审计工作的报告；会议通过人事任免事项（名单见本篇第七章《选举任免》）。

第二十六次会议　2010 年 10 月 27 日召开，县人大常委会主任郝建英，副主任傅金生、刘占军、张合香、王雪山和 10 名委员出席会议。县政府常务副县长贾建英，县政协副主席张云山，县法院院长李学英、县检察院检察长宋庆绵列席会议。会议听取和审议县人大执法检查组关于开展《中华人民共和国人口与计划生育法》执法检查情况的报告，听取和审议县住房和城乡建设局局长张建军作的关于城市建设“三年大变样”情况的报告；听取和审议县工商行政管理局局长郭会中作的关于工商行政管理工作情况的报告。

第二十七次会议　2010 年 12 月 9 日召开，县人大常委会主任郝建英，副主任傅金生、刘占军、张合香、王雪山和 15 名委员出席会议。县政府常务副县长贾建英、县政协副主席杜风龙、县法院院长李学英、县检察院检察长宋庆绵列席会议。会议听取和审议县政府关于县十四届人大四次会议代表建议、批评、意见办理情况的报告。听取和审议县政府关于特色农业种植情况的报告。会议通过人事任免事项（名单见本篇第七章《选举任免》）。

第二十八次会议　2010 年 12 月 31 日召开，县人大常委会主任郝建英，副主任傅金生、刘占军、张合香、王雪山和 10 名委员出席会议。县政府常务副县长贾建英、县政协副主席张云山、县法院院长李学英、县检察院检察长宋庆绵列席会议。会议听取和审议县财政局局长傅士君作的《灵寿县人民政府关于调整 2010 年财政收支预算的报告》，对县政府调整 2010 年财政收支预算情况进行专题询问，通过相应决议。会议通过人事任免事项（名单见本篇第七章《选举任免》）。

第二十九次会议　2011 年 2 月 10 日召开，县人大常委会主任郝建英，副主任傅金生、刘占军、张合香出席会议。县政府常务副县长贾建英，县政协副主席杜风龙，县法院院长李学英、县检察院检察长宋庆绵列席会议。会议通过人事任免事项（名单见本篇第七章《选举任免》）。

第三十次会议　2011 年 4 月 21 日召开，会议听取和审议县政府关于农村绿化和旅游业发展情况的报告；会议听取和审议县政府关于统计工作情况的报告。会议通过人事任免事项（名单见本篇第七章《选举任免》）。

第三十一次会议　2011 年 6 月 15 日召开，会议通过人事任免事项（名单见本篇第七章《选举任免》）。

第三十二次会议　2011 年 6 月 29 日召开，会议听取和审议县人民法院关于刑事审判工作情况的报告；听取和审议县人民检察院关于刑事诉讼监督工作情况的报告；听取和审议县人大执法检查组关于《中华人民共和国食品安全法》执法检查情况的报告。

第三十三次会议　2011 年 8 月 30 日召开，县人大常委会主任郝建英，副主任傅金生、刘占军、张合香出席会议。县委常委、副县长王东刚，县政协副主席杜风龙、傅士君，县法院院长李学英、县检察院检察长宋庆绵列席会议。会议听取和审议县政府关于 2011 年上半年国民经济和社会发展计划执行情况的报告；听取和审议县政府关于 2010 年县级财政决算情况的报告，并通过相应决议；听取和审议县政府关于 2011 年 1—6 月财政预算执行情况的报告；听取和审议县政府关于 2010 年度县级预算执行和其他财政收支情况的审计报告。

第三十四次会议 2011 年 9 月 13 日召开，县人大常委会主任郝建英，副主任傅金生、刘占军、张合香出席会议。县委常委、副县长王东刚，县政协副主席杜风龙，县法院院长李学英、县检察院检察长宋庆綿列席会议。会议听取和审议县财政局局长傅士君作的《灵寿县人民政府关于调整 2011 年财政收支预算的报告》，并通过相应决议。会议通过人事任免事项（名单见本篇第七章《选举任免》）。

第三十五次会议 2011 年 11 月 3 日召开，会议听取和审议县政府关于农田水利设施建设情况的报告；听取和审议县政府关于历史文化遗产保护开发利用情况的报告；会议作出《灵寿县人大常委会关于成立县选举委员会的决定》《灵寿县人大常委会关于批准各乡镇成立第九届人民代表大会选举委员会的决定》。

第三十六次会议 2011 年 12 月 23 日召开，县人大常委会主任郝建英，副主任傅金生、刘占军出席会议。县人大党组成员李彦勇，县政府副县长康二中，县法院院长李学英、县检察院检察长宋庆绵列席会议。会议听取和审议县政府关于县十四届人大五次会议代表建议、批评和意见办理情况的报告；听取和审议县政府关于城市建设“三年上水平”重点工程建设情况的报告；会议听取和审议县财政局局长傅士君作的《灵寿县人民政府关于调整 2011 年财政支出预算的报告》，并通过相应决议。会议通过人事任免事项（名单见本篇第七章《选举任免》）。

第三十七次会议 2012 年 2 月 4 日召开，县人大常委会主任郝建英，副主任傅金生、刘占军出席会议。县人大党组书记马国云，县人大党组成员李彦勇，县政府常务副县长王东刚，县法院、县检察院有关领导列席会议。会议听取审议通过关于补选代表的代表资格的审查报告；听取和审议县人大常委会主任会议关于召开县十五届人大一次会议有关事项的报告，并通过有关事项草案、县人大常委会工作报告（稿）。会议通过人事任免事项（名单见本篇第七章《选举任免》）。

第二节　主任会议

县十四届人大常委会主任会议情况一览表

表 16-4

序号	时间	议题
1	2007 年 4 月 30 日	听取人代会召开有关情况总结；研究机关房屋修缮问题；谋划 2007 年工作及本届人大常委会如何开展工作；完善有关制度安排
2	2007 年 6 月 4 日	会议就如何提高常委会会议、主任会议质量及如何落实第一次常委会通过的各项规章制度提出具体要求
3	2007 年 6 月 19 日	听取县水务局局长孙振山作的关于全县防汛工作情况的汇报
4	2007 年 7 月 9 日	对 8 月常委会议题进行具体安排，并对如何提高人大信息宣传工作进行讨论
5	2007 年 7 月 31 日	听取县政府关于社会保障情况的汇报
6	2007 年 8 月 7 日	听取重点项目建设进展情况的汇报
7	2007 年 8 月 6 日	研究宣传信息工作
8	2007 年 8 月 15 日	听取非公有制企业条例执行情况的报告
9	2007 年 8 月 23 日	听取县政府审计工作报告
10	2007 年 9 月 27 日	听取县政府关于 2007 年环境保护工作情况的汇报
11	2007 年 11 月 26 日	听取各走访组对代表意见、建议办理情况的汇报
12	2007 年 11 月 29 日	听取县政府关于《河北省种畜禽管理条例》实施情况的汇报；听取县政府关于《中华人民共和国文物保护法》实施情况的汇报
13	2007 年 12 月 20 日	听取县政府关于组织收入完成情况的汇报
14	2008 年 3 月 26 日	通报县近段时间主要会议情况；研究 2008 年县人大常委会议题、主任会议题、执法检查内容；听取代表建议交办情况
15	2008 年 6 月 23 日	学习县委关于开展“双创双树”主题实践活动实施意见的精神，对县人大机关开展“双创双树”实践活动做好安排部署
16	2008 年 5 月 19 日	统计人大代表捐款情况；通报“5·17”特大交通事故情况；学习市“5·10”温塘会议精神
17	2008 年 8 月 4 日	安排代表培训班有关事项
18	2008 年 9 月 1 日	安排走访代表工作
19	2008 年 9 月 25 日	听取县政府关于中等职业教育情况的汇报；听取县政府关于城镇居民医疗保险推行情况的汇报
20	2008 年 12 月 24 日	听取县政协副主席、财政局局长杜风龙作的《关于全县 2008 年组织收入情况的汇报》，听取县人大各委室关于县十四届人大第十一次常委会会议议题准备情况的汇报

续表 16-4

序号	时间	议题
21	2009 年 2 月 6 日	研究县十四届人大三次会议有关事项
22	2009 年 4 月 24 日	听取县十四届人大第十五次常委会议题准备情况
23	2009 年 5 月 31 日	听取《中华人民共和国传染病防治法》执法检查准备情况
23	2009 年 7 月 29 日	听取县监察局局长王文良作的关于加强行政效能监察，保障政令畅通情况的汇报
25	2009 年 10 月 28 日	听取县质量技术监督局局长尚景会作的关于特种设备质量监督安全检查工作情况汇报
26	2009 年 11 月 26 日	听取县政府关于社会保障体系建设情况的汇报；研究优秀代表表彰工作

第三节　机构设置

县十四届人大常委会的办事机构设一室五科，即办公室、政法科、财经科、科教文卫科、代表科、农经科。

县十四届人大常委会机构人员情况表

表 16-5

机构名称	职　务	姓　名	任职时间
办公室	主　任	安国云	2007 年 4 月—2012 年 2 月
政法科	科　长	聂风渠	2007 年 4 月—2010 年 1 月
		马民生	2011 年 2 月—2012 年 2 月
	副科长	马民生	2007 年 4 月—2011 年 2 月
		苗江良	2011 年 4 月—2012 年 2 月
财经科	科　长	刘志林	2007 年 4 月—2009 年 3 月
		李良良	2009 年 4 月—2012 年 2 月
	副科长	马书勇	2007 年 4 月—2009 年 4 月
		高金伟	2011 年 4 月—2012 年 2 月
科教文卫科	科　长	李良良	2007 年 4 月—2009 年 4 月
		马书勇	2009 年 4 月—2012 年 2 月
	副科长	丁云红	2007 年 4 月—2011 年 2 月
		张建华	2011 年 6 月—2012 年 2 月
代表科	科　长	李海军	2007 年 4 月—2009 年 6 月
		丁云红	2011 年 2 月—2012 年 2 月
农经科	科　长	李香合	2007 年 4 月—2012 年 2 月
	副科长	杨会军	2007 年 4 月—2009 年 4 月
		郝俊峰	2009 年 6 月—2012 年 2 月

第五章　监督工作

五年来，县人大常委会围绕县委中心工作和全县工作重点，科学安排监督议题，加大对“一府两院”工作监督的力度。

重视经济工作监督。加强计划和预算监督，促进年度目标任务实现。听取和审议县政府“十一五”规划实施情况的中期评估报告，并提出审议意见。2011 年，针对财政预算调整的热点问题，在全省首次开展专题询问。注重发挥审计监督的作用，每年听取和审议审计报告，掌握财政预算执行情况，提高对财政决算审查的质量。对全县经济运行情况深入开展调查研究，专题审议县政府关于项目谋划、发展环境、招商引资、园区建设、节能减排、科技推广等工作的报告，提出有针对性的意见和建议，得到县政府及有关部门的高度重视，并积极予以采纳和落实。每年组织市、县人大代表就全县重点建设项目和县政府承诺的为民办实事情况进行视察调研。

积极推动城镇建设上水平。围绕城乡建设“三年大变样”和“三年上水平”，县人大常委会会议四次听取和审议县政府城镇面貌“三年大变样”和“三年上水平”工作报告。连续五年组织代表视察城中村改造、城市建设重点工程。常委会各位主任分包督导城建项目，协调解决实际问题。支持政府加强城市综合治理，提高规划、建设和管理水平。完善城市功能定位，大幅提升城市承载能力，科学合理实施老城改造，推动城市建设上水平、出品位、生财富、惠民生。

加强“三农”工作监督。组织开展对生态农业开发、安全饮水、食用菌和无公害农产品生产、农业开发项目、农业产业化、农户小额贷款、新农村建设等工作的视察调研活动。听取和审议水利工作、种畜禽管理、特色农业种植、土地管理、农村绿化、农田水利设施建设、扶贫开发等 17 个专项工作报告，提出 84 件意见建议。县政府及有关部门不断改进工作，全县粮食生产稳步提升，农民人均纯收入逐年提高，农村基础设施建设和农民生活条件不断改善，新农村建设扎实推进。

促进解决民生问题。常委会先后对社保、教育、卫生、食品药品安全等民生问题，开展视察调研 98 次，听取 24 个专项工作报告。针对食品药品安全问题，深入相关生产企业、大型超市和零售企业，开展肉蛋奶蔬菜生产经销和食品药品安全专项检查，促进食品药品安全工作的开展。围绕社会保障制度落实，听取和审议城乡居民最低生活保障、社会保障体系建设、库区移民生产生活等报告，督促政府通过多种渠道扶持库区移民，完善社会救助体系，做到“应保尽保”。三次视察督导县民政服务中心，县光荣院，青同、寨头等敬老院，组织开展“送温暖、献爱心”活动，保障弱势群体的基本生活。围绕加强教育、文化工作，听取和审议中等职业教育、校舍安全工程、体育工作、广播电视事业发展、文化设施建设等报告，促进县教育文化事业健康发展。围绕医疗卫生工作，常委会听取和审议新农合、基层卫生院建设等报告，县政府认真落实常委会审议意见，全力抓好新农合工作，加大基层卫生院基础设施建设，使县医疗水平不断提高。常委会听取和审议抑制物价上涨、企业职工权益保障、环境保护等专项工作报告，提出改进工作的意见和建议，县政府及有关部门积极改进相关工作，切实解决民生问题，努力让发展成果惠及全县人民。

加大法律监督力度，推进依法治县进程。认真开展执法检查，县人大常委会把群众普遍关注、反映强烈的问题作为法律监督工作的重点，先后对治安处罚法、安全生产法、环境保护法、森林防火法、矿产资源法、药品管理法、传染病防治法、人口与计划生育法、防汛条例等16部法律实施情况开展执法检查，提出有针对性的审议意见，督促有关部门进行整改。促进司法问题解决，听取和审议县法院关于行政审判、刑事审判、自身建设、执行难等工作情况的报告和县检察院关于反贪污贿赂、自身建设、监所检察、刑事诉讼监督等情况的报告。特别是针对群众关注的办案质量公正问题，2009年，县人大常委会要求公检法机关深入开展办案质量检查活动，县人大常委会第二十一次会议听取和审议公检法开展办案质量检查情况的专项工作报告，进行满意度测评，并向社会公布测评结果。组织市县人大代表两次旁听法院庭审活动，使代表零距离了解法院庭审工作，增强案件审理的透明度。组织市县人大代表80余人次对县法院、县检察院、县公安局、县看守所的工作及建设情况进行视察。积极推动普法教育，认真落实“五五”普法规划，大力宣传人民代表大会制度和相关法律法规。认真落实信访接待制度，建立主任会议每半年听取一次信访工作汇报制度，实行常委会领导信访接待日制度，采取转办、交办、督办等方式对各类信访案件进行依法办理。

第一节　听取和审议专项工作报告与计划预算和审计工作报告

县十四届人大常委会听取和审议专项工作报告与计划预算和审计工作报告情况表

表16-6

时间	常委会会议	报告内容
2007年6月28日	第二次	县政府关于义务教育法和免除农村中小学学杂费执行情况的报告；县政府关于库区移民生产生活保障情况的报告；县政府关于社会治安情况的报告
2007年8月28日	第三次	县政府关于2007年上半年国民经济和社会发展计划执行情况的报告；县政府关于2007年上半年预算执行情况的报告；县政府关于2006年财政决算情况的报告；县政府关于2006年预算执行和其他财政收支情况审计工作的报告

续表 16-6

时间	常委会会议	报告内容
2007 年 10 月 31 日	第四次	县政府关于城市建设情况的报告；县法院关于自身建设情况的报告；县检察院关于自身建设情况的报告；县政府关于灵寿县旅游业发展总体规划
2007 年 12 月 27 日	第五次	县政府关于新型农村合作医疗推行情况的报告；县政府关于调整 2007 年财政支出预算的报告；县政府关于灵寿县县城总体规划和灵寿县生态县建设规划
2008 年 4 月 29 日	第七次	县政府关于林业旅游业发展情况的报告；县政府关于科技推广情况的报告
2008 年 6 月 26 日	第八次	县政府关于城乡居民最低生活保障制度落实情况的报告；县政府关于治安处罚法实施情况的报告
2008 年 8 月 28 日	第九次	县政府关于 2008 年上半年国民经济和社会发展计划执行情况的报告；县政府关于 2008 年上半年预算执行情况的报告；县政府关于 2007 年财政决算情况的报告；县政府关于 2007 年预算执行和其他财政收支情况审计工作的报告
2008 年 10 月 30 日	第十次	县政府关于城市总体规划落实和详规编制情况的报告；县人民检察院关于反贪污贿赂工作情况的报告
2008 年 12 月 30 日	第十一次	县政府关于代表建议、批评和意见办理情况的报告；县法院关于行政审判工作情况的报告；县政府关于 2008 年预算调整情况的报告
2009 年 4 月 29 日	第十五次	县政府关于项目谋划和发展环境建设情况的报告；县政府关于全县公路建设情况的报告；县政府关于水利工作情况的报告
2009 年 6 月 29 日	第十六次	县政府关于城市建设“三年大变样”情况的报告；县政府关于城乡文化设施建设和文化娱乐市场管理工作情况的报告
2009 年 8 月 31 日	第十八次	县政府关于 2009 年上半年国民经济和社会发展计划执行情况的报告；县政府关于 2008 年财政决算情况的报告；县政府关于 2009 年上半年财政预算执行情况的报告；县政府关于 2008 年度预算执行及其他财政收支情况审计工作的报告
2009 年 10 月 30 日	第十九次	县法院关于办案质量检查工作的报告；县检察院关于办案质量检查工作的报告；县公安局关于办案质量检查工作的报告；县政府关于“十一五”发展规划执行情况中期评估报告
2009 年 12 月 25 日	第二十次	县政府关于 2009 年审计工作报告中所列问题整改情况的报告；县政府关于灵寿县争取金融机构贷款情况的报告；县政府关于调整 2009 年财政收支预算的报告
2010 年 4 月 29 日	第二十三次	县法院关于行政审判工作情况的报告；县检察院关于监所检察工作情况的报告

续表 16-6

时间	常委会会议	报告内容
2010 年 7 月 8 日	第二十四次	县政府关于广播电视事业发展情况的报告；县政府关于土地管理情况的报告
2010 年 8 月 27 日	第二十五次	县政府关于 2010 年上半年国民经济和社会发展计划执行情况的报告；县政府关于 2010 年上半年财政预算执行情况的报告；县政府关于 2009 年县级财政决算情况的报告；县政府关于 2009 年度县级财政预算执行和其他财政收支情况审计工作的报告
2010 年 10 月 27 日	第二十六次会议	县政府关于城市建设“三年大变样”情况的报告；县政府关于工商行政管理工作情况的报告
2010 年 12 月 9 日	第二十七次会议	县政府关于县十四届人大四次会议代表建议、批评、意见办理情况的报告；县政府关于特色农业种植情况的报告
2010 年 12 月 31 日	第二十八次会议	县政府关于调整 2010 年财政收支预算的报告
2011 年 4 月 21 日	第三十次会议	县政府关于农村绿化和旅游业发展情况的报告；县政府关于统计工作情况的报告
2011 年 6 月 29 日	第三十二次会议	县人民法院关于刑事审判工作情况的报告；县人民检察院关于刑事诉讼监督工作情况的报告
2011 年 8 月 30 日	第三十三次会议	县政府关于 2011 年上半年国民经济和社会发展计划执行情况的报告；县政府关于 2010 年县级财政决算情况的报告；县政府关于 2011 年 1—6 月财政预算执行情况的报告；县政府关于 2010 年度县级预算执行和其他财政收支情况的审计报告
2011 年 9 月 13 日	第三十四次会议	县政府关于调整 2011 年财政收支预算的报告
2011 年 12 月 23 日	第三十六次会议	县政府关于县十四届人大五次会议代表建议、批评和意见办理情况的报告；县政府关于城市建设“三年上水平”重点工程建设情况的报告；县政府关于调整 2011 年财政支出预算的报告

第二节　主任会议听取专题工作汇报

县十四届人大常委会主任会议听取专题工作汇报情况表

表 16-7

时间	汇报内容
2007 年 6 月 19 日	关于全县防汛工作情况的汇报
2007 年 7 月 31 日	关于社会保障情况的汇报
2007 年 8 月 7 日	关于重点项目建设进展情况的汇报
2007 年 8 月 15 日	关于非公有制企业条例执行情况的汇报
2007 年 8 月 23 日	关于审计工作情况的汇报

续表 16-7

时间	汇报内容
2007 年 9 月 27 日	关于 2007 年环境保护工作情况的汇报
2007 年 11 月 29 日	关于河北省种畜禽管理条例实施情况的汇报；关于文物保护法实施情况的汇报
2007 年 12 月 20 日	关于组织收入完成情况的汇报
2008 年 9 月 25 日	关于中等职业教育情况的汇报；关于城镇居民医疗保险推行情况的汇报
2008 年 12 月 24 日	关于全县 2008 年组织收入情况的汇报
2009 年 7 月 29 日	关于加强行政效能监察，保障政令畅通情况的汇报
2009 年 10 月 28 日	关于特种设备质量监督安全检查工作情况汇报
2009 年 11 月 26 日	关于社会保障体系建设情况的汇报

第三节　法律法规实施情况的检查

县十四届人大常委会共组织开展执法检查 11 次。

2008 年 5 月 28 日至 6 月 12 日，县人大常委会副主任刘占军带领县人大常委会执法检查组对县政府贯彻落实《中华人民共和国防汛条例》情况进行执法检查。2008 年 6 月 26 日，县十四届人大常委会第八次会议，听取和审议县人大常委会副主任、执法检查组组长刘占军作的《关于灵寿县贯彻落实〈中华人民共和国防汛条例〉执法检查情况的报告》。

2008 年 7 月 15 日到 8 月 5 日，县人大常委会副主任傅金生带领县人大常委会执法检查组对县政府贯彻实施《中华人民共和国安全生产法》情况进行执法检查。2008 年 8 月 28 日，县十四届人大常委会第九次会议听取和审议县人大常委会副主任、执法检查组组长傅金生作的《关于灵寿县贯彻落实〈中华人民共和国安全生产法〉执法检查情况的报告》。

2008 年 9 月 11 日到 10 月 28 日，县人大常委会副主任王雪山带领县人大常委会执法检查组对县政府贯彻实施《中华人民共和国药品管理法》情况进行执法检查。2008 年 10 月 30 日，县十四届人大常委会第十次会议听取和审议县人大常委会副主任、执法检查组组长王雪山作的《关于灵寿县贯彻实施〈中华人民共和国药品管理法〉执法检查情况的报告》。

2008 年 9 月 11 日到 10 月 28 日，县人大常委会副主任张合香带领县人大常委会执法检查组对县政府贯彻实施《中华人民共和国劳动合同法》情况进行执法检查。2008 年 12 月 30 日，县十四届人大常委会第十次会议听取和审议县人大常委会副主任、执法检查组组长张合香作的《关于灵寿县贯彻实施〈中华人民共和国劳动合同法〉执法检查情况的报告》。

2009 年 5 月 11 日到 6 月 15 日，县人大常委会副主任王雪山带领县人大常委会执法检查组对县政府贯彻实施《中华人民共和国传染病防治法》情况进行执法检查。2009 年 6 月 29 日，县十四届人大常委会第十六次会议听取和审议县人大常委会副主任、执法检查组组长王雪山作的《关于灵寿县贯彻实施〈中华人民共和国传染病防治法〉执法检查情况的报告》。

2009 年 8 月 17 日，县人大常委会副主任张合香带领县人大常委会执法检查组对县政府贯彻实施《中华人民共和国环境保护法》情况进行执法检查，县人大主任郝建英参加执法检查。2009 年 8 月 31 日，县十四届人大常委会第十八次会议听取和审议县人大常委会副主任、执法检查组组长张合香作的《关于灵寿县贯彻实施〈中华人民共和国环境保护法〉执法检查情况的报告》。

2009 年 9 月 10 日至 10 月 20 日，县人大常委会副主任刘占军带领县人大常委会执法检查组对县政府贯彻落实《中华人民共和国矿产资源法》情况进行执法检查。2009 年 10 月 30 日，县十四届人大常委会第十九次会议，听取和审议县人大常委会副主任、执法检查组组长刘占军作的《关于灵寿县实施〈中华人民共和国矿产资源法〉执法检查情况的报告》。

2009 年 11 月 9 日，县人大常委会副主任傅金生带领县人大常委会执法检查组对县政府贯彻实施《中华人民共和国会计法》情况进行执法检查。2009 年 12 月 25 日，县十四届人大常委会第二十次会议听取和审议县人大常委会副主任、执法检查组组长傅金生作的《关于灵寿县贯彻实施〈中华人民共和国会计法〉执法检查情况的报告》。

县人大常委会执法检查组对县政府贯彻实施《中华人民共和国道路交通安全法》情况进行执法检查。2010 年 8 月 27 日，县十四届人大常委会第二十五次会议听取和审议县人大执法检查组《关于〈中华人民共和国道路交通安全法〉实施情况的报告》。

县人大常委会执法检查组对县政府贯彻实施《中华人民共和国人口与计划生育法》情况进行执法检查。2010 年 10 月 27 日，县十四届人大常委会第二十六次会议听取和审议县人大执法检查组《关于〈中华人民共和国人口与计划生育法〉实施情况的报告》。

2011 年 6 月 10 日，县人大常委会主任郝建英带领执法检查组对县政府贯彻实施《中华人民共和国食品安全法》情况进行执法检查。2011 年 6 月 29 日，县十四届人大常委会第三十二次会议听取和审议县人大执法检查组《关于〈中华人民共和国食品安全法〉执法检查情况的报告》。

第四节　视察调研

县十四届人大常委会视察活动选录

表 16-8

时间	视察内容
2007 年 6 月	关于全县防汛工作情况
2007 年 6 月	关于全县社会治安情况
2007 年 7 月	关于社会保障工作情况
2007 年 7 月	关于上半年财政预算执行情况和上半年国民经济和社会发展计划执行情况
2007 年 7 月	关于“城中村”改造工作情况

续表 16-8

时间	视察内容
2007 年 9 月	关于县检察院自身建设情况
2007 年 9 月	关于县法院自身建设情况
2007 年 10 月	关于县旅游工作情况
2007 年 10 月	关于县城市建设管理工作情况
2007 年 12 月	关于新型农村合作医疗推行情况
2008 年 5 月	关于防汛、防地质灾害工作情况
2008 年 5 月	关于正元 15 万吨氨醇重点项目实施情况
2008 年 5 月	关于县政府贯彻落实义务教育法和免除农村中小学学杂费情况
2008 年 9 月	关于城市道路建设总体概况和在建城市道路重点工程项目进展情况
2008 年 10 月	关于奶站整改情况
2008 年 12 月	关于重点项目建设情况
2009 年 3 月	关于县森林防火工作情况
2009 年 6 月	关于县信用联社工作情况
2009 年 6 月	关于城市建设“三年大变样”情况
2009 年 9 月	关于公路建设情况
2009 年 11 月	关于社会保障体系建设情况
2010 年 8 月	关于国税收入工作情况
2010 年 10 月	关于中小学校舍安全工程实施情况
2011 年 12 月	关于城建重点项目进展情况
2011 年 12 月	关于全县重点项目建设情况

县十四届人大常委会调研活动选录

表 16-9

时间	调研内容
2007 年 9 月	关于环保工作情况
2007 年 10 月	关于县法院案件执行情况
2008 年 6 月	关于贯彻实施《中华人民共和国治安管理处罚法》情况
2009 年 3 月	关于环境保护法在灵寿县贯彻实施情况、关于社会保障体系建设情况
2010 年 4 月	关于县检察院监所检察工作情况
2010 年 4 月	关于县法院行政审判工作情况

第六章　决议决定

县十四届人大及其常委会依法行使重大事项决定权，加强对城市总体规划、生态县建设、旅游业发展、“十二五”规划、财政决算等事关灵寿县发展大计工作的审议，依法作出决议决定。

第一节　作出决议决定

一、县十四届人大历次会议作出决议决定情况

灵寿县第十四届人民代表大会共作出决议决定 30 项。

县十四届人大历次会议决议决定一览表

表 16-10

时间	会次	名称
2007 年 4 月 20 日	一次会议	关于灵寿县人民政府工作报告的决议 关于灵寿县 2006 年国民经济和社会发展计划执行情况与 2007 年国民经济和社会发展计划的决议 关于灵寿县 2006 年财政预算执行情况和 2007 年财政预算的决议 关于灵寿县人民代表大会常务委员会工作报告的决议 关于灵寿县人民法院工作报告的决议 关于灵寿县人民检察院工作报告的决议
2008 年 1 月 24 日	二次会议	关于灵寿县人民政府工作报告的决议 关于灵寿县 2007 年国民经济和社会发展计划执行情况与 2008 年国民经济和社会发展计划的决议 关于灵寿县 2007 年财政预算执行情况和 2008 年财政预算的决议 关于灵寿县人民代表大会常务委员会工作报告的决议 关于灵寿县人民法院工作报告的决议 关于灵寿县人民检察院工作报告的决议

续表 16-10

时间	会次	名称
2009 年 2 月 14 日	三次会议	关于灵寿县人民政府工作报告的决议 关于灵寿县 2008 年国民经济和社会发展计划执行情况与 2009 年国民经济和社会发展计划的决议 关于灵寿县 2008 年财政预算执行情况和 2009 年财政预算的决议 关于灵寿县人民代表大会常务委员会工作报告的决议 关于灵寿县人民法院工作报告的决议 关于灵寿县人民检察院工作报告的决议
2010 年 1 月 18 日	四次会议	关于灵寿县人民政府工作报告的决议 关于灵寿县 2009 年国民经济和社会发展计划执行情况与 2010 年国民经济和社会发展计划的决议 关于灵寿县 2009 年财政预算执行情况和 2010 年财政预算的决议 关于灵寿县人民代表大会常务委员会工作报告的决议 关于灵寿县人民法院工作报告的决议 关于灵寿县人民检察院工作报告的决议
2011 年 2 月 16 日	五次会议	关于灵寿县国民经济和社会发展第十二个五年规划纲要及纲要报告的决议 关于灵寿县 2010 年国民经济和社会发展计划执行情况与 2011 年国民经济和社会发展计划的决议 关于灵寿县 2010 年财政预算执行情况和 2011 年财政预算的决议 关于灵寿县人民代表大会常务委员会工作报告的决议 关于灵寿县人民法院工作报告的决议 关于灵寿县人民检察院工作报告的决议

二、县十四届人大常委会历次会议作出决议决定情况

县十四届人大常委会历次会议决议决定一览表

表 16-11

时间	会次	名称
2007 年 5 月 31 日	第一次	关于设立灵寿县第十四届人民代表大会常务委员会代表资格审查委员会的决定
2007 年 8 月 28 日	第三次	关于 2006 年县级决算的决议
2007 年 12 月 27 日	第五次	关于调整 2007 年财政支出预算的决议 关于《灵寿县城总体规划（2007—2020 年）》的决议 关于《灵寿县生态县建设规划》的决议
2008 年 8 月 28 日	第九次	关于 2007 年县级决算的决议

续表 16-11

时间	会次	名称
2008 年 12 月 30 日	第十一次	关于调整 2008 年财政支出预算的决议
2009 年 8 月 31 日	第十八次	关于批准 2008 年县级决算的决议
2009 年 12 月 25 日	第二十次	关于同意将偿还灵寿县国有资产投资管理有限公司等八个国有公司、事业单位利用灵寿县信用联合社贷款资金列入财政专项预算的决议
2009 年 12 月 25 日	第二十次	关于调整 2009 年财政收支预算的决议
2010 年 4 月 29 日	第二十三次	关于同意将县污水处理厂扩建及配套管网项目资金列入财政专项预算的决议
2010 年 4 月 29 日	第二十三次	关于同意将县医院综合业务楼建设资金列入财政专项预算的决议
2010 年 4 月 29 日	第二十三次	关于同意将县生活垃圾卫生填埋场项目建设资金列入财政专项预算的决议
2010 年 8 月 27 日	第二十五次	关于批准 2009 年县级财政决算的决议
2010 年 12 月 31 日	第二十八次	关于批准县人民政府调整 2010 年财政收支预算的决议
2011 年 8 月 30 日	第三十三次	关于批准 2010 年县级财政决算的决议
2011 年 9 月 28 日	第三十四次	关于批准县人民政府调整 2011 年财政收支预算的决议
2011 年 11 月 3 日	第三十五次	关于成立县选举委员会的决定
2011 年 11 月 3 日	第三十五次	关于批准各乡镇成立第九届人民代表大会选举委员会的决定
2011 年 12 月 23 日	第三十六次	关于批准县政府调整 2011 年财政支出预算的决议

第二节　决议决定选介

关于《灵寿县生态县建设规划》的决议

《灵寿县人大常委会关于〈灵寿县生态县建设规划〉的决议》（以下简称《决议》），于 2007 年 12 月 27 日县十四届人大常委会第五次会议通过，决定批准《灵寿县生态县建设规划》。

生态县建设规划的指导思想是：以人与自然和谐为主线，以提高人民群众生活质量为根本出发点，以生态建设、生态恢复和生态环境保护为重点，以生态技术与管理为手段，以体制创新、科技创新为动力，运用生态学原理和循环经济理论，充分利用灵寿县的区位优势和资源优势，建立政府主导、市场运作、公众参与、执行监督的新机制，全面推进“生态立县、开放兴县、工业强县”发展战略的实施。

《决议》出台，对于进一步落实科学发展观，推动灵寿县的生态县建设，促进全面、协调、可持续发展，起到了十分重要的作用。

第七章　选举任免

县十四届人大常委会严格按照县委有关要求和法律规定，依法做好选举任免和人大换届等工作，为加强地方政权建设提供了组织保证。认真做好县乡两届人大换届选举工作，严格贯彻实施新修订的选举法和代表法，指导基层选举单位按照城乡相同人口比例选举县乡人大代表。优化代表组成结构、文化结构、年龄结构、知识层次。

第一节　常委会选举任免情况

2007 年 5 月 31 日，县十四届人大一次会议通过了县人大常委会、县人民政府相关人事任免事项。

免去：

张昌慧的灵寿县人大常委会科教文卫科科长职务

袁振江的灵寿县人大常委会农经科科长职务

任命：

李良良为灵寿县人大常委会科教文卫科科长

李香合为灵寿县人大常委会农经科科长

决定免去：

闫国平的灵寿县公安局局长职务

苏春英的灵寿县农业畜牧局局长职务

何风山的灵寿县审计局局长职务

决定任命：

郭旭杰为灵寿县人民政府副县长

杜风龙为灵寿县财政局局长

刘振波为灵寿县人民政府办公室主任

张庆华为灵寿县公安局局长

赵鸿浩为灵寿县发展改革局局长

马进伟为灵寿县教育局局长

王吉功为灵寿县科学技术局局长

王先见为灵寿县监察局局长

王进民为灵寿县民政局局长

侯智为灵寿县司法局局长

刘建国为灵寿县人事劳动和社会保障局局长

张建军为灵寿县建设局局长

傅士军为灵寿县交通局局长

张青鹏为灵寿县农业畜牧局局长

牛增录为灵寿县文化体育局局长

赵振海为灵寿县卫生局局长

李彦勇为灵寿县人口和计划生育局局长

祁军英为灵寿县审计局局长

赵三墩为灵寿县环境保护局局长

赵香河为灵寿县统计局局长

薛刚为灵寿县安全生产监督管理局局长

2007 年 10 月 31 日，县十四届人大常委会第四次会议通过了县人民法院、县人民检察院相关人事任免事项。

任命：

马青龙为灵寿县人民法院副院长

免去：

李更祥的灵寿县人民检察院检察委员会委员职务

赵振朝的灵寿县人民检察院检察委员会委员职务

任命：

张军海为灵寿县人民检察院副检察长、检察委员会委员

2008 年 4 月 29 日，县十四届人大常委会第七次会议通过了县人民政府相关人事任免事项。

决定免去：

郭旭杰的灵寿县人民政府副县长（挂职）职务

决定任命：

李丽艳为灵寿县人民政府副县长（挂职）

2008 年 12 月 30 日，县十四届人大常委会第十一次会议通过了县人民检察院相关人事任免事项。

任命：

高剑锋为灵寿县人民检察院检察员

2009 年 3 月 10 日，县十四届人大常委会第十四次会议通过了县人民政府相关人事任免事项。

决定免去：

杜风龙的灵寿县财政局局长职务

傅士君的灵寿县交通局局长职务

王先见的灵寿县监察局局长职务

牛增录的灵寿县文化体育局局长职务

王进民的灵寿县民政局局长职务

赵三墩的灵寿县环境保护局局长职务

王吉功的灵寿县科学技术局局长职务

薛刚的灵寿县安全生产监督管理局局长职务

决定任命：

傅士君为灵寿县财政局局长

王先见为灵寿县交通局局长

王文良为灵寿县监察局局长

傅建敏为灵寿县文化体育局局长

白东风为灵寿县民政局局长

孙磊海为灵寿县环境保护局局长

刘新强为灵寿县科学技术局局长

刘明堂为灵寿县安全生产监督管理局局长

2009 年 4 月 29 日，县十四届人大常委会第十五次会议通过县人大常委会人事任免事项。

免去：

刘志林的灵寿县人大常委会财经科科长职务

李良良的灵寿县人大常委会科教文卫科科长职务

马书勇的灵寿县人大常委会财经科副科长职务

杨会军的灵寿县人大常委会农经科副科长职务

任命：

李良良为灵寿县人大常委会财经科科长

马书勇为灵寿县人大常委会科教文卫科科长

2009 年 6 月 29 日，县十四届人大常委会第十六次会议通过了县人大常委会、县人民法院、县人民检察院相关人事任免事项。

免去：

李海军的灵寿县人大常委会人事选举代表科科长职务

任命：

郝俊峰为灵寿县人大常委会农经科副科长

免去：

崔金建的灵寿县人民法院副院长职务

王二永的灵寿县人民法院陈庄法庭庭长职务

任命：

张军海为灵寿县人民法院副院长、审判委员会委员

免去：

张军海的灵寿县人民检察院副检察长、检察委员会委员职务

任命：

张红海为灵寿县人民检察院副检察长、检察委员会委员

2009 年 8 月 4 日，县十四届人大常委会第十七次会议通过了县人民政府相关人事任免事项。

决定免去：

苏志超的灵寿县人民政府副县长职务

决定任命：

王东刚为灵寿县人民政府副县长

2009 年 10 月 30 日，县十四届人大常委会第十九次会议通过了县人民法院相关人事任免事项。

任命：

尹青江为灵寿县人民法院审判委员会委员、审判员

2009 年 12 月 15 日，县十四届人大常委会第二十次会议通过了县人民法院、县人民检察院相关人事任免事项。

任命：

高振海为灵寿县人民法院审判员

李志华为灵寿县人民法院审判员

赵业勋为灵寿县人民法院审判员

武建丽为灵寿县人民法院审判员

免去：

孟昌锁的灵寿县人民检察院检察委员会委员职务

何联社的灵寿县人民检察院检察委员会委员职务

2010 年 1 月 8 日，县十四届人大常委会第二十一次会议通过了县人大常委会相关人事任免事项。

免去：

聂风渠的灵寿县人大常委会政法科科长职务

2010 年 4 月 1 日，县十四届人大常委会第二十二次会议通过了县人民政府、县人民检察院相关人事任免事项。

决定免去：

刘振波的灵寿县人民政府办公室主任职务

赵香河的灵寿县统计局局长职务

刘新强的灵寿县科技局局长职务

决定任命：

江文辉为灵寿县人民政府办公室主任

赵香河为灵寿县食品药品监督管理局局长

路建明为灵寿县统计局局长

杨文英为灵寿县科技局局长

任命：

付建灵为灵寿县人民检察院检察委员会委员

李山虎为灵寿县人民检察院检察委员会委员

2010 年 8 月 27 日，县十四届人大常委会第二十五次会议通过了县人民政府、县人民法院相关人事任免事项。

决定任命：

刘建国为灵寿县人力资源和社会保障局局长

张建军为灵寿县住房和城乡建设局局长

王先见为灵寿县交通运输局局长

任命：

尹华书为灵寿县人民法院人民陪审员

赵迎九为灵寿县人民法院人民陪审员

刘同云为灵寿县人民法院人民陪审员

王留根为灵寿县人民法院人民陪审员

雷怡然为灵寿县人民法院人民陪审员
兰福祥为灵寿县人民法院人民陪审员
卢远革为灵寿县人民法院人民陪审员
李书海为灵寿县人民法院人民陪审员
李贵锁为灵寿县人民法院人民陪审员
石连雨为灵寿县人民法院人民陪审员
李合祥为灵寿县人民法院人民陪审员
李瑞江为灵寿县人民法院人民陪审员
马合云为灵寿县人民法院人民陪审员
王会云为灵寿县人民法院人民陪审员
贾丑货为灵寿县人民法院人民陪审员
冯竹为灵寿县人民法院人民陪审员
罗晓霞为灵寿县人民法院人民陪审员
刘英栋为灵寿县人民法院人民陪审员
张玉楼为灵寿县人民法院人民陪审员
尹慧霞为灵寿县人民法院人民陪审员
张 雷为灵寿县人民法院人民陪审员
康新贞为灵寿县人民法院人民陪审员
曹玉丽为灵寿县人民法院人民陪审员
李艳敏为灵寿县人民法院人民陪审员
李杰为灵寿县人民法院人民陪审员
张艳为灵寿县人民法院人民陪审员
徐金英为灵寿县人民法院人民陪审员
石青山为灵寿县人民法院人民陪审员
王艳芳为灵寿县人民法院人民陪审员
白英枝为灵寿县人民法院人民陪审员
白书堂为灵寿县人民法院人民陪审员
杨秋风为灵寿县人民法院人民陪审员

2010 年 12 月 9 日，县十四届人大常委会第二十七次会议通过了县人民政府、县人民法院、县人民检察院相关人事任免事项。

决定免去：

左国方的灵寿县人民政府副县长职务
张庆华的灵寿县公安局局长职务

决定任命：

周海佳为灵寿县人民政府副县长

马立新为灵寿县公安局局长

免去：

雷春生的灵寿县人民法院审判委员会委员职务

李新朝的灵寿县人民法院审判委员会委员职务

马青龙的灵寿县人民法院民事审判一庭庭长职务

姚建峰的灵寿县人民法院慈峪人民法庭庭长职务

王秀竹的灵寿县人民法院城关人民法庭副庭长职务

任命：

姚建峰为灵寿县人民法院审判委员会委员、民事审判一庭庭长

李志华为灵寿县人民法院审判委员会委员

王秀竹为灵寿县人民法院慈峪人民法庭庭长

高振海为灵寿县人民法院陈庄人民法庭庭长

杨志刚为灵寿县人民法院执行局裁决庭庭长

李秀梅为灵寿县人民法院审判员

任命：

李建合为灵寿县人民检察院检察委员会委员、检察员

2010 年 12 月 31 日，县十四届人大常委会第二十八次会议通过了县人民政府相关人事任免事项。

决定免去：

周二焕的灵寿县人民政府副县长职务

决定任命：

程军宏为灵寿县人民政府副县长

2011 年 2 月 10 日，县十四届人大常委会第二十九次会议通过了县人大常委会、县人民政府相关人事任免事项。

任命：

丁云红为灵寿县人大常委会人事选举代表科科长

马民生为灵寿县人大常委会政法科科长

决定任命：

王雪山为灵寿县人民政府副县长

2011 年 4 月 21 日，县十四届人大常委会第三十次会议通过了县人大常委会、县人民法

院相关人事任免事项。

任命：

高金伟为灵寿县人大常委会财经科副科长

苗江良为灵寿县人大常委会政法科副科长

任命：

王二永为灵寿县人民法院审判委员会委员

辛卉为灵寿县人民法院审判员

2011 年 6 月 15 日，县十四届人大常委会第三十一次会议通过了县人大常委会、县人民政府相关人事任免事项。

任命：

张建华为灵寿县人大常委会教科文卫科副科长

决定免去：

于燕红的灵寿县人民政府副县长职务

张青鹏的灵寿县农业畜牧局局长职务

决定任命：

马瑰欣为灵寿县人民政府副县长

赵琳为灵寿县人民政府副县长

苗文志为灵寿县农业畜牧局局长

2011 年 9 月 13 日，县十四届人大常委会第三十四次会议通过了县人民政府相关人事任免事项。

决定免去：

贾建英的灵寿县人民政府副县长职务

决定任命：

李向阳为灵寿县人民政府副县长

2011 年 12 月 23 日，县十四届人大常委会第三十六次会议通过了县人民政府相关人事任免事项。

决定免去：

祁军英的灵寿县审计局局长职务

白东风的灵寿县民政局局长职务

杨文英的灵寿县科技局局长职务

决定任命：

王浩为灵寿县民政局局长

杨文英为灵寿县审计局局长

程红旗为灵寿县科技局局长

2012 年 2 月 4 日，县十四届人大常委会第三十七次会议通过了县人民法院、县人民检察院相关人事任免事项。

任命：

高会岭为灵寿县人民法院副院长，决定其为代院长

王雷音为灵寿县人民检察院副检察长，决定其为代检察长

第二节　常委会接受辞职情况

2009 年 1 月 11 日，县十四届人大常委会第十二次会议接受王建海辞去灵寿县人民政府县长职务。

2009 年 2 月 3 日，县十四届人大常委会第十三次会议接受刘忠厚辞去灵寿县人大常委会委员职务。

2010 年 1 月 8 日，县十四届人大常委会第二十一次会议接受刘慧芳辞去灵寿县人大常委会委员职务。

2010 年 1 月 8 日，县十四届人大常委会第二十一次会议接受李海军辞去灵寿县人大常委会委员职务。

2010 年 1 月 8 日，县十四届人大常委会第二十一次会议接受彭罗智辞去灵寿县人大常委会委员职务。

2012 年 2 月 4 日，县十四届人大常委会第三十七次会议接受李学英辞去灵寿县人民法院院长职务。

2012 年 2 月 4 日，县十四届人大常委会第三十七次会议接受宋庆绵辞去灵寿县人民检察院检察长职务。

第八章　机关工作

第一节　自身建设

县十四届人大常委会始终把加强自身建设作为推动工作创新的重要保障。坚持把思想政治建设放在首位，以开展干部作风建设年、科学发展观、创先争优、优化发展环境等活动为契机，每周五组织常委会组成人员和机关工作人员深入学习党在新时期的最新理论、法律法规和人大业务知识，熟悉和把握人大工作的特点和规律，努力提高思想政治素质和履职水平。常委会注重制度建设，根据有关法律规定和工作实际，制订、修订和完善了常委会组成人员关于会议、调研、视察等17项常委会工作制度及21项机关管理制度，从制度上保证和加强了县人大常委会的工作。注重调研，提高审议质量，坚持深入基层开展调查研究，形成有分析、有建议的调研报告，为县人大常委会审议专项报告提供依据。

第二节　宣传工作

县人大常委会借鉴省市人大做法，编辑发行了《灵寿县人民代表大会公报》《灵寿县人大常委会公报》，把每次人代会、常委会以及“一府两院”整改报告等内容刊发在公报上，及时送发到县委、县政府有关领导及部门负责人和人大代表手中，使大家及时了解常委会的工作动态。先后向市级以上报刊组稿326篇，采用123篇，撰写的调研文章连续五年在全市评比中获奖，灵寿县人大常委会连年被市人大常委会评为新闻宣传先进单位。

第三节　信访工作

县人大常委会坚持以人为本，不断健全和完善人大信访工作制度，明确界定人大信访工作的受理范围、办理程序和要求。认真落实信访接待制度，采取转办、交办、督办等方式对各类信访案件进行依法办理。按照“以情感人、以法服人、以诚待人、以宽容人”的要求，引导群众依法合理表达诉求，逐步把群众的上访行为引入法制化轨道。建立主任会议每半年听取一次信访工作汇报制度，实行常委会领导信访接待日制度。届内，县人大常委会共接待处理群众来信来访939件1976人次。

第 十 七 篇

灵寿县第十五届人民代表大会

（2012 年 2 月至 2017 年 2 月）

第一章　党的领导

灵寿县第十五届人民代表大会及其常务委员会，坚持以邓小平理论、“三个代表”重要思想和科学发展观为指导，认真贯彻党的十七大、十八大和习近平总书记系列重要讲话精神及治国理政新理念新思路新战略，坚持把党的全面领导贯穿人大工作全过程，确保人大工作正确政治方向。

县委全力支持人大依法履职、发挥作用。认真研究人大工作中的重大事项，作出决策部署。2016年11月18日，县委批转县人大常委会党组《关于灵寿县县乡两级人民代表大会换届选举工作的意见》，从换届选举的总体要求和时间安排、代表名额的确定和分配原则、严把代表候选人“入口关”等方面提出要求。2016年11月30日，县委印发《灵寿县县乡换届选举县领导干部及县选举委员会人员分包乡镇、选区安排方案》，确保县乡两级人民代表大会换届选举严格按程序有力推进。

县人大常委会党组认真落实中央和省委、市委、县委决策部署，深入开展党的群众路线教育实践、“三严三实”专题教育、“两学一做”学习教育、“解放思想大讨论”等活动，不断增强政治意识、大局意识、核心意识、看齐意识，坚定中国特色社会主义道路自信、理论自信、制度自信、文化自信。全面落实党要管党、从严治党政治责任，扎实推进作风建设和党风廉政建设，把纪律和规矩挺在前面，努力打造良好政治生态。

第一节　党的组织机构

中共灵寿县人大常委会党组

书　记：马国云（2012年2月—2017年1月）
　　　　刘振波（2017年1月—2017年2月）
副书记：傅金生（2012年3月—2017年2月）
成　员：张合香（2012年2月—2012年3月）
　　　　李彦勇（2012年2月—2017年2月）
　　　　马进伟（2015年2月—2017年2月）
　　　　王　辉（2012年2月—2017年2月）

第二节　党组召开会议

一、党组会

2012年党组会情况一览表

表 17-1

时间	会议议题
10月29日	研究关于调整和补选县十五届人大代表工作的有关事项

2013年党组会情况一览表

表 17-2

时间	会议议题
3月20日	研究关于补选县人大常委会委员的有关事项
8月13日	研究关于补选宋存汉等为县十五届人大代表的有关事项
11月27日	研究关于补选杨澜波为县十五届人大代表的有关事项

2014年党组会情况一览表

表 17-3

时间	会议议题
2月24日	研究县人大常委会机关深入开展党的群众路线教育实践活动实施方案（讨论稿）
4月29日	研究党的群众路线教育实践活动征求意见和整改措施

2015年党组会情况一览表

表 17-4

时间	会议议题
2月11日	研究关于补选县人大常委会委员的有关事项
8月12日	研究灵寿县人大常委会关于组织评选表彰优秀县人大代表的安排意见；研究灵寿县人大常委会关于评选优秀县人大代表建议的安排意见
9月15日	研究关于补选王雪山等为县十五届人大代表的有关事项

2016 年党组会情况一览表

表 17-5

时间	会议议题
10 月 28 日	传达学习党的十八届六中全会精神
11 月 30 日	传达学习省第九次党代会和市委常委（扩大）会议精神

二、党组民主生活会

2012 年 3 月 23 日，按照县纪委、县委组织部《通知》要求，县人大常委会党组围绕“重温进京赶考，交出满意答卷”这一主题召开专题民主生活会。党组成员对照“两个务必”和新时期保持党的纯洁性的要求，结合县第十次党代会精神以及“两会”精神，联系思想、工作和生活实际，开展批评与自我批评，查问题、找根源，研究改进措施，明确努力方向，进一步提高思想认识、坚定信心、奋发作为。

2012 年 12 月 26 日，县人大常委会党组召开以“学习贯彻党的十八大精神，坚持讲政治、顾大局、守纪律，着力改善发展环境和生态环境，进一步保持党的先进性和纯洁性”为主题的民主生活会。党组成员分别联系个人思想和工作实际，敞开心扉、畅所欲言、深入剖析，指出自身存在的问题和不足，认真查找分析原因，研究制定整改措施，进一步明确了今后努力方向。

2013 年 12 月 23 日，按照县委的统一部署和要求，县人大常委会党组召开“解放思想、改革开放、创新驱动、科学发展”为主题的民主生活会。党组成员分别联系个人的思想和工作实际，深刻剖析存在的问题，对问题产生的原因进行认真深入分析，找准人大工作和群众利益的结合点，大胆解放思想，创新工作方式，努力使人大工作再上新台阶。

2014 年 7 月 22 日，按照省委、市委、县委关于开展第二批党的群众路线教育实践活动的统一安排，县人大常委会党组召开专题民主生活会，以为民务实清廉为主题，以反对“四风”为重点，紧密联系思想、作风和工作实际，认真开展批评与自我批评，剖析问题原因，明确整改方向。

2015 年 12 月 24 日，按照县委统一部署和要求，县人大常委会党组召开“三严三实”专题民主生活会，从修身、用权、律己、谋事、创业、做人等方面，开展批评与自我批评，深刻剖析存在的不严不实问题，认真查找分析原因，提出整改方向和具体措施，努力推动人大工作与时俱进，创新发展。

2017 年 1 月 30 日，按照县委统一安排，县人大常委会党组召开 2016 年度民主生活会，以学习贯彻党的十八届六中全会精神为主题，紧紧围绕“两学一做”学习教育要求，对照《关于新形势下党内政治生活的若干准则》和《中国共产党党内监督条例》，深入查摆问题，进行党性分析，开展批评和自我批评，明确今后努力方向和整改措施。

三、党组中心组学习会

2015年党组理论学习中心组学习会情况一览表

表17-6

时间	会议	会议议题
1月22日	第一次	学习《中共中央关于全面推进依法治国若干重大问题的决定》
2月17日	第二次	学习2015年中央1号文件、学习贯彻省委全面深化改革领导小组第二十四次会议精神
3月10日	第三次	学习《2014—2018年全国党政领导班子建设规划纲要》《党政领导干部保密工作责任制规定》
4月24日	第四次	学习国务院副总理汪洋在河北省调研供销合作社综合改革工作座谈会上的讲话精神
5月27日	第五次	学习引领民族复兴的战略布局——协调推进“四个全面”
6月1日	第六次	学习习近平总书记治国理政观
7月7日	第七次	学习《中共中央 国务院关于深化体制机制改革加快实施创新驱动发展战略的若干意见》
8月14日	第八次	学习《河北省党员干部政治纪律和政治规矩“十不准”》
9月18日	第九次	学习省委组织部《关于进一步把“三严三实”专题教育引向深入的通知》（冀组字〔2015〕41号）精神
10月15日	第十次	学习习近平总书记在中共中央政治局第二十六次集体学习时的重要讲话
11月5日	第十一次	学习《中共中央办公厅印发〈党委（党组）意识形态工作责任制实施办法〉的通知》精神、党的十八届五中全会精神
12月18日	第十二次	学习《党政领导干部选拔任用工作条例》

2016年党组理论学习中心组学习会情况一览表

表17-7

时间	会议	会议议题
1月18日	第一次	学习习近平总书记在中央政治局“三严三实”专题民主生活会上的讲话、《中国共产党地方党委工作条例》、十八届中央纪委第六次全会精神
2月22日	第二次	学习“一问责八清理”专项行动有关文件精神
3月1日	第三次	学习河北省县级以上党政主要领导干部专题培训班精神

续表 17-7

时间	会议	会议议题
4月26日	第四次	学习石家庄市纪委办公厅《关于在全市党员中开展“学党章党纪，增强纪律意识”学习教育的通知》精神
5月19日	第五次	学习省委书记赵克志在省委全面深化改革领导小组第十六次会议上的讲话精神
6月30日	第六次	学习《中共灵寿县委全面深化改革 2016 年工作要点》
7月9日	第七次	学习省委书记赵克志在河北省“两学一做”学习教育专题党课上的讲话精神
8月26日	第八次	学习省委书记赵克志在省委全面深化改革领导小组第十九次会议上的讲话精神
9月12日	第九次	学习习近平总书记在庆祝中国共产党成立九十五周年大会上的讲话精神、《习近平总书记重要讲话文章选编》中的《领导干部要讲诚信、懂规矩、守纪律》和《严明党的组织纪律，增强组织纪律性》
10月28日	第十次	学习党的十八届六中全会精神
11月29日	第十一次	学习省第九次党代会精神
12月29日	第十二次	学习中央、省经济工作会议精神

第二章　人大代表

灵寿县第十五届人民代表大会代表名额192名。2012年2月，召开县十五届人大一次会议实有代表189名。县十五届人大常委会始终把密切联系代表、发挥代表作用作为重要基础，支持和保障代表依法履行职责，强化代表学习培训，创建“人大代表之家（站）”履职平台，不断夯实人大代表联系群众阵地，激发代表履职新活力。

第一节　选举产生

一、灵寿县第十五届人民代表大会代表的选举产生

根据选举法及有关规定，河北省人大确定灵寿县第十五届人民代表大会代表名额为192名。依照省、市、县人大关于县乡两级人大换届选举的实施意见，实际分配到全县各选区县第十五届人大代表名额189名。

根据有关法律规定，按照县委统一部署，从2011年11月1日开始，经过准备、宣传发动、选区划分、选民登记、提名协商确定代表候选人、投票选举等阶段的工作，全县共划分县级人大代表选区95个，其中乡镇86个，县直9个。12月20日全县选举日，全县共计人口332446名，依法登记选民230332名，参加投票选举的选民192642名，参选率83.6%，各选区依法选举产生县十五届人大代表189名。县十五届人大一次会议召开前，2名代表调离灵寿县，其代表资格自行终止。1名代表因职务变动辞去代表职务。有关选区依法补选3名代表。

经县十四届人大常委会代表资格审查委员会审查，并经县十四届人大常委会第三十七次会议通过，189名代表符合宪法、法律规定的代表的基本条件，选举符合法律规定的程序，确认其代表资格有效。

在189名代表中，农民及私营经济代表94名，占49.8%；干部代表70名，占37%。知识分子、专业技术人员代表25名，占13.2%。在代表总数中，少数民族代表1名，占0.5%；非中共党员代表49名，占25.9%，妇女代表33名，占17.5%；35岁以下代表11名，占6%，36岁至55岁代表161名，占85%，56岁以上代表17名，占9%；大专以上学历代表111名，占58.7%，高中学历代表67名，占41.3%。

二、灵寿县出席石家庄市第十三届人民代表大会代表的选举产生

2013 年 3 月 26 日，灵寿县第十五届人民代表大会第二次会议选举产生出席石家庄市第十三届人民代表大会代表 21 名。其中，市直参选代表 4 名，工农类代表 8 名，干部类代表 3 名，专业技术类代表 5 名，民主党派和无党派爱国人士类代表 1 名。非中共党员代表 7 名，妇女代表 5 名。

第二节　代表名单

一、灵寿县第十五届人民代表大会代表名单

灵寿镇代表团

李彦明	雷洛五	张建军	郝玉芳
杨梅菊（女）	马承龙	付红海	张青鹏
孟文和	罗利辉	康喜瑞	罗庆锁
孟　杰	赵二云	韩春昌	雷全瑞
吕喜珍（女）	马地震	苏志杰	宋瑞峰

三圣院代表团

李学忠	李书海	李贵锁	焦二贞
张国忠	张三定	焦振学	张老黑
孙磊海	赵鸿浩	徐转转（女）	姜　阳

北洼乡代表团

梁青杰	孟运苍	赵书刚	付连梅（女）
李良良	祁振发	刘红山	时兵江
张　军（女）	胡延卫		

牛城乡代表团

傅金生	傅建敏	刘四芹	张桂平（女）
左三傻	郝新竹（女）	段玉芳	崔书芹
刘京辉（女）			

狗台乡代表团

郝拴海	张文英（女）	刘占军	高会岭
黄景涛（女）	李年发	王会忠	徐合芳
魏勇心	程进院		

青同镇代表团

韩业丰	丁红海	尹华书	王文香（女）
卜海燕（女）	王习良	赵　静（女）	杨三军
杨喜辰	王东刚	王雷音	

南寨乡代表团

夏永革	马进全	孟素英（女）	张志强
尹国亮	卢远虎	武云祥	李卫民
张凤荣（女）	安国云		

慈峪镇代表团

王国清	康志刚	王留根	程风亮
卢国妮	张志洪	卢国云	申海山
孙玉果（女）	安景春	司永福	马国云
苗文志	李二锁	马书勇	陈五七
高　峰	孙二良	郑剑锋	

谭庄乡代表团

彭罗智	曹建敏（女）	李昌在	张长命
申建良	刘新强	张合香	

燕川乡代表团

赵军华	徐东亮	罗新书（女）	李保顺
赵建勇	朱玉辰	田国平	李彦勇
纪万新			

塔上镇代表团

李国芳	杨会军	赵昌山	史风丽（女）
聂春生	贾新海	于燕红（女）	张新芳

李香合

岔头镇代表团

傅连英（女）	李喜明	马民生	杜书云
杨　彬	刘公社	王士才	高金刚
董军利	赵秀平（女）		

陈庄镇代表团

杨　鹏	李　芳	白春明	李　刚
周英丽（女）	吕秀敏（女）	穆德英	王进福
白东风	谷秀丽（女）	曹文伟（女）	张士群
张文艺			

寨头乡代表团

李向阳	苏　智	狄青杰	崔振勇
张国霞（女）	安社会	丁云红	吴六保

南营乡代表团

刘忠厚	肖光武	王江鹏	罗文全
路长青	王连英（女）	孙青朝	

县直代表团

郝建英（女）	武军义	牛文刚	马泽海
卢　杰	赵　栋	孙　芳（女）	兰荣振
刘振波	王和平	马立新	辛建平
刘文忠	赵剑锋	傅士君	辛书彦
李爱辰	马进伟	王国彦	焦玉亮
王彦霞	杭　运	刘建国	祁进亮
张彦玲（女）			

县十五届人大代表届中调整情况表

表 17－8

常委会会议	终止情况	补选情况
2012 年 12 月 31 日 第六次会议	辞职：赵栋、安国云、宋瑞峰、郑剑锋、徐转转、曹建敏、张国霞、刘京辉 调离：姜阳 去世：张合香	周雪军、周荣亮、杨云山、白庆芳、崔项英、尹义平、王辉、孙国良、张风岗、刘晖、王二军、张东风
2013 年 3 月 20 日 第八次会议	调离：马立新、王彦霞 去世：路长青	宋建设
2013 年 5 月 8 日 第九次会议	辞职：孟杰、刘红山、魏勇心	王会云、周英禄
2013 年 9 月 13 日 第十一次会议	调离：李彦明	宋存汉、马爱军、王风书
2013 年 12 月 30 日 第十四次会议	辞职：张文英 调离：穆德英、王东刚	杨澜波
2015 年 2 月 6 日 第二十二次会议	辞职：杨会军、胡延卫 调离：刘忠厚	江文辉、王有廷、刘风龙、张金龙、胡银山
2015 年 12 月 23 日 第二十七次会议	辞职：张风岗、罗文全、李二锁、张志洪	王雪山、刘永勤、董建海、樊秉志、张燕
2016 年 2 月 3 日 第二十八次会议	—	崔学辉

二、灵寿县出席石家庄市第十三届人民代表大会代表名单

马文华（女）　马合云　马国云　刘卫平（女）
刘红山　安翠英（女）　李彦明　李明海
李晋宇　张立军　苗永革（女）　周书慧（女）
周雪军　孟　杰　徐习军　高世贤
郭连清　郭领域　彭志军　傅士君
魏勇心

第三节　代表工作

一、认真督办代表建议

县十五届人大常委会坚持把督办代表建议与推动有关工作结合起来，通过常委会领导亲自带队督办、重点建议重点督办、联合县政府督查室共同督办等多种方式，督促有关部门认真听取代表意见，努力解决实际问题，推动代表和群众关注问题的解决，代表对建议办理工作的满意率逐年提高。代表提出的276件建议基本办理完毕，比如代表普遍关注的“一桥三路”、补充教师人员、饮水安全、县城集中供热等涉及群众切身利益的建议均得到较好落实。

二、健全代表工作机制

县十五届人大常委会建立由常委会统一负责、代表联络部门综合协调、常委会组成人员和工作机构联系相关领域代表、各乡镇人大密切协同的代表工作机制，使人大代表进行人代会准备工作、参与常委会工作、开展闭会期间工作以及代表建议办理工作有了健全、高效的组织保证。积极拓宽代表知情知政渠道，运用多种方式，及时把县情、政情、社情通报给代表。通过邀请代表列席常委会会议，组织代表开展专题调研、视察重点项目建设、旁听法院庭审等方式，不断充实代表活动内容，共组织开展代表小组活动74次，代表列席常委会会议160人次，参加常委会组织的专题调研、执法检查等工作327人次，充分发挥了代表作用，拓展了常委会工作的深度和广度。

三、创建代表联络平台

县十五届人大常委会把“人大代表之家（站）”建设作为发挥代表主体作用、密切代表与人民群众联系的重要途径，按照市人大创建“人大代表之家”和“人大代表联络站”的工作要求，形成“党委支持、人大指导、乡镇主办”的工作格局，共建成“人大代表之家”16个、“人大代表联络站”1个，为代表联系群众、开展活动、履行职责提供有利条件和保障。2014年灵寿“人大代表之家”创建工作得到市人大常委会的高度评价。

四、代表议案、建议办理

县十五届人大一次会议，收到代表建议68件，代表满意和基本满意的建议66件，占97%。

县十五届人大二次会议，收到代表建议46件，解决或基本解决的有30件，占65.2%。代表满意和基本满意的建议45件，占98%。

县十五届人大三次会议，收到代表建议57件，解决或基本解决的有37件，占64.9%。代表满意和基本满意的建议54件，占95%。

县十五届人大四次会议，收到代表建议58件，解决或基本解决的有34件，占58.6%。

代表满意和基本满意的建议 56 件，占 96.6%。

县十五届人大五次会议，收到代表建议 46 件，解决或基本解决的有 21 件，占 45.7%。代表满意和基本满意的建议 46 件，占 100%。

五、评选优秀县人大代表

优秀县人大代表名册

罗庆锁	雷洛五	罗利辉	李学忠
李书海	胡延卫	段玉芳	王会忠
卢远虎	王文香（女）	尹花书	聂春生
田国平	王留根	张风岗	司永福
张昌命	李喜明	王进福	吕秀敏（女）
吴六保	罗文全	兰荣振	张彦玲（女）
崔书芹	赵昌山	孙二良	崔振勇
史风丽（女）	黄景涛（女）		

第三章　人民代表大会

灵寿县第十五届人民代表大会任期5年，自2012年2月至2017年2月，共召开5次会议。

县十五届人大历次会议概况表

表17-9

会议次序	会议日期	议题（项）	听取报告（个）	决议决定（项）	选举表决（项）
第一次	2012年2月21日至23日	10	6	6	4
第二次	2013年3月24日至26日	9	6	6	3
第三次	2014年1月21日至23日	6	6	6	—
第四次	2015年3月2日至4日	8	6	6	2
第五次	2016年2月17日至19日	7	7	7	—

第一节　会议概况

一、县十五届人大一次会议

2012年2月21日至23日，县十五届人大一次会议在县电力会堂召开。出席代表189名（应到189人）。会议听取和审议县人民政府县长姜阳作的《灵寿县人民政府工作报告》；审议县发展改革局局长赵鸿浩作的《灵寿县2011年国民经济和社会发展计划执行情况与2012年国民经济和社会发展计划（草案）的报告》；审查了灵寿县2011年国民经济和社会发展计划执行情况的报告与2012年国民经济和社会发展计划草案；审议县财政局局长傅士君作的《关于灵寿县2011年财政预算执行情况和2012年财政预算（草案）的报告》，审查了灵寿县2011年财政预算执行情况的报告和2012年财政预算草案；听取和审议县人大常委会副主任傅金生作的《灵寿县人民代表大会常务委员工作报告》、县人民法院副院长张军海作的《灵寿县人民法院工作报告》、县人民检察院副检察长张红海作的《灵寿县人民检察院工作报告》。会议通过相应决议。会议选举产生县十五届人大常委会组成人员，县人民政府县长、副县长，县人民法院院长，县人民检察院检察长（名单见本章第二节《会议选举》）。

这次会议，是在全县“十二五”规划实现良好开局，全县上下深入贯彻落实党的十七届六中全会、省第八次党代会、市第九次党代会、县第十次党代会和县委十届二次全会精神，加快发展、跨越赶超的新形势下，召开的一次十分重要的会议。会议审议通过政府工作报告和其他各项报告，明确今后五年和2012年国民经济和社会发展的目标，选举产生了新一届县级国家机关工作人员。会议指出，今后五年是灵寿全面建设小康社会的关键时期。要以“科学发展、富民强县”为主题，以加快发展、跨越赶超为历史重任，围绕建设“活力灵寿、生态灵寿、和谐灵寿、魅力灵寿、幸福灵寿”总体目标，实施“科教兴县、工业强县、农业稳县、旅游活县、产业富民”五大战略。会议强调，2012年是实施“十二五”规划承上启下的关键一年，要深入贯彻科学发展观，狠抓项目建设、优化发展环境，促进经济跨越式发展，创新社会管理、发展民生实事，保持社会和谐稳定，团结一心，锐意创新，埋头苦干，为建设活力、生态、和谐、魅力、幸福新灵寿而努力奋斗。

二、县十五届人大二次会议

2013年3月24日至26日，县十五届人大二次会议在县电力会堂召开。出席代表181名（应到189人）。会议听取和审议县人民政府代县长周雪军作的《灵寿县人民政府工作报告》；审议县发展改革局局长赵鸿浩作的《灵寿县2012年国民经济和社会发展计划执行情况与2013年国民经济和社会发展计划（草案）的报告》；审查了灵寿县2012年国民经济和社会发展计划执行情况的报告与2013年国民经济和社会发展计划草案；审议县财政局局长傅士君作的《关于灵寿县2012年财政预算执行情况和2013年财政预算（草案）的报告》，审查了灵寿县2012年财政预算执行情况的报告和2013年财政预算草案；听取和审议县人大常委会主任马国云作的《灵寿县人民代表大会常务委员工作报告》、县人民法院院长高会岭作的《灵寿县人民法院工作报告》、县人民检察院检察长王雷音作的《灵寿县人民检察院工作报告》。会议通过相应决议。会议选举产生灵寿县出席石家庄市第十三届人民代表大会代表21名。会议选举产生县人民政府县长和6名县人大常委会委员（名单见本章第二节《会议选举》）。

这次会议，是在全县上下深入贯彻落实党的十八大、全国和省“两会”、市委九届四次全会、县委十届三次全会精神，加快建设“活力、生态、和谐、魅力、幸福”新灵寿步伐，为全面建成小康社会而努力奋斗的形势下，召开的一次非常重要的会议。会议指出，2013年是实施“十二五”规划承上启下的一年，是灵寿实现加快发展、跨越赶超的关键之年。会议强调，要认真学习贯彻党的十八大精神，以科学发展、富民强县为主题，以加快发展、跨越赶超为历史重任，继续实施“科教兴县、工业强县、农业稳县、旅游活县、产业富民”战略，推进项目建设、城镇建设实现新突破，优化两个环境，保障改善民生，维护社会稳定，加快建设“活力、生态、和谐、魅力、幸福”新灵寿步伐，为全面建成小康社会奠定坚实基础。

三、县十五届人大三次会议

2014年1月21日至23日，县十五届人大三次会议在县电力会堂召开。出席代表182名（应到188人）。会议听取和审议县人民政府县长周雪军作的《灵寿县人民政府工作报告》；审议县发展改革局局长赵鸿浩作的《灵寿县2013年国民经济和社会发展计划执行情况与2014年国民经济和社会发展计划（草案）的报告》，审查了灵寿县2013年国民经济和社会发展计划执行情况的报告与2014年国民经济和社会发展计划草案；审议县财政局局长傅士君作的《灵寿县2013年财政预算执行情况和2014年财政预算（草案）的报告》，审查了灵寿县2013年财政预算执行情况的报告和2014年财政预算草案；听取和审议县人大常委会主任马国云作的《灵寿县人民代表大会常务委员工作报告》、县人民法院院长高会岭作的《灵寿县人民法院工作报告》、县人民检察院检察长王雷音作的《灵寿县人民检察院工作报告》。会议通过相应决议。

这次会议，是在全县上下深入学习贯彻习近平总书记系列重要讲话精神，全面贯彻落实中央和省委、市委、县委一系列重大决策部署的形势下，召开的一次十分重要的会议。会议高举中国特色社会主义伟大旗帜，深入贯彻落实党的十八届三中全会、省委八届六次全会、市委九届五次全会、县委十届四次全会精神，依法履行宪法和法律赋予的职责，是一次继往开来、群策群力、催人奋进的大会。会议指出，2014年是深入贯彻落实党的十八届三中全会精神、全面深化改革的第一年，也是实现“十二五”规划目标的关键一年。要全面落实中央和省委、市委、县委一系列重要会议精神，把改革创新贯穿于经济社会发展各个领域各个环节，把新型城镇化建设作为最强支撑，把党的群众路线教育实践活动作为重要载体，始终坚持“六个一切”总原则，进一步解放思想，着力推进县域经济发展，着力增进人民福祉，坚定不移地充分利用后发优势，团结一心，乘势而上，奋勇争先，为实现灵寿加速发展、赶超进位、绿色崛起而努力奋斗。

四、县十五届人大四次会议

2015年3月2日至4日，县十五届人大四次会议在县燕都大厦召开，出席代表184名（应到190人）。会议听取和审议县人民政府县长周雪军作的《灵寿县人民政府工作报告》；审议县发展改革局局长赵鸿浩作的《灵寿县2014年国民经济和社会发展计划执行情况与2015年国民经济和社会发展计划（草案）的报告》，审查了灵寿县2014年国民经济和社会发展计划执行情况的报告与2015年国民经济和社会发展计划草案；审议县财政局局长傅士君作的《灵寿县2014年财政预算执行情况和2015年财政预算（草案）的报告》，审查了灵寿县2014年财政预算执行情况的报告和2015年财政预算草案；听取和审议县人大常委会主任马国云作的《灵寿县人民代表大会常务委员工作报告》、县人民法院院长高会岭作的《灵寿县人民法院工作报告》、县人民检察院检察长王雷音作的《灵寿县人民检察院工作报告》。

会议通过相应决议。会议选举产生1名县人大常委会副主任、1名县人大常委会委员、1名县人民政府副县长（名单见本章第二节《会议选举》）。

这次会议，是在全面推进依法治国的开局之年、“十二五”规划的收官之年、全面深化改革的关键之年召开的一次非常重要的会议。会议高举中国特色社会主义伟大旗帜，深入贯彻落实党的十八届三中、四中全会、省委八届九次全会、市委九届六次全会、县委十届五次全会精神，是一次统一思想、凝聚力量、民主求实、团结奋进的大会。会议强调，2015年要全面贯彻落实中央、省、市、县委一系列重要会议精神，把后发和生态作为最大优势，主动适应经济社会发展新常态，以创新发展为主线，坚持“六个一切”原则，全面深化改革，创新驱动发展，推进依法治县，改善两个环境，保障改善民生，维护社会稳定，为加速发展、赶超进位、绿色崛起，努力开创全面建成小康社会新局面。

五、县十五届人大五次会议

2016年2月17日至19日，县十五届人大五次会议在县燕都大厦召开。出席代表177名（应到192人）。会议听取和审议县人民政府县长周雪军作的《灵寿县人民政府工作报告》；审查了《灵寿县国民经济和社会发展第十三个五年规划纲要（草案）》；审议县发展改革局局长赵鸿浩作的《灵寿县2015年国民经济和社会发展计划执行情况与2016年国民经济和社会发展计划（草案）的报告》，审查了灵寿县2015年国民经济和社会发展计划执行情况的报告与2016年国民经济和社会发展计划草案；审议县财政局局长崔学辉作的《关于灵寿县2015年财政预算执行情况和2016年财政预算草案的报告》，审查了灵寿县2015年财政预算执行情况的报告和2016年财政预算草案；听取和审议县人大常委会主任马国云作的《灵寿县人民代表大会常务委员工作报告》、县人民法院院长高会岭作的《灵寿县人民法院工作报告》、县人民检察院检察长王雷音作的《灵寿县人民检察院工作报告》。会议通过相应决议。

这次会议，是在全县深入贯彻落实党的十八届三中、四中、五中全会以及省委八届十二次全会、市委九届七次全会和县委十届六次全会精神，“十二五”圆满收官、“十三五”开局起步的关键节点，召开的一次十分重要的会议。会议高举中国特色社会主义伟大旗帜，深入贯彻中央和省委、市委、县委一系列重要会议精神，坚持党的领导、人民当家作主、依法治国有机统一，是一次集思广益、开拓创新、凝心聚力、提神鼓劲的大会。会议强调，2016年要以“五大发展理念”为引领，抢抓京津冀协同发展机遇，以提高发展质量和效益为中心，坚守发展、生态、民生三条底线，继续按照“六个一切”工作原则，全力做好“改革、绿色、项目、环境、干部”五篇文章，大力推进新型工业化、信息化、城镇化和农业现代化，着力打好脱贫攻坚和深化改革两大硬仗，统筹抓好经济建设、政治建设、文化建设、社会建设、生态文明建设，努力实现加速发展、赶超进位、绿色崛起，确保如期脱贫摘帽、全面建成小康社会。

第二节　会议选举

县人大常委会

主　任：

马国云　　2012 年 2 月县十五届人大一次会议当选

副主任：

傅金生　　2012 年 2 月县十五届人大一次会议当选

刘占军　　2012 年 2 月县十五届人大一次会议当选

张合香　　2012 年 2 月县十五届人大一次会议当选

李彦勇　　2012 年 2 月县十五届人大一次会议当选

马进伟　　2015 年 3 月县十五届人大四次会议当选

届中调整情况：

张合香，2012 年 3 月因病去世，其县人大常委会副主任职务自然免除，其第十五届灵寿县人民代表大会代表资格相应终止。

委　员（县十五届人大一次会议选举产生）

丁云红　　卜海燕（女）　　马书勇　　马民生

牛文刚　　祁进亮　　张文英（女）　　李书海

李良良　　李香合　　苏志杰　　武军义

孟素英（女）　　赵昌山　　赵　栋　　曹文伟（女）

黄景涛（女）

县十五届人大二次会议选举产生：

王　辉　　尹义平　　张士群　　宋建设

郝玉芳　　崔振勇

县十五届人大四次会议选举产生：

王风书

届中调整情况：

赵　栋，2012 年 12 月 31 日，在县十五届人大常委会第六次会议上辞去常委会委员职务。

张文英，2013 年 12 月 30 日，在县十五届人大常委会第十四次会议上辞去常委会委员职务。

县人民政府

县　长：

姜　阳　2012 年 2 月县十五届人大一次会议当选

周雪军　2012 年 4 月县十五届人大常委会第一次会议决定任命其为副县长，决定其为代理县长

2013 年 3 月县十五届人大二次会议当选

届中调整情况：

姜　阳，2012 年 4 月 11 日，在县十五届人大常委会第一次会议上辞去县长职务。

副县长：

王东刚　2012 年 2 月县十五届人大一次会议当选

李向阳　2012 年 2 月县十五届人大一次会议当选

康二中　2012 年 2 月县十五届人大一次会议当选

王雪山　2012 年 2 月县十五届人大一次会议当选

程军宏　2012 年 2 月县十五届人大一次会议当选

马瑰欣　2012 年 2 月县十五届人大一次会议当选

赵　琳　2012 年 2 月县十五届人大一次会议当选

傅士君　2015 年 3 月县十五届人大四次会议当选

届中调整情况：

赵　琳，2012 年 8 月 30 日，县十五届人大常委会第四次会议决定免去其灵寿县人民政府副县长（挂职）职务。

黄志龙，2012 年 8 月 30 日，县十五届人大常委会第四次会议决定任命其为灵寿县人民政府副县长（挂职）；2013 年 9 月 13 日，县十五届人大常委会第十一次会议决定免去其灵寿县人民政府副县长（挂职）职务。

郝占永，2012 年 10 月 31 日，县十五届人大常委会第五次会议决定任命其为灵寿县人民政府副县长（挂职）；2016 年 4 月 21 日，县十五届人大常委会第二十九次会议决定免去其灵寿县人民政府副县长（挂职）职务。

王　晴（女），2013 年 9 月 13 日，县十五届人大常委会第十一次会议决定任命其为灵寿县人民政府副县长（挂职）；2015 年 2 月 6 日，县十五届人大常委会第二十二次会议决定免去其灵寿县人民政府副县长（挂职）职务。

王东刚，2013 年 12 月 10 日，县十五届人大常委会第十三次会议决定免去其灵寿县人民政府副县长职务。

白东风，2013 年 12 月 10 日，县十五届人大常委会第十三次会议决定任命其为灵寿县人民政府副县长；2017 年 1 月 25 日，县十五届人大常委会第三十五次会议决定免去其灵寿县人民政府副县长职务。

邢晓东，2015 年 2 月 6 日，县十五届人大常委会第二十二次会议决定任命其为灵寿县人民政府副县长（挂职）。

傅士君，2017 年 1 月 25 日，县十五届人大常委会第三十五次会议决定免去其灵寿县人民政府副县长职务。

郭金贞，2015 年 8 月 19 日，县十五届人大常委会第二十五次会议决定任命其为灵寿县人民政府副县长（挂职）。

李向阳，2017 年 1 月 25 日，县十五届人大常委会第三十五次会议决定免去其灵寿县人民政府副县长职务。

程军宏，2017 年 1 月 25 日，县十五届人大常委会第三十五次会议决定免去其灵寿县人民政府副县长职务。

郝英鹏，2017 年 1 月 25 日，县十五届人大常委会第三十五次会议决定任命其为灵寿县人民政府副县长。

米　锋，2017 年 1 月 25 日，县十五届人大常委会第三十五次会议决定任命其为灵寿县人民政府副县长。

齐正进，2017 年 1 月 25 日，县十五届人大常委会第三十五次会议决定任命其为灵寿县人民政府副县长。

郝永志，2017 年 1 月 25 日，县十五届人大常委会第三十五次会议决定任命其为灵寿县人民政府副县长。

县人民法院

院　长：

高会岭　2012 年 2 月县十五届人大一次会议当选

届中调整情况：

高会岭，2017 年 1 月 25 日，县十五届人大常委会第三十五次会议免去其灵寿县人民法院院长职务

王文忠，2017 年 1 月 25 日，县十五届人大常委会第三十五次会议任命其为灵寿县人民法院副院长，决定其为代理院长。

县人民检察院

检察长：

王雷音　2012 年 2 月县十五届人大一次会议当选

届中调整情况：

王雷音，2017 年 1 月 25 日，县十五届人大常委会第三十五次会议免去其灵寿县人民检察院检察长职务。

盖朝龙，2017 年 2 月 14 日，县十五届人大常委会第三十六次会议任命其为灵寿县

人民检察院副检察长，决定其为代理检察长。

链接：县十五届人大常委会主任简历

马国云，男，1957年7月出生，汉族，中共党员，河北灵寿人，大专。历任灵寿县种子公司技术员；石家庄地区农校学习；灵寿县农业局干事；灵寿县种子公司副经理；灵寿县种子公司经理；灵寿县狗台乡党委副书记、乡长；灵寿县狗台乡党委书记；灵寿县西托乡党委书记；灵寿县财政局局长；灵寿县副县长兼财政局局长；灵寿县副县长；灵寿县委常委、政法委书记；灵寿县人大常委会党组书记；灵寿县人大常委会党组书记、主任。

第三节　会议组织

一、县十五届人大一次会议

（一）大会临时党委

书　记：李彦明

副书记：姜　阳　　孟运苍　　马国云

（二）大会主席团和秘书长

主席团：

丁云红	卜海燕（女）	于燕红（女）	马书勇
马民生	马地震	马国云	尹国亮
牛文刚	王东刚	王江鹏	白东风
刘占军	刘建国	刘忠厚	刘振波
吕秀敏（女）	祁进亮	张文英（女）	张合香
张志强	张桂平（女）	李书海	李向阳
李良良	李国芳	李学忠	李彦明
李彦勇	李香合	杜书云	苏志杰
苏　智	孟运苍	孟素英（女）	武军义
姜　阳	赵书刚	赵军华	赵昌山
赵　栋	郝建英（女）	郝拴海	高　峰
曹文伟（女）	黄景涛（女）	傅金生	傅连英（女）
彭罗智	韩业丰	穆德英（回族）	

秘书长：傅金生（兼）

（三）大会主席团常务主席

李彦明	姜　阳	孟运苍	郝建英（女）
马国云	傅连英（女）	傅金生	刘占军
张合香	李彦勇		

（四）大会议案审查委员会

主 任 委 员：傅金生

副主任委员：丁云红

委　　员：

李良良	李香合	马书勇	曹文伟（女）
孟素英（女）	苏志杰		

二、县十五届人大二次会议

（一）大会临时党委

书　记：李彦明

副书记：周雪军　　马国云　　穆德英

（二）大会主席团和秘书长

主席团：

丁云红	卜海燕（女）	于燕红（女）	马书勇
马民生	马国云	尹义平	尹国亮
牛文刚	王　辉	王东刚	王江鹏
白东风	白庆芳	刘占军	刘建国
刘忠厚	刘振波	吕秀敏（女）	祁进亮
张士群	张文英（女）	张志强	李书海
李向阳	李良良	李国芳	李学忠
李彦明	李彦勇	李香合	杜书云
宋建设	杨云山	苏　智	苏志杰
周荣亮	周雪军	孟运苍	孟素英（女）
武军义	赵书刚	赵军华	赵昌山
郝玉芳	郝建英（女）	高　峰	崔项英
崔振勇	曹文伟（女）	黄景涛（女）	傅金生
傅连英（女）	彭罗智	穆德英（回族）	

秘书长：傅金生（兼）

（三）大会主席团常务主席

李彦明	周雪军	孟运苍	马国云
傅连英（女）	傅金生	刘占军	李彦勇

（四）大会议案审查委员会

主 任 委 员：李彦勇

副主任委员：丁云红

委　　员：

李良良	李香合	马书勇	曹文伟（女）
孟素英（女）	苏志杰		

三、县十五届人大三次会议

（一）大会临时党委

书　记：宋存汉

副书记：周雪军　杨澜波　孟运苍　马国云

（二）大会主席团和秘书长

主席团：

丁云红	卜海燕（女）	于燕红（女）	马书勇
马民生	马国云	尹义平	尹国亮
牛文刚	王　辉	王江鹏	白东风
白庆芳	刘占军	刘建国	刘忠厚
刘振波	吕秀敏（女）	祁进亮	张士群
张志强	李书海	李向阳	李良良
李国芳	李学忠	李彦勇	李香合
杜书云	宋存汉	宋建设	杨云山
杨澜波	苏　智	苏志杰	周荣亮
周雪军	孟运苍	孟素英（女）	武军义
赵书刚	赵军华	赵昌山	郝玉芳
高　峰	崔项英	崔振勇	曹文伟（女）
黄景涛（女）	傅金生	傅连英（女）	彭罗智

秘书长：傅金生（兼）

（三）大会主席团常务主席

宋存汉	周雪军	杨澜波	孟运苍
马国云	傅连英（女）	傅金生	刘占军
李彦勇			

（四）大会议案审查委员会

主 任 委 员：李彦勇

副主任委员：丁云红

委　　员：

李良良	李香合	马书勇	曹文伟（女）
孟素英（女）	苏志杰		

四、县十五届人大四次会议

（一）大会临时党委

书　记：宋存汉

副书记：周雪军　杨澜波　孟运苍　马国云

（二）大会主席团和秘书长

主席团：

丁云红	卜海燕（女）	于燕红（女）	马书勇
马民生	马进伟	马国云	尹义平
尹国亮	牛文刚	王风书（女）	王　辉
王江鹏	王有廷	白东风	白庆芳
孙　芳（女）	江文辉	刘风龙	刘占军
刘振波	吕秀敏（女）	祁进亮	张士群
张志强	张金龙	李书海	李向阳
李良良	李国芳	李彦勇	李香合
杜书云	宋存汉	宋建设	杨云山
杨澜波	苏　智	苏志杰	周荣亮
周雪军	孟运苍	孟素英（女）	武军义
赵书刚	赵昌山	郝玉芳	高　峰
崔项英	崔振勇	曹文伟（女）	黄景涛（女）
傅金生	傅连英（女）	彭罗智	

秘书长：傅金生（兼）

（三）大会主席团常务主席

宋存汉	周雪军	杨澜波	孟运苍
马国云	傅连英（女）	傅金生	刘占军
李彦勇	马进伟		

（四）大会议案审查委员会

主 任 委 员：李彦勇

副主任委员：丁云红

委　　　员：

李良良	马书勇	曹文伟（女）	孟素英（女）
苏志杰			

五、县十五届人大五次会议

（一）大会临时党委

书　记：宋存汉

副书记：周雪军　　杨澜波　　孟运苍　　马国云

（二）大会主席团和秘书长

主席团：

丁云红	卜海燕（女）	于燕红（女）	马书勇
马民生	马进伟	马国云	尹义平
尹国亮	牛文刚	王风书（女）	王　辉
王江鹏	王有廷	王雪山	白东风
白庆芳	孙　芳（女）	江文辉	刘风龙
刘占军	刘永勤（女）	刘振波	祁进亮
张士群	张志强	张金龙	李书海
李向阳	李良良	李彦勇	李香合
杜书云	宋存汉	宋建设	杨云山
杨澜波	苏　智	苏志杰	周雪军
孟运苍	孟素英（女）	武军义	赵书刚
赵昌山	郝玉芳	高　峰	崔项英
崔振勇	曹文伟（女）	黄景涛（女）	傅金生
董建海	彭罗智	樊秉志	

秘书长：傅金生（兼）

（三）大会主席团常务主席

宋存汉	周雪军	杨澜波	孟运苍
马国云	王雪山	傅金生	刘占军
李彦勇	马进伟		

（四）大会议案审查委员会

主 任 委 员：李彦勇

副主任委员：丁云红

委　　　员：

李良良	马书勇	曹文伟（女）	孟素英（女）
苏志杰			

第四章　人民代表大会常务委员会

县十五届人大常委会全面贯彻落实党的十八大和习近平总书记系列重要讲话精神，深入贯彻“创新、协调、绿色、开放、共享”的发展理念，紧紧围绕全县改革发展稳定大局，以推进民主法治建设为己任，以“一线”状态、“一线”要求、“一线”作为，解放思想，大力实施思路创新、工作创新和制度创新，着力推动各项工作拓展、深化、提升，为全县经济社会发展和民主法治建设做出积极贡献。

第一节　常委会会议

县十五届人大常委会共召开会议36次。

第一次会议　2012年4月11日召开，县人大常委会主任马国云，副主任傅金生、刘占军、张合香、李彦勇出席会议。县人民政府常务副县长王东刚，县政协副主席张云山，县人民法院院长高会岭，县人民检察院检察长王雷音列席会议。会议审议并通过关于《灵寿县第十五届人大常委会组成人员守则》等12项规范性文件。会议审议并通过关于《设立县十五届人大常委会代表资格审查委员会的决定》。会议审议通过关于接受姜阳辞去灵寿县人民政府县长职务的请求的决定；会议听取县委常委、组织部部长穆德英作的关于建议县人大常委会决定任命县人民政府副县长、代理县长职务有关情况的说明。会议审议通过关于周雪军为县人民政府代理县长的决定。会议通过人事任免事项（名单见本篇第七章《选举任免》）。

县十五届人大常委会代表资格审查委员会组成人员

主 任 委 员：李彦勇

副主任委员：丁云红

委　　　员：李良良　马书勇　曹文伟（女）

第二次会议　2012年5月18日召开，县人大常委会主任马国云，副主任傅金生、刘占军、张合香、李彦勇出席会议。县委书记李彦明到会指导，县委副书记、县人民政府代县长周雪军，县政协副主席张云山，县人民法院院长高会岭，县人民检察院检察长王雷音列席会议。会议听取县委常委、组织部长穆德英作的关于建议县人大常委会决定任免有关人员职务的说明。会议通过人事任免事项（名单见本篇第七章《选举任免》）。

第三次会议　2012年6月29日召开，县人大常委会主任马国云，副主任傅金生、刘占军、李彦勇出席会议。县人民政府副县长马瑰欣，县政协副主席张云山，县人民法院院长高会岭，县人民检察院检察长王雷音列席会议。会议听取和审议县政府关于2012年扶贫开发工作情况报告。会议听取和审议县政府关于新型农村合作医疗工作情况报告并进行满意度测评。听取和审议县检察院关于加强法律监督情况报告。会议通过人事任免事项（名单见本篇第七章《选举任免》）。

第四次会议 2012年8月30日召开，县人大常委会主任马国云，副主任傅金生、刘占军、李彦勇出席会议。县人民政府常务副县长王东刚，县政协副主席傅士君，县人民法院院长高会岭，县人民检察院检察长王雷音列席会议。会议听取和审议县发展改革局局长赵鸿浩作的关于2012年上半年国民经济和社会发展计划执行情况的报告。会议听取和审议县财政局局长傅士君作的关于2012年上半年财政预算执行情况、2011年县级财政决算情况的报告，表决通过关于批准2011年县级财政决算的决议。会议听取和审议县审计局局长杨文英作的关于2011年度预算执行和其他财政收支情况审计工作的报告。会议通过人事任免事项（名单见本篇第七章《选举任免》）。

第五次会议 2012年10月31日召开，县人大常委会主任马国云，副主任傅金生、刘占军、李彦勇出席会议。县人民政府常务副县长王东刚，县人民法院院长高会岭，县人民检察院检察长王雷音列席会议。会议听取和审议县安监局关于安全生产工作情况的报告并进行满意度测评。会议听取和审议县教育局关于改善办学条件，提高办学质量工作情况的报告并进行满意度测评；听取和审议县人大常委会执法检查组作的关于检查《中华人民共和国畜牧法》实施情况的报告。会议通过人事任免事项（名单见本篇第七章《选举任免》）。

第六次会议 2012年12月31日召开，县人大常委会主任马国云，副主任傅金生、刘占军、李彦勇出席会议。县人民政府常务副县长王东刚，县政协副主席傅士君，县人民法院院长高会岭，县人民检察院检察长王雷音列席会议。会议听取和审议县政府办理县第十五届人大一次会议代表建议、批评、意见情况报告。会议听取和审议县法院关于执行工作情况的报告并进行满意度测评。会议听取和审议县政府关于调整2012年财政收支预算的报告，表决通过关于批准县政府调整2012年财政收支预算的决议。

第七次会议 2013年1月9日召开，县人大常委会主任马国云，副主任傅金生、刘占军、李彦勇出席会议。会议听取和审议灵寿县公安局关于对县人大代表赵某采取强制措施的报告，通过灵寿县人大常委会关于许可对灵寿县第十五届人大代表赵某依法采取刑事拘留措施的决定。

第八次会议 2013年3月20日召开，县人大常委会主任马国云，副主任傅金生、刘占军、李彦勇出席会议。县人民政府常务副县长王东刚，县政协副主席张云山，县人民法院副院长马青龙，县人民检察院检察长王雷音列席会议。会议听取和审议县人大常委会主任会议关于召开县十五届人大二次会议有关事项的报告，通过关于召开县十五届人大二次会议的决定、议程、各项名单（草案）。会议审议并通过县人大常委会代表资格审查委员会关于补选代表的代表资格审查报告。会议审议并通过县人大常委会工作报告（稿）和县人大常委会

2013年工作要点。会议听取和审议灵寿县公安局关于对县人大代表李某采取强制措施的报告，通过灵寿县人大常委会关于许可对灵寿县第十五届人大代表李某依法采取刑事拘留措施的决定。会议通过人事任免事项（名单见本篇第七章《选举任免》）。

第九次会议　2013年5月8日召开，县人大常委会主任马国云，副主任傅金生、刘占军、李彦勇出席会议。会议听取和审议县水务局关于农田水利设施建设情况的报告。会议表决通过县人大常委会接受孟杰、魏勇心、刘红山辞去县人大代表职务的决定。会议审议并通过县人大常委会代表资格审查委员会关于补选代表的代表资格审查报告。

第十次会议　2013年7月2日召开，县人大常委会主任马国云，副主任傅金生、刘占军、李彦勇出席会议。会议听取和审议县人社局关于社会保障体系建设情况报告。会议听取和审议县政府关于供销社工作情况的报告。会议听取和审议县人大常委会关于检查《中华人民共和国食品安全法》实施情况的报告。会议通过人事任免事项（名单见本篇第七章《选举任免》）。

第十一次会议　2013年9月13日召开，县人大常委会主任马国云，副主任傅金生、刘占军、李彦勇出席会议。县人民政府常务副县长王东刚，县政协副主席傅士君，县人民法院院长高会岭，县人民检察院检察长王雷音列席会议。会议听取和审议县财政局局长傅士君作的关于2013年上半年财政预算执行情况的报告、关于2012年县级财政决算情况的报告并通过相应决议、县发展改革局局长赵鸿浩作的关于2013年上半年国民经济和社会发展计划执行情况的报告、县审计局局长杨文英作的关于2012年度县级财政预算执行和其他财政收支情况审计工作的报告。会议审议并通过县十五届人大常委会代表资格审查委员会关于补选代表的代表资格审查报告。会议表决通过关于暂停谷某执行代表职务的决定。会议通过人事任免事项（名单见本篇第七章《选举任免》）。

第十二次会议　2013年11月1日召开，县人大常委会主任马国云，副主任傅金生、刘占军、李彦勇出席会议。县人民政府副县长马瑰欣，县政协副主席张云山，县人民法院院长高会岭，县人民检察院检察长王雷音列席会议。会议听取和审议县法院关于民事诉讼法贯彻落实情况的报告。会议听取和审议县政府关于高中段教育情况的报告。会议表决通过县人大常委会关于机关各科更名为工作委员会的决定。会议通过人事任免事项（名单见本篇第七章《选举任免》）。

第十三次会议　2013年12月10日召开，县人大常委会主任马国云，副主任傅金生、刘占军、李彦勇出席会议。县人民政府常务副县长李向阳列席会议。会议听取和审议县政府关于土地综合整治项目工作情况的报告。会议通过人事任免事项（名单见本篇第七章《选举任免》）。

第十四次会议　2013年12月30日召开，县人大常委会主任马国云，副主任傅金生、刘占军、李彦勇出席会议。县人民政府常务副县长李向阳，县政协副主席傅士君，县人民法院院长高会岭，县人民检察院副检察长张红海列席会议。会议听取和审议县政府办理县第十五届人大二次会议代表建议、批评、意见情况报告。会议听取和审议县政府关于调整

2013年财政收支预算的报告，表决通过县人大常委会关于批准县人民政府调整2013年财政收支预算的决议。会议审议并通过县人大常委会代表资格审查委员会关于补选代表的代表资格审查报告。会议表决通过关于接受张文英辞去县人大常委会委员和县第十五届人大代表职务的决定。

第十五次会议 2014年1月10日召开，县人大常委会主任马国云，副主任傅金生、刘占军、李彦勇和21名委员出席会议。县人民政府常务副县长李向阳，县政协副主席张云山，县人民法院院长高会岭，县人民检察院检察长王雷音列席会议。会议听取和审议县人大常委会主任会议关于召开县十五届人大三次会议有关事项的报告，通过关于召开县十五届人大三次会议的决定、议程、各项名单（草案）。会议审议并通过县人大常委会工作报告（稿）。

第十六次会议 2014年4月22日召开，县人大常委会主任马国云，副主任傅金生、刘占军、李彦勇和19名委员出席会议。县人民政府副县长马瑰欣，县政协副主席张云山，县人民法院院长高会岭，县人民检察院检察长王雷音列席会议。会议听取和审议县人民法院院长高会岭作的关于县人民法院自身建设情况的报告、县人民检察院检察长王雷音作的关于县人民检察院自身建设情况的报告。会议通过人事任免事项（名单见本篇第七章《选举任免》）。

第十七次会议 2014年6月25日召开，县人大常委会主任马国云，副主任傅金生、刘占军、李彦勇和18名委员出席会议。县人民政府副县长马瑰欣，县政协副主席张云山，县人民法院院长高会岭，县人民检察院检察长王雷音列席会议。会议听取和审议县卫生局局长马地震作的关于深化医药卫生体制综合改革工作情况的报告、县工信局局长张桂平作的关于工业和信息化工作情况的报告。会议安排常委会组成人员和市人大代表走访联系群众有关事项。

第十八次会议 2014年8月14日召开，县人大常委会主任马国云，副主任傅金生、刘占军、李彦勇和17名委员出席会议。县人民政府副县长白东风，县政协副主席张云山，县人民法院院长高会岭，县人民检察院检察长王雷音列席会议。会议听取和审议县住房和城乡建设局局长纪万新作的关于《灵寿县城乡总体规划（2013—2030年）》编制情况的报告，并通过该报告。

第十九次会议 2014年8月28日召开，县人大常委会主任马国云，副主任傅金生、刘占军、李彦勇和18名委员出席会议。县人民政府副县长王雪山，县政协副主席傅士君，县人民法院院长高会岭，县人民检察院副检察长张红海列席会议。会议听取和审议县发展改革局局长赵鸿浩作的关于2014年上半年国民经济和社会发展计划执行情况的报告，县财政局局长傅士君作的关于2014年上半年财政预算执行情况的报告、关于2013年县级财政决算情况的报告并通过相应决议，县审计局局长杨文英作的关于2013年度县级财政预算执行及其他财政收支情况审计工作的报告。会议通过人事任免事项（名单见本篇第七章《选举任免》）。

第二十次会议 2014年10月29日召开，县人大常委会主任马国云，副主任傅金生、刘占军、李彦勇和21名委员出席会议。县委副书记杨澜波，县人民政府副县长白东风，县政协副主席傅士君，县人民法院院长高会岭，县人民检察院检察长王雷音列席会议。会议听取和审议县法院、县检察院及13个监督执法部门的工作报告，以投票表决的方式对15个执法部门进行打分测评。

第二十一次会议　2014年12月30日召开，县人大常委会主任马国云，副主任傅金生、刘占军、李彦勇和18名委员出席会议。县人民政府常务副县长李向阳，县政协副主席傅士君，县人民法院院长高会岭，县人民检察院检察长王雷音列席会议。会议听取和审议县政府督查室主任兼政府办副主任连春英作的关于办理县十五届人大三次会议代表建议、批评和意见的情况报告，县水务局局长李学忠作的关于小型农田水利重点县项目建设情况的报告，县财政局局长傅士君作的关于调整2014年财政收支预算的报告，表决通过县人大常委会关于批准县政府调整2014年收支预算的决议。

第二十二次会议　2015年2月6日召开，县人大常委会主任马国云，副主任傅金生、刘占军、李彦勇和21名委员出席会议。县人民政府常务副县长李向阳，县政协副主席张云山，县人民法院副院长张军海，县人民检察院检察长王雷音列席会议。会议听取和审议县人大常委会主任会议关于召开县十五届人大四次会议有关事项的报告，通过关于召开县十五届人大四次会议的决定、议程、各项名单（草案）。会议审议并通过县人大常委会代表资格审查委员会关于补选代表的代表资格审查报告。会议审议并通过县人大常委会工作报告（稿）。会议听取和审议灵寿县公安局关于报请县人大常委会许可对县人大代表张某采取强制措施的请示，通过灵寿县人大常委会关于许可对灵寿县第十五届人大代表张某依法采取刑事拘留措施的决定。会议表决通过关于接受杨会军、胡延卫辞去县第十五届人大代表职务的请求的决定。会议通过人事任免事项（名单见本篇第七章《选举任免》）。

第二十三次会议　2015年4月15日召开，县人大常委会主任马国云，副主任傅金生、刘占军、李彦勇、马进伟和17名委员出席会议。县人民政府常务副县长李向阳，县政协副主席张云山，县人民法院院长高会岭，县人民检察院检察长王雷音列席会议。会议听取和审议县人民法院院长高会岭作的关于推进司法公开工作情况的报告。会议听取和审议县人民检察院检察长王雷音作的关于执法规范化建设的工作情况报告。会议听取和审议县人大常委会政法工委主任马民生作的关于对县人民法院法官和县人民检察院检察官开展履职评议的暂行办法。会议通过人事任免事项（名单见本篇第七章《选举任免》）。

第二十四次会议　2015年6月17日召开，县人大常委会主任马国云，副主任傅金生、刘占军、李彦勇、马进伟出席会议。会议听取和审议县教育局关于义务教育均衡发展工作情况报告。会议听取和审议县法院和县检察院5名法官和3名检察官履职情况的报告并进行测评。会议通过人事任免事项（名单见本篇第七章《选举任免》）。

第二十五次会议　2015年8月19日召开，县人大常委会主任马国云，副主任傅金生、刘占军、李彦勇、马进伟出席会议。会议听取和审议县政府关于2015年上半年国民经济和社会发展计划执行情况的报告。会议听取和审议县政府关于2014年县级财政决算情况的报告。会议听取和审议县政府关于2015年上半年财政预算执行情况的报告。会议听取和审议县政府关于2014年度县级财政预算执行及其他财政收支情况审计工作的报告。会议审查和批准2014年财政决算。会议通过人事任免事项（名单见本篇第七章《选举任免》）。

第二十六次会议 2015年10月27日召开，县人大常委会主任马国云，副主任傅金生、刘占军、李彦勇、马进伟出席会议。县委副书记孟运苍参加会议。县人民政府副县长白东风、康二中、程军宏、郭金贞，县政协副主席刘建国，县人民法院院长高会岭，县人民检察院检察长王雷音列席会议。会议听取14个政府部门工作报告并对各部门工作进行测评。会议通过人事任免事项（名单见本篇第七章《选举任免》）。

第二十七次会议 2015年12月23日召开，县人大常委会主任马国云，副主任傅金生、刘占军、李彦勇、马进伟出席会议。县人民政府常务副县长李向阳，县政协副主席张云山，县人民法院院长高会岭，县人民检察院检察长王雷音列席会议。会议听取和审议县政府关于土地调整工作情况的报告。会议听取和审议县政府关于调整2015年财政预算的报告。会议听取和审议县政府关于县十五届人大四次会议代表意见、建议办理情况的报告。会议表决通过县人大常委会关于批准县政府调整2015年财政预算的决议。会议表决通过关于接受罗文全等4名代表辞去县第十五届人大代表职务的决定。会议审议并通过县人大常委会代表资格审查委员会关于补选代表的代表资格审查报告。

第二十八次会议 2016年2月3日召开，县人大常委会主任马国云，副主任傅金生、刘占军、李彦勇、马进伟出席会议。县人民政府副县长郝占永，县政协副主席张云山列席会议。会议听取和审议县人大常委会主任会议关于召开县十五届人大五次会议有关事项的报告，通过关于召开十五届人大五次会议的决定、议程、各项名单（草案）、县人大常委会工作报告（稿）。会议审议并通过县十五届人大常委会代表资格审查委员会关于补选代表的代表资格审查报告。会议听取和审议2015年县财政预算执行情况和2016年财政预算草案的报告。

第二十九次会议 2016年4月21日召开，县人大常委会主任马国云，副主任傅金生、刘占军、李彦勇出席会议。会议听取和审议县政府关于核桃产业发展情况的报告。会议听取和审议县法院、县检察院部分法官、检察官的履职报告。会议通过人事任免事项（名单见本篇第七章《选举任免》）。

第三十次会议 2016年6月30日召开，县人大常委会主任马国云，副主任刘占军、李彦勇出席会议。会议听取和审议县政府关于社会救助情况的报告。会议听取和审议县政府关于医疗服务体系建设情况的报告。会议通过人事任免事项（名单见本篇第七章《选举任免》）。

第三十一次会议 2016年8月30日召开，县人大常委会主任马国云，副主任刘占军、李彦勇出席会议。会议听取和审议县政府关于2016年上半年国民经济和社会发展计划执行情况的报告、关于2016年上半年财政预算执行情况的报告、关于2015年县级财政决算情况的报告并审查和批准2015年财政决算。会议听取和审议县政府关于2015年度县级财政预算执行及其他财政收支情况审计工作的报告。会议听取和审议关于调整 2016 年一般公共收支预算的报告。会议听取和审议县政府关于灵寿县农村基础设施扶贫开发项目和灵寿县 2016 年易地扶贫搬迁项目资本金和政府购买服务资金列入县级财政预算的报告。

第三十二次会议　2016 年 10 月 15 日召开，县人大常委会主任马国云，副主任傅金生、刘占军、李彦勇出席会议。会议听取和审议县政府关于精准扶贫工作情况的报告。会议听取和审议县政府关于全面提高教育质量工作情况的报告。

第三十三次会议　2016 年 11 月 18 日召开，县人大常委会主任马国云，副主任傅金生、刘占军、李彦勇出席会议。会议审议通过灵寿县人大常委会关于县乡两级人民代表大会换届选举工作的实施方案。会议表决通过灵寿县人大常委会关于成立县选举委员会的决定。会议表决通过灵寿县人大常委会关于批准各乡镇成立第十届人民代表大会选举委员会的决定。会议审议通过灵寿县人大常委会关于各乡镇乡级人大代表名额的分配方案。会议听取和审议县政府关于将灵寿县改善农村人居环境一期项目资本金和政府购买服务资金列入县级财经预算的报告。会议通过灵寿县人大常委会关于批准将灵寿县改善农村人居环境一期项目资本金和政府购买服务资金列入县级财经预算的决议。

第三十四次会议　2016 年 12 月 29 日召开，县人大常委会主任马国云，副主任傅金生、李彦勇、马进伟出席会议。会议听取和审议县政府关于县十五届人大五次会议代表意见建议办理情况的汇报。会议听取和审议县政府关于调整 2016 年一般公共支出预算的报告。会议听取和审议县政府关于将县乡公路改建工程资本金和政府购买服务资金列入县级财政预算的报告。会议听取和审议县政府关于将农村基础设施灾后重建及发展项目政府购买服务资金列入县级财政预算的报告。会议听取和审议县第十五届人大常委会代表资格审查委员会关于第十六届人民代表大会代表的代表资格审查报告。会议表决通过灵寿县第十六届人大常委会代表资格审查委员会名单。会议表决通过灵寿县第十六届人大常委会代表议案审查委员会名单。会议通过人事任免事项（名单见本篇第七章《选举任免》）。

第三十五次会议　2017 年 1 月 25 日召开，县人大常委会主任马国云，副主任傅金生、李彦勇、马进伟出席会议。县人大常委会党组书记刘振波列席会议。会议通过人事任免事项（名单见本篇第七章《选举任免》）。

第三十六次会议　2017 年 2 月 14 日召开，县人大常委会主任马国云，副主任傅金生、李彦勇、马进伟出席会议。县人大常委会党组书记刘振波列席会议。会议听取和审议县政府关于 2016 年财政预算执行情况及 2017 年财政预算草案报告。会议听取和审议县人大常委会关于县第十六届人民代表大会第一次会议有关事项的安排意见。会议表决通过人代会有关事项的安排。会议审议通过人大常委会工作报告（稿）。会议通过人事任免事项（名单见本篇第七章《选举任免》）。

第二节　主任会议

县十五届人大常委会主任会议均由马国云主任主持召开。常委会各位副主任出席会议，各委室主任列席会议。

县十五届人大常委会主任会议情况一览表

表 17-10

序　号	时间	议题
1	2012 年 3 月 10 日	研究关于县人大常委会 2012 年工作要点（草案）；研究 2012 年县人大常委会会议议题、主任会议议题、常委会执法检查计划、常委会调研视察计划听取县人大常委会机关概况和日常主要工作情况的介绍
2	2012 年 3 月 31 日	研究县第十五届人大常委会主任、副主任和各科室工作分工；学习优化发展环境工作大会的有关文件精神；强调人大机关的工作纪律
3	2012 年 4 月 9 日	研究县政府县长提请的县人大常委会会议决定任命的新一届县政府组成人员职务的议案；研究灵寿县第十五届人大常委会组成人员守则等 10 项规范性文件的草案；研究县十五届人大常委会第一次会议议程（草案）；研究召开县人大常委会颁发任命书大会的意见；研究关于设立县第十五届人大常委会代表资格审查委员会的决定（草案）
4	2012 年 6 月 26 日	听取县文广新局关于非物质文化遗产保护开发情况报告；听取县交通运输局关于公路建设情况的报告；讨论县十五届人大常委会第三次会议筹备情况
5	2012 年 7 月 19 日	听取县政府关于物价工作情况汇报
6	2012 年 8 月 23 日	学习中共石家庄市委关于进一步加强人大工作的决定，马国云通报参加省人大自身建设研究会情况
7	2012 年 9 月 11 日	研究县人大常委会机构编制的变更及增设机构、增加人员等情况；安排新选代表培训工作，安排代表走访群众
8	2012 年 9 月 19 日	听取灵寿县人民政府关于休闲观光农业发展情况的汇报
9	2012 年 10 月 30 日	研究县人大常委会代表资格审查委员会关于补选代表的代表资格审查报告（草案）
10	2012 年 11 月 23 日	听取县司法局关于法律援助工作情况的汇报；听取县国土局关于土地执法工作情况汇报
11	2013 年 1 月 4 日	要求各委办认真总结 2012 年工作、谋划 2013 年工作；研究关于举行灵寿县第十五届人民代表大会第二次会议有关事项的安排意见；通报近期县人大常委会机关的几项具体工作安排情况

续表 17-10

序　号	时间	议题
12	2013 年 1 月 30 日	听取县第十五届人民代表大会第二次会议有关事项具体安排情况；研究县人大常委会工作报告（稿）；研究县人大常委会 2013 年工作要点（草案）
13	2013 年 3 月 1 日	研究选举市人大代表的有关事项
14	2013 年 4 月 15 日	传达学习市人代会会议精神；研究召开县十五届人大常委会第九次会议；研究补选代表的有关事项
15	2013 年 5 月 7 日	研究县人大常委会代表资格审查委员会关于补选代表的代表资格审查报告（草案）；听取县十五届人大常委会第九次会议议题安排情况
16	2013 年 8 月 13 日	研究县人大常委会代表资格审查委员会关于补选代表的代表资格审查报告（草案）；研究县公安局提请县人大常委会关于对县第十五届人大代表谷某采取强制措施的报告（草案）
17	2013 年 9 月 26 日	听取和审议县环保局关于环境保护情况的报告；研究走访县人大代表及视察督导代表意见建议等工作
18	2013 年 11 月 27 日	听取县公安局关于天网工程建设情况的汇报；听取县食品药品监督管理局关于药品管理工作情况的汇报；研究补选人大代表有关事项
19	2013 年 12 月 11 日	研究县人大常委会工作报告（稿）；研究县十五届人大三次会议有关事项安排意见
20	2013 年 12 月 20 日	研究灵寿县市人大代表参加市人代会有关事项的安排；研究县人代会有关安排意见
21	2014 年 4 月 9 日	听取县政府关于财险工作情况的汇报；听取县人大常委会代表工委关于县十五届人大三次会议代表意见建议汇总交办情况
22	2014 年 7 月 30 日	听取林业旅游局关于 200 平方千米核桃基地建设情况的汇报；听取农牧局关于观光农业基地建设情况的汇报；听取林业旅游局关于生态旅游通道工作情况的汇报
23	2014 年 8 月 13 日	研究 2014 年县人大常委会开展工作评议的实施方案；研究关于在全县开展创建“人大代表之家”活动的实施意见；研究准备加开一次人大常委会
24	2014 年 8 月 24 日	研究灵寿县人大常委会 2014 年工作评议的实施方案；研究县人大常委会工作评议动员会安排方案；研究县人大常委会党组关于党的群众路线教育实践活动“四风”整改方案
25	2014 年 8 月 25 日	研究县人大常委会工作评议动员会具体分工；研究县十五届人大常委会第十九次会议安排意见；研究县人大常委会机关召开党员组织生活会的安排意见；研究工作评议方案和调研细则及民主评议具体流程；研究走访人大代表事项；县人大常委会各工委汇报近期的主要工作
26	2014 年 10 月 21 日	研究评议法院、检察院及 13 个政府执法部门的安排方案；研究五个调研组对各部门的调研报告
27	2014 年 12 月 4 日	听取县环保局关于生态环境建设工作情况的汇报

续表 17-10

序　号	时间	议题
28	2014 年 12 月 19 日	听取县商务局关于商贸企业改制及项目建设情况的汇报；听取县发改局关于 2014 年重点项目建设情况的汇报
29	2015 年 1 月 15 日	听取县十五届人大四次会议整体筹备及县人大常委会工作报告起草情况；听取人代会各组工作进展情况；研究县人大常委会关于接受杨会军、胡延卫辞去县第十五届人大代表职务的请求的决定（草案）；研究人事任免事项；研究县人大常委会代表资格审查委员会关于补选代表的代表资格审查报告（草案）
30	2015 年 2 月 2 日	研究关于提交县十五届人大四次会议审议的县人大常委会工作报告（稿）；研究县十五届人大四次会议筹备工作情况
31	2015 年 2 月 5 日	研究人事任免事项；研究补选县人大常委会委员有关事宜；研究县公安局提交的关于报请县人大常委会许可对县人大代表张某采取强制措施的请示
32	2015 年 3 月 11 日	研究县人大常委会有关副主任工作分工调整的意见；研究 2015 年县人大常委会会议议题计划（草案）、主任会议议题计划（草案）、开展培训计划（草案）
33	2015 年 3 月 20 日	确定县人大常委会副主任工作分工；研究 2015 年县人大常委会会议议题计划（草案）、主任会议议题计划（草案）、开展培训计划（草案）；要求主任会议增加城镇化建设、生态旅游、核桃产业发展等情况的汇报
34	2015 年 4 月 21 日	研究县法院法官和县检察院检察官履职评议工作实施方案
35	2015 年 5 月 13 日	听取县文广新局关于文化市场管理情况的汇报；听取县住建局关于城镇化建设工作情况的汇报
36	2015 年 6 月 3 日	研究县人大常委会开展规范性备案文件审查有关工作安排意见；研究县人大常委会组成人员视察“人大代表之家”的意见；通报县人大常委会开展行政许可法法律法规执法检查工作的情况
37	2015 年 6 月 16 日	研究县十五届人大常委会第二十四次会议有关事宜；政法工委汇报法官、检察官评议工作有关安排；代表工委汇报人事任免情况的说明
38	2015 年 7 月 23 日	听取县政府关于核桃产业发展情况的汇报；听取县政府关于旅游业发展情况的汇报
39	2015 年 8 月 18 日	听取县十五届人大常委会第二十五次会议安排情况，研究县人大常委会 2015 年工作评议实施方案；研究政府、法院提交的人事任免事项；研究补选代表有关工作；研究县人大常委会关于组织评选表彰优秀县人大代表的安排意见；研究县人大常委会关于评选优秀县人大代表建议的安排意见
40	2015 年 9 月 24 日	听取县政府新农合工作情况汇报；听取县政府饮水安全和水利工程建设工作情况的汇报

续表 17-10

序　号	时间	议题
41	2015 年 10 月 22 日	研究县十五届人大常委会第二十六次会议有关安排；听取五个调研组各组评议调研情况；代表工委提交县人大常委会评议市人大代表工作安排、优秀人大代表和优秀建议评选情况以及提交县检察院人事任免事项；传达中央《关于加强县乡人大工作的意见》文件精神
42	2015 年 12 月 16 日	听取县政府关于专项资金使用情况的汇报；听取县政府关于 2015 年重点项目建设情况的汇报
43	2016 年 3 月 17 日	听取县十五届人大五次会议意见建议情况的汇报；听取县人大常委会 2016 年工作计划
44	2016 年 9 月 27 日	听取县政府关于公路建设情况的汇报；听取县政府关于社会保障体系建设情况的汇报
45	2017 年 2 月 7 日	听取县十六届人大一次会议召开有关事项，整体筹备及县人大常委会工作报告的修改情况

第三节　机构设置

县十五届人大常委会的办事机构 2012 年 2 月至 2013 年 11 月设办公室、政法科、财经科、农经科、科教文卫科、代表科。2013 年 11 月至 2017 年 2 月设办公室、政治法律工作委员会、财政经济工作委员会、农村经济工作委员会、科教文卫工作委员会、代表联络工作委员会。

县十五届人大常委会机构人员情况表

表 17-11

机构名称	职　务	姓　名	任职时间
办公室	主　任	安国云	2012 年 2 月—2012 年 5 月
	主　任	王　辉	2012 年 5 月—2017 年 2 月
政法科	科　长	马民生	2012 年 2 月—2013 年 11 月
	副科长	苗江良	2012 年 2 月—2013 年 11 月
财经科	科　长	李良良	2012 年 2 月—2013 年 11 月
	副科长	高金伟	2012 年 2 月—2013 年 11 月
农经科	科　长	李香合	2012 年 2 月—2013 年 11 月
	副科长	郝俊峰	2012 年 2 月—2013 年 11 月
科教文卫科	科　长	马书勇	2012 年 2 月—2013 年 11 月
	副科长	张建华	2012 年 2 月—2013 年 11 月
代表科	科　长	丁云红	2012 年 2 月—2013 年 11 月

续表 17-11

机构名称	职　务	姓　名	任职时间
政治法律工作委员会	主　任	马民生	2013 年 11 月—2017 年 2 月
	副主任	苗江良	2013 年 11 月—2017 年 2 月
财政经济工作委员会	主　任	李良良	2013 年 11 月—2017 年 2 月
	副主任	高金伟	2013 年 11 月—2017 年 2 月
农村经济工作委员会	主　任	李香合	2013 年 11 月—2017 年 2 月
	副主任	郝俊峰	2013 年 11 月—2017 年 2 月
科教文卫工作委员会	主　任	马书勇	2013 年 11 月—2017 年 2 月
	副主任	张建华	2013 年 11 月—2017 年 2 月
代表联络工作委员会	主　任	丁云红	2013 年 11 月—2017 年 2 月
	副主任	申彦彬	2017 年 1 月—2017 年 2 月

第五章　监督工作

县十五届人大常委会紧扣灵寿发展大局，围绕全县工作重心、人民群众切身利益、社会普遍关注的重大问题等，强化监督措施，改进监督方式，加大监督力度，提高监督实效。

开展县域经济发展的监督。每年依法听取和审议财政预决算、财政审计、计划预算执行、预算调整等报告，针对政府在计划和预算执行中存在的突出问题提出审议意见，督促政府及其有关部门改进工作。根据经济发展情况有重点地开展监督，听取和审议县工业发展情况报告，督促县政府进一步优化工业发展结构，盘活存量，扩大增量，加快推进省经济开发区的批准建设；听取和审议县“十二五”规划纲要实施中期评估报告，督促县政府加大项目建设力度、稳固农业基础、大力发展民生事业、加强生态环境保护，促进经济社会协调发展，确保完成规划纲要确定的各项目标任务。通过对经济工作的监督，有力推动灵寿县经济持续健康发展。

注重“三农”工作的监督。围绕近年的中央一号文件精神和县委关于“三农”工作的重要部署，对“三农”工作进行持续监督。听取和审议县政府关于农田水利基础设施建设、农业产业化发展、农村饮水安全、扶贫攻坚、观光农业、土地执法等专项工作报告，督促县政府认真贯彻落实上级提出的统筹城乡发展、改善农村生产生活环境和脱贫攻坚的重大战略部署，加大对“三农”的财政扶持力度，大力发展特色农业、生态农业，加快国家农业综合开发县获得批准的步伐，促进“三农”工作健康持续发展。组织省市县人大代表实地视察美丽乡村建设、万亩核桃种植基地、水库除险加固、冀乐食用菌专业合作社、海燕农牧产业循环经济示范区、同下快乐农庄蔬菜种植合作社等企业和项目建设工作，积极组织代表为扶贫攻坚、美丽乡村建设等“三农”工作献计献策。

加强对民生问题的监督。义务教育、集中供热、大病医疗是重大民生工程。在深入调研的基础上，加大对义务教育工作的监督力度，督促县政府坚持把教育摆在优先发展的地位，加强中小学教师队伍建设，加大教育基础设施建设力度，扎实开展校园周边安全隐患的集中整治，有力地推动义务教育均衡发展，全面促进中小学教育教学质量，特别是高考成绩明显提升。组织省市县三级人大代表对全县集中供热工程建设进行视察，并就供热能力、工程期限等方面，提出一些合理化建议。听取和审议人口与计划生育、物价工作、环境保护、城乡居民基本养老保险、社会保障体系建设等专项工作报告，针对存在的问题，提出审议意见，进一步推动有关工作顺利开展。

开展行政执法和司法工作的监督。组织开展安全生产法、食品安全法、畜牧法、义务教育法、行政许可法、旅游法、劳动合同法等法律法规实施情况的执法检查，推动国家有关法律法规的贯彻实施。加强普法实施情况的监督，听取“六五”普法工作专项报告，促进司法部门扎实推进“六五”普法规划的深入实施，为全面推进灵寿法治建设营造良好的环境。依法加强对县法院和县检察院工作的监督，听取和审议县法院执行工作、行政审判、民事诉讼法贯彻落实情况和县法院自身建设等专项工作报告；听取和审议县检察院加强法律监督、执法规范化建设和县检察院自身建设等专项工作报告，督促县法院、县检察院坚持司法为民、完善审判和检察工作机制，不断提高司法水平。2015 年开始，连续两年对县法院法官和县检察院检察官开展履职评议，认真落实“倍增计划”，依法任命 86 名人民陪审员参与县人民法院案件审理工作，为司法公平正义夯实民意基础。

第一节　听取和审议专项工作报告与计划预算和审计工作报告

县十五届人大常委会听取和审议专项工作报告与计划预算和审计工作报告情况表

表 17-12

时间	常委会会议	议题
2012 年 6 月 29 日	第三次	县政府关于 2012 年扶贫开发工作情况报告；县政府关于新型农村合作医疗工作情况报告，并进行满意度评测；县检察院关于加强法律监督情况报告
2012 年 8 月 30 日	第四次	县政府关于 2012 年上半年国民经济和社会发展计划执行情况的报告；县政府关于 2012 年上半年财政预算执行情况的报告；县政府关于 2011 年县级财政决算情况的报告；县政府关于 2011 年度预算执行和其他财政收支情况审计工作的报告
2012 年 10 月 31 日	第五次	县政府关于安全生产工作情况的报告，并进行满意度测评；县政府关于改善办学条件，提高办学质量工作情况的报告，并进行满意度测评
2012 年 12 月 31 日	第六次	县政府关于办理县第十五届人大一次会议代表建议、批评、意见情况报告；县法院关于执行工作情况的报告，并进行满意度测评；县政府关于调整 2012 年财政收支预算的报告
2013 年 1 月 9 日	第七次	县公安局关于对县人大代表赵某采取强制措施的报告
2013 年 3 月 20 日	第八次	县公安局关于对县人大代表李某采取强制措施的报告
2013 年 5 月 8 日	第九次	县政府关于农田水利设施建设情况的报告

续表 17-12

时间	常委会会议	议题
2013 年 7 月 2 日	第十次	县政府关于社会保障体系建设情况报告；县政府关于供销社工作情况的报告
2013 年 9 月 13 日	第十一次会议	县政府关于 2013 年上半年国民经济和社会发展计划执行情况的报告；县政府关于 2013 年上半年财政预算执行情况的报告；县政府关于 2012 年县级财政决算情况的报告；县政府关于 2012 年度县级财政预算执行和其他财政收支情况审计工作的报告
2013 年 11 月 1 日	第十二次会议	县法院关于民事诉讼法贯彻落实情况的报告；县政府关于高中段教育情况的报告
2013 年 12 月 10 日	第十三次会议	县政府关于土地综合整治项目工作情况的报告
2013 年 12 月 30 日	第十四次会议	县政府关于办理县第十五届人大二次会议代表建议、批评、意见情况报告；县政府关于调整 2013 年财政收支预算的报告
2014 年 4 月 22 日	第十六次会议	县法院、县检察院关于自身建设情况的报告
2014 年 6 月 25 日	第十七次会议	县政府关于深化医药卫生体制综合改革工作情况的报告；县政府关于工业和信息化工作情况的报告
2014 年 8 月 14 日	第十八次会议	县政府关于《灵寿县城乡总体规划（2013—2030）》编制情况的报告
2014 年 8 月 28 日	第十九次会议	县政府关于 2014 年上半年国民经济和社会发展计划执行情况的报告；县政府关于 2014 年上半年财政预算执行情况的报告；县政府关于 2013 年县级财政决算情况的报告；县政府关于 2013 年度县级财政预算执行及其他财政收支情况审计工作的报告
2014 年 10 月 29 日	第二十次会议	县法院、县检察院及 13 个监督执法部门的工作报告
2014 年 12 月 22 日	第二十一次会议	县政府关于办理县第十五届人大三次会议代表意见建议办理情况的报告；县政府关于小型农田水利重点县项目建设情况的报告；县政府关于调整 2014 年财政收支预算的报告
2015 年 4 月 15 日	第二十三次会议	县法院关于推进司法公开工作情况的报告；县检察院关于执法规范化建设工作情况的报告
2015 年 6 月 17 日	第二十四次会议	县政府关于义务教育均衡发展工作情况报告；县法院和县检察院 5 名法官和 3 名检察官履职情况的报告，并进行测评
2015 年 8 月 19 日	第二十五次会议	县政府关于 2015 年上半年国民经济和社会发展计划执行情况的报告；县政府关于 2014 年县级财政决算情况的报告；县政府关于 2015 年上半年财政预算执行情况的报告；县政府关于 2014 年度县级财政预算执行及其他财政收支情况审计工作的报告
2015 年 10 月 27 日	第二十六次会议	县政府 14 个部门工作报告并对各部门工作进行测评

续表 17-12

时间	常委会会议	议题
2015 年 12 月 23 日	第二十七次会议	县政府关于土地调整工作情况的报告；县政府关于调整 2015 年财政预算的报告；县政府关于县十五届人大四次会议代表意见、建议办理情况的报告
2016 年 2 月 3 日	第二十八次会议	县政府关于 2015 年财政预算执行情况和 2016 年财政预算草案的报告
2016 年 4 月 21 日	第二十九次会议	县政府关于核桃产业发展情况的报告；县法院、县检察院部分法官、检察官履行职责的报告
2016 年 6 月 30 日	第三十次会议	县政府关于社会救助情况的报告；县政府关于医疗服务体系建设情况的报告
2016 年 8 月 30 日	第三十一次会议	县政府关于 2016 年上半年国民经济和社会发展计划执行情况的报告；县政府关于 2016 年上半年财政预算执行情况的报告；县政府关于 2015 年县级财政决算情况的报告；县政府关于 2015 年度县级财政预算执行及其他财政收支情况审计工作的报告；县政府关于调整 2016 年一般公共收支预算的报告；县政府关于灵寿县农村基础设施扶贫开发项目和灵寿县 2016 年易地扶贫搬迁项目资本金和政府购买服务资金列入县级财政预算的报告
2016 年 10 月 15 日	第三十二次会议	县政府关于精准扶贫工作情况的报告；县政府关于全面提高教育质量工作情况的报告
2016 年 11 月 18 日	第三十三次会议	县政府关于将灵寿县改善农村人居环境一期项目资本金和政府购买服务资金列入县级财经预算的报告
2016 年 12 月 29 日	第三十四次会议	县政府关于县十五届人大五次会议代表意见建议办理情况的汇报；县政府关于调整 2016 年一般公共支出预算的报告；县政府关于将县乡公路改建工程资本金和政府购买服务资金列入县级财政预算的报告；县政府关于将农村基础设施灾后重建及发展项目政府购买服务资金列入县级财政预算的报告
2017 年 2 月 14 日	第三十六次会议	县政府关于 2016 年财政预算执行情况及 2017 年财政预算草案报告

第二节　法律法规实施情况的检查

县十五届人大常委会组织开展执法检查 3 次。

2012 年 9 月下旬至 10 月上旬，县人大常委会副主任刘占军带领县人大常委会执法检查组，对贯彻落实《中华人民共和国畜牧法》情况进行执法检查。2012 年 10 月 31 日，县十五届人大常委会第五次会议，听取和审议县人大常委会副主任、执法检查组组长刘占军作的《关于检查〈中华人民共和国畜牧法〉实施情况的报告》。

2013 年 5 月下旬至 6 月中旬，县人大常委会副主任李彦勇带领县人大常委会执法检查组，对贯彻落实《中华人民共和国食品安全法》情况进行执法检查。2013年7月2日，县十五届人大常委会第十次会议，听取和审议县人大常委会副主任、执法检查组组长李彦勇作的《关于〈中华人民共和国食品安全法〉执行情况检查的报告》。

2016年5月，县人大常委会副主任傅金生带领县人大常委会执法检查组，对贯彻落实《中华人民共和国安全生产法》情况进行执法检查。

第三节　视察调研

县十五届人大常委会视察活动选录

表17-13

时间	视察内容	牵头单位
2012年5月	关于饮水安全情况	农经科
2012年9月	关于高中教育工作情况	科教文卫科
2012年12月	关于重点项目建设情况	财经科
2013年5月	关于农田水利设施建设情况	农经科
2013年8月	关于防汛工作情况	农经科
2013年9月至10月	关于大气污染防治工作情况	政法科
2013年12月	关于特色养殖业情况	农经工委
2013年12月	关于重点项目建设情况	财经工委
2014年6月	关于职业教育工作情况	科教文卫工委
2014年12月	关于生态环境建设工作情况	政法工委
2014年12月	关于重点项目建设情况	财经工委
2015年5月	关于城镇化建设工作情况	政法工委
2015年7月	关于旅游业发展情况	农经工委
2015年12月	关于检务公开情况	政法工委
2015年12月	关于重点项目建设情况	财经工委
2016年5月	关于司法开放周活动情况	代表工委
2016年7月	关于灾后重建工作情况	代表工委
2016年8月	关于“代表之家”建设情况	代表工委

县十五届人大常委会调研活动选录

表17-14

时间	调研内容	牵头单位
2012年	关于县安全生产工作情况	财经科
2012年	关于县新型农村合作医疗工作情况	科教文卫科

续表 17-14

时间	调研内容	牵头单位
2012 年	关于县扶贫开发工作情况	农经科
2012 年	关于县人民检察院加强法律监督工作情况	政法科
2013 年	关于县供销社工作情况	财经科
2013 年	关于县高中段教育工作情况	科教文卫科
2013 年	关于县农田水利设施建设工作情况	农经工委
2013 年	关于县土地综合整治工作情况	农经工委
2013 年	关于县社会保障体系建设情况	政法工委
2014 年	关于县工业和信息化工作情况	财经工委
2014 年	关于县深化医药卫生体制综合改革工作情况	科教文卫工委
2014 年	关于县小型农田水利重点项目建设情况	农经工委
2014 年	关于县人民法院自身建设情况和县人民检察院自身建设情况	政法工委
2015 年	关于县医疗服务体系建设情况	科教文卫工委
2016 年	关于县社会救助工作情况	政法工委

第六章　决议决定

一、县十五届人大历次会议作出决议决定情况

灵寿县第十五届人民代表大会共作出决议决定 31 项。

县十五届人大历次会议决议决定一览表

表 17-15

时间	会次	名称
2012 年 2 月 23 日	一次会议	关于灵寿县人民政府工作报告的决议 关于灵寿县 2011 年国民经济和社会发展计划执行情况与 2012 年国民经济和社会发展计划的决议 关于灵寿县 2011 年县财政预算执行情况和 2012 年县财政预算的决议 关于灵寿县人民代表大会常务委员会工作报告的决议 关于灵寿县人民法院工作报告的决议 关于灵寿县人民检察院工作报告的决议
2013 年 3 月 26 日	二次会议	关于灵寿县人民政府工作报告的决议 关于灵寿县 2012 年国民经济和社会发展计划执行情况与 2013 年国民经济和社会发展计划的决议 关于灵寿县 2012 年县财政预算执行情况和 2013 年县财政预算的决议 关于灵寿县人民代表大会常务委员会工作报告的决议 关于灵寿县人民法院工作报告的决议 关于灵寿县人民检察院工作报告的决议
2014 年 1 月 23 日	三次会议	关于灵寿县人民政府工作报告的决议 关于灵寿县 2013 年国民经济和社会发展计划执行情况与 2014 年国民经济和社会发展计划的决议 关于灵寿县 2013 县财政预算执行情况和 2014 年县财政预算的决议 关于灵寿县人民代表大会常务委员会工作报告的决议 关于灵寿县人民法院工作报告的决议 关于灵寿县人民检察院工作报告的决议

续表 17-15

时间	会次	名称
2015年3月4日	四次会议	关于灵寿县人民政府工作报告的决议 关于灵寿县2014年国民经济和社会发展计划执行情况与2015年国民经济和社会发展计划的决议 关于灵寿县2014年县财政预算执行情况和2015年县财政预算的决议 关于灵寿县人民代表大会常务委员会工作报告的决议 关于灵寿县人民法院工作报告的决议 关于灵寿县人民检察院工作报告的决议
2016年2月19日	五次会议	关于灵寿县人民政府工作报告的决议 关于灵寿县国民经济和社会发展第十三个五年规划纲要的决议 关于灵寿县2015年国民经济和社会发展计划执行情况与2016年国民经济和社会发展计划的决议 关于灵寿县2015年县财政预算执行情况和2016年县财政预算的决议 关于灵寿县人民代表大会常务委员会工作报告的决议 关于灵寿县人民法院工作报告的决议 关于灵寿县人民检察院工作报告的决议

二、县十五届人大常委会历次会议作出决议决定情况

县十五届人大常委会作出决议决定23项（不包含人事任免事项）。

县十五届人大常委会历次会议决议决定一览表

表 17-16

时间	会次	名称
2012年4月11日	第一次	关于设立县十五届人大常委会代表资格审查委员会的决定
2012年8月30日	第四次	关于批准2011年县级财政决算的决议
2012年12月31日	第六次	关于批准县政府调整2012年财政收支预算的决议
2013年1月9日	第七次	关于许可对灵寿县第十五届人大代表赵某依法采取刑事拘留措施的决定
2013年3月20日	第八次	关于召开灵寿县第十五届人民代表大会第二次会议的决定
2013年9月13日	第十一次	关于批准2012年县级财政决算的决议
2013年11月1日	第十二次	关于县人大常委会机关各科更名为工作委员会的决定
2013年12月30日	第十四次	关于批准县人民政府调整2013年财政收支预算的决议
2014年1月10日	第十五次	关于召开灵寿县第十五届人民代表大会第三次会议的决定
2014年8月14日	第十八次	关于《灵寿县城乡总体规划（2013—2030年）》的决议
2014年8月28日	第十九次	关于批准2013年县级财政决算的决议

续表 17-16

时间	会次	名称
2014 年 12 月 22 日	第二十一次	关于批准县政府调整 2014 年收支预算的决议
2015 年 2 月 6 日	第二十二次	关于召开灵寿县第十五届人民代表大会第四次会议的决定
2015 年 8 月 19 日	第二十五次	关于批准 2014 年县级财政决算的决议
2015 年 12 月 23 日	第二十七次	关于批准县政府调整 2015 年财政预算的决议
2016 年 2 月 3 日	第二十八次	关于召开灵寿县第十五届人民代表大会第五次会议的决定
2016 年 8 月 30 日	第三十一次	关于批准将农村基础设施扶贫开发项目和 2016 年易地扶贫搬迁项目资本金和政府购买服务资金列入县级财政预算的决议 关于批准县政府调整 2016 年一般公共收支预算的决议
2016 年 11 月 18 日	第三十三次	关于成立县选举委员会的决定 关于批准各乡镇成立第十届人民代表大会选举委员会的决定 关于批准将灵寿县改善农村人居环境建设一期项目资本金和政府购买服务资金列入县级财政预算的决议
2016 年 12 月 29 日	第三十四次	关于批准将灵寿县农村基础设施灾后重建及发展项目政府购买服务资金列入县级财政预算的决议
2017 年 2 月 14 日	第三十六次	关于召开灵寿县第十六届人民代表大会第一次会议的决定

第七章 选举任免

县十五届人大常委会坚持党管干部与人大依法选举任免相结合，严格执行有关法律规定，不断加强地方政权建设。认真做好换届选举，及时向县委汇报并落实好市人大提出关于做好市县乡三级人民代表大会换届选举工作的意见，保证换届选举风清气正，顺利进行。

第一节 常委会选举任免情况

2012 年 4 月 11 日，县十五届人大常委会第一次会议，通过县人民政府相关人事任免事项。

决定任命：

周雪军为灵寿县人民政府副县长，决定其为代理县长。

2012 年 5 月 18 日，县十五届人大常委会第二次会议，通过县人大常委会、县人民政府相关人事任免事项。

免去：

安国云的灵寿县人大常委会办公室主任职务

任命：

王辉为灵寿县人大常委会办公室主任

李良良为灵寿县人大常委会财经科科长

李香合为灵寿县人大常委会农经科科长

马书勇为灵寿县人大常委会科教文卫科科长

马民生为灵寿县人大常委会政法科科长

丁云红为灵寿县人大常委会人事选举代表科科长

决定免去：

李彦勇的灵寿县人口与计划生育局局长职务

王先见的灵寿县交通运输局局长职务

孙磊海的灵寿县环境保护局局长职务

决定任命：

江文辉为灵寿县人民政府办公室主任

赵鸿浩为灵寿县发展改革局局长
程红旗为灵寿县科技局局长
马立新为灵寿县公安局局长兼督察长
王浩为灵寿县民政局局长
侯智为灵寿县司法局局长
傅士君为灵寿县财政局局长
刘建国为灵寿县人力资源和社会保障局局长
张建军为灵寿县住房和城乡建设局局长
孙磊海为灵寿县交通运输局局长
马进伟为灵寿县教育局局长
苗文志为灵寿县农业畜牧局局长
赵振海为灵寿县卫生局局长
韩业丰为灵寿县人口和计划生育局局长
杨文英为灵寿县审计局局长
赵国强为灵寿县环境保护局局长
路建明为灵寿县统计局局长
赵香河为灵寿县食品药品监督管理局局长
刘明堂为灵寿县安全生产监督管理局局长
王文良为灵寿县监察局局长

2012年6月29日，县十五届人大常委会第三次会议，通过县人民法院相关人事任免事项。

免去：

李合文的灵寿县人民法院民事审判二庭庭长职务
吕书香的灵寿县人民法院民事审判二庭副庭长职务
马守良的灵寿县人民法院刑事审判庭庭长职务

任命：

李合文为灵寿县人民法院刑事审判一庭庭长
吕书香为灵寿县人民法院审判委员会委员、民事审判二庭庭长
刘永芹为灵寿县人民法院刑事审判二庭庭长
秘凤竹为灵寿县人民法院审判员

2012年8月30日，县十五届人大常委会第四次会议，通过县人民政府相关人事任免事项。

决定免去：

赵琳的灵寿县人民政府副县长（挂职）职务

决定任命：

黄志龙为灵寿县人民政府副县长（挂职）

2012年10月31日，县十五届人大常委会第五次会议，通过县人民政府、县人民检察院相关人事任免事项。

决定免去：

赵振海的灵寿县卫生局局长职务

决定任命：

郝占永为灵寿县人民政府副县长（挂职）

马地震为灵寿县卫生局局长

免去：

陈习中的灵寿县人民检察院检察委员会委员职务

齐进林的灵寿县人民检察院检察委员会委员职务

任命：

王淑惠为灵寿县人民检察院检察委员会委员

雷振丽为灵寿县人民检察院检察委员会委员

吕会军为灵寿县人民检察院检察员

2013年3月20日，县十五届人大常委会第八次会议，通过县人民政府相关人事任免事项。

决定免去：

马立新的灵寿县公安局局长职务

决定任命：

马爱军为灵寿县公安局局长

2013年7月2日，县十五届人大常委会第十次会议，通过县人民政府、县人民法院相关人事任免事项。

决定免去：

马立新的灵寿县公安局督察长职务

张建军的灵寿县住房和城乡建设局局长职务

决定任命：

马爱军兼任灵寿县公安局督察长

纪万新为灵寿县住房和城乡建设局局长

任命：

祁军学为灵寿县人民法院审判员

2013 年 9 月 13 日，县十五届人大常委会第十一次会议，通过县人民政府、县人民法院、县人民检察院相关人事任免事项。

决定免去：

黄志龙的灵寿县人民政府副县长（挂职）职务

王文良的灵寿县监察局局长职务

决定任命：

王晴为灵寿县人民政府副县长（挂职一年）

张建军为灵寿县监察局局长

免去：

杨建山的灵寿县人民法院副院长、审判委员会委员职务

雷震的灵寿县人民法院副院长、审判委员会委员职务

免去：

王强的灵寿县人民检察院副检察长、检察委员会委员职务

傅元军的灵寿县人民检察院副检察长、检察委员会委员职务

任命：

聂军锋为灵寿县人民检察院检察员

2013 年 11 月 1 日，县十五届人大常委会第十二次会议，通过县人大常委会、县人民政府相关人事任免事项。

免去：

马民生的灵寿县人大常委会政法科科长职务

苗江良的灵寿县人大常委会政法科副科长职务

李良良的灵寿县人大常委会财经科科长职务

高金伟的灵寿县人大常委会财经科副科长职务

马书勇的灵寿县人大常委会科教文卫科科长职务

张建华的灵寿县人大常委会科教文卫科副科长职务

丁云红的灵寿县人大常委会人事选举代表科科长职务

李香合的灵寿县人大常委会农经科科长职务

郝俊峰的灵寿县人大常委会农经科副科长职务

任命：

马民生为灵寿县人大常委会政治法律工作委员会主任

苗江良为灵寿县人大常委会政治法律工作委员会副主任

李良良为灵寿县人大常委会财政经济工作委员会主任

高金伟为灵寿县人大常委会财政经济工作委员会副主任

马书勇为灵寿县人大常委会科教文卫工作委员会主任

张建华为灵寿县人大常委会科教文卫工作委员会副主任

丁云红为灵寿县人大常委会代表联络工作委员会主任

李香合为灵寿县人大常委会农村经济工作委员会主任

郝俊峰为灵寿县人大常委会农村经济工作委员会副主任

决定免去：

侯智的灵寿县司法局局长职务

决定任命：

赵军华为灵寿县司法局局长

2013 年 12 月 10 日，县十五届人大常委会第十三次会议，通过县人民政府相关人事任免事项。

决定免去：

王东刚的灵寿县人民政府副县长职务

决定任命：

白东风为灵寿县人民政府副县长

2014 年 4 月 22 日，县十五届人大常委会第十六次会议，通过县人民法院、县人民检察院相关人事任免事项。

免去：

姚剑锋的灵寿县人民法院民一庭庭长职务

任命：

李志华为灵寿县人民法院副院长

祁军学为灵寿县人民法院审判委员会委员

任命：

付建灵为灵寿县人民检察院副检察长

雷振丽为灵寿县人民检察院副检察长

刘国良为灵寿县人民检察院检察委员会委员

聂军锋为灵寿县人民检察院检察委员会委员

2014 年 8 月 28 日，县十五届人大常委会第十九次会议，通过县人民法院相关人事任免事项。

任命：

张玉伟、康静、李静、尚春彦、赵欣冉为灵寿县人民法院审判员

任命：

60名灵寿县人民法院陪审员（名单略）

2015年2月6日，县十五届人大常委会第二十二次会议，通过县人民政府相关人事任免事项。

决定免去：

王晴的灵寿县人民政府副县长（挂职）职务

江文辉的灵寿县人民政府办公室主任职务

决定任命：

邢晓东为灵寿县人民政府副县长（挂职）

2015年4月15日，县十五届人大常委会第二十三次会议，通过县人民政府相关人事任免事项。

决定免去：

傅士君的灵寿县财政局局长职务

马进伟的灵寿县教育局局长职务

刘建国的灵寿县人力资源和社会保障局局长职务

王浩的灵寿县民政局局长职务

刘明堂的灵寿县安全生产监督管理局局长职务

决定任命：

周荣亮为灵寿县人民政府办公室主任

崔学辉为灵寿县财政局局长

马泽红为灵寿县教育局局长

王浩为灵寿县人力资源和社会保障局局长

吕秀敏为灵寿县民政局局长

张桂平为灵寿县质量技术监督局局长

李国芳为灵寿县安全生产监督管理局局长

2015年6月17日，县十五届人大常委会第二十四次会议，通过县人民法院、县人民检察院相关人事任免事项。

任命：

侯晓莉为灵寿县人民法院审判员

任命：

庞立生为灵寿县人民检察院副检察长（挂职一年）

张连峰为灵寿县人民检察院检察委员会委员

刘迎新为灵寿县人民检察院检察员

贾丽红为灵寿县人民检察院检察员

郑佳佳为灵寿县人民检察院检察员

任祥凤为灵寿县人民检察院检察员

2015 年 8 月 19 日，县十五届人大常委会第二十五次会议，通过县人民政府、县人民法院相关人事任免事项。

决定免去：

马地震的灵寿县卫生局局长职务

马泽红的灵寿县教育局局长职务

赵香河的灵寿县食品药品监督管理局局长职务

韩业丰的灵寿县人口和计划生育管理局局长职务

决定任命：

郭金贞为灵寿县人民政府副县长（挂职一年）

马地震为灵寿县卫生和计划生育局局长

马泽红为灵寿县文化教育局局长

孙芳为灵寿县市场监督管理局局长

免去：

李锋国的灵寿县人民法院行政审判庭庭长职务

梁翠平的灵寿县人民法院立案庭庭长职务

周书建的灵寿县人民法院城关人民法庭庭长职务

高振海的灵寿县人民法院陈庄人民法庭庭长职务

吕振玉的灵寿县人民法院青同人民法庭庭长职务

李玉敏的灵寿县人民法院审判监督庭庭长职务

任命：

张玉伟为灵寿县人民法院行政审判庭庭长

赵风英为灵寿县人民法院立案庭庭长

辛卉为灵寿县人民法院城关人民法庭庭长

李玉敏为灵寿县人民法院民事审判一庭庭长

秘风竹为灵寿县人民法院陈庄人民法庭庭长

康静为灵寿县人民法院审判监督庭庭长

武建丽为灵寿县人民法院青同人民法庭庭长

贾天增为灵寿县人民法院执行庭庭长

2015年10月27日，县十五届人大常委会第二十六次会议，通过县人民检察院相关人事任免事项。

任命：

刘旭石为灵寿县人民检察院检察员

安红梅为灵寿县人民检察院检察员

杨洋为灵寿县人民检察院检察员

2016年4月21日，县十五届人大常委会第二十九次会议，通过县人民政府相关人事任免事项。

决定免去：

郝占永的灵寿县人民政府副县长（挂职）职务

赵鸿浩的灵寿县发展改革局长职务

苗文志的灵寿县农业畜牧局局长职务

赵国强的灵寿县环境保护局局长职务

决定任命：

赵书刚为灵寿县发展改革局局长

杜书云为灵寿县农业畜牧局局长

余雷为灵寿县环境保护局局长

2016年6月30日，县十五届人大常委会第三十次会议，通过县人民法院相关人事任免事项。

免去：

崔金健的灵寿县人民法院审判员、审判委员会委员职务

马守良的灵寿县人民法院审判员、审判委员会委员职务

王二永的灵寿县人民法院审判委员会委员职务

梁翠平的灵寿县人民法院审判员职务

李新潮的灵寿县人民法院审判员职务

杨冉平的灵寿县人民法院审判员职务

任书芹的灵寿县人民法院审判员职务

赵军国的灵寿县人民法院审判员职务

任命：

李健为灵寿县人民法院审判员

郑蕾为灵寿县人民法院审判员

周哲哲为灵寿县人民法院审判员

刘琳为灵寿县人民法院审判员

刘梅为灵寿县人民法院审判员

张丽为灵寿县人民法院审判员

任命：

20名灵寿县人民法院陪审员（名单略）

2016年12月29日，县十五届人大常委会第三十四次会议，通过县人民检察院相关人事任免事项。

免去：

庞立生的灵寿县人民检察院副检察长职务

吴金国的灵寿县人民检察院检察员职务

陈习中的灵寿县人民检察院检察员职务

刘旭石的灵寿县人民检察院检察员职务

甄建堂的灵寿县人民检察院检察委员会委员职务

王淑慧的灵寿县人民检察院检察委员会委员职务

任命：

孙兰记为灵寿县人民检察院检察委员会委员

郑佳佳为灵寿县人民检察院检察委员会委员

2017年1月25日，县十五届人大常委会第三十五次会议，通过县人大常委会、县人民政府、县人民法院、县人民检察院相关人事任免事项。

任命：

申彦彬为灵寿县人大常委会代表联络工委副主任

决定免去：

李向阳的灵寿县人民政府副县长职务

白东风的灵寿县人民政府副县长职务

傅士君的灵寿县人民政府副县长职务

程军宏的灵寿县人民政府副县长职务

马爱军的灵寿县公安局局长、督察长职务

张建军的灵寿县监察局局长职务

决定任命：

郝英鹏为灵寿县人民政府副县长

米锋为灵寿县人民政府副县长

齐正进为灵寿县人民政府副县长

郝永志为灵寿县人民政府副县长

王峰为灵寿县公安局局长

免去：

高会岭的灵寿县人民法院院长职务

任命：

王文忠为灵寿县人民法院副院长，决定其为代理院长

免去：

王雷音的灵寿县人民检察院检察长职务

2017年2月14日，县十五届人大常委会第三十六次会议，通过了县人民检察院相关人事任免事项。

任命：

盖朝龙为灵寿县人民检察院副检察长，决定其为代理检察长

第二节　常委会接受辞职情况

2012年4月11日，县十五届人大常委会第一次会议接受姜阳辞去灵寿县人民政府县长职务。

2012年12月31日，县十五届人大常委会第六次会议接受赵栋辞去灵寿县第十五届人民代表大会常务委员会委员职务。

2013年5月8日，县十五届人大常委会第九次会议接受孟杰、魏勇心、刘红山辞去灵寿县第十五届人民代表大会代表职务。

2013年12月30日，县十五届人大常委会第十四次会议接受张文英辞去灵寿县第十五届人民代表大会常务委员会委员职务、代表职务。

2015年2月6日，县十五届人大常委会第二十二次会议接受杨会军、胡延卫辞去灵寿县第十五届人民代表大会代表职务。

2015年12月23日，县十五届人大常委会第二十七次会议接受罗文全等4名代表辞去灵寿县第十五届人民代表大会代表职务。

第八章　机关工作

第一节　自身建设

县人大常委会始终把强化自身建设放在首位，以“建设好的队伍、形成好的作风、完善好的机制”为目标，不断创新工作思路和方法，树立起“有序、优质、高效、过硬”的地方国家权力机关新形象。

坚持周五学习制度，扎实开展党的群众路线教育实践活动、“三严三实”专题教育和“两学一做”学习教育，认真学习贯彻党的十八大和十八届三中、四中、五中、六中全会精神，深入学习贯彻习近平总书记系列重要讲话精神，全面学习贯彻中央和省市委关于加强人大工作若干意见的文件精神，切实增强政治意识、大局意识、核心意识和看齐意识。

大力加强制度建设，修订完善县人大常委会听取和审议专项工作报告、人事任免、视察、执法检查、预算决算监督、特定问题调查等21项制度和规则，使人大常委会的监督工作更加规范、有序，富有成效。制定常委会联系代表制度、代表“责籍”管理制度、重大事项向代表通报制度、代表建议办理工作办法、优秀代表建议评选办法等十几项制度，使闭会期间的代表工作更加制度化、规范化，切实增强代表工作实效。修订完善办公室工作、接待工作、老干部工作以及车辆管理、档案管理等30余项服务标准和管理制度，机关工作的各个层面和各个环节都做到有章可循，保证工作的正常、有序、有效运行。

坚持学习教育制度，县人大机关始终坚持不懈抓好机关干部的学习，先后组织机关工作人员开展理想信念教育、道德观念教育、反腐倡廉教育、学习实践科学发展观等活动，引导机关工作人员进一步树立科学的世界观、人生观、价值观和正确的利益观、政绩观、事业观。坚持“周五机关集体学习日”制度，通过轮流讲课等形式，加强机关工作人员的政治理论学习。

第二节　宣传工作

共有120余篇稿件在市级以上刊物登载，连续两年被市人大评为宣传信息先进单位，撰写的《关于增强执法检查效果的调研》和《关于行使重大事项决定权的几点思考》，在全市评比中先后两年荣获石家庄市人大优秀调研成果一、二等奖。

第三节　信访工作

县人大常委会坚持把加强信访工作作为联系群众、服务百姓的重要抓手，认真贯彻新形势下信访会议精神，健全人大信访工作机制，认真处理群众来信来访。严格按照“分别受理、综合分析、统一交办、定期反馈、严格督查”的要求，及时进行受理登记、转办、交办、督办，努力化解社会矛盾。五年来，共受理人民群众来信来件469件，接待来访917人（次）。

第 十 八 篇

灵寿县第十六届人民代表大会

（2017 年 2 月至 2021 年 6 月）

第一章　党的领导

县第十六届人民代表大会及其常委会，坚持以习近平新时代中国特色社会主义思想为指导，牢牢把握人大政治机关属性，不断增强“四个意识”，坚定“四个自信”，做到“两个维护”，自觉坚持在县委领导下依法履职，坚决做到县委有部署、人大有行动，切实把党的领导贯穿人大工作的全过程、各方面，确保人大工作正确的政治方向。

县委置人大工作于全县中心工作之中，通盘考虑，统筹安排，整体推进，切实加强对人大工作的领导。人代会开幕前，县委召开常委会专题研究人代会方案。人代会召开中，县委召开中共党员大会，县委书记宋存汉到会讲话。人代会闭幕时，宋存汉书记出席并讲话，对人大工作提出具体要求。每年的 5 月、12 月县委常委会定期听取人大工作的汇报，及时研究解决人大工作的困难与问题。2018 年 6 月 12 日，县委书记宋存汉专题调研“人大代表之家”和“代表联络站”建设情况，给予充分肯定，并提出指导性意见。2020 年 4 月 26 日，县委专题学习研究市委《关于深入贯彻落实〈中共河北省委关于进一步加强和做好人大工作的意见〉的通知》，从“充分认识做好人大工作的重要意义、切实加强对人大工作的领导、积极支持和保障人大依法履职、重视人大常委会及机关自身建设”等方面作出安排部署，为做好新时代人大工作指明方向。

县人大常委会党组坚决接受县委政治领导，始终保持与县委同频共振、同心合力。严格执行人大党组向县委请示报告制度，每年工作安排、工作重点、视察议题及时报县委审核把关，所有的决议决定报请县委同意，常委会临时性工作及时向县委汇报沟通。2019 年 7 月 28 日，县委办转发县人大常委会《关于开展扶贫脱贫攻坚、大气污染防治、优化营商环境联动监督工作的实施方案》。2019 年 8 月 1 日，县委办转发县人大常委会《关于实行民生实事项目人大代表票决制的实施办法》。2020 年 4 月 14 日，县委批转县人大常委会党组《关于开展“6+1”联动监督工作的实施意见》。2021 年 4 月 29 日，县委批转县人大常委会党组《关于做好县乡人民代表大会换届选举工作的意见》，要求各级人大在同级党委的领导下，充分发挥职能作用，依法加强对人大换届选举工作的领导，高质量完成换届选举任务。严格落实县委全会精神，围绕三创四建、融入“4+4”现代产业格局、对接发展“四种类型”经济、三个攻坚突破、三个质量提升、三个持续用力等中心工作，在项目建设、污染防治、脱贫攻坚、乡村振兴、县城建设、全域旅游、民生保障等工作中，开展专题调研、执法检查、重点监督，确保县委有部署、人大有监督、工作见成效。

县人大常委会党组始终坚持理论学习，不断提高政治站位、政治鉴别力。深入学习习近平新时代中国特色社会主义思想，扎实开展“不忘初心、牢记使命”主题教育和党史学习教育，始终同以习近平同志为核心的党中央保持高度一致。坚持党组理论学习中心组集体学习制度和人大常委会集中学习制度，持续学习宣传贯彻党的十九大精神、习近平治国理政和习近平总书记关于坚持和完善人民代表大会制度的重要思想，用党的创新理论武装头脑、指导实践、推动工作。召开党组会议33次，民主生活会6次，党组理论学习中心组学习会议80次。

第一节　党的组织机构

中共灵寿县人大常委会党组

书　记：刘振波（2017年1月—2021年6月）
成　员：李彦勇（2017年1月—2017年4月）
马进伟（2017年1月—2021年7月）
吕秀敏（2017年1月—2021年7月）
董建海（2021年4月—2021年7月）
王　辉（2017年1月—2021年7月）

第二节　党组召开会议

一、党组会议

县十六届人大换届以来，县人大常委会党组召开党组会33次，其中2017年6次，2018年8次，2019年9次，2020年5次，2021年（1—7月）5次。

县十六届人大常委会党组会议情况表

表18-1

时间		会议议题
2017年	3月7日	研究通过县人大常委党组关于全面加强自身建设的意见；研究通过十六届人大常委会主任、副主任工作分工
	3月29日	传达学习邢国辉在市第十二次党代会上的工作报告及在市委十届一次全会上的讲话精神、市第九次纪律检查委员会向市第十次党代会的工作报告及市纪委书记在市纪委十届一次全会上的讲话精神
	5月7日	研究通过人大常委会副主任工作分工（人员变动）
	7月14日	组织学习《关于新形势下党内政治生活的若干准则》《中国共产党纪律处分条例》和司存喜在市人大机关全体会上的讲话精神；开展党组书记讲党课活动

续表 18-1

时间		会议议题
2017 年	9 月 19 日	传达学习石家庄市委双联双创活动精神；研究主任会议题
	10 月 27 日	传达学习全县党政干部负责会议精神；传达学习党的十九大精神
2018 年	2 月 27 日	传达学习十九大精神
	3 月 21 日	传达学习中央党风廉政建设及全国两会精神，研究 2018 年县人大常委会工作计划
	6 月 8 日	研究纪念建党 97 周年系列活动；研究呈报“两先一优”人选
	6 月 19 日	研究巡视巡察整改暨“一问责八清理”专项行动整改“回头看”工作
	8 月 1 日	传达学习县委十一届四次全会精神；安排部署党风廉政建设工作
	8 月 13 日	研究专题民主生活会相关事宜；集中学习民主生活会有关文件规定
	9 月 29 日	传达学习贯彻习近平总书记关于坚持和完善人民代表大会制度重要思想、《中华人民共和国宪法》（修正案）
	11 月 26 日	传达学习市人大常委会学习贯彻习近平总书记坚持和完善人民代表大会制度的会议精神
2019 年	1 月 8 日	研究县人大常委会设立社会建设工作委员会
	2 月 13 日	研究 2019 年县人大常委会工作要点和工作计划
	3 月 8 日	研究《关于开展“大学习、大培训、大讲堂、大练兵”教育实践活动的实施方案》
	5 月 7 日	研究县人大常委会《关于在县人大代表中组织开展“双联”活动的实施方案》；研究“两官”履职评议有关事宜
	6 月 14 日	学习习近平总书记关于“不忘初心、牢记使命”有关讲话精神、王东峰书记有关讲话精神
	6 月 21 日	研究开展庆祝建党 98 周年“六个一”系列活动；研究机关支部委员人选问题；研究开展“七一”警示教育活动
	9 月 12 日	研究召开“不忘初心、牢记使命”主题教育动员会议
	12 月 2 日	学习十九届四中全会宣讲稿、省委《关于进一步加强和做好人大工作的意见》
	12 月 24 日	学习省委人大工作会议精神，传达王东峰书记讲话精神；研究人大常委会党组落实意识形态工作责任制工作，调整意识形态工作领导小组，研究 2020 年党风廉政建设工作
2020 年	2 月 28 日	研究 2020 年县人大常委会工作计划
	6 月 19 日	传达学习县委常委会会议精神；安排第二十四次人大常委会相关事宜
	8 月 25 日	传达学习县委十一届八次全会精神；学习习近平总书记在中央政治局第 21 次集体学习时的讲话精神
	11 月 2 日	学习研讨十九届五中全会精神
	12 月 21 日	研究人代会筹备工作；研究常委会学习十九届五中全会精神、补选代表、市人代会议案筹备等工作

续表 18-1

时间		会议议题
2021 年	2 月 28 日	集中学习研讨十九届五中全会精神
	3 月 23 日	听取县人大常委会意识形态工作情况汇报
2021 年	4 月 27 日	研究《中共灵寿县人大常委会党组关于县乡两级人民代表大会换届选举工作的意见》；研究乡人大代表名额分配方案；研究县人大常委会《关于成立县、乡选举委员会的决定》
	5 月 14 日	研究县乡人大换届选举的有关事项
	7 月 8 日	传达学习习近平总书记在庆祝中国共产党成立 100 周年大会上的重要讲话精神，研究人大贯彻落实意见；传达学习河北省庆祝中国共产党成立 100 周年大会、省委常委会（扩大）会议暨省级领导干部学习教育专题读书班开班式，以及省委常委、市委书记张超超讲专题党课和市委常委会（扩大）会议精神，研究人大贯彻落实意见

二、民主生活会

县十六届人大换届以来，县人大常委会党组召开党组民主生活会 6 次。

2018 年 1 月 31 日，召开以“认真学习领会习近平新时代中国特色社会主义思想，坚定维护以习近平同志为核心的党中央权威和集中统一领导，全面贯彻落实党的十九大各项决策部署”为主题的 2017 年度县人大常委会党组民主生活会。

2018 年 8 月 22 日，为扎实做好中央巡视组巡视河北反馈意见整改工作，根据中央《县以上党和国家机关党员领导干部民主生活会若干规定》和省委《关于召开巡视整改专题民主生活会和组织生活会的通知》及市委、县委要求，召开以“认真学习贯彻习近平新时代中国特色社会主义思想和党的十九大精神，切实肩负起从严治党的政治责任，扎实推进中央巡视反馈意见整改落实，以高度的政治自觉、思想自觉，加强县人大党组班子自身建设”为主题的巡视整改专题民主生活会。

2018 年 12 月 19 日，为扎实做好中央第十五巡视组巡视河北反馈意见和省委第六巡视组巡视石家庄反馈意见整改工作，根据中央《县以上党和国家机关党员领导干部民主生活会若干规定》和省委《关于召开巡视整改专题民主生活会和组织生活会的通知》及市委、县委要求，召开以“认真学习贯彻习近平新时代中国特色社会主义思想和党的十九大精神，切实肩负起从严治党的政治责任，扎实推进省委巡视反馈意见整改落实，以高度的政治自觉、思想自觉加强县人大常委会党组班子自身建设”为主题的巡视整改专题民主生活会。

2019 年 1 月 19 日，召开以“强化创新理论武装，树牢‘四个意识’，坚定‘四个自信’，勇于担当作为，以求真务实作风坚决把党中央决策部署落到实处”为主题的 2018 年度县人大常委会党组民主生活会。

2019 年 12 月 6 日，召开以“充分运用主题教育成果，紧扣学习贯彻习近平新时代中国特色社会主义思想这一主线，聚焦不忘初心、牢记使命这一主题，突出力戒形式主义、官僚主义这一重要内容，结合学习贯彻党的十九届四中全会精神，围绕理论学习有收获、思想政治受洗礼、干事创业敢担当、为民服务解难题、清正廉洁作表率的目标，按照习近平总书记关于‘四个对照’‘四个找一找’的要求，盘点收获、检视问题、深刻剖析”为主题的县人大常委会党组“不忘初心、牢记使命”主题教育专题民主生活会。

2021 年 2 月 7 日，召开以“认真学习贯彻习近平新时代中国特色社会主义思想，加强政治建设，提高政治能力，坚守人民情怀，夺取决胜全面建成小康社会、实现第一个百年奋斗目标的伟大胜利，开启全面建设社会主义现代化国家新征程”为主题的县人大常委会党组 2020 年度民主生活会。

三、党组理论学习中心组学习会议

县十六届人大期间，党组理论学习中心组共组织学习 80 次。

2017 年县十六届人大常委会党组理论学习中心组学习会情况一览表

表 18-2

时间	会次	学习内容
1 月 26 日	1	学习市委组织部《关于做好市委常委参加指导县（市、区）委常委民主生活会有关工作的通知》及关于县（市、区）委常委民主生活会有关会议精神
2 月 14 日	2	学习赵克志在深改会第 25 次讲话精神；传达省委、省政府印发关于进一步落实中央八项规定、改进工作作风的通知和关于进一步做好县以上党政和国家机关党员领导干部民主生活会有关工作的通知精神
3 月 29 日	3	学习邢国辉代表中国共产党石家庄市第九届委员会向大会所作的题为《更加紧密地团结在以习近平同志为核心的党中央周围为建设现代省会、经济强市而奋斗》的报告精神；学习中共中央办公厅《中国共产党党委（党组）理论学习中心组学习规则》、河北省委办公厅《关于贯彻〈中国共产党党委（党组）理论学习中心组学习规则〉的实施办法》、中共石家庄市委《关于进一步加强和改进党委（党组）理论学习中心组学习的意见》
4 月 21 日	4	学习省委九届三次全会精神；传达学习有关雄安新区建设的重要讲话精神和重要指示
4 月 28 日	5	学习赵克志、李干杰、袁桐利在全省大气污染综合治理大会上的讲话精神
5 月 24 日	6	传达学习中央办公厅关于印发《政法机关党组织向党委请示报告重大事项规定》的通知精神；传达学习省委办公厅《关于落实党委（党组）网络意识形态工作责任制的实施方案》重要精神；传达省委《关于深入学习贯彻习近平总书记系列重要讲话精神持续兴起学习贯彻热潮的意见》文件精神；传达学习全市纪律审查工作会议主要精神；传达学习中共中央《关于部分纪检监察干部违纪案件及其教训警示的通报》、省委办公厅《关于认真学习中共中央〈关于部分纪检监察干部违纪案件及其教训警示的通报〉的通知》

续表 18-2

时间	会次	学习内容
5月31日	7	传达学习李干杰在全省大气污染综合治理培训班上的讲话精神
6月8日	8	学习习近平总书记关于严明党的纪律和规矩论述摘编；学习《知之深爱之切》三篇文章（《县委一班人要遵守六项规定》《刹住新的不正之风没有气势不行》《尽快实现党风根本好转》）；学习中央纪委监察部网站“学思践悟”系列文章
6月23日	9	学习《关于新形势下党内政治生活的若干准则》《中国共产党党内监督条例》；传达学习《石家庄市健全落实综治维稳领导责任制实施办法》重要精神
7月21日	10	学习习近平总书记关于新时期军队建设重要论述；传达学习中共河北省委关于认真组织学习《习近平总书记关于河北工作重要指示摘编》持续兴起学习贯彻习近平总书记系列重要讲话精神热潮的通知
8月3日	11	传达《关于进一步做好军队退役人员的八条措施责任分工意见》；学习习近平总书记在省部级研讨班上的重要讲话（“7·26”）精神；传达学习政论专题片《将改革进行到底》重要精神
8月30日	12	传达学习习近平总书记在深度贫困地区脱贫攻坚座谈会上的讲话；传达省委关于印发《河北省贯彻落实〈中国共产党问责条例〉实施办法》的通知；传达市委办公厅印发《关于加强和改进县（市、区）领导班子思想政治建设的意见》的通知；传达省委办公厅、省政府办公厅《关于深入学习贯彻习近平总书记对信访工作的重要批示为党的十九大召开创造和谐稳定社会环境的通知》；传达省委办公厅《关于印发梁惠玲同志在九届省委第二轮巡视工作动员部署会上讲话的通知》；学习《习近平总书记关于河北工作重要指示摘编》；学习《习近平的七年知青岁月》和《习近平总书记在河北正定工作的难忘岁月（一）(二）》
9月29日	13	学习《习近平总书记在河北正定工作的难忘岁月（四）(五）》；传达学习中共河北省委办公厅《关于深入学习贯彻习近平总书记弘扬塞罕坝精神重要指示推进“两学一做”学习教育常态化制度化的意见》；传达学习许勤、袁桐利、李谦在全省秋冬季大气污染综合治理攻坚行动电视电话会议上的讲话
10月11日	14	传达学习习近平总书记在第四个国家扶贫日即将到来之际作出的重要指示精神、习近平总书记在深度贫困地区脱贫攻坚座谈会上的讲话精神；传达学习王岐山同志视察河北讲话主要精神、王岐山同志在扶贫领域监督执纪问责工作电视电话会议上的讲话主要精神；传达学习省委常委（扩大）会议精神；传达学习市委常委（扩大）会议精神
10月16日	15	传达学习赵克志、许勤同志在省委理论学习中心组学习会上的讲话精神
10月18日	16	收听收看中国共产党第十九次全国代表大会开幕会
10月27日	17	传达学习中国共产党第十九次全国代表大会精神、党的十九大关于《中国共产党章程（修正案）》的决议精神、关于《十八届中央纪律检查委员会工作报告》的决议精神；传达学习全市领导干部会议精神并就在全县迅速兴起学习宣传贯彻党的十九大精神热潮进行动员部署

续表 18-2

时间	会次	学习内容
10月30日	18	集中原文学习党的十九大报告；传达学习全省领导干部会议精神；学习党的十九大报告关于全面深化改革工作的重要论述，新华社通讯报道《十九大报告透露的八项改革着力点》《从十九大报告看全面深化改革》
11月7日	19	收听收看党的十九大精神宣讲报告会，中央宣讲团成员，全国政协副秘书长、办公厅研究室主任舒启明作宣讲报告；省委书记王东峰讲话
11月8日	20	传达学习省委书记王东峰在省委常委（扩大）会议上的讲话精神、省委九届五次全会精神、省委书记王东峰在西柏坡主持召开省委理论学习中心组学习会议上的讲话精神、市委十届三次全体（扩大）会议精神
11月10日	21	党的十九大精神宣讲报告会，党的十九大代表、正定县塔元庄村党支部书记尹计平进行宣讲
11月13日	22	党的十九大精神宣讲报告会，市委常委、正定县委书记张业宣讲党的十九大精神
11月14日	23	传达学习《国务院扶贫办关于印发贫困县退出专项评估检查实施办法（试行）的通知》精神
11月27日	24	传达学习全省党政主要领导干部学习贯彻党的十九大精神专题研讨班及省委书记王东峰在专题研讨班上的重要讲话精神、习近平总书记在十九届中共中央政治局常委同中外记者见面时的重要讲话精神；传达政论专题片《将改革进行到底》重要精神；传达习近平总书记在中共中央政治局第一次集体学习时的重要讲话精神；原文学习新华社长篇通讯《习近平：新时代的领路人》
12月5日	25	传达学习国家、省新的社会阶层人士统战工作有关会议精神；学习新修订的《宗教事务条例》、市扶贫开发领导小组《县级党政领导班子脱贫攻坚工作成效考核办法》
12月17日	26	传达学习中央办公厅《印发习近平总书记关于进一步纠正“四风”加强作风建设重要批示的通知》、省委《关于维护党中央集中统一领导的规定》；传达学习关于贯彻落实中央八项规定实施细则的实施办法、省委省政府《关于贯彻落实中央八项规定实施细则的实施办法》和市委《关于贯彻落实中央八项规定实施细则的若干规定》；学习习近平总书记在文艺工作座谈会上的重要讲话、在新闻舆论工作座谈会上的重要讲话、在全国宣传思想文化工作会议上的重要讲话、在网络安全和信息化工作座谈会上的重要讲话精神
12月20日	27	传达学习王东峰同志在石家庄解放70周年纪念大会上的讲话；传达学习省委办公厅、省政府办公厅《关于进一步规范全省领导干部请假报批报备及值班应急工作有关事项的通知》；传达学习《中国共产党章程》；传达学习中共中央办公厅印发《关于五年来中央政治局贯彻执行中央八项规定并以此带动全党加强作风建设情况的报告》的通知、中共河北省委办公厅、河北省人民政府办公厅关于印发《河北省党政主要负责人履行推进法制建设第一责任人职责实施办法》的通知精神；传达学习习近平总书记在哲学社会工作座谈会上的讲话精神；传达关于加强全省党史工作的实施意见

2018年县十六届人大常委会党组理论学习中心组学习会情况一览表

表18-3

时间	会次	学习内容
1月22日	1	传达学习十九届二中全会主要精神、关于认真学习贯彻习近平总书记重要批示指示精神进一步纠正“四风”加强作风建设的意见、习近平总书记在学习贯彻党的十九大精神研讨班开班式上的重要讲话精神
1月31日	2	传达学习中纪委十九届二次全会、省纪委九届三次全会精神、中央和省、市农村工作会议精神
2月2日	3	学习人民网中国共产党新闻文章《年关将至，习近平总书记这20句反“四风”硬话要牢记》；传达学习省、市政法工作暨扫黑除恶专项斗争电视电话会议精神和中共中央、国务院《关于开展扫黑除恶专项斗争的通知》精神
2月9日	4	传达学习王东峰同志在省委常委民主生活会结束时的讲话主要精神、河北省第十三届人民代表大会第一次会议和石家庄市第十四届人民代表大会第三次会议精神、政协河北省第十二届委员会第一次会议和政协河北省第十三届委员会第二次会议主要精神、石家庄市纪委十二届二次全会精神；传达省委、省政府《关于进一步做好退役军人管理服务工作的意见》；传达省扶贫开发领导小组《关于深入学习贯彻王东峰书记重要批示精神坚决打好易地扶贫搬迁硬仗的通知》精神
3月9日	5	传达学习党的十九届二中、三中全会精神；传达《全省精神文明创建工作暨宣传部长会议精神的通报》《中共中央办公厅关于严明纪律切实保证党和国家机关机构改革顺利进行的通知》《中央巡视工作规划（2018—2022年）》《姜信治、刘实同志在中央第十五巡视组巡视河北省工作动员会议上的讲话和王东峰同志的表态讲话》精神
3月22日	6	传达学习全国“两会”精神（习近平总书记全国“两会”期间重要讲话精神；《习近平总书记在十三届全国人大一次会议闭幕式上的讲话》精神；栗战书同志在第十三届全国人民代表大会第一次会议闭幕式上的讲话精神和王沪宁同志参加河北代表团审议时的讲话精神）；传达学习习近平总书记在十九届中央政治局第四次集体学习时的讲话精神；学习中共中央关于深入学习宣传和贯彻实施《中华人民共和国宪法》的意见、省委《关于进一步加强基层党的建设的意见》；学习省委、省政府《关于做好新时代宗教领域重点工作的意见》，省委办公厅、省政府办公厅印发《关于进一步加强农村宗教工作的实施意见》和《关于建立基层宗教工作三级网络管理责任制的实施意见》的通知，全国、省、市统战部长会议及省、市宗教工作领导小组会议精神传达提纲；传达学习习近平总书记在打好精准脱贫攻坚战座谈会上的讲话

续表 18-3

时间	会次	学习内容
4月4日	7	传达学习中共中央政治局3月30日会议精神、省委关于认真学习贯彻习近平总书记重要讲话和全国“两会”精神通知；学习省委省政府关于深入贯彻落实习近平总书记“三农”思想扎实推进农业农村优先发展的决定；传达学习王东峰在省委理论学习中心组学习会议上的讲话；学习河北省委关于深入学习宣传贯彻《中华人民共和国宪法》的实施意见、省委省政府关于实施乡村振兴战略的意见
4月23日	8	学习《中华人民共和国宪法》；传达学习习近平总书记在博鳌亚洲论坛2018年年会开幕式上的主旨讲话；学习中共中央办公厅、国务院办公厅《地方党政领导干部安全生产责任制规定》；学习《河北省党务公开实施细则（试行）》；传达学习王东峰同志在省委理论学习中心组学习报告会上的讲话
5月4日	9	收听收看中共中央召开“马克思诞辰200周年纪念大会”；学习《习近平谈治国理政》(第二卷）中“坚持和巩固党对意识形态工作的领导”章节内容；学习新华社通讯《谱写新时代改革新篇章——以习近平同志为核心的党中央全面深化改革启示录》；传达学习习近平总书记在深入推动长江经济带发展座谈会上的重要讲话精神
6月29日	10	传达学习习近平总书记在十九届中央政治局第五次集体学习时的讲话精神；学习《中共中央关于加强和改进党的新闻舆论工作的意见》；学习认真贯彻落实《中共中央关于加强和改进党的新闻舆论工作的意见》的通知；学习中共河北省委关于进一步加强和改进意识形态工作的意见；学习市委《关于深入学习宣传贯彻〈中华人民共和国宪法〉工作方案》
7月19日	11	传达学习中共石家庄市委十届五次全会精神；传达学习《中共石家庄市委办公厅关于印发激励干部新时代新担当新作为五个专项文件的通知》；传达学习中共河北省委、河北省人民政府《关于全面贯彻落实习近平网络强国战略思想进一步加强网络安全和信息化工作的实施意见》；学习《习近平新时代中国特色社会主义思想三十讲》节选——坚定中国特色社会主义道路自信、理论自信、制度自信、文化自信；传达学习王东峰同志在扫黑除恶专项斗争专题会议上的讲话
8月10日	12	学习《习近平新时代中国特色社会主义思想三十讲》第七讲“坚持党对一切工作的领导”；学习正确认识妥善应对中美经贸摩擦；传达学习王东峰同志在省委理论学习中心组学习会上的讲话精神
8月30日	13	学习习近平总书记在推进“一带一路”建设工作5周年座谈会上的重要讲话；学习习近平总书记在全国宣传思想工作会议上的讲话；学习《关于严格落实全面从严治党主体责任和监督责任的意见》；学习新修订《中国共产党纪律处分条例》；传达学习习近平总书记在中央全面依法治国委员会第一次会议上的重要讲话精神
9月28日	14	传达学习习近平总书记在中共中央政治局第八次集体学习时讲话精神；学习9月25日省委理论学习中心组学习会议精神、市委理论学习中心组2018年度第20次集中学习会议精神；传达学习王东峰同志、焦彦龙同志在全省宣传思想工作会议上的讲话精神

续表 18-3

时间	会次	学习内容
10 月 30 日	15	传达学习中共河北省委办公厅《深入学习贯彻习近平总书记关于坚持和完善人民代表大会制度重要思想的通知》；传达学习王东峰同志在认真学习贯彻习近平总书记关于坚持和完善人民代表大会制度重要思想会议上的讲话；学习中共河北省委办公厅、河北省人民政府办公厅《关于进一步加强舆情处置引导工作的意见》；传达学习王东峰同志 2018 年 10 月 14 日在省委理论学习中心组学习会议上的讲话
11 月 5 日	16	传达学习习近平总书记在民营企业座谈会上的重要讲话精神；学习中共中央政治局关于分析研究当前经济形势和经济工作的会议精神；传达学习习近平总书记与全国总工会新一届领导班子成员集体谈话时的重要讲话精神和中国工会第十七次全国代表大会精神；传达学习习近平总书记与全国妇联新一届领导班子成员集体谈话时的重要讲话精神和中国妇女第十二次全国代表大会精神；传达学习省委常委、市委书记邢国辉同志 2018 年 11 月 3 日在市委理论学习中心组 2018 年度第 23 次集中学习会议上的重要讲话精神
12 月 18 日	17	收听收看中央庆祝改革开放 40 周年大会；学习习近平总书记在大会上的重要讲话

2019 年县十六届人大常委会党组理论学习中心组学习会情况一览表

表 18-4

时间	会次	学习内容
1 月 10 日	1	学习习近平总书记关于巡视巡察工作的讲话（摘要）；传达学习王东峰同志在省委理论学习中心组学习会议上的讲话和在省委常委班子民主生活会结束时的讲话精神；学习中共石家庄市委办公厅印发《关于规范市级领导干部出席公务活动的若干规定》的通知
1 月 31 日	2	传达学习习近平总书记在省部级主要领导干部坚持底线思维着力防范化解重大风险专题研讨班开班式上的重要讲话精神和在十九届中央纪委三次全会上的重要讲话、省纪委九届四次全会、市纪委十届三次全会精神；传达学习中央、省、市政法工作会议精神；传达学习全国、全省、全市组织部长会议精神；传达学习全国、全省、全市宣传部长会议精神；传达省委办公厅、省政府办公厅《关于做好 2019 年春节期间有关工作的通知》精神
2 月 26 日	3	传达学习《关于深入学习贯彻落实习近平总书记考察雄安新区和在京津冀协同发展座谈会上重要讲话精神的意见》；学习习近平总书记在中共中央政治局第十二次集体学习会议上的重要讲话精神；学习王东峰、许勤、赵一德同志在全省党政主要领导干部“坚持底线思维着力防范化解重大风险”专题研讨班上的讲话；学习王东峰 2019 年 1 月 27 日在石家庄市 2018 年度落实全面从严治党主体责任、监督责任和党风廉政建设责任制情况专项检查意见反馈会议上的讲话；学习关于全省纠正“四风”和作风纪律专项整治查处反面典型案例的通报（一）

续表 18-4

时间	会次	学习内容
3 月 15 日	4	集中观看新闻专题片《一抓到底正风纪——秦岭违建别墅整治始末》和反映河北省治理潮河违法建设的《在警醒中奋进》专题片；学习习近平总书记署名文章《推动我国生态文明建设迈上新台阶》《中国共产党重大事项请示报告条例》《中共河北省委关于进一步严格党内政治生活、加强民主集中制建设的若干意见》
4 月 26 日	5	传达全市开展清理农村集体经济合同专项行动现场会会议精神；学习《习近平关于总体国家安全观论述摘编》《习近平新时代中国特色社会主义思想三十讲》《习近平扶贫论述摘编》；学习习近平总书记在《求是》杂志上的署名文章《关于坚持和发展中国特色社会主义的几个问题》《一个国家、一个民族不能没有灵魂》；学习新修订的《中华人民共和国公务员法》《党政领导干部选拔任用工作条例》
5 月 16 日	6	传达学习习近平总书记在全国公安工作会议上的重要讲话精神以及郭声琨同志、赵克志同志在全国公安工作会议上的讲话精神；传达学习 5 月 13 日中共中央政治局会议主要精神；传达学习习近平总书记为第五批全国干部学习培训教材所作《序言》精神；传达《关于深化统计管理体制改革提高统计数据真实性的意见》的通知、《统计违纪违法责任人处分处理建议办法》的通知、《关于进一步加强和改进统计工作的意见》的通知；传达学习《关于进一步加强对论坛、讲坛、讲座、年会、报告会、研讨会等阵地管理的意见》的通知、《关于进一步规范管理思想文化类活动和新建改扩建纪念设施的通知》
6 月 13 日	7	传达学习《习近平谈治国理政》有关“推动高质量发展、落实新发展理念”的篇章；传达学习习近平总书记在解决“两不愁三保障”突出问题座谈会上的讲话精神
7 月 3 日	8	传达学习习近平总书记在“不忘初心、牢记使命”主题教育工作会议上的讲话精神；传达学习习近平总书记在中共中央政治局第十五次集体学习会议上的重要讲话精神和《习近平关于“不忘初心、牢记使命”重要论述选编》；传达学习王东峰同志在省委理论学习中心组“不忘初心、牢记使命”主题教育集中学习动员会上的讲话和在“不忘初心、牢记使命”主题教育专题党课上的讲话；传达学习《习近平新时代中国特色社会主义思想学习纲要》；传达学习中宣部理论局《正确认识中美经贸斗争　集中精力办好自己的事》
8 月 13 日	9	学习观看内部警示教育片《增强忧患意识　防范风险挑战》；传达学习习近平总书记《增强忧患意识、防范风险挑战要一以贯之》重要论述、《习近平新时代中国特色社会主义思想学习纲要》关于增强忧患意识防范风险挑战有关篇章；学习中央《关于授予张富清同志“全国优秀共产党员”称号的决定》；学习王东峰同志在省委理论学习中心组“不忘初心、牢记使命”主题教育学习调研成果交流会、学习会上的讲话
8 月 27 日	10	传达学习《中国共产党宣传工作条例》和中共河北省委深入贯彻落实《中国共产党宣传工作条例》责任分工方案
9 月 19 日至 25 日	11	县委理论学习中心组“不忘初心、牢记使命”主题教育集中学习会（集中学习、交流研讨、分组讨论、观看影片、听报告会、自主学习）

续表 18-4

时间	会次	学习内容
10 月 1 日	12	收听收看庆祝中华人民共和国成立 70 周年大会实况
10 月 18 日	13	县领导“不忘初心、牢记使命”主题教育调研成果交流会
10 月 28 日	14	传达学习习近平总书记在中央政治局第十七次集体学习时的重要讲话精神、习近平总书记在中央政协工作会议暨庆祝中国人民政治协商会议成立 70 周年大会上的重要讲话精神；传达学习习近平总书记在第六个国家扶贫日到来之际对脱贫攻坚工作作出的重要指示和李克强总理的批示精神；学习《习近平关于“不忘初心、牢记使命”重要论述选编》有关篇目；传达全市干部监督工作会议主要精神
11 月 15 日	15	专题学习十九届四中全会精神《中共中央关于坚持和完善中国特色社会主义制度　推进国家治理体系和治理能力现代化若干重大问题的决定》
11 月 28 日	16	传达学习习近平总书记在甘肃、河南考察并指导开展“不忘初心、牢记使命”主题教育时的讲话精神；学习《习近平关于“不忘初心、牢记使命”重要论述选编》《习近平新时代中国特色社会主义思想学习纲要》有关篇目和跟习近平学党史国史（上、下）
12 月 25 日	17	传达学习《习近平关于“不忘初心、牢记使命”重要论述选编》《习近平新时代中国特色社会主义思想学习纲要》有关篇目；传达学习习近平总书记在中央政治局第十九次集体学习时的重要讲话精神；传达学习王东峰同志在省委理论学习中心组学习会议上的讲话；学习《中国共产党政法工作条例》

2020 年县十六届人大常委会党组理论学习中心组学习会情况一览表

表 18-5

时间	会次	学习内容
1 月 9 日	1	传达学习习近平总书记在中共中央政治局专题民主生活会上的重要讲话精神；学习《习近平新时代中国特色社会主义思想学习纲要》相关篇章；传达学习习近平总书记关于宗教工作的重要论述和省委书记王东峰在全省宗教治理工作会议上的讲话精神
3 月 30 日	2	传达学习习近平总书记在“不忘初心、牢记使命”主题教育总结大会上的重要讲话；传达学习 3 月 27 日中央政治局会议主要精神；传达学习习近平总书记关于宣传思想工作的重要思想；传达学习省委常委、市委书记邢国辉对全市宣传思想工作的批示和全市宣传部长会议精神；学习习近平总书记关于全面从严治党重要论述
4 月 27 日	3	学习习近平总书记重要文章《团结合作是国际社会战胜疫情最有力武器》；学习《习近平论坚持总体国家安全观》摘选；学习中办《关于持续解决困扰基层的形式主义问题　为决胜全面建成小康社会提供坚强作风保证的通知》精神；传达学习 2020 年 3 月 23 日省委书记王东峰在省委理论学习中心组学习会上的讲话精神；学习中共河北省委《关于进一步推进新时代巡视巡察工作高质量发展的意见》；学习中共石家庄市委《关于进一步推进新时代巡察工作高质量发展的实施意见》；传达中共石家庄市纪委《关于棉五社区棚改工作作风不实、推进不力问题的调研报告》

续表 18-5

时间	会次	学习内容
5月22日	4	传达学习习近平总书记在第73届世界卫生大会视频会议开幕式上的致辞；学习习近平总书记关于反对形式主义官僚主义重要论述摘录；传达学习中共石家庄市委、石家庄市人民政府《关于做好紧急突发事件信息报送及处置工作的紧急通知》、中共石家庄市委办公厅、石家庄市人民政府办公厅《关于进一步加强和规范紧急突发事件重大事项报告工作的通知》
6月9日	5	全国人大代表、车谷砣村党支部书记陈春芳宣讲全国“两会”精神；学习《充分认识颁布实施民法典重大意义　依法更好保障人民合法权益——习近平在中央政治局第二十次集体学习时的讲话精神》《始终坚持以人民为中心的发展思想　深入推动民法典学习宣传和贯彻落实——王东峰在省委理论学习中心组学习会上的讲话》；学习习近平总书记关于安全生产重要论述；学习习近平总书记重要文章《关于全面建成小康社会补短板问题》
7月3日	6	围绕“全面学习宣传实施民法典，着力提升法治灵寿建设水平”，邀请河北大学法学学士、清华大学法律硕士、河北省人民政府法律顾问张永泽作专题辅导报告
8月12日	7	传达学习2020年6月29日习近平总书记在中央政治局第二十一次集体学习时的讲话精神；传达学习2020年7月30日习近平总书记在中央政治局第二十二次集体学习时讲话精神；学习《习近平谈治国理政》第三卷、《中华人民共和国保守国家秘密法》；学习2020年7月21日王东峰同志在省委理论学习中心组学习会上的讲话精神
9月29日	8	传达学习习近平总书记在经济社会领域专家座谈会上的讲话、习近平总书记在基层代表座谈会上的讲话、习近平总书记在教育文化卫生体育领域专家代表座谈会上的讲话；学习习近平总书记重要文章《构建起强大的公共卫生体系，为维护人民健康提供有力保障》；学习《国务院办公厅关于坚决制止耕地“非农化”行为的通知》；传达学习2020年9月23日王东峰书记在省委理论学习中心组学习会上的讲话精神
10月28日	9	省委编办二级巡视员吕瑞民解读《中共河北省委机构编制管理规定》；传达学习习近平总书记对新时代民营经济统战工作重要指示精神；学习《习近平谈治国理政》第三卷；传达学习习近平总书记在深圳经济特区建立40周年庆祝大会上的讲话、习近平总书记在中共中央政治局常务委员会会议上的重要讲话、习近平总书记在纪念中国人民志愿军抗美援朝出国作战70周年大会上的讲话精神；学习《中国共产党中央委员会工作条例》《中国制度面对面》
11月2日	10	《中国共产党第十九届中央委员会第五次全体会议公报》
12月11日	11	传达学习习近平总书记在中央政治局第二十五次集体学习时的讲话、习近平总书记在全国劳动模范和先进工作者表彰大会上的讲话精神；学习《习近平谈治国理政》第三卷、习近平总书记署名文章《推进全面依法治国，发挥法治在国家治理体系和治理能力现代化中的积极作用》；传达学习中央全面依法治国工作会议、河北省委全面依法治省工作会议主要精神

2021年县十六届人大常委会党组理论学习中心组学习会情况一览表

表18－6

时间	会次	学习内容
2月3日	1	传达学习中共中央政治局召开民主生活会有关会议精神；传达学习习近平总书记在中国共产党第十九届中央纪律检查委员会第五次全体会议上的重要讲话精神、省委书记王东峰在省纪委九届六次全会上的讲话精神；传达学习习近平总书记在中共中央政治局第二十七次集体学习时重要讲话精神、习近平总书记在中共中央党外人士座谈会上的重要讲话精神；传达学习习近平总书记关于疫情防控重要指示批示精神和孙春兰副总理批示要求；学习《习近平谈治国理政》第三卷
3月23日	2	参观陈庄歼灭战陈列馆；书面学习习近平总书记重要文章《在河北省阜平县考察扶贫开发工作时的讲话》《努力成为世界主要科学中心和创新高地》；学习《中国共产党灵寿简史（第一卷）(1930—1949）》；传达学习习近平总书记在党史学习教育动员大会上的讲话；传达学习习近平总书记给河北省平山县西柏坡镇北庄村全体党员的回信；学习习近平总书记《论中国共产党历史》；重温“进京赶考”警示和“两个务必”
4月28日	3	视频学习《中共党史专题讲座第一讲——中国共产党为什么“能”》；传达学习省委《关于进一步贯彻落实党内谈话制度的实施办法（试行）》、市委《关于对市委管理领导班子和领导干部开展党内谈话制度的实施办法（试行）》和《关于进一步落实党内谈话制度的通知》
5月29日	4	学习习近平总书记重要文章《用好红色资源，传承好红色基因，把红色江山世世代代传下去》；学习全省党史学习教育领导小组办公室专题会议主要精神；学习河北省统计局稳定基层统计队伍的若干措施；学习习近平《论中国共产党历史》——摘要传达第1页至第163页有关章节主要内容；学习《习近平新时代中国特色社会主义思想学习问答》——摘要传达《人间正道开新篇》《初心砥柱天地间》《“四个全面”擘宏图》三个篇章有关内容；学习《毛泽东邓小平江泽民胡锦涛关于中国共产党历史论述摘编》——摘要；传达《邓小平重要论述》《江泽民重要论述》有关章节主要内容；学习《中国共产党简史》——摘要传达第七章至第九章有关章节主要内容
6月16日	5	传达学习习近平总书记在中国科学院第二十次院士大会、中国工程院第十五次院士大会、中国科协第十次全国代表大会上的重要讲话精神；传达学习习近平总书记在十九届中共中央政治局第三十次集体学习时的重要讲话精神；传达学习王东峰同志在全省推进省会建设发展工作会议上的讲话、在全省政法队伍教育整顿工作推进会上的讲话；学习《习近平新时代中国特色社会主义思想学习问答》——《“五位一体”谱华章》；学习习近平《论中国共产党历史》——摘要传达第164页至第238页有关章节主要内容；学习《毛泽东邓小平江泽民胡锦涛关于中国共产党历史论述摘编》——《胡锦涛重要论述》；学习《中国共产党简史》——第十章《中国特色社会主义进入新时代》

续表 18-6

时间	会次	学习内容
6 月 22 日	6	传达学习习近平总书记在参观“不忘初心、牢记使命”中国共产党历史展览时的重要讲话精神；传达学习习近平总书记重要文章《用好红色资源，传承好红色基因　把红色江山世世代代传下去》《学好“四史”　永葆初心、永担使命》《以史为镜、以史明志，知史爱党、知史爱国》；传达学习王东峰同志在省委理论学习中心组学习会暨党史学习教育交流会上的讲话
6 月 29 日	7	传达学习习近平总书记在十九届中共中央政治局第三十一次集体学习时的重要讲话精神；传达学习省委办公厅《关于深入学习贯彻〈党委（党组）网络意识形态工作责任制实施细则〉的通知》精神；学习习近平《论中国共产党历史》——摘要传达第 239 页至第 313 页有关章节主要内容；视频学习《生命重于泰山——学习习近平总书记关于安全生产重要论述》电视专题片、严肃换届纪律教育警示片《警钟长鸣》
7 月 4 日	8	传达学习习近平总书记在庆祝中国共产党成立 100 周年大会上的讲话精神；传达学习王东峰同志在河北省庆祝中国共产党成立 100 周年大会上的讲话精神

第二章　人大代表

灵寿县第十六届人民代表大会代表名额192名，2017年2月召开县十六届人大一次会议时实有代表187名。县十六届人大常委会尊重代表主体地位，重视发挥代表作用，通过全面提升“代表之家（站）”建设水平，深入开展“双联双评”“五个一”活动，健全完善代表激励奖励机制，强化代表意见建议办理水平，提高代表服务保障能力，开展优秀代表及优秀代表建议评选工作，充分调动代表履职积极性、主动性，为人大工作注入活力。

第一节　选举产生

一、灵寿县第十六届人民代表大会代表的选举产生

根据选举法和省人大常委会的有关规定以及县乡人大换届选举实施意见，灵寿县第十六届人民代表大会代表总名额为192名，实际分配代表名额181名，共分配到89个选区进行直选。依照选举法和省选举实施细则的规定，各选区依法选举产生灵寿县第十六届人民代表大会代表共171名，尚有21名代表未选出。灵寿县第十五届人大常委会代表资格审查委员会对各选区选举产生的171名代表的代表资格进行审查，认为这171名代表的选举符合法律规定，代表资格全部有效。新当选的171名代表具有广泛的代表性。其中，一线工农、知识分子代表110名，占64.3%；干部代表61名，占35.7%；妇女代表44名，占25.7%；非中共党员代表57名，占33.3%；各项结构比例符合要求。后经补选，2017年2月20日，召开县十六届人大一次会议时实有代表187名。

二、灵寿县出席石家庄市第十四届人民代表大会代表的选举产生

根据市委批转市人大常委会党组《关于市人民代表大会换届选举工作的意见》，灵寿县应选举出席市第十四届人民代表大会代表23名。2017年2月23日，灵寿县第十六届人民代表大会第一次会议选举产生出席石家庄市第十四届人民代表大会代表21名。其中市直参选1名，工农类代表11名，干部类代表3名，专业技术人员类代表6名。非中共党员代表8名，妇女代表6名，各项结构比例均符合市委要求。后经十六届人大常委会一次会议补选代表2名。

第二节　代表名单

一、灵寿县第十六届人民代表大会代表名单

灵寿镇代表团

宋存汉	傅士君	马民生	孟素英（女）
王江鹏	赵永辉	孙军爱（女）	雷洛五
郝玉芳	李延青（女）	马新丽（女）	马承龙
刘银花（女）	魏秀军	付红海	张健勇
吴福芹	孟文和	张春利（女）	康喜瑞
罗庆锁	刘　烨（女）	林学文	

三圣院乡代表团

周雪军	周建红	张晓燕（女）	白庆芳
何丽平（女）	李贵锁	张国忠	郝贵芬（女）
张老黑	田莉媛（女）	周书慧（女）	杨艳勇
郭彦梅（女）			

北洼乡代表团

郝英鹏	李良良	刘永峰	刘志德
梁青杰	王会云	杜金荣（女）	祁振发
付连梅（女）	梁志强	刘金龙	

牛城乡代表团

王占峰	张青鹏	王文革	尹玉国
崔书芹	韩建华	曹喜珍（女）	李明军
辛　月（女）	左三傻	赵增军	

狗台乡代表团

白东风	张云山	王　辉	安国云
王吉光	冯金梅（女）	苏博龙	李年发
雷银芳（女）	黄景涛（女）	程进院	尚利国

青同镇代表团

赵丽蓉（女）	吕秀敏（女）	李　香	刘军保
房懿煊（女）	刘利华（女）	王荣军（女）	赵金虎
尚聪智	卜海燕（女）	杨喜辰	尹花书
赵雅伟（女）	栗鹏志		

南寨乡代表团

贾兆雄	黄国华（女）	杨云山	李　明
祁彦平（女）	张风荣（女）	马进全	卢远虎
孙二良	夏永革		

慈峪镇代表团

马国云	刘振波	丁云红	孙磊海
马泽红	吴　用	孟三合	康志刚
司永福	卢国妮	程风亮	王国清
贾新缺（女）	康新英（女）	卢国云	李方方
张东风	宋建设	李永珍（女）	赵金霞（女）

谭庄乡代表团

马进伟	樊秉志	李龙飞	李会平（女）
张国庆	白国军	乔志刚	

燕川乡代表团

李彦勇	王　峰	袁青峰	尹军方
李保顺	田国平	胡银山	罗新书

塔上镇代表团

于燕红（女）	董建海	陈建刚	贾新海
李雪艳（女）	罗　静（女）	聂卫鹏	

岔头镇代表团

王有廷	司秦岭	刘永勤	雷敏毅
刘公社	王风书（女）	孙志忠	高金刚
张红梅（女）	高爱军		

陈庄镇代表团

江文辉	王　浩	彭罗智	康志辉
王　忠	白春明	周英丽（女）	付晓燕（女）
王云亭	王进福	张士群	刘冬梅（女）

寨头乡代表团

盖朝龙	刘京辉（女）	孙喜双	崔拴才
狄青杰	安社会	刘亚玲（女）	

南营乡代表团

王文忠	石中秋	李书明	周英禄
陈春芳	刘玉军		

县直代表团

武军义	康雪娜（女）	祁进亮	辛建平
魏献壮	侯蕴哲（女）	孙　芳（女）	付连庆
纪万新	崔学辉	马泽海	苏志杰
薛　青（女）	赵剑锋	赵书刚	辛书彦

县十六届人大代表届中调整情况

表 18-7

常委会会议	终止情况	补选情况	备注
2017 年 6 月 26 日县十六届人大常委会第三次会议	辞职：灵寿镇孟素英，北洼乡李良良，青同镇李香合	—	
2017 年 9 月 30 日县十六届人大常委会第五次会议	调离：岔头镇王有廷，三圣院乡周雪军	—	
2017 年 12 月 26 日县十六届人大常委会第八次会议	辞职：陈庄镇张士群	—	
2018 年 2 月 2 日县十六届人大常委会第九次会议	—	三圣院乡冯素伟，灵寿镇张国霞，南寨乡马仕忠，青同镇刘祥平，北洼乡高金伟，岔头镇苏亿位，陈庄镇李文义，南营乡郝俊峰	

续表 18-7

常委会会议	终止情况	补选情况	备注
2018年12月24日县十六届人大常委会第十五次会议	辞职：三圣院乡张晓燕，塔上镇陈建刚 调离：塔上镇罗静 去世：燕川乡田国平	三圣院乡苗世鹏，燕川乡朱玉辰，岔头镇武建书	
2019年4月25日县十六届人大常委会第十七次会议	辞职：陈庄镇康志辉，三圣院乡白庆芳，狗台乡安国云，南寨乡杨云山，燕川乡袁青峰，南营乡石中秋、李书明，灵寿镇赵永辉，慈峪镇孟三合，谭庄乡李龙飞，岔头镇雷敏毅	—	
2019年6月17日县十六届人大常委会第十八次会议	—	灵寿镇李伟、曹中峰，三圣院乡陈克强，南寨乡张风岗，燕川乡刘晖，谭庄乡赵沛，塔上镇康丽娟，岔头镇夏二朝、戈志龙，寨头乡耿喜红、程志伟，陈庄镇宋军民，南营乡张二利	
2019年10月25日县十六届人大常委会第二十次会议	辞职：寨头乡孙喜双，燕川乡尹军方，北洼乡刘志德	北洼乡张文强，燕川乡王新全，慈峪镇王朝阳，南营乡胡延卫	
2019年12月26日县十六届人大常委会第二十一次会议	辞职：陈庄镇王浩	—	
2020年1月10日县十六届人大常委会第二十二次会议	调离：岔头镇司秦岭，塔上镇于燕红，燕川乡王峰	—	
2020年4月23日县十六届人大常委会第二十三次会议	辞职：狗台乡黄景涛、王吉光，牛城乡尹玉国	灵寿镇罗文全，北洼乡徐冲，陈庄镇兰红	
2020年10月29日县十六届人大常委会第二十六次会议	辞职：北洼乡高金伟，青同镇房懿煊，三圣院乡何丽平	—	
2020年12月23日县十六届人大常委会第二十七次会议	辞职：南营乡刘玉军 调离：北洼乡郝英鹏，灵寿镇傅士君，南寨乡黄国华，三圣院乡苗世鹏	灵寿镇吕光丰，三圣院乡傅心路、王振平，北洼乡高文成、孙武庆，牛城乡马永刚，青同镇靳莉，塔上镇苗江良，南营乡程刚	
2021年1月7日县十六届人大常委会第二十八次会议	辞职：陈庄镇兰红	—	

续表 18-7

常委会会议	终止情况	补选情况	备注
2021 年 1 月 29 日县十六届人大常委会第二十九次会议	辞职：牛城乡王文革，谭庄乡樊秉志，岔头镇刘永勤，灵寿镇李伟，北洼乡张文强，狗台乡张二利，南寨乡李明，慈峪镇王朝阳，燕川乡王新全，塔上镇康丽娟，岔头镇夏二朝，寨头乡程志伟	—	
2021 年 2 月 28 日县十六届人大常委会第三十次会议	—	青同镇尹国勇，岔头镇罗国良、聂振平，谭庄乡曹习军，南寨乡侯若颖，牛城乡张晓燕，灵寿镇吕艳雷，狗台乡曹国辉，北洼乡左新一，南寨乡赵倩，塔上镇司利敏，燕川乡王延飞，慈峪镇高杰，寨头乡尹二岗	
2021 年 4 月 29 日县十六届人大常委会第三十一次会议	辞职：县直崔学辉，燕川乡王延飞	—	
2021 年 5 月 21 日县十六届人大常委会第三十二次会议	辞职：慈峪镇孙磊海	—	
2021 年 5 月 25 日县十六届人大常委会第三十三次会议	辞职：陈庄镇宋军民	—	

二、灵寿县出席石家庄市第十四届人民代表大会代表名单

（一）市直参选（3 名）

姜　阳　　周立新（女）　　王　升

（二）工农（11 名）

卜海燕（女）　　马合云　　王　忠　　张学勇

彭志军　　李志鹏　　林学文　　胡银山

屈伟华　　崔拴才　　魏勇心

（三）干部（3 名）

宋存汉　　周雪军　　刘振波

（四）专业技术人员（6 名）

刘卫平（女）　　张立军　　兰春英（女）

苏志杰　　　　　　　周书慧（女）　　　　康雪娜（女）

届中调整情况：2017 年 12 月 8 日，县十六届人大常委会第七次会议接受周雪军辞去市十四届人大代表职务，补选冯素伟为市十四届人大代表。

第三节　代表工作

一、代表培训

县人大常委会坚持把代表培训作为加强代表履职能力建设的基础性工作，持续推进培训的系统化、规范化、精准化。2017 年 7 月 12 日至 13 日，举办市县乡人大代表集中培训班，邀请全国和省、市知名专家就政治理论、人大制度、代表履职基础知识及相关法律法规等进行授课，各级人大代表和县乡两级人大干部共计 300 余人参加培训。2017 年 10 月 31 日，组织召开学习党的十九大精神培训会，传达学习中央、省市县关于贯彻落实十九大会议精神的通知，并就学习贯彻党的十九大会议精神进行安排部署，县人大常委会组成人员、各乡镇人大主席、部分人大代表及机关全体干部职工参加培训。2019 年 3 月，县人大党组在全县人大系统组织开展“大学习、大培训、大讲堂、大练兵”教育实践活动，把学习、培训、练兵推向高潮。县十六届人大期间，共组织各种理论和业务培训 26 次，人大代表和人大干部的理论水平和业务能力明显提升。

二、提升人大代表之家（站）建设水平

县十六届人大常委会高度重视代表之家（站）建设，按照“充实内涵、扩大外延、打造精品、全面提升”的思路深入推进，努力把家站建设成为“学习培训的课堂、联系选民的桥梁、履行职能的平台、服务群众的窗口、民主法治建设的阵地、创新社会治理的抓手”。先后印发《灵寿县标准化“人大代表之家”建设标准》《灵寿县人大代表之家（站）管理办法》等，高标准建成人大代表之家 15 个，代表联络站 6 个。积极打造“网上代表之家”，采用线上线下双模式运行，构建“实体 + 网上 + 掌上”代表联络新格局。五年来，多次召开现场观摩会、工作推进会等，对全县代表之家（站）建设工作进行安排部署、督促推进，组织代表进家入站学习培训达 4800 余人次，接待选民 800 余人，收集群众意见建议 400 余条，为民解困 100 余件。通过代表之家（站）建设，让人民群众切实感受到民意有人代表、民怨有人倾听、民生有人关注、民主就在身边。

三、深化代表“双联双评”活动

县十六届人大常委会不断深化“双联双评”活动，即县人大常委会组成人员联系选举单位和县人大代表、县人大代表联系选举单位和人民群众；选举单位和县人大代表对县人大常委会组成人员进行评议、选举单位和人民群众对县人大代表进行评议。县人大常委会组成人

员深入人大代表之家（站）、基层群众中，听民意、访民生、察民情，发挥示范带头作用。人大代表进家入站、接待选民、倾听民声、收集民意、帮困解难，真正与群众打成一片。其间，发放征求意见表1万余份，接待选民3万余人次，走访选举单位700余次。被评议的常委会组成人员满意率99.5%，人大代表满意率98.6%。通过开展“双联双评”活动，进一步密切代表与人民群众的联系，激发代表的职责意识，让监督者接受监督，形成代表履职激励与监督的良性互动机制。

四、开展“五个一”代表活动

2017年6月，县人大常委会在省、市、县三级人大代表中开展“五个一”活动（每年提出一个高质量的议案或意见、建议；每季参加一次访选民、解民忧活动；为脱贫攻坚尽一份力量；参加一次双城同创志愿服务活动；每年向本选区选民代表述职一次），同时下发“双城同创，与我同行”“脱贫攻坚，我有责任”倡议书，紧紧围绕“转型跨越、赶超进位、绿色崛起”的目标，激励和引导全县人大代表充分发挥模范带头作用，积极投身全县经济社会建设，为打赢脱贫攻坚战，建设美丽幸福新灵寿做出积极贡献。

五、民生实事项目人大代表票决

县人大常委会始终高度重视民生工作，在充分调研和学习赞皇经验的基础上，在全市第二个实行民生实事项目人大代表票决制，并将办理情况作为监督的重要内容，持续开展监督支持，全力推进民生实事项目建设。2019年8月1日，县委办转发《灵寿县人大常委会关于实行民生实事项目人大代表票决制的实施办法》，从此开启灵寿县人大代表票决制先河。

县十六届人大五次会议上，票决产生12件民生实事：棚户区改造工程、老旧小区改造工程、危房改造工程、冬季清洁取暖工程、教育设施提升工程、养老服务提升工程、农村人居环境改善工程、城乡交通路网优化工程、城市洁净提升工程、电力保障工程、水库移民保障工程、就业保障工程。

六、代表议案、建议办理

县十六届人大期间共收到人大代表议案8个，经议案审查委员会审议后全部转为建议、批评和意见。

县人大常委会高度重视代表建议办理工作，健全完善督办工作机制，构建常委会主任会议成员领衔督办、各专门委员会对口督办、代表工作部门定向督办的格局。通过开展集中视察、主任会议听取汇报、常委会会议听取报告等一系列措施，促进提升代表建议办理质效。县政府坚持分级负责、归口办理原则，邀请代表列席相关会议、视察有关工作，让代表参与到建议办理工作当中。

县十六届人大一次会议，收到代表意见建议73件，解决或基本解决的建议63件，占86.3%；满意率和基本满意率95.9%。其中10件被评为优秀代表建议。

县十六届人大三次会议，收到代表意见建议51件，解决或基本解决的建议44件，占86.2%；满意率和基本满意率96.4%。其中，6件被评为优秀代表建议。

县十六届人大四次会议，收到代表意见建议63件，解决或基本解决的建议43件，占68.3%；满意率和基本满意率95.4%。其中，6件被评为优秀代表建议。

县十六届人大五次会议，收到代表意见建议66件，解决或基本解决的建议48件，占72.7%；代表满意率和基本满意率94.6%。其中，8件被评为优秀代表建议。

县十六届人大六次会议，收到代表意见建议64件，解决或基本解决的建议47件，占73%；代表满意率和基本满意率93.5%。其中，10件被评为优秀代表建议。

县十六届人大重点意见建议一览表

表18-8

序号	代表团	提建议人	建议题目	县政府承办部门
1	陈庄镇	康志辉等10人	关于出台西阜高速连接线及出台土地控制性详规建议	国土局
2	南营乡	李书明等10人	关于打造南营乡休闲旅游风情小镇的建议	林业局
3	慈峪镇	孟三合等12人	关于加快推进慈峪镇特色小城镇的建议	发改局
4	塔上镇	陈建刚等10人	关于加强乡镇卫生院建设的建议	卫计局
5	陈庄镇	康志辉等10人	关于解决西北部山区用水难问题的建议	水务局
6	燕川乡	尹军方	关于整合燕川乡中小企业、推进规模化发展的建议	发改局
7	寨头乡	孙喜双	关于沿磁河修建一条观光旅游公路，提升灵寿旅游实力的建议	交通局
8	北洼乡	梁青杰	关于修通京昆高速辅路带动工业北区发展的建议	交通局
9	灵寿镇	郝玉芳 吴福芹	关于改善城区交通问题的建议	住建局
10	灵寿镇	付红海	关于县城居民的供热一事的建议	住建局
11	牛城乡	王文革等10人	关于人民路西延到中山国遗址新井线的建议	住建局　交通局
12	慈峪乡	孟三合等15人	关于加快推进慈峪特色小城镇建设的建议	发改局
13	陈庄镇	康志辉等10人	关于解决西北部山区用电问题的建议	国网灵寿县供电公司
14	南寨乡	李明	关于规范集市秩序治理马路市场的建议	发改局
15	狗台乡	李年发	关于增加城区停车位的建议	住建局 交警大队

续表 18-8

序号	代表团	提建议人	建议题目	县政府承办部门
16	塔上镇 青同镇	董建海 杨喜辰　赵金虎	关于松阳河整治的建议	水务局
17	塔上镇	李雪艳	关于农村师资问题的建议	文教局
18	青同镇	刘利华	关于乡镇卫生护理人员严重缺失问题的建议	卫计局
19	岔头镇	高爱军	关于太行山绿化水利配套问题的建议	水务局
20	北洼乡	梁青杰	关于修建工业园区道路的建议	开发区
21	陈庄乡	彭罗智等 10 人	关于解决陈庄水源后续问题的建议	水利局
22	陈庄乡	彭罗智等 10 人	关于山区电力设备改造升级问题的建议	电力公司
23	牛城乡	王文革等 10 人	关于挖掘开发弘扬中山文化的建议	文旅局
24	北洼乡	刘金龙	关于空心村治理的建议	农业农村局
25	谭庄乡	乔志刚	关于农村孤寡老人养老问题的建议	民政局
26	谭庄乡	樊秉志	关于磁河百里画廊全面打造需加快完成的建议	文旅局、自然资源和规划局
27	岔头镇	雷敏毅	关于解决城区停车难的建议	住建局、交警大队
28	三圣院乡	李贵锁	关于公交线路延伸至高速连接线的建议	交通局
29	狗台乡	尚利国	关于加强我县幼儿教师专业业务能力培训及继续教育的建议	教育局
30	狗台乡	雷银芳等 5 人	关于在县城增加农产品超市的建议	发改局、市监局

七、优秀县人大代表

2020 年 1 月 16 日，县十六届人大常委会评选出 34 名优秀人大代表。

优秀县十六届人大代表名单一览表

表 18-9

代表团	优秀代表
灵寿镇	雷洛五、吴福芹、张健勇、魏秀军
三圣院乡	何丽平、郭彦梅
北洼乡	张文强、刘金龙
狗台乡	雷银芳、尚利国
南寨乡	张风岗、李　明
青同镇	刘军保、房懿煊
牛城乡	王文革、韩建华

续表 18-9

代表团	优秀代表
塔上镇	董建海、康丽娟
慈峪镇	吴　用、王朝阳
谭庄乡	赵　沛、乔志刚
燕川乡	李保顺、朱玉辰
岔头镇	王风书、夏二朝
陈庄镇	宋军民、付晓燕
寨头乡	崔拴才、程志伟
南营乡	张二利、陈春芳
县直	辛书彦、康雪娜

第三章　人民代表大会

自 2017 年 2 月至 2021 年 7 月，灵寿县第十六届人民代表大会共召开 6 次会议。

县十六届人大历次会议概况表

表 18-10

会议次序	会议日期	议题（项）	听取报告（个）	决议决定（项）	选举表决（项）
一次	2017 年 2 月 21 日—23 日	10	4	7	6
二次	2017 年 10 月 8 日—9 日	1	0	0	1
三次	2018 年 2 月 11 日—13 日	7	4	6	2
四次	2019 年 1 月 29 日—31 日	7	4	6	1
五次	2020 年 1 月 20 日—21 日	7	4	6	1
六次	2021 年 3 月 3 日—4 日	6	4	7	0

第一节　会议概况

一、县十六届人大一次会议

2017 年 2 月 21 日至 23 日，灵寿县第十六届人民代表大会第一次会议在燕都大厦召开。会议应出席代表 187 名，实际出席 185 名。会议听取和审议县人民政府县长周雪军作的政府工作报告、县人大常委会副主任马进伟作的县人大工作报告、县人民法院代院长王文忠作的县人民法院工作报告、县人民检察院代检察长盖朝龙作的县人民检察院工作报告，作出相应决议；审议县政府提出的《关于灵寿县 2016 年国民经济和社会发展计划执行情况与 2017 年国民经济和社会发展计划草案的报告》《关于灵寿县 2016 年财政预算执行情况和 2017 年财政预算（草案）的报告》，批准灵寿县 2016 年国民经济和社会发展计划执行情况与 2017 年国民经济和社会发展计划、灵寿县 2016 年财政预算执行情况和 2017 年财政预算；会议选举产生县第十六届人大常委会组成人员，县人民政府县长、副县长，县人民法院院长，县人民检察院检察长；会议选举产生灵寿县出席石家庄市第十四届人民代表大会代表 21 名；表决通过县十六届人大各专门委员会组成人员名单。

这次会议，是在灵寿县实施“十三五”规划、进入全面建成小康社会决胜阶段，召开的一次承前启后、开拓进取的重要会议。会议认为，今后五年，是灵寿全面建成小康社会的决胜期，是推动灵寿振兴发展的攻坚期。会议强调，要以对党和人民高度负责的精神，坚持以习近平总书记系列讲话重要精神为引领，认真贯彻落实中央、省市县委决策部署，紧紧围绕县第十一次党代会提出的目标任务，全面履行宪法和法律赋予的职责，为实现脱贫摘帽、全面建成小康社会、建设美丽幸福新灵寿作出新的更大贡献。

二、县十六届人大二次会议

2017 年 10 月 8 日至 9 日，灵寿县第十六届人民代表大会第二次会议在燕都大厦四楼会议厅举行。会议应出席代表 182 名，实际出席代表 174 名。会议选举冯素伟为灵寿县人民政府县长。

三、县十六届人大三次会议

2018 年 2 月 11 日至 13 日，灵寿县第十六届人民代表大会第三次会议在燕都大厦四楼会议厅举行。会议应出席代表 189 名，实际出席代表 185 名。会议听取和审议县人民政府县长冯素伟作的政府工作报告、县人大常委会主任刘振波作的县人大常委会工作报告、县人民法院院长王文忠作的县人民法院工作报告、县人民检察院检察长盖朝龙作的县人民检察院工作报告，作出相应决议；审议县政府提出的《关于灵寿县 2017 年国民经济和社会发展计划执行情况与 2018 年国民经济和社会发展计划（草案）的报告》《关于灵寿县 2017 年财政预算执行情况和 2018 年财政预算草案的报告》，批准县 2017 年国民经济和社会发展计划执行情况与 2018 年国民经济和社会发展计划、县 2017 年财政预算执行情况和 2018 年财政预算；会议选举王占峰为灵寿县监察委员会主任；补选刘祥平、高金伟、郝俊峰、张国霞、李文义、苏亿位、乔志刚为灵寿县人大常委会委员。

这次会议是在中国特色社会主义进入新时代、灵寿县经济社会发展开创新局面的关键时期召开的重要会议。大会提出 2018 年全县整体脱贫出列的目标。会议要求必须以“等不起”的紧迫感、“慢不得”的危机感、“坐不住”的责任感，撸起袖子加油干，苦干实干拼命干，确保如期脱贫摘帽。会议强调，要紧密团结在以习近平同志为核心的党中央周围，在省委、市委的坚强领导下，以更加坚定的信心、更加昂扬的斗志、更加务实的作风，锐意进取、扎实苦干，为转型跨越、赶超进位、绿色崛起，打好脱贫攻坚战，建设美丽幸福新灵寿而不懈奋斗。

四、县十六届人大四次会议

2019 年 1 月 29 日至 31 日，灵寿县第十六届人民代表大会第四次会议在燕都大厦四楼会议厅举行。会议应出席代表 188 名，实际出席代表 183 名。会议听取和审议县人民政府县长冯素伟作的政府工作报告、县人大常委会主任刘振波作的县人大常委会工作报告、县人民法院院长王文忠作的县人民法院工作报告、县人民检察院检察长盖朝龙作的县人民检察院工作报告，作出相应决议；审议县政府提出的《关于灵寿县 2018 年国民经济和社会发展计划执行情况与 2019 年国民经济和社会发展计划（草案）的报告》《关于灵寿县 2018 年财政预算执行情况和 2019 年财政预算草案的报告》，批准灵寿县 2018 年国民经济和社会发展计划执行情况与 2019 年国民经济和社会发展计划、灵寿县 2018 年财政预算执行情况的报告和 2019 年财政预算；会议决定设立灵寿县人民代表大会社会建设委员会，社会建设委员会设主任委员 1 人、副主任委员 1 人、委员 3 人。

这次会议是在全县上下深入学习贯彻中央、省、市、县委全会精神的新形势下，召开的一次重要会议。会议认为，2019 年是中华人民共和国成立 70 周年，是实施“十三五”规划、决胜全面建成小康社会的关键之年，是打赢脱贫攻坚战、建设美丽幸福新灵寿的关键之年。会议强调，要更加紧密地团结在以习近平同志为核心的党中央周围，把思想和行动统一到中央精神和省委要求上来，统一到县委、县政府各项决策部署上来，牢牢把握高质量发展这个根本要求，坚持稳中求进工作总基调，再接再厉、乘势而上，埋头苦干、顽强拼搏，努力开创灵寿经济社会发展新局面。

五、县十六届人大五次会议

2020 年 1 月 20 日至 21 日，灵寿县第十六届人民代表大会第五次会议在县会展中心召开。会议应出席代表 187 名，实际出席 180 人。会议听取和审议县人民政府县长冯素伟作的政府工作报告、县人大常委会主任刘振波作的县人大常委会工作报告、县人民法院院长王文忠作的县人民法院工作报告、县人民检察院检察长盖朝龙作的县人民检察院工作报告，通过相应决议；审议县政府提交的《关于灵寿县 2019 年国民经济和社会发展计划执行情况与 2020 年国民经济和社会发展计划（草案）的报告》《关于灵寿县 2019 年财政预算执行情况和 2020 年财政预算草案的报告》，批准灵寿县 2019 年国民经济和社会发展计划执行情况的报告与 2020 年国民经济和社会发展计划、灵寿县 2019 年财政预算执行情况的报告和 2020 年财政预算；票决县政府 2020 年民生实事项目 12 件。

这次会议是在全县上下深入贯彻落实党的十九届四中全会、中央经济工作会议精神和省委、市委、县委全会精神的新形势下，召开的一次重要会议。会议强调，要更加紧密地团结在以习近平同志为核心的党中央周围，坚持以习近平新时代中国特色社会主义思想为指导，不忘初心、牢记使命，只争朝夕、不负韶华，为决胜全面建成小康社会、奋力谱写美丽幸福新灵寿时代篇章作出新的更大贡献。

六、县十六届人大六次会议

2021 年 3 月 3 日至 4 日，灵寿县第十六届人民代表大会第六次会议召开，主会场设在综合文化活动中心第一会议厅，14 个分会场采取视频会议方式同步进行。会议应出席代表 189 名，实际出席 174 人。会议听取和审议县人民政府县长冯素伟作县人民政府工作报告、县人大常委会主任刘振波作的县人大常委会工作报告、县人民法院院长王文忠作的县人民法院工作报告、县人民检察院检察长盖朝龙作的县人民检察院工作报告，通过相应决议；审议《灵寿县国民经济和社会发展第十四个五年规划和二〇三五年远景目标纲要（草案）》《关于灵寿县 2020 年国民经济和社会发展计划执行情况与 2021 年国民经济和社会发展计划（草案）》《关于灵寿县 2020 年财政预算执行情况和 2021 年财政预算草案的报告》，批准灵寿县国民经济和社会发展第十四个五年规划和二〇三五年远景目标纲要、灵寿县 2020 年国民经济和社会发展计划执行情况的报告与 2021 年国民经济和社会发展计划、灵寿县 2020 年财政预算执行情况的报告和 2021 年财政预算；会议选举董建海为县人大常委会副主任。

这次会议是在中国共产党建党 100 周年、开启全面建设社会主义现代化新征程的起步之年、“十四五”规划实施开局之年召开的一次重要会议。会议强调，全县上下要立足新发展阶段，贯彻新发展理念，融入新发展格局，自觉把思想和行动统一到县委的部署要求上来，把智慧和力量汇聚到改革发展的工作大局上来，扬帆起航“十四五”，砥砺奋进新征程，推动灵寿各项事业再上新台阶。

第二节　会议选举

县十六届人大历次会议，共选举产生县级国家机关工作人员 17 人。

县人大常委会

主　任：

刘振波　　2017 年 2 月县十六届人大一次会议当选

副主任：

李彦勇　　2017 年 2 月县十六届人大一次会议当选

张云山　　2017 年 2 月县十六届人大一次会议当选

马进伟　　2017 年 2 月县十六届人大一次会议当选

吕秀敏（女）2017 年 2 月县十六届人大一次会议当选

董建海　　2021 年 3 月县十六届人大六次会议当选

委　员（县十六届人大一次会议选举产生）：

丁云红	马民生	王风书（女）	王　辉
付连庆	祁进亮	李良良	李贵锁
李香合	李保顺	吴福芹	辛书彦

宋建设	张士群	张晓燕（女）	张健勇
武军义	尚利国	尚聪智	孟素英（女）
郝玉芳	栗鹏志	郭彦梅（女）	黄国华（女）
黄景涛（女）	康志辉		

以下委员为县十六届人大三次会议选举产生：

刘祥平	高金伟	郝俊峰	张国霞（女）
李文义	乔志刚	苏亿位	

届中调整情况：

李彦勇，2017 年 4 月 25 日，在县十六届人大常委会第二次会议上辞去灵寿县人大常委会副主任职务。

董建海，2021 年 3 月 4 日，在县十六届人大六次会议上，当选灵寿县人大常委会副主任。

孟素英，2017 年 6 月 26 日，在县十六届人大常委会第三次会议上辞去灵寿县人大常委会委员职务。

李香合，2017 年 6 月 26 日，在县十六届人大常委会第三次会议上辞去灵寿县人大常委会委员职务。

李良良，2017 年 6 月 26 日，在县十六届人大常委会第三次会议上辞去灵寿县人大常委会委员职务。

张士群，2017 年 12 月 26 日，在县十六届人大常委会第八次会议上辞去灵寿县人大常委会委员职务。

张晓燕，2018 年 12 月 24 日，在县十六届人大常委会第十五次会议上辞去灵寿县人大常委会委员职务。

康志辉，2019 年 4 月 25 日，在县十六届人大常委会第十七次会议上辞去灵寿县人大常委会委员职务。

黄景涛，2020 年 4 月 23 日，在县十六届人大常委会第二十三次会议上辞去灵寿县人大常委会委员职务。

高金伟，2020 年 10 月 29 日，在县十六届人大常委会第二十六次会议上辞去灵寿县人大常委会委员职务。

黄国华，因工作原因，调离本行政区域，2020 年 12 月 23 日，在县十六届人大常委会第二十七次会议上确认代表资格终止，其常委会委员职务相应终止。

县人民政府

县　长：

周雪军　　2017 年 2 月县十六届人大一次会议当选

冯素伟　　2017 年 10 月县十六届人大二次会议当选

届中调整情况：

周雪军，2017年9月，县十六届人大常委会第五次会议上辞去县长职务。

副县长：

郝英鹏　　2017年2月县十六届人大一次会议当选

马瑰欣　　2017年2月县十六届人大一次会议当选

尹国亮　　2017年2月县十六届人大一次会议当选

米　锋　　2017年2月县十六届人大一次会议当选

齐正进　　2017年2月县十六届人大一次会议当选

郝永志　　2017年2月县十六届人大一次会议当选

届中调整情况：

郭金贞，2017年3月22日，县十六届人大常委会第一次会议决定任命其为县人民政府副县长（挂职）；2017年9月30日，县十六届人大常委会第五次会议决定免去其县人民政府副县长（挂职）职务。

李晨阳，2017年6月26日，县十六届人大常委会第三次会议决定任命其为县人民政府副县长（挂职）；2018年12月24日，县十六届人大常委会第十五次会议决定免去其县人民政府副县长（挂职）职务。

郑　捷，2017年6月26日，县十六届人大常委会第三次会议决定任命其为县人民政府副县长（挂职）；2018年8月24日，县十六届人大常委会第十三次会议决定免去其县人民政府副县长（挂职）职务。

郑　军，2017年9月30日，县十六届人大常委会第五次会议决定任命其为县人民政府副县长（挂职，时间一年）；2018年10月30日，县十六届人大常委会第十四次会议决定免去其县人民政府副县长（挂职）职务。

王笑蕾，2017年10月31日，县十六届人大常委会第六次会议决定任命其为县人民政府副县长（挂职，时间一年）；2018年12月24日，县十六届人大常委会第十五次会议决定免去其县人民政府副县长（挂职）职务。

刘　涛，2018年10月30日，县十六届人大常委会第十四次会议决定任命其为县人民政府副县长（挂职）；2019年10月25日，县十六届人大常委会第二十次会议决定免去其县人民政府副县长（挂职）职务。

彭　涛，2018年12月24日，县十六届人大常委会第十五次会议决定任命其为县人民政府副县长（挂职）；2021年2月28日，县十六届人大常委会第三十次会议决定免去其县人民政府副县长（挂职）职务。

王　吕，2018年12月24日，县十六届人大常委会第十五次会议决定任命其为县人民政府副县长（挂职）；2019年12月26日，县十六届人大常委会第二十一次会议决定免去其县人民政府副县长（挂职）职务。

陈成云，2018年12月24日，县十六届人大常委会第十五次会议决定任命其为县人民政府副县长（挂职）；2019年12月26日，县十六届人大常委会第二十一次会议决定免去其县人民政府副县长（挂职）职务。

马瑰欣，2019年4月25日，县十六届人大常委会第十七次会议决定免去其县人民政府副县长职务。

齐正进，2019年4月25日，县十六届人大常委会第十七次会议决定免去其县人民政府副县长职务。

程志华，2019年4月25日，县十六届人大常委会第十七次会议决定任命其为县人民政府副县长；2021年6月4日，县十六届人大常委会第三十四次会议决定免去其县人民政府副县长职务。

丁　楠，2019年6月17日，县十六届人大常委会第十八次会议决定任命其为县人民政府副县长。

但　萍，2019年12月26日，县十六届人大常委会第二十一次会议决定任命其为县人民政府副县长（挂职）；2021年2月28日，县十六届人大常委会第三十次会议决定免去其县人民政府副县长（挂职）职务。

田岭坡，2020年1月10日，县十六届人大常委会第二十二次会议决定任命其为县人民政府副县长、县公安局局长；2021年5月25日，县十六届人大常委会第三十三次会议决定免去其县人民政府副县长、县公安局局长职务。

郝英鹏，2020年10月29日，县十六届人大常委会第二十六次会议决定免去其县人民政府副县长职务。

高文成，2020年10月29日，县十六届人大常委会第二十六次会议决定任命其为县人民政府副县长；2021年6月4日，县十六届人大常委会第三十四次会议决定免去其县人民政府副县长职务。

闫　雁，2021年4月29日，县十六届人大常委会第三十一次会议决定任命其为县人民政府副县长（挂职）。

周　静，2021年4月29日，县十六届人大常委会第三十一次会议决定任命其为县人民政府副县长（挂职）。

武利芳，2021年5月25日，县十六届人大常委会第三十三次会议决定任命其为县人民政府副县长，决定其为代理县长。

赵鹏昆，2021年5月25日，县十六届人大常委会第三十三次会议决定任命其为县人民政府副县长、县公安局局长。

尹国亮，2021年6月4日，县十六届人大常委会第三十四次会议决定免去其县人民政府副县长职务。

米　锋，2021年6月4日，县十六届人大常委会第三十四次会议决定免去其县人民政府副县长职务。

郝永志，2021年6月4日，县十六届人大常委会第三十四次会议决定免去其县人民政府副县长职务。

楚　臣，2021年6月4日，县十六届人大常委会第三十四次会议决定任命其为县人民政府副县长。

周海军，2021年6月4日，县十六届人大常委会第三十四次会议决定任命其为县人民政府副县长。

单春玲，2021年6月4日，县十六届人大常委会第三十四次会议决定任命其为县人民政府副县长。

张路明，2021年6月4日，县十六届人大常委会第三十四次会议决定任命其为县人民政府副县长。

王　蒙，2021年6月4日，县十六届人大常委会第三十四次会议决定任命其为县人民政府副县长。

县监察委员会

主　任：

王占峰　　2018年2月县十六届人大三次会议当选

届中调整情况：

王占峰，2021年6月4日，在县十六届人大常委会第三十四次会议上辞去县监察委员会主任职务。

李伟凡，2021年6月4日，县十六届人大常委会第三十四次会议任命其为县监察委员会副主任，决定其为代理主任。

县人民法院

院　长：

王文忠　　2017年2月县十六届人大一次会议当选

届中调整情况：

王文忠，2021年5月25日，在县十六届人常委会第三十三次会议上辞去县人民法院院长职务。

刘梅林，2021年5月25日，县十六届人常委会第三十三次会议任命其为县人民法院副院长，决定其为代理院长。

县人民检察院

院　长：

盖朝龙　　2017年2月县十六届人大一次会议当选

届中调整情况：

盖朝龙，2021年5月25日，在县十六届人常委会第三十三次会议上辞去县人民检察院检察长职务。

彭　涛，2021年5月25日，县十六届人常委会第三十三次会议任命其为县人民检察院副检察长，决定其为代理检察长。

链接1：县十六届人大常委会主任会议成员简历

刘振波，男，1962年10月出生，汉族，中共党员，河北灵寿人，在职研究生学历。历任共青团灵寿县委副书记，共青团灵寿县委书记，灵寿县委宣传部常务副部长，灵寿县政府办公室主任，灵寿县政协副主席，灵寿县委常委兼县委办公室主任，灵寿县委常委政法委书记，灵寿县十六届人大常委会党组书记、主任。

李彦勇，男，1964年7月出生，汉族，中共党员，河北灵寿人，在职研究生学历。历任灵寿县北庄乡副乡长，北庄乡党委计划生育专职副书记，北庄乡党委副书记，陈庄镇党委副书记，岔头镇党委副书记、镇长，塔上镇党委书记，塔上镇党委书记兼镇长，塔上镇党委书记，县政府党组成员、计划生育局党组副书记、局长，县政府党组成员、人口和计划生育局局长党组副书记，灵寿县人大党组成员、人口和计划生育局党组副书记、局长，县人大党组成员、副主任兼工业园区管理办公室主任，县人大党组成员、副主任兼河北灵寿经济开发区管理委员会主任。

张云山，男，1966年4月出生，汉族，群众，河北灵寿人，大学学历。历任灵寿县政协宗教法制委副主任，灵寿县政协宗教法制科科长，灵寿县政协副主席（党外），灵寿县人大副主任。

马进伟，男，1962年11月出生，汉族，中共党员，河北灵寿人，在职研究生学历。历任新开乡党委副书记、乡长，陈庄镇党委副书记、镇长，谭庄乡党委书记，狗台乡党委书记，灵寿镇党委书记，县政府党组成员、灵寿镇党委书记，县教育局党委书记、局长，县教育局党委副书记、局长，灵寿中学党总支书记，县人大党组成员、副主任。

吕秀敏，女，1969年10月出生，汉族，中共党员，河北灵寿人，在职研究生学历。历任新开乡党委组宣委员，陈庄镇党委组织委员，陈庄镇纪检书记，陈庄镇党委副书记，慈峪镇党委副书记，慈峪镇党委副书记兼慈峪镇工会主席，陈庄镇党委副书记、镇长，陈庄镇党委书记、镇长，陈庄镇党委书记，县民政局党组书记、局长，县人大党组成员、县民政局党组书记、局长，县人大党组成员、副主任。

董建海，男，1974年9月出生，汉族，中共党员，岔头镇松阳村人，中央党校在职大学学历。历任县委保密局副局长，局长，陈庄镇党委副书记、镇长，塔上镇党委书记，县人大常委会副主任。

链接2：县十六届人大常委会委员简况

表18-11

姓名	性别	出生年月	民族	党派	籍贯	学历	时任职务
丁云红	男	1968年8月	汉	党员	灵寿镇	大学	县人大常委会代表联络工作委员会主任
马民生	男	1969年2月	汉	党员	岔头镇	大学	县人大常委会政法工委主任

续表 18-11

姓名	性别	出生年月	民族	党派	籍贯	学历	时任职务
王风书	女	1961 年 4 月	汉	群众	岔头镇	高中	灵寿县金魁石材有限公司总经理
王　辉	男	1968 年 12 月	汉	党员	南寨乡	大学	县人大常委会办公室主任
付连庆	男	1965 年 11 月	汉	群众	灵寿镇	大专	灵寿县工商联主席
祁进亮	男	1964 年 8 月	汉	党员	北洼乡	大学	县医院院长
李良良	男	1970 年 3 月	汉	党员	岔头镇	大学	县人大常委会财经工委主任
李贵锁	男	1967 年 2 月	汉	党员	三圣院乡	大专	南纪城村党支部书记
李香合	男	1970 年 4 月	汉	党员	灵寿镇	中专	县人大常委会农经工委主任
李保顺	男	1962 年 8 月	汉	党员	燕川乡	大专	东庄村党支部书记
吴福芹	男	1968 年 7 月	汉	党员	灵寿镇	中专	东合村副主任
辛书彦	男	1969 年 7 月	汉	党员	牛城乡	大专	新源商场经理
宋建设	男	1955 年 8 月	汉	党员	慈峪镇	高中	河北华腾矿业有限公司董事长
张士群	男	1970 年 12 月	汉	党员	辛集市	大学	石湖金矿经理
张晓燕	女	1980 年 11 月	汉	党员	陈庄镇	研究生	团县委书记
张健勇	男	1974 年 10 月	汉	群众	慈峪镇	高中	丰联化工董事长
武军义	男	1967 年 7 月	汉	党员	南寨乡	研究生	县直工委书记
尚利国	男	1983 年 10 月	汉	群众	狗台乡	大学	石家庄时代报业旅行社灵寿营业部总经理
尚聪智	男	1980 年 11 月	汉	党员	狗台乡	大学	青同初级中学校长
孟素英	女	1969 年 9 月	汉	党员	灵寿镇	大学	县妇联主席
郝玉芳	男	1958 年 8 月	汉	党员	灵寿镇	大专	小东关村党支部书记
栗鹏志	男	1981 年 8 月	汉	群众	牛城乡	大专	救助站站长
郭彦梅	女	1964 年 7 月	汉	群众	辛集	大专	河北维嘉无纺布总经理
黄国华	女	1969 年 5 月	汉	民盟	正定县	大学	河北银行灵寿分行行长
黄景涛	女	1965 年 2 月	汉	群众	狗台乡	高中	石家庄宏达铸造有限公司董事长
康志辉	男	1979 年 4 月	汉	党员	慈峪镇	大学	陈庄镇人大主席
刘祥平	男	1966 年 8 月	汉	党员	燕川乡	大学	县人大常委会农经工委主任
高金伟	男	1965 年 7 月	汉	党员	陈庄镇	大专	县人大常委会财经工委主任
郝俊峰	男	1967 年 11 月	汉	党员	青同镇	大学	县人大常委会科教文卫工委主任
张国霞	女	1974 年 10 月	汉	党员	陈庄镇	大学	县妇联主席
李文义	男	1966 年 8 月	汉	党员	石家庄	大学	石湖金矿经理
乔志刚	男	1969 年 4 月	汉	党员	谭庄乡	大专	乔家庄村村民
苏亿位	男	1956 年 3 月	汉	党员	岔头镇	大学	河北益康功能材料有限公司总工程师

第三节　会议组织

一、县十六届人大一次会议

（一）大会临时党委

书　记：宋存汉

副书记：周雪军　于燕红（女）

委　员：刘振波　马国云　赵丽蓉（女）

（二）大会主席团和秘书长

主席团（59人）

丁云红	于燕红（女）	马民生	马进伟
马国云	付连庆	王　辉	王风书（女）
王文革	王占峰	王有廷	王江鹏
石中秋	白东风	白庆芳	刘永峰
刘永勤（女）	刘军保	刘京辉（女）	刘振波
吕秀敏（女）	江文辉	安国云	祁进亮
杨云山	李良良	李贵锁	李香合
李保顺	李彦勇	吴　用	吴福芹
辛书彦	宋存汉	宋建设	张士群
张云山	张晓燕（女）	张健勇	武军义
尚利国	尚聪智	周建红	周雪军
孟素英（女）	郝玉芳	郝英鹏	赵丽蓉（女）
袁青峰	栗鹏志	贾兆雄	郭彦梅（女）
黄国华（女）	黄景涛（女）	康志辉	彭罗智
董建海	傅士君	樊秉志	

秘书长：马进伟（兼）

（三）大会主席团常务主席

宋存汉	周雪军	于燕红（女）	马国云
刘振波	白东风	李彦勇	张云山
马进伟	吕秀敏（女）		

（四）大会议案审查委员会

主任委员：吕秀敏（女、兼）

副主任委员：丁云红

委　　员：

王　辉　李香合　马民生　孟素英（女）

张晓燕（女）

二、县十六届人大二次会议

（一）大会临时党委

委　员：宋存汉

副书记：冯素伟　于燕红（女）

委　员：刘振波　赵丽蓉（女）

（二）大会主席团和秘书长

主席团（52人）

丁云红　于燕红（女）　马民生　马进伟

付连庆　王　辉　王风书（女）　王文革

王占峰　王江鹏　石中秋　白东风

白庆芳　刘永峰　刘永勤（女）　刘军保

刘京辉（女）　刘振波　吕秀敏（女）　江文辉

安国云　祁进亮　杨云山　李贵锁

李保顺　吴　用　吴福芹　辛书彦

宋存汉　宋建设　张士群　张云山

张晓燕（女）　张健勇　武军义　尚利国

尚聪智　周建红　郝玉芳　郝英鹏

赵丽蓉（女）　袁青峰　栗鹏志　贾兆雄

郭彦梅（女）　黄国华（女）　黄景涛（女）　康志辉

彭罗智　董建海　傅士君　樊秉志

秘书长：吕秀敏（女、兼）

（三）大会主席团常务主席

宋存汉　于燕红（女）　刘振波　白东风

张云山　马进伟　吕秀敏（女）

（四）大会议案审查委员会

主任委员：吕秀敏（女、兼）

副主任委员：丁云红

委　　员：王　辉　李香合　马民生　孟素英（女）　张晓燕（女）

三、县十六届人大三次会议

（一）大会临时党委

委　员：宋存汉

副书记：冯素伟　于燕红（女）

委　员：刘振波　赵丽蓉（女）

（二）大会主席团和秘书长

主席团（59 人）

丁云红	于燕红（女）	马民生	马进伟
付连庆	王　辉	王风书（女）	王文革
王占峰	王江鹏	冯素伟	石中秋
白东风	白庆芳	刘永勤（女）	刘永峰
刘军保	刘京辉（女）	刘祥平	刘振波
吕秀敏（女）	江文辉	安国云	乔志刚
祁进亮	杨云山	李文义	李贵锁
李保顺	吴　用	吴福芹	苏亿位
辛书彦	宋存汉	宋建设	张云山
张国霞（女）	张晓燕（女）	张健勇	武军义
尚利国	尚聪智	周建红	郝玉芳
郝英鹏	郝俊峰	赵丽蓉（女）	袁青峰
栗鹏志	贾兆雄	郭彦梅（女）	高金伟
黄国华（女）	黄景涛（女）	康志辉	彭罗智
董建海	傅士君	樊秉志	

秘书长：吕秀敏（女、兼）

（三）大会主席团常务主席

宋存汉	冯素伟	于燕红（女）	刘振波
白东风	张云山	马进伟	吕秀敏（女）

（四）大会议案审查委员会

主任委员：吕秀敏（女、兼）

副主任委员：丁云红

委　　员：王　辉　马民生　栗鹏志

四、县十六届人大四次会议

（一）大会临时党委

委　员：宋存汉

副书记：冯素伟　于燕红（女）

委　员：刘振波　赵丽蓉（女）

（二）大会主席团和秘书长

主席团（59人）

丁云红	于燕红（女）	马民生	马进伟
付连庆	王　辉	王风书（女）	王文革
王占峰	王江鹏	冯素伟	石中秋
白东风	白庆芳	刘永勤（女）	刘永峰
刘军保	刘京辉（女）	刘祥平	刘振波
吕秀敏（女）	江文辉	安国云	乔志刚
祁进亮	杨云山	李文义	李贵锁
李保顺	吴　用	吴福芹	苏亿位
辛书彦	宋存汉	宋建设	张云山
张国霞（女）	张健勇	武军义	武建书
尚利国	尚聪智	周建红	郝玉芳
郝英鹏	郝俊峰	赵丽蓉（女）	袁青峰
栗鹏志	贾兆雄	郭彦梅（女）	高金伟
樊秉志	黄国华（女）	黄景涛（女）	康志辉
彭罗智	董建海	傅士君	

秘书长：吕秀敏（女、兼）

（三）大会主席团常务主席

宋存汉	冯素伟	于燕红（女）	刘振波
白东风	张云山	马进伟	吕秀敏（女）

（四）大会议案审查委员会

主任委员：吕秀敏（女、兼）

副主任委员：丁云红

委　　员：王　辉　马民生　栗鹏志

五、县十六届人大五次会议

（一）大会临时党委

委　员：宋存汉

副书记：冯素伟

委　员：刘振波　赵丽蓉（女）

（二）大会主席团和秘书长

主席团（57 人）

丁云红	马民生	马进伟	王　辉
王风书（女）	王文革	王占峰	王江鹏
付连庆	冯素伟	白东风	刘　晖
刘永勤（女）	刘永峰	刘军保	刘京辉（女）
刘祥平	刘振波	吕秀敏（女）	江文辉
乔志刚	祁进亮	李文义	李贵锁
李保顺	吴　用	吴福芹	苏亿位
辛书彦	宋存汉	宋建设	张云山
张风岗	张国霞（女）	张健勇	陈克强
武军义	武建书	尚利国	尚聪智
周建红	胡延卫	郝玉芳	郝英鹏
郝俊峰	赵丽蓉（女）	耿喜红	栗鹏志
贾兆雄	郭彦梅（女）	高金伟	黄国华（女）
黄景涛（女）	彭罗智	董建海	傅士君
樊秉志			

秘书长：吕秀敏（女、兼）

（三）大会主席团常务主席

宋存汉	冯素伟	刘振波	白东风
张云山	马进伟	吕秀敏（女）	

（四）大会议案审查委员会

主 任 委 员：吕秀敏（女，兼）

副主任委员：丁云红

委　　　员：王　辉　马民生　栗鹏志

六、县十六届人大六次会议

（一）大会临时党委

委　员：宋存汉

副书记：冯素伟

委　员：刘振波　赵丽蓉（女）

（二）大会主席团和秘书长

主席团（54 人）

丁云红	马民生	马进伟	王　辉
王风书（女）	王占峰	尹国勇	付连庆

冯素伟	白东风	刘　晖	刘永峰
刘京辉（女）	刘祥平	刘振波	吕光丰
吕秀敏（女）	江文辉	乔志刚	祁进亮
苏亿位	李文义	李贵锁	李保顺
吴　用	吴福芹	辛书彦	宋存汉
宋建设	张云山	张风岗	张国霞（女）
张健勇	张晓燕（女）	陈克强	武军义
武建书	尚利国	尚聪智	罗文全
罗国良	周建红	胡延卫	郝玉芳
郝俊峰	赵丽蓉（女）	侯若颖	耿喜红
栗鹏志	贾兆雄	郭彦梅（女）	高文成
曹习军	董建海		

秘书长：吕秀敏（女、兼）

（三）大会主席团常务主席

宋存汉	冯素伟	赵丽蓉（女）	刘振波
白东风	张云山	马进伟	吕秀敏（女）
董建海			

（四）大会议案审查委员会

主 任 委 员：吕秀敏（女、兼）

副主任委员：王　辉

委　　　员：马民生　丁云红　栗鹏志

第四节　专门委员会

灵寿县第十六届人民代表大会设法制委员会、财政经济委员会、农村经济委员会、科学教育文化卫生委员会、社会建设委员会等 5 个专门委员会。县十六届人大一次会议，表决通过法制委员会、财政经济委员会、农村经济委员会、科学教育文化卫生委员会组成人员名单；县十六届人大四次会议决定设立灵寿县第十六届人民代表大会社会建设委员会，并通过组成人员名单。

（一）灵寿县第十六届人民代表大会法制委员会

主 任 委 员：张云山（兼）

副主任委员：马民生

委　　　员：武军义　祁进亮　郝玉芳

（二）灵寿县第十六届人民代表大会财政经济委员会

主 任 委 员：吕秀敏（女、兼）

副主任委员：李良良　高金伟

委　　　员：李保顺　栗鹏志　张晓燕（女）　程风亮

届中调整情况：

李良良，2017年6月调离，终止职务。

2018年12月24日，县十六届人大常委会第十五次会议任命高金伟为灵寿县人大财政经济委员会副主任委员，程风亮为灵寿县人大财政经济委员会委员。

（三）灵寿县第十六届人民代表大会农村经济委员会

主 任 委 员：马进伟（兼）

副主任委员：李香合　刘祥平

委　　　员：李贵锁　雷银芳（女）孙二良

届中调整情况：

2017年6月26日，县十六届人大常委会第三次会议接受李香合辞去灵寿县人大常委会委员职务，其农村经济委员会副主任委员职务相应终止。2018年12月24日，县十六届人大常委会第十五次会议任命刘祥平为灵寿县人大农村经济委员会副主任委员。

（四）灵寿县第十六届人民代表大会科学教育文化卫生委员会

主 任 委 员：李彦勇（兼）

　　　　　　马进伟（兼）

副主任委员：郝俊峰

委　　　员：尚聪智　辛书彦　尚利国

届中调整情况：

2018年12月24日，县十六届人大常委会第十五次会议任命郝俊峰为灵寿县人大科学教育文化卫生委员会副主任委员。

（五）灵寿县第十六届人民代表大会社会建设委员会

主 任 委 员：吕秀敏（女、兼）

副主任委员：丁云红

委　　　员：马民生　郝俊峰　张健勇

届中调整情况：

2020年1月10日，县十六届人大常委会第二十二次会议任命丁云红为灵寿县人大社会建设委员会副主任委员。

第四章　人民代表大会常务委员会

2017 年 2 月，县十六届人大一次会议选举产生县十六届人大常委会委员 26 人。

县十六届人大常委会坚持以习近平新时代中国特色社会主义思想为指导，深入贯彻习近平总书记关于坚持和完善人民代表大会制度重要思想，坚持党的领导、人民当家作主、依法治国有机统一，牢固树立以人民为中心的发展理念，全面深化改革，自觉把人大工作置于县委领导之下，置于经济社会发展最前沿，做到县委有部署、人大有行动、工作有落实；紧紧围绕全县工作大局，认真履行法定职责，充分发挥代表作用，不忘初心、躬身践诺、开拓进取、奋发作为，迈出创新发展的坚实步伐，唱响担当作为的主旋律，为推进经济社会高标准高质量高水平发展、建设美丽幸福新灵寿作出积极贡献。

第一节　常委会会议

县十六届人大常委会共召开会议 36 次。

第一次会议　2017 年 3 月 22 日召开，县人大常委会主任刘振波，副主任李彦勇、张云山、马进伟、吕秀敏和 26 名委员出席会议。县政府常务副县长郝英鹏、县政协副主席张香莉、县人民法院院长王文忠、县人民检察院检察长盖朝龙列席会议。会议表决通过《灵寿县人大常委会议事规则》《灵寿县人大常委会关于预算审查监督的规定》《灵寿县人大常委会人事任免和监督办法》等常委会规章制度。会议选举周立新、王升为灵寿县出席石家庄市第十四届人民代表大会代表。会议通过人事任免事项（名单见本篇第七章《选举任免》）。

第二次会议　2017 年 4 月 25 日召开，县人大常委会主任刘振波，副主任张云山、马进伟、吕秀敏和 26 名委员出席会议。县政府副县长马瑰欣、县政协副主席张香莉、县人民法院院长王文忠、县人民检察院检察长盖朝龙列席会议。会议听取和审议县住房和城乡建设局局长纪万新受县政府委托作的《关于新型城镇化建设工作情况的报告》。会议接受李彦勇辞去县人大常委会副主任职务的请求。会议通过人事任免事项（名单见本篇第七章《选举任免》）。

第三次会议　2017 年 6 月 26 日召开，县人大常委会主任刘振波，副主任张云山、马进伟、吕秀敏和 20 名委员出席会议。县政府党组成员、五岳寨管委会主任肖光武、县政协副主席马书勇、县人民法院副院长张军海、县人民检察院检察长盖朝龙列席会议。会议听取和审议县林业旅游局局长苏智受县政府委托作的《关于旅游业发展情况报告》、县发改局局长赵书刚受县政府委托作的《关于招商引资和项目建议工作情况的报告》。会议接受孟素英等辞去县人大常委会委员职务的请求。会议通过人事任免事项（名单见本篇第七章《选举任免》）。

第四次会议　2017 年 8 月 29 日召开，县人大常委会主任刘振波，副主任张云山、马进伟、吕秀敏和 19 名委员出席会议。县政府常务副县长郝英鹏、县政协副主席张香莉、县人民法院院长王文忠、县人民检察院检察长盖朝龙列席会议。会议听取和审议县发改局局长赵书刚受县政府委托作的《关于上半年国民经济和社会发展计划执行情况的报告》、县财政局局长崔学辉受县政府委托作的《关于上半年财政预算执行情况的报告》《关于 2016 年度县级预算执行及其他财政收支情况审计工作的报告》《关于调整 2017 年财政预算的报告》并通过相应决议。

第五次会议　2017 年 9 月 30 日召开，县人大常委会主任刘振波，副主任张云山、马进伟、吕秀敏和 21 名委员出席会议。县政府常务副县长郝英鹏、县政协副主席马书勇、县人民法院院长王文忠、县人民检察院检察长盖朝龙列席会议。会议接受周雪军辞去县人民政府县长职务的请求。会议听取和审议县人大常委会办公室主任王辉受县人大常委会主任会议委托作的《关于召开县十六届人大二次会议有关事项的报告》，表决通过《关于召开灵寿县第十六届人民代表大会第二次会议的决定》《灵寿县第十六届人民代表大会第二次会议建议议程》《灵寿县第十六届人民代表大会第二次会议主席团和秘书长建议名单》。会议通过人事任免事项（名单见本篇第七章《选举任免》）。

第六次会议　2017 年 10 月 31 日召开，县人大常委会主任刘振波，副主任张云山、马进伟、吕秀敏和 19 名委员出席会议。县政府副县长齐正进、县人民法院院长王文忠、县人民检察院检察长盖朝龙列席会议。会议听取和审议县扶贫和农业开发办公室主任梁风斌受县政府委托作的《关于精准扶贫工作情况的报告》、县人民检察院检察长盖朝龙作的《关于“两法衔接”工作情况的报告》、县政府《关于办理 2017 年代表意见建议情况的报告》。会议通过人事任免事项（名单见本篇第七章《选举任免》）。

第七次会议　2017 年 12 月 8 日召开，县人大常委会主任刘振波，副主任张云山、马进伟、吕秀敏和 19 名委员出席会议。县政府副县长马瑰欣、县政协副主席张香莉、县人民法院院长王文忠、县人民检察院检察长盖朝龙列席会议。会议听取和审议县人民法院院长王文忠作的《关于执行工作情况的报告》；会议接受周雪军辞去石家庄市第十四届人民代表大会代表职务，补选冯素伟为灵寿县出席石家庄市第十四届人民代表大会代表。

第八次会议　2017 年 12 月 26 日召开，县人大常委会主任刘振波，副主任张云山、马进伟、吕秀敏和 17 名委员出席会议。县政府副县长郑捷、县政协副主席张香莉、县人民法院院长王文忠、县人民检察院检察长盖朝龙列席会议。会议听取和审议县财政局局长崔学辉受县政府委托作的《关于调整 2017 年一般公共支出预算的报告》并通过相应决议。会议接受张士群辞去县第十六届人民代表大会代表职务的请求。

第九次会议　2018 年 2 月 2 日召开，县人大常委会主任刘振波，副主任张云山、马进伟、吕秀敏和 21 名委员出席会议。县政府副县长郝永志、县人民法院院长王文忠、县人民检察院检察长盖朝龙列席会议。会议听取和审议县财政局局长崔学辉受县政府委托作的《关于2017年财政预算执行情况和2018年财政预算草案的报告》、县人大常委会办公室主任王辉受县人大常委会委托作的《县第十六届人民代表大会第三次会议有关事项的报告》，表决通过灵寿县第十六届人民代表大会第三次会议有关事项。会议通过人事任免事项（名单见本篇第七章《选举任免》）。

第十次会议 2018年2月13日召开，县人大常委会主任刘振波，副主任张云山、马进伟、吕秀敏和21名委员出席会议。县政府副县长郝永志、县人民法院院长王文忠、县人民检察院检察长盖朝龙列席会议。会议通过人事任免事项（名单见本篇第七章《选举任免》）。

第十一次会议 2018年4月19日召开，县人大常委会主任刘振波，副主任张云山、马进伟、吕秀敏和23名委员出席会议。县政府副县长郑捷、县政协副主席马书勇、县人民法院院长王文忠、县人民检察院检察长盖朝龙列席会议。会议听取和审议县人民检察院检察长盖朝龙作的《关于深化司法体制改革情况的报告》、县文教局局长马泽红受县政府委托作的《关于推进学前教育健康发展情况的报告》。会议通过人事任免事项（名单见本篇第七章《选举任免》）。

第十二次会议 2018年6月17日召开，县人大常委会主任刘振波，副主任张云山、马进伟、吕秀敏和26名委员出席会议。县政府副县长郝永志、县人民法院院长王文忠、县人民检察院检察长盖朝龙列席会议。会议听取和审议河北灵寿经济开发区党工委副书记、管委会副主任受县政府委托作的《关于经济开发区项目建设及产业升级情况的报告》、县环保局局长余雷受县政府委托作的《关于大气污染治理情况的报告》。

第十三次会议 2018年8月24日召开，县人大常委会主任刘振波，副主任张云山、马进伟、吕秀敏和28名委员出席会议。县政府副县长郝永志、县人民法院副院长马青龙、县人民检察院副检察长雷振利列席会议。会议听取和审议县发改局局长赵书刚受县政府委托作的《关于上半年国民经济和社会发展计划执行情况的报告和关于优化营商环境情况的报告》、县审计局局长王书堂受县政府委托作的《关于2017年财政预算执行情况及其他财政收支情况审计工作的报告》、县扶贫办主任梁风斌受县政府委托作的《关于脱贫扶贫攻坚情况的报告》，听取和审议县财政局局长崔学辉受县政府委托作的《关于上半年财政预算执行情况的报告》《2017年财政决算的报告》《关于调整2018年财政预算的报告》并通过相应决议。会议通过人事任免事项（名单见本篇第七章《选举任免》）。

第十四次会议 2018年10月30日召开，县人大常委会主任刘振波，副主任张云山、马进伟、吕秀敏和25名委员出席会议。县政府副县长尹国亮列席会议。会议听取和审议县住建局局长孙国梁受县政府委托作的《关于县城建设情况的报告》、县政府副县长尹国亮作的《关于代表意见建议情况的报告》和《关于三项联动监督问题整改情况的报告》。会议通过人事任免事项（名单见本篇第七章《选举任免》）。

第十五次会议 2018年12月24日召开，县人大常委会主任刘振波，副主任张云山、马进伟、吕秀敏和24名委员出席会议。县政府副县长马瑰欣、县人民检察院检察长盖朝龙列席会议。会议听取和审议县财政局局长崔学辉受县政府委托作的《关于调整2018年财政预算情况的报告》、县科技局局长路建明受县政府委托作的《关于科技创新情况的报告》、县人民检察院检察长盖朝龙作的《关于公益诉讼工作情况的报告》。会议审议县人大常委会主任会议提交的《关于调整灵寿县第十六届人大常委会代表资格审查委员会的议案》，并通过相应决定。会议通过《关于接受张晓燕等辞职请求的决定》《灵寿县第十六届人大常委会代表资格审查委员会关于个别代表的代表资格的审查报告》。会议通过人事任免事项（名单见本篇第七章《选举任免》）。

第十六次会议　2019年1月11日召开，县人大常委会主任刘振波，副主任张云山、马进伟、吕秀敏和24名委员出席会议。县政府副县长马瑰欣列席会议。会议听取和审议县财政局局长崔学辉受县政府委托作的《关于2018年财政预算执行情况和2019年财政预算草案的报告》、县人大常委会办公室主任王辉受县人大常委会委托作的《关于召开第十六届人民代表大会第四次会议有关事项的报告》，表决通过《县第十六届人大四次会议建议议程》《县第十六届人大四次会议主席团和秘书长建议名单》《县第十六届人大四次会议议案审查委员会建议名单》，审议县人大常委会工作报告（稿）。会议通过人事任免事项（名单见本篇第七章《选举任免》）。

第十七次会议　2019年4月25日召开，县人大常委会主任刘振波，副主任张云山、吕秀敏和23名委员出席会议。县监察委副主任李国芳、县人民检察院检察长盖朝龙列席会议。会议听取和审议县扶贫办主任梁风斌受县政府委托作的《关于脱贫攻坚情况的报告》、石家庄市生态环境局灵寿分局局长余雷受县政府委托作的《关于环境状况和环境保护目标完成情况的报告》。会议通过《关于接受白庆芳等辞职请求的决议》。会议通过人事任免事项（名单见本篇第七章《选举任免》）。

第十八次会议　2019年6月17日召开，县人大常委会主任刘振波，副主任张云山、吕秀敏和27名委员出席会议。县监察委副主任李国芳、县人民法院院长王文忠、县人民检察院检察长盖朝龙列席会议。会议听取和审议县自然资源和规划局局长张清鹏受县政府委托作的《关于资源性国有资产管理情况的报告》。会上，对县人民法院、县人民检察院部分员额法官、检察官进行履职评议。会议听取和审议代表资格审查委员会关于个别代表的代表资格审查报告。会议通过人事任免事项（名单见本篇第七章《选举任免》）。

第十九次会议　2019年8月26日召开，县人大常委会主任刘振波，副主任张云山、吕秀敏和24名委员出席会议。县人民政府副县长丁楠、县监察委副主任李国芳、县人民法院院长王文忠、县人民检察院检察长盖朝龙列席会议。会议听取和审议县发改局局长赵书刚受县政府委托作的《关于2019年上半年国民经济和社会发展计划执行情况的报告》，听取和审议县财政局局长崔学辉受县政府委托作的《关于2018年财政决算情况报告》《关于2019年上半年财政预算执行情况及关于调整2019年财政预算的报告》并通过相应决议，听取和审议县审计局局长王书堂受县政府委托作的《关于2018年财政预算执行情况及其他财政收支情况审计工作的报告》。会上，对市人大代表进行履职评议。会议通过人事任免事项（名单见本篇第七章《选举任免》）。

第二十次会议 2019年10月25日召开，县人大常委会主任刘振波，副主任张云山、吕秀敏和22名委员出席会议。县人民政府副县长米锋、县监察委副主任李国芳、县人民法院院长王文忠、县人民检察院检察长盖朝龙列席会议。会议听取和审议县卫生健康局局长马地震受县政府委托作的《关于县级公立医院改革和分级诊疗、医联体建设情况的报告》、县农业农村局局长赵国江受县政府委托作的《关于乡村振兴工作情况的报告》、县政府办公室刘军然受县政府委托作的《关于代表建议办理情况的报告》。会议通过《关于接受孙喜双等辞职请求的决定》，听取和审议代表资格审查委员会关于个别代表的代表资格审查报告。会议通过人事任免事项（名单见本篇第七章《选举任免》）。

第二十一次会议 2019年12月26日召开，县人大常委会主任刘振波，副主任张云山、吕秀敏和24名委员出席会议。县人民政府常务副县长郝英鹏、县监察委副主任李国芳、县人民法院院长王文忠、县人民检察院检察长盖朝龙列席会议。会议听取和审议县行政审批局、县教育局、县民政局、县人社局、县卫健局、县扶贫办、县统计局、县退役军人事务局等8个县政府公共服务类部门的工作报告并进行满意度测评；听取和审议县财政局局长崔学辉受县政府委托作的《关于调整2019年财政预算的报告》、县自然资源和规划局局长张清鹏受县政府委托作的《关于提请审议〈灵寿县松阳河新区控制性详细规划及城市设计〉的报告》并通过相应决定。听取和审议县人大常委会代表工委作的《关于提请县人大常委会许可对县十六届人大代表黄某某采取强制措施的情况说明》，通过关于许可对黄某某采取强制措施的事项。会议听取和审议县人民政府《关于提请县人大常委会撤销白庆芳县行政审批局局长职务的议案》并通过相应决议。会议通过《关于接受王浩辞去灵寿县第十六届人民代表大会代表职务请求的决定》。会议通过人事任免事项（名单见本篇第七章《选举任免》）。

第二十二次会议 2020年1月10日召开，县人大常委会主任刘振波，副主任马进伟、吕秀敏和22名委员出席会议。县人民政府副县长尹国亮、县人民法院院长王文忠、县人民检察院检察长盖朝龙列席会议。会议听取和审议县财政局局长崔学辉受县政府委托作的《关于2019年财政预算执行情况和2020年财政预算（草案）的报告》、县十六届人大常委会代表资格审查委员会《关于个别代表的代表资格的审查报告》，听取和审议县人大常委会办公室主任王辉受人大常委会委托作的《关于召开县十六届人大五次会议有关事项的报告》，表决通过《关于召开灵寿县第十六届人民代表大会第五次会议的决定》《灵寿县第十六届人民代表大会第五次会议建议议程》《灵寿县第十六届人民代表大会第五次会议主席团和秘书长建议名单》，审议县人大常委会工作报告（稿）。会议通过人事任免事项（名单见本篇第七章《选举任免》）。

第二十三次会议 2020年4月23日召开，县人大常委会主任刘振波，副主任张云山、马进伟、吕秀敏和23名委员出席会议。县人民政府副县长程志华、县人民法院院长王文忠、县人民检察院检察长盖朝龙列席会议。会议听取和审议石家庄市环保局灵寿分局局长卢勇受县政府委托作的《关于2019年度环境状况和环境保护目标完成情况的报告》、县人力资源和社会保障局局长王江鹏受县政府委托作的《关于劳动就业工作情况的报告》、代表资格审查委员会《关于个别代表的代表资格审查报告》。会议通过《关于接受尹玉国等辞职请求的决议》。会议通过人事任免事项（名单见本篇第七章《选举任免》）。

第二十四次会议　2020年6月24日召开，县人大常委会主任刘振波，副主任张云山、马进伟、吕秀敏和23名委员出席会议。县人民政府副县长米锋、县监察委员会副主任雷振江、县人民法院院长王文忠、县人民检察院检察长盖朝龙列席会议。会议听取和审议县卫健局局长马地震受县政府所托作的《关于新冠肺炎疫情防控工作情况的报告》、河北灵寿经济开发区管委会副主任刘卫革受县政府所托作的《关于河北灵寿经济开发区提升能级水平，深化招商引资情况的报告》。会上，对县人民法院、县人民检察院部分员额法官、检察官进行履职评议。会议听取"6+1"联动监督各专班视察情况报告，对县"6+1"各领域工作进行全面评议。会议通过人事任免事项（名单见本篇第七章《选举任免》）。

第二十五次会议　2020年8月27日召开，县人大常委会主任刘振波，副主任张云山、马进伟、吕秀敏和22名委员出席会议。县人民政府副县长程志华、县人民法院院长王文忠列席会议。会议听取和审议县发改局局长赵书刚受县政府委托作的《关于2020年上半年国民经济和社会发展计划执行情况的报告》、县财政局局长崔学辉受县政府所托作的《关于2019年财政决算情况》《关于上半年财政预算执行情况及调整2020年财政预算的报告》、县审计局局长王书堂受县政府委托作的《关于2019年度县级预算执行和其他财政财务收支的审计工作的报告》。会议通过人事任免事项（名单见本篇第七章《选举任免》）。

第二十六次会议　2020年10月29日召开，县人大常委会主任刘振波，副主任张云山、马进伟、吕秀敏和22名委员出席会议。县人民政府副县长郝永志、县政协副主席兼县扶贫办主任梁风斌、县监察委员会副主任温海平、县人民法院副院长张军海、县人民检察院检察长盖朝龙列席会议。会议听取和审议县政协副主席兼县扶贫办主任梁风斌受县政府委托作的《关于脱贫攻坚工作的报告》、县政府副县长郝永志作的《关于代表建议办理情况的报告》。审议县政府提交的《关于将县部分公园通过法定程序确定为首批永久性绿地的议案》并通过相应决议。会议通过《关于接受高金伟等辞职请求的决议》。会议通过人事任免事项（名单见本篇第七章《选举任免》）。

第二十七次会议　2020年12月23日召开，县人大常委会主任刘振波，副主任张云山、马进伟、吕秀敏和22名委员出席会议。县人民政府副县长尹国亮、县监察委员会副主任曹三香、县人民法院院长王文忠、县人民检察院检察长盖朝龙列席会议。会议听取和审议县财政局局长崔学辉受县政府委托作的《关于2020年财政预算调整情况的报告》并通过相应决议，听取和审议县农业农村局局长赵国江受县政府委托作的《关于推进产业融合发展促进乡村振兴情况的报告》、县文旅局局长彭罗智受县政府委托作的《关于全域旅游工作情况的报告》。会议通过《关于接受刘玉军辞去县十六届人大代表职务请求的决议》，通过县人大常委会代表资格审查委员会关于个别代表的代表资格的审查报告。

第二十八次会议　2021年1月7日召开，县人大常委会主任刘振波，副主任张云山、马进伟、吕秀敏和22名委员出席会议。会议通过《关于接受兰红辞去灵寿县第十六届人民代表大会代表职务请求的决议》。

第二十九次会议　2021年1月29日召开，县人大常委会主任刘振波，副主任张云山、马进伟、吕秀敏和22名委员出席会议。会议通过《关于接受王文革辞去灵寿县第十六届人民代表大会代表职务请求的决议》。

第三十次会议　2021年2月28日召开，县人大常委会主任刘振波，副主任张云山、马进伟、吕秀敏和22名委员出席会议。县人民政府常务副县长高文成、县监察委员会副主任温海平列席会议。会议听取和审议县财政局局长崔学辉受县政府委托作的《灵寿县2020年财政预算执行情况和2021年财政预算（草案）的报告》、县人大常委会代表资格审查委员会《关于个别代表的代表资格的审查报告》、县人大常委会办公室主任王辉受县人大常委会委托作的《关于第十六届人大六次会议有关事项安排的报告》，表决通过《关于召开灵寿县第十六届人民代表大会第六次会议的决定》《灵寿县第十六届人民代表大会第六次会议建议议程》《灵寿县第十六届人民代表大会第六次会议主席团和秘书长建议名单》，审议县人大常委会工作报告（稿）。会议通过人事任免事项（名单见本篇第七章《选举任免》）。

第三十一次会议　2021年4月29日召开，县人大常委会主任刘振波，副主任张云山、马进伟、吕秀敏、董建海和22名委员出席会议。县人民政府副县长米锋、县监察委员会副主任温海平、县人民法院副院长张军海、县人民检察院副检察长聂军锋列席会议。会议听取和审议县卫健局局长王书堂受县政府委托作的《关于常态化疫情防控和公共卫生管理工作情况的报告》、石家庄市生态环境局灵寿分局局长卢勇受县政府委托作的《关于2020年度环境情况和环境保护目标完成情况的报告》，听取和审议县人大常委会《关于成立县选举委员会的决定（草案）》《关于县乡两级人民代表大会换届选举工作的实施方案（草案）》《关于各乡镇乡级人大代表名额的分配方案》《关于批准各乡镇成立第十一届人民代表大会选举委员会的决定（草案）》并表决通过。会议通过《关于接受崔学辉、王延飞辞去县十六届人大代表职务请求的决议》。会议通过人事任免事项（名单见本篇第七章《选举任免》）。

第三十二次会议　2021年5月21日召开，县人大常委会主任刘振波，副主任张云山、马进伟、吕秀敏、董建海和22名委员出席会议。会议通过《关于接受孙磊海辞去灵寿县第十六届人大代表职务请求的决议》。

第三十三次会议　2021年5月25日召开，县人大常委会主任刘振波，副主任张云山、马进伟、吕秀敏、董建海和22名委员出席会议。县人民政府副县长周静、县人民法院副院长张军海、县人民检察院副检察长付建灵列席会议。会议通过《关于接受宋军民辞去县十六届人大代表职务请求的决定》《关于接受冯素伟辞去县人民政府县长职务请求的决定》《关于接受王文忠辞去县人民法院院长职务请求的决定》《关于接受盖朝龙辞去县人民检察院检察长职务请求的决定》。会议通过人事任免事项（名单见本篇第七章《选举任免》）。

第三十四次会议　2021年6月4日召开，县人大常委会主任刘振波，副主任张云山、马进伟、吕秀敏、董建海和22名委员出席会议。县人民政府副县长赵鹏昆、县人民检察院代检察长彭涛列席会议。听取和审议县财政局受县政府委托作的《关于资源性国有资产管理工作情况的报告》、县退役军人事务局局长路建明受县政府委托作的《关于退役军人服务管理工作情况的报告》。会议通过《关于接受王占峰辞去县人民监察委员会主任职务请求的决定》。会议通过人事任免事项（名单见本篇第七章《选举任免》）。

第三十五次会议　2021年6月15日召开，县人大常委会主任刘振波，副主任张云山、马进伟、吕秀敏、董建海和22名委员出席会议。县人民政府常务副县长楚臣列席会议。会议通过《关于免去崔学辉灵寿县财政局局长职务的决定》。

第三十六次会议　2021年7月18日，县人大常委会主任刘振波，副主任张云山、马进伟、吕秀敏、董建海、罗文全和22名委员出席会议。会议听取和审议县人大常委会办公室主任王辉受县人大常委会委托作的《关于第十七届人大一次会议有关事项安排的报告》、县人大常委会《关于县十七届人大代表的代表资格的审查报告》，表决通过《关于召开灵寿县第十七届人民代表大会第一次会议的决定》《灵寿县第十七届人民代表大会第一次会议建议议程》《灵寿县第十七届人民代表大会第一次会议主席团和秘书长建议名单》，审议县人大常委会工作报告（稿）。

第二节　主任会议

县十六届常委会共召开主任会议78次，均由刘振波主任主持召开。常委会各位副主任出席会议，各委室主任列席会议。

县十六届人大常委会主任会议情况一览表

表18-12

序号	时间	议题
1	2017年3月7日	研究常委会第一次会议有关事项
2	2017年4月19日	研究常委会第二次会议有关事项
3	2017年6月7日	研究关于在全县人大代表中开展“五个一”活动的实施方案（草案）；研究“双城同创　与我同行”“脱贫攻坚　我有责任”倡议书
4	2017年6月21日	研究常委会第三次会议有关事项
5	2017年7月27日	听取县政府关于深化医药卫生体制改革工作情况的汇报；听取县政府关于国家重点生态功能区建设进展情况的汇报；听取县政府关于农村产业融合发展试点示范工作开展情况的汇报
6	2017年8月25日	研究常委会第四次会议有关事项
7	2017年9月26日	听取县政府关于“水十条”落实情况汇报；听取县政府关于生态环境治理情况汇报；研究常委会第五次会议有关事项

续表 18-12

序号	时间	议题
8	2017年10月1日	调度人代会筹备事宜，安排部署县十六届人大二次会议相关事宜
9	2017年10月23日	听取代表意见建议办理情况；观看信访稳定专题片；安排部署人大机关参加省级文明城市创建问题
10	2017年10月27日	研究常委会第六次会议有关事项
11	2017年11月16日	研究人大机关举办乒乓球赛有关事宜；研究代表之家拉练工作；研究人大“文化园地”建设工作；研究人大门户网站建设工作；研究人大工作总结、各委室调研文章撰写情况；强调机关值班工作
12	2017年11月22日	听取县政府关于全县教师队伍建设工作情况的汇报
13	2017年12月4日	研究关于补选代表事宜；部署安排安装电子表决器事宜；研究常委会第七次会议有关事项
14	2017年12月29日	研究补选委员事宜
15	2018年2月1日	研究常委会第九次会议有关事项
16	2018年2月12日	研究常委会第十次会议有关事项
17	2018年2月27日	传达学习党的十九大精神；省市“双创双服”和“4+4”产业发展会议精神；观看信访整治专题片
18	2018年3月2日	研究2018年常委会议题；听取县十六届人大三次会议代表提出建议情况的汇报
19	2018年3月13日	研究通过下乡扶贫队人员更换事宜；研究人大信访和老干部问题
20	2018年3月21日	传达学习党风廉政建设、全国两会精神、市人大2018年工作要点等内容；安排部署2018年工作
21	2018年4月18日	研究常委会第十一次会议有关事项
22	2018年5月23日	听取县政府“扫黑除恶”专项斗争工作情况汇报
23	2018年6月19日	研究常委会第十二次会议有关事项；研究视察续建、新建工业项目活动；安排巡视巡察整改暨“一问责八清理”专项行动整改“回头看”工作
24	2018年7月30日	听取县政府关于灵寿县全域旅游发展情况的汇报
25	2018年8月1日	传达学习县委十一届四次全会精神；研究省市县三项联动监督工作实施细则
26	2018年8月22日	研究常委会第十三次会议有关情况
27	2018年9月3日	听取县政府关于乡村振兴推进情况的汇报
28	2018年10月16日	研究常委会第十四次会议有关情况
29	2018年10月22日	研究代表家站建设问题；进行《中华人民共和国宪法》和习近平总书记关于人民代表大会制度重要思想的培训学习
30	2018年11月20日	听取县政府关于法制建设情况的汇报；研究《灵寿人民政府向县人大常委会报告国有资产管理情况办法（草案）》；研究扶贫整改问题
31	2018年11月26日	听取县政府关于2019年第四届石家庄旅发大会重大项目筹备情况汇报；研究《灵寿县人大常委会关于加强检察机关公益诉讼工作的决议（草案）》

续表 18-12

序号	时间	议题
32	2018 年 12 月 19 日	研究常委会第十五次会议有关事项
33	2019 年 1 月 8 日	研究社会建设委员会设立问题；研究常委会第十六次会议有关事项
34	2019 年 2 月 13 日	研究常委会 2019 年工作要点和工作计划
35	2019 年 3 月 8 日	确定人大常委会 2019 年工作要点和工作计划；安排部署“大学习、大培训、大讲堂、大练兵”教育实践活动
36	2019 年 3 月 18 日	听取县政府关于县十六届人大四次会议代表建议、批评和意见情况的汇报
37	2019 年 4 月 19 日	研究常委会第十七次会议有关事项
38	2019 年 5 月 7 日	研究《灵寿县人大常委会关于在县人大代表中组织开展“双联”活动的实施方案》；安排 6 月“两官”履职评议有关事宜
39	2019 年 5 月 27 日	研究 5 月视察旅发大会项目事宜；研究代表家站、双联活动有关事宜
40	2019 年 6 月 14 日	研究常委会第十八次会议有关事项；开展“不忘初心、牢记使命”系列学习；研究扶贫帮扶工作；研究代表资格审查报告
41	2019 年 7 月 19 日	研究关于开展县乡两级人大代表述职评议活动的实施方案；研究县人大常委会《关于实行民生实事项目人大代表票决制的实施办法（草案）》
42	2019 年 7 月 29 日	听取县政府关于文化体育惠民工程情况汇报
43	2019 年 8 月 25 日	研究常委会第十九次会议有关事项
44	2019 年 9 月 27 日	听取县政府关于社会保障工作情况汇报
45	2019 年 10 月 24 日	研究常委会第二十次会议有关事项
46	2019 年 11 月 15 日	研究部署代表述职评议工作；研究县人大常委会 2019 年工作评议实施方案
47	2019 年 11 月 20 日	听取县人民法院关于执行工作情况汇报；听取县人民检察院关于公益诉讼工作情况汇报
48	2019 年 12 月 2 日	集中学习十九届四中全会宣讲；学习省委《关于进一步加强和做好人大工作的意见》
49	2019 年 12 月 24 日	集中学习省委人大工作会议精神，传达王东峰书记讲话精神；研究常委会第二十一次会议有关事项
50	2020 年 1 月 6 日	研究推荐四级调研员 1 名、三级主任科员 1 名
51	2020 年 1 月 7 日	研究常委会第二十二次会议有关事宜；审定十六届人大五次会议资料
52	2020 年 2 月 28 日	研究常委会 2020 年度工作要点和工作计划
53	2020 年 3 月 18 日	听取代表工委关于县十六届人大五次会议代表提出意见建议情况汇报
54	2020 年 4 月 1 日	研究代表之家（站）工作
55	2020 年 4 月 22 日	研究常委会第二十三次会议有关事宜；研究代表意见建议交办工作；研究“6+1”联动监督七个工作专班设置及疫情防控工作
56	2020 年 5 月 26 日	听取县政府关于供给侧结构性改革构建现代化经济体系情况的汇报；听取县政府关于城乡居民医疗保险管理情况的汇报
57	2020 年 6 月 19 日	传达学习县委常委会会议精神；研究常委会第二十四次会议有关事宜；听取“6+1”联动监督各专班视察情况汇报以及专题询问情况

续表 18-12

序号	时间	议题
58	2020 年 7 月 30 日	听取县政府关于行政事业单位国有资产管理情况汇报；听取县政府关于交通运输重点工作完成情况汇报
59	2020 年 8 月 25 日	研究常委会第二十五次会议有关事项；传达学习县委十一届八次全会精神
60	2020 年 9 月 8 日	研究部署规范性文件备案审查及迎查工作；研究成立控烟工作领导小组
61	2020 年 9 月 26 日	听取县政府关于社会养老服务体系建设工作情况汇报；听取县政府关于改善办学条件工作情况汇报
62	2020 年 9 月 29 日	听取县法院信息化建设工作情况汇报
63	2020 年 10 月 28 日	研究住建局关于将部分公园通过法定程序确定为首批永久性绿地议案问题；研究常委会第二十六次会议有关事项
64	2020 年 11 月 27 日	听取县政府关于完善基层社会治理体系建设工作情况汇报；听取县政府关于 12 件民生实事项目完成情况的汇报；听取县人民检察院认罪认罚从宽制度落实情况的汇报
65	2020 年 12 月 14 日	研究代表述职、补选代表、人代会防疫、人代会补选人大副主任委员等事宜
66	2020 年 12 月 21 日	研究常委会第二十七次会议有关事宜；研究人代会筹备工作、网上代表之家建设事宜；研究补选代表、筹备市人大会议案等工作
67	2021 年 1 月 6 日	研究常委会第二十八次会议有关事宜
68	2021 年 1 月 28 日	研究常委会第二十九次会议有关事宜
69	2021 年 2 月 22 日	研究县十六届人大六次会议有关事项；研究常委会第三十次会议有关事项
70	2021 年 3 月 15 日	研究 2021 年常委会工作要点和工作计划
71	2021 年 3 月 23 日	听取代表工委关于县十六届人大六次会议代表提出意见建议情况的汇报；听取县人大常委会关于意识形态工作情况的汇报
72	2021 年 4 月 27 日	研究中共灵寿县人大常委会党组关于县乡两级人民代表大会换届选举工作的意见；研究换届实施方案；研究乡人大代表分配名额方案；研究县人大常委会关于成立县、乡选举委员会的决定；研究常委会第三十一次会议有关事项
73	2021 年 5 月 14 日	研究县乡人大换届选举有关事项；研究开展四项联动监督的工作方案；研究五年辉煌一书整理进展情况
74	2021 年 5 月 20 日	研究常委会第三十二次会议有关事宜
75	2021 年 5 月 25 日	听取县政府关于义务教育由基本均衡向优质均衡发展情况的汇报；研究常委会第三十三次会议有关事宜
76	2021 年 6 月 3 日	研究常委会第三十四会议有关事宜
77	2021 年 6 月 8 日	研究换届选举工作；研究常委会第三十五次会议有关事宜
78	2021 年 7 月 8 日	研究县人大各专门委员会组成人员建议名单、县十七届人大常委会组成人员名单；安排部署思想作风纪律作风整顿工作；传达学习习近平总书记在庆祝中国共产党成立 100 周年大会上的重要讲话精神并研究人大贯彻落实意见；传达学习河北省庆祝中国共产党成立 100 周年大会、省委常委会（扩大）会议暨省级领导干部党史学习教育专题读书班开班式，以及省委常委、市委书记张超超讲专题党课和市委常委会（扩大）会议精神，研究人大贯彻落实意见

第三节　机构设置

县十六届人大常委会设一室五委，分别是办公室、政治法律工作委员会、财政经济工作委员会、农村经济工作委员会、科教文卫工作委员会、代表联络工作委员会，灵寿县人大办公室挂人大信访和老干部工作委员会牌子。2019 年 1 月，因机构改革新增社会建设工作委员会。

县十六届人大常委会机构人员情况表

表 18-13

机构	职务	姓名	起始时间
办公室	主　任	王　辉	2017 年 2 月至 2021 年 7 月
	副主任	马永辉	2020 年 10 月至 2021 年 7 月
政治法律工作委员会	主　任	马民生	2017 年 2 月至 2021 年 7 月
	副主任	苗江良	2017 年 2 月至 2020 年 8 月
		申成杰	2020 年 10 月至 2021 年 7 月
财政经济工作委员会	主　任	李良良	2017 年 2 月至 2017 年 6 月
		高金伟	2018 年 2 月至 2020 年 10 月
		孙武庆	2020 年 10 月至 2021 年 7 月
	副主任	高金伟	2017 年 2 月至 2018 年 2 月
		孙武庆	2018 年 4 月至 2020 年 10 月
		程伟军	2020 年 10 月至 2021 年 7 月
农村经济工作委员会	主　任	李香合	2017 年 2 月至 2017 年 6 月
		刘祥平	2017 年 6 月至 2021 年 7 月
	副主任	郝俊峰	2017 年 2 月至 2018 年 2 月
		盖美东	2018 年 4 月至 2019 年 6 月
		杨增强	2019 年 8 月至 2021 年 7 月
科教文卫工作委员会	主　任	郝俊峰	2018 年 2 月至 2021 年 7 月
	副主任	张建华	2017 年 2 月至 2021 年 7 月
代表联络工作委员会	主　任	丁云红	2017 年 2 月至 2019 年 12 月
		苗江良	2020 年 8 月至 2021 年 7 月
	副主任	申彦彬	2017 年 2 月至 2021 年 7 月
社会建设工作委员会	主　任	丁云红	2019 年 12 月至 2021 年 7 月
	副主任	焦　曼	2020 年 6 月至 2021 年 7 月

第五章 监督工作

县十六届人大常委会紧紧围绕改革发展主题，坚持民生主旨，紧扣法治主线，不断完善监督内容，改进监督方式，加大监督力度，增强监督实效。召开人代会 6 次、常委会会议 36 次、主任会议 78 次，听取和审议“一府两院”专项工作报告 62 项、情况汇报 70 余次，开展视察调研 80 余次，专题询问 4 次，执法检查 7 次，监督工作取得明显效果。

开展经济转型发展的监督。围绕京津冀协同发展战略性新兴产业、科技创新等重点工作开展监督，听取县政府关于深化招商引资、经济开发区项目建设及产业升级、科技创新等情况报告。组织代表对续建、新建工业项目进行视察。围绕农业科技创新与推广，特别是乡村振兴、农村土地确权与土地流转、脱贫攻坚、乡村旅游等开展视察检查。围绕“十三五”规划执行和“十四五”规划纲要的制定开展调研，听取和审议国民经济和社会发展计划及执行情况的报告，确保经济平稳健康发展。

开展预算决算的审查监督。制定出台预算监督审查工作规定，深入开展全口径预算监督。组建人大代表团预算审查小组，由县人大财政经济委员会提前介入预算审查，保证人代会审查效果。听取和审议县政府年度财政预算及执行情况报告，对审计查出问题进行专题询问。在全市率先启动预算联网实行在线实时监督，确保财政资金依法规范使用。

开展城市建设管理和生态环境建设管理监督。围绕县城总体规划实施、松阳河新区控制性详规及城市设计开展规划落地监督。对创建省级文明城、承办石家庄市第四届文旅大会，特别是松阳河改造项目进行跟踪督办督查。对县城拆墙透绿、车辆管理进行视察调研，进一步提升城市规划管理水平。对县城周边绿化、太行山绿化、磁河生态修复、松阳河湿地公园建设进行视察调研，促进国家森林城市创建。加强水污染防治、水土保持工作监督检查，连续多年跟踪监督大气污染防治工作，推进农村生态环境改善和大气质量的好转。

开展保障改善民生工作监督。坚持以人民为中心，着力解决教育、医疗、住房、社会保障、食药安全、公共文化建设人民群众普遍关心的问题，并就教育资源均衡化、医疗服务体系建设、养老服务体系建设、食品安全等进行专项监督。对养老资金、医保资金、扶贫资金的使用进行专题询问。

开展法治建设监督。听取和审议县政府关于依法行政情况的工作报告，促进政府法治化水平不断提升。听取和审议法官、检察官履职情况报告，并进行满意度测评。对“两院”司法公开、执行工作、刑事审判、“两法衔接”进行视察监督，支持“两院”深入推进司法改革，加强“阳光司法”建设，努力让人民群众在每一个司法案件中感受到公平正义。

第一节　听取和审议专项工作报告与计划预算和审议工作报告

县十六届人大常委会会议共听取和审议县“一府两院”专项工作报告37项，计划预算和审计工作报告25项。

县十六届人大常委会会议听取和审议专项工作报告与计划预算和审议工作报告表

表18-14

时间	常委会会议	报告内容
2017年4月25日	第二次会议	县政府关于新型城镇化建设工作情况的报告
2017年6月26日	第三次会议	县政府关于旅游业发展情况报告；县政府关于招商引资和项目建议工作情况的报告
2017年8月29日	第四次会议	县政府关于上半年国民经济和社会发展计划执行情况的报告；县政府关于上半年财政预算执行情况的报告；县政府关于2016年度县级预算执行及其他财政收支情况审计工作的报告；县政府关于调整2017年财政预算的报告
2017年10月31日	第六次会议	县政府关于精准扶贫工作情况的报告；县检察院关于“两法衔接”工作情况的报告；县政府关于办理2017年代表意见建议情况的报告
2017年12月8日	第七次会议	县法院关于执行工作情况的报告
2017年12月26日	第八次会议	县政府关于调整2017年一般公共支出预算的报告
2018年2月2日	第九次会议	县政府关于2017年财政预算执行情况和2018年财政预算草案的报告
2018年4月19日	第十一次会议	县检察院关于深化司法体制改革情况的报告；县政府关于推进学前教育健康发展情况的报告
2018年6月17日	第十二次会议	县政府关于经济开发区项目建设及产业升级情况的报告；县政府关于大气污染治理情况的报告
2018年8月24日	第十三次会议	县政府关于上半年国民经济和社会发展计划执行情况的报告；县政府关于优化营商环境情况的报告；县政府关于2017年财政预算执行情况及其他财政收支情况审计工作的报告；县政府关于脱贫扶贫攻坚情况的报告；县政府关于上半年财政预算执行情况的报告；县政府关于2017年财政决算情况的报告；县政府关于调整2018年财政预算的报告
2018年10月30日	第十四次会议	县政府关于县城建设情况的报告；县政府关于代表意见建议情况的报告；县政府关于三项联动监督问题整改情况的报告

续表 18-14

时间	常委会会议	报告内容
2018 年 12 月 24 日	第十五次会议	县政府关于调整 2018 年财政预算情况的报告；县政府关于科技创新情况的报告；县检察院关于公益诉讼工作情况的报告
2019 年 1 月 11 日	第十六次会议	县政府关于 2018 年财政预算执行情况和 2019 年财政预算（草案）的报告
2019 年 4 月 25 日	第十七次会议	县政府关于脱贫攻坚情况的报告；县政府关于环境状况和环境保护目标完成情况的报告
2019 年 6 月 17 日	第十八次会议	县政府关于资源性国有资产管理情况的报告
2019 年 8 月 26 日	第十九次会议	县政府关于 2019 年上半年国民经济和社会发展计划执行情况的报告；县政府关于 2018 年财政决算情况报告；县政府关于 2019 年上半年财政预算执行情况及关于调整 2019 年财政预算的报告；县政府关于 2018 年财政预算执行情况及其他财政收支情况审计工作的报告
2019 年 10 月 25 日	第二十次会议	县政府关于县级公立医院改革和分级诊疗、医联体建设情况的报告；县政府关于乡村振兴工作情况的报告；县政府关于代表建议办理情况的报告
2019 年 12 月 26 日	第二十一次会议	县政府关于调整 2019 年财政预算的报告；县政府关于提请审议《灵寿县松阳河新区控制性详细规划及城市设计》的报告
2020 年 1 月 10 日	第二十二次会议	县政府关于 2019 年财政预算执行情况和 2020 年财政预算（草案）的报告
2020 年 4 月 23 日	第二十三次会议	县政府关于 2019 年度环境状况和环境保护目标完成情况的报告；县政府关于劳动就业工作情况的报告
2020 年 6 月 24 日	第二十四次会议	县政府关于新冠肺炎疫情防控工作情况的报告；县政府关于河北灵寿经济开发区提升能级水平，深化招商引资情况的报告
2020 年 8 月 27 日	第二十五次会议	县政府关于 2020 年上半年国民经济和社会发展计划执行情况的报告；县政府关于 2019 年财政决算情况的报告；县政府关于上半年财政预算执行情况及调整 2020 年财政预算的报告；县政府关于 2019 年度县级预算执行和其他财政财务收支的审计工作的报告
2020 年 10 月 29 日	第二十六次会议	县政府关于脱贫攻坚工作的报告；县政府关于代表建议办理情况的报告
2020 年 12 月 23 日	第二十七次会议	县政府关于 2020 年财政预算调整情况的报告；县政府关于推进产业融合发展促进乡村振兴情况的报告；县政府关于全域旅游工作情况的报告
2021 年 2 月 28 日	第三十次会议	县政府关于 2020 年财政预算执行情况和 2021 年财政预算（草案）的报告
2021 年 4 月 29 日	第三十一次会议	县政府关于 2020 年度环境情况和环境保护目标完成情况的报告
2021 年 6 月 4 日	第三十四次会议	县政府关于资源性国有资产管理工作情况的报告；县政府关于退役军人服务管理工作情况的报告

第二节　法律法规实施情况的检查

县十六届人大常委会共组织开展执法检查7次。

2017年6月9日，县人大常委会副主任吕秀敏、副县长米锋陪同市人大一行对《中华人民共和国消费者权益保护法》贯彻落实情况进行执法检查。

2017年9月8日至9日，县人大常委会副主任吕秀敏带领财经工委对“预算一法一条例”贯彻落实情况开展执法检查。

2018年8月8日至10日，县人大常委会主任、副主任分别带领执法检查组对全县贯彻落实《河北省农村扶贫开发条例》《河北省大气污染防治条例》《河北省优化营商环境条例》情况开展执法检查。

2019年9月16日至18日，县人大常委会副主任吕秀敏带领财经工委对《河北省优化营商环境条例》实施情况开展执法检查。

2020年5月19日至29日，县人大常委会结合“6+1”联动监督工作组织执法检查组对清理规范违法违规占用土地、清理规范违规违建项目、清理规范资源能源项目、清理规范房地产开发项目、矿山综合治理和加强公共卫生管理等情况开展执法检查。

2020年7月1日，县人大常委会配合市人大常委会执法检查组对贯彻落实《中华人民共和国大气污染防治法》和《河北省大气污染防治条例》情况开展执法检查。

2021年5月21日，县人大常委会主任刘振波带领县人大常委会执法检查组对贯彻落实《河北省信访条例》情况开展执法检查。

第三节　专题询问

2020年6月24日，县十六届人大常委会第二十四次会议召开联组会议，听取“6+1”联动监督各专班视察情况报告，对农村占用耕地建房、违法违规建设项目、新冠疫情防控工作和房地产遗留问题开展专题询问。会上，部分县人大常委会委员、专委会委员、县人大代表先后提出问题20余个，县住房和城乡建设局、县卫健局等部门主要负责人逐一作答。

第四节　视察调研

县十六届人大常委会共组织开展重点视察活动17次，开展重点调研活动70次。

县十六届人大常委会视察活动选录

表 18-15

时间		视察内容	牵头单位
2017 年	4 月 24 日	关于安全生产工作情况	政法工委
	5 月 23 日	关于扶贫攻坚工作情况	农经工委
	5 月 24 日	关于园林城市建设工作情况	政法工委
	6 月 20 日	关于太行山生态绿化工作情况	农经工委
	8 月 30 日	关于农村贫困人口建档立卡“回头看”工作情况	农经工委
	10 月 23 日	关于松阳河整治工程建设情况	农经工委
	12 月 14 日—15 日	关于代表之家提升情况	代表工委
2018 年	4 月 20 日	关于人大代表联络站建设情况	代表工委
	5 月 7 日	关于幼儿园建设情况	科教文卫工委
	5 月 9 日	关于人大代表联络站建设情况；关于大气污染治理情况	代表工委
	5 月 28 日	关于人大代表联络站建设情况	代表工委
	8 月 29 日	关于集中供热工作情况	政法工委
2019 年	5 月 29 日	关于旅发大会项目筹备情况	办公室
	6 月 6 日	关于城建工作	代表工委
	7 月 5 日	关于磁河绿化工作	农经工委
	7 月 16 日	关于代表之家和代表联络站建设、提升情况	代表工委
	12 月 19 日	关于代表之家管理情况	代表工委

县十六届人大常委会调研活动选录

表 18-16

时间		调研内容	责任单位
2017 年	5 月 5 日至 6 日	关于 2017 年上半年招商引资项目建设情况	财经工委
	6 月 5 日至 6 日	关于 2017 年上半年招商引资项目建设情况	财经工委
	6 月 10 日至 13 日	关于太行山绿化及旅游业发展情况	农经工委
	6 月下旬	关于深化医药卫生体制改革工作情况	科教文卫工委
	7 月 4 日	关于国家生态功能示范县工作情况	财经工委
	7 月 6 日	关于国家农村一、二、三产融合试点县工作开展情况	财经工委
	7 月 18 日至 20 日	关于 2016 年财政决算、2017 年上半年财政预算执行情况	财经工委
	8 月 2 日至 3 日	关于 2017 年上半年国民经济和社会发展执行情况	财经工委
	8 月 8 日至 9 日	关于 2016 年度县级财政预算执行和其他财政收支审计情况	财经工委
	8 月 16 日	关于 2017 年财政预算执行调整情况	财经工委

续表 18-16

时间		调研内容	责任单位
2017 年	8 月 20 日	关于水十条落实工作开展情况	农经工委
2017 年	9 月 8 日至 9 日	关于“预算一法一条例”贯彻落实情况	财经工委
	10 月下旬	关于教师队伍建设情况	科教文卫工委
	11 月 28 日	陪同省、市人大常委会调研落实供销社工作开展情况	办公室
	12 月 12 日	关于预算调整情况	财经工委
	12 月 19 日	陪同省、市人大常委会调研 2017 年国民经济和社会发展计划及财政预算执行和 2018 年国民经济和社会发展计划及财政预算草案情况	财经工委
	12 月 26 日至 27 日	关于 2017 年财政预算执行和 2018 年预算安排情况 2018 年国民经济和社会发展计划及财政预算草案情况	财经工委
	12 月 19 日	陪同省人大常委会调研组调研经济社会发展计划及财政预算执行情况	财经工委
2018 年	1 月 24 日至 25 日	关于 2017 年财政预算执行情况和 2018 年财政预算执行编制情况	财经工委
	4 月 11 日	陪同市人大常委会副主任王丽君到岔头镇杜家沟调研扶贫工作	农经工委
	4 月 12 日	关于扶贫工作情况	农经工委
	4 月 16 日	关于推进学前教育健康发展工作情况	科教文卫工委
	5 月 8 日	陪同市人大副主任安树国调研扶贫工作	农经工委
	5 月 22 日	陪同市人大常委会副主任王丽君到岔头镇杜家沟调研扶贫工作	农经工委
	5 月 25 日	关于在“全面改薄”、推进全民健身工作情况	科教文卫工委
	6 月 6 日至 8 日	关于经济开发区建设情况	农经工委
	6 月 9 日至 10 日	关于全县工业续建、新建重点项目建设情况	财经工委
	7 月 19 日	陪同省人大选举任免处处长李同义一行调研县乡人大建设和机构编制等情况	代表工委
	7 月 22 日至 23 日	关于 2017 年财政决算、2018 年上半年预算执行情况	财经工委
	8 月 2 日	关于 2018 年上半年国民经济和社会发展执行情况	财经工委
	8 月 7 日	关于三项联动监督工作开展情况	财经工委
	8 月 14 日	关于 2017 年度县级财政预算执行和其他财政收支审计情况	财经工委
	8 月 20 日	关于 2018 年财政预算调整情况	财经工委
	9 月 29 日	关于国有资产管理情况	财经工委
	10 月 16 日	关于公路建设情况	农经工委
	12 月 11 日	关于预算调整情况	财经工委
	12 月 18 日	关于科技创新工作情况	科教文卫工委

续表 18-16

时间		调研内容	责任单位
2018年	12月16日至17日	关于2018年财政预算执行情况和2019年预算编制情况	财经工委
2019年	1月9日至11日	关于2018年财政预算执行情况和2019年预算编制情况	财经工委
	2月21日	关于工会工作情况	社会建设工委
	3月20日	关于扶贫工作及新农村建设情况	农经工委
	3月29日	关于扶贫工作情况情况	农经工委
	4月10日	关于易地扶贫搬迁工作情况	农经工委
	4月10日	关于栗蘑和食用菌产业发展情况	农经工委
	4月11日	关于扶贫项目资金拨付情况	农经工委
	4月26日	陪同市人大常委会副主任王丽君脱贫攻坚工作情况调研	农经工委
	5月13日	关于“代表之家”及“双联双评”工作情况	代表工委
	6月13日	关于资源性国有资产管理情况	财经工委
	8月2日	关于上半年国民经济和社会发展执行情况	财经工委
	8月6日	关于经济开发区工业项目建设情况	财经工委
	8月7日	关于2018年财政决算、2019年上半年预算执行情况	财经工委
	8月13日	关于2019年上半年财政税收情况	财经工委
	8月15日	关于2018年财政预算调整情况	财政工委
	8月16日	关于脱贫攻坚工作情况	财经工委
	9月2日至3日	关于人代会意见建议办理情况、代表履职情况	代表工委
	10月12日	关于学前教育规范发展情况	科教文卫工委
	10月18日	关于学前教育规范发展情况	科教文卫工委
	10月21日	关于学前教育规范发展情况	科教文卫工委
	11月15日	关于产业升级情况	财经工委
	11月16日	关于我县重点工业项目建设情况	财经工委
	12月11日	关于预算调整情况	财经工委
	12月24日至25日	关于2019年财政预算执行和2020年预算编制情况	财政工委
2020年	4月15日	关于劳动就业工作情况	社会建设工委
	4月28日	关于脱贫攻坚工作情况	农经工委
	5月11日	关于城乡居民医疗保险管理工作情况	社会建设工委
	8月20日	关于乡村振兴工作情况	农经工委
	9月13日	关于社会养老服务体系建设工作情况	社会建设工委
	9月22日	关于改善办学条件情况	社会建设工委
2021年	1月5日至6日	关于2020年财政预算执行情况和2021年财政预算编制情况	财经工委
	6月3日	关于资源性国有资产管理工作情况	财经工委

第六章　决议决定

县十六届人大及其常委会紧紧围绕全县工作大局，依法行使重大事项决定权，切实发挥决议决定统一思想、凝聚共识、推动落实的作用，先后共作出决议决定56项，较好地贯彻党的主张，体现人民意志，凝聚社会共识。按照法定要求行使重大事项决定权，适时听取和审议县“一府两院”工作报告和国民经济与社会发展计划、预算及执行等情况的报告，及时作出决议决定，保障全县经济社会平稳快速发展。紧扣县委中心工作，先后作出《关于批准灵寿县松阳河新区控制性详细规划及城市设计的决定》《关于将我县部分公园通过法定程序确定为首批永久性绿地的决定》《关于加强检察机关公益诉讼工作的决议》，推动县委重大决策部署落地落实，促进县城面貌改造提升。围绕人大工作，作出《关于设立灵寿县第十六届人民代表大会专门委员会的决定》《关于设立灵寿县第十六届人民代表大会社会建设委员会的决定》，提升人大常委会履职能力和水平。

第一节　作出决议决定

一、县十六届人大历次会议作出决议决定情况

灵寿县第十六届人民代表大会共作出决议决定32项。

县第十六届人民代表大会历次会议作出决议决定一览表

表18-17

时间	会次	名称
2017年2月20日	一次会议	关于设立灵寿县第十六届人民代表大会专门委员会的决定
		关于灵寿县人民政府工作报告的决议
		关于灵寿县2016年国民经济和社会发展计划执行情况与2017年国民经济和社会发展计划的决议
		关于灵寿县2016年财政预算执行情况和2017年财政预算的决议
		关于灵寿县人民代表大会常务委员会工作报告的决议
		关于灵寿县人民法院工作报告的决议
		关于灵寿县人民检察院工作报告的决议

续表 18-17

时间	会次	名称
2018 年 2 月 12 日	三次会议	关于灵寿县人民政府工作报告的决议
		关于灵寿县 2017 年国民经济和社会发展计划执行情况与 2018 年国民经济和社会发展计划的决议
		关于灵寿县 2017 年财政预算执行情况和 2018 年财政预算的决议
		关于灵寿县人民代表大会常务委员会工作报告的决议
		关于灵寿县人民法院工作报告的决议
		关于灵寿县人民检察院工作报告的决议
2019 年 1 月 30 日	四次会议	关于灵寿县人民政府工作报告的决议
		关于灵寿县 2018 年国民经济和社会发展计划执行情况与 2019 年国民经济和社会发展计划的决议
		关于灵寿县 2018 年财政预算执行情况和 2019 年财政预算的决议
		关于灵寿县人民代表大会常务委员会工作报告的决议
		关于灵寿县人民法院工作报告的决议
		关于灵寿县人民检察院工作报告的决议
		关于设立灵寿县第十六届人民代表大会社会建设委员会的决定
2020 年 1 月 20 日	五次会议	关于灵寿县人民政府工作报告的决议
		关于灵寿县 2019 年国民经济和社会发展计划执行情况与 2020 年国民经济和社会发展计划的决议
		关于灵寿县 2019 年财政预算执行情况和 2020 年财政预算的决议
		关于灵寿县人民代表大会常务委员会工作报告的决议
		关于灵寿县人民法院工作报告的决议
		关于灵寿县人民检察院工作报告的决议
2021 年 3 月 4 日	六次会议	关于灵寿县人民政府工作报告的决议
		关于灵寿县 2020 年国民经济和社会发展计划执行情况与 2021 年国民经济和社会发展计划的决议
		关于灵寿县 2020 年财政预算执行情况和 2021 年财政预算的决议
		关于灵寿县人民代表大会常务委员会工作报告的决议
		关于灵寿县人民法院工作报告的决议
		关于灵寿县人民检察院工作报告的决议

二、县十六届人大常委会历次会议作出决议决定情况

灵寿县十六届人大常委会作出决议决定 24 项（不含人事任免事项）。

县十六届人大常委会历次会议作出决议决定一览表

表 18-18

时间	会次	名称
2017 年 8 月 29 日	4	关于批准县政府调整 2017 年财政预算的决议
2017 年 8 月 29 日	4	关于批准 2016 年县级财政决算的决议
2017 年 9 月 30 日	5	关于召开灵寿县第十六届人民代表大会第二次会议的决定
2017 年 12 月 26 日	8	关于批准县政府调整 2017 年一般公共支出预算的决议
2018 年 2 月 2 日	9	关于召开灵寿县第十六届人民代表大会第三次会议的决定
2018 年 8 月 24 日	13	关于批准 2017 年县级财政决算的决议
2018 年 8 月 24 日	13	关于批准县政府调整 2018 年财政预算的决议
2018 年 12 月 24 日	15	关于批准县政府调整 2018 年财政预算的决议
2018 年 12 月 24 日	15	关于加强检察机关公益诉讼工作的决议
2018 年 12 月 24 日	15	关于调整灵寿县第十六届人大常委会代表资格审查委员会的决定
2019 年 1 月 11 日	16	关于召开灵寿县第十六届人民代表大会第四次会议的决定
2019 年 8 月 26 日	19	关于批准 2018 年县级财政决算的决议
2019 年 8 月 26 日	19	关于批准县政府调整 2019 年财政预算的决议
2019 年 12 月 26 日	21	关于批准县政府调整 2019 年财政预算的决议
2019 年 12 月 26 日	21	关于批准灵寿县松阳河新区控制性详细规划及城市设计的决定
2020 年 1 月 10 日	22	关于召开灵寿县第十六届人民代表大会第五次会议的决定
2020 年 8 月 27 日	25	关于批准 2019 年县级财政决算的决议
2020 年 8 月 27 日	25	关于批准县政府调整 2020 年财政预算的决议
2020 年 10 月 29 日	26	关于将我县部分公园通过法定程序确定为首批永久性绿地的决定
2020 年 12 月 23 日	27	关于批准县政府调整 2020 年财政预算的决议
2021 年 2 月 28 日	30	关于召开灵寿县第十六届人民代表大会第六次会议的决定
2021 年 4 月 29 日	31	关于成立县选举委员会的决定
2021 年 4 月 29 日	31	关于批准各乡镇成立第十一届人民代表大会选举委员会的决定
2021 年 7 月 18 日	36	关于召开灵寿县第十七届人民代表大会第一次会议的决定

第二节　决议决定选介

关于加强检察机关公益诉讼工作的决议

《关于加强检察机关公益诉讼工作的决议》(以下简称《决议》)，于 2018 年 12 月 24 日县十六届人大常委会第十五次会议通过。

检察机关开展公益诉讼是深入贯彻落实习近平新时代中国特色社会主义思想的重要内容，是深化司法体制改革的重要举措，对于维护国家利益和社会公共利益，促进依法行政，维护司法公正，推进法治灵寿建设和经济社会发展具有十分重要的意义。

《决议》从深刻理解开展公益诉讼在服务大局中的重要意义、切实履行公益诉讼的法定职责、共同构建公益诉讼工作长效机制、人大及其常委会加强对公益诉讼监督和支持、努力营造全社会支持公益诉讼工作的浓厚氛围五个方面，提出相应要求。

关于批准灵寿县松阳河新区控制性详细规划及城市设计的决定

《关于批准灵寿县松阳河新区控制性详细规划及城市设计的决定》(以下简称《决定》)，于2019年12月26日县十六届人大常委会第二十一次会议通过。

《灵寿县松阳河新区控制性详细规划及城市设计》编制指导思想科学、目标定位准确、规划思路清晰，符合科学发展观的要求，符合灵寿县城乡发展建设客观需要，有利于加快灵寿城乡建设和经济社会又好又快发展，对提升城市品位和增强城市综合竞争力具有重要的意义。

《决定》强调，政府及相关部门要广泛宣传《灵寿县松阳河新区控制性详细规划及城市设计》，认真组织实施，全面提高管理水平，确保规划落到实处，促进灵寿县城乡建设和经济社会快速发展。

关于将我县部分公园通过法定程序确定为首批永久性绿地的决定

《关于将我县部分公园通过法定程序确定为首批永久性绿地的决定》于2020年10月29日县十六届人大常委会第二十六次会议通过。

为加强园林绿地保护，避免和防止随意侵占园林绿地问题的发生，县人大常委会学习借鉴各地经验，结合灵寿县实际，依法作出《关于将我县部分公园通过法定程序确定为首批永久性绿地的决定》(以下简称《决定》)，使灵寿县园林绿地保护工作在法制化、规范化、常态化道路上迈出崭新的步伐。

《决定》的出台，是贯彻落实习近平生态文明思想的具体实践，为依法加强城市管理提供法律保障，促进相关法律法规的贯彻实施和县城生态环境持续改善，提升人民群众的获得感、幸福感。

第七章　选举任免

县十六届人大常委会坚持党管干部与人大依法选举任免相结合，严格执行有关法律规定，不断加强地方政权建设。依法进行人事任免，先后任免县级国家机关工作人员237人次，补选市人大代表3名，组织宪法宣誓仪式为地方国家机关高效有序运转提供组织保障。不断探索任后监督途径，先后对法官、检察官进行履职评议，县“两院”工作人员依法履职、公正司法的意识明显增强。总结“两官”评议实践经验，研究制定对县政府工作部门主要负责人开展履职评议的暂行办法，使任后监督工作得到进一步拓展和深化。认真做好换届选举，及时向县委汇报并提出关于做好县乡两级人民代表大会换届选举工作的意见，保证换届选举风清气正，顺利进行。共选举产生新一届县人大代表199名，乡级人大代表861名，代表结构得到进一步优化。

第一节　常委会选举任免情况

2017年3月22日，县十六届人大常委会第一次会议，选举产生灵寿县出席石家庄市第十五届人民代表大会代表2名，通过县人大常委会和县人民政府相关人事任免事项。

选举：

周立新、王升为石家庄第十五届人民代表大会代表

免去：

李良良的县人大常委会财政经济工作委员会主任职务

马书勇的县人大常委会科教文卫工作委员会主任职务

任命：

王辉为县人大常委会办公室主任

马民生为县人大常委会政治法律工作委员会主任

丁云红为县人大常委会代表联络工作委员会主任

李香合为县人大常委会农村经济工作委员会主任

决定免去：

路建明的县统计局局长职务

李国芳的县安全生产监督管理局局长职务

杨文英的县审计局局长职务

张桂平的县质量技术监督局局长职务

程红旗的县科技局局长职务

吕秀敏的县民政局局长职务

决定任命：

郭金贞为县政府副县长（挂职）

周荣亮为县政府办公室主任

赵书刚为县发展改革局局长

马泽红为县文化教育局局长

路建明为县科技局局长

王峰为县公安局督察长

李国芳为县监察局局长

高峰为县民政局局长

赵军华为县司法局局长

崔学辉为县财政局局长

王浩为县人力资源和社会保障局局长

余雷为县环境保护局局长

纪万新为县住房和城乡建设局局长

孙磊海为县交通运输局局长

杜书云为县农业畜牧局局长

马地震为县卫生和计划生育局局长

崔项英为县统计局局长

王书堂为县审计局局长

杨文英为县安全生产监督管理局局长

孙芳为县市场监督管理局局长

张建军为县质量技术监督局局长

韩业丰为县行政审批局局长

2017 年 6 月 26 日，县十六届人大常委会第三次会议，通过县人大常委会和县人民政府相关人事任免事项。

免去：

李香合的县人大常委会农村经济工作委员会主任职务

任命：

刘祥平为县人大常委会农村经济工作委员会主任

决定任命：

李晨阳为县人民政府副县长（挂职）

郑捷为县人民政府副县长（挂职）

2017 年 9 月 30 日，县十六届人大常委会第五次会议，通过县人民政府相关人事任免事项。

决定免去：

郭金贞的县人民政府副县长（挂职）职务

决定任命：

郑军为县人民政府副县长（挂职，时间一年）

2017 年 10 月 31 日，县十六届人大常委会第六次会议，通过县人民政府、县人民检察院相关人事任免事项。

决定任命：

王笑蕾为县人民政府副县长（挂职，时间一年）

任命：

盖朝龙为县人民检察院检察委员会委员

翟彬为县人民检察院检察员

2018 年 2 月 2 日，县十六届人大常委会第九次会议，通过县人大常委会和县人民检察院相关人事任免事项。

任命：

郝俊峰为县人大常委会科教文卫工作委员会主任

高金伟为县人大常委会财政经济工作委员会主任

免去：

董书廷的县人民检察院检察员职务

张连海的县人民检察院检察员职务

何联社的县人民检察院检察员职务

孟昌锁的县人民检察院检察员职务

甄建堂的县人民检察院检察员职务

2018 年 2 月 13 日，县十六届人大常委会第十次会议，通过县人民政府和县监察委员会相关人事任免事项。

决定免去：

纪万新的县住房和城乡建设局局长职务

孙芳的县市场监督管理局局长职务
高峰的县民政局局长职务
李学忠的县水务局局长职务

决定任命：

孙国梁为县住房和城乡建设局局长
孟素英为县市场监督管理局局长
高峰为县水务局局长
张延海为县民政局局长

任命：

李国芳为县监察委员会副主任
雷振江为县监察委员会副主任
温海平为县监察委员会委员
李瑾为县监察委员会委员
刘国良为县监察委员会委员

2018 年 4 月 19 日，县十六届人大常委会第十一次会议，通过县人大常委会、县人民法院、县人民检察院相关人事任免事项。

任命：

孙武庆为县人大常委会财政经济工作委员会副主任
盖美东为县人大常委会农村经济工作委员会副主任
张锐锋为县人民检察院检察委员会委员

免去：

余平均的县人民法院审判员、审判委员会委员职务
李锋国的县人民法院审判员、审判委员会委员职务
李荣耕的县人民法院审判员、审判委员会委员职务

2018 年 8 月 24 日，县十六届人大常委会第十三次会议，通过县人民政府和县人民法院相关人事任免事项。

决定免去：

郑捷的县人民政府副县长（挂职）职务

任命：

刘永芹为县人民法院审判委员会委员

2018 年 10 月 30 日，县十六届人大常委会第十四次会议，通过县人民政府相关人事任免事项。

决定免去：

郑军的县人民政府副县长（挂职）职务

决定任命：

刘涛为县人民政府副县长（挂职）

2018 年 12 月 24 日，县十六届人大常委会第十五次会议，通过县人大常委会和县人民政府相关人事任免事项。

任命：

刘祥平为县人大农村经济委员会副主任委员

高金伟为县人大财政经济委员会副主任委员

郝俊峰为县人大科学教育文化卫生委员会副主任委员

程风亮为县人大财政经济委员会委员

决定免去：

李晨阳的县人民政府副县长（挂职）职务

王笑蕾的县人民政府副县长（挂职）职务

决定任命：

彭涛为县人民政府副县长（挂职）

王吕为县人民政府副县长（挂职）

陈成云为县人民政府副县长（挂职）

2019 年 1 月 11 日，县十六届人大常委会第十六次会议，通过县人民政府相关人事任免事项。

决定免去：

赵书刚的县发展改革局局长职务

马泽红的县文化教育局局长职务

高峰的县水务局局长职务

马地震的县卫生和计划生育局局长职务

杨文英的县安全生产监督管理局局长职务

张青鹏的县国土资源局局长职务

路建明的县科技局局长职务

杜书云的县农业畜牧局局长职务

韩业丰的县行政审批局局长职务

张建军的县质量技术监督局局长职务

崔项英的县统计局局长职务

决定任命：

赵书刚为县发展和改革局局长

马泽红为县教育局局长

高峰为县水利局局长

苏智为县文化广电体育和旅游局局长

赵国江为县农业农村局局长

马地震为县卫生健康局局长

杨文英为县应急管理局局长

张青鹏为县自然资源和规划局局长

梁风斌为县扶贫开发办公室主任

石中秋为县统计局局长

杨云山为县医疗保障局局长

白庆芳为县行政审批局局长

路建明为县退役军人事务局局长

2019 年 4 月 25 日，县十六届人大常委会第十七次会议，通过县人民政府相关人事任免事项。

决定免去：

马瑰欣的县人民政府副县长职务

齐正进的县人民政府副县长职务

决定任命：

程志华为县人民政府副县长

2019 年 6 月 17 日，县十六届人大常委会第十八次会议，通过县人民政府相关人事任免事项。

免去：

盖美东的县人大常委会农村经济工作委员会副主任职务

决定任命：

丁楠为县人民政府副县长

任命：

白明智为县监察委员会委员

2019 年 8 月 26 日，县十六届人大常委会第十九次会议，通过县人大常委会相关人事任免事项。

任命：

杨增强为县人大常委会农村经济工作委员会副主任

2019 年 10 月 25 日，县十六届人大常委会第二十次会议，通过县人民法院、县人民检察院相关人事任免事项。

免去：

武建丽的县人民法院青同法庭庭长职务

刘永芹的县人民法院刑事审判二庭庭长职务

吕书香的县人民法院民事审判二庭庭长职务

赵风英的县人民法院立案庭庭长职务

康静的县人民法院审判监督庭庭长职务

王秀竹的县人民法院慈峪法庭庭长职务

李玉敏的县人民法院民事审判庭一庭庭长职务

秘风竹的县人民法院陈庄法庭庭长职务

杨志刚的县人民法院执行局裁决庭庭长职务

任命：

武建丽为县人民法院立案庭庭长

刘永芹为县人民法院刑事审判庭庭长

吕书香为县人民法院民事审判庭庭长

赵风英为县人民法院城关法庭庭长

康静为县人民法院青同法庭庭长

侯晓莉为县人民法院行政审判庭（综合审判庭）庭长

尚春彦为县人民法院慈峪法庭庭长

郑蕾为县人民法院陈庄法庭庭长

王苏阳为县人民法院立案庭副庭长

周哲哲为县人民法院刑事审判庭副庭长

张丽为县人民法院民事审判庭副庭长

刘琳为县人民法院民事审判庭副庭长

李静为县人民法院民事审判庭副庭长

刘梅为县人民法院行政审判庭（综合审判庭）副庭长

任命：

聂军锋为县人民检察院副检察长

2019 年 12 月 26 日，县十六届人大常委会第二十一次会议，通过县人大常委会、县人民政府、县人民检察院相关人事任免事项。

免去：

丁云红的县人大常委会代表工委主任职务

刘国良的县人民检察院检察委员会委员、检察员职务

李山虎的县人民检察院检察委员会委员、检察员职务

吕会军的县人民检察院检察员职务

高剑锋的县人民检察院检察员职务

翟彬的县人民检察院检察员职务

王淑慧的县人民检察院检察员职务

决定免去：

刘涛的县人民政府副县长（挂职）职务

王吕的县人民政府副县长（挂职）职务

陈成云的县人民政府副县长（挂职）职务

王浩的县人力资源和社会保障局局长职务

苏智的县文化广电体育和旅游局局长职务

赵军华的县司法局局长职务

任命：

丁云红为县人大常委会社会建设工作委员会主任

决定任命：

但萍为县人民政府副县长（挂职一年）

王江鹏为县人力资源和社会保障局局长

彭罗智为县文化广电体育和旅游局局长

刘文建为县司法局局长

2020 年 1 月 10 日，县十六届人大常委会第二十二次会议通过县人大常委会、县人民政府相关人事任免事项。

任命：

丁云红为县人大社会建设委员会副主任委员

决定免去：

王峰的县公安局局长职务

决定任命：

田岭坡为县人民政府副县长、县公安局局长

2020 年 4 月 23 日，县十六届人大常委会第二十三次会议通过县人民政府相关人事任免事项。

决定任命：

余雷为县行政审批局局长

2020 年 6 月 24 日，县十六届人大常委会第二十四次会议通过县人大常委会、县监察委员会、县人民法院相关人事任免事项。

免去：

李国芳的县监察委员会副主任的职务

任命：

焦曼为县人大常委会社会建设工作委员会副主任

温海平为县监察委员会副主任

魏付军为县人民法院审判员

何成江为县人民法院审判员

2020 年 8 月 27 日，县十六届人大常委会第二十五次会议通过县人大常委会、县监察委员会相关人事任免事项。

免去：

苗江良的县人大常委会政治法律工作委员会副主任的职务

李瑾的县监察委员会委员职务

刘国良的县监察委员会委员职务

任命：

苗江良为县人大常委会代表联络工作委员会主任

彭罗勇为县监察委员会委员

张辰明为县监察委员会委员

李山虎为县监察委员会委员

2020 年 10 月 29 日，县十六届人大常委会第二十六次会议通过县人大常委会、县人民政府、县监察委员会、县人民法院相关人事任免事项。

决定任命：

高文成为县人民政府副县长

任命：

孙武庆为县人大常委会财政经济工作委员会主任

申成杰为县人大常委会政治法律工作委员会副主任

马永辉为县人大常委会办公室副主任

辛卉为县人民法院审判委员会委员

张玉伟为县人民法院审判委员会委员

侯晓莉为县人民法院审判委员会委员

武建丽为县人民法院审判委员会委员

李健为县人民法院审判委员会委员

决定免去：

郝英鹏的县人民政府副县长职务

免去：

高金伟的县人大常委会财政经济工作委员会主任职务

孙武庆的县人大常委会财政经济工作委员会副主任职务

雷振江的县监察委员会副主任职务

李玉敏的县人民法院审判委员会委员职务

王秀竹的县人民法院审判员职务

秘凤竹的县人民法院审判员职务

周哲哲的县人民法院刑事审判庭副庭长、审判员职务

2021 年 2 月 28 日，县十六届人大常委会第三十次会议通过县人大常委会、县人民政府、县监察委员会相关人事任免事项。

任命：

程伟军为县人大常委会财政经济工作委员会副主任

白明智为县监察委员会副主任

吕会军为县监察委员会委员

决定免去：

彭涛的县人民政府副县长（挂职）职务

但萍的县人民政府副县长（挂职）职务

王江鹏的县人力资源和社会保障局局长职务

赵书刚的县发展和改革局局长职务

高峰的县水利局局长职务

王书堂的县审计局局长职务

张清鹏的县自然资源和规划局局长职务

孙磊海的县交通运输局局长职务

马地震的县卫生健康局局长职务

杨文英的县应急管理局局长职务

石中秋的县统计局局长职务

杨云山的县医疗保障局局长职务

决定任命：

王江鹏为县自然资源和规划局局长

赵书刚为县人力资源和社会保障局局长

高峰为县发展和改革局局长

刘永勤为县水利局局长

张朝辉为县交通运输局局长

王书堂为县卫生健康局局长

樊秉志为县审计局局长

王文革为县应急管理局局长

陈建刚为县统计局局长

袁青峰为县医疗保障局局长

2021年5月25日，县十六届人大常委会第三十三次会议通过县人民政府、县人民法院、县人民检察院相关人事任免事项。

决定免去：

田岭坡的县人民政府副县长、公安局局长职务

决定任命：

武利芳为县人民政府副县长

赵鹏昆为县人民政府副县长、县公安局局长

免去：

盖朝龙的县人民检察院检察员、检察委员会委员职务

任命：

刘梅林为县人民法院审判员、审判委员会委员、副院长

彭涛为县人民检察院检察员、检察委员会委员、副检察长

决定：

武利芳为县人民政府代理县长

刘梅林为县人民法院代理院长

彭涛为县人民检察院代理检察长

2021年6月4日，县十六届人大常委会第三十四次会议通过县人民政府、县监察委员会相关人事任免事项。

决定免去：

高文成的县人民政府副县长职务

程志华的县人民政府副县长职务

尹国亮的县人民政府副县长职务

米锋的县人民政府副县长职务

郝永志的县人民政府副县长职务

决定任命：

楚臣为县人民政府副县长

周海军为县人民政府副县长

单春玲为县人民政府副县长

张路明为县人民政府副县长

王蒙为县人民政府副县长

任命：

李伟凡为县监察委员会副主任

决定：

李伟凡为县监察委员会代理主任

2021 年 6 月 15 日，县十六届人大常委会第三十五次会议通过县人民政府人事任免事项。

决定免去：

崔学辉的县财政局局长职务

第二节　常委会接受辞职情况

2017 年 4 月 25 日，县十六届人大常委会第二次会议，接受李彦勇辞去县十六届人大常委会副主任职务。

2017 年 6 月 26 日，县十六届人大常委会第三次会议，接受孟素英、李香合、李良良辞去县人大常委会委员职务。

2017 年 9 月 30 日，县十六届人大常委会第五次会议，接受周雪军辞去县人民政府县长职务。

2017 年 12 月 8 日，县十六届人大常委会第七次会议，接受周雪军辞去石家庄市第十四届人民代表大会代表职务，补选冯素伟为灵寿县出席石家庄市第十四届人民代表大会代表。

2018 年 12 月 24 日，县十六届人大常委会第十五次会议，接受张晓燕辞去县第十六届人民代表大会常务委员会委员、代表职务，接受陈建刚辞去县第十六届人民代表大会代表职务。

2019 年 4 月 25 日，县十六届人大常委会第十七次会议，接受康志辉辞去县第十六届人民代表大会常务委员会委员、代表职务，接受白庆芳、安国云、杨云山、袁青峰、石中秋、赵永辉、李书明、孟三合、李龙飞、雷敏毅等辞去县第十六届人民代表大会代表职务。

2019 年 10 月 25 日，县十六届人大常委会第二十次会议，接受孙喜双、尹军方、刘志德等辞去县第十六届人民代表大会代表职务。

2019 年 12 月 26 日，县十六届人大常委会第二十一次会议，接受王浩辞去县第十六届人民代表大会代表职务。

2020 年 4 月 23 日，县十六届人大常委会第二十三次会议，接受尹玉国、王吉光辞去县第十六届人民代表大会代表职务。

2020 年 10 月 29 日，县十六届人大常委会第二十六次会议，接受高金伟、何丽平、房懿煊辞去县第十六届人民代表大会代表职务。

2020 年 12 月 23 日，县十六届人大常委会第二十七次会议，接受刘玉军辞去县十六届人大代表职务。

2021 年 1 月 7 日，县十六届人大常委会第二十八次会议，接受兰红辞去县第十六届人民代表大会代表职务。

2021 年 1 月 29 日，县十六届人大常委会第二十九次会议，接受王文革辞去县第十六届人民代表大会代表职务。

2021 年 4 月 29 日，县十六届人大常委会第三十一次会议，接受崔学辉、王延飞辞去县十六届人大代表职务。

2021 年 5 月 21 日，县十六届人大常委会第三十二次会议，接受孙磊海辞去县第十六届人大代表职务。

2021 年 5 月 25 日，县十六届人大常委会第三十三次会议，接受宋军民辞去县十六届人大代表职务，接受冯素伟辞去县人民政府县长职务、王文忠辞去县人民法院院长职务、盖朝龙辞去县人民检察院检察长职务。

2021 年 6 月 4 日，县十六届人大常委会第三十四次会议，接受王占峰辞去县监察委员会主任职务。

第三节　履职评议

县十六届人大常委会对 6 个县人民政府公共服务类部门进行履职评议。

县十六届人大常委会对县政府部门进行履职评议情况表

表 18-19

时间	常委会会议	被评议部门
2019 年 12 月 26 日	第二十一次	县行政审批局
2019 年 12 月 26 日	第二十一次	县教育局
2019 年 12 月 26 日	第二十一次	县民政局
2019 年 12 月 26 日	第二十一次	县人社局
2019 年 12 月 26 日	第二十一次	县卫健局
2019 年 12 月 26 日	第二十一次	县扶贫办
2019 年 12 月 26 日	第二十一次	县统计局
2019 年 12 月 26 日	第二十一次	县退役军人事务局

县十六届人大常委会先后对10名县人民法院法官和6名县人民检察院检察官进行履职评议。

县十六届人大常委会对“两官”进行履职评议情况表

表18-20

时间	常委会会议	被评议人员	单位
2019年6月17日	第十八次	康　静	县人民法院法官
		李　健	县人民法院法官
		李　静	县人民法院法官
		刘永芹	县人民法院法官
		周哲哲	县人民法院法官
		雷振丽	县人民检察院检察官
		任祥凤	县人民检察院检察官
		张锐锋	县人民检察院检察官
2020年6月24日	第二十四次	侯晓莉	县人民法院法官
		刘　琳	县人民法院法官
		尚春彦	县人民法院法官
		张玉伟	县人民法院法官
		赵风英	县人民法院法官
		聂军锋	县人民检察院检察官
		刘迎新	县人民检察院检察官
		安红梅	县人民检察院检察官

第八章　机关工作

第一节　自身建设

县人大常委会坚持把自身建设摆在突出位置，对标新时代人大工作新要求，不断加强履职能力建设，强化纪律作风建设，推动人大工作创新发展。坚持以习近平新时代中国特色社会主义思想为指导，深刻领悟“两个确立”的决定性意义，不断增强“四个意识”、坚定“四个自信”、做到“两个维护”，始终同党中央保持高度一致。按照党中央和省、市、县委统一部署，扎实开展“不忘初心、牢记使命”主题教育和党史学习教育，推进“两学一做”常态化、制度化，组织召开高质量民主生活会和组织生活会，认真制定和落实整改措施，不断增强党员干部的政治意识、理论素养和政策水平。积极组织开展喜迎党的十九大、庆祝中华人民共和国成立70周年、庆祝中国共产党成立100周年等系列活动，大力营造浓厚的政治氛围。

加强学习培训，提高履职能力。常委会运用“学习强国”“干部网络学院”“党建云”“人大微信公众号”“网上代表之家”等平台，广泛开展学习教育培训。坚持人大机关周学习月研讨不动摇；组织委员举办创新理论学习、法律及业务知识培训，组织人大代表轮流培训，实现机关干部和人大代表学习培训全覆盖。通过系统学习培训，进一步提高常委会及人大代表政治定力和履职能力，为“两个机关”建设打下坚实思想政治基础。

创新制度建设，提升工作效能。常委会坚持把创新制度建设作为依法履职的前提。结合“不忘初心、牢记使命”主题教育，先后修订完善常委会、主任会议事规则，任免国家机关工作人员、双联双述工作、代表意见建议处理办法5项制度，制定预算审批监督、国有资产管理监督、规范性文件备案、代表履职激励约束4项办法，先后修订和完善机关各项规章制度20余条，涉及会议服务、值班备勤、机要保密、人事培训、信息宣传、财务管理、后勤保障等，对工作流程、办事程序进行优化、简化，对部门承担的业务工作逐一细化，健全权责明确、运转高效的工作机制。通过制度建设，常委会工作机制、监督机制进一步健全完善，推进监督工作的制度化、规范化进程。

强化作风建设，弘扬清风正气。始终坚持党要管党、从严治党，严格落实党风廉政建设主体责任和监督责任。坚持把政治纪律和政治规矩挺在前面，严格执行中央八项规定和党风廉政建设各项规定，努力打造良好的政治生态。深化纠正“四风”和作风纪律专项行动，持续整治形式主义、官僚主义和群众反映强烈的突出问题。扎实开展“查问题、转作风、鼓干劲、争上游”活动，深入分析精神状态、工作作风、责任担当、纪律规矩等方面突出问题，驰而不息转变作风。摒弃惯性思维、采用信息化手段，压减各种会议40%，精减文件25%，整合视察调研20余次，深入一线开展双问计300余次。特别是2020年年初面对突如其来的新冠肺炎疫情，各级人大代表在大疫大战中，迅速投入疫情防控一线，逆行而上，联防联控，捐款捐物，用实际行动展现人大代表的风采，为保障人民群众的身体健康、生命安全做出积极贡献。

中共灵寿县人大常委会机关党支部

书　记：王　辉（2017年2月—2021年7月）
成　员：高金伟（2017年2月—2018年8月）
盖美东（2018年8月—2019年6月）
申彦彬（2019年6月—2020年12月）
申成杰（2020年12月—2021年7月）
吕春玲（2017年2月—2021年7月）

第二节　宣传工作

县人大常委会坚持党管宣传原则，充分发挥广播、电视、报刊、网络等媒体优势，全方位、多角度宣传人民代表大会制度，讲好人大故事，展示代表风采，为人大工作营造良好舆论氛围。县十六届人大期间，在国家级新闻媒体刊登稿件8篇、省级14篇、市级27篇。

积极宣传党的方针政策在灵寿人大生动实践。2018年11月，石家庄市人大常委会主办的《人大工作简报》第41期刊发《灵寿县人大开展“绣花式送温暖迎大考”活动，助推脱贫攻坚完美收官》文章；2019年4月，《灵寿县多措并举深入开展“效能革命”》一文在《河北人大通信》发表，介绍灵寿县人大常委会在深入贯彻落实省市县委“三深化三提升”机关效能革命工作中的典型做法；2019年10月，河北人大刊发《石家庄市灵寿县人大代表开展“进家入站，民生实事群众定”主题活动》一文；2019年至2020年，《不忘初心、牢记使命　依法履职奋力谱写人大工作新篇章》《灵寿县人大常委会创新开展“河北发展、人大尽责”活动，使履职更接地气》《抗疫一线五级联动　灵寿人大代表在行动》等文在《燕赵人民代表网》刊载。

深入宣传人民代表大会制度在灵寿县的生动实践，编辑出版《奋斗的足迹》等书籍，积极参与《灵寿年鉴》和《灵寿县志》编纂工作。在15个代表之家开辟“代表风采”专栏，宣传代表履职风采。2019年3月27日，新华社客户端发表《两会精神送到太行深处》，报道全国人大代表、县人大代表陈春芳宣讲“两会”精神的事迹。2018年3月，市县人大代表胡银山的事迹以《绿色路上先行者——中国生态壁材第一人胡银山》为题在《人民代表报》、燕赵人民代表网刊发。创建和完善网上代表之家，优化人大微信公众号。加强规范化建设，健全完善内容更新、信息发布审批等制度。每年在“国家宪法日”和“宪法宣传周”，开展送法下乡入校进企业活动。实施文体公园、法治文化广场、法治文化长廊建设，增强群众的法治观念。

第三节　信访工作

县十六届人大常委会把信访工作作为联系人民群众的重要渠道，不断创新信访工作机制，加大案件督办力度，推动一批信访问题得到妥善解决，维护群众合法权益，促进社会和谐稳定。

认真办理群众来信来访，加强案件督办。共接待群众来信来访 56 起 70 人次，其中：来访 40 起 45 人，占总量的 71.4%；来信 16 件，占总量的 28.6%。积极做好县人代会、常委会会议和主任会议期间的信访工作，成立信访工作组，做到有预案、有分工，有效化解问题 9 件次。积极开展专项视察，先后对县公安局、县人民法院和县人民检察院等单位开展视察，进一步提升全县涉法涉诉信访工作水平。坚持领导干部开门接访、定期约访、带案下访，专门成立领导小组，明确责任分工，并建立领导干部信访积案化解工作制度，出台受理人民群众申诉和意见的规定，建立“收、批、督、回”四位一体的高效闭合机制，督办有关信访案件事项办结情况。将平安建设工作纳入年度工作总体计划，与业务工作同规划、同部署、同检查、同落实。

第 十 九 篇

灵寿县第十七届人民代表大会

（2021 年 7 月至 2024 年 3 月）

第一章　党的领导

灵寿县第十七届人民代表大会及其常务委员会，坚持以习近平新时代中国特色社会主义思想为指导，深入贯彻习近平总书记关于坚持和完善人民代表大会制度的重要思想，全面贯彻党的十九大、二十大精神，认真落实中央人大工作会议精神，坚持把党的领导作为最高政治原则，深刻领悟“两个确立”的决定性意义，增强“四个意识”、坚定“四个自信”、做到“两个维护”，不断提高政治判断力、政治领悟力、政治执行力。

县委将人大工作列入重要议事日程，全力支持人大依法行使职权。2022 年 1 月 17 日，县委召开人大工作会议，县委书记彭勇民作出安排部署，为做好新时代人大工作指明方向。2022 年 3 月，县委书记彭勇民就全县人大系统深入开展“五项联动监督”（重点项目建设、优化营商环境、地下水超采综合治理、农村人居环境整治提升、城市生活垃圾分类管理）作出批示，要求坚持问题导向，深化认识、创新工作、真督实查、敢于亮剑、较真碰硬，切实提升联动监督实效，为全面加快建设滨河生态新城、现代美丽灵寿作出积极贡献，以优异成绩迎接党的二十大胜利召开。2022 年 11 月 9 日，县委印发《关于新时代坚持和完善人民代表大会制度 加强和改进人大工作的实施意见》《贯彻落实省委市委人大工作会议和县委人大工作会议重点任务分工方案》，从充分认识新时代加强和改进人大工作的重要意义、切实加强党对人大工作的全面领导、全面提升人大工作质量和水平、充分发挥人大代表主体作用、巩固和提升县乡人大建设水平、着力加强人大及其常委会自身建设等方面提出具体要求，并增设人大代表服务中心，充实人大工作力量。2023 年 10 月 31 日，县委书记彭勇民对《关于 2023 年民生实事项目满意度调查开展情况的报告》作出“非常好，就是要让人大代表充分发表意见建议”的批示，其中调查收集的小东关剧场小吃夜市搬迁、提升全县物业服务水平、图书馆搬迁等意见建议被纳入县政府 2024 年民生实事备选项目。2024 年 1 月 12 日，县委书记彭勇民参加市人大灵寿团代表会前视察活动，领衔提出代表议案。

县人大常委会党组认真落实县委决策部署，坚决完成县委交办的各项任务。围绕全县大局谋事议事，对经济建设、城市更新、乡村振兴、民生改善、重点项目建设、人居环境整治等重点工作开展监督，积极跟进县委重大决策部署，及时增加监督议题，确保人大工作与县委中心工作同频共振、同向发力、同步前行，推动制度优势转化为治理效能、发展成效。积极完成县委交办的疫情防控、包联重点项目、助推民营经济高质量发展、安全生产、食品安全、信访稳定等工作，以实际行动落实县委决策部署。

县人大常委会党组坚持以政治建设为统领，自觉用党的创新理论武装头脑、指导实践、推动工作。扎实开展党史学习教育，做到学史明理、学史增信、学史崇德、学史力行。深入开展学习贯彻习近平新时代中国特色社会主义思想主题教育，落实“学思想、强党性、重实践、建新功”总要求，自觉做到以学铸魂、以学增智、以学正风、以学促干。认真落实重大事项请示报告制度，完善党组议事规则，严格执行民主集中制，认真落实全面从严治党主体责任，切实履行“一岗双责”。严守党的政治纪律和政治规矩，严肃党内政治生活，严格遵守中央八项规定及其实施细则精神，全面加强党风廉政建设。充分发挥常委会党组把方向、管大局、保落实的领导作用，全面加强县人大常委会及机关的政治、思想、组织、作风建设。

第一节　党的组织机构

中共灵寿县人大常委会党组

书　记：白东风（2021年7月—2024年3月）
副书记：吕秀敏（2021年9月—2024年3月）
成　员：董建海（2021年7月—2024年3月）
罗文全（2021年7月—2023年7月）
王　辉（2021年7月—2022年4月）
马永辉（2022年6月—2024年3月）

第二节　党组召开会议

一、党组会议

县十七届人大换届以来，县人大常委会党组召开党组会20次。其中，2021年（7—12月）召开党组会5次，2022年召开党组会5次，2023年召开党组会6次，2024年（1—3月）召开党组会4次。

县十七届人大常委会党组会议情况表

表19-1

时间		会议议题
2021年	7月8日	传达学习河北省庆祝中国共产党成立100周年大会等精神
	7月13日	传达学习贯彻市县思想作风纪律整顿暨政治性警示教育大会精神
	8月20日	宣讲习近平总书记“七一”重要讲话精神；传达学习市第十一次党代会精神；研究四项联动监督和“六加一”联动监督回头看方案
	10月15日	学习习近平总书记在中央人大工作会议上的重要讲话精神；学习市十五届人大代表和市县两级人大干部培训班会议精神
	11月15日	学习十九届六中全会精神；传达学习国家安全、保密文件精神

续表 19-1

时间		会议议题
2022 年	1 月 4 日	传达学习习近平总书记“七一”重要讲话精神及对河北重要指示批示精神；学习党的十九届六中全会精神特别是《中共中央关于党的百年奋斗重大成就和历史经验的决议》等全会文件和辅导材料；学习《中国共产党章程》和《中国共产党组织工作条例》；研究民主生活会事项安排
	2 月 22 日	传达学习县委纪委全会精神，安排部署党风廉政建设工作
	5 月 30 日	传达学习省委第二巡视组巡视行唐、灵寿、鹿泉动员会讲话精神；传达学习《关于当前全省意识形态领域形势的通报》；强调各项工作纪律
	7 月 6 日	开展党组书记“七一”专题讲党课活动
	10 月 25 日	传达学习党的二十大、二十届一中全会精神以及 10 月 24 日省委常委会会议和市委常委会（扩大）会议精神
2023 年	3 月 20 日	安排部署 2023 年度人大常委会工作；安排部署县十七届人大及其常委会纪念册档案编辑分工工作；研究县人大常委会信息宣传办法；听取驻村工作队工作开展情况汇报，研究部署 2023 年驻村工作
	5 月 15 日	传达学习习近平总书记在河北考察时的重要讲话精神以及省市县委常委会（扩大）会议精神；听取三项联动监督各专班工作开展情况汇报及各工委 5 月份工作安排
	5 月 16 日	研究全县五级人大代表和县乡两级人大干部培训会相关事宜
	11 月 20 日	传达学习习近平总书记在北京、河北考察灾后恢复重建工作时的重要讲话精神；传达学习习近平总书记对宣传思想文化工作的重要指示和全国宣传思想文化工作会议精神；听取县人大常委会党组 2023 年意识形态工作汇报；开展党组书记讲案例警示教育
	10 月 12 日	传达习近平总书记在学习贯彻习近平新时代中国特色社会主义思想教育工作会议上的讲话精神；安排部署主题教育工作
	12 月 19 日	开展党组书记讲案例警示教育活动
2024 年	2 月 8 日	传达学习中央、省市县委学习贯彻习近平新时代中国特色社会主义思想主题教育总结会议精神；党组书记总结报告县人大常委会党组主题教育工作情况；开展党组书记讲案例警示教育活动
	3 月 15 日	传达学习习近平总书记参加十四届人大二次会议江苏代表团、解放军武警部队代表团全体会议时的重要讲话精神；传达学习赵乐际同志在十四届全国人大二次会议闭幕会上的讲话精神；安排部署《灵寿县人大志》编纂工作
	4 月 19 日	传达《关于在全县开展党纪学习教育工作方案》通知要求
	4 月 25 日	白东风引读《习近平总书记关于整治群众身边不正之风和腐败问题有关重要论述学习参考》相关内容；学习《习近平总书记关于整治群众身边不正之风和腐败问题有关重要论述》相关内容；学习《中国共产党纪律处分条例》相关内容；学习《习近平论坚持总体国家安全观》相关内容；开展党组书记讲案例警示教育活动

二、党组民主生活会

截至2024年3月，县人大常委会党组召开党组民主生活会5次。

2022年1月10日，召开以“大力弘扬伟大建党精神，坚持和发展党的百年奋斗历史经验，坚定历史自信，践行时代使命，厚植为民情怀，勇于担当作为，团结带领人民群众走好新的赶考之路”为主题的2021年度县人大常委会党组党史学习教育专题民主生活会。

2022年12月13日，召开以“认真贯彻习近平新时代中国特色社会主义思想，全面落实党的二十大和二十届一中全会精神，严格按照省委十届三次全会、市委十一届四次全会和县委十二届三次全会安排部署，切实肩负起全面从严治党的政治责任，扎实推进省委第二巡视组反馈意见整改落实，以高度的政治自觉、思想自觉、行动自觉加强领导班子自身建设，为奋力开启建设滨河生态新城、现代美丽灵寿新征程提供坚强的政治保障”为主题的省委巡视整改专题民主生活会。

2023年2月9日，召开以“全面贯彻习近平新时代中国特色社会主义思想，深刻领悟‘两个确立’的决定性意义，增强‘四个意识’、坚定‘四个自信’、做到‘两个维护’，团结带领党员干部群众以奋发有为的精神贯彻落实党的二十大做出的重大决策部署”为主题的2022年度县人大常委会党组民主生活会。

2024年1月11日，召开以“聚焦学思想、强党性、重实践、建新功总要求，对照凝心铸魂筑牢根本、锤炼品格强化忠诚、实干担当促进发展、践行宗旨为民造福、廉洁奉公树立新风具体目标，深入学习领悟以学铸魂、以学增智、以学正风、以学促干的丰富内涵和实践要求，检视问题、深刻剖析，着力从思想根源上解决问题，进一步统一思想、统一意志、统一行动，坚定拥护‘两个确立’，坚决做到‘两个维护’”为主题的县人大常委会党组“学习贯彻习近平新时代中国特色社会主义思想”主题教育专题民主生活会。

2024年3月17日，召开以“查找思想工作作风不足，谈思想、谈体会，引导正确对待舆论、增加舆论引导能力”为主题的民主生活会。

三、党组理论学习中心组学习会

截至2024年3月，县十七届人大期间，党组理论学习中心组共组织学习40次。其中2021年召开学习会12次，2022年召开学习会12次，2023年召开学习会13次，2024年召开学习会3次。

2021 年县十七届人大常委会党组理论学习中心组学习会情况一览表

表 19-2

时间	会次	学习内容
7月4日	1	传达学习习近平总书记在庆祝中国共产党成立100周年大会上的讲话精神；学习王东峰同志在河北省庆祝中国共产党成立100周年大会上的讲话精神
7月14日	2	学习赵克志在深改会第25次讲话精神；传达省委、省政府印发关于进一步落实中央八项规定、改进工作作风的通知和关于进一步做好县以上党政和国家机关党员领导干部民主生活会有关工作的通知精神
8月6日	3	传达学习习近平总书记在西藏考察期间重要讲话精神、习近平总书记在十九届中共中央政治局第三十二次集体学习时的重要讲话精神；学习中国共产党成立100周年庆祝活动总结报告、省委、省政府《关于大力支持省会建设和高质量发展的意见》、市委、市政府《关于落实〈省委省政府关于大力支持省会建设和高质量发展的意见〉的实施方案》；学习习近平总书记重要文章《加强党史军史和光荣传统教育 确保官兵永远听党话、跟党走》；学习省委九届十三次全会精神
8月27日	4	学习习近平总书记重要文章《总结党的历史经验 加强党的政治建设》《河北省巩固脱贫成果后评估实施办法（试行）》《石家庄市信访工作联席会议关于进一步落实信访稳定工作责任制的若干措施》《石家庄市网格化环境监管“1+4”问责机制（试行）》等五个文件精神；学习《习近平关于网络强国论述摘编》、王东峰同志在省委理论学习中心组学习会议上的讲话精神、《河北雄安新区条例》、《中国共产党石家庄市第十一次代表大会报告》和市委十届十三次全会精神
9月15日	5	传达学习习近平总书记在中央党校（国家行政学院）中青年干部培训班开班式上的重要讲话精神、王东峰书记在2021年秋季学期省委党校（河北行政学院）中青年干部培训班开班式上的讲话精神；传达学习习近平总书记重要文章《党的伟大精神永远是党和国家的宝贵精神财富》；学习《习近平新时代中国特色社会主义思想三十讲》第十九讲——《建设具有强大凝聚力和引领力的社会主义意识形态》《宗教事务条例》和习近平总书记在第六届东方经济论坛全会开幕式上的致辞
9月29日	6	传达学习习近平总书记重要文章《毫不动摇坚持和加强党的全面领导》、习近平总书记在2021年秋季学期中央党校（国家行政学院）中青年干部培训班开班式上的讲话精神、中央财经委员会第十次会议主要精神、省委办公厅《关于贯彻落实〈国家网络空间安全战略〉的若干措施》、全市新闻宣传工作会议主要精神；学习《中共石家庄市委办公室关于支持配合中央、省主要新闻媒体采访 切实营造良好舆论氛围的通知》《关于进一步加强舆情处置引导工作的若干措施》《国务院办公厅关于在政务公开工作中进一步做好政务舆情回应的通知》《中华人民共和国外国常驻新闻机构和外国记者采访条例》和9月24日省委理论学习中心组学习会议主要精神

续表 19-2

时间	会次	学习内容
10月20日	7	传达学习习近平总书记在十九届中共中央政治局第三十三次集体学习时的重要讲话精神、习近平总书记重要文章《用好红色资源 赓续红色血脉 努力创造无愧于历史和人民的新业绩》《扎实推动共同富裕》；学习习近平总书记在纪念辛亥革命110周年大会上的讲话精神、习近平总书记在《生物多样性公约》第十五次缔约方大会领导人峰会上的主旨讲话精神和习近平总书记在陕西榆林考察时的重要讲话精神
11月5日	8	传达学习习近平总书记在深入推动黄河流域生态保护和高质量发展座谈会上的重要讲话精神、习近平总书记重要文章《坚定理想信念 补足精神之钙》、10月25日省委书记王东峰同志在省委理论学习中心组学习会议上的讲话精神和《石家庄市新一代电子信息产业发展规划（2021—2025）》、《石家庄市生物医药产业发展规划（2021—2025）》等5个产业发展规划主要精神；学习习近平总书记关于巡视工作的重要论述摘编、习近平总书记在中华人民共和国恢复联合国合法席位50周年纪念会议上的讲话精神、《中华人民共和国保守国家秘密法》和理论文章《领导干部应该成为媒体“达人”》
11月19日	9	学习习近平总书记关于《中共中央关于党的百年奋斗重大成就和历史经验的决议》；学习《中国共产党第十九届中央委员会第六次全体会议公报》和习近平总书记在十九届中共中央政治局第三十四次集体学习时的重要讲话精神、习近平总书记重要文章《坚持用马克思主义及其中国化创新理论武装全党》、中共中央组织部《关于进一步规范公务员辞去公职后从业行为的工作举措》
11月26日	10	集中观看中国共产党河北省第十次代表大会开幕式
12月7日	11	传达学习习近平总书记在全国宗教工作会议上的重要讲话精神、王东峰书记11月16日在省委理论学习中心组学习会议上的讲话精神、省委办公厅省政府办公厅《关于支持服务企业科技创新工作方案（2021—2025年）》；学习习近平总书记在中央军委人才工作会议上的重要讲话精神；学习王东峰书记在中国共产党河北省第十次代表大会上的报告、在中国共产党省第十次代表大会闭幕会上的讲话和在省委十届一次全会上的讲话精神；学习省委九届十四次全会精神；学习《中央关于统计重要改革文件及统计法律法规知识摘编》《领导干部统计法律法规应知应会手册》
12月31日	12	传达学习习近平总书记在中共中央政治局党史学习教育专题民主生活会上的重要讲话精神、习近平总书记对党史学习教育总结会议重要指示精神和王沪宁同志在党史学习教育总结会议上的讲话精神、习近平总书记在中共中央政治局第三十五次集体学习时的重要讲话精神；学习市委、市政府《推动高质量发展确保实现经济总量过万亿行动计划》、市委办公室、市政府办公室《关于进一步全面提升高质量发展水平的实施意见》；学习习近平总书记在中国文联十一大、中国作协十大开幕式上的讲话精神；学习习近平总书记重要文章《深入实施新时代人才强国战略 加快建设世界重要人才中心和创新高地》《习近平新时代中国特色社会主义思想学习问答——如何理解要全面推进中国特色大国外交，打造覆盖全球的“朋友圈”？》；学习王东峰书记在河北省科学技术协会第十次代表大会上的讲话和张玉卓同志的致辞；学习《中华人民共和国简史》《改革开放简史》《社会主义发展简史》

2022 年县十七届人大常委会党组理论学习中心组学习会情况一览表

表 19-3

时间	会次	学习内容
1 月 19 日	1	传达学习习近平总书记在十九届中央纪委六次全会上的重要讲话精神、习近平总书记在省部级主要领导干部学习贯彻党的十九届六中全会精神专题研讨班开班式上重要讲话精神、习近平总书记对政法工作重要指示精神；传达学习市委办、市政府办《落实〈关于加快开发区创新发展提升能级的若干措施〉的实施方案》、石家庄市开发区改革发展领导小组办公室《关于加快推进开发区“开发区 + 公司”运营模式的指导意见》、《石家庄市招商引资“飞地园区”指导意见》、《关于在石家庄市省级以上开发区试行企业投资项目“标准地 + 承诺制”改革的意见》；学习习近平总书记重要文章《以史为鉴、开创未来 埋头苦干、勇毅前行》、王东峰书记 12 月 30 日在省委理论学习中心组学习会议上的讲话精神
2 月 22 日	2	传达学习《中国共产党纪律检查委员会工作条例》《中央保密委员会关于 2021 年全国窃密泄密案件情况的通报》《关于支持装备制造产业发展的若干措施（试行）》《关于支持现代食品产业发展的若干措施（试行）》《关于推进现代商贸物流产业发展的实施意见》；学习习近平总书记在十九届中共中央政治局第三十六次集体学习时的重要讲话精神、习近平总书记对党的建设研究工作重要指示精神、习近平总书记重要文章《坚持走中国特色社会主义法治道路 更好推进中国特色社会主义法治体系建设》、王东峰书记在省委理论学习中心组学习会议上的讲话精神
3 月 31 日	3	传达学习中共中央办公厅《关于建立中小学校党组织领导的校长负责制的意见（试行）》、省委办公厅《关于建立中小学校党组织领导的校长负责制的实施意见（试行）》
4 月 26 日	4	学习《习近平书信选集——给武汉东湖新城社区全体社区工作者的回信》《给“万企帮万村”行动中受表彰的民营企业家的回信》等内容；传达学习习近平总书记在海南考察时的重要讲话精神、石家庄市经济工作推进会会议精神、张超超同志在石家庄市先进装备制造、现代食品和现代商贸物流产业推进会议上的讲话和《中共石家庄市委 石家庄市人民政府关于加快构建新发展格局的实施意见》；学习习近平总书记重要文章《坚持把解决好“三农”问题作为全党工作重中之重，举全党全社会之力推动乡村振兴》、《促进我国社会保障事业高质量发展、可持续发展》、《坚持总体国家安全观》《习近平新时代中国特色社会主义思想三十讲》第二十三讲、《河北省新型城镇化规划（2021—2035 年）》、《在全省开展党史学习教育总结报告》、《在全市开展党史学习教育总结报告》、《石家庄市推进京津冀协同发展“十四五”实施方案》

续表 19–3

时间	会次	学习内容
5月27日	5	传达学习全市2022年第二季度项目观摩活动会议主要精神、习近平总书记论党风廉政建设和反腐败斗争（2022年）、中共中央办公厅《关于加强新时代廉洁文化建设的意见》、省委办公厅《贯彻落实〈关于加强新时代廉洁文化建设的意见〉若干措施》、市委办公室《贯彻落实〈关于加强新时代廉洁文化建设的意见〉工作方案》、整治形式主义为基层减负工作情况反映（〔2022〕第7期）《“复耕乱象”暗访核查情况报告》、河北省贯彻落实《地方党委和政府领导班子及其成员粮食安全责任制规定》工作机制；观看《生命重于泰山——学习习近平总书记关于安全生产重要论述》电视专题片；学习习近平总书记在庆祝中国共产主义青年团成立100周年大会上的讲话、习近平总书记重要文章《加快建设科技强国 实现高水平科技自立自强》、《正确认识和把握我国发展重大理论和实践问题》；学习《信访工作条例》《河北省宗教事务条例》和5月16日倪岳峰书记在省委理论学习中心组学习会议上的讲话精神
6月23日	6	传达学习习近平总书记在中央政治局第三十九次、四十次集体学习时的讲话、《石家庄市经济发展绩效专项考核办法》、石家庄市委常委、宣传部部长、统战部部长郭建亭同志在全市提升突发舆情防范引导处置能力培训班上的讲话精神；学习《中华人民共和国反有组织犯罪法》、《中共河北省委关于忠诚捍卫“两个确立”坚决做到“两个维护”以实际行动迎接党的二十大胜利召开的意见》、张超超同志、贾兆军同志在全市打赢“三场硬仗”警示教育大会上的讲话、市委办、市政府办《关于提升监管能力和水平促进对外开放的实施方案》
7月5日	7	传达学习张超超书记在市纪委监委调研时的讲话精神、市纪委监委关于围绕张超超书记调研检查讲话精神开展专项监督谈话提纲、中共河北省纪委办公厅印发《关于进一步深化重点民生领域腐败和作风问题整治监督工作的指导意见》的通知精神；学习倪岳峰书记在河北省庆祝中国共产党成立101周年座谈会上的讲话精神、张超超书记在石家庄市庆祝中国共产党成立101周年座谈会上的讲话精神
8月24日	8	领学《习近平谈治国理政》第四卷第一章《掌握历史主动，在新时代更好坚持和发展中国特色社会主义》中《续写马克思主义中国化时代化新篇章》和《新时代党和人民奋进的必由之路》有关篇章和《习近平生态文明思想学习纲要》中《习近平生态文明思想是新时代生态文明建设的根本遵循和行动指南》有关章节；传达学习《中国共产党政治协商工作条例》《石家庄市领导干部亲属职务调整、工作调动从严审批备案管理办法（试行）》和市第六督查组《关于进一步规范石材产业高质量发展的督查调研报告》；学习习近平总书记在中共中央政治局第四十一次集体学习时的重要讲话精神、倪岳峰书记在《让群众过上好日子——习近平正定足迹》出版座谈会上的讲话、倪岳峰书记在省委理论学习中心组学习会议上的讲话精神、倪岳峰书记在省委理论学习中心组学习会议上的讲话精神；学习《石家庄市实施扩大内需战略工作方案》
10月16日	9	收听收看习近平总书记在中国共产党第二十次全国代表大会上的报告

续表 19-3

时间	会次	学习内容
11 月 3 日	10	传达学习习近平总书记在二十届中共中央政治局第一次集体学习时的重要讲话精神；学习《高举中国特色社会主义伟大旗帜 为全面建设社会主义现代化国家而团结奋斗——习近平总书记在中国共产党第二十次全国代表大会上的报告》《习近平在二十届中共中央政治局常委同中外记者见面时强调 始终坚持一切为了人民一切依靠人民 以中国式现代化全面推进中华民族伟大复兴》《中国共产党第二十次全国代表大会关于十九届中央委员会报告的决议》《中国共产党第二十次全国代表大会关于〈中国共产党章程（修正案）〉的决议》；学习倪岳峰书记在省委理论学习中心组学习会上的讲话精神、张超超书记在市委理论学习中心组学习会上的讲话精神和《中华人民共和国反间谍法实施细则》
11 月 23 日	11	观看警示教育片；传达学习党的二十大报告中关于全面从严治党内容、《中国共产党廉洁自律准则》《中国共产党问责条例》《中国共产党章程》；学习《中共中央八项规定》《中央八项规定实施细则》《中国共产党纪律检查委员会工作条例》和省委巡视整改专题民主生活会学习资料汇编；开展警示教育，宣读张文清、张国青、崔学辉、孙磊海忏悔录
12 月 23 日	12	传达学习习近平总书记在党的十九届七中全会第二次全体会议上的讲话、《中国共产党处分违纪党员批准权限和程序规定》、中共中央办公厅《推进领导干部能上能下规定》；学习习近平总书记重要文章《坚持人民至上》、习近平总书记重要文章《谱写新时代中国宪法实践新篇章——纪念现行宪法公布施行 40 周年》、习近平总书记重要文章《继承和发扬党的优良革命传统和作风　弘扬延安精神》《习近平关于社会主义精神文明建设论述摘编》和 12 月 14 日倪岳峰书记在省委理论学习中心组学习会议上的讲话精神

2023 年县十七届人大常委会党组理论学习中心组学习会情况一览表

表 19-4

时间	会次	学习内容
1 月 19 日	1	学习习近平总书记重要文章《为实现党的二十大确定的目标任务而团结奋斗》；学习《习近平经济思想学习纲要》中的文章《加强党对经济工作的全面领导——关于我国经济发展的根本保证》；学习习近平总书记在二十届中央政治局第一次集体学习时的讲话、倪岳峰书记在省委理论学习中心组学习会议上的讲话精神、2022 年度县以上党和国家机关党员领导干部民主生活会会前学习资料汇编
2 月 22 日	2	传达学习习近平总书记在二十届中共中央政治局第二次集体学习时的重要讲话精神、习近平总书记重要文章《当前经济工作的几个重大问题》；学习习近平总书记重要文章《全面从严治党探索出依靠党的自我革命跳出历史周期率的成功路径》、《中共中央、国务院关于做好 2023 年全面推进乡村振兴重点工作的意见》、《中国共产党宣传工作条例》、《中国共产党政法工作条例》
3 月 16 日	3	传达学习全国两会精神

续表 19–4

时间	会次	学习内容
4月12日	4	传达学习习近平总书记在学习贯彻习近平新时代中国特色社会主义思想主题教育工作会议上的重要讲话精神、《习近平论坚持总体国家安全观（2023年）》、习近平总书记关于调查研究的重要论述；学习习近平总书记重要文章《新时代党和人民奋进的必由之路》《加快建设农业强国 推进农业农村现代化》、习近平总书记在中央党校建校90周年庆祝大会暨2023年春季学期开学典礼上的讲话、中共中央办公厅《关于在全党大兴调查研究的工作方案》、倪岳峰书记在省委理论学习中心组学习会上的讲话精神、《石家庄赶考》
5月12日	5	学习《习近平著作选读》第一卷《没有贫困地区的小康就没有全面小康》《习近平著作选读》第一卷《高起点高标准高水平规划建设雄安新区》；学习习近平总书记重要文章《加快构建新发展格局 把握未来发展主动权》、倪岳峰书记在省委学习贯彻习近平新时代中国特色社会主义思想主题教育读书班开班式上的辅导报告和总结会上的讲话精神、倪岳峰书记在省委理论学习中心组学习会议上的讲话精神、倪岳峰书记在河北省纪念中共中央发布“五一口号”75周年座谈会上的讲话精神
5月25日	6	学习习近平总书记在河北雄安新区考察并主持召开高标准高质量推进雄安新区建设座谈会、在河北考察并主持召开深入推进京津冀协同发展座谈会时的重要讲话精神
6月21日	7	围绕“深入学习习近平法治思想 扎实推进依法行政 严格落实规范执法”进行专题讲座；学习习近平总书记关于优化营商环境工作的论述摘编、习近平总书记关于安全生产重要论述、习近平总书记重要文章《中国式现代化是中国共产党领导的社会主义现代化》、习近平总书记重要文章《健全全面从严治党体系 推动新时代党的建设新的伟大工程向纵深发展》、倪岳峰书记在省委理论学习中心组学习会议上的讲话精神、张超超书记在市委理论学习中心组学习会上的讲话精神
7月19日	8	传达学习习近平总书记在二十届中共中央政治局第六次集体学习时的重要讲话精神；学习《习近平著作选读》第二卷《正确认识和把握我国发展重大理论和实践问题》；学习习近平总书记在文化传承发展座谈会上的重要讲话精神、习近平总书记重要文章《深化党和国家机构改革 推进国家治理体系和治理能力现代化》
8月23日	9	传达学习《习近平法治思想学习纲要——习近平法治思想是全面依法治国的根本遵循和行动指南》；观看《一严到底》警示教育片；学习习近平总书记重要文章《中国式现代化是强国建设、民族复兴的康庄大道》、省委理论学习中心组学习会精神
9月25日	10	传达学习习近平总书记在二十届中共中央政治局第四次集体学习时的讲话、习近平总书记在学习贯彻习近平新时代中国特色社会主义思想主题教育工作会议上的讲话及最新重要讲话精神
10月30日	11	学习《开辟马克思主义中国化时代化新境界》（节选自《习近平著作选读》）；学习习近平总书记有关主题教育最新重要讲话精神；学习《习近平著作选读》（第一卷、第二卷）、《习近平新时代中国特色社会主义思想专题摘编》、《习近平新时代中国特色社会主义思想学习纲要（2023年版）》、《习近平新时代中国特色社会主义思想的世界观和方法论专题摘编》、《习近平关于调查研究论述摘编》

续表 19-4

时间	会次	学习内容
11 月 23 日	12	传达学习中央主题教育办公室《关于认真学习贯彻习近平总书记重要批示精神把学习推广“四下基层”作为第二批主题教育重要抓手的通知》
12 月 28 日	13	学习习近平总书记在北京河北考察灾后恢复重建工作时的重要讲话精神、习近平总书记重要文章《推进中国式现代化需要处理好若干重大关系》；学习习近平总书记重要文章《中国式现代化是中国共产党领导的社会主义现代化》、习近平总书记重要文章《中国式现代化是强国建设、民族复兴的康庄大道》、《习近平关于中国式现代化论述摘编》、《中国式现代化面对面》

2024 年县十七届人大常委会党组理论学习中心组学习会情况一览表

表 19-5

时间	会次	学习内容
1 月 10 日	1	学习习近平总书记在中共中央政治局专题民主生活会上的重要讲话精神、习近平总书记关于党的建设的重要思想“十三个坚持”主要内容；学习《中国共产党章程》《论党的自我革命》
2 月 23 日	2	传达学习习近平总书记在二十届中央纪委三次全会上的重要讲话精神；学习《全面从严治党开辟了百年大党自我革命新境界》；观看警示教育专题片
3 月 22 日	3	学习《永葆“赶考”的清醒和坚定 总书记这样强调“三个务必”》；全国人大代表陈春芳同志传达十四届全国人大二次会议精神；学习《习近平总书记谈到“三个务必”》、习近平总书记在出席解放军和武警部队代表团全体会议时、在参加江苏代表团审议时发表的重要讲话精神、在看望参加政协会议的民革、科技界、环境资源界委员时发表的重要讲话精神

第二章　人大代表

灵寿县第十七届人民代表大会代表名额206名。2021年7月，召开县十七届人大一次会议时实有代表199名。县十七届人大常委会尊重代表主体地位，着力强化代表工作的时代特色和实践特色，不断加强代表培训，扎实开展代表主题活动，全面提升网上代表之家（站）建设，改进提升人大代表民生实事项目票决工作，健全完善代表建议办理机制，充分发挥代表作用，以笃行实干的担当，聚力书写全过程人民民主的基层答卷。

第一节　选举产生

一、灵寿县第十七届人民代表大会代表的选举产生

根据新修改选举法的有关规定，省人大常委会依法重新确定灵寿县第十七届人民代表大会代表总名额为206名。根据县乡人大换届选举实施意见，实际分配代表名额200名，到90个选区进行选举。依照新选举法和省人大常委会新修改的省选举实施细则的规定，2017年6月10日，各选区依法选举产生灵寿县第十七届人民代表大会代表176名，2017年6月30日选举产生代表9名，7月10日选举产生代表14名，共199名。经县十七届人大常委会代表资格审查委员会审查，确定这199名代表的选举符合法律规定，代表资格全部有效。新当选的199名代表具有广泛的代表性，其中党政干部代表61名，占30.7%；妇女代表58名，占29.1%；非中共党员代表72名，占36.2%，代表结构明显优化。

二、灵寿县出席石家庄市第十五届人民代表大会代表的选举产生

根据市委批转市人大常委会党组《关于做好市县乡三级人民代表大会换届选举工作的意见》，灵寿县应选举出席市十五届人大代表25名。2021年7月25日，县十七届人大一次会议选举产生出席市十五届人大代表25名，其中市直参选5名，工农类代表11名，干部类代表3名，专业技术人员类代表6名。非中共党员代表9名，妇女代表6名，各项结构比例均符合市委要求。

第二节　代表名单

一、灵寿县第十七届人民代表大会代表名单

灵寿镇代表团

彭勇民	吕光丰	马民生	张国霞（女）
罗文全	吕艳雷	马　杰（女）	杨　普
侯建军	付亿飞	张春利（女）	吴福芹
孟文和	罗华玉（女）	罗书明	林学文
尚卫华（女）	付珍平	董新中	李胡伟（女）
付银花（女）	王发勤	马合云	罗新芳
李志清	王　晶（女）		

三圣院乡代表团

武利芳	傅心路（女）	赵永辉	陈克强
王振平	李贵锁	梁国敬	田莉媛（女）
郭彦梅（女）	康占风	袁晓铧（女）	张　勋
张小利（女）	王晓燕（女）		

北洼乡代表团

楚　臣	孙武庆	刘永峰	左新一
祁振发	马京学	牛瑞刚	焦会敏（女）
张风英（女）	赵顺珍（女）	米永欣（女）	徐　冲
贾晓艳（女）			

牛城乡代表团

尹国亮	刘红福	马永刚	李明军
王玉海	烟建利	曹喜珍（女）	赵新鹏
徐瑞敏	秘慧娜（女）	赵欣欣（女）	张　敏（女）

狗台乡代表团

白东风	张云山	王　辉	刘京辉（女）
曹国辉	李　刚	王冬会	张辰生
刘玉彬	尚利国	安卫青（女）	雷银芳（女）

青同镇代表团

赵丽蓉（女）	苗江良	刘祥平	尹国勇
靳　莉（女）	甄书芳（女）	王荣军（女）	刘利华（女）
王　建	赵　帆	邓春山	尹花书
刘增强	栗鹏志	陈志新	赵金虎

南寨乡代表团

李伟凡	张增斌	马泽海	赵　倩（女）
马仕忠	祁彦平	卢　涛	李学强
王彦风			

慈峪镇代表团

王晓娟（女）	高　梁	丁云红	郝俊峰
吴　用	高　杰	宋建设	范建华（女）
李永珍（女）	贾承山	程利强	李　芳（女）
牛玲燕（女）	王国清	董双丽（女）	何换福
高　坤（女）	司永福	刘喜生	卢国云
马振祥			

塔上镇代表团

董建海	康志辉	司利敏	闫二庆
李雪艳（女）	贾新海	聂卫明	

燕川乡代表团

吕秀敏（女）	刘　晖	赵永山	李保顺
朱玉辰	白志刚	孙伟敏	罗新书（女）
胡银山			

谭庄乡代表团

温　明	曹习军	马　珊（女）	白国军
乔志刚	靳训忠	李会平（女）	李志亮

岔头镇代表团

武建书	戈志龙	罗国良	聂振平（女）

苏亿位	王风书（女）	姜飞龙	陈树岗
张红梅（女）	董海斌	张伟山	

陈庄镇代表团

江文辉	张风岗	苏岩峰	李文义
苏志杰	白春明	周英丽（女）	卜　敏（女）
李　磊	宋晓春	周卫新	张秀娟（女）
姜亚男（女）			

寨头乡代表团

彭　涛	耿喜红	尹二岗	崔拴才
马志广	郑军利	李兰平（女）	于艳宁（女）

南营乡代表团

刘梅林	胡延卫	李　强	陈春芳
王平均	边　利（女）		

县直代表团

高　峰	武军义	祁进亮	辛书彦
赵剑锋	李景卫	杨天震	曹俊霞
李江海	吕二刚	罗文辉	李剑英（女）
赵聚敏（女）	郑丽芳（女）		

县十七届人大代表届中调整情况表

表 19-6

常委会会议	终止情况	补选情况	备注
2022 年 4 月 29 日县十七届人大常委会第六次会议	辞职：灵寿镇张国霞、吴用；狗台乡刘京辉、曹国辉；北洼乡左新一；燕川乡刘晖；三圣院乡王振平；牛城乡马永刚；慈峪镇高杰；塔上镇司利敏	—	
2022 年 5 月 26 日县十七届人大常委会第七次会议	辞职：狗台乡王辉；青同镇刘祥平；灵寿镇吕艳雷	—	

续表 19-6

常委会会议	终止情况	补选情况	备注
2022 年 9 月 8 日 县十七届人大常委会 第九次会议	辞职：县直武军义；寨头乡尹二岗；青同镇靳莉；南寨乡赵倩；县直辛书彦	—	
2022 年 9 月 19 日 县十七届人大常委会 第十次会议	辞职：青同镇王建	—	
2023 年 1 月 9 日 县十七届人大常委会 第十三次会议	辞职：慈峪镇郝俊峰	青同镇胡翰涛、杨增强、祁鹏；狗台乡雷敏毅、马永辉、马然；县直刘军保、梁国强、赵学刚；北洼乡柳学艺、罗红竹、赵杰；谭庄乡李书明；燕川乡尹玉国、左岩荣；寨头乡孙喜双；灵寿镇刘利波、吴晓东；三圣院乡苏志学；牛城乡辛彦；南寨乡张云霞；慈峪镇孙克、张健勇；塔上镇王延宗、聂江涛；岔头镇付鹏、孙志忠；寨头乡牛志国；南营乡路文茹	
2023 年 3 月 2 日 县十七届人大常委会 第十四次会议	辞职：灵寿镇马民生 调离：青同镇赵丽蓉；岔头镇武建书、戈志龙；县直曹俊霞	—	
2023 年 6 月 12 日 县十七届人大常委会 第十六次会议	调离：灵寿镇罗文全	—	
2023 年 8 月 31 日 县十七届人大常委会 第十八次会议	辞职：三圣院乡傅心路；南营乡李强	—	
2023 年 11 月 28 日 县十七届人大常委会 第二十次会议	辞职：青同镇苗江良；慈峪镇丁云红；北洼乡罗红竹	—	
2024 年 1 月 24 日 县十七届人大常委会 第二十三次会议	调离：三圣院乡武利芳；南寨乡李伟凡；慈峪镇高梁；北洼乡柳学艺；陈庄镇李文义	三圣院乡胡万程、霍青青；南寨乡周海军；岔头镇刘孝平；慈峪镇武申、焦曼；灵寿镇张二利、贾洁；北洼乡李伟、李明龙；南营乡孙晓东	

二、灵寿县出席石家庄市第十五届人民代表大会代表名册

表 19-7

姓名	性别	出生年月	民族	党派	籍贯	学历	时任职务
管云天	男	1971.02	汉	中共党员	上海	大学	石家庄市创建全国文明城市指挥部副总指挥
赵文生	男	1967.05	汉	中共党员	平乡	研究生	石家庄市人大常委会监察司法工委主任
韩保来	男	1962.10	汉	中共党员	行唐	研究生	石家庄市人大常委会副主任、党组成员
崔趁欣	女	1966.10	汉	中共党员	晋州	研究生	中国人民银行石家庄中心支行营业部主任
武英华	男	1979.07	汉	民建	平乡	研究生	河北华氏达医药有限公司董事长兼总经理
彭勇民	男	1969.09	汉	中共党员	无极	研究生	灵寿县委书记
武利芳	男	1972.12	汉	中共党员	赞皇	大学	灵寿县委副书记、县政府党组书记、县长
白东风	男	1967.04	汉	中共党员	灵寿	研究生	灵寿县人大常委会党组书记、主任
马　杰	女	1986.09	汉	中共党员	邢台	研究生	灵寿县灵寿镇农业综合服务中心主任
王献民	男	1968.06	汉	中共党员	灵寿	大专	南营乡东寺岭村党支部书记、村委会主任
安卫青	女	1974.10	汉	群众	灵寿	中专	灵寿芳泽农业科技有限公司总经理
李志鹏	男	1987.05	汉	群众	石家庄	大专	石家庄市华新药业有限责任公司总经理
张学勇	男	1962.09	汉	中共党员	灵寿	研究生	安能绿色建筑科技有限公司董事长
尚利国	男	1983.10	汉	民盟	灵寿	大学	石家庄时代报业旅行社灵寿营业部经理
胡银山	男	1976.06	汉	中共党员	灵寿	大专	石家庄星海高科非金属矿业材料有限责任公司董事长
柳丽强	男	1988.11	汉	群众	灵寿	中专	河北图略农业科技有限公司法人
崔拴才	男	1969.06	汉	中共党员	灵寿	大专	灵寿县寨头乡苏家庄村党支部书记、村委会主任
彭志军	男	1968.05	汉	中共党员	灵寿	大专	石家庄华杰木业有限公司董事长
魏勇心	男	1978.12	汉	群众	灵寿	大专	灵寿县丰沃农业开发有限公司总经理
王　忠	男	1989.10	汉	中共党员	衡水	大学	灵寿县陈庄中学教师
刘卫平	女	1972.09	汉	群众	灵寿	大学	灵寿县农业农村局农业技术推广中心站长
苏志杰	男	1972.11	汉	中共党员	灵寿	大学	灵寿县职业技术教育中心常务副校长
张双英	女	1978.02	汉	群众	灵寿	大学	灵寿县初级中学教师
罗彦辉	男	1974.08	汉	中共党员	灵寿	大学	灵寿县医院副院长兼神经外科主任
康雪娜	女	1973.11	汉	群众	灵寿	大学	灵寿县中西医结合医院内科主任

届中调整情况：2024 年 1 月 17 日，县十七届人大常委会第二十二次会议接受武利芳辞去市十五届人大代表职务，补选胡万程为市十五届人大代表。

第三节 代表工作

一、代表培训

县十七届人大常委会高度重视人大代表培训工作，把加强代表履职培训作为全面落实中央人大工作会议和省市县委人大工作会议精神的重要举措，作为支持和保障代表更好依法履职的重要抓手，扎实开展代表履职能力提升培训工作，全面提升代表依法履职能力和服务大局工作水平。县人大常委会党组书记、主任白东风多次对代表培训工作进行安排部署，对代表培训的内容、范围、方式等提出明确要求，强调要精心组织安排，切实抓好代表培训，不断提升代表履职能力和水平。

2021 年 12 月 23 日，组织召开中央人大工作会议精神培训会，传达学习中央、省委、市委人大工作会议精神，县人大常委会组成人员、各乡镇人大主席、部分人大代表及机关全体干部职工参加培训。

2022 年 3 月 31 日，组织召开全县人大系统五项联动监督培训会，对重点项目建设、优化营商环境、地下水超采综合治理、农村人居环境整治提升、城市生活垃圾分类管理五个领域开展联动监督的监督重点、监督步骤、工作要求进行培训，五级人大代表、联动监督领导小组成员 50 余人参加培训。

2022 年 10 月 31 日，组织召开学习二十大精神培训会，传达学习党的二十大、二十届一中全会精神，并就学习贯彻党的二十大会议精神进行安排部署，县人大常委会组成人员、各乡镇人大主席及机关全体干部职工参加培训。

2023 年 5 月 18 日至 19 日，举办全县四级人大代表和县乡两级人大干部素质提升培训班，组织驻县全国、省、市人大代表、县十七届人大代表和县乡两级人大干部 230 余人开展素质提升培训，深入学习习近平总书记在河北考察时的重要讲话精神、党的二十大精神，对习近平总书记在正定的实践与探索、如何当好人大代表、撰写高质量意见建议等课题开展培训，组织参训学员到首届人民代表大会历史陈列展、石家庄市城市馆、塔元庄村史馆及同福智慧农场开展现场教学。

2024 年 3 月 28 日，组织召开学习全国两会精神培训会，传达学习习近平总书记在全国两会期间重要讲话精神和全国两会精神。全国人大代表陈春芳通过河北干部网络学院宣讲两会精神，引导人大代表和人民群众积极践行“两山理论”，持续发扬新时代愚公精神。在全县人大系统掀起宣传贯彻党的二十大精神热潮，线上利用灵寿人大微信公众号、“网上代表之家”等平台进行宣传报道，线下向各级人大代表分发党的二十大学习资料包 250 余份；常委会党组成员到分包乡镇、分管领域开展报告会宣讲、基层宣讲、网络宣讲 8 次，乡镇人大依托代表之家、“选民接待日”，组织形式多样的学习宣讲 300 余人次。

县十七届人大期间，共组织各种理论和业务培训 42 次，人大代表和人大干部的理论水平和业务能力明显提升。

二、代表主题活动

2022 年 10 月，根据市人大常委会安排部署，县人大常委会组织全县人大代表开展以“喜迎党的二十大，代表聚力促发展”为主题的实践活动。活动全面落实“疫情要防住、经济要稳住、发展要安全”要求，聚焦“6+1”专项行动、“三场硬仗”、城市更新、脱贫攻坚等重点工作，以“我为企业助一力、我为基层解一难、我为民生献一策、我为群众办一事、我为发展建一言”“五个一”为载体，组织引导全体代表聚焦高质量发展和民生改善履职尽责，助力县委决策部署落地落实和年度目标任务完成，掀起“县委有号召、人大有行动”热潮。全县 1063 名五级人大代表下沉一线、带头担当，解决矛盾和问题 326 件，提出意见建议 120 余条，生动书写全过程人民民主的灵寿实践。

2023 年 5 月，为全面宣传贯彻落实党的二十大精神，进一步动员人大代表充分发挥代表作用，积极投身服务县域经济社会高质量发展生动实践，全面展示新时代人大代表良好形象，组织全县五级代表 180 余人次开展“益企促发展”人大代表主题活动，通过深入乡镇大小企业开展调研，收集汇总企业意见建议和各类诉求 86 项，群众务工需求 60 多个，技能培训需求 82 个，征求到的意见建议、问题线索和各项需求，及时向县政府及有关部门进行反馈和交办，进一步密切代表和群众的联系，在帮助中小企业纾困解难、推动县域民营经济高质量发展中贡献代表力量。同时，紧扣主题活动中代表反馈的企业发展痛点、难点、堵点，联合县经济开发区管委会组织开展“益企助企”大讲堂活动，围绕税务稽查、灵活用工等方面有针对性地安排一系列专题讲座，邀请相关领域经验丰富的专家来为企业分析政策、提出策略、答疑解惑，进一步激发市场主体活力，促进企业更好更快发展。

2023 年 12 月，根据市人大常委会安排部署，为深入学习贯彻习近平总书记视察河北、视察石家庄重要讲话和重要指示精神，助力县域经济社会高质量发展，县人大常委会深入开展“深调研、解难题、促履职、助发展——人大代表在行动”活动，号召五级人大代表结合主题教育，大兴调查研究，践行“四下基层”，发挥代表根植群众优势、全方位开展宣讲，聚焦县域重点、群众关心关注的热点难点工作，多角度组织专题视察、沉下身子搞调查研究，高标准严要求督办民生实事项目，用实际行动知民情、解民忧、办实事、促发展，为全面建设滨河生态新城、现代美丽灵寿贡献人大力量。

三、代表履职保障

健全“双联”制度，坚持开展“主任接待代表日”活动，坚持邀请人大代表列席人大常委会会议；完善代表履职档案，加强代表初任培训、履职培训、专题培训，持续开展代表述职评议，不断提高代表履职能力；常态化组织代表参加视察调研、执法检查、预算审查、专题询问、重点督办代表建议等履职活动，为相关部门改进工作建言献策；积极宣传展示人大代表履职风采，营造代表工作良好氛围；主动关心代表的工作、生活，为人大代表更好履职提供有力支撑。

四、代表之家（站）建设

县十七届人大常委会高度重视代表之家（站）建设，按照“规范建设、强化运行、保证效果”的要求，稳步推进代表之家（站）建设及运行，广度延伸代表联系选民触角，深度融合县委中心工作，高度关注百姓民生福祉，把代表之家（站）建成闭会期间人大代表学习交流、提升素质、联系群众、汇聚民智、服务中心工作的履职平台，打造成人大代表为民办实事、帮民解实困、助民得实惠的连心暖心阵地。建立健全人大常委会主任分包家站责任制，十五个乡镇做到人大代表之家全覆盖，改造提升灵寿镇、三圣院乡、燕川乡人大代表之家，新建开发区代表之家，各级代表进“家”入“站”进行常态化履职。推进“智慧人大”建设，通过“网上代表之家”及时宣传党的方针政策、重大会议精神，定期推送县委决策部署和常委会工作情况，畅通代表知情知政渠道。2024 年 3 月 28 日，县人大常委会办公室印发《关于进一步发挥人大代表之家、代表联络站作用的意见》的通知（灵人常办〔2024〕2 号），从有效提高代表之家（站）建设的水平、多维发挥代表之家（站）作用、开展主题鲜明的“代表之家（站）+”活动等方面提出目标任务，推动代表之家（站）不断夯实平台建设，创新活动载体，有效激发广大代表的履职热情。

五、民生实事项目人大代表票决

县人大常委会不断改进工作方式，推进民生实事项目人大代表票决工作不断深化，真实体现民意、充分展现全过程人民民主决策过程。

2022 年 1 月 29 日，县十七届人大二次会议，全体与会代表从县政府提交的 15 件民生实事候选项目中，票决确定县政府 2022 年 10 件民生实事项目：工业路（正南大街—新开街、城东街—城西街）开通工程，城东街北延（中山大道—兴阳线）开通工程，灵寿县第三初级中学、灵寿县松阳第一幼儿园建设工程，农村公路升级及恢复工程（10 条农村公路实施升级改造、20 公里农村公路进行水毁恢复），三项人居环境提升工程（完成 37 个行政村的道路硬化、4100 座农村户厕改造提升、2022 年“粮改饲”试点项目），灵寿县 2022 年老旧小区改造项目，西环路（松阳大街）北延（中山大道—兴阳线）项目，城市更新工程[共建路（城东街—城西街）通行能力提升、淤泥河（人民路—城北路）景观改造提升]，灵寿县公共租赁住房项目主体建设工程，灵正灌区节水改造工程（二期）主体建设工程。

2023 年 1 月 13 日，县十七届人大三次会议，全体与会代表从县政府提交的 15 件民生实事候选项目中，票决确定县政府 2023 年 10 件民生实事项目：36 个行政村村内道路硬化工程，南贾良、北贾良小学生活楼项目，人民路贯通（建设大街—兴工街）工程，特困老年人生活质量提升工程，正南线正定界至南环段公路两侧环境整治工程，市政基础设施提升工程，灵寿县龙岗小学教学楼主体建设，为全县 14 周岁女孩免费接种 HPV 疫苗，陈孟线灵寿段大修工程，22 个行政村集中供水工程。

2024年2月2日，县十七届人大四次会议，全体与会代表从县政府提交的15件民生实事候选项目中，票决确定县政府2024年10件民生实事项目：教育基础设施提升工程，农村公路建设项目，松阳河全民健身中心项目（续建），为全县14周岁女孩免费接种HPV疫苗，县域交通道路提升改造工程，15处农村饮水设施提升改造工程，水毁道路恢复重建项目，提升全县物业服务水平，小型农田水利设施灾后重建项目，2023—2025年磁右灌区续建配套与节水改造工程（2024年）。

六、代表议案、建议办理

县十七届人大期间共收到人大代表议案10个，经议案审查委员会审议后全部转为建议、批评和意见。

按照“内容高质量、办理高质量”的原则，完善代表建议全链条办理机制。以优秀建议为典型案例对代表如何提出高质量意见建议开展专项培训，帮助代表围绕经济发展、提高群众收入、民生改善等方面提出切实可行的意见建议。坚持集中交办，督促承办单位及时研究、制定方案、明确责任、抓好落实。坚持常委会副主任领衔、专门委员会重点督办的制度，通过召开座谈会、集中视察、走访代表等形式，在督办环节充分发挥代表作用。坚持听取审议县政府代表建议办理情况报告，对承办部门开展满意度测评，推动办理工作由“答复型”向“落实型”转变，实现问题解决和代表满意度“双提升”。

县十七届人大一次会议，收到代表建议62件，解决或基本解决的建议43件，占69.4%，正在解决或列入计划逐步解决的13件，占20.9%，因条件限制暂未解决解释说明的6件，占9.7%，满意和基本满意率100%，满意率为93.5%。

县十七届人大二次会议，收到代表建议58件，解决或基本解决的建议36件，占62.1%，正在解决或列入计划逐步解决的15件，占25.9%，因条件限制暂未解决解释说明的7件，占12.0%，满意54件，基本满意4件，满意率为93.1%。

县十七届人大三次会议，收到代表建议60件，解决或基本解决的建议38件，占63.3%，正在解决或列入计划逐步解决的15件，占25%，因条件限制暂未解决解释说明的7件，占11.7%，满意58件，基本满意2件，满意率为96.7%。其中10件被评为优秀代表建议。

县十七届人大四次会议，收到代表意见116件，均已转交县政府。

2021年重点督办建议情况一览表

表19-8

序号	代表团	领衔代表	建议内容
1	灵寿镇	罗文全等10人	灵寿镇特色小镇议案
2	陈庄乡	苏岩峰等12人	关于解决陈庄镇镇区污水处理难 协调建设污水处理厂的建议

2022 年重点督办建议情况一览表

表 19-9

序号	代表团	领衔代表	建议内容
1	青同镇	尹国勇等 10 人	关于改善农村小规模养殖造成的环境污染建议
2	狗台乡	雷银芳等 10 人	关于《加大旅游业扶持力度，帮助企业渡过难关》的建议
3	—	罗文全等 12 人	关于在灵寿县北部县城建设乡村振兴产业园中央厨房项目的建议
4	—	落选民生实事候选项目	灵寿县租赁住房项目主体建设工程
5	—	落选民生实事候选项目	灵寿县松阳垃圾处理厂部分封场及飞灰处置改造工程
6	—	落选民生实事候选项目	燕川水库除险加固项目主体建设工程
7	—	落选民生实事候选项目	灵寿县新建消防站及消防应急综合训练基地项目主体建设工程（一期）
8	—	落选民生实事候选项目	县图书馆改建、晋察冀边区印刷局旧址保护与晋察冀边区银行博物馆建设项目

2023 年重点督办建议情况一览表

表 19-10

序号	代表团	领衔代表	建议内容
1	慈峪镇	张健勇等 11 人	关于灵寿县境内磁河两岸闲置土地规划利用的议案
2	牛城乡	刘红福等 11 人	关于牛城乡天然气管道铺设及“煤改电”的议案
3	—	落选民生实事候选项目	关于 29 公里 10 千伏线路新建工程的建议
4	—	落选民生实事候选项目	关于县图书馆改建、晋察冀边区印刷局旧址保护与晋察冀边区银行博物馆建设项目的建议
5	—	落选民生实事候选项目	关于对寨南至寒巴公路（北庄至寒巴段）大修工程的建议
6	—	落选民生实事候选项目	关于城区生活小区垃圾分类的建议
7	—	落选民生实事候选项目	关于建设东关公园（东关停车场）的建议

2024 年重点督办建议情况一览表

表 19-11

序号	代表团	领衔代表	建议内容
1	三圣院乡	赵永辉等 11 人	关于在正南路东木佛段建设连接河北大道高标准公路的建议
2	陈庄镇	张风岗等 11 人	关于大力营造春节节日氛围，传承民族优秀传统文化的建议
3	陈庄镇	张风岗等 11 人	关于提升物业服务水平，推动基层社会治理的建议

续表 19-11

序号	代表团	领衔代表	建议内容
4	—	落选民生实事候选项目	小东关剧场小吃夜市搬迁项目
5	—	落选民生实事候选项目	南营乡电网可靠性提升项目
6	—	落选民生实事候选项目	北环路（正南大街—西环路）排水管网改造工程
7	—	落选民生实事候选项目	优化提升自然资源社会服务效能
8	—	落选民生实事候选项目	图书馆搬迁项目

2024 年优秀代表意见建议

表 19-12

序号	代表团	提建议人	建议题目
1	县直	赵剑锋	关于消除灵寿县城区域非机动车车道存在的安全隐患的建议
2	青同镇	尹国勇	关于加强农村物流发展，支撑乡村振兴战略的建议
3	县直	罗文辉	关于改善交通出行环境，打通“断头路”的建议
4	狗台乡	李　刚	关于对松阳河进行整治治理的建议
5	狗台乡	尚利国	关于加大对中小微企业和个体工商户支持力度的建议
6	燕川乡	白志刚	关于打造各乡镇特色产业及打造灵寿县非金属传统行业富民强县的建议
7	塔上镇	聂卫明	关于塔上镇万里村灵塔路至刘家村 241 省道西大道部分破损道路修的建议
8	灵寿镇	杨　普	关于增设交通指示和限速设施的建议
9	岔头镇	董海斌	关于修建 201 省道与 241 省道东岔头段连接线及 320 县道大夫庄村口红绿灯安装的建议
10	陈庄镇	周卫新	关于加大农村建筑垃圾处理的建议

第三章 人民代表大会

灵寿县第十七届人民代表大会，始于2021年7月，书至2024年3月，共召开4次会议。

县十七届人大历次会议概况表

表19-13

会次	会议日期	议题（项）	听取报告（个）	决议决定（项）	选举表决（项）
第一次	2021年7月24日—25日	11	4	4	7
第二次	2022年1月28日—29日	8	6	6	1
第三次	2023年1月12日—13日	9	6	6	2
第四次	2024年2月1日—3日	8	6	6	2

第一节 会议概况

一、县十七届人大一次会议

2021年7月24日至25日，灵寿县第十七届人民代表大会第一次会议在电力会堂召开。会议应出席代表199名，实际出席196名。会议听取和审议县人民政府代县长武利芳作的《灵寿县人民政府工作报告》、县人大常委会副主任吕秀敏作的《灵寿县人民代表大会常务委员会工作报告》、县人民法院代院长刘梅林作的《灵寿县人民法院工作报告》、县人民检察院代检察长彭涛作的《灵寿县人民检察院工作报告》，作出相应决议；会议选举产生县第十七届人民代表大会常务委员会主任、副主任、委员，县人民政府县长、副县长，县监察委员会主任，县人民法院院长，县人民检察院检察长；会议选举产生灵寿县出席石家庄市第十五届人民代表大会代表25名；表决通过灵寿县第十七届人民代表大会财政经济委员会、法制委员会、科学教育文化卫生委员会、农村经济委员会、社会建设委员会主任委员、副主任委员、委员人选（名单见本章第三节《会议选举》）。

这次会议，是在中国共产党成立100周年的重要时刻，在中国共产党灵寿县第十二次代表大会胜利闭幕之后，全县上下深入贯彻会议精神，实施“十四五”规划，把握新发展阶段，完整、准确、全面贯彻新发展理念，服务和融入新发展格局的关键时期，召开的一次承前启后、开拓奋进的重要会议。会议强调，要深入贯彻习近平总书记系列重要讲话精神，紧紧围绕县第十二次党代会确定的目标任务，在县委的坚强领导下，认真履行职责，充分发扬民主，严格依法办事，增进共识、凝聚力量、共谋发展、奋力开启新时代经济社会高质量发展新征程。

二、县十七届人大二次会议

2022 年 1 月 28 日至 29 日，灵寿县第十七届人民代表大会第二次会议在电力会堂举行。会议应出席代表 199 名，实际出席代表 175 名。会议听取和审议县人民政府县长武利芳作的《灵寿县人民政府工作报告》、县人大常委会主任白东风作的《灵寿县人民代表大会常务委员会工作报告》、县人民法院院长刘梅林作的《灵寿县人民法院工作报告》、县人民检察院检察长彭涛作的《灵寿县人民检察院工作报告》，作出相应决议；审议县政府提出的《灵寿县 2021 年国民经济和社会发展计划执行情况与 2022 年国民经济和社会发展计划（草案）的报告》《灵寿县 2021 年财政预算执行情况和 2022 年财政预算（草案）的报告》，批准灵寿县 2021 年国民经济和社会发展计划执行情况与 2022 年国民经济和社会发展计划、灵寿县 2021 年财政预算执行情况和 2022 年财政预算；会议票决县政府 2022 年民生实事项目。

这次会议，是在全县上下深入学习贯彻党的十九大和十九届历次全会精神，全面落实中央、省、市、县经济工作会议和县委十二届二次全会精神的新形势下，召开的一次重要会议。会议强调，要更加紧密地团结在以习近平同志为核心的党中央周围，坚持以习近平新时代中国特色社会主义思想为指导，在县委的坚强领导下，不忘初心、牢记使命，攻坚克难、砥砺前行，不断开创人大工作新局面，为全面建设滨河生态新城、现代美丽灵寿，奋力推进社会经济大踏步、高质量发展不懈奋斗，以优异成绩迎接党的二十大胜利召开。

三、县十七届人大三次会议

2023 年 1 月 12 日至 13 日，灵寿县第十七届人民代表大会第三次会议在电力会堂举行。会议应出席代表 204 名，实际出席代表 183 名。会议听取和审议县人民政府县长武利芳作的《灵寿县人民政府工作报告》、县人大常委会主任白东风作的《灵寿县人民代表大会常务委员会工作报告》、县人民法院院长刘梅林作的《灵寿县人民法院工作报告》、县人民检察院检察长彭涛作的《灵寿县人民检察院工作报告》，作出相应决议；审议县政府提出的《灵寿县 2022 年国民经济和社会发展计划执行情况与 2023 年国民经济和社会发展计划（草案）的报告》《灵寿县 2022 年财政预算执行情况和 2023 年财政预算（草案）的报告》，批准灵寿县 2022 年国民经济和社会发展计划执行情况的报告与 2023 年国民经济和社会发展计划、灵寿县 2022 年财政预算执行情况的报告和 2023 年财政预算；会议补选马永辉、杨增强、聂振平、梁国强为灵寿县第十七届人民代表大会常务委员会委员；会议票决县政府 2023 年民生实事项目。

这次会议，是在全县上下深入学习贯彻党的二十大精神，全面落实中央、省委、市委、县委经济工作会议和县委十二届三次全会精神的新形势下，召开的一次重要会议。会议强调，要更加紧密地团结在以习近平同志为核心的党中央周围，在县委的坚强领导下，以更加饱满的精神状态，更加务实的担当作为，更加有力的工作举措，为在全面加快建设滨河生态新城、现代美丽灵寿进程中跑出加速度、展示新作为贡献人大力量。

四、县十七届人大四次会议

2024 年 2 月 1 日至 3 日，灵寿县第十七届人民代表大会第四次会议在电力会堂举行。会议应出席代表 203 名，实际出席代表 186 名。会议听取和审议县人民政府代县长胡万程作的《灵寿县人民政府工作报告》、县人大常委会主任白东风作的《灵寿县人民代表大会常务委员会工作报告》、县人民法院院长刘梅林作的《灵寿县人民法院工作报告》、县人民检察院检察长彭涛作的《灵寿县人民检察院工作报告》，作出相应决议；审议县政府提出的《灵寿县 2023 年国民经济和社会发展计划执行情况与 2024 年国民经济和社会发展计划草案的报告》《灵寿县 2023 年财政预算执行情况和 2024 年财政预算草案的报告》，批准灵寿县 2024 年国民经济和社会发展计划、灵寿县 2024 年财政预算；会议选举胡万程为灵寿县人民政府县长，补选贾洁、武申、焦曼、霍青青为灵寿县第十七届人民代表大会常务委员会委员；会议票决县政府 2024 年民生实事项目。

这次会议，是在全县上下深入学习贯彻党的二十大和二十届二中全会精神，全面落实县委十二届五次全会精神的新形势下，召开的一次重要会议。会议强调，要更加紧密地团结在以习近平同志为核心的党中央周围，在县委的坚强领导下，踔厉奋发、勇毅前行，守正创新、为民行权，聚力攻坚突破、奋力跨越赶超，为加快建设滨河生态新城、现代美丽灵寿贡献人大力量。

第二节　会议选举

截至 2024 年 3 月，县十七届人大共召开四次会议，选举产生县级国家机关工作人员 17 人。

县人大常委会

主　任：

白东风　　2021 年 7 月县十七届人大一次会议当选

副主任：

张云山　　2021 年 7 月县十七届人大一次会议当选

吕秀敏（女）2021 年 7 月县十七届人大一次会议当选

董建海　　2021 年 7 月县十七届人大一次会议当选

罗文全　　2021 年 7 月县十七届人大一次会议当选

届中调整情况：

罗文全，2023 年 6 月 12 日，在县十七届人大常委会第十六次会议上辞去灵寿县人大常委会副主任职务。

委　员（县十七届人大一次会议选举产生）：

丁云红	卜　敏（女）	马民生	王　建
王　辉	王风书（女）	王发勤	付银花（女）
白志刚	乔志刚	刘祥平	刘增强
闫二庆	祁进亮	孙伟敏	孙武庆
李江海	李贵锁	李保顺	吴福芹
张国霞（女）	苗江良	林学文	尚利国
郝俊峰	侯建军	栗鹏志	梁国敬
傅心路（女）	雷银芳（女）		

以下委员为县十七届人大三次会议选举产生：

马永辉	杨增强	聂振平（女）	梁国强

以下委员为县十七届人大四次会议选举产生：

贾　洁（女）	武　申（女）	焦　曼（女）	霍青青（女）

届中调整情况：

张国霞，2022 年 4 月 29 日，在县十七届人大常委会第六次会议上辞去灵寿县第十七届人民代表大会代表职务，其人大常委会委员职务相应终止。

王　辉，2022 年 5 月 26 日，在县十七届人大常委会第七次会议上辞去灵寿县第十七届人民代表大会代表职务，其人大常委会委员职务相应终止。

刘祥平，2022 年 5 月 26 日，在县十七届人大常委会第七次会议上辞去灵寿县第十七届人民代表大会代表职务，其人大常委会委员、农村经济委员会副主任委员职务相应终止。

王　建，2022 年 9 月 19 日，在县十七届人大常委会第十次会议上辞去灵寿县第十七届人民代表大会代表职务，其人大常委会委员职务相应终止。

郝俊峰，2023 年 1 月 9 日，在县十七届人大常委会第十三次会议上辞去灵寿县第十七届人民代表大会代表职务，其人大常委会委员、教育科学文化卫生委员会副主任委员职务相应终止。

马民生，2023 年 3 月 24 日，在县十七届人大常委会第十四次会议上辞去灵寿县第十七届人民代表大会代表职务，其人大常委会委员、法制委员会副主任委员职务相应终止。

傅心路，2023 年 8 月 31 日，在县十七届人大常委会第十八次会议上辞去灵寿县第十七届人民代表大会代表职务，其人大常委会委员职务相应终止。

苗江良，2023 年 12 月 28 日，在县十七届人大常委会第二十次会议上辞去灵寿县第十七届人民代表大会代表职务，其人大常委会委员职务相应终止。

丁云红，2023年12月28日，在县十七届人大常委会第二十次会议上辞去灵寿县第十七届人民代表大会代表职务，其人大常委会委员、社会建设委员会副主任委员职务相应终止。

县人民政府

县　长：

武利芳　　2021年7月县十七届人大一次会议当选

胡万程　　2024年2月县十七届人大四次会议当选

届中调整情况：

武利芳，2024年1月15日，县十七届人大常委会第二十一次会议接受其辞去灵寿县人民政府县长职务。

胡万程，2024年1月15日，县十七届人大常委会第二十一次会议决定任命其为灵寿县人民政府副县长，决定其为代理县长。

副县长：

楚　臣　　2021年7月县十七届人大一次会议当选

赵鹏昆　　2021年7月县十七届人大一次会议当选

周海军　　2021年7月县十七届人大一次会议当选

张路明　　2021年7月县十七届人大一次会议当选

单春玲　　2021年7月县十七届人大一次会议当选

王　蒙　　2021年7月县十七届人大一次会议当选

届中调整情况：

闫　雁，2021年8月31日，县十七届人大常委会第一次会议决定任命其为县人民政府副县长（挂职）；2022年4月29日，县十七届人大常委会第六次会议决定免去其县人民政府副县长（挂职）职务。

周　静，2021年8月31日，县十七届人大常委会第一次会议决定任命其为县人民政府副县长（挂职）；2022年4月29日，县十七届人大常委会第六次会议决定免去其县人民政府副县长（挂职）职务。

贺　婷，2022年5月26日，县十七届人大常委会第七次会议决定任命其为县人民政府副县长（挂职）；2023年3月24日，县十七届人大常委会第十四次会议决定免去其县人民政府副县长（挂职）职务。

周海军，2023年3月24日，县十七届人大常委会第十四次会议决定免去其县人民政府副县长职务。

王　蒙，2023年3月24日，县十七届人大常委会第十四次会议决定免去其县人民政府副县长职务。

王　娟，2023年3月24日，县十七届人大常委会第十四次会议决定任命其为县人民政府副县长（挂职）；2024年3月28日，县十七届人大常委会第二十四次会议决定免去其县人民政府副县长（挂职）职务。

邢晓飞，2023年3月24日，县十七届人大常委会第十四次会议决定任命其为县人民政府副县长。

刘　军，2023年6月12日，县十七届人大常委会第十六次会议决定任命其为县人民政府副县长。

宋远程，2024年3月28日，县十七届人大常委会第二十四次会议决定任命其为县人民政府副县长。

县监察委员会

主任

李伟凡　　2021年7月县十七届人大一次会议当选

周海军　　2024年2月县十七届人大四次会议当选

届中调整情况：

李伟凡，2023年3月24日，县十七届人大常委会第十四次会议接受其辞去县监察委员会主任职务。

周海军，2023年3月24日，县十七届人大常委会第十四次会议任命其为县监察委员会副主任，决定其为代理主任。

县人民法院

院　长：

刘梅林　　2021年7月县十七届人大一次会议当选

县人民检察院

院　长：

彭　涛　　2021年7月县十七届人大一次会议当选

链接1：县十七届人大常委会主任会议成员简历

白东风，男，1967年4月出生，汉族，中共党员，河北灵寿人，研究生学历。历任西托乡党委副书记，南寨乡党委副书记，慈峪镇党委副书记、镇长，牛城乡党委书记，慈峪镇党委书记，县委组织部常务副部长，民政局党组书记、局长，县委常委、县委办公室主任，县委常委、副县长，县政协党组书记、主席，县人大常委会党组书记、主任。

张云山，男，1966年4月出生，汉族，群众，河北灵寿人，大学学历。历任县政协宗教法制委副主任，县政协宗教法制科科长，县政协副主席（党外），县人大常委会副主任。

吕秀敏，女，1969年10月出生，汉族，中共党员，河北灵寿人，在职研究生学历。历任新开乡党委组宣委员，陈庄镇党委组织委员，陈庄镇纪检书记，陈庄镇党委副书记，慈峪镇党委副书记，慈峪镇党委副书记兼慈峪镇工会主席，陈庄镇党委副书记、镇长，陈庄镇党委书记、镇长，陈庄镇党委书记，县民政局党组书记、局长，县人大党组成员、县民政局党组书记、局长，县人大党组副书记、副主任。

董建海，男，1974年9月出生，汉族，中共党员，河北灵寿人，中央党校在职大学学历。历任县委保密局副局长，县委保密局局长，陈庄镇党委副书记、镇长，塔上镇党委书记，县人大常委会副主任。

罗文全，男，1973年1月出生，汉族，中共党员，河北灵寿人，大学学历。历任青同镇副镇长，燕川乡党委副书记，慈峪镇副镇长，慈峪镇党委副书记、纪委书记，南营乡人大主席，陈庄镇党委副书记、镇长，灵寿镇党委副书记、镇长，灵寿镇党委书记，县人大常委会党组成员、副主任兼灵寿镇党委书记。

链接2：县十七届人大常委会委员简况

表19-14

姓名	性别	出生年月	民族	党派	籍贯	学历	时任职务
丁云红	男	1968年8月	汉	党员	灵寿镇	大学	县人大常委会社会建设工委主任
卜　敏	女	1980年5月	汉	党员	河北灵寿	大学	开发区管理委员会规划建设局副局长
马民生	男	1969年2月	汉	党员	岔头镇	大学	县人大常委会政法工委主任
王　建	男	1978年3月	汉	群众	河北灵寿	大学	河北石阀机械设备有限公司总经理
王　辉	男	1968年12月	汉	党员	南寨乡	大学	县人大常委会办公室主任
王风书	女	1961年4月	汉	群众	岔头镇	高中	灵寿县金魁石材有限公司总经理
王发勤	男	1971年1月	汉	群众	河北灵寿	中专	灵寿县九润贸易有限公司总经理
付银花	女	1970年6月	汉	群众	河北灵寿	大学	灵寿县蓝天幼儿园园长
付连庆	男	1965年11月	汉	群众	灵寿镇	大专	灵寿县工商联主席
白志刚	男	1975年12月	汉	党员	燕川乡	高中	灵寿县旭阳矿业有限公司董事长
乔志刚	男	1969年4月	汉	党员	谭庄乡	大专	北京胜昂建设有限公司总经理
刘祥平	男	1966年8月	汉	党员	燕川乡	大学	县人大常委会农经工委主任
刘增强	男	1980年6月	汉	群众	河北灵寿	大学	河北兴灵房地产开发有限公司总经理
闫二庆	男	1970年8月	汉	群众	河北灵寿	初中	灵寿县荣利矿产品有限公司经理
祁进亮	男	1964年8月	汉	党员	北洼乡	大学	县医院院长
孙伟敏	男	1987年9月	汉	群众	燕川乡	高中	灵寿县永泰建材有限公司总经理
孙武庆	男	1973年11月	汉	党员	河北灵寿	大学	县人大常委会财经工委主任
李江海	男	1970年6月	汉	党员	河北灵寿	大学	灵寿中学校长
李贵锁	男	1967年2月	汉	党员	三圣院乡	大专	三圣院乡三级主任科员
李保顺	男	1962年8月	汉	党员	燕川乡	大专	东庄村村民
吴福芹	男	1968年7月	汉	党员	灵寿镇	中专	灵寿镇东合村党支部书记、村委会主任

续表 19-14

姓名	性别	出生年月	民族	党派	籍贯	学历	时任职务
张国霞	女	1974 年 10 月	汉	党员	陈庄镇	大学	县妇联党组书记、主席
苗江良	男	1968 年 9 月	汉	党员	石家庄	大学	县人大常委会代表工委主任
林学文	男	1979 年 9 月	汉	群众	浙江温岭	大学	河北康泰塑胶科技有限公司副总经理
尚利国	男	1983 年 10 月	汉	群众	狗台乡	大学	石家庄时代报业旅行社灵寿营业部总经理
郝俊峰	男	1967 年 11 月	汉	党员	河北灵寿	大学	县人大常委会科教文委主任
侯建军	男	1970 年 3 月	汉	党员	河北灵寿	高中	灵寿镇小东关村党支部书记、村主任
栗鹏志	男	1981 年 8 月	汉	群众	牛城乡	大专	县救助管理站站长
梁国敬	男	1958 年 3 月	汉	党员	河北定州	研究生	石家庄科技信息职业学院党委副书记、院长
傅心路	男	1987 年 5 月	汉	党员	河北灵寿	大学	共青团灵寿县委员会书记
雷银芳	女	1969 年 6 月	汉	群众	狗台乡	高中	灵寿县环岳旅游开发有限公司经理

第三节　会议组织

一、县十七届人大一次会议

（一）大会临时党委

书　记：彭勇民

副书记：武利芳

委　员：赵丽蓉（女）　白东风

（二）大会主席团和秘书长

主席团（61 人）

丁云红	卜　敏（女）	马民生	王　建
王　辉	王风书（女）	王发勤	王晓娟（女）
尹国亮	尹国勇	付银花（女）	白东风
白志刚	吕光丰	吕秀敏（女）	乔志刚
刘　晖	刘永峰	刘红福	刘京辉（女）
刘祥平	刘增强	闫二庆	江文辉
祁进亮	孙伟敏	孙武庆	李伟凡
李江海	李贵锁	李保顺	吴　用
吴福芹	张云山	张风岗	张国霞（女）
张增斌	武利芳	武建书	苗江良

林学文	尚利国	罗文全	罗国良
赵永辉	赵丽蓉（女）	郝俊峰	胡延卫
侯建军	耿喜红	栗鹏志	高　梁
曹习军	康志辉	梁国敬	彭勇民
董建海	傅心路（女）	温　明	楚　臣
雷银芳（女）			

秘书长：吕秀敏（女，兼）

（三）大会主席团常务主席

彭勇民	武利芳	赵丽蓉（女）	白东风
江文辉	张云山	吕秀敏（女）	董建海
罗文全			

（四）大会议案审查委员会

主任委员：吕秀敏（女）

副主任委员：苗江良

委　　员：王　辉　丁云红　马民生　张国霞（女）　张晓燕（女）

二、县十七届人大二次会议

（一）大会临时党委

书　记：彭勇民

副书记：武利芳

委　员：赵丽蓉（女）　白东风　高　梁

（二）大会主席团和秘书长

主席团（61人）

丁云红	卜　敏（女）	马民生	王　建
王　辉	王风书（女）	王发勤	王晓娟（女）
尹国亮	尹国勇	付银花（女）	白东风
白志刚	吕光丰	吕秀敏（女）	乔志刚
刘　晖	刘永峰	刘红福	刘京辉（女）
刘祥平	刘增强	闫二庆	江文辉
祁进亮	孙伟敏	孙武庆	李伟凡
李江海	李贵锁	李保顺	吴　用
吴福芹	张云山	张风岗	张国霞（女）
张增斌	武利芳	武建书	苗江良
林学文	尚利国	罗文全	罗国良
赵永辉	赵丽蓉（女）	郝俊峰	胡延卫

侯建军	耿喜红	栗鹏志	高　梁
曹习军	康志辉	梁国敬	彭勇民
董建海	傅心路（女）	温　明	楚　臣
雷银芳（女）			

秘书长：吕秀敏（女，兼）

（三）大会主席团常务主席

彭勇民	武利芳	赵丽蓉（女）	白东风
江文辉	张云山	吕秀敏（女）	董建海
罗文全			

（四）大会议案审查委员会

主任委员：吕秀敏（女）

副主任委员：苗江良

委　　员：王　辉　丁云红　马民生　张国霞（女）　张晓燕（女）

三、县十七届人大三次会议

（一）大会临时党委

书　记：彭勇民

副书记：武利芳

委　员：胡翰涛　白东风　高　梁

（二）大会主席团和秘书长

主席团（59 人）

丁云红	卜　敏（女）	马永辉	马民生
王风书（女）	王发勤	王晓娟（女）	尹玉国
尹国亮	尹国勇	付银花（女）	白东风
白志刚	吕光丰	吕秀敏（女）	乔志刚
刘红福	刘增强	闫二庆	江文辉
祁进亮	孙伟敏	孙武庆	孙喜双
李书明	李伟凡	李江海	李贵锁
李保顺	杨增强	吴福芹	张云山
张风岗	张增斌	武利芳	苗江良
林学文	尚利国	罗文全	罗国良
赵永辉	胡延卫	胡翰涛	柳学艺
侯建军	聂振平（女）	栗鹏志	高　梁
曹习军	康志辉	梁国敬	梁国强
彭勇民	董建海	傅心路（女）	温　明

楚　臣	雷银芳（女）	雷敏毅	

秘书长：吕秀敏（女，兼）

（三）大会主席团常务主席

彭勇民	武利芳	胡翰涛	白东风
江文辉	张云山	吕秀敏（女）	董建海
罗文全			

（四）大会议案审查委员会

主 任 委 员：吕秀敏（女）

副主任委员：苗江良

委　　　员：丁云红　马民生　栗鹏志

四、县十七届人大四次会议

（一）大会临时党委

书　记：彭勇民

副书记：胡万程

委　员：胡翰涛　白东风　王晓娟（女）

（二）大会主席团和秘书长

主席团（59 人）

卜　敏（女）	马永辉	王风书（女）	王发勤
王晓娟（女）	尹玉国	尹国亮	尹国勇
付银花（女）	白东风	白志刚	吕光丰
吕秀敏（女）	乔志刚	刘红福	刘增强
闫二庆	江文辉	祁进亮	孙伟敏
孙武庆	孙喜双	李　伟	李书明
李江海	李贵锁	李保顺	杨增强
吴福芹	张二利	张云山	张风岗
张增斌	武　申（女）	林学文	尚利国
罗国良	周海军	赵永辉	胡万程
胡延卫	胡翰涛	侯建军	聂振平（女）
栗鹏志	贾　洁（女）	剡孝平	曹习军
康志辉	梁国敬	梁国强	彭勇民
董建海	焦　曼（女）	温　明	楚　臣
雷银芳（女）	雷敏毅	霍青青（女）	

秘书长：吕秀敏（女，兼）

（三）大会主席团常务主席

彭勇民	胡万程	胡翰涛	白东风
江文辉	张云山	吕秀敏（女）	董建海

（四）大会议案审查委员会

主 任 委 员：吕秀敏（女）

副主任委员：贾　洁（女）

委　　　员：马永辉　孙武庆　聂振平（女）

第四节　专门委员会

灵寿县第十七届人民代表大会设法制委员会、财政经济委员会、农村经济委员会、科学教育文化卫生委员会、社会建设委员会等 5 个专门委员会。县十七届人大一次会议，表决通过法制委员会、财政经济委员会、农村经济委员会、科学教育文化卫生委员会、社会建设委员会主任委员、副主任委员、委员人选。

（一）灵寿县第十七届人民代表大会法制委员会

主 任 委 员：张云山

副主任委员：马民生

委　　　员：祁进亮　尚利国　侯建军

届中调整情况：

马民生，2023 年 3 月 24 日，在县十七届人大常委会第十四次会议上辞去县第十七届人民代表大会代表职务，其法制委员会副主任委员职务相应终止。

（二）灵寿县第十七届人民代表大会财政经济委员会

主 任 委 员：吕秀敏

副主任委员：孙武庆

委　　　员：李保顺　栗鹏志　卜　敏

（三）灵寿县第十七届人民代表大会农村经济委员会

主 任 委 员：董建海

副主任委员：刘祥平

委　　　员：李贵锁　雷银芳　张风英

届中调整情况：

刘祥平，2022 年 5 月 26 日，在县十七届人大常委会第七次会议上辞去县第十七届人民代表大会代表职务，其农村经济委员会副主任委员职务相应终止。

（四）灵寿县第十七届人民代表大会科学教育文化卫生委员会

主 任 委 员：董建海

副主任委员：郝俊峰

委　　　员：吴福芹　王风书　王发芹

届中调整情况：

郝俊峰，2023 年 1 月 9 日，在县十七届人大常委会第十三次会议上辞去县第十七届人民代表大会代表职务，其科学教育文化卫生委员会副主任委员职务相应终止。

（五）灵寿县第十七届人民代表大会社会建设委员会

主 任 委 员：罗文全

副主任委员：丁云红

委　　　员：赵剑锋　吕二刚　李景卫

届中调整情况：

罗文全，2023 年 6 月 12 日，在县十七届人大常委会第十六次会议上辞去县人大常委会副主任职务，其社会建设委员会主任委员职务相应终止。

丁云红，2023 年 11 月 28 日，在县十七届人大常委会第二十次会议上辞去县第十七届人民代表大会代表职务，其社会建设委员会副主任委员职务相应终止。

第四章　人民代表大会常务委员会

2021 年 7 月，县十七届人大一次会议选举产生县十七届人大常委会委员 35 人。

县十七届人大常委会坚持以习近平新时代中国特色社会主义思想为指导，全面学习贯彻党的二十大和二十届二中全会精神，深入贯彻习近平总书记关于坚持和完善人民代表大会制度重要思想，认真贯彻落实县委十二届五次全会决策部署，坚持党的领导、人民当家作主、依法治国有机统一，丰富和发展全过程人民民主的灵寿实践，聚力攻坚突破、奋力跨越赶超，为加快建设滨河生态新城、现代美丽灵寿贡献人大力量。

第一节　常委会会议

截至 2024 年 3 月，县十七届人大常委会共召开会议 24 次。

第一次会议　2021 年 8 月 31 日召开。县人大常委会主任白东风，副主任张云山、吕秀敏、董建海、罗文全和 28 名委员出席会议。县人民政府常务副县长楚臣、县监察委员会主任李伟凡、县人民法院院长刘梅林、县人民检察院检察长彭涛列席会议。会议听取和审议县财政局副局长罗俊岭受县政府委托作的《关于 2021 年上半年财政预算执行情况的报告》《关于 2020 年财政决算情况的报告》《关于调整 2021 年财政预算的报告》并通过相应决议，审查和批准 2020 年财政决算；会议听取和审议县发改局局长高峰受县政府委托作的《关于 2021 年上半年国民经济和社会发展计划执行情况的报告》、县审计局局长樊秉志受县政府委托作的《关于 2020 年财政预算执行情况及其他财政收支情况审计工作的报告》；表决通过《灵寿县第十七届人大常委会代表资格审查委员会名单》。会议通过人事任免事项（名单见本篇第七章《选举任免》）。

第二次会议　2021 年 9 月 24 日召开。县人大常委会主任白东风，副主任张云山、吕秀敏、董建海、罗文全和 30 名委员出席会议。县人民政府常务副县长楚臣、县监察委员会主任李伟凡、县人民法院院长刘梅林、县人民检察院副检察长傅建灵列席会议。会议听取和审议常务副县长楚臣受县政府委托作的《关于四项联动监督和“6+1”联动监督“回头看”工作情况的报告》。会议通过人事任免事项（名单见本篇第七章《选举任免》）。

第三次会议　2021 年 10 月 27 日召开。县人大常委会主任白东风，副主任张云山、吕秀敏和 26 名委员出席会议。县人民政府副县长闫雁、县监察委员会副主任温海平、县人民法院院长刘梅林、县人民检察院检察长彭涛列席会议。会议听取和审议县发改局副局长吕晓华受县政府委托作的《关于加快产业转型升级，着力构建现代化经济体系工作情况的报告》、县人大常委会副主任张云山受县人大常委会委托作的《关于对我县人民法院民事执行工作开展联动监督工作情况的报告》、县人民法院院长刘梅林作的《关于审判管理工作情况的报告》《关于民事执行工作情况的报告》、县政府副县长闫雁受县政府委托作的《关于代表建议办理工作情况的报告》；会议表决通过《灵寿县人大常委会议事规则》《灵寿县人大常委会主任会议议事规则》《灵寿县人大常委会组成人员守则》。会议通过人事任免事项（名单见本篇第七章《选举任免》）。

第四次会议 2021 年 12 月 23 日召开。县人大常委会主任白东风，副主任吕秀敏、董建海、罗文全和 26 名委员出席会议。县人民政府副县长张路明、县监察委员会主任李伟凡、县人民法院院长刘梅林、县人民检察院检察长彭涛列席会议。会议听取和审议县农业农村局局长赵国江受县政府委托作的《关于实施乡村振兴战略、开创乡村发展新局面工作情况的报告》、县人民检察院检察长彭涛作的《关于侦查监督工作情况的报告》、县政府副县长张路明受县政府委托作的《关于办理十七届人大一次会议代表建议批评和意见的情况的报告》；听取和审议县财政局副局长罗俊岭受县政府委托作的《关于调整 2021 年财政预算的报告》并通过相应决议；听取和审议县审计局局长樊秉志受县政府委托作的《关于 2020 年度县本级预算执行和其他财政收支审计查出问题整改情况的报告》并进行整改满意度测评。会议通过人事任免事项（名单见本篇第七章《选举任免》）。

第五次会议 2022 年 1 月 20 日召开。县人大常委会主任白东风，副主任张云山、吕秀敏、董建海、罗文全和 22 名委员出席会议。县人民政府常务副县长楚臣、县监察委员会副主任白明智、县人民法院院长刘梅林、县人民检察院检察长彭涛列席会议。会议听取和审议县财政局副局长罗俊岭受县政府委托作的《关于 2021 年财政预算执行情况和 2022 年财政预算（草案）的报告》并通过相应决议；听取和审议县人大常委会办公室主任王辉受县人大常委会委托作的《关于第十七届人大二次会议有关事项安排的报告》。会议表决通过《灵寿县人民代表大会常务委员会规范性文件备案审查办法》《关于召开县十七届人大二次会议的决定》、县十七届人大二次会议建议议程、县十七届人大二次会议主席团和秘书长建议名单、县人大常委会工作报告（稿）。会议通过人事任免事项（名单见本篇第七章《选举任免》）。

第六次会议 2022 年 4 月 29 日召开。县人大常委会主任白东风，副主任张云山、吕秀敏、董建海、罗文全和 27 名委员出席会议。县人民政府副县长王蒙、县监察委员会主任李伟凡、县人民法院院长刘梅林、县人民检察院副检察长马青龙列席会议。会议听取和审议市生态环境局灵寿县分局局长郑建强受县政府委托作的《关于 2021 年度环境状况和环境保护目标完成情况的报告》、县民政局局长张晓燕受县政府委托作的《关于社会养老服务体系建设工作情况的报告》；会议表决通过《灵寿县人大常委会关于接受张国霞等辞职请求的决定》。会议通过人事任免事项（名单见本篇第七章《选举任免》）。

第七次会议 2022 年 5 月 26 日召开。县人大常委会主任白东风，副主任张云山、吕秀敏、董建海和22名委员出席会议。县人民政府副县长张路明、县监察委员会主任李伟凡、县人民法院院长刘梅林、县人民检察院检察长彭涛列席会议。会议听取和审议重点项目建设工作专班组长丁云红作的《关于重点项目建设工作情况的视察报告》、地下水超采综合治理工作专班组长郝俊峰作的《关于地下水超采综合治理工作情况的视察报告》、农村人居环境整治提升工作专班组长杨增强作的《关于农村人居环境整治提升工作情况的视察报告》、城市生活垃圾分类管理工作专班组长马民生作的《关于城市生活垃圾分类管理工作情况的视察报告》；会议表决通过《灵寿县人大常委会关于接受王辉等辞职请求的决定》。会议通过人事任免事项（名单见本篇第七章《选举任免》）。

第八次会议　2022年6月28日召开。县人大常委会主任白东风，副主任张云山、吕秀敏、董建海、罗文全和26名委员出席会议。县人民政府常务副县长楚臣、县监察委员会主任李伟凡、县人民法院院长刘梅林、县人民检察院检察长彭涛列席会议。会议听取和审议县财政局局长刘军保受县政府委托作的《关于行政事业性国有资产管理情况的报告》、县教育局局长刘京辉受县政府委托作的《关于"双减"工作情况的报告》、县农业农村局局长赵国江受县政府委托作的《关于持续推进农村人居环境整治提升专项行动情况的报告》、县监察委员会主任李伟凡作的《关于开展整治群众反映强烈问题工作情况的报告》、县自然资源和规划局局长王江鹏受县政府委托作的《关于清理规范违法违规占用土地联动监督"回头看"整改落实情况的报告》《关于矿山综合治理联动监督"回头看"整改落实情况的报告》、县发改局局长高峰受县政府委托作的《关于开展资源能源项目清理规范"回头看"情况的报告》、县住建局局长樊秉志受县政府委托作的《关于清理规范房地产开发项目联动监督"回头看"整改落实情况的报告》《关于违规违建项目清理规范联动监督"回头看"整改落实情况的报告》、县卫健局局长王书堂受县政府委托作的《关于加强公共卫生管理联动监督"回头看"整改落实情况的报告》、县水利局局长刘永勤受县政府委托作的《关于地下水超采综合治理联动监督"回头看"整改落实情况的报告》。会议通过人事任免事项（名单见本篇第七章《选举任免》）。

第九次会议　2022年9月8日召开。县人大常委会主任白东风，副主任张云山、吕秀敏、董建海、罗文全和23名委员出席会议。县人民政府副县长张路明、县监察委员会副主任温海平、县人民法院院长刘梅林、县人民检察院检察长彭涛列席会议。会议听取和审议县发改局局长高峰受县政府委托作的《关于2022年上半年国民经济和社会发展计划执行情况的报告》、县审计局局长刘永峰受县政府委托作的《关于2021年度财政预算执行及其他财政收支情况审计工作的报告》、县人民检察院检察长彭涛作的《关于民事检察工作情况的报告》；会议听取和审议县财政局局长刘军保受县政府委托作的《关于2021年财政决算情况的报告》《关于2021年度政府债务管理使用情况的报告》《关于2022年上半年财政预算执行情况的报告》《关于调整2022年财政预算的报告》并通过相应决议，审查和批准2020年财政决算；会议表决通过《灵寿县人大常委会关于接受武军义等辞职请求的决定》。会议通过人事任免事项（名单见本篇第七章《选举任免》）。

第十次会议 2022年9月19日召开。县人大常委会主任白东风，副主任张云山、吕秀敏、董建海、罗文全和20名委员出席会议。会议表决通过《灵寿县人民代表大会常务委员会关于接受王建辞职请求的决定》。

第十一次会议 2022年10月31日召开。县人大常委会主任白东风，副主任张云山、吕秀敏、董建海、罗文全和21名委员出席会议。县人民政府副县长贺婷、县监察委员会副主任温海平、县人民法院院长刘梅林、县人民检察院检察长彭涛列席会议。会议听取和审议县人民法院院长刘梅林作的《关于民事执行工作情况的报告》、县自然资源和规划局副局长武四海受县政府委托作的《关于重点项目土地审批服务工作情况的报告》、县人民政府副县长贺婷受县政府委托作的《关于代表建议办理工作情况的报告》、县卫健局局长王书堂作的履职报告、县人大常委会第一评议视察组作的《关于对县卫生健康局局长王书堂进行履职评议的视察报告》、县发改局局长高峰作的履职报告、县人大常委会第二评议视察组作的《关于对县发展和改革局局长高峰进行履职评议的视察报告》、县农业农村局局长赵国江作的履职报告、县人大常委会第三评议视察组作的《关于对县农业农村局局长赵国江进行履职评议的视察报告》。

第十二次会议 2022年12月30日召开。县人大常委会主任白东风，副主任吕秀敏、董建海和23名委员出席会议。县人民政府副县长张路明、县监察委员会副主任温海平、县人民法院副院长高永会，县人民检察院副检察长聂军锋列席会议。会议听取和审议县审计局局长刘永峰受县政府委托作的《关于2021年度财政预算执行及其他财政收支审计查出问题整改情况的报告》并进行整改满意度测评；会议听取和审议县人社局局长张延海受县政府委托作的《关于劳动就业工作情况的报告》、县人民政府副县长张路明受县政府委托作的《关于2022年民生实事办理情况的报告》；会议听取和审议县财政局局长刘军保受县政府委托作的《关于调整2022年财政预算的报告》并通过相应决议；会议审议县人大常委会《关于2022年度规范性文件备案审查工作情况的报告》、县政府《关于城乡居民医疗保险管理工作情况的报告》。会议表决通过《灵寿县人大常委会关于加强国有资产管理情况监督的实施意见》。

第十三次会议 2023年1月9日召开。县人大常委会主任白东风，副主任张云山、吕秀敏、董建海、罗文全和23名委员出席会议。县人民政府常务副县长楚臣、县监察委员会副主任白明智、县人民法院院长刘梅林、县人民检察院检察长彭涛列席会议。会议听取和审议县财政局局长刘军保受县政府委托作的《关于2022年财政预算执行情况和2023年财政预算草案的报告》并通过相应决议；会议听取和审议县人大常委会办公室主任马永辉受县人大常委会委托作的《关于第十七届人大三次会议有关事项安排的报告》。会议表决通过《关于召开第十七届人大三次会议的决定》、县十七届人大三次会议建议议程、县十七届人大三次会议主席团和秘书长建议名单、《灵寿县人大常委会关于接受郝俊峰辞职请求的决定》《代表资格审查委员会关于个别代表的代表资格的审查报告》。会议通过人事任免事项（名单见本篇第七章《选举任免》）。

第十四次会议　2023 年 3 月 24 日召开。县人大常委会主任白东风，副主任张云山、吕秀敏、董建海和 22 名委员出席会议。县人民政府副县长张路明、县监察委员会副主任温海平、县人民法院副院长李志华、县人民检察院副检察长聂军锋列席会议。会议听取和审议市生态环境局灵寿县分局局长马会平受县政府委托作的《关于 2022 年度环境状况和环境保护目标完成情况的报告》、县自然资源和规划局局长王江鹏受县政府委托作的《关于 2022 年度国有自然资源资产管理情况的报告》；会议审议县财政局局长刘军保受县政府委托作的《关于 2022 年度国有资产管理情况的报告》；会议表决通过《灵寿县人大常委会关于接受李伟凡辞去县监察委员会主任职务请求的决定》《灵寿县人大常委会关于接受马民生辞职请求的决定》《灵寿县人大常委会关于周海军为灵寿县监察委员会代理主任的决定》。会议通过人事任免事项（名单见本篇第七章《选举任免》）。

第十五次会议　2023 年 4 月 25 日召开。县人大常委会主任白东风，副主任张云山、吕秀敏、董建海和 24 名委员出席会议。县人民政府副县长张路明、县监察委员会副主任温海平、县人民法院副院长李建合、县人民检察院副检察长聂军锋列席会议。会议听取和审议县人民政府副县长张路明受县政府委托作的《关于灵寿县国土空间总体规划（2021—2035）（草案）编制情况的报告》、县人社局局长张延海受县政府委托作的《关于社会保障工作情况的报告》、县自然资源和规划局副局长刘军然受县政府委托作的《关于加强耕地保护工作情况的报告》；会议表决通过《灵寿县国土空间总体规划（2021—2035）》。

第十六次会议　2023 年 6 月 12 日召开。县人大常委会主任白东风，副主任张云山、吕秀敏、董建海和 27 名委员出席会议。县人民政府常务副县长楚臣、县监察委员会代主任周海军、县人民法院院长刘梅林、县人民检察院检察长彭涛列席会议。会议表决通过《灵寿县人大常委会关于接受罗文全辞去县人大常委会副主任职务请求的决定》。会议通过人事任免事项（名单见本篇第七章《选举任免》）。

第十七次会议　2023 年 6 月 20 日召开。县人大常委会主任白东风，副主任张云山、吕秀敏、董建海和 25 名委员出席会议。县人民政府副县长王娟、县监察委员会代主任周海军、县人民法院院长刘梅林、县人民检察院检察长彭涛列席会议。会议听取和审议县卫健局局长王书堂受县政府委托作的《关于基层医疗卫生服务能力建设情况的报告》、县水利局局长刘永勤受县政府委托作的《关于农村饮水安全和农田灌溉用水保障工作情况的报告》；会议听取和审议县人民法院院长刘梅林作的《关于优化法治化营商环境的报告》并进行满意度测评。

第十八次会议　2023 年 8 月 31 日召开。县人大常委会主任白东风，副主任张云山、吕秀敏、董建海和 24 名委员出席会议。县人民政府常务副县长楚臣、县监察委员会代主任周海军、县人民法院副院长高永会、县人民检察院副检察长雷振丽列席会议。会议听取和审议县发改局局长高峰受县政府委托作的《关于 2023 年上半年国民经济和社会发展计划执行情况的报告》、县审计局局长刘永峰受县政府委托作的《关于 2022 年度县级预算执行和其他财政收支情况的审计工作报告》、县医保局局长周伍科受县政府委托作的《关于医疗保障工作情况的报告》、县人民检察院副检察长雷振丽受县人民检察院委托作的《关于办理控告申诉案件及开展公益诉讼工作情况的报告》、县四项联动监督优化营商环境工作专班组长孙武庆作的《关于优化营商环境工作情况的视察报告》、县四项联动监督促进种业振兴工作专班组长杨增强作的《关于促进种业振兴工作情况的视察报告》、县四项联动监督科技成果转化工作专班组长贾洁作的《关于科技成果转化工作情况的视察报告》、县四项联动监督旅游发展工作专班组长武申作的《关于旅游发展工作情况的视察报告》；会议听取和审议县财政局局长刘军保受县政府委托作的《关于2022年财政决算情况的报告》《关于2022年政府债务管理使用情况的报告》《关于2023年上半年财政预算执行情况的报告》《关于调整2023年财政预算的报告》并通过相应决议；会议审议县发改局局长高峰受县政府委托作的《关于优化营商环境工作情况的报告》《关于科技成果转化工作情况的报告》、县农业农村局副局长李芳受县政府委托作的《关于促进种业振兴工作情况的报告》、县文旅局局长彭罗智受县政府委托作的《关于旅游发展工作情况的报告》；会议表决通过《灵寿县人大常委会关于接受傅心路等辞职请求的决定》《灵寿县人大常委会关于许可对县十七届人大代表贾某某采取刑事强制措施的决定》。会议通过人事任免事项（名单见本篇第七章《选举任免》）。

第十九次会议 2023年10月30日召开。县人大常委会主任白东风，副主任张云山、吕秀敏、董建海和25名委员出席会议。县人民政府副县长单春玲、县监察委员会副主任温海平、县人民法院副院长高永会、县人民检察院副检察长雷振丽列席会议。会议听取和审议县教育局副局长马仲波受县政府委托作的《关于推动现代职业教育高质量发展工作情况的报告》、县农业农村局副局长李芳受县政府委托作的《关于全面推进乡村振兴战略实施工作情况的报告》、县人大常委会执法检查组作的《关于检查〈石家庄市优化营商环境条例〉实施情况的报告》、县市场监督管理局局长孟素英作的履职报告、县行政审批局局长余雷作的履职报告、县水利局局长刘永勤作的履职报告、县自然资源和规划局局长王江鹏作的履职报告；会议听取和审议县人民政府副县长单春玲受县政府委托作的《关于办理灵寿县十七届人大第三次会议人大代表建议批评和意见的情况报告》并开展满意度测评、县人大常委会评议视察组作的关于对县市场监督管理局局长孟素英、县行政审批局局长余雷、县水利局局长刘永勤、县自然资源和规划局局长王江鹏进行履职评议的视察报告并开展满意度测评。会议通过人事任免事项（名单见本篇第七章《选举任免》）。

第二十次会议 2023年12月28日召开。县人大常委会主任白东风，副主任张云山、吕秀敏、董建海和18名委员出席会议。县人民政府常务副县长楚臣、县监察委员会副主任温海平、县人民法院院长刘梅林、县人民检察院检察长彭涛列席会议。会议听取和审议县发改局局长高峰受县政府委托作的《关于新型建材、绿色能源和现代商贸物流产业发展情况的报告》、县人大常委会政法工委主任贾洁受县人大常委会委托作的《关于2023年规范性文件备案审查工作情况的报告》、县人大常委会执法检查组作的《关于检查〈中华人民共和国土地管理法〉等实施情况的报告》；会议听取和审议县审计局局长刘永峰受县政府委托作的《关于2022年度财政预算执行和其他财政收支审计查出问题整改情况的报告》并对整改情况进行满意度测评；会议听取和审议县财政局局长刘军保受县政府委托作的《关于调整2023年财政预算的报告》并通过相应决议；会议表决通过《灵寿县人大常委会关于调整灵寿县第十七届人大常委会代表资格审查委员会组成人员的决定》《灵寿县人大常委会关于接受苗江良等辞职请求的决定》。会议通过人事任免事项（名单见本篇第七章《选举任免》）。

第二十一次会议　2024年1月15日召开。县人大常委会主任白东风，副主任张云山、吕秀敏、董建海和24名委员出席会议。县人民政府常务副县长楚臣，县监察委员会代主任周海军，县委常委、组织部部长王晓娟，县人民法院院长刘梅林，县人民检察院检察长彭涛列席会议。会议表决通过《关于接受武利芳同志辞去县人民政府县长职务请求的决定》《关于胡万程为灵寿县人民政府代理县长的决定》。会议通过人事任免事项（名单见本篇第七章《选举任免》）。

第二十二次会议　2024年1月17日召开。县人大常委会主任白东风，副主任张云山、吕秀敏、董建海和20名委员出席会议。会议表决通过《灵寿县人大常委会关于接受武利芳辞去石家庄市第十五届人民代表大会代表职务的决议》；会议补选胡万程为石家庄市第十五届人民代表大会代表。

第二十三次会议　2024年1月24日召开。县人大常委会主任白东风，副主任张云山、吕秀敏、董建海和22名委员出席会议。县人民政府常务副县长楚臣、县监察委员会副主任温海平、县人民法院院长刘梅林、县人民检察院检察长彭涛列席会议。会议听取和审议县财政局局长刘军保受县政府委托作的《关于2023年财政预算执行情况和2024年财政预算草案的报告》、县人大常委会代表工委副主任陆明华受县人大常委会委托作的《代表资格审查委员会关于个别代表的代表资格的审查报告》、县人大常委会办公室主任马永辉受县人大常委会委托作的《关于召开灵寿县第十七届人民代表大会第四次会议有关事项的报告》；会议表决通过《代表资格审查委员会关于个别代表的代表资格的审查报告》《关于召开县第十七届人大四次会议的决定》《县第十七届人大四次会议建议议程》《县第十七届人大四次会议主席团和秘书长建议名单》《灵寿县人大常委会工作报告（稿）》。

第二十四次会议　2024年3月28日召开。县人大常委会主任白东风，副主任张云山、吕秀敏、董建海和25名委员出席会议。县人民政府常务副县长楚臣、县监察委员会主任周海军、县人民法院院长刘梅林、县人民检察院检察长彭涛列席会议。会议听取和审议县财政局副局长罗俊岭受县政府委托作的《关于提请审议2024年第一批新增政府债券预算调整方案（草案）的议案》说明，表决通过《关于批准2024年第一批新增政府债券预算调整方案的决议》；会议听取和审议县卫健局局长王书堂受县政府委托作的《关于紧密型县域医共体建设情况的报告》、县人民政府副县长、县公安局局长赵鹏昆受县政府委托作的《关于治安管理工作情况的报告》、市生态环境局灵寿县分局局长刘烨受县政府委托作的《关于2023年度环境状况和环境保护目标完成情况的报告》。会议通过人事任免事项（名单见本篇第七章《选举任免》）。

第二节　主任会议

截至2024年3月，县十七届常委会共召开主任会议30次，均由白东风主任主持召开。常委会各位副主任出席会议，各委室主任列席会议。

县十七届人大常委会主任会议情况一览表

表19-15

序号	时间	议题
1	2021年7月30日	研究主任分工；听取各委室主任工作简介
2	2021年8月30日	研究常委会第一次会议有关事项
3	2021年9月15日	听取县政府关于县城转型及“三城同创”工作情况汇报；听取县政府关于2021年民生实事项目进展情况汇报；安排联动监督工作；研究常委会第二次会议有关事项
4	2021年10月25日	研究常委会第三次会议有关事项；听取办公室关于常委组成人员守则、议事规则等制度起草、修订情况汇报
5	2021年11月24日	学习中组部《关于领导干部及时报告个人有关事项的通知》文件精神；听取县政府关于文旅强县工作情况汇报；听取县政府关于居民低保工作情况汇报；听取代表工委关于走访代表安排情况汇报
6	2021年12月22日	研究常委会第四次会议有关事项
7	2022年1月18日	研究常委会第五次会议有关事项
8	2022年2月22日	研究县人大常委会2022年工作计划及工作要点；传达学习县委纪委全会精神，安排部署党风廉政建设工作；传达市委市政府、县委县政府关于工作纪律有关文件要求，安排布置机关值班值守、安全保密、工作纪律等工作
9	2022年3月29日	听取县政府关于安全生产工作情况汇报；听取县政府关于解决房地产历史遗留问题工作情况汇报；研究常委会第六次会议有关事项
10	2022年5月23日	研究常委会第七次会议有关事项
11	2022年6月17日	听取县政府关于防返贫致贫工作情况汇报；听取县政府关于2022年粮食储备工作情况汇报；听取县政府关于粮食生产工作情况汇报
12	2022年6月24日	研究常委会第八次会议有关事项
13	2022年8月25日	听取县政府关于经济开发区建设工作情况汇报；听取县政府关于棚户区改造工作情况汇报；研究常委会第九次会议有关事项
14	2022年9月19日	听取代表工委关于对一名县人大代表采取取保候审措施函的汇报；听取代表工委关于该县人大代表辞去代表职务请求的汇报；研究常委会第十次会议有关事项
15	2022年9月29日	听取县政府关于常态化疫情防控和精准防控工作情况汇报；听取县政府关于水环境生态治理工作情况汇报；听取县政府关于安全生产工作情况汇报；听取县政府关于消防安全工作情况汇报

续表 19-15

序号	时间	议题
16	2022 年 10 月 13 日	听取县人大办公室关于《中共灵寿县委关于新时代加强和改进人大工作的实施意见》及《贯彻落实省委、市委人大工作会议精神和县委人大工作会议重点任务分工方案》起草情况汇报；听取县人大办公室关于《灵寿县人大常委会关于对县政府工作部门主要负责人开展履职评议工作的实施意见》起草情况汇报；听取县人大代表工委关于代表意见建议办理督办情况及走访人大代表安排情况汇报；听取县人大代表工委关于开展人大代表主题活动月情况汇报；听取县人大代表工委关于县人大常委会致全县各级人大代表倡议书起草情况汇报；研究常委会第十一次会议有关事项
17	2022 年 12 月 28 日	研究常委会第十二次会议有关事项
18	2023 年 1 月 6 日	研究常委会第十三次会议有关事项
19	2023 年 3 月 22 日	研究常委会第十四次会议有关事项
20	2023 年 4 月 24 日	研究常委会第十五次会议有关事项
21	2023 年 6 月 9 日	研究常委会第十六次会议有关事项
22	2023 年 6 月 19 日	研究常委会第十七次会议有关事项
23	2023 年 3 月 24 日	研究灵寿县监察委员会代理主任人选，提请常委会进行表决
24	2023 年 8 月 23 日	研究常委会第十八次会议有关事项；听取四项联动监督情况报告；听取关于对许可 1 名县人大代表采取强制措施工作情况汇报
25	2023 年 9 月 15 日	研究履职评议方案制定情况
26	2023 年 10 月 12 日	研究常委会第十九次会议有关事项；研究走访人大代表安排情况；研究县政府 2023 年民生实事办理情况，开展满意度调查，准备满意度测评
27	2023 年 12 月 19 日	听取各委室调研工作情况；研究县十七届人大四次会议代表建议收集整理工作；研究选评优秀意见建议和优秀承办单位工作
28	2023 年 12 月 21 日	研究常委会第二十次会议有关事项；听取各专门委员会审议意见整改落实情况报告（农经、法制、社会建设）；听取各委室关于 2023 年工作总结及 2024 年工作谋划工作情况汇报
29	2024 年 1 月 14 日	听取代表工委汇报县政府关于提请决定任命胡万程为县政府副县长职务情况；听取代表工委汇报关于武利芳同志辞去县人民政府县长职务情况；研究常委会第二十一次会议有关事项
30	2024 年 1 月 15 日	研究灵寿县人民政府代理县长人选，提请常委会进行表决
31	2024 年 1 月 16 日	听取市人大代表辞职和补选情况汇报；研究常委会第二十二次会议有关事项
32	2024 年 3 月 26 日	研究常委会第二十四次会议有关事项
33	2024 年 4 月 7 日	听取办公室汇报《灵寿县人大志》编纂工作方案起草情况，研究分工和工作步骤
34	2024 年 4 月 10 日	听取县纪委关于某县十七届人大代表违法违纪情况说明，研究建议责令其辞去代表职务，并提请常委会表决；研究常委会第二十五次会议有关事项
35	2024 年 4 月 24 日	研究常委会第二十六次会议有关事项
36	2024 年 4 月 30 日	研究县政府人事任免议案，研究 3 名县十七届人大代表辞去代表职务的申请，建议提请二十六次常委会会议表决

续表 19-15

序号	时间	议题
37	2024 年 6 月 11 日	研究调整常委会各副主任分工
38	2024 年 6 月 26 日	研究常委会第二十七次会议有关事项

第三节　机构设置

县十七届人大常委会设一室六委，分别是办公室、政治法律工作委员会、财政经济工作委员会、农村经济工作委员会、科教文卫工作委员会、代表联络工作委员会、社会建设工作委员会，灵寿县人大办公室挂人大信访和老干部工作委员会牌子，下设事业单位人大代表服务中心。

县十七届人大常委会机构人员情况表

表 19-16

机构	职务	姓名	起始时间
办公室	主　任	王　辉	2021 年 7 月至 2022 年 5 月
		马永辉	2022 年 5 月至 2024 年 3 月
	副主任	马永辉	2021 年 7 月至 2022 年 5 月
		石春燕	2023 年 1 月至 2024 年 3 月
政治法律工作委员会	主　任	马民生	2021 年 7 月至 2023 年 3 月
		贾　洁	2023 年 3 月至 2024 年 3 月
	副主任	申成杰	2021 年 7 月至 2024 年 3 月
财政经济工作委员会	主　任	孙武庆	2021 年 7 月至 2024 年 3 月
	副主任	程伟军	2021 年 7 月至 2024 年 3 月
农村经济工作委员会	主　任	刘祥平	2021 年 7 月至 2022 年 5 月
		杨增强	2022 年 5 月至 2024 年 3 月
	副主任	杨增强	2021 年 7 月至 2022 年 5 月
		申彦彬	2022 年 5 月至 2024 年 3 月
科教文卫工作委员会	主　任	郝俊峰	2021 年 7 月至 2023 年 1 月
		武　申	2023 年 1 月至 2024 年 3 月
	副主任	张建华	2021 年 7 月至 2024 年 3 月
代表联络工作委员会	主　任	苗江良	2021 年 7 月至 2023 年 12 月
	副主任	申彦彬	2021 年 7 月至 2022 年 5 月
		贾　洁	2022 年 5 月至 2023 年 3 月
		陆明华	2023 年 3 月至 2024 年 3 月
社会建设工作委员会	主　任	丁云红	2021 年 7 月至 2023 年 12 月
		焦　曼	2023 年 12 月至 2024 年 3 月
	副主任	焦　曼	2021 年 7 月至 2023 年 12 月
		王梓璐	2023 年 12 月至 2024 年 3 月
人大代表服务中心	主　任	李江红	2023 年 12 月至 2024 年 3 月

第五章　监督工作

县十七届人大及其常委会围绕加快建设滨河生态新城、现代美丽灵寿奋斗目标，紧扣县委中心工作，坚持正确监督、有效监督、依法监督，完善监督机制、拓宽监督领域、创新监督方式，人大监督工作有力量、有效率、有温度。截至2024年3月，县十七届人民代表大会共听取和审议县人大常委、县“一府两院”工作报告12个，审查计划、预算报告6个；县十七届人大常委会共听取和审议县“一府一委两院”专项工作报告62项、情况汇报40余次，开展视察调研110余次，执法检查40余次，监督政府性重点项目资金和专项资金使用情况1次，委托专门委员会听取和审议专项工作报告4次，对县政府工作部门主要负责人开展履职评议7人次，培训2次。

持续聚焦经济高质量发展。强化人大对经济工作的全过程、常态化监督，听取审议计划、预算、决算、国有资产管理等报告，对审计工作和问题整改开展满意度测评，促进提高财政资源配置效率和使用效益，更好稳预期强信心促发展。加强对重要财税政策、重点专项资金、重大投资项目的审查监督，促进财政资金精细管理、发展政策落地落实。开展提升传统消费能级和推进服务消费提质扩容情况专题视察，助推扩大内需实现新突破。听取审议产业培育发展情况报告，对经济开发区能级水平提升情况开展调研，督促职能部门牢固树立“项目为王”理念，进一步深化“放管服”改革，营造亲商、重商、安商浓厚氛围。常委会全力支持县域经济发展，多次到抽水蓄能电站、三一重工、石家庄铁路职业技术学院等重点项目建设现场调度项目进展情况，帮助协调解决问题，推进项目建设提速提质提效。

密切关注民生福祉改善。组织人大代表和群众对县政府民生实事项目实施情况开展满意度调查，切实发挥代表履职为民的作用。听取审议社保医保、基层医疗卫生服务、现代职业教育高质量发展等工作情况报告，着力推动补齐民生短板弱项。对农村污染防治工作情况开展调研，听取审议耕地保护、环境状况、农村饮水安全和农田灌溉用水保障工作情况报告，督促职能部门强化大气污染防治，做好“三农”服务保障工作。对应急物资储备工作和水毁情况开展视察，助推职能部门增强防灾减灾救灾能力，不断提升应急救援水平。深化拓展监督方式，聚焦优化营商环境、促进种业振兴、科技成果转化、旅游发展四个重点领域和推进现代商贸物流产业发展、解决房地产开发历史遗留问题、电动车综合治理三个重点领域开展联动监督，推动解决一批群众关切和制约经济社会发展的突出问题。

聚力推动城市转型蝶变和乡村振兴。对城市公共基础设施利用、棚户区改造等情况开展视察，对城市更新情况开展专题调研，提出治理飞线、保留老城风貌特色、提高精细化管理水平的建议，督促职能部门在全面提高城市颜值上展示新作为。对城东街、松阳大街北延等精品街道建设、杨家庄路小街小巷治理等情况开展视察，提出缓解高峰期学校路段拥堵的建议，交警大队迅速反应，在特定道路配置警力，指挥交通、协助通行，努力为学生们创造安全、畅通、有序的交通环境。对优化交通路网建设情况开展视察，提出在合理路段连通河北大道至正南路、磁河大道至正南路的建议，交通运输局和属地乡镇积极作为，其中部分路段已经完工通车，部分路段列入规划准备实施，极大方便群众出行。听取审议乡村振兴战略实施工作情况报告，对农业产业项目建设情况开展视察，推进职能部门因地制宜谋划特色产业，不断拓宽农民增收渠道。对旅游资源融合发展情况开展视察，建议职能部门找准产业融合引爆点，打造具有灵寿特色品牌、标识的文旅产品，擦亮“灵山秀水、常来长寿”旅游名片。

继续强化任后监督和审议意见跟踪问效。分批次对政府部门主要负责人开展履职评议，满意度测评结果现场通报并报告县委，促进政府部门切实转变作风、改进工作。委托人大专门委员会对政府落实“双减”、农村人居环境整治提升、社会养老服务体系建设、环境状况和环境保护目标完成情况等工作审议意见开展督导检查，督促政府及职能部门继续加大整改力度，确保审议意见落到实处。

积极推进宪法法律实施。加强宪法宣传，开展宪法宣传周活动，组织全县各级人大代表送学上门、送法入户。三圣院乡人大代表之家被确立为石家庄市人大常委会基层立法联系点，开启县域基层群众参与地方立法新篇章。对实施《中华人民共和国土地管理法》《中华人民共和国土地管理法实施条例》和《基本农田保护条例》等情况开展执法检查，推动职能部门合理利用、开发土地资源，不断提高土地集约化管理水平。对实施《石家庄市优化营商环境条例》情况开展执法检查，督促职能部门增强主动服务意识，落实落细各项助企暖企政策，激发市场主体活力，推进营商环境加快创新突破、持续优化升级。

以法治护航社会治理。听取审议县法院优化法治化营商环境、县检察院办理控告申诉案件及开展公益诉讼等工作情况报告，督促法检两院扛起司法机关责任担当，切实维护群众合法权益。与司法局联合开展“法律援助乡村行，人大代表在行动”活动，不断提升法律援助工作的社会知晓率和影响力。积极参与人民调解工作，李保顺、李贵锁等代表依托个人品牌调解室，充分发挥调解能手作用，为践行新时代“枫桥经验”、提升基层治理水平作出贡献。对基层信访矛盾排查化解工作及《信访工作条例》的贯彻实施情况开展调研，依法受理群众来信来访，确保群众反映事项件件有回音、事事有着落。严格落实规范性文件备案审查制度，切实维护宪法法律权威。

第一节　听取和审议专项工作报告与计划预算和审计工作报告

截至 2024 年 3 月，县十七届人大常委会会议共听取和审议县“一府一委两院”专项工作报告 62 项，计划预算和审计工作报告 21 项。

县十七届人大常委会会议听取和审议专项工作报告与计划预算和审计工作报告情况表

表 19-17

时间	常委会会议	报告内容
2021 年 8 月 31 日	第一次会议	县政府关于 2021 年上半年财政预算执行情况的报告；县政府关于 2020 年财政决算情况的报告；县政府关于调整 2021 年财政预算的报告；县政府关于 2021 年上半年国民经济和社会发展计划执行情况的报告；县政府关于 2020 年财政预算执行情况及其他财政收支情况审计工作的报告
2021 年 9 月 24 日	第二次会议	县政府关于四项联动监督和“6+1”联动监督“回头看”工作情况的报告
2021 年 10 月 27 日	第三次会议	县政府关于加快产业转型升级，着力构建现代化经济体系工作情况的报告；县法院关于审判管理工作情况的报告；县法院关于民事执行工作情况的报告；县政府关于代表建议办理工作情况的报告
2021 年 12 月 23 日	第四次会议	县政府关于实施乡村振兴战略、开创乡村发展新局面工作情况的报告；县检察院关于侦查监督工作情况的报告；县政府关于办理十七届人大一次会议代表建议批评和意见的情况的报告；县政府关于调整 2021 年财政预算的报告；县政府关于 2020 年度县本级预算执行和其他财政收支审计查出问题整改情况的报告
2022 年 1 月 20 日	第五次会议	县政府关于 2021 年财政预算执行情况和 2022 年财政预算（草案）的报告
2022 年 4 月 29 日	第六次会议	县政府关于 2021 年度环境状况和环境保护目标完成情况的报告；县政府关于社会养老服务体系建设工作情况的报告
2022 年 6 月 28 日	第八次会议	县政府关于行政事业性国有资产管理情况的报告；县政府关于“双减”工作情况的报告；县政府关于持续推进农村人居环境整治提升专项行动情况的报告；县监察委员会关于开展整治群众反映强烈问题工作情况的报告；县政府关于清理规范违法违规占用土地联动监督“回头看”整改落实情况的报告；县政府关于矿山综合治理联动监督“回头看”整改落实情况的报告；县政府关于开展资源能源项目清理规范“回头看”情况的报告；县政府关于清理规范房地产开发项目联动监督“回头看”整改落实情况的报告；县政府关于违规违建项目清理规范联动监督“回头看”整改落实情况的报告；县政府关于加强公共卫生管理联动监督“回头看”整改落实情况报告；县政府关于地下水超采综合治理联动监督“回头看”整改落实情况的报告

续表 19-17

时间	常委会会议	报告内容
2022 年 9 月 8 日	第九次会议	县政府关于 2022 年上半年国民经济和社会发展计划执行情况的报告；县政府关于 2021 年度财政预算执行及其他财政收支情况审计工作的报告；县检察院关于民事检察工作情况的报告；县政府关于 2021 年财政决算情况的报告；县政府关于 2021 年度政府债务管理使用情况的报告；县政府关于 2022 年上半年财政预算执行情况的报告；县政府关于调整 2022 年财政预算的报告
2022 年 10 月 31 日	第十一次会议	县法院关于民事执行工作情况的报告；县政府关于重点项目土地审批服务工作情况的报告；县政府关于代表建议办理工作情况的报告；县卫健局局长王书堂履职报告；县发改局局长高峰履职报告；县农业农村局局长赵国江履职报告
2022 年 12 月 30 日	第十二次会议	县政府关于 2021 年度财政预算执行及其他财政收支审计查出问题整改情况的报告；县政府关于劳动就业工作情况的报告；县政府关于 2022 年民生实事办理情况的报告；县政府关于调整 2022 年财政预算的报告；县政府关于城乡居民医疗保险管理工作情况的报告
2023 年 1 月 9 日	第十三次会议	县政府关于 2022 年财政预算执行情况和 2023 年财政预算草案的报告
2023 年 3 月 24 日	第十四次会议	县政府关于 2022 年度环境状况和环境保护目标完成情况的报告；县政府关于 2022 年度国有自然资源资产管理情况的报告；县政府关于 2022 年度国有资产管理情况的报告
2023 年 4 月 25 日	第十五次会议	县政府关于灵寿县国土空间总体规划（2021—2035）(草案）》编制情况的报告；县政府关于社会保障工作情况的报告；县政府关于加强耕地保护工作情况的报告
2023 年 6 月 20 日	第十七次会议	县政府关于基层医疗卫生服务能力建设情况的报告；县政府关于农村饮水安全和农田灌溉用水保障工作情况的报告；县法院关于优化法治化营商环境的报告
2023 年 8 月 31 日	第十八次会议	县政府关于 2023 年上半年国民经济和社会发展计划执行情况的报告；县政府关于 2022 年度县级预算执行和其他财政收支情况的审计工作报告；县政府关于医疗保障工作情况的报告；县检察院关于办理控告申诉案件及开展公益诉讼工作情况的报告；县政府关于 2022 年财政决算情况的报告；县政府关于 2022 年政府债务管理使用情况的报告；县政府关于 2023 年上半年财政预算执行情况的报告；县政府关于调整 2023 年财政预算的报告；县政府关于优化营商环境工作情况的报告；县政府关于科技成果转化工作情况的报告；县政府关于促进种业振兴工作情况的报告；县政府关于旅游发展工作情况的报告

续表 19-17

时间	常委会会议	报告内容
2023 年 10 月 30 日	第十九次会议	县政府关于推动现代职业教育高质量发展工作情况的报告；县政府关于全面推进乡村振兴战略实施工作情况的报告；县市场监督管理局局长孟素英履职报告；县行政审批局局长余雷履职报告；县水利局局长刘永勤履职报告；县自然资源和规划局局长王江鹏履职报告；县政府关于办理灵寿县十七届人大第三次会议人大代表建议批评和意见的情况报告
2023 年 12 月 28 日	第二十次会议	县政府关于新型建材、绿色能源和现代商贸物流产业发展情况的报告；县政府关于 2022 年度财政预算执行和其他财政收支审计查出问题整改情况的报告；县政府关于调整 2023 年财政预算的报告
2024 年 1 月 24 日	第二十三次会议	县政府关于 2023 年财政预算执行情况和 2024 年财政预算草案的报告
2024 年 3 月 28 日	第二十四次会议	县政府关于紧密型县域医共体建设情况的报告；县政府关于治安管理工作情况的报告；县政府关于 2023 年度环境状况和环境保护目标完成情况的报告

第二节　法律法规实施情况的检查

截至 2024 年 3 月，县十七届人大常委会共组织开展执法检查 40 余次。

2021 年 9 月，县人大常委会副主任吕秀敏带领县人大常委会执法检查组，对贯彻落实《优化营商环境条例》情况开展执法检查。

2021 年 9 月，县人大常委会副主任张云山带领县人大常委会执法检查组，对贯彻落实《加快推进农业结构调整促进农业高质量发展实施方案》情况开展执法检查。

2021 年 9 月，县人大常委会副主任董建海带领县人大常委会执法检查组，对贯彻落实《地下水管理条例》《河湖保护和治理条例》情况开展执法检查。

2021 年 9 月，县人大常委会副主任罗文全带领县人大常委会执法检查组，对贯彻落实《中华人民共和国基本医疗卫生与健康促进法》《中华人民共和国传染病防治法》《中华人民共和国疫苗管理法》《中华人民共和国中医药法》《河北省中医药条例》等法律法规情况开展执法检查。

2022 年 6 月至 9 月，配合省市人大常委会对重点项目建设、优化营商环境、地下水超采综合治理、农村人居环境整治提升、城市生活垃圾分类管理等领域开展执法检查 10 余次。

2023 年 3 月至 12 月，县人大常委会副主任吕秀敏带领县人大常委会执法检查组，对贯彻落实《关于大力支持省会建设和高质量发展的意见》《关于推进现代商贸物流产业发展的实施意见》《关于确保现代商贸物流产业主营业务收入实现突破性增长的若干措施》《关于支持现代商贸物流业做大做强的若干措施（试行）》等情况开展执法检查 5 次。

2023 年 3 月至 12 月，县人大常委会副主任张云山带领县人大常委会执法检查组，对贯彻落实《中华人民共和国城市房地产管理法》《中华人民共和国城乡规划法》《中华人民共和国土地管理法》《中华人民共和国建筑法》《城市房地产开发经营管理条例》《河北省城乡规划条例》等法律法规情况开展执法检查4次。

2023年3月至12月，县人大常委会副主任董建海带领县人大常委会执法检查组，对贯彻落实《中华人民共和国道路交通安全法》《中华人民共和国道路交通安全法实施条例》《关于加强电动自行车国家标准实施监督意见》《河北省电动自行车管理条例》等法律法规情况开展执法检查4次。

2023年4月至10月，县人大常委会副主任张云山带领县人大常委会执法检查组，对贯彻落实《中华人民共和国城市房地产管理法》《中华人民共和国城乡规划法》《中华人民共和国土地管理法》《中华人民共和国建筑法》《城市房地产开发经营管理条例》《河北省城乡规划条例》等法律法规情况开展执法检查2次。

2023年5月至6月，县人大常委会副主任吕秀敏带领县人大常委会执法检查组，对贯彻落实《国务院优化营商环境条例》《河北省优化营商环境条例》《石家庄市优化营商环境条例》情况开展执法检查。2023年8月31日，县十七届人大常委会第十八次会议，听取和审议县人大常委会执法检查组副组长孙武庆作的《关于优化营商环境工作情况的视察报告》。

2023年5月至6月，县人大常委会副主任董建海带领县人大常委会执法检查组，对贯彻落实《中华人民共和国种子法》《河北省种子管理条例》情况开展执法检查。2023年8月31日，县十七届人大常委会第十八次会议，听取和审议县人大常委会执法检查组副组长杨增强作的《关于促进种业振兴工作情况的视察报告》。

2023年5月至6月，县人大常委会副主任张云山带领县人大常委会执法检查组，对贯彻落实《中华人民共和国促进科技成果转化法》《河北省促进科技成果转化条例》情况开展执法检查。2023年8月31日，县十七届人大常委会第十八次会议，听取和审议县人大常委会执法检查组副组长贾洁作的《关于科技成果转化工作情况的视察报告》。

2023年5月至6月，县人大常委会副主任董建海带领县人大常委会执法检查组，对贯彻落实《中华人民共和国旅游法》《河北省旅游条例》情况开展执法检查。2023年8月31日，县十七届人大常委会第十八次会议，听取和审议县人大常委会执法检查组副组长武申作的《关于旅游发展工作情况的视察报告》。

2023年8月15日，配合省人大常委会执法检查组对贯彻落实《河北省人民代表大会常务委员会关于加强革命文物保护利用的决定》情况开展执法检查。

2023年9月22日，受市人大常委会委托，县人大常委会副主任张云山带队对《石家庄市城市管理综合执法条例》实施情况开展执法检查。

2023年6月至10月，县人大常委会副主任吕秀敏带领县人大常委会执法检查组，对贯彻实施《石家庄市优化营商环境条例》情况开展执法检查3次。2023年10月30日，县十七届人大常委会第十九次会议，听取和审议县人大常委会执法检查组副组长孙武庆作的《关于检查〈石家庄市优化营商环境条例〉实施情况的报告》。

2023 年 9 月至 10 月，县人大常委会对《中华人民共和国土地管理法》《中华人民共和国土地管理法实施条例》和《基本农田保护条例》实施情况开展执法检查 7 次。2023 年 12 月 28 日，县十七届人大常委会第二十次会议，听取和审议县人大常委会执法检查组副组长杨增强作的《关于检查〈中华人民共和国土地管理法〉等实施情况的报告》。

第三节　监督政府性重点项目资金和专项资金使用情况

截至 2024 年 3 月，县十七届人大常委会共组织开展监督政府性重点项目资金和专项资金使用情况 1 次。

县十七届人大常委会监督政府性重点项目资金和专项资金使用情况表

表 19-18

时间	视察内容	牵头单位	责任单位
2023 年 11 月	支持企业发展财政专项资金和政策实施效果情况	县财政局	财经工委

第四节　视察调研

截至 2024 年 3 月，县十七届人大常委会共组织开展视察活动 40 次，开展调研活动 75 次。

县十七届人大常委会视察活动选录

表 19-19

时间	视察内容	牵头单位
2021 年 9 月 17 日	关于建筑工地信息公开规范管理情况	政法工委
2021 年 9 月 17 日	关于安全生产工作情况	社会建设工委
2021 年 11 月 16 日	关于乡村振兴项目建设情况	农经工委
2021 年 11 月 16 日	关于重点工业项目建设情况	财经工委
2022 年 3 月 1 日	关于旅游发展工作情况	科教文卫工委
2022 年 4 月 21 日	关于农村面貌提升工作情况	农经工委
2022 年 4 月—5 月	关于重点项目建设工作情况	社会建设工委
2022 年 4 月—5 月	关于优化营商环境工作情况	财经工委
2022 年 4 月—5 月	关于地下水超采综合治理工作情况	科教文卫工委
2022 年 4 月—5 月	关于农村人居环境整治提升工作情况	农经工委
2022 年 4 月—5 月	关于城市生活垃圾分类管理工作情况	政法工委

续表 19-19

时间	视察内容	牵头单位
2022 年 5 月 16 日	关于优化营商环境工作情况	财经工委
2022 年 5 月 16 日	关于重点项目建设情况	财经工委
2022 年 5 月 26 日	关于公路项目建设情况	科教文卫工委
2022 年 5 月 26 日	关于县城工业路等延伸开通情况	农经工委
2022 年 6 月 23 日	关于人居环境整治提升工作情况	农经工委
2022 年 7 月 5 日	关于文旅产业发展情况	科教文卫工委
2022 年 9 月 22 日	关于县退役军人服务中心（站）建设工作情况	社会建设工委
2022 年 9 月 22 日	关于“城建惠民”项目实施情况	政法工委
2022 年 10 月	关于县卫健局主要负责人履职情况	科教文卫工委
2022 年 10 月	关于县发改局主要负责人履职情况	财经工委
2022 年 10 月	关于县农业农村局主要负责人履职情况	农经工委
2022 年 10 月 27 日	关于太行山区域旅游工作情况	科教文卫工委
2023 年 3 月 3 日	关于安全生产工作情况	社会建设工委
2023 年 4 月 25 日	关于应急物资储备工作情况	社会建设工委
2023 年 4 月 25 日	关于提升传统消费能级和推进服务消费提质扩容情况	财经工委
2023 年 6 月 1 日	关于城乡居民低保工作情况	社会建设工委
2023 年 6 月 1 日	关于人大代表之家（站）创建提升工作情况	代表工委
2023 年 7 月 26 日	关于现有城市公共基础设施利用情况	财经工委 政法工委
2023 年 8 月 7 日	关于人大代表之家（站）建设情况	代表工委
2023 年 8 月 17 日	关于 2023 年水毁及灾后重建情况	农经工委
2023 年 8 月 30 日	关于民生实事项目进展情况	代表工委
2023 年 9 月 28 日	关于县城转型蝶变（精品街道建设、小街小巷治理、精细化管理）工作情况	政法工委
2023 年 9 月 28 日	关于优化交通路网建设情况	科教文卫工委
2023 年 10 月 19 日	关于市场监督管理局主要负责人履职情况	财经工委
2023 年 10 月 25 日	关于行政审批局主要负责人履职情况	财经工委
2023 年 11 月 16 日	关于重点项目建设情况	财经工委
2023 年 11 月 16 日	关于棚户区改造项目建设情况	政法工委
2024 年 1 月 12 日	灵寿团市人大代表视察活动	代表工委
2024 年 3 月 27 日	关于文化遗产保护传承工作情况	科教文卫工委

县十七届人大常委会调研活动选录

表 19-20

时间	调研内容	责任单位
2021 年 7 月	关于上半年财政预算执行情况	财经工委
2021 年 7 月	关于 2021 年上半年国民经济和社会发展计划执行情况	财经工委
2021 年 8 月	关于 2020 年财政预算执行情况及其他财政收支情况审计工作情况	财经工委
2021 年 8 月 28 日	关于代表之家建设情况	代表工委
2021 年 9 月 2 日	关于资源能源项目建设情况	财经工委
2021 年 9 月 3 日	关于清理规范违规占用土地工作情况	政法工委
2021 年 9 月	关于优化营商环境工作情况	财经工委
2021 年 9 月	关于农业结构调整工作情况	农经工委
2021 年 9 月	关于地下水超采治理工作情况	社会建设工委
2021 年 9 月	关于公共医疗卫生服务工作情况	科教文卫工委
2021 年 9 月 27 日	关于代表之家建设情况	代表工委
2021 年 10 月	关于加快产业转型升级，着力构建现代化经济体系工作情况	财经工委
2021 年 10 月	关于县人民法院民事执行工作情况	政法工委
2021 年 10 月	关于审判管理工作情况	政法工委
2021 年 12 月	关于实施乡村振兴战略、开创乡村发展新局面工作情况	农经工委
2021 年 12 月	关于侦查监督工作情况	政法工委
2021 年 12 月	关于 2020 年度县本级预算执行和其他财政收支审计查出问题整改情况	财经工委
2022 年 4 月	关于 2021 年度环境状况和环境保护目标完成情况	政法工委
2022 年 4 月	关于社会养老服务体系建设工作情况	社会建设工委
2022 年 5 月 7 日	关于脱贫攻坚工作情况	农经工委
2022 年 5 月	关于重点项目建设工作情况	财经工委
2022 年 5 月—6 月	关于清理规范违法违规占用土地工作	政法工委
2022 年 5 月—6 月	关于矿山综合治理工作	代表工委
2022 年 5 月—6 月	关于清理规范资源能源项目工作	财经工委
2022 年 5 月—6 月	关于清理规范房地产开发项目工作	社会建设工委
2022 年 5 月—6 月	关于加强公共卫生管理工作	科教文卫工委
2022 年 5 月—6 月	关于清理规范违规违建项目工作	农经工委
2022 年 5 月—6 月	关于地下水超采综合治理工作	科教文卫工委
2022 年 6 月	关于行政事业性国有资产管理情况	财经工委
2022 年 6 月	关于“双减”工作情况	科教文卫工委

续表 19-20

时间	调研内容	责任单位
2022 年 6 月	关于持续推进农村人居环境整治提升专项行动情况	农经工委
2022 年 6 月	关于开展整治群众反映强烈问题工作情况	办公室
2022 年 8 月	关于 2022 年上半年国民经济和社会发展计划执行情况	财经工委
2022 年 8 月	关于 2021 年度财政预算执行及其他财政收支情况审计工作情况	财经工委
2022 年 8 月	关于民事检察工作情况	政法工委
2022 年 10 月	关于民事执行工作情况	政法工委
2022 年 10 月	关于重点项目土地审批服务工作情况	财经工委
2022 年 12 月	关于 2021 年度财政预算执行及其他财政收支审计查出问题整改情况	财经工委
2022 年 12 月	关于劳动就业工作情况	社会建设工委
2022 年 12 月	关于 2022 年民生实事办理情况	代表工委
2022 年 12 月	关于城乡居民医疗保险管理工作情况	社会建设工委
2023 年 1 月	关于 2022 年财政预算执行情况和 2023 年财政预算草案情况	财经工委
2023 年 2 月 7 日	关于防火、信访稳定、农村产业发展等工作情况	代表工委
2023 年 3 月	关于 2022 年度环境状况和环境保护目标完成情况	政法工委
2023 年 3 月	关于 2022 年度国有自然资源资产和国有资产管理情况	财经工委
2023 年 4 月	关于国土空间总体规划（2021—2025）编制情况	财经工委
2023 年 4 月	关于社会保障工作情况	社会建设工委
2023 年 4 月	关于加强耕地保护工作情况	农经工委
2023 年 4 月—12 月	关于推进现代商贸物流产业发展工作情况	财经工委
2023 年 4 月—12 月	关于解决房地产开发历史遗留问题工作情况	政法工委
2023 年 4 月—12 月	关于电动车综合治理工作情况	科教文卫工委
2023 年 6 月	关于基层医疗卫生服务能力建设情况	科教文卫工委
2023 年 6 月	关于农村饮水安全和农田灌溉用水保障工作情况	农经工委
2023 年 6 月	关于优化法治化营商环境情况	政法工委
2023 年 7 月 18 日	关于科技成果转化情况	政法工委
2023 年 8 月	关于 2023 年上半年国民经济和社会发展计划执行情况	财经工委
2023 年 8 月	关于 2022 年度县级预算执行和其他财政收支情况的审计工作情况	财经工委
2023 年 8 月	关于医疗保障工作情况	社会建设工委
2023 年 8 月	关于办理控告申诉案件及开展公益诉讼工作情况	政法工委
2023 年 9 月 17 日	陪同省人大开展《河北省防汛避险人员转移条例》立法调研	政法工委
2023 年 10 月	关于推动现代职业教育高质量发展工作情况	科教文卫工委
2023 年 10 月	关于全面推进乡村振兴战略实施工作情况	农经工委
2023 年 10 月	关于县市场监督管理局局长履职情况	财经工委

续表 19-20

时间	调研内容	责任单位
2023 年 10 月	关于县水利局局长履职情况	农经工委
2023 年 10 月	关于县自然资源和规划局局长履职情况	农经工委
2023 年 10 月	关于县政府办理县十七届人大三次会议人大代表建议批评和意见情况	代表工委
2023 年 12 月	关于新型建材、绿色能源和现代商贸物流产业发展情况	财经工委
2023 年 12 月	关于 2023 年规范性文件备案审查工作情况	政法工委
2023 年 12 月	关于 2022 年度财政预算执行和其他财政收支审计查出问题整改情况	财经工委
2023 年 12 月 14 日	三大新兴产业发展、预算审计查出问题整改、调整财政预算情况	财经工委
2024 年 1 月 11 日	2023 年计划和预算执行、2024 年计划和预算安排（草案）情况	财经工委
2024 年 1 月	关于 2023 年财政预算执行情况和 2024 年财政预算情况	财经工委
2024 年 3 月	关于紧密型县域医共体建设情况	科教文卫工委
2024 年 3 月	关于治安管理工作情况	政法工委
2024 年 3 月	关于 2023 年度环境状况和环境保护目标完成情况	政法工委

第五节　委托专门委员会听取和审议专项工作报告

截至 2024 年 3 月，县十七届人大常委会共委托专门委员会听取和审议专项工作报告 4 次。

县十七届人大常委会委托专门委员会听取和审议专项工作报告表

表 19-21

时间	专门委员会	报告内容
2023 年 4 月	教育科学文化卫生委员会	县政府落实《灵寿县人大常委会关于对县政府“双减”工作情况报告的审议意见》的报告
2023 年 6 月	农村经济委员会	县政府落实《灵寿县人大常委会关于对县政府持续推进农村人居环境整治提升专项行动情况报告的审议意见》的报告
2023 年 7 月	法制委员会	县政府落实《灵寿县人大常委会关于 2021 年度环境状况和环境保护目标完成情况报告的审议意见》的报告
2023 年 9 月	社会建设委员会	县政府落实《灵寿县人大常委会关于社会养老服务体系建设情况报告的审议意见》的报告

第六章　决议决定

县十七届人大及其常委会紧紧围绕全县工作大局，依法行使重大事项决定权，切实发挥决议决定统一思想、凝聚共识、推动落实的作用，适时听取和审议县“一府一委两院”工作报告和国民经济与社会发展计划、预算及执行等情况的报告，及时作出决议决定，先后共作出决议决定35项，较好地贯彻党的主张，体现人民意志，凝聚社会共识，保障全县经济社会平稳快速发展。

作出决议决定

一、县十七届人大历次会议作出决议决定情况

灵寿县第十七届人民代表大会共作出决议决定22项。

县第十七届人民代表大会历次会议作出决议决定一览表

表19-22

时间	会次	名称
2021年7月25日	一次会议	关于灵寿县人民政府工作报告的决议
		关于灵寿县人民代表大会常务委员会工作报告的决议
		关于灵寿县人民法院工作报告的决议
		关于灵寿县人民检察院工作报告的决议
2022年1月29日	二次会议	关于灵寿县人民政府工作报告的决议
		关于灵寿县2021年国民经济和社会发展计划执行情况与2022年国民经济和社会发展计划的决议
		关于灵寿县2021年财政预算执行情况和2022年财政预算的决议
		关于灵寿县人民代表大会常务委员会工作报告的决议
		关于灵寿县人民法院工作报告的决议
		关于灵寿县人民检察院工作报告的决议

续表 19-22

时间	会次	名称
2023 年 1 月 13 日	三次会议	关于灵寿县人民政府工作报告的决议
		关于灵寿县 2022 年国民经济和社会发展计划执行情况与 2023 年国民经济和社会发展计划的决议
		关于灵寿县 2022 年财政预算执行情况和 2023 年财政预算的决议
		关于灵寿县人民代表大会常务委员会工作报告的决议
		关于灵寿县人民法院工作报告的决议
		关于灵寿县人民检察院工作报告的决议
2024 年 2 月 3 日	四次会议	关于灵寿县人民政府工作报告的决议
		关于灵寿县 2023 年国民经济和社会发展计划执行情况与 2024 年国民经济和社会发展计划的决议
		关于灵寿县 2023 年财政预算执行情况和 2024 年财政预算的决议
		关于灵寿县人民代表大会常务委员会工作报告的决议
		关于灵寿县人民法院工作报告的决议
		关于灵寿县人民检察院工作报告的决议

二、县十七届人大常委会历次会议作出决议决定情况

灵寿县十七届人大常委会作出决议决定 13 项（不含人事任免事项）。

县十七届人大常委会历次会议作出决议决定一览表

表 19-23

时间	会次	名称
2021 年 8 月 31 日	1	关于批准 2020 年县级财政决算的决议
2021 年 8 月 31 日	1	关于批准县政府调整 2021 年财政预算的决议
2021 年 12 月 23 日	4	关于批准县政府调整 2021 年财政预算的决议
2022 年 1 月 20 日	5	关于召开灵寿县第十七届人民代表大会第二次会议的决定
2022 年 9 月 8 日	9	关于批准 2021 年县级财政决算的决议
2022 年 9 月 8 日	9	关于批准县政府调整 2022 年财政预算的决议
2022 年 12 月 30 日	12	关于批准县政府调整 2022 年财政预算的决议
2023 年 1 月 9 日	13	关于召开灵寿县第十七届人民代表大会第三次会议的决定
2023 年 8 月 31 日	18	关于批准 2022 年县级财政决算的决议
2023 年 8 月 31 日	18	关于批准县政府调整 2023 年财政预算的决议
2023 年 12 月 28 日	20	关于批准县政府调整 2023 年财政预算的决议
2024 年 1 月 24 日	23	关于召开灵寿县第十七届人民代表大会第四次会议的决定
2024 年 3 月 28 日	24	关于批准 2024 年第一批新增政府债券预算调整方案的决议

第七章　选举任免

县十七届人大常委会坚持党管干部与人大依法选举任免相结合，严格执行有关法律规定，不断加强地方政权建设。依法进行人事任免，先后任免县级国家机关工作人员130余人次，补选市人大代表3名，为地方国家机关高效有序运转提供组织保障。不断探索任后监督途径，县“两院”工作人员依法履职、公正司法的意识明显增强。总结“两官”评议实践经验，研究制定对县政府工作部门主要负责人开展履职评议的暂行办法，使任后监督工作得到进一步拓展和深化。认真做好换届选举，及时向县委汇报并提出关于做好县乡两级人民代表大会换届选举工作的意见，保证换届选举风清气正，顺利进行。共选举产生新一届县人大代表199名，乡级人大代表772名，代表结构得到进一步优化。

第一节　常委会选举任免情况

2021年8月31日，县十七届人大常委会第一次会议，通过县人民政府和县人民法院相关人事任免事项。

决定任命：

闫雁为县人民政府副县长（挂职）

周静为县人民政府副县长（挂职）

任命：

杨江华、郑国栋、杨风花、肖洪艳、程民霞、张占芹、赵振法、王建梅、兰福祥、马玉良、何钢铁、王书贵、李建辉、安志辉、杨移民等15人为县人民法院人民陪审员。

2021年9月24日，县十七届人大常委会第二次会议，通过县人民政府相关人事任免事项。

决定任命：

周荣亮为县政府办公室主任

高峰为县发展和改革局局长

马泽红为县教育局局长

赵鹏昆为县公安局局长

张延海为县民政局局长
刘文建为县司法局局长
赵书刚为县人力资源和社会保障局局长
王江鹏为县自然资源和规划局局长
孙国梁为县住房和城乡建设局局长
张朝辉为县交通运输局局长
刘永勤为县水利局局长
赵国江为县农业农村局局长
彭罗智为县文化广电体育和旅游局局长
王书堂为县卫生健康局局长
路建明为县退役军人事务局局长
王文革为县应急管理局局长
樊秉志为县审计局局长
孟素英为县市场监督管理局局长
陈建刚为县统计局局长
梁风斌为县乡村振兴局局长
余雷为县行政审批局局长
袁青峰为县医疗保障局局长

2021 年 10 月 27 日，县十七届人大常委会第三次会议，通过县人民检察院相关人事任免事项。

免去：

张锐锋的县人民检察院检察委员会委员职务

任命：

任祥凤为县人民检察院检察委员会委员

2021 年 12 月 23 日，县十七届人大常委会第四次会议，通过县人民政府、县人民法院、县人民检察院相关人事任免事项。

免去：

张军海的县人民法院副院长职务
马青龙的县人民法院副院长、审判委员会委员、审判员职务
张丽的县人民法院民事审判庭副庭长、审判员职务
雷震的县人民法院审判员职务
杨建山的县人民法院审判员职务
付建灵的县人民检察院副检察长、检察委员会委员、检察员职务

李建合的县人民检察院检察委员会委员、检察员职务

决定任命：

罗锡强为县司法局局长

任命：

李建合为县人民法院审判委员会委员、审判员

高永会为县人民法院审判委员会委员、审判员

马青龙为县人民检察院副检察长、检察委员会委员、检察员

刘迎新为县人民检察院检察委员会委员

2022 年 1 月 20 日，县十七届人大常委会第五次会议，通过县人民政府相关人事任免事项。

决定免去：

罗锡强的县司法局局长职务

袁青峰的县医疗保障局局长职务

决定任命：

赵少辉为县司法局局长

周伍科为县医疗保障局局长

2022 年 4 月 29 日，县十七届人大常委会第六次会议，通过县人民政府相关人事任免事项。

决定免去：

闫雁的县人民政府副县长（挂职）职务

周静的县人民政府副县长（挂职）职务

樊秉志的县审计局局长职务

王文革的县应急管理局局长职务

张延海的县民政局局长职务

周荣亮的县政府办公室主任职务

孙国梁的县住房和城乡建设局局长职务

赵书刚的县人力资源和社会保障局局长职务

马泽红的县教育局局长职务

梁风斌的县乡村振兴局局长职务

决定任命：

耿喜红为县政府办公室主任

刘军保为县财政局局长

张晓燕为县民政局局长

刘京辉为县教育局局长

张延海为县人力资源和社会保障局局长

王文革为县交通运输局局长

樊秉志为县住房和城乡建设局局长

刘永峰为县审计局局长

刘晖为县应急管理局局长

王二军为县乡村振兴局局长

2022年5月26日，县十七届人大常委会第七次会议，通过县人大常委会、县人民政府、县监察委员会、县人民法院、县人民检察院相关人事任免事项。

免去：

马永辉的县人大常委会办公室副主任职务

杨增强的县人大常委会农村经济工作委员会副主任职务

申彦彬的县人大常委会代表联络工作委员会副主任职务

王辉的县人大常委会办公室主任职务

刘祥平的县人大常委会农村经济工作委员会主任职务

张辰明的县监察委员会委员职务

彭罗勇的县监察委员会委员职务

张玉伟的县人民法院审判委员会委员、审判员职务

吕书香的县人民法院民事审判庭庭长、审判委员会委员、审判员职务

郑蕾的县人民法院陈庄人民法庭庭长职务

决定任命：

贺婷为县人民政府副县长（挂职）

任命：

马永辉为县人大常委会办公室主任

杨增强为县人大常委会农村经济工作委员会主任

申彦彬为县人大常委会农村经济工作委员会副主任

贾洁为县人大常委会代表联络工作委员会副主任

王士海为县监察委员会委员

曹三香为县监察委员会委员

高永会为县人民法院副院长

李建合为县人民法院副院长

辛卉为县人民法院民事审判庭庭长

何成江为县人民法院陈庄人民法庭庭长

魏付军为县人民法院刑事审判庭副庭长

李莎为县人民检察院检察员

郑浣为县人民检察院检察员

2022 年 6 月 28 日，县十七届人大常委会第八次会议，通过县人民法院相关人事任免事项。

免去：

王苏阳的县人民法院立案庭副庭长职务

2022 年 9 月 8 日，县十七届人大常委会第九次会议，通过县人民法院、县人民检察院相关人事任免事项。

免去：

孙兰记的县人民检察院检察委员会委员职务

任命：

王苏阳为县人民法院审判员

安红梅为县人民检察院检察委员会委员

孙倩、罗军刚、杜娟、张欣、孙艳敏、王雪峰、牛秀兰、尹新燕、王成群、张昆、焦彦龙、李娜、卢莉娟、彭大明、贾国江、郑冬冬、马金全、耿春生、李志龙、余文娟、王婷、孟晓龙、张静、尹京彦、王秋分、牛军梅、葛晓梅、张志杰、郎彦杰、赵秉军、尹盼良、李京、张景、戎园园、苏剑南、申志霞、孟凯、刘利利、霍卫星、司晓丽、齐永亮、孙星、王青、陈建明、吴敏花、卢玉峰、贝利平、马金花、尹岩刚、王香辉、刘慧娟、罗兆梁、侯建林、姚朋海、吕冬梅、马利志、彭绍越、张锋利、吴亚鹏、张向如、王亚利、李静、苏艳亭、胡红梅、曹伟斌、牛桂芹、杨悦、李利花、任海英、杨全喜、祁军英、王毅、唐瑞英、丁淑芹、王昭、余三秀、郝风雪等 77 名同志为县人民法院人民陪审员。

2023 年 1 月 9 日，县十七届人大常委会第十三次会议，通过县人大常委会相关人事任免事项。

免去：

郝俊峰的灵寿县人大常委会科教文卫工作委员会主任职务

任命：

武申为县人大常委会科教文卫工作委员会主任

石春燕为县人大常委会办公室副主任

2023 年 3 月 24 日，县十七届人大常委会第十四次会议，通过县人大常委会、县人民政府、县监察委员会相关人事任免事项。

决定免去：

王蒙的县人民政府副县长职务

贺婷的县人民政府副县长（挂职）职务

周海军的县人民政府副县长职务

免去：

马民生的县人大常委会政治法律工作委员会主任职务

贾洁的县人大常委会代表联络工作委员会副主任职务

决定任命：

王娟为县人民政府副县长（挂职）

邢晓飞为县人民政府副县长

任命：

周海军为县监察委员会副主任

贾洁为县人大常委会政治法律工作委员会主任

陆明华为县人大常委会代表联络工作委员会副主任

决定：

周海军为县监察委员会代理主任

2023 年 6 月 12 日，县十七届人大常委会第十六次会议，通过县人民政府人事任免事项。

决定任命：

刘军为县人民政府副县长

2023 年 8 月 31 日，县十七届人大常委会第十八次会议，通过县人民法院相关人事任免事项。

任命：

薛林为县人民法院审判员

2023 年 10 月 30 日，县十七届人大常委会第十九次会议，通过县人民法院相关人事任免事项。

任命：

杨瑞香为县人民法院审判员

2023 年 12 月 28 日，县十七届人大常委会第二十次会议，通过县人大常委会、县人民法院相关人事任免事项。

免去：

苗江良的县人大常委会代表联络工作委员会主任职务

丁云红的县人大常委会社会建设工作委员会主任职务

焦曼的县人大常委会社会建设工作委员会副主任职务
李静的县人民法院民事审判庭副庭长职务
刘琳的县人民法院民事审判庭副庭长职务
辛卉的县人民法院民事审判庭庭长、审判委员会委员、审判员职务
刘梅的县人民法院行政审判庭（综合审判庭）副庭长职务
康静的县人民法院青同法庭庭长、审判员职务
郑蕾的县人民法院审判员职务

任命：

焦曼为县人大常委会社会建设工作委员会主任
王梓璐为县人大常委会社会建设工作委员会副主任
李静为县人民法院民事审判庭庭长
刘琳为县人民法院青同法庭庭长
王苏阳为县人民法院行政审判庭（综合审判庭）副庭长
杨会娜为县人民法院审判员

2024 年 1 月 15 日，县十七届人大常委会第二十一次会议，通过县人民政府相关人事任免事项。

决定任命：

胡万程为县人民政府副县长

决定：

胡万程为县人民政府代理县长

2024 年 3 月 28 日，县十七届人大常委会第二十四次会议，通过县人民政府和县人民法院相关人事任免事项。

决定任命：

宋远程为县人民政府副县长

决定免去：

王娟的县人民政府副县长（挂职）职务

任命：

李静为县人民法院审判委员会委员
刘琳为县人民法院审判委员会委员
薛林为县人民法院审判委员会委员
康海贺为县人民法院审判员
李怡宏为县人民法院审判员

第二节　常委会接受辞职情况

2022年4月29日，县十七届人大常委会第六次会议，通过接受张国霞辞去灵寿县第十七届人民代表大会常务委员会委员、代表职务的请求，接受吴用、刘京辉、刘晖、王振平、左新一、马永刚、曹国辉、高杰、司利敏辞去灵寿县第十七届人民代表大会代表职务的请求。

2022年5月26日，县十七届人大常委会第七次会议，通过接受王辉、刘祥平辞去灵寿县第十七届人民代表大会常务委员会委员、代表职务的请求，接受吕艳雷辞去灵寿县第十七届人民代表大会代表职务的请求。

2022年9月8日，县十七届人大常委会第九次会议，通过接受武军义、尹二岗、靳莉、赵倩、辛书彦辞去灵寿县第十七届人民代表大会代表职务的请求。

2022年9月19日，县十七届人大常委会第十次会议，通过接受王建辞去灵寿县第十七届人民代表大会代表职务的请求。

2023年1月9日，县十七届人大常委会第十三次会议，通过接受郝俊峰辞去灵寿县第十七届人民代表大会常务委员会委员、代表职务的请求。

2023年3月24日，县十七届人大常委会第十四次会议，通过接受李伟凡辞去灵寿县监察委员会主任职务的请求，接受马民生辞去灵寿县第十七届人民代表大会常务委员会委员、代表职务的请求。

2023年6月12日，县十七届人大常委会第十六次会议，通过接受罗文全辞去县十七届人大常委会副主任职务的请求。

2023年8月31日，县十七届人大常委会第十八次会议，通过接受傅心路辞去灵寿县第十七届人民代表大会常务委员会委员、代表职务的请求，接受李强辞去灵寿县第十七届人民代表大会代表职务的请求。

2023年12月28日，县十七届人大常委会第二十次会议，通过接受苗江良、丁云红辞去灵寿县第十七届人民代表大会常务委员会委员、代表职务的请求，接受罗红竹辞去灵寿县第十七届人民代表大会代表职务的请求。

2024年1月15日，县十七届人大常委会第二十一次会议，通过接受武利芳辞去灵寿县人民政府县长职务的请求。

2024年1月17日，县十七届人大常委会第二十二次会议，通过接受武利芳辞去石家庄市第十五届人民代表大会代表职务的请求。

第三节　履职评议

截至2024年3月，县十七届人大常委会共对县政府工作部门主要负责人开展履职评议

7 人次。

县十七届人大常委会对县政府部门主要负责人进行履职评议情况表

表 19-24

时间	常委会会议	被评议部门	被评议人
2022 年 10 月 28 日	第十一次会议	县卫健局	王书堂
		县发改局	高　峰
		县农业农村局	赵国江
2023 年 10 月 30 日	第十九次会议	县市场监督管理局	孟素英
		县行政审批局	余　雷
		县水利局	刘永勤
		县自然资源和规划局	王江鹏

第八章　机关工作

第一节　自身建设

县人大常委会把加强自身建设作为发挥人大制度优势的内在要求，在不断砥砺初心、厚植能力中担当前行。坚持加强政治理论学习，不断提高自身素质。综合运用“学习强国”“干部网络学院”“党建云”“人大微信公众号”等渠道，广泛开展学习教育培训，实现机关干部和人大代表学习培训全覆盖。通过系统学习培训，人大干部政治更加成熟、业务更加精细。

上级精神落实到位。中央和省市县委人大工作会议对做好新时代人大工作进行安排部署，提出具体要求。常委会认真贯彻落实各级人大工作会议精神，通过人大代表之家（站）组织全县人大代表、人大系统工作人员开展宣传学习活动。紧扣全县经济社会发展重点任务，认真研究，精心谋划落实工作。创新形式载体，全方位、全链条保障人民当家作主，确保决策、执行、监督、落实等各个环节都能听到来自人民的声音，努力将常委会建设成为对党忠诚的政治机关，保障民主的权力机关，高效务实的工作机关和人民满意的代表机关。

制度基础夯实到位。坚持把制度建设作为依法履职的前提，靠制度规范程序，促进工作。进一步健全工作机制、监督机制，修订完善《灵寿县人大常委会议事规则》《灵寿县人大常委会组成人员守则》，制定《灵寿县人大常委会主任会议议事规则》，推动人大工作制度化、规范化。

思想作风争先进位。始终坚持党要管党、从严治党，严格落实党风廉政建设主体责任。坚持把政治纪律和政治规矩挺在前面，全面贯彻落实中央八项规定和实施细则精神，严格落实意识形态工作责任制，强化纪律意识、规矩意识和廉洁意识，努力营造风清气正的良好氛围。扎实开展思想作风纪律整顿活动，驰而不息转变作风，不断把作风建设引向深入。

中共灵寿县人大常委会办公室党支部

书　记：王　辉（2021 年 7 月—2022 年 5 月）
　　　　马永辉（2022 年 5 月—2024 年 3 月）
成　员：马永辉（2021 年 11 月—2022 年 5 月）
　　　　吕春玲（2021 年 7 月—2023 年 7 月）

贾　洁（2022 年 6 月—2023 年 7 月）
李江红（2023 年 7 月—2024 年 3 月）
石春燕（2023 年 7 月—2024 年 3 月）

第二节　宣传工作

县人大常委会坚持党管宣传原则，充分发挥广播、电视、报刊、网络等媒体优势，全方位、多角度宣传人民代表大会制度，讲好人大故事，展示代表风采，为人大工作营造良好舆论氛围。

县十七届人大期间，在省级新闻媒体刊登稿件 12 篇、市级 23 篇。

深入宣传人民代表大会制度在灵寿县的生动实践，2023 年 8 月，《石家庄灵寿县人大代表多元履职》一文在燕赵人民代表网发表，介绍人大代表参与人居环境整治提升工作、助力基层社会治理的典型做法。编辑出版《坚实的足迹》等书籍。创建和完善网上代表之家，优化人大微信公众号。加强规范化建设，健全完善内容更新、信息发布审批等制度。每年在“国家宪法日”和“宪法宣传周”到来之际，开展送法下乡入校进企业活动。实施法治文化广场、法治文化长廊建设，增强群众的法治观念。

在宣传主题策划、内容提炼上探索创新，不断打磨体现人大特色、反映人大成果的宣传作品和品牌。通过事前充分收集资料，事后及时总结提炼，将工作亮点固化升级为“想得起、立得住、叫得响”的灵寿人大特色品牌。2023 年 5 月至 11 月，“益企助企”大讲堂、“益企促发展”人大代表主题活动等亮点工作相继开展，在全县中小企业中引起强烈反响，相关经验做法在燕赵人民代表网、今日头条等转载报道。

坚持构建人大宣传大格局，与党委宣传部门、媒体单位形成合力，持续拓宽宣传渠道，扩大人大宣传影响力。在信息来源上，拓宽信息采集渠道，与各单位构建信息互通共享工作机制，积极在相关工作中挖掘人大元素、发挥代表作用，在报道方式上，改变以往“一事一报”的方式，突出主题策划。2023 年 10 月，围绕民生实事项目人大代表票决制，总结全年工作成果和经验，撰写《石家庄市灵寿县人大常委会以“行动力度”提升“民生温度”擦亮民生实事“幸福底色”》等稿件，相继被石家庄日报客户端、今日头条和人民日报客户端转载报道。在宣传途径上，改变以往“墙内开花墙内香”的局面，多渠道多平台投稿，做到全面发力，多点开花，不断提高宣传实效。

第三节　信访工作

县十七届人大常委会把信访工作作为联系人民群众的重要渠道，不断创新信访工作机制，加大案件督办力度，推动一批信访问题得到妥善解决，维护群众合法权益，促进社会和谐稳定。

认真办理群众来信来访，加强案件督办。积极做好县人代会、常委会和主任会议期间的信访工作，成立信访工作组，做到有预案、有分工。积极开展专项视察，先后对县公安局、县人民法院和县人民检察院等单位开展视察，进一步提升全县涉法涉诉信访工作水平。坚持领导干部开门接访、定期约访、带案下访，专门成立领导小组，明确责任分工，并建立领导干部信访积案化解工作制度，出台受理人民群众申诉和意见的规定，建立“收、批、督、回”四位一体的高效闭合机制，督办有关信访案件事项办结情况。将平安建设工作纳入年度工作总体计划，与业务工作同规划、同部署、同检查、同落实。

第 二 十 篇

各乡镇人民代表大会

第一章　灵寿镇

灵寿镇地处灵寿县域南部，是灵寿县委、县政府驻地，以平原地势为主，全镇总面积48.05平方千米，辖22个行政村，总人口8.1万人。

1953年置镇。1958年8月改为城关人民公社。1984年1月全县恢复乡镇体制，改为城关镇。1988年，城关镇更名为灵寿镇。1996年1月，灵寿县并乡扩镇，西托乡并入灵寿镇。

从1984年3月召开第一届人民代表大会至今，灵寿镇共召开11届人民代表大会（其中并乡扩镇前召开4届，并镇后召开7届）。

第一节　并乡扩镇前人民代表大会

一、西托乡人民代表大会

1984年3月至1996年1月并乡扩镇，原西托乡共召开4届人民代表大会。

（一）第一届人民代表大会

西托乡第一届人民代表大会任期3年，自1984年3月至1987年3月。

1. 人民代表大会

第一次会议　1984年3月29日召开，出席代表73名（应到75名）。会议听取和审议《西托乡人民政府工作报告》《人大代表议案审查报告》《西托乡第一届人民代表大会代表资格审查报告》，并形成相关决议。会议选举产生乡长1名，副乡长2名。

第二次会议　1985年5月召开，出席代表71名（应到75名）。会议听取和审议《西托乡人民政府工作报告》，并形成相关决议。会议选举产生乡长1名，副乡长2名。

2. 会议选举

乡政府组成成员

乡　长：侯庆生（1984年3月—1985年5月）

　　　　郝建英（1985年5月—1987年3月）

副乡长：刘双旺（1984年3月—1985年5月）

　　　　张焕国（1984年3月—1985年5月）

孙国海（1985 年 5 月—1987 年 3 月）

韩海芹（1985 年 5 月—1987 年 3 月）

（二）第二届人民代表大会

西托乡第二届人民代表大会任期 3 年，自 1987 年 3 月至 1990 年 4 月。

1. 人民代表大会

第一次会议 1987 年 3 月 26 日召开，出席代表 33 名（应到 37 名）。会议听取和审议《西托乡人民政府工作报告》《人大代表议案审查报告》《西托乡第二届人民代表大会代表资格审查报告》，并形成相关决议。会议选举产生乡长 1 名，副乡长 1 名。

第二次会议 1988 年 3 月 6 日召开，出席代表 26 名（应到 37 名）。会议听取和审议《西托乡人民政府工作报告》，并形成相关决议。会议选举产生乡长 1 名，副乡长 1 名。

第三次会议 1988 年 10 月 9 日召开，出席代表 30 名（应到 37 名）。会议听取和审议《西托乡人民政府工作报告》《关于西托乡 1988 年预算执行情况和 1989 年预算报告》，并形成相关决议。

第四次会议 1989 年 8 月 15 日召开，出席代表 31 名（应到 37 名）。会议听取和审议《西托乡人民政府 1989 年上半年工作总结和下半年工作计划》。会议选举产生副乡长 1 名。

2. 会议选举

乡政府组成成员

乡　长：郝建英（1987 年 3 月—1988 年 3 月）

孙国海（1988 年 3 月—1990 年 3 月）

副乡长：孙国海（1987 年 3 月—1988 年 3 月）

栗二刚（1988 年 3 月—1990 年 4 月）

闫景兰（1989 年 8 月—1990 年 4 月）

（三）第三届人民代表大会

西托乡第三届人民代表大会任期 3 年，自 1990 年 4 月至 1993 年 4 月。

1. 人民代表大会

第一次会议 1990 年 4 月 12 日召开，出席代表 41 名（应到 46 名）。会议听取和审议《西托乡人民政府工作报告》《关于西托乡 1989 年预算执行情况和 1990 年预算报告》，并形成相关决议。会议选举产生人大主席 1 名，乡长 1 名，副乡长 4 名。

第二次会议 1990 年 5 月召开，出席代表 40 名（应到 46 名）。会议选举产生副乡长 1 名。

第三次会议 1990 年 10 月召开，出席代表 39 名（应到 46 名）。会议听取和审议《西托乡人民政府工作报告》《西托乡人大主席团工作报告》，并形成相关决议。

第四次会议 1990 年 12 月召开，出席代表 38 名（应到 46 名）。会议选举产生副乡长 1 名。

第五次会议 1991年4月3日召开。出席代表31名（应到46名）。会议听取和审议《西托乡政府工作报告》《西托乡人大主席团工作报告》《关于西托乡1990年预算执行情况和1991年预算报告》，并形成相关决议。

第六次会议 1991年8月召开，出席代表35名（应到46名）。会议选举产生乡长1名。

第七次会议 1992年3月26日召开。会议出席代表42名（应到46名）。会议听取和审议《西托乡人民政府工作报告》《关于西托乡1991年预算执行情况和1992年预算报告》《西托乡人大主席团工作报告》，并形成相关决议。会议选举产生副乡长1名。

2. 会议选举

人大组成成员

主　席：康秋录（1990年4月—1993年1月）

乡政府组成成员

乡　长：张壬辰（1990年4月—1990年5月）
　　　　栗二刚（1990年5月—1991年8月）
　　　　闫景兰（1991年8月—1993年1月）

副乡长：栗二刚（1990年4月—1990年5月）
　　　　闫景兰（1990年4月—1991年8月）
　　　　贾国林（1990年4月—1993年1月）
　　　　牛银山（1990年4月—1993年1月）
　　　　王国锋（1990年5月—1990年12月）
　　　　雷英文（1990年12月—1991年5月）
　　　　侯　智（1992年3月—1993年1月）

（四）第四届人民代表大会

西托乡第四届人民代表大会任期3年，自1993年4月至1996年1月。

1. 人民代表大会

第一次会议 1993年4月21日召开，出席代表55名（应到59名）。会议听取和审议《西托乡人民政府工作报告》《关于西托乡1992年预算执行情况和1993年预算报告》及《西托乡人大主席团工作报告》，并形成相关决议。会议选举产生主席1名，副主席1名，乡长1名，副乡长5名。

第二次会议 1994年4月召开，出席代表50名（应到59名）。会议听取和审议《西托乡人民政府工作报告》《关于西托乡1993年预算执行情况和1994年预算报告》《西托乡人大主席团工作报告》，并形成相关决议。会议选举产生乡长1名。

第三次会议 1994年12月召开，出席代表52名（应到59名）。会议选举产生主席1名，副乡长1名。

第四次会议 1995年3月召开，出席代表51名（应到59名）。会议选举产生副乡长2名。

第五次会议 1995年4月27日召开，出席代表48名（应到59名）。会议听取和审议《西托乡政府工作报告》《1995年发展“一优双高”农业的规划》，并形成相关决议。

2. 会议选举

人大组成成员

主　席：康秋录（1993年4月—1994年12月）

　　　　贾国林（1994年12月—1996年1月）

副主席：杨玉庆（1993年4月—1996年1月）

乡政府组成成员

乡　长：侯　智（1993年4月—1994年12月）

　　　　牛银山（1994年4月—1996年1月）

副乡长：牛银山（1993年4月—1994年4月）

　　　　张桂平（1993年4月—1996年1月）

　　　　马正飞（1993年4月—1995年3月）

　　　　白连云（1993年4月—1996年1月）

　　　　付建敏（1993年4月—1995年3月）

　　　　白东风（1994年12月—1995年3月）

　　　　罗成法（1995年3月—1996年1月）

　　　　王山花（1995年3月—1996年1月）

二、城关镇人民代表大会

1984年4月至1996年1月并乡扩镇，城关镇（1988年改为灵寿镇）共召开4届人民代表大会。

（一）第一届人民代表大会

城关镇第一届人民代表大会任期3年，自1984年4月19日至1987年4月。

1. 人民代表大会

第一次会议 1984年4月19日召开，出席代表85名（应到90名）。会议听取和审议《城关镇人民政府工作报告》《城关镇第一届人民代表大会代表资格审查报告》和《关于城关镇1983年预算执行情况和1984年预算报告》，并形成相关决议。会议选举产生镇长1名，副镇长2名。

第二次会议 1986年11月24日召开，出席代表81名（应到90名）。会议听取和审议《城关镇人民政府工作报告》《关于城关镇1985年预算执行情况和1986年预算报告》，并形成相关决议。会议接受聂兵习辞去副镇长的请求，选举产生副镇长1名。

2. 会议选举

镇政府组成成员

镇　长：崔三白（1984年4月—1987年4月）

副镇长：孙清兰（1984 年 4 月—1987 年 4 月）
聂兵习（1984 年 4 月—1986 年 11 月）
耿辰平（1986 年 11 月—1987 年 4 月）

（二）第二届人民代表大会

城关镇第二届人民代表大会任期 3 年，自 1987 年 4 月至 1990 年 4 月。

1. 人民代表大会

第一次会议　1987 年 4 月 17 日召开，出席代表 43 名（应到 43 名）。会议听取和审议《城关镇人民政府工作报告》《城关镇第二届人民代表大会代表资格审查报告》《关于城关镇 1986 年预算执行情况和 1987 年预算报告》，并形成相关决议。会议选举产生镇长 1 名，副镇长 2 名。

第二次会议　1989 年 3 月召开，出席代表 40 名（应到 43 名）。会议选举产生镇长 1 名。

第三次会议　1989 年 8 月召开，出席代表 41 名（应到 43 名）。会议选举产生副镇长 3 名。

2. 会议选举

镇政府组成成员

镇　长：刘志林（1987 年 4 月—1989 年 3 月）
郭金贵（1989 年 3 月—1990 年 4 月）

副镇长：耿辰平（1987 年 4 月—1990 年 4 月）
郝银竹（1987 年 4 月—1989 年 8 月）
刘勤瑞（1989 年 8 月—1990 年 4 月）
马秀全（1989 年 8 月—1990 年 4 月）
王山花（1989 年 8 月—1990 年 4 月）

（三）第三届人民代表大会

灵寿镇第三届人民代表大会任期三年，自 1990 年 4 月至 1993 年 4 月。

1. 人民代表大会

第一次会议　1990 年 4 月 14 日召开，出席代表 60 名（应到 60 名）。会议听取和审议《灵寿镇人民政府工作报告》《灵寿镇第三届人民代表大会代表资格审查报告》和《关于灵寿镇 1989 年预算执行情况和 1990 年预算报告》，并形成相关决议。会议选举产生主席 1 名，镇长 1 名，副镇长 4 名。

第二次会议　1990 年 12 月召开，出席代表 59 名（应到 60 名）。会议选举产生副镇长 1 名。

第三次会议　1991 年 5 月召开，出席代表 59 名（应到 60 名）。会议选举产生副镇长 1 名。

2. 会议选举

人大组成成员

主　席：崔三白（1990 年 4 月—1993 年 4 月）

镇政府组成成员

镇　长：郭金贵（1990 年 4 月—1993 年 4 月）

副镇长：耿辰平（1990 年 4 月—1993 年 4 月）

刘勤瑞（1990 年 4 月—1993 年 4 月）

马秀全（1990 年 4 月—1993 年 4 月）

王山花（1990 年 4 月—1993 年 4 月）

折军忠（1990 年 12 月—1993 年 4 月）

靳庆国（1991 年 5 月—1993 年 4 月）

（四）第四届人民代表大会

灵寿镇第四届人民代表大会任期 3 年，自 1993 年 4 月至 1996 年 1 月。

1. 人民代表大会

第一次会议　1993 年 4 月 12 日召开，出席代表 46 名（应到 75 名）。会议听取和审议《灵寿镇人民政府工作报告》《灵寿镇第四届人民代表大会代表资格审查报告》和《关于灵寿镇 1992 年预算执行情况和 1993 年预算报告》，并形成相关决议。会议选举产生主席 1 名，镇长 1 名，副镇长 3 名。

第二次会议　1994 年 9 月召开，出席代表 43 名（应到 75 名）。会议选举产生副镇长 2 名。

第三次会议　1995 年 3 月召开，出席代表 45 名（应到 75 名）。会议选举产生副镇长 2 名。

2. 会议选举

人大组成成员

主　席：崔三白（1993 年 4 月—1996 年 1 月）

镇政府组成成员

镇　长：牛增录（1993 年 4 月—1996 年 1 月）

副镇长：张国龙（1993 年 4 月—1996 年 1 月）

靳庆国（1993 年 4 月—1995 年 1 月）

王山花（1993 年 4 月—1995 年 3 月）

马武生（1994 年 9 月—1995 年 3 月）

赵东升（1994 年 9 月—1996 年 1 月）

马正飞（1995 年 3 月—1996 年 1 月）

霍秀英（1995 年 3 月—1996 年 1 月）

第二节　并乡扩镇后人民代表大会

灵寿镇人民代表大会

自 1996 年 5 月至 2023 年年底，灵寿镇共召开 7 届人民代表大会（第五届至第十一届）。

（一）第五届人民代表大会

灵寿镇第五届人民代表大会任期 3 年，自 1996 年 5 月至 1999 年 3 月。

1. 人民代表大会

第一次会议　1996 年 5 月 9 日召开，出席代表 62 名（应到 71 名）。会议听取和审议《灵寿镇政府工作报告》《关于灵寿镇 1995 年预算执行情况和 1996 年预算报告》，并形成相关决议。会议选举产生主席 1 名，副主席 2 名，镇长 1 名，副镇长 4 名。

第二次会议　1997 年 1 月召开，出席代表 58 名（应到 71 名）。会议听取和审议《灵寿镇政府工作报告》《关于灵寿镇 1996 年预算执行情况和 1997 年预算报告》，并形成相关决议。会议选举产生镇长 1 名。

第三次会议　1998 年 3 月召开，出席代表 53 名（应到 71 名）。会议听取和审议《灵寿镇政府工作报告》《关于灵寿镇 1997 年预算执行情况和 1998 年预算报告》，并形成相关决议。会议选举产生副主席 1 名。

第四次会议　1998 年 4 月召开，出席代表 54 名（应到 71 名）。会议选举产生副镇长 2 名。

2. 会议选举

人大组成成员

主　席：耿辰平（1996 年 5 月—1999 年 3 月）

副主席：马　梅（1996 年 5 月—1999 年 3 月）

王山花（1996 年 5 月—1999 年 3 月）

张国龙（1998 年 3 月—1999 年 3 月）

镇政府组成成员

镇　长：牛增录（1996 年 5 月—1997 年 1 月）

肖光武（1997 年 1 月—1999 年 3 月）

副镇长：马正飞（1996 年 5 月—1999 年 3 月）

罗成法（1996 年 5 月—1998 年 3 月）

张国龙（1996 年 5 月—1998 年 3 月）

张桂平（1996 年 5 月—1998 年 3 月）

彭红朝（1998 年 4 月—1999 年 3 月）

李庆合（1998 年 4 月—1999 年 3 月）

（二）第六届人民代表大会

灵寿镇第六届人民代表大会任期 3 年，自 1999 年 3 月至 2002 年 6 月。

1. 人民代表大会

第一次会议 1999 年 3 月 14 日召开，出席代表 59 名（应到 61 名）。会议听取和审议《灵寿镇人民政府工作报告》《灵寿镇第六届人民代表大会代表资格审查报告》《关于灵寿镇 1998 年预算执行情况和 1999 年预算报告》，并形成相关决议。会议选举产生主席 1 名，副主席 3 名，镇长 1 名，副镇长 3 名。

2. 会议选举

人大组成成员

主　席：耿辰平（1999 年 3 月—2002 年 6 月）

副主席：马　梅（1999 年 3 月—2002 年 6 月）

王山花（1999 年 3 月—2002 年 6 月）

张国龙（1999 年 3 月—2002 年 6 月）

镇政府组成成员

镇　长：孙磊海（1999 年 3 月—2002 年 5 月）

副镇长：马正飞（1999 年 3 月—2002 年 6 月）

彭红朝（1999 年 3 月—2002 年 6 月）

李庆合（1999 年 3 月—2002 年 6 月）

（三）第七届人民代表大会

灵寿镇第七届人民代表大会任期 5 年，自 2002 年 6 月至 2007 年 3 月。

1. 人民代表大会

第一次会议 2002 年 6 月 18 日召开，出席代表 68 名（应到 70 名）。会议听取和审议《灵寿镇人民政府工作报告》《灵寿镇第七届人民代表大会代表资格审查报告》《关于灵寿镇 2001 年预算执行情况和 2002 年预算报告》，并形成相关决议。会议选举产生主席 1 名、副主席 1 名，镇长 1 名、副镇长 2 名。

第二次会议 2004 年 5 月召开，出席代表 60 名（应到 70 名）。会议听取和审议镇长《灵寿镇人民政府工作报告》《关于灵寿镇 2003 年预算执行情况和 2004 年预算报告》，并形成相关决议。会议选举产生副镇长 1 名。

第三次会议 2004 年 8 月召开，出席代表 56 名（应到 70 名）。会议选举产生副镇长 1 名。

第四次会议 2005 年 5 月召开，出席代表 62 名（应到 70 名）。会议听取和审议《灵寿镇人民政府工作报告》《关于灵寿镇 2004 年预算执行情况和 2005 年预算报告》，并形成相关决议。会议选举产生镇长 1 名。

第五次会议 2006 年 6 月召开，出席代表 61 名（应到 70 名）。会议选举产生副镇长 3 名。

2. 会议选举

人大组成成员

主　席：苏振菊（2002 年 6 月—2007 年 3 月）

副主席：彭红朝（2002 年 6 月—2007 年 3 月）

镇政府组成成员

镇　长：程红旗（2002 年 6 月—2005 年 5 月）

赵军华（2005 年 5 月—2007 年 3 月）

副镇长：何连贵（2002 年 6 月—2004 年 5 月）

魏海青（2002 年 6 月—2004 年 5 月）

尹国勇（2004 年 5 月—2006 年 6 月）

胡国芳（2004 年 8 月—2006 年 6 月）

于正明（2006 年 6 月—2007 年 3 月）

尹国勇（2006 年 6 月—2007 年 3 月）

胡国芳（2006 年 6 月—2007 年 3 月）

（四）第八届人民代表大会

灵寿镇第八届人民代表大会任期 5 年，自 2007 年 3 月至 2012 年 2 月。

1. 人民代表大会

第一次会议　2007 年 3 月 12 日召开，出席代表 93 名（应到 99 名）。会议听取和审议《灵寿镇人民政府工作报告》《灵寿镇第八届人民代表大会代表资格审查报告》《关于灵寿镇 2006 年预算执行情况和 2007 年预算报告》，并形成相关决议。会议选举产生主席 1 名，副主席 1 名，镇长 1 名，副镇长 2 名。

第二次会议　2007 年 8 月召开，出席代表 86 名（应到 99 名）。会议选举产生镇长 1 名。

第三次会议　2009 年 3 月召开，出席代表 88 名（应到 99 名）。会议听取和审议《灵寿镇人民政府工作报告》《关于灵寿镇 2008 年预算执行情况和 2009 年预算报告》，会议并形成相关决议。选举产生主席 1 名，镇长 1 名。

第四次会议　2009 年 7 月召开，出席代表 87 名（应到 99 名）。会议选举产生副镇长 2 名。

第五次会议　2010 年 1 月召开，出席代表 82 名（应到 99 名）。会议听取和审议《灵寿镇人民政府工作报告》《关于灵寿镇 2009 年预算执行情况和 2010 年预算报告》，并形成相关决议。会议选举产生镇长 1 名。

第六次会议　2010 年 12 月召开，出席代表 88 名（应到 99 名）。会议选举产生副镇长 1 名。

2. 会议选举

人大组成成员

主　席：朱庆明（2007 年 3 月—2009 年 3 月）

　　　　宋瑞峰（2009 年 3 月—2011 年 9 月）

副主席：彭红朝（2007 年 3 月—2009 年 5 月）

镇政府组成成员

镇　长：赵军华（2007 年 3 月—2007 年 8 月）

　　　　郝拴海（2007 年 8 月—2009 年 2 月）

　　　　朱庆明（2009 年 3 月—2010 年 1 月）

　　　　周荣亮（2010 年 1 月—2012 年 2 月）

副镇长：胡国芳（2007 年 3 月—2009 年 6 月）

　　　　孙国梁（2007 年 3 月—2009 年 5 月）

　　　　何丽平（2009 年 7 月—2012 年 2 月）

　　　　王庆和（2009 年 7 月—2011 年 3 月）

　　　　刘素见（2010 年 12 月—2012 年 2 月）

（五）第九届人民代表大会

灵寿镇第九届人民代表大会任期 5 年，自 2012 年 2 月至 2017 年 3 月。

1. 人民代表大会

第一次会议　2012 年 2 月 18 日召开，出席代表 93 名（应到 96 名）。会议听取和审议《灵寿镇人民政府工作报告》《灵寿镇第九届人民代表大会代表资格审查报告》《关于灵寿镇 2011 年预算执行情况和 2012 年预算报告》，并形成相关决议。会议选举产生主席 1 名、副主席 1 名，镇长 1 名、副镇长 2 名。

第二次会议　2014 年 1 月召开，出席代表 91 名（应到 96 名）。会议选举产生副镇长 1 名。

第三次会议　2015 年 4 月召开，出席代表 82 名（应到 96 名）。会议听取和审议《灵寿镇人民政府工作报告》《关于灵寿镇 2014 年预算执行情况和 2015 年预算报告》，并形成相关决议。会议选举产生副镇长 2 名。

第四次会议　2016 年 4 月召开，出席代表 87 名（应到 96 名）。会议听取和审议灵寿镇《政府工作报告》《关于灵寿镇 2015 年预算执行情况和 2016 年预算报告》，并形成相关决议。会议选举产生镇长 1 名。

2. 会议选举

人大组成成员

主　席：孙国梁（2012 年 2 月—2016 年 4 月）

副主席：刘建树（2012 年 2 月—2017 年 3 月）

镇政府组成成员

镇　长：王文革（2012 年 2 月—2016 年 4 月）

　　　　孙国梁（2016 年 4 月—2017 年 3 月）

副镇长：何丽平（2012 年 2 月—2014 年 1 月）
　　　　刘素见（2012 年 2 月—2012 年 8 月）
　　　　张文强（2014 年 1 月—2017 年 3 月）
　　　　杨增强（2015 年 4 月—2017 年 3 月）
　　　　李　伟（2015 年 4 月—2017 年 3 月）

（六）第十届人民代表大会

灵寿镇第十届人民代表大会任期自 2017 年 3 月至 2021 年 6 月，因提前换届，任期未满 5 年。

1. 人民代表大会

第一次会议　2017 年 3 月 21 日召开，出席代表 120 名（应到 120 名）。会议听取和审议《灵寿镇人民政府工作报告》《灵寿镇第十届人民代表大会代表资格审查报告》《关于灵寿镇 2016 年预算执行情况和 2017 年预算报告》，并形成相关决议。会议选举产生人大主席 1 名，副主席 1 名，镇长 1 名，副镇长 3 名。

第二次会议　2018 年 3 月召开，出席代表 95 名（应到 120 名）。会议听取和审议《灵寿镇人民政府工作报告》《关于灵寿镇 2017 年预算执行情况和 2018 年预算报告》，并形成相关决议。会议选举产生镇长 1 名。

第三次会议　2019 年 9 月召开，出席代表 90 名（应到 120 名）。会议听取和审议《灵寿镇人民政府工作报告》《关于灵寿镇 2018 年预算执行情况和 2019 年预算报告》，并形成相关决议。会议选举产生副镇长 2 名。

第四次会议　2020 年 1 月召开，出席代表 110 名（应到 120 名）。会议听取和审议《灵寿镇人民政府工作报告》《关于灵寿镇 2019 年预算执行情况和 2020 年预算报告》，并形成相关决议。会议选举产生人大主席 1 名，镇长 1 名。

2. 会议选举

人大组成成员

主　席：赵永辉（2017 年 3 月—2019 年 1 月）
　　　　吕艳雷（2020 年 1 月—2021 年 6 月）
副主席：王玲书（2017 年 3 月—2021 年 6 月）

镇政府组成成员

镇　长：孙国梁（2017 年 3 月—2018 年 1 月）
　　　　罗文全（2018 年 3 月—2020 年 1 月）
　　　　尹玉国（2020 年 1 月—2021 年 6 月）
副镇长：袁俊杰（2017 年 3 月—2019 年 5 月）
　　　　解晓乾（2017 年 3 月—2019 年 9 月）
　　　　康晓峰（2017 年 3 月—2020 年 9 月）
　　　　辛　彦（2019 年 9 月—2021 年 5 月）

孙晓东（2019 年 9 月—2021 年 6 月）

（七）第十一届人民代表大会

灵寿镇第十一届人民代表大会自 2021 年 6 月至 2023 年 12 月（未届满）。

1. 人民代表大会

第一次会议 2021 年 6 月 26 日召开，出席代表 78 名（应到 78 名）。会议听取和审议《灵寿镇人民政府工作报告》《灵寿镇第十一届人民代表大会代表资格审查报告》《关于灵寿镇 2020 年预算执行情况和 2021 年预算报告》，并形成相关决议。会议选举产生主席 1 名，副主席 2 名，镇长 1 名，副镇长 3 名。

第二次会议 2022 年 3 月召开，出席代表 72 名（应到 78 名）。会议听取和审议《灵寿镇人民政府工作报告》《关于灵寿镇 2021 年预算执行情况和 2022 年预算报告》，并形成相关决议。会议选举产生镇长 1 名。

第三次会议 2022 年 9 月召开，出席代表 75 名（应到 78 名）。会议选举产生人大主席 1 名，副镇长 2 名。

2. 会议选举

人大组成成员

主　席：吕艳雷（2021 年 6 月—2022 年 8 月）
　　　　刘利波（2022 年 9 月—2023 年 12 月）

副主席：王玲书（2021 年 6 月—2023 年 12 月）
　　　　刘　坤（2021 年 6 月—2022 年 12 月）

镇政府组成成员

镇　长：尹玉国（2021 年 6 月—2022 年 3 月）
　　　　张二利（2022 年 3 月—2023 年 7 月）

副镇长：孙晓东（2021 年 6 月—2022 年 8 月）
　　　　李　哲（2021 年 6 月—2022 年 8 月）
　　　　罗文博（2021 年 6 月—2022 年 6 月）
　　　　郭　红（2022 年 9 月—2022 年 12 月）
　　　　冯　彤（2022 年 9 月—2023 年 12 月）

第二章　三圣院乡

三圣院乡位于县城东南5千米处，东、南与正定县为邻，西北接灵寿镇，北连北洼乡。全乡面积31.13平方千米，辖10个行政村，总人口4万人。

1953年置乡，1958年10月并入正定县，1961年5月，改为三圣院人民公社。1984年1月，恢复乡镇建制，改为三圣院乡，至今保持不变。1999年5月，南营乡桑树沟村迁入原县木佛林场处，名新兴村，归三圣院乡管辖。

从1984年4月召开第一届人民代表大会至今，共召开11届，其中第一届至第六届每届任期3年，第七届至第十一届每届任期5年。

第一节　第一届人民代表大会

三圣院乡第一届人民代表大会任期3年，自1984年4月至1987年4月。

一、人民代表大会

第一次会议　1984年4月15日召开，出席代表86名（应到89名）。会议听取和审议《三圣院乡人民政府工作报告》《关于三圣院乡1983年预算执行情况和1984年预算报告》，并形成相关决议。会议选举产生乡长1名，副乡长3名。

第二次会议　1985年4月10日召开，出席代表85名（应到89名）。会议听取和审议《三圣院乡人民政府工作报告》《关于三圣院乡1984年预算执行情况和1985年预算报告》，并形成相关决议。

第三次会议　1985年9月3日召开，出席代表83名（应到89名）。会议选举产生乡长1名，副乡长1名。

第四次会议　1986年4月14日召开，出席代表85名（应到89名）。会议听取和审议《三圣院乡人民政府工作报告》《关于三圣院乡1985年预算执行情况和1986年预算报告》，并形成相关决议。

二、会议选举

乡镇府组成成员

乡　长：郑振贵（1984 年 4 月—1985 年 9 月）
　　　　徐书军（1985 年 9 月—1987 年 3 月）
副乡长：傅盼来（1984 年 4 月—1985 年 5 月）
　　　　祁昌军（1984 年 4 月—1987 年 3 月）
　　　　罗银昌（1984 年 4 月—1985 年 6 月）
　　　　赵喜祥（1985 年 9 月—1987 年 3 月）

第二节　第二届人民代表大会

三圣院乡第二届人民代表大会任期 3 年，自 1987 年 4 月至 1990 年 4 月。

一、人民代表大会

第一次会议　1987 年 4 月 17 日召开，出席代表 39 名（应到 43 名）。会议听取和审议《三圣院乡人民政府工作报告》《关于三圣院乡 1986 年预算执行情况和 1987 年预算报告》，并形成相关决议。会议选举产生乡长 1 名。

第二次会议　1987 年 11 月 5 日召开，出席代表 40 名（应到 43 名）。会议选举产生乡长 1 名，副乡长 2 名。

第三次会议　1988 年 4 月 5 日召开，出席代表 41 名（应到 43 名）。会议听取和审议《三圣院乡人民政府工作报告》《关于三圣院乡 1987 年预算执行情况和 1988 年预算报告》，并形成相关决议。

第四次会议　1989 年 4 月 10 日召开，出席代表 40 名（应到 43 名）。会议听取和审议《三圣院乡人民政府工作报告》《关于三圣院乡 1988 年预算执行情况和 1989 年预算报告》，并形成相关决议。会议选举乡长 1 名，副乡长 2 名。

二、会议选举

乡　长：马正平（1987 年 4 月—1987 年 10 月）
　　　　罗二虎（1987 年 11 月—1989 年 3 月）
　　　　李更祥（1989 年 8 月—1990 年 4 月）
副乡长：李银忠（1987 年 11 月—1989 年 8 月）
　　　　祁昌军（1987 年 11 月—1990 年 4 月）
　　　　罗辉国（1989 年 8 月—1990 年 4 月）
　　　　彭全平（1989 年 8 月—1990 年 4 月）

第三节　第三届人民代表大会

三圣院乡第三届人民代表大会任期3年，自1990年4月至1993年1月。

一、人民代表大会

第一次会议　1990年4月10日召开，出席代表55人（应到60人）。会议听取和审议《三圣院乡人民政府工作报告》《三圣院乡第三届人大代表资格审查报告》《三圣院乡第三届人民代表大会筹备工作情况的报告》《关于三圣院乡1989年预算执行情况和1990年预算报告》，并形成相关决议。会议选举产生主席1名，乡长1名，副乡长4名。

第二次会议　1991年4月8日召开，出席代表57名（应到60名）。会议听取和审议《三圣院乡人民政府工作报告》《关于三圣院乡1990年预算执行情况和1991年预算报告》《关于三圣院乡人大主席团工作报告》，并形成相关决议。

第三次会议　1991年7月3日召开，出席代表55名（应到60名）。会议选举产生副乡长1名。

第四次会议　1991年10月5日召开，出席代表53名（应到60名）。会议选举产生乡长1名。

第五次会议　1992年4月11日召开，出席代表56名（应到60名）。会议听取和审议《三圣院乡人民政府工作报告》《关于三圣院乡1991年预算执行情况和1992年预算报告》《关于三圣院乡人大主席团工作报告》，并形成相关决议。会议选举产生副乡长1名。

二、会议选举

乡人大组成成员

主　席：郑丙兰（1990年4月—1993年1月）

乡政府组成成员

乡　长：李更祥（1990年4月—1991年10月）

　　　　刘建国（1991年10月—1993年01月）

副乡长：罗辉国（1990年4月—1993年1月）

　　　　秘敬敏（1990年4月—1991年7月）

　　　　贾兰锁（1990年4月—1993年1月）

　　　　彭全平（1990年4月—1991年10月）

　　　　韩海芹（1991年7月—1993年1月）

　　　　张军海（1992年4月—1993年1月）

第四节　第四届人民代表大会

三圣院乡第四届人民代表大会任期 3 年，自 1993 年 1 月至 1996 年 5 月。

一、人民代表大会

第一次会议　1993 年 1 月 5 日召开，出席代表 59 名（应到 62 名）。会议听取和审议《三圣院乡人民政府工作报告》《三圣院乡第四届人大代表资格审查报告》《三圣院乡第四届人民代表大会筹备工作情况的报告》《关于三圣院乡 1992 年预算执行情况和 1993 年预算报告》《关于三圣院乡人大主席团工作报告》，并形成相关决议。会议选举产生乡长 1 名，副乡长 4 名。

第二次会议　1993 年 5 月 3 日召开，出席代表 55 名（应到 62 名）。会议选举产生主席 1 名。

第三次会议　1994 年 2 月 4 日召开，出席代表 54 名（应到 62 名）。会议选举产生副乡长 2 名。

第四次会议　1994 年 4 月 3 日召开，出席代表 57 名（应到 62 名）。会议听取和审议《三圣院乡人民政府工作报告》《关于三圣院乡 1993 年预算执行情况和 1994 年预算报告》《关于三圣院乡人大主席团工作报告》，并形成相关决议。

第五次会议　1995 年 1 月 8 日召开，出席代表 58 名（应到 62 名）。会议选举产生乡长 1 名。

第六次会议　1995 年 2 月 16 日召开，出席代表 52 名（应到 62 名）。会议选举产生副乡长 1 名。

第七次会议　1995 年 4 月 5 日召开，出席代表 55 名（应到 62 名）。会议听取和审议《三圣院乡人民政府工作报告》《关于三圣院乡 1994 年预算执行情况和 1995 年预算报告》《关于三圣院乡人大主席团工作报告》，并形成相关决议。

第八次会议　1996 年 1 月 2 日召开，出席代表 55 名（应到 62 名）。会议选举产生副乡长 1 名。

二、会议选举

乡人大组成成员

主　席：郑丙兰（1993 年 5 月—1996 年 5 月）

乡政府组成成员

乡　长：刘建国（1993 年 1 月—1995 年 1 月）

　　　　肖光武（1995 年 1 月—1996 年 5 月）

副乡长：韩海芹（1993 年 1 月—1996 年 5 月）

罗辉国（1993 年 1 月—1994 年 2 月）
张军海（1993 年 1 月—1996 年 5 月）
贾兰锁（1993 年 1 月—1994 年 2 月）
刘书芹（1994 年 2 月—1995 年 2 月）
彭红朝（1994 年 2 月—1996 年 5 月）
杨小冬（1995 年 2 月—1996 年 5 月）
祁军英（1996 年 1 月—1996 年 5 月）

第五节　第五届人民代表大会

三圣院乡第五届人民代表大会任期 3 年，自 1996 年 5 月至 1999 年 4 月。

一、人民代表大会

第一次会议　1996 年 5 月 9 日召开，出席代表 59 名（应到 62 名）。会议听取和审议《三圣院乡人民政府工作报告》《三圣院乡第五届人大代表资格审查报告》《三圣院乡第五届人民代表大会筹备工作情况的报告》《关于三圣院乡 1995 年预算执行情况和 1996 年预算报告》《关于三圣院乡人大主席团工作报告》，并形成相关决议。会议选举产生主席 1 名，乡长 1 名，副乡长 3 名。

第二次会议　1997 年 2 月 16 日召开，出席代表 58 名（应到 62 名）。会议选举产生乡长 1 名。

第三次会议　1997 年 4 月 5 日召开，出席代表 57 名（应到 62 名）。会议听取和审议《三圣院乡人民政府工作报告》《关于三圣院乡 1996 年预算执行情况和 1997 年预算报告》《关于三圣院乡人大主席团工作报告》，并形成相关决议。

第四次会议　1998 年 3 月 8 日召开，出席代表 58 名（应到 62 名）。会议听取和审议《三圣院乡人民政府工作报告》《关于三圣院乡 1997 年预算执行情况和 1998 年预算报告》《关于三圣院乡人大主席团工作报告》，并形成相关决议。会议选举产生主席 1 名，副乡长 3 名。

二、会议选举

人大组成成员
主　席：郑丙兰（1996 年 5 月—1998 年 3 月）
　　　　赵占德（1998 年 3 月—1999 年 4 月）
政府组成成员
乡　长：肖光武（1996 年 5 月—1997 年 1 月）
　　　　张军海（1997 年 2 月—1999 年 3 月）

副乡长：彭红朝（1996 年 5 月—1998 年 1 月）
祁军英（1996 年 5 月—1998 年 1 月）
张军海（1996 年 5 月—1997 年 1 月）
曹建国（1998 年 3 月—1999 年 4 月）
何连贵（1998 年 3 月—1999 年 4 月）
孟宪麟（1998 年 3 月—1999 年 4 月）

第六节　第六届人民代表大会

三圣院乡第六届人民代表大会任期 3 年，自 1999 年 5 月至 2002 年 6 月。

一、人民代表大会

第一次会议　1999 年 5 月 5 日召开，出席代表 55 名（应到 55 名）。会议听取和审议《三圣院乡人民政府工作报告》《三圣院乡第六届人大代表资格审查报告》《三圣院乡第六届人民代表大会筹备工作情况的报告》《关于三圣院乡 1998 年预算执行情况和 1999 年预算报告》《关于三圣院乡人大主席团工作报告》，并形成相关决议。会议选举产生主席 1 名，乡长 1 名，副乡长 3 名。

第二次会议　2000 年 4 月 10 日召开，出席代表 52 名（应到 55 名）。会议听取和审议《三圣院乡人民政府工作报告》《关于三圣院乡 1999 年预算执行情况和 2000 年预算报告》《关于三圣院乡人大主席团工作报告》，并形成相关决议。

第三次会议　2001 年 4 月 5 日召开，出席代表 53 名（应到 55 名）。会议听取和审议《三圣院乡人民政府工作报告》《关于三圣院乡 2000 年预算执行情况和 2001 年预算报告》《关于三圣院乡人大主席团工作报告》，并形成相关决议。

第四次会议　2002 年 5 月 15 日召开，出席代表 49 名（应到 55 名）。会议选举产生乡长 1 名。

二、会议选举

乡人大组成成员
主　席：赵占德（1999 年 5 月—2002 年 6 月）
乡政府组成成员
乡　长：郑福森（1999 年 5 月—2002 年 5 月）
副乡长：曹建国（1999 年 5 月—2002 年 6 月）
何连贵（1999 年 5 月—2002 年 6 月）
孟宪麟（1999 年 5 月—2002 年 6 月）

第七节　第七届人民代表大会

三圣院乡第七届人民代表大会任期5年，自2002年6月至2007年3月。

一、人民代表大会

第一次会议　2002年6月5日召开，出席代表53名（应到53名）。会议听取和审议《三圣院乡人民政府工作报告》《三圣院乡第七届人大代表资格审查报告》《三圣院乡第七届人民代表大会筹备工作情况的报告》《关于三圣院乡2001年预算执行情况和2002年预算报告》《关于三圣院乡人大主席团工作报告》，并形成相关决议。会议选举产生主席1名，副主席1名，乡长1名，副乡长2名。

第二次会议　2002年11月13日召开，出席代表48名（应到53名）。会议选举产生副乡长1名。

第三次会议　2003年4月8日召开，出席代表50名（应到53名）。会议听取和审议《三圣院乡人民政府工作报告》《关于三圣院乡2002年预算执行情况和2003年预算报告》《关于三圣院乡人大主席团工作报告》，并形成相关决议。

第四次会议　2003年7月5日召开，出席代表49名（应到53名）。会议选举产生乡长1名。

第五次会议　2004年4月3日召开，出席代表52名（应到53名）。会议听取和审议《三圣院乡人民政府工作报告》《关于三圣院乡2003年预算执行情况和2004年预算报告》《关于三圣院乡人大主席团工作报告》，并形成相关决议。

第五次会议　2005年4月5日召开，出席代表50名（应到53名）。会议听取和审议《三圣院乡人民政府工作报告》《关于三圣院乡2004年预算执行情况和2005年预算报告》《关于三圣院乡人大主席团工作报告》，并形成相关决议。

第六次会议　2005年5月15日召开，出席代表49名（应到53名）。会议选举产生乡长1名。

第七次会议　2006年4月5日召开，出席代表51名（应到53名）。会议听取和审议《三圣院乡人民政府工作报告》《关于三圣院乡2005年预算执行情况和2006年预算报告》《关于三圣院乡人大主席团工作报告》，并形成相关决议。会议选举产生副乡长1名。

二、会议选举

乡人大组成成员

主　席：刘明华（2002年6月—2007年3月）

副主席：罗和祥（2002年6月—2007年3月）

乡政府组成成员

乡　长：刘新强（2002 年 6 月—2003 年 4 月）

　　　　江文辉（2003 年 7 月—2005 年 5 月）

　　　　李学忠（2005 年 5 月—2007 年 3 月）

副乡长：徐转转（2002 年 6 月—2007 年 3 月）

　　　　李庆和（2002 年 6 月—2004 年 8 月）

　　　　孙玉璞（2002 年 11 月—2006 年 6 月）

　　　　宋瑞峰（2006 年 4 月—2006 年 6 月）

第八节　第八届人民代表大会

三圣院乡第八届人民代表大会任期 5 年，自 2007 年 3 月至 2012 年 2 月。

一、人民代表大会

第一次会议　2007 年 3 月 11 日召开，出席代表 54 名（应到 54 名）。会议听取和审议《三圣院乡人民政府工作报告》《三圣院乡第八届人民代表大会资格审查报告》《三圣院乡第八届人民代表大会筹备工作情况的报告》《关于三圣院乡 2006 年预算执行情况和 2007 年预算报告》《关于三圣院乡人大主席团工作报告》，并形成相关决议。会议选举产生主席 1 名，乡长 1 名，副乡长 2 名。

第二次会议　2007 年 8 月 5 日召开，出席代表 52 名（应到 54 名）。会议选举产生乡长 1 名。

第三次会议　2008 年 4 月 5 日召开，出席代表 54 名（应到 54 名）。会议听取和审议《三圣院乡人民政府工作报告》《关于三圣院乡 2007 年预算执行情况和 2008 年预算报告》《关于三圣院乡人大主席团工作报告》，并形成相关决议。

第四次会议　2009 年 4 月 1 日召开，出席代表 53 名（应到 54 名）。会议听取和审议《三圣院乡人民政府工作报告》《关于三圣院乡 2008 年预算执行情况和 2009 年预算报告》《关于三圣院乡人大主席团工作报告》，并形成相关决议。

第五次会议　2009 年 5 月 3 日召开，出席代表 49 名（应到 54 名）。会议选举产生主席 1 名，副乡长 1 名。

第六次会议　2010 年 4 月 3 日召开，出席代表 53 名（应到 54 名）。会议听取和审议《三圣院乡人民政府工作报告》《关于三圣院乡 2009 年预算执行情况和 2010 年预算报告》《关于三圣院乡人大主席团工作报告》，并形成相关决议。

第七次会议　2010 年 12 月 2 日召开，出席代表 53 名（应到 54 名）。会议选举产生主席 1 名。

第八次会议　2011 年 3 月 5 日召开，出席代表 45 名（应到 54 名）。会议选举产生副乡长 1 名。

第九次会议　2011 年 4 月 5 日召开，出席代表 52 名（应到 54 名）。会议听取和审议《三圣院乡人民政府工作报告》《关于三圣院乡 2010 年预算执行情况和 2011 年预算报告》《关于三圣院乡人大主席团工作报告》，并形成相关决议。

第十次会议　2011 年 9 月 3 日召开，出席代表 48 名（应到 54 名）。会议选举产生副主席 1 名。

二、会议选举

乡人大组成成员

主　席：刘明华（2007 年 3 月—2009 年 4 月）

　　　　刘军保（2009 年 5 月—2010 年 12 月）

　　　　徐转转（2010 年 12 月—2012 年 2 月）

副主席：冯大雷（2011 年 9 月—2012 年 2 月）

乡政府组成成员

乡　长：李学忠（2007 年 3 月—2007 年 8 月）

　　　　刘风龙（2007 年 8 月—2012 年 2 月）

副乡长：徐转转（2007 年 3 月—2009 年 5 月）

　　　　尹国勇（2007 年 3 月—2011 年 3 月）

　　　　苏　亮（2009 年 5 月—2012 年 2 月）

　　　　王新全（2011 年 3 月—2012 年 2 月）

第九节　第九届人民代表大会

三圣院乡第九届人民代表大会任期 5 年，自 2012 年 2 月至 2017 年 3 月。

一、人民代表大会

第一次会议　2012 年 2 月 10 日召开，出席代表 56 名（应到 56 名）。会议听取和审议《三圣院乡人民政府工作报告》《三圣院乡第九届人大代表资格审查报告》《三圣院乡第九届人民代表大会筹备工作情况的报告》《关于三圣院乡 2011 年预算执行情况和 2012 年预算报告》《关于三圣院乡人大主席团工作报告》，并形成相关决议。会议选举产生主席 1 名，副主席 1 名，乡长 1 名，副乡长 2 名。

第二次会议　2012 年 7 月 5 日召开，出席代表 48 名（应到 56 名）。会议选举产生主席 1 名。

第三次会议　2012 年 12 月 8 日召开，出席代表 55 名（应到 56 名）。会议听取和审议《三圣院乡人民政府工作报告》《关于三圣院乡 2012 年预算执行情况和 2013 年预算报告》

《关于三圣院乡人大主席团工作报告》，并形成相关决议。

第四次会议 2014年1月5日召开，出席代表53名（应到56名）。会议选举产生主席1名，乡长1名。

第五次会议 2014年4月5日召开，出席代表54名（应到56名）。会议听取和审议《三圣院乡人民政府工作报告》《关于三圣院乡2013年预算执行情况和2014年预算报告》《关于三圣院乡人大主席团工作报告》，并形成相关决议。

第六次会议 2015年4月6日召开，出席代表54名（应到56名）。会议听取和审议《三圣院乡人民政府工作报告》《关于三圣院乡2014年预算执行情况和2015年预算报告》《关于三圣院乡人大主席团工作报告》，并形成相关决议，会议选举产生副主席1名，副乡长1名。

第七次会议 2016年4月8日召开，出席代表55名（应到56名）。会议听取和审议《三圣院乡人民政府工作报告》《关于三圣院乡2015年预算执行情况和2016年预算报告》《关于三圣院乡人大主席团工作报告》，并形成相关决议。

第八次会议 2017年1月5日召开，出席代表51名（应到56名）。会议选举产生副主席1名，副乡长1名。

二、会议选举

乡人大组成成员

主　席：徐转转（2012年2月—2012年5月）
　　　　杨会军（2012年7月—2014年1月）
　　　　尹国勇（2014年1月—2017年3月）
副主席：冯大雷（2012年2月—2012年11月）
　　　　靳　莉（2015年4月—2017年3月）
　　　　李贵锁（2017年1月—2017年3月）

乡政府组成成员

乡　长：刘风龙（2012年2月—2014年1月）
　　　　陈克强（2014年1月—2017年3月）
副乡长：王新全（2012年2月—2017年3月）
　　　　苏　亮（2012年2月—2015年4月）
　　　　雷风梅（2015年4月—2017年3月）
　　　　杨增强（2017年1月—2017年2月）

第十节　第十届人民代表大会

三圣院乡第十届人民代表大会任期自2017年3月至2021年4月，因提前换届，任期未满 5 年。

一、人民代表大会

第一次会议　2017 年 3 月 10 日召开，出席代表 55 名（应到 55 名）。会议听取和审议《三圣院乡人民政府工作报告》《三圣院乡第十届人大代表资格审查报告》《三圣院乡第八届人民代表大会筹备工作情况的报告》《关于三圣院乡 2016 年预算执行情况和 2017 年预算报告》《关于三圣院乡人大主席团工作报告》，并形成相关决议。会议选举产生主席 1 名，副主席 1 名，乡长 1 名，副乡长 2 名。

第二次会议　2017 年 12 月 8 日召开，出席代表 54 名（应到 55 名）。会议听取和审议《三圣院乡人民政府工作报告》《关于三圣院乡 2017 年预算执行情况和 2018 年预算报告》《关于三圣院乡人大主席团工作报告》，并形成相关决议。

第三次会议　2018 年 12 月 28 日召开，出席代表 53 名（应到 55 名）。会议听取和审议《三圣院乡人民政府工作报告》《关于三圣院乡 2018 年预算执行情况和 2019 年预算报告》《关于三圣院乡人大主席团工作报告》，并形成相关决议，会议选举产生乡长 1 名。

第四次会议　2019 年 8 月 5 日召开，出席代表 53 名（应到 55 名）。会议选举产生主席 1 名，副乡长 1 名。

第五次会议　2019 年 12 月 25 日召开，出席代表 54 名（应到 55 名）。会议听取和审议《三圣院乡人民政府工作报告》《关于三圣院乡 2019 年预算执行情况和 2020 年预算报告》《关于三圣院乡人大主席团工作报告》，并形成相关决议。

第六次会议　2020 年 10 月 10 日召开，出席代表 51 名（应到 55 名）。会议选举产生主席 1 名。

第七次会议　2020 年 12 月 10 日召开。出席代表 54 名（应到 55 名）。会议听取和审议《三圣院乡人民政府工作报告》《关于三圣院乡 2020 年预算执行情况和 2021 年预算报告》《关于三圣院乡人大主席团工作报告》，并形成相关决议。

二、会议选举

乡人大组成成员

主　席：何丽平（2017 年 3 月—2020 年 10 月）

　　　　王振平（2020 年 10 月—2021 年 4 月）

副主席：李贵锁（2017 年 3 月—2021 年 4 月）

乡政府组成成员

乡　长：陈克强（2017 年 3 月—2018 年 12 月）

　　　　赵永辉（2018 年 12 月—2021 年 4 月）

副乡长：王新全（2017 年 3 月—2017 年 1 月）

　　　　雷风梅（2017 年 3 月—2021 年 4 月）

韩　涛（2019 年 8 月—2021 年 4 月）

第十一节　第十一届人民代表大会

三圣院乡第十一届人民代表大会自 2021 年 6 月至 2023 年 12 月（未届满）。

一、人民代表大会

第一次会议　2021 年 6 月 6 日召开，出席代表 53 名（应到 55 名）。会议听取和审议《三圣院乡人民政府工作报告》《三圣院乡第十一届人民代表大会资格审查报告》《三圣院乡第十一届人民代表大会筹备工作情况的报告》《关于三圣院乡 2020 年预算执行情况和 2021 年预算报告》《关于三圣院乡人大主席团工作报告》，并形成相关决议。会议选举产生主席 1 名，副主席 2 名，乡长 1 名，副乡长 2 名。

第二次会议　2022 年 4 月 5 日召开，出席代表 52 名（应到人 55 名）。会议听取和审议《三圣院乡人民政府工作报告》《关于三圣院乡 2021 年预算执行情况和 2022 年预算报告》《关于三圣院乡人大主席团工作报告》，并形成相关决议。

第三次会议　2023 年 1 月 6 日召开，出席代表 48 名（应到 55 名）。会议选举产生主席 1 名，副主席 1 名。

第四次会议　2023 年 7 月 21 日召开，出席代表 43 名（应到 55 名）。会议选举产生乡长 1 名，副乡长 2 名。

二、会议选举

乡人大组成成员

主　席：王振平（2021 年 6 月—2022 年 3 月）

苏志学（2023 年 1 月— 2023 年 12 月）

副主席：苗晓雷（2021 年 6 月—2024 年 3 月）

路朝阳（2021 年 6 月—2023 年 3 月）

马成飞（2023 年 1 月—2023 年 12 月）

乡政府组成成员

乡　长：赵　沛（2021 年 6 月—2022 年 10 月）

傅心路（2023 年 7 月—2023 年 12 月）

副乡长：雷风梅（2021 年 6 月—2023 年 7 月）

贾红珍（2021 年 6 月—2023 年 12 月）

李思佳（2023 年 7 月—2023 年 12 月）

高志强（2023 年 7 月— 2023 年 12 月）

第三章　北洼乡

北洼乡位于县城东北7.5千米处，总面积31.33平方千米。辖9个行政村，总人口23345人，乡政府驻北洼村。

1956年6月北洼乡由行唐县划归灵寿县。1958年10月正定、灵寿合县并入正定县，1961年5月改为北洼人民公社。1984年1月全县恢复乡镇体制，改为北洼乡，至今不变。

从1984年4月19日召开第一届人民代表大会至今，北洼乡共召开11届人民代表大会，其中第一届至第六届每届任期3年，第七届至第十一届每届任期5年。

第一节　第一届人民代表大会

北洼乡第一届人民代表大会任期3年，自1984年4月至1987年4月。

一、人民代表大会

第一次会议　1984年4月19日召开，应到代表86名，出席代表80名。会议听取和审议《北洼乡人民政府工作报告》，并形成相关决议。会议选举产生乡长1名，副乡长2名。

第二次会议　1984年12月28日召开，应到代表86名，出席代表79名。会议选举产生乡长1名。

第三次会议　1985年5月30日召开，应到代表86名，出席代表75名。会议选举产生副乡长1名。

二、会议选举

乡政府组成成员

乡　长：李同来（1984年4月—1984年12月）

　　　　曹位芳（1984年12月—1987年3月）

副乡长：罗和祥（1984年4月—1987年4月）

　　　　王双风（1984年4月—1987年4月）

　　　　任书秀（1985年5月—1987年4月）

第二节　第二届人民代表大会

北洼乡第二届人民代表大会任期 3 年，自 1987 年 4 月至 1990 年 4 月。

一、人民代表大会

第一次会议　1987 年 4 月 17 日召开，应到代表 41 名，出席代表 39 名。会议听取和审议《北洼乡人民政府工作报告》《北洼乡 1986 年预算执行情况和 1987 年预算报告》，并形成相关决议，会议选举产生乡长 1 名，副乡长 1 名。

第二次会议　1988 年 9 月召开，应到代表 41 名，出席代表 31 名。会议选举产生乡长 1 名，副乡长 1 名。

第三次会议　1989 年 10 月召开，应到代表 41 名，出席代表 28 名。会议选举产生乡长 1 名，副乡长 2 名。

二、会议选举

乡政府组成成员

乡　长：徐书军（1987 年 4 月—1988 年 7 月）
　　　　武银雪（1988 年 9 月—1989 年 9 月）
　　　　郑风午（1989 年 10 月—1990 年 4 月）
副乡长：张三祥（1987 年 4 月—1989 年 8 月）
　　　　雷连中（1988 年 9 月—1990 年 4 月）
　　　　耿秀芳（1989 年 10 月—1990 年 4 月）
　　　　尚二海（1989 年 10 月—1990 年 3 月）

第三节　第三届人民代表大会

北洼乡第三届人民代表大会任期 3 年，自 1990 年 4 月至 1993 年 5 月。

一、人民代表大会

第一次会议　1990 年 4 月 19 日召开，应到代表 56 名，出席代表 56 名。会议听取审议《北洼乡人民政府工作报告》《北洼乡 1989 年预算执行情况和 1990 年预算报告》，并形成相关决议。会议选举产生主席 1 名，乡长 1 名，副乡长 4 名。

第二次会议　1991 年 8 月召开，应到代表 56 名，出席代表 51 名。会议听取和审议《北洼乡人民政府工作报告》《北洼乡人大主席团工作报告》，并形成相关决议。会议选举产生乡长 1 名，副乡长 1 名。

第三次会议　1992年4月召开，应到代表56名，出席代表52名。会议听取和审议《北洼乡人民政府工作报告》《北洼乡人大主席团工作报告》，并形成相关决议。会议选举产生主席1名，副乡长1名。

二、会议选举

乡人大组成成员

主　席：王锡录（1990年4月—1992年4月）

　　　　张志琪（1992年4月—1993年5月）

乡政府组成成员

乡　长：郑风午（1990年4月—1991年5月）

　　　　李银忠（1991年8月—1993年1月）

副乡长：雷连忠（1990年4月—1990年6月）

　　　　耿秀芳（1990年4月—1991年12月）

　　　　董双庆（1990年4月—1992年4月）

　　　　尚增锁（1990年4月—1993年5月）

　　　　左元军（1991年8月—1993年5月）

　　　　卢春芳（1992年4月—1993年1月）

第四节　第四届人民代表大会

北洼乡第四届人民代表大会任期3年，自1993年5月至1996年5月。

一、人民代表大会

第一次会议　1993年5月12日召开，应到代表53名，出席代表53名。会议听取审议《北洼乡人民政府工作报告》《北洼乡1992年预算执行情况和1993年预算报告》《北洼乡人大主席团工作报告》，并形成相关决议。会议选举产生乡长1名，副乡长3名，选举人大主席1名。

第二次会议　1994年4月召开，应到代表53名，出席代表49名，会议听取和审议《北洼乡人民政府工作报告》《北洼乡人大主席团工作报告》，并形成相关决议。会议选举产生乡长1名，副乡长2名。

第三次会议　1994年10月召开，应到代表53名，出席代表50名。会议选举产生乡长1名。

第四次会议　1995年3月召开，应到代表53名，出席代表48名。会议听取和审议《北洼乡人民政府工作报告》《北洼乡人大主席团工作报告》，并形成相关决议。会议选举产生副乡长1名。

二、会议选举

乡人大组成成员
主　席：张志琪（1993 年 5 月—1996 年 5 月）
乡政府组成成员
乡　长：吴和祥（1993 年 5 月—1994 年 4 月）
　　　　金二脏（1994 年 4 月—1994 年 10 月）
　　　　赵三敦（1994 年 10 月—1996 年 1 月）
副乡长：郎秋芳（1993 年 5 月—1995 年 3 月）
　　　　高增锁（1993 年 5 月—1994 年 4 月）
　　　　左元军（1993 年 5 月—1994 年 4 月）
　　　　董清亮（1994 年 4 月—1996 年 1 月）
　　　　彭玉芬（1994 年 4 月—1994 年 6 月）
　　　　侯大明（1995 年 3 月—1996 年 3 月）

第五节　第五届人民代表大会

北洼乡第五届人民代表大会任期 3 年，自 1996 年 5 月至 1999 年 3 月。

一、人民代表大会

第一次会议　1996 年 5 月 18 日召开，应到代表 55 名，出席代表 55 名。会议听取审议《北洼乡人民政府工作报告》《北洼乡 1995 年预算执行情况和 1996 年预算报告》《北洼乡人大主席团工作报告》，并形成相关决议。会议选举产生主席 1 名，乡长 1 名，副乡长 3 名。

第二次会议　1998 年 3 月召开，应到代表 55 名，出席代表 50 名。会议听取和审议《北洼乡人民政府工作报告》《北洼乡人大主席团工作报告》，并形成相关决议。会议选举产生副主席 2 名，乡长 1 名，副乡长 2 名。

二、会议选举

乡人大组成成员
主　席：刘明华（1996 年 5 月—1999 年 3 月）
副主席：王傲妮（1998 年 3 月—1999 年 3 月）
　　　　曹二丑（1998 年 3 月—1999 年 3 月）
乡政府组成成员
乡　长：靳庆国（1996 年 5 月—1998 年 3 月）
　　　　杨文英（1998 年 3 月—1999 年 3 月）

副乡长：董英峰（1996 年 5 月—1998 年 3 月）
　　　　罗和祥（1996 年 5 月—1999 年 3 月）
　　　　曹建国（1996 年 5 月—1998 年 3 月）
　　　　邢秀辰（1998 年 3 月—1999 年 3 月）
　　　　张梅珍（1998 年 3 月—1999 年 3 月）

第六节　第六届人民代表大会

北洼乡第六届人民代表大会任期 3 年，自 1999 年 3 月至 2002 年 6 月。

一、人民代表大会

第一次会议　1999 年 3 月 17 日召开，应到代表 53 名，出席代表 53 名。会议听取审议《北洼乡人民政府工作报告》《北洼乡 1998 年预算执行情况和 1999 年预算报告》，并形成相关决议。会议选举产生主席 1 名，副主席 2 名；选举产生乡长 1 名，副乡长 3 名。

二、会议选举

乡人大组成成员
主　席：刘明华（1999 年 3 月—2002 年 6 月）
副主席：王傲妮（1999 年 3 月—2002 年 6 月）
　　　　曹二丑（1999 年 3 月—2002 年 6 月）
乡政府组成成员
乡　长：杨文英（1999 年 3 月—2002 年 5 月）
副乡长：罗和祥（1999 年 3 月—2002 年 6 月）
　　　　邢秀辰（1999 年 3 月—2002 年 6 月）
　　　　张梅珍（1999 年 3 月—2002 年 6 月）

第七节　第七届人民代表大会

北洼乡第七届人民代表大会任期 5 年，自 2002 年 6 月至 2007 年 3 月。

一、人民代表大会

第一次会议　2002 年 6 月 13 日召开，应到代表 53 名，出席代表 53 名。会议听取审议《北洼乡人民政府工作报告》《北洼乡 2001 年预算执行情况和 2002 年预算报告》《北洼乡人大主席团工作报告》，并形成相关决议。会议选举产生主席 1 名，副主席 1 名，乡长 1 名，副乡长 1 名。

第二次会议 2002 年 7 月召开，应到代表 53 名，出席代表 50 名。会议选举产生副乡长 1 名。

第三次会议 2003 年 4 月召开，应到代表 53 名，出席代表 50 名。会议听取和审议《北洼乡人民政府工作报告》《北洼乡人大主席团工作报告》，并形成相关决议。

第四次会议 2005 年 5 月召开，应到代表 53 名，出席代表 50 名。会议选举产生乡长 1 名。

第五次会议 2006 年 4 月召开，应到代表 53 名，出席代表 49 名。会议选举产生副乡长 1 名。

二、会议选举

乡人大组成成员

主　席：刘挪平（2002 年 6 月—2007 年 3 月）

副主席：董双庆（2002 年 6 月—2007 年 3 月）

乡政府组成成员

乡　长：刘志忠（2002 年 6 月—2005 年 5 月）

　　　　杜书云（2005 年 5 月—2007 年 3 月）

副乡长：梁春生（2002 年 6 月—2006 年 6 月）

　　　　刘　杰（2002 年 7 月—2007 年 3 月）

　　　　魏海青（2006 年 4 月—2007 年 3 月）

第八节　第八届人民代表大会

北洼乡第八届人民代表大会任期 5 年，自 2007 年 3 月至 2012 年 2 月。

一、人民代表大会

第一次会议 2007 年 3 月 22 日召开，应到代表 55 名，出席代表 55 名。会议听取和审议《北洼乡人民政府工作报告》《北洼乡人大主席团工作报告》，并形成相关决议。会议选举产生主席 1 名，副主席 1 名，乡长 1 名，副乡长 2 名。

第二次会议 2009 年 5 月召开，应到代表 55 名，出席代表 49 名。会议听取和审议《北洼乡人民政府工作报告》《北洼乡人大主席团工作报告》，并形成相关决议。会议选举产生主席 1 名，乡长 1 名。

第三次会议 2009 年 9 月召开，应到代表 55 名，出席代表 47 名。会议选举产生副乡长 2 名。

第四次会议 2011 年 3 月召开，应到代表 53 名，出席代表 48 名。会议选举产生主席 1 名。

二、会议选举

乡人大组成成员

主　席：崔项英（2007 年 3 月—2009 年 5 月）

　　　　魏海青（2009 年 5 月—2011 年 3 月）

　　　　胡延卫（2011 年 3 月—2012 年 2 月）

副主席：王习花（2007 年 3 月—2009 年 8 月）

乡政府组成成员

乡　长：杜书云（2007 年 3 月—2009 年 3 月）

　　　　赵书刚（2009 年 5 月—2011 年 12 月）

副乡长：刘　杰（2007 年 3 月—2009 年 8 月）

　　　　魏海青（2007 年 3 月—2009 年 5 月）

　　　　尹玉国（2009 年 9 月—2012 年 2 月）

　　　　王习花（2009 年 9 月—2012 年 2 月）

第九节　第九届人民代表大会

北洼乡第九届人民代表大会任期 5 年，自 2012 年 2 月至 2017 年 3 月。

一、人民代表大会

第一次会议　2012 年 2 月 16 日召开，应到代表 53 名，出席代表 53 名。听取审议《北洼乡人民政府工作报告》《北洼乡提案审查委员会关于提案的报告》《北洼乡人大主席团工作报告》，并形成相关决议。会议选举产生主席 1 名，副主席 1 名，乡长 1 名，副乡长 2 名。

第二次会议　2014 年 1 月召开，应到代表 53 名，出席代表 49 名。会议选举产生主席 1 名。

第三次会议　2015 年 4 月召开，应到代表 53 名，出席代表 47 名。会议选举产生副乡长 2 名。

二、会议选举

乡人大组成成员

主　席：胡延卫（2012 年 2 月—2014 年 1 月）

　　　　刘志德（2014 年 1 月—2017 年 3 月）

副主席：许军英（2012 年 2 月—2017 年 3 月）

乡政府组成成员

乡　长：刘永峰（2012 年 2 月—2017 年 1 月）

副乡长：王习花（2012 年 2 月—2015 年 4 月）

尹玉国（2012 年 2 月—2015 年 4 月）

左新一（2015 年 4 月—2017 年 3 月）

袁俊杰（2015 年 4 月—2017 年 1 月）

第十节　第十届人民代表大会

北洼乡第十届人民代表大会自 2017 年 3 月至 2021 年 6 月，因提前换届，任期未满 5 年。

一、人民代表大会

第一次会议　2017 年 3 月 20 日召开，应到代表 50 名，出席代表 50 名。会议听取和审议《北洼乡人民政府工作报告》《北洼乡提案审查委员会关于提案的报告》《北洼乡人大主席团工作报告》，并形成相关决议。会议选举产生主席 1 名，副主席 1 名，选举乡长 1 名，副乡长 2 名。

第二次会议　2019 年 8 月 16 日召开，应到代表 50 名，出席代表 48 名。会议选举产生 1 名人大主席。

第六次会议　2020 年 8 月 28 日召开，应到代表 50 名，出席代表 46 名。会议选举产生 1 名副乡长。

二、会议选举

乡人大组成成员

主　席：刘志德（2017 年 3 月—2019 年 7 月）

张文强（2019 年 8 月—2020 年 12 月）

副主席：许军英（2017 年 3 月—2021 年 6 月）

乡政府组成成员

乡　长：柳学艺（2017 年 3 月—2021 年 6 月）

副乡长：郭　红（2017 年 3 月—2021 年 6 月）

郭　振（2017 年 3 月—2021 年 6 月）

盖玉斌（2020 年 8 月—2021 年 6 月）

第十一节　第十一届人民代表大会

北洼乡第十一届人民代表大会，自 2021 年 6 月至 2023 年 12 月（未届满）。

一、人民代表大会

第一次会议　2021 年 6 月 28 日，应到代表 58 名，出席代表 57 名。会议听取审议《北洼乡人民政府工作报告》《北洼乡人大主席团报告》，并形成相关决议。会议选举产生乡长 1 名，副乡长 3 名。人大主席 1 名，人大副主席 2 名。

第二次会议　2022 年 5 月 9 日，应到代表 58 名，出席代表 50 名。会议选举产生乡长 1 名。

第三次会议　2022 年 11 月 20 日，应到代表 58 名，出席代表 50 名。会议选举产生副乡长 1 名。人大主席 1 名，人大副主席 1 名。

二、会议选举

乡人大组成成员

主　席：左新一（2021 年 6 月—2022 年 5 月）
　　　　罗红竹（2022 年 11 月—2023 年 12 月）
副主席：许军英（2021 年 6 月—2022 年 9 月）
　　　　郭　帅（2021 年 6 月—2023 年 12 月）
　　　　陈文丽（2022 年 11 月—2023 年 12 月）

乡政府组成成员

乡　长：柳学艺（2021 年 6 月—2022 年 3 月）
　　　　曹国辉（2022 年 5 月—2023 年 12 月）
副乡长：郭　红（2021 年 6 月—2022 年 4 月）
　　　　郭　振（2021 年 6 月—2023 年 12 月）
　　　　盖玉斌（2021 年 6 月—2022 年 6 月）
　　　　张伟霞（2022 年 11 月—2023 年 12 月）

第四章　牛城乡

牛城乡位于县城西南端，距县城8.5千米处，属于平原乡镇。总面积46.54平方千米，辖16个行政村，总人口24797人，乡政府驻牛城村。

1953年置乡。1958年10月，灵寿与正定合县，东王角、牛城、西王角、东洼、西洼五个村划归石家庄郊区。1962年正定、灵寿分县，1975年8月将东王角公社所辖牛城、东王角、中王角、西王角、东洼、西洼6个行政村由获鹿县划归灵寿县，称东王角公社。1981年10月东王角公社6个村划归黄壁庄特区（由平山县代管）。1982年2月东王角公社更名为牛城公社。1984年1月全县恢复乡镇体制，5月牛城乡6个村划归灵寿县。1996年1月灵寿县并乡扩镇，原中倾井乡并入牛城乡。

从1984年4月召开第一届人民代表大会至今，牛城乡共召开11届人民代表大会（其中并乡扩镇前召开4届，并镇后召开7届）。

第一节　并乡扩镇前人民代表大会

一、中倾井乡人民代表大会

1984年4月至1996年1月并乡扩镇，原中倾井乡共召开4届人民代表大会，十一次会议，每届任期3年。

（一）第一届人民代表大会

中倾井乡第一届人民代表大会任期3年，自1984年4月至1987年3月。

1. 人民代表大会

第一次会议　1984年4月16日召开，出席代表71名（应到77名）。会议听取和审议《中倾井乡人民政府工作报告》《中倾井乡第一届人民代表大会代表资格审查报告》《中倾井乡第一届人民代表大会筹备工作情况的报告》《关于中倾井乡1983年预算执行情况和1984年预算报告》，并形成相关决议。会议选举产生乡长1名，副乡长2名。

第二次会议　1985年12月11日召开，出席代表53名（应到77名）。会议听取和审议《中倾井乡人民政府工作报告》《关于中倾井乡1984年预算执行情况和1985年预算报告》，并形成相关决议。会议选举产生乡长1名，副乡长1名。

第三次会议　1986年11月15日召开，出席代表54名（应到77名）。会议听取和审议《中倾井乡人民政府工作报告》《关于中倾井乡1985年预算执行情况和1986年预算报告》，并形成相关决议。会议选举产生副乡长1名。

2. 会议选举

乡政府组成成员

乡　长：胡永志（1984年4月—1985年11月）

　　　　程永寿（1985年12月—1987年2月）

副乡长：薛喜辰（1984年4月—1985年11月）

　　　　罗二虎（1984年4月—1987年2月）

　　　　杨二明（1985年12月—1986年10月）

　　　　李文和（1986年11月—1987年2月）

（二）第二届人民代表大会

中倾井乡第二届人民代表大会任期3年，自1987年4月至1990年3月。

1. 人民代表大会

第一次会议　1987年4月16日召开，出席代表37名（应到37名）。会议听取和审议《中倾井乡人民政府工作报告》《中倾井乡第二届人民代表大会代表资格审查报告》《中倾井乡第二届人民代表大会筹备工作情况的报告》《关于中倾井乡1986年预算执行情况和1987年预算报告》，并形成相关决议。会议选举产生乡长1名，副乡长2名。

第二次会议　1987年9月15日召开，出席代表29名（应到37名）。会议听取和审议《中倾井乡人民政府工作报告》《关于中倾井乡1986年预算执行情况和1987年预算报告》，并形成相关决议。会议选举产生乡长1名。

第三次会议　1989年8月17日召开，出席代表26名（应到37名）。会议选举产生副乡长2名。

2. 会议选举

乡政府组成成员

乡　长：孟荣堂（1987年4月—1987年10月）

　　　　刘喜贞（1987年11月—199年3月）

副乡长：刘喜贞（1987年4月—1987年10月）

　　　　彭军灵（1987年4月—1990年3月）

　　　　牛冬昌（1989年8月—1990年3月）

　　　　祁二来（1989年8月—1990年3月）

（三）第三届人民代表大会

中倾井乡第三届人民代表大会任期3年，自1990年4月至1993年4月。

1. 人民代表大会

第一次会议 1990 年 4 月 12 日召开，出席代表 39 名（应到 51 名）。会议听取和审议《中倾井乡人民政府工作报告》《中倾井乡第三届人民代表大会代表资格审查报告》《中倾井乡第三届人民代表大会筹备工作情况的报告》《关于中倾井乡 1989 年预算执行情况和 1990 年预算报告》，并形成相关决议。会议选举产生主席 1 名，乡长 1 名，副乡长 3 名。

第二次会议 1992 年 4 月召开，出席代表 45 名（应到 51 名）。会议选举产生副乡长 1 名。

2. 会议选举

人大组成成员

主　席：刘喜贞（1990 年 4 月—1993 年 1 月）

乡政府组成成员

乡　长：彭军灵（1990 年 4 月—1993 年 4 月）

副乡长：牛冬昌（1990 年 4 月—1993 年 4 月）

　　　　祁二来（1990 年 4 月—1993 年 4 月）

　　　　张书芳（1990 年 4 月—1992 年 4 月）

　　　　罗桂英（1992 年 4 月—1993 年 4 月）

（四）第四届人民代表大会

中倾井乡第四届人民代表大会任期 3 年，自 1993 年 5 月至 1996 年 1 月。

1. 人民代表大会

第一次会议 1993 年 5 月 16 日召开，出席代表 39 名（应到 53 名）。会议听取和审议《中倾井乡人民政府工作报告》《中倾井乡第四届人民代表大会代表资格审查报告》《中倾井乡第四届人民代表大会筹备工作情况的报告》《关于中倾井乡 1992 年预算执行情况和 1993 年预算报告》《关于中倾井乡人大主席团工作报告》，并形成相关决议。会议选举产生主席 1 名，乡长 1 名，副乡长 3 名。

第二次会议 1994 年 10 月 19 日召开，出席代表 38 名（应到 53 名）。会议听取和审议《中倾井乡人民政府工作报告》《关于中倾井乡 1993 年预算执行情况和 1994 年预算报告》，并形成相关决议。会议选举产生乡长 1 名，副乡长 2 名。

第三次会议 1995 年 3 月 21 日召开，出席代表 37 名（应到 53 名）。会议听取和审议《中倾井乡人民政府工作报告》《关于中倾井乡 1994 年预算执行情况和 1995 年预算报告》，并形成相关决议。

2. 会议选举

人大组成成员

主　席：刘喜贞（1993 年 5 月—1996 年 1 月）

乡政府组成成员

乡　长：彭军灵（1993 年 5 月—1994 年 10 月）

　　　　孙磊海（1994 年 10 月—1996 年 1 月）

副乡长：罗桂英（1993 年 5 月—1994 年 10 月）

牛冬昌（1993 年 5 月—1996 年 1 月）

王建军（1994 年 10 月—1996 年 1 月）

董英峰（199 年 10 月—1996 年 1 月）

二、牛城乡人民代表大会

1984 年 3 月至 1996 年 1 月并乡扩镇，牛城乡共召开四届人民代表大会。

（一）第一届人民代表大会

牛城乡第一届人民代表大会任期 3 年，自 1984 年 3 月至 1987 年 3 月。

1. 人民代表大会

第一次会议　1984 年 3 月 25 日召开，出席代表 35 名（应到 35 名）。会议听取和审议《牛城乡人民政府工作报告》《牛城乡第一届人民代表大会代表资格审查报告》《牛城乡第一届人民代表大会筹备工作情况的报告》《关于牛城乡 1983 年预算执行情况和 1984 年预算报告》，并形成相关决议。会议选举产生乡长 1 名。

第二次会议　1984 年 9 月 19 日召开。出席代表 31 名（应到 35 名）。会议听取和审议《牛城乡人民政府工作报告》《关于牛城乡 1983 年预算执行情况和 1984 年预算报告》，并形成相关决议。会议选举产生乡长 1 名，副乡长 2 名。

第三次会议　1985 年 5 月 18 日召开，出席代表 33 名（应到 35 名）。会议听取和审议《牛城乡人民政府工作报告》《关于牛城乡 1984 年预算执行情况和 1985 年预算报告》，并形成相关决议。会议选举产生副乡长 1 名。

第四次会议　1985 年 10 月 24 日召开，出席代表 31 名（应到 35 名）。会议选举产生副乡长 1 名。

第五次会议　1986 年 10 月 20 日召开，出席代表 32 名（应到 35 名）。会议听取和审议《牛城乡人民政府工作报告》《关于牛城乡 1985 年预算执行情况和 1986 年预算报告》，并形成相关决议。会议选举产生副乡长 1 名。

2. 会议选举

政府组成成员

乡　长：秘皂保（1984 年 3 月—1984 年 7 月）

霍文忠（1984 年 9 月—1987 年 3 月）

副乡长：韩海芹（1984 年 9 月—1985 年 5 月）

薛喜辰（1984 年 9 月—1986 年 10 月）

彭军灵（1985 年 5 月—1987 年 3 月）

赵景林（1985 年 10 月—198 年 3 月）

刘喜贞（198 年 10 月—1987 年 3 月）

（二）第二届人民代表大会

牛城乡第二届人民代表大会任期 3 年，自 1987 年 4 月至 1990 年 3 月。

1. 人民代表大会

第一次会议 1987 年 4 月 15 日召开，出席代表 31 名（应到 35 名）。会议听取和审议《牛城乡人民政府工作报告》《牛城乡第二届人民代表大会代表资格审查报告》《牛城乡第二届人民代表大会筹备工作情况的报告》《关于牛城乡 1986 年预算执行情况和 1987 年预算报告》，并形成相关决议。会议选举产生乡长 1 名，副乡长 1 名。

第二次会议 1988 年 12 月 15 日召开，出席代表 27 名（应到 35 名）。会议听取和审议《牛城乡人民政府工作报告》《关于牛城乡 1987 年预算执行情况和 1988 年预算报告》，并形成相关决议。会议选举产生乡长 1 名，副乡长 1 名。

第三次会议 1989 年 9 月 19 日召开，出席代表 29 名（应到 35 名）。会议听取和审议《牛城乡人民政府工作报告》《关于牛城乡 1988 年预算执行情况和 1989 年预算报告》，并形成相关决议。会议选举产生乡长 1 名，副乡长 3 名。

2. 会议选举

乡政府组成成员

乡　长：梁振书（1987 年 4 月—1988 年 8 月）
　　　　张同贵（1988 年 12 月—1989 年 9 月）
　　　　孟荣堂（1989 年 9 月—1990 年 3 月）

副乡长：孟五喜（1987 年 4 月—1988 年 11 月）
　　　　赵平均（1988 年 12 月—1989 年 9 月）
　　　　赵军芳（1989 年 9 月—1990 年 3 月）
　　　　任庆和（1989 年 9 月—1990 年 3 月）
　　　　程增林（1989 年 9 月—1990 年 3 月）

（三）第三届人民代表大会

牛城乡第三届人民代表大会任期 3 年，自 1990 年 4 月至 1993 年 4 月。

1. 人民代表大会

第一次会议 1990 年 4 月 25 日召开，出席代表 35 名（应到 48 名）。会议听取和审议《牛城乡人民政府工作报告》《牛城乡第三届人民代表大会代表资格审查报告》《牛城乡第三届人民代表大会筹备工作情况的报告》《关于牛城乡 1989 年预算执行情况和 1990 年预算报告》，并形成相关决议。会议选举产生主席 1 名，乡长 1 名，副乡长 4 名。

第二次会议 1991 年 7 月 21 日召开，出席代表 39 名（应到 48 名）。会议选举产生主席 1 名。

第三次会议 1992 年 4 月 28 日召开，出席代表 36 名（应到 48 名）。会议听取和审议《牛城乡人民政府工作报告》《关于牛城乡 1991 年预算执行情况和 1992 年预算报告》，并形成相关决议。会议选举产生副乡长 1 名。

2. 会议选举

人大组成成员

主　席：郑振贵（1990 年 4 月—1991 年 6 月）

　　　　祁登志（1991 年 7 月—1993 年 4 月）

乡政府组成成员

乡　长：孟荣堂（1990 年 4 月—1993 年 1 月）

副乡长：赵军芳（1990 年 4 月—1990 年 8 月）

　　　　任庆和（1990 年 4 月—1992 年 2 月）

　　　　程增林（1990 年 4 月—1993 年 4 月）

　　　　胡银活（1990 年 4 月—1992 年 8 月）

　　　　程平均（1992 年 4 月—1993 年 4 月）

（四）第四届人民代表大会

牛城乡第四届人民代表大会任期 3 年，自 1993 年 5 月至 1996 年 4 月。

1. 人民代表大会

第一次会议　1993 年 5 月 30 日召开，出席代表 28 名（应到 40 名）。会议听取和审议《牛城乡人民政府工作报告》《牛城乡第四届人民代表大会代表资格审查报告》《牛城乡第四届人民代表大会筹备工作情况的报告》《关于牛城乡 1992 年预算执行情况和 1993 年预算报告》《关于牛城乡人大主席团工作报告》，并形成相关决议。会议选举产生主席 1 名，乡长 1 名，副乡长 3 名。

第二次会议　1994 年 5 月 19 日召开，出席代表 29 名（应到 40 名）。会议听取和审议《牛城乡人民政府工作报告》《关于牛城乡 1993 年预算执行情况和 1994 年预算报告》《关于牛城乡人大主席团工作报告》，并形成相关决议。会议选举产生乡长 1 名，副乡长 3 名。

第三次会议　1995 年 3 月 24 日召开，出席代表 30 名（应到 40 名）。会议听取和审议《牛城乡人民政府工作报告》《关于牛城乡 1994 年预算执行情况和 1995 年预算报告》，并形成相关决议。

2. 会议选举

人大组成成员

主　席：祁登志（1993 年 5 月—1996 年 1 月）

乡政府组成成员

乡　长：刘春和（1993 年 5 月—1994 年 4 月）

　　　　程增林（1994 年 5 月—1996 年 1 月）

副乡长：程增林（1993 年 5 月—1994 年 4 月）

　　　　王炳琳（1993 年 5 月—1994 年 4 月）

　　　　折金中（1993 年 5 月—1994 年 4 月）

　　　　祁军英（1994 年 5 月—1994 年 12 月）

　　　　祁书芹（1994 年 5 月—1996 年 1 月）

李海亮（1994 年 5 月—1996 年 1 月）

第二节　并乡扩镇后人民代表大会

自 1996 年 3 月至 2023 年年底，牛城乡共召开七届人民代表大会。

（一）第五届人民代表大会

牛城乡第五届人民代表大会任期 3 年，自 1996 年 5 月至 1999 年 2 月。

1. 人民代表大会

第一次会议　1996 年 5 月 25 日召开，出席代表 55 名（应到 70 名）。会议听取和审议《牛城乡人民政府工作报告》《牛城乡第五届人民代表大会代表资格审查报告》《牛城乡第五届人民代表大会筹备工作情况的报告》《关于牛城乡 1995 年预算执行情况和 1996 年预算报告》《关于牛城乡人大主席团工作报告》，并形成相关决议。会议选举产生主席 1 名，副主席 1 名，乡长 1 名，副乡长 3 名。

第二次会议　1997 年 1 月 20 日召开，出席代表 57 名（应到 70 名）。会议听取和审议《牛城乡人民政府工作报告》《关于牛城乡 1996 年预算执行情况和 1997 年预算报告》，并形成相关决议。会议选举产生乡长 1 名。

第三次会议　1998 年 4 月 25 日召开，出席代表 58 名（应到 70 名）。会议听取和审议《牛城乡人民政府工作报告》《关于牛城乡 1997 年预算执行情况和 1998 年预算报告》，并形成相关决议。会议选举产生主席 1 名，乡长 1 名，副乡长 2 名。

2. 会议选举

人大组成成员

主　席：刘喜贞（1996 年 5 月—1998 年 3 月）
　　　　张志琪（1998 年 4 月—1999 年 2 月）
副主席：丁文魁（1996 年 5 月—1999 年 2 月）

乡政府组成成员

乡　长：赵进忠（1996 年 5 月—1997 年 1 月）
　　　　王炳琳（1997 年 1 月—1998 年 2 月）
　　　　雷振梅（1998 年 4 月—1999 年 3 月）
副乡长：李海亮（1996 年 5 月—1998 年 3 月）
　　　　牛冬昌（1996 年 5 月—1998 年 3 月）
　　　　王建军（1996 年 5 月—1999 年 2 月）
　　　　安拴菊（1998 年 4 月—1999 年 2 月）
　　　　贾　峰（1998 年 4 月—1999 年 2 月）

（二）第六届人民代表大会

牛城乡第六届人民代表大会任期 3 年，自 1999 年 3 月至 2002 年 5 月。

1. 人民代表大会

第一次会议　1999 年 3 月 15 日召开，出席代表 37 名（应到 53 名）。会议听取和审议《牛城乡人民政府工作报告》《牛城乡第六届人民代表大会代表资格审查报告》《牛城乡第六届人民代表大会筹备工作情况的报告》《关于牛城乡 1998 年预算执行情况和 1999 年预算报告》《关于牛城乡人大主席团工作报告》，并形成相关决议。会议选举产生主席 1 名，副主席 1 名，乡长 1 名，副乡长 3 名。

第二次会议　2001 年 4 月 21 日召开，出席代表 42 名（应到 53 名）。会议听取和审议《牛城乡人民政府工作报告》《关于牛城乡 2000 年预算执行情况和 2001 年预算报告》，并形成相关决议。会议选举产生乡长 1 名。

2. 会议选举

人大组成成员

主　席：张志琪（1999 年 3 月—2002 年 5 月）

副主席：丁文魁（1999 年 3 月—2002 年 5 月）

乡政府组成成员

乡　长：雷振梅（1999 年 3 月—2001 年 3 月）

　　　　范军社（2001 年 4 月—2002 年 5 月）

副乡长：王建军（1999 年 3 月—2002 年 5 月）

　　　　安拴菊（1999 年 3 月—2002 年 5 月）

　　　　贾　峰（1999 年 3 月—2002 年 5 月）

（三）第七届人民代表大会

牛城乡第七届人民代表大会任期 5 年，自 2002 年 6 月至 2007 年 2 月。

1. 人民代表大会

第一次会议　2002 年 6 月 17 日召开，出席代表 42 名（应到 55 名）。会议听取和审议《牛城乡人民政府工作报告》《牛城乡第二届人民代表大会代表资格审查报告》《牛城乡第二届人民代表大会筹备工作情况的报告》《关于牛城乡 2001 年预算执行情况和 2002 年预算报告》《关于牛城乡人大主席团工作报告》，并形成相关决议。会议选举产生主席 1 名，副主席 1 名，乡长 1 名，副乡长 2 名。

第二次会议　2002 年 11 月 20 日召开，出席代表 45 名（应到 55 名）。会议听取和审议《牛城乡人民政府工作报告》《关于牛城乡 2001 年预算执行情况和 2002 年预算报告》，并形成相关决议。会议选举产生副乡长 1 名。

第三次会议　2003 年 4 月 19 日召开，出席代表 46 名（应到 55 名）。会议听取和审议《牛城乡人民政府工作报告》《关于牛城乡 2002 年预算执行情况和 2003 年预算报告》，并形成相关决议。会议选举产生乡长 1 名。

第四次会议　2005 年 6 月 18 日召开，出席代表 41 名（应到 55 名）。会议听取和审议《牛城乡人民政府工作报告》《关于牛城乡 2004 年预算执行情况和 2005 年预算报告》，并形成相关决议。会议选举产生乡长 1 名。

2. 会议选举

人大组成成员

主　席：周俊平（2002 年 6 月—2007 年 2 月）

副主席：曹建国（2002 年 6 月—2007 年 2 月）

乡政府组成成员

乡　长：江文辉（2002 年 6 月—2003 年 4 月）

　　　　高　峰（2003 年 4 月—2005 年 5 月）

　　　　祁　晨（2005 年 6 月—2007 年 2 月）

副乡长：石中秋（2002 年 6 月—2002 年 11 月）

　　　　李　芳（2002 年 6 月—2007 年 2 月）

　　　　刘京辉（2002 年 11 月—2007 年 2 月）

（四）第八届人民代表大会

牛城乡第八届人民代表大会任期 5 年，自 2007 年 3 月至 2012 年 2 月。

1. 人民代表大会

第一次会议　2007 年 3 月 13 日召开，出席代表 46 名（应到 55 名）。会议听取和审议《牛城乡人民政府工作报告》《牛城乡第八届人民代表大会代表资格审查报告》《牛城乡第八届人民代表大会筹备工作情况的报告》《关于牛城乡 2006 年预算执行情况和 2007 年预算报告》《关于牛城乡人大主席团工作报告》，并形成相关决议。会议选举产生主席 1 名，副主席 1 名，乡长 1 名，副乡长 2 名。

第二次会议　2009 年 3 月召开，出席代表 45 名（应到 55 名）。会议听取和审议《牛城乡人民政府工作报告》《关于牛城乡 2008 年预算执行情况和 2009 年预算报告》，并形成相关决议。会议选举产生主席 1 名，乡长 1 名。

第三次会议　2009 年 6 月 19 日召开，出席代表 49 名（应到 55 名）。会议选举产生主席 1 名，副乡长 1 名。

第四次会议　2009 年 7 月 25 日召开，出席代表 47 名（应到 55 名）。会议听取和审议《牛城乡人民政府工作报告》《关于牛城乡 2008 年预算执行情况和 2009 年预算报告》，并形成相关决议。

第五次会议　2010 年 11 月 24 日召开，出席代表 51 名（应到 55 名）。会议听取和审议《牛城乡人民政府工作报告》《关于牛城乡 2010 年预算执行情况和 2011 年预算报告》，并形成相关决议。会议选举产生乡长 1 名。

第六次会议　2011 年 3 月召开，出席代表 48 名（应到 55 名）。会议选举产生副主席 1 名，副乡长 2 名。

2. 会议选举

人大组成成员

主　席：赵耀洲（2007 年 3 月—2009 年 3 月）
　　　　刘庆林（2009 年 3 月—2009 年 6 月）
　　　　刘京辉（2009 年 6 月—2012 年 2 月）
副主席：苗江良（2007 年 3 月—2009 年 3 月）
　　　　张益民（2011 年 3 月—2012 年 2 月）

乡政府组成成员

乡　长：祁　晨（2007 年 3 月—2009 年 2 月）
　　　　赵耀洲（2009 年 3 月—2010 年 11 月）
　　　　刘军保（2010 年 11 月—2012 年 2 月）
副乡长：李　芳（2007 年 3 月—2009 年 3 月）
　　　　尹军方（2007 年 3 月—2011 年 3 月）
　　　　苗江良（2009 年 6 月—2011 年 3 月）
　　　　李　伟（2011 年 3 月—2012 年 2 月）
　　　　王吉光（2011 年 3 月—2012 年 2 月）

（五）第九届人民代表大会

牛城乡第九届人民代表大会任期 5 年，自 2012 年 2 月至 2017 年 1 月。

1. 人民代表大会

第一次会议　2012 年 2 月 20 日召开，出席代表 49 名（应到 55 名）。会议听取和审议《牛城乡人民政府工作报告》《牛城乡第九届人民代表大会代表资格审查报告》《牛城乡第九届人民代表大会筹备工作情况的报告》《关于牛城乡 2011 年预算执行情况和 2012 年预算报告》《关于牛城乡人大主席团工作报告》，并形成相关决议。会议选举产生主席 1 名，副主席 1 名，乡长 1 名，副乡长 2 名。

第二次会议　2014 年 1 月 21 日召开，出席代表 48 名（应到 55 名）。会议听取和审议《牛城乡人民政府工作报告》《关于牛城乡 2013 年预算执行情况和 2014 年预算报告》，并形成相关决议。会议选举产生主席 1 名。

第三次会议　2015 年 4 月 23 日召开，出席代表 48 名（应到 55 名）。会议听取和审议《牛城乡人民政府工作报告》《关于牛城乡 2014 年预算执行情况和 2015 年预算报告》，并形成相关决议。会议选举产生副乡长 2 名。

第四次会议　2016 年 5 月 16 日召开，出席代表 50 名（应到 55 名）。会议听取和审议《牛城乡人民政府工作报告》《关于牛城乡 2015 年预算执行情况和 2016 年预算报告》，并形成相关决议。会议选举产生乡长 1 名。

2. 会议选举

人大组成成员

主　席：刘京辉（2012 年 2 月—2012 年 8 月）
　　　　曹习军（2014 年 1 月—2017 年 1 月）

副主席：张益民（2012 年 2 月—2017 年 1 月）

乡政府组成成员

乡　长：刘军保（2012 年 2 月—2016 年 4 月）

　　　　刘　晖（2016 年 4 月—2017 年 1 月）

副乡长：王吉光（2012 年 2 月—2015 年 4 月）

　　　　李　伟（2012 年 2 月—2015 年 4 月）

　　　　赵　倩（2015 年 4 月—2017 年 1 月）

　　　　李　强（2015 年 4 月—2017 年 1 月）

（六）第十届人民代表大会

牛城乡第十届人民代表大会自 2017 年 3 月至 2021 年 6 月，因提前换届，任期未满 5 年。

1. 人民代表大会

第一次会议　2017 年 3 月 12 日召开，出席代表 49 名（应到 55 名）。会议听取和审议《牛城乡人民政府工作报告》《牛城乡第十届人民代表大会代表资格审查报告》《牛城乡第十届人民代表大会筹备工作情况的报告》《关于牛城乡 2016 年预算执行情况和 2017 年预算报告》《关于牛城乡人大主席团工作报告》，并形成相关决议。会议选举产生主席 1 名，副主席 1 名，乡长 1 名，副乡长 2 名。

第二次会议　2019 年 1 月 14 日召开，出席代表 47 名（应到 55 名）。会议听取和审议《牛城乡人民政府工作报告》《关于牛城乡 2018 年预算执行情况和 2019 年预算报告》，并形成相关决议。会议选举产生乡长 1 名。

第三次会议　2019 年 8 月 17 日召开，出席代表 50 名（应到 55 名）。会议听取和审议《牛城乡人民政府工作报告》《关于牛城乡 2018 年预算执行情况和 2019 年预算报告》，并形成相关决议。会议选举产生副乡长 1 名。

第四次会议　2020 年 10 月 19 日召开，出席代表 48 名（应到 55 名）。会议听取和审议《牛城乡人民政府工作报告》《关于牛城乡 2019 年预算执行情况和 2020 年预算报告》，并形成相关决议。会议选举产生主席 1 名。

2. 会议选举

人大组成成员

主　席：尹玉国（2017 年 3 月—2020 年 1 月）

　　　　马永刚（2020 年 10 月—2021 年 5 月）

副主席：张益民（2017 年 3 月—2020 年 8 月）

乡政府组成成员

乡　长：刘　晖（2017 年 3 月—2018 年 12 月）

　　　　刘红福（2019 年 1 月—2021 年 5 月）

副乡长：赵　倩（2017 年 3 月—2019 年 7 月）

朱　光（2017 年 3 月—2021 年 5 月）
刘利波（2019 年 8 月—2021 年 5 月）

（七）第十一届人民代表大会

牛城乡第十一届人民代表大会自 2021 年 6 月至今（未届满）。

1. 人民代表大会

第一次会议　2021 年 6 月 10 日召开，出席代表 51 名（应到 57 名）。会议听取和审议《牛城乡人民政府工作报告》《牛城乡第十一届人民代表大会代表资格审查报告》《牛城乡第十一届人民代表大会筹备工作情况的报告》《关于牛城乡 2020 年预算执行情况和 2021 年预算报告》《关于牛城乡人大主席团工作报告》，并形成相关决议。会议选举产生主席 1 名，副主席 2 名，乡长 1 名，副乡长 2 名。

第二次会议　2022 年 9 月 16 日召开，出席代表 52 名（应到 57 名）。会议听取和审议《牛城乡人民政府工作报告》《关于牛城乡 2021 年预算执行情况和 2022 年预算报告》，并形成相关决议。会议选举产生主席 1 名。

第三次会议　2022 年 12 月 6 日召开，出席代表 56 名（应到 57 名）。会议听取和审议《牛城乡人民政府工作报告》《关于牛城乡 2021 年预算执行情况和 2022 年预算报告》，并形成相关决议。会议选举产生副主席 2 名，乡长 1 名，副乡长 1 名。

第四次会议　2023 年 5 月 17 日召开，出席代表 53 名（应到 57 名）。会议听取和审议《牛城乡人民政府工作报告》《关于牛城乡 2022 年预算执行情况和 2023 年预算报告》，并形成相关决议。会议选举产生副乡长 1 名。

2. 会议选举

人大组成成员

主　席：马永刚（2021 年 6 月—2022 年 3 月）
　　　　辛　彦（2022 年 9 月—2023 年 12 月）
副主席：李学文（2021 年 6 月—2022 年 10 月）
　　　　张志岗（2021 年 6 月—2022 年 9 月）
　　　　杨　莉（2022 年 12 月—2023 年 12 月）
　　　　赵　昆（2022 年 12 月—2023 年 12 月）

乡政府组成成员

乡　长：程　刚（2021 年 6 月—2022 年 11 月）
　　　　谷　宁（2022 年 12 月—2023 年 12 月）
副乡长：周　彬（2021 年 6 月—2022 年 8 月）
　　　　牛晓冉（2021 年 6 月—2023 年 12 月）
　　　　付　恒（2022 年 12 月—2023 年 12 月）
　　　　贾金虎（2023 年 5 月—2023 年 12 月）

第五章　南寨乡

南寨乡位于灵寿县县城东北 7.5 千米处，属于平原乡镇。全乡总面积 25.69 平方千米，辖 7 个行政村，乡政府驻南寨村，总人口 17265 人。

1953 年置乡，1958 年 10 月并入正定县，1961 年 5 月改为南寨人民公社。1984 年 1 月全县恢复乡镇体制，改为南寨乡，至今未变。

从 1984 年 4 月召开第一届人民代表大会至今，南寨乡共召开 11 届人民代表大会。

第一节　第一届人民代表大会

南寨乡第一届人民代表大会任期 3 年，自 1984 年 4 月至 1987 年 4 月。

一、人民代表大会

第一次会议　1984 年 4 月 14 日召开，出席代表 60 名（应到 78 名）。会议听取和审议《南寨乡人民政府工作报告》《南寨乡第一届人民代表大会代表资格审查报告》《南寨乡人民代表大会筹备工作情况的报告》《关于南寨乡 1983 年预算执行情况和 1984 年预算报告》，并形成相关决议。会议选举产生乡长 1 名，副乡长 2 名。

第二次会议　1984 年 7 月召开，出席代表 65 名（应到 78 名）。会议选举副乡长 1 名。

第三次会议　1985 年 3 月召开，出席代表 64 名（应到 78 名）。会议听取和审议《南寨乡人民政府工作报告》《关于南寨乡 1984 年预算执行情况和 1985 年预算报告》，并形成相关决议。会议选举产生乡长 1 名。

第四次会议　1986 年 3 月召开，出席代表 62 名（应到 78 名）。会议听取和审议《南寨乡人民政府工作报告》《关于南寨乡 1985 年预算执行情况和 1986 年预算报告》，并形成相关决议。

第五次会议　1986 年 6 月召开，出席代表 69 名（应到 78 名）。会议选举副乡长 1 名。

二、会议选举

乡政府组成成员

乡　长：刘万林（1984 年 4 月—1985 年 2 月）

于湘海（1985 年 3 月—1987 年 4 月）

副乡长：白秋喜（1984 年 4 月—1984 年 7 月）

张三祥（1984 年 4 月—1987 年 3 月）

于湘海（1984 年 7 月—1985 年 3 月）

罗玉川（1986 年 6 月—1987 年 3 月）

第二节　第二届人民代表大会

南寨乡第二届人民代表大会任期 3 年，自 1987 年 4 月至 1990 年 4 月。

一、人民代表大会

第一次会议　1987 年 4 月 16 日召开，出席代表 35 名（应到 39 名）。会议听取和审议《南寨乡人民政府工作报告》《南寨乡第二届人民代表大会代表资格审查报告》《南寨乡人民代表大会筹备工作情况的报告》《关于南寨乡 1986 年预算执行情况和 1987 年预算报告》，并形成相关决议。会议选举产生乡长 1 名，副乡长 2 名。

第二次会议　1988 年 9 月召开，出席代表 37 名（应到 39 名）。会议听取和审议《南寨乡人民政府工作报告》《关于南寨乡 1987 年预算执行情况和 1988 年预算报告》，并形成相关决议。会议选举产生副乡长 1 名。

第三次会议　1989 年 3 月召开，出席代表 36 名（应到 39 名）。会议听取和审议《南寨乡人民政府工作报告》《关于南寨乡 1988 年预算执行情况和 1989 年预算报告》，并形成相关决议。会议选举产生乡长 1 名。

第四次会议　1989 年 8 月召开，出席代表 37 名（应到 39 名）。会议选举产生乡长 1 名，副乡长 2 名。

二、会议选举

乡政府组成成员

乡　长：于湘海（1987 年 4 月—1989 年 3 月）

刘玉敏（1989 年 3 月—1989 年 8 月）

尚福祥（1989 年 8 月—1990 年 4 月）

副乡长：王书中（1987 年 4 月—1989 年 8 月）

罗玺云（1987 年 4 月—1990 年 3 月）

张志信（1988 年 9 月—1989 年 8 月）

陈庆荣（1989 年 8 月—1990 年 3 月）

祁昌军（1989 年 8 月—1990 年 4 月）

第三节　第三届人民代表大会

南寨乡第三届人民代表大会任期3年，自1990年4月至1993年5月。

一、人民代表大会

第一次会议　1990年4月20日召开，出席代表45名（应到54名）。会议听取和审议《南寨乡人民政府工作报告》《南寨乡第三届人民代表大会代表资格审查报告》《南寨乡人民代表大会筹备工作情况的报告》《关于南寨乡1989年预算执行情况和1990年预算报告》，并形成相关决议。大会选举乡长1名，副乡长3名，主席1名。

第二次会议　1990年12月召开，出席代表48名（应到54名）。会议选举产生乡长1名。

第三次会议　1991年5月召开，出席代表49名（应到54名）。会议听取和审议《南寨乡人民政府工作报告》《关于南寨乡1990年预算执行情况和1991年预算报告》《南寨乡人大主席团工作报告》，并形成相关决议。会议选举产生副乡长1名。

第四次会议　1992年4月召开，出席代表50名（应到54名）。会议听取和审议《南寨乡人民政府工作报告》《关于南寨乡1991年预算执行情况和1992年预算报告》《南寨乡人大主席团工作报告》，并形成相关决议。

二、会议选举

乡人大组成成员

主　席：程永寿（1990年4月—1993年5月）

乡政府组成成员

乡　长：尚福祥（1990年4月—1990年12月）

尚二海（1990年12月—1993年5月）

副乡长：刘春和（1990年4月—1990年12月）

祁昌军（1990年4月—1993年5月）

陈庆荣（1991年5月—1993年5月）

第四节　第四届人民代表大会

南寨乡第四届人民代表大会任期3年，自1993年5月至1996年5月。

一、人民代表大会

第一次会议　1993年5月16日召开，出席代表31名（应到35名）。会议听取和审议

《南寨乡人民政府工作报告》《南寨乡人民代表大会代表资格审查报告》《南寨乡人民代表大会筹备工作情况的报告》《关于南寨乡1992年预算执行情况和1993年预算报告》《南寨乡人大主席团工作报告》，并形成相关决议。会议选举产生主席1名，乡长1名，副乡长3名。

第二次会议　1994年4月召开，出席代表32名（应到35名）。会议听取和审议《南寨乡人民政府工作报告》《关于南寨乡1993年预算执行情况和1994年预算报告》《南寨乡人大主席团工作报告》，并形成相关决议。会议选举产生副乡长2名。

第三次会议　1994年10月召开，出席代表30名（应到35名）。会议选举产生乡长1名。

第四次会议　1995年1月召开，出席代表31名（应到35名）。会议听取和审议《南寨乡人民政府工作报告》《关于南寨乡1994年预算执行情况和1995年预算报告》《南寨乡人大主席团工作报告》，并形成相关决议。会议选举产生主席1名。

第五次会议　1995年3月召开，出席代表30名（应到35名）。会议选举产生副乡长1名。

二、会议选举

乡人大组成成员

主　席：程永寿（1993年5月—1995年12月）

乡政府组成成员

乡　长：尚景会（1993年5月—1994年10月）

　　　　吕荣芝（1994年10月—1996年1月）

副乡长：祁昌军（1993年5月—1994年4月）

　　　　陈庆荣（1993年5月—1996年1月）

　　　　郝明辰（1993年5月—1994年4月）

　　　　王　浩（1994年4月—1996年5月）

　　　　兰文智（1994年4月—1996年5月）

　　　　李秋合（1995年3月—1996年5月）

第五节　第五届人民代表大会

南寨乡第五届人民代表大会任期3年，自1996年5月至1999年3月。

一、人民代表大会

第一次会议　1996年5月14日召开，出席代表37名（应到42名）。会议听取和审议《南寨乡人民政府工作报告》《南寨乡人民代表大会代表资格审查报告》《南寨乡人民代表大会筹备工作情况的报告》《关于南寨乡1995年预算执行情况和1996年预算报告》《南寨乡人大主席团工作报告》，并形成相关决议。会议选举产生主席 1 名，乡长 1 名，副乡长 3 名。

第二次会议 1997 年 4 月召开，出席代表 40 名（应到 42 名）。会议听取和审议《南寨乡人民政府工作报告》《关于南寨乡 1996 年预算执行情况和 1997 年预算报告》《南寨乡人大主席团工作报告》，并形成相关决议。

第三次会议 1998 年 3 月召开，出席代表 38 名（应到 42 名）。会议听取和审议《南寨乡人民政府工作报告》《关于南寨乡 1997 年预算执行情况和 1998 年预算报告》《南寨乡人大主席团工作报告》，并形成相关决议。会议选举产生乡长 1 名，副乡长 2 名。

第四次会议 1998 年 5 月召开，出席代表 40 名（应到 42 名）。会议选举产生副主席 1 名。

二、会议选举

乡人大组成成员

主　席：陈庆荣（1996 年 5 月—1999 年 3 月）

副主席：牛冬昌（1998 年 5 月—1999 年 3 月）

乡政府组成成员

乡　长：杨正吉（1996 年 5 月—1998 年 3 月）

罗辉国（1998 年 3 月—1999 年 3 月）

副乡长：王　浩（1996 年 5 月—1998 年 3 月）

王文辉（1996 年 5 月—1999 年 3 月）

魏海青（1996 年 5 月—1998 年 3 月）

孟素英（1998 年 3 月—1999 年 3 月）

董双庆（1998 年 3 月—1999 年 3 月）

第六节　第六届人民代表大会

南寨乡第六届人民代表大会任期 3 年，自 1999 年 3 月至 2002 年 6 月。

一、人民代表大会

第一次会议 1999 年 3 月 20 日召开，出席代表 50 名（应到 52 名）。会议听取和审议《南寨乡人民政府工作报告》《南寨乡人民代表大会代表资格审查报告》《南寨乡人民代表大会筹备工作情况的报告》《关于南寨乡 1998 年预算执行情况和 1999 年预算报告》《南寨乡人大主席团工作报告》，并形成相关决议。会议选举产生主席 1 名，副主席 1 名，乡长 1 名，副乡长 3 名。

第二次会议 2000 年 4 月召开，出席代表 48 名（应到 52 名）。会议听取和审议《南寨乡人民政府工作报告》《关于南寨乡 1999 年预算执行情况和 2000 年预算报告》《南寨乡人大主席团工作报告》，并形成相关决议。

第三次会议　2001年9月召开，出席代表48名（应到52名）。会议听取和审议《南寨乡人民政府工作报告》《关于南寨乡2000年预算执行情况和2001年预算报告》《南寨乡人大主席团工作报告》，并形成相关决议。会议选举产生乡长1名。

二、会议选举

乡人大组成成员

主　席：陈庆荣（1999年3月—2002年6月）

副主席：牛冬昌（1999年3月—2002年4月）

乡政府组成成员

乡　长：马地震（1999年3月—2001年3月）

　　　　王　浩（2001年9月—2002年5月）

副乡长：孟素英（1999年3月—2002年6月）

　　　　董双庆（1999年3月—2002年6月）

　　　　王文辉（1999年3月—2002年6月）

第七节　第七届人民代表大会

南寨乡第七届人民代表大会任期5年，自2002年6月至2007年3月。

一、人民代表大会

第一次会议　2002年6月16日召开，出席代表49名（应到50名）。会议听取和审议《南寨乡人民政府工作报告》《南寨乡人民代表大会代表资格审查报告》《南寨乡人民代表大会筹备工作情况的报告》《关于南寨乡2001年预算执行情况和2002年预算报告》《南寨乡人大主席团工作报告》，并形成相关决议。会议选举产生主席1名，副主席1名，乡长1名，副乡长2名。

第二次会议　2002年11月召开，出席代表50名（应到50名）。会议选举副乡长1名。

第三次会议　2004年4月召开，出席代表48名（应到50名）。会议听取和审议《南寨乡人民政府工作报告》《关于南寨乡2003年预算执行情况和2004年预算报告》《南寨乡人大主席团工作报告》，并形成相关决议。

第四次会议　2005年9月召开，出席代表49名（应到50名）。会议听取和审议《南寨乡人民政府工作报告》《关于南寨乡2004年预算执行情况和2005年预算报告》《南寨乡人大主席团工作报告》，并形成相关决议。会议选举产生副乡长1名。

第五次会议　2006年4月召开，出席代表50名（应到50名）。会议听取和审议《南寨乡人民政府工作报告》《关于南寨乡2005年预算执行情况和2006年预算报告》《南寨乡人大主席团工作报告》，并形成相关决议。会议选举产生主席1名。

二、会议选举

乡人大组成成员

主　席：祁二来（2002 年 6 月—2006 年 4 月）

　　　　刘荣强（2006 年 4 月—2007 年 3 月）

副主席：王山花（2002 年 6 月—2004 年 3 月）

乡政府组成成员

乡　长：崔学辉（2002 年 6 月—2007 年 3 月）

副乡长：孙　哲（2002 年 6 月—2002 年 11 月）

　　　　何国平（2002 年 6 月—2004 年 7 月）

　　　　高金伟（2002 年 11 月—2007 年 3 月）

　　　　李卫民（2005 年 9 月—2007 年 3 月）

第八节　第八届人民代表大会

南寨乡第八届人民代表大会任期 5 年，自 2007 年 3 月至 2012 年 2 月。

一、人民代表大会

第一次会议　2007 年 3 月 14 日召开，出席代表 39 名（应到 40 名）。会议听取和审议《南寨乡人民政府工作报告》《南寨乡人民代表大会代表资格审查报告》《南寨乡人民代表大会筹备工作情况的报告》《关于南寨乡 2006 年预算执行情况和 2007 年预算报告》《南寨乡人大主席团工作报告》，并形成相关决议。会议选举产生主席 1 名，副主席 1 名，乡长 1 名，副乡长 2 名。

第二次会议　2007 年 8 月召开，出席代表 38 名（应到 40 名）。会议选举产生乡长 1 名。

第三次会议　2008 年 4 月召开，出席代表 39 名（应到 40 名）。会议听取和审议《南寨乡人民政府工作报告》《关于南寨乡 2008 年预算执行情况和 2009 年预算报告》《南寨乡人大主席团工作报告》，并形成相关决议。

第四次会议　2009 年 3 月召开，出席代表 40 名（应到 40 名）。会议听取和审议《南寨乡人民政府工作报告》《关于南寨乡 2008 年预算执行情况和 2009 年预算报告》《南寨乡人大主席团工作报告》，并形成相关决议。会议选举产生主席 1 名。

第五次会议　2009 年 5 月召开，出席代表 38 名（应到 40 名）。会议选举产生副乡长 1 名。

第六次会议　2010 年 4 月召开，出席代表 36 名（应到 40 名）。会议听取和审议《南寨乡人民政府工作报告》《关于南寨乡 2009 年预算执行情况和 2010 年预算报告》《南寨乡人大主席团工作报告》，并形成相关决议。

第七次会议　2011年3月1日召开，出席代表37名（应到40名）。会议听取和审议《南寨乡人民政府工作报告》《关于南寨乡2010年预算执行情况和2011年预算报告》《南寨乡人大主席团工作报告》，并形成相关决议。会议选举产生主席1名，副主席1名，乡长1名，副乡长1名。

二、会议选举

乡人大组成成员

主　席：刘荣强（2007年3月—2009年3月）
　　　　赵辰龙（2009年3月—2011年3月）
　　　　李卫民（2011年3月—2012年2月）
副主席：赵全江（2007年3月—2011年3月）
　　　　胡明月（2011年3月—2012年2月）

乡政府组成成员

乡　长：崔学辉（2007年3月—2007年8月）
　　　　张延海（2007年8月—2011年3月）
　　　　尹国亮（2011年3月—2012年1月）
副乡长：高金伟（2007年3月—2011年3月）
　　　　李卫民（2007年3月—2009年5月）
　　　　薛　薇（2009年5月—2012年2月）
　　　　郝顺达（2011年3月—2012年2月）

第九节　第九届人民代表大会

南寨乡第九届人民代表大会任期5年，自2012年2月至2017年1月。

一、人民代表大会

第一次会议　2012年2月27日召开，出席代表48名（应到50名）。会议听取和审议《南寨乡人民政府工作报告》《南寨乡人民代表大会代表资格审查报告》《南寨乡人民代表大会筹备工作情况的报告》《关于南寨乡2011年预算执行情况和2012年预算报告》《南寨乡人大主席团工作报告》，并形成相关决议。会议选举产生主席1名，副主席1名，乡长1名，副乡长2名。

第二次会议　2013年4月召开，出席代表48名（应到50名）。会议听取和审议《南寨乡人民政府工作报告》《关于南寨乡2012年预算执行情况和2013年预算报告》《南寨乡人大主席团工作报告》，并形成相关决议。

第三次会议 2014年4月召开，出席代表48名（应到50名）。会议听取和审议《南寨乡人民政府工作报告》《关于南寨乡2013年预算执行情况和2014年预算报告》《南寨乡人大主席团工作报告》，并形成相关决议。

第四次会议 2015年5月召开，出席代表48名（应到50名）。会议听取和审议《南寨乡人民政府工作报告》《关于南寨乡2014年预算执行情况和2015年预算报告》《南寨乡人大主席团工作报告》，并形成相关决议。会议选举产生副乡长1名。

第五次会议 2016年4月召开，出席代表48名（应到50名）。会议听取和审议《南寨乡人民政府工作报告》《关于南寨乡2015年预算执行情况和2016年预算报告》《南寨乡人大主席团工作报告》，并形成相关决议。

二、会议选举

乡人大组成成员

主　席：李卫民（2012年2月—2017年1月）

副主席：胡明月（2012年2月—2017年1月）

乡政府组成成员

乡　长：安国云（2012年2月—2017年1月）

副乡长：郝顺达（2012年2月—2017年1月）

薛　薇（2012年2月—2015年5月）

申彦彬（2015年5月—2017年1月）

第十节　第十届人民代表大会

南寨乡第十届人民代表大会自2017年1月至2021年6月，因提前换届，任期未满5年。

一、人民代表大会

第一次会议 2017年1月12日召开，出席代表48名（应到50名）。会议听取和审议《南寨乡人民政府工作报告》《南寨乡人民代表大会代表资格审查报告》《南寨乡人民代表大会筹备工作情况的报告》《关于南寨乡2016年预算执行情况和2017年预算报告》《南寨乡人大主席团工作报告》，并形成相关决议。会议选举产生主席1名，副主席1名，乡长1名，副乡长2名。

第二次会议 2018年4月召开，出席代表48名（应到50名）。会议听取和审议《南寨乡人民政府工作报告》《关于南寨乡2017年预算执行情况和2018年预算报告》《南寨乡人大主席团工作报告》，并形成相关决议。

第三次会议 2019年4月召开，出席代表48名（应到50名）。会议听取和审议《南寨乡人民政府工作报告》《关于南寨乡2018年预算执行情况和2019年预算报告》《南寨乡人大主席团工作报告》，并形成相关决议。会议选举产生副乡长 1 名。

第四次会议　2020 年 1 月召开，出席代表 44 名（应到 50 名）。会议选举产生副主席 1 名，副乡长 1 名。

第五次会议　2020 年 9 月召开，出席代表 49 名（应到 50 名）。会议选举产生副乡长 1 名。

第六次会议　2020 年 12 月召开，出席代表 47 名（应到 50 名）。会议选举产生主席 1 名。

第七次会议　2021 年 1 月召开，出席代表 42 名（应到 50 名）。会议选举产生乡长 1 名。

二、会议选举

人大组成成员

主　席：李　明（2017 年 1 月—2020 年 12 月）

　　　　赵　倩（2020 年 12 月—2021 年 6 月）

副主席：刘文艳（2017 年 1 月—2020 年 1 月）

　　　　贾　洁（2020 年 1 月—2021 年 6 月）

乡政府组成成员

乡　长：侯若颖（2017 年 1 月—2021 年 1 月）

　　　　李　明（2021 年 1 月—2021 年 6 月）

副乡长：李　强（2017 年 1 月—2019 年 1 月）

　　　　巩德姝（满族，2017 年 1 月—2019 年 9 月）

　　　　苏岩峰（2019 年 4 月—2021 年 6 月）

　　　　高红英（2020 年 1 月—2021 年 6 月）

　　　　盖利民（2020 年 9 月—2021 年 6 月）

第十一节　第十一届人民代表大会

南寨乡第十一届人民代表大会自 2021 年 6 月至 2023 年 12 月（未届满）。

一、人民代表大会

第一次会议　2021 年 6 月 27 日召开，出席代表 43 名（应到 45 名）。会议听取和审议《南寨乡人民政府工作报告》《南寨乡人民代表大会代表资格审查报告》《南寨乡人民代表大会筹备工作情况的报告》《关于南寨乡 2020 年预算执行情况和 2021 年预算报告》《南寨乡人大主席团工作报告》，并形成相关决议。会议选举产生主席 1 名，副主席 2 名，乡长 1 名，副乡长 2 名。

第二次会议 2021年8月28日召开，出席代表40名，（应到45名）。会议选举产生副乡长1名。

第三次会议 2022年12月30日召开，出席代表38名，（应到45名）。会议听取和审议《南寨乡人民政府工作报告》《关于南寨乡2021年预算执行情况和2022年预算报告》《南寨乡人大主席团工作报告》，并形成相关决议。会议选举产生副乡长2名，主席1名，副主席1名。

第四次会议 2023年7月召开。会议听取和审议《南寨乡人民政府工作报告》《关于南寨乡2022年预算执行情况和2023年预算报告》《南寨乡人大主席团工作报告》，并形成相关决议。会议选举产生副乡长1名。

二、会议选举

人大组成成员

主　席：赵　倩（2021年6月—2022年8月）
　　　　张云霞（2022年12月—2023年12月）

副主席：贾　洁（2021年6月—2022年4月）
　　　　高　倩（2021年6月—2023年12月）
　　　　刘祥龙（2022年12月—2023年12月）

乡政府组成成员

乡　长：李　明（2021年6月—2023年12月）

副乡长：马迎轩（2021年6月—2023年4月）
　　　　雷　蕾（2021年6月—2022年10月）
　　　　于　博（2021年8月—2022年09月）
　　　　宋俊勇（2022年12月—2023年12月）
　　　　杨燕菲（2022年12月—2023年12月）
　　　　吴鹏飞（2023年7月—2023年12月）

第六章　狗台乡

狗台乡位于河北省灵寿县西北部，距县城 5 千米，属于丘陵乡镇。全镇面积 43.8 平方千米，辖 23 个行政村，总人口 2.6 万人，乡政府驻南狗台村。

1953 年置乡，1958 年并入正定县，1961 年 5 月改为北狗台人民公社。1984 年 1 月全县恢复乡镇体制，改为北狗台乡。1996 年 1 月，灵寿县并乡扩镇，马阜安乡并入北狗台乡。

从 1984 年 4 月召开第一届人民代表大会至今，狗台乡共召开 11 届人民代表大会（其中并乡扩镇前召开 4 届，并乡扩镇后召开 7 届）。

第一节　并乡扩镇前人民代表大会

一、马阜安乡人民代表大会

（一）第一届人民代表大会

马阜安乡第一届人民代表大会任期 3 年，自 1984 年 4 月至 1987 年 3 月。

1. 人民代表大会

第一次会议　1984 年 4 月 14 日召开，出席代表 59 名（应到 67 名）。会议听取和审议《马阜安乡人民政府工作报告》《马阜安乡第一届人民代表大会代表资格审查报告》《马阜安乡第一届人民代表大会筹备工作情况的报告》《关于马阜安乡 1983 年预算执行情况和 1984 年预算报告》，并形成相关决议。会议选举产生乡长 1 名，副乡长 2 名。

第二次会议　1984 年 7 月召开，出席代表 60 名（应到 67 名）。会议选举产生乡长 1 名。

第三次会议　1985 年 4 月召开，出席代表 58 名（应到 67 名）。会议选举产生乡长 1 名。

第四次会议　1986 年 6 月召开，出席代表 58 名（应到 67 名）。会议选举产生副乡长 1 名。

2. 会议选举

乡政府组成成员

乡　长：朱从和（1984 年 4 月—1984 年 7 月）

秘皂保（1984年7月—1985年4月）
苏福贵（1985年4月—1987年3月）
副乡长：辛银庆（1984年4月—1987年3月）
侯喜梅（1984年4月—1985年5月）
雷连忠（1986年3月—1987年3月）

（二）第二届人民代表大会

马阜安乡第二届人民代表大会任期3年，自1987年4月至1990年4月。

1. 人民代表大会

第一次会议 1987年4月16日召开，出席代表31名（应到34名）。会议听取和审议《马阜安乡人民政府工作报告》《马阜安乡第二届人民代表大会代表资格审查报告》《马阜安乡第二届人民代表大会筹备工作情况的报告》《关于马阜安乡1986年预算执行情况和1987年预算报告》，并形成相关决议。会议选举产生乡长1名，副乡长1名。

第二次会议 1987年11月召开，出席代表26名（应到34名）。会议选举产生副乡长2名。

第三次会议 1988年10月召开，出席代表25名（应到34名）。会议选举产生乡长1名，副乡长1名。

第四次会议 1989年8月召开，出席代表24名（应到34名）。会议选举产生副乡长2名。

2. 会议选举

乡政府组成成员

乡　长：李三牛（1987年4月—1988年10月）
时文照（1988年10月—1990年4月）
副乡长：雷连忠（1987年4月—1988年3月）
牛冬昌（1987年11月—1988年5月）
李风亭（1987年11月—1990年4月）
赵志云（1988年10月—1990年4月）
张书芳（1989年8月—1990年3月）
罗锡云（1989年8月—1990年3月）

（三）第三届人民代表大会

马阜安乡第三届人民代表大会任期3年，自1990年4月至1993年5月。

1. 人民代表大会

第一次会议 1990年4月1日召开，出席代表34名（应到47名）。会议听取和审议《马阜安乡人民政府工作报告》《马阜安乡第三届人民代表大会代表资格审查报告》《马阜安乡第三届人民代表大会筹备工作情况的报告》《关于马阜安乡1989年预算执行情况和1990年预算报告》，并形成相关决议。会议选举产生主席1名，乡长1名，副乡长4名。

第二次会议　1990 年 8 月召开，出席代表 34 名（应到 47 名）。会议选举产生乡长 1 名。

第三次会议　1991 年 4 月召开，出席代表 37 名（应到 47 名）。会议选举产生主席 1 名，乡长 1 名。

2. 会议选举

乡人大组成成员

主　席：罗玉川（1990 年 4 月—1991 年 4 月）
　　　　张同贵（1991 年 4 月—1993 年 1 月）

乡政府组成成员

乡　长：时文照（1990 年 4 月—1990 年 8 月）
　　　　祁登志（1990 年 8 月—1991 年 4 月）
　　　　赵进中（1991 年 4 月—1993 年 5 月）

副乡长：赵志云（1990 年 4 月—1991 年 7 月）
　　　　胡树林（1990 年 4 月—1993 年 5 月）
　　　　李书军（1990 年 4 月—1991 年 12 月）
　　　　李风亭（1990 年 4 月—1993 年 1 月）

（四）第四届人民代表大会

马阜安乡第四届人民代表大会任期 3 年，自 1993 年 5 月至 1996 年 1 月。

1. 人民代表大会

第一次会议　1993 年 5 月 15 日召开，出席代表 30 名（应到 30 名）。会议听取和审议《马阜安乡人民政府工作报告》《马阜安乡第四届人民代表大会代表资格审查报告》《马阜安乡第四届人民代表大会筹备工作情况的报告》《关于马阜安乡 1992 年预算执行情况和 1993 年预算报告》《关于马阜安乡人大主席团工作报告》，并形成相关决议。会议选举产生主席 1 名，乡长 1 名，副乡长 4 名。

2. 会议选举

人大组成成员

主　席：牛喜付（1993 年 5 月—1996 年 1 月）

乡政府组成成员

乡　长：赵进中（1993 年 5 月—1996 年 1 月）

副乡长：胡书林（1993 年 5 月—1996 年 1 月）
　　　　尚增锁（1993 年 5 月—1996 年 1 月）
　　　　赵　栋（1993 年 5 月—1996 年 1 月）
　　　　刘明山（1993 年 5 月—1996 年 1 月）

二、北狗台乡人民代表大会

1984 年 4 月至 1996 年 1 月并乡扩镇前，北狗台乡共召开 4 届人民代表大会。

（一）第一届人民代表大会

北狗台乡第一届人民代表大会任期 3 年，自 1984 年 4 月至 1987 年 4 月。

1. 人民代表大会

第一次会议 1984 年 4 月 17 日召开，出席代表 68 名（应到 78 名）。会议听取和审议《北狗台乡人民政府工作报告》《北狗台乡第一届人民代表大会代表资格审查报告》《北狗台乡第一届人民代表大会筹备工作情况的报告》《关于北狗台乡 1983 年预算执行情况和 1984 年预算报告》，并形成相关决议。会议选举产生乡长 1 名，副乡长 2 名。

2. 会议选举

乡政府组成成员

乡　长：马志云（1984 年 4 月—1987 年 4 月）

副乡长：安景玺（1984 年 4 月—1987 年 4 月）

　　　　孟连虎（1984 年 4 月—1987 年 4 月）

（二）第二届人民代表大会

北狗台乡第二届人民代表大会任期 3 年，自 1987 年 4 月至 1990 年 4 月。

1. 人民代表大会

第一次会议 1987 年 4 月 14 日召开，出席代表 34 名（应到 47 名）。会议听取和审议《北狗台乡人民政府工作报告》《北狗台乡第二届人民代表大会代表资格审查报告》《北狗台乡第二届人民代表大会筹备工作情况的报告》《关于北狗台乡 1986 年预算执行情况和 1987 年预算报告》，并形成相关决议。会议选举产生乡长 1 名，副乡长 1 名。

第二次会议 1988 年 9 月召开，出席代表 32 名（应到 47 名）。会议选举产生副乡长 2 名。

第三次会议 1989 年 8 月召开，出席代表 31 名（应到 47 名）。会议选举产生乡长 1 名，副乡长 1 名。

2. 会议选举

乡政府组成成员

乡　长：马国云（1987 年 4 月—1989 年 7 月）

　　　　田振书（1989 年 8 月—1990 年 4 月）

副乡长：王国忠（1987 年 4 月—1989 年 7 月）

　　　　侯喜梅（1988 年 9 月—1990 年 4 月）

　　　　陈庆荣（1988 年 9 月—1990 年 4 月）

　　　　郎振杰（1989 年 8 月—1990 年 4 月）

（三）第三届人民代表大会

北狗台乡第三届人民代表大会任期 3 年，自 1990 年 4 月至 1993 年 5 月。

1. 人民代表大会

第一次会议　1990 年 4 月 9 日召开，出席代表 43 名（应到 52 名）。会议听取和审议《北狗台乡人民政府工作报告》《北狗台乡第三届人民代表大会代表资格审查报告》《北狗台乡三届人民代表大会筹备工作情况的报告》《关于北狗台乡 1989 年预算执行情况和 1990 年预算报告》，并形成相关决议。会议选举产生主席 1 名，乡长 1 名，副乡长 3 名。

第二次会议　1990 年 12 月召开，出席代表 43 名（应到 52 名）。会议选举产生乡长 1 名，副乡长 1 名。

第三次会议　1991 年 5 月召开，出席代表 35 名（应到 52 名）。会议选举产生副乡长 1 名。

第四次会议　1992 年 6 月召开，出席代表 36 名（应到 52 名）。会议选举产生副乡长 1 名。

第五次会议　1992 年 11 月召开，出席代表 35 名（应到 52 名）。会议选举产生乡长 1 名。

2. 会议选举

人大组成成员

主　席：梁祖贝（1990 年 4 月—1993 年 5 月）

乡政府组成成员

乡　长：田振书（1990 年 4 月—1990 年 12 月）
侯国秀（1990 年 12 月—1992 年 11 月）
李保柱（1992 年 11 月—1993 年 5 月）

副乡长：侯喜梅（1990 年 4 月—1990 年 11 月）
陈庆荣（1990 年 4 月—1991 年 5 月）
郎振杰（1990 年 4 月—1993 年 1 月）
程平均（1990 年 12 月—1992 年 5 月）
吕秀林（1991 年 5 月—1993 年 5 月）
李振彪（1992 年 6 月—1992 年 12 月）

（四）第四届人民代表大会

北狗台乡第四届人民代表大会任期 3 年，自 1993 年 5 月至 1996 年 1 月。

1. 人民代表大会

第一次会议　1993 年 5 月 8 日召开，出席代表 31 名（应到 47 名）。会议听取和审议《北狗台乡人民政府工作报告》《北狗台乡第四届人民代表大会代表资格审查报告》《北狗台乡第四届人民代表大会筹备工作情况的报告》《关于北狗台乡 1992 年预算执行情况和 1993 年预算报告》《关于北狗台乡人大主席团工作报告》，并形成相关决议。会议选举产生主席 1

名，乡长 1 名，副乡长 3 名。

第二次会议 1994 年 9 月召开，出席代表 32 名（应到 47 名）。会议选举产生副乡长 1 名。

2. 会议选举

人大组成成员

主　席：梁祖贝（1993 年 5 月—1996 年 1 月）

乡政府组成成员

乡　长：李保柱（1993 年 5 月—1996 年 1 月）

副乡长：吕秀林（1993 年 5 月—1996 年 1 月）

　　　　雷振梅（1993 年 5 月—1996 年 1 月）

　　　　周俊平（1993 年 5 月—1996 年 1 月）

　　　　马地震（1994 年 9 月—1995 年 4 月）

第二节　并乡扩镇后人民代表大会

自 1996 年 1 月至 2023 年年底，灵寿县并乡扩镇后，狗台乡共召开七届人民代表大会（第五届至第十一届）。

（一）第五届人民代表大会

狗台乡第五届人民代表大会任期 3 年，自 1996 年 5 月至 1999 年 3 月。

1. 乡镇人民代表大会

第一次会议 1996 年 5 月 13 日召开，出席代表 65 名（应到 65 名）。会议听取和审议《狗台乡人民政府工作报告》《狗台乡第五届人民代表大会代表资格审查报告》《狗台乡五届人民代表大会筹备工作情况的报告》《关于狗台乡 1995 年预算执行情况和 1996 年预算报告》《关于狗台乡人大主席团工作报告》，并形成相关决议。会议选举产生主席 1 名，副主席 2 名，乡长 1 名，副乡长 3 名。

第二次会议 1998 年 3 月召开，出席代表 46 名（应到 65 名）。会议选举产生乡长 1 名。

第三次会议 1998 年 5 月召开，出席代表 46 名（应到 65 名）。会议选举产生主席 1 名，副主席 2 名，副乡长 3 名。

2. 会议选举

乡人大组成成员

主　席：梁祖贝（1996 年 5 月—1998 年 3 月）

　　　　赵书梅（1998 年 5 月—1999 年 2 月）

副主席：牛喜福（1996 年 5 月—1998 年 3 月）

　　　　吕秀林（1996 年 5 月—1998 年 3 月）

王世忠（1998年5月—1999年3月）

李书军（1998年5月—1999年3月）

乡政府组成成员

乡　长：孙磊海（1996年5月—1997年1月）

刘林海（1998年3月—1999年3月）

副乡长：周俊平（1996年5月—1998年5月）

尚增锁（1996年5月—1998年5月）

王世忠（1996年5月—1998年5月）

袁军国（1998年5月—1999年3月）

魏海青（1998年5月—1999年3月）

王翠竹（1998年5月—1999年3月）

（二）第六届人民代表大会

狗台乡第六届人民代表大会任期3年，自1999年3月至2002年6月。

1. 乡镇人民代表大会

第一次会议　1999年3月12日召开，出席代表54名（应到54名）。会议听取和审议《狗台乡人民政府工作报告》《狗台乡第六届人民代表大会代表资格审查报告》《狗台乡第六届人民代表大会筹备工作情况的报告》《关于狗台乡1997年预算执行情况和1998年预算报告》《关于狗台乡人大主席团工作报告》，并形成相关决议。会议选举产生副主席2名，乡长1名，副乡长3名。

第二次会议　1999年10月召开，出席代表50名（应到54名）。会议选举产生主席1名。

2. 会议选举

人大组成成员

主　席：牛青春（1999年10月—2002年6月）

副主席：王世忠（1999年3月—2002年6月）

李书军（1999年3月—2002年6月）

乡政府组成成员

乡　长：付建敏（1999年3月—2002年5月）

副乡长：袁军国（1999年3月—2002年6月）

魏海青（1999年3月—2002年6月）

王翠竹（1999年3月—2002年6月）

（三）第七届人民代表大会

狗台乡第七届人民代表大会任期5年，自2002年6月至2007年3月。

1. 乡镇人民代表大会

第一次会议　2002年6月6日召开，出席代表57名（应到57名）。会议听取和审议

《狗台乡人民政府工作报告》《狗台乡第七届人民代表大会代表资格审查报告》《狗台乡第七届人民代表大会筹备工作情况的报告》《关于狗台乡 2001 年预算执行情况和 2002 年预算报告》《关于狗台乡人大主席团工作报告》，并形成相关决议。会议选举产生主席 1 名，副主席 1 名，乡长 1 名，副乡长 1 名。

第二次会议 2002 年 7 月召开，出席代表 50 名（应到 57 名）。会议选举产生副乡长 1 名。

第三次会议 2002 年 11 月召开，出席代表 47 名（应到 57 名）。会议选举产生副乡长 1 名。

第四次会议 2003 年 4 月召开，出席代表 51 名（应到 57 名）。会议选举产生乡长 1 名。

第五次会议 2004 年 6 月召开，出席代表 48 名（应到 57 名）。会议选举产生副乡长 1 名。

第六次会议 2005 年 5 月召开，出席代表 47 名（应到 57 名）。会议选举产生乡长 1 名。

第七次会议 2006 年 4 月召开，出席代表 50 名（应到 57 名）。会议选举产生副乡长 1 名。

2. 会议选举

人大组成成员

主　席：祁昌军（2002 年 6 月—2006 年 6 月）

副主席：王翠竹（2002 年 6 月—2006 年 6 月）

乡政府组成成员

乡　长：杜书云（2002 年 6 月—2005 年 5 月）

　　　　苏　智（2005 年 5 月—2007 年 3 月）

副乡长：安拴菊（2002 年 6 月—2002 年 11 月）

　　　　胡国芳（2002 年 7 月—2004 年 8 月）

　　　　刘永勤（2002 年 11 月—2006 年 6 月）

　　　　张文英（2004 年 6 月—2007 年 3 月）

　　　　何国平（2006 年 4 月—2006 年 6 月）

（四）第八届人民代表大会

狗台乡第八届人民代表大会任期 5 年，自 2007 年 3 月至 2012 年 2 月。

1. 乡镇人民代表大会

第一次会议 2007 年 3 月 11 日召开，出席代表 57 名（应到 57 名）。会议听取和审议《狗台乡人民政府工作报告》《狗台乡第八届人民代表大会代表资格审查报告》《狗台乡第八届人民代表大会筹备工作情况的报告》《关于狗台乡 2006 年预算执行情况和 2007 年预算报告》《关于狗台乡人大主席团工作报告》，并形成相关决议。会议选举产生主席 1 名，副主席

1 名，乡长 1 名，副乡长 1 名。

第二次会议　2007 年 8 月召开，出席代表 44 名（应到 57 名）。会议选举产生主席 1 名，乡长 1 名。

第三次会议　2009 年 5 月召开，出席代表 41 名（应到 57 名）。会议选举产生主席 1 名，副主席 1 名，副乡长 1 名。

第四次会议　2010 年 12 月召开，出席代表 45 名（应到 57 名）。会议选举产生副乡长 1 名。

第五次会议　2011 年 3 月召开，出席代表 46 名（应到 57 名）。会议选举产生主席 1 名，副主席 1 名。

2. 会议选举

乡人大组成成员

主　席：白庆芳（2007 年 3 月—2007 年 8 月）
孟素英（2007 年 8 月—2009 年 5 月）
樊秉志（2009 年 5 月—2011 年 3 月）
张文英（2011 年 3 月—2012 年 2 月）

副主席：李延寿（2007 年 3 月—2009 年 5 月）
程伟军（2009 年 5 月—2011 年 3 月）
马　珊（2011 年 3 月—2012 年 2 月）

乡政府组成成员

乡　长：苏　智（2007 年 3 月—2007 年 8 月）
白庆芳（2007 年 8 月—2012 年 2 月）

副乡长：张文英（2007 年 3 月—2009 年 5 月）
李延寿（2009 年 5 月—2012 年 2 月）
孙喜双（2010 年 12 月—2012 年 2 月）

（五）第九届人民代表大会

狗台乡第九届人民代表大会任期 5 年，自 2012 年 2 月至 2017 年 1 月。

1. 乡镇人民代表大会

第一次会议　2012 年 2 月 15 日召开，出席代表 41 名（应到 52 名），会议听取和审议《狗台乡人民政府工作报告》《狗台乡第九届人民代表大会代表资格审查报告》《狗台乡第九届人民代表大会筹备工作情况的报告》《关于狗台乡 2011 年预算执行情况和 2012 年预算报告》《关于狗台乡人大主席团工作报告》，并形成相关决议。会议选举产生主席 1 名，副主席 1 名，乡长 1 名，副乡长 2 名。

第二次会议　2013 年 9 月召开，出席代表 37 名（应到 52 名）。会议选举产生乡长 1 名。

第三次会议　2014 年 1 月召开，出席代表 36 名（应到 52 名）。会议选举产生主席

1 名。

第四次会议 2015 年 4 月召开，出席代表 39 名（应到 52 名）。会议选举产生副乡长 2 名。

2. 会议选举

乡人大组成成员

主　席：张文英（2012 年 2 月—2013 年 9 月）

　　　　罗国良（2014 年 1 月—2017 年 1 月）

副主席：马　珊（2012 年 2 月—2017 年 1 月）

乡政府组成成员

乡　长：白庆芳（2012 年 2 月—2012 年 7 月）

　　　　张文英（2013 年 9 月—2017 年 1 月）

副乡长：孙喜双（2012 年 2 月—2015 年 4 月）

　　　　李延寿（2012 年 2 月—2015 年 4 月）

　　　　吕玉峰（2015 年 4 月—2017 年 1 月）

　　　　苏　敏（2015 年 4 月—2017 年 1 月）

（六）第十届人民代表大会

狗台乡第十届人民代表大会自 2017 年 3 月至 2021 年 5 月，因提前换届，任期未满 5 年。

1. 乡镇人民代表大会

第一次会议 2017 年 3 月 18 日召开，共出席代表 42 名（应到 48 名）。会议听取和审议《狗台乡人民政府工作报告》《狗台乡第十届人民代表大会代表资格审查报告》《狗台乡第十届人民代表大会筹备工作情况的报告》《关于狗台乡 2016 年预算执行情况和 2017 年预算报告》《关于狗台乡人大主席团工作报告》，并形成相关决议。会议选举产生主席 1 名，副主席 1 名，乡长 1 名，副乡长 2 名。

第二次会议 2019 年 1 月召开，出席代表 40 名（应到 48 名）。会议选举产生乡长 1 名。

第三次会议 2019 年 8 月召开，出席代表 37 名（应到 48 名）。会议选举产生副乡长 1 名。

第四次会议 2020 年 6 月召开，出席代表 39 名（应到 48 名）。会议选举产生主席 1 名。

第五次会议 2021 年 1 月召开，出席代表 41 名（应到 48 名）。会议选举产生主席 1 名。

2. 会议选举

乡人大组成成员

主　席：王吉光（2017 年 3 月—2020 年 1 月）

　　　　张二利（2020 年 6 月—2020 年 12 月）

曹国辉（2021 年 1 月—2021 年 6 月）

副主席：左彦朝（2017 年 3 月—2021 年 6 月）

乡政府组成成员

乡　长：张文英（2017 年 3 月—2019 年 1 月）

张增斌（2019 年 1 月—2021 年 5 月）

副乡长：苏　敏（2017 年 3 月—2018 年 3 月）

付　鹏（2017 年 3 月—2021 年 5 月）

王旭冉（2019 年 8 月—2021 年 5 月）

（七）第十一届人民代表大会

狗台乡第十一届人民代表大会自 2021 年 6 月至 2023 年 12 月（未届满）。

1. 乡镇人民代表大会

第一次会议　2021 年 6 月 8 日召开，共出席代表 57 名（应到 61 名）。会议听取和审议《狗台乡人民政府工作报告》《狗台乡第十一届人民代表大会代表资格审查报告》《狗台乡第十一届人民代表大会筹备工作情况的报告》《关于狗台乡 2020 年预算执行情况和 2021 年预算报告》《关于狗台乡人大主席团工作报告》，并形成相关决议。会议选举产生主席 1 名，副主席 2 名，乡长 1 名，副乡长 3 名。

第二次会议　2022 年 9 月召开，出席代表 52 名（应到 61 名）。会议选举产生主席 1 名。

第三次会议　2022 年 10 月召开，出席代表 50 名（应到 61 名）。会议选举产生副乡长 1 名。

第四次会议　2022 年 11 月召开，出席代表 51 名（应到 61 名）。会议选举产生副主席 2 名。

第五次会议　2023 年 4 月召开，出席代表 49 名（应到 61 名）。会议选举产生副乡长 1 名。

2. 会议选举

人大组成成员

主　席：曹国辉（2021 年 6 月—2022 年 4 月）

马　然（2022 年 9 月—2023 年 12 月）

副主席：王勇清（2021 年 6 月—2022 年 11 月）

杨　柳（2021 年 6 月—2022 年 9 月）

刘春燕（2022 年 11 月—2023 年 12 月）

田哲明（2022 年 11 月—2023 年 12 月）

乡政府组成成员

乡　长：王新全（2021 年 6 月—2023 年 12 月）

副乡长：刘海峰（2021 年 6 月—2022 年 9 月）

高志强（2021 年 6 月—2023 年 3 月）
周丽敏（2021 年 6 月—2023 年 12 月）
白东海（2022 年 10 月—2023 年 12 月）
刘　伟（2023 年 4 月—2023 年 12 月）

第七章　青同镇

青同镇位于河北省灵寿县城北部，距县城10千米，属于丘陵乡镇。全镇面积56.39平方千米，辖19个行政村，总人口2.3万人，镇政府驻南青同村。

1953年设乡。1958年并入正定县。1961年5月改为南青同人民公社。1984年1月全县恢复乡镇体制，改为南青同乡。1992年6月撤销南青同乡改为南青同镇。1996年1月，灵寿县并乡扩镇，原护驾疃乡并入南青同镇。

从1984年4月召开第一届人民代表大会至今，青同镇共召开11届人民代表大会（其中并乡扩镇前召开4届，并镇后召开7届）；原护驾疃乡在被撤之前共召开4届人民代表大会。

第一节　并乡扩镇前人民代表大会

一、护驾疃乡人民代表大会

1984年4月至1996年1月并乡扩镇，护驾疃乡共召开4届人民代表大会。

（一）第一届人民代表大会

护驾疃乡第一届人民代表大会任期3年，自1984年4月至1987年4月。

1. 人民代表大会

第一次会议　1984年4月17日召开，出席代表68名（应到85名）。会议听取和审议《护驾疃乡人民政府工作报告》《护驾疃乡第一届人民代表大会代表资格审查报告》《护驾疃乡第一届人民代表大会筹备工作情况的报告》，并形成相关决议。会议选举产生乡长1名，副乡长2名。

第二次会议　1985年5月召开，出席代表67名（应到85名）。会议听取和审议《护驾疃乡人民政府工作报告》《关于护驾疃乡1984年预算执行情况和1985年预算报告》，并形成相关决议。会议选举产生副乡长1名。

2. 会议选举

乡政府组成成员

乡　长：李三牛（1984年4月—1987年4月）

副乡长：马正祥（1984年4月—1985年5月）

刘宏彬（1984 年 4 月—1984 年 4 月）

刘勤位（1985 年 5 月—1987 年 4 月）

（二）第二届人民代表大会

护驾疃乡第二届人民代表大会任期 3 年，自 1987 年 4 月至 1990 年 4 月。

1. 人民代表大会

第一次会议 1987 年 4 月 16 日召开，出席代表 33 名（应到 37 名）。会议听取和审议《护驾疃乡人民政府工作报告》《护驾疃乡第二届人民代表大会代表资格审查报告》《护驾疃乡第二届人民代表大会筹备工作情况的报告》《关于护驾疃乡 1986 年预算执行情况和 1987 年预算报告》，并形成相关决议。会议选举产生乡长 1 名，副乡长 2 名。

第二次会议 1989 年 8 月召开，出席代表 32 名（应到 37 名）。会议选举产生乡长 1 名，副乡长 2 名。

2. 会议选举

乡政府组成成员

乡　长：刘书芹（1987 年 4 月—1989 年 5 月）

李树林（1989 年 8 月—1990 年 3 月）

副乡长：孙焕国（1987 年 4 月—1989 年 5 月）

罗和祥（1987 年 4 月—1989 年 10 月）

董清亮（1989 年 8 月—1990 年 3 月）

赵平均（1989 年 8 月—1990 年 3 月）

（三）第三届人民代表大会

护驾疃乡第三届人民代表大会任期 3 年，自 1990 年 4 月至 1993 年 5 月。

1. 人民代表大会

第一次会议 1990 年 4 月召开，出席代表 48 名（应到 50 名）。会议听取和审议《护驾疃乡人民政府工作报告》《护驾疃乡第三届人民代表大会代表资格审查报告》《护驾疃乡第三届人民代表大会筹备工作情况的报告》《关于护驾疃乡 1989 年预算执行情况和 1990 年预算报告》，并形成相关决议。会议选举产生主席 1 名，乡长 1 名，副乡长 3 名。

第二次会议 1991 年 7 月召开，出席代表 50 名（应到 50 名）。会议听取和审议《护驾疃乡人民政府工作报告》《关于护驾疃乡 1990 年预算执行情况和 1991 年预算报告》，并形成相关决议。会议选举产生乡长 1 名。

第三次会议 1992 年 7 月召开，出席代表 50 名（应到 50 名）。会议听取和审议《护驾疃乡人民政府工作报告》，并形成相关决议。

2. 会议选举

人大组成成员

人大主席：曹位芳（1990 年 4 月—1993 年 5 月）

乡政府组成成员

乡　长：李树林（1990 年 4 月—1991 年 7 月）

　　　　尚景会（1991 年 7 月—1993 年 5 月）

副乡长：董清亮（1990 年 4 月—1993 年 5 月）

　　　　赵平均（1990 年 4 月—1993 年 5 月）

　　　　王国中（1990 年 4 月—1993 年 5 月）

（四）第四届人民代表大会

护驾疃乡第四届人民代表大会任期 3 年，自 1993 年 5 月至 1996 年 1 月。

1. 人民代表大会

第一次会议　1993 年 5 月召开，出席代表 52 名（应到 56 名）。会议听取和审议《护驾疃乡人民政府工作报告》《护驾疃乡第四届人民代表大会选举办法》《关于护驾疃乡 1992 年预算执行情况和 1993 年预算报告》《护驾疃乡人大主席团工作报告》，并形成相关决议。会议选举产生主席 1 名，乡长 1 名，副乡长 2 名。

第二次会议　1994 年 3 月召开，出席代表 52 名（应到 50 名）。会议听取和审议《护驾疃乡人民政府工作报告》《关于护驾疃乡 1993 年预算执行情况和 1994 年预算报告》，并形成相关决议。会议选举产生乡长 1 名，副乡长 2 名。

2. 会议选举

人大组成成员

人大主席：曹位芳（1993 年 5 月—1996 年 1 月）

乡政府组成成员

乡　长：尚景会（1993 年 5 月—1994 年 3 月）

　　　　孙振山（1994 年 3 月—1996 年 1 月）

副乡长：董清亮（1993 年 5 月—1994 年 3 月）

　　　　赵平均（1993 年 5 月—1994 年 3 月）

　　　　李振彪（1994 年 3 月—1996 年 1 月）

　　　　左元军（1994 年 3 月—1996 年 1 月）

二、南青同乡人民代表大会

1984 年 4 月至 1996 年 1 月并乡扩镇前，南青同乡（1992 年改乡为镇）共召开 4 届人民代表大会。

（一）第一届人民代表大会

青同乡第一届人民代表大会任期 3 年，自 1984 年 4 月至 1987 年 4 月。

1. 人民代表大会

第一次会议　1984 年 4 月 18 日召开，出席代表 66 名（应到 76 名）。会议听取和审议《南青同乡人民政府工作报告》《南青同乡第一届人民代表大会代表资格审查报告》《南青同乡第一届人民代表大会筹备工作情况的报告》《关于南青同乡1983年预算执行情况和1984年预算报告》，并形成相关决议。会议选举产生了乡长1名，副乡长2名。

第二次会议 1985年5月召开，出席代表52名（应到76名）。会议听取和审议《南青同乡人民政府工作报告》《关于南青同乡1984年预算执行情况和1985年预算报告》，并形成相关决议。会议选举产生副乡长1名。

2. 会议选举

乡政府组成成员

乡 长：李志芹（1984年4月—1987年4月）

副乡长：柳良贵（1984年4月—1986年5月）

罗玉川（1984年4月—1985年5月）

王新生（1985年5月—1987年4月）

（二）第二届人民代表大会

南青同乡第二届人民代表大会任期3年，自1987年4月至1990年4月。

1. 人民代表大会

第一次会议 1987年4月15日召开，出席代表34名（应到37名）。会议听取和审议《南青同乡人民政府工作报告》《南青同乡第二届人民代表大会代表资格审查报告》《南青同乡第二届人民代表大会筹备工作情况的报告》《南青同乡人大主席团工作报告》，并形成相关决议。大会选举产生乡长1名，副乡长1名。

第二次会议 1988年5月召开，出席代表37人（应到37名）。会议听取和审议《南青同乡人民政府工作报告》《关于南青同乡1987年预算执行情况和1988年预算报告》，并形成相关决议。会议选举产生乡长1名。

第三次会议 1989年8月召开，出席代表37名（应到37名）。会议选举产生乡长1名，副乡长3名。

2. 会议选举

乡政府组成成员

乡 长：李志芹（1987年4月—1988年5月）

赵荣志（1988年5月—1989年8月）

张同贵（1989年8月—1990年4月）

副乡长：王山花（1987年4月—1989年8月）

王新生（1989年8月—1990年4月）

罗和祥（1989年8月—1990年4月）

张志信（1989年8月—1990年4月）

（三）第三届人民代表大会

南青同乡第三届人民代表大会任期3年，自1990年4月至1993年5月。

1. 人民代表大会

第一次会议　1990年4月召开，出席代表43名（应到52名）。会议听取和审议《南青同乡人民政府工作报告》《南青同乡第三届人民代表大会代表资格审查报告》《南青同乡第三届人民代表大会筹备工作情况的报告》《关于南青同乡1989年预算执行情况和1990年预算报告》，并形成相关决议。会议选举产生主席1名，乡长1名，副乡长3名。

第二次会议　1991年4月召开，出席代表43名（应到52名）。会议听取和审议《南青同乡人民政府工作报告》《关于南青同乡1990年预算执行情况和1991年预算报告》，并形成相关决议。会议选举产生乡长1名。

第三次会议　1991年10月召开，出席代表43名（应到52名）。会议选举产生乡长1名，副乡长1名。

第四次会议　1992年6月召开，出席代表43名（应到52名）。会议选举产生主席1名，镇长1名，副镇长3名。

2. 会议选举

人大组成成员

人大主席：马志云（1990年4月—1991年5月）
　　　　　胡书才（1992年6月—1993年5月）

乡政府组成成员

乡　　长：张同贵（1990年4月—1991年4月）
　　　　　杨银贵（1991年4月—1991年10月）
　　　　　王新生（1991年10月—1992年6月）
副 乡 长：王新生（1990年4月—1991年10月）
　　　　　罗和祥（1990年4月—1992年6月）
　　　　　张志信（1990年4月—1992年4月）
　　　　　马明云（1991年10月—1992年6月）
镇　　长：王新生（1992年6月—1993年5月）
副 镇 长：罗和祥（1992年6月—1993年5月）
　　　　　马明云（1992年6月—1993年5月）
　　　　　董双庆（1992年6月—1993年5月）

（四）第四届人民代表大会

南青同镇第四届人民代表大会任期3年，自1993年5月至1996年1月。

1. 人民代表大会

第一次会议　1993年5月召开，出席代表53名（应到56名）。会议听取和审议《南青同镇人民政府工作报告》《南青同镇第四届人民代表大会代表资格审查报告》《南青同镇第四届人民代表大会筹备工作情况的报告》《关于南青同镇1992年预算执行情况和1993年预算报告》《关于南青同镇人大主席团工作报告》，并形成相关决议。会议选举产生人大主席1名，镇长1名，副镇长3名。

第二次会议 1994 年 5 月召开，出席代表 53 名（应到 56 名）。会议听取和审议《南青同镇人民政府工作报告》《关于南青同镇 1993 年预算执行情况和 1994 年预算报告》，并形成相关决议。会议选举产生镇长 1 名，副镇长 1 名。

第三次会议 1995 年 4 月召开，出席代表 53 名（应到 56 名）。会议听取和审议《南青同镇人民政府工作报告》《关于南青同镇 1994 年预算执行情况和 1995 年预算报告》，并形成相关决议。会议选举产生副镇长 2 名。

2. 会议选举

人大组成成员

人大主席：胡书才（1993 年 5 月—1996 年 1 月）

镇政府组成成员

镇　长：王新生（1993 年 5 月—1994 年 5 月）
　　　　王二气（1994 年 5 月—1996 年 1 月）

副镇长：罗和祥（1993 年 5 月—1995 年 4 月）
　　　　张志信（1993 年 5 月—1994 年 6 月）
　　　　董双庆（1993 年 5 月—1996 年 1 月）
　　　　马明云（1994 年 5 月—1995 年 4 月）
　　　　张增珍（1995 年 4 月—1996 年 1 月）
　　　　祁登林（1995 年 4 月—1996 年 1 月）

第二节　并乡扩镇后人民代表大会

1996 年 1 月，灵寿县并乡扩镇，护驾疃乡并入南青同镇，变为青同镇。青同镇辖 19 个行政村。自 1996 年 5 月至 2023 年年底，青同镇共召开 7 届人民代表大会（第五届至第十一届）。

（一）第五届人民代表大会

青同镇第五届人民代表大会任期 3 年，自 1996 年 5 月至 1999 年 3 月。

1. 人民代表大会

第一次会议 1996 年 5 月召开，出席代表 73 名（应到 79 名）。会议听取和审议《青同镇人民政府工作报告》《青同镇第五届人民代表大会代表资格审查报告》《青同镇第五届人民代表大会筹备工作情况的报告》《关于青同镇 1995 年预算执行情况和 1996 年预算报告》《关于青同镇人大主席团工作报告》，并形成相关决议。会议选举产生主席 1 名，镇长 1 名，副镇长 3 名。

第二次会议 1997 年 3 月召开，出席代表 73 名（应到 79 名）。会议听取和审议了《青同镇人民政府工作报告》《关于青同镇 1996 年预算执行情况和 1997 年预算报告》，并形成相关决议。会议选举产生镇长 1 名。

第三次会议　1998年3月召开，出席代表70名（应到79名）。会议选举产生副镇长2名。

2. 会议选举

人大组成成员

主　席：曹位芳（1996年5月—1999年3月）

镇政府组成成员

镇　长：刘春合（1996年5月—1997年2月）

　　　　张新芳（1997年3月—1999年3月）

副镇长：张增珍（1996年5月—1998年3月）

　　　　祁登林（1996年5月—1998年3月）

　　　　左元军（1996年5月—1998年3月）

　　　　宋瑞峰（1998年3月—1999年3月）

　　　　何国平（1998年3月—1999年3月）

（二）第六届人民代表大会

青同镇第六届人民代表大会任期3年，自1999年3月至2002年6月。

1. 人民代表大会

第一次会议　1999年3月召开，出席代表58名（应到63名）。会议听取和审议《青同镇人民政府工作报告》《青同镇第六届人民代表大会代表资格审查报告》《青同镇第六届人民代表大会筹备工作情况的报告》《关于青同镇1998年预算执行情况和1999年预算报告》《关于青同镇人大主席团工作报告》，并形成相关决议。会议选举产生主席1名，镇长1名，副镇长3名。

第二次会议　2001年3月召开，出席代表58名（应到63名）。会议听取和审议《青同镇人民政府工作报告》《关于青同镇2000年预算执行情况和2001年预算报告》，并形成相关决议。会议选举产生镇长1名。

2. 会议选举

人大组成成员

主　席：祁昌军（1999年3月—2002年6月）

镇政府组成人员

镇　长：高国英（1999年3月—2001年3月）

　　　　马地震（2001年3月—2002年4月）

副镇长：宋瑞峰（1999年3月—2002年6月）

　　　　梁春生（1999年3月—2002年6月）

　　　　何国平（1999年3月—2002年6月）

（三）第七届人民代表大会

青同镇第七届人民代表大会任期5年，自2002年6月至2007年3月。

1. 人民代表大会

第一次会议 2002年6月召开，出席代表56名（应到63名）。会议听取和审议《青同镇人民政府工作报告》《青同镇第七届人民代表大会代表资格审查报告》《青同镇第七届人民代表大会筹备工作情况的报告》《关于青同镇2001年预算执行情况和2002年预算报告》《关于青同镇人大主席团工作报告》，并形成相关决议。会议选举产生主席1名，镇长1名，副镇长3名。

第二次会议 2002年11月召开，出席代表56名（应到63名）。会议选举产生副镇长1名。

第三次会议 2004年6月召开，出席代表58名（应到63名）。会议选举产生副镇长1名。

第四次会议 2005年5月召开，出席代表56名（应到63名）。会议选举产生镇长1名。

第五次会议 2006年4月召开，出席代表55名（应到63名）。会议选举产生副镇长1名。

2. 会议选举

人大组成成员

主　席：张增珍（2002年6月—2007年3月）

镇政府组成人员

镇　长：刘英江（2002年6月—2005年5月）
　　　　韩业丰（2005年5月—2007年3月）

副镇长：罗文全（2002年6月—2004年6月）
　　　　尹国亮（2002年6月—2002年11月）
　　　　彭玉筱（2002年6月—2003年4月）
　　　　杨　彬（2002年11月—2007年3月）
　　　　孟三合（2004年6月—2007年3月）
　　　　石中秋（2006年4月—2006年6月）

（四）第八届人民代表大会

青同镇第八届人民代表大会任期5年，自2007年3月至2012年2月。

1. 人民代表大会

第一次会议 2007年3月召开，出席代表56名（应到60名）。会议听取和审议《青同镇人民政府工作报告》《青同镇人大主席团工作报告》《青同镇2006年预算执行情况和2007年预算报告》，并形成相关决议。会议选举产生主席1名，副主席1名，镇长1名，副镇长2名。

第二次会议 2007年9月召开，出席代表56名（应到60名）。会议选举产生镇长1名。

第三次会议　2009年3月召开，出席代表56名（应到60名）。会议听取和审议《青同镇人民政府工作报告》《青同镇人大主席团工作报告》《青同镇2008年预算执行情况和2009年预算报告》，并形成相关决议。会议选举产生主席1名。

第四次会议　2009年5月召开，出席代表56名（应到60名）。会议选举产生副镇长1名。

第五次会议　2011年3月召开，出席代表56名（应到60名）。会议听取和审议《青同镇人民政府工作报告》《青同镇人大主席团工作报告》《青同镇2010年预算执行情况和2011年预算报告》，并形成相关决议。会议选举产生主席1名，副主席1名，副镇长1名。

2. 会议选举

人大组成成员

主　席：张增珍（2007年3月—2009年3月）
　　　　石中秋（2009年3月—2011年3月）
　　　　丁红海（2011年3月—2012年2月）
副主席：尹文红（2007年3月—2009年5月）
　　　　吕喜英（2011年3月—2012年2月）

镇政府组成成员

镇　长：韩业丰（2007年3月—2007年8月）
　　　　张金龙（2007年9月—2012年2月）
副镇长：杨　彬（2007年3月—2009年5月）
　　　　孟三合（2007年3月—2011年3月）
　　　　尹文红（2009年5月—2012年2月）
　　　　康志辉（2011年3月—2012年2月）

（五）第九届人民代表大会

青同镇第九届人民代表大会任期5年，自2012年2月至2017年3月。

1. 人民代表大会

第一次会议　2012年2月召开，出席代表53名（应到56名）。会议听取和审议《青同镇人民政府工作报告》《关于青同镇2011年预算执行情况和2012年预算报告》《关于青同镇人大主席团工作报告》，并形成相关决议。会议选举产生主席1名，副主席1名，镇长1名，副镇长2名。

第二次会议　2012年8月召开，出席代表51名（应到56名）。会议选举产生镇长1名。

第三次会议　2015年4月召开。出席代表41名（应到56名）。会议听取和审议《青同镇人民政府工作报告》《关于青同镇2014年预算执行情况和2015年预算报告》，并形成相关决议。会议选举产生副镇长2名。

2. 会议选举

人大组成成员

主　席：丁红海（2012 年 2 月—2017 年 3 月）

副主席：吕喜英（2012 年 2 月—2017 年 3 月）

镇政府组成成员

镇　长：张金龙（2012 年 2 月—2012 年 8 月）

　　　　吴　用（2012 年 8 月—2017 年 1 月）

副镇长：尹文红（2012 年 2 月—2015 年 4 月）

　　　　康志辉（2012 年 2 月—2015 年 4 月）

　　　　崔　健（2015 年 4 月—2017 年 3 月）

　　　　董凌志（2015 年 4 月—2017 年 3 月）

（六）第十届人民代表大会

青同镇第十届人民代表大会自 2017 年 3 月至 2021 年 6 月，因提前换届，任期未满 5 年。

1. 人民代表大会

第一次会议　2017 年 3 月召开，出席代表 51 名（应到 53 名）。会议听取和审议《青同镇人民政府工作报告》《关于青同镇 2016 年预算执行情况和 2017 年预算报告》《关于青同镇人大主席团工作报告》，并形成相关决议。会议选举产生主席 1 名，副主席 1 名，镇长 1 名，副镇长 2 名。

第二次会议　2019 年 9 月召开，出席代表 49 名（应到 53 名）。会议选举产生副主席 1 名，副镇长 2 名。

第三次会议　2020 年 12 月召开，出席代表 51 名（应到 53 名）。会议选举产生主席 1 名，镇长 1 名，副镇长 2 名。

第四次会议　2021 年 5 月召开，出席代表 51 名（应到 53 名）。会议选举产生副主席 1 名，副镇长 1 名。

2. 会议选举

人大组成成员

主　席：房懿煊（2017 年 3 月—2020 年 8 月）

　　　　靳　莉（2020 年 2 月—2021 年 6 月）

副主席：马　珊（2017 年 3 月—2019 年 4 月）

　　　　周伍科（2019 年 9 月—2021 年 6 月）

　　　　范彦会（2021 年 5 月—2021 年 6 月）

镇政府组成成员

镇　长：尹国勇（2017 年 3 月—2020 年 12 月）

　　　　李　伟（2020 年 12 月—2021 年 6 月）

副镇长：崔　建（2017 年 3 月—2019 年 4 月）

靳　莉（2017 年 3 月—2019 年 4 月）

马　珊（2019 年 9 月—2021 年 6 月）

邢新移（2019 年 9 月—2021 年 6 月）

崔志勇（2020 年 12 月—2021 年 6 月）

顾云雷（2020 年 12 月—2021 年 6 月）

邢泽惠（2021 年 5 月—2021 年 6 月）

（七）第十一届人民代表大会

青同镇第十一届人民代表大会自 2021 年 6 月至 2023 年 12 月（未届满）。

1. 人民代表大会

第一次会议　2021 年 6 月召开，出席代表 53 名（应到 53 名）。会议听取和审议《青同镇人民政府工作报告》《关于青同镇 2020 年预算执行情况和 2021 年预算报告》《关于青同镇人大主席团工作报告》，并形成相关决议。会议选举产生主席 1 名，副主席 2 名，镇长 1 名，副镇长 2 名。

第二次会议　2022 年 11 月召开，出席代表 51 名（应到 53 名）。会议选举产生主席 1 名，副主席 2 名，副镇长 2 名。

第三次会议　2023 年 8 月召开，出席代表 53 名（应到 53 名）。会议选举产生镇长 1 名。

2. 会议选举

人大组成成员

主　席：靳　莉（2021 年 6 月—2022 年 11 月）

祁　鹏（2022 年 11 月—2023 年 12 月）

副主席：周伍科（2021 年 6 月—2022 年 11 月）

范彦会（2021 年 6 月—2022 年 11 月）

张晨阳（2022 年 11 月—2023 年 12 月）

王勇清（2022 年 11 月—2023 年 12 月）

镇政府组成人员

镇　长：李　伟（2021 年 6 月—2023 年 8 月）

李　强（2023 年 8 月—2023 年 12 月）

副镇长：邢泽惠（2021 年 6 月—2022 年 8 月）

顾云雷（2021 年 6 月—2023 年 12 月）

雷　蕾（2022 年 10 月—2023 年 12 月）

刘新阳（2022 年 10 月—2023 年 12 月）

第八章　塔上镇

塔上镇位于河北省灵寿县西北部，距县城 18 千米，属于丘陵乡镇。全镇面积 43 平方千米，辖 18 个行政村，总人口 1.2 万人，镇政府驻塔上村。

1953 年置乡。1961 年 5 月改为塔上人民公社。1984 年 1 月全县恢复乡镇体制，改为塔上乡。1992 年 6 月撤销塔上乡改为塔上镇。1996 年 1 月，灵寿县并乡扩镇，原中营村乡并入塔上镇。

从 1984 年 4 月召开第一届人民代表大会至今，塔上镇共召开 11 届人民代表大会（其中并乡扩镇前原塔上乡 4 届，并镇后 7 届）。

第一节　并乡扩镇前人民代表大会

一、中营村乡人民代表大会

1984 年 4 月至 1996 年 1 月并乡扩镇前，中营村乡共召开 4 届人民代表大会。

（一）第一届人民代表大会

中营村乡第一届人民代表大会任期 3 年，自 1984 年 4 月至 1987 年 4 月。

1. 人民代表大会

第一次会议　1984 年 4 月 14 日召开，出席代表 38 名（应到 41 名）。会议听取和审议《中营村乡人民政府工作报告》《中营村乡第一届人民代表大会代表资格审查报告》《中营村乡第一届人民代表大会筹备工作情况的报告》《关于中营村乡 1983 年预算执行情况和 1984 年预算报告》，并形成相关决议。会议选举产生乡长 1 名，副乡长 2 名。

第二次会议　1985 年 8 月召开，出席代表 36 名（应到 41 名）。会议听取和审议《中营村乡人民政府工作报告》《关于中营村乡 1984 年预算执行情况和 1985 年预算报告》，并形成相关决议。会议选举产生副乡长 1 名。

第三次会议　1986 年 3 月召开，出席代表 36 名（应到 41 名）。会议听取和审议《中营村乡人民政府工作报告》《关于中营村乡 1985 年预算执行情况和 1986 年预算报告》，并形成相关决议。

第四次会议　1986 年 11 月召开，出席代表 37 名（应到 41 名）。会议听取和审议《中营村乡人民政府工作报告》，并形成相关决议。会议选举产生乡长 1 名。

2. 会议选举

乡政府组成成员

乡　长：张同贵（1984 年 4 月—1986 年 11 月）

　　　　杨二明（1986 年 11 月—1987 年 4 月）

副乡长：张志信（1984 年 4 月—1987 年 4 月）

　　　　张良平（1984 年 4 月—1987 年 4 月）

　　　　王双凤（1985 年 8 月—1987 年 4 月）

（二）第二届人民代表大会

中营村乡第二届人民代表大会任期 3 年，自 1987 年 4 月至 1990 年 4 月。

1. 人民代表大会

第一次会议　1987 年 4 月 15 日召开，出席代表 28 名（应到 33 名）。会议听取和审议《中营村乡人民政府工作报告》《中营村乡第二届人民代表大会代表资格审查报告》《中营村乡第二届人民代表大会筹备工作情况的报告》《关于中营村乡 1986 年预算执行情况和 1987 年预算报告》，并形成相关决议。大会选举产生乡长 1 名，副乡长 1 名。

第二次会议　1987 年 11 月召开，出席代表 26 名（应到 33 名）。会议选举产生乡长 1 名。

第三次会议　1989 年 8 月召开，出席代表 27 名（应到 33 名）。会议听取和审议《中营村乡人民政府工作报告》，并形成相关决议。会议选举产生副乡长 2 名。

2. 会议选举

乡政府组成成员

乡　长：杨二明（1987 年 4 月—1987 年 10 月）

　　　　傅连英（1987 年 11 月—1990 年 4 月）

副乡长：赵香菊（1987 年 4 月—1990 年 4 月）

　　　　赵书梅（1989 年 8 月—1990 年 4 月）

　　　　李志清（1989 年 8 月—1990 年 4 月）

（三）第三届人民代表大会

中营村乡第三届人民代表大会任期 3 年，自 1990 年 4 月至 1993 年 5 月。

1. 人民代表大会

第一次会议　1990 年 4 月召开，出席代表 38 名（应到 45 名）。会议听取和审议《中营村乡人民政府工作报告》《关于中营村乡 1989 年预算执行情况和 1990 年预算报告》《中营村乡第三届人民代表大会代表资格审查报告》《中营村乡第三届人民代表大会筹备工作情况的报告》，并形成相关决议。会议选举产生主席 1 名，乡长 1 名，副乡长 2 名。

第二次会议　1990 年 8 月召开，出席代表 37 名（应到 45 名）。会议选举产生副乡长 1 名。

第三次会议 1991年3月召开，出席代表37名（应到45名）。会议听取和审议《中营村乡人民政府工作报告》《关于中营村乡1990年预算执行情况和1991年预算报告》，并形成相关决议。会议选举产生乡长1名，副乡长1名。

第四次会议 1991年9月召开，出席代表36名（应到45名）。会议选举产生乡长1名。

第五次会议 1992年4月召开，出席代表38名（应到45名）。会议听取和审议《中营村乡人民政府工作报告》，并形成相关决议。会议选举产生副乡长1名。

2. 会议选举

乡人大组成成员

主　席：卢志敏（1990年4月—1993年5月）

乡政府组成成员

乡　长：袁学让（1990年4月—1990年12月）

　　　　田振书（1991年3月—1991年8月）

　　　　罗双辰（1991年9月—1993年5月）

副乡长：李秀芹（1990年4月—1991年1月）

　　　　李志清（1990年4月—1993年5月）

　　　　靳福江（1990年8月—1991年3月）

　　　　赵金钟（1991年3月—1993年5月）

　　　　李书军（1992年4月—1993年5月）

（四）第四届人民代表大会

中营村乡第四届人民代表大会任期3年，自1993年5月至1996年1月。

1. 人民代表大会

第一次会议 1993年5月召开，出席代表38名（应到45名）。会议听取和审议《中营村乡人民政府工作报告》《中营村乡第四届人民代表大会代表资格审查报告》《中营村乡第四届人民代表大会筹备工作情况的报告》《关于中营村乡1992年预算执行情况和1993年预算报告》《关于中营村乡人大主席团工作报告》，并形成相关决议。会议选举产生主席1名，乡长1名，副乡长2名。

第二次会议 1994年5月召开，出席代表36名（应到45名）。会议听取和审议《中营村乡人民政府工作报告》，并形成相关决议。会议选举产生副乡长1名。

第三次会议 1994年10月召开，出席代表37名（应到45名）。会议听取和审议《中营村乡人民政府工作报告》，并形成相关决议。大会选举产生乡长1名。

第四次会议 1995年2月召开，出席代表38名（应到45名）。会议听取和审议《中营村乡人民政府工作报告》，并形成相关决议。会议选举产生副乡长2名。

2. 会议选举

乡人大组成成员

主　席：卢志敏（1993年5月—1996年1月）

乡政府组成成员

乡　长：罗双辰（1993 年 5 月—1994 年 10 月）

　　　　靳庆国（1994 年 10 月—1996 年 1 月）

副乡长：李志清（1993 年 5 月—1995 年 3 月）

　　　　靳福江（1993 年 5 月—1995 年 3 月）

　　　　赵平均（1994 年 5 月—1996 年 1 月）

　　　　李庆海（1995 年 2 月—1996 年 1 月）

　　　　高金伟（1995 年 2 月—1996 年 1 月）

二、塔上镇人民代表大会

1984 年 4 月至 1996 年 1 月并乡扩镇前，原塔上镇共召开了 4 届人民代表大会。

（一）第一届人民代表大会

塔上乡第一届人民代表大会任期 3 年，自 1984 年 4 月至 1987 年 4 月。

1. 人民代表大会

第一次会议　1984 年 4 月 16 日召开，出席代表 37 名（应到 40 名）。会议听取和审议《塔上乡人民政府工作报告》《塔上乡第一届人民代表大会代表资格审查报告》《塔上乡第一届人民代表大会筹备工作情况的报告》《关于塔上乡 1983 年预算执行情况和 1984 年预算报告》，并形成相关决议。会议选举产生乡长 1 名，副乡长 2 名。

第二次会议　1985 年 4 月召开，出席代表 36 名（应到 40 名）。会议听取和审议《塔上乡人民政府工作报告》《关于塔上乡 1984 年预算执行情况和 1985 年预算报告》，并形成相关决议。会议选举产生乡长 1 名。

第三次会议　1986 年 3 月召开，出席代表 38 名（应到 40 名）。会议听取和审议《塔上乡人民政府工作报告》《关于塔上乡 1985 年预算执行情况和 1986 年预算报告》，并形成相关决议。

2. 会议选举

乡政府组成人员

乡　长：苏福贵（1984 年 4 月—1985 年 4 月）

　　　　卢志敏（1985 年 4 月—1987 年 4 月）

副乡长：郝明辰（1984 年 4 月—1987 年 4 月）

　　　　赵香菊（1984 年 4 月—1987 年 4 月）

（二）第二届人民代表大会

塔上乡第二届人民代表大会任期 3 年，自 1987 年 4 月至 1990 年 4 月。

1. 人民代表大会

第一次会议　1987 年 4 月 18 日召开，出席代表 29 名（应到 33 名）。会议听取和审议《塔上乡人民政府工作报告》《塔上乡第二届人民代表大会代表资格审查报告》《塔上乡第二届人民代表大会筹备工作情况的报告》《关于塔上乡 1986 年预算执行情况和 1987 年预算报告》《关于塔上乡人大主席团工作报告》，并形成相关决议。会议选举产生乡长 1 名，副乡长 2 名。

第二次会议 1988 年 4 月召开，出席代表 33 名（应到 33 名）。会议听取和审议《塔上乡人民政府工作报告》《关于塔上乡 1987 年预算执行情况和 1988 年预算报告》，并形成相关决议。

第三次会议 1989 年 5 月召开，出席代表 31 名（应到 33 名）。会议听取和审议《塔上乡人民政府工作报告》《关于塔上乡 1988 年预算执行情况和 1989 年预算报告》，并形成相关决议。会议选举产生乡长 1 名，副乡长 3 名。

2. 会议选举

乡政府组成成员

乡　长：李树林（1987 年 4 月—1989 年 4 月）
　　　　朱从合（1989 年 5 月—1990 年 4 月）

副乡长：韩海芹（1987 年 4 月—1990 年 4 月）
　　　　郝明辰（1987 年 4 月—1990 年 4 月）
　　　　杨国英（1989 年 5 月—1990 年 4 月）
　　　　安海峰（1989 年 5 月—1990 年 4 月）
　　　　任庆林（1989 年 5 月—1990 年 4 月）

（三）第三届人民代表大会

塔上乡第三届人民代表大会任期 3 年，自 1990 年 4 月至 1993 年 5 月。

1. 人民代表大会

第一次会议 1990 年 4 月 11 日召开。出席代表 36 名（应到 45 名）。会议听取和审议《塔上乡人民政府工作报告》《塔上乡第三届人民代表大会代表资格审查报告》《塔上乡第三届人民代表大会筹备工作情况的报告》《关于塔上乡 1989 年预算执行情况和 1990 年预算报告》，并形成相关决议。会议选举产生主席 1 名，乡长 1 名，副乡长 5 名。

第二次会议 1991 年 4 月召开。出席代表 38 名（应到 45 名）。会议听取和审议《塔上乡人民政府工作报告》《关于塔上乡 1990 年预算执行情况和 1991 年预算报告》，并形成相关决议。

第三次会议 1992 年 6 月召开，出席代表 37 名（应到 45 名）。会议听取和审议《塔上镇人民政府工作报告》《关于塔上镇 1991 年预算执行情况和 1992 年预算报告》，并形成相关决议。会议选举产生镇长 1 名，副镇长 3 名。

2. 会议选举

人大组成成员

主　席：赵书祥（1990 年 4 月—1993 年 5 月）

政府组成成员

乡　长：朱从合（1990 年 4 月—1992 年 6 月）

镇　长：朱从合（1992 年 6 月—1993 年 5 月）

副乡长：韩海芹（1990 年 4 月—1991 年 7 月）

郝明辰（1990 年 4 月—1992 年 6 月）

杨国英（1990 年 4 月—1992 年 6 月）

安海峰（1990 年 4 月—1992 年 6 月）

任庆林（1990 年 4 月—1992 年 6 月）

副镇长：杨国英（1992 年 6 月—1993 年 5 月）

安海峰（1992 年 6 月—1993 年 5 月）

任庆林（1992 年 6 月—1993 年 5 月）

（四）第四届人民代表大会

塔上镇第四届人民代表大会任期 3 年，自 1993 年 5 月至 1996 年 1 月。

1. 人民代表大会

第一次会议　1993 年 5 月 9 日召开，出席代表 38 名（应到 45 名）。会议听取和审议《塔上镇人民政府工作报告》《塔上乡第四届人民代表大会代表资格审查报告》《塔上镇第四届人民代表大会筹备工作情况的报告》《关于塔上镇 1992 年预算执行情况和 1993 年预算报告》《关于塔上镇人大主席团工作报告》，并形成相关决议。会议选举产生主席 1 名，镇长 1 名，副镇长 2 名。

第二次会议　1994 年 3 月召开，出席代表 37 名（应到 45 名）。会议听取和审议《塔上镇人民政府工作报告》《关于塔上镇 1993 年预算执行情况和 1994 年预算报告》，并形成相关决议。

第三次会议　1995 年 3 月召开，出席代表 36 名（应到 45 名）。会议听取和审议《塔上镇人民政府工作报告》《关于塔上镇 1994 年预算执行情况和 1995 年预算报告》，并形成相关决议。

2. 会议选举

人大组成成员

主　席：赵书祥（1993 年 5 月—1996 年 1 月）

镇政府组成人员

镇　长：朱从合（1993 年 5 月—1994 年 2 月）

副镇长：安海峰（1993 年 5 月—1994 年 2 月）

任庆林（1993 年 5 月—1996 年 1 月）

第二节　并乡扩镇后人民代表大会

自 1996 年 1 月至 2023 年年底，塔上镇共召开 7 届人民代表大会（第五届至第十一届）。

一、塔上镇人民代表大会

（一）第五届人民代表大会

塔上镇第五届人民代表大会任期 3 年，自 1996 年 5 月至 1999 年 3 月。

1. 人民代表大会

第一次会议　1996 年 5 月 16 日召开，出席代表 36 名（应到 45 名）。会议听取和审议《塔上镇人民政府工作报告》《塔上镇第五届人民代表大会资格审查报告》《塔上镇第五届人民代表大会筹备工作情况的报告》《关于塔上镇 1995 年预算执行情况和 1996 年预算报告》《关于塔上镇人大主席团工作报告》，并形成相关决议。会议选举产生主席 1 名，镇长 1 名，副镇长 3 名。

第二次会议　1997 年 3 月召开，出席代表 38 名（应到 45 名）。会议听取和审议《塔上镇人民政府工作报告》《关于塔上镇 1994 年预算执行情况和 1995 年预算报告》，并形成相关决议。

第三次会议　1998 年 3 月召开，出席代表 36 名（应到 45 名）。会议听取和审议《塔上镇人民政府工作报告》《关于塔上镇 1997 年预算执行情况和 1998 年预算报告》并形成相关决议。会议选举产生副主席 2 名，乡长 1 名，副乡长 3 名。

2. 会议选举

镇人大组成人员

主　席：王敬信（1996 年 5 月—1999 年 3 月）

副主席：安海峰（1998 年 3 月—1999 年 3 月）

　　　　李志清（1998 年 3 月—1999 年 3 月）

镇政府组成人员

镇　长：孙振山（1996 年 5 月—1998 年 3 月）

　　　　邢志刚（1998 年 3 月—1999 年 3 月）

副镇长：赵　栋（1996 年 5 月—1998 年 3 月）

　　　　刘庆林（1996 年 5 月—1998 年 3 月）

　　　　赵平均（1996 年 5 月—1998 年 3 月）

　　　　辛金平（1998 年 3 月—1999 年 3 月）

　　　　李海亮（1998 年 3 月—1999 年 3 月）

　　　　李振彪（1998 年 3 月—1999 年 3 月）

（二）第六届人民代表大会

塔上镇第六届人民代表大会任期 3 年，自 1999 年 3 月至 2002 年 6 月。

1. 乡镇人民代表大会

第一次会议　1999 年 3 月 15 日召开，出席代表 39 名（应到 45 名）。会议听取和审议《塔上镇人民政府工作报告》《塔上镇第六届人民代表大会代表资格审查报告》《塔上镇第六届人民代表大会筹备工作情况的报告》《关于塔上镇 1998 年预算执行情况和 1999 年预算报告》《关于塔上镇人大主席团工作报告》，并形成相关决议。会议选举产生主席 1 名，副主席 2 名，镇长 1 名，副镇长 3 名。

第二次会议　2000 年 3 月召开，出席代表 37 名（应到 45 名）。会议听取和审议《塔上镇人民政府工作报告》《关于塔上镇 1999 年预算执行情况和 2000 年预算报告》，并形成相关决议。

第三次会议　2001 年 3 月召开，出席代表 42 名（应到 45 名）。会议听取和审议《塔上镇人民政府工作报告》《关于塔上镇 2000 年预算执行情况和 2001 年预算报告》，并形成相关决议。会议选举产生镇长 1 名。

2. 会议选举

人大组成人员

主　席：王敬信（1999 年 3 月—2002 年 6 月）

副主席：安海峰（1999 年 3 月—2002 年 6 月）

　　　　李志清（1999 年 3 月—2002 年 6 月）

镇政府组成人员

镇　长：邢志刚（1999 年 3 月—2001 年 3 月）

　　　　程红旗（2001 年 3 月—2002 年 6 月）

副镇长：辛金平（1999 年 3 月—2002 年 6 月）

　　　　李海亮（1999 年 3 月—2002 年 6 月）

　　　　李振彪（1999 年 3 月—2002 年 6 月）

（三）第七届人民代表大会

塔上镇第七届人民代表大会任期 5 年，自 2002 年 6 月至 2007 年 3 月。

1. 人民代表大会

第一次会议　2002 年 6 月 17 日召开，出席代表 38 名（应到 45 名）。会议听取和审议《塔上镇人民政府工作报告》《塔上镇第七届人民代表大会代表资格审查报告》《塔上镇第七届人民代表大会筹备工作情况的报告》《关于塔上镇 2001 年预算执行情况和 2002 年预算报告》《关于塔上镇人大主席团工作报告》，并形成相关决议。会议选举产生主席 1 名，副主席 1 名，镇长 1 名，副镇长 2 名。

第二次会议　2002 年 11 月召开，出席代表 39 名（应到 45 名）。会议选举产生镇长 1 名，副镇长 1 名。

第三次会议 2004年6月召开，出席代表38名（应到45名）。会议听取和审议《塔上镇人民政府工作报告》《关于塔上镇2003年预算执行情况和2004年预算报告》，并形成相关决议。会议选举产生副镇长1名。

第四次会议 2005年5月召开，出席代表38名（应到45名）。会议听取和审议《塔上镇人民政府工作报告》《关于塔上镇2004年预算执行情况和2005年预算报告》，并形成相关决议。会议选举产生镇长1名。

第五次会议 2006年6月召开，出席代表40名（应到45名）。会议听取和审议《塔上镇人民政府工作报告》《关于塔上镇2005年预算执行情况和2006年预算报告》，并形成相关决议。会议选举产生主席1名。

2. 会议选举

人大组成人员

主　席：赵金忠（2002年6月—2005年12月）

　　　　王书堂（2006年6月—2007年3月）

副主席：王建军（2002年6月—2007年3月）

镇政府组成人员

镇　长：李彦勇（2002年6月—2002年11月）

　　　　赵军华（2002年11月—2005年5月）

　　　　李国芳（2005年5月—2007年3月）

副镇长：曹建敏（2002年6月—2002年11月）

　　　　王二军（2002年6月—2007年3月）

　　　　丁云红（2002年11月—2004年6月）

　　　　尹军芳（2004年6月—2007年3月）

（四）第八届人民代表大会

塔上镇第八届人民代表大会任期5年，自2007年3月至2012年2月。

1. 人民代表大会

第一次会议 2007年3月12日召开，出席代表40名（应到45名）。会议听取和审议《塔上镇人民政府工作报告》《塔上镇第八届人民代表大会代表资格审查报告》《塔上镇第八届人民代表大会筹备工作情况的报告》《关于塔上镇2006年预算执行情况和2007年预算报告》《关于塔上镇人大主席团工作报告》，并形成相关决议。会议选举产生主席1名，副主席1名，镇长1名，副镇长2名。

第二次会议 2008年3月召开，出席代表41名（应到45名）。会议听取和审议《塔上镇人民政府工作报告》《关于塔上镇2007年预算执行情况和2008年预算报告》，并形成相关决议。

第三次会议 2009年3月召开，出席代表38名（应到45名）。会议听取和审议《塔上镇人民政府工作报告》《关于塔上镇2008年预算执行情况和2009年预算报告》，并形成相关决议。会议选举产生主席1名，镇长1名。

第四次会议　2009年5月召开，出席代表35名（应到45名），会议选举产生副镇长1名。

第五次会议　2010年3月召开，出席代表40名（应到45名）。会议听取和审议《塔上镇人民政府工作报告》《关于塔上镇2009年预算执行情况和2010年预算报告》，并形成相关决议。

第六次会议　2011年3月召开，出席代表41名（应到45名）。会议听取和审议《塔上镇人民政府工作报告》《关于塔上镇2010年预算执行情况和2011年预算报告》，并形成相关决议。会议选举产生副镇长1名。

2. 会议选举

人大组成人员

主　席：王书堂（2007年3月—2009年3月）
　　　　杨会军（2009年3月—2012年2月）

副主席：张书海（2007年3月—2011年3月）

镇政府组成人员

镇　长：李国芳（2007年3月—2009年2月）
　　　　王书堂（2009年3月—2012年2月）

副镇长：王二军（2007年3月—2009年5月）
　　　　房懿煊（2007年3月—2011年3月）
　　　　李　斌（2009年5月—2012年2月）
　　　　康立娟（2011年3月—2012年2月）

（五）第九届人民代表大会

塔上镇第九届人民代表大会任期5年，自2012年2月至2017年3月。

1. 人民代表大会

第一次会议　2012年2月23日召开，出席代表40名（应到42名）。会议听取和审议《塔上镇人民政府工作报告》《塔上镇第九届人民代表大会代表资格审查报告》《塔上镇第九届人民代表大会筹备工作情况的报告》《关于塔上镇2011年预算执行情况和2012年预算报告》《关于塔上镇人大主席团工作报告》，并形成相关决议。会议选举产生主席1名，副主席1名，镇长1名，副镇长2名。

第二次会议　2012年7月召开，出席代表38名（应到42名）。会议选举产生主席1名。

第三次会议　2013年2月召开，出席代表37名（应到42名）。会议听取和审议《塔上镇人民政府工作报告》《关于塔上镇2012年预算执行情况和2013年预算报告》，并形成相关决议。会议选举产生镇长1名。

第四次会议　2014年2月召开，出席代表38名（应到42名）。会议听取和审议《塔上镇人民政府工作报告》《关于塔上镇2013年预算执行情况和2014年预算报告》，并形成相关决议。

第五次会议 2015年4月召开，出席代表40名（应到42名）。会议听取和审议《塔上镇人民政府工作报告》《关于塔上镇2014年预算执行情况和2015年预算报告》，并形成相关决议。会议选举产生副镇长1名。

2. 会议选举

人大组成人员

主　席：杨会军（2012年2月—2012年7月）

　　　　王二军（2012年7月—2016年5月）

副主席：梁翠英（2012年2月—2017年2月）

镇政府组成人员

镇　长：王书堂（2012年2月—2013年9月）

　　　　胡延卫（2014年1月—2017年2月）

副镇长：李　斌（2012年2月—2015年5月）

　　　　康立娟（2012年2月—2017年3月）

　　　　张国梁（2015年4月—2017年3月）

（六）第十届人民代表大会

塔上镇第十届人民代表大会自2017年3月至2021年6月，因提前换届，任期未满5年。

1. 人民代表大会

第一次会议 2017年3月16日召开，出席代表39名（应到45名）。会议听取和审议《塔上镇人民政府工作报告》《塔上镇第十届人民代表大会代表资格审查报告》《塔上镇第十届人民代表大会筹备工作情况的报告》《关于塔上镇2016年预算执行情况和2017年预算报告》《关于塔上镇人大主席团工作报告》，并形成相关决议。会议选举产生主席1名，副主席1名，镇长1名，副镇长2名。

第二次会议 2018年3月召开，出席代表38名（应到45名）。会议听取和审议《塔上镇人民政府工作报告》《关于塔上镇2017年预算执行情况和2018年预算报告》，并形成相关决议。

第三次会议 2019年3月召开，出席代表41名（应到45名）。会议听取和审议《塔上镇人民政府工作报告》《关于塔上镇2018年预算执行情况和2019年预算报告》，并形成相关决议。

第四次会议 2019年9月召开，出席代表38名（应到45名）。会议选举产生主席1名，副镇长1名。

第五次会议 2019年11月召开，出席代表39名（应到45名）。会议听取和审议《塔上镇人民政府工作报告》，并形成相关决议。会议选举镇长1名。

第六次会议 2020年7月召开，出席代表38名（应到45名）。会议选举副主席1名。

第七次会议　2020 年 10 月召开，出席代表 41 名（应到 45 名）。会议选举副镇长 2 名。

2. 会议选举

人大组成人员

主　席：陈建刚（2017 年 3 月—2018 年 2 月）

康立娟（2019 年 9 月—2021 年 1 月）

副主席：梁翠英（2017 年 3 月—2020 年 1 月）

刘　佳（2020 年 7 月—2021 年 6 月）

镇政府组成人员

镇　长：胡延卫（2017 年 3 月—2019 年 7 月）

孙喜双（2019 年 11 月—2021 年 6 月）

副镇长：王学文（2017 年 3 月—2019 年 9 月）

董　芳（2017 年 3 月—2020 年 10 月）

祁　鹏（2019 年 9 月—2021 年 6 月）

薄　懿（2020 年 10 月—2021 年 6 月）

王江浩（2020 年 10 月—2021 年 6 月）

（七）第十一届人民代表大会

塔上镇第十一届人民代表大会自 2021 年 6 月至 2023 年 12 月（未届满）。

1. 人民代表大会

第一次会议　2021 年 6 月 13 日召开，出席代表 49 名（应到 52 名）。会议听取和审议《塔上镇人民政府工作报告》《塔上镇第十一届人民代表大会代表资格审查报告》《塔上镇第十一届人民代表大会筹备工作情况的报告》《关于塔上镇 2020 年预算执行情况和 2021 年预算报告》《关于塔上镇人大主席团工作报告》，并形成相关决议。会议选举产生主席 1 名，副主席 2 名，镇长 1 名，副镇长 3 名。

第二次会议　2022 年 3 月召开，出席代表 46 名（应到 52 名）。会议听取和审议《塔上镇人民政府工作报告》《关于塔上镇 2021 年预算执行情况和 2022 年预算报告》，并形成相关决议。会议选举产生镇长 1 名。

第三次会议　2023 年 1 月召开，出席代表 48 名（应到 52 名）。会议听取和审议《塔上镇人民政府工作报告》《关于塔上镇 2022 年预算执行情况和 2023 年预算报告》，并形成相关决议，会议选举产生主席 1 名，副镇长 1 名。

第四次会议　2023 年 4 月召开，出席代表 50 名（应到 52 名）。会议选举产生副主席 1 名，副镇长 1 名。

2. 会议选举

人大组成人员

主　席：司利敏（2021 年 6 月—2022 年 3 月）

王延宗（2023 年 1 月—2023 年 12 月）

副主席：雷　达（2021 年 6 月—2023 年 12 月）
　　　　武　申（2021 年 6 月—2022 年 12 月）
　　　　时青青（2023 年 4 月—2023 年 12 月）

镇政府组成人员

镇　长：孙喜双（2021 年 6 月—2021 年 7 月）
　　　　司利敏（2022 年 3 月—2023 年 12 月）

副镇长：王旭冉（2021 年 6 月—2022 年 8 月）
　　　　姜　明（2021 年 6 月—2023 年 1 月）
　　　　王江浩（2021 年 6 月—2023 年 12 月）
　　　　高小龙（2023 年 1 月—2023 年 12 月）
　　　　刘　兵（2023 年 4 月—2023 年 12 月）

第九章　慈峪镇

慈峪镇位于河北省灵寿县西北部，距县城 17.5 千米，属于丘陵乡镇。全镇面积 95.2 平方千米，辖 33 个行政村，总人口 3.6 万人，镇政府驻慈峪村。

1953 年置镇。1958 年 8 月改为慈峪人民公社。1984 年 1 月全县恢复乡镇体制，改为慈峪镇。1996 年 1 月，灵寿县并乡扩镇，原东刘庄乡、东柏山乡并入慈峪镇。

从 1984 年 4 月召开第一届人民代表大会至今，慈峪镇共召开 11 届人民代表大会（其中并乡扩镇前召开 4 届，并镇后召开 7 届）。

第一节　并乡扩镇前人民代表大会

一、东刘庄乡人民代表大会

1984 年 4 月至 1996 年 1 月，东刘庄乡共召开 4 届人民代表大会。

（一）第一届人民代表大会

东刘庄乡第一届人民代表大会任期 3 年，自 1984 年 4 月至 1987 年 4 月。

1. 人民代表大会

第一次会议　1984 年 4 月 18 日召开，出席代表 55 名（应到 58 名）。会议听取和审议《东刘庄乡人民政府工作报告》《东刘庄乡第一届人民代表大会代表资格审查报告》《东刘庄乡第一届人民代表大会筹备工作情况的报告》《关于东刘庄乡 1983 年预算执行情况和 1984 年预算报告》，并形成相关决议。会议选举产生乡长 1 名，副乡长 2 名。

第二次会议　1986 年 3 月召开，出席代表 58 名（应到 58 名）。会议听取和审议《东刘庄乡人民政府工作报告》《关于东刘庄乡 1985 年预算执行情况和 1986 年预算报告》，并形成相关决议。会议选举产生乡长 1 名，副乡长 1 名。

第三次会议　1986 年 10 月召开，出席代表 58 名（应到 58 名）。会议选举产生副乡长 1 名。

2. 会议选举

乡政府组成成员

乡　长：张进权（1984 年 4 月—1986 年 3 月）

刘书勤（1986 年 3 月—1987 年 3 月）

副乡长：刘喜贞（1984 年 4 月—1986 年 10 月）

刘书勤（1984 年 4 月—1986 年 3 月）

刘万林（1986 年 3 月—1987 年 3 月）

薛喜辰（1986 年 10 月—1987 年 3 月）

（二）第二届人民代表大会

东刘庄乡第二届人民代表大会任期 3 年，自 1987 年 4 月至 1990 年 4 月。

1. 人民代表大会

第一次会议 1987 年 4 月 16 日召开，出席代表 33 名（应到 34 名）。会议听取和审议《东刘庄乡人民政府工作报告》《东刘庄乡第二届人民代表大会代表资格审查报告》《东刘庄乡第二届人民代表大会筹备工作情况的报告》《关于东刘庄乡 1986 年预算执行情况和 1987 年预算报告》，并形成相关决议。会议选举产生乡长 1 名，副乡长 2 名。

第二次会议 1988 年 11 月召开，出席代表 29 名（应到 34 名）。会议选举产生乡长 1 名。

第三次会议 1989 年 3 月召开，出席代表 34 名（应到 34 名）。会议听取和审议《东刘庄乡人民政府工作报告》《关于东刘庄乡 1988 年预算执行情况和 1989 年预算报告》，并形成相关决议。会议选举产生副乡长 1 名。

第四次会议 1989 年 10 月召开，出席代表 34 名（应到 34 名）。会议选举产生副乡长 1 名。

2. 会议选举

乡政府组成成员

乡　长：刘万林（1987 年 4 月—1988 年 9 月）

杜风龙（1988 年 9 月—1990 年 4 月）

副乡长：柳良贵（1987 年 4 月—1990 年 4 月）

白连偶（1987 年 4 月—1989 年 3 月）

武银竹（1989 年 3 月—1990 年 4 月）

董玉歧（1989 年 10 月—1990 年 4 月）

（三）第三届人民代表大会

东刘庄乡第三届人民代表大会任期 3 年，自 1990 年 4 月至 1993 年 5 月。

1. 人民代表大会

第一次会议 1990 年 4 月召开，出席代表 29 名（应到 45 名）。会议听取和审议《东刘庄乡人民政府工作报告》《东刘庄乡第三届人民代表大会代表资格审查报告》《东刘庄乡第三届人民代表大会筹备工作情况的报告》《关于东刘庄乡 1989 年预算执行情况和 1990 年预算报告》，并形成相关决议。会议选举产生主席 1 名，乡长 1 名，副乡长 3 名。

第二次会议 1990 年 8 月召开，出席代表 32 名（应到 45 名）。会议选举产生副乡长 1 名。

2. 会议选举

人大组成成员

主　席：靳秋福（1990 年 4 月—1993 年 5 月）

乡政府组成成员

乡　长：柳良贵（1990 年 4 月—1993 年 5 月）

副乡长：武银竹（1990 年 4 月—1991 年 10 月）

董玉歧（1990 年 4 月—1993 年 5 月）

杨正吉（1990 年 4 月—1993 年 5 月）

牛青春（1990 年 8 月—1993 年 5 月）

（四）第四届人民代表大会

东刘庄乡第四届人民代表大会任期 3 年，自 1993 年 5 月至 1996 年 1 月。

1. 人民代表大会

第一次会议　1993 年 5 月召开，出席代表 29 名（应到 29 名）。会议听取和审议《东刘庄乡人民政府工作报告》《东刘庄乡第四届人民代表大会代表资格审查报告》《东刘庄乡第四届人民代表大会筹备工作情况的报告》《关于东刘庄乡 1992 年预算执行情况和 1993 年预算报告》《关于东刘庄乡人大主席团工作报告》，并形成相关决议。会议选举产生主席 1 名，乡长 1 名，副乡长 3 名。

第二次会议　1994 年 4 月召开，出席代表 28 名（应到 29 名）。会议听取和审议《东刘庄乡人民政府工作报告》《关于东刘庄乡 1993 年预算执行情况和 1994 年预算报告》，并形成相关决议。会议选举产生副乡长 1 名。

第三次会议　1995 年 3 月召开，出席代表 26 名（应到 29 名）。会议听取和审议《东刘庄乡人民政府工作报告》《关于东刘庄乡 1994 年预算执行情况和 1995 年预算报告》，并形成相关决议。会议选举产生主席 1 名，副乡长 1 名。

2. 会议选举

人大组成成员

主　席：靳秋福（1993 年 5 月—1995 年 3 月）

王敬信（1995 年 3 月—1996 年 1 月）

乡政府组成成员

乡　长：赵志云（1993 年 5 月—1996 年 1 月）

副乡长：杨正吉（1993 年 5 月—1994 年 12 月）

何连贵（1993 年 5 月—1996 年 1 月）

王先见（1993 年 5 月—1994 年 8 月）

刘庆林（1994 年 4 月—1996 年 1 月）

曹建敏（1995 年 3 月—1996 年 1 月）

二、东柏山乡人民代表大会

1984年1月至1996年1月，东柏山乡共召开4届人民代表大会。

（一）第一届人民代表大会

东柏山乡第一届人民代表大会任期3年，自1984年4月至1987年4月。

1. 人民代表大会

第一次会议 1984年4月14日召开，出席代表53名（应到60名）。会议听取和审议《东柏山乡人民政府工作报告》《东柏山乡第一届人民代表大会代表资格审查报告》《东柏山乡第一届人民代表大会筹备工作情况的报告》《关于东柏山乡1983年预算执行情况和1984年预算报告》，并形成相关决议。会议选举产生乡长1名，副乡长3名。

第二次会议 1984年7月召开，出席代表56名（应到60名）。会议选举产生乡长1名。

2. 会议选举

乡政府组成成员

乡　长：霍文忠（1984年4月—1984年7月）
　　　　朱从和（1984年7月—1987年4月）
副乡长：罗辉国（1984年4月—1987年4月）
　　　　吕兵和（1984年4月—1987年3月）
　　　　肖永海（1984年4月—1984年6月）

（二）第二届人民代表大会

东柏山乡第二届人民代表大会任期3年，自1987年4月至1990年4月。

1. 人民代表大会

第一次会议 1987年4月17日召开，出席代表31人（应到35人）。会议听取和审议《东柏山乡人民政府工作报告》《东柏山乡第二届人民代表大会代表资格审查报告》《东柏山乡第二届人民代表大会筹备工作情况的报告》《关于东柏山乡1986年预算执行情况和1987年预算报告》，并形成相关决议。会议选举产生乡长1名，副乡长2名。

第二次会议 1989年9月召开，出席代表35名（应到35名）。会议选举产生副乡长1名。

2. 会议选举

乡政府组成成员

乡　长：朱从和（1987年4月—1990年4月）
副乡长：吕秀林（1987年4月—1990年4月）
　　　　罗辉国（1987年4月—1989年4月）
　　　　牛喜福（1989年9月—1990年3月）

（三）第三届人民代表大会

东柏山乡第三届人民代表大会任期 3 年，自 1990 年 4 月至 1993 年 4 月。

1. 人民代表大会

第一次会议　1990 年 4 月召开，出席代表 39 名（应到 48 名）。会议听取和审议《东柏山乡人民政府工作报告》《东柏山乡第三届人民代表大会代表资格审查报告》《东柏山乡第三届人民代表大会筹备工作情况的报告》《关于东柏山乡 1989 年预算执行情况和 1990 年预算报告》，并形成相关决议。会议选举产生主席 1 名，乡长 1 名，副乡长 1 名。

第二次会议　1990 年 8 月召开，出席代表 40 名（应到 48 名）。会议选举产生乡长 1 名。

第三次会议　1990 年 11 月召开，出席代表 37 名（应到 48 名）。会议选举产生副乡长 2 名。

第四次会议　1990 年 12 月召开，出席代表 38 名（应到 48 名）。会议选举产生乡长 1 名。

2. 会议选举

人大组成成员

主　席：张家昌（1990 年 4 月—1993 年 4 月）

乡政府组成成员

乡　长：祁登志（1990 年 4 月—1990 年 8 月）

折顺平（1990 年 8 月—1990 年 12 月）

袁学让（1990 年 12 月—1993 年 4 月）

副乡长：牛喜福（1990 年 4 月—1993 年 4 月）

张建明（1990 年 11 月—1993 年 4 月）

赵庆芳（1990 年 11 月—1993 年 4 月）

（四）第四届人民代表大会

东柏山乡第四届人民代表大会任期 3 年，自 1993 年 4 月至 1996 年 1 月。

1. 人民代表大会

第一次会议　1993 年 4 月召开，出席代表 48 名（应到 48 名）。会议听取和审议《东柏山乡人民政府工作报告》《东柏山乡第四届人民代表大会代表资格审查报告》《东柏山乡第四届人民代表大会筹备工作情况的报告》《关于东柏山乡 1992 年预算执行情况和 1993 年预算报告》《关于东柏山乡人大主席团工作报告》，并形成相关决议。会议选举产生主席 1 名，乡长 1 名，副乡长 2 名。

第二次会议　1994 年 8 月召开，出席代表 45 名（应到 48 名）。会议选举产生乡长 1 名，副乡长 1 名。

第三次会议　1994 年 10 月召开，出席代表 43 名（应到 48 名）。会议选举产生主席 1 名。

第四次会议 1995年3月召开，出席代表45名（应到48名）。会议听取和审议《东柏山乡人民政府工作报告》《关于东柏山乡1993年预算执行情况和1994年预算报告》，并形成相关决议。会议选举产生副乡长1名。

2. 会议选举

人大组成成员

主 席：张家昌（1993年4月—1994年9月）
　　　　孙越然（1994年10月—1996年1月）

乡政府组成成员

乡 长：袁学让（1993年4月—1994年8月）
　　　　赵伟光（1994年8月—1996年1月）

副乡长：祁建国（1993年4月—1996年1月）
　　　　董文海（1993年4月—1996年1月）
　　　　赵庆芳（1993年4月—1994年8月）
　　　　刘国良（1994年8月—1995年3月）
　　　　杨连锁（1995年3月—1996年1月）

三、慈峪镇人民代表大会

1984年4月至1996年1月，原慈峪镇共召开4届人民代表大会。

（一）第一届人民代表大会

慈峪镇第一届人民代表大会任期3年，自1984年4月至1987年4月。

1. 人民代表大会

第一次会议 1984年4月18日召开，出席代表67名（应到75名）。会议听取和审议《慈峪镇人民政府工作报告》《慈峪镇第一届人民代表大会代表资格审查报告》《慈峪镇第一届人民代表大会筹备工作情况的报告》《关于慈峪镇1983年预算执行情况和1984年预算报告》，并形成相关决议。大会选举产生镇长1名，副镇长2名。

第二次会议 1985年9月召开，出席代表68名（应到75名），会议选举产生镇长1名。

2. 会议选举

镇政府组成成员

镇 长：卢著文（1984年4月—1985年9月）
　　　　尚福祥（1985年9月—1987年4月）

副镇长：杨志宏（1984年4月—1987年4月）
　　　　孙景志（1984年4月—1987年4月）

（二）第二届人民代表大会

慈峪镇第二届人民代表大会任期3年，自1987年4月至1990年4月。

1. 人民代表大会

第一次会议　1987年4月18日召开，出席代表35名（应到39名）。会议听取和审议《慈峪镇人民政府工作报告》《慈峪镇第二届人民代表大会代表资格审查报告》《慈峪镇第二届人民代表大会筹备工作情况的报告》《关于慈峪镇1986年预算执行情况和1987年预算报告》，并形成相关决议。会议选举产生镇长1名，副镇长3名。

第二次会议　1987年11月召开，出席代表39名（应到39名）。会议选举产生镇长1名。

第三次会议　1988年9月召开，出席代表37名（应到39名）。会议选举产生副镇长1名。

第四次会议　1989年11月召开，出席代表35名（应到39名）。会议选举产生副镇长1名。

2. 会议选举

镇政府组成成员

镇　长：尚福祥（1987年4月—1987年9月）

　　　　折顺平（1987年11月—1990年3月）

副镇长：杨志宏（1987年4月—1990年3月）

　　　　孙景志（1987年4月—1987年5月）

　　　　朱米山（1987年4月—1990年4月）

　　　　杨国英（1988年9月—1989年11月）

　　　　白连偶（1989年11月—1990年4月）

（三）第三届人民代表大会

慈峪镇第三届人民代表大会任期3年，自1990年4月至1993年5月。

1. 人民代表大会

第一次会议　1990年4月召开，出席代表49名（应到53名）。会议听取和审议《慈峪镇人民政府工作报告》《慈峪镇第三届人民代表大会代表资格审查报告》《慈峪镇第三届人民代表大会筹备工作情况的报告》《关于慈峪镇1989年预算执行情况和1990年预算报告》，并形成相关决议。会议选举产生主席1名，镇长1名，副镇长3名。

第二次会议　1991年5月召开，出席代表47名（应到53名）。会议听取和审议《慈峪镇人民政府工作报告》《关于慈峪镇1990年预算执行情况和1991年预算报告》，并形成相关决议。会议选举产生副镇长1名。

第三次会议　1992年4月召开，出席代表49名（应到53名）。会议听取和审议《慈峪镇人民政府工作报告》《关于慈峪镇1991年预算执行情况和1992年预算报告》，并形成相关决议。会议选举产生副镇长1名。

2. 会议选举

人大组成成员

主　席：刘明祥（1990年4月—1993年5月）

镇政府组成成员

镇　长：王玉来（1990年4月—1993年5月）

副镇长：白连偶（1990年4月—1992年4月）

马振江（1990年4月—1993年5月）

王书忠（1990年4月—1993年4月）

周二山（1991年5月—1993年5月）

耿梅林（1992年4月—1993年5月）

（四）第四届人民代表大会

慈峪镇第四届人民代表大会任期3年，自1993年5月至1996年1月。

1. 人民代表大会

第一次会议　1993年5月召开，出席代表53名（应到53名）。会议听取和审议《慈峪镇人民政府工作报告》《慈峪镇第四届人民代表大会代表资格审查报告》《慈峪镇第四届人民代表大会筹备工作情况的报告》《关于慈峪镇1992年预算执行情况和1993年预算报告》《关于慈峪镇人大主席团工作报告》，并形成相关决议。会议选举产生主席1名，镇长1名，副镇长3名。

第二次会议　1994年8月召开，出席代表48名（应到53名）。会议选举产生副镇长1名。

第三次会议　1995年3月召开，出席代表50名（应到53名）。会议听取和审议《慈峪镇人民政府工作报告》《关于慈峪镇1994年预算执行情况和1995年预算报告》，并形成相关决议。会议选举产生副镇长1名。

第四次会议　1995年8月召开，出席代表50名（应到53名）。会议选举产生主席1名。

2. 会议选举

人大组成成员

主　席：刘明祥（1993年5月—1995年8月）

卢春芳（1995年8月—1996年1月）

镇政府组成成员

镇　长：彭全平（1993年5月—1996年1月）

副镇长：马振江（1993年5月—1996年1月）

张风林（1993年5月—1994年8月）

周二山（1993年5月—1996年1月）

刘红记（1994年8月—1996年1月）

王书堂（1995年3月—1996年1月）

第二节　并乡扩镇后人民代表大会

自1996年1月至2023年年底，慈峪镇共召开7届人民代表大会（第五届至第十一届）。

（一）第五届人民代表大会

慈峪镇第五届人民代表大会任期3年，自1996年5月至1999年5月。

1. 人民代表大会

第一次会议　1996年5月召开，出席代表70名（应到70名）。会议听取和审议《慈峪镇人民政府工作报告》《慈峪镇第五届人民代表大会代表资格审查报告》《慈峪镇第五届人民代表大会筹备工作情况的报告》《关于慈峪镇1995年预算执行情况和1996年预算报告》《关于慈峪镇人大主席团工作报告》，并形成相关决议。会议选举产生主席1名，镇长1名，副镇长4名。

第二次会议　1997年3月召开，出席代表68名（应到70名）。会议听取和审议《慈峪镇人民政府工作报告》《关于慈峪镇1996年预算执行情况和1997年预算报告》，并形成相关决议。会议选举产生镇长1名。

第三次会议　1998年3月召开，出席代表65名（应到70名）。会议听取和审议《慈峪镇人民政府工作报告》《关于慈峪镇1997年预算执行情况和1998年预算报告》，并形成相关决议。会议选举产生镇长1名。

第四次会议　1998年4月召开，出席代表67名（应到70名）。会议选举产生副镇长2名。

2. 会议选举

人大组成成员

主　席：卢春芳（1996年5月—1999年5月）

镇政府组成成员

镇　长：彭全平（1996年5月—1997年3月）
张风林（1997年3月—1998年3月）
白东风（1998年3月—1999年5月）

副镇长：何连贵（1996年5月—1998年4月）
祁建国（1996年5月—1998年4月）
刘红记（1996年5月—1997年8月）
李秋合（1996年5月—1999年5月）
崔项英（1998年4月—1999年5月）
连春英（1998年4月—1999年5月）

（二）第六届人民代表大会

慈峪镇第六届人民代表大会任期3年，自1999年5月至2002年6月。

1. 人民代表大会

第一次会议 1999 年 5 月召开，出席代表 61 名（应到 61 名）。会议听取和审议《慈峪镇人民政府工作报告》《慈峪镇第六届人民代表大会代表资格审查报告》《慈峪镇第六届人民代表大会筹备工作情况的报告》《关于慈峪镇 1998 年预算执行情况和 1999 年预算报告》《关于慈峪镇人大主席团工作报告》，并形成相关决议。会议选举产生主席 1 名，副主席 1 名，镇长 1 名，副镇长 3 名。

第二次会议 2001 年 3 月召开，出席代表 59 名（应到 61 名）。会议听取和审议《慈峪镇人民政府工作报告》《关于慈峪镇 2000 年预算执行情况和 2001 年预算报告》，并形成相关决议。会议选举产生镇长 1 名。

2. 会议选举

人大组成成员

主　席：卢春芳（1999 年 5 月—2002 年 6 月）

副主席：牛青春（1999 年 5 月—1999 年 7 月）

镇政府组成成员

镇　长：白东风（1999 年 5 月—2000 年 1 月）

　　　　赵国强（2001 年 3 月—2002 年 6 月）

副镇长：崔项英（1999 年 5 月—2002 年 6 月）

　　　　李秋合（1999 年 5 月—2002 年 6 月）

　　　　连春英（1999 年 5 月—2002 年 6 月）

（三）第七届人民代表大会

慈峪镇第七届人民代表大会任期 5 年，自 2002 年 6 月至 2007 年 3 月。

1. 人民代表大会

第一次会议 2002 年 6 月召开，出席代表 61 名（应到 61 名）。会议听取和审议《慈峪镇人民政府工作报告》《慈峪镇第七届人民代表大会代表资格审查报告》《慈峪镇第七届人民代表大会筹备工作情况的报告》《关于慈峪镇 2001 年预算执行情况和 2002 年预算报告》《关于慈峪镇人大主席团工作报告》，并形成相关决议。会议选举产生主席 1 名，镇长 1 名，副镇长 3 名。

第二次会议 2002 年 8 月召开，出席代表 57 名（应到 61 名）。会议选举产生主席 1 名，副主席 1 名。

第三次会议 2003 年 6 月召开，出席代表 59 名（应到 61 名）。会议听取和审议《慈峪镇人民政府工作报告》《关于慈峪镇 2002 年预算执行情况和 2003 年预算报告》，并形成相关决议。会议选举产生镇长 1 名。

第四次会议 2005 年 5 月召开，出席代表 58 名（应到 61 名）。会议听取和审议《慈峪镇人民政府工作报告》《关于慈峪镇 2004 年预算执行情况和 2005 年预算报告》，并形成相关决议。会议选举产生镇长 1 名。

第五次会议　2006年6月召开，出席代表54名（应到61名）。会议听取和审议《慈峪镇人民政府工作报告》《关于慈峪镇2005年预算执行情况和2006年预算报告》，并形成相关决议。会议选举产生副主席1名，副乡长1名。

2.会议选举

人大组成成员

主　席：卢春芳（2002年6月—2002年8月）

　　　　祁建国（2002年8月—2007年3月）

副主席：张俊明（2002年8月—2006年4月）

　　　　曹延亮（2006年6月—2007年3月）

镇政府组成成员

镇　长：赵国强（2002年6月—2003年6月）

　　　　路建明（2003年6月—2005年5月）

　　　　张桂平（2005年5月—2007年3月）

副镇长：李海亮（2002年6月—2006年3月）

　　　　马　静（2002年6月—2007年3月）

　　　　耿喜红（2002年6月—2007年3月）

　　　　罗文全（2006年6月—2007年3月）

（四）第八届人民代表大会

慈峪镇第八届人民代表大会任期5年，自2007年3月至2012年2月。

1.人民代表大会

第一次会议　2007年3月召开，出席代表61名（应到61名）。会议听取和审议《慈峪镇人民政府工作报告》《慈峪镇第八届人民代表大会代表资格审查报告》《慈峪镇第八届人民代表大会筹备工作情况的报告》《关于慈峪镇2006年预算执行情况和2007年预算报告》《关于慈峪镇人大主席团工作报告》，并形成相关决议。会议选举产生主席1名，副主席1名，镇长1名，副镇长2名。

第二次会议　2009年3月召开，出席代表60名（应到61名）。会议听取和审议《慈峪镇人民政府工作报告》《关于慈峪镇2008年预算执行情况和2009年预算报告》，并形成相关决议。会议选举产生镇长1名。

第三次会议　2009年5月召开，出席代表58名（应到61名）。会议选举产生副镇长1名。

第四次会议　2010年3月召开，出席代表61名（应到61名）。会议听取和审议《慈峪镇人民政府工作报告》《关于慈峪镇2009年预算执行情况和2010年预算报告》，并形成相关决议。会议选举产生主席1名，镇长1名。

第五次会议　2011年3月召开，出席代表57名（应到61名）。会议听取和审议《慈峪镇人民政府工作报告》《关于慈峪镇2010年预算执行情况和2011年预算报告》，并形成相关决议。会议选举产生副镇长 2 名。

2. 会议选举

人大组成成员

主　席：刘永勤（2007 年 3 月—2010 年 3 月）

　　　　郑剑锋（2010 年 3 月—2012 年 2 月）

副主席：曹延亮（2007 年 3 月—2012 年 2 月）

镇政府组成成员

镇　长：张桂平（2007 年 3 月—2009 年 3 月）

　　　　高　峰（2009 年 3 月—2010 年 3 月）

　　　　刘永勤（2010 年 3 月—2012 年 2 月）

副镇长：马　静（2007 年 3 月—2011 年 3 月）

　　　　耿喜红（2007 年 3 月—2008 年 10 月）

　　　　曹习军（2009 年 5 月—2011 年 3 月）

　　　　王学文（2011 年 3 月—2012 年 2 月）

　　　　雷敏毅（2011 年 3 月—2012 年 2 月）

（五）第九届人民代表大会

慈峪镇第九届人民代表大会任期 5 年，自 2012 年 2 月至 2017 年 3 月。

1. 人民代表大会

第一次会议　2012 年 2 月召开，出席代表 61 名（应到 61 名）。会议听取和审议《慈峪镇人民政府工作报告》《慈峪镇第九届人民代表大会代表资格审查报告》《慈峪镇第九届人民代表大会筹备工作情况的报告》《关于慈峪镇 2011 年预算执行情况和 2012 年预算报告》《关于慈峪镇人大主席团工作报告》，并形成相关决议。会议选举产生主席 1 名，副主席 1 名，镇长 1 名，副镇长 2 名。

第二次会议　2012 年 4 月召开，出席代表 57 名（应到 61 名）。会议选举产生主席 1 名。

第三次会议　2012 年 7 月召开，出席代表 56 名（应到 61 名）。会议选举产生副主席 1 名。

第四次会议　2015 年 3 月召开，出席代表 59 名（应到 61 名）。会议听取和审议《慈峪镇人民政府工作报告》《关于慈峪镇 2014 年预算执行情况和 2015 年预算报告》，并形成相关决议。会议选举产生镇长 1 名。

第五次会议　2015 年 5 月召开，出席代表 59 名（应到 61 名）。会议选举产生主席 1 名，副镇长 1 名。

2. 会议选举

人大组成成员

主　席：郑剑峰（2012 年 2 月—2012 年 4 月）

张风岗（2012 年 4 月—2015 年 3 月）
孟三合（2015 年 5 月—2017 年 3 月）
副主席：曹彦亮（2012 年 2 月—2012 年 7 月）
高　杰（2012 年 7 月—2017 年 3 月）

镇政府组成成员

镇　长：刘永勤（2012 年 2 月—2015 年 3 月）
张风岗（2015 年 3 月—2017 年 3 月）
副镇长：王学文（2012 年 2 月—2017 年 1 月）
雷敏毅（2012 年 2 月—2015 年 5 月）
盖美东（2015 年 5 月—2017 年 3 月）

（六）第十届人民代表大会

慈峪镇第十届人民代表大会自 2017 年 3 月至 2021 年 6 月，因提前换届，任期未满 5 年。

1. 人民代表大会

第一次会议　2017 年 3 月召开，出席代表 62 名（应到 62 名）。会议听取和审议《慈峪镇人民政府工作报告》《慈峪镇第十届人民代表大会代表资格审查报告》《慈峪镇第十届人民代表大会筹备工作情况的报告》《关于慈峪镇 2016 年预算执行情况和 2017 年预算报告》《关于慈峪镇人大主席团工作报告》，并形成相关决议。会议选举产生主席 1 名，副主席 1 名，镇长 1 名，副镇长 2 名。

第二次会议　2020 年 4 月召开，出席代表 59 名（应到 62 名）。会议听取和审议《慈峪镇人民政府工作报告》《关于慈峪镇 2019 年预算执行情况和 2020 年预算报告》，并形成相关决议。会议选举产生镇长 1 名。

第三次会议　2020 年 7 月召开，出席代表 59 名（应到 62 名）。会议选举产生主席 1 名。

第四次会议　2020 年 8 月召开，出席代表 58 名（应到 62 名）。会议选举产生副镇长 1 名。

2. 会议选举

人大组成成员

主　席：孟三合（2017 年 3 月—2020 年 7 月）
王朝阳（2020 年 7 月—2021 年 3 月）
副主席：高　杰（2017 年 3 月—2020 年 4 月）

镇政府组成成员

镇　长：张风岗（2017 年 3 月—2020 年 4 月）
雷敏毅（2020 年 4 月—2021 年 6 月）
副镇长：盖美东（2017 年 3 月—2018 年 3 月）
王云燕（2017 年 3 月—2021 年 6 月）

张　凯（2020 年 8 月—2021 年 6 月）

（七）第十一届人民代表大会

慈峪镇第十一届人民代表大会自 2021 年 6 月至 2023 年 12 月（未届满）。

1. 人民代表大会

第一次会议　2021 年 6 月召开，出席代表 69 名（应到 69 名）。会议听取和审议《慈峪镇人民政府工作报告》《慈峪镇第十一届人民代表大会代表资格审查报告》《慈峪镇第十一届人民代表大会筹备工作情况的报告》《关于慈峪镇 2020 年预算执行情况和 2021 年预算报告》《关于慈峪镇人大主席团工作报告》，并形成相关决议。会议选举产生主席 1 名，副主席 2 名，镇长 1 名，副镇长 3 名。

第二次会议　2022 年 2 月召开，出席代表 65 名（应到 69 名）。会议听取和审议《慈峪镇人民政府工作报告》《关于慈峪镇 2021 年预算执行情况和 2022 年预算报告》，并形成相关决议。

第三次会议　2022 年 4 月召开，出席代表 65 名（应到 69 名）。会议选举产生镇长 1 名。

第四次会议　2023 年 1 月召开，出席代表 62 名（应到 69 名）。会议听取和审议《慈峪镇人民政府工作报告》《关于慈峪镇 2022 年预算执行情况和 2023 年预算报告》，并形成相关决议。会议选举产生主席 1 名，副主席 1 名，副镇长 2 名。

2. 会议选举

人大组成成员

主　席：高　杰（2021 年 6 月—2022 年 4 月）

孙　克（2023 年 1 月—2023 年 12 月）

副主席：周建利（2021 年 6 月—2023 年 12 月）

张元一（2021 年 6 月—2022 年 10 月）

付亿芃（2023 年 1 月—2023 年 12 月）

镇政府组成成员

镇　长：雷敏毅（2021 年 6 月—2022 年 4 月）

高　杰（2022 年 4 月—2023 年 12 月）

副镇长：仇晓敏（2021 年 6 月—2022 年 10 月）

张　凯（2021 年 6 月—2022 年 8 月）

盖利民（2021 年 6 月—2023 年 12 月）

雷　雅（2023 年 1 月—2023 年 12 月）

张元一（2023 年 1 月—2023 年 12 月）

第十章　谭庄乡

谭庄乡位于河北省灵寿县西北部，距县城25千米，属于丘陵乡镇。全乡面积37.9平方千米，辖12个行政村，总人口11592人，乡政府驻北谭庄村。

1953年置乡，1958年并入正定县，1961年5月改为谭庄人民公社。1984年1月全县恢复乡镇体制，改为谭庄乡，至今未变。

从1984年4月召开第一届人民代表大会至今，共召开人民代表大会11届。其中第一届至第六届每届任期3年，第七届至第十一届每届任期5年。

第一节　第一届人民代表大会

谭庄乡第一届人民代表大会任期3年，自1984年4月至1987年4月。

一、人民代表大会

第一次会议　1984年4月18日召开，出席代表62名（应到65名）。会议听取和审议《谭庄乡人民政府工作报告》，并形成相关决议。会议选举产生乡长1名，副乡长2名。

第二次会议　1984年12月召开，出席代表60名（应到65名）。会议选举产生乡长1名。

第三次会议　1985年5月召开，出席代表62名（应到65名）。会议听取和审议《谭庄乡人民政府工作报告》《关于谭庄乡1984年预算执行情况和1985年预算报告》，并形成相关决议。

第四次会议　1986年6月召开，出席代表61名（应到65名）。会议听取和审议《谭庄乡人民政府工作报告》《关于谭庄乡1985年预算执行情况和1986年预算报告》，并形成相关决议。

二、会议选举

乡政府组成成员

乡　长：李庆祥（1984年4月—1984年12月）

　　　　卢书辰（1984年12月—1987年4月）

副乡长：何锡彪（1984 年 4 月—1987 年 4 月）
　　　　靳发水（1984 年 4 月—1987 年 4 月）

第二节　第二届人民代表大会

谭庄乡第二届人民代表大会任期 3 年，自 1987 年 4 月至 1990 年 4 月。

一、人民代表大会

第一次会议　1987 年 4 月召开，出席代表 32 名（应到 36 名）。会议听取和审议《谭庄乡人民政府工作报告》《谭庄乡第二届人民代表大会代表资格审查报告》《谭庄乡第二届人民代表大会筹备工作情况的报告》《关于谭庄乡 1986 年预算执行情况和 1987 年预算报告》，并形成相关决议。会议选举产生乡长 1 名，副乡长 2 名。

第二次会议　1988 年 4 月召开，出席代表 33 名（应到 36 名）。会议听取和审议《谭庄乡人民政府工作报告》《关于谭庄乡 1987 年预算执行情况和 1988 年预算报告》，并形成相关决议。

第三次会议　1989 年 4 月召开，出席代表 34 名（应到 36 名）。会议听取和审议《谭庄乡人民政府工作报告》《关于谭庄乡 1988 年预算执行情况和 1989 年预算报告》，并形成相关决议。

第四次会议　1989 年 8 月召开，出席代表 33 名（应到 36 名）。会议选举产生乡长 1 名，副乡长 1 名。

第五次会议　1990 年 3 月召开，出席代表 32 名（应到 36 名）。会议听取和审议《谭庄乡人民政府工作报告》《关于谭庄乡 1989 年预算执行情况和 1990 年预算报告》，并形成相关决议。

二、会议选举

乡政府组成成员

乡　长：田双群（1987 年 4 月—1989 年 8 月）
　　　　沈闹活（1989 年 8 月—1990 年 4 月）
副乡长：靳发水（1987 年 4 月—1990 年 4 月）
　　　　何锡彪（1987 年 4 月—1989 年 8 月）
　　　　王学峰（1989 年 8 月—1990 年 4 月）

第三节　第三届人民代表大会

谭庄乡第三届人民代表大会任期 3 年，自 1990 年 4 月至 1993 年 5 月。

一、人民代表大会

第一次会议　1990年4月召开，出席代表42名（应到50名）。会议听取和审议《谭庄乡人民政府工作报告》《谭庄乡第三届人民代表大会代表资格审查报告》《谭庄乡第三届人民代表大会筹备工作情况的报告》《关于谭庄乡1989年预算执行情况和1990年预算报告》，并形成相关决议。大会选举产生主席1名，乡长1名，副乡长3名。

第二次会议　1991年4月召开，出席代表41名（应到50名）。会议听取和审议《谭庄乡人民政府工作报告》《关于谭庄乡1990年预算执行情况和1991年预算报告》，并形成相关决议。讨论通过《谭庄乡关于依法加强计划生育工作决议》。

第三次会议　1992年3月召开，出席代表43名（应到50名）。会议听取和审议《谭庄乡人民政府工作报告》《关于谭庄乡1991年预算执行情况和1992年预算报告》，并形成相关决议。讨论通过《关于筹建谭庄乡高纯石英砂场的决议》。会议选举产生主席1名。

二、会议选举

人大组成成员

主　席：杨新梅（1990年4月—1991年10月）

　　　　王昌命（1992年3月—1993年5月）

乡政府组成成员

乡　长：沈闹活（1990年4月—1993年5月）

副乡长：靳发水（1990年4月—1993年5月）

　　　　王学峰（1990年4月—1993年5月）

　　　　杨兆武（1990年4月—1993年5月）

第四节　第四届人民代表大会

谭庄乡第四届人民代表大会任期3年，自1993年5月至1996年5月。

一、人民代表大会

第一次会议　1993年5月召开，出席代表37名（应到40名）。会议听取和审议《谭庄乡人民政府工作报告》《谭庄乡第四届人民代表大会代表资格审查报告》《谭庄乡第四届人民代表大会筹备工作情况的报告》《关于谭庄乡1992年预算执行情况和1993年预算报告》，并形成相关决议。会议选举产生主席1名，乡长1名，副乡长3名。

第二次会议　1994年4月6日召开，出席代表35名（应到40名）。会议听取和审议《谭庄乡人民政府工作报告》《关于谭庄乡1993年预算执行情况和1994年预算报告》，并形成相关决议。

第三次会议　1995年2月召开，出席代表38名（应到40名）。会议选举产生乡长1名，副乡长2名。

第四次会议　1995年4月6日召开，出席代表37名（应到40名）。会议听取和审议《谭庄乡人民政府工作报告》《关于谭庄乡1994年预算执行情况和1995年预算报告》，并形成相关决议。

二、会议选举

人大组成成员

主　席：王昌命（1993年5月—1996年1月）

乡政府组成成员

乡　长：沈闹活（1993年5月—1995年1月）

　　　　李文玺（1995年2月—1996年1月）

副乡长：杨兆武（1993年5月—1995年1月）

　　　　靳发水（1993年5月—1996年1月）

　　　　王学峰（1993年5月—1995年1月）

　　　　李香合（1995年2月—1996年1月）

　　　　谷进国（1995年2月—1996年1月）

第五节　第五届人民代表大会

谭庄乡第五届人民代表大会任期3年，自1996年5月至1999年3月。

一、人民代表大会

第一次会议　1996年5月召开，出席代表40名（应到42名）。会议听取和审议《谭庄乡人民政府工作报告》《谭庄乡第五届人民代表大会代表资格审查报告》《谭庄乡第五届人民代表大会筹备工作情况的报告》《关于谭庄乡1995年预算执行情况和1996年预算报告》《关于谭庄乡人大主席团工作报告》，并形成相关决议。会议选举产生主席1名，副主席1名，乡长1名，副乡长3名。

第二次会议　1996年12月召开，出席代表40名（应到42名）。会议选举产生乡长1名。

第三次会议　1997年4月召开，出席代表39名（应到42名）。会议听取和审议《谭庄乡人民政府工作报告》《关于谭庄乡1996年预算执行情况和1997年预算报告》《关于谭庄乡人大主席团工作报告》，并形成相关决议。

第四次会议　1998年3月召开，出席代表37名（应到42名）。会议听取和审议《谭庄乡人民政府工作报告》《关于谭庄乡1997年预算执行情况和1998年预算报告》《关于谭庄乡人大主席团工作报告》，并形成相关决议。会议选举产生主席 1 名，乡长 1 名，副乡长 2 名。

二、会议选举

人大组成成员

主　席：王昌命（1996 年 5 月—1998 年 3 月）
　　　　杨翠祥（1998 年 3 月—1999 年 3 月）

副主席：王学峰（1996 年 5 月—1999 年 3 月）

乡政府组成成员

乡　长：李文玺（1996 年 5 月—1996 年 11 月）
　　　　史春华（1996 年 12 月—1998 年 1 月）
　　　　李玉林（1998 年 3 月—1999 年 3 月）

副乡长：李香合（1996 年 5 月—1998 年 3 月）
　　　　靳发水（1996 年 5 月—1998 年 3 月）
　　　　谷进国（1996 年 5 月—1999 年 3 月）
　　　　赵耀洲（1998 年 3 月—1999 年 3 月）
　　　　胡延卫（1998 年 3 月—1999 年 3 月）

第六节　第六届人民代表大会

谭庄乡第六届人民代表大会任期 3 年，自 1999 年 3 月至 2002 年 6 月。

一、人民代表大会

第一次会议　1999 年 3 月召开，出席代表 41 名（应到 48 名）。会议听取和审议《谭庄乡人民政府工作报告》《谭庄乡第六届人民代表大会代表资格审查报告》《谭庄乡第六届人民代表大会筹备工作情况的报告》《关于谭庄乡 1998 年预算执行情况和 1999 年预算报告》《关于谭庄乡人大主席团工作报告》，并形成相关决议。会议选举产生主席 1 名，乡长 1 名，副乡长 3 名。

第二次会议　2000 年 3 月召开，出席代表 42 名（应到 48 名）。会议听取和审议《谭庄乡人民政府工作报告》《关于谭庄乡 1999 年预算执行情况和 2000 年预算报告》《关于谭庄乡人大主席团工作报告》，并形成相关决议。

第三次会议　2001 年 3 月召开，出席代表 39 名（应到 48 名）。会议听取和审议《谭庄乡人民政府工作报告》《关于谭庄乡 2000 年预算执行情况和 2001 年预算报告》《关于谭庄乡人大主席团工作报告》，并形成相关决议。

二、会议选举

人大组成成员

主　席：杨翠祥（1999 年 3 月—2002 年 6 月）

乡政府组成成员

乡　长：李玉林（1999 年 3 月—2002 年 6 月）

副乡长：谷进国（1999 年 3 月—2002 年 6 月）

　　　　赵耀洲（1999 年 3 月—2002 年 6 月）

　　　　胡延卫（1999 年 3 月—2002 年 6 月）

第七节　第七届人民代表大会

谭庄乡第七届人民代表大会任期 5 年，自 2002 年 6 月至 2007 年 3 月。

一、人民代表大会

第一次会议　2002 年 6 月召开，出席代表 41 名（应到 46 名）。会议听取和审议《谭庄乡人民政府工作报告》《谭庄乡第七届人民代表大会代表资格审查报告》《谭庄乡第七届人民代表大会筹备工作情况的报告》《关于谭庄乡 2001 年预算执行情况和 2002 年预算报告》《关于谭庄乡人大主席团工作报告》，并形成相关决议。会议选举产生主席 1 名，副主席 1 名，乡长 1 名，副乡长 1 名。

第二次会议　2002 年 7 月召开，出席代表 40 名（应到 46 名）。会议选举产生副乡长 1 名。

第三次会议　2003 年 4 月召开，出席代表 30 名（应到 46 名）。会议听取和审议《谭庄乡人民政府工作报告》《关于谭庄乡 2002 年预算执行情况和 2003 年预算报告》《关于谭庄乡人大主席团工作报告》，并形成相关决议。会议选举产生乡长 1 名。

第四次会议　2004 年 7 月召开，出席代表 28 名（应到 46 名）。会议听取和审议《谭庄乡人民政府工作报告》《关于谭庄乡 2003 年预算执行情况和 2004 年预算报告》《关于谭庄乡人大主席团工作报告》，并形成相关决议。会议选举产生主席 1 名。

第五次会议　2005 年 5 月召开，出席代表 40 名（应到 46 名）。会议听取和审议《谭庄乡人民政府工作报告》《关于谭庄乡 2004 年预算执行情况和 2005 年预算报告》《关于谭庄乡人大主席团工作报告》，并形成相关决议。会议选举产生乡长 1 名。

第六次会议　2006 年 4 月召开，出席代表 41 名（应到 46 名）。会议听取和审议《谭庄乡人民政府工作报告》《关于谭庄乡 2005 年预算执行情况和 2006 年预算报告》《关于谭庄乡人大主席团工作报告》，并形成相关决议。会议选举产生副乡长 1 名。

二、会议选举

人大组成成员

主　席：杨翠祥（2002 年 6 月—2004 年 6 月）

　　　　孟庆贵（2004 年 7 月—2007 年 3 月）

副主席：谷进国（2002 年 6 月—2007 年 3 月）

乡政府组成成员

乡　长：路建明（2002 年 6 月—2003 年 4 月）

　　　　苏　智（2003 年 4 月—2005 年 5 月）

　　　　梁风斌（2005 年 5 月—2007 年 3 月）

副乡长：曹延亮（2002 年 6 月—2006 年 4 月）

　　　　赵志峰（2002 年 7 月—2006 年 6 月）

　　　　侯大明（2006 年 4 月—2007 年 3 月）

第八节　第八届人民代表大会

谭庄乡第八届人民代表大会任期 5 年，自 2007 年 3 月至 2012 年 2 月。

一、人民代表大会

第一次会议　2007 年 3 月召开，出席代表 45 名（应到 47 名）。会议听取和审议《谭庄乡人民政府工作报告》《关于谭庄乡 2006 年预算执行情况和 2007 年预算报告》《关于谭庄乡人大主席团工作报告》，并形成相关决议。会议选举产生主席 1 名，副主席 1 名，乡长 1 名，副乡长 1 名。

第二次会议　2008 年 3 月召开，出席代表 43 名（应到 47 名）。会议听取和审议《谭庄乡人民政府工作报告》《关于谭庄乡 2007 年预算执行情况和 2008 年预算报告》《关于谭庄乡人大主席团工作报告》，并形成相关决议。

第三次会议　2009 年 3 月召开，出席代表 45 名（应到 47 名）。会议听取和审议《谭庄乡人民政府工作报告》《关于谭庄乡 2008 年预算执行情况和 2009 年预算报告》《关于谭庄乡人大主席团工作报告》，并形成相关决议。会议选举产生主席 1 名，乡长 1 名。

第四次会议　2010 年 3 月召开，出席代表 42 名（应到 47 名）。会议听取和审议《谭庄乡人民政府工作报告》《关于谭庄乡 2009 年预算执行情况和 2010 年预算报告》《关于谭庄乡人大主席团工作报告》，并形成相关决议。

第五次会议　2011 年 3 月召开，出席代表 44 名（应到 47 名）。会议听取和审议《谭庄乡人民政府工作报告》《关于谭庄乡 2009 年预算执行情况和 2010 年预算报告》《关于谭庄乡人大主席团工作报告》，并形成相关决议。会议选举产生副主席 1 名，副乡长 2 名。

第六次会议 2011年9月召开，出席代表40名（应到47名）。会议选举产生乡长1名。

二、会议选举

人大组成成员

主　席：樊秉志（2007年3月—2009年3月）

　　　　曹建敏（2009年3月—2012年2月）

副主席：赵永辉（2007年3月—2009年5月）

　　　　张建华（2011年3月—2012年2月）

乡政府组成成员

乡　长：梁风斌（2007年3月—2009年3月）

　　　　彭罗智（2009年3月—2011年3月）

　　　　樊秉志（2011年9月—2012年2月）

副乡长：侯大明（2007年3月—2011年9月）

　　　　刘永峰（2011年3月—2012年2月）

　　　　彭华丽（2011年3月—2012年2月）

第九节　第九届人民代表大会

谭庄乡第九届人民代表大会任期5年，自2012年2月至2017年1月。

一、人民代表大会

第一次会议 2012年2月召开，出席代表45名（应到47名）。会议听取和审议《谭庄乡人民政府工作报告》《谭庄乡第九届人民代表大会代表资格审查报告》《谭庄乡第九届人民代表大会筹备工作情况的报告》《关于谭庄乡2011年预算执行情况和2012年预算报告》《关于谭庄乡人大主席团工作报告》，并形成相关决议。会议选举产生主席1名，副主席1名，乡长1名，副乡长2名。

第二次会议 2013年3月召开，出席代表43名（应到47名）。会议听取和审议《谭庄乡人民政府工作报告》《关于谭庄乡2012年预算执行情况和2013年预算报告》《关于谭庄乡人大主席团工作报告》，并形成相关决议。

第三次会议 2014年1月召开，出席代表44名（应到47名）。会议听取和审议《谭庄乡人民政府工作报告》《关于谭庄乡2013年预算执行情况和2014年预算报告》《关于谭庄乡人大主席团工作报告》，并形成相关决议。会议选举产生主席1名。

第四次会议 2015年3月召开，出席代表45名（应到47名）。会议听取和审议《谭庄乡人民政府工作报告》《关于谭庄乡2014年预算执行情况和2015年预算报告》《关于谭庄乡人大主席团工作报告》，并形成相关决议。会议选举产生乡长 1 名。

第五次会议　2016 年 3 月召开，出席代表 43 名（应到 47 名）。会议听取和审议《谭庄乡人民政府工作报告》《关于谭庄乡 2015 年预算执行情况和 2016 年预算报告》《关于谭庄乡人大主席团工作报告》，并形成相关决议。

二、会议选举

人大组成成员

主　席：曹建敏（2012 年 2 月—2012 年 5 月）

　　　　李龙飞（2014 年 1 月—2017 年 1 月）

副主席：张建华（2012 年 2 月—2017 年 1 月）

乡政府组成成员

乡　长：樊秉志（2012 年 2 月—2015 年 3 月）

　　　　耿喜红（2015 年 3 月—2017 年 1 月）

副乡长：刘永峰（2012 年 2 月—2017 年 1 月）

　　　　彭华丽（2012 年 2 月—2017 年 1 月）

第十节　第十届人民代表大会

谭庄乡第十届人民代表大会自 2017 年 3 月至 2021 年 5 月，因提前换届，任期未满 5 年。

一、人民代表大会

第一次会议　2017 年 3 月召开，出席代表 45 名（应到 46 名）。会议听取和审议《谭庄乡人民政府工作报告》《谭庄乡第十届人民代表大会代表资格审查报告》《谭庄乡第十届人民代表大会筹备工作情况的报告》《关于谭庄乡 2016 年预算执行情况和 2017 年预算报告》《关于谭庄乡人大主席团工作报告》，并形成相关决议。会议选举产生主席 1 名，副主席 1 名，乡长 1 名，副乡长 2 名。

第二次会议　2018 年 3 月召开，出席代表 42 名（应到 46 名）。会议听取和审议《谭庄乡人民政府工作报告》《关于谭庄乡 2017 年预算执行情况和 2018 年预算报告》《关于谭庄乡人大主席团工作报告》，并形成相关决议。

第三次会议　2019 年 1 月召开，出席代表 45 名（应到 46 名）。会议选举产生乡长 1 名。

第四次会议　2019 年 4 月召开，出席代表 44 名（应到 46 名）。会议听取和审议《谭庄乡人民政府工作报告》《关于谭庄乡 2018 年预算执行情况和 2019 年预算报告》《关于谭庄乡人大主席团工作报告》，并形成相关决议。会议选举产生主席 1 名，副乡长 1 名。

第五次会议　2020 年 6 月召开，出席代表 43 名（应到 46 名）。会议选举产生副乡长

1 名。

二、会议选举

人大组成成员

主　席：李龙飞（2017 年 3 月—2019 年 4 月）

　　　　赵　沛（2019 年 4 月—2021 年 5 月）

副主席：付晓丽（2017 年 3 月—2021 年 1 月）

乡政府组成成员

乡　长：耿喜红（2017 年 3 月—2019 年 1 月）

　　　　康志辉（2019 年 1 月—2021 年 5 月）

副乡长：张国梁（2017 年 3 月—2019 年 4 月）

　　　　程红录（2017 年 3 月—2021 年 5 月）

　　　　李明龙（2019 年 4 月—2021 年 5 月）

　　　　李　铮（2020 年 6 月—2021 年 5 月）

第十一节　第十一届人民代表大会

谭庄乡第十一届人民代表大会自 2021 年 6 月至今（未届满）。

一、人民代表大会

第一次会议　2021 年 6 月召开，出席代表 49 名（应到 51 名）。会议听取和审议《谭庄乡人民政府工作报告》《谭庄乡第十一届人民代表大会代表资格审查报告》《关于谭庄乡 2020 年预算执行情况和 2021 年预算报告》《关于谭庄乡人大主席团工作报告》，并形成相关决议。会议选举产生主席 1 名，副主席 2 名，乡长 1 名，副乡长 3 名。

第二次会议　2022 年 3 月召开，出席代表 46 名（应到 51 名）。会议听取和审议《谭庄乡人民政府工作报告》《关于谭庄乡 2021 年预算执行情况和 2022 年预算报告》《关于谭庄乡人大主席团工作报告》，并形成相关决议。

第三次会议　2022 年 10 月召开，出席代表 47 名（应到 51 名）。会议选举产生副主席 1 名，副乡长 1 名。

第四次会议　2023 年 4 月召开，出席代表 46 名（应到 51 名）。会议听取和审议《谭庄乡人民政府工作报告》《关于谭庄乡 2022 年预算执行情况和 2023 年预算报告》、《关于谭庄乡人大主席团工作报告》，并形成相关决议。会议选举产生副乡长 1 名。

第五次会议　2023 年 12 月召开，出席代表 46 名（应到 51 名）。议会选举产生副主席 1 名。

二、会议选举

人大组成成员

主　席：马　珊（2021 年 6 月— 2023 年 12 月）

副主席：辛　超（2021 年 6 月—2023 年 4 月）

马珂雨（2021 年 6 月—2022 年 10 月）

崔树坤（2022 年 10 月—2023 年 12 月）

马正欣（2023 年 12 月— 今）

乡政府组成成员

乡　长：谷泽宇（2021 年 6 月— 2023 年 12 月）

副乡长：程红录（2021 年 6 月—2022 年 9 月）

李　峥（2021 年 6 月—2023 年 12 月）

郑君可（2021 年 6 月—2022 年 10 月）

李燕红（2022 年 10 月—2023 年 12 月）

梁　文（2023 年 4 月—2023 年 12 月）

第十一章　南燕川乡

南燕川乡位于灵寿县中西部，距县城30千米，属于山区乡镇，全乡面积69.19平方千米。辖17个行政村，总人口1.3万余人，乡政府驻南燕川村。

1953年置乡，1958年10月并入正定县，1961年5月改为南燕川人民公社。1984年1月全县恢复乡镇体制，改为南燕川乡，至今未变。

从1984年4月召开第一届人民代表大会至今，共召开11届人民代表大会。其中第一届至第六届每届任期3年，第七届至第十一届任期5年。

第一节　第一届人民代表大会

南燕川乡第一届人民代表大会任期3年，自1984年4月至1987年4月。

一、人民代表大会

第一次会议　1984年4月18日召开，出席代表68名（应到70名）。会议听取和审议《南燕川乡人民政府工作报告》，并形成相关决议。会议选举产生乡长1名，副乡长2名。

第二次会议　1985年4月15日召开，出席代表65名（应到70名）。会议听取和审议《南燕川乡人民政府工作报告》，并形成相关决议。会议选举产生副乡长2名。

第三次会议　1986年3月15日召开，出席代表66名（应到70名）。会议听取和审议《南燕川乡人民政府工作报告》，并形成相关决议。

二、会议选举

乡政府组成成员

乡　长：胡书才（1984年4月—1987年4月）

副乡长：马金山（1984年4月—1985年4月）

赵志云（1984年4月—1985年4月）

吕秀林（1985年4月—1987年4月）

靳风川（1985年4月—1987年4月）

第二节　第二届人民代表大会

南燕川乡第二届人民代表大会任期 3 年，自 1987 年 4 月至 1990 年 4 月。

一、人民代表大会

第一次会议　1987 年 4 月 17 日召开，出席代表 34 名（应到 37 名）。会议听取和审议《南燕川乡人民政府工作报告》《关于南燕川乡 1986 年预算执行情况和 1987 年预算报告》，并形成相关决议。会议选举产生乡长 1 名，副乡长 2 名。

第二次会议　1988 年 6 月 15 日召开，出席代表 34 名（应到 37 名）。会议听取和审议《南燕川乡人民政府工作报告》《关于南燕川乡 1987 年预算执行情况和 1988 年预算报告》，并形成相关决议。会议选举产生乡长 1 名，副乡长 1 名。

第三次会议　1989 年 12 月 15 日召开，出席代表 33 名（应到 37 名）。会议听取和审议《南燕川乡人民政府工作报告》《关于南燕川乡 1988 年预算执行情况和 1989 年预算报告》，并形成相关决议。

二、会议选举

乡政府组成成员

乡　长：赵志云（1987 年 4 月—1988 年 4 月）

贡灵谭（1988 年 6 月—1990 年 4 月）

副乡长：靳风川（1987 年 4 月—1988 年 5 月）

赵喜祥（1987 年 4 月—1990 年 4 月）

刘艮芳（1988 年 6 月—1990 年 4 月）

第三节　第三届人民代表大会

南燕川乡第三届人民代表大会任期 3 年，自 1990 年 4 月至 1993 年 4 月。

一、人民代表大会

第一次会议　1990 年 4 月 18 日召开，出席代表 50 名（应到 51 名）。会议听取和审议《南燕川乡人民政府工作报告》《南燕川乡第三届人民代表大会代表资格审查报告》《关于南燕川乡第三届人民代表大会筹备工作情况的报告》《关于南燕川乡 1989 年预算执行情况和 1990 年预算报告》，并形成相关决议。会议选举产生主席 1 名，乡长 1 名，副乡长 3 名。

第二次会议　1990 年 12 月召开，出席代表 49 名（应到 51 名）。会议选举产生副乡长 2 名。

第三次会议 1991年3月20日召开，出席代表48名（应到51名）。会议听取和审议《南燕川乡人民政府工作报告》《关于南燕川乡1990年预算执行情况和1991年预算报告》，并形成相关决议。会议选举产生乡长1名。

第四次会议 1992年4月15日召开，出席代表49名（应到51名）。会议听取和审议《南燕川乡人民政府工作报告》《关于南燕川乡1991年预算执行情况和1992年预算报告》，并形成相关决议。会议选举产生主席1名，副乡长1名。

二、会议选举

人大组成成员

主　席：胡书才（1990年4月—1992年4月）
　　　　万福明（1992年4月—1993年4月）

乡政府组成成员

乡　长：武际国（1990年4月—1991年3月）
　　　　赵喜祥（1991年3月—1993年4月）

副乡长：王世忠（1990年4月—1993年4月）
　　　　胡秀平（1990年4月—1990年12月）
　　　　王敬信（1990年4月—1992年4月）
　　　　杨翠祥（1990年12月—1993年4月）
　　　　马地震（1990年12月—1993年4月）
　　　　王旭阳（1992年4月—1993年4月）

第四节　第四届人民代表大会

南燕川乡第四届人民代表大会任期3年，自1993年5月至1996年1月。

一、人民代表大会

第一次会议 1993年5月13日召开，出席代表34名（应到36名）。会议听取和审议《南燕川乡人民政府工作报告》《南燕川乡第四届人民代表大会代表资格审查报告》《关于南燕川乡第四届人民代表大会筹备工作情况的报告》《关于南燕川乡1992年预算执行情况和1993年预算报告》《关于南燕川乡人大主席团工作报告》，并形成相关决议。会议选举产生主席1名，乡长1名，副乡长4名。

第二次会议 1994年5月15日召开，出席代表35名（应到36名）。会议听取和审议《南燕川乡人民政府工作报告》《关于南燕川乡1993年预算执行情况和1994年预算报告》并形成相关决议。会议选举产生乡长1名，副乡长2名。

第三次会议 1995年3月13日召开，出席代表34名（应到36名）。会议听取和审议

《南燕川乡人民政府工作报告》《关于南燕川乡1994年预算执行情况和1995年预算报告》，并形成相关决议。

二、会议选举

人大组成成员

主　席：万福明（1993年5月—1996年1月）

乡政府组成成员

乡　长：赵喜祥（1993年5月—1994年5月）

杨正吉（1994年5月—1996年1月）

副乡长：马地震（1993年5月—1994年9月）

王旭阳（1993年5月—1994年5月）

杨翠祥（1993年5月—1994年5月）

王世忠（1993年5月—1994年5月）

张振合（1994年5月—1996年1月）

王永会（1994年5月—1996年1月）

第五节　第五届人民代表大会

南燕川乡第五届人民代表大会任期3年，自1996年5月至1999年5月。

一、人民代表大会

第一次会议　1996年5月12日召开，出席代表30名（应到32名）。会议听取和审议《南燕川乡人民政府工作报告》《南燕川乡第五届人民代表大会代表资格审查报告》《关于南燕川乡第五届人民代表大会筹备工作情况的报告》《关于南燕川乡1995年预算执行情况和1996年预算报告》，并形成相关决议。会议选举产生主席1名，乡长1名，副乡长3名。

第二次会议　1997年5月12日召开，出席代表31名（应到32名）。会议听取和审议《南燕川乡人民政府工作报告》《关于南燕川乡1996年预算执行情况和1997年预算报告》，并形成相关决议。

第三次会议　1998年3月13日召开，出席代表32名（应到32名）。会议听取和审议《南燕川乡人民政府工作报告》《关于南燕川乡1997年预算执行情况和1998年预算报告》并形成相关决议。会议选举产生主席1名，乡长1名，副乡长3名。

二、会议选举

人大组成成员

主　席：何锡彪（1996年5月—1998年3月）

任庆林（1998 年 3 月—1999 年 5 月）

乡政府组成成员

乡　长：靳祖军（1996 年 5 月—1998 年 2 月）

王先见（1998 年 3 月—1999 年 5 月）

副乡长：张振合（1996 年 5 月—1998 年 3 月）

陈国云（1996 年 5 月—1998 年 3 月）

梁春生（1996 年 5 月—1998 年 3 月）

白庆芳（1998 年 3 月—1999 年 5 月）

王书堂（1998 年 3 月—1999 年 5 月）

赵绪俭（1998 年 3 月—1999 年 5 月）

第六节　第六届人民代表大会

南燕川乡第六届人民代表大会任期 3 年，自 1999 年 6 月至 2002 年 6 月。

一、人民代表大会

第一次会议　1999 年 6 月 20 日召开，出席代表 33 名（应到 35 名）。会议听取和审议《南燕川乡人民政府工作报告》《南燕川乡第六届人民代表大会代表资格审查报告》《关于南燕川乡第六届人民代表大会筹备工作情况的报告》《关于南燕川乡 1995 年预算执行情况和 1996 年预算报告》《关于南燕川乡人大主席团工作报告》，并形成相关决议。会议选举产生主席 1 名，乡长 1 名，副乡长 3 名。

第二次会议　1999 年 11 月召开，出席代表 34 名（应到 35 名）。会议选举产生乡长 1 名。

二、会议选举

人大组成成员

主　席：任庆林（1999 年 6 月—2002 年 6 月）

乡政府组成成员

乡　长：王先见（1999 年 6 月—1999 年 11 月）

崔春生（1999 年 11 月—2002 年 6 月）

副乡长：白庆芳（1999 年 6 月—2002 年 6 月）

赵绪俭（1999 年 6 月—2002 年 6 月）

王书堂（1999 年 6 月—2002 年 6 月）

第七节　第七届人民代表大会

南燕川乡第七届人民代表大会任期5年，自2002年6月至2007年3月。

一、人民代表大会

第一次会议　2002年6月18日召开，出席代表32名（应到32名）。会议听取和审议《南燕川乡人民政府工作报告》《南燕川乡第七届人民代表大会代表资格审查报告》《关于南燕川乡第七届人民代表大会筹备工作情况的报告》《关于南燕川乡2001年预算执行情况和2002年预算报告》《关于南燕川乡人大主席团工作报告》，并形成相关决议。会议选举产生主席1名，乡长1名，副乡长1名。

第二次会议　2002年11月召开，出席代表30名（应到32名）。会议选举产生副乡长2名。

第三次会议　2003年4月23日召开，出席代表31名（应到32名）。会议听取和审议《南燕川乡人民政府工作报告》《关于南燕川乡2002年预算执行情况和2003年预算报告》，并形成相关决议。

第四次会议　2004年5月15日召开，出席代表30名（应到32名）。会议听取和审议《南燕川乡人民政府工作报告》《关于南燕川乡2003年预算执行情况和2004年预算报告》，并形成相关决议。

第五次会议　2005年5月17日召开，出席代表30名（应到32名）。会议听取和审议《南燕川乡人民政府工作报告》《关于南燕川乡2004年预算执行情况和2005年预算报告》，并形成相关决议。会议选举产生乡长1名。

第六次会议　2006年4月召开，出席代表29名（应到32名）。会议选举产生副乡长1名。

二、会议选举

人大组成成员

主　席：刘荣军（2002年6月—2007年3月）

乡政府组成成员

乡　长：李学忠（2002年6月—2005年5月）

　　　　高　峰（2005年5月—2007年3月）

副乡长：李振彪（2002年6月—2002年11月）

　　　　侯大明（2002年11月—2004年6月）

　　　　任志文（2002年11月—2007年3月）

　　　　丁红海（2006年4月—2007年3月）

第八节　第八届人民代表大会

南燕川乡第八届人民代表大会任期5年，自2007年3月至2012年2月。

一、人民代表大会

第一次会议　2007年3月22日召开，出席代表33名（应到33名）。会议听取和审议《南燕川乡人民政府工作报告》《南燕川乡第八届人民代表大会代表资格审查报告》《关于南燕川乡第八届人民代表大会筹备工作情况的报告》《关于南燕川乡2006年预算执行情况和2007年预算报告》，并形成相关决议。会议选举产生主席1名，副主席1名，乡长1名，副乡长2名。

第二次会议　2008年5月15日召开，出席代表30名（应到33名）。会议听取和审议《南燕川乡人民政府工作报告》《关于南燕川乡2007年预算执行情况和2008年预算报告》，并形成相关决议。

第三次会议　2009年3月17日召开，出席代表32名（应到33名）。会议听取和审议《南燕川乡人民政府工作报告》《关于南燕川乡2008年预算执行情况和2009年预算报告》，并形成相关决议。会议选举产生乡长1名。

第四次会议　2010年1月20日召开，出席代表33名（应到33名）。会议听取和审议《南燕川乡人民政府工作报告》《关于南燕川乡2009年预算执行情况和2010年预算报告》，并形成相关决议。会议选举产生乡长1名。

第五次会议　2011年3月23日召开，出席代表31名（应到33名）。会议听取和审议《南燕川乡人民政府工作报告》《关于南燕川乡2010年预算执行情况和2011年预算报告》《关于南燕川乡人大主席团工作报告》，并形成相关决议。会议选举产生主席1名，副主席1名，副乡长1名。

第六次会议　2011年9月召开，出席代表30名（应到33名）。会议选举产生乡长1名。

二、会议选举

人大组成成员

主　席：刘银生（2007年3月—2011年3月）

　　　　徐东亮（2011年3月—2012年2月）

副主席：杨文竹（2007年3月—2011年3月）

　　　　时克武（2011年3月—2012年2月）

乡政府组成成员

乡　长：高　峰（2007年3月—2009年3月）

周荣亮（2009 年 3 月—2010 年 1 月）
周建红（2010 年 1 月—2011 年 9 月）
张金龙（2011 年 9 月—2012 年 2 月）
副乡长：丁红海（2007 年 3 月—2009 年 7 月）
任志文（2007 年 3 月—2009 年 5 月）
张玉华（2009 年 5 月—2011 年 9 月）
夏二朝（2011 年 3 月—2012 年 2 月）

第九节　第九届人民代表大会

南燕川乡第九届人民代表大会任期 5 年，自 2012 年 2 月至 2017 年 1 月。

一、人民代表大会

第一次会议　2012 年 2 月 13 日召开，出席代表 37 名（应到 39 名）。会议听取和审议《南燕川乡人民政府工作报告》《南燕川乡第九届人民代表大会代表资格审查报告》《关于南燕川乡第九届人民代表大会筹备工作情况的报告》《关于南燕川乡 2011 年预算执行情况和 2012 年预算报告》《关于南燕川乡人大主席团工作报告》，并形成相关决议。会议选举产生主席 1 名，副主席 1 名，乡长 1 名，副乡长 1 名。

第二次会议　2012 年 7 月召开，出席代表 38 名（应到 39 名）。会议选举产生副乡长 1 名。

第三次会议　2013 年 7 月 22 日召开，出席代表 35 名（应到 39 名）。会议听取和审议《南燕川乡人民政府工作报告》《关于南燕川乡 2012 年预算执行情况和 2013 年预算报告》，并形成相关决议。

第四次会议　2014 年 1 月 15 日召开，出席代表 38 名（应到 39 名）。会议听取和审议《南燕川乡人民政府工作报告》《关于南燕川乡 2013 年预算执行情况和 2014 年预算报告》，并形成相关决议。会议选举产生乡长 1 名。

第五次会议　2015 年 4 月 17 日召开，出席代表 36 名（应到 39 名）。会议听取和审议《南燕川乡人民政府工作报告》《关于南燕川乡 2014 年预算执行情况和 2015 年预算报告》并形成相关决议。会议选举产生副乡长 1 名。

第六次会议　2016 年 4 月 13 日召开，出席代表 38 名（应到 39 名）。会议听取和审议《南燕川乡人民政府工作报告》《关于南燕川乡 2014 年预算执行情况和 2015 年预算报告》，并形成相关决议。

二、会议选举

人大组成成员

主　席：徐东亮（2012 年 2 月—2016 年 4 月）

副主席：时克武（2012 年 2 月—2017 年 1 月）

乡政府组成成员

乡　长：张金龙（2012 年 2 月—2014 年 1 月）

　　　　杨会军（2014 年 1 月—2017 年 1 月）

副乡长：夏二朝（2012 年 2 月—2015 年 4 月）

　　　　张军辉（2012 年 7 月—2017 年 1 月）

　　　　王延飞（2015 年 4 月—2017 年 1 月）

第十节　第十届人民代表大会

南燕川乡第十届人民代表大会自 2017 年 2 月至 2021 年 5 月，因提前换届，任期未满 5 年。

一、人民代表大会

第一次会议　2017 年 2 月 14 日召开，出席代表 42 名（应到 42 名）。会议听取和审议《南燕川乡人民政府工作报告》《南燕川乡第十届人民代表大会代表资格审查报告》《关于南燕川乡第十届人民代表大会筹备工作情况的报告》《关于南燕川乡 2015 年预算执行情况和 2016 年预算报告》《关于南燕川乡人大主席团工作报告》，并形成相关决议。会议选举产生主席 1 名，副主席 2 名，乡长 1 名，副乡长 2 名。

第二次会议　2018 年 5 月 15 日召开，出席代表 41 名（应到 42 名）。会议听取和审议《南燕川乡人民政府工作报告》《关于南燕川乡 2017 年预算执行情况和 2018 年预算报告》并形成相关决议。会议选举产生乡长 1 名，副乡长 2 名。

第三次会议　2019 年 5 月 17 日召开，出席代表 42 名（应到 42 名）。会议听取和审议《南燕川乡人民政府工作报告》《关于南燕川乡 2018 年预算执行情况和 2019 年预算报告》并形成相关决议。会议选举产生主席 1 名。

第四次会议　2020 年 5 月 11 日召开，出席代表 41 名（应到 42 名）。会议听取和审议《南燕川乡人民政府工作报告》《关于南燕川乡 2019 年预算执行情况和 2020 年预算报告》，并形成相关决议。

二、会议选举

人大组成成员

主　席：尹军方（2017 年 2 月—2019 年 8 月）

　　　　王新全（2019 年 5 月—2021 年 5 月）

副主席：时克武（2017 年 2 月—2021 年 5 月）

　　　　赵梦杰（2017 年 2 月—2021 年 5 月）

乡政府组成成员

乡　长：杨会军（2017 年 2 月—2018 年 4 月）

张晓燕（2018 年 5 月—2021 年 5 月）

副乡长：王延飞（2017 年 2 月—2018 年 4 月）

张军辉（2017 年 2 月—2018 年 4 月）

马　烈（2018 年 5 月—2021 年 5 月）

祁连江（2018 年 5 月—2021 年 5 月）

第十一节　第十一届人民代表大会

南燕川乡第十一届人民代表大会自 2021 年 6 月至今（未届满）。

一、人民代表大会

第一次会议　2021 年 6 月 20 日召开，出席代表 53 名（应到 53 名）。会议听取和审议《南燕川乡人民政府工作报告》《南燕川乡第十一届人民代表大会代表资格审查报告》《关于南燕川乡第十一届人民代表大会筹备工作情况的报告》《关于南燕川乡 2020 年预算执行情况和 2021 年预算报告》《关于南燕川乡人大主席团工作报告》，并形成相关决议。会议选举产生主席 1 名，副主席 2 名，乡长 1 名，副乡长 3 名。

第二次会议　2022 年 10 月 22 日召开，出席代表 52 名（应到 53 名）。会议听取和审议《南燕川乡人民政府工作报告》《关于南燕川乡 2021 年预算执行情况和 2022 年预算报告》，并形成相关决议。会议选举产生副主席 1 名，副乡长 2 名。

第三次会议　2023 年 4 月 15 日召开，出席代表 35 名（应到 37 名）。会议听取和审议《南燕川乡人民政府工作报告》《关于南燕川乡 2022 年预算执行情况和 2023 年预算报告》，并形成相关决议。

二、会议选举

人大组成成员

主　席：赵永山（2021 年 6 月—2023 年 12 月）

副主席：赵　昆（2021 年 6 月—2022 年 10 月）

柳新清（2021 年 6 月—2023 年 12 月）

李学文（2022 年 10 月—2023 年 12 月）

乡政府组成成员

乡　长：左一雄（2021 年 6 月—2023 年 12 月）

副乡长：赵梦杰（2021 年 6 月—2022 年 8 月）

王亚丽（2021 年 6 月—2022 年 10 月）

赵晓凯（2021 年 6 月—2023 年 12 月）

王亚男（2022 年 10 月—2023 年 12 月）

郑君可（2022 年 10 月—2023 年 12 月）

第十二章　岔头镇

岔头镇位于灵寿县西北部山区，距县城 33 千米，总面积 93.82 平方千米。全镇有 6746 户，18494 人。辖 18 个行政村，镇政府驻西岔头村。

1956 年置乡，1958 年灵寿与正定县合县，1961 年 5 月改为西岔头人民公社。1984 年 1 月全县恢复乡镇体制，改为西岔头乡。1992 年 6 月西岔头乡撤乡建镇，改为西岔头镇。1996 年 1 月，原寨南乡并入岔头镇。

从 1984 年 4 月召开第一届人民代表大会至今，岔头镇共召开 11 届人民代表大会（其中并乡扩镇前 4 届，并镇后 7 届）。

第一节　并乡扩镇前人民代表大会

一、寨南乡人民代表大会

1984 年 4 月至 1996 年 1 月并乡扩镇，寨南乡共召开 4 届人民代表大会。

（一）第一届人民代表大会

寨南乡第一届人民代表大会任期 3 年，自 1984 年 4 月至 1987 年 4 月。

1. 人民代表大会

第一次会议　1984 年 4 月 17 日召开，出席代表 29 名（应到 37 名）。会议听取和审议《寨南乡人民政府工作报告》《寨南乡第一届人民代表大会代表资格审查报告》《寨南乡第一届人民代表大会筹备工作情况的报告》《关于寨南乡 1983 年预算执行情况和 1984 年预算报告》，并形成相关决议。会议选举产生乡长 1 名，副乡长 3 名。

第二次会议　1984 年 5 月召开，出席代表 31 名（应到 37 名）。会议选举产生副乡长 1 名。

第三次会议　1985 年 5 月召开，出席代表 31 名（应到 37 名）。会议听取和审议《寨南乡人民政府工作报告》，并形成相关决议。会议选举产生副乡长 1 名。

2. 会议选举

乡政府组成成员

乡　长：张连根（1984 年 4 月—1987 年 3 月）

副乡长：肖永海（1984 年 4 月—1985 年 5 月）
高振华（1984 年 4 月—1984 年 8 月）
王进民（1984 年 4 月—1987 年 3 月）
孙玉云（1984 年 5 月—1985 年 5 月）
张丛生（1985 年 5 月—1987 年 4 月）

（二）第二届人民代表大会

寨南乡第二届人民代表大会任期 3 年，自 1987 年 4 月至 1990 年 4 月。

1. 人民代表大会

第一次会议　1987 年 4 月 16 日召开，出席代表 27 名（应到 33 名）。会议听取和审议《寨南乡人民政府工作报告》《寨南乡第二届人民代表大会代表资格审查报告》《寨南乡第二届人民代表大会筹备工作情况的报告》《关于寨南乡 1986 年预算执行情况和 1987 年预算报告》，并形成相关决议。会议选举产生乡长 1 名，副乡长 1 名。

第二次会议　1987 年 11 月召开，出席代表 28 名（应到 33 名）。会议选举产生副乡长 1 名。

第三次会议　1989 年 8 月召开，出席代表 29 名（应到 33 名）。会议选举产生副乡长 2 名。

2. 会议选举

乡政府组成成员

乡　长：卢书臣（1987 年 4 月—1990 年 4 月）
副乡长：张丛生（1987 年 4 月—1989 年 8 月）
郝建忠（1987 年 11 月—1989 年 8 月）
张喜爱（1989 年 8 月—1990 年 4 月）
吴富国（1989 年 8 月—1990 年 4 月）

（三）第三届人民代表大会

寨南乡第三届人民代表大会任期 3 年，自 1990 年 4 月至 1993 年 5 月。

1. 人民代表大会

第一次会议　1990 年 4 月 1 日召开，出席代表 36 名（应到 44 名）。会议听取和审议《寨南乡人民政府工作报告》《寨南乡第三届人民代表大会代表资格审查报告》《寨南乡第三届人民代表大会筹备工作情况的报告》《关于寨南乡 1990 年预算执行情况和 1991 年预算报告》《关于寨南乡人大工作报告》，并形成相关决议。会议选举产生主席 1 名，乡长 1 名，副乡长 3 名。

第二次会议　1991 年 7 月召开，出席代表 39 名（应到 44 名）。会议听取和审议《寨南乡人民政府工作报告》《关于寨南乡人大主席团工作报告》，并形成相关决议。会议选举产生副乡长 1 名。

2. 会议选举

人大组成成员

主　席：周克玉（1990 年 4 月—1993 年 1 月）

乡政府组成成员

乡　长：卢书辰（1990 年 4 月—1993 年 1 月）

副乡长：张喜爱（1990 年 4 月—1993 年 1 月）

武富国（1990 年 4 月—1992 年 12 月）

王秀兰（1990 年 4 月—1991 年 3 月）

孟庆贵（1991 年 7 月—1992 年 3 月）

（四）第四届人民代表大会

寨南乡第四届人民代表大会任期 3 年，自 1993 年 5 月至 1996 年 1 月。

1. 人民代表大会

第一次会议　1993 年 5 月 28 日召开，出席代表 44 名（应到 44 名）。会议听取和审议《寨南乡人民政府工作报告》《关于寨南乡人大工作报告》《关于国民经济和社会发展计划报告》《关于寨南乡 1992 年预算执行情况和 1993 年预算报告》，并形成相关决议。会议选举产生主席 1 名，乡长 1 名，副乡长 2 名。

第二次会议　1994 年 1 月召开，出席代表 43 名（应到 44 名）。会议听取和审议《寨南乡人民政府工作报告》《关于寨南乡 1993 年预算执行情况和 1994 年预算报告》《关于寨南乡人大工作报告》，并形成相关决议。会议选举产生乡长 1 名。

第三次会议　1994 年 7 月召开，出席代表 43 名（应到 44 名）。会议选举产生副乡长 2 名。

2. 会议选举

人大组成成员

主　席：董玉歧（1993 年 5 月—1996 年 1 月）

乡政府组成成员

乡　长：张云平（1993 年 5 月—1994 年 1 月）

王云来（1994 年 1 月—1996 年 1 月）

副乡长：张新芳（1993 年 5 月—1996 年 1 月）

曹延亮（1993 年 5 月—1996 年 1 月）

高常青（1994 年 7 月—1995 年 12 月）

祁书学（1994 年 7 月—1995 年 12 月）

二、西岔头乡人民代表大会

1984 年 4 月至 1996 年 1 月并乡扩镇前，西岔头乡共召开 4 届人民代表大会。

（一）第一届人民代表大会

西岔头乡第一届人民代表大会任期 3 年，自 1984 年 4 月至 1987 年 4 月。

1. 人民代表大会

第一次会议 1984 年 4 月 14 日召开，出席代表 84 名（应到 84 名）。会议听取和审议《西岔头乡人民政府工作报告》《西岔头乡第一届人民代表大会代表资格审查报告》《西岔头乡第一届人民代表大会筹备工作情况的报告》《关于西岔头乡 1983 年预算执行情况和 1984 年预算报告》，并形成相关决议。会议选举产生乡长 1 名，副乡长 2 名。

第二次会议 1985 年 4 月召开，出席代表 79 名（应到 84 名）。会议听取和审议《西岔头乡人民政府工作报告》《关于西岔头乡 1984 年预算执行情况和 1985 年预算报告》，并形成相关决议。会议选举产生乡长 1 名。

第三次会议 1985 年 5 月召开，出席代表 79 名（应到 84 名）。会议选举产生副乡长 1 名。

第四次会议 1985 年 9 月召开，出席代表 82 名（应到 84 名）。大会听取和审议《西岔头乡人民政府工作报告》，并形成相关决议。会议选举产生乡长 1 名，副乡长 1 名。

第五次会议 1986 年 10 月召开，出席代表 81 名（应到 84 名）。会议选举产生乡长 1 名，副乡长 1 名。

第六次会议 1987 年 3 月召开，出席代表 79 名（应到 84 名）。会议听取和审议《西岔头乡人民政府工作报告》《关于西岔头乡 1986 年预算执行情况和 1987 年预算报告》，并形成相关决议。会议选举产生副乡长 1 名。

2. 会议选举

乡政府组成成员

乡　长：贡灵谭（1984 年 4 月—1985 年 4 月）
杨建芳（1985 年 4 月—1985 年 9 月）
柳玉华（1985 年 9 月—1986 年 5 月）
折顺平（1986 年 10 月—1987 年 4 月）

副乡长：杨建芳（1984 年 4 月—1985 年 4 月）
赵和平（1984 年 4 月—1985 年 9 月）
折顺平（1985 年 5 月—1986 年 10 月）
杜风龙（1985 年 9 月—1987 年 3 月）
刘玉敏（1986 年 10 月—1987 年 4 月）

（二）第二届人民代表大会

西岔头乡第二届人民代表大会任期 3 年，自 1987 年 4 月至 1990 年 4 月。

1. 人民代表大会

第一次会议 1987 年 4 月 14 日召开，出席代表 33 名（应到 38 名）。会议听取和审议《西岔头乡人民政府工作报告》《西岔头乡第二届人民代表大会代表资格审查报告》《西岔头乡第二届人民代表大会筹备工作情况的报告》，并形成相关决议。会议选举产生乡长1名，副乡长2名。

第二次会议　1988年4月召开，出席代表35名（应到38名）。会议听取和审议《西岔头乡政府工作报告》，并形成相关决议。会议选举产生乡长1名。

第三次会议　1988年12月召开，出席代表35名（应到38名）。会议选举产生副乡长2名。

第四次会议　1989年4月召开，出席代表33名（应到38名）。会议听取和审议《西岔头人民乡政府工作报告》《关于西岔头乡1988年预算执行情况和1989年预算报告》，并形成相关决议。会议选举产生乡长1名，副乡长1名。

2. 会议选举

乡政府组成成员

乡　长：折顺平（1987年4月—1988年4月）
　　　　刘玉敏（1988年4月—1989年4月）
　　　　徐书军（1989年4月—1990年3月）
副乡长：夏云山（1987年4月—1990年3月）
　　　　耿书云（1987年4月—1990年3月）
　　　　王吉功（1988年12月—1989年6月）
　　　　傅天仓（1988年12月—1990年4月）
　　　　韩文录（1989年4月—1990年4月）

（三）第三届人民代表大会

西岔头乡第三届人民代表大会任期3年，自1990年4月至1993年1月。

1. 人民代表大会

第一次会议　1990年4月1日召开，出席代表43名（应到52名）。会议听取和审议《西岔头乡人民政府工作报告》《西岔头乡第三届人民代表大会代表资格审查报告》《西岔头乡第三届人民代表大会筹备工作情况的报告》，并形成相关决议。会议选举产生主席1名，乡长1名，副乡长3名。

第二次会议　1991年3月召开，出席代表41名（应到52名）。会议听取和审议《西岔头乡人民政府工作报告》《关于西岔头乡1990年预算执行情况和1991年预算报告》《关于西岔头乡人大主席团工作报告》，并形成相关决议。会议选举产生乡长1名。

第三次会议　1991年10月召开，出席代表41名（应到52名）。大会选举产生副乡长1名。

第四次会议　1992年2月召开，出席代表39名（应到52名）。会议听取和审议《西岔头镇人民政府工作报告》《关于西岔头乡1991年预算执行情况和1992年预算报告》《关于西岔头镇人大主席团工作报告》，并形成相关决议。会议选举产生副乡长1名。

第五次会议　1992年6月召开，出席代表39名（应到52名）。会议选举产生镇长1

名，副镇长 4 名。

2. 会议选举

人大组成成员

主　席：于有贵（1990 年 4 月—1993 年 1 月）

乡政府组成成员

乡　长：夏云山（1990 年 4 月—1991 年 3 月）

傅天仓（1991 年 3 月—1992 年 6 月）

镇　长：傅天仓（1992 年 6 月—1993 年 1 月）

副乡长：傅天仓（1990 年 4 月—1991 年 3 月）

刘荣军（1990 年 4 月—1991 年 3 月）

贾玉成（1990 年 4 月—1992 年 6 月）

彭士刚（1991 年 10 月—1992 年 6 月）

王秀兰（1992 年 2 月—1992 年 6 月）

副镇长：彭士刚（1992 年 6 月—1993 年 1 月）

贾玉成（1992 年 6 月—1993 年 1 月）

王秀兰（1992 年 6 月—1992 年 10 月）

张桂平（1992 年 6 月—1993 年 1 月）

（四）第四届人民代表大会

西岔头镇第四届人民代表大会任期 3 年，自 1993 年 5 月至 1996 年 1 月。

1. 人民代表大会

第一次会议　1993 年 5 月 13 日召开，出席代表 40 名（应到 44 名）。会议听取和审议《西岔头镇人民政府工作报告》《西岔头镇第四届人民代表大会代表资格审查报告》《西岔头镇第四届人民代表大会筹备工作情况的报告》《西岔头镇人大主席团工作报告》，并形成相关决议。会议选举产生主席 1 名，镇长 1 名，副镇长 3 名。

第二次会议　1994 年 1 月召开，出席代表 39 名（应到 44 名）。会议听取和审议《西岔头镇人民政府工作报告》《关于西岔头镇 1993 年预算执行情况和 1994 年预算报告》《西岔头镇人大主席团工作报告》，并形成相关决议。会议选举产生镇长 1 名，副镇长 3 名。

第三次会议　1995 年 1 月召开，出席代表 41 名（应到 44 名）。会议听取和审议《西岔头镇人民政府工作报告》《关于西岔头镇 1994 年预算执行情况和 1995 年预算报告》《关于西岔头镇人大主席团工作报告》，并形成相关决议。会议选举产生镇长 1 名，副镇长 1 名。

2. 会议选举

人大组成成员

主　席：于有贵（1993 年 5 月—1996 年 1 月）

镇政府组成成员

镇　长：傅天仓（1993 年 5 月—1994 年 1 月）

彭士刚（1994 年 1 月—1995 年 1 月）
张青鹏（1995 年 1 月—1995 年 12 月）
副镇长：贾玉成（1993 年 5 月—1994 年 1 月）
彭士刚（1993 年 5 月—1994 年 1 月）
张贵平（1993 年 5 月—1994 年 1 月）
刘银生（1994 年 1 月—1996 年 1 月）
李庆和（1994 年 1 月—1996 年 1 月）
柳新芳（1994 年 1 月—1995 年 1 月）
谢四合（1995 年 1 月—1996 年 1 月）

第二节　并乡扩镇后人民代表大会

自 1996 年 1 月至 2023 年 12 月，灵寿县并乡扩镇后，岔头镇共召开七届人民代表大会（第五届至第十一届）。

（一）第五届人民代表大会

岔头镇第五届人民代表大会任期 3 年，自 1996 年 5 月至 1999 年 3 月。

1. 人民代表大会

第一次会议　1996 年 5 月 14 日召开，出席代表 52 名（应到 56 名）。会议听取和审议《岔头镇人民政府工作报告》《岔头镇第五届人民代表大会代表资格审查报告》《岔头镇第五届人民代表大会筹备工作情况的报告》《关于岔头镇 1995 年预算执行情况和 1996 年预算报告》《岔头镇人大主席团工作报告》，并形成相关决议。会议选举产生主席 1 名，镇长 1 名，副镇长 3 名。

第二次会议　1997 年 1 月召开，出席代表 49 名（应到 56 名）。会议听取和审议《岔头镇人民政府工作报告》《关于岔头镇 1996 年预算执行情况和 1997 年预算报告》《关于岔头镇人大主席团工作报告》，并形成相关决议。会议选举产生镇长 1 名。

第三次会议　1998 年 3 月召开，出席代表 50 名（应到 56 名）。会议选举产生主席 1 名，副镇长 3 名。

2. 会议选举

人大组成成员

主　席：于有贵（1996 年 5 月—1998 年 3 月）
王拴军（1998 年 3 月—1999 年 3 月）

镇政府组成成员

镇　长：张学敏（1996 年 5 月—1997 年 1 月）
李彦勇（1997 年 1 月—1999 年 3 月）
副镇长：李庆和（1996 年 5 月—1998 年 3 月）

李银秀（1996 年 5 月—1999 年 3 月）

刘荣军（1996 年 5 月—1998 年 3 月）

赵辰龙（1998 年 3 月—1999 年 3 月）

樊秉志（1998 年 3 月—1999 年 3 月）

付士彦（1998 年 3 月—1999 年 3 月）

（二）第六届人民代表大会

岔头镇第六届人民代表大会任期 3 年，自 1999 年 3 月至 2002 年 6 月。

1. 人民代表大会

第一次会议 1999 年 3 月 18 日召开，出席代表 47 名（应到 54 名）。会议听取和审议《岔头镇人民政府工作报告》《岔头镇第六届人民代表大会代表资格审查报告》《岔头镇第六届人民代表大会筹备工作情况的报告》《关于岔头镇 1998 年预算执行情况和 1999 年预算报告》《关于岔头镇人大主席团工作报告》，并形成相关决议。会议选举产生主席 1 名，副主席 2 名，镇长 1 名，副镇长 3 名。

第二次会议 2001 年 3 月召开，出席代表 45 名（应到 54 名）。会议听取和审议《岔头镇人民政府工作报告》《关于岔头镇 2000 年预算执行情况和 2001 年预算报告》《关于岔头镇人大主席团工作报告》，并形成相关决议。会议选举产生镇长 1 名。

2. 会议选举

人大组成成员

主　席：王拴军（1999 年 3 月—2002 年 6 月）

副主席：刘增章（1999 年 3 月—2001 年 3 月）

李银秀（1999 年 3 月—2002 年 6 月）

镇政府组成成员

镇　长：李彦勇（1999 年 3 月—2001 年 3 月）

祁军英（2001 年 3 月—2002 年 5 月）

副镇长：赵辰龙（1999 年 3 月—2002 年 6 月）

樊秉志（1999 年 3 月—2002 年 6 月）

付士彦（1999 年 3 月—2002 年 6 月）

（三）第七届人民代表大会

岔头镇第七届人民代表大会任期 5 年，自 2002 年 6 月至 2007 年 3 月。

1. 人民代表大会

第一次会议 2002 年 6 月召开，出席代表 51 名（应到 54 名）。会议听取和审议《岔头镇人民政府工作报告》《岔头镇第七届人民代表大会代表资格审查报告》《岔头镇第七届人民代表大会筹备工作情况的报告》《关于岔头镇 2001 年预算执行情况和 2002 年预算报告》《关于岔头镇人大主席团工作报告》，并形成相关决议。会议选举产生主席 1 名，镇长 1 名，副镇长 2 名。

第二次会议　2003 年 4 月召开，出席代表 52 名（应到 54 名）。会议听取和审议《岔头镇人民政府工作报告》《关于岔头镇 2002 年预算执行情况和 2003 年预算报告》《岔头镇人大主席团工作报告》，并形成相关决议。

第三次会议　2004 年 7 月召开，出席代表 50 名（应到 54 名）。会议听取和审议《岔头镇人民政府工作报告》《岔头镇人大主席团工作报告》，并形成相关决议。

第四次会议　2005 年 5 月召开，出席代表 52 名（应到 54 名）。会议听取和审议《岔头镇人民政府工作报告》《关于岔头镇 2004 年预算执行情况和 2005 年预算报告》《关于岔头镇人大主席团工作报告》，并形成相关决议。会议选举产生镇长 1 名。

第五次会议　2006 年 4 月召开，出席代表 51 名（应到 54 名）。会议听取和审议《岔头镇人民政府工作报告》《关于岔头镇 2005 年预算执行情况和 2006 年预算报告》《关于岔头镇人大主席团工作报告》，并形成相关决议。会议选举产生主席 1 名。

2. 会议选举

人大组成成员

主　席：王拴军（2002 年 6 月—2006 年 4 月）

　　　　辛金平（2006 年 4 月—2007 年 3 月）

镇政府组成成员

镇　长：韩业丰（2002 年 6 月—2005 年 5 月）

　　　　王江鹏（2005 年 5 月—2007 年 3 月）

副镇长：张风岗（2002 年 6 月—2007 年 3 月）

　　　　付士彦（2002 年 6 月—2007 年 3 月）

（四）第八届人民代表大会

岔头镇第八届人民代表大会任期 5 年，自 2007 年 3 月至 2012 年 2 月。

1. 人民代表大会

第一次会议　2007 年 3 月 15 日召开，出席代表 52 名（应到 56 名）。会议听取和审议《岔头镇人民政府工作报告》《西岔头乡第八届人民代表大会代表资格审查报告》《西岔头乡第八届人民代表大会筹备工作情况的报告》《关于岔头镇人大主席团工作报告》，并形成相关决议。会议选举产生主席 1 名，副主席 1 名，镇长 1 名，副镇长 2 名。

第二次会议　2008 年 12 月召开，出席代表 49 名（应到 56 名）。会议听取和审议《岔头镇人民政府工作报告》《关于岔头镇 2008 年预算执行情况和 2009 年预算报告》《关于岔头镇人大主席团工作报告》，并形成相关决议。

第三次会议　2009 年 3 月召开，出席代表 47 名（应到 56 名）。会议听取和审议《岔头镇人民政府工作报告》《关于岔头镇人大主席团工作报告》，并形成相关决议。会议选举产生主席 1 名。

第四次会议　2009 年 5 月召开，出席代表 47 名（应到 56 名）。会议选举产生副镇长 1 名。

第五次会议 2010 年 3 月召开，出席代表 46 名（应到 56 名）。会议听取和审议《岔头镇人民政府工作报告》《关于岔头镇 2009 年预算执行情况和 2010 年预算报告》《关于岔头镇人大主席团工作报告》，并形成相关决议。会议选举产生镇长 1 名。

第六次会议 2011 年 3 月召开，出席代表 51 名（应到 56 名）。会议听取和审议《岔头镇人民政府工作报告》《关于岔头镇 2010 年预算执行情况和 2011 年预算报告》《关于岔头镇人大主席团工作报告》，并形成相关决议。会议选举产生主席 1 名。

第七次会议 2011 年 9 月召开，出席代表 49 名（应到 56 名）。会议选举产生副镇长 1 名。

2. 会议选举

人大组成成员

主　席：辛金平（2007 年 3 月—2008 年 12 月）
　　　　付士彦（2009 年 3 月—2011 年 3 月）
　　　　杨　彬（2011 年 3 月—2012 年 2 月）

副主席：付银花（2007 年 3 月—2011 年 12 月）

镇政府组成成员

镇　长：王江鹏（2007 年 3 月—2010 年 3 月）
　　　　杨云山（2010 年 3 月—2012 年 2 月）

副镇长：张风岗（2007 年 3 月—2009 年 8 月）
　　　　付士彦（2007 年 3 月—2009 年 3 月）
　　　　张　剑（2009 年 5 月—2012 年 2 月）
　　　　陈建刚（2011 年 9 月—2012 年 2 月）

（五）第九届人民代表大会

岔头镇第九届人民代表大会任期 5 年，自 2012 年 2 月至 2017 年 1 月。

1. 人民代表大会

第一次会议 2012 年 2 月 5 日召开，出席代表 42 名（应到 48 名）。会议听取和审议《岔头镇人民政府工作报告》《岔头镇第九届人民代表大会代表资格审查报告》《岔头镇第九届人民代表大会筹备工作情况的报告》《关于岔头镇人大主席团工作报告》，并形成相关决议。会议选举产生主席 1 名，副主席 1 名，镇长 1 名，副镇长 2 名。

第二次会议 2012 年 7 月召开，出席代表 41 名（应到 48 名）。会议选举产生镇长 1 名，副镇长 2 名。

第三次会议 2013 年 3 月召开，出席代表 43 名（应到 48 名）。会议听取和审议《岔头镇人民政府工作报告》《关于岔头镇 2012 年预算执行情况和 2013 年预算报告》《岔头镇人大主席团工作报告》，并形成相关决议。

第四次会议 2014 年 1 月召开，出席代表 44 名（应到 48 名）。会议听取和审议《岔头镇人民政府工作报告》《关于岔头镇 2013 年预算执行情况和 2014 年预算报告》《岔头镇人大主席团工作报告》，并形成相关决议。

第五次会议　2015年4月召开，出席代表41名（应到48名）。会议听取和审议《岔头镇人民政府工作报告》《关于岔头镇2014年预算执行情况和2015年预算报告》《关于岔头镇人大主席团工作报告》，并形成相关决议。会议选举产生副镇长2名。

2. 会议选举

人大组成成员

主　席：杨　彬（2012年2月—2017年1月）

副主席：杨　婷（2012年2月—2017年1月）

镇政府组成成员

镇　长：杨云山（2012年2月—2012年7月）

　　　　袁青峰（2012年7月—2017年1月）

副镇长：陈建刚（2012年2月—2012年7月）

　　　　张　剑（2012年2月—2012年7月）

　　　　白明智（2012年7月—2015年3月）

　　　　杨彦国（2012年7月—2015年4月）

　　　　王延宗（2015年4月—2017年1月）

　　　　王利军（2015年4月—2017年1月）

（六）第十届人民代表大会

岔头镇第十届人民代表大会自2017年3月至2021年5月，因提前换届，任期未满5年。

1. 人民代表大会

第一次会议　2017年3月18日召开，出席代表45名（应到51名）。会议听取和审议《岔头镇人民政府工作报告》《岔头镇第十届人民代表大会代表资格审查报告》《岔头镇第十届人民代表大会筹备工作情况的报告》《关于岔头镇2016年预算执行情况和2017年预算报告》《关于岔头镇人大主席团工作报告》，并形成相关决议。会议选举产生主席1名，副主席1名，镇长1名，副镇长2名。

第二次会议　2018年3月召开，出席代表43名（应到51名）。会议听取和审议《岔头镇人民政府工作报告》《关于岔头镇2017年预算执行情况和2018年预算报告》《关于岔头镇人大主席团工作报告》，并形成相关决议。

第三次会议　2019年4月召开，出席代表46名（应到51名）。会议听取和审议《岔头镇人民政府工作报告》《关于岔头镇2018年预算执行情况和2019年预算报告》《关于岔头镇人大主席团工作报告》，并形成相关决议。会议选举产生主席1名。

第四次会议　2020年12月召开，出席代表44名（应到51名）。会议听取和审议《岔头镇人民政府工作报告》《关于岔头镇2020年预算执行情况和2021年预算报告》《关于岔头镇人大主席团工作报告》，并形成相关决议。会议选举产生主席1名，副主席1名，镇长1名，副镇长1名。

2. 会议选举

人大组成成员

主　席：雷敏毅（2017 年 3 月—2019 年 4 月）

　　　　夏二朝（2019 年 4 月—2020 年 12 月）

　　　　聂振平（2020 年 12 月—2021 年 5 月）

副主席：杨　婷（2017 年 3 月—2020 年 10 月）

　　　　董　博（2020 年 12 月—2021 年 5 月）

镇政府组成成员

镇　长：罗国良（2017 年 3 月—2020 年 12 月）

　　　　康立娟（2020 年 12 月—2021 年 5 月）

副镇长：王延宗（2017 年 3 月—2019 年 4 月）

　　　　董有磊（2017 年 3 月—2021 年 5 月）

　　　　李志刚（2020 年 12 月—2021 年 5 月）

（七）第十一届人民代表大会

岔头镇第十一届人民代表大会自 2021 年 6 月至 2023 年 12 月（未届满）。

1. 人民代表大会

第一次会议　2021 年 6 月 13 日召开，出席代表 47 名（应到 52 名）。会议听取和审议《岔头镇人民政府工作报告》《岔头镇第十一届人民代表大会代表资格审查报告》《岔头镇第十一届人民代表大会筹备工作情况的报告》《关于岔头镇人大主席团工作报告》，并形成相关决议。会议选举产生主席 1 名，副主席 2 名，镇长 1 名，副镇长 2 名。

第二次会议　2022 年 3 月召开，出席代表 45 名（应到 52 名）。会议听取和审议《岔头镇人民政府工作报告》《关于岔头镇 2021 年预算执行情况和 2022 年预算报告》《关于岔头镇人大主席团工作报告》，并形成相关决议。

第三次会议　2022 年 10 月召开，出席代表 47 名（应到 52 名）。会议选举产生主席 1 名，副主席 2 名，副镇长 3 名。

第四次会议　2023 年 6 月召开，出席代表 50 名（应到 52 名），会议听取和审议《岔头镇人民政府工作报告》《关于岔头镇人大主席团工作报告》，并形成相关决议。会议选举产生副镇长 1 名。

2. 会议选举

人大组成成员

主　席：聂振平（2021 年 6 月—2022 年 3 月）

　　　　付　鹏（2022 年 10 月—2023 年 12 月）

副主席：张文哲（2021 年 6 月—2022 年 10 月）

　　　　董　博（2021 年 6 月—2022 年 10 月）

　　　　高　健（2022 年 10 月—2023 年 12 月）

任　敬（2022 年 10 月—2023 年 12 月）

镇政府组成成员

镇　长：康立娟（2021 年 6 月—2023 年 12 月）

副镇长：薛　峰（2021 年 6 月—2022 年 8 月）

王　静（2021 年 6 月—2022 年 9 月）

李耀鑫（2022 年 10 月—2023 年 12 月）

王志姣（2022 年 10 月—2023 年 12 月）

陶雨青（2022 年 10 月—2023 年 3 月）

吕爱阳（2023 年 6 月—2023 年 12 月）

第十三章　陈庄镇

陈庄镇地处灵寿县西北部，距县城 50 千米，属于山区乡镇。面积 160.81 平方千米。全镇辖 36 个村，是灵寿县行政村最多的乡镇，全镇共 2.2 万余人，镇政府驻东村。

1953 年置镇，1958 年 8 月改为陈庄人民公社，1984 年 1 月改回陈庄镇。1996 年 1 月，灵寿县并乡扩镇，新开乡、北庄乡并入陈庄镇。

从 1984 年 4 月召开第一届人民代表大会至今，原陈庄镇共召开了 11 届人民代表大会（并乡扩镇之前召开 4 届，并镇后召开 7 届）；原北庄乡、原新开乡在撤并之前分别召开 4 届人民代表大会。

第一节　并乡扩镇前的人民代表大会

一、北庄乡人民代表大会

1984 年 4 月至 1996 年 1 月并乡扩镇，北庄乡共召开 4 届人民代表大会。

（一）第一届人民代表大会

北庄乡第一届人民代表大会任期 3 年，自 1984 年 4 月至 1987 年 4 月。

1. 人民代表大会

第一次会议　1984 年 4 月 14 日召开，出席代表 52 名（应到 61 名）。会议听取和审议《北庄乡人民政府工作报告》《北庄乡第一届人代会第一次会议代表资格审查报告》《北庄乡第一届人民代表大会筹备工作情况的报告》《关于北庄乡 1983 年预算执行情况和 1984 年预算报告》，并形成相关决议。会议选举产生乡长 1 名，副乡长 1 名。

第二次会议　1985 年 5 月召开，出席代表 51 名（应到 61 名）。会议选举产生副乡长 1 名。

第三次会议　1985 年 9 月召开，出席代表 51 名（应到 61 名）。会议选举产生乡长 1 名，副乡长 2 名。

第四次会议　1986 年 5 月召开，出席代表 54 名（应到 61 名）。会议选举产生副乡长 1 名。

2. 会议选举

乡政府组成成员

乡　长：邢德军（1984 年 4 月—1985 年 9 月）

孟荣堂（1985 年 9 月—1987 年 3 月）

副乡长：安国祥（1984 年 4 月—1985 年 7 月）

孟荣堂（1985 年 5 月—1985 年 9 月）

李占文（1985 年 7 月—1987 年 3 月）

李玉林（1985 年 9 月—1986 年 5 月）

王拴军（1986 年 5 月—1987 年 3 月）

（二）第二届人民代表大会

北庄乡第二届人民代表大会任期 3 年，自 1987 年 4 月至 1990 年 4 月。

1. 人民代表大会

第一次会议　1987 年 4 月 17 日召开，出席代表 33 名（应到 34 名）。会议听取和审议《北庄乡人民政府工作报告》《北庄乡第二届人代会第一次会议代表资格审查报告》《北庄乡第二届人民代表大会筹备工作情况的报告》《关于北庄乡 1986 年预算执行情况和 1987 年预算报告》，并形成相关决议。会议选举产生乡长 1 名，副乡长 4 名。

第二次会议　1987 年 10 月召开，出席代表 33 名（应到 34 名）。会议选举产生乡长 1 名。

第三次会议　1988 年 5 月召开，出席代表 33 名（应到 34 名）。会议选举产生乡长 1 名。

3. 会议选举

乡政府组成成员

乡　长：赵志云（1987 年 4 月—1987 年 10 月）

郑风午（1987 年 10 月—1988 年 5 月）

郑文祥（1988 年 5 月—1990 年 3 月）

副乡长：王进民（1987 年 4 月—1990 年 3 月）

王拴军（1987 年 4 月—1990 年 3 月）

贾国林（1987 年 4 月—1989 年 8 月）

周二焕（1987 年 4 月—1990 年 3 月）

（三）第三届人民代表大会（共 47 名）

北庄乡第三届人民代表大会任期 3 年，自 1990 年 5 月年至 1993 年 5 月。

1. 人民代表大会

第一次会议　1990 年 4 月召开，出席代表 47 名（应到 49 名）。会议听取审议《北庄乡人民政府工作报告》《北庄乡第三届人代会第一次会议代表资格审查报告》《北庄乡第三届人民代表大会筹备工作情况的报告》《关于北庄乡 1989 年预算执行情况和 1990 年预算报告》，

并形成相关决议。会议选举产生人大主席1名，乡长1名，副乡长3名，

第二次会议 1990年8月召开，出席代表42名（应到49名）。会议选举产生乡长1名，副乡长1名。

第三次会议 1991年5月召开，出席代表46名（应到49名）。会议选举产生乡长1名，副乡长1名。

第四次会议 1991年12月召开，出席代表48名（应到49名）。会议选举产生乡长1名，副乡长2名。

2．会议选举

人大组成成员

人大主席：白文卓（1990年5月—1993年5月）

乡政府组成成员

乡　长：杨银贵（1990年5月—1991年5月）

崔金建（1991年5月—1991年10月）

马金山（1991年11月—1993年5月）

副乡长：王进民（1990年5月—1991年6月）

王拴军（1990年5月—1991年7月）

周二焕（1990年5月—1990年10月）

彭士刚（1990年8月—1991年10月）

张风林（1991年5月—1993年1月）

李庆合（1991年12月—1993年1月）

侯振国（1991年12月—1993年5月）

（四）第四届人民代表大会

北庄乡第四届人民代表大会任期3年，自1993年5月至1996年1月。

1. 人民代表大会

第一次会议 1993年5月召开，出席代表49名（应到51名）。会议听取审议《北庄乡人民政府工作报告》《北庄乡第四届人代会第一次会议代表资格审查报告》《北庄乡第四届人民代表大会筹备工作情况的报告》《关于北庄乡1992年预算执行情况和1993年预算报告》《北庄乡人大主席团工作报告》，并形成相关决议。会议选举产生人大主席1名，副主席1名，乡长1名，副乡长3名。

第二次会议 1994年12月召开，出席代表48名（应到51名）。会议选举产生乡长1名。

第三次会议 1995年1月召开，出席代表46名（应到51名）。会议选举产生主席1名。

第四次会议 1995年4月召开，出席代表45名（应到51名）。会议选举产生副乡长3名。

2. 会议选举

人大组成成员

主　席：白文卓（1993 年 5 月—1994 年 12 月）

　　　　李士亮（1995 年 1 月—1996 年 1 月）

副主席：齐银祥（1993 年 5 月—1996 年 1 月）

乡政府组成成员

乡　长：杨永香（1993 年 5 月—1994 年 12 月）

　　　　靳祖军（1994 年 12 月—1996 年 1 月）

副乡长：侯振国（1993 年 5 月—1995 年 4 月）

　　　　李彦勇（1993 年 5 月—1993 年 10 月）

　　　　侯大明（1993 年 5 月—1995 年 4 月）

　　　　祁　晨（1995 年 4 月—1996 年 1 月）

　　　　康　新（1995 年 4 月—1996 年 1 月）

　　　　付士彦（1995 年 4 月—1996 年 1 月）

二、新开乡人民代表大会

1984 年 4 月至 1996 年 1 月并乡扩镇前，新开乡人民代表大会共召开 4 届人民代表大会。

（一）第一届人民代表大会

新开乡第一届人民代表大会任期 3 年，自 1984 年 4 月至 1987 年 4 月。

1. 人民代表大会

第一次会议　1984 年 4 月 14 日召开，出席代表 43 名（应到 45 名）。会议听取和审议《新开乡人民政府工作报告》《新开乡第一届人代会第一次会议代表资格审查报告》《新开乡第一届人民代表大会筹备工作情况的报告》《关于新开乡 1983 年预算执行情况和 1984 年预算报告》，并形成相关决议。会议选举产生乡长 1 名，副乡长 2 名。

第二次会议　1985 年 5 月召开，会议出席代表 44 名（应到 45 名）。会议选举产生乡长 1 名，副乡长 1 名。

2. 会议选举

乡政府组成成员

乡　长：白文卓（1984 年 4 月—1987 年 3 月）

副乡长：王瑞峰（1984 年 4 月—1987 年 3 月）

　　　　于正明（1984 年 4 月—1985 年 5 月）

　　　　马增辉（1985 年 5 月—1987 年 3 月）

（二）第二届人民代表大会

新开乡第二届人民代表大会任期 3 年，自 1987 年 4 月至 1990 年 4 月。

1. 人民代表大会

第一次会议 1987年4月18日召开，出席代表31名（应到33名）。会议听取和审议《新开乡人民政府工作报告》《新开乡第二届人代会第一次会议代表资格审查报告》《新开乡第二届人民代表大会筹备工作情况的报告》《关于新开乡1986年预算执行情况和1987年预算报告》，并形成相关决议。会议选举产生乡长1名，副乡长1名。

第二次会议 1987年11月召开，出席代表32名（应到33名）。会议选举产生副乡长3名。

第三次会议 1988年9月召开，出席代表32名（应到33名）。会议选举产生乡长1名，副乡长1名。

第四次会议 1989年5月召开，出席代表30名（应到33名）。会议选举产生乡长1名。

2. 会议选举

乡政府组成成员

乡　长：马增辉（1987年4月—1988年8月）

祁登志（1988年9月—1989年5月）

陈江河（1989年5月—1990年4月）

副乡长：张玉刚（1987年4月—1990年4月）

刘增章（1987年11月—1990年4月）

司省锡（1987年11月—1990年4月）

齐银祥（1987年11月—1988年6月）

张建明（1988年9月—1990年2月）

（三）第三届人民代表大会

新开乡第三届人民代表大会任期3年，自1990年4月至1993年5月。

1. 人民代表大会

第一次会议 1990年4月召开，出席代表30名（应到45名）。会议听取和审议《新开乡人民政府工作报告》《新开乡第三届人代会第一次会议代表资格审查报告》《新开乡第三届人民代表大会筹备工作情况的报告》《关于新开乡1989年预算执行情况和1990年预算报告》，并形成相关决议。会议选举产生主席1名，乡长1名，副乡长4名。

第二次会议 1990年5月召开，出席代表38名（应到45名）。会议选举产生乡长1名。

第三次会议 1991年12月召开，出席代表42名（应到45名）。会议选举产生副乡长1名。

第四次会议 1992年4月召开，出席代表40名（应到45名）。会议选举产生副乡长1名。

2. 会议选举

人大组成成员

人大主席：赵福海（1990 年 4 月—1993 年 5 月）

乡政府组成成员

乡　长：陈江河（1990 年 4 月—1990 年 5 月）

　　　　李玉林（1990 年 5 月—1993 年 5 月）

副乡长：张玉刚（1990 年 4 月—1990 年 7 月）

　　　　司省锡（1990 年 4 月—1992 年 4 月）

　　　　刘增章（1990 年 4 月—1993 年 5 月）

　　　　于正明（1990 年 4 月—1993 年 5 月）

　　　　刘荣军（1991 年 12 月—1993 年 5 月）

　　　　赵金芳（1992 年 4 月—1993 年 1 月）

（四）第四届人民代表大会

新开乡第四届人民代表大会任期 3 年，自 1993 年 5 月至 1996 年 1 月。

1. 人民代表大会

第一次会议　1993 年 5 月召开，出席代表 43 名（应到 45 名）。会议听取和审议《新开乡人民政府工作报告》《新开乡第四届人代会第一次会议代表资格审查报告》《新开乡第四届人民代表大会筹备工作情况的报告》《关于新开乡 1992 年预算执行情况和 1993 年预算报告》《新开乡人大主席团工作报告》，并形成相关决议。会议选举产生主席 1 名，乡长 1 名，副乡长 3 名。

第二次会议　1994 年 12 月召开，出席代表 42 名（应到 45 名）。会议选举产生乡长 1 名，副乡长 3 名。

2. 会议选举

人大组成成员

人大主席：王定海（1993 年 5 月—1996 年 1 月）

乡政府组成成员

乡　长：李玉林（1993 年 5 月—1994 年 12 月）

　　　　马进伟（1994 年 12 月—1996 年 1 月）

副乡长：于正明（1993 年 5 月—1994 年 12 月）

　　　　司省锡（1993 年 5 月—1994 年 12 月）

　　　　刘增章（1993 年 5 月—1994 年 12 月）

　　　　刘荣军（1994 年 12 月—1996 年 1 月）

　　　　李　平（1994 年 12 月—1996 年 1 月）

　　　　袁军国（1994 年 12 月—1996 年 1 月）

三、陈庄镇人民代表大会

1984年4月至1996年1月并乡扩镇，陈庄镇人民代表大会共召开4届人民代表大会。

（一）第一届人民代表大会

陈庄镇第一届人民代表大会任期3年，自1984年4月至1987年3月。

1. 人民代表大会

第一次会议 1984年4月15日召开，出席代表65名（应到69名）。听取审议《陈庄乡人民政府工作报告》《陈庄乡第一届人代会第一次会议代表资格审查报告》《陈庄乡第一届人民代表大会筹备工作情况的报告》《关于陈庄乡1983年预算执行情况和1984年预算报告》，并形成相关决议。会议选举产生乡长1名，副乡长2名。

第二次会议 1984年7月召开，出席代表63名（应到69名）。会议选举产生镇长1名，副镇长2名。

第三次会议 1985年5月30日召开，出席代表68名（应到69名）。会议选举产生副镇长1名。

第四次会议 1985年7月23日召开，出席代表66名（应到69名）。会议选举产生副镇长2名。

2. 会议选举

乡政府组成成员

乡　长：赵福海（1984年4月—1984年7月）

镇　长：赵福海（1984年7月—1987年3月）

副乡长：马生庆（1984年4月—1984年7月）

王军梅（1984年4月—1984年7月）

副镇长：马生庆（1984年7月—1985年5月）

王军梅（1984年7月—1985年7月）

于正明（1985年5月—1987年3月）

安国祥（1985年7月—1987年3月）

（二）第二届人民代表大会

陈庄镇第二届人民代表大会任期3年，自1987年4月至1990年4月。

1. 人民代表大会

第一次会议 1987年4月17日召开，出席代表33名（应到36名）。会议听取审议《陈庄镇人民政府工作报告》《陈庄镇第二届人代会第一次会议代表资格审查报告》《陈庄镇第二届人民代表大会筹备工作情况的报告》《关于陈庄镇1986年预算执行情况和1987年预算报告》，并形成相关决议。会议选举产生镇长1名，副镇长3名。

第二次会议 1987年11月召开，出席代表31名（应到36名）。会议选举产生副镇长1名。

第三次会议　1988年5月召开，出席代表32名（应到36名）。会议选举产生副镇长1名。

第四次会议　1989年8月召开，出席代表35名（应到36名）。会议选举产生镇长1名，副镇长1名。

2. 会议选举

镇政府组成成员

镇　长：陈合明（1987年4月—1989年8月）

　　　　申振国（1989年8月—1990年4月）

副镇长：于正明（1987年4月—1990年4月）

　　　　李　平（1987年4月—1990年4月）

　　　　陈江河（1987年11月—1989年8月）

　　　　齐银祥（1988年5月—1990年4月）

　　　　武际国（1989年3月—1990年4月）

（三）第三届人民代表大会

陈庄镇第三届人民代表大会任期3年，自1990年4月至1993年5月。

1. 人民代表大会

第一次会议　1990年4月21日召开，出席代表49名（应到49名）。会议听取和审议《陈庄乡人民政府工作报告》《陈庄镇第三届人代会第一次会议代表资格审查报告》《陈庄镇第三届人民代表大会筹备工作情况的报告》《关于陈庄乡1989年预算执行情况和1990年预算报告》，通过《发展经济沟的决议》及其他相关决议。会议选举产生人大主席1名，镇长1名，副镇长3名。

第二次会议　1990年8月召开，出席代表47名（应到49名）。会议选举产生副镇长1名。

第三次会议　1991年8月召开，出席代表46名（应到49名）。会议选举产生副镇长3名。

第四次会议　1992年4月召开，出席代表47名（应到49名）。会议选举产生人大主席1名，副镇长1名。

2. 会议选举

人大组成成员

人大主席：路化斌（1990年4月—1991年6月）

　　　　　马景贵（1992年4月—1993年5月）

镇政府组成成员

镇　长：李　平（1990年4月—1993年5月）

副镇长：齐银祥（1990年4月—1991年5月）

　　　　董文海（1990年4月—1992年4月）

李玉林（1990 年 4 月—1991 年 5 月）
张学敏（1990 年 8 月—1991 年 5 月）
刘荣军（1991 年 5 月—1993 年 1 月）
王拴军（1991 年 7 月—1993 年 5 月）
路书久（1991 年 8 月—1993 年 5 月）
张建民（1992 年 4 月—1993 年 1 月）

（四）第四届人民代表大会

陈庄镇第四届人民代表大会任期 3 年，自 1993 年 5 月至 1996 年 1 月。

1. 人民代表大会

第一次会议 1993 年 5 月召开，出席代表 43 名（应到代表 50 名）。会议听取和审议《陈庄镇人民政府工作报告》《陈庄乡第四届人代会第一次会议代表资格审查报告》《陈庄乡第四届人民代表大会筹备工作情况的报告》《关于陈庄镇 1992 年预算执行情况和 1993 年预算报告》《陈庄镇人大主席团工作报告》，并形成相关决议。会议选举产生主席 1 名，镇长 1 名，副镇长 3 名。

第二次会议 1995 年 4 月召开，出席代表 42 名（应到 50 名）。会议选举产生镇长 1 名。

2. 会议选举

人大组成成员

主　席：马景贵（1993 年 5 月—1996 年 1 月）

镇政府组成成员

镇　长：李　平（1993 年 5 月—1995 年 4 月）
张学敏（1995 年 4 月—1996 年 1 月）

副镇长：路书久（1993 年 5 月—1996 年 1 月）
王拴军（1993 年 5 月—1996 年 1 月）
孟宪林（1993 年 5 月—1996 年 1 月）

第二节　并乡扩镇后的人民代表大会

自 1996 年 5 月至 2023 年 12 月，灵寿县并乡扩镇后，陈庄镇共召开 7 届人民代表大会（第五届至第十一届）。

（一）第五届人民代表大会

陈庄镇第五届人民代表大会任期 3 年，自 1996 年 5 月至 1999 年 3 月。

1. 人民代表大会

第一次会议 1996 年 5 月召开，出席代表 76 名（应到代表 76 名）。会议听取审议《陈庄镇人民政府工作报告》《陈庄镇第五届人代会第一次会议代表资格审查报告》《陈庄镇第五届人民代表大会筹备工作情况的报告》《关于陈庄镇1995年预算执行情况和1996年预算报告》《陈庄镇人大主席团工作报告》，并形成相关决议及三提五统征收办法。会议选举产生人大主席1名，副主席2名，镇长1名，副镇长3名。

第二次会议　1998年3月召开，出席代表75名（应到76名）。会议选举产生镇长1名，副镇长2名。

2. 会议选举

人大组成成员

人大主席：牛玉斌（1996年5月—1999年3月）

副 主 席：许进来（1996年5月—1999年3月）

司省锡（1996年5月—1998年3月）

镇政府组成成员

镇　长：马进伟（1996年5月—1998年3月）

史春花（1998年3月—1999年3月）

副镇长：路书久（1996年5月—1999年3月）

高常青（1996年5月—1998年3月）

祁　晨（1996年5月—1998年3月）

马　静（1998年3月—1999年3月）

罗新国（1998年3月—1999年3月）

（二）第六届人民代表大会

陈庄镇第六届人民代表大会任期3年，自1999年3月至2002年6月。

1. 人民代表大会

第一次会议　1999年3月召开，出席代表54名（应到代表55名）。会议听取和审议《陈庄镇人民政府工作报告》《陈庄镇第六届人代会第一次会议代表资格审查报告》《陈庄镇第六届人民代表大会筹备工作情况的报告》《关于陈庄镇1998年预算执行情况和1999年预算报告》《陈庄镇人大主席团工作报告》，并形成相关决议及三提五统征收办法。会议选举主席1名，副主席1名，镇长1名，副镇长3名。

第二次会议　1999年11月召开，出席代表53名（应到55名）。会议选举产生镇长1名。

2. 会议选举

人大组成成员

人大主席：牛玉斌（1999年3月—2002年5月）

副 主 席：许进来（1999年3月—2002年5月）

镇政府组成成员

镇　长：史春花（1999年3月—1999年11月）

刘新强（1999年11月—2002年5月）

副镇长：路书久（1999 年 3 月—2002 年 5 月）
　　　　马　静（1999 年 3 月—2002 年 6 月）
　　　　罗新国（1999 年 3 月—2002 年 6 月）

（三）第七届人民代表大会

陈庄镇第七届人民代表大会任期 5 年，自 2002 年 6 月至 2007 年 3 月。

1. 人民代表大会

第一次会议　2002 年 6 月召开，出席代表 54 名（应到代表 55 名）。会议听取和审议《陈庄镇人民政府工作报告》《陈庄镇第七届人代会第一次会议代表资格审查报告》《陈庄镇第七届人民代表大会筹备工作情况的报告》《关于陈庄镇 2001 年预算执行情况和 2002 年预算报告》《陈庄镇人大主席团工作报告》，并形成相关决议。会议选举产生人大主席 1 名，副主席 1 名，镇长 1 名，副镇长 2 名。

第二次会议　2002 年 7 月召开，出席代表 53 名（应到 55 名）。会议选举产生副镇长 1 名。

第三次会议　2004 年 6 月召开，出席代表 52 名（应到 55 名）。会议选举产生副镇长 1 名。

第四次会议　2005 年 5 月召开，出席代表 52 名（应到 55 名）。会议选举产生镇长 1 名。

第五次会议　2006 年 4 月召开，出席代表 50 名（应到 55 名）。会议选举产生主席 1 名，副镇长 1 名。

2. 会议选举

人大组成成员

人大主席：李元清（2002 年 6 月—2006 年 4 月）
　　　　　连春英（2006 年 4 月—2007 年 3 月）
副 主 席：路书久（2002 年 6 月—2003 年 4 月）

镇政府组成成员

镇　　长：王　浩（2002 年 6 月—2005 年 5 月）
　　　　　吕秀敏（2005 年 5 月—2006 年 8 月）
副 镇 长：刘银生（2002 年 6 月—2003 年 10 月）
　　　　　徐东亮（2002 年 6 月—2007 年 3 月）
　　　　　李　瑾（2002 年 7 月—2004 年 6 月）
　　　　　郝俊峰（2004 年 6 月—2007 年 3 月）
　　　　　胡延卫（2006 年 4 月—2007 年 3 月）

（四）第八届人民代表大会

陈庄镇第八届人民代表大会任期 5 年，自 2007 年 3 月至 2012 年 2 月。

1. 人民代表大会

第一次会议　2007年3月召开，出席代表53名（应到代表55名）。会议听取和审议《陈庄镇人民政府工作报告》《陈庄镇第八届人代会第一次会议代表资格审查报告》《陈庄镇第八届人民代表大会筹备工作情况的报告》《关于陈庄镇2006年预算执行情况和2007年预算报告》《陈庄镇人大主席团工作报告》，并形成相关决议。会议选举产生主席1名，副主席1名，镇长1名，副镇长2名。

第二次会议　2009年5月召开，出席代表52名（应到55名）。会议选举产生副镇长1名。

第三次会议　2010年3月召开，出席代表51名（应到55名）。会议选举产生镇长1名。

第四次会议　2011年3月召开，出席代表48名（应到55名）。会议选举产生副主席1名，副镇长1名。

第五次会议　2011年9月召开，出席代表50名（应到55名）。会议选举产生主席1名。

3. 会议选举

人大组成成员

主　席：张延海（2007年3月—2007年8月）

刘永峰（2007年8月—2011年9月）

李　芳（2011年9月—2012年3月）

副主席：李志祥（2007年3月—2011年3月）

杨永超（2011年3月—2012年3月）

镇政府组成成员

镇　长：连春英（2007年3月—2010年3月）

董建海（2010年3月—2012年3月）

副镇长：郝俊峰（2007年3月—2009年5月）

李　明（2007年3月—2011年3月）

赵永辉（2009年5月—2011年3月）

张军辉（2011年3月—2012年3月）

（五）第九届人民代表大会

陈庄镇第九届人民代表大会任期5年，自2012年3月至2017年3月。

1. 人民代表大会

第一次会议　2012年3月召开，出席代表52名（应到代表54名）。会议听取和审议《陈庄镇人民政府工作报告》《陈庄镇第九届人代会第一次会议代表资格审查报告》《陈庄镇第九届人民代表大会筹备工作情况的报告》《关于陈庄镇2011年预算执行情况和2012年预算报告》《陈庄镇人大主席团工作报告》，并形成相关决议。会议选举产生主席1名，副主席1

名；镇长1名，副镇长2名。

第二次会议 2012年7月召开，出席代表53名（应到54名）。会议选举产生副镇长2名。

第三次会议 2015年3月召开，出席代表53名（应到54名）。会议选举产生镇长1名。

第四次会议 2016年12月召开，出席代表51名（应到54名）。会议选举产生主席1名，副主席1名，副镇长1名。

2. 会议选举

人大组成成员

主　席：李　芳（2012年3月—2016年12月）

　　　　康志辉（2016年12月—2017年3月）

副主席：杨永超（2012年3月—2014年4月）

　　　　田晓波（2016年12月—2017年03月）

镇政府组成成员

镇　长：董建海（2012年3月—2015年3月）

　　　　罗文全（2015年3月—2017年3月）

副镇长：赵永辉（2012年3月—2012年7月）

　　　　张军辉（2012年3月—2012年7月）

　　　　王建斌（2012年7月—2016年12月）

　　　　张二利（2012年7月—2016年12月）

　　　　王利军（2016年12月—2017年3月）

（六）第十届人民代表大会

陈庄镇第十届人民代表大会自2017年3月至2021年6月，因提前换届，任期未满5年。

1. 人民代表大会

第一次会议 2017年3月召开，出席代表52名（应到代表52名）。会议听取和审议《陈庄镇人民政府工作报告》《陈庄镇第十届人代会第一次会议代表资格审查报告》《陈庄镇第十届人民代表大会筹备工作情况的报告》《关于陈庄镇2016年预算执行情况和2017年预算报告》《陈庄镇人大主席团工作报告》，并形成相关决议。会议选举产生主席1名，副主席1名，镇长1名，副镇长2名。

第二次会议 2018年4月22日召开，出席代表51名（应到52名）。会议选举产生镇长1名。

第三次会议 2019年9月12日召开，出席代表51名（应到52名）。会议选举产生副镇长1名。

第四次会议 2020年1月22日召开，出席代表51名（应到52名）。会议选举产生镇长1名。

第五次会议　2020年8月13日召开，出席代表50名（应到52名）。会议选举产生副镇长1名。

2. 会议选举

人大组成成员

主　席：康志辉（2017年3月—2018年12月）

　　　　宋军民（2019年4月—2021年5月）

副主席：田晓波（2017年3月—2020年1月）

镇政府组成成员

镇　长：罗文全（2017年3月—2018年3月）

　　　　兰　红（2018年3月—2020年1月）

　　　　王吉光（2020年1月—2021年1月）

副镇长：王利军（2017年3月—2019年8月）

　　　　孙凤彬（2017年3月—2021年5月）

　　　　马　涛（2019年9月—2021年5月）

　　　　李文庆（2020年8月—2022年6月）

（七）第十一届人民代表大会

陈庄镇第十一届人民代表大会自2021年6月至2023年12月（未届满）。

1. 人民代表大会

第一次会议　2021年6月召开。出席代表54名（应到代表54名）。会议听取和审议《陈庄镇人民政府工作报告》《陈庄镇第十一届人代会第一次会议代表资格审查报告》《陈庄镇第十一届人民代表大会筹备工作情况的报告》《关于陈庄镇2020年预算执行情况和2021年预算报告》《陈庄镇人大主席团工作报告》，并形成相关决议。会议选举产生主席1名，副主席2名，镇长1名，副镇长3名。

第二次会议　2022年4月13日召开出席代表52名（应到54名）。会议选举产生镇长1名。

第三次会议　2022年10月12日召开出席代表51名（应到54名）。会议选举产生副镇长2名。

第四次会议　2023年2月1日召开出席代表53名（应到54名）。会议选举产生副镇长1名。

2. 会议选举

人大组成成员

主　席：苏岩峰（2021年6月—2023年12月）

副主席：张欢欢（2021年6月—2023年12月）

　　　　白春明（2021年6月—2023年12月）

　　　　康　博（2023年12月—今）

镇政府组成成员

镇　长：张二利（2020 年 12 月—2022 年 3 月）
　　　　左新一（2022 年 3 月—2023 年 12 月）

副镇长：韩　笑（2021 年 6 月—2022 年 8 月）
　　　　孙凤彬（2021 年 6 月—2023 年 1 月）
　　　　李文庆（2021 年 6 月—2022 年 6 月）
　　　　白　杨（2022 年 9 月—2023 年 12 月）
　　　　盖玉斌（2022 年 6 月—2023 年 12 月）
　　　　霍进达（2023 年 1 月—2023 年 12 月）

第十四章　寨头乡

寨头乡位于河北省灵寿县西北部，距县城 60 千米，属于山区乡镇，总面积 106.9853 平方千米，辖 18 个行政村，总人口 1.4 万人。乡政府驻苏家庄村。

1953 年置乡，1958 年 10 月并入正定县，1961 年 5 月改为寨头人民公社。1984 年 1 月全县恢复乡镇体制，改为寨头乡。1996 年 1 月，灵寿县并乡扩镇，张家庄乡并入寨头乡。

从 1984 年 4 月 15 日召开第一届人民代表大会至今，寨头乡共召开 11 届人民代表大会（其中并乡扩镇前 4 届，并乡扩镇后 7 届）。

第一节　并乡扩镇前人民代表大会

一、张家庄乡人民代表大会

1984 年 4 月至 1996 年 1 月并乡扩镇前，张家庄乡共召开 4 届人民代表大会。

（一）第一届人民代表大会

张家庄乡第一届人民代表大会任期 3 年，自 1984 年 4 月至 1987 年 4 月。

1. 人民代表大会

第一次会议　1984 年 4 月 15 日召开，出席代表 39 名（应到 40 名）。会议听取和审议《张家庄乡第一届人民代表大会筹备工作情况的报告》《张家庄乡第一届人代会代表资格审查报告》《张家庄乡人民政府工作报告》《关于张家庄乡 1983 年预算执行情况和 1984 年预算报告》，并形成相关决议。会议选举产生乡长 1 名，副乡长 1 名。

第二次会议　1984 年 12 月召开，出席代表 32 名（应到 40 名）。会议选举产生乡长 1 名。

第三次会议　1985 年 1 月 20 日召开，出席代表 33 名（应到 40 名）。会议听取和审议《张家庄乡人民政府工作报告》《张家庄乡 1984 年预算执行情况和 1985 年预算报告》，并形成相关决议。

第四次会议　1985 年 5 月 8 日召开，出席代表 29 名（应到 38 名）。会议听取和审议《整顿干部作风工作总结报告》，并形成相关决议。会议选举产生副乡长 1 名。

2. 会议选举

乡政府组成成员

乡　长：高化林（1984年4月—1984年12月）

　　　　江　诿（1984年12月—1987年3月）

副乡长：李占文（1984年4月—1985年7月）

　　　　马金山（1985年5月—1986年5月）

（二）第二届人民代表大会

张家庄乡第二届人民代表大会任期3年，自1987年4月至1990年4月。

1. 人民代表大会

第一次会议　1987年4月15日召开，出席代表32名（应到43名）。会议听取和审议《张家庄乡第二届人代会代表资格审查报告》、《张家庄乡人民政府工作报告》、乡“七五”计划，并形成相关决议。会议选举产生乡长1名，副乡长1名。

第二次会议　1988年7月召开，出席代表35名（应到43名）。会议选举产生乡长1名。

第三次会议　1988年8月召开，出席代表34名（应到43名）。会议选举产生副乡长1名。

2. 会议选举

政府组成成员

乡　长：李玉林（1987年4月—1988年7月）

　　　　苏尚海（1988年7月—1990年4月）

副乡长：王瑞峰（1987年4月—1990年4月）

　　　　李士亮（1988年8月—1990年4月）

（三）第三届人民代表大会

张家庄乡第三届人民代表大会任期3年，自1990年4月至1993年5月。

1. 人民代表大会

第一次会议　1990年4月3日召开，出席代表27名（应到44名）。会议听取和审议《张家庄乡政府工作报告》《关于张家庄乡1989年预算执行情况和1990年预算报告》《发展林业生产的决定》，并形成相关决议。会议选举产生主席1名，乡长1名，副乡长2名。

第二次会议　1990年9月召开，出席代表35名（应到44名）。会议选举产生副乡长1名。

第三次会议　1991年5月召开，出席代表31名（应到43名）。会议听取和审议《张家庄乡政府工作报告》《张家庄乡人大主席团工作报告》，并形成相关决议。会议选举产生乡长1名，副乡长1名。

2. 会议选举

人大组成成员

主　席：高玉亮（1990年4月—1993年5月）

乡政府组成成员

乡　长：苏尚海（1990 年 4 月—1991 年 5 月）

　　　　王进民（1991 年 5 月—1993 年 1 月）

副乡长：李士亮（1990 年 4 月—1993 年 5 月）

　　　　王瑞峰（1990 年 4 月—1990 年 9 月）

　　　　张玉刚（1990 年 9 月— 1991 年 5 月）

　　　　柳新芳（1991 年 5 月—1993 年 5 月）

（四）第四届人民代表大会

张家庄乡第四届人民代表大会任期 3 年，自 1993 年 5 月至 1996 年 1 月。

1. 人民代表大会

第一次会议　1993 年 5 月 10 日召开，出席代表 29 名（应到 43 名）。会议听取和审议《张家庄乡政府工作报告》《张家庄乡人大主席团工作报告》《关于张家庄乡 1992 年预算执行情况和 1993 年预算报告》，并形成相关决议。会议选举产生主席 1 名，乡长 1 名，副乡长 1 名。

第二次会议　1995 年 2 月召开，出席代表 32 名（应到 43 名）。会议听取和审议《张家庄乡政府工作报告》《张家庄乡 1994 年预算执行情况和 1995 年预算报告》，并形成相关决议。会议选举产生乡长 1 名，副乡长 2 名。

第三次会议　1995 年 11 月召开，出席代表 30 名（应到 43 名）。会议选举主席 1 名，副主席 1 名。

2. 会议选举

人大组成成员

主　席：高玉亮（1993 年 5 月—1995 年 2 月）

　　　　牛玉斌（1995 年 11 月—1996 年 1 月）

副主席：许进来（1995 年 11 月—1996 年 1 月）

乡政府组成成员

乡　长：李士亮（1993 年 5 月—1995 年 2 月）

　　　　张玉刚（1995 年 2 月—1996 年 1 月）

副乡长：孙连庆（1993 年 5 月—1995 年 2 月）

　　　　张建明（1995 年 2 月—1996 年 1 月）

　　　　李良良（1995 年 2 月—1996 年 1 月）

二、寨头乡人民代表大会

1984 年 4 月至 1996 年 1 月并乡扩镇前，寨头乡共召开 4 届人民代表大会。

（一） 第一届人民代表大会

寨头乡第一届人民代表大会任期 3 年，自 1984 年 4 月至 1987 年 4 月。

1. 人民代表大会

第一次会议 1984年4月14日召开，出席代表52名（应到65名）。会议听取和审议《寨头乡人民政府工作报告》《寨头乡第一届人代会代表资格审查报告》《寨头乡第一届人民代表大会筹备工作情况的报告》《寨头乡1983年预算执行情况和1984年预算报告》，并形成相关决议。会议选举产生乡长1名，副乡长2名。

2. 会议选举

乡政府组成成员

乡　长：江涌涛（1984年4月—1987年4月）

副乡长：陈金良（1984年4月—1987年4月）

　　　　马秀金（1984年4月—1987年4月）

（二）第二届人民代表大会

寨头乡第二届人民代表大会任期3年，自1987年4月至1990年4月。

1. 人民代表大会

第一次会议 1987年4月13日召开，出席代表28名（应到36名）。会议听取和审议《寨头乡第二届人代会代表资格审查报告》、《寨头乡人民政府工作报告》、《寨头乡1986年预算执行情况和1987年预算报告》、寨头乡“七五”计划，并形成相关决议。会议选举产生乡长1名，副乡长2名。

第二次会议 1987年11月召开，出席代表22名（应到35名）。会议选举产生副乡长1名。

第三次会议 1988年5月召开，出席代表24名（应到36名）。会议选举产生乡长1名。

第四次会议 1989年9月召开，出席代表27名（应到36名）。会议选举产生乡长1名。

2. 会议选举

乡政府组成成员

乡　长：郑文祥（1987年4月—1988年5月）

　　　　郑风午（1988年5月—1989年9月）

　　　　王吉功（1989年9月—1990年4月）

副乡长：陈进良（1987年4月—1990年4月）

　　　　马秀金（1987年4月—1989年8月）

　　　　路书久（1987年11月—1990年4月）

（三）第三届人民代表大会

寨头乡第三届人民代表大会任期3年，自1990年4月至1993年4月。

1. 人民代表大会

第一次会议 1990年4月召开，出席代表33名（应到50名）。会议听取和审议《寨头乡第三届人代会代表资格审查报告》《寨头乡人民政府工作报告》《寨头乡1989年预算执行情况和1990年预算报告》，并形成相关决议。会议选举产生主席1名，乡长1名，副乡长3名。

第二次会议　1991年1月召开，出席代表31名（应到50名）。会议听取和审议《寨头乡人民政府工作报告》《寨头乡1990年预算执行情况和1991年预算报告》，并形成相关决议。会议选举产生乡长1名。

第三次会议　1991年5月召开，出席代表32名（应到50名）。会议选举产生副乡长1名。

第四次会议　1992年5月召开，出席代表30名（应到50名）。会议选举产生乡长1名，副乡长1名。

2. 会议选举

人大组成成员

主　席：祁生祥（1990年4月—1991年5月）
　　　　王秀斌（1991年5月—1993年1月）

乡政府组成成员

乡　长：王吉功（1990年4月—1991年1月）
　　　　刘银芳（1991年1月—1992年5月）
　　　　傅士君（1992年5月—1993年4月）

副乡长：路书久（1990年4月—1991年8月）
　　　　柳新芳（1990年4月—1991年1月）
　　　　窦瑞敏（1990年4月—1993年4月）
　　　　王奥尼（1991年5月—1993年4月）
　　　　张保林（1992年5月—1993年4月）

（四）第四届人民代表大会

寨头乡第四届人民代表大会任期3年，自1993年4月至1996年1月。

1. 人民代表大会

第一次会议　1993年4月13日召开，出席代表38名（应到43名）。会议听取和审议《寨头乡第四届人代会代表资格审查报告》《寨头乡人民政府工作报告》《寨头乡1992年预算执行情况和1993年预算报告》，并形成相关决议。会议选举产生主席1名，乡长1名，副乡长2名。

第二次会议　1994年4月召开，出席代表36名（应到43名）。会议听取和审议《寨头乡人民政府工作报告》《寨头乡人大主席团工作报告》《寨头乡1993年预算执行情况和1994年预算报告》，并形成相关决议。会议选举产生乡长1名。

第三次会议　1994年9月召开，出席代表39名（应到43名）。会议选举产生乡长1名，副乡长2名。

第四次会议 1995年5月召开，出席代表40名（应到43名）。会议选举产生副乡长1名。

2. 会议选举

人大组成成员

主　席：王风瑞（1993年4月—1996年4月）

乡政府组成成员

乡　长：窦瑞敏（1993年4月—1994年4月）

吴合祥（1994年4月—1994年9月）

张新芳（1994年9月—1996年1月）

副乡长：宋竹海（1993年4月—1994年8月）

程红旗（1993年4月—1994年8月）

李玉林（1994年9月—1996年1月）

李志华（1994年9月—1996年1月）

高　峰（1995年5月—1996年1月）

第二节　并乡扩镇后人民代表大会

自1996年4月至2023年年底，寨头乡共召开7届人民代表大会（第五届至第十一届）。

（一）第五届人民代表大会

寨头乡第五届人民代表大会任期3年，自1996年4月至1999年3月。

1. 人民代表大会

第一次会议 1996年4月15日召开，出席代表58名（应到58名）。会议听取和审议《寨头乡第五届人代会代表资格审查报告》《寨头乡人民政府工作报告》《寨头乡人大主席团工作报告》《寨头乡1995年预算执行情况和1996年预算报告》，并形成相关决议。会议选举产生主席1名，副主席2名，乡长1名，副乡长3名。

第二次会议 1998年3月召开，出席代表49名（应到58名）。会议听取和审议《寨头乡人民政府工作报告》《寨头乡人大主席团工作报告》《寨头乡1997年预算执行情况和1998年预算报告》，并形成相关决议。会议选举产生主席1名，乡长1名，副乡长1名。

第三次会议 1998年4月召开，出席代表49名（应到58名）。会议选举产生副乡长2名。

2. 会议选举

人大组成成员

主　席：王风瑞（1996年4月—1998年3月）

杨素贵（1998年3月—1999年3月）

副主席：李士亮（1996年4月—1999年3月）

齐银祥（1996年4月—1997年1月）

乡政府组成成员

乡　长：张青鹏（1996年4月—1998年3月）

宋竹海（1998年3月—1999年3月）

副乡长：高　峰（1996年4月—1998年3月）

李良良（1996年4月—1998年3月）

丁建平（1996年4月—1998年3月）

曹延亮（1998年3月—1999年3月）

刘银生（1998年4月—1999年3月）

刘永峰（1998年4月—1999年3月）

（二）第六届人民代表大会

寨头乡第六届人民代表大会任期3年，自1999年3月至2002年6月。

1. 人民代表大会

第一次会议　1999年3月18日召开，出席代表41名（应到49名）。会议听取和审议《寨头乡第六届人代会代表资格审查报告》《寨头乡人民政府工作报告》《寨头乡人大主席团工作报告》《寨头乡1998年预算执行情况和1999年预算报告》，并形成相关决议。会议选举产生主席1名，副主席1名，乡长1名，副乡长3名。

第二次会议　2002年5月召开，出席代表39名（应到49名）。会议听取和审议《寨头乡第六届人代会代表资格审查报告》《寨头乡人民政府工作报告》《寨头乡人大主席团工作报告》《寨头乡2001年预算执行情况和2002年预算报告》，并形成相关决议。

2. 会议选举

人大组成成员

主　席：杨素贵（1999年3月—2002年6月）

副主席：李士亮（1999年3月—2002年6月）

乡政府组成成员

乡　长：宋竹海（1999年3月—2002年5月）

副乡长：曹延亮（1999年3月—2002年6月）

刘银生（1999年3月—2002年6月）

刘永峰（1999年3月—2002年6月）

（三）第七届人民代表大会

寨头乡第七届人民代表大会任期5年，自2002年6月至2007年3月。

1. 人民代表大会

第一次会议　2002年6月11日召开，出席代表38名（应到49名）。会议听取和审议《寨头乡第七届人代会代表资格审查报告》《寨头乡人民政府工作报告》《寨头乡人大主席团工作报告》，并形成相关决议。会议选举产生主席1名，乡长1名，副乡长2名。

第二次会议 2005年5月召开，出席代表42名（应到49名）。会议选举产生乡长1名。

2. 会议选举

人大组成成员

主　席：赵金方（2002年6月—2007年3月）

乡政府组成成员

乡　长：李国芳（2002年6月—2005年5月）

　　　　赵　栋（2005年5月—2007年3月）

副乡长：王庆合（2002年6月—2007年3月）

　　　　刘志德（2002年6月—2007年3月）

（四）第八届人民代表大会

寨头乡第八届人民代表大会任期5年，自2007年3月至2012年2月。

1. 人民代表大会

第一次会议 2007年3月15日召开，出席代表40名（应到49名）。会议听取和审议《寨头乡第八届人代会代表资格审查报告》《寨头乡人民政府工作报告》《寨头乡人大主席团工作报告》《寨头乡2006年预算执行情况和2007年预算报告》，并形成相关决议。会议选举产生主席1名，副主席1名，乡长1名，副乡长2名。

第二次会议 2009年3月召开，出席代表35名（应到49名）。会议听取和审议《寨头乡人民政府工作报告》《寨头乡人大主席团工作报告》《寨头乡2008年预算执行情况和2009年预算报告》，并形成相关决议。会议选举产生乡长1名。

第三次会议 2009年5月召开，出席代表36名（应到49名）。会议选举产生副主席1名，副乡长1名。

第四次会议 2009年7月召开，出席代表36名（应到49名）。会议选举产生副乡长1名。

第五次会议 2010年3月召开，出席代表35名（应到49名）。会议听取和审议《寨头乡人民政府工作报告》《寨头乡人大主席团工作报告》《寨头乡2009年预算执行情况和2010年预算报告》，并形成相关决议。会议选举产生主席1名。

第六次会议 2011年3月召开，出席代表38名（应到49名）。会议听取和审议《寨头乡人民政府工作报告》《寨头乡人大主席团工作报告》《寨头乡2010年预算执行情况和2011年预算报告》，并形成相关决议。会议选举产生副主席1名，副乡长1名。

2. 会议选举

人大组成成员

主　席：孙　哲（2007年3月—2010年3月）

　　　　张国霞（2010年3月—2012年2月）

副主席：王小三（2007年3月—2009年5月）

董凌志（2009 年 5 月—2011 年 3 月）
张志军（2011 年 3 月—2012 年 2 月）

乡政府组成成员

乡　长：赵　栋（2007 年 3 月—2009 年 3 月）
崔项英（2009 年 3 月—2012 年 2 月）

副乡长：刘志德（2007 年 3 月—2009 年 5 月）
王庆合（2007 年 3 月—2009 年 7 月）
王小三（2009 年 5 月—2010 年 10 月）
杨彦国（2009 年 7 月—2012 年 2 月）
董凌志（2011 年 3 月—2012 年 2 月）

（五）第九届人民代表大会

寨头乡第九届人民代表大会任期 5 年，自 2012 年 2 月至 2017 年 3 月。

1. 人民代表大会

第一次会议　2012 年 2 月 10 日召开，出席代表 49 名（应到 49 名）。会议听取和审议《寨头乡第九届人代会代表资格审查报告》《寨头乡人民政府工作报告》《寨头乡人大主席团工作报告》《寨头乡 2011 年预算执行情况和 2012 年预算报告》，并形成相关决议。会议产生选举主席 1 名，副主席 1 名，乡长 1 名，副乡长 2 名。

第二次会议　2012 年 7 月召开，出席代表 45 名（应到 49 名）。会议选举产生副乡长 1 名。

第三次会议　2012 年 8 月召开，出席代表 45 名（应到 49 名）。会议选举产生主席 1 名，乡长 1 名。

第四次会议　2015 年 4 月召开，出席代表 43 名（应到 49 名）。会议听取和审议《寨头乡人民政府工作报告》《寨头乡人大主席团工作报告》《寨头乡 2014 年预算执行情况和 2015 年预算报告》，并形成相关决议。会议选举产生副乡长 2 名。

2. 会议选举

人大组成成员

主　席：张国霞（2012 年 2 月—2012 年 4 月）
刘　晖（2012 年 8 月—2016 年 4 月）

副主席：张志军（2012 年 2 月—2017 年 3 月）

乡政府组成成员

乡　长：崔项英（2012 年 2 月—2012 年 8 月）
刘京辉（2012 年 8 月—2017 年 1 月）

副乡长：杨彦国（2012 年 2 月—2012 年 7 月）
董凌志（2012 年 2 月—2015 年 4 月）
赵永辉（2012 年 7 月—2013 年 1 月）

聂振平（2015 年 4 月—2017 年 1 月）

尹二岗（2015 年 4 月—2017 年 1 月）

（六） 第十届人民代表大会

寨头乡第十届人民代表大会自 2017 年 3 月至 2021 年 6 月，因提前换届，任期未满 5 年。

1. 人民代表大会

第一次会议 2017 年 3 月 11 日召开，出席代表 47 名（应到 49 名）。会议听取和审议《寨头乡第十届人代会代表资格审查报告》《寨头乡人民政府工作报告》《寨头乡人大主席团工作报告》《寨头乡 2016 年预算执行情况和 2017 年预算报告》，并形成相关决议。会议选举产生主席 1 名，副主席 1 名，乡长 1 名，副乡长 2 名。

第二次会议 2019 年 4 月召开，出席代表 47 名（应到 49 名）。会议听取和审议《寨头乡人民政府工作报告》《寨头乡人大主席团工作报告》《寨头乡 2018 年预算执行情况和 2019 年预算报告》，并形成相关决议。会议选举产生主席 1 名。

第三次会议 2019 年 8 月召开，出席代表 46 名（应到 49 名）。会议选举产生副乡长 1 名。

第四次会议 2020 年 12 月召开，出席代表 45 名（应到 49 名）。会议选举产生乡长 1 名。

2. 会议选举

人大组成成员

主　席：孙喜双（2017 年 3 月—2019 年 4 月）

程志伟（2019 年 4 月—2000 年 12 月）

副主席：张志军（2017 年 3 月—2021 年 6 月）

乡政府组成成员

乡　长：曹习军（2017 年 3 月—2022 年 12 月）

程志伟（2020 年 12 月—2021 年 6 月）

副乡长：尹二岗（2017 年 3 月—2019 年 4 月）

付　伟（2017 年 3 月—2021 年 6 月）

薛　峰（2019 年 8 月—2021 年 6 月）

（七） 第十一届人民代表大会

寨头乡第十一届人民代表大会自 2021 年 6 月至 2023 年 12 月（未届满）。

1. 人民代表大会

第一次会议 2021 年 6 月 12 日召开，出席代表 51 名（应到 54 名）。会议听取和审议《寨头乡人民政府工作报告》《人大主席团工作报告》，并形成相关决议。会议选举产生主席 1 名，副主席 2 名，乡长 1 名，副乡长 3 名。

第二次会议 2022 年 9 月召开，出席代表 50 名（应到 54 名）。会议选举产生主席 1 名，副乡长 2 名。

第三次会议　2022年10月召开，出席代表51名（应到54名）。会议选举产生副乡长1名。

2. 会议选举

人大组成成员

主　席：尹二岗（2021年6月—2022年9月）

　　　　牛志国（2022年9月—2023年12月）

副主席：张英杰（2021年6月—2023年12月）

　　　　靳国旗（2021年6月—2023年12月）

乡政府组成成员

乡　长：程志伟（2021年6月—2023年12月）

副乡长：尹文国（2021年6月—2022年10月）

　　　　彭　程（2021年6月—2022年10月）

　　　　石剑锋（2021年6月—2022年10月）

　　　　李　君（2022年9月—2023年12月）

　　　　康星空（2022年9月—2023年12月）

　　　　于　博（2022年10月—2023年12月）

第十五章　南营乡

南营乡位于灵寿县西北部深山区，距离县城75千米，辖区总面积166.5平方千米，是灵寿县面积最大的乡镇，占全县面积的15.62%。全乡共有21个行政村，3744户，1.2万人，乡政府驻南营村。

1953年置乡，1958年灵寿正定合县。1961年5月改为南营乡人民公社。1984年1月全县恢复乡镇体制，改为南营乡。1996年1月，并乡扩镇，原团泊口乡、杨家台乡并入南营乡。

从1984年4月召开第一届人民代表大会至今，南营乡共召开11届人民代表大会（其中并乡扩镇前4届，并乡后7届）。

第一节　并乡扩镇前人民代表大会

一、团泊口乡人民代表大会

1984年4月至1996年1月并乡扩镇前，团泊口乡共召开4届人民代表大会。

（一）第一届人民代表大会

团泊口乡第一届人民代表大会任期3年，自1984年4月至1987年4月。

1. 人民代表大会

第一次会议　1984年4月15日召开，出席代表45名（应到45名）。会议听取和审议《团泊口乡第一届人民代表大会筹备工作情况的报告》《团泊口乡第一届人民代表大会代表资格审查报告》《团泊口乡人民政府工作报告》《关于团泊口乡1983年预算执行情况和1984年预算报告》，并形成相关决议。会议选举产生乡长1名，副乡长2名。

第二次会议　1984年12月召开，出席代表45名（应到45名）。会议听取和审议《团泊口乡人民政府工作报告》《关于团泊口乡1983年预算执行情况和1984年预算报告》，并形成相关决议。会议选举产生乡长1名。

第三次会议　1985年5月召开，出席代表45名（应到45名）。会议听取和审议《团泊口乡人民政府工作报告》，听取和审议《关于团泊口乡1984年预算执行情况和1985年预算报告》，并形成相关决议。

第四次会议　1986年5月召开，出席代表44名（应到代表45名）。会议听取和审议《团泊口乡人民政府工作报告》《关于团泊口乡1985年预算执行情况和1986年预算报告》，并形成相关决议。会议选举产生乡长1名。

2. 会议选举

乡政府组成成员

乡　长：苏尚海（1984年4月—1984年12月）

傅保宝（1984年12月—1986年5月）

马金山（1986年5月—1987年4月）

副乡长：狄风明（1984年4月—1987年4月）

郑兰珍（1984年4月—1987年4月）

（二）第二届人民代表大会

团泊口乡第二届人民代表大会任期3年，自1987年4月至1990年4月。

1. 人民代表大会

第一次会议　1987年4月16日召开，出席代表33名（应到33名）。会议听取和审议《团泊口乡人民代表大会代表资格审查报告》《团泊口乡人民政府工作报告》《关于团泊口乡1986年预算执行情况和1987年预算报告》，并形成相关决议。会议选举产生乡长1名，副乡长2名。

第二次会议　1987年11月召开，出席代表33名（应到代表33名）。会议听取和审议《团泊口乡人民政府工作报告》《关于团泊口乡1986年预算执行情况和1987年预算报告》，并形成相关决议。会议选举产生乡长1名，副乡长2名。

第三次会议　1988年10月召开，出席代表32名（应到33名）。会议听取和审议《团泊口乡人民政府工作报告》《关于团泊口乡1987年预算执行情况和1988年预算报告》并形成相关决议。会议选举产生副乡长1名。

第四次会议　1989年5月召开，出席代表31名（应到33名）。会议听取和审议《团泊口乡人民政府工作报告》《关于团泊口乡1988年预算执行情况和1989年预算报告》，并形成相关决议。会议选举产生副乡长1名。

2. 会议选举

乡政府组成成员

乡　长：马金山（1987年4月—1990年4月）

副乡长：狄风明（1987年4月—1987年11月）

郑兰珍（1987年4月—1987年11月）

李士亮（1987年4月—1988年10月）

张建民（1987年11月—1989年5月）

赵庆方（1988年10月—1990年4月）

卢春方（1989年5月—1990年4月）

（三）第三届人民代表大会

团泊口乡第三届人民代表大会任期 3 年，自 1990 年 4 月至 1993 年 1 月。

1. 人民代表大会

第一次会议 1990 年 4 月 10 日召开，出席代表 38 名（应到 38 名）。会议听取和审议《团泊口乡第三届人民代表大会代表资格审查报告》《团泊口乡第三届人民代表大会筹备工作情况报告》《团泊口乡人民政府工作报告》《关于团泊口乡 1989 年预算执行情况和 1990 年预算报告》，并形成相关决议。会议选举产生主席 1 名，乡长 1 名，副乡长 2 名。

第二次会议 1991 年 10 月召开，出席代表 38 名（应到 38 名）。会议听取和审议，《团泊口乡人民政府工作报告》《关于团泊口乡 1990 年预算执行情况和 1991 年预算报告》，并形成相关决议。会议选举产生乡长 1 名。

第三次会议 1992 年 4 月召开，出席代表 37 名（应到 38 名）。会议听取和审议《团泊口乡人民政府工作报告》《团泊口乡第三届人民代表代表大会资格审查报告》《团泊口乡第三届人民代表大会筹备工作情况报告》《关于团泊口乡 1991 年预算执行情况和 1992 年预算报告》，并形成相关决议。会议选举产生副乡长 2 名。

第四次会议 1992 年 11 月召开，出席代表 37 名（应到 38 名），会议听取和审议《团泊口乡人民政府工作报告》《关于团泊口乡 1991 年预算执行情况和 1992 年预算报告》，并形成相关决议。会议选举产生乡长 1 名。

2. 会议选举

人大组成成员

主　席：左金太（1990 年 4 月—1993 年 1 月）

乡政府组成成员

乡　长：马金山（1990 年 4 月—1991 年 10 月）
　　　　崔金建（1991 年 10 月—1992 年 11 月）
　　　　周二焕（1992 年 11 月—1993 年 1 月）

副乡长：赵庆方（1990 年 4 月—1993 年 1 月）
　　　　卢春方（1990 年 4 月—1992 年 4 月）
　　　　周二焕（1992 年 4 月—1992 年 11 月）
　　　　杨素贵（1992 年 4 月—1993 年 1 月）

（四）第四届人民代表大会

团泊口乡第四届人民代表大会任期 3 年，自 1993 年 5 月至 1996 年 1 月。

1. 人民代表大会

第一次会议 1993 年 5 月 8 日召开，出席代表 41 名（应到 41 名）。会议听取和审议《团泊口乡第四届人民代表大会筹备工作情况的报告》《团泊口乡第四届人民代表大会代表资格审查报告》《团泊口乡人民政府工作报告》《关于团泊口乡 1992 年预算执行情况和 1993 年预算报告》《关于团泊口乡人大主席团工作报告》，并形成相关决议。会议选举产生主席 1

名，乡长1名，副乡长3名。

第二次会议　1994年3月召开，出席代表41名（应到代表41名）。会议听取和审议《团泊口乡人民政府工作报告》《关于团泊口乡1993年预算执行情况和1994年预算报告》《南营乡人大主席团工作报告》，并形成相关决议。会议选举产生主席1名，乡长1名。

第三次会议　1995年3月召开，出席代表41名（应到代表41名）。会议听取和审议《团泊口乡人民政府工作报告》《关于团泊口乡1994年预算执行情况和1995年预算报告》《南营乡人大主席团工作报告》，并形成相关决议。会议选举产生副乡长1名。

2. 会议选举

人大组成成员

主　席：刘明华（1993年5月—1996年1月）

乡政府组成成员

乡　长：周二焕（1993年5月—1994年3月）

　　　　江贵斌（1994年3月—1996年1月）

副乡长：赵贵海（1993年5月—1994年2月）

　　　　杨素贵（1993年5月—1994年2月）

　　　　王银生（1994年2月—1996年1月）

　　　　霍春枝（1995年3月—1996年1月）

二、杨家台乡人民代表大会

1984年4月至1996年1月并乡扩镇前，杨家台乡共召开4届人民代表大会。

（一）第一届人民代表大会

杨家台乡第一届人民代表大会任期3年，自1984年4月至1987年4月。

1. 人民代表大会

第一次会议　1984年4月14日召开，出席代表30名（应到代表30名）。会议听取和审议《杨家台乡第一届人民代表大会筹备工作情况的报告》《杨家台乡第一届人民代表大会代表资格审查报告》《杨家台乡人民政府工作报告》《关于杨家台乡1983年预算执行情况和1984年预算报告》，并形成相关决议。会议选举产生乡长1名。

第二次会议　1985年5月召开，出席代表30名（应到代表30名）。会议听取和审议《杨家台乡人民政府工作报告》《关于杨家台乡1984年预算执行情况和1985年预算报告》，并形成相关决议。会议选举产生副乡长1名。

第三次会议　1986年5月召开，出席代表29名（应到代表30名）。会议听取和审议《杨家台乡人民政府工作报告》《关于杨家台乡1985年预算执行情况和1986年预算报告》，并形成相关决议。会议选举产生副乡长1名。

2. 会议选举

乡政府组成成员

乡　长：王国钦（1984 年 4 月—1987 年 4 月）

副乡长：张丛生（1984 年 4 月—1985 年 1 月）

李占文（1985 年 5 月—1987 年 4 月）

陈合明（1986 年 5 月—1987 年 3 月）

（二）第二届人民代表大会

杨家台乡第二届人民代表大会任期 3 年，自 1987 年 4 月至 1990 年 4 月。

1. 人民代表大会

第一次会议　1987 年 4 月 17 日召开，出席代表 31 名（应到 31 名）。会议听取和审议《杨家台乡第二届人民代表大会代表资格审查报告》《杨家台乡人民政府工作报告》《关于杨家台乡 1986 年预算执行情况和 1987 年预算报告》，并形成相关决议。会议选举产生乡长 1 名，副乡长 2 名。

第二次会议　1988 年 12 月召开，出席代表 31 名（应到 31 名）。会议听取和审议《杨家台乡人民政府工作报告》《关于杨家台乡 1987 年预算执行情况和 1988 年预算报告》，并形成相关决议。

第三次会议　1989 年 8 月召开，出席代表 30 名（应到代表 31 名）。会议听取和审议《杨家台乡人民政府工作报告》《关于杨家台乡 1988 年预算执行情况和 1989 年预算报告》，并形成相关决议。会议选举产生副乡长 2 名。

2. 会议选举

乡政府组成成员

乡　长：王国钦（1987 年 4 月—1990 年 4 月）

副乡长：陈合明（1987 年 4 月—1989 年 8 月）

司省锡（1987 年 4 月—1989 年 8 月）

陈万金（1989 年 8 月—1990 年 4 月）

许金来（1989 年 8 月—1990 年 4 月）

（三）第三届人民代表大会

杨家台乡第三届人民代表大会任期 3 年，自 1990 年 4 月至 1993 年 5 月。

1. 人民代表大会

第一次会议　1990 年 4 月 10 日召开，出席代表 23 名（应到代表 23 名）。会议听取和审议《杨家台乡第三届人民代表大会筹备工作情况报告》《杨家台乡第三届人民代表大会代表资格审查报告》《杨家台乡人民政府工作报告》《关于杨家台乡 1989 年预算执行情况和 1990 年预算报告》，并形成相关决议。会议选举产生主席 1 名，乡长 1 名，副乡长 2 名。

第二次会议　1991 年 5 月召开，出席代表 23 名（应到代表 23 名）。会议听取和审议《杨家台乡人民政府工作报告》《关于杨家台乡 1990 年预算执行情况和 1991 年预算报告》，并形成相关决议。会议选举产生主席 1 名。

2. 会议选举

人大组成成员

主　席：高化林（1990 年 4 月—1991 年 5 月）

　　　　祁生祥（1991 年 5 月—1993 年 5 月）

乡政府组成成员

乡　长：王国钦（1990 年 4 月—1993 年 5 月）

副乡长：陈万金（1990 年 4 月—1993 年 5 月）

　　　　许金来（1990 年 4 月—1993 年 5 月）

（四）第四届人民代表大会

杨家台乡第三届人民代表大会任期 3 年，自 1993 年 5 月至 1996 年 1 月。

1. 人民代表大会

第一次会议　1993 年 5 月 11 日召开，出席代表 40 名（应到代表 40 名）。会议听取和审议《杨家台乡第四届人民代表大会代表资格审查报告》《杨家台乡人民政府工作报告》《杨家台乡 1992 年预算执行情况和 1993 年预算报告》《杨家台乡人大主席团工作报告》，并形成相关决议。会议选举产生主席 1 名，乡长 1 名，副乡长 1 名。

第二次会议　1994 年 2 月召开，出席代表 39 名（应到 40 名）。会议听取和审议《杨家台乡人民政府工作报告》《关于杨家台乡 1993 年预算执行情况和 1994 年预算报告》《关于杨家台乡人大主席团工作报告》，并形成相关决议。会议选举产生乡长 1 名，副乡长 2 名。

第三次会议　1995 年 2 月召开，出席代表 39 名（应到 40 名）。会议听取和审议《杨家台乡人民政府工作报告》《杨家台乡 1994 年预算执行情况和 1995 年预算报告》《关于杨家台乡人大主席团工作报告》，并形成相关决议。

2. 会议选举

人大组成成员

主　席：祁生祥（1993 年 5 月—1996 年 1 月）

乡政府组成成员

乡　长：王国钦（1993 年 5 月—1994 年 2 月）

　　　　吴春福（1994 年 2 月—1996 年 1 月）

副乡长：许进来（1993 年 5 月—1994 年 3 月）

　　　　王文辉（1994 年 2 月—1996 年 1 月）

　　　　陈万金（1994 年 2 月—1995 年 1 月）

三、南营乡人民代表大会

1984 年 4 月至 1996 年 1 月并乡扩镇前，南营乡共召开 4 届人民代表大会。

（一）第一届人民代表大会

南营乡第一届人民代表大会任期 3 年，自 1984 年 4 月至 1987 年 4 月。

1. 人民代表大会

第一次会议 1984 年 4 月 14 日召开，出席代表 48 名（应到 48 名）。会议听取和审议《南营乡第一届人民代表大会筹备工作情况的报告》《杨家台乡第一届人民代表大会代表资格审查报告》《南营乡人民政府工作报告》《关于南营乡 1983 年预算执行情况和 1984 年预算报告》，并形成相关决议。会议选举产生乡长 1 名，副乡长 2 名。

第二次会议 1985 年 5 月召开，出席代表 48 名（应到 48 名）。会议听取和审议《南营乡人民政府工作报告》《关于南营乡 1984 年预算执行情况和 1985 年预算报告》，并形成相关决议。会议选举产生副乡长 1 名。

第三次会议 1985 年 9 月召开，出席代表 46 名（应到 48 名）。会议选举产生乡长 1 名

第四次会议 1986 年 4 月召开，出席代表 47 名（应到 48 名）。会议听取和审议《南营乡人民政府工作报告》《关于南营乡 1985 年预算执行情况和 1986 年预算报告》，并形成相关决议。

2. 会议选举

乡政府组成成员

乡　长：高玉亮（1984 年 4 月—1985 年 9 月）

　　　　邢德军（1985 年 9 月—1987 年 4 月）

副乡长：赵贵海（1984 年 4 月—1987 年 4 月）

　　　　于有贵（1984 年 4 月—1985 年 5 月）

　　　　郝建忠（1985 年 5 月—1987 年 4 月）

（二）第二届人民代表大会

南营乡第二届人民代表大会任期 3 年，自 1987 年 4 月至 1990 年 4 月。

1. 人民代表大会

第一次会议 1987 年 4 月 17 日召开，出席代表 33 名（应到 33 名）。会议听取和审议《南营乡第一届人民代表大会筹备工作情况的报告》《杨家台乡第二届人民代表大会代表资格审查报告》《南营乡人民政府工作报告》《关于南营乡 1986 年预算执行情况和 1987 年预算报告》，并形成相关决议。会议选举产生乡长 1 名，副乡长 2 名。

第二次会议 1988 年 2 月召开，出席代表 33 名（应到 33 名）。会议听取和审议《南营乡人民政府工作报告》《关于南营乡 1987 年预算执行情况和 1988 年预算报告》，并形成相关决议。会议选举产生副乡长 1 名。

第三次会议 1989 年 8 月召开，出席代表 32 名（应到 33 名）。会议选举产生副乡长 2 名。

2. 会议选举

乡政府组成成员

乡　长：江涌涛（1987 年 4 月—1990 年 3 月）

副乡长：赵贵海（1987 年 4 月—1989 年 8 月）

许进来（1987 年 4 月—1989 年 8 月）

李涛琦（1988 年 2 月—1990 年 3 月）

孙金祥（1989 年 8 月—1990 年 4 月）

王有明（1989 年 8 月—1990 年 4 月）

（三）第三届人民代表大会

南营乡第三届人民代表大会任期 3 年，自 1990 年 4 月至 1993 年 4 月。

1. 人民代表大会

第一次会议　1990 年 4 月 12 日召开，出席代表 47 名（应到 47 名）。会议听取和审议《南营乡第二届人民代表大会筹备工作情况的报告》《杨家台乡第二届人民代表大会代表资格审查报告》《南营乡人民政府工作报告》《关于南营乡 1989 年预算执行情况和 1990 年预算报告》，并形成相关决议。会议选举产生主席 1 名，乡长 1 名，副乡长 3 名。

第二次会议　1991 年 4 月召开，出席代表 47 名（应到 47 名）。会议听取和审议《南营乡人民政府工作报告》《关于南营乡 1990 年预算执行情况和 1991 年预算报告》，并形成相关决议。

第三次会议　1992 年 4 月召开，出席代表 46 名（应到 47 名）。会议听取和审议《南营乡人民政府工作报告》《关于南营乡 1991 年预算执行情况和 1992 年预算报告》，并形成相关决议。

2. 会议选举

人大组成成员

主　席：邢德军（1990 年 4 月—1993 年 4 月）

乡政府组成成员

乡　长：陈进良（1990 年 4 月—1993 年 4 月）

副乡长：孙金祥（1990 年 4 月—1993 年 4 月）

王有明（1990 年 4 月—1993 年 4 月）

王定海（1990 年 4 月—1991 年 9 月）

（四）第四届人民代表大会

南营乡第四届人民代表大会任期 3 年，自 1993 年 5 月至 1996 年 1 月。

1. 人民代表大会

第一次会议　1993 年 5 月 12 日召开，出席代表 42 名（应到 42 名）。会议听取和审议《南营乡第四届人民代表大会筹备工作情况的报告》《南营乡第四届人民代表大会代表资格审查报告》《南营乡人民政府工作报告》《关于南营乡 1992 年预算执行情况和 1993 年预算报告》《南营乡人大主席团工作报告》，并形成相关决议。会议选举产生主席 1 名，乡长 1 名，副乡长 2 名。

第二次会议　1994 年 3 月召开，出席代表 42 名（应到 42 名）。会议听取和审议《南营乡人民政府工作报告》《关于南营乡 1993 年预算执行情况和 1994 年预算报告》《南营乡人大主席团工作报告》，并形成相关决议。

第三次会议 1995 年 3 月召开，出席代表 42 名（应到 42 名）。会议听取和审议《南营乡人民政府工作报告》《关于南营乡 1993 年预算执行情况和 1994 年预算报告》《南营乡人大主席团工作报告》，并形成相关决议。会议选举产生乡长 1 名，副乡长 2 名。

2. 会议选举

人大组成成员

主　席：邢德军（1993 年 5 月—1996 年 1 月）

乡政府组成成员

乡　长：陈进良（1993 年 5 月—1995 年 3 月）

　　　　苏志超（1995 年 3 月—1995 年 11 月）

副乡长：曹建敏（1993 年 5 月—1995 年 3 月）

　　　　于正明（1993 年 5 月—1995 年 3 月）

　　　　张延海（1995 年 3 月—1996 年 1 月）

　　　　魏海青（1995 年 3 月—1996 年 1 月）

第二节　并乡扩镇后人民代表大会

自 1996 年 1 月至 2023 年年底，南营乡共召开 7 届人民代表大会（第五届至第十一届）。

（一）第五届人民代表大会

南营乡第五届人民代表大会任期 3 年，自 1996 年 5 月至 1999 年 3 月。

1. 人民代表大会

第一次会议 1996 年 5 月 10 日召开，出席代表 64 名（应到 64 名）。会议听取和审议《南营乡第五届人民代表大会筹备工作情况的报告》《南营乡第五届人民代表大会代表资格审查报告》《南营乡人民政府工作报告》《关于南营乡 1995 年预算执行情况和 1996 年预算报告》，并形成相关决议。会议选举产生主席 1 名，乡长 1 名，副乡长 3 名。

第二次会议 1997 年 5 月召开，出席代表 64 名（应到 64 名）。会议听取和审议《南营乡人民政府工作报告》《关于南营乡 1996 年预算执行情况和 1997 年预算报告》《南营乡人大主席团工作报告》，并形成相关决议。

第三次会议 1998 年 4 月召开，出席代表 63 名（应到 64 名）。会议听取和审议《南营乡人民政府工作报告》《关于南营乡 1997 年预算执行情况和 1998 年预算报告》《南营乡人大主席团工作报告》，并形成相关决议。会议选举产生主席 1 名，乡长 1 名，副乡长 3 名。

2. 会议选举

人大组成成员

主　席：王国钦（1996 年 5 月—1998 年 3 月）

王有明（1998 年 4 月—1999 年 3 月）

乡政府组成成员

乡　长：吴春福（1996 年 5 月—1998 年 3 月）

张玉刚（1998 年 4 月—1999 年 3 月）

副乡长：王银生（1996 年 5 月—1998 年 4 月）

曹延亮（1996 年 5 月—1998 年 3 月）

张延海（1996 年 5 月—1998 年 4 月）

丁建平（1998 年 4 月—1999 年 3 月）

罗书江（1998 年 4 月—1999 年 3 月）

张建永（1998 年 4 月—1999 年 3 月）

（二）第六届人民代表大会

南营乡第六届人民代表大会任期 3 年，自 1999 年 3 月至 2002 年 6 月。

1. 人民代表大会

第一次会议　1999 年 3 月 13 日召开，出席代表 48 名（应到 48 名）。会议听取和审议《南营乡第六届人民代表大会代表资格审查报告》《南营乡人民政府工作报告》《关于南营乡 1998 年预算执行情况和 1999 年预算报告》《南营乡人大主席团工作报告》，并形成相关决议。会议选举产生主席 1 名，乡长 1 名，副乡长 3 名。

第二次会议　1999 年 12 月召开，出席代表 48 名（应到 48 名）。会议选举乡长 1 名。

2. 会议选举

人大组成成员

主　席：王有明（1999 年 3 月—2002 年 6 月）

乡政府组成成员

乡　长：张玉刚（1999 年 3 月—1999 年 12 月）

赵庆芳（1991 年 12 月—2002 年 5 月）

副乡长：丁建平（1999 年 3 月—2002 年 6 月）

罗书江（1999 年 3 月—2002 年 6 月）

张建永（1999 年 3 月—2002 年 6 月）

（三）第七届人民代表大会

南营乡第七届人民代表大会任期 5 年，自 2002 年 6 月至 2007 年 3 月。

1. 人民代表大会

第一次会议　2002 年 6 月 15 日召开，出席代表 48 名（应到 48 名）。会议听取和审议《南营乡第七届人民代表大会代表资格审查报告》《南营乡人民政府工作报告》《关于南营乡 2001 年预算执行情况和 2002 年预算报告》《南营乡人大主席团工作报告》，并形成相关决议。会议选举产生主席 1 名，乡长 1 名，副乡长 1 名。

第二次会议　2002 年 7 月召开，出席代表 46 名（应到 48 名）。会议选举产生副乡长

1名。

第三次会议 2005年5月召开，出席代表47名（应到48名）。会议听取和审议《南营乡人民政府工作报告》《关于南营乡2004年预算执行情况和2005年预算报告》《南营乡人大主席团工作报告》，并形成相关决议。会议选举产生乡长1名，副乡长2名。

第四次会议 2006年6月召开，出席代表47名（应到48名）。会议听取和审议《南营乡人民政府工作报告》《关于南营乡2005年预算执行情况和2006年预算报告》《南营乡人大主席团工作报告》，并形成相关决议。会议选举产生主席1名，副主席1名。

2. 会议选举

人大组成成员

主　席：赵恩锁（2002年6月—2006年6月）

　　　　尹国亮（2006年6月—2007年3月）

副主席：吕竹芹（2006年6月—2007年3月）

乡政府组成成员

乡　长：梁风斌（2002年6月—2005年5月）

　　　　郝拴海（2005年5月—2007年3月）

副乡长：张建永（2002年6月—2007年3月）

　　　　李龙飞（2002年7月—2006年3月）

　　　　李　明（2005年5月—2006年6月）

（四）第八届人民代表大会

南营乡第八届人民代表大会任期5年，自2007年3月至2012年2月。

1. 人民代表大会

第一次会议 2007年3月22日召开，出席代表42名（应到42名）。会议听取和审议《南营乡第八届人民代表大会筹备工作情况的报告》《南营乡第八届人民代表大会代表资格审查报告》《南营乡人民政府工作报告》《关于南营乡2006年预算执行情况和2007年预算报告》《南营乡人大主席团工作报告》，并形成相关决议。会议选举产生主席1名，副主席1名，乡长1名，副乡长2名。

第二次会议 2007年4月召开，出席代表40名（应到42名）。会议选举产生副乡长1名。

第三次会议 2007年8月召开，出席代表42名（应到42名）。会议选举产生主席1名，乡长1名。

第四次会议 2009年6月召开，出席代表41名（应到42名）。会议听取和审议《南营乡人民政府工作报告》《南营乡人大主席团工作报告》，并形成相关决议。会议选举产生主席1名，副乡长2名。

第五次会议 2010年6月召开，出席代表41名（应到42名）。会议听取和审议《南营乡人民政府工作报告》《关于南营乡2009年预算执行情况和2010年预算报告》《南营乡人大主席团工作报告》，并形成相关决议。

第六次会议　2011年3月召开，出席代表40名（应到42名）。会议听取和审议《南营乡人民政府工作报告》《关于南营乡2010年预算执行情况和2011年预算报告》《南营乡人大主席团工作报告》，并形成相关决议。会议选举产生副主席1名，乡长1名，副乡长1名。

2. 会议选举

人大组成成员

主　席：尹国亮（2007年3月—2007年8月）
　　　　靳福江（2007年8月—2009年6月）
　　　　罗文全（2009年6月—2012年2月）
副主席：吕竹芹（2007年3月—2009年5月）
　　　　胡田云（2011年3月—2012年2月）

乡政府组成成员

乡　长：郝拴海（2007年3月—2007年8月）
　　　　尹国亮（2007年8月—2011年3月）
　　　　石中秋（2011年3月—2012年2月）
副乡长：李龙飞（2007年3月—2009年6月）
　　　　张建永（2007年3月—2007年4月）
　　　　李书明（2007年4月—2009年5月）
　　　　王朝阳（2009年6月—2012年2月）
　　　　王吉光（2009年6月—2011年3月）
　　　　刘　军（2011年3月—2012年2月）

（五）第九届人民代表大会

南营乡第九届人民代表大会任期5年，自2012年2月至2017年1月。

1. 人民代表大会

第一次会议　2012年2月26日召开，出席代表45名（应到45名）。会议听取和审议《南营乡第九届人民代表大会筹备工作情况的报告》《南营乡第九届人民代表大会代表资格审查报告》《南营乡人民政府工作报告》《关于南营乡2011年预算执行情况和2012年预算报告》《南营乡人大主席团工作报告》，并形成相关决议。会议选举产生主席1名，副主席1名，乡长1名，副乡长2名。

第二次会议　2013年3月召开，出席代表45名（应到45名）。会议听取和审议《南营乡人民政府工作报告》《关于南营乡2012年预算执行情况和2013年预算报告》《南营乡人大主席团工作报告》，并形成相关决议。

第三次会议　2014年4月召开，出席代表43名（应到45名）。会议听取和审议《南营乡人民政府工作报告》《关于南营乡2013年预算执行情况和2014年预算报告》《南营乡人大主席团工作报告》，并形成相关决议。

第四次会议 2015年4月召开，出席代表43名（应到45名）。会议听取和审议《南营乡人民政府工作报告》《关于南营乡2014年预算执行情况和2015年预算报告》《南营乡人大主席团工作报告》，并形成相关决议。会选举产生主席1名，副乡长1名。

第五次会议 2016年4月召开，出席代表43名（应到45名）。会议听取和审议《南营乡人民政府工作报告》《关于南营乡2015年预算执行情况和2016年预算报告》《南营乡人大主席团工作报告》，并形成相关决议。会选举产生乡长1名。

2. 会议选举

人大组成成员

主　席：罗文全（2012年2月—2015年3月）
　　　　李书明（2015年4月—2017年1月）
副主席：胡田云（2012年2月—2017年1月）

乡政府组成成员

乡　长：石中秋（2012年2月—2016年4月）
　　　　徐东亮（2016年4月—2017年1月）
副乡长：王朝阳（2012年2月—2015年4月）
　　　　刘　军（2012年2月—2017年1月）
　　　　吕艳雷（2015年4月—2017年1月）

（六）第十届人民代表大会

南营乡第十届人民代表大会自至2017年3月至2021年5月，因提前换届，任期未满5年。

1. 人民代表大会

第一次会议 2017年3月15日召开，出席代表44名（应到44名）。会议听取和审议《南营乡第十届人民代表大会筹备工作情况的报告》《南营乡第十届人民代表大会代表资格审查报告》《南营乡人民政府工作报告》《关于南营乡2016年预算执行情况和2017年预算报告》《南营乡人大主席团工作报告》，并形成相关决议。会议选举产生主席1名，副主席1名，乡长1名，副乡长2名。

第二次会议 2018年3月召开，出席代表43名（应到44名）。会议听取和审议《南营乡人民政府工作报告》《关于南营乡2017年预算执行情况和2018年预算报告》《南营乡人大主席团工作报告》，并形成相关决议。

第三次会议 2019年3月召开，出席代表43名（应到44名）。会议听取和审议《南营乡人民政府工作报告》《关于南营乡2018年预算执行情况和2019年预算报告》《南营乡人大主席团工作报告》，并形成相关决议。会议选举产生主席1名，乡长1名。

第四次会议 2019年5月召开，出席代表43名（应到44名）。会议选举产生副乡长1名。

第五次会议 2020年6月召开，出席代表42名（应到44名）。会议听取和审议《南营乡人民政府工作报告》《关于南营乡2019年预算执行情况和2020年预算报告》《南营乡人大主席团工作报告》，并形成相关决议。

2. 会议选举

人大组成成员

主　席：李书明（2017 年 3 月—2019 年 3 月）

　　　　张二利（2019 年 3 月—2020 年 6 月）

　　　　程　刚（2020 年 6 月—2021 年 5 月）

副主席：胡田云（2017 年 3 月—2021 年 5 月）

乡政府组成成员

乡　长：徐东亮（2017 年 3 月—2019 年 3 月）

　　　　李书明（2019 年 3 月—2021 年 6 月）

副乡长：刘　军（2017 年 3 月—2019 年 5 月）

　　　　吕艳雷（2017 年 3 月—2019 年 5 月）

　　　　安　冯（2019 年 5 月—2021.05 月）

（七）第十一届人民代表大会

南营乡第十一届人民代表大会自至 2021 年 6 月至 2023 年 12 月（未届满）。

1. 人民代表大会

第一次会议　2021 年 6 月 17 日召开，出席代表 48 名（应到 48 名）。会议听取和审议《南营乡第十一届人民代表大会筹备工作情况的报告》《南营乡第十一届人民代表大会代表资格审查报告》《南营乡人民政府工作报告》《关于南营乡 2020 年预算执行情况和 2021 年预算报告》《南营乡人大主席团工作报告》，并形成相关决议。会议选举产生主席 1 名，副主席 2 名，乡长 1 名，副乡长 1 名。

第二次会议　2022 年 4 月 15 日召开，出席代表 47 名（应到 48 名）。会议听取和审议《南营乡人民政府工作报告》《关于南营乡 2021 年预算执行情况和 2022 年预算报告》《南营乡人大主席团工作报告》，并形成相关决议。会议选举产生乡长 1 名。

第三次会议　2022 年 12 月 18 日召开，出席代表 45 名（应到 48 名）。会议听取和审议《南营乡人民政府工作报告》《关于南营乡 2021 年预算执行情况和 2022 年预算报告》《南营乡人大主席团工作报告》，并形成相关决议。会议选举产生副乡长 1 名。

2. 会议选举

人大组成成员

主　席：李　强（2021 年 6 月—2023 年 7 月）

副主席：陈春芳（2021 年 6 月—2023 年 2 月）

　　　　石　贝（2021 年 6 月—2013 年 12 月）

乡政府组成成员

乡　长：李书明（2021 年 6 月—2022 年 4 月）

　　　　王振平（2022 年 4 月—2023 年 12 月）

副乡长：安　冯（2021 年 6 月—2022 年 12 月）
　　　　邢晓军（2022 年 12 月—2023 年 12 月）

附　　录

县十四届人大五次会议批准的"十二五"期间经济社会发展主要目标分年度计划表

附表 1

序号	指标	年度计划					
		2010 年	2011 年	2012 年	2013 年	2014 年	2015 年
1	地区生产总值增长（%）	14.50	12	12	12	12	12
2	服务业增加值增长（%）	14	15	15	15	15	15
3	服务业增加值占 GDP 比重（%）	25.90	27.90	29.90	31.90	34.90	36
4	全部财政收入增长（%）	4.7	15	15	15	15	15
5	其中：一般预算收入增长（%）	7.10	15.50	15.50	15.50	15.50	15.50
6	全社会固定资产投资增长（%）	–38.10	20	20	20	20	20
7	其中：城镇固定资产投资增长（%）	–38.60	21	21	21	21	21
8	规模以上工业增加值增长（%）	19.20	15	15	15	15	15
9	实际利用外资（万美元）		800	800	800	800	800
10	引进国内资金（亿元）	6.06	7.10	7.80	8.60	9.50	10.40
11	外贸进出口总值（万美元）	2709	2980	3278	3606	3966	4363
	增长（%）	–9.10	10	10	10	10	10
12	社会消费品零售总额（亿元）	20.96	24.24	28.12	32.62	37.84	43.89
	增长（%）	18	18	18	18	18	18
13	城镇居民人均可支配收入（元）	15103	16613	18274	20102	22112	24323
	增长（%）	13	10	10	10	10	10
14	农民人均纯收入收入（元）	3167	3452	3866	4330	4893	5527
	增长（%）	7	7 以上	12	12	13	13
15	粮食种植面积（万亩）	45.86	45.90	45.93	45.96	45.98	46
16	畜牧业产值占农林牧渔总产值比重（%）	37.68	37.93	38.15	38.45	38.70	39
17	城镇化率（%）	26.25	28	30	32	34	35
18	高中阶段毛入学率（%）	80.10	81.10	82.10	83.10	84.10	85.10
19	人口总量（万人）	32.80	控制在 34 万人以内				
20	人口自然增长率（‰）	4.59	6	6	6	6	6
21	城镇登记失业率（%）	4	4	4	4	4	4
22	耕地保有量（万公顷）	2.86	2.86	2.87	2.88	2.88	2.89
23	森林覆盖率（%）	41.44	43.24	45	46.50	48	50
24	万元生产总值能耗降低率（%）	4	达到市要求				
25	万元工业增加值取水量降低率（%）	6.10	达到市要求				

续附表 1

序号	指标	年度计划					
		2010 年	2011 年	2012 年	2013 年	2014 年	2015 年
26	COD 消减率（%）		达到市要求				
27	二氧化硫消减率（%）	36.81	达到市要求				
28	氨氮化物排放量（万吨）		达到市要求				
29	氮氧化物排放量（万吨）		达到市要求				
30	万元生产总值二氧化碳排放量降低率（%）		达到市要求				

县十五届人大五次会议批准的“十三五”期间经济社会发展主要指标表

附表 2

指 标		单位	2016 年	2020 年	年均增长（%）	指标属性
一、经济发展（8 项）						
地区生产总值		亿元	101.59	143.4	>9	预期性
其中，规模以上工业增加值		亿元	38.88	52.84	>8	预期性
人均生产总值		元	30000	40000	10	预期性
公共财政预算收入		亿元	3.38	5	>10	预期性
城镇化率	户籍人口	%	29.83	45	[18.97]	预期性
	常住人口	%	36	50	[17.50]	预期性
服务业增加值比重		%	33.63	40	>11	预期性
固定资产投资		亿元	126.98	193	>11	预期性
社会消费品零售总额		亿元	44.62	68	>11	预期性
二、创新驱动（2 项）						
研究和试验发展（R&D）经费占 GDP 比重		%	0.80	1.20		预期性
互联网普及率		%	90	95		预期性
三、民生福祉（9 项）						
居民人均可支配收入		元				预期性

续附表 2

<table>
<tr><th colspan="2">指 标</th><th>单位</th><th>2016 年</th><th>2020 年</th><th>年均增长（%）</th><th>指标属性</th></tr>
<tr><td colspan="2">其中，城镇居民人均可支配收入</td><td>元</td><td>25280</td><td>35855</td><td>9</td><td>预期性</td></tr>
<tr><td colspan="2">农村居民人均可支配收入</td><td>元</td><td>6136</td><td>9357</td><td>11</td><td>预期性</td></tr>
<tr><td colspan="2">劳动年龄人口平均受教育年限</td><td>年</td><td></td><td>10.80</td><td></td><td>约束性</td></tr>
<tr><td colspan="2">城镇新增就业人数</td><td>万人</td><td>0.25</td><td>1.30</td><td></td><td>预期性</td></tr>
<tr><td colspan="2">城镇登记失业率</td><td>%</td><td>3.01</td><td>4</td><td></td><td>约束性</td></tr>
<tr><td colspan="2">农村贫困人口脱贫（万人）</td><td>万人</td><td>1.33</td><td>4.39</td><td></td><td>约束性</td></tr>
<tr><td colspan="2">城镇职工基本养老保险参保人数</td><td>万人</td><td colspan="3" rowspan="3">完成市下达任务</td><td>预期性</td></tr>
<tr><td colspan="2">城乡居民基本养老保险参保人数</td><td>万人</td><td>预期性</td></tr>
<tr><td colspan="2">城镇棚户区住房改造</td><td>万套</td><td>预期性</td></tr>
<tr><td colspan="2">四、生态文明（10 项）</td><td></td><td></td><td></td><td></td><td></td></tr>
<tr><td colspan="2">万元 GDP 用水量</td><td>立方米</td><td colspan="3" rowspan="5">达到市要求</td><td>约束性</td></tr>
<tr><td colspan="2">地下水压采能力</td><td>亿立方米</td><td>约束性</td></tr>
<tr><td colspan="2">单位 GDP 能耗降低</td><td>%</td><td>约束性</td></tr>
<tr><td colspan="2">单位 GDP 二氧化碳降低</td><td>%</td><td>约束性</td></tr>
<tr><td colspan="2">非化石能源占一次能源消费比重</td><td>%</td><td>约束性</td></tr>
<tr><td colspan="2">森林覆盖率</td><td>%</td><td>56.38</td><td>61.63</td><td>[6.56]</td><td>约束性</td></tr>
<tr><td colspan="2">细微颗粒物（$PM_{2.5}$）浓度下降</td><td>%</td><td></td><td>42</td><td></td><td>约束性</td></tr>
<tr><td colspan="2">空气质量综合指数下降</td><td>%</td><td></td><td>38</td><td></td><td>约束性</td></tr>
<tr><td rowspan="2">地表水质量</td><td>好于Ⅲ类水体比率</td><td>%</td><td colspan="3" rowspan="6">达到市要求</td><td>约束性</td></tr>
<tr><td>劣Ⅴ类水体比例</td><td>%</td><td>约束性</td></tr>
<tr><td rowspan="4">主要污染物排放总量减少</td><td>化学需氧量</td><td>%</td><td rowspan="4">约束性</td></tr>
<tr><td>氨氮</td><td>%</td></tr>
<tr><td>二氧化硫</td><td>%</td></tr>
<tr><td>氮氧化物</td><td>%</td></tr>
</table>

说明：[ ] 内为 5 年累计数。

县十六届人大六次会议批准的“十四五”时期经济社会发展主要指标表

附表 3

类别	指 标	单位	2020 年基数	2025 年目标	年均增长［累计］	指标属性
经济发展	1. 生产总值（GDP）增长率	%	—	—	6 以上	预期性
	2. 全员生产率增长率	%	—	—	6	预期性
	3. 常住人口城镇化率	%	43.10	60	［16.90］	预期性
创新驱动	4. 全社会研发投入增长率	%	—	—	15	预期性
	5. 每万人口高价值发明专利拥有量	件	1	3	［2］	预期性
	6. 数字经济核心产业增加值占 GDP 比例	%	—	10	—	预期性
	7. 高新技术产业增加值占规模以上工业增加值比例	%	25	60	7	预期性
民生福祉	8. 居民人均可支配收入增长率	%	—	—	8 以上	预期性
	9. 城镇调查失业率	%	3	＜3	—	预期性
	10. 人均预期寿命	岁	78	80	［2］	预期性
	11. 每千人口执业（助理）医师数	人	—	4	—	预期性
	12. 居民基本养老保险参保率	%	95	＞95	—	预期性
	13. 每千人口拥有 3 岁以下婴幼儿托位数	个	—	3.60	—	预期性
	14. 劳动年龄人口平均受教育年限	年	10.80	11.30	［0.50］	约束性
绿色转型	15. 单位 GDP 能源消耗降幅	%	达到市级要求			约束性
	16. 单位 GDP 二氧化碳排放降幅	%	达到市级要求			约束性
	17. 优良天数比率	%	58.70	65	［6.30］	约束性
	18. 细颗粒物（$PM_{2.5}$）浓度降幅	%	7.930	15	3	约束性
	19. 地下水压采量	亿立方米	1	0	—	约束性
	20. 地表水质量达到或好于Ⅲ类水体比例	%	达到市级要求			约束性
	21. 森林覆盖率	%	61.67	62.67	0.20	约束性
安全保障	22. 粮食综合生产能力	亿斤	5.10	5.30	［0.20］	约束性
	23. 能源综合生产能力	万吨标准煤	3.69	20	［16.31］	约束性

说明：1. 优良天数比例为实况数，“十三五”时期为标况数。

2. 增速和比例目标标注为左右的可上下浮动 0.5 个百分点。

3. ［ ］中为 5 年累计数。

4. 居民人均可支配收入增长率目标值为名义增长率。

2010—2023 年人大批准的一般公共预算收支安排情况表

附表 4

单位：万元

年度	收入	支出
2010	11786	85670
2011	13596	103373
2012	17670	122483
2013	21033	129716
2014	25032	144657
2015	27700	176229
2016	33800	194226
2017	38900	206447
2018	47000	260598
2019	57800	274245
2020	66200	293654
2021	75900	309657
2022	84310	312900
2023	93850	356419

2010—2023 年人大批准的一般公共预算收支决算情况表

附表 5

单位：万元

年度	收入	支出
2010	12033	80133
2011	15805	96699
2012	20025	111733
2013	22153	115415
2014	25126	129637
2015	30726	169333
2016	35343	185736
2017	40861	204137
2018	50228	256196
2019	59076	272480
2020	69659	292924
2021	77345	297780
2022	86095	307471
2023	95698	320486

灵寿县历任人大常委会主任

附表 6

姓名	籍贯	届次	任职时间
李斌昌	井陉县南障村	灵寿县第七届人民代表大会	1981 年 12 月—1983 年 12 月
刘吉来	慈峪村	灵寿县第七届人民代表大会	1983 年 12 月—1984 年 4 月
刘吉来	慈峪村	灵寿县第八届人民代表大会	1984 年 4 月—1987 年 4 月
刘吉来	慈峪村	灵寿县第九届人民代表大会	1987 年 4 月—1990 年 4 月
栗士彦	王阜安	灵寿县第十届人民代表大会	1990 年 4 月—1993 年 1 月
杨从彩	南岸村	灵寿县第十一届人民代表大会	1993 年 3 月—1998 年 2 月
罗华远	南寨村	灵寿县第十二届人民代表大会	1998 年 3 月—2003 年 3 月
罗华远	南寨村	灵寿县第十三届人民代表大会	2003 年 4 月—2007 年 4 月
郝建英	大南地	灵寿县第十四届人民代表大会	2007 年 4 月—2012 年 3 月
马国云	大东关	灵寿县第十五届人民代表大会	2012 年 3 月—2017 年 3 月
刘振波	鹿沟村	灵寿县第十六届人民代表大会	2017 年 3 月—2021 年 7 月
白东风	东庄窝	灵寿县第十七届人民代表大会	2021 年 7 月—今

灵寿县历任人大常委会副主任

附表 7

届次	姓名	籍贯
第七届	王云霞	青廉村
	王克永	南贾良
	吴玉良	北贾良
	李殿银	丑泥口
	杨永勤	韩洼村
	贾焕兰（女）	贾庄村
	牛全芳	山西屯留县
	刘沛丰	武强县
	鲁　钊	遵化县
	何增兰（女）	中伍河
第八届	杭承贤	正定县
	吴玉良	北贾良
	牛全芳	山西屯留县
	何增兰（女）	中伍河
	鲁钊	遵化县
	樊春生	芝麻沟

续附表 7

届次	姓名	籍贯
第九届	樊春生	芝麻沟
	牛全芳	山西屯留县
	何增兰（女）	中伍河
	杭承贤	正定县
	马俊义	义合庄
	兰树来	东营村
第十届	樊春生	芝麻沟
	兰树来	东营村
	赵清彬	东城南
	吴栓来	大东关
	李翠英（女）	藁城县
	杭承贤	正定县
	钱少宗	正定县
第十一届	赵清彬	东城南
	雷书辰	小东关
	武双喜	中霍营
	傅嘉宾	北岗村
	杭承贤	正定县
	赵学利	南贾良
第十二届	武双喜	中霍营
	房德杰	新乐市
	张风山	黑山村
	傅连英（女）	北关村
	宋赍	慈峪村
	康二中	牛城村
第十三届	宋赍	慈峪村
	吴和韵	大吴庄
	康二中	牛城村
	傅金生	山门口
第十四届	傅金生	山门口
	刘占军	辛集市
	张合香	西木佛
	王雪山	王皋安

续附表 7

届次	姓名	籍贯
第十五届	傅金生	山门口
	刘占军	辛集市
	张合香	西木佛
	李彦勇	北托村
	马进伟	麒麟院
第十六届	李彦勇	北托村
	张云山	张家台
	马进伟	麒麟院
	吕秀敏（女）	西岔头
	董建海	东岔头
第十七届	张云山	张家台
	吕秀敏（女）	西岔头
	董建海	东岔头
	罗文全	南寨村

石家庄市人民代表大会第九至十五届灵寿团代表名单

附表 8

届次	代表名单
石家庄市第九届人民代表大会	张承禄 梁明月 杨素梅（女）赵学敏 杨从彩 刘昌生 陈江河 马正华 高国英（女）赵兵全 刘金发 温志华 赵书任（女）李秀军 苏瑞平 高金雪 张军兰（女）许震震 张德元 李振兰（女，回族）袁秀竹（女）
石家庄市第十届人民代表大会	张承禄 褚明海（回族）李天印 赵禄祥（满族）张 静 王振卿 罗华远 王金忠 付三牛 司追角 李建泉 李振兰（女，回族）何秉月 张军兰（女）张锁贵 徐瑞云（女）罗士江
石家庄市第十一届人民代表大会	杨志辉 褚明海（回族）李天印 刘林平（女）王春良 刘海生 罗华远 张香莉（女）王金忠 马小国 司追角 刘红山 刘合芳 安翠英（女）宋建设 杨小梅 李书花（女）
石家庄市第十二届人民代表大会	马文华（女）马合云 王建海 傅士君 刘卫平（女）刘海生 安翠英（女）杨凤虎 杨志辉 杨建山 苏亿位 李天印 宋建设 张建光 陈全胜 郝建英（女）郭领域
石家庄市第十三届人民代表大会	马文华（女）马合云 马国云 刘卫平（女）刘红山 安翠英（女）李彦明 李明海 李晋宇 张立军 苗永革（女）周书慧（女）周雪军 孟 杰 徐习军 高世贤 郭连清 郭领域 彭志军 傅士君 魏勇心
石家庄第十四届人民代表大会	姜阳 周立新（女）王升 卜海燕（女）马合云 王 忠 张学勇 彭志军 李志鹏 林学文 胡银山 屈伟华 崔拴才 魏勇心 宋存汉 周雪军 刘振波 刘卫平（女）张立军 兰春英（女）苏志杰 周书慧（女）康雪娜（女）
石家庄第十五届人民代表大会	管云天 赵文生 韩保来 崔趁欣 武英华 彭勇民 武利芳 白东风 马杰 王献民 安卫青 李志鹏 张学勇 尚利国 胡银山 柳丽强 崔拴才 彭志军 魏勇心 王忠 刘卫平 苏志杰 张双英 罗彦辉 康雪娜（女）

灵寿县人代会选举产生的河北省人代会代表名单

附表 9

姓名	籍贯	政治面貌	任期
武风举	中霍营	中共党员	河北省第二届各界代表会议代表
袁丑丑（女）	王皁安	团员	河北省第二届各界代表会议代表
张毅	赵县沙河店	中共党员	河北省第一届人大代表
张树义	山门口	中共党员	河北省第一、二、三届人大代表
卢书姐（女）	青廉村	团员	河北省第一届人大代表
张明荣	石咀村	中共党员	河北省第二届人大代表
韩荣吉	建屏县（平山县）	中共党员	河北省第二届人大代表
赵国海	南文城	群众	河北省第三届人大代表
栗秀兰（女）	同下村	中共党员	河北省第六届人大代表
杭承贤	正定县	群众	河北省第六届人大代表
刘吉来	慈峪村	中共党员	河北省第六届人大代表
王玉润（女）	青廉村	群众	河北省第七届人大代表
何欣	行唐县南桥	中共党员	河北省第七届人大代表
李铁	坡门口	中共党员	河北省第七届人大代表
洪毅	故城村	中共党员	河北省第七、八届人大代表
刘芬平（女）	柏山村	群众	河北省第八届人大代表
刘彦涛	不祥	不祥	河北省第八届人大代表
赵学敏	行唐县	中共党员	河北省第八届人大代表

中国共产党早期建立的民主县政府历任县长序列表
（1939—1949）

附表 10

姓名	籍贯	任期
李慎之	不祥	1938 年 2 月—1938 年 4 月
蓝天	山西省	1938 年 4 月—1938 年 8 月
高立青	新乐县（新乐市）	1938 年 8 月—1940 年 2 月
李观慈	河南沁阳	1940 年 2 月—1942 年 1 月
刘锡三	唐县	1942 年 1 月—1943 年 1 月
臧伯平	唐县	1943 年 1 月—1944 年 6 月
郝南乾	徐家疃	1944 年 6 月—1946 年 4 月
薄茂臣	东岔头	1946 年 4 月—1947 年 11 月
尹冬来	北白石	1947 年 11 月—1949 年 9 月

中华人民共和国建立后县政府历任县长序列表

附表 11

姓名	籍贯	职名	任职时间	届次
尹冬来	北白石	县长	1949 年 10 月—1953 年 1 月	1
白兴道	漫山村	县长	1953 年 1 月—1957 年 5 月	2
高山桂	涞源县	县长	1957 年 5 月—1962 年 1 月	3
周有室	庙台村	县长	1962 年 1 月—1962 年 10 月	3
高山桂	涞源县	县长	1962 年 10 月—1967 年 11 月	4、5、6
郑金福	景县	革委主任	1967 年 11 月—1969 年 11 月	“文革”期间人大工作中断
纪文超	山东省	革委主任	1969 年 11 月—1974 年 9 月	
刘俊江	易县	革委主任	1974 年 9 月—1979 年 9 月	
贾焕臣	正定县	革委主任	1979 年 9 月—1981 年 10 月	
杨廷和	义合庄	革委主任	1981 年 10 月—1981 年 12 月	
杨廷和	义合庄	县长	1981 年 12 月—1984 年 4 月	7、8
董银山	获鹿县（鹿泉区）	县长	1984 年 4 月—1985 年 11 月	8
何欣	行唐县	县长	1985 年 11 月—1990 年 4 月	9
赵学敏	行唐县	县长	1990 年 4 月—1993 年 3 月	10
赵学敏	行唐县	县长	1993 年 3 月—1993 年 10 月	11
张静	井陉县	县长	1993 年 10 月—1995 年 6 月	11
郑雪碧	藁城市（藁城区）	县长	1995 年 6 月—1998 年 2 月	11
王振卿	赵县	县长	1998 年 2 月—1999 年 4 月	12
杜占贞	赞皇县	代县长	1999 年 4 月—1999 年 7 月	12
杜占贞	赞皇县	县长	1999 年 7 月—2002 年 1 月	12
刘海生	沧州市	代县长	2002 年 1 月—2002 年 3 月	12
刘海生	沧州市	县长	2002 年 3 月—2003 年 3 月	12
王建海	栾城县（栾城区）	代县长	2003 年 3 月—2003 年 4 月	12
王建海	栾城县（栾城区）	县长	2003 年 4 月—2005 年 12 月	13
王建海	栾城县（栾城区）	县长	2005 年 12 月—2009 年 1 月	13、14
姜阳	三河县（三河市）	县长	2009 年 1 月—2012 年 4 月	14
周雪军	赞皇县	代县长	2012 年 4 月—2013 年 3 月	14
周雪军	赞皇县	县长	2013 年 3 月—2017 年 9 月	15
冯素伟	赵县	县长	2017 年 9 月—2021 年 7 月	16
武利芳	赞皇县	县长	2021 年 7 月—2024 年 2 月	17
胡万程	康保县	县长	2024 年 2 月—至今	17

灵寿县历任法院院长

附表 12

姓名	籍贯	届次
张吉围	深县崔家庄（深州市）	第三届
张吉围	深县崔家庄（深州市）	第四届
张吉围	深县崔家庄（深州市）	第五届
付亿梅	北庄村	第六届
张德良	义合庄	第七届
梁绳斌	西孙楼	第七、八届
李振吉	新乐市	第九届
刘墨华	行唐县	第十届
房德杰	新乐市	第十一届
刘文平	行唐县	第十二届
王振虎	无极县	第十三届
李学英	赞皇县	第十四届
高会岭	乐亭县	第十五届
王文忠	鹿泉区	第十六届
刘海林	行唐县	第十七届

灵寿县历任检察院检察长

附表 13

姓名	籍贯	届次
李荫清	西庄村	第七届
马俊义	义合庄	第七、八届
宿振双	晋县（晋州市）	第九届
杨金来	天津市	第十、十一届
刘东学	新乐市	第十二届
李新成	晋州市	第十三届
宋庆绵	晋州市	第十四届
王雷音	井陉县	第十五届
盖朝龙	平山县	第十六届
彭涛	晋州市	第十七届

灵寿县历任监察委员会主任

附表 14

姓名	籍贯	届次
王占峰	辛集市	第十六届
李伟凡	平山县	第十七届
周海军	平山县	第十七届

后 记

2024年是全国人民代表大会成立70周年。追溯人民代表大会制度在灵寿的发展史，早在中华人民共和国成立之前，灵寿就成立了县议会。1940年8月至1945年4月历经两届议会；1949年11月至1954年7月，历经四届县各界人民代表会议；1954年7月灵寿县第一届人民代表大会召开至今，历经十七届。

为存储史料、传承文化，如实记录人民代表大会制度在灵寿的发展变革，充分展示灵寿人民在县委的正确领导下当家作主、促进经济发展和民主法治建设取得新成就的真实情况，县十七届人大常委会主任会议研究决定并报县委同意，于2024年3月启动《灵寿县人大志（1940—2023）》编纂工作。同年4月，成立灵寿县人大志编纂委员会和编辑部，召开启动动员大会，开展专题业务培训，明确“以习近平新时代中国特色社会主义思想为指导，实事求是、尊重历史、能收尽收、不留遗憾”的指导思想和基本原则。

在多次赴赞皇、行唐等兄弟县（市、区）学习取经和邀请人大退休干部、志传专家座谈研讨的基础上，编辑部再次修订该书的断限、凡例和篇章结构，制定《乡镇人大志征集内容和编写要求》并分组赶赴15个乡镇作业务指导。各编纂组在统一领导下开始史料搜集、整理和编辑工作。在志书编纂过程中，县十七届人大常委会主任白东风高度重视，多次研究部署；副主任吕秀敏积极协调调度；县十六届人大常委会主任、编辑顾问刘振波亲力亲为，指导各组编辑工作；编辑组和人大常委会各委室主任、副主任高度负责，仔细甄别史料，分类收录；各乡镇人大主席迅速行动，查阅资料、编辑篇章。

4月底，初稿基本成形。5月初，开始分组修改初稿并继续补充相关资料。为解决部分内容时间久远资料短缺问题，编辑部联系对接两办、组织、宣传、统战、公检法、融媒体、档案馆等部门查阅档案，修复旧微机硬盘恢复资料，尽力收集原始档案资料。其间，县人大常委会多次召开推进会调度进展情况，深入乡镇调研督导。

在编纂过程中特别注意了几个实际问题的处理，在此略加说明。一是关于各界人民代表会议。灵寿县共召开四届十次各界代表会议，但第一届和第二届各召开几次会议并没有明确具体的叙述。这次编纂人大志过程中，编纂一组通过多次到档案馆查询资料证明第一届召开一次会议，第二届召开两次会议，终于将问题厘清。二是关于断限。根据实际情况需要，本志关于县人大常委会的断限适当下延至2024年3月（灵寿县第十七届人民代表大会第四次会议召开后），乡镇人大内容的下限仍然截至2023年12月。三是关于全书结构。本志采用“篇目以届别为轴纵排，章节以职能分类横排，正文内容以时间为序纵写”的书写形式，形成纵排横排相结合、纵向叙事有机贯通的编纂模式。四是关于人物入志。采取“以事系人”的方式，内容中涉及典型人物时，则“人随事出”，不再单设人物篇（传）。在附录中用表格专门记录历届人大常委会主任、副主任、省市人大代表等。五是关于各篇篇幅。受档案资料所限，将“中华人民共和国成立前中国共产党领导下的灵寿县议会”和中华人民共和国成立初期的“灵寿县各界人民代表会议”各单列一篇，人民代表大会从第一届至第十七届各列一篇，乡镇人大志内容单列一篇。六是关于乡镇称谓。并乡扩镇后，原西岔头镇、北谭庄乡、南燕川乡、南青同镇、北狗台乡在本志中均采用习惯称谓，即岔头镇、谭庄乡、燕川乡、青同镇和狗台乡。七是关于县四至六届人大志中有关公社或乡镇称谓问题。1958 年 8 月，根据《中共中央关于在农村建立人民公社问题的决议》精神，灵寿县原 30 个乡镇合并为 5 个人民公社。1961 年 5 月，5 个人民公社改建为 33 个人民公社。但灵寿县四至六届人民代表大会档案文件中大部分记录称为乡，小部分称公社。为此，在这部分篇目的开头叙述中均改为公社，其他内容保持原记录。

“修史之难，莫过于志”。编纂志稿面临着诸多困难。灵寿县人大常委会党组十分重视人大志的编纂工作，多次协调解决编纂工作中存在的具体问题，为编纂工作奠定了坚实的组织基础，使修志工作得以顺利进行。编辑部和各编纂组成员以严谨务实的态度把握每一个细节，积极克服各种困难，保证了编纂进度和质量。这次人大志的编写还得到了灵寿各界人士，尤其是县人大常委会各位老领导、人大各工委老职工以及灵寿县域的知名专家、学者，省市、兄弟县（市）人大部门、石家庄市档案馆、县档案馆以及其他县直部门和乡镇的大力支持，在此一并表示衷心的感谢。

《灵寿县人大志（1940—2023）》记述时间跨度长，需收集资料涵盖内容多，加之编纂者对志书的编纂经验不足，对人大历史知识的掌握还有一定差距，难免有所遗漏错误之处。如有疏漏之处，敬请广大读者和各界人士批评指正。

编者

2024 年 9 月